程若愚 肖伟娜 王雯◎著

第2版

# 农用商品归类手册

NONGYONG SHANGPIN GUILEI SHOUCE

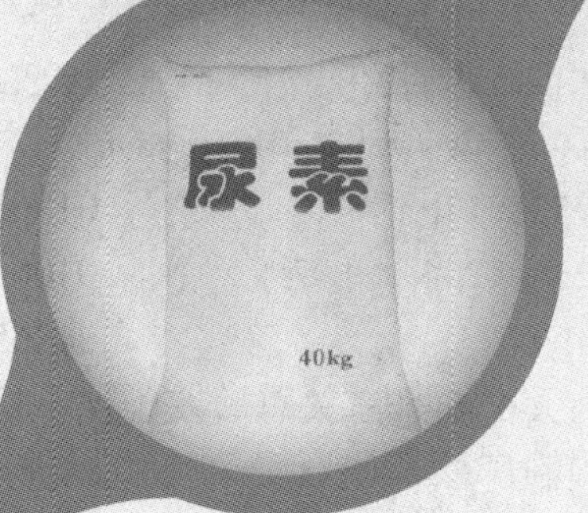

中国海关出版社

**图书在版编目（CIP）数据**

农用商品归类手册/程若愚，肖伟娜，王雯著．—2版．—北京：中国海关出版社，2012.9

ISBN 978－7－80165－897－5

Ⅰ.①农… Ⅱ.①程… ②肖… ③王… Ⅲ.①农产品－进口商品－分类－世界－手册 ②农产品－出口商品－分类－世界－手册 Ⅳ.①F746.2－62

中国版本图书馆CIP数据核字（2012）第202235号

**农用商品归类手册（第2版）**

NONGYONG SHANGPIN GUILEI SHOUCE（DI-ER BAN）

作　　者：程若愚　肖伟娜　王　雯
责任编辑：黄华莉　冯伟
出版发行：中国海关出版社
社　　址：北京市朝阳区东四环南路甲1号　　邮政编码：100023
网　　址：www.hgcbs.com.cn；www.hgbookvip.com
编 辑 部：01065194242－7538（电话）　　01065194231（传真）
发 行 部：01065194221/4238/4246（电话）　　01065194233（传真）
社办书店：01065195616（电话）　　01065195127（传真）
　　　　　北京市建国门内大街6号海关总署东配楼一层
印　　刷：北京京都六环印刷厂　　经　　销：新华书店
开　　本：889mm×1194mm　1/16
印　　张：51.5　　字　　数：1200千字
版　　次：2012年9月第2版
印　　次：2012年9月第1次印刷
书　　号：ISBN 978－7－80165－897－5
定　　价：350.00元

# 再版前言

我国是农业大国，农药、肥料对于我国来说，其重要性不言而喻。随着科学技术的快速发展，我国农资、农药、化肥类产品的生产能力和技术创新能力不断加强，产品结构不断优化，海关进出口统计数据显示，近年来，农资、农药、化肥类产品进出口量不断攀升，这些产品已经成为我国重要的进出口商品品种。

农资、农药、化肥类产品的进出口贸易与行业登记准入、环境保护、食品安全等问题密切相关，国家根据商品类别采取不同的进出口政策和管理措施，涉及进口关税、增值税的减免措施，暂定优惠关税，许可证件管理等。但较为繁杂的进出口税收政策和非关税措施，常易引发争议。正确申报商品归类对有效实施国家税收政策和实施进出口管制措施具有积极的意义。

本书在2006年第1版的基础上，按照世界海关组织发布的2007版、2012版《商品名称及编码协调制度》（简称《协调制度》）目录转版的内容，以及2006~2012年《中华人民共和国进出口税则》（简称《进出口税则》）目录转版的规定对商品编码进行了大范围的修订。

本书系统地介绍了常见农资、农药、化肥类产品的商品属性，特别针对与海关业务密切相关的部分进行了详实的描述。依据本书内容，读者能够方便地查找这些商品相应的海关商品编码，掌握商品的属性和商品归类的依据。本书商品条目的内容包括：商品行业分类、商品通用名称及别名、英文名称、IUPAC命名、化学结构式、产品性质及功能、主要制剂类型、有效成分及制剂的商品归类编码。另外，本书还简要介绍了商品的毒性，为海关一线人员的化验取样和查验提供参考信息。

为查找方便，本书还特别按照不同读者的需求编制了商品归类编码索引、商品名称的拼音索引、英文名称索引及行业分类索引，读者可根据查阅的需要，方便地按照不同的索引方式进行查找。

需要特别说明的是，由于一些产品具有多种活性，在实际应用中以具体管理规定为准。本书所列分类均以国家主管部门登记受理的情况作为依据。受当前认知水平的限制，商品的剂型和种类划分标准可能与最新科技成果和某些前沿分类体系存在差异。另外，需要提请读者注意的是，如遇《进出口税则》发生改变，本书条目中的商品编码需要按照国家发布的对应规则进行对应调整。

本书内容繁杂，虽经严格校对，但仍可能存在差错，请读者批评指正。

作者

2012年8月

# 目　录

# 使用说明

一、本书分查询表、正文和附录三部分。其中，查询表部分是本书的索引，正文部分记录了本书收录商品条目的详尽信息，附录部分是商品归类所必需的海关商品归类总规则及有关农用商品的特殊归类规定。为使读者准确理解本书内容、附录部分还列出了本书主要常用术语的定义。

二、本书引入了行业分类目录进行编写。读者如果掌握了商品的行业分类属性，则可以按照行业分类进行查询。本书将农用商品分成了 01 农药类、02 卫生类杀虫剂、03 消毒剂、04 化肥等四类商品，在行业分类索引中，每类商品按照行业分类逐级细分，商品的编码也按照分类逐级延展。例如，在 01 农药类项下，商品分为了 011 杀虫剂、012 杀鼠剂等七类单一用途商品和一类多用途商品；在 011 杀虫剂项下又按照商品的化学结构种类进行了细分，依此类推，最后列出具体商品条目及相应的归类编码。使用行业分类方法进行查询需要特别注意多用途商品的归类，对于该类商品的归类原则，请参见附录中的归类总规则。

三、本书尽可能多地收集了行业中存在的商品名称、别名、俗称或名称代码，只要读者掌握了商品的名称，无论是中文、英文或是行业名称，均可以按照中文名称的拼音（商品中文品名查询表）或英文字母顺序（商品英文品名查询表）进行查询。使用这种查询方式可以有效避免类似品名可能造成的归类混淆和差错。例如，百草克归入 293439990，百草敌归入 28189000，百草枯（原药）归入 29333990。

四、本书还按照税则目录中的四位商品编码编写了商品税则号列查询表，读者可以在某一个四位商品编码项下，查询该目录所有商品的归类编码，以便有效查询和对比同类商品的不同八位商品编码。例如，液氨和氨水均归入品目 2814 项下，在商品税则号列查询表 2814 中，可以清楚地看到液氨归入 28141000，而氨水则归入 28142000。

五、由于农用商品的特殊性，同一主要成分的商品可能具有原药、成药及特殊包装或剂型等多种产品。按照归类规则，主要成分相同的商品归类不一定相同。因此，本书在具体商品信息中特别标注了商品有效成分的归类编码和制剂的归类编码。另外，部分税则目录对制剂的包装形式进行特别规定，如零售包装的规定，请读者予以注意。

六、本书虽然尽可能多地收集了常见进出口农用商品的信息，但必然存在遗漏。如遇不能获得查询结果的情况，笔者推荐使用专为专业读者准备的《简明商品归类方法——字典式商品归类速查手册》一书，使用其中的结构化查询方式可以进行无遗漏的查询。

# 行业分类指引

# 商品税则号列查询表

| 海关商品编码 | 中英文品名 | 条目编码 | 页码 |
|---|---|---|---|
| **2830** | | | |
| 28309090 | Barium polysulphides | 0184007 | ············(445) |
| 28309090 | Calium polysulfide | 0184011 | ············(447) |
| 28309090 | Eau grison | 0184011 | ············(447) |
| 28309090 | Farmrite | 0184011 | ············(447) |
| 28309090 | Lime sulfur | 0184011 | ············(447) |
| 28309090 | Lime sulphur | 0184011 | ············(447) |
| 28309090 | Solabar | 0184007 | ············(445) |
| 28309090 | Solbar | 0184007 | ············(445) |
| 28309090 | 多硫化钡 | 0184007 | ············(445) |
| 28309090 | 多硫化钙 | 0184011 | ············(447) |
| 28309090 | 可隆 | 0184011 | ············(447) |
| 28309090 | 硫贝粉 | 0184007 | ············(445) |
| 28309090 | 石灰硫磺合剂 | 0184011 | ············(447) |
| 28309090 | 石硫合剂 | 0184011 | ············(447) |
| 28309090 | 索利巴尔 | 0184007 | ············(445) |
| **2833** | | | |
| 28332500 | Basic copper sulfate | 0133002 | ············(186) |
| 28332500 | Blue vitrol | 0133005 | ············(187) |
| 28332500 | Copper sulfate | 0133005 | ············(187) |
| 28332500 | Copper sulfate basic | 0133002 | ············(186) |
| 28332500 | Roman vitriol | 0133005 | ············(187) |
| 28332500 | Sulfacop | 0133005 | ············(187) |
| 28332500 | 保果灵 | 0133002 | ············(186) |
| 28332500 | 胆矾 | 0133005 | ············(187) |
| 28332500 | 碱式硫酸铜 | 0133002 | ············(186) |
| 28332500 | 蓝矾 | 0133005 | ············(187) |
| 28332500 | 硫酸铜 | 0133005 | ············(187) |
| 28332500 | 绿得保 | 0133002 | ············(186) |
| 28332990 | Thallium sulfate | 0120022 | ············(106) |
| 28332990 | Thallous sulphate | 0120022 | ············(106) |
| 28332990 | 硫酸铊 | 0120022 | ············(106) |
| 28332990 | 硫酸亚铊 | 0120022 | ············(106) |
| **2834** | | | |
| 28342110 | Potassium nitrate | 0400031 | ············(492) |
| 28342110 | 火硝 | 0400031 | ············(492) |
| 28342110 | 硝酸钾 | 0400031 | ············(492) |
| **2835** | | | |
| 28352600 | Calcium biphosphate | 0400019 | ············(489) |

| 海关商品编码 | 中英文品名 | 条目编码 | 页码 |
|---|---|---|---|
| 28352600 | Potassium biphosphate | 0400030 | ············(492) |
| 28352600 | 沉淀磷肥 | 0400019 | ············(489) |
| 28352600 | 磷酸二氢钙 | 0400019 | ············(489) |
| 28352600 | 磷酸二氢钾 | 0400030 | ············(492) |
| 28352600 | 偏磷酸钙 | 0400022 | ············(490) |
| **2836** | | | |
| 28369940 | Ammonium bicarbonate | 0400009 | ············(487) |
| 28369940 | 酸式碳酸铵 | 0400009 | ············(487) |
| 28369940 | 碳铵 | 0400009 | ············(487) |
| 28369940 | 碳酸氢铵 | 0400009 | ············(487) |
| 28369940 | 重碳酸铵 | 0400009 | ············(487) |
| **2841** | | | |
| 28416100 | Potassium penmanganate | 0133001 | ············(186) |
| 28416100 | 高锰酸钾 | 0133001 | ············(186) |
| 28417090 | Sodium molybdate dihydrate | 0200042 | ············(468) |
| 28417090 | 钼酸钠 | 0200042 | ············(468) |
| 28418020 | Sodium tungstatr dihydrate | 0200043 | ············(469) |
| 28418020 | 钨酸钠 | 0200043 | ············(469) |
| **2842** | | | |
| 28429090 | Bordeaux mixture velles | 0133006 | ············(187) |
| 28429090 | Copper calcium sulphate | 0133006 | ············(187) |
| 28429090 | Copper sulfate-ammonia complex | 0133004 | ············(187) |
| 28429090 | Cuaminosulfate | 0133010 | ············(189) |
| 28429090 | Sodium arsenite | 0144101 | ············(329) |
| 28429090 | Sodium metaarsenite | 0144101 | ············(329) |
| 28429090 | 胶氨铜 | 0133010 | ············(189) |
| 28429090 | 抗枯宁 | 0133004 | ············(187) |
| 28429090 | 抗枯宁 | 0133010 | ············(189) |
| 28429090 | 硫酸四氨络合锌 | 0133004 | ············(187) |
| 28429090 | 硫酸铜钙 | 0133006 | ············(187) |
| 28429090 | 络氨铜 | 0133004 | ············(187) |
| 28429090 | 络氨铜 | 0133010 | ············(189) |
| 28429090 | 络氨锌 | 0133004 | ············(187) |
| 28429090 | 亚砷酸钠 | 0144101 | ············(329) |
| **2847** | | | |
| 28470000 | Hydrogen peroxide | 0300010 | ············(474) |
| 28470000 | 过氧化氢 | 0300010 | ············(474) |

| 海关商品编码 | 中英文品名 | 条目编码 | 页码 |
|---|---|---|---|
| **2848** | | | |
| 28480000 | Aluminium phosphide | 0184012 | ············(448) |
| 28480000 | Calcium phosphide | 0116012 | ············(95) |
| 28480000 | Kilrat | 0120013 | ············(102) |
| 28480000 | Phosrin | 0120013 | ············(102) |
| 28480000 | Zinc phosphide | 0120013 | ············(102) |
| 28480000 | 储粮安 | 0116012 | ············(95) |
| 28480000 | 迪盖世 | 0116012 | ············(95) |
| 28480000 | 耗鼠尽 | 0120013 | ············(102) |
| 28480000 | 粮友 | 0116012 | ············(95) |
| 28480000 | 磷毒 | 0184012 | ············(448) |
| 28480000 | 磷化钙 | 0116012 | ············(95) |
| 28480000 | 磷化铝 | 0184012 | ············(448) |
| 28480000 | 磷化锌 | 0120013 | ············(102) |
| **2901** | | | |
| 29012990 | ESA | 0115021 | ············(83) |
| 29012990 | Muscalure | 0115021 | ············(83) |
| 29012990 | Z-9-tricosene muscalure | 0115021 | ············(83) |
| 29012990 | 家蝇信息素 | 0115021 | ············(83) |
| 29012990 | 顺-9-碳烯 | 0115021 | ············(83) |
| 29012990 | 诱虫烯 | 0115021 | ············(83) |
| **2902** | | | |
| 29029090 | 1, 1′-Biphenyl | 0134080 | ············(220) |
| 29029090 | 1-MCP | 0143054 | ············(277) |
| 29029090 | 1-Methylcyclopropene | 0143054 | ············(277) |
| 29029090 | 1-甲基环丙烯 | 0143054 | ············(277) |
| 29029090 | Bibenzene | 0134080 | ············(220) |
| 29029090 | Biphenyl | 0134080 | ············(220) |
| 29029090 | PHPH | 0134080 | ············(220) |
| 29029090 | Xenene | 0134080 | ············(220) |
| 29029090 | 聪明鲜 | 0143054 | ············(277) |
| 29029090 | 联苯 | 0134080 | ············(220) |
| **2903** | | | |
| 29031400 | Carbon tetrachloride | 0116015 | ············(96) |
| 29031400 | 四氯化碳 | 0116015 | ············(96) |
| 29033100 | EDB | 0116011 | ············(94) |
| 29033100 | Ethylene dibromide | 0116011 | ············(94) |
| 29033100 | 二溴化乙烯 | 0116011 | ············(94) |
| 29033100 | 二溴乙烷 | 0116011 | ············(94) |

| 海关商品编码 | 中英文品名 | 条目编码 | 页码 |
|---|---|---|---|
| 29089990 | Ammonium para-nitrophenolate | 0143017 | …………(262) |
| 29089990 | Aracid | 0150036 | …………(399) |
| 29089990 | CPBS | 0150036 | …………(399) |
| 29089990 | Dinex | 0150037 | …………(399) |
| 29089990 | Dinoterb | 0144194 | …………(364) |
| 29089990 | DN | 0150037 | …………(399) |
| 29089990 | DNOCHP | 0150037 | …………(399) |
| 29089990 | Dntbp | 0144194 | …………(364) |
| 29089990 | Fenson | 0150036 | …………(399) |
| 29089990 | GC-928 | 0150036 | …………(399) |
| 29089990 | Herbogil | 0144194 | …………(364) |
| 29089990 | Murvesco | 0150036 | …………(399) |
| 29089990 | PCBS | 0150036 | …………(399) |
| 29089990 | PCI | 0150036 | …………(399) |
| 29089990 | Phenizon | 0150036 | …………(399) |
| 29089990 | Potassium 2, 4-dinitrophenate | 0143028 | …………(266) |
| 29089990 | Potassium ortho-nitrophenate | 0143039 | …………(270) |
| 29089990 | Potassium ortho-nitrophenopheate | 0143016 | …………(262) |
| 29089990 | Potassium para-nitrophenate | 0143016 | …………(262) |
| 29089990 | Sodium 2, 4-dinitrophenate | 0143027 | …………(266) |
| 29089990 | Stirpan forte | 0144194 | …………(364) |
| 29089990 | 对硝基苯酚铵 | 0143017 | …………(262) |
| 29089990 | 对硝基苯酚钾 | 0143016 | …………(262) |
| 29089990 | 多效丰产灵 | 0143017 | …………(262) |
| 29089990 | 多效丰产灵 | 0143029 | …………(266) |
| 29089990 | 多效丰产灵 | 0143040 | …………(271) |
| 29089990 | 二硝特丁酚 | 0144194 | …………(364) |
| 29089990 | 芬螨酯 | 0150036 | …………(399) |
| 29089990 | 复硝铵(其中一个有效成分) | 0143017 | …………(262) |
| 29089990 | 复硝铵(其中一个有效成分) | 0143029 | …………(266) |
| 29089990 | 复硝铵(其中一个有效成分) | 0143040 | …………(271) |
| 29089990 | 复硝基苯酚钾盐 | 0143016 | …………(262) |
| 29089990 | 复硝基苯酚钾盐 | 0143028 | …………(266) |
| 29089990 | 复硝基苯酚钾盐 | 0143039 | …………(270) |
| 29089990 | 快丰收(其中一个有效成分) | 0143027 | …………(266) |
| 29089990 | 邻硝基苯酚铵 | 0143040 | …………(271) |
| 29089990 | 邻硝基苯酚钾 | 0143039 | …………(270) |
| 29089990 | 特乐酚 | 0144194 | …………(364) |
| 29089990 | 消螨酚 | 0150037 | …………(399) |
| 29089990 | 异地乐酚 | 0144194 | …………(364) |

| 海关商品编码 | 中英文品名 | 条目编码 | 页码 |
|---|---|---|---|
| 29093090 | Trebon | 0113018 | …………(61) |
| 29093090 | X-52 | 0144155 | …………(351) |
| 29093090 | 苄螨醚 | 0150018 | …………(393) |
| 29093090 | 草枯醚 | 0144003 | …………(285) |
| 29093090 | 除草醚 | 0144066 | …………(313) |
| 29093090 | 多来宝 | 0113018 | …………(61) |
| 29093090 | 氟除草醚 | 0144156 | …………(351) |
| 29093090 | 氟硝草醚 | 0144111 | …………(334) |
| 29093090 | 割草醚 | 0144111 | …………(334) |
| 29093090 | 果尔 | 0144111 | …………(334) |
| 29093090 | 甲氧除草醚 | 0144155 | …………(351) |
| 29093090 | 甲氧滴滴涕 | 0111004 | …………(5) |
| 29093090 | 利来多 | 0113018 | …………(61) |
| 29093090 | 醚菊酯 | 0113018 | …………(61) |
| 29093090 | 三氟硝草醚 | 0144049 | …………(305) |
| 29093090 | 扫螨宝 | 0150018 | …………(393) |
| 29093090 | 溴氧螨醚 | 0150018 | …………(393) |
| 29093090 | Sirbon | 0150018 | …………(393) |
| 29093090 | 乙氧氟草醚 | 0144111 | …………(334) |
| 29095000 | 2-Methoxyphenol | 0134065 | …………(214) |
| 29095000 | Allylguaiacol | 0134021 | …………(197) |
| 29095000 | Eugenol | 0134021 | …………(197) |
| 29095000 | FA100 | 0134021 | …………(197) |
| 29095000 | 丁子香酚 | 0134021 | …………(197) |
| 29095000 | 洁美新 | 0300004 | …………(471) |
| 29095000 | 三氯生 | 0300004 | …………(471) |
| 29095000 | 玉洁新 DP-300 | 0300004 | …………(471) |
| 29095000 | 愈创木酚 | 0134065 | …………(214) |
| **2910** | | | |
| 29101000 | Ethylene oxide | 0116009 | …………(93) |
| 29101000 | ETO | 0116009 | …………(93) |
| 29101000 | Oxirane | 0116009 | …………(93) |
| 29101000 | 虫菌畏 | 0116009 | …………(93) |
| 29101000 | 环氧乙烷 | 0116009 | …………(93) |
| 29109000 | Alvit | 0111010 | …………(8) |
| 29109000 | Dieldrin | 0111010 | …………(8) |
| 29109000 | Endrex | 0111016 | …………(10) |
| 29109000 | Endrin | 0111016 | …………(10) |
| 29109000 | Hexadrin | 0111016 | …………(10) |
| 29109000 | Nelpon | 0144190 | …………(363) |
| 29109000 | Octalox | 0111010 | …………(8) |

| 海关商品编码 | 中英文品名 | 条目编码 | 页码 |
|---|---|---|---|
| 29109000 | Tandem | 0144190 | …………(363) |
| 29109000 | Tridiphane | 0144190 | …………(363) |
| 29109000 | 狄氏剂 | 0111010 | …………(8) |
| 29109000 | 灭草环 | 0144190 | …………(363) |
| 29109000 | 异狄氏剂 | 0111016 | …………(10) |
| **2912** | | | |
| 29121100 | 福尔马林(40%甲醛溶液) | 0300015 | …………(478) |
| 29121100 | Formaldehyde | 0300015 | …………(478) |
| 29121100 | 甲醛 | 0300015 | …………(478) |
| 29121900 | Cis-11-hexadecenal | 0114014 | …………(70) |
| 29121900 | Cis-9-hexadecenal | 0114015 | …………(70) |
| 29121900 | Citral | 0134048 | …………(208) |
| 29121900 | Glutaraldehyde | 0300016 | …………(479) |
| 29121900 | TY | 0134048 | …………(208) |
| 29121900 | Z11-16:Ald | 0114014 | …………(70) |
| 29121900 | Z9-16:Ald | 0114015 | …………(70) |
| 29121900 | 柠檬醛 | 0134048 | …………(208) |
| 29121900 | 顺-11-十六碳烯醛 | 0114014 | …………(70) |
| 29121900 | 顺-9-十六碳烯醛 | 0114015 | …………(70) |
| 29121900 | 戊二醛 | 0300016 | …………(479) |
| 29121900 | 正凡杀菌剂 | 0134048 | …………(208) |
| 29125000 | Meta | 0170004 | …………(406) |
| 29125000 | Metaldehyde | 0170004 | …………(406) |
| 29125000 | 多聚乙醛 | 0170004 | …………(406) |
| 29125000 | 密达 | 0170004 | …………(406) |
| 29125000 | 四聚乙醛 | 0170004 | …………(406) |
| 29125000 | 蜗牛敌 | 0170004 | …………(406) |
| **2914** | | | |
| 29142990 | Chlordecone | 0111011 | …………(8) |
| 29142990 | Kepone | 0111011 | …………(8) |
| 29142990 | 开蓬 | 0111011 | …………(8) |
| 29143990 | Bitolylacinone | 0120021 | …………(105) |
| 29143990 | Chemrat | 0120030 | …………(108) |
| 29143990 | Contrax-P | 0120030 | …………(108) |
| 29143990 | Isoval | 0120029 | …………(108) |
| 29143990 | Paracakes | 0120030 | …………(108) |
| 29143990 | Para-Pac | 0120030 | …………(108) |
| 29143990 | Pindone | 0120030 | …………(108) |
| 29143990 | Pival | 0120030 | …………(108) |
| 29143990 | Tri-ban | 0120030 | …………(108) |

| 海关商品编码 | 中英文品名 | 条目编码 | 页码 |
|---|---|---|---|
| 29153900 | 蚊蝇灵 | 0200026 | ············(461) |
| 29153900 | 乙酸铜 | 0131013 | ············(118) |
| 29153900 | 种衣酯 | 0134068 | ············(216) |
| 29155010 | Propionic acid | 0134016 | ············(195) |
| 29155010 | 丙酸 | 0134016 | ············(195) |
| 29159000 | Baron | 0141011 | ············(225) |
| 29159000 | Dalapon | 0144068 | ············(314) |
| 29159000 | Erbon | 0141011 | ············(225) |
| 29159000 | Fratol | 0120011 | ············(101) |
| 29159000 | Novege | 0141011 | ············(225) |
| 29159000 | Novon | 0141011 | ············(225) |
| 29159000 | Pentanate | 0141011 | ············(225) |
| 29159000 | Proprop | 0144068 | ············(314) |
| 29159000 | Sodium monofluo fluoroacetate | 0120011 | ············(101) |
| 29159000 | Yasoknock | 0120011 | ············(101) |
| 29159000 | 达拉朋 | 0144068 | ············(314) |
| 29159000 | 氟乙酸钠 | 0120011 | ············(101) |
| 29159000 | 茅草枯 | 0144068 | ············(314) |
| 29159000 | 一氟乙酸钠 | 0120011 | ············(101) |
| 29159000 | 抑草蓬 | 0141011 | ············(225) |
| **2916** | | | |
| 29161100 | Acrylic acid | 0134017 | ············(195) |
| 29161100 | 丙烯酸 | 0134017 | ············(195) |
| 29161100 | 真菌净 | 0134017 | ············(195) |
| 29161900 | Acricid | 0184009 | ············(446) |
| 29161900 | Ambox | 0184009 | ············(446) |
| 29161900 | Binapacryl | 0184009 | ············(446) |
| 29161900 | Dapacryl | 0184009 | ············(446) |
| 29161900 | Endosan | 0184009 | ············(446) |
| 29161900 | Gentrol(气雾剂) | 0114018 | ············(71) |
| 29161900 | Hydroprene | 0114018 | ············(71) |
| 29161900 | Kinoprene | 0114019 | ············(72) |
| 29161900 | Morocide | 0184009 | ············(446) |
| 29161900 | Morocide | 0184009 | ············(446) |
| 29161900 | 乐杀螨 | 0184009 | ············(446) |
| 29161900 | 烯虫炔酯 | 0114019 | ············(72) |
| 29161900 | 烯虫乙酯 | 0114018 | ············(71) |
| 29162090 | 2-氟氯菊酯 | 0181048 | ············(429) |
| 29162090 | 8501C | 0200018 | ············(457) |
| 29162090 | AI3-29329 | 0150035 | ············(399) |
| 29162090 | Allethrin | 0200002 | ············(450) |

| 海关商品编码 | 中英文品名 | 条目编码 | 页码 |
|---|---|---|---|
| 29162090 | Phenothrin | 0200013 | (455) |
| 29162090 | Pounce | 0113009 | (55) |
| 29162090 | Prallethrin | 0200033 | (464) |
| 29162090 | Pynamin | 0200002 | (450) |
| 29162090 | Pyrethrins | 0115004 | (75) |
| 29162090 | Qamlin | 0113009 | (55) |
| 29162090 | Rich-d-t-empenthrin | 0200017 | (457) |
| 29162090 | Rich-d-t-phenothrin | 0200014 | (456) |
| 29162090 | Rich-d-t-prallethrin | 0200034 | (465) |
| 29162090 | Rich-d-trans-allethrin | 0200003 | (451) |
| 29162090 | Ridsect | 0200033 | (464) |
| 29162090 | S-2852 | 0200016 | (456) |
| 29162090 | Stockade | 0113009 | (55) |
| 29162090 | Stomoxin | 0113009 | (55) |
| 29162090 | Sumithrin | 0200013 | (455) |
| 29162090 | S-生物丙烯菊酯 | 0200007 | (452) |
| 29162090 | S-生物烯丙菊酯 | 0200004 | (451) |
| 29162090 | Talcird | 0113009 | (55) |
| 29162090 | Talcord | 0113009 | (55) |
| 29162090 | Talstar | 0181048 | (429) |
| 29162090 | Tefluthrin | 0113001 | (51) |
| 29162090 | Terallethrin | 0200001 | (450) |
| 29162090 | Transfluthrin | 0200040 | (467) |
| 29162090 | Vape | 0200033 | (464) |
| 29162090 | Vapemat | 0200006 | (452) |
| 29162090 | Vaporthrin | 0200016 | (456) |
| 29162090 | Zardex | 0150035 | (399) |
| 29162090 | Zinc cyclohexane-carboxylate | 0134002 | (190) |
| 29162090 | ZR-856 | 0150035 | (399) |
| 29162090 | 阿斯 | 0200006 | (452) |
| 29162090 | 百扑灵 | 0200016 | (456) |
| 29162090 | 拜高(混剂) | 0200006 | (452) |
| 29162090 | 拜高(混剂) | 0200033 | (464) |
| 29162090 | 苯醚菊酯 | 0200013 | (455) |
| 29162090 | 毕芳宁 | 0181048 | (429) |
| 29162090 | 毕那命 | 0200002 | (450) |
| 29162090 | 苄菊酯 | 0113003 | (52) |
| 29162090 | 苄氯菊酯 | 0113009 | (55) |
| 29162090 | 苄烯菊酯 | 0113022 | (63) |
| 29162090 | 丙炔菊酯 | 0200033 | (464) |
| 29162090 | 丙烯除虫菊 | 0200002 | (450) |
| 29162090 | 丙烯菊酯 | 0200002 | (450) |

| 海关商品编码 | 中英文品名 | 条目编码 | 页码 |
|---|---|---|---|
| 29162090 | 右旋丙烯菊酯 | 0200006 | ············(452) |
| 29162090 | 右旋反式烯丙菊酯 | 0200004 | ············(451) |
| 29162090 | 右旋炔戊菊酯 | 0200016 | ············(456) |
| 29162090 | 右旋烯丙菊酯 | 0200006 | ············(452) |
| 29162090 | 右旋烯炔菊酯 | 0200016 | ············(456) |
| 29162090 | 中西气雾菊酯 | 0200018 | ············(457) |
| 29163100 | Benzoate | 0134013 | ············(194) |
| 29163100 | 苯甲酸 | 0134013 | ············(194) |
| 29163100 | 苯杨粉(其中一个有效成分) | 0134013 | ············(194) |
| 29163100 | 绿康宁 | 0134013 | ············(194) |
| 29163990 | 1-Naphthyl acetic acid(NAA) | 0143053 | ············(276) |
| 29163990 | 1-萘乙酸 | 0143053 | ············(276) |
| 29163990 | 2, 3, 5-TIBA | 0143058 | ············(278) |
| 29163990 | 2, 3, 5-Triiodobenzoic acide | 0143058 | ············(278) |
| 29163990 | 2, 3, 6-TAB | 0144128 | ············(341) |
| 29163990 | Alphaspra | 0143053 | ············(276) |
| 29163990 | BAY70533 | 0144133 | ············(343) |
| 29163990 | Benzabar | 0144128 | ············(341) |
| 29163990 | Bidisin | 0144133 | ············(343) |
| 29163990 | BRN2331933 | 0144133 | ············(343) |
| 29163990 | Celmone | 0143053 | ············(276) |
| 29163990 | Chlorphenprop-methyl | 0144133 | ············(343) |
| 29163990 | Floraltone | 0143058 | ············(278) |
| 29163990 | Fruitofix | 0143053 | ············(276) |
| 29163990 | Fruitone-N | 0143053 | ············(276) |
| 29163990 | Johnkolor | 0143058 | ············(278) |
| 29163990 | NAA | 0143053 | ············(276) |
| 29163990 | Parmone | 0143053 | ············(276) |
| 29163990 | Peroxyacetic acid | 0300011 | ············(475) |
| 29163990 | Phyomone | 0143053 | ············(276) |
| 29163990 | Rootone | 0143053 | ············(276) |
| 29163990 | TCBA | 0144128 | ············(341) |
| 29163990 | Tribac | 0144128 | ············(341) |
| 29163990 | Trysben | 0144128 | ············(341) |
| 29163990 | Valerate | 0113010 | ············(56) |
| 29163990 | 草芽畏 | 0144128 | ············(341) |
| 29163990 | 多虫畏 | 0113010 | ············(56) |
| 29163990 | 过氧乙酸 | 0300011 | ············(475) |
| 29163990 | 绿乳铜 | 0131031 | ············(125) |
| 29163990 | α-萘醋酸 | 0143053 | ············(276) |
| 29163990 | α-萘乙酸 | 0143053 | ············(276) |
| 29163990 | 萘乙酸 | 0143053 | ············(276) |

| 海关商品编码 | 中英文品名 | 条目编码 | 页码 |
|---|---|---|---|
| 29163990 | 去氢枞酸铜 | 0131031 | ············(125) |
| 29163990 | 三碘苯甲酸 | 0143058 | ············(278) |
| 29163990 | 杀虫菊酯 | 0113010 | ············(56) |
| 29163990 | 松脂酸铜 | 0131031 | ············(125) |
| 29163990 | 戊菊酯 | 0113010 | ············(56) |
| 29163990 | 戊酸醚酯 | 0113010 | ············(56) |
| 29163990 | 燕麦酯 | 0144133 | ············(343) |
| 29163990 | 中西除虫菊酯 | 0113010 | ············(56) |
| 29163990 | 中西菊酯 | 0113010 | ············(56) |
| **2917** | | | |
| 29171900 | Dibutyl succinate | 0115012 | ············(80) |
| 29171900 | 驱虫特 | 0115012 | ············(80) |
| 29172090 | Dimethylcarbate | 0115014 | ············(81) |
| 29172090 | 驱蚊灵 | 0115014 | ············(81) |
| 29173490 | Arolin | 0200012 | ············(455) |
| 29173490 | Dimethyl phthalate | 0200012 | ············(455) |
| 29173490 | Fermine | 0200012 | ············(455) |
| 29173490 | Sketofax | 0200012 | ············(455) |
| 29173490 | 避蚊剂 | 0200012 | ············(455) |
| 29173490 | 避蚊油 | 0200012 | ············(455) |
| 29173490 | 避蚊酯 | 0200012 | ············(455) |
| 29173490 | 驱蚊油 | 0200012 | ············(455) |
| 29173990 | Chlorthal-dimethyl | 0144196 | ············(365) |
| 29173990 | DAC4 | 0144196 | ············(365) |
| 29173990 | Dacthal | 0144196 | ············(365) |
| 29173990 | DCPA | 0144196 | ············(365) |
| 29173990 | Fatal | 0144196 | ············(365) |
| 29173990 | Nitrothal-isopropyl | 0134071 | ············(217) |
| 29173990 | TCTP | 0144196 | ············(365) |
| 29173990 | Tetral | 0144196 | ············(365) |
| 29173990 | 氯酞酸甲酯 | 0144196 | ············(365) |
| 29173990 | 酞菌酯 | 0134071 | ············(217) |
| **2918** | | | |
| 29181500 | Citricacide-titatnium chelate | 0143038 | ············(270) |
| 29181500 | 科资 891 | 0143038 | ············(270) |
| 29181500 | 柠檬酸钛 | 0143038 | ············(270) |
| 29181990 | Acaraben | 0150024 | ············(396) |
| 29181990 | Acarol | 0150019 | ············(394) |
| 29181990 | Akar | 0150024 | ············(396) |
| 29181990 | Benzilan | 0150024 | ············(396) |

| 海关商品编码 | 中英文品名 | 条目编码 | 页码 |
|---|---|---|---|
| 29241990 | Cdaat | 0144239 | ············(379) |
| 29241990 | Cellocidin | 0134076 | ············(218) |
| 29241990 | Dicrotophos | 0181003 | ············(409) |
| 29241990 | Dimecron | 0111035 | ············(18) |
| 29241990 | DKA24 | 0145004 | ············(383) |
| 29241990 | Ektafos | 0181003 | ············(409) |
| 29241990 | Ethyl butylacetylaminoprpionate | 0200037 | ············(466) |
| 29241990 | Fluoroacetamide | 0120012 | ············(101) |
| 29241990 | Lenamycin | 0134076 | ············(218) |
| 29241990 | Monocron | 0111034 | ············(18) |
| 29241990 | Monocrotophos | 0111034 | ············(18) |
| 29241990 | NSC-38643 | 0134076 | ············(218) |
| 29241990 | Nuvacron | 0111034 | ············(18) |
| 29241990 | Onecrotophos | 0111034 | ············(18) |
| 29241990 | Phoskill | 0111034 | ············(18) |
| 29241990 | Phosphamidon | 0111035 | ············(18) |
| 29241990 | Previcur N | 0134052 | ············(209) |
| 29241990 | Propamocarb hydrochloride | 0134052 | ············(209) |
| 29241990 | Randox | 0144239 | ············(379) |
| 29241990 | Renamycin | 0134076 | ············(218) |
| 29241990 | 百特磷 | 0181003 | ············(409) |
| 29241990 | 百治磷 | 0181003 | ············(409) |
| 29241990 | 丙酰胺 | 0134052 | ············(209) |
| 29241990 | 大灭虫 | 0111035 | ············(18) |
| 29241990 | 迪莫克 | 0111035 | ············(18) |
| 29241990 | 二丙烯草胺 | 0144239 | ············(379) |
| 29241990 | 氟乙酰胺 | 0120012 | ············(101) |
| 29241990 | 福斯胺 | 0111035 | ············(18) |
| 29241990 | 解草烯 | 0145004 | ············(383) |
| 29241990 | 久效磷 | 0111034 | ············(18) |
| 29241990 | 磷胺 | 0111035 | ············(18) |
| 29241990 | 铃杀 | 0111034 | ············(18) |
| 29241990 | 纽瓦克 | 0111034 | ············(18) |
| 29241990 | 普力克 | 0134052 | ············(209) |
| 29241990 | 驱蚊酯 | 0200037 | ············(466) |
| 29241990 | 霜霉威 | 0134052 | ············(209) |
| 29241990 | 霜霉威盐酸盐 | 0134052 | ············(209) |
| 29241990 | 叶枯炔 | 0134076 | ············(218) |
| 29241990 | 叶枯散 | 0134076 | ············(218) |
| 29241990 | 伊默宁 | 0200037 | ············(466) |
| 29242100 | A1335 | 0181001 | ············(408) |
| 29242100 | Andalin | 0181001 | ············(408) |

| 海关商品编码 | 中英文品名 | 条目编码 | 页码 |
|---|---|---|---|
| 29242990 | Methachlor | 0144061 | ············(310) |
| 29242990 | Methyldymron | 0142037 | ············(247) |
| 29242990 | Metolachlor | 0144104 | ············(330) |
| 29242990 | Metolcarb | 0112010 | ············(43) |
| 29242990 | Metoxuron | 0142056 | ············(254) |
| 29242990 | Mexacarbate | 0184001 | ············(443) |
| 29242990 | Milocep | 0144104 | ············(330) |
| 29242990 | MIPC | 0112011 | ············(43) |
| 29242990 | Mipcid | 0112011 | ············(43) |
| 29242990 | Mipcin | 0112011 | ············(43) |
| 29242990 | MON097 | 0144110 | ············(333) |
| 29242990 | Monalide | 0144240 | ············(379) |
| 29242990 | Monceren | 0134061 | ············(213) |
| 29242990 | Moncut | 0134025 | ············(199) |
| 29242990 | Monurex | 0142051 | ············(252) |
| 29242990 | Monuron | 0142051 | ············(252) |
| 29242990 | MT101 | 0144174 | ············(357) |
| 29242990 | MTMC | 0112010 | ············(43) |
| 29242990 | N-(2-chlorophenyl)-N′-(1-methyl-1-phenylehtyl) urea | 0142026 | ············(243) |
| 29242990 | Naproanilide | 0144174 | ············(357) |
| 29242990 | Napropamide | 0144042 | ············(301) |
| 29242990 | Naptalam | 0141023 | ············(231) |
| 29242990 | Naptro | 0141023 | ············(231) |
| 29242990 | Neburon | 0142055 | ············(253) |
| 29242990 | Neoban | 0144100 | ············(329) |
| 29242990 | Niclosamide | 0170002 | ············(405) |
| 29242990 | Niclosamide-clamine | 0170003 | ············(406) |
| 29242990 | Nifluridide | 0115029 | ············(86) |
| 29242990 | NK483 | 0134073 | ············(217) |
| 29242990 | Nomolt | 0114016 | ············(70) |
| 29242990 | Norea | 0142060 | ············(255) |
| 29242990 | Norex | 0142035 | ············(247) |
| 29242990 | Noruron | 0142060 | ············(255) |
| 29242990 | NPA | 0141023 | ············(231) |
| 29242990 | NSC-221681 | 0144238 | ············(378) |
| 29242990 | Oatax | 0144100 | ············(329) |
| 29242990 | OMU | 0142061 | ············(255) |
| 29242990 | Osbac | 0181007 | ············(411) |
| 29242990 | Otraxal | 0144061 | ············(310) |
| 29242990 | Pakhtaran | 0142054 | ············(253) |

| 海关商品编码 | 中英文品名 | 条目编码 | 页码 |
|---|---|---|---|
| 29242990 | Pencycuron | 0134061 | ············(213) |
| 29242990 | Penfluron | 0115025 | ············(84) |
| 29242990 | Pentanochlor | 0144244 | ············(380) |
| 29242990 | PH604 | 0115025 | ············(84) |
| 29242990 | PHC | 0112013 | ············(44) |
| 29242990 | Phenisopham | 0144163 | ············(354) |
| 29242990 | Phenmedipham | 0144098 | ············(328) |
| 29242990 | Phenobenzuron | 0142059 | ············(255) |
| 29242990 | Pinoran | 0142058 | ············(254) |
| 29242990 | Potablan | 0144240 | ············(379) |
| 29242990 | Pretilachlor | 0144038 | ············(299) |
| 29242990 | Program | 0114020 | ············(72) |
| 29242990 | Promecarb | 0112030 | ············(50) |
| 29242990 | Propachlor | 0144046 | ············(303) |
| 29242990 | Propanil | 0144041 | ············(301) |
| 29242990 | Propisochlor | 0144106 | ············(331) |
| 29242990 | Proponit | 0144106 | ············(331) |
| 29242990 | Propoxur | 0112013 | ············(44) |
| 29242990 | Propyzamide | 0144243 | ············(380) |
| 29242990 | Prynachlor | 0144237 | ············(378) |
| 29242990 | PUD | 0142050 | ············(251) |
| 29242990 | Purivel | 0142056 | ············(254) |
| 29242990 | R-25788 | 0144175 | ············(357) |
| 29242990 | Ramrod | 0144046 | ············(303) |
| 29242990 | Red | 0142050 | ············(251) |
| 29242990 | Rico | 0144084 | ············(321) |
| 29242990 | Rideon | 0144173 | ············(357) |
| 29242990 | Ridomil | 0134027 | ············(199) |
| 29242990 | Ridomil | 0134030 | ············(200) |
| 29242990 | Rifit | 0144038 | ············(299) |
| 29242990 | Rogue | 0144041 | ············(301) |
| 29242990 | Rosuran | 0142051 | ············(252) |
| 29242990 | S-15544 | 0144176 | ············(358) |
| 29242990 | S-1605 | 0134064 | ············(214) |
| 29242990 | S6000 | 0144242 | ············(380) |
| 29242990 | Sendran | 0112013 | ············(44) |
| 29242990 | Sevin | 0112005 | ············(41) |
| 29242990 | Shiragen | 0134072 | ············(217) |
| 29242990 | Shirley insect repellent | 0200011 | ············(454) |
| 29242990 | Shouron | 0142005 | ············(233) |
| 29242990 | Siduron | 0142053 | ············(252) |
| 29242990 | Sirmate | 0144236 | ············(378) |

| 海关商品编码 | 中英文品名 | 条目编码 | 页码 |
|---|---|---|---|
| 29242990 | SN58132 | 0144163 | ············(354) |
| 29242990 | Sofit | 0144038 | ············(299) |
| 29242990 | Solan | 0144244 | ············(380) |
| 29242990 | SP-52223 | 0144238 | ············(378) |
| 29242990 | Sprout | 0183002 | ············(443) |
| 29242990 | Stacker | 0142037 | ············(247) |
| 29242990 | Stam F34 | 0144041 | ············(301) |
| 29242990 | Stampede | 0144041 | ············(301) |
| 29242990 | Suffix | 0144047 | ············(304) |
| 29242990 | Sulerex | 0142056 | ············(254) |
| 29242990 | Sumico | 0134064 | ············(214) |
| 29242990 | Sumiherb | 0144004 | ············(285) |
| 29242990 | Suncide | 0112013 | ············(44) |
| 29242990 | Superbarnon | 0144135 | ············(344) |
| 29242990 | Super suffix | 0144135 | ············(344) |
| 29242990 | Surcopur | 0144041 | ············(301) |
| 29242990 | Swep | 0144073 | ············(316) |
| 29242990 | Tandex | 0142007 | ············(234) |
| 29242990 | Tanzene | 0142007 | ············(234) |
| 29242990 | Tebutam | 0144176 | ············(358) |
| 29242990 | Techlofthalam | 0134072 | ············(217) |
| 29242990 | Tecloftalam | 0134072 | ············(217) |
| 29242990 | Teflubenzuron | 0114016 | ············(70) |
| 29242990 | Telvar | 0142051 | ············(252) |
| 29242990 | Tendex | 0112013 | ············(44) |
| 29242990 | Tenoran | 0142035 | ············(247) |
| 29242990 | Terbucarb | 0144162 | ············(353) |
| 29242990 | Terbuchlor | 0144168 | ············(355) |
| 29242990 | Terbutol | 0144162 | ············(353) |
| 29242990 | Teridox | 0144170 | ············(356) |
| 29242990 | TH6040 | 0114012 | ············(69) |
| 29242990 | Tolkan | 0142006 | ············(234) |
| 29242990 | Tolkan | 0142006 | ············(234) |
| 29242990 | Trefmid | 0144173 | ············(357) |
| 29242990 | Trey | 0142053 | ············(252) |
| 29242990 | Trichlamide | 0134073 | ············(217) |
| 29242990 | Triclocarban | 0300006 | ············(473) |
| 29242990 | Triflumuron | 0114017 | ············(71) |
| 29242990 | Trueno | 0114003 | ············(65) |
| 29242990 | Tsumacide | 0112010 | ············(43) |
| 29242990 | Tupersan | 0142053 | ············(252) |
| 29242990 | U4513 | 0144173 | ············(357) |

| 海关商品编码 | 中英文品名 | 条目编码 | 页码 |
|---|---|---|---|
| 29242990 | 禾穗宁 | 0134061 | (213) |
| 29242990 | 合杀威 | 0112026 | (49) |
| 29242990 | 环丙酰胺 | 0134003 | (190) |
| 29242990 | 环草隆 | 0142053 | (252) |
| 29242990 | 环酰草胺 | 0144242 | (380) |
| 29242990 | 环莠隆 | 0142061 | (255) |
| 29242990 | 混灭威 | 0112006 | (41) |
| 29242990 | 混杀威 | 0112007 | (42) |
| 29242990 | 甲草胺 | 0144061 | (310) |
| 29242990 | 甲基杀草隆 | 0142037 | (247) |
| 29242990 | 甲氯酰草胺 | 0144244 | (380) |
| 29242990 | 甲萘威 | 0112005 | (41) |
| 29242990 | 甲霜安 | 0134030 | (200) |
| 29242990 | 甲霜灵 | 0134030 | (200) |
| 29242990 | 甲氧隆 | 0142056 | (254) |
| 29242990 | 金都尔 | 0144104 | (330) |
| 29242990 | 精甲霜灵 | 0134027 | (199) |
| 29242990 | 卡草胺 | 0144245 | (381) |
| 29242990 | 卡死克 | 0181009 | (411) |
| 29242990 | 凯米丰 | 0144098 | (328) |
| 29242990 | 克草胺 | 0144022 | (292) |
| 29242990 | 枯草隆 | 0142035 | (247) |
| 29242990 | 枯莠隆 | 0142058 | (254) |
| 29242990 | 快绿扬(合剂) | 0114020 | (72) |
| 29242990 | 拉索 | 0144061 | (310) |
| 29242990 | 雷多米尔 | 0134030 | (200) |
| 29242990 | 雷克拉 | 0144245 | (381) |
| 29242990 | 邻酰胺 | 0134049 | (208) |
| 29242990 | 硫菌霉威 | 0134064 | (214) |
| 29242990 | 氯苯胺灵 | 0183002 | (443) |
| 29242990 | 氯甲酰草胺 | 0144023 | (293) |
| 29242990 | 氯螺消 | 0170002 | (405) |
| 29242990 | 氯炔草灵 | 0144100 | (329) |
| 29242990 | 氯炔灵 | 0144235 | (377) |
| 29242990 | 螺灭杀 | 0170003 | (406) |
| 29242990 | 马歇特 | 0144045 | (303) |
| 29242990 | 麦草氟甲酯 | 0144134 | (343) |
| 29242990 | 麦草氟异丙酯 | 0144135 | (344) |
| 29242990 | 麦锈灵 | 0134014 | (194) |
| 29242990 | 猛杀威 | 0112030 | (50) |
| 29242990 | 棉胺宁 | 0144163 | (354) |
| 29242990 | 灭草灵 | 0144073 | (316) |

| 海关商品编码 | 中英文品名 | 条目编码 | 页码 |
|---|---|---|---|
| 29242990 | 素露杀菌消毒液 | 0300006 | ………… (473) |
| 29242990 | 速灭威 | 0112010 | ………… (43) |
| 29242990 | 特胺灵 | 0142007 | ………… (234) |
| 29242990 | 特草灵 | 0144162 | ………… (353) |
| 29242990 | 特丁草胺 | 0144168 | ………… (355) |
| 29242990 | 甜菜安 | 0144097 | ………… (327) |
| 29242990 | 甜菜宁 | 0144098 | ………… (328) |
| 29242990 | 甜草灵 | 0144097 | ………… (327) |
| 29242990 | 土豆抑芽粉 | 0183002 | ………… (443) |
| 29242990 | 万菌宁 | 0134061 | ………… (213) |
| 29242990 | 望佳多 | 0134025 | ………… (199) |
| 29242990 | 蚊怕水 | 0200011 | ………… (454) |
| 29242990 | 戊菌隆 | 0134061 | ………… (213) |
| 29242990 | 戊炔草胺 | 0144243 | ………… (380) |
| 29242990 | 西维因 | 0112005 | ………… (41) |
| 29242990 | 烯丙酰草胺 | 0144175 | ………… (357) |
| 29242990 | 酰草隆 | 0142059 | ………… (255) |
| 29242990 | 消草安 | 0144110 | ………… (333) |
| 29242990 | 新马歇特 | 0144045 | ………… (303) |
| 29242990 | 新燕灵 | 0144047 | ………… (304) |
| 29242990 | 溴丁酰草胺 | 0144004 | ………… (285) |
| 29242990 | 畜虫威 | 0112031 | ………… (51) |
| 29242990 | 雪梨驱蚊油 | 0200011 | ………… (454) |
| 29242990 | 燕麦灵 | 0144100 | ………… (329) |
| 29242990 | 叶蝉散 | 0112011 | ………… (43) |
| 29242990 | 叶枯酞 | 0134072 | ………… (217) |
| 29242990 | 一氯苯隆 | 0114001 | ………… (65) |
| 29242990 | 乙草胺 | 0144110 | ………… (333) |
| 29242990 | 乙基乙草安 | 0144110 | ………… (333) |
| 29242990 | 乙霉威 | 0134064 | ………… (214) |
| 29242990 | 乙酰甲草胺 | 0144167 | ………… (355) |
| 29242990 | 乙氧苯草胺 | 0144180 | ………… (359) |
| 29242990 | 异丙草胺 | 0144106 | ………… (331) |
| 29242990 | 异丙甲草胺 | 0144104 | ………… (330) |
| 29242990 | 异丙隆 | 0142006 | ………… (234) |
| 29242990 | 异丙威 | 0112011 | ………… (43) |
| 29242990 | 异丁草胺 | 0144238 | ………… (378) |
| 29242990 | 异灭威 | 0112011 | ………… (43) |
| 29242990 | 杂草锁 | 0144061 | ………… (310) |
| 29242990 | 仲丁威 | 0181007 | ………… (411) |
| 29242990 | 兹克威 | 0184001 | ………… (443) |
| 29242990 | 自克威 | 0184001 | ………… (443) |

| 海关商品编码 | 中英文品名 | 条目编码 | 页码 |
|---|---|---|---|
| 29269090 | Bravo | 0131011 | ………… (117) |
| 29269090 | BRN3051664 | 0145003 | ………… (382) |
| 29269090 | Brofenvalerate | 0181037 | ………… (425) |
| 29269090 | Brofluthrinate | 0181030 | ………… (422) |
| 29269090 | Brominal | 0144071 | ………… (315) |
| 29269090 | Brominil | 0144071 | ………… (315) |
| 29269090 | Bromothalonil | 0134043 | ………… (206) |
| 29269090 | Bromoxynil | 0144071 | ………… (315) |
| 29269090 | Bromoxynil octanoate | 0144081 | ………… (320) |
| 29269090 | Bronate | 0144071 | ………… (315) |
| 29269090 | Bronate | 0144081 | ………… (320) |
| 29269090 | Buctril | 0144071 | ………… (315) |
| 29269090 | Buctril | 0144081 | ………… (320) |
| 29269090 | Bucy permethrin | 0200019 | ………… (458) |
| 29269090 | Bulldock | 0113005 | ………… (53) |
| 29269090 | Butilchlorofos | 0144071 | ………… (315) |
| 29269090 | Casoron | 0144246 | ………… (381) |
| 29269090 | Certrol | 0144124 | ………… (340) |
| 29269090 | Cesar | 0113007 | ………… (54) |
| 29269090 | CGA-43089 | 0145003 | ………… (382) |
| 29269090 | Chlorothalonil | 0131011 | ………… (117) |
| 29269090 | Cipotril | 0144124 | ………… (340) |
| 29269090 | Clincher | 0144079 | ………… (319) |
| 29269090 | Concep | 0145003 | ………… (382) |
| 29269090 | Concord | 0113016 | ………… (60) |
| 29269090 | Curzate | 0134053 | ………… (210) |
| 29269090 | Cyanophos | 0111046 | ………… (23) |
| 29269090 | Cyanox | 0111046 | ………… (23) |
| 29269090 | Cybolt | 0113013 | ………… (58) |
| 29269090 | Cyclomec | 0144246 | ………… (381) |
| 29269090 | Cycloprothrin | 0113008 | ………… (55) |
| 29269090 | Cyclosal | 0113008 | ………… (55) |
| 29269090 | Cyfloxylate | 0113004 | ………… (52) |
| 29269090 | Cyfluthrin | 0113004 | ………… (52) |
| 29269090 | Cyhalofop-butyl | 0144079 | ………… (319) |
| 29269090 | Cyhalothrin | 0181050 | ………… (431) |
| 29269090 | Cylathrin | 0113004 | ………… (52) |
| 29269090 | Cymbush | 0113014 | ………… (58) |
| 29269090 | Cymoxanil | 0134053 | ………… (210) |
| 29269090 | Cyometrinil | 0145003 | ………… (382) |
| 29269090 | Cyperkill | 0113014 | ………… (58) |
| 29269090 | Cypermethrin | 0113014 | ………… (58) |

| 海关商品编码 | 中英文品名 | 条目编码 | 页码 |
|---|---|---|---|
| 29269090 | 四溴菊酯 | 0113007 | (54) |
| 29269090 | 速灭菊酯 | 0113011 | (57) |
| 29269090 | 速灭杀丁 | 0113011 | (57) |
| 29269090 | 炭特灵 | 0134043 | (206) |
| 29269090 | 特效绿仙菊酯 | 0200020 | (458) |
| 29269090 | 天马 | 0113017 | (61) |
| 29269090 | 卫害净 | 0113015 | (59) |
| 29269090 | 无敌粉 | 0113015 | (59) |
| 29269090 | 戊氰威 | 0115018 | (82) |
| 29269090 | 戊烯氰氯菊酯 | 0200019 | (458) |
| 29269090 | 辛酰碘苯腈 | 0144177 | (358) |
| 29269090 | 辛酰溴苯腈 | 0144081 | (320) |
| 29269090 | 兴棉宝 | 0113014 | (58) |
| 29269090 | 兴棉隆 | 0113014 | (58) |
| 29269090 | 休菌清 | 0134043 | (206) |
| 29269090 | 溴苯腈 | 0144071 | (315) |
| 29269090 | 溴敌虫菊酯 | 0181037 | (425) |
| 29269090 | 溴氟菊酯 | 0181030 | (422) |
| 29269090 | 溴菌腈 | 0134043 | (206) |
| 29269090 | 溴菌清 | 0134043 | (206) |
| 29269090 | 溴氯氰菊酯 | 0113023 | (63) |
| 29269090 | 溴灭菊酯 | 0181037 | (425) |
| 29269090 | 溴氰菊酯 | 0113017 | (61) |
| 29269090 | 溴氰戊菊酯 | 0181037 | (425) |
| 29269090 | 乙氰菊酯 | 0113008 | (55) |
| 29269090 | 乙体氟氯氰菊酯 | 0113005 | (53) |
| 29269090 | 右旋苯醚氰菊酯 | 0200027 | (462) |
| 29269090 | 右旋苯氰菊酯 | 0200027 | (462) |
| 29269090 | 增效百虫灵 | 0113017 | (61) |
| 29269090 | 中西氟氰菊酯 | 0113013 | (58) |
| 29269090 | 中西杀灭菊酯 | 0113011 | (57) |
| 29269090 | 中西溴氟菊酯 | 0181030 | (422) |
| **2927** | | | |
| 29270000 | DAPA | 0134019 | (196) |
| 29270000 | Dexon | 0134019 | (196) |
| 29270000 | Diazoben | 0134019 | (196) |
| 29270000 | Fenaminosulf | 0134019 | (196) |
| 29270000 | Lwsan | 0134019 | (196) |
| 29270000 | 敌磺钠 | 0134019 | (196) |
| 29270000 | 敌磺酸 | 0134019 | (196) |
| 29270000 | 敌克松 | 0134019 | (196) |

| 海关商品编码 | 中英文品名 | 条目编码 | 页码 |
|---|---|---|---|
| 29302000 | Triallate | 0144102 | (329) |
| 29302000 | Trifungol | 0131007 | (115) |
| 29302000 | Trimanzone | 0131007 | (115) |
| 29302000 | Vapam | 0144099 | (328) |
| 29302000 | Vegadex | 0144219 | (372) |
| 29302000 | Vegetox | 0182006 | (438) |
| 29302000 | Vernam | 0144072 | (316) |
| 29302000 | Vernolate | 0144072 | (316) |
| 29302000 | VPM | 0144099 | (328) |
| 29302000 | Witox | 0144218 | (372) |
| 29302000 | X-Spor | 0131002 | (113) |
| 29302000 | ZEB | 0131001 | (112) |
| 29302000 | Zincmate | 0131018 | (120) |
| 29302000 | Zineb | 0131001 | (112) |
| 29302000 | Ziram | 0131018 | (120) |
| 29302000 | 阿畏达 | 0144102 | (329) |
| 29302000 | 安百亩 | 0131050 | (132) |
| 29302000 | 巴丹 | 0182006 | (438) |
| 29302000 | 苄草丹 | 0144164 | (354) |
| 29302000 | 丙森锌 | 0134015 | (195) |
| 29302000 | 菜草畏 | 0144219 | (372) |
| 29302000 | 除田莠 | 0144058 | (308) |
| 29302000 | Benthiocarb | 0144058 | (308) |
| 29302000 | 代森铵 | 0131003 | (113) |
| 29302000 | 代森福美锌 | 0131008 | (115) |
| 29302000 | 代森锰 | 0131004 | (114) |
| 29302000 | 代森钠 | 0131002 | (113) |
| 29302000 | 代森锌 | 0131001 | (112) |
| 29302000 | 稻草完 | 0144058 | (308) |
| 29302000 | 丁草敌 | 0144217 | (372) |
| 29302000 | 福代锌 | 0131008 | (115) |
| 29302000 | 福美镍 | 0131006 | (115) |
| 29302000 | 福美铁 | 0131007 | (115) |
| 29302000 | 福美锌 | 0131018 | (120) |
| 29302000 | 禾草丹 | 0144058 | (308) |
| 29302000 | 环草敌 | 0144223 | (374) |
| 29302000 | 卡塔普 | 0182006 | (438) |
| 29302000 | 克草敌 | 0144222 | (373) |
| 29302000 | 硫草敌 | 0144224 | (374) |
| 29302000 | 硫菌威 | 0131023 | (122) |
| 29302000 | 灭草丹 | 0144072 | (316) |
| 29302000 | 灭草敌 | 0144072 | (316) |

| 海关商品编码 | 中英文品名 | 条目编码 | 页码 |
|---|---|---|---|
| 29309090 | Bancol | 0115010 | ············(80) |
| 29309090 | BAY47531 | 0131026 | ············(123) |
| 29309090 | BAY68138 | 0182011 | ············(440) |
| 29309090 | Baycid | 0111019 | ············(12) |
| 29309090 | Baytex | 0111019 | ············(12) |
| 29309090 | Bisultap | 0115007 | ············(78) |
| 29309090 | Bolstar | 0111042 | ············(22) |
| 29309090 | BRN2283950 | 0131047 | ············(131) |
| 29309090 | Butifos | 0143062 | ············(279) |
| 29309090 | Butiphos | 0143062 | ············(279) |
| 29309090 | Butocarboxim | 0115026 | ············(85) |
| 29309090 | Butoxycarboxim | 0115027 | ············(85) |
| 29309090 | Cadusafos | 0160003 | ············(403) |
| 29309090 | Caligran | 0131024 | ············(122) |
| 29309090 | Captafol | 0131016 | ············(119) |
| 29309090 | Captan | 0132038 | ············(150) |
| 29309090 | Captane | 0132038 | ············(150) |
| 29309090 | Captos | 0111024 | ············(14) |
| 29309090 | Carbofos | 0111040 | ············(21) |
| 29309090 | Carbophenothion | 0181026 | ············(420) |
| 29309090 | CCRIS1459 | 0150038 | ············(400) |
| 29309090 | Celathion | 0181011 | ············(413) |
| 29309090 | Cercobin M | 0131024 | ············(122) |
| 29309090 | Cercobin Methyl | 0131025 | ············(122) |
| 29309090 | Checkmate | 0144091 | ············(324) |
| 29309090 | Chemagro B-1776 | 0143062 | ············(279) |
| 29309090 | Chloramine phosphorus | 0111094 | ············(38) |
| 29309090 | Chlorbenside | 0150038 | ············(400) |
| 29309090 | Chlorfenson | 0150039 | ············(400) |
| 29309090 | Chlorfensulphide | 0150040 | ············(400) |
| 29309090 | Chlormephos | 0111051 | ············(25) |
| 29309090 | Chlorodifon | 0150007 | ············(388) |
| 29309090 | Chloromethiuron | 0114024 | ············(74) |
| 29309090 | Chloropromurite | 0120032 | ············(109) |
| 29309090 | Chlorthiamide | 0144225 | ············(374) |
| 29309090 | Chlorthiophos | 0181011 | ············(413) |
| 29309090 | Cidial | 0111021 | ············(12) |
| 29309090 | Clethodim | 0144092 | ············(325) |
| 29309090 | Corotran | 0150039 | ············(400) |
| 29309090 | CP20 | 0150038 | ············(400) |
| 29309090 | CPAS | 0150040 | ············(400) |
| 29309090 | Croneton | 0112012 | ············(44) |

| 海关商品编码 | 中英文品名 | 条目编码 | 页码 |
|---|---|---|---|
| 29309090 | Fungo | 0131024 | (122) |
| 29309090 | Fyfanon | 0111040 | (21) |
| 29309090 | Garrathion | 0181026 | (420) |
| 29309090 | Granutox | 0181025 | (419) |
| 29309090 | Halvard | 0112016 | (46) |
| 29309090 | Harubado | 0112016 | (46) |
| 29309090 | Helothion | 0111042 | (22) |
| 29309090 | Heterophos | 0111048 | (24) |
| 29309090 | Hinosan | 0131015 | (118) |
| 29309090 | HSDB668 | 0143062 | (279) |
| 29309090 | IBP | 0131043 | (130) |
| 29309090 | Imidan | 0181028 | (421) |
| 29309090 | Inezin | 0131047 | (131) |
| 29309090 | Inovat | 0181028 | (421) |
| 29309090 | Iprobenfos | 0131043 | (130) |
| 29309090 | Isothioate | 0111063 | (29) |
| 29309090 | Kilval | 0181033 | (423) |
| 29309090 | Kitazin(e) | 0131014 | (118) |
| 29309090 | KitazinP | 0131043 | (130) |
| 29309090 | Krysid | 0120016 | (103) |
| 29309090 | Lannate | 0112016 | (46) |
| 29309090 | Lebaycid | 0111019 | (12) |
| 29309090 | Lepicron | 0112019 | (47) |
| 29309090 | Maladrex | 0111040 | (21) |
| 29309090 | Malaqran | 0111040 | (21) |
| 29309090 | Malathion | 0111040 | (21) |
| 29309090 | MBT | 0184010 | (447) |
| 29309090 | MCPA-thioethyl | 0141004 | (222) |
| 29309090 | Mecarbam | 0111054 | (26) |
| 29309090 | Mecarphon | 0111082 | (34) |
| 29309090 | Mercaptofos | 0111069 | (30) |
| 29309090 | Mercaptothion | 0111040 | (21) |
| 29309090 | Mesurol | 0170001 | (405) |
| 29309090 | Metasystox | 0111070 | (31) |
| 29309090 | Methamidophos | 0181017 | (416) |
| 29309090 | Methaphenamiphos | 0182011 | (440) |
| 29309090 | Methiocarb | 0170001 | (405) |
| 29309090 | Methomyl | 0112016 | (46) |
| 29309090 | Methylacetophos | 0111066 | (29) |
| 29309090 | Methylene | 0184010 | (447) |
| 29309090 | Methylene dithiocyanate | 0184010 | (447) |
| 29309090 | MGK874 | 0115015 | (81) |

| 海关商品编码 | 中英文品名 | 条目编码 | 页码 |
|---|---|---|---|
| 29309090 | Thiofanox | 0181045 | ············(428) |
| 29309090 | Thiometon | 0111073 | ············(32) |
| 29309090 | Thiopan | 0131024 | ············(122) |
| 29309090 | Thiophan | 0132046 | ············(154) |
| 29309090 | Thiophanate | 0131024 | ············(122) |
| 29309090 | Thiophanate-methyl | 0131025 | ············(122) |
| 29309090 | Thiosemicarbazide | 0120031 | ············(109) |
| 29309090 | Thiram | 0131019 | ············(120) |
| 29309090 | Thiuram | 0131019 | ············(120) |
| 29309090 | Tignvon | 0111019 | ············(12) |
| 29309090 | TMTD | 0131019 | ············(120) |
| 29309090 | Tokuthhion | 0111020 | ············(12) |
| 29309090 | TON | 0150007 | ············(388) |
| 29309090 | Topsin-methyl | 0131025 | ············(122) |
| 29309090 | Torak | 0181014 | ············(414) |
| 29309090 | Trevin | 0131024 | ············(122) |
| 29309090 | Tribufos | 0143062 | ············(279) |
| 29309090 | Trimethoate | 0181008 | ············(411) |
| 29309090 | Triprene | 0114021 | ············(73) |
| 29309090 | Trithion | 0181026 | ············(420) |
| 29309090 | Trucidor | 0181033 | ············(423) |
| 29309090 | TSC | 0120031 | ············(109) |
| 29309090 | TT | 0131019 | ············(120) |
| 29309090 | TTCA | 0131020 | ············(121) |
| 29309090 | Tuzet | 0131021 | ············(121) |
| 29309090 | Urbacid | 0131021 | ············(121) |
| 29309090 | USAF EK-1275 | 0120031 | ············(109) |
| 29309090 | V-18 | 0150007 | ············(388) |
| 29309090 | Vamidoate | 0181033 | ············(423) |
| 29309090 | Vamidothion | 0181033 | ············(423) |
| 29309090 | Victenon | 0115010 | ············(80) |
| 29309090 | Vydate | 0160004 | ············(404) |
| 29309090 | 阿苏妙 | 0131020 | ············(121) |
| 29309090 | 爱乐散 | 0111021 | ············(12) |
| 29309090 | 安果 | 0181053 | ············(432) |
| 29309090 | 安硫磷 | 0181053 | ············(432) |
| 29309090 | 安妥 | 0120016 | ············(103) |
| 29309090 | 百治屠 | 0111019 | ············(12) |
| 29309090 | 宝路 | 0115023 | ············(84) |
| 29309090 | 保达 | 0111042 | ············(22) |
| 29309090 | 倍硫磷 | 0111019 | ············(12) |
| 29309090 | 苯虫威 | 0112012 | ············(44) |

| 海关商品编码 | 中英文品名 | 条目编码 | 页码 |
|---|---|---|---|
| 29309090 | 苯稻瘟净 | 0131047 | ············(131) |
| 29309090 | 苯氟磺胺 | 0131026 | ············(123) |
| 29309090 | 苯硫威 | 0150001 | ············(386) |
| 29309090 | 苯螨醚 | 0150031 | ············(398) |
| 29309090 | 苯线磷 | 0182011 | ············(440) |
| 29309090 | 避虫醇 | 0115015 | ············(81) |
| 29309090 | 避虫硫醚 | 0115015 | ············(81) |
| 29309090 | 丙虫磷 | 0111087 | ············(36) |
| 29309090 | 丙硫磷 | 0111020 | ············(12) |
| 29309090 | 丙线磷 | 0182008 | ············(439) |
| 29309090 | 丙溴磷 | 0181032 | ············(422) |
| 29309090 | 布嘉信 | 0115026 | ············(85) |
| 29309090 | 草安威 | 0160004 | ············(404) |
| 29309090 | 草肟威 | 0160004 | ············(404) |
| 29309090 | 虫螨磷 | 0181011 | ············(413) |
| 29309090 | 虫特威 | 0112016 | ············(46) |
| 29309090 | 虫线磷 | 0182008 | ············(439) |
| 29309090 | 除蚜威 | 0112012 | ············(44) |
| 29309090 | 大风雷 | 0111024 | ············(14) |
| 29309090 | 稻丰散 | 0111021 | ············(12) |
| 29309090 | 稻瘟光 | 0131015 | ············(118) |
| 29309090 | 稻瘟净 | 0131014 | ············(118) |
| 29309090 | 敌菌丹 | 0131016 | ············(119) |
| 29309090 | 敌螨特 | 0150040 | ············(400) |
| 29309090 | 敌死通 | 0111072 | ············(32) |
| 29309090 | 敌瘟磷 | 0131015 | ············(118) |
| 29309090 | 地虫磷 | 0111024 | ············(14) |
| 29309090 | 地虫硫膦 | 0111024 | ············(14) |
| 29309090 | 丁苯硫磷 | 0111039 | ············(20) |
| 29309090 | 丁叉威 | 0115026 | ············(85) |
| 29309090 | 丁醚脲 | 0115023 | ············(84) |
| 29309090 | 丁酮砜威 | 0115027 | ············(85) |
| 29309090 | 丁酮威 | 0115026 | ············(85) |
| 29309090 | 多虫磷 | 0181032 | ············(422) |
| 29309090 | 多虫清 | 0181032 | ············(422) |
| 29309090 | 多灭磷 | 0181017 | ············(416) |
| 29309090 | 多杀威 | 0112025 | ············(49) |
| 29309090 | 二甲基二硫醚 | 0181036 | ············(425) |
| 29309090 | 二硫氰基甲烷 | 0184010 | ············(447) |
| 29309090 | 发果 | 0181008 | ············(411) |
| 29309090 | 发硫磷 | 0181008 | ············(411) |
| 29309090 | 法尔顿 | 0132046 | ············(154) |

| 海关商品编码 | 中英文品名 | 条目编码 | 页码 |
|---|---|---|---|
| 29309090 | 烯草酮 | 0144092 | ············(325) |
| 29309090 | 烯虫硫酯 | 0114021 | ············(73) |
| 29309090 | 烯禾啶 | 0144091 | ············(324) |
| 29309090 | 稀禾定 | 0144091 | ············(324) |
| 29309090 | 溴氯磷 | 0181032 | ············(422) |
| 29309090 | 蚜螨立死 | 0181031 | ············(422) |
| 29309090 | 蚜灭多 | 0181033 | ············(423) |
| 29309090 | 蚜灭磷 | 0181033 | ············(423) |
| 29309090 | 亚氨硫磷 | 0181028 | ············(421) |
| 29309090 | 亚胺硫磷 | 0181028 | ············(421) |
| 29309090 | 亚砜磷 | 0181039 | ············(426) |
| 29309090 | 氧化乐果 | 0181018 | ············(416) |
| 29309090 | 氧乐果 | 0181018 | ············(416) |
| 29309090 | 叶蚜磷 | 0111063 | ············(29) |
| 29309090 | 一〇五九 | 0111069 | ············(30) |
| 29309090 | 乙拌磷 | 0111072 | ············(32) |
| 29309090 | 乙草丁 | 0144091 | ············(324) |
| 29309090 | 乙基乐果 | 0181008 | ············(411) |
| 29309090 | 乙硫苯威 | 0112012 | ············(44) |
| 29309090 | 乙硫磷 | 0181031 | ············(422) |
| 29309090 | 乙赛昂 | 0181031 | ············(422) |
| 29309090 | 乙蒜素 | 0131042 | ············(130) |
| 29309090 | 乙肟威 | 0112016 | ············(46) |
| 29309090 | 乙酯磷 | 0111067 | ············(30) |
| 29309090 | 异拌磷 | 0111063 | ············(29) |
| 29309090 | 异丙稻瘟净 | 0131043 | ············(130) |
| 29309090 | 异稻瘟净 | 0131043 | ············(130) |
| 29309090 | 异亚砜磷 | 0111075 | ············(32) |
| 29309090 | 易赛昂 | 0181031 | ············(422) |
| 29309090 | 益尔散 | 0111021 | ············(12) |
| 29309090 | 益硫磷 | 0111084 | ············(35) |
| 29309090 | 益赛昂 | 0181031 | ············(422) |
| 29309090 | 益收宝 | 0182008 | ············(439) |
| 29309090 | 益舒宝 | 0182008 | ············(439) |
| **2931** | | | |
| 29310000 | Trichloronat | 0111028 | ············(15) |
| 29310000 | 毒壤膦 | 0111028 | ············(15) |
| 29319000 | Agrenal | 0131055 | ············(134) |
| 29319000 | Agrosan D | 0131012 | ············(117) |
| 29319000 | Alsol | 0143068 | ············(281) |
| 29319000 | Anticon | 0131012 | ············(117) |

| 海关商品编码 | 中英文品名 | 条目编码 | 页码 |
|---|---|---|---|
| 29319000 | Femma | 0131012 | (117) |
| 29319000 | Fenbutatin oxide | 0150011 | (390) |
| 29319000 | Fentin | 0131044 | (130) |
| 29319000 | Fentin acetate | 0131034 | (126) |
| 29319000 | Fentin chloride | 0131054 | (133) |
| 29319000 | Fentine | 0131044 | (130) |
| 29319000 | Fentin hydroxide | 0131035 | (127) |
| 29319000 | Ferric ammonium methylarsonate | 0131040 | (129) |
| 29319000 | Finale | 0144012 | (288) |
| 29319000 | Florel | 0143046 | (273) |
| 29319000 | Fosamine | 0144148 | (348) |
| 29319000 | Fosamine-ammonium | 0143005 | (257) |
| 29319000 | Fosfon D | 0143045 | (273) |
| 29319000 | Gallotox | 0131012 | (117) |
| 29319000 | Ganozan | 0131053 | (133) |
| 29319000 | Glufosinate | 0144012 | (288) |
| 29319000 | Glufosinate-ammonium | 0144147 | (348) |
| 29319000 | Glyphosate | 0144064 | (312) |
| 29319000 | Glyphosate-sesquisodium | 0143060 | (279) |
| 29319000 | Glyphosine | 0143001 | (255) |
| 29319000 | Glyphosine sodium | 0143060 | (279) |
| 29319000 | Ignite | 0144012 | (288) |
| 29319000 | Krenite | 0143005 | (257) |
| 29319000 | Krenite | 0144148 | (348) |
| 29319000 | Kwiksan | 0131012 | (117) |
| 29319000 | Leptofos | 0111038 | (20) |
| 29319000 | Leptophos | 0111038 | (20) |
| 29319000 | Liquiphene | 0131012 | (117) |
| 29319000 | MAFA | 0131040 | (129) |
| 29319000 | MAS | 0131045 | (131) |
| 29319000 | Medallon | 0144149 | (349) |
| 29319000 | Meiji herbiace | 0144082 | (320) |
| 29319000 | Meracen | 0131012 | (117) |
| 29319000 | Mercutal | 0131055 | (134) |
| 29319000 | Mersolite | 0131012 | (117) |
| 29319000 | Methylarsenic sulphide | 0131045 | (131) |
| 29319000 | Monkil WP | 0131045 | (131) |
| 29319000 | Neguvon | 0111022 | (13) |
| 29319000 | Neostanox | 0150011 | (390) |
| 29319000 | Nylmerate | 0131012 | (117) |
| 29319000 | Osadam | 0150011 | (390) |
| 29319000 | Ouragan | 0144149 | (349) |

| 海关商品编码 | 中英文品名 | 条目编码 | 页码 |
|---|---|---|---|
| 29319000 | Parasan | 0131012 | ············(117) |
| 29319000 | Phenylmercuric acetate | 0131012 | ············(117) |
| 29319000 | Phenylmercury acetate | 0131012 | ············(117) |
| 29319000 | Phenylmercury chloride | 0131055 | ············(134) |
| 29319000 | Phix | 0131012 | ············(117) |
| 29319000 | Phocarb | 0143005 | ············(257) |
| 29319000 | Phoscarb | 0143005 | ············(257) |
| 29319000 | Phosphon | 0143045 | ············(273) |
| 29319000 | Phosrel | 0111038 | ············(20) |
| 29319000 | Phostin | 0150023 | ············(395) |
| 29319000 | Plictran | 0150022 | ············(395) |
| 29319000 | PMA | 0131012 | ············(117) |
| 29319000 | PMC | 0131055 | ············(134) |
| 29319000 | Polaris | 0143001 | ············(255) |
| 29319000 | Quicksan | 0131012 | ············(117) |
| 29319000 | Rhizoctol | 0131045 | ············(131) |
| 29319000 | Roundup | 0144064 | ············(312) |
| 29319000 | Ruberon | 0131012 | ············(117) |
| 29319000 | Salifluofen | 0113027 | ············(64) |
| 29319000 | Samtol | 0131012 | ············(117) |
| 29319000 | Seedtox | 0131012 | ············(117) |
| 29319000 | Spark | 0144064 | ············(312) |
| 29319000 | Stopspot | 0131055 | ············(134) |
| 29319000 | Sulphosate | 0144149 | ············(349) |
| 29319000 | Tag | 0131012 | ············(117) |
| 29319000 | Tinmate | 0131054 | ············(133) |
| 29319000 | Torque | 0150011 | ············(390) |
| 29319000 | Touchdown | 0144149 | ············(349) |
| 29319000 | TPTC | 0131054 | ············(133) |
| 29319000 | Trichlorfon | 0111022 | ············(13) |
| 29319000 | Trichloronat | 0111060 | ············(28) |
| 29319000 | Trigosan | 0131012 | ············(117) |
| 29319000 | Triphenylstannylium | 0131044 | ············(130) |
| 29319000 | Triphenyltin | 0131044 | ············(130) |
| 29319000 | Triphenyltin acetate | 0131033 | ············(126) |
| 29319000 | Tugon | 0111022 | ············(13) |
| 29319000 | Urbasulf | 0131045 | ············(131) |
| 29319000 | Vendex | 0150011 | ············(390) |
| 29319000 | Verdasan | 0131012 | ············(117) |
| 29319000 | Ziarnik | 0131012 | ············(117) |
| 29319000 | Zinc methanearsonate | 0131027 | ············(123) |
| 29319000 | 矮形磷 | 0143045 | ············(273) |

| 海关商品编码 | 中英文品名 | 条目编码 | 页码 |
|---|---|---|---|
| 29319000 | 苯丁锡 | 0150011 | (390) |
| 29319000 | 苯腈膦 | 0111060 | (28) |
| 29319000 | 苯硫膦 | 0111068 | (30) |
| 29319000 | 苯溴硝硫磷 | 0111038 | (20) |
| 29319000 | 草铵膦 | 0144147 | (348) |
| 29319000 | 草胺磷(酸) | 0144012 | (288) |
| 29319000 | 草甘膦 | 0144064 | (312) |
| 29319000 | 草硫膦 | 0144149 | (349) |
| 29319000 | 醋酸苯汞 | 0131012 | (117) |
| 29319000 | 稻谷青 | 0131027 | (123) |
| 29319000 | 稻脚青 | 0131027 | (123) |
| 29319000 | 敌百虫 | 0111022 | (13) |
| 29319000 | 调节膦 | 0143005 | (257) |
| 29319000 | 调节膦(fosamine ammonium) | 0144148 | (348) |
| 29319000 | 丁酯磷 | 0111061 | (28) |
| 29319000 | 丁酯膦 | 0111061 | (28) |
| 29319000 | 毒菌锡 | 0131035 | (127) |
| 29319000 | 对溴磷 | 0111038 | (20) |
| 29319000 | 氟硅菊酯 | 0113027 | (64) |
| 29319000 | 硅白灵 | 0113027 | (64) |
| 29319000 | 好必思 | 0144082 | (320) |
| 29319000 | 甲基硫化胂 | 0131045 | (131) |
| 29319000 | 甲基胂酸铁铵 | 0131040 | (129) |
| 29319000 | 甲基胂酸锌 | 0131027 | (123) |
| 29319000 | 克螨锡 | 0150011 | (390) |
| 29319000 | 龙汞 | 0131012 | (117) |
| 29319000 | 氯化苯汞 | 0131055 | (134) |
| 29319000 | 氯化乙基汞 | 0131053 | (133) |
| 29319000 | α-氯乙烯膦酸 | 0143046 | (273) |
| 29319000 | 螨完锡 | 0150011 | (390) |
| 29319000 | 蔓草磷 | 0143005 | (257) |
| 29319000 | 农达 | 0144064 | (312) |
| 29319000 | 普特丹 | 0150022 | (395) |
| 29319000 | 赛力散 | 0131012 | (117) |
| 29319000 | 三苯基醋酸锡 | 0131033 | (126) |
| 29319000 | 三苯基氯化锡 | 0131054 | (133) |
| 29319000 | 三苯基氢氧化锡 | 0131035 | (127) |
| 29319000 | 三苯基乙酸锡 | 0131034 | (126) |
| 29319000 | 三苯羟基锡 | 0131035 | (127) |
| 29319000 | 三苯锡 | 0131044 | (130) |
| 29319000 | 三丁氯苄鏻 | 0143045 | (273) |
| 29319000 | 三环锡 | 0150022 | (395) |

| 海关商品编码 | 中英文品名 | 条目编码 | 页码 |
|---|---|---|---|
| 29319000 | 三磷锡 | 0150023 | ……………(395) |
| 29319000 | 杀螨锡 | 0150011 | ……………(390) |
| 29319000 | 杀螨锡 | 0150022 | ……………(395) |
| 29319000 | 杀木膦 | 0144148 | ……………(348) |
| 29319000 | 杀木膦(盐) | 0143005 | ……………(257) |
| 29319000 | 胂铁铵 | 0131040 | ……………(129) |
| 29319000 | 施力松 | 0111060 | ……………(28) |
| 29319000 | 时拔克 | 0144064 | ……………(312) |
| 29319000 | 薯瘟锡 | 0131033 | ……………(126) |
| 29319000 | 双丙氨膦 | 0144082 | ……………(320) |
| 29319000 | 田安 | 0131040 | ……………(129) |
| 29319000 | 托尔克 | 0150011 | ……………(390) |
| 29319000 | 溴苯膦 | 0111038 | ……………(20) |
| 29319000 | 一试灵 | 0143046 | ……………(273) |
| 29319000 | 伊皮恩 | 0111068 | ……………(30) |
| 29319000 | 乙酸苯汞 | 0131012 | ……………(117) |
| 29319000 | 乙酸三苯基锡 | 0131033 | ……………(126) |
| 29319000 | 乙烯硅 | 0143068 | ……………(281) |
| 29319000 | 乙烯利 | 0143046 | ……………(273) |
| 29319000 | 乙烯磷 | 0143046 | ……………(273) |
| 29319000 | 裕米农 | 0131012 | ……………(117) |
| 29319000 | 增甘膦 | 0143001 | ……………(255) |
| 29319000 | 增甘膦钠 | 0143060 | ……………(279) |
| 29319000 | 镇草宁 | 0144064 | ……………(312) |
| **2932** | | | |
| 29321900 | A5430 | 0132087 | ……………(171) |
| 29321900 | Accelerate | 0144078 | ……………(319) |
| 29321900 | Aquathol | 0144078 | ……………(319) |
| 29321900 | Aquathol | 0144226 | ……………(374) |
| 29321900 | Argold | 0144029 | ……………(295) |
| 29321900 | BAS3191 | 0132106 | ……………(178) |
| 29309090 | Bensultap | 0115010 | ……………(80) |
| 29321900 | Benchmark | 0144010 | ……………(288) |
| 29302000 | Benthiocarb | 0144058 | ……………(308) |
| 29321900 | Benzofuroline | 0200023 | ……………(460) |
| 29321900 | Biobenzyfuroline | 0200024 | ……………(460) |
| 29321900 | Bioresmethrin | 0200024 | ……………(460) |
| 29321900 | BRN1674886 | 0115032 | ……………(87) |
| 29321900 | Bromethrin | 0113026 | ……………(64) |
| 29321900 | CGA-38140 | 0132087 | ……………(171) |
| 29321900 | CGA-80000 | 0132097 | ……………(175) |

| 海关商品编码 | 中英文品名 | 条目编码 | 页码 |
|---|---|---|---|
| 29322090 | Muscatox | 0181038 | …………(426) |
| 29322090 | Neosorexa | 0120035 | …………(110) |
| 29322090 | Ofurace | 0134032 | …………(201) |
| 29322090 | Ortho 20615 | 0134032 | …………(201) |
| 29322090 | Perizin | 0181038 | …………(426) |
| 29322090 | Phthalide | 0131032 | …………(125) |
| 29322090 | Plus 2X | 0143032 | …………(267) |
| 29322090 | Pro-Gibb | 0143032 | …………(267) |
| 29322090 | Prosuler | 0143030 | …………(267) |
| 29322090 | Rabcide | 0131032 | …………(125) |
| 29322090 | Racumin | 0120009 | …………(100) |
| 29322090 | Ratafin | 0120033 | …………(109) |
| 29322090 | Ratak | 0120014 | …………(102) |
| 29322090 | Ratak | 0120035 | …………(110) |
| 29322090 | Ratbate | 0120009 | …………(100) |
| 29322090 | Ratex | 0120009 | …………(100) |
| 29322090 | Ratilan | 0120034 | …………(110) |
| 29322090 | Ratiums | 0120015 | …………(103) |
| 29322090 | RE20615 | 0134032 | …………(201) |
| 29322090 | Resitox | 0181038 | …………(426) |
| 29322090 | Storm | 0120010 | …………(101) |
| 29322090 | Stratagen | 0120010 | …………(101) |
| 29322090 | Super caid | 0120015 | …………(103) |
| 29322090 | Talon | 0120014 | …………(102) |
| 29322090 | Temparin | 0120023 | …………(106) |
| 29322090 | Temus | 0120015 | …………(103) |
| 29322090 | Tomarin | 0120033 | …………(109) |
| 29322090 | Tomorin | 0120034 | …………(110) |
| 29322090 | Trombosan | 0120023 | …………(106) |
| 29322090 | Warfarin | 0120008 | …………(99) |
| 29322090 | Warfarine | 0120008 | …………(99) |
| 29322090 | Zoocoumarin | 0120008 | …………(99) |
| 29322090 | 保美灵/勃宁激素( +GA4 +BAP) | 0143032 | …………(267) |
| 29322090 | 补骨酯素 | 0143030 | …………(267) |
| 29322090 | 赤霉素 | 0143032 | …………(267) |
| 29322090 | 赤霉酸 | 0143032 | …………(267) |
| 29322090 | 虫螨畏 | 0111079 | …………(34) |
| 29322090 | 大隆 | 0120014 | …………(102) |
| 29322090 | 稻瘟酞 | 0131032 | …………(125) |
| 29322090 | 敌鼠灵 | 0120023 | …………(106) |
| 29322090 | 丁烯磷 | 0111079 | …………(34) |
| 29322090 | 毒鼠萘 | 0120009 | …………(100) |

| 海关商品编码 | 中英文品名 | 条目编码 | 页码 |
|---|---|---|---|
| 29329990 | Bendiocarb | 0112003 | (40) |
| 29329990 | Benfuracarb | 0112002 | (39) |
| 29329990 | Benfuresate | 0144013 | (289) |
| 29329990 | Benzacetonitrile | 0144188 | (362) |
| 29329990 | BR | 0143052 | (276) |
| 29329990 | Brassinolide | 0143052 | (276) |
| 29329990 | Brassinosteroid | 0143052 | (276) |
| 29329990 | Brassins | 0143052 | (276) |
| 29329990 | BRN1427914 | 0134077 | (219) |
| 29329990 | Bucarpolate | 0116005 | (91) |
| 29329990 | Butopyronoxyl | 0115016 | (81) |
| 29329990 | Carbofuran | 0182007 | (438) |
| 29329990 | Carbosulfan | 0112018 | (46) |
| 29329990 | CGA-133205 | 0144188 | (362) |
| 29329990 | CGA-59205 | 0115030 | (86) |
| 29329990 | CGA-92194 | 0145009 | (384) |
| 29329990 | Concep II | 0145009 | (384) |
| 29329990 | Concep III | 0144188 | (362) |
| 29329990 | Curaterr | 0182007 | (438) |
| 29329990 | Derris | 0181034 | (423) |
| 29329990 | Diafuran | 0182007 | (438) |
| 29329990 | Dikegulac | 0143077 | (284) |
| 29329990 | Diofenolan | 0115030 | (86) |
| 29329990 | Dioxacarb | 0112029 | (50) |
| 29329990 | Dioxathion | 0111081 | (34) |
| 29329990 | Diprogulic acid | 0143077 | (284) |
| 29329990 | Endothion | 0111052 | (25) |
| 29329990 | Ethofumesate | 0144011 | (288) |
| 29329990 | Ficam(防治卫生害虫) | 0112003 | (40) |
| 29329990 | Fluxofenim | 0144188 | (362) |
| 29329990 | Furadan | 0182007 | (438) |
| 29329990 | Furathiocarb | 0112001 | (39) |
| 29329990 | Garvox | 0112003 | (40) |
| 29329990 | HOE6053 | 0134077 | (219) |
| 29329990 | Isobenzan | 0111014 | (10) |
| 29329990 | Kayaminori | 0143052 | (276) |
| 29329990 | Marshal | 0112018 | (46) |
| 29329990 | Metobenzuron | 0142040 | (248) |
| 29329990 | MG191 | 0145010 | (384) |
| 29329990 | Nicouline | 0181034 | (423) |
| 29329990 | Nortron | 0144011 | (288) |
| 29329990 | N-Propyl isomer | 0116006 | (92) |

| 海关商品编码 | 中英文品名 | 条目编码 | 页码 |
|---|---|---|---|
| 29329990 | NSC-8402 | 0116006 | ············(92) |
| 29329990 | OK-147 | 0112002 | ············(39) |
| 29329990 | Oncol | 0112002 | ············(39) |
| 29329990 | Oxabetrinil | 0145009 | ············(384) |
| 29329990 | 胡椒基丁醚 | 0116001 | ············(89) |
| 29329990 | Pieronyl butoxide | 0116001 | ············(89) |
| 29329990 | Piperonyl cyclonene | 0116007 | ············(92) |
| 29329990 | Promet | 0112001 | ············(39) |
| 29329990 | Propilizom | 0116006 | ············(92) |
| 29329990 | Propilizon | 0116006 | ············(92) |
| 29329990 | Propylisome | 0116006 | ············(92) |
| 29329990 | Pyracarbolin | 0134077 | ············(219) |
| 29329990 | R-epibrassinolide | 0143052 | ············(276) |
| 29329990 | Rotenone | 0181034 | ············(423) |
| 29329990 | Seedox | 0112003 | ············(40) |
| 29329990 | Sicarol | 0134077 | ············(219) |
| 29329990 | Telodrin | 0111014 | ············(10) |
| 29329990 | Tramat | 0144011 | ············(288) |
| 29329990 | Tubatoxin | 0181034 | ············(423) |
| 29329990 | Yaltox | 0182007 | ············(438) |
| 29329990 | 安克力 | 0112002 | ············(39) |
| 29329990 | 保苗 | 0112001 | ············(39) |
| 29329990 | 苯虫醚 | 0115030 | ············(86) |
| 29329990 | 苯恶威 | 0112003 | ············(40) |
| 29329990 | 吡喃灵 | 0134077 | ············(219) |
| 29329990 | 吡喃隆 | 0142040 | ············(248) |
| 29329990 | 避蚊酮 | 0115016 | ············(81) |
| 29329990 | 丙硫克百威 | 0112002 | ············(39) |
| 29329990 | 丙硫威 | 0112002 | ············(39) |
| 29329990 | 大扶农 | 0182007 | ············(438) |
| 29329990 | 敌恶磷 | 0111081 | ············(34) |
| 29329990 | 敌杀磷 | 0111081 | ············(34) |
| 29329990 | 调呋酸 | 0143077 | ············(284) |
| 29329990 | 丁硫克百威 | 0112018 | ············(46) |
| 29329990 | 丁硫威 | 0112018 | ············(46) |
| 29329990 | 毒鱼藤 | 0181034 | ············(423) |
| 29329990 | 恶虫威 | 0112003 | ············(40) |
| 29329990 | 二氧威 | 0112029 | ············(50) |
| 29329990 | 呋草黄 | 0144013 | ············(289) |
| 29329990 | 呋喃虫酰肼 | 0114010 | ············(68) |
| 29329990 | 呋喃丹 | 0182007 | ············(438) |
| 29329990 | 呋喃威 | 0112002 | ············(39) |

| 海关商品编码 | 中英文品名 | 条目编码 | 页码 |
|---|---|---|---|
| 29331990 | Finaven | 0144103 | (330) |
| 29331990 | Fipronil | 0181041 | (427) |
| 29331990 | Isolan | 0112020 | (47) |
| 29331990 | Masai | 0150025 | (396) |
| 29331990 | Mataren-difenzolium | 0144103 | (330) |
| 29331990 | Metazachlor | 0144021 | (292) |
| 29331990 | Nipyraclofen | 0144178 | (358) |
| 29331990 | NNI850 | 0150015 | (392) |
| 29331990 | Ortus | 0150015 | (392) |
| 29331990 | Oscar | 0150025 | (396) |
| 29331990 | Pamanrin | 0150015 | (392) |
| 29331990 | Pyraclofos | 0111017 | (11) |
| 29331990 | Pyraflufen-ethyl | 0144121 | (338) |
| 29331990 | Pyranica | 0150025 | (396) |
| 29331990 | Pyrazolate | 0144185 | (361) |
| 29331990 | Pyrazothion | 0111077 | (33) |
| 29331990 | Pyrolan | 0112022 | (48) |
| 29331990 | SW-751 | 0144185 | (361) |
| 29331990 | Tebufenpyrad | 0150025 | (396) |
| 29331990 | Voltage | 0111017 | (11) |
| 29331990 | Yukawide | 0144007 | (287) |
| 29331990 | 霸草灵 | 0144161 | (353) |
| 29331990 | 霸螨灵 | 0150015 | (392) |
| 29331990 | 吡草胺 | 0144021 | (292) |
| 29331990 | 吡草醚 | 0144161 | (353) |
| 29331990 | 吡草酮 | 0144007 | (287) |
| 29331990 | 吡硫磷 | 0111077 | (33) |
| 29331990 | 吡螨胺 | 0150025 | (396) |
| 29331990 | 吡唑草胺 | 0144021 | (292) |
| 29331990 | 吡唑硫磷 | 0111017 | (11) |
| 29331990 | 吡唑特 | 0144185 | (361) |
| 29331990 | 吡唑威 | 0112022 | (48) |
| 29331990 | 彼硫磷 | 0111077 | (33) |
| 29331990 | 必螨立克 | 0150025 | (396) |
| 29331990 | 苄草唑 | 0144121 | (338) |
| 29331990 | 丹妙药 | 0144121 | (338) |
| 29331990 | 敌蝇威 | 0112024 | (49) |
| 29331990 | 非泼罗尼 | 0181041 | (427) |
| 29331990 | 氟虫腈 | 0181041 | (427) |
| 29331990 | 氟氯草胺 | 0144178 | (358) |
| 29331990 | 罗尼舒 | 0181041 | (427) |
| 29331990 | 锐劲特 | 0181041 | (427) |

| 海关商品编码 | 中英文品名 | 条目编码 | 页码 |
|---|---|---|---|
| 29333990 | Chlorfluazuron | 0114006 | (66) |
| 29333990 | Chloroazifop-propynyl | 0144139 | (345) |
| 29333990 | Chlorpyrifos | 0111025 | (14) |
| 29333990 | Chlorpyrifos-methyl | 0181056 | (433) |
| 29333990 | Chopper | 0144129 | (341) |
| 29333990 | Clodinafop-propargyl | 0144140 | (345) |
| 29333990 | Clopyralid | 0144052 | (306) |
| 29333990 | Confidor | 0115001 | (74) |
| 29333990 | Corado | 0132009 | (137) |
| 29333990 | Cougar | 0144114 | (335) |
| 29333990 | CP | 0111025 | (14) |
| 29333990 | Culvan | 0132109 | (179) |
| 29333990 | DDPP | 0132109 | (179) |
| 29333990 | Denmert | 0132111 | (179) |
| 29333990 | Dextrone-X | 0144035 | (298) |
| 29333990 | Dictran | 0144006 | (286) |
| 29333990 | Diflufenican | 0144114 | (335) |
| 29333990 | Diflufenicanil | 0144114 | (335) |
| 29333990 | Diflufenzopyr | 0144014 | (289) |
| 29333990 | Dimension | 0144006 | (286) |
| 29333990 | Dimepiperate | 0144119 | (337) |
| 29333990 | Dipropyl isocinchomeronate | 0115017 | (82) |
| 29333990 | Dipropylpyridine-2, 5-dicarboxylate | 0115017 | (82) |
| 29333990 | Distinct | 0144014 | (289) |
| 29333990 | Dithiopyr | 0144006 | (286) |
| 29333990 | Dorado | 0132009 | (137) |
| 29333990 | Dowco 233 | 0144090 | (324) |
| 29333990 | Dowco 433 | 0144075 | (317) |
| 29333990 | Dowco 453 | 0141020 | (229) |
| 29333990 | Dursban | 0111025 | (14) |
| 29333990 | Eigen | 0144015 | (290) |
| 29333990 | EL-171 | 0144186 | (361) |
| 29333990 | EL-241 | 0132102 | (176) |
| 29333990 | Esgram | 0144035 | (298) |
| 29333990 | Fenpropathrin | 0113006 | (54) |
| 29333990 | Fluazifop-butyl | 0141019 | (229) |
| 29333990 | Fluazifop-P-butyl | 0141017 | (228) |
| 29333990 | Fluazinam | 0132002 | (135) |
| 29333990 | Fluaziname | 0132002 | (135) |
| 29333990 | Fluazuron | 0114022 | (73) |
| 29333990 | Flupropadine | 0120027 | (107) |
| 29333990 | Fluridone | 0144186 | (361) |

| 海关商品编码 | 中英文品名 | 条目编码 | 页码 |
|---|---|---|---|
| 29333990 | Fluroxypyr | 0144075 | ············(317) |
| 29333990 | Forchlorfenuron | 0143037 | ············(269) |
| 29333990 | Fulmet | 0143037 | ············(269) |
| 29333990 | Fusilade P | 0141017 | ············(228) |
| 29333990 | Gallant | 0141018 | ············(228) |
| 29333990 | Garlon | 0144090 | ············(324) |
| 29333990 | Gaucho | 0115001 | ············(74) |
| 29333990 | Graincot | 0181056 | ············(433) |
| 29333990 | Gramoxone | 0144035 | ············(298) |
| 29333990 | Grandstsnd | 0144090 | ············(324) |
| 29333990 | Haloxyfop | 0144138 | ············(345) |
| 29333990 | Haloxyfop-ethyl | 0141018 | ············(228) |
| 29333990 | Haloxyfop-methyl | 0141020 | ············(229) |
| 29333990 | IKI-7899 | 0114006 | ············(66) |
| 29333990 | Imazamox | 0144032 | ············(296) |
| 29333990 | Imazapic | 0144033 | ············(297) |
| 29333990 | Imazapyr | 0144129 | ············(341) |
| 29333990 | Imazapyr isopropylammonium | 0144129 | ············(341) |
| 29333990 | Imazethapyr | 0144116 | ············(336) |
| 29333990 | Imidacloprid | 0115001 | ············(74) |
| 29333990 | Inabenfide | 0143065 | ············(280) |
| 29333990 | KT-30 | 0143037 | ············(269) |
| 29333990 | Lorsban | 0111025 | ············(14) |
| 29333990 | M&B 38544 | 0144114 | ············(335) |
| 29333990 | Mepiquat chloride | 0143061 | ············(279) |
| 29333990 | My-93 | 0144119 | ············(337) |
| 29333990 | NC-170 | 0114023 | ············(74) |
| 29333990 | Nitenpyram | 0115002 | ············(75) |
| 29333990 | Nitrapyrin | 0132110 | ············(179) |
| 29333990 | Norbormide | 0120036 | ············(110) |
| 29333990 | N-serve | 0132110 | ············(179) |
| 29333990 | Odyseey | 0144032 | ············(296) |
| 29333990 | Onecide | 0141019 | ············(229) |
| 29333990 | Onecide-P | 0141017 | ············(228) |
| 29333990 | Oryzaguard | 0144015 | ············(290) |
| 29333990 | Paraquat | 0144035 | ············(298) |
| 29333990 | Parinol | 0132102 | ············(176) |
| 29333990 | Parnon | 0132102 | ············(176) |
| 29333990 | Picloram | 0144034 | ············(297) |
| 29333990 | Piperlin | 0132090 | ············(172) |
| 29333990 | Piperophos | 0144120 | ············(338) |
| 29333990 | Pipron | 0132090 | ············(172) |

| 海关商品编码 | 中英文品名 | 条目编码 | 页码 |
|---|---|---|---|
| 29333990 | Pivot | 0144116 | (336) |
| 29333990 | PIX | 0143061 | (279) |
| 29333990 | Plateau AS | 0144033 | (297) |
| 29333990 | PP005 | 0141017 | (228) |
| 29333990 | PP005 | 0141019 | (229) |
| 29333990 | Pride | 0144186 | (361) |
| 29333990 | Pursuit | 0144116 | (336) |
| 29333990 | Pyributicarb | 0144015 | (290) |
| 29333990 | Pyridinitril | 0132109 | (179) |
| 29333990 | Pyrifenox | 0132009 | (137) |
| 29333990 | Pyriminil | 0120017 | (104) |
| 29333990 | Pyrinuron | 0120017 | (104) |
| 29333990 | Pyripropanol | 0143049 | (275) |
| 29333990 | Pyriproxyfen | 0200041 | (468) |
| 29333990 | Raptor | 0144032 | (296) |
| 29333990 | Raticate | 0120036 | (110) |
| 29333990 | Reldan | 0181056 | (433) |
| 29333990 | RH-945 | 0120024 | (106) |
| 29333990 | Rilof | 0144120 | (338) |
| 29333990 | S6999 | 0120036 | (110) |
| 29333990 | Seexet | 0144015 | (290) |
| 29333990 | Seritard | 0143065 | (280) |
| 29333990 | Shirlan | 0132002 | (135) |
| 29333990 | Shoxin | 0120036 | (110) |
| 29333990 | SL-236 | 0141019 | (229) |
| 29333990 | Sonar | 0144186 | (361) |
| 29333990 | Starane | 0144075 | (317) |
| 29333990 | Sumilarv | 0200041 | (468) |
| 29333990 | Sweeper | 0144032 | (296) |
| 29333990 | TI-304 | 0115002 | (75) |
| 29333990 | Topik | 0144140 | (345) |
| 29333990 | Tordan | 0144034 | (297) |
| 29333990 | Tordon | 0144034 | (297) |
| 29333990 | Triazoxide | 0132100 | (176) |
| 29333990 | Triclopyr | 0144090 | (324) |
| 29333990 | Vacor | 0120017 | (104) |
| 29333990 | Vacot | 0120017 | (104) |
| 29333990 | Verdict | 0141020 | (229) |
| 29333990 | Weedol | 0144035 | (298) |
| 29333990 | Yukamate | 0144119 | (337) |
| 29333990 | 氨氯吡啶酸 | 0144034 | (297) |
| 29333990 | 百草枯 | 0144035 | (298) |

| 海关商品编码 | 中英文品名 | 条目编码 | 页码 |
|---|---|---|---|
| 29333990 | 百垄通 | 0144033 | …………(297) |
| 29333990 | 稗草丹 | 0144015 | …………(290) |
| 29333990 | 稗草畏 | 0144015 | …………(290) |
| 29333990 | 吡丙醚 | 0200041 | …………(468) |
| 29333990 | 吡虫胺 | 0115002 | …………(75) |
| 29333990 | 吡虫啉 | 0115001 | …………(74) |
| 29333990 | 吡啶醇 | 0143049 | …………(275) |
| 29333990 | 吡氟草胺 | 0144114 | …………(335) |
| 29333990 | 吡氟禾草灵 | 0141019 | …………(229) |
| 29333990 | 吡氟氯 | 0144138 | …………(345) |
| 29333990 | 吡氟氯禾灵 | 0144138 | …………(345) |
| 29333990 | 吡氟酰草胺 | 0144114 | …………(335) |
| 29333990 | 吡氯氰菊酯 | 0113006 | …………(54) |
| 29333990 | 吡效隆 | 0143037 | …………(269) |
| 29333990 | 吡效隆醇 | 0143037 | …………(269) |
| 29333990 | 丙辛克 | 0115017 | …………(82) |
| 29333990 | 丙蝇驱 | 0115017 | …………(82) |
| 29333990 | 哒幼酮 | 0114023 | …………(74) |
| 29333990 | 调吡脲 | 0143037 | …………(269) |
| 29333990 | 丁硫啶 | 0132111 | …………(179) |
| 29333990 | 顶尖 | 0144140 | …………(345) |
| 29333990 | 定草酯 | 0144090 | …………(324) |
| 29333990 | 定虫脲 | 0114006 | …………(66) |
| 29333990 | 啶斑肟 | 0132009 | …………(137) |
| 29333990 | 啶虫脒 | 0115006 | …………(78) |
| 29333990 | 啶菌腈 | 0132109 | …………(179) |
| 29333990 | 啶蜱脲 | 0114022 | …………(73) |
| 29333990 | 豆草唑 | 0144116 | …………(336) |
| 29333990 | 毒死蜱 | 0111025 | …………(14) |
| 29333990 | 毒莠定 | 0144034 | …………(297) |
| 29333990 | 毒莠定 101 | 0144034 | …………(297) |
| 29333990 | 对草快 | 0144035 | …………(298) |
| 29333990 | 二氯吡啶酸 | 0144052 | …………(306) |
| 29333990 | 丰啶醇 | 0143004 | …………(257) |
| 29333990 | 丰啶醇 | 0143049 | …………(275) |
| 29333990 | 氟吡草腙 | 0144014 | …………(289) |
| 29333990 | 氟吡禾灵 | 0144138 | …………(345) |
| 29333990 | 氟吡甲禾灵 | 0141020 | …………(229) |
| 29333990 | 氟吡醚 | 0141019 | …………(229) |
| 29333990 | 氟吡乙禾灵 | 0141018 | …………(228) |
| 29333990 | 氟草除 | 0141019 | …………(229) |
| 29333990 | 氟草定 | 0144075 | …………(317) |

| 海关商品编码 | 中英文品名 | 条目编码 | 页码 |
|---|---|---|---|
| 29333990 | 莫比朗 | 0115006 | (78) |
| 29333990 | 哌丙灵 | 0132090 | (172) |
| 29333990 | 哌草丹 | 0144119 | (337) |
| 29333990 | 哌草磷 | 0144120 | (338) |
| 29333990 | 哌啶酯 | 0144119 | (337) |
| 29333990 | 普杀特 | 0144116 | (336) |
| 29333990 | 普施特 | 0144116 | (336) |
| 29333990 | 驱蝇啶 | 0115017 | (82) |
| 29333990 | 炔草酸 | 0144140 | (345) |
| 29333990 | 炔禾灵 | 0144139 | (345) |
| 29333990 | 三氯吡氧乙酸 | 0144090 | (324) |
| 29333990 | 三氯甲基吡啶 | 0132110 | (179) |
| 29333990 | 施特优 | 0143037 | (269) |
| 29333990 | 使它隆 | 0144075 | (317) |
| 29333990 | 鼠必灭 | 0120017 | (104) |
| 29333990 | 鼠特灵 | 0120036 | (110) |
| 29333990 | 蚊蝇醚 | 0200041 | (468) |
| 29333990 | 稳杀得 | 0141019 | (229) |
| 29333990 | 烯啶虫胺 | 0115002 | (75) |
| 29333990 | 蚜虱净 | 0115001 | (74) |
| 29333990 | 乙氯草定 | 0144090 | (324) |
| 29333990 | 抑太保 | 0114006 | (66) |
| 29333990 | 优克稗 | 0144119 | (337) |
| 29333990 | 增产醇 | 0143004 | (257) |
| 29334990 | 8-Hydroxyquinoline sulphate | 0132114 | (180) |
| 29334990 | 8-羟基喹啉 | 0132114 | (180) |
| 29334990 | Albisal | 0132114 | (180) |
| 29334990 | Amea 100 | 0132113 | (180) |
| 29334990 | Antage AW | 0132113 | (180) |
| 29334990 | BAS51406H | 0144051 | (305) |
| 29334990 | BAS514(H) | 0144051 | (305) |
| 29334990 | BAS518 | 0144127 | (341) |
| 29334990 | BRN1455831 | 0132092 | (173) |
| 29334990 | CGA-49104 | 0132092 | (173) |
| 29334990 | Chinosol | 0132114 | (180) |
| 29334990 | Cloquintocet-mexyl | 0145002 | (382) |
| 29334990 | Coratop | 0132092 | (173) |
| 29334990 | Cryptonol | 0132114 | (180) |
| 29334990 | EMQ | 0132113 | (180) |
| 29334990 | EQ | 0132113 | (180) |
| 29334990 | Ethoxyquin | 0132113 | (180) |
| 29334990 | Facet | 0144051 | (305) |

| 海关商品编码 | 中英文品名 | 条目编码 | 页码 |
|---|---|---|---|
| 29334990 | Fongoren | 0132092 | …………(173) |
| 29334990 | Halacrinate | 0132112 | …………(180) |
| 29334990 | Happy | 0132114 | …………(180) |
| 29334990 | Imazaqine | 0144115 | …………(336) |
| 29334990 | Imazaquin | 0144115 | …………(336) |
| 29334990 | Khinozol | 0132114 | …………(180) |
| 29334990 | Lilolidone | 0132092 | …………(173) |
| 29334990 | Niflex | 0132113 | …………(180) |
| 29334990 | Octofen | 0132114 | …………(180) |
| 29334990 | Oxine-copper | 0132040 | …………(151) |
| 29334990 | Oxyquinoline sulfate | 0132114 | …………(180) |
| 29334990 | Pyroquilon | 0132092 | …………(173) |
| 29334990 | Quinclorac | 0144051 | …………(305) |
| 29334990 | Quinmerac | 0144127 | …………(341) |
| 29334990 | Quinol ED | 0132113 | …………(180) |
| 29334990 | Quinosol | 0132114 | …………(180) |
| 29334990 | Santoflex A | 0132113 | …………(180) |
| 29334990 | Santoquin | 0132113 | …………(180) |
| 29334990 | Stop-scald | 0132113 | …………(180) |
| 29334990 | Sunoxol | 0132114 | …………(180) |
| 29334990 | Superol | 0132114 | …………(180) |
| 29334990 | 稗必克 | 0144051 | …………(305) |
| 29334990 | 稗草亡 | 0144051 | …………(305) |
| 29334990 | 必绿 | 0132040 | …………(151) |
| 29334990 | 丙烯酸喹啉酯 | 0132112 | …………(180) |
| 29334990 | 二氯喹啉酸 | 0144051 | …………(305) |
| 29334990 | 解草酯 | 0145002 | …………(382) |
| 29334990 | 快杀稗 | 0144051 | …………(305) |
| 29334990 | 喹啉铜 | 0132040 | …………(151) |
| 29334990 | 咯喹酮 | 0132092 | …………(173) |
| 29334990 | 氯甲喹啉酸 | 0144127 | …………(341) |
| 29334990 | 咪唑喹啉酸 | 0144115 | …………(336) |
| 29334990 | 灭草喹 | 0144115 | …………(336) |
| 29334990 | 千金 | 0132040 | …………(151) |
| 29334990 | 杀稗灵 | 0144051 | …………(305) |
| 29334990 | 杀稗星 | 0144051 | …………(305) |
| 29334990 | 神锄 | 0144051 | …………(305) |
| 29334990 | 乙氧喹啉 | 0132113 | …………(180) |
| 29335900 | Borea | 0142046 | …………(250) |
| 29335900 | Bromacil | 0142046 | …………(250) |
| 29335900 | Bromax | 0142046 | …………(250) |
| 29335900 | Cynogan | 0142046 | …………(250) |

| 海关商品编码 | 中英文品名 | 条目编码 | 页码 |
|---|---|---|---|
| 29335990 | 毕汰芬 | 0150032 | …………(398) |
| 29335990 | 辟蚜 | 0112015 | …………(45) |
| 29335990 | 苄氨基嘌呤 | 0143033 | …………(268) |
| 29335990 | 苄腺嘌呤 | 0143033 | …………(268) |
| 29335990 | 大亚仙农 | 0182013 | …………(441) |
| 29335990 | 地亚农 | 0182013 | …………(441) |
| 29335990 | 二甲嘧酚 | 0132115 | …………(181) |
| 29335990 | 二嗪磷 | 0182013 | …………(441) |
| 29335990 | 二嗪农 | 0182013 | …………(441) |
| 29335990 | 呋嘧醇 | 0143070 | …………(282) |
| 29335990 | 伏蚁腙 | 0200032 | …………(464) |
| 29335990 | 氟苯嘧啶醇 | 0132010 | …………(138) |
| 29335990 | 氟蚁腙 | 0200032 | …………(464) |
| 29335990 | 富滋 | 0143042 | …………(272) |
| 29335990 | 韩乐天 | 0144070 | …………(315) |
| 29335990 | 环丙嘧啶醇 | 0143069 | …………(282) |
| 29335990 | 环草定 | 0144215 | …………(371) |
| 29335990 | 环虫腈 | 0114007 | …………(67) |
| 29335990 | 甲基嘧啶磷 | 0111031 | …………(16) |
| 29335990 | 甲基嘧菌胺 | 0132007 | …………(136) |
| 29335990 | 甲嘧硫磷 | 0111031 | …………(16) |
| 29335990 | 解草啶 | 0145006 | …………(383) |
| 29335990 | 抗蚜威 | 0112015 | …………(45) |
| 29335990 | 乐必耕 | 0132049 | …………(155) |
| 29335990 | 氯苯嘧啶醇 | 0132049 | …………(155) |
| 29335990 | 猛力杀蟑饵剂 | 0200032 | …………(464) |
| 29335990 | 嘧草硫醚 | 0144016 | …………(290) |
| 29335990 | 嘧草醚 | 0144160 | …………(352) |
| 29335990 | 嘧啶磷 | 0111036 | …………(19) |
| 29335990 | 嘧啶威 | 0112027 | …………(49) |
| 29335990 | 嘧啶肟草醚 | 0144070 | …………(315) |
| 29335990 | 嘧啶氧磷 | 0111037 | …………(19) |
| 29335990 | 嘧菌胺 | 0132006 | …………(136) |
| 29335990 | 嘧菌环胺 | 013299 | …………(175) |
| 29335990 | 嘧菌酯 | 0132041 | …………(152) |
| 29335990 | 嘧菌腙 | 0132008 | …………(137) |
| 29335990 | 嘧硫草醚 | 0144016 | …………(290) |
| 29335990 | 嘧螨醚 | 0150032 | …………(398) |
| 29335990 | 嘧螨酯 | 0150028 | …………(397) |
| 29335990 | 嘧霉胺 | 0132007 | …………(136) |
| 29335990 | 农美利 | 0144083 | …………(321) |
| 29335990 | 派灭赛 | 0111036 | …………(19) |

| 海关商品编码 | 中英文品名 | 条目编码 | 页码 |
|---|---|---|---|
| 29336990 | Bronox | 0144207 | (368) |
| 29336990 | Caparol | 0144076 | (318) |
| 29336990 | ChlorCaragard | 0144208 | (369) |
| 29336990 | Chlortriazine | 0144207 | (368) |
| 29336990 | Cotofor | 0144211 | (370) |
| 29336990 | Cyanatryn | 0144154 | (350) |
| 29336990 | Cyanazine | 0144080 | (319) |
| 29336990 | Cyprazine | 0144151 | (349) |
| 29336990 | Cyromazine | 0114013 | (69) |
| 29336990 | Desmetryn | 0144209 | (369) |
| 29336990 | Dimethametryn | 0144109 | (333) |
| 29336990 | Dipropetryn | 0144211 | (370) |
| 29336990 | Dyrene | 0132028 | (146) |
| 29336990 | Ethiozin | 0144213 | (370) |
| 29336990 | Fortrol | 0144080 | (319) |
| 29336990 | Gardoprim | 0144208 | (369) |
| 29336990 | Gesafloc | 0144207 | (368) |
| 29336990 | Gesagard | 0144076 | (318) |
| 29336990 | Gesagram | 0144247 | (381) |
| 29336990 | Gesamil | 0144206 | (368) |
| 29336990 | Gesaprim | 0144123 | (339) |
| 29336990 | Gesatop | 0144095 | (326) |
| 29336990 | Goltix | 0144212 | (370) |
| 29336990 | Gramex | 0144080 | (319) |
| 29336990 | Gy-bon | 0144094 | (326) |
| 29336990 | Herbrak | 0144212 | (370) |
| 29336990 | Hexazinone | 0144030 | (296) |
| 29336990 | Igran | 0144210 | (369) |
| 29336990 | Isomethiozin | 0144153 | (350) |
| 29336990 | Kemate | 0132028 | (146) |
| 29309090 | Larvin | 0112019 | (47) |
| 29336990 | Larvadex | 0114013 | (69) |
| 29336990 | Lektan | 0144213 | (370) |
| 29336990 | Lexone | 0144069 | (314) |
| 29336990 | Menazon | 0111056 | (27) |
| 29336990 | Merkazin | 0144076 | (318) |
| 29336990 | Metamitron | 0144212 | (370) |
| 29336990 | Metribuzin | 0144069 | (314) |
| 29336990 | Milocep | 0144206 | (368) |
| 29336990 | Milogard | 0144206 | (368) |
| 29336990 | Norametryne | 0144209 | (369) |
| 29336990 | Outfox | 0144151 | (349) |

| 海关商品编码 | 中英文品名 | 条目编码 | 页码 |
|---|---|---|---|
| 29336990 | 阿灭净 | 0144122 | …………(339) |
| 29336990 | 阿特拉津 | 0144123 | …………(339) |
| 29336990 | 阿特拉嗪 | 0144123 | …………(339) |
| 29336990 | 百得斯 | 0144080 | …………(319) |
| 29336990 | 苯嗪草酮 | 0144212 | …………(370) |
| 29336990 | 吡蚜酮 | 0115022 | …………(83) |
| 29336990 | 丙腈津 | 0144080 | …………(319) |
| 29336990 | 草达津 | 0144207 | …………(368) |
| 29336990 | 草净津 | 0144080 | …………(319) |
| 29336990 | 敌草净 | 0144209 | …………(369) |
| 29336990 | 敌菌灵 | 0132028 | …………(146) |
| 29336990 | 丁嗪草酮 | 0144153 | …………(350) |
| 29336990 | 二甲丙乙净 | 0144109 | …………(333) |
| 29336990 | 氟草净 | 0144055 | …………(307) |
| 29336990 | 甘扑津 | 0144152 | …………(350) |
| 29336990 | 割草佳 | 0144076 | …………(318) |
| 29336990 | 环丙津 | 0144151 | …………(349) |
| 29336990 | 环草津 | 0144151 | …………(349) |
| 29336990 | 环嗪酮 | 0144030 | …………(296) |
| 29336990 | 甲草嗪 | 0144069 | …………(314) |
| 29336990 | 立克除 | 0144069 | …………(314) |
| 29336990 | 灭芽松 | 0111056 | …………(27) |
| 29336990 | 灭蚜硫磷 | 0111056 | …………(27) |
| 29336990 | 灭蚜松 | 0111056 | …………(27) |
| 29336990 | 灭蝇胺 | 0114013 | …………(69) |
| 29336990 | 扑草净 | 0144076 | …………(318) |
| 29336990 | 扑蔓尽 | 0144076 | …………(318) |
| 29336990 | 扑灭津 | 0144206 | …………(368) |
| 29336990 | 扑灭通 | 0144247 | …………(381) |
| 29336990 | 嗪草酮 | 0144069 | …………(314) |
| 29336990 | 氰草津 | 0144080 | …………(319) |
| 29336990 | 氰草净 | 0144154 | …………(350) |
| 29336990 | 赛克 | 0144069 | …………(314) |
| 29336990 | 赛克津 | 0144069 | …………(314) |
| 29336990 | 赛克嗪 | 0144069 | …………(314) |
| 29336990 | 特丁津 | 0144208 | …………(369) |
| 29336990 | 特丁净 | 0144210 | …………(369) |
| 29336990 | 特丁嗪 | 0144069 | …………(314) |
| 29336990 | 威尔柏 | 0144030 | …………(296) |
| 29336990 | 威罗生(与呱草磷的混剂) | 0144109 | …………(333) |
| 29336990 | 戊草净 | 0144109 | …………(333) |
| 29336990 | 西草净 | 0144094 | …………(326) |

| 海关商品编码 | 中英文品名 | 条目编码 | 页码 |
|---|---|---|---|
| 29339900 | HF-8505 | 0132066 | …………(163) |
| 29339900 | Horizon | 0132065 | …………(162) |
| 29339900 | Hormex rooting-powder | 0143051 | …………(275) |
| 29339900 | Hormodin | 0143022 | …………(264) |
| 29339900 | Hormodin | 0143051 | …………(275) |
| 29339900 | Hostathion | 0181021 | …………(418) |
| 29339900 | Hydram | 0144059 | …………(309) |
| 29339900 | IBA | 0143051 | …………(275) |
| 29339900 | Imibenconazole | 0132066 | …………(163) |
| 29339900 | Impact | 0132022 | …………(143) |
| 29339900 | Indar | 0132054 | …………(157) |
| 29339900 | Indar | 0132075 | …………(167) |
| 29339900 | Indol-3-yl acetic acid | 0143022 | …………(264) |
| 29339900 | Indole Butyric | 0143051 | …………(275) |
| 29339900 | Intrepid | 0181012 | …………(414) |
| 29339900 | Ipconazole | 0132083 | …………(170) |
| 29339900 | Isazofos | 0182009 | …………(439) |
| 29339900 | Jiffy Grow | 0143051 | …………(275) |
| 29339900 | Ken BYO | 0143066 | …………(281) |
| 29339900 | Kinalux | 0181022 | …………(418) |
| 29339900 | Kusakira | 0144183 | …………(360) |
| 29339900 | LAB102883 | 0143066 | …………(281) |
| 29339900 | Lavozal | 0150041 | …………(401) |
| 29339900 | Lentagran | 0144117 | …………(337) |
| 29339900 | Lovozal | 0150041 | …………(401) |
| 29339900 | Lucel | 0132119 | …………(182) |
| 29339900 | Lynx | 0132065 | …………(162) |
| 29339900 | Magister | 0150004 | …………(387) |
| 29339900 | Malazide | 0143047 | …………(274) |
| 29339900 | Maleic hydrazide | 0143047 | …………(274) |
| 29339900 | Manage | 0132066 | …………(163) |
| 29339900 | MBC | 0132030 | …………(147) |
| 29339900 | Mepiquat chloride | 0143024 | …………(265) |
| 29339900 | Metconazole | 0132019 | …………(142) |
| 29339900 | MH | 0143047 | …………(274) |
| 29339900 | MH-30 | 0143047 | …………(274) |
| 29339900 | Milestone | 0144019 | …………(291) |
| 29339900 | Miral | 0182009 | …………(439) |
| 29339900 | Molinate | 0144059 | …………(309) |
| 29339900 | Monguard | 0132004 | …………(135) |
| 29339900 | Monometflurazon | 0144230 | …………(376) |
| 29339900 | Myclobutanil | 0132055 | …………(158) |

| 海关商品编码 | 中英文品名 | 条目编码 | 页码 |
|---|---|---|---|
| 29339900 | Telok | 0144230 | (376) |
| 29339900 | Terpal | 0143024 | (265) |
| 29339900 | Tetcyclacis | 0143066 | (281) |
| 29339900 | Tetraconazole | 0132020 | (142) |
| 29339900 | Thionazin | 0160006 | (404) |
| 29339900 | Topas | 0132076 | (167) |
| 29339900 | Triadimefon | 0132060 | (160) |
| 29339900 | Triadimenol | 0132058 | (159) |
| 29339900 | Triafol | 0132058 | (159) |
| 29339900 | Triaguron | 0112017 | (46) |
| 29339900 | Triamiphos | 0184005 | (444) |
| 29339900 | Triapenthenol | 0143064 | (280) |
| 29339900 | Triazamate | 0112017 | (46) |
| 29339900 | Triazbutil | 0132075 | (167) |
| 29339900 | Triazophos | 0181021 | (418) |
| 29339900 | Triclotin | 0150010 | (390) |
| 29339900 | Triticonazole | 0132047 | (154) |
| 29339900 | Uniconazole | 0143041 | (271) |
| 29339900 | Uniconazole | 0143041 | (271) |
| 29339900 | Vidden D | 0184004 | (444) |
| 29339900 | Vigil | 0132059 | (160) |
| 29339900 | Vigilex | 0132059 | (160) |
| 29339900 | Weedazol | 0144086 | (322) |
| 29339900 | Wepsin | 0184005 | (444) |
| 29339900 | Wepsyn | 0184005 | (444) |
| 29339900 | WP155 | 0184005 | (444) |
| 29339900 | XE-1019 | 0143041 | (271) |
| 29339900 | Zental | 0132015 | (140) |
| 29339900 | Zorial | 0144230 | (376) |
| 29339900 | 阿苯达唑 | 0132015 | (140) |
| 29339900 | 阿波罗 | 0150012 | (391) |
| 29339900 | 阿基咪唑 | 0132015 | (140) |
| 29339900 | 爱卡士 | 0181022 | (418) |
| 29339900 | 氨三唑 | 0144086 | (322) |
| 29339900 | 百理通 | 0132060 | (160) |
| 29339900 | 百坦 | 0132058 | (159) |
| 29339900 | 拌种咯 | 0132018 | (141) |
| 29339900 | 保棉磷 | 0181004 | (409) |
| 29339900 | 倍乐霸 | 0150010 | (390) |
| 29339900 | 苯并咪唑 44 号 | 0132030 | (147) |
| 29339900 | 苯哒嗪硫磷 | 0181020 | (417) |
| 29339900 | 苯菌灵 | 0132001 | (134) |

| 海关商品编码 | 中英文品名 | 条目编码 | 页码 |
|---|---|---|---|
| 29339900 | 苯莱特 | 0132001 | …………(134) |
| 29339900 | 苄氯三唑醇 | 0132059 | …………(160) |
| 29339900 | 丙硫苯咪唑 | 0132015 | …………(140) |
| 29339900 | 丙硫多菌灵 | 0132015 | …………(140) |
| 29339900 | 丙硫咪唑 | 0132015 | …………(140) |
| 29339900 | 草达灭 | 0144059 | …………(309) |
| 29339900 | 虫螨腈 | 0181012 | …………(414) |
| 29339900 | 虫线磷 | 0160006 | …………(404) |
| 29339900 | 除尽 | 0181012 | …………(414) |
| 29339900 | 哒草特 | 0144117 | …………(337) |
| 29339900 | 哒净硫磷 | 0181020 | …………(417) |
| 29339900 | 哒净松 | 0181020 | …………(417) |
| 29339900 | 哒菌清 | 0132004 | …………(135) |
| 29339900 | 哒菌酮 | 0132004 | …………(135) |
| 29339900 | 哒螨净 | 0150014 | …………(392) |
| 29339900 | 哒螨灵 | 0150014 | …………(392) |
| 29339900 | 哒螨酮 | 0150014 | …………(392) |
| 29339900 | 哒嗪硫磷 | 0181020 | …………(417) |
| 29339900 | 打杀磷 | 0181020 | …………(417) |
| 29339900 | 滴滴混合剂 | 0184004 | …………(444) |
| 29339900 | 滴滴混剂 | 0184004 | …………(444) |
| 29339900 | 滴滴剂 | 0184004 | …………(444) |
| 29339900 | 敌草快 | 0144043 | …………(302) |
| 29339900 | 调节啶 | 0143024 | …………(265) |
| 29339900 | 多菌灵 | 0132030 | …………(147) |
| 29339900 | 多效唑 | 0143014 | …………(261) |
| 29339900 | 恶草酸 | 0141008 | …………(224) |
| 29339900 | 粉锈宁 | 0132060 | …………(160) |
| 29339900 | 粉唑醇 | 0132022 | …………(143) |
| 29339900 | 氟胺草唑 | 0144187 | …………(362) |
| 29339900 | 氟草敏 | 0144230 | …………(376) |
| 29339900 | 氟硅唑 | 0132034 | …………(148) |
| 29339900 | 氟环唑 | 0132080 | …………(168) |
| 29339900 | 氟喹唑 | 0132084 | …………(170) |
| 29339900 | 氟咯草酮 | 0144017 | …………(290) |
| 29339900 | 氟醚唑 | 0132020 | …………(142) |
| 29339900 | 福农 | 0144063 | …………(311) |
| 29339900 | 福星 | 0132034 | …………(148) |
| 29339900 | 谷硫磷 | 0181004 | …………(409) |
| 29339900 | 谷赛昂 | 0181004 | …………(409) |
| 29339900 | 禾草敌 | 0144059 | …………(309) |
| 29339900 | 禾草克 | 0141015 | …………(227) |

| 海关商品编码 | 中英文品名 | 条目编码 | 页码 |
|---|---|---|---|
| 29339900 | 禾草特 | 0144059 | (309) |
| 29339900 | 禾大壮 | 0144059 | (309) |
| 29339900 | 环丙唑醇 | 0132023 | (143) |
| 29339900 | 环草丹 | 0144059 | (309) |
| 29339900 | 环菌唑 | 0132081 | (169) |
| 29339900 | 环氧菌唑 | 0132025 | (144) |
| 29339900 | 环唑醇 | 0132023 | (143) |
| 29339900 | 惠农精 | 0132068 | (164) |
| 29339900 | 己唑醇 | 0132021 | (143) |
| 29339900 | 甲呱啶 | 0143024 | (265) |
| 29339900 | 甲基谷硫磷 | 0181004 | (409) |
| 29339900 | 甲基谷赛昂 | 0181004 | (409) |
| 29339900 | 甲哌嗡 | 0143024 | (265) |
| 29339900 | 甲哌鎓 | 0143024 | (265) |
| 29339900 | 解草唑 | 0145005 | (383) |
| 29339900 | 津奥啉 | 0143008 | (258) |
| 29339900 | 腈苯唑 | 0132054 | (157) |
| 29339900 | 腈菌唑 | 0132055 | (158) |
| 29339900 | 精禾草克 | 0141016 | (227) |
| 29339900 | 精喹禾灵 | 0141016 | (227) |
| 29339900 | 抗螨唑 | 0150041 | (401) |
| 29339900 | 抗蠕敏 | 0132015 | (140) |
| 29339900 | 克菌星 | 0132034 | (148) |
| 29339900 | 克铃死 | 0181022 | (418) |
| 29339900 | 快灭灵 | 0144063 | (311) |
| 29339900 | 喹恶磷 | 0181022 | (418) |
| 29339900 | 喹禾糠酯 | 0144067 | (313) |
| 29339900 | 喹禾灵 | 0141015 | (227) |
| 29339900 | 喹硫磷 | 0181022 | (418) |
| 29339900 | 喹螨醚 | 0150004 | (387) |
| 29339900 | 阔叶枯 | 0144117 | (337) |
| 29339900 | 立克秀 | 0132065 | (162) |
| 29339900 | 利农 | 0144043 | (302) |
| 29339900 | 连达克兰 | 0144117 | (337) |
| 29339900 | 联苯三唑醇 | 0132017 | (141) |
| 29339900 | 硫磷嗪 | 0160006 | (404) |
| 29339900 | 咯草隆 | 0142034 | (246) |
| 29339900 | 氯草敏 | 0144228 | (375) |
| 29339900 | 氯丁唑 | 0143014 | (261) |
| 29339900 | 氯唑磷 | 0182009 | (439) |
| 29339900 | 马来酰肼 | 0143047 | (274) |
| 29339900 | 霉能灵 | 0132066 | (163) |

| 海关商品编码 | 中英文品名 | 条目编码 | 页码 |
|---|---|---|---|
| 29341000 | BRN1211137 | 0132093 | (173) |
| 29341000 | CCRIS 6082 | 0132093 | (173) |
| 29341000 | Cesar | 0150013 | (391) |
| 29341000 | Colophonate | 0111029 | (16) |
| 29341000 | DCT | 0132096 | (174) |
| 29341000 | Flurazole | 0145007 | (383) |
| 29341000 | Fosthiazate | 0182005 | (438) |
| 29341000 | Fuji-one | 0132026 | (145) |
| 29341000 | Gramual | 0132045 | (153) |
| 29341000 | Greatam | 0132045 | (153) |
| 29341000 | Hexythiazox | 0150013 | (391) |
| 29341000 | IKI-1145 | 0182005 | (438) |
| 29341000 | IPT | 0132026 | (145) |
| 29341000 | Isoprothiolane | 0132026 | (145) |
| 29341000 | Kathon LP preservative | 0132093 | (173) |
| 29341000 | Mandate | 0144130 | (342) |
| 29341000 | Metsulfovax | 0132096 | (174) |
| 29341000 | Microbicide M-8 | 0132093 | (173) |
| 29341000 | Micro-chek 11 | 0132093 | (173) |
| 29341000 | MK-360 | 0132042 | (152) |
| 29341000 | Nemathorin | 0182005 | (438) |
| 29341000 | Nissorun | 0150013 | (391) |
| 29341000 | Octhilinone | 0132093 | (173) |
| 29341000 | Pancil | 0132093 | (173) |
| 29341000 | Savey | 0150013 | (391) |
| 29341000 | Screen | 0145007 | (383) |
| 29341000 | Seedvax F-849 | 0132127 | (184) |
| 29341000 | Sidvax | 0132127 | (184) |
| 29341000 | Skane M8 | 0132093 | (173) |
| 29341000 | Storite | 0132042 | (152) |
| 29341000 | Tecto | 0132042 | (152) |
| 29341000 | Thiabendazole | 0132042 | (152) |
| 29341000 | Thiapronil | 0115028 | (85) |
| 29341000 | Thiazopyr | 0144005 | (286) |
| 29341000 | Thifluzamide | 0132045 | (153) |
| 29341000 | Thrizopyr | 0144130 | (342) |
| 29341000 | Toba2 | 0132042 | (152) |
| 29341000 | Visor | 0144005 | (286) |
| 29341000 | Visor | 0144130 | (342) |
| 29341000 | Zeldox | 0150013 | (391) |
| 29341000 | 拌种灵 | 0132127 | (184) |
| 29341000 | 宝穗 | 0132045 | (153) |

| 海关商品编码 | 中英文品名 | 条目编码 | 页码 |
|---|---|---|---|
| 29349990 | Besuntol | 0150042 | (401) |
| 29349990 | Bim | 0132056 | (158) |
| 29349990 | Bioxone | 0144234 | (377) |
| 29349990 | Bismerthiazol | 0132069 | (164) |
| 29349990 | Bla-S | 0132048 | (155) |
| 29349990 | Bla-S | 0132125 | (184) |
| 29349990 | Blascide | 0132056 | (158) |
| 29349990 | Blasticidin-S | 0132048 | (155) |
| 29349990 | Blasticidin-S | 0132125 | (184) |
| 29349990 | Brake | 0144026 | (294) |
| 29349990 | BRN0551847 | 0142038 | (247) |
| 29349990 | BRN1016962 | 0132089 | (172) |
| 29349990 | BRN1074817 | 0132103 | (177) |
| 29349990 | BRN3571881 | 0132104 | (177) |
| 29349990 | BRN4190275 | 0145001 | (382) |
| 29349990 | Bromuconazole | 0132024 | (144) |
| 29349990 | Brulan | 0142012 | (236) |
| 29349990 | Bumper | 0132014 | (139) |
| 29349990 | Buprofezin | 0115035 | (88) |
| 29349990 | Calixin | 0132053 | (157) |
| 29349990 | Carbamorph | 0132121 | (183) |
| 29349990 | Carbathiin | 0132064 | (162) |
| 29349990 | Carboxin | 0132064 | (162) |
| 29349990 | Celest | 0132011 | (138) |
| 29349990 | Cetactaelate | 0150033 | (398) |
| 29349990 | CGA-154281 | 0145001 | (382) |
| 29349990 | CGA-169374 | 0132013 | (139) |
| 29349990 | CGA-248757 | 0144132 | (343) |
| 29349990 | Chinomethionate | 0150033 | (398) |
| 29349990 | Chinothionat | 0150021 | (394) |
| 29349990 | Chlormethazole | 0144234 | (377) |
| 29349990 | Chlozolinate | 0132012 | (138) |
| 29349990 | Cis-furconazole | 0132104 | (177) |
| 29349990 | Cistopax | 0132037 | (150) |
| 29349990 | Clomazone | 0144107 | (332) |
| 29349990 | Command | 0144107 | (332) |
| 29349990 | Corbel | 0132016 | (140) |
| 29349990 | Crag fungicide 974 | 0184013 | (448) |
| 29349990 | Cyalane | 0111041 | (21) |
| 29349990 | Cyclodan | 0111005 | (5) |
| 29349990 | Cycloxydim | 0144018 | (291) |
| 29349990 | Cylan | 0111041 | (21) |

| 海关商品编码 | 中英文品名 | 条目编码 | 页码 |
|---|---|---|---|
| 29349990 | 恶草酮 | 0144048 | ············(304) |
| 29349990 | 恶虫酮 | 0200030 | ············(463) |
| 29349990 | 恶喹酸 | 0132037 | ············(150) |
| 29349990 | 恶霉灵 | 0132031 | ············(147) |
| 29349990 | 恶醚唑 | 0132013 | ············(139) |
| 29349990 | 恶霜灵 | 0132032 | ············(148) |
| 29349990 | 恶酰胺 | 0132032 | ············(148) |
| 29349990 | 恶唑菌酮 | 0132128 | ············(185) |
| 29349990 | 恶唑磷 | 0111049 | ············(25) |
| 29349990 | 恶唑隆 | 0142039 | ············(248) |
| 29349990 | 二甲吩草胺 | 0144024 | ············(293) |
| 29349990 | 二甲硫嗪 | 0184013 | ············(448) |
| 29349990 | 二甲噻草胺 | 0144024 | ············(293) |
| 29349990 | 二甲噻嗪 | 0184013 | ············(448) |
| 29349990 | 二氰蒽醌 | 0131017 | ············(119) |
| 29349990 | 二噻磷 | 0111080 | ············(34) |
| 29349990 | 二噻农 | 0131017 | ············(119) |
| 29349990 | 伐草快 | 0144053 | ············(306) |
| 29349990 | 伐线丹 | 0182002 | ············(437) |
| 29349990 | 呋菌唑 | 0132078 | ············(168) |
| 29349990 | 呋醚唑 | 0132104 | ············(177) |
| 29349990 | 呋喃解草唑 | 0145008 | ············(384) |
| 29349990 | 伏杀磷 | 0181027 | ············(420) |
| 29349990 | 伏杀硫磷 | 0181027 | ············(420) |
| 29349990 | 氟咯菌腈 | 0132011 | ············(138) |
| 29349990 | 氟吗啉 | 0132035 | ············(149) |
| 29349990 | 氟吗锰锌 | 0132035 | ············(149) |
| 29349990 | 氟噻乙草酯 | 0144028 | ············(295) |
| 29349990 | 广灭灵 | 0144107 | ············(332) |
| 29349990 | 硅噻菌胺 | 0132039 | ············(151) |
| 29349990 | 核苷酸 | 0143021 | ············(264) |
| 29349990 | 环线威 | 0182014 | ············(442) |
| 29349990 | 磺噻隆 | 0142038 | ············(247) |
| 29349990 | 灰瘟素 | 0132125 | ············(184) |
| 29349990 | 灰瘟素(盐) | 0132048 | ············(155) |
| 29349990 | 击倒菊酯 | 0200022 | ············(459) |
| 29349990 | 甲基吡恶磷 | 0200029 | ············(462) |
| 29349990 | 甲基环胺磷 | 0111080 | ············(34) |
| 29349990 | 甲基硫环磷 | 0111030 | ············(16) |
| 29349990 | 甲菌利 | 0132005 | ············(136) |
| 29349990 | 甲硫环 | 0115009 | ············(79) |
| 29349990 | 甲氧噻草胺 | 0144025 | ············(294) |

| 海关商品编码 | 中英文品名 | 条目编码 | 页码 |
|---|---|---|---|
| 29349990 | 解草恶唑 | 0145008 | (384) |
| 29349990 | 解草嗪 | 0145001 | (382) |
| 29349990 | 精恶唑禾草灵 | 0141014 | (226) |
| 29349990 | 肼菌酮 | 0132124 | (183) |
| 29349990 | 净种灵 | 0132027 | (145) |
| 29349990 | 菌必克 | 0131041 | (129) |
| 29349990 | 糠菌唑 | 0132024 | (144) |
| 29349990 | 克敌菊酯 | 0200022 | (459) |
| 29349990 | 克力星 | 0132053 | (157) |
| 29349990 | 克啉菌 | 0132053 | (157) |
| 29349990 | 克龙菌 | 0132043 | (153) |
| 29349990 | 克杀螨 | 0150021 | (394) |
| 29349990 | 克瘟灵 | 0132056 | (158) |
| 29349990 | 克瘟唑 | 0132056 | (158) |
| 29349990 | 剋特宁 | 0200022 | (459) |
| 29349990 | 喹菌酮 | 0132037 | (150) |
| 29349990 | 阔草特 | 0144132 | (343) |
| 29349990 | 立枯灵 | 0132031 | (147) |
| 29349990 | 硫丹 | 0111005 | (5) |
| 29349990 | 硫环磷 | 0111041 | (21) |
| 29349990 | 硫环杀 | 0115009 | (79) |
| 29349990 | 硫戊苄呋菊酯 | 0200022 | (459) |
| 29349990 | 咯菌腈 | 0132011 | (138) |
| 29349990 | 绿风 95 | 0143021 | (264) |
| 29349990 | 绿哥 | 0181040 | (426) |
| 29349990 | 氯吡恶唑磷 | 0200029 | (462) |
| 29349990 | 吗菌威 | 0132121 | (183) |
| 29349990 | 麦穗宁 | 0132122 | (183) |
| 29349990 | 麦田清 | 0141013 | (226) |
| 29349990 | 螨蜱胺 | 0150042 | (401) |
| 29349990 | 茂硫磷 | 0111074 | (32) |
| 29349990 | 没鼠命 | 0120006 | (99) |
| 29349990 | 美福松 | 0111080 | (34) |
| 29199000 | 美文松 | 0181015 | (415) |
| 29349990 | 棉安磷 | 0111030 | (16) |
| 29349990 | 棉安磷 | 0111041 | (21) |
| 29349990 | 棉隆 | 0184013 | (448) |
| 29349990 | 灭草松 | 0144074 | (316) |
| 29349990 | 灭草唑 | 0144234 | (377) |
| 29349990 | 灭克 | 0132035 | (149) |
| 29349990 | 灭螨猛 | 0150033 | (398) |
| 29349990 | 灭瘟素 | 0132048 | (155) |

| 海关商品编码 | 中英文品名 | 条目编码 | 页码 |
|---|---|---|---|
| 29349990 | 农利灵 | 0132072 | (165) |
| 29349990 | 农思它 | 0144048 | (304) |
| 29349990 | 排草丹 | 0144074 | (316) |
| 29349990 | 嗪草酸 | 0144132 | (343) |
| 29349990 | 全食净 | 0132039 | (151) |
| 29349990 | 噻苯隆 | 0143034 | (268) |
| 29349990 | 噻草平 | 0144074 | (316) |
| 29349990 | 噻草酮 | 0144018 | (291) |
| 29349990 | 噻恩菊酯 | 0200022 | (459) |
| 29349990 | 噻吩草胺 | 0144192 | (363) |
| 29349990 | 噻吩菊酯 | 0200022 | (459) |
| 29349990 | 噻氟隆 | 0142049 | (251) |
| 29349990 | 噻节因 | 0143055 | (277) |
| 29349990 | 噻菌腈 | 0132101 | (176) |
| 29349990 | 噻菌铜 | 0132043 | (153) |
| 29349990 | 噻枯唑 | 0132069 | (164) |
| 29349990 | 噻嗯菊酯 | 0200022 | (459) |
| 29349990 | 噻嗪酮 | 0115035 | (88) |
| 29349990 | 噻森铜 | 0132074 | (166) |
| 29349990 | 噻鼠灵 | 0120026 | (107) |
| 29349990 | 噻唑锌 | 0132073 | (166) |
| 29349990 | 赛丹 | 0111005 | (5) |
| 29349990 | 三氮唑核苷 | 0132057 | (159) |
| 29349990 | 三环唑 | 0132056 | (158) |
| 29349990 | 三唑苯噻 | 0132056 | (158) |
| 29349990 | 杀虫丁 | 0184015 | (449) |
| 29349990 | 杀虫钉 | 0184015 | (449) |
| 29349990 | 杀虫环 | 0115009 | (79) |
| 29349990 | 杀稻瘟菌素 | 0132048 | (155) |
| 29349990 | 杀稻瘟素 S | 0132048 | (155) |
| 29349990 | 杀毒矾 | 0132032 | (148) |
| 29349990 | 杀螺吗啉 | 0170005 | (406) |
| 29349990 | 杀螟环 | 0115009 | (79) |
| 29349990 | 杀扑磷 | 0181052 | (432) |
| 29349990 | 十二环吗啉 | 0132123 | (183) |
| 29349990 | 十三吗啉 | 0132053 | (157) |
| 29349990 | 世高 | 0132013 | (139) |
| 29349990 | 适乐时 | 0132011 | (138) |
| 29349990 | 蔬果磷 | 0111047 | (24) |
| 29349990 | 水杨硫磷 | 0111047 | (24) |
| 29349990 | 硕丹 | 0111005 | (5) |
| 29349990 | 四二四 | 0120006 | (99) |

| 海关商品编码 | 中英文品名 | 条目编码 | 页码 |
|---|---|---|---|
| 29349990 | 蟑螂宁 | 0200029 | ············(462) |
| 29349990 | 左美素 | 0115020 | ············(83) |
| 29349990 | 左旋咪唑 | 0115020 | ············(83) |
| 29349990 | 佐罗纳 | 0181027 | ············(420) |
| **2935** | | | |
| 29350090 | Accent | 0142021 | ············(240) |
| 29350090 | Agreen | 0142024 | ············(242) |
| 29350090 | AI3-27470 | 0131052 | ············(133) |
| 29350090 | Allie | 0142014 | ············(237) |
| 29350090 | Ally | 0142014 | ············(237) |
| 29350090 | Amidosulfuron | 0142022 | ············(241) |
| 29350090 | Asilan | 0144002 | ············(285) |
| 29350090 | Asulam | 0144002 | ············(285) |
| 29350090 | Asulox | 0144002 | ············(285) |
| 29350090 | Aurora | 0144118 | ············(337) |
| 29350090 | Azimsulfuron | 0142020 | ············(240) |
| 29350090 | Bayer-5712A | 0131052 | ············(133) |
| 29350090 | Beacon | 0142028 | ············(244) |
| 29350090 | Bensulfuron methyl | 0142025 | ············(242) |
| 29350090 | Bensulide | 0144232 | ············(376) |
| 29350090 | Benzulfide | 0144232 | ············(376) |
| 29350090 | Betamec | 0144232 | ············(376) |
| 29350090 | Betasan | 0144232 | ············(376) |
| 29350090 | BRN2949607 | 0131052 | ············(133) |
| 29350090 | Broadstrike | 0144118 | ············(337) |
| 29350090 | CGA-142464 | 0144077 | ············(318) |
| 29350090 | Chlorimuron(-ethyl) | 0142018 | ············(239) |
| 29350090 | Chlorsulfuron | 0142017 | ············(239) |
| 29350090 | Cinosulfuron | 0144077 | ············(318) |
| 29350090 | Classic | 0142018 | ············(239) |
| 29350090 | Cyclosulfamuron | 0142008 | ············(234) |
| 29350090 | Cythioate | 0111064 | ············(29) |
| 29350090 | DE-498 | 0144118 | ············(337) |
| 29350090 | DE-683 | 0144125 | ············(340) |
| 29350090 | Dirimal | 0144231 | ············(376) |
| 29350090 | Disan | 0144232 | ············(376) |
| 29350090 | Dovip | 0111065 | ············(29) |
| 29350090 | DPX-4189 | 0142017 | ············(239) |
| 29350090 | DPX-5384 | 0142025 | ············(242) |
| 29350090 | DPX-6025 | 0142018 | ············(239) |
| 29350090 | DPX-A7881 | 0142009 | ············(235) |

| 海关商品编码 | 中英文品名 | 条目编码 | 页码 |
|---|---|---|---|
| 29350090 | DPX-F6025 | 0142018 | ············(239) |
| 29350090 | DPX-L5300 | 0142010 | ············(235) |
| 29350090 | DPX-M6316 | 0142027 | ············(243) |
| 29350090 | Dubur | 0142029 | ············(244) |
| 29350090 | Dynam | 0142020 | ············(240) |
| 29350090 | EL-119 | 0144231 | ············(376) |
| 29350090 | Embark | 0144233 | ············(377) |
| 29350090 | Escort | 0142013 | ············(236) |
| 29350090 | Ethametsulfuron | 0142009 | ············(235) |
| 29350090 | Ethoxysulfuron | 0142023 | ············(241) |
| 29350090 | Euparen M | 0131052 | ············(133) |
| 29350090 | Exceed | 0142031 | ············(245) |
| 29350090 | Expert | 0142020 | ············(240) |
| 29350090 | Exporsan | 0144232 | ············(376) |
| 29350090 | Express | 0142010 | ············(235) |
| 29350090 | Famophos | 0111065 | ············(29) |
| 29350090 | Famphur | 0111065 | ············(29) |
| 29350090 | Finesse | 0142013 | ············(236) |
| 29350090 | Finitron | 0200031 | ············(463) |
| 29350090 | Flazaculfuron | 0142003 | ············(232) |
| 29350090 | Flex | 0144054 | ············(307) |
| 29350090 | Flucarbazone-sodium | 0142032 | ············(245) |
| 29350090 | Flumetsulam | 0144118 | ············(337) |
| 29350090 | Fluoridamid | 0143072 | ············(282) |
| 29350090 | Flusulfamide | 0134005 | ············(191) |
| 29350090 | Fomesafen | 0144054 | ············(307) |
| 29350090 | Glean | 0142017 | ············(239) |
| 29350090 | Halosulfuron-methyl | 0142030 | ············(245) |
| 29350090 | Harmony | 0142016 | ············(238) |
| 29350090 | Hoestar | 0142022 | ············(241) |
| 29350090 | HSDB6739 | 0131052 | ············(133) |
| 29350090 | Imazosulfuron | 0142042 | ············(249) |
| 29350090 | Kayabest | 0134004 | ············(191) |
| 29350090 | Kayaphenone | 0144232 | ············(376) |
| 29350090 | KUE13183B | 0131052 | ············(133) |
| 29350090 | Londax | 0142025 | ············(242) |
| 29350090 | LS-830556 | 0144150 | ············(349) |
| 29350090 | LS-950 | 0142021 | ············(240) |
| 29350090 | MBR 6033 | 0143072 | ············(282) |
| 29350090 | Mefluidide | 0144233 | ············(377) |
| 29350090 | Methasulfocarb | 0134004 | ············(191) |
| 29350090 | Metosulam | 0144181 | ············(360) |

| 海关商品编码 | 中英文品名 | 条目编码 | 页码 |
|---|---|---|---|
| 29350090 | 特芜农 | 0142025 | ············(242) |
| 29350090 | 五氟磺草胺 | 0144125 | ············(340) |
| 29350090 | 酰嘧磺隆 | 0142022 | ············(241) |
| 29350090 | 畜蜱磷 | 0111064 | ············(29) |
| 29350090 | 烟磺隆 | 0142021 | ············(240) |
| 29350090 | 烟嘧磺隆 | 0142021 | ············(240) |
| 29350090 | 烟嘧磺隆 | 0142021 | ············(240) |
| 29350090 | 乙氯隆 | 0142018 | ············(239) |
| 29350090 | 乙氧磺隆 | 0142023 | ············(241) |
| 29350090 | 乙氧嘧磺隆 | 0142023 | ············(241) |
| 29350090 | 油磺隆 | 0142009 | ············(235) |
| 29350090 | 玉嘧磺隆 | 0142001 | ············(231) |
| 29350090 | 玉农乐 | 0142021 | ············(240) |
| 29350090 | 增糖胺 | 0143072 | ············(282) |
| 29350090 | 唑吡嘧磺隆 | 0142042 | ············(249) |
| 29350090 | 唑嘧磺草胺 | 0144118 | ············(337) |
| 29350090 | 唑嘧磺隆 | 0142041 | ············(248) |
| **2938** | | | |
| 29389090 | Tea saponin | 0181005 | ············(410) |
| 29389090 | 茶皂素 | 0181005 | ············(410) |
| 29389090 | 皂素与烟碱组成制剂称保尔丰 | 0181005 | ············(410) |
| **2939** | | | |
| 29399910 | Black leaf | 0115036 | ············(88) |
| 29399910 | Emo-nik | 0115036 | ············(88) |
| 29399910 | Fumetobac | 0115036 | ············(88) |
| 29399910 | Habitrol | 0115036 | ············(88) |
| 29399910 | Nicotine | 0115036 | ············(88) |
| 29399910 | Prostep | 0115036 | ············(88) |
| 29399910 | Tendust | 0115036 | ············(88) |
| 29399910 | 烟碱 | 0115036 | ············(88) |
| 29399990 | Anabasine | 0115037 | ············(88) |
| 29399990 | BRN0085851 | 0115033 | ············(87) |
| 29399990 | Certox | 0120003 | ············(98) |
| 29399990 | Cytosinpeptidemycin | 0115039 | ············(89) |
| 29399990 | ( + )-Matrine | 0115033 | ············(87) |
| 29399990 | Matrine | 0115033 | ············(87) |
| 29399990 | Neonicotine | 0115037 | ············(88) |
| 29399990 | Neonikotin | 0115037 | ············(88) |
| 29399990 | Nornicotine | 0115038 | ············(89) |
| 29399990 | NSC-146051 | 0115033 | ············(87) |

| 海关商品编码 | 中英文品名 | 条目编码 | 页码 |
|---|---|---|---|
| 30029090 | Bacillus cereus | 0134039 | …………(204) |
| 30029090 | Bacillus licheniformis | 0134020 | …………(196) |
| 30029090 | Bacillus sphaericus | 0200036 | …………(466) |
| 30029090 | Bacillus Spp. | 0143025 | …………(265) |
| 30029090 | Bacillus subilis | 0134010 | …………(193) |
| 30029090 | Bacillus thuringiensis | 0115005 | …………(77) |
| 30029090 | Bactospeine | 0115005 | …………(77) |
| 30029090 | BC751 菌株 | 0134033 | …………(202) |
| 30029090 | BC752 菌株 | 0134039 | …………(204) |
| 30029090 | Botulinum | 0120020 | …………(105) |
| 30029090 | Brevibacterium | 0143026 | …………(265) |
| 30029090 | Bt(BT)杀虫剂 | 0115005 | …………(77) |
| 30029090 | C3-41 杀蚊幼剂 | 0200036 | …………(466) |
| 30029090 | Clostridium botulinum C-type botulin | 0120020 | …………(105) |
| 30029090 | Condor | 0115005 | …………(77) |
| 30029090 | Cutlass | 0115005 | …………(77) |
| 30029090 | C 型肉毒杀鼠素 | 0120020 | …………(105) |
| 30029090 | C 型肉毒梭菌外毒素 | 0120020 | …………(105) |
| 30029090 | Kodiak | 0134010 | …………(193) |
| 30029090 | Pseudomonas cepacia | 0134011 | …………(193) |
| 30029090 | Pseudomonas fluorescens | 0134062 | …………(213) |
| 30029090 | Pseudomonas pseudoacaligenes | 0134033 | …………(202) |
| 30029090 | Trichoderma SP | 0134041 | …………(205) |
| 30029090 | 百抗 | 0134010 | …………(193) |
| 30029090 | 敌宝 | 0115005 | …………(77) |
| 30029090 | 地衣芽孢杆菌 | 0134020 | …………(196) |
| 30029090 | 放射土壤杆菌 | 0134024 | …………(198) |
| 30029090 | 假单孢菌 | 0134033 | …………(202) |
| 30029090 | 康多惠 | 0115005 | …………(77) |
| 30029090 | 克芽孢杆菌广谱增产菌 | 0143025 | …………(265) |
| 30029090 | 枯草芽孢杆菌 | 0143026 | …………(265) |
| 30029090 | 快来顺 | 0115005 | …………(77) |
| 30029090 | 蜡状芽孢菌 | 0134039 | …………(204) |
| 30029090 | 力宝 | 0134010 | …………(193) |
| 30029090 | 灭菌灵 | 0134041 | …………(205) |
| 30029090 | 木霉菌 | 0134041 | …………(205) |
| 30029090 | 球形芽孢杆菌 | 0200036 | …………(466) |
| 30029090 | 生菌散 | 0134041 | …………(205) |
| 30029090 | 生物蛙 | 0200036 | …………(466) |
| 30029090 | 苏云金杆菌 | 0115005 | …………(77) |
| 30029090 | 消蚀灵 | 0134062 | …………(213) |
| 30029090 | 芽孢杆菌 | 0134010 | …………(193) |

| 海关商品编码 | 中英文品名 | 条目编码 | 页码 |
|---|---|---|---|
| 38089210 | Bouillie bordelaise | 0133011 | …………(189) |
| 38089210 | Copper citrate | 0131030 | …………(125) |
| 38089210 | Copper(succinate + copperglutarate + adipate) | 0131010 | …………(116) |
| 38089210 | Cresol mixed isomer | 0134029 | …………(200) |
| 38089210 | HA-Cu | 0134026 | …………(199) |
| 38089210 | Humus acid | 0134026 | …………(199) |
| 38089210 | Mixed amino-acid-Cu, Zn, Mn, Mg complex | 0131009 | …………(116) |
| 38089210 | 波尔多液 | 0133011 | …………(189) |
| 38089210 | 二元酸铜 | 0131010 | …………(116) |
| 38089210 | 腐必治 | 0134026 | …………(199) |
| 38089210 | 腐殖酸钠 | 0134026 | …………(199) |
| 38089210 | 琥胶肥酸铜 | 0131010 | …………(116) |
| 38089210 | 琥胶肥酸铜 | 0131010 | …………(116) |
| 38089210 | 琥珀酸铜 DT | 0131010 | …………(116) |
| 38089210 | 混合氨基酸络合铜 | 0134007 | …………(192) |
| 38089210 | 混合氨基酸铜·锌·锰·镁 | 0131009 | …………(116) |
| 38089210 | 甲酚 | 0134029 | …………(200) |
| 38089210 | 抗枯灵(柠檬酸铜是其部分成分) | 0131030 | …………(125) |
| 38089210 | 硫酸铜-石灰混合液 | 0133011 | …………(189) |
| 38089210 | 柠檬酸铜 | 0131030 | …………(125) |
| 38089210 | 双效灵 | 0134007 | …………(192) |
| 38089210 | 庄园乐 | 0131009 | …………(116) |
| 38089290 | Palmityl alcohol + lauryl alcohol | 0134028 | …………(200) |
| 38089290 | 高脂膜 | 0134028 | …………(200) |
| 38089311 | Sodium nitrophenolate | 0143020 | …………(263) |
| 38089311 | 爱多收 | 0143020 | …………(263) |
| 38089311 | 复硝酚钠 | 0143020 | …………(263) |
| 38089311 | 特多收 | 0143020 | …………(263) |
| 38089400 | Iodine | 0300018 | …………(481) |
| 38089400 | Lysol | 0300017 | …………(480) |
| 38089400 | 碘伏 | 0300018 | …………(481) |
| 38089400 | 碘水剂 | 0300018 | …………(481) |
| 38089400 | 来苏尔 | 0300017 | …………(480) |
| 38089910 | Diphacin | 0120001 | …………(97) |
| 38089910 | Diphacinone | 0120001 | …………(97) |
| 38089910 | Diphacins | 0120001 | …………(97) |
| 38089910 | Ramik | 0120001 | …………(97) |
| 38089910 | Sulfur | 0184006 | …………(445) |
| 38089910 | Yasodion | 0120001 | …………(97) |
| 38089910 | 敌鼠钠 | 0120001 | …………(97) |

| 海关商品编码 | 中英文品名 | 条目编码 | 页码 |
|---|---|---|---|
| 38089910 | 敌鼠钠盐 | 0120001 | (97) |
| 38089910 | 磺黄粉 | 0184006 | (445) |
| 38089910 | 硫磺 | 0184006 | (445) |
| 38089910 | 野鼠净 | 0120001 | (97) |

**3824**

| 海关商品编码 | 中英文品名 | 条目编码 | 页码 |
|---|---|---|---|
| 38249099 | "5406"抗生菌肥 | 0400040 | (494) |
| 38249099 | Abamectin | 0181035 | (424) |
| 38249099 | Abamectine | 0181035 | (424) |
| 38249099 | Affirm | 0181035 | (424) |
| 38249099 | Agrimec | 0181035 | (424) |
| 38249099 | Agri-Mek | 0181035 | (424) |
| 38249099 | Avermectin B1 | 0181035 | (424) |
| 38249099 | Emamectin benzoate | 0181010 | (412) |
| 38249099 | Guazatine acetate | 0134078 | (219) |
| 38249099 | 阿巴菌素 | 0181035 | (424) |
| 38249099 | 阿巴美丁 | 0181035 | (424) |
| 38249099 | 阿佛曼菌素 | 0181035 | (424) |
| 38249099 | 阿弗米丁 | 0181035 | (424) |
| 38249099 | 阿氟菌素 | 0181035 | (424) |
| 38249099 | 阿维菌素 | 0181035 | (424) |
| 38249099 | 爱比菌素 | 0181035 | (424) |
| 38249099 | 爱福丁 | 0181035 | (424) |
| 38249099 | 爱螨力克 | 0181035 | (424) |
| 38249099 | 保绿丰 | 0400041 | (494) |
| 38249099 | 虫克星 | 0181035 | (424) |
| 38249099 | 除虫菌素 | 0181035 | (424) |
| 38249099 | 根瘤菌肥料 | 0400036 | (493) |
| 38249099 | 固氮菌肥料 | 0400037 | (494) |
| 38249099 | 害极灭 | 0181035 | (424) |
| 38249099 | 害极灭 | 0181035 | (424) |
| 38249099 | 甲胺基阿维菌素 | 0181010 | (412) |
| 38249099 | 钾细菌肥料 | 0400038 | (494) |
| 38249099 | 磷细菌肥料 | 0400039 | (494) |
| 38249099 | 螨虫素 | 0181035 | (424) |
| 38249099 | 齐墩螨素 | 0181035 | (424) |
| 38249099 | 齐螨素 | 0181035 | (424) |
| 38249099 | 日丰素 | 0400005 | (485) |
| 38249099 | 杀虫菌素 | 0181035 | (424) |
| 38249099 | 双胍辛乙酸盐 | 0134078 | (219) |

# 商品中文品名查询表

| 中文品名 | 海关商品编码 | 条目编码 | 页码 |
|---|---|---|---|
| 百垄通 | 29333990 | 0144033 | …………(297) |
| 百螺杀 | 29242990 | 0170002 | …………(405) |
| 百农思 | 29349990 | 0144108 | …………(332) |
| 百扑灵 | 29162090 | 0200016 | …………(456) |
| 百事达 | 29269090 | 0113016 | …………(60) |
| 百树得 | 29269090 | 0113004 | …………(52) |
| 百树菊酯 | 29269090 | 0113004 | …………(52) |
| 百坦 | 29339900 | 0132058 | …………(159) |
| 百特磷 | 29241990 | 0181003 | …………(409) |
| 百治菊酯 | 29269090 | 0113004 | …………(52) |
| 百治磷 | 29241990 | 0181003 | …………(409) |
| 百治屠 | 29309090 | 0111019 | …………(12) |
| 拜高(混剂) | 29162090 | 0200006 | …………(452) |
| 拜高(混剂) | 29162090 | 0200033 | …………(464) |
| 拜高(混剂) | 29242990 | 0112013 | …………(44) |
| 稗必克 | 29334990 | 0144051 | …………(305) |
| 稗草胺 | 29242990 | 0144023 | …………(293) |
| 稗草丹 | 29333990 | 0144015 | …………(290) |
| 稗草亡 | 29334990 | 0144051 | …………(305) |
| 稗草畏 | 29333990 | 0144015 | …………(290) |
| 稗草烯 | 29039990 | 0144036 | …………(298) |
| 伴地农 | 29269090 | 0144071 | …………(315) |
| 拌棉醇 | 29055900 | 0134044 | …………(206) |
| 拌种灵 | 29341000 | 0132127 | …………(184) |
| 拌种咯 | 29339900 | 0132018 | …………(141) |
| 拌种唑 | 29349990 | 0132027 | …………(145) |
| 包膜尿素 | 31021000 | 0400043 | …………(495) |
| 宝成 | 29350090 | 0142001 | …………(231) |
| 宝丽安 | 29419090 | 0134022 | …………(197) |
| 宝路 | 29309090 | 0115023 | …………(84) |
| 宝穗 | 29341000 | 0132045 | …………(153) |
| 宝赢 | 29242990 | 0143011 | …………(259) |
| 保达 | 29309090 | 0111042 | …………(22) |
| 保得 | 29269090 | 0113005 | …………(53) |
| 保果灵 | 28332500 | 0133002 | …………(186) |
| 保好鸿 | 29269090 | 0113013 | …………(58) |
| 保利霉素 | 29419090 | 0134022 | …………(197) |
| 保绿丰 | 38249099 | 0400041 | …………(494) |
| 保美灵 | 29335990 | 0143033 | …………(268) |
| 保美灵/勃宁激素(+GA4+BAP) | 29322090 | 0143032 | …………(267) |

| 中文品名 | 海关商品编码 | 条目编码 | 页码 |
|---|---|---|---|
| 敌死通 | 29309090 | 0111072 | ············(32) |
| 敌瘟磷 | 29309090 | 0131015 | ············(118) |
| 敌锈钠 | 29214200 | 0134066 | ············(215) |
| 敌蝇威 | 29331990 | 0112024 | ············(49) |
| 地胺磷 | 29349990 | 0111080 | ············(34) |
| 地克松 | 29270000 | 0134019 | ············(196) |
| 地虫磷 | 29309090 | 0111024 | ············(14) |
| 地虫硫膦 | 29309090 | 0111024 | ············(14) |
| 地乐胺 | 29214990 | 0144113 | ············(335) |
| 地乐酚 | 29089100 | 0144044 | ············(302) |
| 地乐灵 | 29214300 | 0144141 | ············(346) |
| 地乐酯 | 29153900 | 0144195 | ············(364) |
| 地麦丹 | 29242900 | 0112028 | ············(50) |
| 地麦威 | 29242900 | 0112028 | ············(50) |
| 地散磷 | 29350090 | 0144232 | ············(376) |
| 地威刚 | 29341000 | 0182005 | ············(438) |
| 地亚农 | 29335990 | 0182013 | ············(441) |
| 地衣芽孢杆菌 | 30029090 | 0134020 | ············(196) |
| 碘苯腈 | 29269090 | 0144124 | ············(340) |
| 碘伏 | 38089400 | 0300018 | ············(481) |
| 碘硫磷 | 29201900 | 0111059 | ············(28) |
| 碘水剂 | 38089400 | 0300018 | ············(481) |
| 调吡脲 | 29333990 | 0143037 | ············(269) |
| 调呋酸 | 29329990 | 0143077 | ············(284) |
| 调果酸 | 29189900 | 0143075 | ············(283) |
| 调环酸 | 29183000 | 0143003 | ············(256) |
| 调节安 | 29239000 | 0143012 | ············(260) |
| 调节啶 | 29339900 | 0143024 | ············(265) |
| 调节膦 | 29319000 | 0143005 | ············(257) |
| 调节膦(fosamine ammonium) | 29319000 | 0144148 | ············(348) |
| 丁苯硫磷 | 29309090 | 0111039 | ············(20) |
| 丁苯吗啉 | 29349990 | 0132016 | ············(140) |
| 丁苯威 | 29242990 | 0181007 | ············(411) |
| 丁草胺 | 29242990 | 0144045 | ············(303) |
| 丁草敌 | 29302000 | 0144217 | ············(372) |
| 丁草锁 | 29242990 | 0144045 | ············(303) |
| 丁叉威 | 29309090 | 0115026 | ············(85) |
| 丁乐灵 | 29214990 | 0144113 | ············(335) |
| 丁硫啶 | 29333990 | 0132111 | ············(179) |
| 丁硫环磷 | 29349990 | 0182002 | ············(437) |

| 中文品名 | 海关商品编码 | 条目编码 | 页码 |
|---|---|---|---|
| 丁硫克百威 | 29329990 | 0112018 | ············(46) |
| 丁硫威 | 29329990 | 0112018 | ············(46) |
| 丁咪酰胺 | 29332990 | 0144179 | ············(359) |
| 丁醚脲 | 29309090 | 0115023 | ············(84) |
| 丁嗪草酮 | 29336990 | 0144153 | ············(350) |
| 丁噻隆 | 29349990 | 0142012 | ············(236) |
| 丁酮砜威 | 29309090 | 0115027 | ············(85) |
| 丁酮威 | 29309090 | 0115026 | ············(85) |
| 丁烯草胺 | 29242990 | 0144171 | ············(356) |
| 丁烯叉二脲 | 31029090 | 0400048 | ············(497) |
| 丁烯磷 | 29199000 | 0111058 | ············(27) |
| 丁烯磷 | 29322090 | 0111079 | ············(34) |
| 丁酰草胺 | 29242990 | 0144241 | ············(379) |
| 丁酰肼 | 29280000 | 0143013 | ············(260) |
| 丁酯磷 | 29319000 | 0111061 | ············(28) |
| 丁酯膦 | 29319000 | 0111061 | ············(28) |
| 丁子香酚 | 29095000 | 0134021 | ············(197) |
| 顶尖 | 29333990 | 0144140 | ············(345) |
| 定草酯 | 29333990 | 0144090 | ············(324) |
| 定虫脲 | 29333990 | 0114006 | ············(66) |
| 啶斑肟 | 29333990 | 0132009 | ············(137) |
| 啶虫脒 | 29333990 | 0115006 | ············(78) |
| 啶菌腈 | 29333990 | 0132109 | ············(179) |
| 啶嘧磺隆 | 29350090 | 0142003 | ············(232) |
| 啶蜱脲 | 29333990 | 0114022 | ············(73) |
| 都尔 | 29242990 | 0144104 | ············(330) |
| 豆草灵 | 29349990 | 0141013 | ············(226) |
| 豆草唑 | 29333990 | 0144116 | ············(336) |
| 豆磺隆 | 29350090 | 0142018 | ············(239) |
| 豆田清 | 29349990 | 0141013 | ············(226) |
| 豆威 | 29350090 | 0142018 | ············(239) |
| 毒草胺 | 29242990 | 0144046 | ············(303) |
| 毒虫畏 | 29199000 | 0111088 | ············(36) |
| 毒菌酚 | 29072990 | 0134079 | ············(219) |
| 毒菌锡 | 29319000 | 0131035 | ············(127) |
| 毒力岛 | 30039090 | 0200015 | ············(456) |
| 毒壤膦 | 29310000 | 0111028 | ············(15) |
| 毒杀芬 | 29038900 | 0111006 | ············(6) |
| 毒鼠硅 | 29349990 | 0120025 | ············(107) |
| 毒鼠碱 | 29399990 | 0120003 | ············(98) |

| 中文品名 | 海关商品编码 | 条目编码 | 页码 |
|---|---|---|---|
| 恶草酸 | 29339900 | 0141008 | …………(224) |
| 恶草酮 | 29349990 | 0144048 | …………(304) |
| 恶虫酮 | 29349990 | 0200030 | …………(463) |
| 恶虫威 | 29329990 | 0112003 | …………(40) |
| 恶庚草烷 | 29321900 | 0144029 | …………(295) |
| 恶喹酸 | 29349990 | 0132037 | …………(150) |
| 恶霉灵 | 29349990 | 0132031 | …………(147) |
| 恶醚唑 | 29349990 | 0132013 | …………(139) |
| 恶霜灵 | 29349990 | 0132032 | …………(148) |
| 恶酰胺 | 29349990 | 0132032 | …………(148) |
| 恶唑菌酮 | 29349990 | 0132128 | …………(185) |
| 恶唑磷 | 29349990 | 0111049 | …………(25) |
| 恶唑隆 | 29349990 | 0142039 | …………(248) |
| 二铵 | 31053000 | 0400029 | …………(492) |
| 二苯胺 | 29214400 | 0134023 | …………(198) |
| 二苯基脲磺酸钙 | 29242990 | 0143018 | …………(262) |
| 二丙烯草胺 | 29241990 | 0144239 | …………(379) |
| 二二三 | 29039200 | 0111003 | …………(4) |
| 二环庚磷 | 29199000 | 0111057 | …………(27) |
| 二甲苯草胺 | 29242990 | 0144169 | …………(356) |
| 二甲丙乙净 | 29336990 | 0144109 | …………(333) |
| 二甲草胺 | 29242990 | 0144170 | …………(356) |
| 二甲吩草胺 | 29349990 | 0144024 | …………(293) |
| 二甲呋酰胺 | 29321900 | 0132106 | …………(178) |
| 二甲基二硫醚 | 29309090 | 0181036 | …………(425) |
| 二甲菌核利 | 29251900 | 0132098 | …………(175) |
| 二甲兰 | 29242900 | 0112028 | …………(50) |
| 二甲硫嗪 | 29349990 | 0184013 | …………(448) |
| 二甲嘧酚 | 29335990 | 0132115 | …………(181) |
| 二甲噻草胺 | 29349990 | 0144024 | …………(293) |
| 二甲噻嗪 | 29349990 | 0184013 | …………(448) |
| 二甲戊乐灵 | 29214990 | 0144050 | …………(305) |
| 二甲戊灵 | 29214990 | 0144050 | …………(305) |
| 二硫氰基甲烷 | 29309090 | 0184010 | …………(447) |
| 二氯苯醚菊酯 | 29162090 | 0113009 | …………(55) |
| 二氯吡啶酸 | 29333990 | 0144052 | …………(306) |
| 二氯己酰草胺 | 29242990 | 0144172 | …………(356) |
| 二氯喹啉酸 | 29334990 | 0144051 | …………(305) |
| 二氯炔戊菊酯 | 29162090 | 0200018 | …………(457) |
| 二氯异丙醚 | 29091990 | 0160001 | …………(403) |

| 中文品名 | 海关商品编码 | 条目编码 | 页码 |
|---|---|---|---|
| 粉唑醇 | 29339900 | 0132022 | …………(143) |
| 奋斗呐 | 29269090 | 0113016 | …………(60) |
| 丰本有机生物肥 | 31010090 | 0400004 | …………(484) |
| 丰啶醇 | 29333990 | 0143004 | …………(257) |
| 丰啶醇 | 29333990 | 0143049 | …………(275) |
| 丰索磷 | 29309090 | 0184002 | …………(444) |
| 砜拌磷 | 29309090 | 0111053 | …………(26) |
| 砜嘧磺隆 | 29350090 | 0142001 | …………(231) |
| 砜吸磷 | 29309090 | 0111050 | …………(25) |
| 蜂花醇 | 29051990 | 0143002 | …………(256) |
| 蜂螨清 | 29269090 | 0150027 | …………(397) |
| 呋草黄 | 29329990 | 0144013 | …………(289) |
| 呋草酮 | 29321900 | 0144010 | …………(288) |
| 呋菌胺 | 29321900 | 0132094 | …………(174) |
| 呋菌唑 | 29349990 | 0132078 | …………(168) |
| 呋醚唑 | 29349990 | 0132104 | …………(177) |
| 呋嘧醇 | 29335990 | 0143070 | …………(282) |
| 呋喃虫酰肼 | 29329990 | 0114010 | …………(68) |
| 呋喃丹 | 29329990 | 0182007 | …………(438) |
| 呋喃解草唑 | 29349990 | 0145008 | …………(384) |
| 呋喃威 | 29329990 | 0112002 | …………(39) |
| 呋霜灵 | 29321900 | 0132087 | …………(171) |
| 呋酰胺 | 29322090 | 0134032 | …………(201) |
| 呋线威 | 29329990 | 0112001 | …………(39) |
| 呋氧草醚 | 29321900 | 0144157 | …………(351) |
| 伏草隆 | 29242990 | 0142054 | …………(253) |
| 伏虫隆 | 29242990 | 0114016 | …………(70) |
| 伏虫脲 | 29242990 | 0114012 | …………(69) |
| 伏杀磷 | 29349990 | 0181027 | …………(420) |
| 伏杀硫磷 | 29349990 | 0181027 | …………(420) |
| 伏鼠醇 | 29055900 | 0120007 | …………(99) |
| 伏鼠酸 | 29055900 | 0120007 | …………(99) |
| 伏蚁腙 | 29335990 | 0200032 | …………(464) |
| 氟胺草唑 | 29339900 | 0144187 | …………(362) |
| 氟胺磺隆 | 29350090 | 0142029 | …………(244) |
| 氟胺氰菊酯 | 29269090 | 0181042 | …………(427) |
| 氟苯嘧啶醇 | 29335990 | 0132010 | …………(138) |
| 氟苯脲 | 29242990 | 0114016 | …………(70) |
| 氟吡草腙 | 29333990 | 0144014 | …………(289) |
| 氟吡禾灵 | 29333990 | 0144138 | …………(345) |

| 中文品名 | 海关商品编码 | 条目编码 | 页码 |
| --- | --- | --- | --- |
| 甘扑津 | 29336990 | 0144152 | …………(350) |
| 钢渣磷肥 | 31039000 | 0400020 | …………(490) |
| 高 2,4-滴丙酸 | 29189900 | 0141009 | …………(224) |
| 高 2-甲-4-氯丙酸 | 29189900 | 0141010 | …………(225) |
| 高丙体六六六 | 29038100 | 0111002 | …………(4) |
| 高利达植物光合剂 | 29231000 | 0143035 | …………(269) |
| 高锰酸钾 | 28416100 | 0133001 | …………(186) |
| 高灭磷 | 29299090 | 0181060 | …………(435) |
| 高灭灵 | 29269090 | 0113015 | …………(59) |
| 高扑 | 29280000 | 0134054 | …………(210) |
| 高巧 | 29333990 | 0115001 | …………(74) |
| 高收 | 29224910 | 0143023 | …………(264) |
| 高特克 | 29342000 | 0144065 | …………(312) |
| 高卫士 | 29329990 | 0112003 | …………(40) |
| 高效安绿宝 | 29269090 | 0113016 | …………(60) |
| 高效氟氯氰菊酯 | 29269090 | 0113005 | …………(53) |
| 高效盖草能 | 29333990 | 0141018 | …………(228) |
| 高效甲霜灵 | 29242990 | 0134027 | …………(199) |
| 高效氯氟氰菊酯 | 29269090 | 0181051 | …………(431) |
| 高效氯氰菊酯 | 29269090 | 0113015 | …………(59) |
| 高效氯氰菊酯 | 29269090 | 0113016 | …………(60) |
| 高效灭百可 | 29269090 | 0113016 | …………(60) |
| 高效氰戊菊酯 | 29269090 | 0113012 | …………(57) |
| 高效微生物氟吡乙草灵 | 29333990 | 0141018 | …………(228) |
| 高脂膜 | 38089290 | 0134028 | …………(200) |
| 割草佳 | 29336990 | 0144076 | …………(318) |
| 割草醚 | 29093090 | 0144111 | …………(334) |
| 格达 | 29269090 | 0113014 | …………(58) |
| 格螨酯 | 29081990 | 0150034 | …………(399) |
| 各种定 | 29252900 | 0134051 | …………(209) |
| 根瘤菌肥料 | 38249099 | 0400036 | …………(493) |
| 庚烯磷 | 29199000 | 0111057 | …………(27) |
| 庚酰草胺 | 29242990 | 0144240 | …………(379) |
| 公主岭霉素 | 29419090 | 0134036 | …………(203) |
| 公主霉素 | 29419090 | 0134036 | …………(203) |
| 功夫 | 29269090 | 0181050 | …………(431) |
| 功夫菊酯 | 29269090 | 0181050 | …………(431) |
| 功高 | 29269090 | 0181051 | …………(431) |
| 菇类蛋白多糖 | 29400000 | 0134037 | …………(203) |
| 谷虫净 | 29269090 | 0113017 | …………(61) |

| 中文品名 | 海关商品编码 | 条目编码 | 页码 |
|---|---|---|---|
| 可保特 | 29189900 | 0114011 | …………(68) |
| 可隆 | 28309090 | 0184011 | …………(447) |
| 克百威 | 29329990 | 0182007 | …………(438) |
| 克草胺 | 29242990 | 0144022 | …………(292) |
| 克草敌 | 29302000 | 0144222 | …………(373) |
| 克草特 | 29189900 | 0144112 | …………(334) |
| 克敌菊酯 | 29349990 | 0200022 | …………(459) |
| 克菌丹 | 29309090 | 0132038 | …………(150) |
| 克菌磷 | 29201900 | 0131049 | …………(132) |
| 克菌星 | 29339900 | 0132034 | …………(148) |
| 克菌壮 | 29201900 | 0131028 | …………(124) |
| 克阔乐 | 29189900 | 0144088 | …………(323) |
| 克力星 | 29349990 | 0132053 | …………(157) |
| 克啉菌 | 29349990 | 0132053 | …………(157) |
| 克铃死 | 29339900 | 0181022 | …………(418) |
| 克龙菌 | 29349990 | 0132043 | …………(153) |
| 克螨特 | 29209090 | 0150009 | …………(389) |
| 克螨锡 | 29319000 | 0150011 | …………(390) |
| 克杀螨 | 29349990 | 0150021 | …………(394) |
| 克鼠灵 | 29322090 | 0120033 | …………(109) |
| 克死螨 | 29252100 | 0181016 | …………(415) |
| 克瘟灵 | 29349990 | 0132056 | …………(158) |
| 克瘟散 | 29309090 | 0131015 | …………(118) |
| 克瘟唑 | 29349990 | 0132056 | …………(158) |
| 克芜踪 | 29333990 | 0144035 | …………(298) |
| 克线丹 | 29309090 | 0160003 | …………(403) |
| 克线磷 | 29309090 | 0182011 | …………(440) |
| 克芽孢杆菌广谱增产菌 | 30029090 | 0143025 | …………(265) |
| 剋特宁 | 29349990 | 0200022 | …………(459) |
| 空手道 | 29269090 | 0181050 | …………(431) |
| 控虫素 | 29189900 | 0114011 | …………(68) |
| 枯草隆 | 29242990 | 0142035 | …………(247) |
| 枯草芽孢杆菌 | 30029090 | 0143026 | …………(265) |
| 枯莠隆 | 29242990 | 0142058 | …………(254) |
| 苦参碱 | 29399990 | 0115033 | …………(87) |
| 快丰收(其中一个有效成分) | 29089990 | 0143027 | …………(266) |
| 快来顺 | 30029090 | 0115005 | …………(77) |
| 快绿扬(合剂) | 29242990 | 0114020 | …………(72) |
| 快灭灵 | 29339900 | 0144063 | …………(311) |
| 快杀稗 | 29334990 | 0144051 | …………(305) |

| 中文品名 | 海关商品编码 | 条目编码 | 页码 |
|---|---|---|---|
| 快杀敌 | 29269090 | 0113016 | ············(60) |
| 喹恶磷 | 29339900 | 0181022 | ············(418) |
| 喹禾糠酯 | 29339900 | 0144067 | ············(313) |
| 喹禾灵 | 29339900 | 0141015 | ············(227) |
| 喹菌酮 | 29349990 | 0132037 | ············(150) |
| 喹啉铜 | 29334990 | 0132040 | ············(151) |
| 喹硫磷 | 29339900 | 0181022 | ············(418) |
| 喹螨醚 | 29339900 | 0150004 | ············(387) |
| 醌肟腙 | 29280000 | 0134074 | ············(218) |
| 阔草克 | 29269090 | 0144081 | ············(320) |
| 阔草清 | 29350090 | 0144118 | ············(337) |
| 阔草特 | 29349990 | 0144132 | ············(343) |
| 阔氟胺 | 29251900 | 0144057 | ············(308) |
| 阔叶净 | 29350090 | 0142010 | ············(235) |
| 阔叶枯 | 29339900 | 0144117 | ············(337) |
| 阔叶散 | 29350090 | 0142016 | ············(238) |
| 拉索 | 29242990 | 0144061 | ············(310) |
| 拉维因 | 29309090 | 0112019 | ············(47) |
| 蜡状芽孢菌 | 30029090 | 0134039 | ············(204) |
| 来福灵 | 29269090 | 0113012 | ············(57) |
| 来苏尔 | 38089400 | 0300017 | ············(480) |
| 兰雷威 | 29309090 | 0112016 | ············(46) |
| 蓝矾 | 28332500 | 0133005 | ············(187) |
| 乐必耕 | 29335990 | 0132049 | ············(155) |
| 乐果 | 29309090 | 0181024 | ············(419) |
| 乐杀螨 | 29161900 | 0184009 | ············(446) |
| 乐斯本 | 29333990 | 0111025 | ············(14) |
| 乐斯灵 | 29309090 | 0111094 | ············(38) |
| 乐万通 | 29322090 | 0120015 | ············(103) |
| 雷多米尔 | 29242990 | 0134030 | ············(200) |
| 雷克拉 | 29242990 | 0144245 | ············(381) |
| 力宝 | 30029090 | 0134010 | ············(193) |
| 力满库 | 29309090 | 0182011 | ············(440) |
| 立克除 | 29336990 | 0144069 | ············(314) |
| 立克命 | 29322090 | 0120009 | ············(100) |
| 立克秀 | 29339900 | 0132065 | ············(162) |
| 立枯灵 | 29349990 | 0132031 | ············(147) |
| 利得 | 29333990 | 0144033 | ············(297) |
| 利谷隆 | 29280000 | 0142045 | ············(250) |
| 利来多 | 29093090 | 0113018 | ············(61) |

| 中文品名 | 海关商品编码 | 条目编码 | 页码 |
| --- | --- | --- | --- |
| 氯胺菊酯 | 29251900 | 0113019 | …………(62) |
| 氯胺磷 | 29309090 | 0111094 | …………(38) |
| 氯百杀 | 29322090 | 0131032 | …………(125) |
| 氯苯胺灵 | 29242990 | 0183002 | …………(443) |
| 氯苯吡啶 | 29333990 | 0132102 | …………(176) |
| 氯苯脒 | 29252100 | 0181016 | …………(415) |
| 氯苯嘧啶醇 | 29335990 | 0132049 | …………(155) |
| 氯苯氧乙酸钾 | 29189900 | 0143036 | …………(269) |
| 氯苯氧乙酸钠 | 29189900 | 0143015 | …………(261) |
| 氯吡恶唑磷 | 29349990 | 0200029 | …………(462) |
| 氯吡硫磷 | 29333990 | 0111025 | …………(14) |
| 氯吡嘧磺隆 | 29350090 | 0142030 | …………(245) |
| 氯吡脲 | 29333990 | 0143037 | …………(269) |
| 氯丙磷 | 29309090 | 0111020 | …………(12) |
| 氯草敏 | 29339900 | 0144228 | …………(375) |
| 氯丹 | 29038200 | 0111007 | …………(6) |
| 氯敌鼠 | 29147000 | 0120019 | …………(105) |
| 氯敌鼠钠盐 | 29144000 | 0120018 | …………(104) |
| 氯丁唑 | 29339900 | 0143014 | …………(261) |
| 氯氟苯醚 | 29189900 | 0144159 | …………(352) |
| 氯氟吡氧乙酸 | 29333990 | 0144075 | …………(317) |
| 氯氟草醚乙酯 | 29189900 | 0144008 | …………(287) |
| 氯氟氰菊酯 | 29269090 | 0181050 | …………(431) |
| 氯氟氰菊酯 | 29269090 | 0181050 | …………(431) |
| 氯化铵 | 28271010 | 0400011 | …………(487) |
| 氯化苯汞 | 29319000 | 0131055 | …………(134) |
| 氯化胆碱 | 29231000 | 0143035 | …………(269) |
| 氯化钾 | 31051000 | 0400024 | …………(491) |
| 氯化莰 | 29038900 | 0111006 | …………(6) |
| 氯化苦 | 29049030 | 0184014 | …………(448) |
| 氯化苦味酸 | 29049030 | 0184014 | …………(448) |
| 氯化氯代胆碱 | 29239000 | 0143010 | …………(259) |
| 氯化松节油 | 29038900 | 0111009 | …………(7) |
| 氯化铜 | 28274100 | 0133009 | …………(188) |
| 氯化乙基汞 | 29319000 | 0131053 | …………(133) |
| 氯化茚 | 29038200 | 0111007 | …………(6) |
| 氯磺隆 | 29350090 | 0142017 | …………(239) |
| 氯已定 | 29252900 | 0300014 | …………(478) |
| 氯甲喹啉酸 | 29334990 | 0144127 | …………(341) |
| 氯甲磷 | 29309090 | 0111051 | …………(25) |
| 氯甲硫磷 | 29309090 | 0111051 | …………(25) |
| 氯甲酰草胺 | 29242990 | 0144023 | …………(293) |

| 中文品名 | 海关商品编码 | 条目编码 | 页码 |
|---|---|---|---|
| 氯菊酯 | 29162090 | 0113009 | …………(55) |
| 氯硫酰草胺 | 29309090 | 0144225 | …………(374) |
| 氯螺消 | 29242990 | 0170002 | …………(405) |
| 氯麦隆 | 29242100 | 0142004 | …………(233) |
| 氯霉素 | 29414000 | 0134045 | …………(207) |
| 氯嘧磺隆 | 29350090 | 0142018 | …………(239) |
| 氯灭鼠灵 | 29322090 | 0120034 | …………(110) |
| 氯嗪磺隆 | 29350090 | 0142018 | …………(239) |
| 氯氰菊酯 | 29269090 | 0113014 | …………(58) |
| 氯炔草灵 | 29242990 | 0144100 | …………(329) |
| 氯炔灵 | 29242990 | 0144235 | …………(377) |
| 氯鼠酮 | 29147000 | 0120019 | …………(105) |
| 氯酞酸甲酯 | 29173990 | 0144196 | …………(365) |
| 氯瘟磷 | 29199000 | 0131048 | …………(132) |
| 氯烯炔菊酯 | 29162090 | 0200018 | …………(457) |
| 氯硝丙烷 | 29049090 | 0134075 | …………(218) |
| 氯辛硫磷 | 29280000 | 0111076 | …………(33) |
| 氯溴隆 | 29280000 | 0142057 | …………(254) |
| 氯溴异氰尿酸 | 29336929 | 0132050 | …………(156) |
| 氯亚胺硫磷 | 29309090 | 0181014 | …………(414) |
| 氯亚磷 | 29309090 | 0181014 | …………(414) |
| 氯氧磷 | 29201900 | 0111026 | …………(15) |
| 氯乙氟灵 | 29214300 | 0144200 | …………(366) |
| 氯乙灵 | 29214300 | 0144142 | …………(346) |
| 氯乙亚胺磷 | 29309090 | 0181014 | …………(414) |
| 氯唑磷 | 29339900 | 0182009 | …………(439) |
| 罗尼舒 | 29331990 | 0181041 | …………(427) |
| 罗速发 | 29269090 | 0181002 | …………(408) |
| 螺灭杀 | 29242990 | 0170003 | …………(406) |
| 络氨铜 | 28429090 | 0133004 | …………(187) |
| 络氨铜 | 28429090 | 0133010 | …………(189) |
| 络氨锌 | 28429090 | 0133004 | …………(187) |
| 马拉硫磷 | 29309090 | 0111040 | …………(21) |
| 马拉松 | 29309090 | 0111040 | …………(21) |
| 马来酰肼 | 29339900 | 0143047 | …………(274) |
| 马扑立克 | 29269090 | 0181042 | …………(427) |
| 马钱子碱 | 29399990 | 0120003 | …………(98) |
| 马歇特 | 29242990 | 0144045 | …………(303) |
| 吗菌威 | 29349990 | 0132121 | …………(183) |
| 吗啉 | 29239000 | 0143012 | …………(260) |
| 麦草氟甲酯 | 29242990 | 0144134 | …………(343) |
| 麦草氟异丙酯 | 29242990 | 0144135 | …………(344) |

| 中文品名 | 海关商品编码 | 条目编码 | 页码 |
|---|---|---|---|
| 农得时 | 29350090 | 0142025 | ············(242) |
| 农抗 101 | 29419090 | 0132082 | ············(169) |
| 农抗 109 | 29419090 | 0134036 | ············(203) |
| 农抗 11874 | 29419090 | 0132082 | ············(169) |
| 农抗 120 | 29419090 | 0134042 | ············(205) |
| 农梨利 | 29329990 | 0143052 | ············(276) |
| 农利灵 | 29349990 | 0132072 | ············(165) |
| 农美利 | 29335990 | 0144083 | ············(321) |
| 农梦特 | 29242990 | 0114016 | ············(70) |
| 农思它 | 29349990 | 0144048 | ············(304) |
| 农用硫酸链霉素 | 29412000 | 0134040 | ············(205) |
| 欧霸 | 29339900 | 0132025 | ············(144) |
| 欧博 | 29339900 | 0132080 | ············(168) |
| 排草丹 | 29349990 | 0144074 | ············(316) |
| 排螨净 | 29309090 | 0150001 | ············(386) |
| 哌丙灵 | 29333990 | 0132090 | ············(172) |
| 哌草丹 | 29333990 | 0144119 | ············(337) |
| 哌草磷 | 29333990 | 0144120 | ············(338) |
| 哌啶酯 | 29333990 | 0144119 | ············(337) |
| 哌壮素 | 29339900 | 0143063 | ············(280) |
| 派丹 | 29302000 | 0182006 | ············(438) |
| 派克定 | 29252900 | 0134051 | ············(209) |
| 派灭赛 | 29335990 | 0111036 | ············(19) |
| 培福朗 | 29252900 | 0134051 | ············(209) |
| 喷长精 | 29322090 | 0143043 | ············(272) |
| 喷可杀(POX)(有效成分之一) | 29322090 | 0143030 | ············(267) |
| 喷杀克(胺菊酯-苯醚菊酯合剂) | 29251900 | 0200008 | ············(453) |
| 硼肥 | 31059000 | 0400060 | ············(503) |
| 硼酸 | 28100020 | 0200035 | ············(465) |
| 皮蝇磷 | 29201900 | 0111090 | ············(37) |
| 蜱虱威 | 29242900 | 0150026 | ············(396) |
| 偏磷酸钙 | 28352600 | 0400022 | ············(490) |
| 漂白粉 | 28281000 | 0300001 | ············(470) |
| 漂粉精 | 28281000 | 0300002 | ············(471) |
| 坪草丹 | 29302000 | 0144165 | ············(354) |
| 扑草净 | 29336990 | 0144076 | ············(318) |
| 扑海因 | 29332900 | 0132070 | ············(164) |
| 扑力猛 | 29339900 | 0132047 | ············(154) |
| 扑蔓尽 | 29336990 | 0144076 | ············(318) |
| 扑霉灵 | 29332900 | 0132052 | ············(157) |
| 扑霉镁混剂 | 29420000 | 0132051 | ············(156) |
| 扑灭津 | 29336990 | 0144206 | ············(368) |

| 中文品名 | 海关商品编码 | 条目编码 | 页码 |
|---|---|---|---|
| 驱虫特 | 29171900 | 0115012 | ············(80) |
| 驱蚊醇 | 29053990 | 0115013 | ············(81) |
| 驱蚊灵 | 29172090 | 0115014 | ············(81) |
| 驱蚊油 | 29173490 | 0200012 | ············(455) |
| 驱蚊酯 | 29241990 | 0200037 | ············(466) |
| 驱蝇啶 | 29333990 | 0115017 | ············(82) |
| 去草胺 | 29242990 | 0144045 | ············(303) |
| 去氢枞酸铜 | 29163990 | 0131031 | ············(125) |
| 全食净 | 29349990 | 0132039 | ············(151) |
| 炔苯酰草胺 | 29242990 | 0144243 | ············(380) |
| 炔丙菊酯 | 29162090 | 0200033 | ············(464) |
| 炔草隆 | 29242990 | 0142052 | ············(252) |
| 炔草酸 | 29333990 | 0144140 | ············(345) |
| 炔敌稗 | 29242990 | 0144243 | ············(380) |
| 炔呋菊酯 | 29321900 | 0200038 | ············(466) |
| 炔禾灵 | 29333990 | 0144139 | ············(345) |
| 炔螨特 | 29209090 | 0150009 | ············(389) |
| 炔咪菊酯 | 29332900 | 0113002 | ············(51) |
| 炔酮菊酯 | 29162090 | 0200033 | ············(464) |
| 壤虫氯磷 | 29201900 | 0111026 | ············(15) |
| 热必斯 | 29322090 | 0131032 | ············(125) |
| 日丰素 | 38249099 | 0400005 | ············(485) |
| 熔融钙镁磷肥 | 31039000 | 0400018 | ············(489) |
| 乳氟禾草灵 | 29189900 | 0144088 | ············(323) |
| 锐劲特 | 29331990 | 0181041 | ············(427) |
| 瑞毒霉 | 29242990 | 0134030 | ············(200) |
| 噻苯灵 | 29341000 | 0132042 | ············(152) |
| 噻苯隆 | 29349990 | 0143034 | ············(268) |
| 噻丙腈 | 29341000 | 0115028 | ············(85) |
| 噻草啶 | 29341000 | 0144005 | ············(286) |
| 噻草平 | 29349990 | 0144074 | ············(316) |
| 噻草酮 | 29349990 | 0144018 | ············(291) |
| 噻恩菊酯 | 29349990 | 0200022 | ············(459) |
| 噻吩草胺 | 29349990 | 0144192 | ············(363) |
| 噻吩磺隆 | 29350090 | 0142016 | ············(238) |
| 噻吩菊酯 | 29349990 | 0200022 | ············(459) |
| 噻呋酰胺 | 29341000 | 0132045 | ············(153) |
| 噻氟隆 | 29349990 | 0142049 | ············(251) |
| 噻磺隆 | 29350090 | 0142027 | ············(243) |
| 噻节因 | 29349990 | 0143055 | ············(277) |
| 噻菌胺 | 29341000 | 0132096 | ············(174) |
| 噻菌腈 | 29349990 | 0132101 | ············(176) |

| 中文品名 | 海关商品编码 | 条目编码 | 页码 |
|---|---|---|---|
| 杀螟螨 | 29252100 | 0181016 | ············(415) |
| 杀螟松 | 29201900 | 0111045 | ············(23) |
| 杀螟威 | 29199000 | 0111088 | ············(36) |
| 杀木膦 | 29319000 | 0144148 | ············(348) |
| 杀木膦(盐) | 29319000 | 0143005 | ············(257) |
| 杀扑磷 | 29349990 | 0181052 | ············(432) |
| 杀鼠灵 | 29322090 | 0120008 | ············(99) |
| 杀鼠醚 | 29322090 | 0120009 | ············(100) |
| 杀鼠萘 | 29322090 | 0120009 | ············(100) |
| 杀鼠酮 | 29143990 | 0120029 | ············(108) |
| 杀它仗 | 29322090 | 0120010 | ············(101) |
| 杀线威 | 29309090 | 0160004 | ············(404) |
| 沙蚕 | 29302000 | 0182006 | ············(438) |
| 莎稗磷 | 29242990 | 0144084 | ············(321) |
| 莎多伏 | 29350090 | 0144077 | ············(318) |
| 莎扑隆 | 29242990 | 0142005 | ············(233) |
| 神锄 | 29334990 | 0144051 | ············(305) |
| 胂铁铵 | 29319000 | 0131040 | ············(129) |
| 生菌散 | 30029090 | 0134041 | ············(205) |
| 生物苄呋菊酯 | 29321900 | 0200024 | ············(460) |
| 生物蛙 | 30029090 | 0200036 | ············(466) |
| 生物烯丙菊酯 | 29162090 | 0200005 | ············(451) |
| 失水苹果酰肼 | 29339900 | 0143047 | ············(274) |
| 虱螨脲 | 29242990 | 0114020 | ············(72) |
| 施宝灵 | 29339900 | 0132015 | ············(140) |
| 施保功 | 29420000 | 0132051 | ············(156) |
| 施保克 | 29332900 | 0132052 | ············(157) |
| 施佳乐 | 29335990 | 0132007 | ············(136) |
| 施力松 | 29319000 | 0111060 | ············(28) |
| 施特优 | 29333990 | 0143037 | ············(269) |
| 施田补 | 29214990 | 0144050 | ············(305) |
| 十二环吗啉 | 29349990 | 0132123 | ············(183) |
| 十二烷基苄基二甲基氯化铵 | 29239000 | 0134056 | ············(211) |
| 十二烷基硫酸钠 | 29209090 | 0134055 | ············(210) |
| 十三吗啉 | 29349990 | 0132053 | ············(157) |
| 石灰钙 | 31029010 | 0400015 | ············(488) |
| 石灰硫磺合剂 | 28309090 | 0184011 | ············(447) |
| 石硫合剂 | 28309090 | 0184011 | ············(447) |
| 时拔克 | 29319000 | 0144064 | ············(312) |
| 使它隆 | 29333990 | 0144075 | ············(317) |
| 世高 | 29349990 | 0132013 | ············(139) |
| 适乐时 | 29349990 | 0132011 | ············(138) |

| 中文品名 | 海关商品编码 | 条目编码 | 页码 |
|---|---|---|---|
| 顺式氯氰菊酯 | 29269090 | 0113016 | ············(60) |
| 顺式氰戊菊酯 | 29269090 | 0113012 | ············(57) |
| 顺-9-碳烯 | 29012990 | 0115021 | ············(83) |
| 硕丹 | 29349990 | 0111005 | ············(5) |
| 斯达姆 | 29242990 | 0144041 | ············(301) |
| 斯美地 | 29302000 | 0144099 | ············(328) |
| 四二四 | 29349990 | 0120006 | ············(99) |
| 四氟苯菊酯 | 29162090 | 0200040 | ············(467) |
| 四氟醚唑 | 29339900 | 0132020 | ············(142) |
| 四环唑 | 29339900 | 0143066 | ············(281) |
| 四甲菊酯 | 29251900 | 0200008 | ············(453) |
| 四甲磷 | 29309090 | 0111082 | ············(34) |
| 四聚乙醛 | 29125000 | 0170004 | ············(406) |
| 四氯苯酞 | 29322090 | 0131032 | ············(125) |
| 四氯化碳 | 29031400 | 0116015 | ············(96) |
| 四氯喹恶啉 | 29339900 | 0132119 | ············(182) |
| 四螨嗪 | 29339900 | 0150012 | ············(391) |
| 四霉素 | 29419090 | 0134058 | ············(211) |
| 四溴氰菊酯 | 29269090 | 0113007 | ············(54) |
| 四溴菊酯 | 29269090 | 0113007 | ············(54) |
| 四唑嘧磺隆 | 29350090 | 0142020 | ············(240) |
| 四唑酰草胺 | 29339900 | 0144087 | ············(322) |
| 似菊酯 | 29251900 | 0200008 | ············(453) |
| 松脂酸铜 | 29163990 | 0131031 | ············(125) |
| 苏果 | 29309090 | 0181047 | ············(429) |
| 苏化 203 | 29209090 | 0181019 | ············(417) |
| 苏硫磷 | 29309090 | 0181047 | ············(429) |
| 苏脲一号 | 29242990 | 0114001 | ············(65) |
| 苏云金杆菌 | 30029090 | 0115005 | ············(77) |
| 素露杀菌消毒液 | 29242990 | 0300006 | ············(473) |
| 速保利 | 29339900 | 0132063 | ············(162) |
| 速克灵 | 29251900 | 0132098 | ············(175) |
| 速螨酮 | 29339900 | 0150014 | ············(392) |
| 速灭虫 | 29201900 | 0111045 | ············(23) |
| 速灭菊酯 | 29269090 | 0113011 | ············(57) |
| 速灭磷 | 29199000 | 0181015 | ············(415) |
| 速灭杀丁 | 29269090 | 0113011 | ············(57) |
| 速灭松 | 29201900 | 0111045 | ············(23) |
| 速灭威 | 29242990 | 0112010 | ············(43) |
| 速扑杀 | 29349990 | 0181052 | ············(432) |
| 速杀硫磷 | 29309090 | 0111048 | ············(24) |
| 速收 | 29349990 | 0144039 | ············(300) |

| 中文品名 | 海关商品编码 | 条目编码 | 页码 |
|---|---|---|---|
| 溴灭菊酯 | 29269090 | 0181037 | …………(425) |
| 溴灭泰 | 29033990 | 0116014 | …………(95) |
| 溴氰菊酯 | 29269090 | 0113017 | …………(61) |
| 溴氰戊菊酯 | 29269090 | 0181037 | …………(425) |
| 溴杀螨 | 29181990 | 0150019 | …………(394) |
| 溴杀螨醇 | 29181990 | 0150019 | …………(394) |
| 溴鼠胺 | 29214300 | 0120028 | …………(108) |
| 溴鼠灵 | 29322090 | 0120014 | …………(102) |
| 溴鼠隆 | 29322090 | 0120014 | …………(102) |
| 溴硝丙二醇 | 29055900 | 0134044 | …………(206) |
| 溴硝醇 | 29055900 | 0134044 | …………(206) |
| 溴氧螨醚 | 29093090 | 0150018 | …………(393) |
| 溴莠敏 | 29339900 | 0144229 | …………(376) |
| 畜虫磷 | 29322090 | 0111078 | …………(33) |
| 畜虫威 | 29242990 | 0112031 | …………(51) |
| 畜蜱磷 | 29350090 | 0111064 | …………(29) |
| 雪梨驱蚊油 | 29242990 | 0200011 | …………(454) |
| 血根碱 | 29349990 | 0181040 | …………(426) |
| 熏灭净 | 28129019 | 0116013 | …………(95) |
| 芽孢杆菌 | 30029090 | 0134010 | …………(193) |
| 蚜螨立死 | 29309090 | 0181031 | …………(422) |
| 蚜灭多 | 29309090 | 0181033 | …………(423) |
| 蚜灭磷 | 29309090 | 0181033 | …………(423) |
| 蚜虱净 | 29333990 | 0115001 | …………(74) |
| 亚氨硫磷 | 29309090 | 0181028 | …………(421) |
| 亚胺菌磷 | 29251900 | 0132085 | …………(170) |
| 亚胺硫磷 | 29309090 | 0181028 | …………(421) |
| 亚胺唑 | 29339900 | 0132066 | …………(163) |
| 亚宝 | 30029090 | 0134011 | …………(193) |
| 亚砜磷 | 29309090 | 0181039 | …………(426) |
| 亚加 | 29181990 | 0150024 | …………(396) |
| 亚砷酸钠 | 28429090 | 0144101 | …………(329) |
| 烟磺隆 | 29350090 | 0142021 | …………(240) |
| 烟碱 | 29399910 | 0115036 | …………(88) |
| 烟嘧磺隆 | 29350090 | 0142021 | …………(240) |
| 烟嘧磺隆 | 29350090 | 0142021 | …………(240) |
| 盐酸吗啉胍 | 29349990 | 0132067 | …………(163) |
| 燕麦敌 | 29302000 | 0144221 | …………(373) |
| 燕麦枯 | 29331990 | 0144103 | …………(330) |
| 燕麦灵 | 29242990 | 0144100 | …………(329) |
| 燕麦畏 | 29302000 | 0144102 | …………(329) |
| 燕麦酯 | 29163990 | 0144133 | …………(343) |

| 中文品名 | 海关商品编码 | 条目编码 | 页码 |
|---|---|---|---|
| 乙烯菌核利 | 29349990 | 0132072 | …………(165) |
| 乙烯利 | 29319000 | 0143046 | …………(273) |
| 乙烯磷 | 29319000 | 0143046 | …………(273) |
| 乙酰甲胺磷 | 29299090 | 0181060 | …………(435) |
| 乙酰甲草胺 | 29242990 | 0144167 | …………(355) |
| 乙氧苯草胺 | 29242990 | 0144180 | …………(359) |
| 乙氧呋草黄 | 29329990 | 0144011 | …………(288) |
| 乙氧氟草醚 | 29093090 | 0144111 | …………(334) |
| 乙氧磺隆 | 29350090 | 0142023 | …………(241) |
| 乙氧喹啉 | 29334990 | 0132113 | …………(180) |
| 乙氧嘧磺隆 | 29350090 | 0142023 | …………(241) |
| 乙酯 | 29342000 | 0144065 | …………(312) |
| 乙酯磷 | 29309090 | 0111067 | …………(30) |
| 乙酯杀螨醇 | 29181990 | 0150024 | …………(396) |
| 异艾剂 | 29038900 | 0111015 | …………(10) |
| 异艾氏剂 | 29038900 | 0111015 | …………(10) |
| 异拌磷 | 29309090 | 0111063 | …………(29) |
| 异丙胺磷 | 29299090 | 0111055 | …………(26) |
| 异丙草胺 | 29242990 | 0144106 | …………(331) |
| 异丙醇 | 29051220 | 0300019 | …………(481) |
| 异丙稻瘟净 | 29309090 | 0131043 | …………(130) |
| 异丙甲草胺 | 29242990 | 0144104 | …………(330) |
| 异丙净 | 29336990 | 0144211 | …………(370) |
| 异丙乐灵 | 29214990 | 0144143 | …………(346) |
| 异丙隆 | 29242990 | 0142006 | …………(234) |
| 异丙三唑磷 | 29339900 | 0182009 | …………(439) |
| 异丙威 | 29242990 | 0112011 | …………(43) |
| 异稻瘟净 | 29309090 | 0131043 | …………(130) |
| 异狄氏剂 | 29109000 | 0111016 | …………(10) |
| 异地乐酚 | 29089990 | 0144194 | …………(364) |
| 异丁草胺 | 29242990 | 0144238 | …………(378) |
| 异丁叉二脲 | 31029090 | 0400049 | …………(497) |
| 异恶草胺 | 29349990 | 0144026 | …………(294) |
| 异恶草醚 | 29349990 | 0144158 | …………(352) |
| 异恶草松 | 29349990 | 0144107 | …………(332) |
| 异恶草酮 | 29349990 | 0144107 | …………(332) |
| 异恶隆 | 29349990 | 0142036 | …………(247) |
| 异恶酰草胺 | 29349990 | 0144026 | …………(294) |
| 异恶唑草酮 | 29349990 | 0144108 | …………(332) |
| 异恶唑磷 | 29349990 | 0111049 | …………(25) |
| 异菌脲 | 29332900 | 0132070 | …………(164) |
| 异兰 | 29331990 | 0112020 | …………(47) |

| 中文品名 | 海关商品编码 | 条目编码 | 页码 |
|---|---|---|---|
| 异柳磷 | 29299090 | 0111055 | …………(26) |
| 异柳磷 2 号 | 29299090 | 0111055 | …………(26) |
| 异氯磷 | 29201900 | 0111083 | …………(35) |
| 异灭威 | 29242990 | 0112011 | …………(43) |
| 异索兰 | 29331990 | 0112020 | …………(47) |
| 异索威 | 29331990 | 0112020 | …………(47) |
| 异索威 | 29331990 | 0112020 | …………(47) |
| 异戊乙净 | 29336990 | 0144109 | …………(333) |
| 异亚砜磷 | 29309090 | 0111075 | …………(32) |
| 抑草磷 | 29299090 | 0144146 | …………(348) |
| 抑草蓬 | 29159000 | 0141011 | …………(225) |
| 抑枯双 | 29349990 | 0132029 | …………(146) |
| 抑霉胺 | 29321900 | 0132097 | …………(175) |
| 抑霉灵 | 29349990 | 0132031 | …………(147) |
| 抑霉唑 | 29332900 | 0132071 | …………(165) |
| 抑食肼 | 29280000 | 0114005 | …………(66) |
| 抑太保 | 29333990 | 0114006 | …………(66) |
| 抑芽丹 | 29339900 | 0143047 | …………(274) |
| 抑芽敏 | 29214300 | 0143019 | …………(263) |
| 抑芽唑 | 29339900 | 0143064 | …………(280) |
| 易保 | 29349990 | 0132128 | …………(185) |
| 易赛昂 | 29309090 | 0181031 | …………(422) |
| 易卫杀 | 29349990 | 0184015 | …………(449) |
| 疫霉灵 | 29420000 | 0131036 | …………(127) |
| 疫霜灵 | 29420000 | 0131036 | …………(127) |
| 益必添 | 29162090 | 0200007 | …………(452) |
| 益多克 | 29162090 | 0200033 | …………(464) |
| 益多松 | 29335990 | 0111027 | …………(15) |
| 益尔散 | 29309090 | 0111021 | …………(12) |
| 益丰素 | 29329990 | 0143052 | …………(276) |
| 益硫磷 | 29309090 | 0111084 | …………(35) |
| 益棉磷 | 29339900 | 0111085 | …………(35) |
| 益赛昂 | 29309090 | 0181031 | …………(422) |
| 益收宝 | 29309090 | 0182008 | …………(439) |
| 益舒宝 | 29309090 | 0182008 | …………(439) |
| 因毒磷 | 29329990 | 0111052 | …………(25) |
| 因毒硫磷 | 29329990 | 0111052 | …………(25) |
| 茵草敌 | 29302000 | 0144218 | …………(372) |
| 茵多酸 | 29321900 | 0144226 | …………(374) |
| 茵多酸钠 | 29321900 | 0144078 | …………(319) |
| 吲哚丁酸 | 29339900 | 0143051 | …………(275) |
| 吲哚乙酸 | 29339900 | 0143022 | …………(264) |

# 商品英文品名查询表

| 英文品名 | 海关商品编码 | 条目编码 | 页码 |
|---|---|---|---|
| Bayluscide | 29242990 | 0170002 | ············(405) |
| BAY-MET 1486 | 29349990 | 0142038 | ············(247) |
| Baymix | 29322090 | 0181038 | ············(426) |
| BAY-NTN 5006 | 29299090 | 0144144 | ············(347) |
| BAY-NTN 80 | 29299090 | 0144145 | ············(347) |
| Bayrusil | 29339900 | 0181022 | ············(418) |
| Bay SLA 3992 | 29331990 | 0144178 | ············(358) |
| Baytan | 29339900 | 0132058 | ············(159) |
| Baytex | 29309090 | 0111019 | ············(12) |
| Baythion | 2928000 | 0111043 | ············(22) |
| Baythroid | 29269090 | 0113004 | ············(52) |
| Beacon | 29350090 | 0142028 | ············(244) |
| Beam | 29349990 | 0132056 | ············(158) |
| Befran | 29252900 | 0134051 | ············(209) |
| Belkute | 29252900 | 0134009 | ············(193) |
| Belmark | 29269090 | 0113012 | ············(57) |
| Benalaxyl | 29242990 | 0134069 | ············(216) |
| Benazolin-ethyl | 29342000 | 0144065 | ············(312) |
| Benchinox | 29280000 | 0134074 | ············(218) |
| Benchmark | 29321900 | 0144010 | ············(288) |
| Bendiocarb | 29329990 | 0112003 | ············(40) |
| Benefin | 29214300 | 0144199 | ············(366) |
| Benfluralin | 29214300 | 0144199 | ············(366) |
| Benfuracarb | 29329990 | 0112002 | ············(39) |
| Benfuresate | 29329990 | 0144013 | ············(289) |
| Benit | 29349990 | 0132077 | ············(167) |
| Benlate | 29339900 | 0132001 | ············(134) |
| Benodanil | 29242990 | 0134014 | ············(194) |
| Benomyl | 29339900 | 0132001 | ············(134) |
| Benoxacor | 29349990 | 0145001 | ············(382) |
| Benquinox | 29280000 | 0134074 | ············(218) |
| Bensulfuron methyl | 29350090 | 0142025 | ············(242) |
| Bensulide | 29350090 | 0144232 | ············(376) |
| Bentazone | 29349990 | 0144074 | ············(316) |
| Bentazone | 29349990 | 0144074 | ············(316) |
| Benthiozole | 29342000 | 0184003 | ············(444) |
| Bentranil | 29349990 | 0144184 | ············(361) |
| Benzabar | 29163990 | 0144128 | ············(341) |
| Benzacetonitrile | 29329990 | 0144188 | ············(362) |
| Benzahex | 29038100 | 0111002 | ············(4) |
| Benzalkonii bromidum | 29239000 | 0300021 | ············(482) |
| Benzalkonium bromide | 29239000 | 0300021 | ············(482) |

| 英文品名 | 海关商品编码 | 条目编码 | 页码 |
|---|---|---|---|
| Bilevon | 29072990 | 0134079 | ············(219) |
| Biloxazol | 29339900 | 0132017 | ············(141) |
| Bim | 29349990 | 0132056 | ············(158) |
| Binapacryl | 29161900 | 0184009 | ············(446) |
| Bioallethrin | 29162090 | 0200005 | ············(451) |
| Biobenzyfuroline | 29321900 | 0200024 | ············(460) |
| Bioresmethrin | 29321900 | 0200024 | ············(460) |
| Bioxone | 29349990 | 0144234 | ············(377) |
| Biphenthrin | 29162090 | 0181048 | ············(429) |
| Biphenyl | 29029090 | 0134080 | ············(220) |
| Birlane | 29199000 | 0111088 | ············(36) |
| Bis-dithane | 29302000 | 0131008 | ············(115) |
| Bismerthiazol | 29349990 | 0132069 | ············(164) |
| Bispyribac-sodium | 29335990 | 0144083 | ············(321) |
| Bisultap | 29309090 | 0115007 | ············(78) |
| Bitertanol | 29339900 | 0132017 | ············(141) |
| Bitolylacinone | 29143990 | 0120021 | ············(105) |
| Black leaf | 29399910 | 0115036 | ············(88) |
| Bladafum | 29209090 | 0181019 | ············(417) |
| Bladafume | 29209090 | 0181019 | ············(417) |
| Bladan | 29201100 | 0181057 | ············(434) |
| Bladan-M | 29201100 | 0181058 | ············(435) |
| Bladex | 29336990 | 0144080 | ············(319) |
| Bla-S | 29349990 | 0132048 | ············(155) |
| Bla-S | 29349990 | 0132125 | ············(184) |
| Blascide | 29349990 | 0132056 | ············(158) |
| Blasin | 29335990 | 0132008 | ············(137) |
| Blasticidin-S | 29349990 | 0132048 | ············(155) |
| Blasticidin-S | 29349990 | 0132125 | ············(184) |
| Blattanex | 29242990 | 0112013 | ············(44) |
| Blazer | 29189900 | 0144089 | ············(323) |
| Bloc | 29335990 | 0132049 | ············(155) |
| Blotic | 29299090 | 0181023 | ············(419) |
| Blue vitrol | 28332500 | 0133005 | ············(187) |
| BNPD | 29055900 | 0134044 | ············(206) |
| Bolero | 29302000 | 0144058 | ············(308) |
| Bolstar | 29309090 | 0111042 | ············(22) |
| Boltage | 29331990 | 0111017 | ············(11) |
| Bonzi | 29339900 | 0143014 | ············(261) |
| Boost | 29335990 | 0143042 | ············(272) |
| Bordeaux mixture | 38089210 | 0133011 | ············(189) |
| Bordeaux mixture velles | 28429090 | 0133006 | ············(187) |

| 英文品名 | 海关商品编码 | 条目编码 | 页码 |
|---|---|---|---|
| BRN2157231 | 29299090 | 0144144 | ············(347) |
| BRN2158908 | 29093090 | 0144155 | ············(351) |
| BRN2163325 | 29153900 | 0144193 | ············(364) |
| BRN2283950 | 29309090 | 0131047 | ············(131) |
| BRN2331933 | 29163990 | 0144133 | ············(343) |
| BRN2778716 | 29214300 | 0144200 | ············(366) |
| BRN2899801 | 29242990 | 0144135 | ············(344) |
| BRN2949607 | 29350090 | 0131052 | ············(133) |
| BRN2982991 | 29242990 | 0144170 | ············(356) |
| BRN3001587 | 29242990 | 0134069 | ············(216) |
| BRN3051664 | 29269090 | 0145003 | ············(382) |
| BRN3155634 | 29153900 | 0134068 | ············(216) |
| BRN3571881 | 29349990 | 0132104 | ············(177) |
| BRN4190275 | 29349990 | 0145001 | ············(382) |
| BRN4804364 | 29302000 | 0144164 | ············(354) |
| BRN5351697 | 29333990 | 0143065 | ············(280) |
| Broadstrike | 29350090 | 0144118 | ············(337) |
| Brodifacoum | 29322090 | 0120014 | ············(102) |
| Brofenvalerate | 29269090 | 0181037 | ············(425) |
| Brofluthrinate | 29269090 | 0181030 | ············(422) |
| Bromacil | 29335900 | 0142046 | ············(250) |
| Bromadiolone | 29322090 | 0120015 | ············(103) |
| Bromax | 29335900 | 0142046 | ············(250) |
| Bromethalin | 29214300 | 0120028 | ············(108) |
| Bromethalin bait | 29214300 | 0120028 | ············(108) |
| Bromethrin | 29321900 | 0113026 | ············(64) |
| Bromex | 29199000 | 0181055 | ············(433) |
| Bromex | 29280000 | 0142057 | ············(254) |
| Brominal | 29269090 | 0144071 | ············(315) |
| Brominil | 29269090 | 0144071 | ············(315) |
| Bromobutide | 29242990 | 0144004 | ············(285) |
| Bromofenoxim | 29280000 | 0144227 | ············(375) |
| Bromone | 29322090 | 0120015 | ············(103) |
| Bromophos | 29201900 | 0111091 | ············(37) |
| Bromophos-ethyl | 29201900 | 0111092 | ············(38) |
| Bromopropylate | 29181990 | 0150019 | ············(394) |
| Bromothalonil | 29269090 | 0134043 | ············(206) |
| Bromoxynil | 29269090 | 0144071 | ············(315) |
| Bromoxynil octanoate | 29269090 | 0144081 | ············(320) |
| Brompyrazon | 29339900 | 0144229 | ············(376) |
| Bromuconazole | 29349990 | 0132024 | ············(144) |
| Bronate | 29269090 | 0144071 | ············(315) |

| 英文品名 | 海关商品编码 | 条目编码 | 页码 |
|---|---|---|---|
| Butrizol | 29339900 | 0132075 | ············(167) |
| Buturon | 29242990 | 0142052 | ············(252) |
| Butylate | 29302000 | 0144217 | ············(372) |
| Buvilan | 29214300 | 0144202 | ············(367) |
| Buvirex | 29189900 | 0144008 | ············(287) |
| Bux | 29242990 | 0112026 | ············(49) |
| BUX-TEN | 29242990 | 0112026 | ············(49) |
| C8949 | 29199000 | 0111088 | ············(36) |
| Cabell | 28274100 | 0133009 | ············(188) |
| Cadad | 29302000 | 0182006 | ············(438) |
| Cadusafos | 29309090 | 0160003 | ············(403) |
| Cafenstrole | 29339900 | 0144027 | ············(294) |
| Calcium biphosphate | 28352600 | 0400019 | ············(489) |
| Calcium cyanamide | 31029010 | 0400015 | ············(488) |
| Calcium hypochloriate | 28281000 | 0300002 | ············(471) |
| Calcium hypochloriate mixtures | 28281000 | 0300001 | ············(470) |
| Calcium oxide | 28259090 | 0133007 | ············(188) |
| Calcium phosphide | 28480000 | 0116012 | ············(95) |
| Calcourea | 31059000 | 0400052 | ············(498) |
| Caligran | 29309090 | 0131024 | ············(122) |
| Calirus | 29242990 | 0134014 | ············(194) |
| Calium polysulfide | 28309090 | 0184011 | ············(447) |
| Calixin | 29349990 | 0132053 | ············(157) |
| Calvinphos | 29199000 | 0111093 | ············(38) |
| Camphechlor | 29038900 | 0111006 | ············(6) |
| Canadien 2000 | 29322090 | 0120015 | ············(103) |
| Caparol | 29336990 | 0144076 | ············(318) |
| Captafol | 29309090 | 0131016 | ············(119) |
| Captan | 29309090 | 0132038 | ············(150) |
| Captane | 29309090 | 0132038 | ············(150) |
| Captos | 29309090 | 0111024 | ············(14) |
| Caramba | 29339900 | 0132019 | ············(142) |
| Carbamide | 31021000 | 0400008 | ············(486) |
| Carbamorph | 29349990 | 0132121 | ············(183) |
| Carbaryl | 29242990 | 0112005 | ············(41) |
| Carbathiin | 29349990 | 0132064 | ············(162) |
| Carbendazim | 29339900 | 0132030 | ············(147) |
| Carbendazol | 29339900 | 0132030 | ············(147) |
| Carbetamide | 29242990 | 0144245 | ············(381) |
| Carbicron | 29241990 | 0181003 | ············(409) |
| Carbodimedon | 29252900 | 0144136 | ············(344) |
| Carbofos | 29309090 | 0111040 | ············(21) |

| 英文品名 | 海关商品编码 | 条目编码 | 页码 |
|---|---|---|---|
| Cytrolane | 29349990 | 0111080 | …………(34) |
| D-90-A | 29242990 | 0144240 | …………(379) |
| DA-6 | 29251900 | 0116008 | …………(93) |
| DAC4 | 29173990 | 0144196 | …………(365) |
| Daconil | 29269090 | 0131011 | …………(117) |
| Dacthal | 29173990 | 0144196 | …………(365) |
| Dagadip | 29309090 | 0181026 | …………(420) |
| Dagger | 29332900 | 0144214 | …………(371) |
| Dakuron | 29242990 | 0144244 | …………(380) |
| Dalapon | 29159000 | 0144068 | …………(314) |
| D-allethrin | 29162090 | 0200006 | …………(452) |
| DAM18654 | 29339900 | 0132118 | …………(182) |
| Daminozide | 29280000 | 0143013 | …………(260) |
| Danathion | 29201900 | 0111045 | …………(23) |
| Danibon | 29093090 | 0150018 | …………(393) |
| Danicut | 29252900 | 0150008 | …………(389) |
| Danicut | 29309090 | 0150039 | …………(400) |
| Danitol | 29269090 | 0181013 | …………(414) |
| Danitron | 29331990 | 0150015 | …………(392) |
| Dankil | 29199000 | 0111093 | …………(38) |
| DAP | 31053000 | 0400029 | …………(492) |
| DAPA | 29270000 | 0134019 | …………(196) |
| Dapacryl | 29161900 | 0184009 | …………(446) |
| DATC | 29302000 | 0144221 | …………(373) |
| Dazomet | 29349990 | 0184013 | …………(448) |
| DBCP | 29037990 | 0160002 | …………(403) |
| DBN | 29269090 | 0144246 | …………(381) |
| DCBN | 29309090 | 0144225 | …………(374) |
| DCIP(nematocide) | 29091990 | 0160001 | …………(403) |
| DCMA | 29242990 | 0144241 | …………(379) |
| DCMO | 29349990 | 0132064 | …………(162) |
| DCPA | 29173990 | 0144196 | …………(365) |
| DCPA | 29242990 | 0144041 | …………(301) |
| DCPTA | 29221990 | 0143056 | …………(278) |
| DCT | 29341000 | 0132096 | …………(174) |
| D-cyphenothrin | 29269090 | 0200027 | …………(462) |
| D-D, Nemafene | 29339900 | 0184004 | …………(444) |
| DDPP | 29333990 | 0132109 | …………(179) |
| DDT | 29039200 | 0111003 | …………(4) |
| DDV | 29199000 | 0111023 | …………(13) |
| DDVP | 29199000 | 0111023 | …………(13) |
| DE-498 | 29350090 | 0144118 | …………(337) |

| 英文品名 | 海关商品编码 | 条目编码 | 页码 |
|---|---|---|---|
| Dibar | 29242990 | 0142050 | …………(251) |
| Dibrom | 29199000 | 0181055 | …………(433) |
| Dibromochloropropane | 29037990 | 0160002 | …………(403) |
| Dibutralin | 29214990 | 0144113 | …………(335) |
| Dibutyl succinate | 29171900 | 0115012 | …………(80) |
| Dicamba | 29189900 | 0141021 | …………(230) |
| Dicamba-methyl | 29189900 | 0143076 | …………(284) |
| Dicapthon | 29201900 | 0111083 | …………(35) |
| Dicarbam | 29242990 | 0112005 | …………(41) |
| Dicarbasulf | 29309090 | 0112019 | …………(47) |
| Dicarzol | 29252900 | 0150005 | …………(387) |
| Dichlobenil | 29269090 | 0144246 | …………(381) |
| Dichlofenthion | 29201900 | 0160005 | …………(404) |
| Dichlofluanid | 29309090 | 0131026 | …………(123) |
| Dichlorbenzuron | 29242990 | 0114002 | …………(65) |
| Dichlormate | 29242990 | 0144236 | …………(378) |
| Dichlormid | 29242990 | 0144175 | …………(357) |
| Dichloropropene-dichloropropene mixture | 29339900 | 0184004 | …………(444) |
| Dichlorprop-P | 29189900 | 0141009 | …………(224) |
| Dichlorvos | 29199000 | 0111023 | …………(13) |
| Diclobutrazol | 29339900 | 0132059 | …………(160) |
| Diclofop-methyl | 29189900 | 0144060 | …………(310) |
| Diclomezin | 29339900 | 0132004 | …………(135) |
| Diclomezine | 29339900 | 0132004 | …………(135) |
| Dicofol | 29062990 | 0150006 | …………(388) |
| Dicoumarin | 29322090 | 0120023 | …………(106) |
| Dicoumarol | 29322090 | 0120023 | …………(106) |
| Dicrotophos | 29241990 | 0181003 | …………(409) |
| Dicryl | 29242990 | 0144241 | …………(379) |
| Dictran | 29333990 | 0144006 | …………(286) |
| Dicuran | 29242100 | 0142004 | …………(233) |
| Dicyclanil | 29335990 | 0114007 | …………(67) |
| Dieldrin | 29109000 | 0111010 | …………(8) |
| Diethatyl-ethyl | 29242990 | 0144167 | …………(355) |
| Diethatyl(酸) | 29242990 | 0144167 | …………(355) |
| Diethion | 29309090 | 0181031 | …………(422) |
| Diethofencarb | 29242990 | 0134064 | …………(214) |
| Diethquinalphione | 29339900 | 0181022 | …………(418) |
| Diethyl aminoethyl hexanoate | 29224910 | 0143023 | …………(264) |
| Diethyltoluoamide | 29242990 | 0200011 | …………(454) |
| Dif 4 | 29242990 | 0144173 | …………(357) |
| Difenacoum | 29322090 | 0120035 | …………(110) |

| 英文品名 | 海关商品编码 | 条目编码 | 页码 |
|---|---|---|---|
| Dimilin | 29242990 | 0114012 | ············(69) |
| Dimuron | 29242990 | 0142005 | ············(233) |
| Dinex | 29089990 | 0150037 | ············(399) |
| Diniconazole | 29339900 | 0132063 | ············(162) |
| Dinitramine | 29215190 | 0144203 | ············(367) |
| Dinoseb | 29089100 | 0144044 | ············(302) |
| Dinoseb acetate | 29153900 | 0144195 | ············(364) |
| Dinoterb | 29089990 | 0144194 | ············(364) |
| Dinoterb acetate | 29153900 | 0144193 | ············(364) |
| Diofenolan | 29329990 | 0115030 | ············(86) |
| Dioxacarb | 29329990 | 0112029 | ············(50) |
| Dioxacin | 29349990 | 0132037 | ············(150) |
| Dioxathion | 29329990 | 0111081 | ············(34) |
| Diparen | 29309090 | 0131026 | ············(123) |
| Diphacin | 38089910 | 0120001 | ············(97) |
| Diphacinone | 38089910 | 0120001 | ············(97) |
| Diphacins | 38089910 | 0120001 | ············(97) |
| Diphenamide | 29242990 | 0144173 | ············(357) |
| Diphenex | 29093090 | 0144155 | ············(351) |
| Diphenylamine | 29214400 | 0134023 | ············(198) |
| Diphenylurea sulfonic calciun | 29242990 | 0143018 | ············(262) |
| Dipher | 29302000 | 0131001 | ············(112) |
| Diprogulic acid | 29329990 | 0143077 | ············(284) |
| Dipropalin | 29214300 | 0144141 | ············(346) |
| Dipropetryn | 29336990 | 0144211 | ············(370) |
| Dipropyl isocinchomeronate | 29333990 | 0115017 | ············(82) |
| Dipropylpyridine-2, 5-dicarboxylate | 29333990 | 0115017 | ············(82) |
| Dipterex | 29319000 | 0111022 | ············(13) |
| Diquat | 29339900 | 0144043 | ············(302) |
| Dirimal | 29350090 | 0144231 | ············(376) |
| Disan | 29350090 | 0144232 | ············(376) |
| Distinct | 29333990 | 0144014 | ············(289) |
| Distodin | 29072990 | 0134079 | ············(219) |
| Disugran | 29189900 | 0143076 | ············(284) |
| Disulfoton | 29309090 | 0111072 | ············(32) |
| Disyston | 29309090 | 0111072 | ············(32) |
| Disyston S | 29309090 | 0111053 | ············(26) |
| Ditalimfos | 29251900 | 0132085 | ············(170) |
| Ditek | 29309090 | 0131024 | ············(122) |
| Dithane | 29420000 | 0131005 | ············(114) |
| Dithane C90 | 29420000 | 0131046 | ············(131) |
| Dithane stainless | 29302000 | 0131003 | ············(113) |

| 英文品名 | 海关商品编码 | 条目编码 | 页码 |
|---|---|---|---|
| D-t-allethrin | 29162090 | 0200004 | ············(451) |
| D-tetramethrin | 29251900 | 0200009 | ············(454) |
| D-trans-furamethrin | 29321900 | 0200039 | ············(467) |
| D-trans-resmethrin | 29321900 | 0200025 | ············(461) |
| D-t-tetramethrin | 29251900 | 0200009 | ············(454) |
| DU319722 | 29242100 | 0181001 | ············(408) |
| Dual | 29242990 | 0144104 | ············(330) |
| Dubur | 29350090 | 0142029 | ············(244) |
| Duplosan | 29189900 | 0141009 | ············(224) |
| Duplosan KV | 29189900 | 0141010 | ············(225) |
| Du pont fungicide 328 | 29349990 | 0132089 | ············(172) |
| Duracide | 29251900 | 0200008 | ············(453) |
| Duraphos | 29199000 | 0181015 | ············(415) |
| Dursban | 29333990 | 0111025 | ············(14) |
| Du-Ter | 29319000 | 0131035 | ············(127) |
| Dutom | 29242990 | 0144244 | ············(380) |
| Dwell | 29349990 | 0132103 | ············(177) |
| Dyanacide | 29319000 | 0131012 | ············(117) |
| Dyfonate | 29309090 | 0111024 | ············(14) |
| Dylox | 29319000 | 0111022 | ············(13) |
| Dymid | 29242990 | 0144173 | ············(357) |
| Dynam | 29350090 | 0142020 | ············(240) |
| Dyrene | 29336990 | 0132028 | ············(146) |
| E-605 | 29201100 | 0181057 | ············(434) |
| Earthcide | 29049090 | 0131039 | ············(128) |
| Easout | 29309090 | 0131024 | ············(122) |
| Eau grison | 28309090 | 0184011 | ············(447) |
| EBP | 29309090 | 0131014 | ············(118) |
| Ebufos | 29309090 | 0160003 | ············(403) |
| Echlomezol | 29349990 | 0132103 | ············(177) |
| Ecothrin | 29251900 | 0200008 | ············(453) |
| EDB | 29033100 | 0116011 | ············(94) |
| EDDP | 29309090 | 0131015 | ············(118) |
| Edge | 29214300 | 0144202 | ············(367) |
| Edifenphos | 29309090 | 0131015 | ············(118) |
| Edinphensoph | 29309090 | 0131015 | ············(118) |
| Effix | 29242990 | 0144135 | ············(344) |
| Efosite | 29420000 | 0131036 | ············(127) |
| Egyt 2248 | 29153900 | 0134068 | ············(216) |
| Egyt 2250 | 29280000 | 0143067 | ············(281) |
| EHT-70460 | 29189900 | 0114011 | ············(68) |
| EI3911 | 29309090 | 0181025 | ············(419) |

| 英文品名 | 海关商品编码 | 条目编码 | 页码 |
|---|---|---|---|
| Fenfluthrin | 29162090 | 0113024 | …………(63) |
| Fenfuroxam | 29321900 | 0132094 | …………(174) |
| Fenitox | 29201900 | 0111045 | …………(23) |
| Fenitropan | 29153900 | 0134068 | …………(216) |
| Fenitropane | 29153900 | 0134068 | …………(216) |
| Fenitrothion | 29201900 | 0111045 | …………(23) |
| Fenobucarb | 29242990 | 0181007 | …………(411) |
| Fenobucarb | 29242990 | 0181007 | …………(411) |
| Fenoprop | 29189900 | 0141006 | …………(223) |
| Fenothiocarb | 29309090 | 0150001 | …………(386) |
| Fenoxaprop-ethyl | 29349990 | 0141013 | …………(226) |
| Fenoxaprop-P-ethyl | 29349990 | 0141014 | …………(226) |
| Fenoxycarb | 29242900 | 0114004 | …………(66) |
| Fenpiclonil | 29339900 | 0132018 | …………(141) |
| Fenpropanate | 29269090 | 0181013 | …………(414) |
| Fenpropathrin | 29269090 | 0181013 | …………(414) |
| Fenpropathrin | 29333990 | 0113006 | …………(54) |
| Fenpropimkorphe | 29349990 | 0132016 | …………(140) |
| Fenpropomorph | 29349990 | 0132016 | …………(140) |
| Fenpyrad | 29331990 | 0150025 | …………(396) |
| Fenpyroximate | 29331990 | 0150015 | …………(392) |
| Fenson | 29089990 | 0150036 | …………(399) |
| Fenstan | 29201900 | 0111045 | …………(23) |
| Fensulfothion | 29309090 | 0184002 | …………(444) |
| Fenthiaprop-ethyl | 29342000 | 0144137 | …………(345) |
| Fenthion | 29309090 | 0111019 | …………(12) |
| Fentin | 29319000 | 0131044 | …………(130) |
| Fentin acetate | 29319000 | 0131034 | …………(126) |
| Fentin chloride | 29319000 | 0131054 | …………(133) |
| Fentine | 29319000 | 0131044 | …………(130) |
| Fentin hydroxide | 29319000 | 0131035 | …………(127) |
| Fentrazamide | 29339900 | 0144087 | …………(322) |
| Fenuron | 29242990 | 0142050 | …………(251) |
| Fenvalerate | 29269090 | 0113011 | …………(57) |
| Fenvalethrin | 29269090 | 0113011 | …………(57) |
| Fenzol | 29335990 | 0132049 | …………(155) |
| Ferbam | 29302000 | 0131007 | …………(115) |
| Ferimzone | 29335990 | 0132008 | …………(137) |
| Fermacide | 29302000 | 0131007 | …………(115) |
| Fermine | 29173490 | 0200012 | …………(455) |
| Fernex | 29335990 | 0111031 | …………(16) |
| Ferric ammonium methylarsonate | 29319000 | 0131040 | …………(129) |

| 英文品名 | 海关商品编码 | 条目编码 | 页码 |
|---|---|---|---|
| Fungazin | 29332900 | 0132071 | …………(165) |
| Funginex | 29335990 | 0132003 | …………(135) |
| Fungo | 29309090 | 0131024 | …………(122) |
| Furadan | 29329990 | 0182007 | …………(438) |
| Furalaxyl | 29321900 | 0132087 | …………(171) |
| Furathiocarb | 29329990 | 0112001 | …………(39) |
| Furavax | 29321900 | 0132094 | …………(174) |
| Furcarbanil | 29321900 | 0132106 | …………(178) |
| Furcarbanil | 29321900 | 0132106 | …………(178) |
| Furconazole | 29349990 | 0132078 | …………(168) |
| Furconazole-cis | 29349990 | 0132104 | …………(177) |
| Furilazole | 29349990 | 0145008 | …………(384) |
| Furore | 29349990 | 0141013 | …………(226) |
| Furoxam | 29321900 | 0132094 | …………(174) |
| Furyloxyfen | 29321900 | 0144157 | …………(351) |
| Fusilade P | 29333990 | 0141017 | …………(228) |
| Fyfanon | 29309090 | 0111040 | …………(21) |
| G315 | 29349990 | 0144048 | …………(304) |
| Galben | 29242990 | 0134069 | …………(216) |
| Galecron | 29252100 | 0181016 | …………(415) |
| Gallant | 29333990 | 0141018 | …………(228) |
| Gallotox | 29319000 | 0131012 | …………(117) |
| Galtak | 29342000 | 0144065 | …………(312) |
| Gamit | 29349990 | 0144107 | …………(332) |
| Gamophen | 29072990 | 0134079 | …………(219) |
| Ganocide | 29349990 | 0132124 | …………(183) |
| Ganozan | 29319000 | 0131053 | …………(133) |
| Gardoprim | 29336990 | 0144208 | …………(369) |
| Garlon | 29333990 | 0144090 | …………(324) |
| Garnitan | 29280000 | 0142045 | …………(250) |
| Garrathion | 29309090 | 0181026 | …………(420) |
| Garvox | 29329990 | 0112003 | …………(40) |
| Gatinon | 29342000 | 0142047 | …………(250) |
| Gaucho | 29333990 | 0115001 | …………(74) |
| GBH | 29280000 | 0134074 | …………(218) |
| GC-4072 | 29199000 | 0111088 | …………(36) |
| GC-928 | 29089990 | 0150036 | …………(399) |
| GCP-5544 | 29242990 | 0144176 | …………(358) |
| Genate | 29302000 | 0144217 | …………(372) |
| Genit | 29081990 | 0150034 | …………(399) |
| Geofos | 29349990 | 0182002 | …………(437) |
| Geonter | 29335990 | 0144216 | …………(371) |

| 英文品名 | 海关商品编码 | 条目编码 | 页码 |
|---|---|---|---|
| Gerox | 29412000 | 0134040 | ............(205) |
| Gesafloc | 29336990 | 0144207 | ............(368) |
| Gesagard | 29336990 | 0144076 | ............(318) |
| Gesagram | 29336990 | 0144247 | ............(381) |
| Gesamil | 29336990 | 0144206 | ............(368) |
| Gesamoos | 29242990 | 0142035 | ............(247) |
| Gesapon | 29039200 | 0111003 | ............(4) |
| Gesaprim | 29336990 | 0144123 | ............(339) |
| Gesatop | 29336990 | 0144095 | ............(326) |
| Gesfid | 29199000 | 0181015 | ............(415) |
| Geyser | 29349990 | 0132013 | ............(139) |
| Gibberellic acid | 29322090 | 0143032 | ............(267) |
| Gibberellins | 29322090 | 0143032 | ............(267) |
| Glean | 29350090 | 0142017 | ............(239) |
| Gliftor | 29055900 | 0120007 | ............(99) |
| Glufosinate | 29319000 | 0144012 | ............(288) |
| Glufosinate-ammonium | 29319000 | 0144147 | ............(348) |
| Glutaraldehyde | 29121900 | 0300016 | ............(479) |
| Glycophene | 29332900 | 0132070 | ............(164) |
| Glyfluor | 29055900 | 0120007 | ............(99) |
| Glyodin | 29332900 | 0132107 | ............(178) |
| Glyoxalidin | 29332900 | 0132107 | ............(178) |
| Glyoxide | 29332900 | 0132107 | ............(178) |
| Glyphosate | 29319000 | 0144064 | ............(312) |
| Glyphosate-sesquisodium | 29319000 | 0143060 | ............(279) |
| Glyphosine | 29319000 | 0143001 | ............(255) |
| Glyphosine sodium | 29319000 | 0143060 | ............(279) |
| Goal | 29093090 | 0144111 | ............(334) |
| Gold | 29242990 | 0134027 | ............(199) |
| Goltix | 29336990 | 0144212 | ............(370) |
| Gophacide | 29299090 | 0120004 | ............(98) |
| Graincot | 29333990 | 0181056 | ............(433) |
| Gramex | 29336990 | 0144080 | ............(319) |
| Graminon | 29242990 | 0142006 | ............(234) |
| Gramoxone | 29333990 | 0144035 | ............(298) |
| Gramual | 29341000 | 0132045 | ............(153) |
| Grandstsnd | 29333990 | 0144090 | ............(324) |
| Granit | 29349990 | 0132024 | ............(144) |
| Granurex | 29242990 | 0142055 | ............(253) |
| Granutox | 29309090 | 0181025 | ............(419) |
| Grasp | 29280000 | 0144093 | ............(325) |
| Greatam | 29341000 | 0132045 | ............(153) |

| 英文品名 | 海关商品编码 | 条目编码 | 页码 |
|---|---|---|---|
| L36352 | 29214300 | 0144056 | …………(307) |
| La20 | 29242990 | 0144061 | …………(310) |
| LAB102883 | 29339900 | 0143066 | …………(281) |
| Lactofen | 29189900 | 0144088 | …………(323) |
| Lambda-cyhalothrin | 29269090 | 0181051 | …………(431) |
| Lamoryl | 29419090 | 0132079 | …………(168) |
| Lanex | 29242990 | 0142054 | …………(253) |
| Lannate | 29309090 | 0112016 | …………(46) |
| Lanray | 29302000 | 0144165 | …………(354) |
| Lanstan | 29049090 | 0134075 | …………(218) |
| Larvadex | 29336990 | 0114013 | …………(69) |
| Laser | 29349990 | 0144018 | …………(291) |
| Lasso | 29242990 | 0144061 | …………(310) |
| Latittude | 29349990 | 0132039 | …………(151) |
| Lavozal | 29339900 | 0150041 | …………(401) |
| Lebaycid | 29309090 | 0111019 | …………(12) |
| Legurame | 29242990 | 0144245 | …………(381) |
| Legurame TS | 29349990 | 0142039 | …………(248) |
| Lektan | 29336990 | 0144213 | …………(370) |
| Lenacil | 29335990 | 0144215 | …………(371) |
| Lenacil | 29335990 | 0144215 | …………(371) |
| Lenamycin | 29241990 | 0134076 | …………(218) |
| Lenatop | 29093090 | 0113018 | …………(61) |
| Lentagran | 29339900 | 0144117 | …………(337) |
| Lepicron | 29309090 | 0112019 | …………(47) |
| Leptofos | 29319000 | 0111038 | …………(20) |
| Leptophos | 29319000 | 0111038 | …………(20) |
| Lerenox | 29280000 | 0134074 | …………(218) |
| Leuco-4 | 29335990 | 0143071 | …………(282) |
| Levamisol | 29349990 | 0115020 | …………(83) |
| Lexone | 29336990 | 0144069 | …………(314) |
| Licryl | 29242990 | 0144241 | …………(379) |
| Likuden | 29419090 | 0132079 | …………(168) |
| Lilly 34314 | 29242990 | 0144173 | …………(357) |
| Lilolidone | 29334990 | 0132092 | …………(173) |
| Limbolid | 29280000 | 0143067 | …………(281) |
| Lime sulfur | 28309090 | 0184011 | …………(447) |
| Lime sulphur | 28309090 | 0184011 | …………(447) |
| Linarotox | 29349990 | 0144184 | …………(361) |
| Lindane | 29038100 | 0111002 | …………(4) |
| Linuron | 29280000 | 0142045 | …………(250) |
| Linyangmycin | 2941 | 0181049 | …………(430) |

| 英文品名 | 海关商品编码 | 条目编码 | 页码 |
|---|---|---|---|
| Manderol | 29349990 | 0132012 | …………(138) |
| Maneb | 29302000 | 0131004 | …………(114) |
| Manex | 29302000 | 0131004 | …………(114) |
| Manzeb | 29420000 | 0131005 | …………(114) |
| MAP | 31054000 | 0400028 | …………(492) |
| Marathon | 29215190 | 0144204 | …………(367) |
| Marlate | 29093090 | 0111004 | …………(5) |
| Marmex | 29242100 | 0142002 | …………(232) |
| Marshal | 29329990 | 0112018 | …………(46) |
| MAS | 29319000 | 0131045 | …………(131) |
| Masai | 29331990 | 0150025 | …………(396) |
| Mascot | 29242990 | 0114017 | …………(71) |
| Mat | 29162090 | 0200006 | …………(452) |
| Matacil | 29242990 | 0112004 | …………(40) |
| Mataren-difenzolium | 29331990 | 0144103 | …………(330) |
| Matrine | 29399990 | 0115033 | …………(87) |
| (+)-Matrine | 29399990 | 0115033 | …………(87) |
| Mavrik | 29269090 | 0181042 | …………(427) |
| Maxforce | 29335990 | 0200032 | …………(464) |
| MB10064 | 29269090 | 0144071 | …………(315) |
| M&B | 29269090 | 0144177 | …………(358) |
| M&B 38544 | 29333990 | 0144114 | …………(335) |
| MBC | 29339900 | 0132030 | …………(147) |
| Mbpmc | 29242990 | 0144162 | …………(353) |
| MBR 6033 | 29350090 | 0143072 | …………(282) |
| MBT | 29309090 | 0184010 | …………(447) |
| MC1108 | 29153900 | 0144193 | …………(364) |
| Mc-4379 | 29189900 | 0144062 | …………(311) |
| MC883 | 29349990 | 0132121 | …………(183) |
| MCC | 29242990 | 0144073 | …………(316) |
| MCP | 29189900 | 0141003 | …………(222) |
| MCPA | 29189900 | 0141001 | …………(221) |
| MCPA-Na | 29189900 | 0141002 | …………(222) |
| MCPA-thioethyl | 29309090 | 0141004 | …………(222) |
| MCPB-ethylate | 29189900 | 0141003 | …………(222) |
| MDBA | 29189900 | 0141021 | …………(230) |
| Mebenil | 29242990 | 0134049 | …………(208) |
| Mecarbam | 29309090 | 0111054 | …………(26) |
| Mecarphon | 29309090 | 0111082 | …………(34) |
| Mecoprop-P | 29189900 | 0141010 | …………(225) |
| Medallon | 29319000 | 0144149 | …………(349) |
| Mediben | 29189900 | 0141021 | …………(230) |

| 英文品名 | 海关商品编码 | 条目编码 | 页码 |
|---|---|---|---|
| Sunfire | 29339900 | 0181012 | …………(414) |
| Sunoxol | 29334990 | 0132114 | …………(180) |
| Sunrice | 29350090 | 0142023 | …………(241) |
| Super | 29309090 | 0144091 | …………(324) |
| Superbarnon | 29242990 | 0144135 | …………(344) |
| Super caid | 29322090 | 0120015 | …………(103) |
| Superdavloxan | 29342000 | 0184003 | …………(444) |
| Superol | 29334990 | 0132114 | …………(180) |
| Super suffix | 29242990 | 0144135 | …………(344) |
| Supracide | 29349990 | 0181052 | …………(432) |
| Surcopur | 29242990 | 0144041 | …………(301) |
| Surfassol | 29269090 | 0144246 | …………(381) |
| Surflan | 29350090 | 0144231 | …………(376) |
| Surgi-cin | 29072990 | 0134079 | …………(219) |
| Surofene | 29072990 | 0134079 | …………(219) |
| Sutan | 29302000 | 0144217 | …………(372) |
| Suzon | 29339900 | 0144228 | …………(375) |
| SW-6701 | 29339900 | 0144183 | …………(360) |
| SW-751 | 29331990 | 0144185 | …………(361) |
| Sweeper | 29333990 | 0144032 | …………(296) |
| Swep | 29242990 | 0144073 | …………(316) |
| Syllit | 34021200 | 0134038 | …………(204) |
| SYP-1620 | 29280000 | 0134054 | …………(210) |
| Syseant | 29339900 | 0132055 | …………(158) |
| Systhane | 29339900 | 0132055 | …………(158) |
| Systox | 29309090 | 0111069 | …………(30) |
| T2101 | 29309090 | 0111048 | …………(24) |
| Tachigaren | 29349990 | 0132031 | …………(147) |
| Tackle | 29189900 | 0144089 | …………(323) |
| Tag | 29319000 | 0131012 | …………(117) |
| Taktic | 29252900 | 0150008 | …………(389) |
| Talcird | 29162090 | 0113009 | …………(55) |
| Talcord | 29162090 | 0113009 | …………(55) |
| Talon | 29322090 | 0120014 | …………(102) |
| Talstar | 29162090 | 0181048 | …………(429) |
| Tamaron | 29309090 | 0181017 | …………(416) |
| Tamex | 29214990 | 0144113 | …………(335) |
| Tandem | 29109000 | 0144190 | …………(363) |
| Tandex | 29242990 | 0142007 | …………(234) |
| Tantizon | 29336990 | 0144153 | …………(350) |
| Tanzene | 29242990 | 0142007 | …………(234) |
| Taredan | 29309090 | 0160003 | …………(403) |

| 英文品名 | 海关商品编码 | 条目编码 | 页码 |
|---|---|---|---|
| Ultracide | 29349990 | 0181052 | (432) |
| Unden | 29242990 | 0112013 | (44) |
| Uniconazole | 29339900 | 0143041 | (271) |
| Uniconazole | 29339900 | 0143041 | (271) |
| Upbeat | 29350090 | 0142029 | (244) |
| Urbacid | 29309090 | 0131021 | (121) |
| Urbasulf | 29319000 | 0131045 | (131) |
| Urea | 31021000 | 0400008 | (486) |
| Uribest | 29242990 | 0144174 | (357) |
| Uroxol | 29349990 | 0132037 | (150) |
| USAF EK-1275 | 29309090 | 0120031 | (109) |
| Ustaad | 29269090 | 0113014 | (58) |
| Ustilan | 29349990 | 0142038 | (247) |
| V-18 | 29309090 | 0150007 | (388) |
| Vacor | 29333990 | 0120017 | (104) |
| Vacot | 29333990 | 0120017 | (104) |
| Valaxon | 2928000 | 0111043 | (22) |
| Valerate | 29163990 | 0113010 | (56) |
| Validacin | 29419090 | 0134034 | (202) |
| Validamycin | 29419090 | 0134034 | (202) |
| Valimon | 29419090 | 0134034 | (202) |
| Valone | 29143990 | 0120029 | (108) |
| Vamidoate | 29309090 | 0181033 | (423) |
| Vamidothion | 29309090 | 0181033 | (423) |
| Vangard | 29321900 | 0132097 | (175) |
| Vangard | 29349990 | 0132077 | (167) |
| Vapam | 29302000 | 0144099 | (328) |
| Vape | 29162090 | 0200033 | (464) |
| Vapemat | 29162090 | 0200006 | (452) |
| Vapofone | 29209090 | 0111071 | (31) |
| Vapona | 29199000 | 0111023 | (13) |
| Vaporthrin | 29162090 | 0200016 | (456) |
| Vegadex | 29302000 | 0144219 | (372) |
| Vegetox | 29302000 | 0182006 | (438) |
| Vegiben | 29224999 | 0144205 | (368) |
| Velpar | 29336990 | 0144030 | (296) |
| Velsicol 1068 | 29038200 | 0111007 | (6) |
| Velsicol | 29189900 | 0144198 | (365) |
| Vendex | 29319000 | 0150011 | (390) |
| Vengeance | 29214300 | 0120028 | (108) |
| Venturol | 34021200 | 0134038 | (204) |
| Venzar | 29335990 | 0144215 | (371) |

# 手册正文

SHOUCE ZHENGWEN

# 01 农药类

## 011 杀虫剂

杀虫剂是指防治农、林业害虫及病媒昆虫的农药。

杀虫剂可根据来源和作用方式进行分类。

按照来源，杀虫剂可分为有机合成杀虫剂、植物源杀虫剂、微生物杀虫剂、无机杀虫剂等。有机合成杀虫剂具有药效高、产量大的特点，按照化学结构可分为有机氯杀虫剂、有机磷杀虫剂、氨基甲酸酯杀虫剂、拟除虫菊酯杀虫剂、沙蚕毒素类杀虫剂等。植物源杀虫剂往往是多种有生物活性物质的混合物，一般对人、畜低毒，不污染环境，对农作物安全，害虫不易产生抗药性，但来源有限，难于大规模生产。微生物杀虫剂一般对人、畜低毒，在适宜的条件下可在田间自然繁殖，最大限度地控制害虫种群，但作用发挥较慢。无机杀虫剂对人、畜毒性高，可能污染农产品和环境，但因多作用点的原因，一般害虫不易对其产生抗药性。

按照作用方式，杀虫剂可分为杀生性和非杀生性两类。顾名思义，杀生性杀虫剂是以杀死害虫个体为目标的杀虫剂，主要包括胃毒剂、触杀剂、内吸剂、熏蒸剂。非杀生性杀虫剂主要包括引诱剂、驱避剂、拒食剂、不育剂、昆虫生长调节剂等。

杀虫剂对人、畜及其他动物或多或少存在一定的毒性。这种毒性表现为急性毒性和慢性毒性，急性毒性可发生在误服、皮肤接触、呼吸摄入等情况下，慢性毒性则指长期接触低于急性中毒量的杀虫剂引起的慢性病理反应。部分有机氯杀虫剂在人体内积累，造成累积性中毒，有的有机磷杀虫剂存在迟发性神经毒性。

根据《商品名称及编码协调制度注释》（简称《协调制度注释》）品目 3808 的规定：“杀虫剂不仅包括杀虫产品，而且还包括具有驱虫或诱虫作用的产品。这些产品可呈各种状态，例如，喷剂或块状（灭飞蛾）、油状或条状（灭蚊子）、粉末状（灭蚂蚁）、带状（灭苍蝇）、吸附氰气的硅藻土或纸板（灭蚤或虱）。

许多杀虫剂在作用方式或使用方法上具有独特之处，其中包括：

——昆虫生长调节剂：干扰昆虫的生物化学及生理过程的化学品。

——熏蒸剂：作为气体散布在空气中的化学品。

——化学绝育剂：使一昆虫种群绝育的化学品。

——驱赶剂：使昆虫对其食物或生活条件不感兴趣或反感从而防治昆虫侵害的物质。

——引诱剂：用以引诱昆虫落入圈套或食毒饵的物质。”

### 0111 有机氯、有机磷杀虫剂

**0111001　　六六六　　BHC**

【别　　名】HCH

【有效成分】1, 2, 3, 4, 5, 6-六氯环己烷

【商品类别】有机氯杀虫剂

【结 构 式】

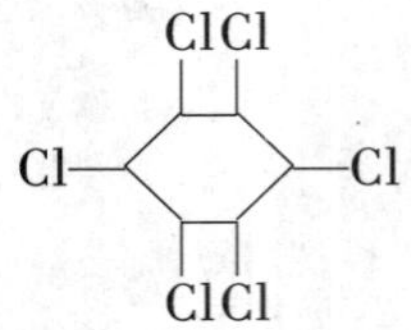

【商品属性】六六六是几种立体异构体的混合物，生物活性取决于丙体的含量。杀虫谱广，具有胃毒触杀及微弱的熏蒸活性。六六六是胆碱酯酶抑制剂，作用于神经膜上，使昆虫动作失调、痉挛、麻痹至死亡。对昆虫呼吸酶亦有一定作用。

原药为白色或淡黄色无定形固体，有刺激性臭味，难溶于水，可溶于一般有机溶剂中，在光热、酸性条件下稳定，碱性物质中易分解。

【毒　　性】症状与体征是其对神经系统的刺激作用所致，如头痛、眩晕、忧虑烦恼、情绪激动，也有呕吐、四肢软弱、双手震颤、失去时间和空间的定向，随后出现阵发痉挛。

【税则号列】有效成分：29038100　　制剂：38085010（零售包装），38085090（其他）

**0111002　林丹　Lindane**

【别　　名】高丙体六六六，灵丹，ENT-7796，γ-BHC，Acrodal 6G，Ambiocide，Benzahex

【有效成分】γ-（1, 2, 4, 5/3, 6）-六氯环己烷

【商品类别】有机氯杀虫剂

【结 构 式】

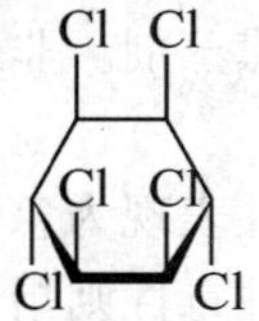

【商品属性】含丙体六六六在99%以上的称为林丹，杀虫谱广，具有胃毒触杀及微弱的熏蒸活性。丙体六六六是六六六原粉中具有杀虫活性最强的异构体，故林丹具有强烈的胃毒和触杀作用，并有一定的熏蒸作用和微弱的内吸作用，杀虫谱广。

原药为无色晶体，熔点 112.5 ~ 113.5℃，蒸气压 5.6mPa（20℃），溶解度（mg/L）：水 7.3（25℃），丙酮 43.5，甲醇 7.4，乙醇 6.4，苯 28.9，甲苯 27.6，二甲苯 24.7，乙醚 20.8，石油醚 2.9，乙酸乙酯 35.7，氯仿 24.0，四氯化碳 6.7，环己烷 36.7，二噁烷 31.4，醋酸 12.8（g/L，20℃）。180℃以下对光、空气非常稳定，对酸稳定，在碱中发生脱氢反应，并随 pH 值升高而加快。

【毒　　性】症状与体征是其对神经系统的刺激作用所致，如头痛、眩晕、忧虑烦恼、情绪激动，也有呕吐、四肢软弱、双手震颤、失去时间和空间的定向，随后出现阵发痉挛。

【税则号列】有效成分：29038100　　制剂：38085010（零售包装），38085090（其他）

**0111003　滴滴涕　DDT**

【别　　名】二二三，Zeidane，Gesapon，Accotox，Anofex，Arkotine，Benzochloryl

【有效成分】1, 1, 1-三氯-2, 2-双（4-氯苯基）乙烷

【商品类别】有机氯杀虫剂

【结 构 式】
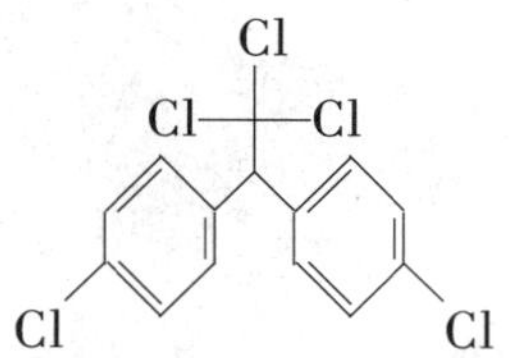

【商品属性】非胆碱酯酶抑制剂，作用于中枢神经系统神经膜的表面，使离子通透性改变而影响轴突传导，引起兴奋、痉挛、麻痹而致死，还可抑制呼吸酶，诱导神经毒素的产生而使昆虫致死。

原药为无色蜡状固体，无确切熔点，沸点 185 ~ 186℃（0.05mmHg）(分解)，蒸气压 0.025mPa（20℃），几乎不溶于水，易溶于大多数芳香烃和氯代烃溶剂，中度溶于极性有机溶剂和石油，在碱液中和超过熔点的温度下发生脱氯化氢反应，生成 DDE。

【毒　　性】症状与体征是其对神经系统的刺激作用所致，如头痛、眩晕、忧虑烦恼、情绪激动，也有呕吐、四肢软弱、双手震颤、失去时间和空间的定向，随后出现阵发痉挛。

【税则号列】有效成分：29039200　　制剂：38085010（零售包装），38085090（其他）

**0111004　甲氧滴滴涕　Methoxychlor**

【别　　名】Marlate

【有效成分】2-2-双（对-甲氧苯基）-1, 1, 1-三氧乙烷

【商品类别】有机氯杀虫剂

【结 构 式】
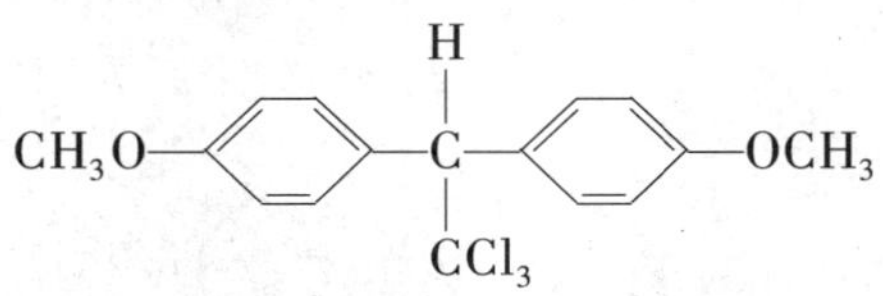

【商品属性】广谱性杀虫剂，对人畜毒性低，在有机体内无累积作用，易被多功能氧化酶分解，而转化为水溶性无毒排泄物。

原药为无色晶体（原油为灰色粉末），熔点 89℃（原油 77℃），蒸气压很低，密度 1.41（25℃）。溶解度：水 0.1mg/L（25℃），醇、氯代烃类、酮类溶剂、植物油和二甲苯中 440，甲醇 50（g/kg，22℃）。对氧化剂和紫外光稳定，与碱反应，特别是有催化剂条件下反应迅速，失去氯化氢。曝光下颜色变成粉红色或棕褐色。

常见制剂类型：25%甲氧滴涕乳油。

【毒　　性】症状与体征是其对神经系统的刺激作用所致，如头痛、眩晕、忧虑烦恼、情绪激动，也有呕吐、四肢软弱、双手震颤、失去时间和空间的定向，随后出现阵发痉挛。

【税则号列】有效成分：29093090　　制剂：38089119（零售包装），38089190（其他）

**0111005　硫丹　Endosulfan**

【别　　名】硕丹，赛丹，安杀丹，安都杀芬，Thiodan，Thionex，Hexasulfan，Cyclodan，Malix，Benzoepin，Beosit，Thimul，Thifor，Endocel

【有效成分】6, 7, 8, 9, 10, 10-六氯-1, 5, 5a，6, 9, 9a 六氢-6, 9-亚甲基-2, 4, 3-苯并-二噁噻频-3-氧化物

【商品类别】有机氯杀虫剂

【结 构 式】

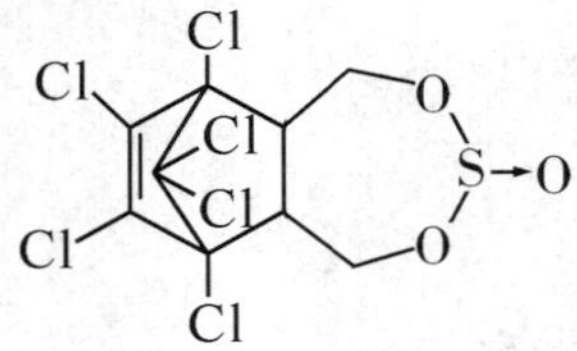

【商品属性】无内吸性，杀虫谱广。气温高于20℃时，也可通过蒸气起杀虫作用。硫丹能渗透进入植物组织，但不能在植株体内传输，在昆虫体内能抑制单氨基氧化酶和提高肌酸激酶的活性，有很强的选择性，易分解，对天敌和许多有益生物无毒。

原药为无色晶体，熔点≥80℃，a-异构体 109.2℃，b-异构体 213.3℃，蒸气压 0.83mPa（20℃，a-异构体、b-异构体以 2∶1 混合），密度约 1.8（20℃）。溶解度：水中 a-硫丹 0.32mg/L，b-硫丹 0.33mg/L（20℃），乙酸乙酯、二氯甲烷、甲苯 200g/L，乙醇约 65g/L，已烷约 24g/L（20℃）。光下稳定，酸碱缓慢水解。

常见制剂类型：硫丹乳油或与菊酯类复配的乳油。

【毒　　性】症状与体征是其对神经系统的刺激作用所致，如头痛、眩晕、忧虑烦恼、情绪激动，也有呕吐、四肢软弱、双手震颤、失去时间和空间的定向，随后出现阵发痉挛。

【税则号列】有效成分：29349990　　制剂：38089119（零售包装），38089190（其他）

**0111006　毒杀芬　Camphechlor**

【别　　名】八氯莰烯，多氯化莰烯，氯化莰，Toxaphene，Polychlorcamphene，Hercules 3956

【有效成分】八氯莰烯

【商品类别】有机氯杀虫剂

【结 构 式】

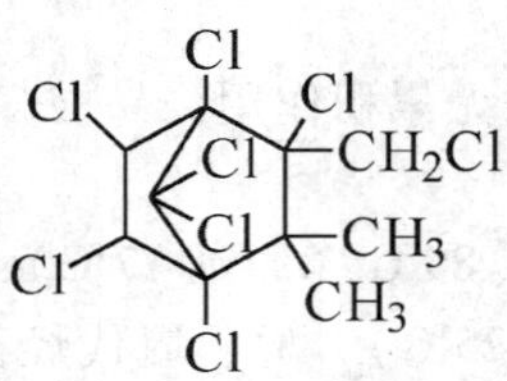

【商品属性】杀虫谱广，作用于神经膜上，使昆虫动作失调、痉挛、麻痹至死亡。对昆虫呼吸酶亦有一定作用。

原药为黄色至琥珀色蜡状固体，熔点 65~90℃，密度 1.65（25℃），蒸气压 26.6~53.3Pa（25℃），不溶于水，溶于有机溶剂，性质稳定，不挥发，不燃烧，遇日光或 155℃的高温逐渐分解。

【毒　　性】症状与体征是其对神经系统的刺激作用所致，如头痛、眩晕、忧虑烦恼、情绪激动，也有呕吐、四肢软弱、双手震颤、失去时间和空间的定向，随后出现阵发痉挛。

【税则号列】有效成分：29038900　　制剂：38085010（零售包装），38085090（其他）

**0111007　氯丹　Chlordane**

【别　　名】八氯化茚，八氯，氯化茚，1068，Chlortox，Octachlor，Velsicol 1068，M410

【有效成分】1,2,4,5,6,7,8,8-八氯-2,3,3a，4，7,7a-六氢-亚甲桥茚

【商品类别】有机氯杀虫剂

【结 构 式】

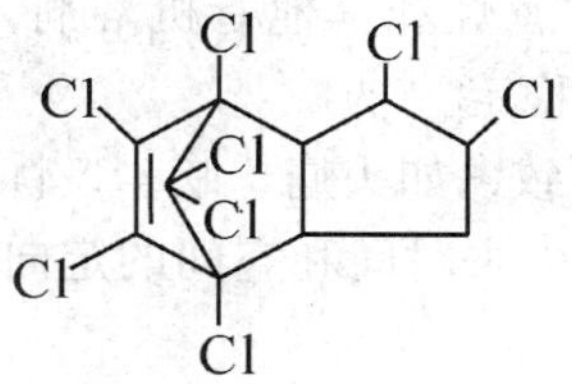

【商品属性】广谱，长残效，用于防治高粱、小麦、玉米、大豆、林业苗圃等地下害虫。但由于其残效长，生物富集作用较强，对高等动物有潜在致病变性，一般不建议使用。

原药为棕褐色黏稠液体，比重1.59～1.63（25℃），沸点175℃，几乎不溶于水。可与多种有机溶剂相混，遇碱分解。

【毒　　性】症状与体征是其对神经系统的刺激作用所致，如头痛、眩晕、忧虑烦恼、情绪激动，也有呕吐、四肢软弱、双手震颤、失云时间和空间的定向，随后出现阵发痉挛。

【税则号列】有效成分：29038200　　　制剂：38085010（零售包装），38085090（其他）

**0111008　艾氏剂　Aldrin**

【别　　名】Aldrite，Alerosol，Octalene，Altox，Seedrin

【有效成分】1,2,3,4,10,10-六氯-1,4,4a，5,8,8a-六氢挂-1,4-桥-5,8-挂-二甲撑萘

【商品类别】有机氯杀虫剂

【结 构 式】

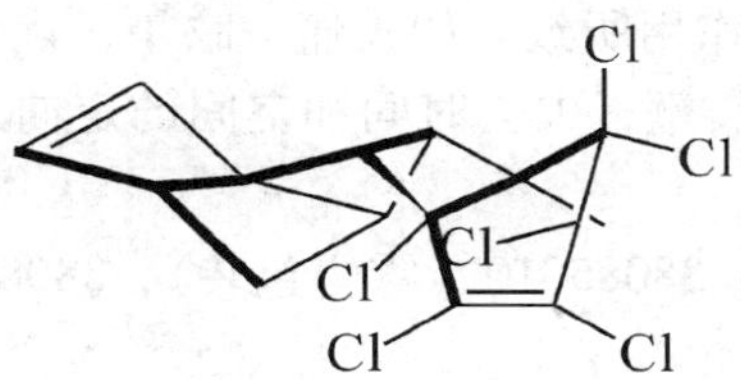

【商品属性】纯品为白色晶体、熔点104～104.5℃，蒸气压10mPa（20℃），水中溶解度为0.027mg/L（25～29℃），溶于石油醚，易溶于丙酮、苯和二甲苯，对热、碱和弱酸稳定。

【毒　　性】症状与体征是其对神经系统的刺激作用所致，如头痛、眩晕，忧虑烦恼，情绪激动，也有呕吐、四肢软弱、双手震颤、失去时间和空间的定向，随后阵发痉挛。

【税则号列】有效成分：29038200　　　制剂：38085010（零售包装），38085090（其他）

**0111009　冰片基氯　Terpene polychlorinates**

【别　　名】多氯萜烯，混合萜多氯化物，氯化松节油，Strobane

【有效成分】氯化萜类化合物

【商品类别】有机氯杀虫剂

【结 构 式】

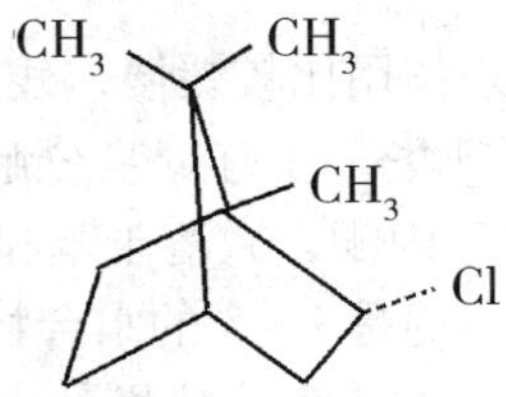

【商品属性】原药为琥珀色黏稠液体，有芳香烃味，密度1.626（25℃），蒸气压0.04mPa

(20℃)，几乎不于溶水，易溶于石油、芳香烃和其他有机溶剂，100℃时脱氯化氢很慢，有机磷存在或在碱性介质中不稳定。

【毒　　性】症状与体征是其对神经系统的刺激作用所致，如头痛、眩晕，忧虑烦恼，情绪激动，也有呕吐，四肢软弱，双手震颤，失去时间和空间的定向，随后出现阵发性痉挛。

【税则号列】有效成分：29038900　　　　制剂：38089119（零售包装），38089190（其他）

**0111010　　狄氏剂　　Dieldrin**

【别　　名】Octalox，Alvit

【有效成分】1, 2, 3, 4, 10, 10-六氯-6, 7-环氧-1, 4, 4a，5, 6, 7, 8, 8a-八氢-1, 4-桥-5, 8 挂-二甲撑萘

【商品类别】有机氯杀虫剂

【结 构 式】

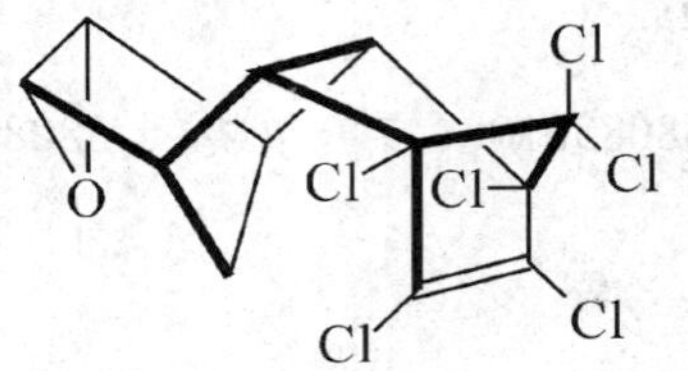


【商品属性】无色结晶，熔点 176～177℃，在 20℃时蒸气压 0.41μPa，25℃蒸气压 0.72μPa (20℃)，比重 1.75，不溶于水，溶于苯、二甲苯和四氯化碳中，化学性质稳定。

【毒　　性】症状与体征是其对神经系统的刺激作用所致，如头痛、眩晕，忧虑烦恼，情绪激动，也有呕吐，四肢软弱，双手震颤，失去时间和空间的定向，随后出现阵发性痉挛。

【税则号列】有效成分：29109000　　　　制剂：38085010（零售包装），38085090（其他）

**0111011　　开蓬　　Chlordecone**

【别　　名】Kepone

【有效成分】十氯五环［5.2.1.0（2,6）.0（3,9）.0（5,8）］癸-4-酮

【商品类别】有机氯杀虫剂

【结 构 式】

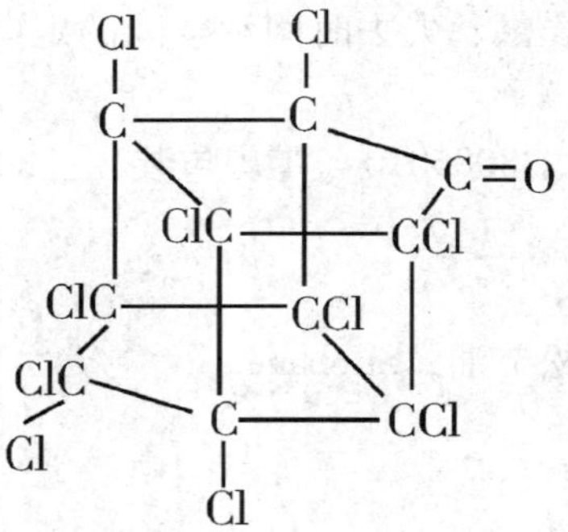


【商品属性】强烈的胃毒作用，也有一定的触杀作用。毒杀作用比较缓慢，残效较长。

工业品纯度在 90% 以上，在 350℃左右开始升华，并有少量分解。在 100℃水中溶解度为 4g/L，可溶于强碱水溶液，易溶于丙酮，微溶于苯和石油醚中，暴露在潮湿的室温下，容易形成水合物，通常用的是 1～3 的水合物。

【毒　　性】症状与体征是其对神经系统的刺激作用所致，如头痛、眩晕、忧虑烦恼、情绪激动，也有呕吐、四肢软弱、双手震颤、失去时间和空间的定向，随后出现阵

发痉挛。

【税则号列】有效成分：29142990　　　　制剂：38089119（零售包装），38089190（其他）

**0111012　　灭蚁灵　　Mirex**

【别　　名】

【有效成分】十二氯五环［5. 3. 0. 0（2,6）. 0（3,9）. 0（4,8）］癸烷

【商品类别】有机氯杀虫剂

【结 构 式】

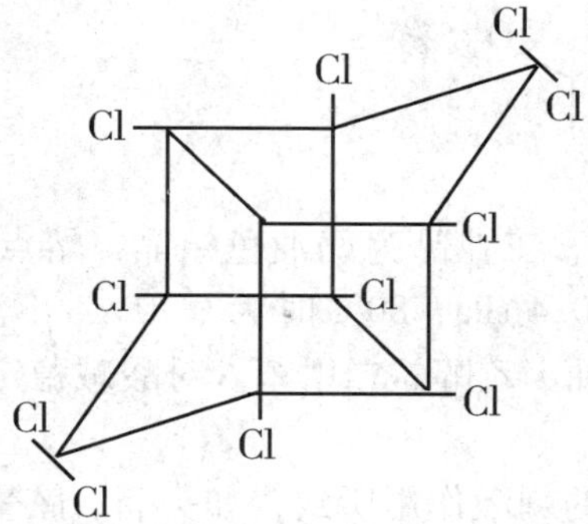

【商品属性】胃毒杀虫剂，略有触杀作用，广泛用于防治多种蚁。

原药为白色固体，熔点为 485℃，挥发性很小。不溶于水，中度溶于苯（12. 2%）、四氯化碳（7. 2%）、二甲苯（14. 3%）。

【毒　　性】症状与体征是其对神经系统的刺激作用所致，如头痛、眩晕、忧虑烦恼、情绪激动，也有呕吐、四肢软弱、双手震颤、失去时间和空间的定向，随后出现阵发痉挛。

【税则号列】有效成分：29038900　　　　制剂：38089119（零售包装），38089190（其他）

**0111013　　七氯　　Heptachlor**

【别　　名】七氯化茚，Heptachlore

【有效成分】1, 4, 5, 6, 7, 10, 10, -七氯-4, 7, 8, 9-四氢-4, 7-甲撑茚

【商品类别】有机氯杀虫剂

【结 构 式】

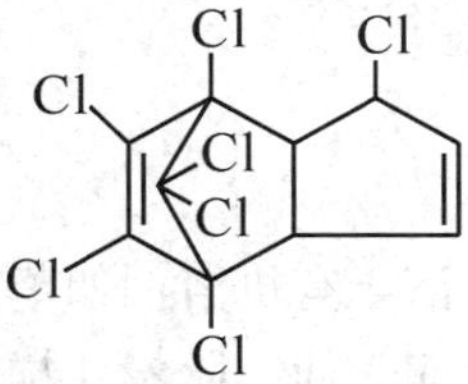

【商品属性】纯品为晶体，原药为蜡状固体，熔点 95 ~ 96℃（纯品），46 ~ 47℃（工业品），沸点 135 ~ 145℃，蒸气压 53mPa（25℃，纯品）。密度 1. 65 ~ 1. 67（25℃，原药）。溶解度（mg/L）：水 0. 056（25 ~ 29℃）、丙酮 75、苯 106、二甲苯 102、环己酮 119、四氯化碳 113、乙醇 4. 5（g/100ml）。工业品溶解度：环己酮 1. 65kg/L，乙醇 62. 5g/L，脱臭煤油 263g/L，二甲苯 1. 41kg/L（20 ~ 30℃）。在日光、空气、潮湿和低于 160℃的环境中是稳定的，不容易发生脱氯反应，但对环氧化作用敏感。

【毒　　性】症状与体征是其对神经系统的刺激作用所致，如头痛、眩晕、忧虑烦恼、情绪激动，也有呕吐、四肢软弱双手震颤、失去时间和空间的定向，随后出现阵发痉挛。

【税则号列】有效成分：29038200　　　　制剂：38085010（零售包装），38085090（其他）

**0111014　　碳氯灵　　Isobenzan**

【别　　名】Telodrin

【有效成分】1, 3, 4, 5, 6, 7, 8, 8-1 八氯，3, 3a，4, 7, 7a，-六氯-4, 7-甲撑-异苯并呋喃

【商品类别】有机氯杀虫剂

【结 构 式】

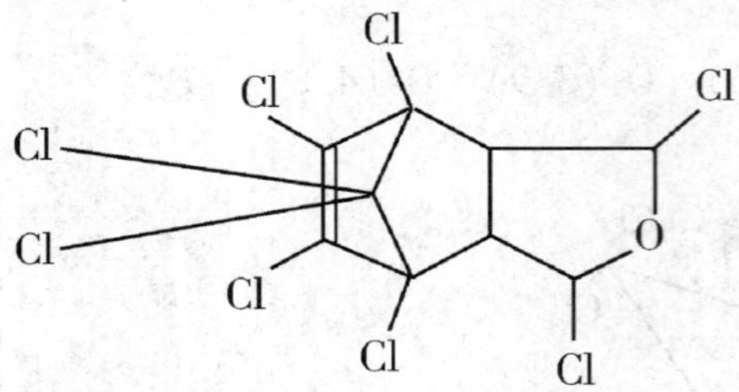

【商品属性】白色结晶，熔点 122～123℃，工业品为奶油色结晶，熔点 112～115℃，密度 1.79～1.90，20℃时蒸气压 0.4μPa，80℃时为 0.8Pa，不溶于水，易溶于苯、二甲苯、丙酮等，微溶于石油、乙醇、二甲苯。对酸碱稳定，一般情况下不会在仓库中贮存时分解失效。

【毒　　性】症状与体征是其对神经系统的刺激作用所致，如头痛、眩晕、忧虑烦恼、情绪激动，也有呕吐、四肢软弱双手震颤、失去时间和空间的定向，随后出现阵发痉挛。

【税则号列】有效成分：29329990　　　　制剂：38089119（零售包装），38089190（其他）

**0111015　　异艾氏剂　　Isodrin**

【别　　名】异艾剂

【有效成分】1, 2, 3, 4, 10, 10-六氯-1, 4, 4a，5, 8, 8a，-六氢-1, 4-桥-二甲基撑萘

【商品类别】有机氯杀虫剂

【结 构 式】

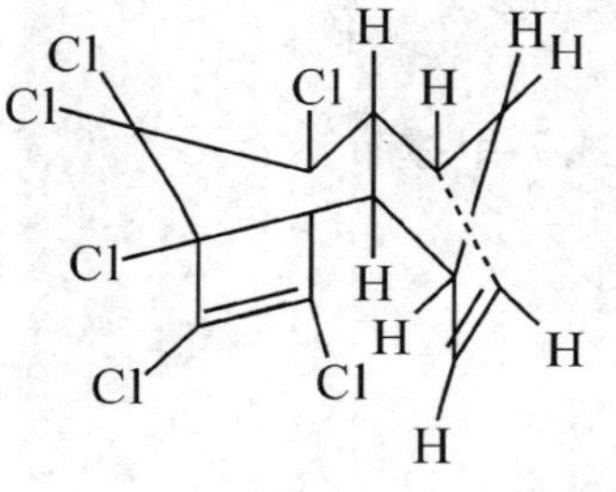

【商品属性】白色晶状固体，熔点 240～242℃，不溶于水，溶于有机溶剂如苯、二甲苯。

【毒　　性】症状与体征是其对神经系统的刺激作用所致，如头痛、眩晕、忧虑烦恼、情绪激动，也有呕吐、四肢软弱、双手震颤、失去时间和空间的定向，随后出现阵发痉挛。

【税则号列】有效成分：29038900　　　　制剂：38089119（零售包装），38089190（其他）

**0111016　　异狄氏剂　　Endrin**

【别　　名】Hexadrin，Endrex

【有效成分】1, 2, 3, 4, 10, 10-六氯-6, 7-环氧-1, 4-4a，5, 6, 7, 8, 8a-八氢化-挂-1, 4-桥-5, 8-二甲撑萘

【商品类别】有机氯杀虫剂

【结 构 式】

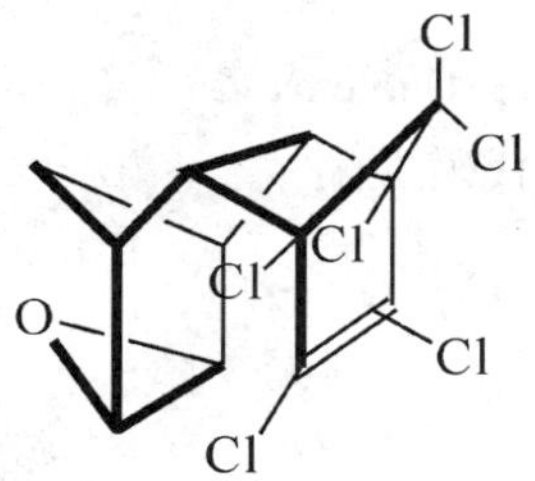

【商品属性】白色晶状固体，熔点 226~230℃（分解），25℃时蒸气压 26.7μPa，不溶于水，微溶于醇类和石油烃类，中度溶于丙酮、苯。

【毒　　性】症状与体征是其对神经系统的刺激作用所致，如头痛、眩晕、忧虑烦恼、情绪激动，也有呕吐、四肢软弱、双手震颤、失去时间和空间的定向，随后出现阵发痉挛。

【税则号列】有效成分：29109000　　制剂：38089119（零售包装），38089190（其他）

**0111017　吡唑硫磷　Pyraclofos**

【别　　名】Boltage，Voltage

【有效成分】（RS）O-1-（4-氯苯基）吡唑-4-基）-O-乙基-S-丙基硫代磷酸酯

【商品类别】有机磷杀虫剂

【结 构 式】

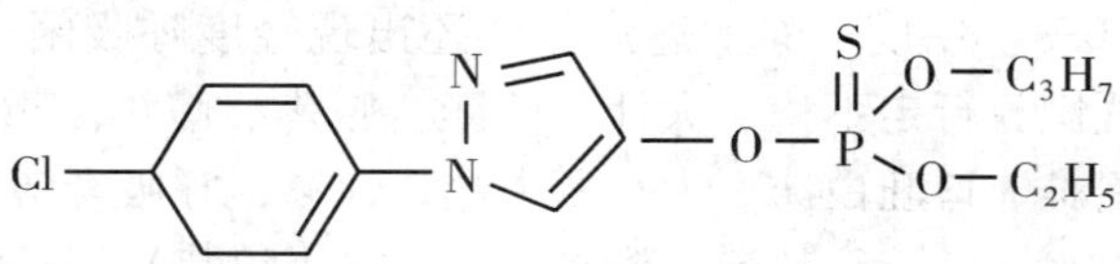

【商品属性】三元不对称有机磷杀虫剂，胆碱酯酶抑制剂。可有效防治蔬菜上的鳞翅目害虫（实夜蛾属和灰翅夜蛾属）。

纯品为淡黄色油状液体。溶解度（20℃）：水 33mg/L，与大多数有机溶剂互溶。

【毒　　性】对兔眼睛和皮肤无刺激作用，无致癌、致畸、致突变性。

【税则号列】有效成分：29331990　　制剂：38089119（零售包装），38089190（其他）

**0111018　八甲磷　Schradan**

【别　　名】Pestox Ⅲ，OMPA

【有效成分】双（二甲胺基）磷酸酐

【商品类别】有机磷杀虫剂

【结 构 式】

$$[(CH_3)_2N]_2\overset{\overset{O}{\parallel}}{P}—O—\overset{\overset{O}{\parallel}}{P}[N(CH_3)_2]_2$$

【商品属性】无色黏稠状液体，沸点为 118~122℃/40Pa，熔点 14~20℃，在 20℃时蒸气压 0.133Pa，比重 1.134。能与水和大多数有机溶剂混溶，微溶于石油，对水和碱稳定，但在酸性条件下水解。

【毒　　性】急性中毒多在 12 小时内发病，口服立即发病。轻度：头痛、头昏、恶心、呕吐、多汗、无力、胸闷、视力模糊、胃口不佳等，全血胆碱酯酶活力一般降至正常值的 50%~70%。中度：除上述症状外还出现轻度呼吸困难、肌肉震颤、瞳孔缩小、精神恍惚、行走不稳、大汗、流涎、腹疼、腹泻。重者还会出现昏迷、抽搐、呼吸困难、口吐白沫、大小便失禁，惊厥，呼吸麻痹。

【税则号列】有效成分：29299090　　制剂：38089119（零售包装），38089190（其他）

**0111019　倍硫磷　Fenthion**

【别　　名】百治屠，Baytex，Baycid，Lebaycid，Tignvon，Queletox

【有效成分】O, O-二甲基-O-（3-甲基-4-甲硫基苯基）硫代磷酸酯

【商品类别】有机磷杀虫剂

【结 构 式】

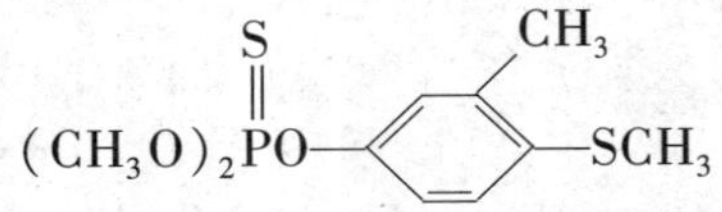

【商品属性】是有机磷神经毒剂，主要抑制乙酰胆碱酯酶，使害虫中毒死亡。对作物有一定渗透作用，但无内吸传导作用，为广谱性杀虫剂，对螨类也有效。在植物体内氧化成亚砜和砜，均有较高的杀虫活性。

原药为棕色具有硫醇味的油状液，熔点 7.5℃，沸点 87℃/1.4Pa，蒸气压 0.37mPa（20℃）、0.74mPa（25℃）、5.1mPa（40℃），密度 1.246（20℃）。溶解度（mg/L）：水 4.2（20℃），二氯甲烷、甲苯、异丙醇 > 1000，己烷 30 ~100（g/L，20℃）。对光和低于 210℃下的环境稳定，酸性环境中相当稳定，碱中较稳定。

常见制剂类型：乳油。

【毒　　性】急性中毒多在 12 小时内发病，口服立即发病。轻度：头痛、头昏、恶心、呕吐、多汗、无力、胸闷、视力模糊、胃口不佳等，全血胆碱酯酶活力一般降至正常值的 50% ~70%。中度：除上述症状外还出现轻度呼吸困难、肌肉震颤、瞳孔缩小、精神恍惚、行走不稳、大汗、流涎、腹疼、腹泻。重者还会出现昏迷、抽搐、呼吸困难、口吐白沫、大小便失禁，惊厥，呼吸麻痹。

【税则号列】有效成分：29309090　　　制剂：38089119（零售包装），38089190（其他）

**0111020　丙硫磷　Prothiofos 049**

【别　　名】氯丙磷，Tokuthhion

【有效成分】O-乙基 O-（2, 4-二氯苯基）-S-丙基二硫代磷酸酯

【商品类别】有机磷杀虫剂

【结 构 式】

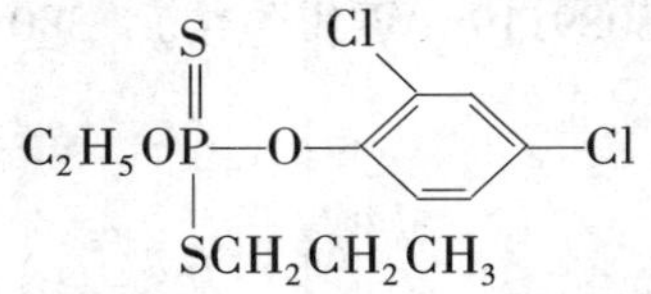

【商品属性】具有触杀作用，对鳞翅目幼虫有特效，并能防治对氯代烃、氨基甲酸酯和其他有机磷杀虫剂产生抗性的害虫。主要用于甘蔗、柑橘、烟草、菊花、樱花和草坪等地，防治菜青虫、小菜蛾、甘蓝夜蛾幼虫、黑点银纹夜蛾幼虫、蚜虫、卷叶蛾、粉蚧、斜纹夜蛾、烟青虫和美国白蛾等害虫。也能防治蚊、蝇等卫生害虫。

纯品为无色液体。水中溶解度 1.7mg/kg，能与环已酮、甲苯互溶。

【毒　　性】

【税则号列】有效成分：29309090　　　制剂：38089119（零售包装），38089190（其他）

**0111021　稻丰散　Phenthoate**

【别　　名】爱乐散，益尔散，Elsan，Cidial，Papthion

【有效成分】O, O-二甲基-S-（α-乙氧基羰基苄基）二硫代磷酸酯

【商品类别】有机磷杀虫剂

【结 构 式】

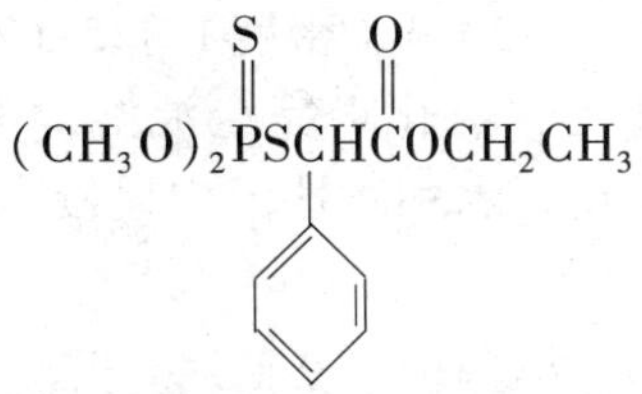

【商品属性】其作用机制为抑制昆虫体内的乙酰胆碱酯酶，适用于水稻、棉花、果树、蔬菜等作物。

无色晶体（原药为微红色到黄色油），熔点 17～18℃，蒸气压 5.3mPa（40℃），密度 1.226（20℃）。溶解度（mg/L）：水 11（工业品 200mg/L，20℃），1,2-二氧基已烷 >200，己烷 120，汽油 100～170（g/L，2℃），溶于甲醇、乙醇、丙酮、己烷、二甲苯、环己醇、苯、四氯化碳、二硫化碳、二噁烷等。闪点 165～170℃。

常见制剂类型：乳油。

【毒　　性】

【税则号列】有效成分：29309090　　制剂：38089119（零售包装），38089190（其他）

**0111022　敌百虫　Trichlorfon**

【别　　名】Dipterex，Dylox，Neguvon，Tugon，Chlorofos

【有效成分】0,0-二甲基-（2,2,2-三氯-1-羟基乙基）磷酸酯

【商品类别】有机磷杀虫剂

【结 构 式】

$$(CH_3O)_2\overset{\overset{\large O}{\|}}{P}\underset{\underset{\large OH}{|}}{C}HCCl_3$$

【商品属性】是一种毒性低、杀虫谱广的有机磷杀虫剂。在弱碱液中可变成敌敌畏，但不稳定，很快分解失效。对害虫有很强的胃毒作用，兼有触杀作用，对植物具有渗透性，但无内吸传导作用。适用于水稻、麦类、蔬菜、茶树、果树、桑树、棉花、绿萍等作物的咀嚼式口器害虫，及家畜寄生虫、卫生害虫等的防治。

无色晶体，略有特殊气味，熔点 78.5℃，蒸气压 0.21mPa（20℃），0.5mPa（25℃），密度 1.73（20℃）。溶解度：水（20℃）120g/L，溶于大多有机溶剂，但不溶于脂肪烃和石油，己烷 0.1～1，二氯甲烷、异丙醇 >200，甲苯 20～50（g/L，20℃）。易水解和脱氯化氢反应，光解缓慢。能被碱很快转化成敌敌畏。

【毒　　性】

【税则号列】有效成分：29319000　　制剂：38089119（零售包装），38089190（其他）

**0111023　敌敌畏　Dichlorvos**

【别　　名】DDVP，DDV，Vapona，Nuvan，Nogos，Phosvit，Des，Dedevap

【有效成分】O,O-二甲基-O-（2,2-二氯）乙烯基磷酸酯

【商品类别】有机磷杀虫剂

【结 构 式】

$$(CH_3O)_2\overset{\overset{\large O}{\|}}{P}OCH=CCl_2$$

【商品属性】高效、速效、广谱杀虫剂。为胆碱酯酶抑制剂。对咀嚼式和刺吸式口器害虫防效好。其蒸气压高，对同翅目、鳞翅目昆虫有极强击倒力。施药后易分解，残效期短，无残留，适于茶、桑、烟草、蔬菜、收获前果树、仓库、卫生害虫防治。

无色液体，沸点234.1℃，蒸气压2.1Pa（25℃），密度1.425（20℃），水中溶解度约8g/L（25℃），与芳香烃类，醇类，氯化烃完全混溶，中度溶于柴油，煤油和异链烷烃类和矿物油中，对热稳定，水和酸性液中慢慢水解，碱性液中水解迅速。

常见制剂类型：乳油、水乳剂、气雾剂、烟剂。

【毒　　性】急性中毒多在12小时内发病，口服立即发病。轻度：头痛、头昏、恶心、呕吐、多汗、无力、胸闷、视力模糊、胃口不佳等，全血胆碱酯酶活力一般降至正常值的70%以下。中度：除上述症状外还出现轻度呼吸困难、肌肉震颤、瞳孔缩小、精神恍惚、行走不稳、大汗、流涎、腹疼、腹泻。重者还会出现昏迷、抽搐、呼吸困难、口吐白沫、大小便失禁，惊厥，呼吸麻痹。

【税则号列】有效成分：29199000　　制剂：38089119（零售包装），38089190（其他）

**0111024　地虫硫膦　Fonofos**

【别　　名】大风雷，地虫磷，Dyfonate，Captos

【有效成分】O-乙基-S-苯基二硫代膦酸乙酯

【商品类别】有机磷杀虫剂

【结 构 式】

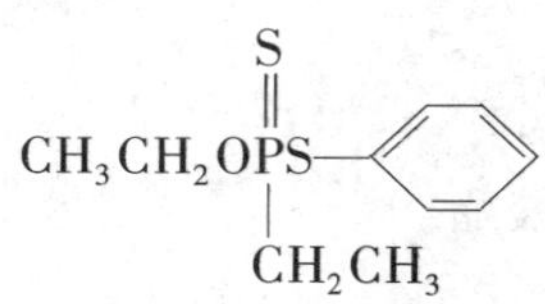

【商品属性】一种触杀性二硫逐磷酸酯类杀虫剂，它是胆碱酯酶的抑制剂。该药毒性较大，主要用于防治多种作物的地下害虫。由于硫逐磷酸酯类比磷酸酯类结构容易穿透昆虫的角质层，因此防除害虫效果较佳。

纯度99.5%以上时为透明无色液体，有芳香味，蒸气压28mPa（25℃），密度1.16（25℃）。溶解度：水13mg/l（22℃），可与丙酮、乙醇、甲基异丁酮、二甲苯、煤油等有机溶剂混溶。100℃以下稳定，酸碱介质中水解。

常见制剂类型：颗粒剂。

【毒　　性】急性中毒多在12小时内发病，口服立即发病。轻度：头痛、头昏、恶心、呕吐、多汗、无力、胸闷、视力模糊、胃口不佳等，全血胆碱酯酶活力一般降至正常值的50%～70%。中度：除上述症状外还出现轻度呼吸困难、肌肉震颤、瞳孔缩小、精神恍惚、行走不稳、大汗、流涎、腹疼、腹泻。重者还会出现昏迷、抽搐、呼吸困难、口吐白沫、大小便失禁，惊厥，呼吸麻痹。

【税则号列】有效成分：29309090　　制剂：38089119（零售包装），38089190（其他）

**0111025　毒死蜱　Chlorpyrifos**

【别　　名】乐斯本，氯吡硫磷，Lorsban，Dursban，CP

【有效成分】O,O-二乙基-O-（3,5,6-三氯-2-吡啶基）硫逐磷酸酯

【商品类别】有机磷杀虫剂

【结 构 式】

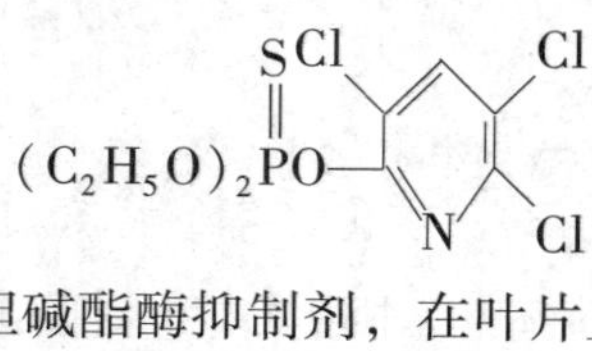

【商品属性】胆碱酯酶抑制剂，在叶片上的残留期不长，但在土壤中的残留期则较长，对地下害虫的防效好。对烟草敏感。

毒死蜱在美国广泛用于家庭防治白蚁、蟑螂等，也常用于蔬菜、水果的虫害防

治。

无色结晶，稍有硫醇气味，熔点 42 ~ 43.5℃，蒸气压 2.7mPa（25℃）。溶解度（mg/L）：水 1.4（25℃）、苯 7900、丙酮 6500、氯仿 6300、二硫化碳 5900、乙醚 5100、二甲苯 5000、异辛醇 790、甲醇 450（g/kg，25℃）。随 pH 增加水解速度加快，与铜和另外的金属可能形成螯合物。

常见制剂类型：可湿性粉剂、颗粒剂、乳油。

【毒　　性】急性中毒多因误食引起，约半小时到数小时可发病，轻度中毒：全身不适，头痛、头昏、无力、视力模糊、呕吐、出汗、流涎、嗜睡等，有时有肌肉震颤，偶有腹泻。中度中毒：除上述症状外剧烈呕吐、腹痛、烦躁不安、抽搐、呼吸困难等。重度中毒：癫痫样抽搐。急性中毒多在 12 小时内发病，误服者立即发病。

【税则号列】有效成分：29333990　　制剂：38089119（零售包装），38089190（其他）

**0111026　氯氧磷　Chlorethoxyfos**

【别　　名】壤虫氯磷，Fortress

【有效成分】（RS）-O, O-二乙基-O-（1, 2, 2, 2-四氯乙基）硫代磷酸酯

【商品类别】杀虫剂

【结 构 式】

$$(CH_3CH_2O)_2\overset{S}{\overset{\|}{P}}OCHClCCl_3$$

【商品属性】土壤施用玉米杀虫剂。

【毒　　性】

【税则号列】有效成分：29201900　　制剂：38089119（零售包装），38089190（其他）

**0111027　乙嘧硫磷　Etrimfos**

【别　　名】益多松，乙嘧硫磷

【有效成分】O, O-二甲基-O-（6-乙氧基-2-乙基嘧啶-4-基）硫代磷酸酯

【商品类别】杀虫剂

【结 构 式】

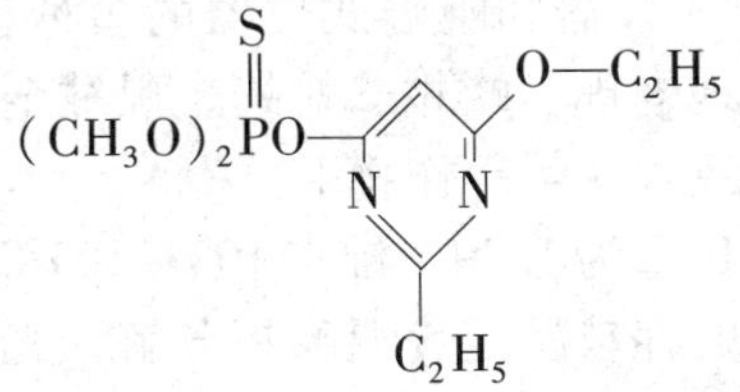

【商品属性】用于防治白粉虱等害虫。白粉虱属同翅目，粉虱科，可分为温室白粉虱和银叶白粉虱两种，是欧美各国温室园艺作物的重要害虫。

溶于苯、乙醇、氯化烃、丙酮、乙酸乙酯等有机溶剂，不溶于水，在碱性条件易分解。

【毒　　性】

【税则号列】有效成分：29335990　　制剂：38089119（零售包装），38089190（其他）

**0111028　毒壤膦　Trichloronat**

【别　　名】

【有效成分】O-乙基-O-2, 4, 5-三氯苯基-乙基硫代膦酸酯

【商品类别】杀虫剂

【结 构 式】

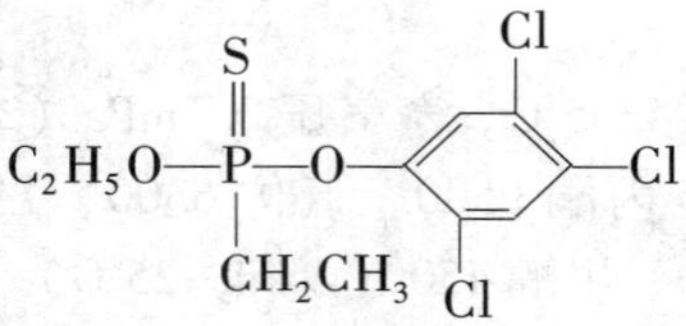

【商品属性】
【毒　　性】
【税则号列】有效成分：29310000　　　　制剂：38089119（零售包装），38089190（其他）

**0111029　　噻唑硫磷　　Colophonate**

【别　　名】
【有效成分】O, O-二甲基-S-（5-氯-1, 3-噻唑-2-基甲基）二硫代磷酸酯
【商品类别】杀虫剂
【结 构 式】

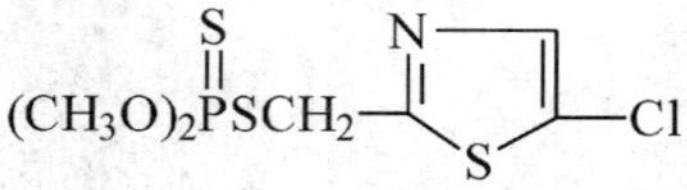

【商品属性】
【毒　　性】
【税则号列】有效成分：29341000　　　　制剂：38089119（零售包装），38089190（其他）

**0111030　　甲基硫环磷　　Phosfolan-methyl**

【别　　名】棉安磷
【有效成分】2-（二甲氧基磷酰亚氨基）-1, 3-二硫戊环
【商品类别】有机磷杀虫剂
【结 构 式】

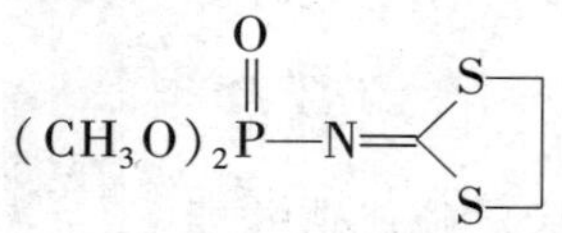

【商品属性】是一种内吸性杀虫剂，具有高效、广谱、残效期长、残留量低的特点。其作用机制是抑制乙酰胆碱酯酶。对刺吸式口器和咀嚼式口器的多种害虫，如蚜虫、红蜘蛛、蓟马、甜菜象甲、尺蠖、地老虎、蝼蛄、蛴螬、黑绒金龟子等均有良好的防治效果。可以用于棉花、大豆、花生等作物上。

原油外观为浅黄色透明油状液体，比重为1.39，沸点100～105℃。溶于水及丙酮、苯、乙醇等有机溶剂，常温下贮存较稳定，遇碱易分解，光和热也能加速其分解。

常见制剂类型：种衣剂、乳油。

【毒　　性】
【税则号列】有效成分：29349990　　　　制剂：38089119（零售包装），38089190（其他）

**0111031　　甲基嘧啶磷　　Pirimiphos methyl**

【别　　名】甲嘧硫磷，安得利，安定，Actellic，Fernex
【有效成分】O, O-二甲基-O-（2-二乙基氨基6-甲基嘧啶-4-基）硫代磷酸酯
【商品类别】有机磷杀虫剂

【结 构 式】

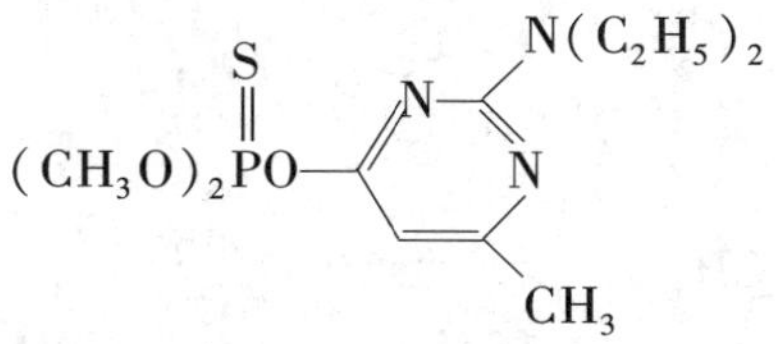

【商品属性】广谱性杀虫剂，具有触杀、胃毒、熏蒸和一定的内吸作用，其作用机理为抑制乙酰胆碱酯酶，它对鳞翅目、同翅目等多种害虫均有较好的防治效果，亦可拌种防治多种作物的地下害虫。

淡黄色液体，熔点 15 ~ 18℃（原药），蒸馏时分解，蒸气压 2mPa（20℃）、15mPa（30℃），密度 1.17（20℃）。溶解度：水 9.9 ~ 8.6（pH5.2 ~ 9.3）mg/L（20℃）。与多种有机溶剂如醇、酮、卤代烃等混溶，遇浓酸和碱水解。

常见制剂类型：混合乳油。

【毒　　性】急性中毒多在 12 小时内发病，口服立即发病。轻度：头痛、头昏、恶心、呕吐、多汗、无力、胸闷、视力模糊、胃口不佳等，全血胆碱酯酶活力一般降至正常值的 50% ~70%。中度：除上述症状外还出现轻度呼吸困难、肌肉震颤、瞳孔缩小、精神恍惚、行走不稳、大汗、流涎、腹疼、腹泻。重者还会出现昏迷、抽搐、呼吸困难、口吐白沫、大小便失禁，惊厥，呼吸麻痹。

【税则号列】有效成分：29335990　　制剂：38089119（零售包装），38089190（其他）

**0111032　甲基辛硫磷　Phoxim methyl**

【别　　名】

【有效成分】O, O-二甲基-O-α-氰基苯叉胺基硫逐磷酸酯

【商品类别】有机磷杀虫剂

【结 构 式】

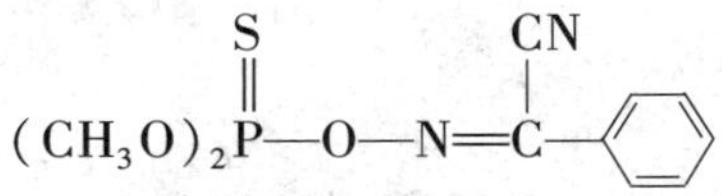

【商品属性】与辛硫磷是同系物，毒性较辛硫磷更低，具有杀虫谱广，残效期短等特点。对害虫具有胃毒和触杀作用，无内吸性，可用于防治多种作物上的害虫及地下害虫。

棕色油状液体或黄色结晶，熔点 45 ~46℃，易溶于乙醇、丙酮、甲苯等有机溶剂，在水中溶解度很小。

常见制剂类型：乳油。

【毒　　性】急性中毒多在 12 小时内发病，口服立即发病。轻度：头痛、头昏、恶心、呕吐、多汗、无力、胸闷、视力模糊、胃口不佳等，全血胆碱酯酶活力一般降至正常值的 50% ~70%。中度：除上述症状外还出现轻度呼吸困难、肌肉震颤、瞳孔缩小、精神恍惚、行走不稳、大汗、流涎、腹疼、腹泻。重者还会出现昏迷、抽搐、呼吸困难、口吐白沫、大小便失禁，惊厥，呼吸麻痹。

【税则号列】有效成分：29280000　　制剂：38089119（零售包装），38089190（其他）

**0111033　甲基异柳磷　Isofenphos-methyl**

【别　　名】

【有效成分】O-甲基-O-（二异丙氧基羰基苯基）-N-异丙基硫代磷酸酯

【商品类别】有机磷杀虫剂

【结 构 式】 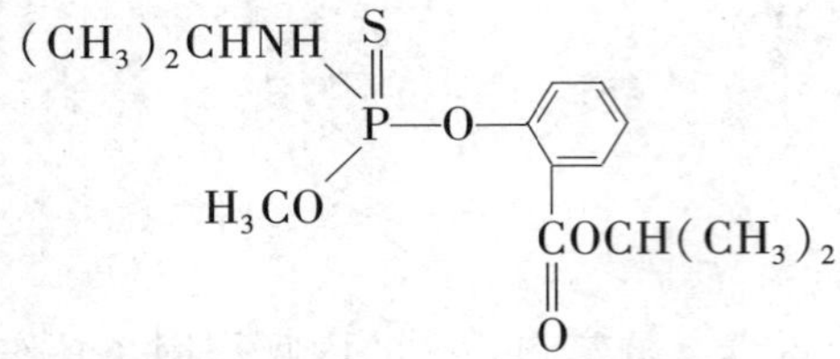

【商品属性】一种新型土壤杀虫剂，杀虫谱广，残效期长，对地下害虫的防治效果与辛硫磷相近。

淡黄色油状液体，折光率 1.5221，原油为棕色油状液体，易溶于苯、甲苯、二甲苯、乙醚等有机溶剂，难溶于水。常温贮存稳定，遇强酸、碱、热、光易分解。

常见制剂类型：颗粒剂、可湿性粉剂、乳油、悬浮种衣剂。

【毒　　性】

【税则号列】有效成分：29299090　　制剂：38089119（零售包装），38089190（其他）

**0111034　久效磷　Monocrotophos**

【别　　名】纽瓦克，铃杀，Nuvacron，Phoskill，Onecrotophos，Azodrin，Monocron，Azobane

【有效成分】O, O-二甲基-O-［1-甲基-2-（甲基氨基甲酰）］乙烯基磷酸酯

【商品类别】有机磷杀虫剂

【结 构 式】

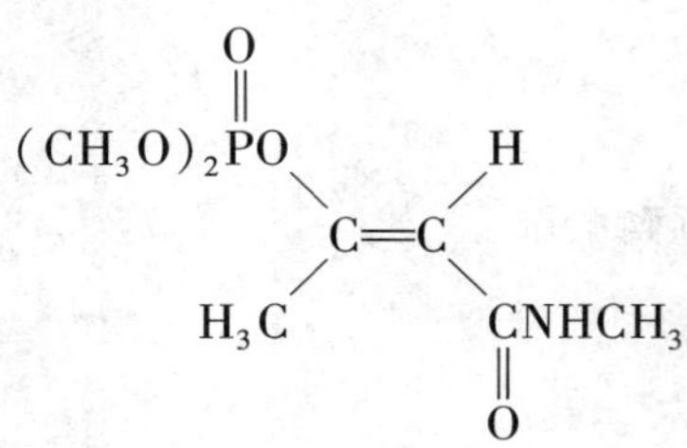

（E）

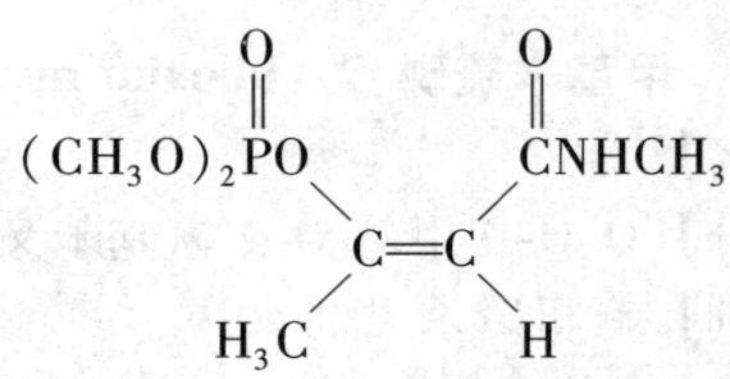

（Z）

【商品属性】高效内吸性有机磷杀虫剂，具有很强的触杀和胃毒作用。杀虫谱广，速效性好，残效期长，对刺吸、咀嚼和蛀食性的多种害虫有效。作用机制为抑制昆虫体内的乙酰胆碱酯酶。久效磷还有一定的杀卵作用，该药可有效地防治棉花、水稻、大豆、森林等作物上的多种害虫。

无色具吸湿性晶体，原药为深棕色半固体，熔点 54～55℃，沸点 125℃，密度 1.22kg/L（20℃）。溶解度：水 100%（20℃），甲醇 100%，丙酮 70%，正辛醇 25%，甲苯 6%（20℃），微溶于煤油和柴油。

常见制剂类型：可湿性粉剂、乳油、颗粒剂、涂抹剂、悬浮剂。

【毒　　性】急性中毒多在 12 小时内发病，口服立即发病。轻度：头痛、头昏、恶心、呕吐、多汗、无力、胸闷、视力模糊、胃口不佳等，全血胆碱酯酶活力一般降至正常值的 50%～70%。中度：除上述症状外还出现轻度呼吸困难、肌肉震颤、瞳孔缩小、精神恍惚、行走不稳、大汗、流涎、腹疼、腹泻。重者还会出现昏迷、抽搐、呼吸困难、口吐白沫、大小便失禁，惊厥，呼吸麻痹。

【税则号列】有效成分：29241990　　制剂：38085010（零售包装），38085090（其他）

**0111035　磷胺　Phosphamidon**

【别　　名】迪莫克，大灭虫，福斯胺，Dimecron，Aphidamon

【有效成分】O, O-二甲基-O-［2-氯-2-（二乙基胺基甲酰基-1-甲基）］乙烯基磷酸酯

【商品类别】有机磷杀虫剂

【结 构 式】

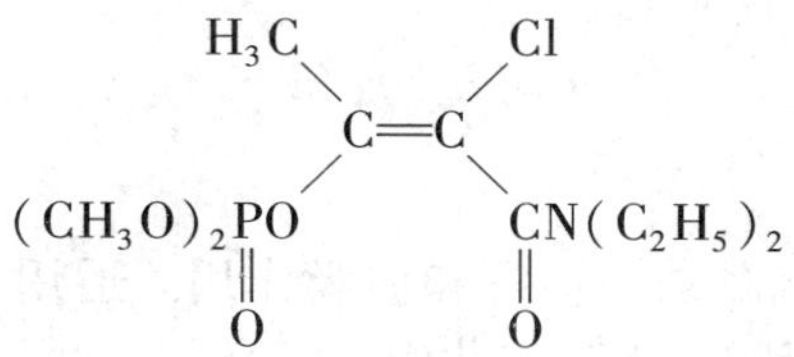

(E)

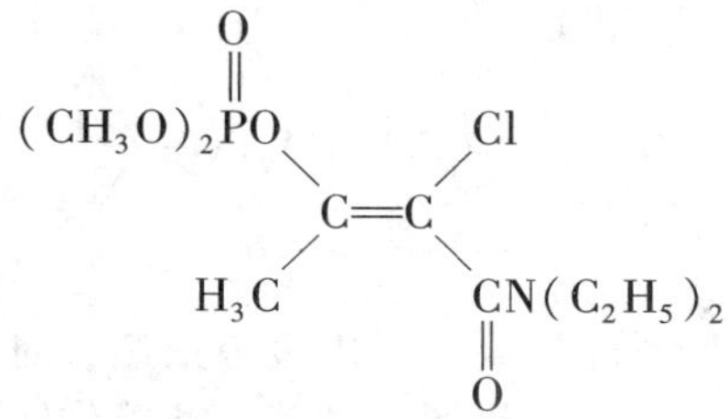

(Z)

【商品属性】广谱的内吸性有机磷杀虫剂，易被植物吸收，降解较快，对害虫以胃毒作用为主，兼有触杀作用，适用于棉花、水稻、麦类、果树等作物，防治刺吸式及咀嚼式口器害虫和害螨。

淡黄色液体，沸点 162℃，密度 1.21（25℃）。混溶于水、丙酮、二氯甲烷、甲苯和其他有溶剂，但脂肪烃除外，在己烷中溶解度 32g/L（25℃），碱性介质中迅速水解。

常见制剂类型：水溶性浓剂、氰乳油。

【毒　　性】

【税则号列】有效成分：29241990　　制剂：38085010（零售包装），38085090（其他）

**0111036　　嘧啶磷　　Pirimiphos-ethyl**

【别　　名】派灭赛，乙基虫螨磷，Primicid

【有效成分】O-［2-（二乙胺基）-6-甲基-4-嘧啶基］-O, O-二乙基硫代磷酸酯

【商品类别】有机磷杀虫剂

【结 构 式】

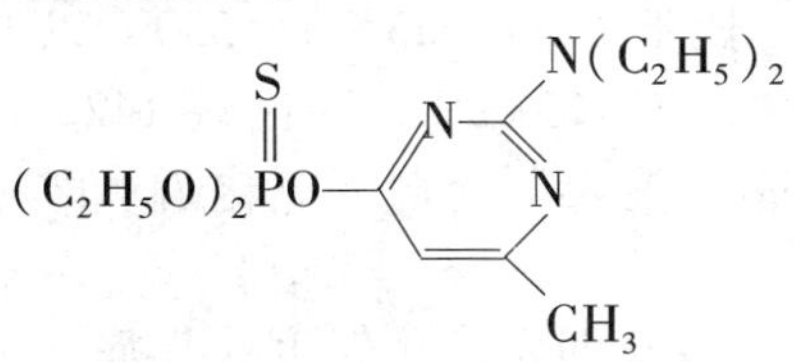

【商品属性】广谱性杀虫剂，具有触杀、胃毒、熏蒸和一定的内吸作用，其作用机理为抑制乙酰胆碱酯酶，它对鳞翅目、同翅目等多种害虫均有较好的防治效果，亦可拌种防治多种作物的地下害虫。

淡黄色液体（原药是透明的经棕色具有硫醇味的液体），熔点 15～18℃（原药），超过 194℃分解，蒸气压 0.68mPa（20℃），密度 1.14（20℃），水中溶解度 2.3mg/L（pH7），与许多溶剂混溶。遇酸碱水解。

常见制剂类型：乳油。

【毒　　性】急性中毒多在 12 小时内发病，口服立即发病。轻度：头痛、头昏、恶心、呕吐、多汗、无力、胸闷、视力模糊、胃口不佳等，全血胆碱酯酶活力一般降至正常值的 50%～70%。中度：除上述症状外还出现轻度呼吸困难、肌肉震颤、瞳孔缩小、精神恍惚、行走不稳、大汗、流涎、腹疼、腹泻。重者还会出现昏迷、抽搐、呼吸困难、口吐白沫、大小便失禁，惊厥，呼吸麻痹。

【税则号列】有效成分：29335990　　制剂：38089119（零售包装），38089190（其他）

**0111037　　嘧啶氧磷　　Midinyanglin**

【别　　名】Pirimioxyphos，N-23

【有效成分】O, O-二乙基-O-（2-甲氧基-6-甲基嘧啶-4-基）硫代磷酸酯

【商品类别】有机磷杀虫剂

【结 构 式】
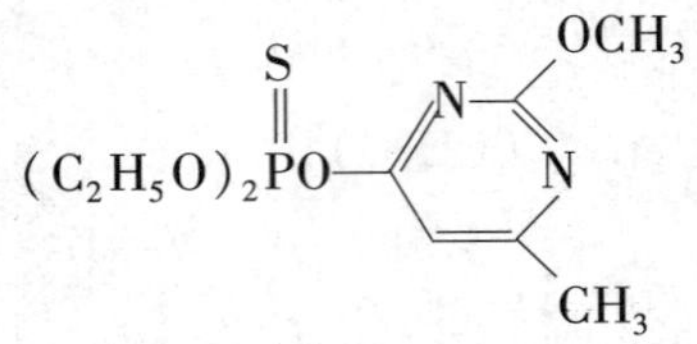

【商品属性】高效、内吸杀虫剂，对害虫具有触杀、胃毒和内吸作用。适用于水稻、棉花、柑橘、甘蔗、茶等作物。可用于防治水稻二化螟、三化螟、稻纵卷叶螟、稻瘿蚊、飞虱、叶蝉、棉蚜、红蜘蛛、地下害虫、桃小食心虫及其他果树害虫，其中对稻瘿蚊有特效。对高粱敏感，不宜使用。

纯品为淡黄色油状液体，原药为褐色液体。水中溶解度为 0.0375g/100mL（15℃），溶于乙醇、丙酮、乙酸乙酯、苯、甲苯、二氯乙烷等多种有机溶剂。

【毒　　性】中等毒性

【税则号列】有效成分：29335990　　　制剂：38089119（零售包装），38089190（其他）

**0111038　　溴苯膦　　Leptophos**

【别　　名】对溴磷，苯溴硝硫磷，Leptofos，Phosrel

【有效成分】O-（4-溴-2,5-二氯苯基）-O-甲基苯基硫代膦酸酯

【商品类别】有机磷杀虫剂

【结 构 式】
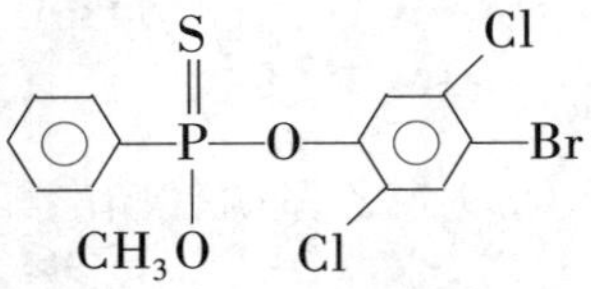

【商品属性】白色粉末，熔点 70.2～70.6℃，比重 1.53（25℃），350℃以上分解。25℃溶解度：水 2.4mg/L，丙酮 470g/L，苯 1.3kg/L，环己烷 142g/L，庚烷 59g/L，异丙醇 24g/L。明火可燃，受热放出有毒氧化硫、氧化磷、卤化物气体，遇酸稳定，遇强碱缓慢水解。

【毒　　性】急性中毒多在 12 小时内发病，口服立即发病。轻度：头痛、头昏、恶心、呕吐、多汗、无力、胸闷、视力模糊、胃口不佳等，全血胆碱酯酶活力一般降至正常值的 50%～70%；中度：除上述症状外还出现轻度呼吸困难、肌肉震颤、瞳孔缩小、精神恍惚、行走不稳、大汗、流涎、腹疼、腹泻。重者还会出现昏迷、抽搐、呼吸困难、口吐白沫、大小便失禁，惊厥，呼吸麻痹。

【税则号列】有效成分：29319000　　　制剂：38089119（零售包装），38089190（其他）

**0111039　　丁苯硫磷　　Fosmethilan**

【别　　名】Phosmethylan

【有效成分】O,O-二甲基-S-［N-（2-氯苯基）丁酰氨基甲基］二硫代磷酸酯

【商品类别】杀虫剂

【结 构 式】
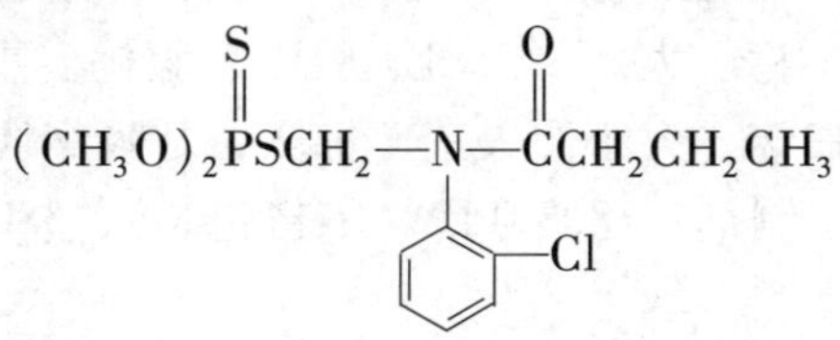

【商品属性】

【毒　　性】

【税则号列】有效成分：29309090　　　制剂：38089119（零售包装），38089190（其他）

**0111040　　马拉硫磷　　Malathion**

【别　　名】马拉松，防虫磷，粮泰安，4049，Cythion，Fyfanon，Malaqran，Carbofos，Formal，Maladrex，Mercaptothion

【有效成分】O, O-二甲基-S-［1,2-二（乙氧基羰基）乙基］二硫代磷酸酯

【商品类别】有机磷杀虫剂

【结 构 式】

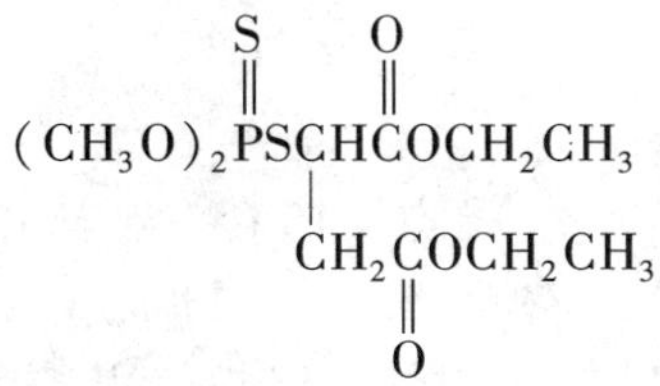

【商品属性】非内吸的广谱性杀虫剂，有良好的触杀和一定的熏蒸作用，进入虫体后首先被氧化成毒力更强的马拉氧磷，从而发挥强大的毒杀作用，而当进入温血动物体时，则被在昆虫体内所没有的羧酸酯酶水解，因而失去毒性。马拉硫磷毒性低，残效期短，对刺吸式口器和咀嚼式口器的害虫有效，适用于防治烟草，茶和桑树等的害虫，也可用于防治仓库害虫。

原药为透明琥珀色液体，熔点 2.85℃，沸点 156 ~ 157℃，蒸气压 5.3mPa（30℃），密度 1.23（25℃）。溶解度：水 145mg/L（25℃），与大多有机溶剂，如醇类、酯类、酮、醚类、芳香烃类混溶，微溶于石油醚和某些矿物油，中性介质、水溶液中稳定，遇酸、碱分解。

常见制剂类型：可湿性粉剂、热雾剂、乳油。

【毒　　性】

【税则号列】有效成分：29309090　　　　制剂：38089119（零售包装），38089190（其他）

**0111041　　硫环磷　　Phosfolan**

【别　　名】棉安磷，乙基硫环磷，Cyalane，Cylan，Cyolane，Cyolan

【有效成分】O, O-二乙基-N-（1,3-二硫杂茂-2-叉基）硫酰胺

【商品类别】有机磷杀虫剂

【结 构 式】

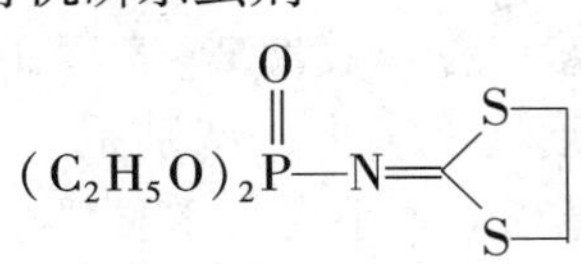

【商品属性】是一种内吸性杀虫剂。抑制乙酰胆碱酯酶，具有高效、广谱、残效期长、残留量低的特点。

无色至黄色固体，熔点 37 ~ 45℃，沸点 115 ~ 118℃，溶于水，丙酮、苯、乙醇、环己烷和甲苯，微溶于醚，难溶于己烷，其水溶液在中性和微酸性条件下稳定，可被碱水解。

常见制剂类型：可湿性粉剂、乳油。

【毒　　性】急性中毒多在 12 小时内发病，口服立即发病。轻度：头痛、头昏、恶心、呕吐、多汗、无力、胸闷、视力模糊、胃口不佳等，全血胆碱酯酶活力一般降至正常值的 50% ~70%。中度：除上述症状外还出现轻度呼吸困难、肌肉震颤、瞳孔缩小、精神恍惚、行走不稳、大汗、流涎、腹疼、腹泻。重者还会出现昏迷、抽搐、呼吸困难、口吐白沫、大小便失禁，惊厥，呼吸麻痹。

【税则号列】有效成分：29349990　　　　制剂：38089119（零售包装），38089190（其他）

**0111042　　硫丙磷　　Sulprofos**

【别　　名】甲丙硫磷，保达，棉铃磷，Bolstar，Helothion

【有效成分】O-乙基 O-4-（甲硫基）苯基 S-丙基二硫代磷酸酯

【商品类别】有机磷杀虫剂

【结 构 式】

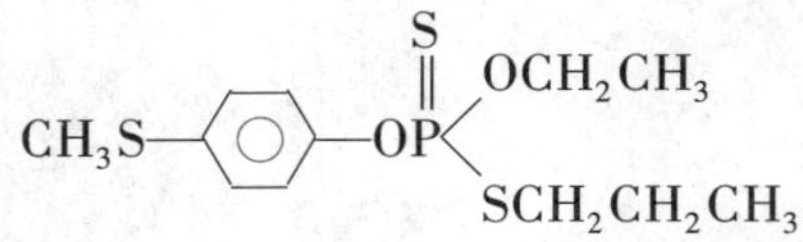

【商品属性】硫醇味，无色油状物，原药为棕黄色液体，熔点 -15℃，沸点 125℃。蒸气压：0.084mPa（20℃），0.16mPa（25℃）。密度 1.20（20℃）。20℃时溶解度（mg/L）：水 0.31，异丙醇 400 ~ 600，二氯甲烷、已烷、甲苯 >1200（g/L）。缓冲液中发生水解，见光分解。

【毒　　性】急性中毒多在 12 小时内发病，口服立即发病。轻度：头痛、头昏、恶心、呕吐、多汗、无力、胸闷、视力模糊、胃口不佳等，全血胆碱酯酶活力一般降至正常值的 50% ~ 70%。中度：除上述症状外还出现轻度呼吸困难、肌肉震颤、瞳孔缩小、精神恍惚、行走不稳、大汗、流涎、腹疼、腹泻。重者还会出现昏迷、抽搐、呼吸困难、口吐白沫、大小便失禁，惊厥，呼吸麻痹。

【税则号列】有效成分：29309090　　　　制剂：38089119（零售包装），38089190（其他）

**0111043　　辛硫磷　　Phoxim**

【别　　名】肟硫磷，腈肟磷，倍腈松，Baythion，Volaton，Valaxon

【有效成分】O，O-二乙基-O-α-氰基苯叉胺基硫代磷酸酯

【商品类别】有机磷杀虫剂

【结 构 式】

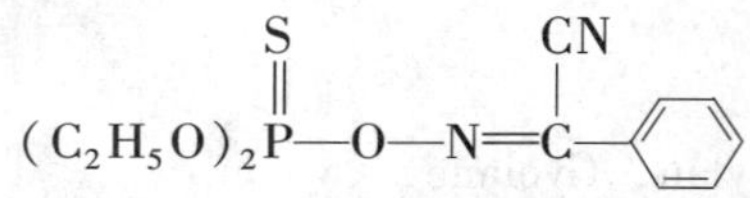

【商品属性】高效低毒有机磷杀虫剂，以触杀和胃毒为主，无内吸作用，杀虫谱广，击倒力强，对鳞翅目幼虫很有效。在田间使作，因对光不稳定，很快分解失效，所以残效期很短，残留危险性极小，叶面喷雾一般残效期 2 ~ 3 天；施入土中，其残效期很长，可达 1 ~ 2 个月。适合于防治地下害虫，特别是防治花生、大豆、小麦的蛴螬、蝼蛄有良好的效果。对为害花生、小麦、水稻、棉花、玉米、果树、蔬菜、桑、茶等作物的多种鳞翅目害虫的幼虫也有良好作用效果，对虫卵也有一定的杀伤作用，也适于防治仓库和卫生害虫。

黄色液体（原药为红棕色油），熔点 6.1℃，沸点在蒸馏时分解，蒸气压 2.1mPa（20℃），密度 1.178（20℃）。溶解度：水 1.5mg/L（20℃），甲苯、正已烷、二氯甲烷、异丙醇 >200g/L，微溶于脂肪烃类。植物油和矿物油中缓慢水解，紫外光下逐渐分解。

常见制剂类型：颗粒剂、乳油、粉粒剂、可湿性粉剂、拌种剂、烟剂、种衣剂。

【毒　　性】

【税则号列】有效成分：2928000　　　　制剂：38089119（零售包装），38089190（其他）

**0111044　　田乐磷　　Demephion**

**demephion-O（Ⅰ）**

**demephion-S（Ⅱ）**

【别　　名】

【有效成分】O, O-二甲基-O-（2-甲硫基乙基）硫代磷酸酯（Ⅰ）；O, O-二甲基-S-（2-甲硫基乙基）二硫代磷酸酯（Ⅱ）

【商品类别】杀虫剂

【结 构 式】

$$(CH_3O)_2\overset{\overset{\displaystyle S}{\|}}{P}OCH_2CH_2SCH_3 \quad (\text{Ⅰ}) \qquad (CH_3O)_2\overset{\overset{\displaystyle S}{\|}}{P}SCH_2CH_2SCH_3 \quad (\text{Ⅱ})$$

【商品属性】熔点 -107℃（分解），明火可燃；受热放出有毒氧化磷、氧化硫气体。

【毒　　性】剧毒。

【税则号列】有效成分：29309090　　　　制剂：38089119（零售包装），38089190（其他）

**0111045　杀螟硫磷　Fenitrothion**

【别　　名】杀螟松，速灭松，速灭虫，灭蟑百特，杀虫松，Fenitox，Novathion，Sumithion，Accothrin，Methynitrophos，SMT，Accothion，Agrothion，Cyfen，Cytel，Danathion，Debucol，Docofen，Fenstan，Folithion，Metathion，Verthion，Ac-47300，Bayer-41841，ENT-25715，OMS-43

【有效成分】O, O-二甲基-O-（3-甲基-4-硝基苯基）硫代磷酸酯

【商品类别】有机磷杀虫剂

【结 构 式】

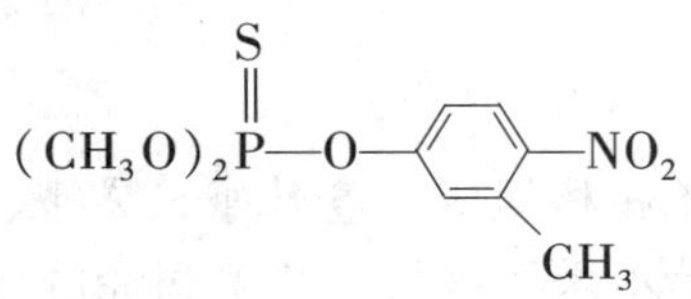

【商品属性】具触杀、胃毒作用，无内吸和熏蒸作用。残效期中等，杀虫谱广，对三化螟等鳞翅目有特效，但杀卵活性低。

浅棕至红棕色油状液体，略带特殊气味，熔点 3.4℃，沸点 140～145℃，蒸气压 18mPa（20℃），密度 1.328（20℃）。溶解度：水 21mg/L（20℃），易溶于醇类、酯类、酮类、芳香烃类和氯代烃类，已烷中为 24，异丙醇 138（g/L，20℃）。一般条件下相当稳定。

常见制剂类型：饵剂、气雾剂、乳剂。

【毒　　性】急性中毒多在 12 小时内发病，口服立即发病。轻度：头痛、头昏、恶心、呕吐、多汗、无力、胸闷、视力模糊、胃口不佳等，全血胆碱酯酶活力一般降至正常值的 50%～70%，中度：除上述症状外还出现轻度呼吸困难、肌肉震颤、瞳孔缩小、精神恍惚、行走不稳、大汗、流涎、腹疼、腹泻。重者还会出现昏迷、抽搐、呼吸困难、口吐白沫、大小便失禁，惊厥，呼吸麻痹。

【税则号列】有效成分：29201900　　　　制剂：38089119（零售包装），38089190（其他）

**0111046　杀螟腈　Cyanophos**

【别　　名】氰硫磷，Cyanox

【有效成分】O, O-二甲基-O-（4-氰基苯基）硫逐磷酸酯

【商品类别】有机磷杀虫剂

【结 构 式】

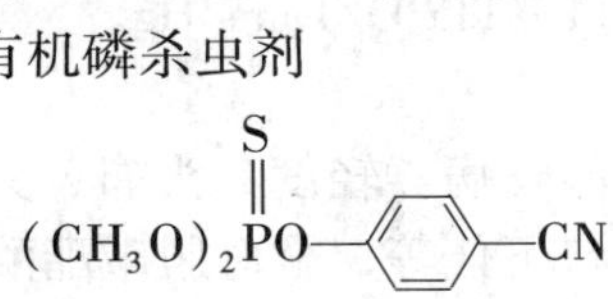

【商品属性】胆碱酯酶抑制剂。用于防治果树、水稻、蔬菜上的蚜虫、蚧类、鳞翅目害虫以及蝗虫、卫生害虫蝇、虱、蜚蠊等。

纯品为黄色至微红色带有特殊气味液体，蒸气压 105mPa（20℃），密度 1.255 ~1.256（25℃），熔点 14 ~ 15℃，沸点 119 ~ 120℃（分解），水中溶解度 46mg/L（30℃），甲醇、丙酮、氯仿溶解度 >50%（20℃），通常贮存条件稳定，碱性环境快速分解，光下分解，常温贮存 2 年稳定。

常见制剂类型：乳油。

【毒　　性】急性中毒多在 12 小时内发病，口服立即发病。轻度：头痛、恶心、呕吐、多汗、无力、胸闷、视力模糊、胃口不佳等，全血胆碱酯酶活力一般降至正常值的70 ~50%。中度：除上述症状外，还出现轻度呼吸困难、肌肉震颤、瞳孔缩小、精神恍惚、行走不稳、大汗、流涎、腹疼、腹泻。重者还会出现昏迷、抽搐、呼吸困难、口吐白沫、大小便失禁，惊厥，呼吸麻痹。

【税则号列】有效成分：29269090　　　　制剂：38089119（零售包装），38089190（其他）

**0111047　水杨硫磷　Salithion**

【别　　名】蔬果磷

【有效成分】2-甲氧基-4H-苯并-1, 3, 2-二氧磷杂苣-2-硫化物

【商品类别】有机磷杀虫剂

【结 构 式】

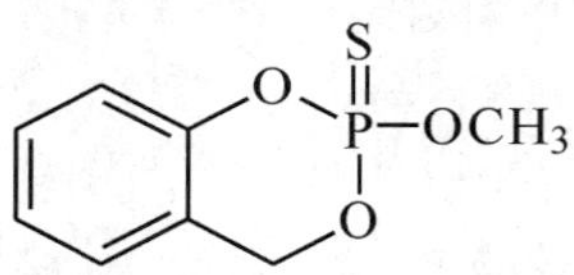

【商品属性】适于在果树和蔬菜上使用。用于防治柑橘风蝶、卷叶蛾、袋蛾、菜青虫、桃食心虫、蚜虫、甘兰夜蛾，有效地防治水果、水稻、蔬菜和经济作物上的许多害虫，对稻瘿蚊和抗对硫磷的棉铃虫有特效。

纯品是白色晶体（工业品是浅黄色）。难溶于水，与丙酮、苯、乙醇和乙醚等有机溶剂混溶，溶于环己烷、异丁基甲酮、甲苯和二甲苯。30℃时在水中溶解度 58mg/L。

【毒　　性】对人畜毒性中等。

【税则号列】有效成分：29349990　　　　制剂：38089119（零售包装），38089190（其他）

**0111048　速杀硫磷　Heterophos**

【别　　名】T2101

【有效成分】O-乙基 O-苯基 S-丙基硫代磷酸酯

【商品类别】有机磷杀虫剂

【结 构 式】

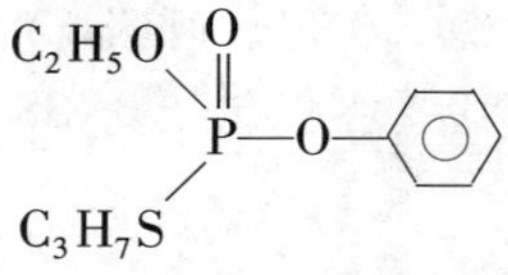

【商品属性】一种高效不对称有机磷杀虫剂。具有触杀、胃毒、药效迅速和保铃效果好等特点。

棕黄色均相液体，比重 1.2673，沸点 111 ~112℃/1mm/Hg。

常见制剂类型：乳油。

【毒　　性】急性中毒多在 12 小时内发病，口服立即发病。轻度：头痛、头昏、恶心、呕吐、多汗、无力、胸闷、视力模糊、胃口不佳等，全血胆碱酯酶活力一般降至正常值的 50% ~70%。中度：除上述症状外还出现轻度呼吸困难、肌肉震颤、瞳孔缩小、精神恍惚、行走不稳、大汗、流涎、腹疼、腹泻。重者还会出现昏

迷、抽搐、呼吸困难、口吐白沫、大小便失禁，惊厥，呼吸麻痹。

【税则号列】有效成分：29309090　　　　制剂：38089119（零售包装），38089190（其他）

**0111049　恶唑磷　Isoxathion**

【别　　名】异恶唑磷

【有效成分】O, O-二乙基-O-（5-苯基异恶唑-3-基）硫代磷酸酯

【商品类别】杀虫剂

【结 构 式】

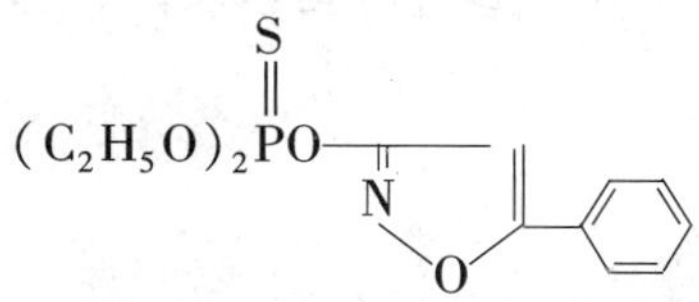

【商品属性】沸点：160℃（0.15 毫米汞柱）。燃烧产生有毒磷氧化物、氮氧化物和硫氧化物气体。

【毒　　性】高毒。

【税则号列】有效成分：29349990　　　　制剂：38089119（零售包装），38089190（其他）

**0111050　砜吸磷　Demeton-S-methylsulphone**

【别　　名】

【有效成分】O, O-二甲基-S-（2-乙基磺酰乙基）硫代磷酸酯

【商品类别】杀虫剂

【结 构 式】

$$(CH_3O)_2P(=S)SCH_2CH_2S(=O)_2C_2H_5$$

【商品属性】比重 1.289，熔点 −10℃，沸点 106℃（1.33 巴），受热分解有毒氧化磷、氧化硫气体。

【毒　　性】剧毒。

【税则号列】有效成分：29309090　　　　制剂：38089119（零售包装），38089190（其他）

**0111051　氯甲硫磷　Chlormephos**

【别　　名】氯甲磷

【有效成分】O, O-二乙基-S-氯甲基二硫代磷酸酯

【商品类别】杀虫剂

【结 构 式】

$$(C_2H_5O)_2P(=S)SCH_2Cl$$

【商品属性】比重 1.260，沸点 81 ~ 85℃（13.33 巴），明火可燃；受热放出有毒氧化磷、氧化硫、氯化物气体。

【毒　　性】剧毒。

【税则号列】有效成分：29309090　　　　制剂：38089119（零售包装），38089190（其他）

**0111052　因毒磷　Endothion**

【别　　名】因毒硫磷

【有效成分】O, O-二甲基-S-［（5-甲氧基-4-氧代-4H-吡喃-2-基）甲基］硫代磷酸酯

【商品类别】杀虫剂

【结 构 式】

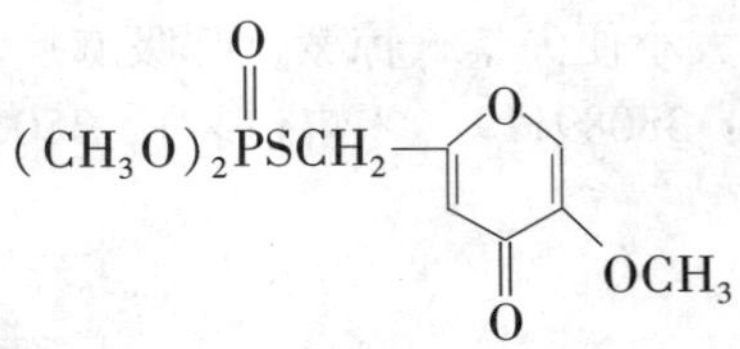

【商品属性】熔点 96℃。水中溶解度 150g/100ml。
【毒　　性】剧毒。影响人的神经系统。
【税则号列】有效成分：29329990　　　　制剂：38089119（零售包装），38089190（其他）

**0111053　　砜拌磷　　Oxydisulfoton**

【别　　名】Disyston S
【有效成分】O, O-二乙基-S-（2-乙基亚磺酰基乙基）二硫代磷酸酯
【商品类别】杀虫剂
【结 构 式】

【商品属性】胆碱脂酶的抑制剂。
液体，相对密度 1.209。
【毒　　性】剧毒。燃烧时可产生毒气侵入皮肤，轻者头痛、食欲减退、恶心、眩晕；稍重者腹部痉挛、腹泻、多涎、多泪、肌肉痉挛；严重时发烧、嘴唇变紫、括约肌失控、昏迷、心跳休克、呼吸困难。
【税则号列】有效成分：29309090　　　　制剂：38089119（零售包装），38089190（其他）

**0111054　　灭蚜磷　　Mecarbam**

【别　　名】灭芽磷
【有效成分】O, O-二乙基-S-（N-乙氧甲酰-N-甲基氨基甲酰甲基）二硫代磷酸酯
【商品类别】杀虫剂
【结 构 式】

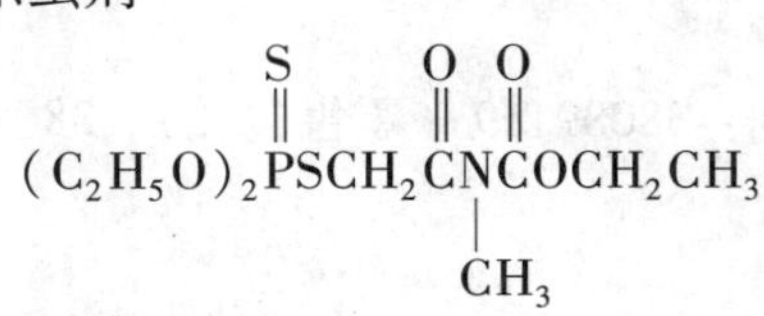

【商品属性】比重 1.233，沸点 144℃（2.66 巴）。
【毒　　性】剧毒。
【税则号列】有效成分：29309090　　　　制剂：38089119（零售包装），38089190（其他）

**0111055　　异柳磷　　Isofenphos**

【别　　名】丙胺磷，异丙胺磷，乙基异柳磷，异柳磷 2 号
【有效成分】O-乙基-O-［（2-异丙氧基甲酰基）苯基］-N-异丙基硫代磷酰胺
【商品类别】有机磷杀虫剂
【结 构 式】

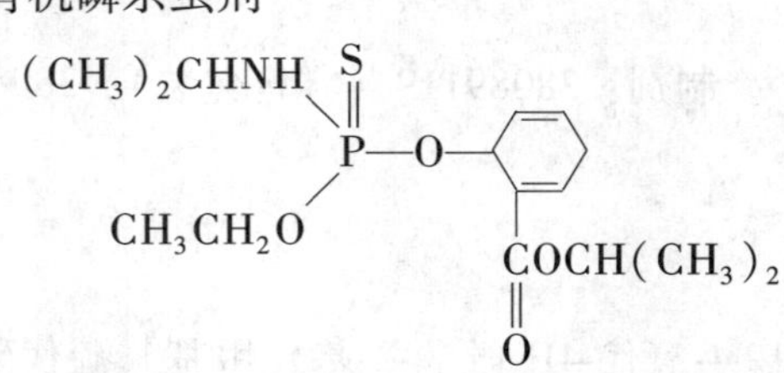

【商品属性】明火可燃；受热放出有毒氧化磷、氧化氮、氧化硫气体。

【毒　　性】剧毒。
【税则号列】有效成分：29299090　　　　制剂：38089119（零售包装），38089190（其他）

**0111056　　灭蚜硫磷　　Menazon**
【别　　名】灭蚜松，灭芽松
【有效成分】O, O-二甲基-S-［（4, 6-二氨基）-1, 3, 5-三嗪-2-基甲基］二硫代磷酸酯
【商品类别】杀虫剂
【结 构 式】

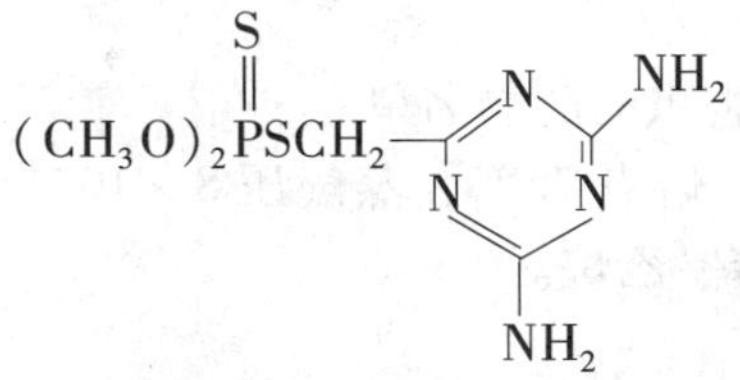

【商品属性】是内吸性的杀蚜剂，兼有触杀作用。
常见制剂类型：可湿性粉剂、悬浮剂。
【毒　　性】低毒，无致癌、致畸、致突变作用，对鱼低毒，对蜜蜂有毒。
【税则号列】有效成分：29336990　　　　制剂：38089119（零售包装），38089190（其他）

**0111057　　庚烯磷　　Heptenopos**
【别　　名】二环庚磷，飞达松
【有效成分】O, O-二甲基-O-7-氯双环［3. 2. 0］庚-2, 6-二烯-6-基磷酸酯
【商品类别】杀虫剂
【结 构 式】

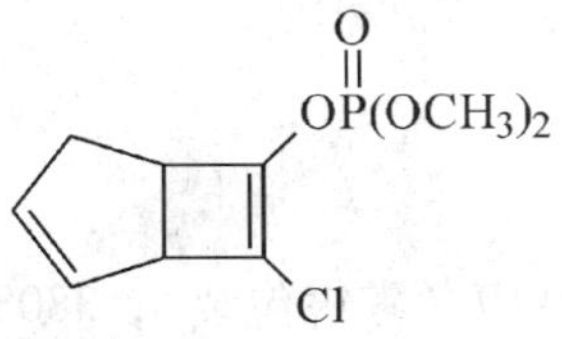

【商品属性】用于防治蚜虫。
常见制剂类型：乳剂。
【毒　　性】
【税则号列】有效成分：29199000　　　　制剂：38089119（零售包装），38089190（其他）

**0111058　　巴毒磷　　Crotoxyphos**
【别　　名】丁烯磷，赛吸磷
【有效成分】（E）-O, O-二甲基-O-［1-甲基-2-（1-苯基-乙氧基甲酰）乙烯基］磷酸酯
【商品类别】有机磷杀虫剂
【结 构 式】

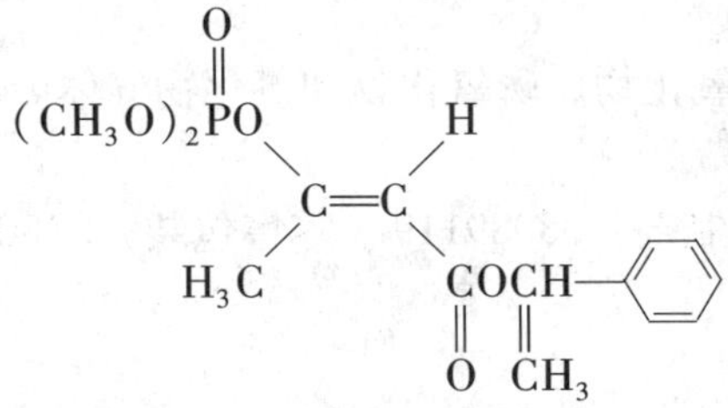

【商品属性】受热分解有毒氧化磷气体，比重 1. 2，沸点 135℃（3. 99 巴）。
【毒　　性】高毒。
【税则号列】有效成分：29199000　　　　制剂：38089119（零售包装），38089190（其他）

**0111059　碘硫磷　Iodfenphos**

【别　　名】Iodofenphos，Iodophenphos，Iodophos，Alfacron

【有效成分】O, O-二甲基-O-（4-碘-2, 5-二氯苯基）硫代磷酸酯

【商品类别】有机磷杀虫剂

【结 构 式】

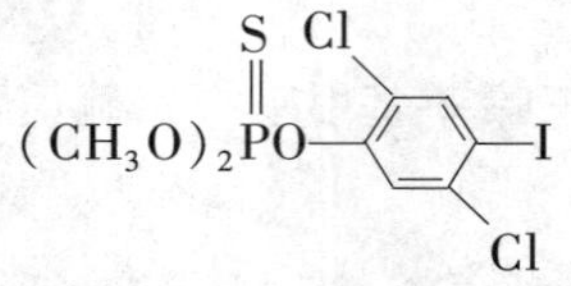

【商品属性】WHO 推荐碘硫磷可用于防治卫生害虫的药物名单。

纯品为无色具有一定气味的晶体，熔点 76℃，蒸气压 $8\times10^{-7}$mmHg（20℃）。

溶解度：不溶于水，溶于丙酮、苯、乙烷。

【毒　　性】

【税则号列】有效成分：29201900　　制剂：38089119（零售包装），38089190（其他）

**0111060　苯腈膦　Trichloronat**

【别　　名】施力松

【有效成分】O-乙基-O-（4-氰基苯基）苯基硫代膦酸酯

【商品类别】有机磷类杀虫剂

【结 构 式】

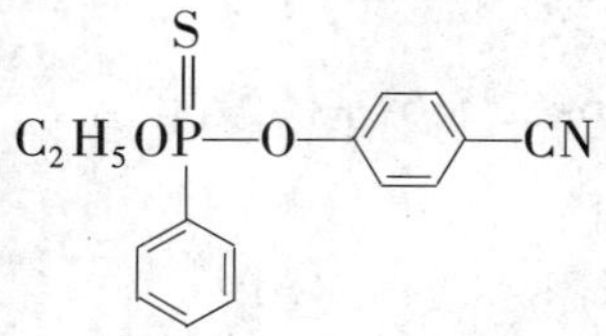

【商品属性】常见制剂类型：乳剂。

【毒　　性】高毒。

【税则号列】有效成分：29319000　　制剂：38089119（零售包装），38089190（其他）

**0111061　丁酯膦　Butonate**

【别　　名】丁酯磷

【有效成分】O, O-二甲基-（2, 2, 2-三氯-1-丁酰氧基）乙基膦酸酯

【商品类别】有机磷杀虫剂

【结 构 式】

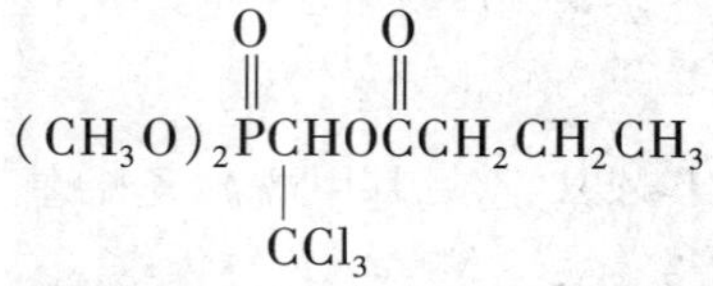

【商品属性】可做杀虫剂和驱虫剂使用。

沸点 129℃，燃烧产生有毒硫氧化物、磷氧化物和氯化物气体。

【毒　　性】中毒。

【税则号列】有效成分：29319000　　制剂：38089119（零售包装），38089190（其他）

**0111062　家蝇磷　Acethion**

【别　　名】

【有效成分】O, O-二乙基-S-乙氧基甲酰甲基二硫代磷酸酯

【商品类别】有机磷杀虫剂

【结 构 式】

$$(C_2H_5O)_2\overset{S}{\overset{\|}{P}}SCH_2\overset{O}{\overset{\|}{C}}OCH_2CH_3$$

【商品属性】比重 1.3507，熔点 16.2℃，沸点 120℃（0.13 巴），受热分解有毒氧化磷、氧化硫、氯化物气体。

【毒　　性】剧毒。

【税则号列】有效成分：29309090　　　　制剂：38089119（零售包装），38089190（其他）

**0111063　　异拌磷　　Isothioate**

【别　　名】叶蚜磷

【有效成分】O, O-二甲基-S-（2-异丙硫基乙基）二硫代磷酸酯

【商品类别】有机磷杀虫剂

【结 构 式】

$$(CH_3O)_2\overset{S}{\overset{\|}{P}}SCH_2CH_2SCH(CH_3)_2$$

【商品属性】沸点 53～56℃（0.01 毫巴），燃烧产生有毒磷氧化物和硫氧化物气体。

【毒　　性】高毒。

【税则号列】有效成分：29309090　　　　制剂：38089119（零售包装），38089190（其他）

**0111064　　畜蜱磷　　Cythioate**

【别　　名】赛灭磷

【有效成分】O, O-二甲基-O-对磺酰胺基苯基硫代磷酸酯

【商品类别】有机磷杀虫剂

【结 构 式】

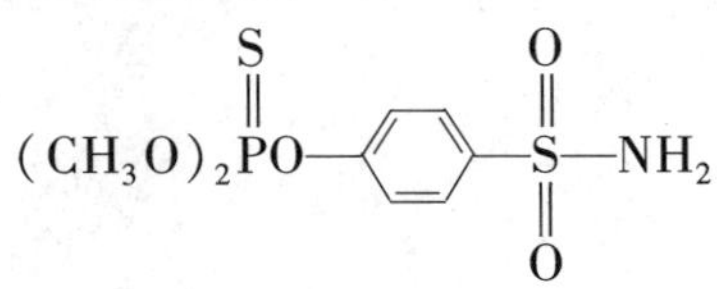

【商品属性】

【毒　　性】

【税则号列】有效成分：29350090　　　　制剂：38089119（零售包装），38089190（其他）

**0111065　　伐灭磷　　Famphur**

【别　　名】氨磺磷，伐灭硫磷，Dovip，Famophos

【有效成分】O, O-二甲基-O-（4-二甲氨基磺酰基苯基）硫代磷酸酯

【商品类别】杀虫剂

【结 构 式】

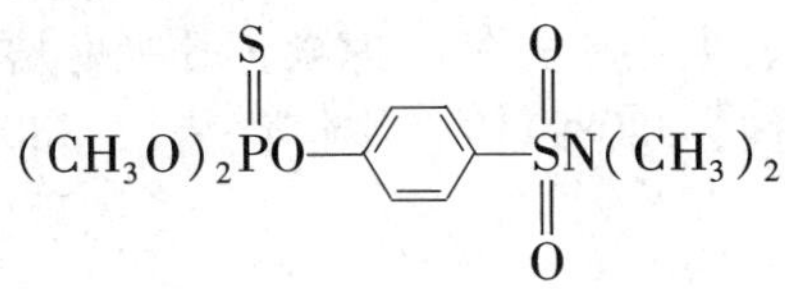

【商品属性】也可用于驱虫药。

【毒　　性】

【税则号列】有效成分：29350090　　　　制剂：38089119（零售包装），38089190（其他）

**0111066　　甲基乙酯磷　　Methylacetophos**

【别　　名】甲基酯磷

【有效成分】O, O-二甲基-S-乙氧甲酰甲基硫代磷酸酯

【商品类别】有机磷杀虫剂
【结 构 式】

$$(CH_3O)_2\overset{O}{\overset{\|}{P}}SCH_2\overset{O}{\overset{\|}{C}}OCH_2CH_3$$

【商品属性】
【毒　　性】
【税则号列】有效成分：29309090　　　　制剂：38089119（零售包装），38089190（其他）

**0111067　　乙酯磷　　Acetophos**

【别　　名】
【有效成分】O, O-二乙基-S-乙氧基甲酰基甲基硫代磷酸酯
【商品类别】杀虫剂
【结 构 式】

$$(C_2H_5O)_2\overset{O}{\overset{\|}{P}}SCH_2\overset{O}{\overset{\|}{C}}OCH_2CH_3$$

【商品属性】
【毒　　性】
【税则号列】有效成分：29309090　　　　制剂：38089119（零售包装），38089190（其他）

**0111068　　苯硫膦　　EPN**

【别　　名】伊皮恩，EPN-300
【有效成分】O-乙基-O-（4-硝基苯基）苯基硫代膦酸酯
【商品类别】杀虫剂
【结 构 式】

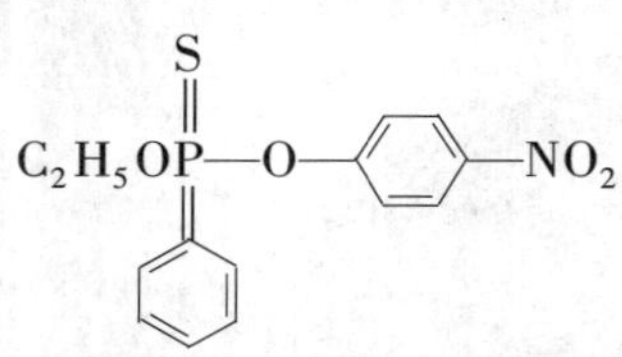

【商品属性】黄色晶体（原药为琥珀色液体），熔点 34.5℃，沸点 215℃/5mmHg，蒸气压 4.1 $\times10^{-2}$mPa，密度 1.270（20℃），几乎不溶于水，溶于有机溶剂如苯，甲苯、二甲苯、丙酮、异丙醇、甲醇，在中性和酸性中稳定，被碱释放出硝基苯。
【毒　　性】急性中毒多在 12 小时内发病，口服立即发病。轻度：头痛、头昏、恶心、呕吐、多汗、无力、胸闷、视力模糊、胃口不佳等，全血胆碱酯酶活力一般降至正常值的 50% ~70%。中度：除上述症状外还出现轻度呼吸困难、肌肉震颤、瞳孔缩小、精神恍惚、行走不稳、大汗、流涎、腹疼、腹泻。重者还会出现昏迷、抽搐、呼吸困难、口吐白沫、大小便失禁，惊厥，呼吸麻痹。
【税则号列】有效成分：29319000　　　　制剂：38089119（零售包装），38089190（其他）

**0111069　　内吸磷　　Demeton**

【别　　名】一〇五九，Mercaptofos，Systox
【有效成分】O, O-二乙基-O-［2-（乙硫基）乙基］硫代磷酸酯和 O, O-二乙基-S-［2-（乙硫基）乙基］硫代磷酸酯混剂
【商品类别】有机磷杀虫剂
【结 构 式】

$$(C_2H_5O)_2\overset{S}{\overset{\|}{P}}—O—CH_2—CH_2—S—CH_2—CH_3$$

$$(C_2H_5O)_2\overset{\overset{\displaystyle O}{\|}}{P}—S—CH_2—CH_2—S—CH_2—CH_3$$

【商品属性】原药为浅黄色油状液体，具特殊蒜臭味，工业品中硫逐式和硫赶式的比例为65∶35，能溶于大多数有机溶剂，能被碱性物质分解，可与非碱性农药相混。

【毒　　性】急性中毒多在12小时内发病，口服立即发病、轻度：头痛、恶心、呕吐、多汗、无力、胸闷、视力模糊、胃口不佳等，全血胆碱酯酶活力一般降至正常值的70～50%。中度：除上述症状外，还出现轻度呼吸困难、肌肉震颤、瞳孔缩小、精神恍惚、行走不稳、大汗、流涎、腹疼、腹泻。重者还会出现昏迷、抽搐、呼吸困难、口吐白沫、大小便失禁，惊厥，呼吸麻痹。

【税则号列】有效成分：29309090　　　制剂：38089119（零售包装），38089190（其他）

**0111070　甲基内吸磷　Metasystox**

【别　　名】甲基1059，Demeton-S-methyl，Demeton methyl

【有效成分】O, O-二甲基-S-［2-（乙硫基）乙基］硫代磷酸酯

【商品类别】杀虫剂

【结 构 式】

$$(CH_3O)_2\overset{\overset{\displaystyle O}{\|}}{P}SCH_2CH_2SCH_2CH_3$$

【商品属性】本品为有机磷杀虫剂，抑制胆碱酯酶活性，对动物会发生毒害作用，有麻醉作用。明火可燃；受热分解有毒氧化磷、氧化硫气体。浅黄色有蒜味的油状物质微溶于水，密度1.207，沸点89℃，能溶于苯等有机溶剂。在酸性介质中水解缓慢，在碱性介质中很快水解。

【毒　　性】高毒。侵入途径：吸入、食入、经皮吸收。中毒后有头痛、头晕、乏力、恶心呕吐、腹痛、流涎、多汗、视力模糊、瞳孔缩小，肌束震颤，甚至肺水肿、昏迷等症状。

【税则号列】有效成分：29309090　　　制剂：38089119（零售包装），38089190（其他）

**0111071　特普　TEPP**

【别　　名】永伏虫，Ethylpyrophosate，Nifos，Vapofone

【有效成分】双-O, O-二乙基磷酸酐

【商品类别】有机磷杀虫剂

【结 构 式】

$$(C_2H_5O)_2\overset{\overset{\displaystyle O}{\|}}{P}O\overset{\overset{\displaystyle O}{\|}}{P}(OC_2H_5)_2$$

【商品属性】无色液体，沸点124℃/1mmHg，蒸气压21mPa（20℃），密度1.185（20℃）。与水及许多有机溶剂混溶，微溶于石油中，水解很快。

【毒　　性】急性中毒多在12小时内发病，口服立即发病。轻度：头痛、头昏、恶心、呕吐、多汗、无力、胸闷、视力模糊、胃口不佳等，全血胆碱酯酶活力一般降至正常值的50%～70%。中度：除上述症状外，还出现轻度呼吸困难、肌肉震颤、瞳孔缩小、精神恍惚、行走不稳、大汗、流涎、腹疼、腹泻。重者还会出现昏迷、抽搐、呼吸困难、口吐白沫、大小便失禁，惊厥，呼吸麻痹。

【税则号列】有效成分：29209090　　　制剂：38089119（零售包装），38089190（其他）

**0111072　　乙拌磷　　Disulfoton**

【别　　名】敌死通，Disyston

【有效成分】O, O-二乙基-S-［2-（乙硫基）乙基］二硫代磷酸酯

【商品类别】有机磷杀虫剂

【结 构 式】

$$(C_2H_5O)_2\overset{\overset{\displaystyle S}{\|}}{P}SCH_2CH_2SCH_2CH_3$$

【商品属性】带有特殊气味的无色油状物，熔点 < -25℃，沸点 128℃/1mmHg，蒸气压 7.2mPa（20℃），13mPa（25℃），22mPa（30℃），密度 1.144（20℃）。水中溶解度 12mg/L（20℃），易与正己烷、二氯甲烷、异丙醇、甲苯混溶，常温下贮存稳定，酸性和中性介质中稳定，碱性介质中水解。

【毒　　性】急性中毒多在 12 小时内发病，口服立即发病。轻度：头痛、头昏、恶心、呕吐、多汗、无力、胸闷、视力模糊、胃口不佳等，全血胆碱酯酶活力一般降至正常值的 50% ~70%。中度：除上述症状外还出现轻度呼吸困难、肌肉震颤、瞳孔缩小、精神恍惚、行走不稳、大汗、流涎、腹疼、腹泻。重者还会出现昏迷、抽搐、呼吸困难、口吐白沫、大小便失禁，惊厥，呼吸麻痹。

【税则号列】有效成分：29309090　　　　制剂：38089119（零售包装），38089190（其他）

**0111073　　甲基乙拌磷　　Thiometon**

【别　　名】

【有效成分】O, O-二甲基-S-（2-乙硫基乙基）二硫代磷酸酯

【商品类别】杀虫剂

【结 构 式】

$$(SH_3O)_2\overset{\overset{\displaystyle S}{\|}}{P}SCH_2CH_2SCH_2CH_3$$

【商品属性】比重 1.209，沸点 110℃（13.33 巴），受热分解有毒氧化磷、氧化硫气体。

【毒　　性】剧毒。

【税则号列】有效成分：29309090　　　　制剂：38089119（零售包装），38089190（其他）

**0111074　　茂硫磷　　Morphothion**

【别　　名】

【有效成分】O, O-二甲基-S-（吗啉代甲酰甲基）二硫代磷酸酯

【商品类别】杀虫剂

【结 构 式】

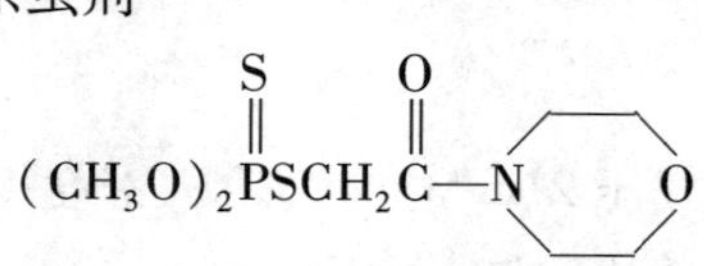

【商品属性】

【毒　　性】

【税则号列】有效成分：29349990　　　　制剂：38089119（零售包装），38089190（其他）

**0111075　　异亚砜磷　　Oxydeprofos**

【别　　名】

【有效成分】O, O-二甲基-S-［（2-乙基亚磺酰基-1-甲基）乙基］硫代磷酸酯

【商品类别】杀虫剂

【结 构 式】

$$(CH_3O)_2\overset{O}{\overset{\|}{P}}S\overset{CH_3}{\overset{|}{C}}HCH_2\overset{O}{\overset{\|}{S}}CH_2CH_3$$

【商品属性】
【毒　　性】
【税则号列】有效成分：29309090　　　　制剂：38089119（零售包装），38089190（其他）

**0111076　　氯辛硫磷　　Chlorphoxim**

【别　　名】
【有效成分】O, O-二乙基-O-［（2-氯-α-氰基亚苄氨基）氧］硫代磷酸酯
【商品类别】杀虫剂
【结 构 式】

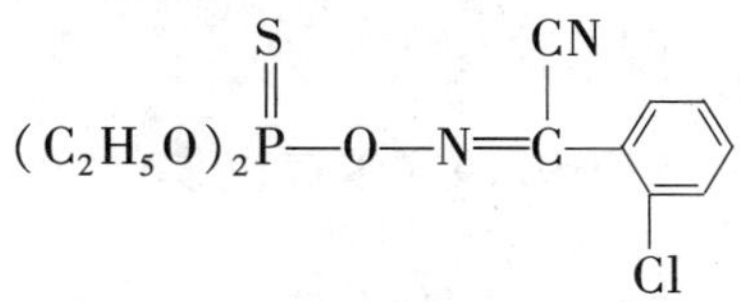

【商品属性】无色固体，熔点 66.5℃。水溶解度 1.7mg/kg（20）。较易溶于环己烷、甲苯。
【毒　　性】
【税则号列】有效成分：29280000　　　　制剂：38089119（零售包装），38089190（其他）

**0111077　　吡硫磷　　Pyrazothion**

【别　　名】彼硫磷
【有效成分】O, O-二乙基-O-（3-甲基吡唑-5-基）硫代磷酸酯
【商品类别】杀虫剂
【结 构 式】

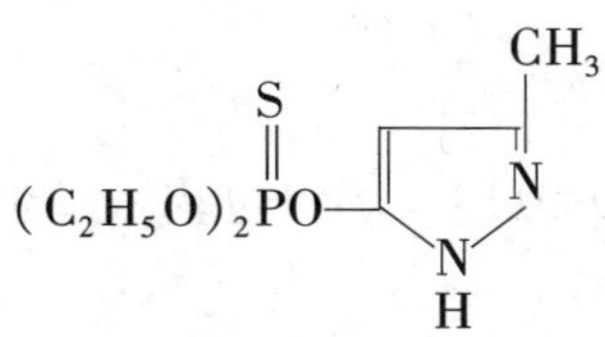

【商品属性】抑制胆碱酯酶。
工业品为黄棕色液体。
【毒　　性】
【税则号列】有效成分：29331990　　　　制剂：38089119（零售包装），38089190（其他）

**0111078　　畜虫磷　　Coumithoate**

【别　　名】
【有效成分】O, O-二乙基-O-（7, 8, 9, 10-四氢-6-氧代苯并二氢吡喃-3-基）硫代磷酸酯
【商品类别】杀虫剂
【结 构 式】

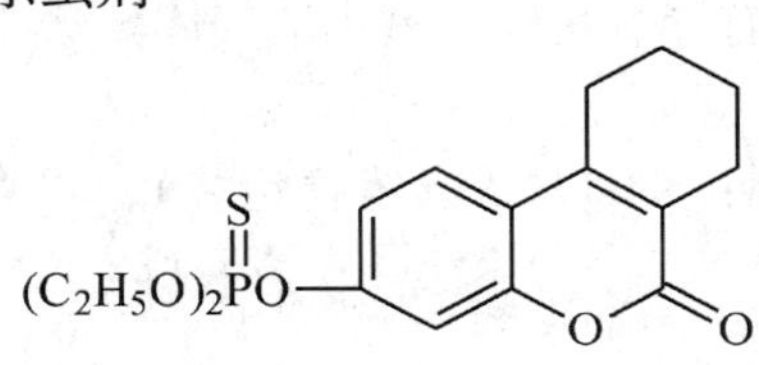

【商品属性】
【毒　　性】
【税则号列】有效成分：29322090　　　　制剂：38089119（零售包装），38089190（其他）

**0111079　虫螨畏　Methacrifos**

【别　　名】丁烯磷

【有效成分】（E）-O, O-二甲基-O-（2-甲氧基甲酰丙烯-1-基）硫代磷酸酯

【商品类别】杀虫剂

【结 构 式】

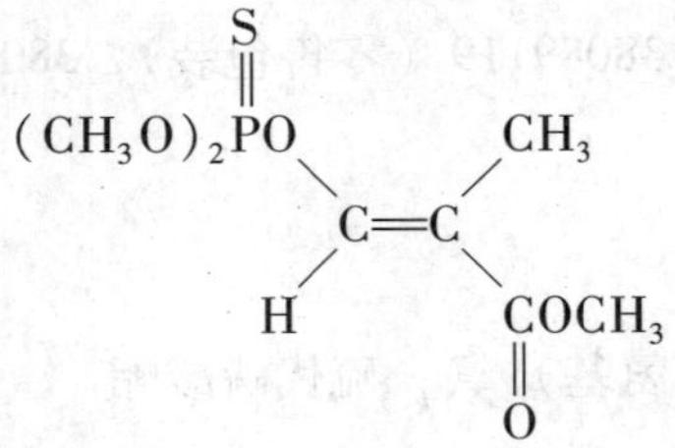

【商品属性】

【毒　　性】

【税则号列】有效成分：29322090　　制剂：38089119（零售包装），38089190（其他）

**0111080　地胺磷　Mephosfolan**

【别　　名】甲基环胺磷，美福松，稻棉磷，二噻磷，Cytrolane

【有效成分】O, O-二乙基-N-（4-甲基-1, 3-二硫戊环-2-亚基）磷酰胺

【商品类别】杀虫剂

【结 构 式】

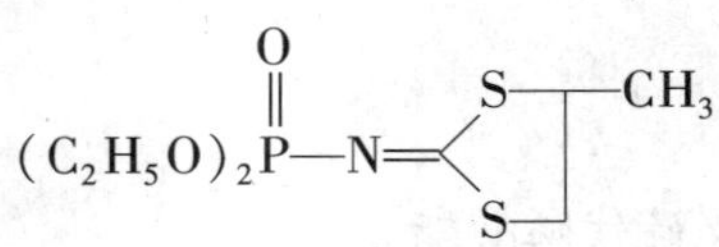

【商品属性】

【毒　　性】剧毒。

【税则号列】有效成分：29349990　　制剂：38089119（零售包装），38089190（其他）

**0111081　敌恶磷　Dioxathion**

【别　　名】敌杀磷

【有效成分】S, S′-（1, 4-二噁烷 2, 3-二基）O, O, O′, O′-四乙基双（二硫代磷酸酯）

【商品类别】杀虫剂

【结 构 式】

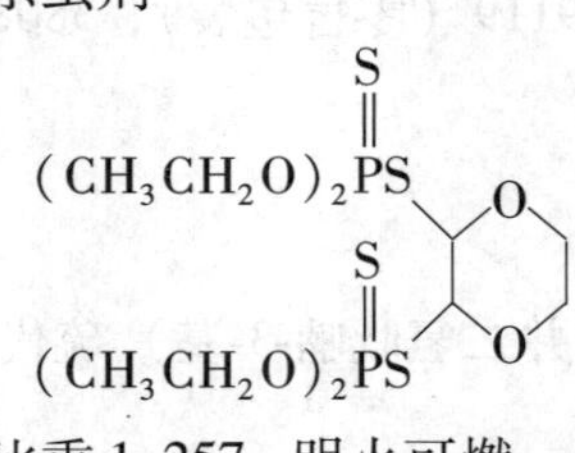

【商品属性】比重 1. 257，明火可燃；受热放出有毒氧化磷、氧化硫气体。

【毒　　性】剧毒。

【税则号列】有效成分：29329990　　制剂：38089119（零售包装），38089190（其他）

**0111082　四甲磷　Mecarphon**

【别　　名】

【有效成分】O-甲基-S-（N-甲氧甲酰-N-甲基氨基甲酰甲基）甲基二硫代磷酸酯

【商品类别】杀虫剂

【结 构 式】

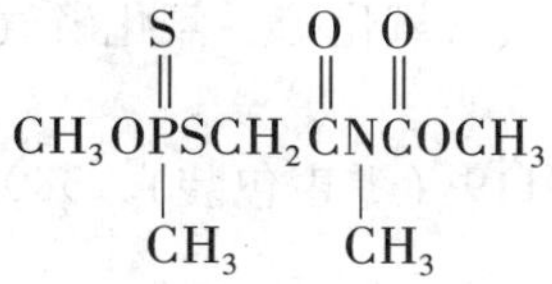

【商品属性】四甲磷是一种触杀性杀虫剂，可用于防治半翅目，包括梨、柑橘、核果和油橄榄的介壳虫和果蝇有效。

熔点 53℃，明火可燃；受热放出有毒氧化氮、氧化硫、氧化磷气体。

【毒　　性】剧毒。

【税则号列】有效成分：29309090　　制剂：38089119（零售包装），38089190（其他）

**0111083　异氯磷　Dicapthon**

【别　　名】

【有效成分】O, O-二甲基-O-（2-氯-4-硝基苯基）硫代磷酸酯

【商品类别】杀虫剂

【结 构 式】

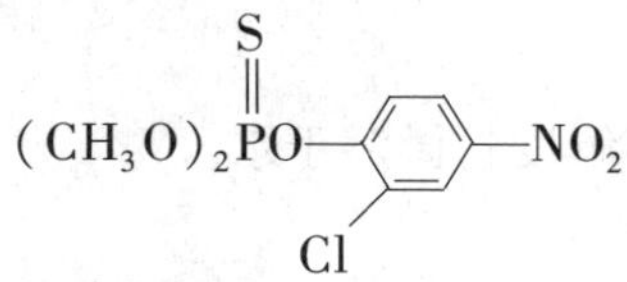

【商品属性】熔点 51 ~52℃，受热分解有毒氧化磷、氧化硫、氧化氮、氯化物气体。

【毒　　性】高毒。

【税则号列】有效成分：29201900　　制剂：38089119（零售包装），38089190（其他）

**0111084　益硫磷　Ethoate-methyl**

【别　　名】

【有效成分】O, O-二甲基-S-（乙基氨基甲酰甲基）二硫代磷酸酯

【商品类别】杀虫剂

【结 构 式】

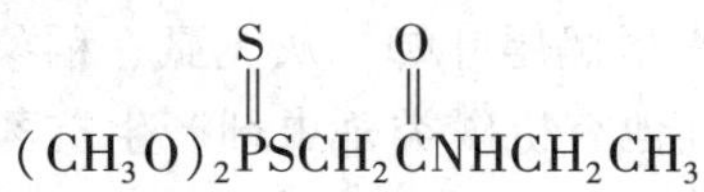

【商品属性】比重 1. 1640，熔点 65. 5 ~66. 7℃，受热分解有毒氧化磷、氧化硫、氧化氮气体。

【毒　　性】高毒。

【税则号列】有效成分：29309090　　制剂：38089119（零售包装），38089190（其他）

**0111085　益棉磷　Azinphos-ethyl**

【别　　名】乙基保棉磷，乙基谷硫磷

【有效成分】O, O-二乙基-S-（3, 4-二氢-4-氧代苯并［d］-［1, 2, 3］-三氮苯-3-基甲基）二硫代磷酸酯

【商品类别】杀虫剂

【结 构 式】

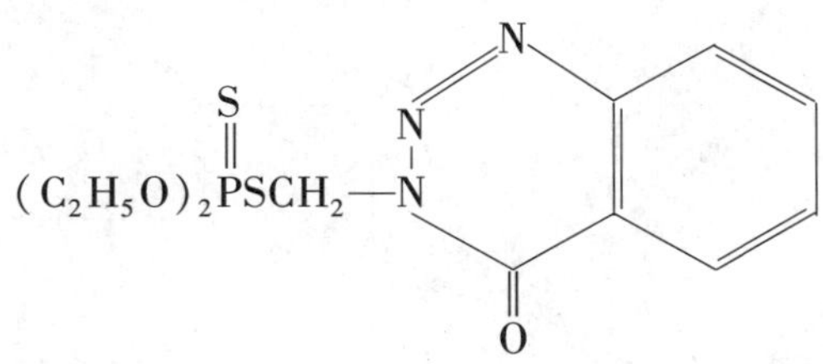

【商品属性】熔点 53℃，明火可燃；受热放出有毒氧化氮、氧化硫、氧化磷气体。
【毒　　性】剧毒。
【税则号列】有效成分：29339900　　　　制剂：38089119（零售包装），38089190（其他）

**0111086　杀虫畏　Tetrachlorvinphos**

【别　　名】甲基杀螟威，704，Methyl birlan，Raboud，CVMP，SD8447，APPRX，RAVAP
【有效成分】（Z）-O, O-二甲基-O-［2-氯-1-（2, 4, 5-三氯苯基）乙烯基］磷酸酯
【商品类别】杀虫剂
【结 构 式】

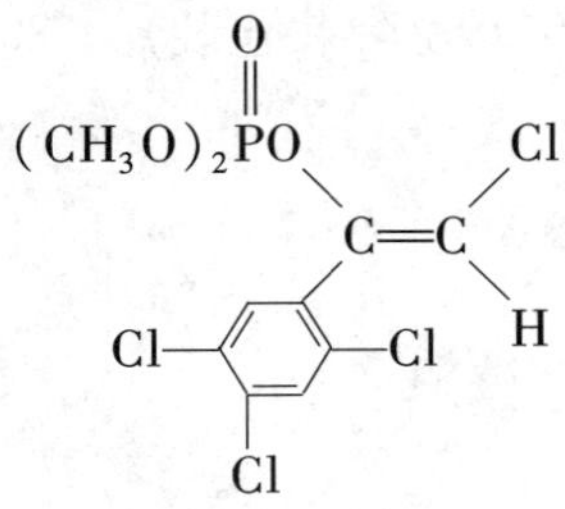

（Z）

【商品属性】纯品为白色固体。熔点：97 ~ 98℃。溶解度：微溶于水。
【毒　　性】属低毒类。对人畜毒性小。
【税则号列】有效成分：29199000　　　　制剂：38089119（零售包装），38089190（其他）

**0111087　丙虫磷　Propaphos**

【别　　名】
【有效成分】O, O-二丙基-O-（4-甲硫基苯基）磷酸酯
【商品类别】杀虫剂
【结 构 式】

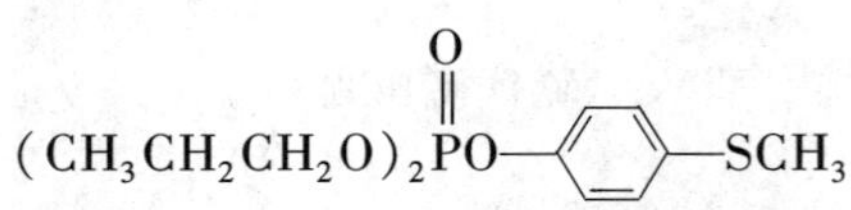

【商品属性】对害虫有内吸作用。主要用于防治水稻黑尾叶蝉、灰飞虱、稻象甲幼虫、稻负泥虫、二化螟及对氨基甲酸酯类及其他有机磷类杀虫剂产生抗药性的害虫。对高等动物毒性较高，对鱼有一定毒性。
纯品为淡黄色油状液体，在中性和酸性介质中稳定，在碱性介质中不稳定。难溶于水，可溶于一般有机溶剂。原药为黄至黄褐色油状黏稠液体，微有芳香味。对光不稳定，弱酸性介质中较稳定，碱性介质中易分解。难溶于水。
【毒　　性】高毒。
【税则号列】有效成分：29309090　　　　制剂：38089119（零售包装），38089190（其他）

**0111088　毒虫畏　Chlorfenvinphos**

【别　　名】杀螟威，Birlane，Sapecron，C8949，GC-4072，SD7859，CFV，CVP
【有效成分】O, O-二乙基-O-［2-氯-1-（2, 4-二氯苯基）乙烯基］磷酸酯
【商品类别】杀虫剂
【结 构 式】

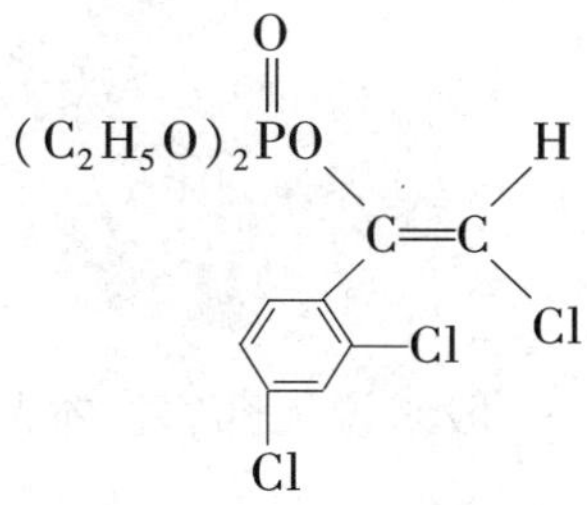

(E)

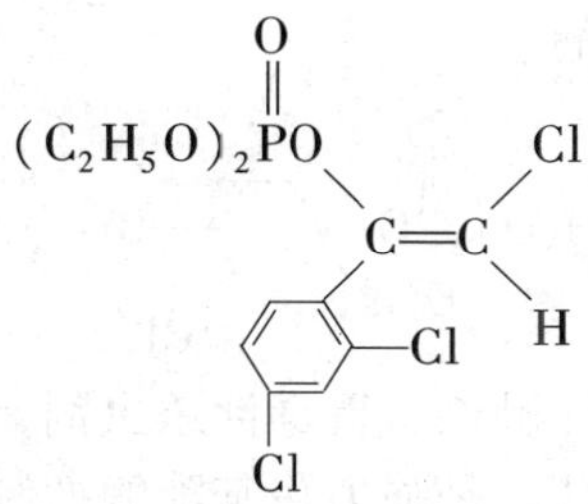

(Z)

【商品属性】杀虫剂，在土壤处理时，可防治地老虎、根蝇等。

工业品为琥珀色液体，具有轻微的气味。沸点：167～170℃（66.66Pa）。熔点：－19～－23℃。相对密度：1.36。溶解度：微溶于水，能与丙酮、乙醇、煤油、丙二醇和二甲苯混溶。

【毒　　性】高毒。

【税则号列】有效成分：29199000　　　　制剂：38089119（零售包装），38089190（其他）

**0111089　　甲基毒虫畏　　Dimethylvinphos**

【别　　名】

【有效成分】O, O-二甲基-O-［2-氯-1-（2, 4-二氯苯基）乙烯基］磷酸酯

【商品类别】杀虫剂

【结 构 式】

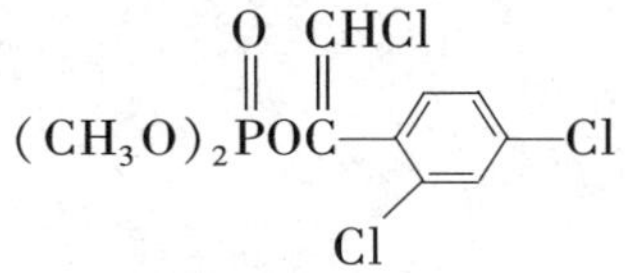

【商品属性】水溶解度：130mg/L（20℃）。熔点：69.5℃。蒸气压：$9.75 \times 10^{-6}$ mmHg（25℃）。

【毒　　性】

【税则号列】有效成分：29199000　　　　制剂：38089119（零售包装），38089190（其他）

**0111090　　皮蝇磷　　Fenchlorphos**

【别　　名】

【有效成分】O, O-二甲基-O-（2, 4, 5-三氯苯基）硫代磷酸酯

【商品类别】杀虫剂

【结 构 式】

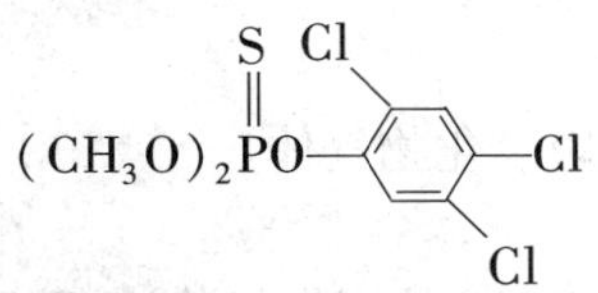

【商品属性】本品为低毒有机磷杀虫剂，抑制胆碱酯酶活性。

白色结晶粉末或颗粒，难溶于水，易溶于多数有机溶剂，用做畜用杀虫剂，熔点41℃，沸点152～154℃。

【毒　　性】低毒。可经吸入、食入、皮吸收。

【税则号列】有效成分：29201900　　　　制剂：38089119（零售包装），38089190（其他）

**0111091　　溴硫磷　　Bromophos**

【别　　名】Nexion

【有效成分】O, O-二甲基-O-（4-溴-2, 5-二氯苯基）硫代磷酸酯

【商品类别】杀虫剂

【结 构 式】

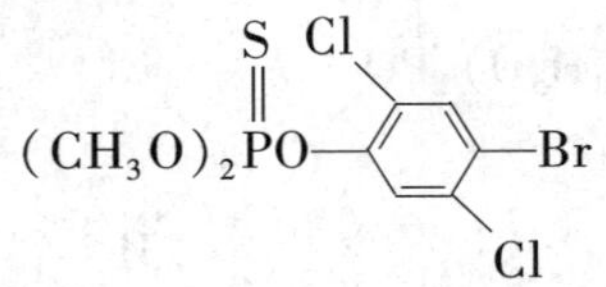

【商品属性】广谱性触杀、胃毒性杀虫剂，无内吸性，一般来说无药害。本品为高毒类有机磷农药，是强力羧基酯酶抑制剂。

为浅黄色结晶体，带微弱特殊气味，熔点 53 ~ 54℃，蒸气压 17.3mPa（20℃）。几乎不溶于水，可溶于多数有机溶剂中，特别是甲苯、乙醚与四氯化碳，本品在弱碱性 pH9 的介质中稳定。

【毒　　性】高毒。

【税则号列】有效成分：29201900　　制剂：38089119（零售包装），38089190（其他）

**0111092　乙基溴硫磷　Bromophos-ethyl**

【别　　名】

【有效成分】O, O-二乙基-O-（4-溴-2, 5-二氯苯基）硫代磷酸酯

【商品类别】杀虫剂

【结 构 式】

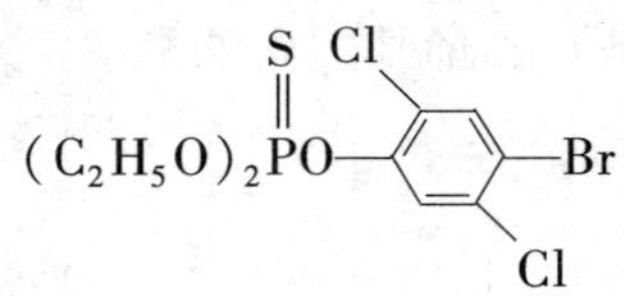

【商品属性】

【毒　　性】

【税则号列】有效成分：29201900　　制剂：38089119（零售包装），38089190（其他）

**0111093　敌敌钙　Calvinphos**

【别　　名】钙杀畏，CAVP，Dankil，Pabalik，Cheval，Krecalvin

【有效成分】O-（2, 2-二氯乙烯基）-O-甲基磷酸钙和 O-（2, 2-二氯乙烯基）-O, O-二甲基磷酸酯的络合物

【商品类别】杀虫剂

【结 构 式】

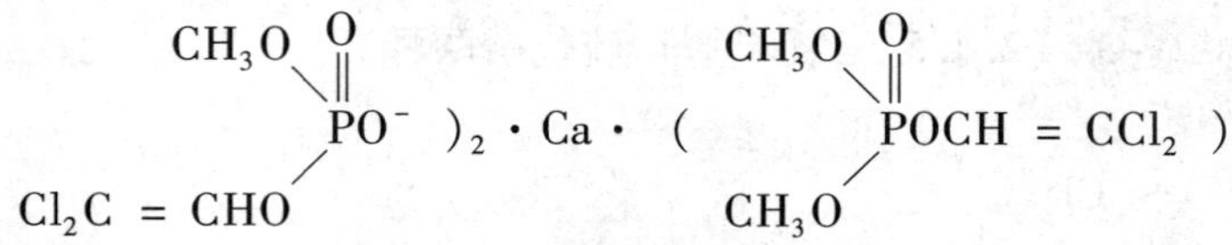

【商品属性】熔点 64 ~ 67℃。燃烧产生有毒氯化物和磷氧化物气体。

【毒　　性】高毒。

【税则号列】有效成分：29199000　　制剂：38089119（零售包装），38089190（其他）

**0111094　氯胺磷　Chloramine phosphorus**

【别　　名】乐斯灵

【有效成分】O, S-二甲基-（2, 2, 2-三氯-1-羟基乙基）硫代磷酰胺

【商品类别】有机磷杀虫剂

【结 构 式】

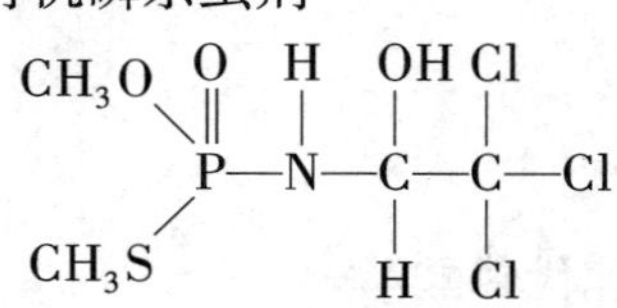

【商品属性】广谱有机磷杀虫剂，作用机理为抑制昆虫体内的乙酰胆碱酯酶，多害虫具有胃毒、触杀、熏蒸和内吸作用，对水稻叶螟有较好的防治效果。

纯品为白色针状结晶，熔点 99～101℃，易溶于极性有机溶剂，原药含量大于 90%，为白色粉状固体。

常见制剂类型：乳油。

【毒　　性】中等毒。

【税则号列】有效成分：29309090　　制剂：38089119（零售包装），38089190（其他）

## 0112 氨基甲酸类杀虫剂

### 0112001　呋线威　Furathiocarb

【别　　名】保苗，Promet

【有效成分】2, 3-二氢-2, 2-二甲基苯并呋喃-7-基 N，N′-二甲基-N，N′-硫代二氨基甲酸丁酯

【商品类别】杀虫剂

【结 构 式】

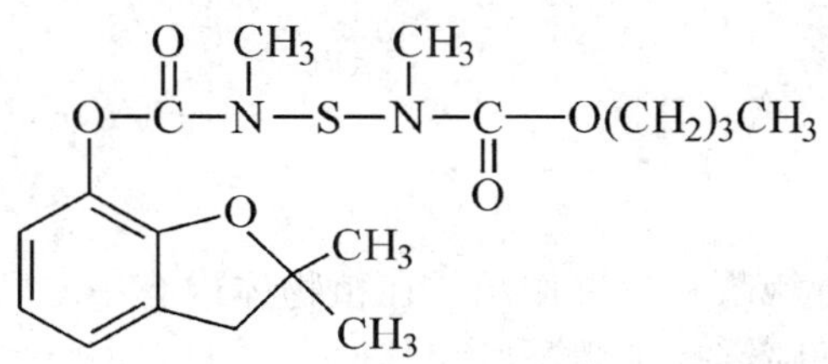

【商品属性】胆碱抑制剂，为具有内吸作用的杀虫剂。

常见制剂类型：16%虫线清乳油，主要成分由呋线威和丙硫磷组合而成，具有良好的内吸输导作用，防治松墨天牛效果显著，对松材线虫病具有明显的抑制作用，是日前防治松材线虫病和松墨天牛具有双层效能的特异性杀虫剂。

【毒　　性】

【税则号列】有效成分：29329990　　制剂：38089119（零售包装），38089190（其他）

### 0112002　丙硫克百威　Benfuracarb

【别　　名】安克力，呋喃威，丙硫威，Oncol，OK-147

【有效成分】N-［2, 3-二氢-2, 2-二甲基苯并呋喃-7-基氧羰基（甲基）氨硫基］-N-异丙基-β-丙氨酸乙酯

【商品类别】氨基甲酸酯类杀虫剂

【结 构 式】

【商品属性】是一种具有广谱、内吸作用的氨基甲酸酯类杀虫剂，胆碱酯酶抑制剂。对害虫以胃毒作用为主，适用于水稻、玉米、大豆、马铃薯、甘蔗、棉花、蔬菜、果树等作物防治多种害虫。

原药为红棕色黏稠液体，沸点 110℃/0. 023mmHg，蒸气压 26. 6μPa（20℃），比重 1. 142（20℃），水中的溶解度为 8mg/L（20℃），中性或弱碱性介质中稳

定，在酸或强碱性介质中不稳定，分解温度225℃，在苯、二甲苯、丙酮、二氯甲烷、甲醇、己烷、乙酸乙酯等有机溶剂中溶解度>50%。

常见制剂类型：乳油。

【毒　　性】头昏、头痛、乏力、面色苍白、恶心呕吐、多汗、流涎、瞳孔缩小、视力模糊。重者出现血压下降、意识模糊不清，皮肤出现接触皮炎如风疹，局部红肿奇痒，眼结膜充血、流泪、胸闷、呼吸困难等。中毒症状出现快，一般几分钟至1小时即表现出来。

【税则号列】有效成分：29329990　　　　制剂：38089119（零售包装），38089190（其他）

**0112003　　恶虫威　　Bendiocarb**

【别　　名】苯恶威，高卫士，Garvox，Seedox，Ficam（防治卫生害虫）

【有效成分】2,3-（异丙基叉二氧）苯基 N-甲基氨基甲酸酯

【商品类别】氨基甲酸酯类杀虫剂

【结 构 式】

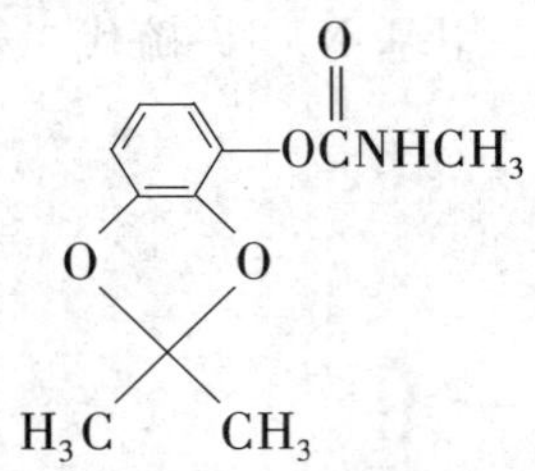

【商品属性】为胆碱酯酶抑制剂，具有触杀和胃毒作用，在植物体内有一定的内吸作用。本品杀虫谱广，可通过叶面喷雾控制缨翅目和其他害虫的为害，也可以作为种子处理剂和颗粒剂控制土壤害虫的为害。

无色无臭固体，熔点124.6~128.7℃，蒸气压4.6mPa（25℃），密度1.25（20℃）。溶解度（20℃，g/L）：水0.28、丙酮150~200、甲醇75~100、二氯甲烷200~300、苯和乙醇40、甲醇75~100、乙酸乙酯60~70、正己烷0.225。煤油中溶解度<1（约在25℃，g/L）。碱性介质中迅速水解，对光和热稳定。

常见制剂类型：可湿性粉剂。

【毒　　性】头昏、头痛、乏力、面色苍白、恶心呕吐、多汗、流涎、瞳孔缩小、视力模糊。重者出现血压下降、意识模糊不清，皮肤出现接触皮炎如风疹，局部红肿奇痒，眼结膜充血、流泪、胸闷、呼吸困难等。中毒症状出现快，一般几分钟至1小时即表现出来。

【税则号列】有效成分：29329990　　　　制剂：38089119（零售包装），38089190（其他）

**0112004　　灭害威　　Aminocarb**

【别　　名】Matacil

【有效成分】4-二甲氨基-间-甲苯基甲基氨基甲酸酯

【商品类别】氨基甲酸酯类杀虫剂

【结 构 式】

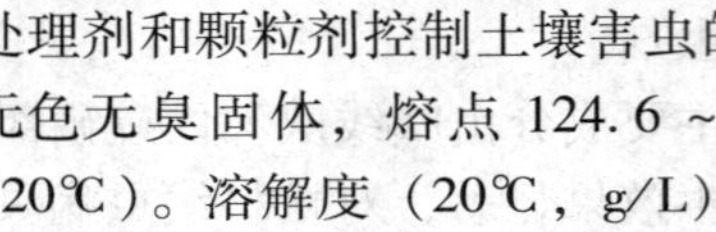

【商品属性】非内吸性胃毒杀虫剂，亦有触杀作用，阻碍昆虫体内乙酰胆碱酯酶分解乙酰胆碱，从而使乙酰胆碱积聚，导致昆虫过度兴奋、剧烈动作、麻痹致死。

白色结晶或略带褐色，熔点93~94℃，蒸气压1.7mPa/20℃。微溶于水，中度溶于芳烃溶剂，易溶于极性溶剂如醇类。本品不可同强碱性农药混用。

【毒　　性】头昏、头痛、乏力、面色苍白、呕吐、多汗、流涎、瞳孔缩小、视力模糊。严重者出现血压下降、意识不清，皮肤出现接触性皮炎如风疹，局部红肿痛痒，眼结膜充血、流泪、胸闷、呼吸困难等。

【税则号列】有效成分：29242990　　　　制剂：38089119（零售包装），38089190（其他）

**0112005　　甲萘威　　Carbaryl**

【别　　名】西维因，胺甲萘，Bug master，Sevin，Denapon，Dicarbam，Hexavin，Karbaspray

【有效成分】1-萘基-N-甲基氨基甲酸酯

【商品类别】氨基甲酸酯类杀虫剂

【结 构 式】

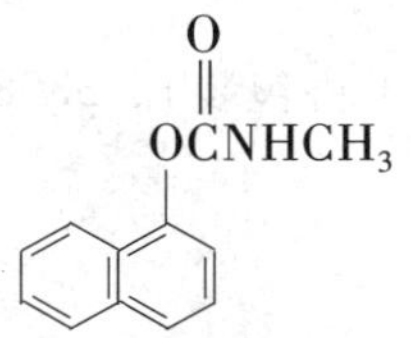

【商品属性】具广谱性，抑制害虫体内的乙酰胆碱酯酶，对叶蝉、飞虱及一些不易防治的咀嚼式口器的害虫如红铃虫有较好防效，对六六六、滴滴涕、对硫磷等已产生抗性的害虫防效良好。该药毒杀作用慢，可与一些有机磷农药混用，低温时防效差。

无色至浅褐色晶体，熔点142℃，蒸气压$4.1 \times 10^{-5}$Pa（23.5℃），密度1.232（20℃）。溶解度：水（20℃）120mg/L；易溶于极性有机溶剂，二甲基甲酰胺、二甲基亚砜400~450，丙酮200~300，环已酮200~250，异丙醇100，二甲苯100（25℃，g/kg）。在中性和弱酸性环境中稳定，在碱性介质中水解形成1-萘酚，光和热条件下稳定。

常见制剂类型：可湿性粉剂、悬浮剂、乳油、毒饵。

【毒　　性】头昏、头痛、乏力、面色苍白、呕吐、多汗、流涎、瞳孔缩小、视力模糊。严重者出现血压下降、意识不清，皮肤出现接触性皮炎如风疹，局部红肿痛痒，眼结膜充血、流泪、胸闷、呼吸困难等。

【税则号列】有效成分：29242990　　　　制剂：38089119（零售包装），38089190（其他）

**0112006　　混灭威　　Dimethacarb**

【别　　名】

【有效成分】N-甲基氨基甲酸二甲苯酯

【商品类别】氨基甲酸酯类杀虫剂

【结 构 式】

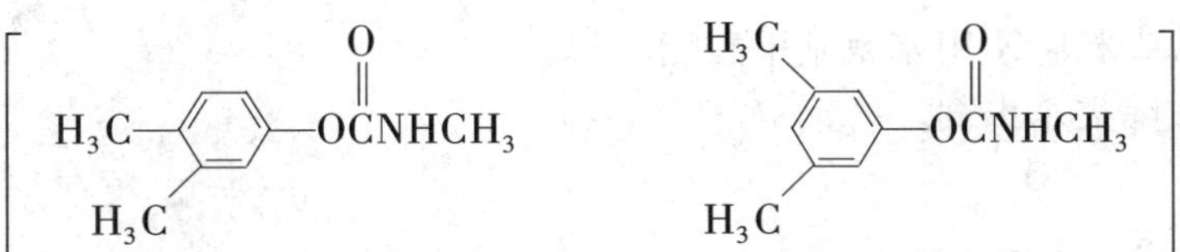

灭杀威 xylylcarb　　　　灭除威 XMC

【商品属性】由两种同分异构体混合而成的氨基甲酸酯类杀虫剂，对飞虱、叶蝉有强烈的触杀作用。击倒速度快，一般施药后1小时左右，大部分害虫即跌落水中，但残效期只有2~3天。其药效不受温度的影响，在低温下仍有很好的防效。混灭威对鳞翅目和同翅目等害虫均有效，主要用于防治叶蝉、飞虱、蓟马等。

含有灭杀威和灭除威两种异构体，原药为淡黄色至棕红色油状液体，比重约1.0885，微臭，当温度低于10℃时有结晶析出，不溶于水，微溶于石油醚、汽油，易溶于甲醇、乙醇、丙酮、苯和甲苯等有机溶剂，遇碱易分解。

常见制剂类型：乳油。

【毒　　性】头昏、头痛、乏力、面色苍白、呕吐、多汗、流涎、瞳孔缩小、视力模糊。严重者出现血压下降、意识不清，皮肤出现接触性皮炎如风疹、局部红肿奇痒、眼结膜充血、流泪、胸闷、呼吸困难等中毒症状出现快，一般几分钟至1小时即表现出来。

【税则号列】有效成分：29242990　　　　制剂：38089119（零售包装），38089190（其他）

**0112007　　混杀威　　Dimethacarb + trimethacarb**

【别　　名】

【有效成分】3, 4, 5-三甲基苯基和2, 3, 5-三甲基苯基N-甲基氨基甲酸酯的混合物

【商品类别】氨基甲酸酯类杀虫剂，

【结 构 式】

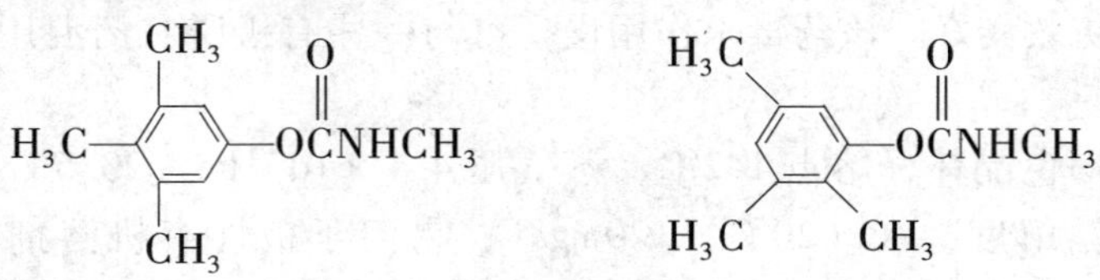

【商品属性】氨基甲酸酯类杀虫剂。

【毒　　性】中等毒。

【税则号列】有效成分：29242990　　　　制剂：38089119（零售包装），38089190（其他）

**0112008　　灭杀威　　Xylylcarb**

【别　　名】

【有效成分】3, 4-二甲基苯基N-甲基氨基甲酸酯

【商品类别】氨基甲酸酯类杀虫剂

【结 构 式】

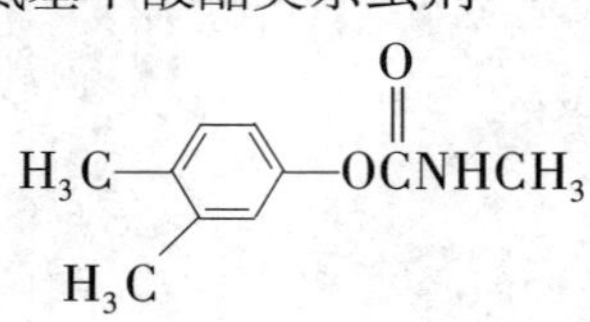

【商品属性】见混灭威

【毒　　性】

【税则号列】有效成分：29242990　　　　制剂：38089119（零售包装），38089190（其他）

**0112009　　灭除威　　XMC**

【别　　名】

【有效成分】3, 5-二甲基苯基N-甲基氨基甲酸酯

【商品类别】氨基甲酸酯类杀虫剂，

【结 构 式】

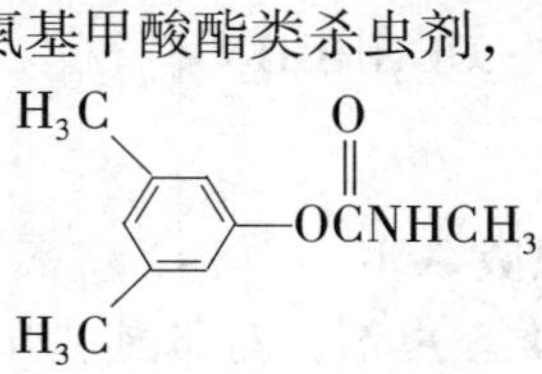

【商品属性】见混灭威
【毒　　性】
【税则号列】有效成分：29242990　　制剂：38089119（零售包装），38089190（其他）

**0112010　速灭威　Metolcarb**

【别　　名】MTMC，Tsumacide
【有效成分】间甲苯基-N-甲基氨基甲酸酯
【商品类别】氨基甲酸酯杀虫剂
【结 构 式】

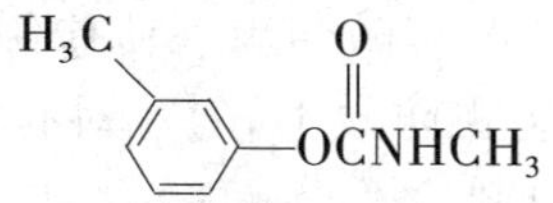

【商品属性】具有触杀和熏蒸作用，击倒力强，持效期短，一般只有 3 ~ 4 天，对稻飞虱、稻叶蝉和稻蓟马，以及茶小绿叶蝉等有特效。对稻田蚂蟥有良好杀伤作用。
原药为无色固体，熔点 76 ~ 77℃，蒸气压 145mPa（20℃），溶解度：水（30℃）2.6g/L，溶于极性有机溶剂中，如环己酮 790、二甲苯 100、甲醇 880（室温，g/kg），极少溶于非极性溶剂。
可湿性粉剂、乳油。
【毒　　性】头昏、头痛、乏力、面色苍白、呕吐、多汗、流涎、瞳孔缩小、视力模糊。严重者出现血压下降、意识不清，皮肤出现接触性皮炎如风疹，局部红肿奇痒，眼结膜充血、流泪、胸闷、呼吸困难等。中毒症状出现快，一般几分钟至 1 小时即表现出来。
【税则号列】有效成分：29242990　　制剂：38089119（零售包装），38089190（其他）

**0112011　异丙威　Isoprocarb**

【别　　名】灭扑散，叶蝉散，异灭威，MIPC，Mipcin，Mipcid，Entrofolan，Hytox
【有效成分】邻异丙基苯基甲基氨基甲酸酯
【商品类别】氨基甲酸酯杀虫剂
【结 构 式】

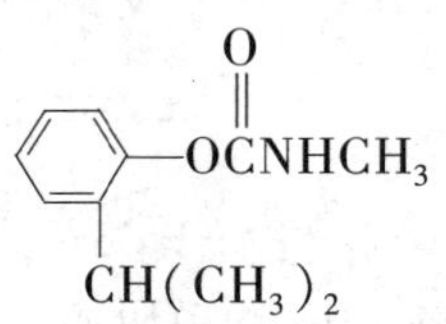

【商品属性】一种触杀性兼有内吸作用的氨基甲酸酯类杀虫剂，对昆虫主要是抑制乙酰胆碱酯酶，致使昆虫麻痹至死亡。主要用于防治稻叶蝉、棉叶蝉和稻飞虱等，并能兼治蓟马，亦能防治其他咀嚼式口器害虫。无色晶体，熔点 93 ~ 96℃，沸点 128 ~ 129℃/20mmHg，蒸气压 2.8mPa（20℃），密度 0.62。溶解度：水 0.265g/L，不溶于水和卤代烷烃，难溶于芳烃，溶于乙醇、丙酮、乙酸乙酯、甲醇、丙醇、二甲基亚砜等有机溶剂。
常见制剂类型：可湿性粉剂、乳油烟剂。
【毒　　性】头昏、头痛、乏力、面色苍白、呕吐、多汗、流涎、瞳孔缩小、视力模糊。严重者出现血压下降、意识不清，皮肤出现接触性皮炎如风疹，局部红肿奇痒，眼结膜充血、流泪、胸闷、呼吸困难等中毒症状出现快，一般几分钟至 1 小时即表现出来。
【税则号列】有效成分：29242990　　制剂：38089119（零售包装），38089190（其他）

**0112012　乙硫苯威　Ethiofencarb**

【别　　名】除蚜威，蔬蚜威，苯虫威，灭扑散，Croneton，Ethiophencarbe

【有效成分】2-（乙硫甲基）苯基-N-甲基氨基甲酸酯

【商品类别】氨基甲酸酯类杀虫剂

【结 构 式】

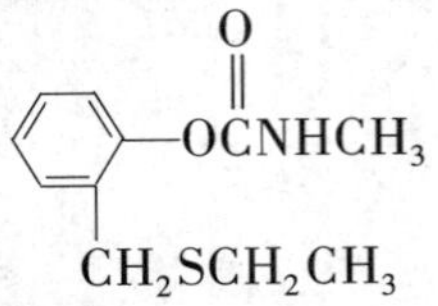

【商品属性】氨基甲酸酯类农药，主要抑制昆虫体内的乙酰胆碱酯酶。具有高效、低毒、使用安全等优点（对蚜虫以外的其他农作物害虫防效不好）。对有机磷杀虫剂产生抗药性的蚜虫也十分有效，是选择性杀蚜剂。

无色晶体，原药为黄色有硫醇味油状体，熔点 33.4℃，蒸气压 0.45mPa（25℃）、26mPa（50℃），密度 1.23（20℃）。溶解度（g/L，20℃）：水 1.8，二氯甲烷、异丙醇、甲苯 >200，己烷 5～10。中性和酸性介质中稳定，碱性介质中水解，水溶液中光解迅速。

【毒　　性】头昏、头痛、乏力、面色苍白、呕吐、多汗、流涎、瞳孔缩小、视力模糊。严重者出现血压下降、意识不清，皮肤出现接触性皮炎如风疹，局部红肿痛痒，眼结膜充血、流泪、胸闷、呼吸困难等。中毒症状出现快，一般几分钟至 1 小时即表现出来。

【税则号列】有效成分：29309090　　　制剂：38089119（零售包装），38089190（其他）

**0112013　残杀威　Propoxur**

【别　　名】残杀畏，拜高（混剂），PHC，Arprocarb，Baygon，Blattanex，Sendran，Suncide，Unden，IPMC，IMPC，Tendex

【有效成分】2-（1-甲基乙氧基）苯基甲氨基甲酸酯

【商品类别】氨基甲酸酯类杀虫剂

【结 构 式】

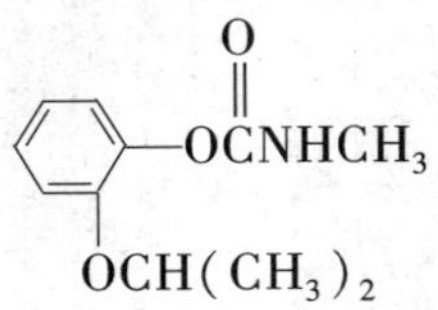

【商品属性】本品为强触杀能力的非内吸性杀虫剂，具有胃毒，熏杀和快速击倒作用，主要是通过抑制害虫体内乙酰胆碱酯酶活性，使害虫中毒死亡。常用于牲畜体外寄生虫和仓库害虫及蚊、蝇、蜚蠊、蚂蚁、臭虫等害虫防治。

无色晶体，原药为白色到奶油色晶体，熔点 90℃，蒸馏时分解，蒸气压 1.3mPa（20℃）、2.8mPa（25℃），密度 1.18（20℃）。溶解度（g/L，20℃）：水 1.9，溶于许多有机溶剂，如异丙醇 >200、甲苯 50～100、己烷 1～2，水中稳定（pH7），遇强碱水解。

常见制剂类型：乳油、饵剂、气雾剂、涂剂。

【毒　　性】急性经口毒性 $LD_{50}$（mg/kg）：雄大白鼠 90～128，雌大白鼠 104，雄小白鼠 100～109，雄豚鼠 40。以含 750mg/kg 残杀威的饲料喂饲雌、雄大白鼠两年，雌大白鼠的港肝重增加，在其他方面没有不利影响。

【税则号列】有效成分：29242990　　　制剂：38089119（零售包装），38089190（其他）

**0112014　棉铃威　Alanycarb**

【别　　名】Orion

【有效成分】(Z) N-苄基-N-((甲基(1-甲硫基亚乙基氨基氧羰基)氨基)硫)-β-丙氨酸乙酯

【商品类别】氨基甲酰杀虫剂

【结 构 式】

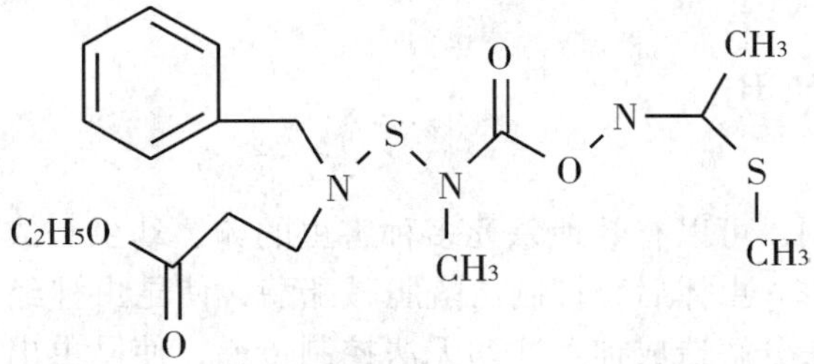

【商品属性】是胆碱酯酶抑制剂。本品杀虫谱广，具有触杀和胃毒作用。常见制剂类型：可湿性粉剂。可作叶面喷雾、土壤处理和种子处理。对葡萄上的鞘翅目、半翅目、鳞翅目和缨翅目害虫有效，

纯品为晶体。室温溶解度：水 20mg/L，溶于苯、二氯甲烷、丙酮、二甲苯、乙酸乙酯等有机溶剂。

【毒　　性】大鼠急性经口 $LD_{50}$为 330，小鼠 220。

【税则号列】有效成分：29309090　　制剂：38089119（零售包装），38089190（其他）

**0112015　抗蚜威　Pirimicarb**

【别　　名】辟蚜，Pirimor，Aphox

【有效成分】5, 6-二甲基-2-二甲氨基-4-嘧啶基二甲基氨基甲酸酯

【商品类别】氨基甲酸酯杀虫剂

【结 构 式】

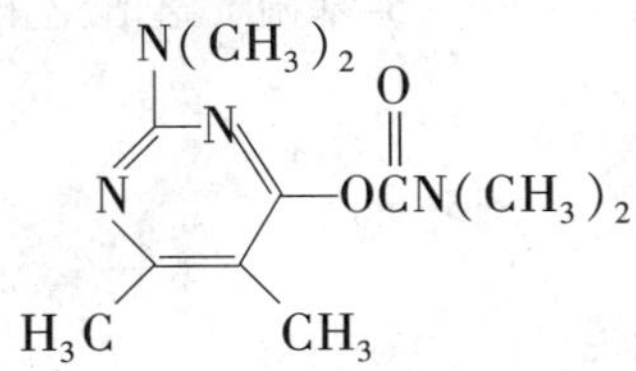

【商品属性】具触杀、熏蒸和渗透叶面作用，能防治对有机磷杀虫剂产生抗性的，除棉蚜处的所有蚜虫。该药剂杀虫迅速，施药后数分钟即可迅速杀死蚜虫，因而对预防蚜虫传播的病毒病有较好的作用。残效期短，对作物安全，不伤天敌，是害虫综合防治的理想药剂。抗蚜威对瓢虫、食蚜蝇、蚜茧蜂等蚜虫天敌没有不良影响，因保护了天敌，而可有效地延长对蚜虫的控制期，抗蚜威对蜜蜂安全，用于防治大白菜、萝卜等蔬菜制种田的蚜虫时，可提高蜜蜂授粉率，增加产量。

无色固体，熔点 90. 5℃（原药 87. 3 ~ 90. 7℃），蒸气压 0. 97mPa（25℃），密度 1. 21g/ml（25℃）。溶解度：水 3g/L（pH7. 4，20℃），甲醇 23g/ml，乙醇 25g/ml，丙酮 40g/100ml。溶于大多数有机溶剂，易溶于醇、酮、酯、芳烃、氯代烷烃。一般贮存条件下可保存 2 年以上，强酸、强碱环境中煮沸水解，其水溶液在紫外光下不稳定。

常见制剂类型：烟剂、可湿性粉剂。

【毒　　性】具有接触毒性和呼吸毒性。

【税则号列】有效成分：29335990　　制剂：38089119（零售包装），38089190（其他）

**0112016　　灭多威　　Methomyl**

【别　　名】灭多虫，万灵，乙肟威，灭索威，兰雷威，虫特威，Lannate，Halvard，Harubado，Nudrin

【有效成分】1-（甲硫基）亚乙基氮 N-甲基氨基甲酸酯

【商品类别】氨基甲酸酯类杀虫剂

【结 构 式】

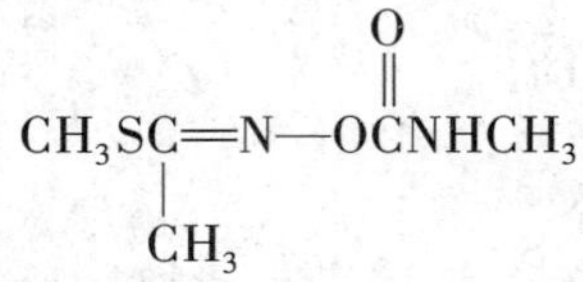

【商品属性】是一种内吸性杀虫剂，可以有效地杀死多种害虫的卵、幼虫和成虫。具有触杀和胃毒双重作用，进入虫体后，抑制乙酰胆碱酯酶，使昆虫神经传导中起重要作用的乙酰胆碱无法分解造成神经冲动无法控制传递，使昆虫出现惊厥、过度兴奋、麻痹与震颤而无法在作物上取食，导致最终死亡。昆虫的卵与药剂接触后通常不能活过黑头阶段即使有孵化，也很快死亡。

无色晶体，有轻微硫磺味，熔点 78～79℃，蒸气压 6.65mPa（25℃），密度 1.2946（25℃）。溶解度（g/L）：水 57.9（25℃），甲醇 1000，丙酮 730，乙醇 420，异丙醇 220，甲苯 30，极少量溶于烃类。室温下、水溶液中缓慢水解，碱性介质中参与条件下，随温度升高分解率提高。

常见制剂类型：乳油、可溶性粉剂、可湿性粉剂。

【毒　　性】

【税则号列】有效成分：29309090　　　　制剂：38089119（零售包装），38089190（其他）

**0112017　　唑蚜威　　Triazamate**

【别　　名】灭蚜唑，灭蚜灵，Triaguron，Aztec

【有效成分】（3-特丁基-1-二甲基氨基甲酰-1H-1, 2, 4, -三唑_ 5-基硫）乙酸乙酯

【商品类别】唑类杀虫剂

【结 构 式】

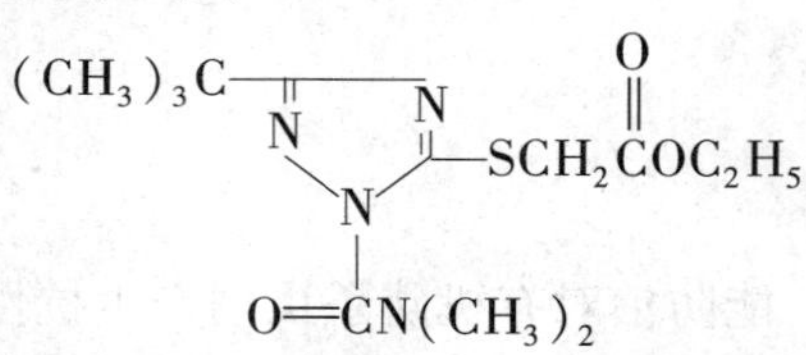

【商品属性】具有较强的内吸性和双向传导作用，其对胆碱酯酶有快速抑制作用，对多种作物上的各种蚜虫均有效，也能防治抗性蚜虫，尤其是棉花上抗性蚜虫。土壤施药可防治食叶性蚜虫，叶面施药可防治食根性蚜虫。由于在作物脉管中能形成向上、向下迁移，因此能保护整个植株。持效期可达 5～10 天。在推荐剂量下未见药害。对天敌较安全。

纯品为白色至浅棕褐色结晶固体，原药为棕黄色固体，有硫磺气味。熔点 60℃，蒸气压 0.64mPa，原药在水中溶解度 <1%，溶于二氯甲烷，乙酸乙酯。

常见制剂类型：乳油。

【毒　　性】对兔眼睛刺激不明显，对兔皮肤有刺激作用，对豚鼠皮肤无过敏性。

【税则号列】有效成分：29339900　　　　制剂：38089119（零售包装），38089190（其他）

**0112018　　丁硫克百威　　Carbosulfan**

【别　　名】好年冬，丁硫威，好安威，Marshal，Advantage

【有效成分】2, 3-二氢-2, 2-二甲基苯并呋喃-7-基（二丁基氨基硫）甲基氨基甲酸酯

【商品类别】氨基甲酸酯类杀虫剂

【结 构 式】

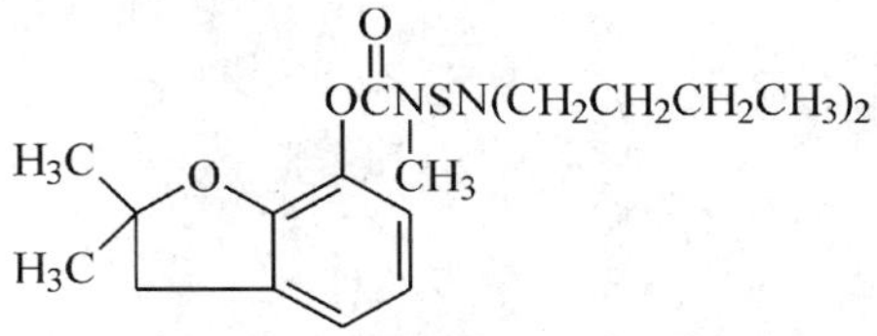

【商品属性】在昆虫体内代谢为有毒的呋喃丹起杀虫作用，其杀虫机制是干扰昆虫神经系统，抑制胆碱酯酶，使昆虫的肌肉及腺体持续兴奋，而导致昆虫死亡。该药具内吸性，对昆虫具有触杀及胃毒作用，持效期长，杀虫谱广，可用于防治柑橘、水稻、蔬菜上的多种害虫。

桔黄色至棕色透明黏稠液体，沸点 124 ~ 128℃，蒸气压 0.041mPa（25℃），密度 1.056（20℃）。几乎不溶于水，溶于大多有机溶剂，如二甲苯、己烷、氯仿、二氯甲烷、甲醇、乙醇、丙酮等，水溶液中水解。

常见制剂类型：乳油、颗粒剂。

【毒　　性】雄、雌大白鼠经口 $LD_{50}$ 分别为 250、185mg/kg，兔急性经皮 $LD_{50}$ 大于 2000mg/kg，雄、雌大白鼠和小白鼠两年饲喂无作用（致突变）剂量为 20mg/kg饲料。对人的 ADI 为 0.01mg/kg 体重。

【税则号列】有效成分：29329990　　制剂：38089119（零售包装），38089190（其他）

**0112019　硫双威　Thiodicarb**

【别　　名】拉维因，硫双灭多威，Larvin，Lepicron，Nivral，Semevin，Dicarbasulf

【有效成分】3, 7, 9, 13-四甲基-5, 11-二氧-2, 8, 14-三硫-4, 7, 9, 12-四-氮杂十五烷-3, 12-二烯-6, 10-二酮

【商品类别】氨基甲酰肟类杀虫剂

【结 构 式】

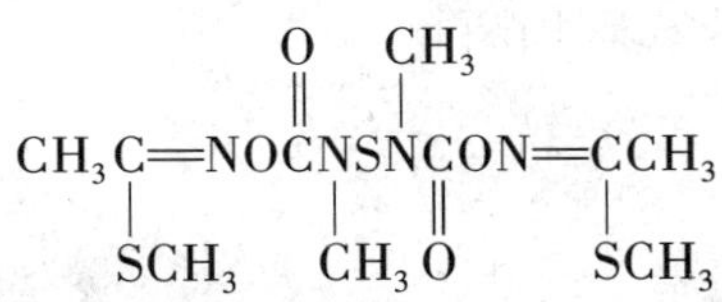

【商品属性】抑制昆虫体内的胆碱酯酶，使昆虫致死。但这是一种可逆性抑制，如果昆虫不中毒死亡，酶可以脱氨基甲酰化而恢复。以茎叶喷雾和种子处理许多作物，具有一定的触杀和胃毒作用，对主要的鳞翅目、鞘翅目和双翅目害虫有效，对鳞翅目的卵和成虫也有较高的活性。

无色晶体，原药为浅棕褐色晶体，熔点 173 ~ 174℃，蒸气压 5.7mPa（20℃），密度 1.44g/ml（20℃）。溶解度（mg/L）：水 35（25℃），二氯甲烷 150，丙酮 8，甲醇 5，二甲苯 3（g/kg，25℃）。pH6 稳定，pH9 很快水解，pH3 缓慢水解（DT50 约 9 天），其水悬液在日光下分解。60℃以下稳定。

常见制剂类型：可湿性粉剂、悬浮剂。

【毒　　性】对鼠、兔皮肤和眼镜稍有刺激。

【税则号列】有效成分：29309090　　制剂：38089119（零售包装），38089190（其他）

**0112020　异索威　Isolan**

【别　　名】异索威，异兰，异索兰

【有效成分】1-异丙基-3-甲基吡唑-5-基 N，N-二甲基氨基甲酸酯

【商品类别】氨基甲酸酯杀虫剂

【结 构 式】

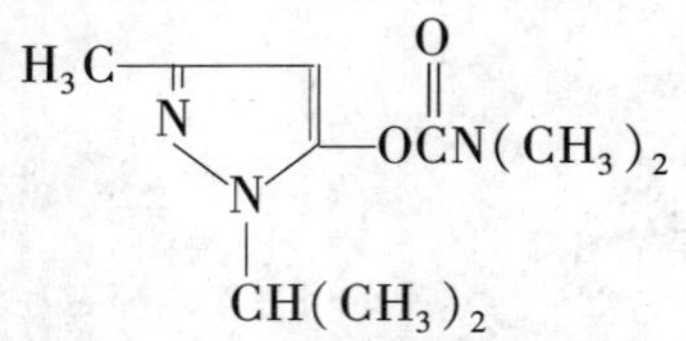

【商品属性】用于防治蚜虫。

比重 1.07，沸点 105~107℃（43.99 巴）。不溶于水。受热分解有毒氧化氮气体。

【毒　　性】剧毒。

【税则号列】有效成分：29331990　　　制剂：38089119（零售包装），38089190（其他）

**0112021　　害扑威　　CPMC**

【别　　名】

【有效成分】2-氯苯基 N-甲基氨基甲酸酯

【商品类别】氨基甲酸酯杀虫剂

【结 构 式】

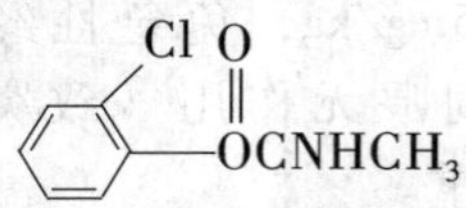

【商品属性】为低毒杀虫剂品种。熔点 90~91℃。

常见制剂类型：可湿性粉剂，乳油。

【毒　　性】

【税则号列】有效成分：29242990　　　制剂：38089119（零售包装），38089190（其他）

**0112022　　吡唑威　　Pyrolan**

【别　　名】

【有效成分】1-苯基-3-甲基吡唑-5-基 N, N-二甲基氨基甲酸酯

【商品类别】氨基甲酸酯杀虫剂

【结 构 式】

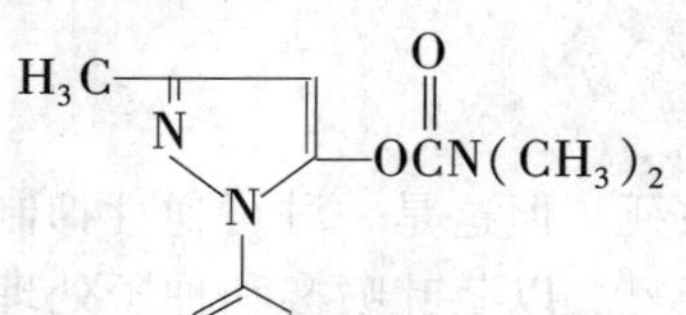

【商品属性】熔点 50℃，燃烧产生有毒氮氧化物气体。

【毒　　性】高毒。

【税则号列】有效成分：29331990　　　制剂：38089119（零售包装），38089190（其他）

**0112023　　除害威　　Allyxycarb**

【别　　名】

【有效成分】4-N, N-二烯丙基氨基-3, 5-二甲基苯基 N-甲基氨基甲酸酯

【商品类别】氨基甲酸酯杀虫剂

【结 构 式】

【商品属性】燃烧产生有毒氮氧化物气体。

【毒　　性】剧毒。
【税则号列】有效成分：29242990　　　　制剂：38089119（零售包装），38089190（其他）

**0112024　　敌蝇威　　Dimetilan**
【别　　名】
【有效成分】2-二甲基氨基甲酰-3-甲基吡唑-5-基 N，N-二甲基氨基甲酸酯
【商品类别】氨基甲酸酯杀虫剂
【结 构 式】
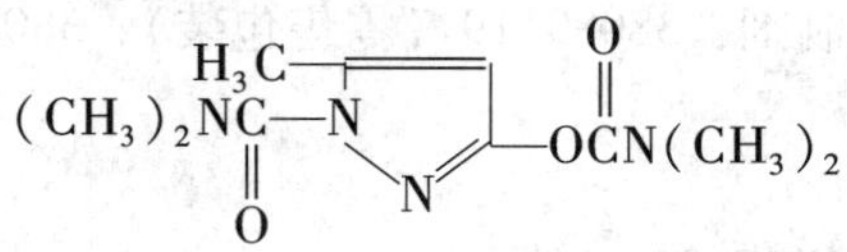
【商品属性】熔点 68～71℃，沸点 200～210℃（1732.9 巴），受热分解有毒氧化氮气体。
【毒　　性】剧毒。
【税则号列】有效成分：29331990　　　　制剂：38089119（零售包装），38089190（其他）

**0112025　　多杀威　　EMPC**
【别　　名】
【有效成分】4-乙硫基苯基 N-甲基氨基甲酸酯
【商品类别】氨基甲酸酯类杀虫剂
【结 构 式】
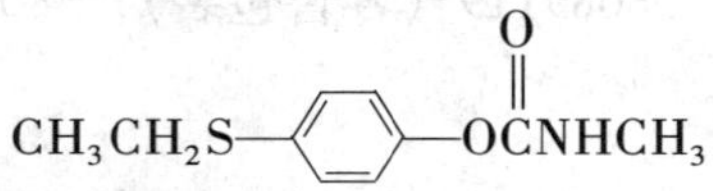
【商品属性】熔点 83～84℃，燃烧产生有毒氮氧化物和氧硫化物气体。
【毒　　性】高毒。
【税则号列】有效成分：29309090　　　　制剂：38089119（零售包装），38089190（其他）

**0112026　　合杀威　　Bufencarb**
【别　　名】必克虱，BUX-TEN，Bux
【有效成分】3-（1-甲基丁基）苯基 N-甲基氨基甲酸酯和 3-（1-乙基丙基）苯基 N-甲基氨基甲酸酯的混合物
【商品类别】氨基甲酸酯杀虫剂
【结 构 式】
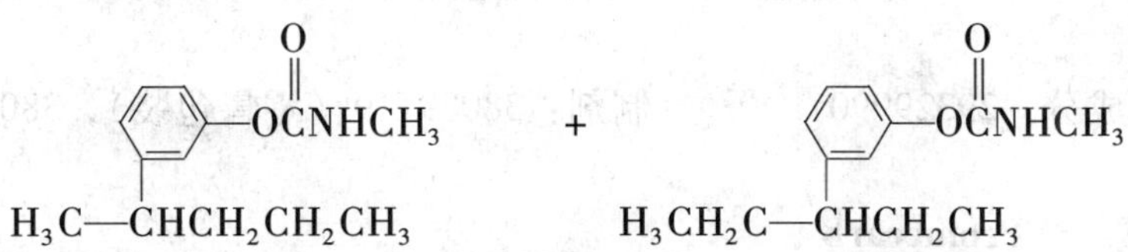
【商品属性】比重 1.024，熔点 26～39℃，沸点 125℃（5.33 巴），燃烧产生有毒氮氧化物气体。
【毒　　性】高毒。
【税则号列】有效成分：29242990　　　　制剂：38089119（零售包装），38089190（其他）

**0112027　　嘧啶威　　Pyramat**
【别　　名】
【有效成分】2-正丙基-6-甲基嘧啶-4-基 N，N-二甲基氨基甲酸酯
【商品类别】氨基甲酸酯类杀虫剂

【结 构 式】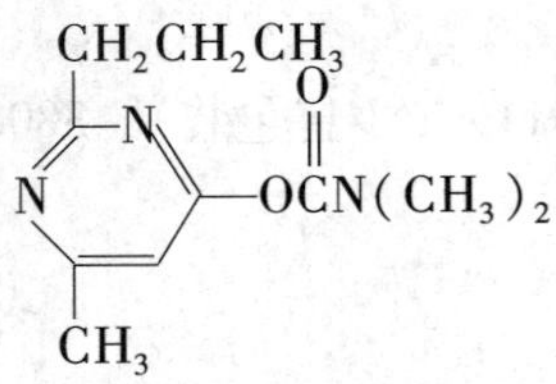

【商品属性】熔点 108 ~ 109℃（8031.3 巴），燃烧产生有毒氮氧化物气体。
【毒　　性】高毒。
【税则号列】有效成分：29335990　　　　制剂：38089119（零售包装），38089190（其他）

**0112028　　地麦威　　Dimetan**

【别　　名】地麦丹，胺甲苯酚，二甲兰，烯酮威
【有效成分】5, 5-二甲基-3-氧代环己烯-1-基 N，N-二甲基氨基甲酸酯
【商品类别】杀虫剂
【结 构 式】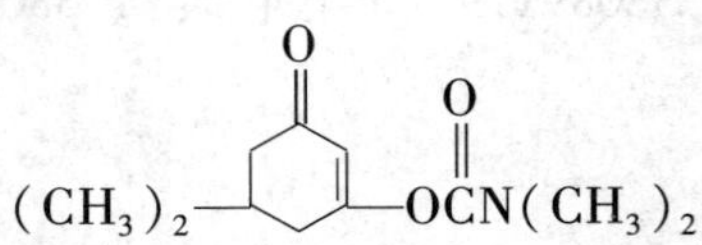

【商品属性】熔点 43 ~ 45℃，燃烧产生有毒氮氧化物气体。
【毒　　性】高毒。
【税则号列】有效成分：29242900　　　　制剂：38089119（零售包装），38089190（其他）

**0112029　　二氧威　　Dioxacarb**

【别　　名】
【有效成分】2-（1, 3-二氧戊环-2-基）苯基 N-甲基氨基甲酸酯
【商品类别】杀虫剂
【结 构 式】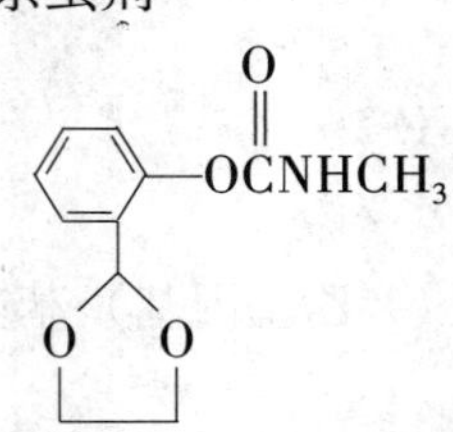

【商品属性】熔点 114 ~ 115℃，燃烧产生有毒氮氧化物气体。
【毒　　性】剧毒。
【税则号列】有效成分：29329990　　　　制剂：38089119（零售包装），38089190（其他）

**0112030　　猛杀威　　Promecarb**

【别　　名】
【有效成分】3-异丙基-5-甲基苯基 N-甲基氨基甲酸酯
【商品类别】杀虫剂
【结 构 式】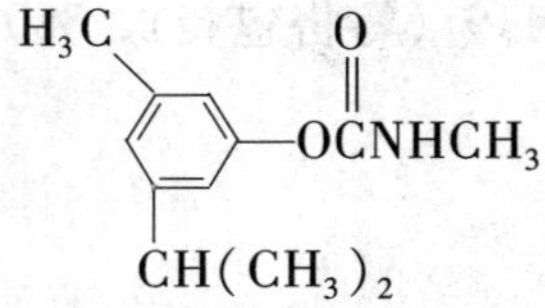

【商品属性】熔点 87 ~ 88℃，沸点 117℃（1.33 巴），燃烧产生有毒氮氧化物气体。
【毒　　性】剧毒。
【税则号列】有效成分：29242990　　　　制剂：38089119（零售包装），38089190（其他）

**0112031　畜虫威　Butacarb**

【别　　名】

【有效成分】3, 5-二特丁基苯基 N-甲基氨基甲酸酯

【商品类别】杀虫剂

【结 构 式】

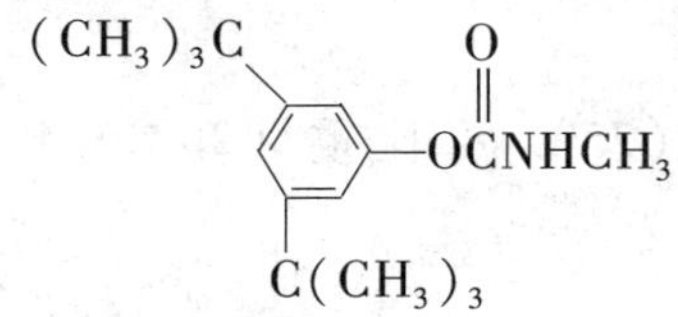

【商品属性】燃烧产生有毒氮氧化物气体。

【毒　　性】中毒。

【税则号列】有效成分：29242990　　制剂：38089119（零售包装），38089190（其他）

## 0113 菊酯类杀虫剂

**0113001　七氟菊酯　Tefluthrin**

【别　　名】Force，Fireban

【有效成分】

【商品类别】拟除虫菊酯类杀虫剂

【结 构 式】

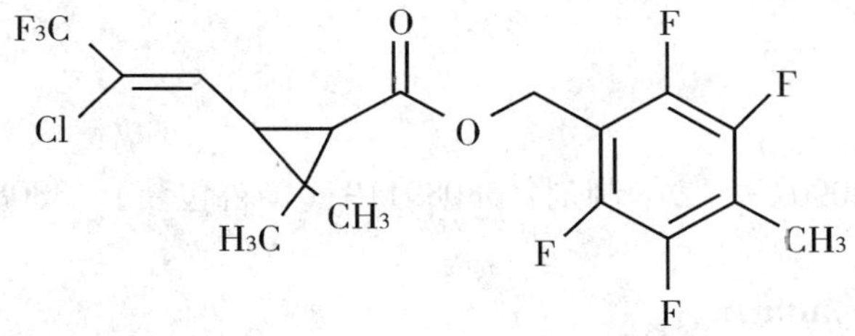

【商品属性】本品属拟除虫菊酯类杀虫剂，是土壤杀虫剂，能很好地防治鞘翅目和栖息在土壤中的鳞翅目和某些双翅目害虫。

纯品为无色固体，原药为米色。溶解度（20℃，mg/L）：水 0.02，丙酮、二氯甲烷、乙酸乙酯、己烷、甲苯（21℃）大于 0.5，甲醇 263。

【毒　　性】低毒。

【税则号列】有效成分：29162090　　制剂：38089119（零售包装），38089190（其他）

**0113002　炔咪菊酯　Imiprothrin**

【别　　名】捕杀雷，依普宁，Pralle

【有效成分】［2, 5-二羰基-3-（2-丙炔基）-1-咪唑啉］甲基-3-（3-（2 甲基-1-烯丙基））-2, 2-二甲基环丙烷羧酸酯

［2, 5-dioxo-3-（2-propynyl）-1-imidazolidinyl］methyl

2, 2-dimethyl-3-（2-methyl-1-propenyl）cyclopropanecarboxylate

【商品类别】拟除虫菊酯类杀虫剂

【结 构 式】

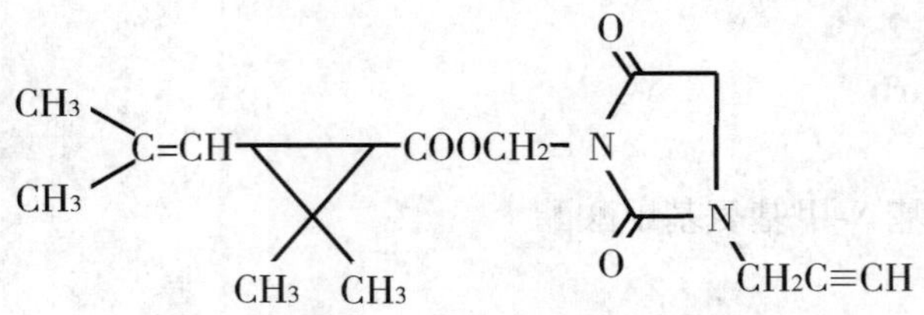

【商品属性】可快速击倒蟑螂等爬虫。

黏稠液体，蒸气压 $1.8 \times 10^{-3}$ mPa（25℃）。比重（20℃）1.1，水中稳定 93.5mg/L（25℃）

常见制剂类型：气雾剂。

【毒　　性】低毒。

【税则号列】有效成分：29332900　　　　制剂：38089119（零售包装），38089190（其他）

**0113003　　苄菊酯　　Dimethrin**

【别　　名】

【有效成分】2,4-二甲基苄基（RS）-2,2-二甲基-3-（2-甲基丙-1-烯基）环丙烷羧酸酯

【商品类别】拟除虫菊酯类杀虫剂

【结 构 式】

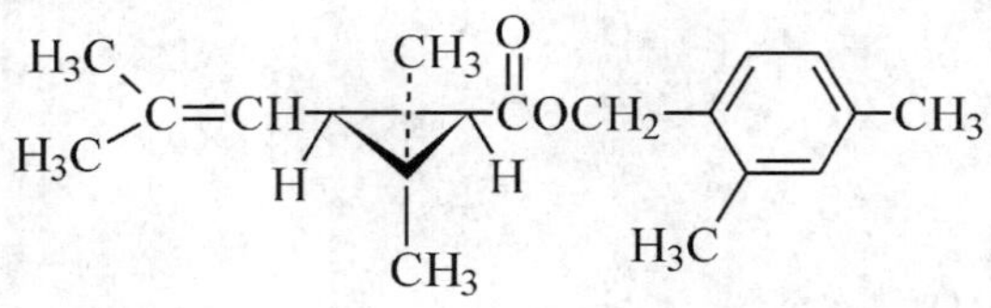

【商品属性】

【毒　　性】低毒。

【税则号列】有效成分：29162090　　　　制剂：38089119（零售包装），38089190（其他）

**0113004　　氟氯氰菊酯　　Cyfluthrin**

【别　　名】百树菊酯，百树得，氟氯氰醚菊酯，百治菊酯，Cyfloxylate，Baythroid，Responsar，Cylathrin

【有效成分】α-氰基-3-苯氧基-4-氟苄基（1R，3R）-3-（2,2-二氯乙烯基）-2,2-二甲基环丙烷羧酸酯

【商品类别】拟除虫菊酯类杀虫剂

【结 构 式】

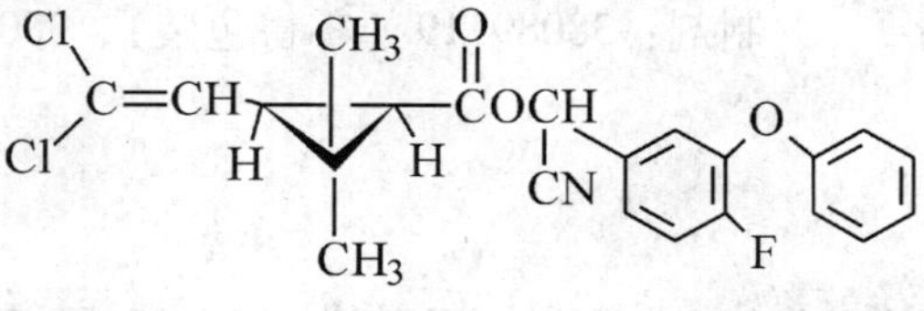

【商品属性】作用于昆虫的神经系统，可快速击倒，残效期长。对多种鳞翅目幼虫有良好效果，也可有效防治某些地下害虫，杀虫谱广，作用迅速，持效期长，对哺乳动物低毒，对作物安全，适用于棉花，果树，蔬菜，茶树，烟草，大豆等。

纯品为黏稠的、部分结晶的琥珀色油状物，熔点60℃（工业品），密度1.27～1.28。溶解度：异构体（Ⅰ），水2.5μg/L（pH3）、2.2μg/L（pH7）（20℃），二氯甲烷、甲苯>200，正己烷10～20，异丙醇20～50（g/L，20℃）；异构体（Ⅱ），水2.1（pH3）、1.9（pH7）（μg/L，20℃），二氯甲烷、甲苯>200，正己烷10～20，异丙醇5～10（g/L，20℃）；异构体（Ⅲ），水3.2（pH3）、

2.2（pH7）（μg/L，20℃），二氯甲烷、甲苯＞200，正己烷、异丙醇10～20（g/L，20℃）；异构体（Ⅳ），水4.3（pH3）、2.9（pH7）（ug/L，20℃），二氯甲烷＞200，正己烷1～2，甲苯100～200，异丙醇2～5g/L，室温稳定。

常见制剂类型：乳油或混合乳油。

【毒　　性】属神经毒剂，接触部位皮肤感到刺痛，但无红斑，尤其在口、鼻周围。很少引起全身性中毒。接触量大时也会引起头痛，头昏，恶心呕吐，双手颤抖，重者抽搐或惊厥、昏迷、休克。

【税则号列】有效成分：29269090　　　制剂：38089119（零售包装），38089190（其他）

**0113005　高效氟氯氰菊酯　Beta-cyfluthrin**

【别　　名】保得，乙体氟氯氰菊酯，Bulldock

【有效成分】（SR）α-氰基-4-氟-3-苯氧基苄基（1RS，3RS；1RS，3SR）-3-（2,2-二氯乙烯基）-2,2-二甲基环丙烷羧酸酯

【商品类别】

【结 构 式】

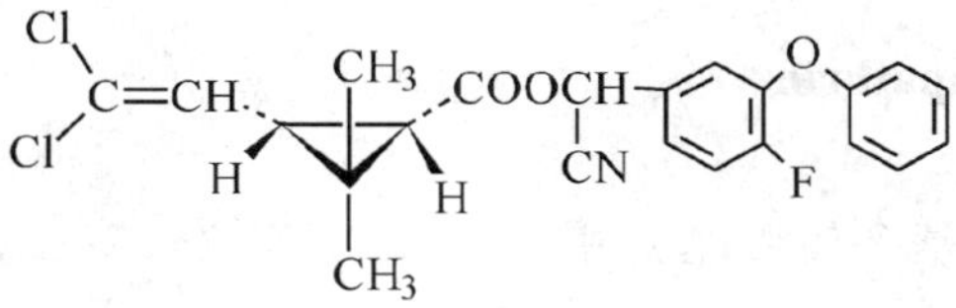

(S)(1R,3R)-异构体

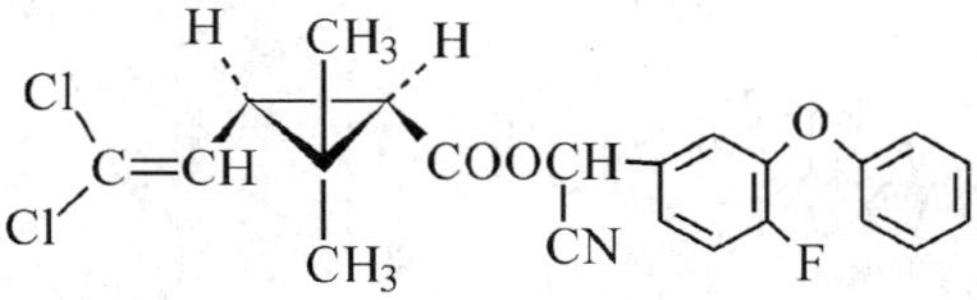

(R)(1S,3S)-异构体

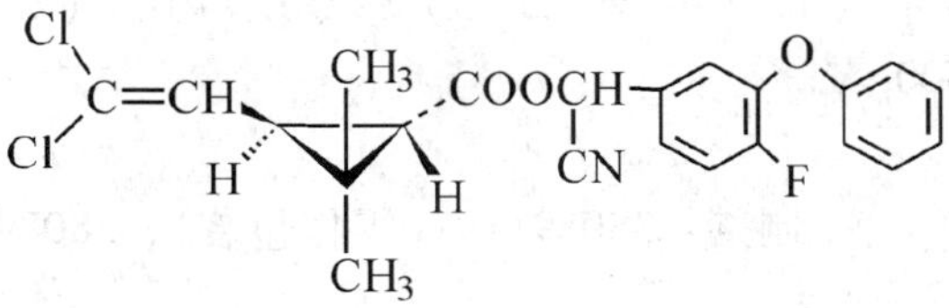

(S)(1R,3S)-异构体

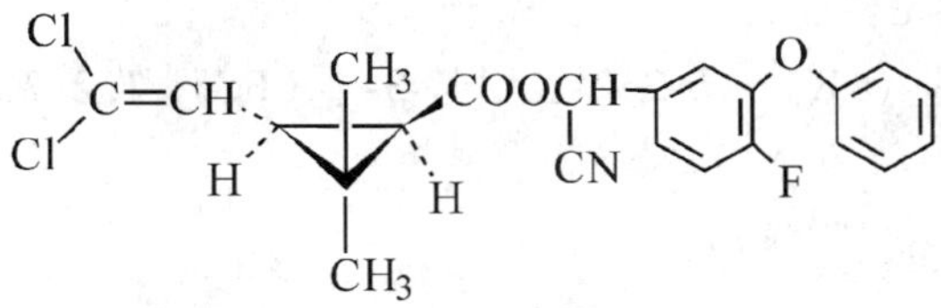

(R)(1S,3R)-异构体

【商品属性】本品杀虫谱广，击倒迅速，持效期长，无内吸作用和渗透性。除对咀嚼式口器害虫如鳞翅目幼虫或鞘翅目的部分甲虫有效外，还可用于刺吸式口器害虫，如梨木虱的防治。若将药液直接喷洒在害虫体上，防效更优，对作物安全。

本品含两对对映体的混合物，其比例约1：2，即（S）-α-氰基-4-氟-3-苯氧基苄基（1R，3R）-3-（2,2-二氯乙烯基）-2,2-二甲基环丙烷羧酸酯和（R）-α-

氰基-4-氟-3-苯氧基苄基（1S，3S）-3-（2,2-二氯乙烯基）-2,2-二甲基环丙烷羧酸酯与（S）-α-氰基-4-氟-3-苯氧基苄基（1R，3S）-3-（2,2-二氯乙烯基）-2,2-二甲基环丙烷羧酸酯和（R）-α-氰基-4-氟-3-苯氧基苄基（1S，3R）-3-（2,2-二氯乙烯基）-2,2-二甲基环丙烷羧酸酯。

纯品外观为无色无臭结晶体，熔点对映体 II 为 81℃，对映体 IV 为 106℃。20℃时在水中溶解度为 $2\times10^{-6}$ g/1000ml，已烷中对映体 II 为 2～5g/1000ml，对映体 IV 为 1～2g/1000ml，二氯甲烷中 >200g/1000ml，异丙醇中对映体 II 为 5～10g/ml，对映体 IV 为 2～5g/1000ml。甲苯中为 200g/1000ml。在正辛醇/水中的分配比为 logpow6.18。

常见制剂类型：乳油或混合乳油。

【毒　　性】属神经毒剂，接触部位皮肤感到刺痛，但无红斑，尤其在口、鼻周围。很少引起全身性中毒。接触量大时也会引起头痛，头昏，恶心呕吐，双手颤抖，重者抽搐或惊厥、昏迷、休克。

【税则号列】有效成分：29269090　　制剂：38089119（零售包装），38089190（其他）

**0113006　吡氯氰菊酯　Fenpropathrin**

【别　　名】

【有效成分】（RS）-氰基（6-苯氧基-2-吡啶基）甲基（RS）-3-（2,2-二氯乙烯基）-2,2-二甲基环丙烷羧酸酯

【商品类别】拟除虫菊酯类杀虫剂

【结 构 式】

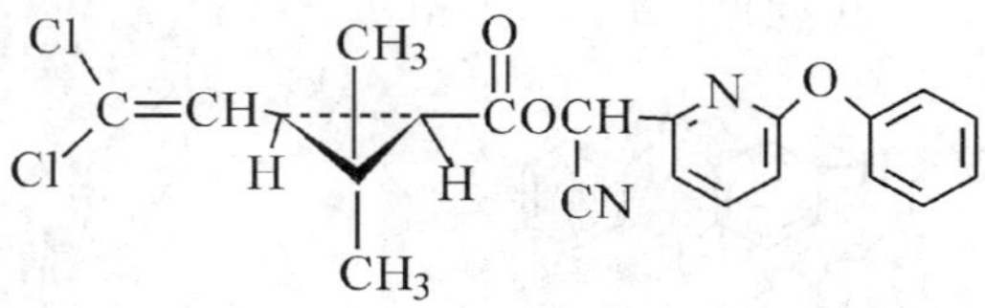

【商品属性】白色晶体，熔点 51.4（℃），比重（24℃）1.18。

溶解度：水（25℃）14.1μg/ml，甲醇（20℃）97g/L，丙酮（20℃）>500g/L，环己烷（20℃）>500g/L。

【毒　　性】剧毒。

【税则号列】有效成分：29333990　　制剂：38089119（零售包装），38089190（其他）

**0113007　四溴菊酯　Tralomethrin**

【别　　名】凯撒，四溴氟菊酯，Cesar，Scout

【有效成分】（S）-a-氰基-3-苯氧苄基（1R）-cis-2,2-二甲基-3-［（RS）-1,2,2,2-四溴乙基］环丙烷羧酸酯

【商品类别】拟除虫菊酯类杀虫剂

【结 构 式】

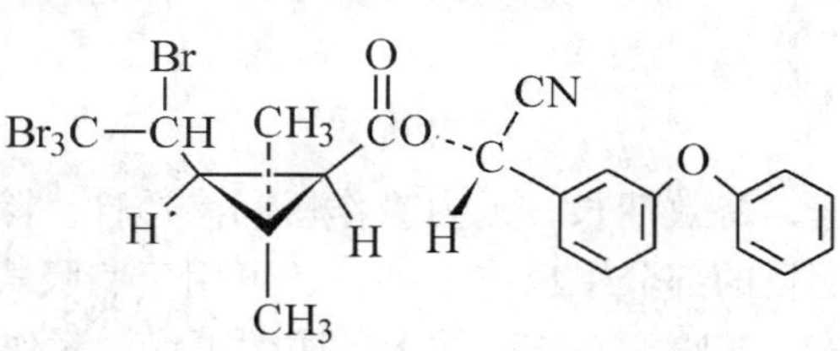

【商品属性】本品是一种新型拟除虫菊酯类杀虫剂，是一种在溴氰菊酯结构基础上打开双键加入两个溴原子而成的新型化合物，对抗性害虫有较高的杀虫活性。本品对害

虫具有触杀和胃毒作用，杀虫迅速，用量低，效果高。生产中可与氨基甲酸酯类、有机磷酸酯类等的复配制剂交替轮换使用，以延长其使用寿命。如果在危害之前使用，可以保护大多数作物不受半翅目害虫危害，土表喷雾，可防治地老虎和切根虫等害虫。

桔到黄色树脂状固体（原药 > 93%），熔点 138 ~ 148℃，蒸气压 17μPa（25℃），密度 1.70。溶解度：水 70mg/kg，丙酮、二氯甲烷、甲苯、二甲苯 > 1000，二甲基亚砜 > 500，乙醇 > 180（g/L）。50℃稳定 6 个月，酸性介质中减缓水解和差向异构。

常见制剂类型：可湿性粉剂。

【毒　　性】属神经毒剂，接触部位皮肤感到刺痛，尤其在口、鼻周围但无红斑。很少引起全身性中毒。接触量大时会引起头痛、头昏、恶心、呕吐、双手颤抖，全身抽搐或惊厥、昏迷、休克。

【税则号列】有效成分：29269090　　　　制剂：38089119（零售包装），38089190（其他）

**0113008　　乙氰菊酯　　Cycloprothrin**

【别　　名】赛乐收，杀螟菊酯，稻虫菊酯，Cyclosal，Phencyclate，Fencyclate

【有效成分】α-氰基-3′-苯氧基苄基（RS）-2,2-氯-1-（4-乙氧苯基）-2,2-二氯环丙烷羧酸酯

【商品类别】拟除虫菊酯类杀虫剂

【结 构 式】

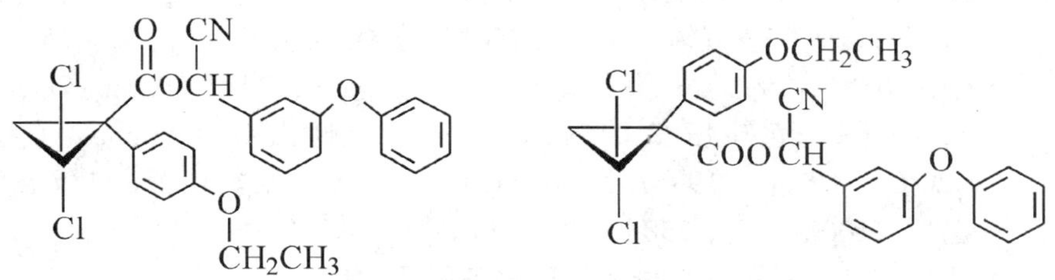

【商品属性】无内吸和熏蒸作用。本品杀虫谱广，除主要用于水稻害虫的防治，还可用于其他旱地作物，蔬菜和水果等害虫的防治，具有驱避和拒食作用，对植物体安全。几乎无胃毒作用，能抑制产卵。能有效地防治二化螟、斜纹夜蛾、小菜蛾、菜粉蝶、褐带卷叶蛾、黑尾叶蝉、桃蚜、稻根象、稻象甲、二十八星瓢虫等、对有机磷和氨基甲酸酯类杀虫剂产生抗性的黑尾叶蝉品系，其活性高于敏感品系。

黄色至棕黄色黏稠液体（工业品），沸点 140 ~ 145℃/0.001mmHg，密度 1.256（25℃），蒸气压 2.13mPa（20℃），水中溶解度 0.091mg/L（25℃），溶于大多数有机溶剂，中度溶于脂肪烃类，见光和 190℃及以下温度的条件下稳定。

【毒　　性】属神经毒剂，接触部位皮肤感到刺痛，但无红斑，尤其在口、鼻周围。很少引起全身性中毒。接触量大时也会引起头痛，头昏，恶心呕吐，双手颤抖，重者抽搐或惊厥、昏迷、休克。无致畸、致癌、致突变作用。

【税则号列】有效成分：29269090　　　　制剂：38089119（零售包装），38089190（其他）

**0113009　　氯菊酯　　Permethrin**

【别　　名】苄氯菊酯，除虫精，二氯苯醚菊酯，Ambush，Ambushfog，Perthrine，Kalif，Talcird，Outflank，Stockade，Coopex，Qamlin，Stomoxin，Perigen，Pounce，Talcord

【有效成分】（3-苯氧苄基）甲基顺式，反式（±）-3-（2,2-二氯乙烯基）-2,2-二甲基环丙烷羧酸酯

【商品类别】拟除虫菊酯类杀虫剂

【结 构 式】

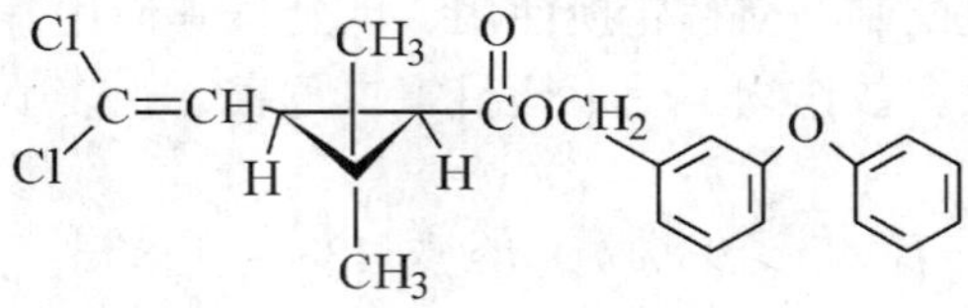

生物氯菊酯：3-苯氧基苄基（1R，3S）-3-（2,2-二氯乙烯基）-2,2-二甲基环丙烷羧酸酯

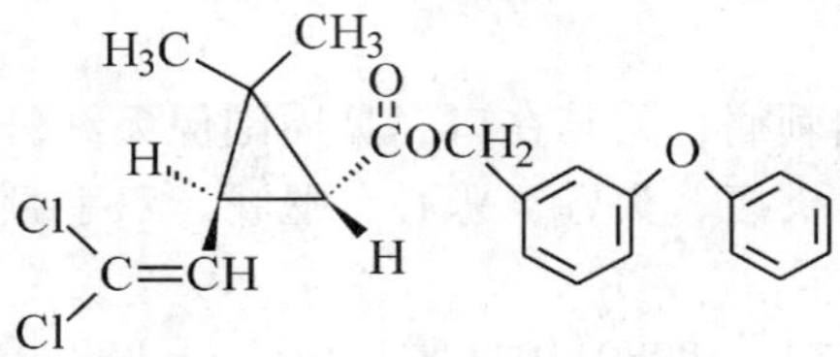

【商品属性】是一种不含氰基结构的拟除虫菊酯类杀虫剂，具有拟除虫菊酯类农药的一般特性，如触杀和胃毒作用，无内吸熏蒸作用，杀虫谱广，在碱性介质及土壤中易分解失效，此外，与含氰基结构的菊酯相比，对高等动物毒性更低，刺激性相对较小，击倒速度更快，同等使用条件下害虫抗性发展相对较慢。氯菊酯杀虫活性相对较低，单位面积使用剂量相对较高，而且在阳光照射下易分解，可以用于防治棉花，蔬菜，茶叶，果树上多种害虫，尤其适于卫生害虫的防治。

原药为黄到棕色液体，室温下有时部分趋向结晶，熔点 34～35℃，顺式异构体 63～65℃，反式异构体 44～47℃，沸点 200℃/0.1mmHg，大于 290℃/760mmHg，蒸气压 0.045mPa（25℃），顺式 0.0025mPa，反式 0.0015mPa（20℃），密度 1.19～1.27（20℃）。溶解度：水约 0.2mg/L（20℃），二甲苯、己烷 >1000，甲醇 258（g/kg，25℃）。遇热稳定（50℃下保存 2 年），酸性介质比碱性介质稳定，最适宜稳定条件约 pH4。

常见制剂类型：气雾剂颗粒剂。

【毒　　性】属神经毒剂，接触部位皮肤感到刺痛，尤其在口、鼻周围但无红斑。很少引起全身性中毒。接触量大时会引起头痛、头昏、恶心、呕吐、双手颤抖，全身抽搐或惊厥、昏迷、休克。

【税则号列】有效成分：29162090　　　制剂：38089119（零售包装），38089190（其他）

**0113010　戊菊酯　Valerate**

【别　　名】中西除虫菊酯，多虫畏，中西菊酯，杀虫菊酯，戊酸醚酯

【有效成分】（R，S）-3-苯氧苄基（R，S）-2-（4-氯苯基）-3-甲基丁酸酯

【商品类别】拟除虫菊酯杀虫剂

【结 构 式】

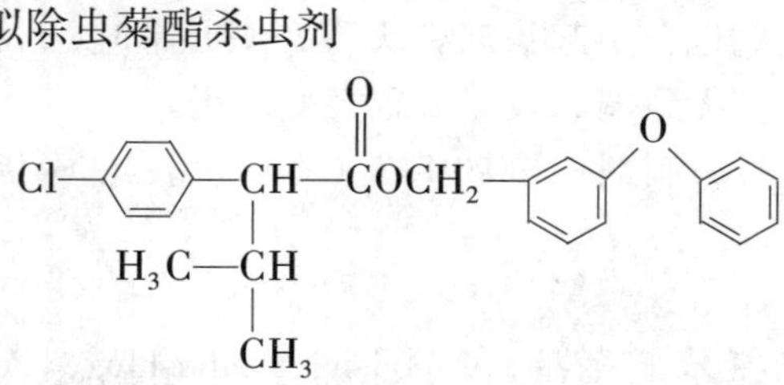

【商品属性】是一种不含氰基结构的拟除虫菊酯杀虫剂，和其他种类的菊酯农药一样，具有触杀、胃毒作用，无熏蒸和内吸作用，杀虫谱广。适用于防治蔬菜、果树、茶树、棉花、水稻等害虫，并有一定刺激生长作用。但比其他菊酯类农药杀虫活性低，单位面积使用的剂量要高，除农用外，更适用于卫生害虫的防治。

原药为黄色至棕色黏稠油状液体，比重1.16，沸点248～250℃（2mmHg）。溶于乙醇、丙酮等有机溶剂，难溶于水。对光稳定，在弱酸性介质中较稳定，在碱性条件下不稳定，遇明火即燃烧。

常见制剂类型：乳油、蚊香。

【毒　　性】属神经毒剂，接触部位皮肤感到刺痛，尤其在口、鼻周围但无红斑。很少引起全身性中毒。接触量大时会引起头痛、头昏、恶心、呕吐、双手颤抖，全身抽搐或惊厥、昏迷、休克。

【税则号列】有效成分：29163990　　制剂：38089119（零售包装），38089190（其他）

**0113011　氰戊菊酯　Fenvalerate**

【别　　名】速灭杀丁，杀灭菊酯，中西杀灭菊酯，敌虫菊酯，百虫灵，速灭菊酯，Sumicidin，Sumitox，Fenvalethrin

【有效成分】α-氰基-3-苯氧苄基（R，S）-2-（4-氯苯基）-3-甲基丁酸酯

【商品类别】拟除虫菊酯类杀虫剂

【结 构 式】

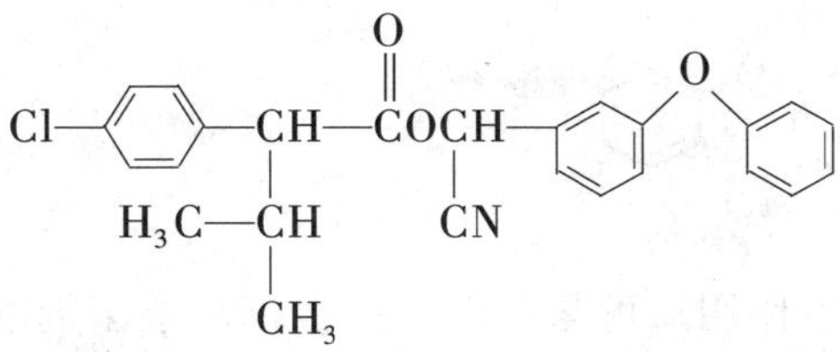

【商品属性】杀虫谱广，对天敌无选择性，无内吸传导和熏蒸作用。对鳞翅目幼虫效果好。对同翅目、直翅目、半翅目等害虫也有较好效果，但对螨类无效。

原药为黄色到褐色黏稠油状液体，室温下有部分结晶析出，蒸馏时分解，密度1.175（25℃）。溶解度：水＜10μg/L（25℃），正已烷53，二甲苯≥200，甲醇84（g/L，20℃）。对热、潮湿稳定，酸性介质中相对稳定，碱性介质中迅速水解。

常见制剂类型：乳油、可湿性粉剂。

【毒　　性】属神经毒剂，接触部位皮肤感到刺痛，但无红斑，尤其在口、鼻周围。很少引起全身性中毒。接触量大时也会引起头痛，头昏，恶心呕吐，双手颤抖，重者抽搐或惊厥、昏迷、休克。

【税则号列】有效成分：29269090　　制剂：38089119（零售包装），38089190（其他）

**0113012　S-氰戊菊酯　Esfenvalerate**

【别　　名】来福灵，顺式氰戊菊酯，高效氰戊菊酯，强力农，白蚁灵，双爱士，Sumi-alpha，Belmark，Pydrin

【有效成分】S-α-氰基-3-苯氧基苄基（S）-2（4-氯苯基）-3-甲基丁酸酯

【商品类别】拟除虫菊酯杀虫剂

【结 构 式】

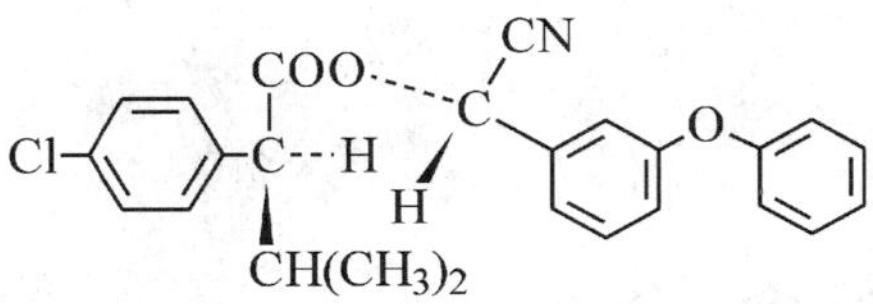

【商品属性】是一种活性较高的拟除虫菊酯类杀虫剂，与氰戊菊酯不同的是它仅含顺式异构体。但杀虫剂活性要比氰戊菊酯高出约4倍，因而使用剂量要低。

纯品为无色晶体。原药为褐色黏稠液体，在23℃为固体。熔点59.0～60.2℃，

沸点 151 ~ 167℃（原药）。密度 1.26（4 ~ 26℃）。溶解度：水 0.002mg/L（25℃），二甲苯、丙酮、氯仿、乙酸乙酯、二甲基甲酰胺、二甲基亚砜 >600，已烷 10 ~ 50，甲醇 70 ~ 100（g/kg，25℃）。对光、热稳定。

常见制剂类型：乳油。

【毒　　性】属神经毒剂，接触部位皮肤感到刺痛，但无红斑，尤其在口、鼻周围。很少引起全身性中毒。接触量大时也会引起头痛，头昏，恶心呕吐，双手颤抖，重者抽搐或惊厥、昏迷、休克。

【税则号列】有效成分：29269090　　制剂：38089119（零售包装），38089190（其他）

**0113013　氟氰戊菊酯　Flucythrinate**

【别　　名】保好鸿，氟氰菊酯，中西氟氰菊酯，Pay-off，Cybolt，Cythrin

【有效成分】（RS）-α-氰基-3-苯氧基苄基（S）-2-（4-二氟甲氧基苯基）-3-甲基丁酸酯

【商品类别】拟除虫菊酯类杀虫剂

【结 构 式】

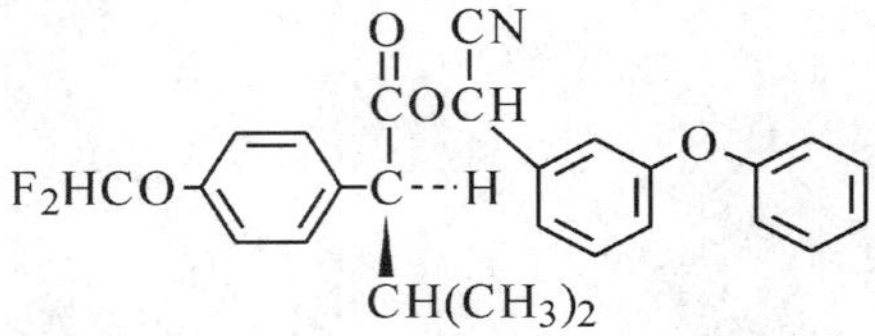

【商品属性】药效迅速，但无熏蒸和内吸作用。可与一般的杀虫剂、杀菌剂混用，其生物活性受温度的影响低于杀灭菊酯和二氯苯醚菊酯。对叶螨有一定抑制作用。

深琥珀色黏稠液体，略带酯味（原药），沸点 108℃/0.35mmHg，蒸气压 0.0012mPa（25℃），密度 1.189（22℃）。溶解度：水 0.5mg/L（21℃），丙酮 >820，二甲苯 1810，辛醇 >780，玉米油 >560，棉籽油 >300，豆油 >300，已烷 90（g/L，21℃）。碱性水溶液中迅速水解，中性酸性介质中稳定，37℃稳定期 1 年，25℃时 2 年以上。

常见制剂类型：乳油。

【毒　　性】属神经毒剂，接触部位皮肤感到刺痛，但无红斑，尤其在口、鼻周围。很少引起全身性中毒。接触量大时也会引起头痛，头昏，恶心呕吐，双手颤抖，重者抽搐或惊厥、昏迷、休克。

【税则号列】有效成分：29269090　　制剂：38089119（零售包装），38089190（其他）

**0113014　氯氰菊酯　Cypermethrin**

【别　　名】兴棉宝，兴棉隆，灭百可，安绿宝，赛波凯，腈二氯苯醚菊酯，轰敌，奥斯它，韩乐宝，格达，赛灭灵，Cymbush，Ripcord，Arrivo，Cyperkill，Kordon，Ustaad，Lucky，Cypermethrinempero

【有效成分】α-氰基-（3-苯氧苄基）（1RS）-顺，反式-2，2-二甲基-3-（-2，2-二氯乙烯基）环丙烷羧酸酯

【商品类别】拟除虫菊酯类杀虫剂

【结 构 式】

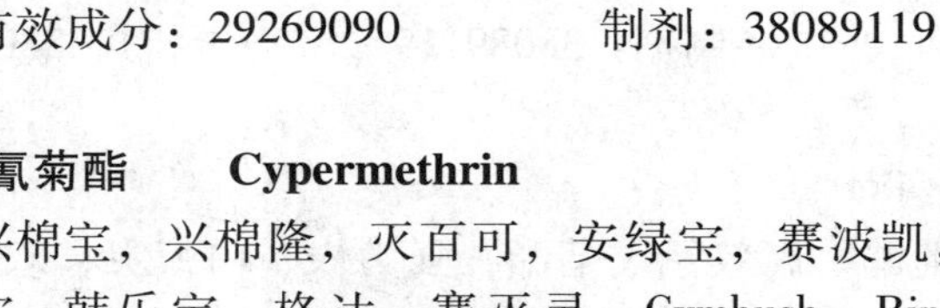

【商品属性】杀虫谱广，药效迅速，对光、热稳定，对某些害虫的卵具有杀伤作用，可防治

对有机磷产生抗性的害虫，但对螨类和盲蝽防效差，该药残效期长，正确使用时对作物安全。

棕黄色至深红色黏稠半固体（室温），密度 1.23，熔点 60～80℃（工业品），闪点 80℃。水中溶解度极低，易溶于酮类，醇类及芳烃类溶剂，在中性、酸性条件下稳定，强碱条件下水解，热稳定性良好（220℃以内），常温贮存 2 年以上。

常见制剂类型：乳油、气雾剂。

【毒　　性】兔急性经皮 2400mg/kg 以上。对皮肤微有刺激作用，对眼睛有中等刺激作用，能引起皮肤过敏。

【税则号列】有效成分：29269090　　　　制剂：38089119（零售包装），38089190（其他）

**0113015　　高效氯氰菊酯　　Beta-cypermethrin**

【别　　名】高灭灵，三敌粉，无敌粉，卫害净，High effect cypermethrin，High active cyanothrin

【有效成分】2,2-二甲基-3-（2,2-二氯乙烯基）环丙烷羧酸-α-氰基-（3-苯氧基）一苄酯，顺反式比约 40:60。

【商品类别】拟除虫菊酯类杀虫剂

【结 构 式】

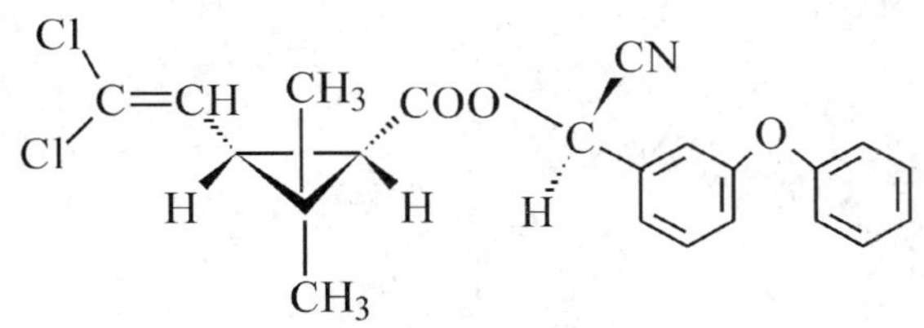

(S)(1R,3R)-异构体

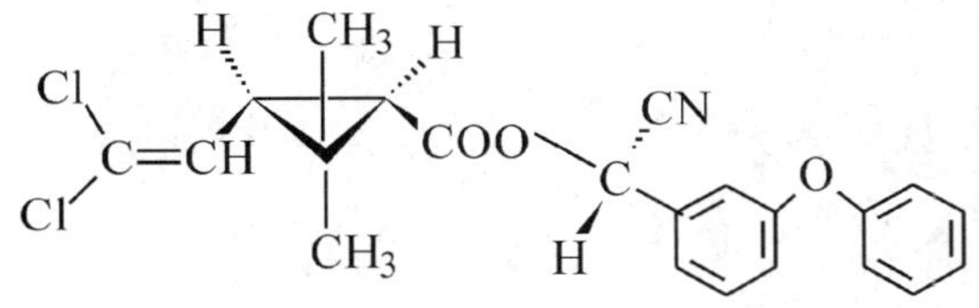

(R)(1S,3S)-异构体

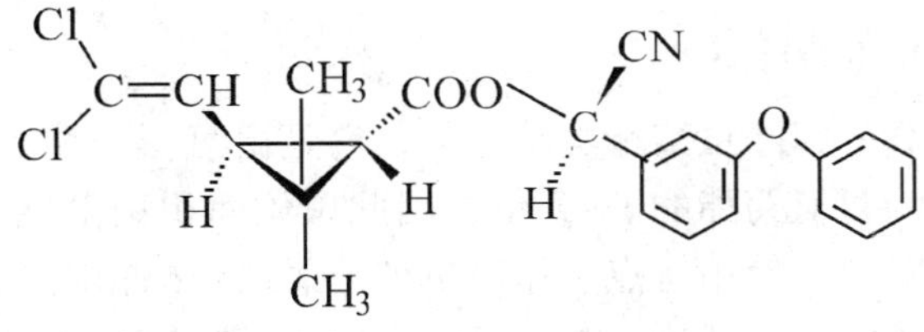

(S)(1R,3S)-异构体

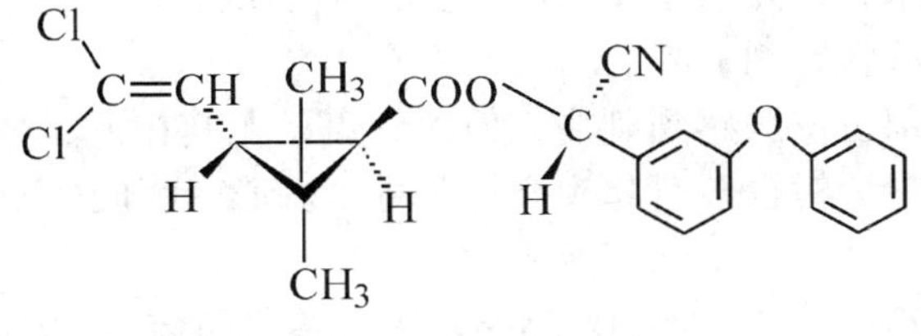

(R)(1S,3R)-异构体

【商品属性】本品是两对外消旋体混合物，其顺反比约2:3。
生物活性较高，是氯氰菊酯的高效异构体，杀虫谱广，击倒速度快。
白色或略带奶油色的结晶或粉末，熔点60～65℃，难溶于水，易溶于酮类（如丙酮）及芳烃类（如苯、二甲苯）中，醇类、中性或弱酸性下稳定，遇碱易分解，室温下贮存2年不分解。
常见制剂类型：乳油。

【毒　　性】

【税则号列】有效成分：29269090　　制剂：38089119（零售包装），38089190（其他）

**0113016　顺式氯氰菊酯　Alpha-cypermethrin**

【别　　名】高效灭百可，高效安绿宝，奋斗呐，快杀敌，虫毙王，奥灵，高效氯氰菊酯，百事达，Fastac，Bestox，Fendona，Concord，Renegada，Alphamethrin

【有效成分】（1R）-顺式-2,2-二甲基-3-（2,2-二氯乙烯基）环丙烷羧酸-（S）-α-氰基-3-苯氧基苄酯（1S）-顺式-2,2-二甲基-3-（2,2-二氯乙烯基）环丙烷羧酸-（R）-a-氰基-3-苯氧基苄酯

【商品类别】拟除虫菊酯类杀虫剂

【结 构 式】

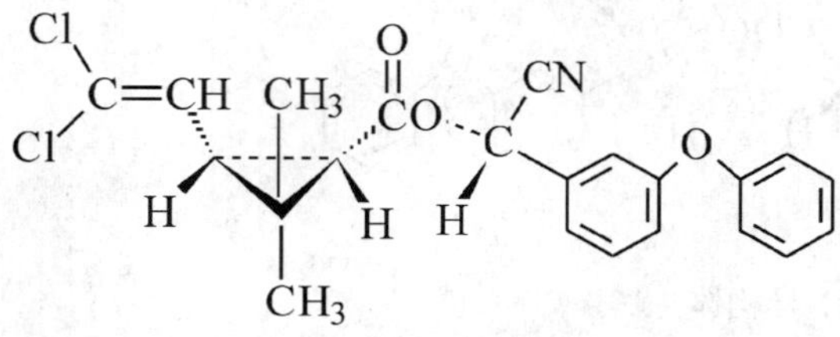

(S) (1R,3R)-异构体

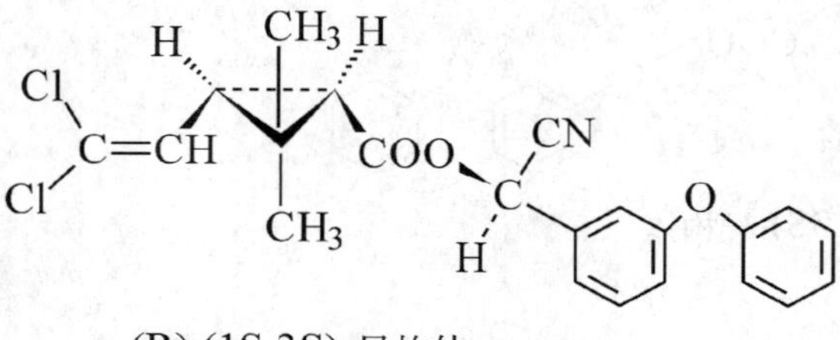

(R) (1S,3S)-异构体

【商品属性】为一种生物活性较高的拟除虫菊酯类杀虫剂，它是由氯氰菊酯的高效异构体组成。其杀虫活性约为氯氰菊酯的1～3倍，因此单位面积用量更少，效果更高，其应用范围、防治对象、使用特点、作用机理与氯氰菊酯相同。
原药为白色或奶油色结晶或粉末，熔点78～81℃，沸点200℃/9.3Pa，常温下在水中溶解度极低，易溶于酮类、醇类及芳烃类溶剂，在中性、酸性条件下稳定，在强碱条件下水解，热（至200℃）稳定性良好。
常见制剂类型：可湿性粉剂、乳油。

【毒　　性】属神经毒剂，接触部位皮肤感到刺痛，但无红斑，尤其在口、鼻周围。很少引起全身中毒。接触量大时也会引起头痛、头昏、恶心、呕吐、双手颤抖，重者抽搐或惊厥、昏迷、休克。

【税则号列】有效成分：29269090　　制剂：38089119（零售包装），38089190（其他）

**0113017　溴氰菊酯　Deltamethrin**

【别　　名】敌杀死，凯安保，凯素灵，天马，谷虫净，增效百虫灵，Decis，K-obiol，K-othrin

【有效成分】右旋-顺式-2,2-二甲基-3-（2,2-二溴乙烯基）环丙烷羧酸-（S）-α-氰基-3-苯氧基苄酯

【商品类别】拟除虫菊酯类杀虫剂

【结 构 式】

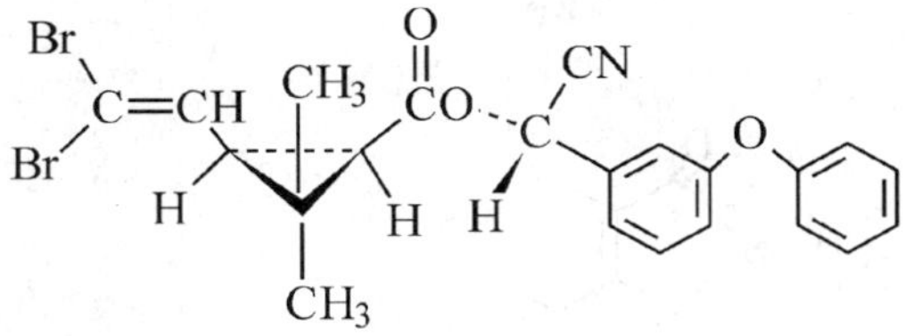

【商品属性】以触杀、胃毒为主，对害虫有一定驱避与拒食作用，无内吸熏蒸作用。杀虫谱广，击倒速度快，尤其对鳞翅目幼虫及蚜虫杀伤力大，但对螨类无效，作用部位在神经系统，为神经毒剂，使昆虫过度兴奋、麻痹而死。适用于棉花、叶菜、茶、苹果、柑橘等作物。并可用于防治森林松毛虫，仓储害虫及卫生害虫。

无色结晶，熔点 100～102℃，密度 0.55g/$cm^3$（25℃）。溶解度：水 <0.2μg/L（25℃），二噁烷 900、环己酮 750、二氯甲烷 700、丙酮 500、苯 450、二甲亚砜 450、二甲苯 250、乙醇 15、异丙醇 6g/L（20℃）。暴露于空气中非常稳定，低于 190℃稳定，在酸性条件下比碱性条件下更稳定，紫外光下脱溴。顺式异构体化酯链打开。

常见制剂类型：乳油。

【毒　　性】属神经毒剂，接触部位皮肤感到刺痛，但无红斑，尤其在口、鼻周围。很少引起全身性中毒。接触量大时也会引起头痛，头昏，恶心呕吐，双手颤抖，重者抽搐或惊厥、昏迷、休克。

【税则号列】有效成分：29269090　　　　制剂：38089119（零售包装），38089190（其他）

**0113018　醚菊酯　Etofenprox**

【别　　名】利来多，多来宝，Trebon，Lenatop，Ethofenprox，MTI-500

【有效成分】2-（4-乙氧基苯基）-2-甲基丙基-3-苯氧苄基醚

【商品类别】拟除虫菊酯类杀虫剂

【结 构 式】

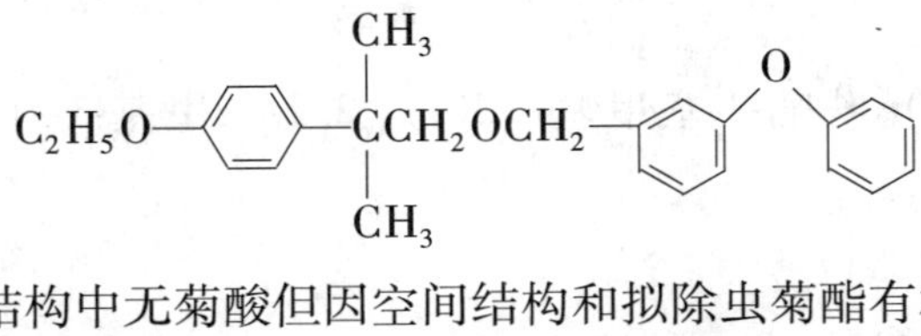

【商品属性】结构中无菊酸但因空间结构和拟除虫菊酯有相似之处，所以仍称为类似拟除虫菊酯类的杀虫剂，具有杀虫谱广、杀虫活性高、击倒速度快、持效期较长、对稻田蜘蛛等天敌杀伤力较小，对作物安全等优点。

无色结晶，熔点 36.4～38℃，沸点 200℃/0.18mmHg，蒸气压 32mPa（100℃），密度 1.157（23℃，固体）、1.067（40.1℃，液体）。溶解度：水 1μg/L（25℃），氯仿 9，丙酮 7.8，乙酸乙酯 6，二甲苯 4.8，甲醇 0.066（kg/L，25℃）。酸碱介质中稳定，对光稳定。

常见制剂类型：悬浮剂、气雾剂。

【毒　　性】摄入量小，无全身毒性。对皮肤和眼睛无刺激作用

【税则号列】有效成分：29093090　　　　制剂：38089119（零售包装），38089190（其他）

**0113019　　氯胺菊酯**

【别　　名】

【有效成分】α，2-二甲基-3-（α，2-二氯乙烯基）环丙烷羧酸-3, 4, 5, 6-四氢酞酞亚胺基甲基酯

【商品类别】拟除虫菊酯类杀虫剂

【结 构 式】

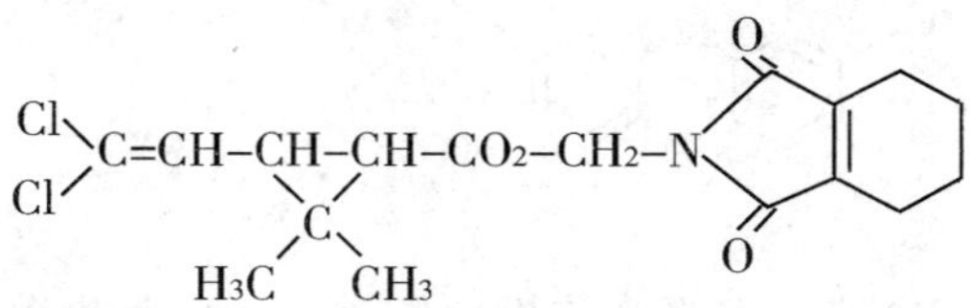

【商品属性】原药为白色粉末状；熔点为 103～105℃；温度 25℃时，在丙酮中溶解度为 20%（w/w）、乙醇为 2.5%、脱臭煤油为 1%；无特殊气味。

【毒　　性】低毒。

【税则号列】有效成分：29251900　　　　制剂：38089119（零售包装），38089190（其他）

**0113020　　喃烯菊酯　　Japothrins**

【别　　名】

【有效成分】5-（2-烯丙基）-2-呋喃基甲基（RS）-2, 2-二甲基-3-（2-甲基丙-1-烯基）环丙烷羧酸酯

【商品类别】拟除虫菊酯类杀虫剂

【结 构 式】

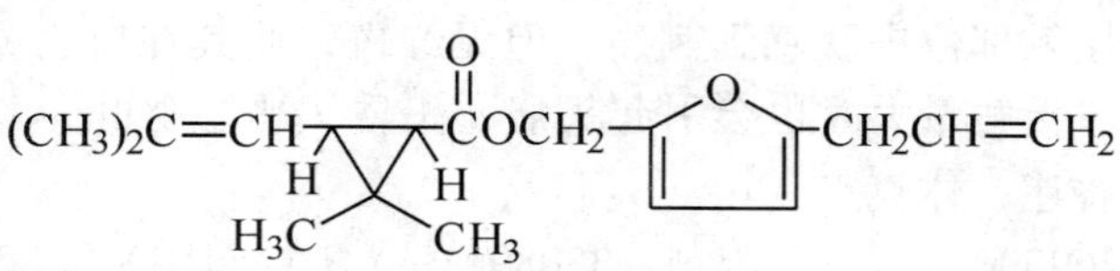

【商品属性】

【毒　　性】

【税则号列】有效成分：29321900　　　　制剂：38089119（零售包装），38089190（其他）

**0113021　　甲呋炔菊酯　　Proparthrin**

【别　　名】

【有效成分】2-甲基-5-（2-丙炔基）呋喃-3-基甲基（RS）-2, 2-二甲基-3-（2-甲基丙-1-烯基）环丙烷羧酸酯

【商品类别】拟除虫菊酯类杀虫剂

【结 构 式】

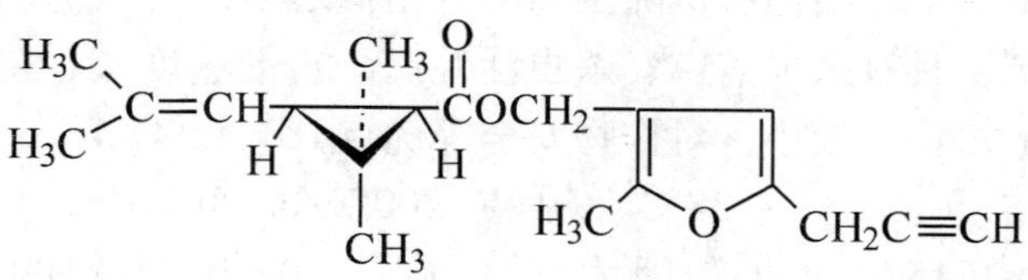

【商品属性】

【毒　　性】

【税则号列】有效成分：29321900　　　　制剂：38089119（零售包装），38089190（其他）

**0113022　　苄烯菊酯　　Butethrin**

【别　　名】

【有效成分】3-氯-4-苯基丁-2-烯基（RS）-2, 2-二甲基-3-（2-甲基丙-1-烯基）环丙烷羧酸酯

【商品类别】拟除虫菊酯类杀虫剂

【结 构 式】

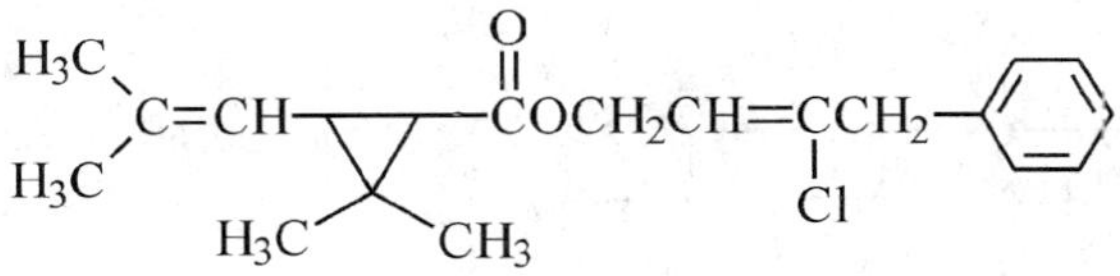

【商品属性】

【毒　　性】

【税则号列】有效成分：29162090　　　　制剂：38089119（零售包装），38089190（其他）

**0113023　　溴氯氰菊酯　　Tralocythrin**

【别　　名】

【有效成分】（RS）-α-氰基-3-苯氧基苄基［（RS）-1, 2-二溴-2, 2-二氯乙基］-2, 2-二甲基环丙烷羧酸酯

【商品类别】拟除虫菊酯类杀虫剂

【结 构 式】

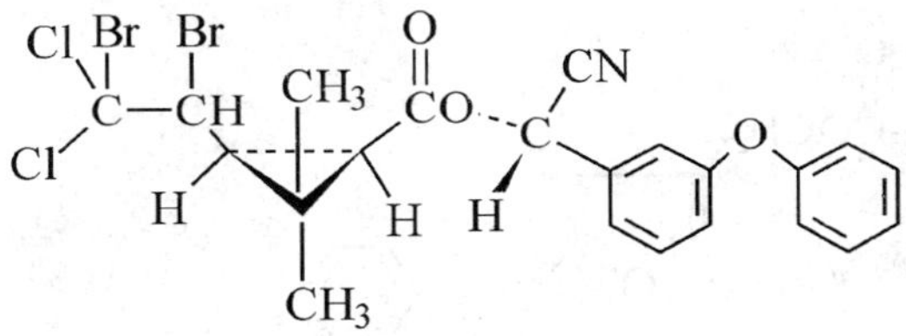

【商品属性】

【毒　　性】

【税则号列】有效成分：29269090　　　　制剂：38089119（零售包装），38089190（其他）

**0113024　　五氟苯菊酯　　Fenfluthrin**

【别　　名】芬氟司林（药品）

【有效成分】2, 3, 4, 5, 6-五氟苄基（1R, 3S）-3-（2, 2-二氯乙烯基）-2, 2-二甲基环丙烷羧酸酯

【商品类别】拟除虫菊酯类杀虫剂

【结 构 式】

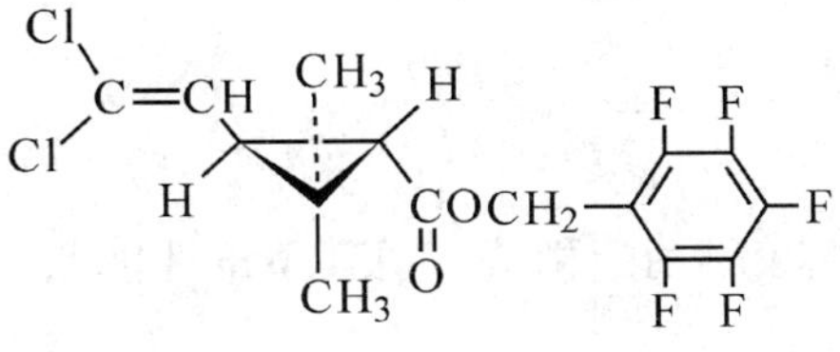

【商品属性】

【毒　　性】

【税则号列】有效成分：29162090　　　　制剂：38089119（零售包装），38089190（其他）

**0113025　环虫菊酯　Cyclethrin**

【别　　名】

【有效成分】（RS）-3-（2-环戊烯-1-基）-2-甲基-4-氧代-2-环戊烯-1-基（RS）-2,2-二甲基-3-（2-甲基丙-1-烯基）环丙烷羧酸酯

【商品类别】拟除虫菊酯类杀虫剂

【结 构 式】

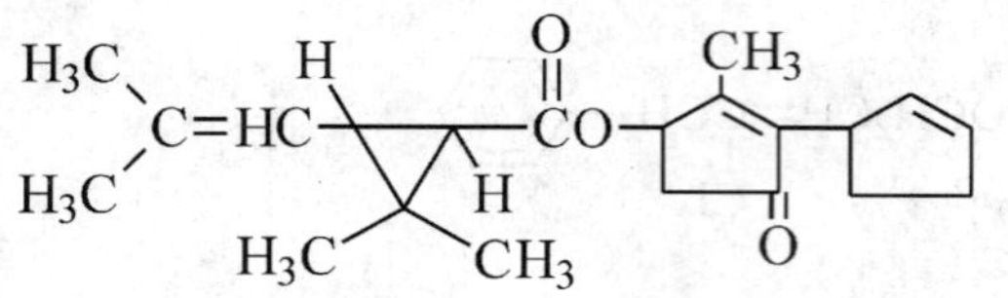

【商品属性】

【毒　　性】

【税则号列】有效成分：29162090　　制剂：38089119（零售包装），38089190（其他）

**0113026　溴苄呋菊酯　Bromethrin**

【别　　名】

【有效成分】5-苄基-3-呋喃甲基（1RS，3RS；1RS，3SR）-3-（2,2-二溴乙烯基）-2,2-二甲基环丙烷羧酸酯

【商品类别】拟除虫菊酯类杀虫剂

【结 构 式】

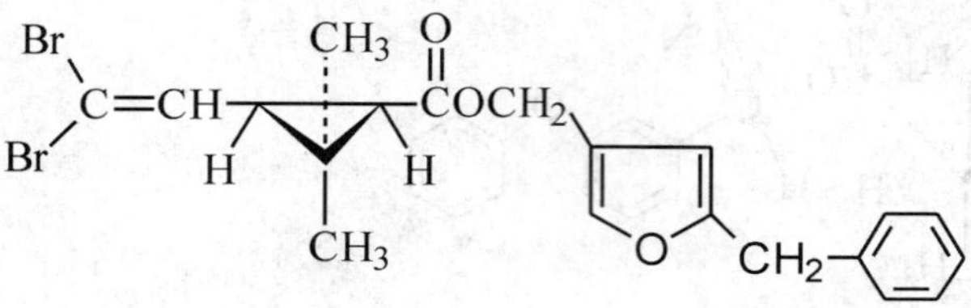

【商品属性】

【毒　　性】

【税则号列】有效成分：29321900　　制剂：38089119（零售包装），38089190（其他）

**0113027　氟硅菊酯　Salifluofen**

【别　　名】硅白灵

【有效成分】（4-乙氧基苯基）［3-（4-氟-3-苯氧基苯基）丙基］（二甲基）硅烷

【商品类别】拟除虫菊酯类杀虫剂

【结 构 式】

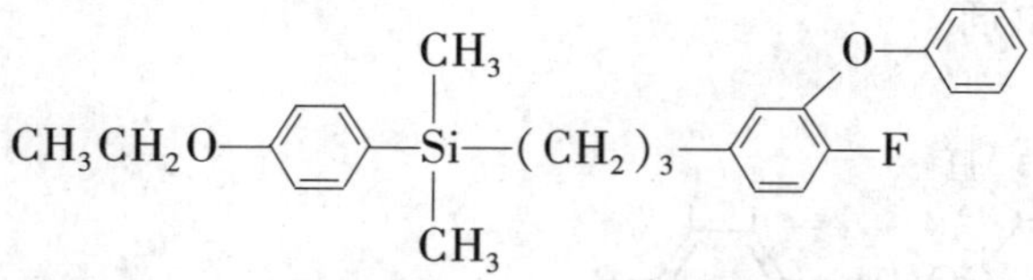

【商品属性】用于防治水稻害虫，杀虫活性较醚菊酯稍差，但其鱼毒性极低，对白蚁有很好的驱杀作用。

【毒　　性】低毒。

【税则号列】有效成分：29319000　　制剂：38089119（零售包装），38089190（其他）

## 0114 昆虫生长调节剂

**0114001　灭幼脲　Chlorbenzuron**

【别　　名】螟铃畏，灭幼脲三号，苏脲一号，一氯苯隆，Chlorobenzuron
【有效成分】1-邻氯苯甲酰基-3-（4-氯苯基）脲
【商品类别】昆虫生长调节剂
【结 构 式】

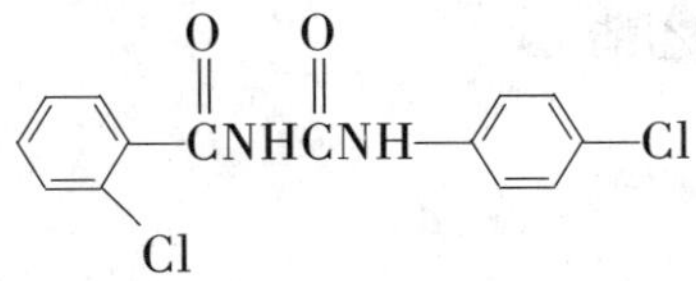

【商品属性】是一种昆虫几丁质合成抑制剂，主要是胃毒作用，触杀其次。具有高效低毒、残效期长、耐雨水冲刷、在田间降解速度慢、对有益动物安全、不污染环境的优点，是综合治理有害生物的优良品种。对小麦粘虫、松毛虫、菜青虫、美国白蛾、蚊蝇等害虫均有良好的治疗效果。

纯品为白色晶体。不溶于水、乙醇、甲苯及氯苯中，在丙酮中的溶解度 1 克/100 毫升，易溶于二甲基亚砜及 N，N-二甲基甲酰胺和吡啶等有机溶剂。工业品为浅绿色固体，熔点 190～196℃，遇碱和较强的酸易分解。常温下贮存比较稳定。

常见制剂类型：悬浮剂、可湿性粉剂。

【毒　　性】毒性较低。在环境中能降解，无内吸和累积作用。对鸟类、鱼类、蜂蜜无毒。
【税则号列】有效成分：29242990　　　制剂：38089119（零售包装），38089190（其他）

**0114002　除幼脲　Dichlorbenzuron**

【别　　名】
【有效成分】1-（4-氯苯基）-3-（2, 6-二氯苯甲酰基）脲
【商品类别】昆虫生长调节剂
【结 构 式】

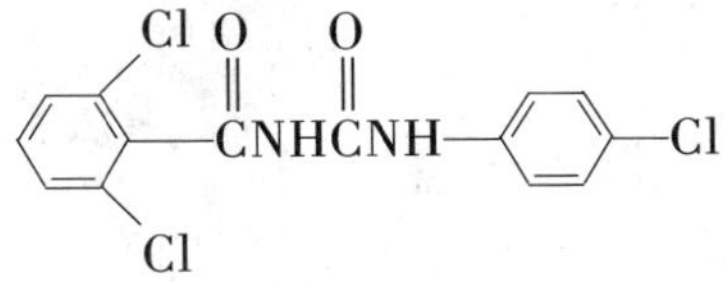

【商品属性】
【毒　　性】
【税则号列】有效成分：29242990　　　制剂：38089119（零售包装），38089190（其他）

**0114003　氟铃脲　Hexaflumuron**

【别　　名】盖虫散，Consult，Dowco 473，Trueno，Hexafluron
【有效成分】N-［（3, 5-二氯-4-（1, 1, 2, 2-四氟乙氧基）苯基氨基羰基）-2, 6-二氟苯酰胺
【商品类别】昆虫生长调节剂
【结 构 式】

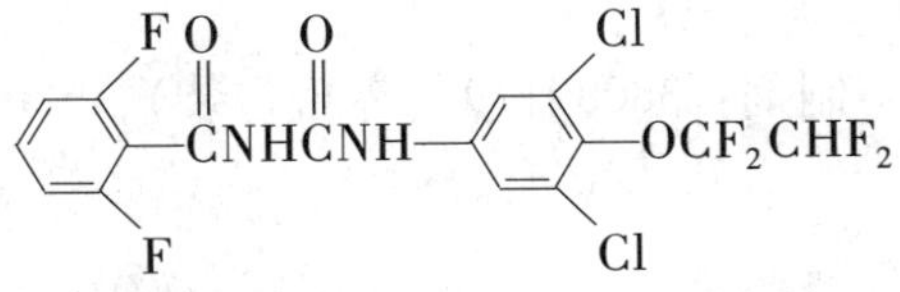

【商品属性】苯甲酰脲类杀虫剂，是几丁质合成抑制剂。具有很高的杀虫和杀卵活性，而且速效，尤其棉铃虫。

无色固体，熔点 202～205℃，蒸气压 0.059mPa（25℃）。溶解度：水 0.027mg/L（18℃），甲醇 11.3，二甲苯 5.2（g/L，20℃）。35 天内（pH9）

60%发生水解。
【毒　　性】对眼睛皮肤有轻微刺激，无人体中毒报道。
【税则号列】有效成分：29242990　　　制剂：38089119（零售包装），38089190（其他）

**0114004　苯氧威　Fenoxycarb**
【别　　名】
【有效成分】N［2-（4-苯氧基）乙基］氨基甲酸乙酯
【商品类别】氨基甲酸酯类杀虫剂
【结 构 式】
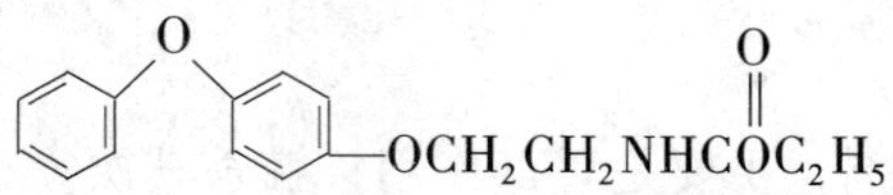
【商品属性】该药是一种萜烯类昆虫生长调节剂。对害虫具有触杀及胃毒作用，对害虫表现出强烈的保幼激素活性，可使卵不孵化、抑制成虫期变态及幼虫期的锐皮，造成幼虫后期或蛹死亡。
原药外观白色至浅黄色固体，熔点53℃～54℃，蒸气压（20℃）0.0078mPa。溶解度（g/L，25℃）：水$5.7\times10^3$，已烷5，丙酮、甲醇、甲苯>250。稳定性：室温条件下，稳定2年以上，对光稳定。5%苯氧威粉剂外观为自由流动的粉末，酸碱度（以$H_2SO_4$计）≤0.3%。
常见制剂类型：粉剂。
【毒　　性】低毒。
【税则号列】有效成分：29242900　　　制剂：38089119（零售包装），38089190（其他）

**0114005　抑食肼**
【别　　名】虫死净，RH-5849
【有效成分】2-苯甲酰-1 特丁基苯甲酰肼
【商品类别】昆虫生长调节剂
【结 构 式】
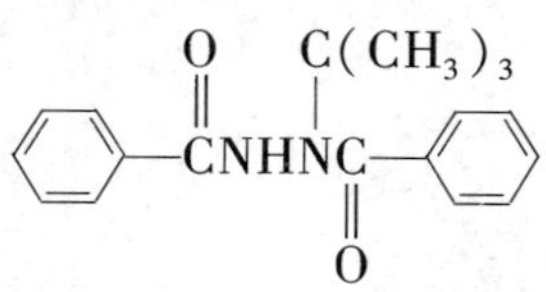
【商品属性】该药是一种新型的昆虫生长调节剂，主要通过降低或抑制幼虫和成虫取食能力，促使昆虫加速脱皮，减少产卵，而阻碍昆虫繁殖达到杀虫作用。对害虫以胃毒为主，也具有强的内吸性，杀虫谱广，对鳞翅目、鞘翅目、双翅目等害虫具良好的防治效果。速效较差，施药后48小时见效，持效期较长。
原药外观为白色结晶固体，熔点168～174℃。溶解度：水中$5\times10^{-2}$g/L，环已酮50g/L，异丙叉酮150g/L。
常见制剂类型：可湿性粉剂悬浮剂。
【毒　　性】对兔眼睛和皮肤无刺激作用。
【税则号列】有效成分：29280000　　　制剂：38089119（零售包装），38089190（其他）

**0114006　氟啶脲　Chlorfluazuron**
【别　　名】抑太保，定虫脲，氟伏虫脲，IKI-7899，Atabron
【有效成分】1-［3,5-二氯-4-（3-氯-5-三氟甲基-2-吡啶氧基）苯基］-3-（2,6-二氟苯甲酰基）脲
【商品类别】昆虫生长调节剂

【结 构 式】

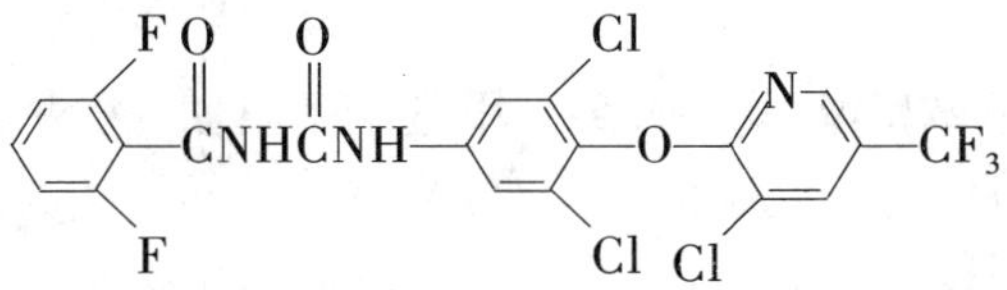

【商品属性】作用机理为抑制几丁质合成，阻碍昆虫正常脱皮，使卵的孵化、幼虫脱皮以及蛹发育畸形，成虫羽化受阻。药效高，作用速度较慢，对多种鳞翅目害虫以及直翅目、鞘翅目、膜翅目、双翅目等活性高，但对蚜虫、叶蝉、飞虱无效。

白色结晶，熔点 226.5℃（分解），蒸气压 < 10nPa（20℃）。20℃时溶解度：水 < 0.01mg/L、已烷 < 0.01、二甲苯 2.5、甲醇 2.5、甲苯 6.6、异丙醇 7、二氯甲烷 22、丙酮 55、环己酮 110（g/L，20℃）。在光和热下稳定。

常见制剂类型：悬浮剂、乳油。

【毒　　性】低毒。

【税则号列】有效成分：29333990　　制剂：38089119（零售包装），38089190（其他）

**0114007　环虫腈　Dicyclanil**

【别　　名】CGA-183893

【有效成分】4,6-二氨基-2-环丙基氨基嘧啶-5-腈

【商品类别】昆虫生长调节剂

【结 构 式】

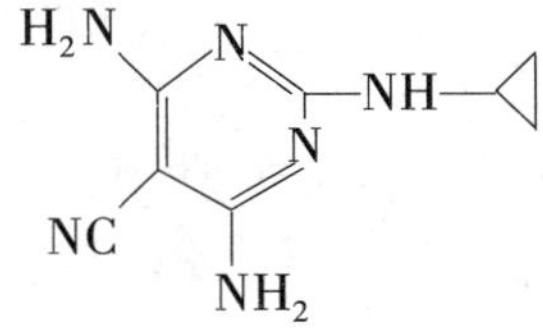

【商品属性】

【毒　　性】

【税则号列】有效成分：29335990　　制剂：38089119（零售包装），38089190（其他）

**0114008　虫酰肼　Tebufenozide**

【别　　名】米满

【有效成分】N-特丁基-N′-（4-乙基苯甲酰基）-3,5-二甲基苯酰肼

【商品类别】昆虫生长调节剂

【结 构 式】

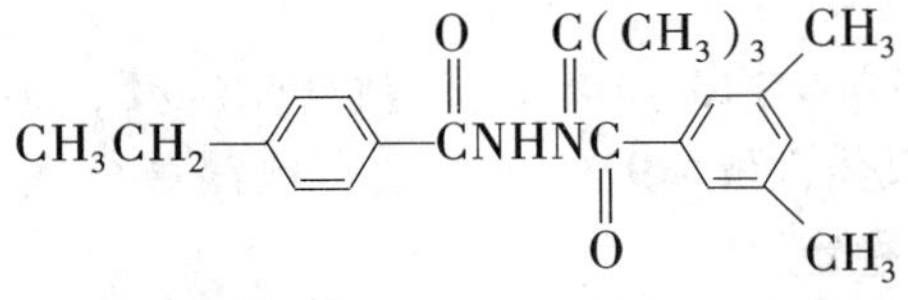

【商品属性】常见病制剂类型：满贯（3.6% 虫酰 · 苏可湿性粉剂）。满贯是由科诺公司生物杀虫剂 Bt（bacillus thuringiensis）与美国陶氏益农的新型仿生杀虫剂虫酰肼（tebufenozide）复配而成。害虫取食后，不该蜕皮时产生蜕皮，由于不能完全蜕皮，加上 Bt 的胃毒夹击，最终导致饥饿、脱水、畸形蜕皮、肠穿孔而死亡。具有胃毒作用和促进害虫蜕皮双重功效。比蜕皮抑制剂作用更迅速，对鳞翅目害虫有特效。对低龄和高龄害虫均有较好防效。与其他杀虫剂无交互抗性，特别适合于抗性害虫的综合治理。对作物安全，无药害，无残留药斑。

【毒　　性】低毒。

【税则号列】有效成分：29280000　　制剂：38089119（零售包装），38089190（其他）

**0114009　甲氧虫酰肼　Methoxyfenozide**

【别　　名】Intrepid，Runner

【有效成分】N-叔丁基-N′-（3-甲基-2-甲苯甲酰基）-3, 5-二甲基苯甲酰肼

【商品类别】昆虫生长调节剂

【结 构 式】

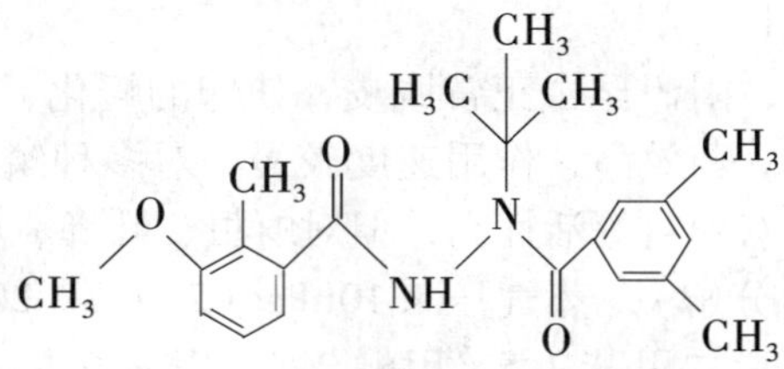

【商品属性】昆虫生长调节剂的一种。蜕皮激素类杀虫剂，抑制摄食。主要是干扰昆虫的正常生长发育即使害虫蜕皮而死。

纯品为白色粉末，熔点 202～205℃。水中溶解度（20℃）＜1mg/L。其他溶剂中溶解度（g/100g）：二甲基亚砜 11、环已酮 9.9、丙酮 9。在 25℃下贮存稳定。

常见制剂类型：悬浮剂。

【毒　　性】低毒。

【税则号列】有效成分：29280000　　制剂：38089119（零售包装），38089190（其他）

**0114010　呋喃虫酰肼**

【别　　名】福先

【有效成分】N-（2, 3-二氢-2, 7-二甲基苯并呋喃-6-酰基）-N′-特丁基-N′（3, 5-二甲基苯甲酰基）肼

【商品类别】昆虫生长调节剂

【结 构 式】

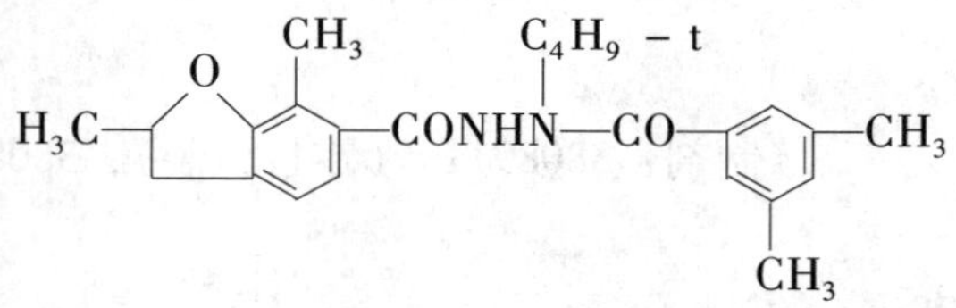

【商品属性】是一种高效促蜕皮仿生杀虫剂，主要用于防治鳞翅目害虫如甜菜夜蛾、小菜蛾的幼虫。害虫取食福先后，很快出现不正常蜕皮反应，停止取食，提早蜕皮，但由于不正常蜕皮而无法完成蜕皮，导致幼虫脱水和饥饿而死亡。害虫取食后数小时内停止危害作物。

纯品为白色或灰白色固体。熔点 146～148℃。溶解度（g/L，20℃）：水 0.27，乙醇 250，正已烷＜0.01。原药含量≥97%，为白色或淡黄色固体粉末。对光、热稳定。弱碱、弱酸条件下稳定。

常见制剂类型：悬浮液。

【毒　　性】微毒。

【税则号列】有效成分：29329990　　制剂：38089119（零售包装），38089190（其他）

**0114011　烯虫酯　Methoprene**

【别　　名】可保特，蒙五-五，阿托塞得，控虫素，ZR-515，甲氧庚崩，甲氧保幼素，Altoside，SP-10，EHT-70460，Bripuets

【有效成分】异丙基（2E，4E）-11-甲氧基-3, 7, 11-三甲氧基-2, 4-十二碳二烯酸酯

【商品类别】昆虫生长调节剂

【结 构 式】
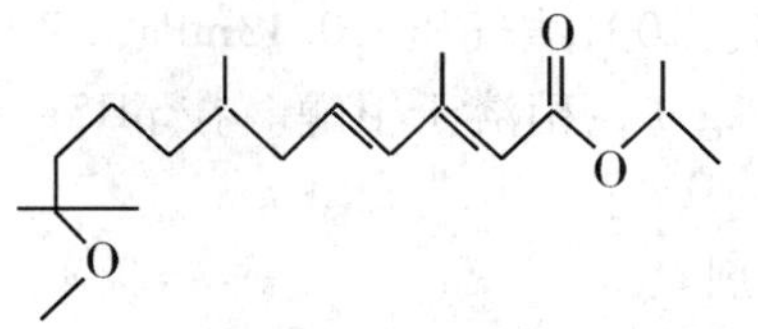

【商品属性】该药为烟叶保护剂，是一种人工合成的昆虫流毒的类似物，干扰昆虫的蜕皮过程。它能干扰烟草甲虫、烟草粉螟的生长发育过程，使成虫失去毓能力，从而有效地控制贮存烟叶害虫种群增长。

原药为淡黄色，密度 0.9261g/mL（20℃），沸点 100℃（0.05mmHg），熔点 -20℃。在水中溶解度 1.4mg/L。制剂外观为透明蓝色液体，密度 0.79 ~ 0.80g/mL。闪点 16℃。

常见制剂类型：可溶性液剂。

【毒　　性】低毒。

【税则号列】有效成分：29189900　　　　制剂：38089119（零售包装），38089190（其他）

**0114012　　除虫脲　　Diflubenzuron**

【别　　名】敌灭灵，伏虫脲，氟脲杀，Dimilin，Difluron，TH6040

【有效成分】1-（4-氯苯基）-3-（2,6-二氟苯甲酰基）脲

【商品类别】昆虫生长调节剂

【结 构 式】
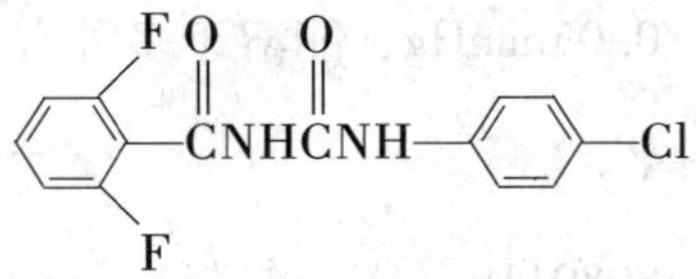

【商品属性】对鳞翅目、对鞘翅目、双翅目多种害虫有效，抑制几丁质合成。在有效用量下对植物无药害，对有益生物如鸟、鱼、虾、青蛙、蜜蜂、瓢虫、步甲、蜘蛛、草蛉、赤眼蜂、蚂蚁、寄生蜂等无不良影响，对害虫药效缓慢。

无色晶体，熔点 230 ~ 232℃（分解）。溶解度：水 0.08mg/L（pH5.5，20℃），丙酮 6.5g/L（20℃），二甲基甲酰胺 104，二噁烷 20（g/L，25℃），中度溶于极性有机溶剂，微溶于非极性有机溶剂（ < 10g/L），溶液中对光敏感，以固体存在时对光稳定。

常见制剂类型：乳油可湿性粉剂。

【毒　　性】对眼和皮肤有刺激作用，无人体中毒报道。

【税则号列】有效成分：29242990　　　　制剂：38089119（零售包装），38089190（其他）

**0114013　　灭蝇胺　　Cyromazine**

【别　　名】Larvadex，Armor，Betrazin，Trigard（农用），Vetraxine（兽用）

【有效成分】N-环丙基-1,3,5-三嗪-2,4,6-三胺

【商品类别】昆虫生长调节剂

【结 构 式】
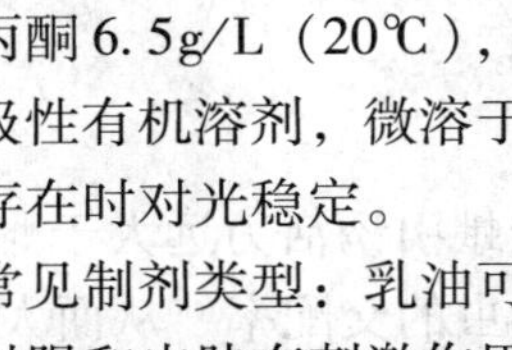

【商品属性】本品属 1，3，5-三嗪类昆虫生长调节剂，对双翅目幼虫有特殊活性，有强内吸传导作用。诱使双翅目幼虫和蛹在形态上发生畸变，成虫羽化不全或受抑制。

纯品为无色结晶。熔点 220～222℃。20℃蒸气压 <0.13mPa，密度 1.35g/cm$^3$。溶解度（20℃，pH7.5）：水中为 11g/L；稍溶于甲醇。在 pH5～9 时水解不明显，310℃以下稳定。

常见制剂类型：可湿性粉剂、悬浮剂。

【毒　　性】低毒。

【税则号列】有效成分：29336990　　制剂：38089119（零售包装），38089190（其他）

**0114014　顺-11-十六碳烯醛　Cis-11-hexadecenal**

【别　　名】Z11-16：Ald

【有效成分】顺-11-十六碳烯醛

【商品类别】昆虫生长调节剂

【结 构 式】

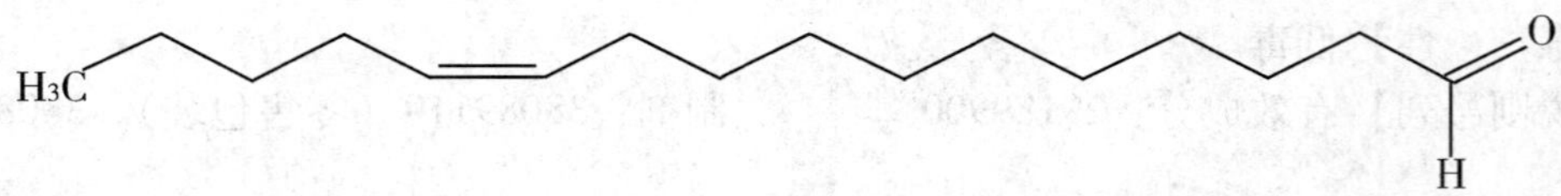

【商品属性】通过人工合成棉铃虫性信息激素制成对雄蛾引诱活力远大于雌蛾的诱芯，与诱捕器配套使用诱杀雄蛾，有效地降低棉铃虫的交配率，从而大幅度降低百株卵量和孵化率，进而减少下一代的幼虫虫口，达到防治目的。

原药外观为无色或淡黄色液体，比重 0.855，蒸气压 $4.44\times10^{-5}$mmHg，沸点 103～106℃/0.07mmHg、102～104℃/0.05mmHg，能溶于多种有机溶剂。

常见制剂类型：诱芯。

【毒　　性】低毒。

【税则号列】有效成分：29121900　　制剂：38089119（零售包装），38089190（其他）

**0114015　顺-9-十六碳烯醛　Cis-9-hexadecenal**

【别　　名】Z9-16：Ald

【有效成分】顺-9-十六碳烯醛

【商品类别】昆虫生长调节剂

【结 构 式】

【商品属性】通过人工合成棉铃虫性信息激素，制成对雄蛾引诱活力远大于雌蛾的诱芯，与诱捕器配套使用诱杀雄蛾，有效地降低棉铃虫的交配率，从而大幅度降低百株卵量和孵化率，进而减少下一代的幼虫虫口，达到防治目的。

原药外观为无色或淡黄色液体，比重 0.855，蒸气压 $4.44\times10^{-5}$mmHg，沸点 103～106℃/0.07mmHg、102～104℃/0.05mmHg，能溶于多种有机溶剂。

常见制剂类型：诱芯。

【毒　　性】低毒。

【税则号列】有效成分：29121900　　制剂：38089119（零售包装），38089190（其他）

**0114016　氟苯脲　Teflubenzuron**

【别　　名】伏虫隆，农梦特，Nomolt

【有效成分】1-（3，5-二氯-2，4-二氟苯基）-3-（2，6-二氟苯甲酰基）脲

【商品类别】昆虫生长调节剂

【结 构 式】

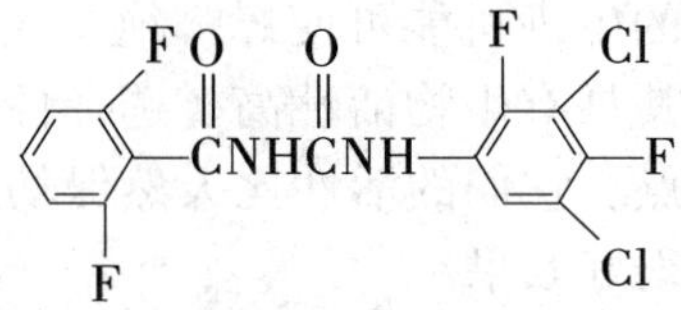

【商品属性】对粉虱科、双翅目、蛸翅目、膜翅目、鳞翅目和木虱科的幼虫有防效。用于甘蓝、柑橘、棉花、葡萄、仁果、马铃薯、核果、高粱、大豆、树木、烟草、蔬菜。它可抑制幼龄期昆虫的发育，阻碍脱皮。对许多寄生性昆虫，捕食性昆虫以及蜘蛛无作用。本品还可用于防治大多数幼龄期的飞蝗。

纯品为固体。溶解度（20～23℃）：水中0.02mg/L；在有机溶剂中（g/L），丙酮中10、环己酮中20、二甲基亚砜中66、乙醇中1.4、己烷中50mg/L、甲苯中850mg/L。

常见制剂类型：悬浮剂

【毒　　性】对兔眼睛无刺激。在哺乳动物细胞中进行的试验表明，无诱变性。

【税则号列】有效成分：29242990　　　　制剂：38089119（零售包装），38089190（其他）

**0114017　　杀铃脲　　Triflumuron**

【别　　名】杀虫脲，氟幼灵，Alsystin，Mascot

【有效成分】2-氯-N［［［4-（三氟甲氧基）苯基］氨基］羰基］苯甲酰胺

【商品类别】昆虫生长调节剂

【结 构 式】

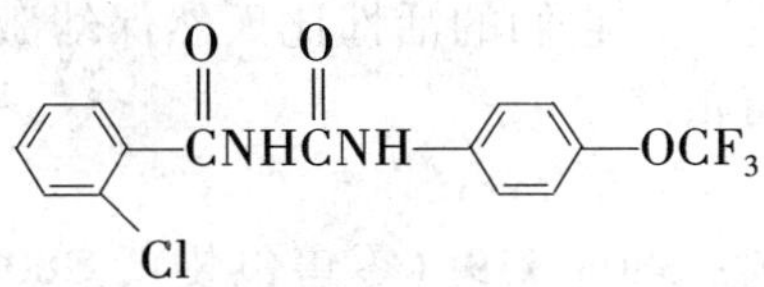

【商品属性】本品为苯甲酰脲类杀虫剂，具有胃毒，触杀作用，是几丁质合成抑制剂，作用缓慢，无内吸作用，有一定的触杀作用，可有效地防治玉米、棉花、森林、果树、蔬菜、大豆上的鞘翅目、双翅目、鳞翅目和木虱科害虫，如粘虫、棉铃象甲、甘蓝银纹夜蛾、舞毒蛾、实夜蛾属、蚊子等。对捕食害虫的天敌安全。

无味无色粉末，熔点195℃，蒸气压40nPa（20℃），密度1.445（20℃）。溶解度：水中20℃时0.025mg/L，二氯甲烷20～50g/L，异丙醇1～2g/L，甲苯2～5g/L，己烷<0.1g/L（20℃）。中性或酸性中稳定，在碱性介质中水解。

常见制剂类型：悬浮剂。

【毒　　性】对皮肤和眼睛有轻微刺激作用，无人体全身中毒报道。

【税则号列】有效成分：29242990　　　　制剂：38089119（零售包装），38089190（其他）

**0114018　　烯虫乙酯　　Hydroprene**

【别　　名】Gentrol（气雾剂）

【有效成分】（E，E）-3,7,11-三甲基十二碳-2,4-二烯酸乙酯

【商品类别】昆虫生长调节剂

【结 构 式】

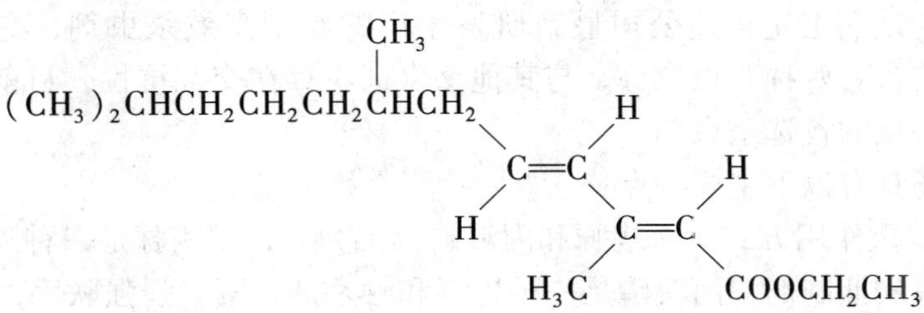

【商品属性】保幼素类。这类化合物通过干扰正常的生理机能可使蟑螂绝育或死亡，从而达到长期控制害虫种群密度的目的，因其具有生物活性高、选择性强、无生物富集现象、可有效地防治抗性品系等优点。它们的活性比天然保幼激素要高成百上千倍，在卫生害虫防治应用上取得很好效果。

常见制剂类型：Gentrol 气雾剂，由美国 Sandor 公司生产。是美国目前唯一一种经登记许可在厨房、食品储藏室、医院和一些敏感部位使用的昆虫生长调节剂。

【毒　　性】

【税则号列】有效成分：29161900　　　制剂：38089119（零售包装），38089190（其他）

**0114019　　烯虫炔酯　　Kinoprene**

【别　　名】

【有效成分】（E，E）-3, 7, 11-三甲基十二碳-2, 4-二烯酸丙-2-炔酯

【商品类别】昆虫生长调节剂

【结 构 式】

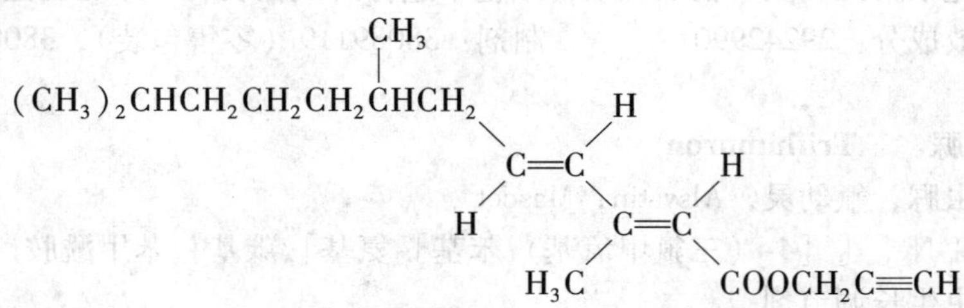

【商品属性】保幼素类。用于防治温室同翅目害虫，它们的活性比天然保幼激素要高成百上千倍，在卫生害虫防治应用上取得很好效果。

【毒　　性】

【税则号列】有效成分：29161900　　　制剂：38089119（零售包装），38089190（其他）

**0114020　　虱螨脲　　Lufenuron**

【别　　名】氟丙氧脲，宠蚤净（片），快绿扬（合剂），Program

【有效成分】（RS）-1-［2, 5-二氯-4-（1, 1, 2, 3, 3, 3-六氟丙氧基）苯基］-3-（2, 6-二氟苯甲酰基）脲

【商品类别】昆虫生长调节剂

【结 构 式】

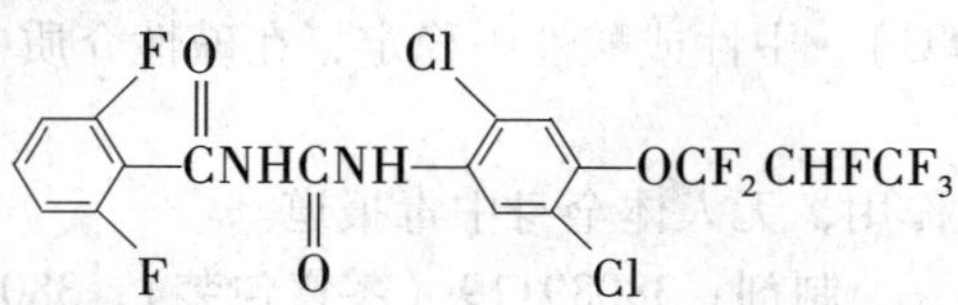

【商品属性】苯甲酰苯基脲类产品。该产品开发了作物保护市场与动物保健市场，该产品首先作为爱畜产品，以商品名 Program 上市，然后，在美国和欧洲主要市场推开。Program 是通过兽医职业销售的，1995 年销售额迅速升至 2 亿美元。虽然该产品受到了锐劲特，吡虫啉的竞争的影响，但它仍然是诺华公司的爱畜动物产品销售额的最重要贡献者。

快绿扬是瑞士先正达公司最新研发生产的新型高效杀虫剂，专杀抗性甜菜夜蛾。它含有两种杀虫成分，与其他杀虫剂不存在交互抗性，目前是治理抗性鳞翅目害虫的首选杀虫剂。

快绿扬具有以下主要特点：

（1）双重作用方式：虱螨脲和丙溴磷合二为一，虱螨脲是一种通过摄入后起作用的蜕皮抑制剂，丙溴磷是一种胃毒和触杀剂，两者强强联手，优势互补。

（2）从卵—低龄幼虫—高龄幼虫全部统杀：虱螨脲作用于产下后 24 小时内的卵、低龄幼虫和高龄幼虫；丙溴磷作用于所有的卵和低龄幼虫，因此快绿扬对抗性鳞翅目害虫（甜菜夜蛾、斜纹夜蛾、银纹夜蛾、棉铃虫、小菜蛾、豆野螟）的防效优异。

（3）持效期长：有效控制害虫为害长达 10 ~ 15 天，施用一次，等于用其他药剂2 ~ 3次。

（4）安全性预防气味：既适用于无公害蔬菜生产，又对成虫有驱避作用。

（5）毒性较低：对益虫有高度选择性。

【毒　　性】

【税则号列】有效成分：29242990　　制剂：38099190［宠蚤净（片）］
38099190（快绿扬）

**0114021　烯虫硫酯　Triprene**

【别　　名】

【有效成分】（E，E）-11-甲氧基-3, 7, 11-三甲基硫代十二碳-2, 4-二烯酸乙酯

【商品类别】昆虫生长调节剂

【结 构 式】

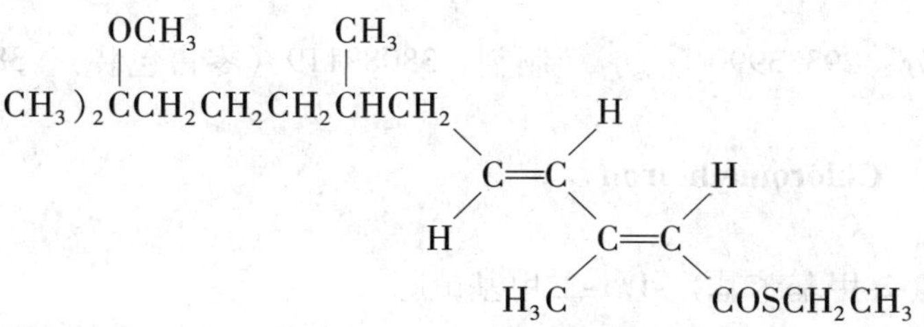

【商品属性】保幼激素类似物。生物活性和田间稳定较低，但具很强的挥发性，可用于防治仓储害虫和卫生害虫。

常见制剂类型：可溶性液剂，用于防治烟草甲虫。

【毒　　性】

【税则号列】有效成分：29309090　　制剂：38089119（零售包装），38089190（其他）

**0114022　啶蜱脲　Fluazuron**

【别　　名】Acatak

【有效成分】1-［4-氯-3-（3-氯-5-三氟甲基-2-吡啶氧基）苯基］-3-（2, 6-二氟苯甲酰基）脲

【商品类别】昆虫生长调节剂

【结 构 式】

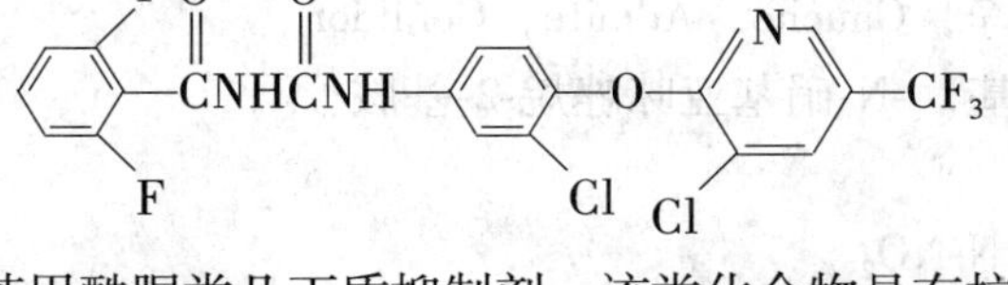

【商品属性】苯甲酰脲类几丁质抑制剂。该类化合物具有抗蜕皮激素的生物活性，能抑制昆虫表皮几丁质合成酶和尿核苷辅酶的活化率，抑制 N-乙酰基氨基葡萄糖在几丁质中结合，能影响卵的呼吸代谢及胚胎发育过程中的 DNA 和蛋白质代谢，使卵内幼虫缺乏几丁质而不能孵化或孵化后随即死亡；在幼虫期施用，使害虫新表皮形成受阻，延缓发育，或缺乏硬度，不能正常蜕皮而导致死亡或成畸形蛹死亡。

【毒　　性】

【税则号列】有效成分：29333990　　制剂：38089119（零售包装），38089190（其他）

**0114023　哒幼酮**

【别　　名】NC-170

【有效成分】4-氯-5-（6-氯吡啶-3-基甲氧基）-2-（3,4-二氯苯基）哒嗪-3（2H）-酮

【商品类别】保幼激素类似物

【结 构 式】

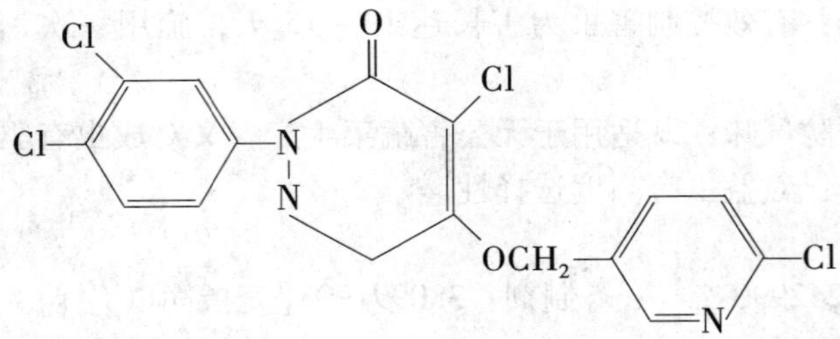

【商品属性】哒嗪酮类保幼激素类似物。日本日产化学公司在研究主要为哒嗪酮除草剂时发现，它对叶蝉呈现保幼激素活性。通过结构与活性关系的研究，分别于1988、1992、1994年先后开发了一类具有保幼激素活性的化合物——哒嗪酮类化合物NC-170（哒幼酮）、NC-184、NC-196。这一类化合物结构新颖，活性高，对于防治飞虱、叶蝉类水稻害虫表现很高的保幼激素活性。

【毒　　性】

【税则号列】有效成分：29333990　　制剂：38089119（零售包装），38089190（其他）

**0114024　灭虫脲　Chloromethiuron**

【别　　名】

【有效成分】3-（4-氯-2-甲基苯基）-1,1-二甲基硫脲

【商品类别】生长调节剂

【结 构 式】

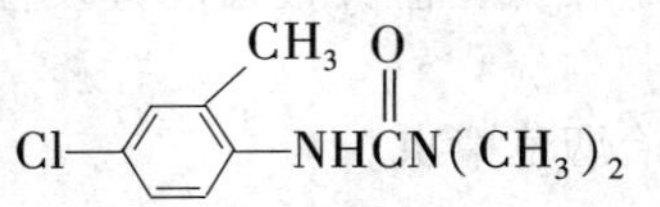

【商品属性】熔点174～176℃，易燃；燃烧产生有毒氮氧化物、硫氧化物和氯化物气体。

【毒　　性】中毒。

【税则号列】有效成分：29309090　　制剂：38089119（零售包装），38089190（其他）

## 0115 其他杀虫剂

**0115001　吡虫啉　Imidacloprid**

【别　　名】咪蚜胺，高巧，蚜虱净，Gaucho，Admire，Confidor

【有效成分】1-（6-氯-3-吡啶基甲基）-N-硝基亚咪唑烷-2-基胺

【商品类别】硝基亚甲基类杀虫剂

【结 构 式】

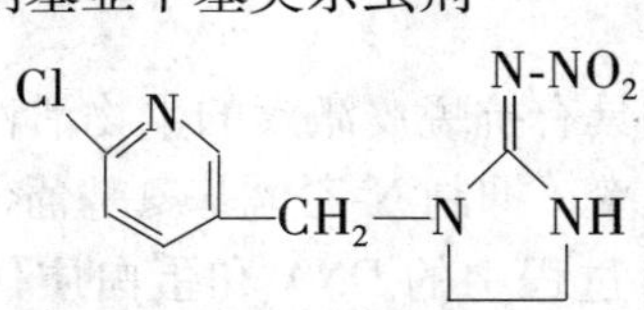

【商品属性】硝基亚甲基类内吸杀虫剂，是烟酸乙酰胆碱酯酶受体的作用体，干扰害虫运动神经系统使化学信号传递失灵，无交互抗性问题。用于防治刺吸式口器害虫及其抗性品系。

无色晶体，有微弱气味，熔点143.8℃（晶体形式1）、136.4℃（晶体形式2），

蒸气压 0.2μPa（20℃），密度 1.543（20℃）。溶解度：水 0.51g/L（20℃），二氯甲烷 50～100，异丙醇 1～2，甲苯 0.5～1，正己烷 <0.1（g/L，20℃）。pH5～11稳定。

常见制剂类型：乳油、可湿性粉剂。

【毒　　性】该原药对眼有轻微刺激作用，对皮肤无刺激作用。无致突变性，致畸性，致敏性。

【税则号列】有效成分：29333990　　　　制剂：38089119（零售包装），38089190（其他）

**0115002　　烯啶虫胺　　Nitenpyram**

【别　　名】吡虫胺，TI-304

【有效成分】（E）-N-（6-氯吡啶-3-基甲基）-N-乙基-N′-甲基-2-硝基亚乙烯基二胺

【商品类别】杀虫剂

【结 构 式】

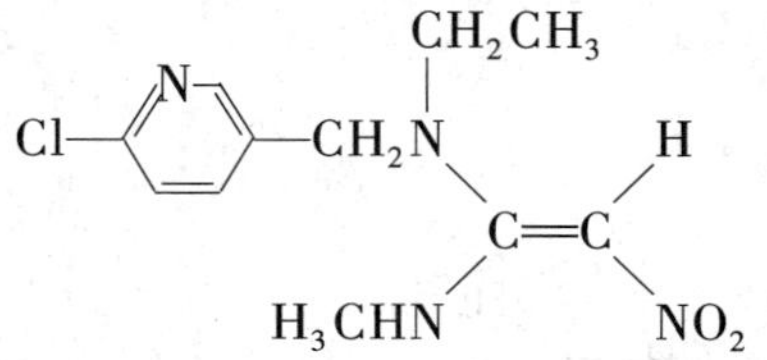

【商品属性】烯啶虫胺是一种可广泛用于农业和园艺上防治蚜虫、叶蝉、蓟马、飞虱等害虫的新型烟碱类杀虫剂，具有高效、广谱，用量少，毒性低（制剂微毒级）、药效持久、对作物无药害，使用安全等优点，有卓越的内吸和渗透作用，药效与吡虫啉相当，是替代高毒有机磷农药的又一品种。

【毒　　性】

【税则号列】有效成分：29333990　　　　制剂：38089119（零售包装），38089190（其他）

**0115003　　双硫磷　　Temephos**

【别　　名】Abate

【有效成分】4,4′-双（O,O-二甲基硫代磷酰氧基）苯硫醚

【商品类别】杀虫剂

【结 构 式】

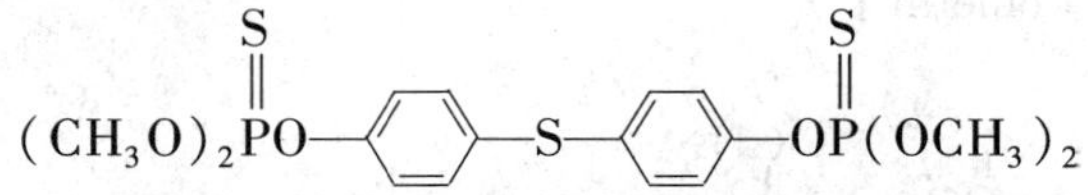

【商品属性】有机磷灭蚊剂，杀灭蚊幼虫效果较敌敌畏高 10～20 倍，维持时间约半年以上，对敌敌畏有耐药性的蚊虫有效，对鱼无害。

常见制剂类型：60%乳剂。

【毒　　性】

【税则号列】有效成分：29309090　　　　制剂：38089119（零售包装），38089190（其他）

**0115004　　除虫菊素　　Pyrethrins**

【别　　名】

【有效成分】六种杀虫组分的混合物，即 pyrethrin Ⅰ、pyrethrin Ⅱ、cinerin Ⅰ、cinerin Ⅱ、jasomolin Ⅰ、jasomolin Ⅱ

【商品类别】杀虫剂

【结 构 式】六种杀虫组分为别为：

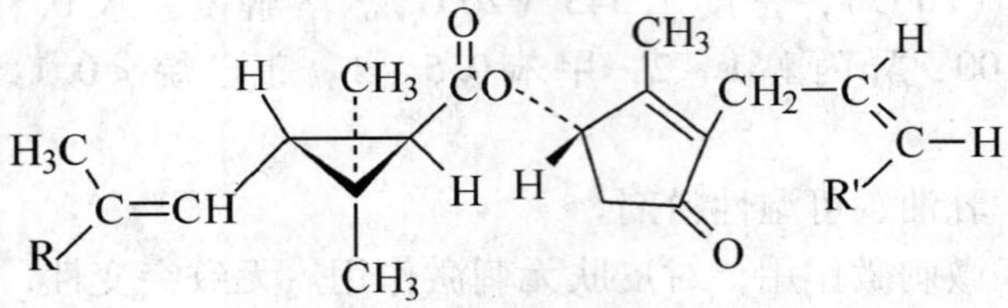

R: $—CH_3$ , $—COOCH_3$

R': $—CH{=}CH_2$ , $—CH_3$ , $—CH_2CH_3$

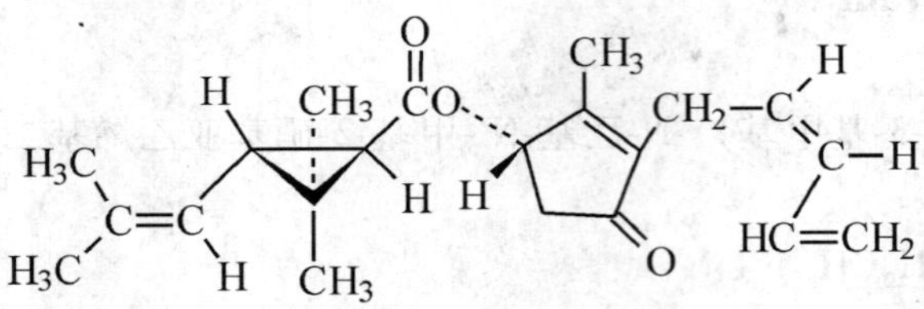

除虫菊素Ⅰ（pyrethrinⅠ）

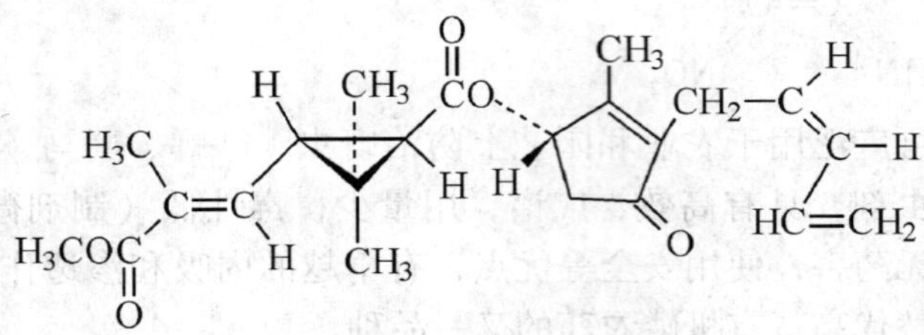

除虫菊素Ⅱ（pyrethrin Ⅱ）

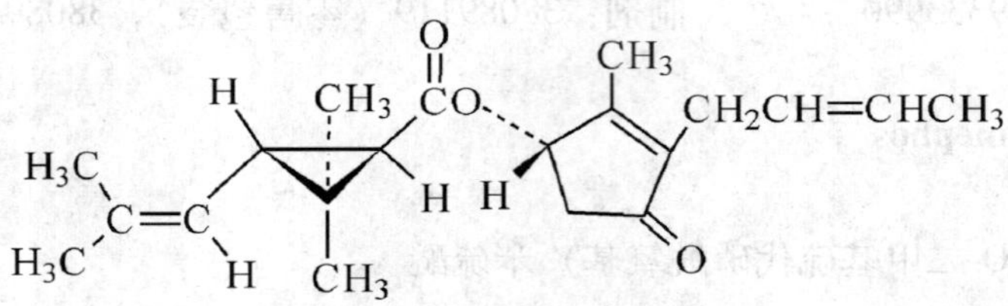

瓜叶菊素Ⅰ（cinerinⅠ）

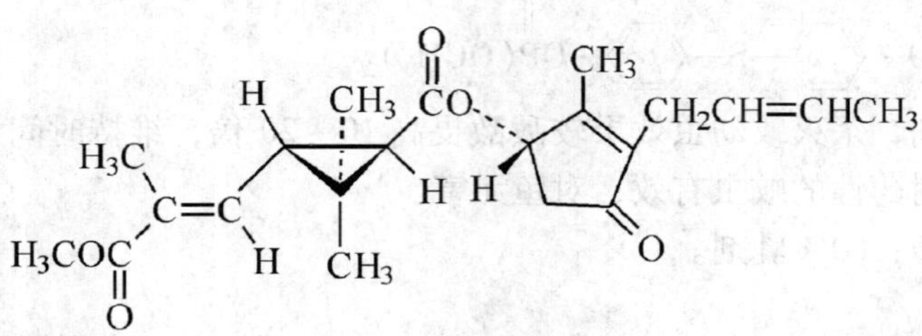

瓜叶菊素Ⅱ（cinerinⅡ）

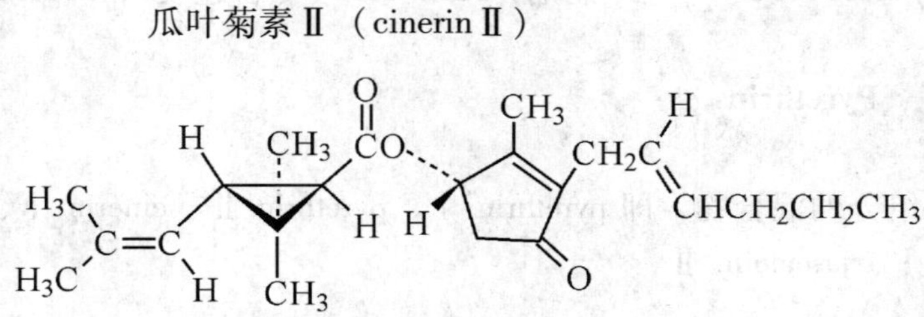

茉酮菊素Ⅰ（jasmolinⅠ）

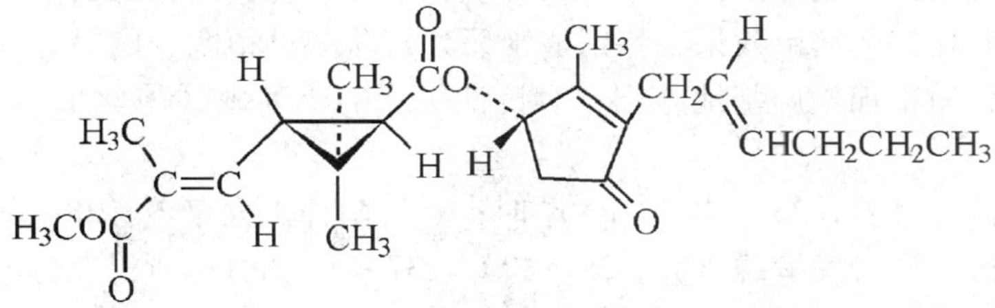

茉酮菊素Ⅱ（jasmolinⅡ）

【商品属性】除虫菊是一种菊科多年生草本植物，是目前世界上少数几种能够集约化种植的杀虫植物，至今有 150 多年的栽培使用历史。从中提取的除虫菊酯具有以下特点：在哺乳动物体内不会蓄积残留，对温血动物无害；在自然界中易降解，对环境无污染；杀虫高效广谱，且使用浓度极低；天然除虫菊素具有六组成分，昆虫不易识别，不产生抗药性；提取和使用过程对环境污染较小。

除虫菊酯属于神经毒剂，与 DDT 的毒理机制十分类似，但击倒作用更为突出。DDT 只对周围神经系统有作用，而除虫菊素不但对周围神经系统有作用，对中枢神经系统、甚至对感觉器官也有作用，因此，它同时具有驱避、击倒和毒杀三种不同作用。除虫菊素的中毒征象一般分为兴奋期、麻痹期和死亡期三个阶段。在兴奋期，昆虫到处爬动、运动失调、翻身或从植物上掉下，到抑制期后，活动逐渐减少，然后进入麻痹期，最后死亡。兴奋期长短与药剂浓度有关，浓度越高，兴奋期越短，进入抑制期越快，而低浓度药剂可增长兴奋期的持续时间。一般认为，除虫菊素对周围神经系统、中枢神经系统及其他器官组织（主要是肌肉）同时起作用。

产品外观为淡黄色透明液体。

常见制剂类型：

（1）农林牧业生产：制成微胶囊剂或其他剂型农药，可用来灭杀蚜虫、飞虱、螟虫、毛虫、菜青虫、红蜘蛛、介壳虫、棉铃虫、黑尾叶蝉等害虫。

（2）粮食仓储：制成粉剂或烟熏剂可防治谷蠹、赤拟谷盗和玉米象等蛀虫。

（3）日常生活：制成气雾剂或蚊香可杀灭蚊子、苍蝇、白蚁、蟑螂、臭虫、蜘蛛等；还可制成洗洁剂用来灭杀动物身体上的虱、蚤、螨等寄生虫。除虫菊花渣可制作盘香，用于驱避和杀灭蚊子、苍蝇等卫生害虫。

【毒　　性】

【税则号列】有效成分：29162090（除虫菊素Ⅰ）　　制剂：38089190

29162090（除虫菊素Ⅱ）

29162090（瓜叶菊素Ⅰ）

29162090（瓜叶菊素Ⅱ）

29162090（茉酮菊素Ⅰ）

29162090（茉酮菊素Ⅱ）

**0115005　苏云金杆菌　Bacillus thuringiensis**

【别　　名】敌宝，快来顺，康多惠，Bt（BT）杀虫剂，Condor，Cutlass，Bactospeine

【有效成分】苏云金杆菌

【商品类别】微生物杀虫剂

【结 构 式】

【商品属性】本品是优质微生物杀虫剂，不污染环境，对农、林、果树及观赏植物的鳞翅目害虫具有良好的防治效果，特别适于无公害蔬菜种植园、园林绿化区、自然保护林及优质粮棉生产基地施用，对抗性很强的小菜蛾（吊丝虫）、棉铃虫仍有明显效果。

纯菌种试管培养，28～30℃、24 小时；然后菌种扩大培养，28～30℃、24～48 小时；进而进行发酵罐培养，28～30℃、37～59 小时；所得发酵液经过滤、干燥等处理即得。黄褐色固体。

常见制剂类型：可湿性粉剂、悬浮剂。

【毒　　性】对人、动物和植物无毒。

【税则号列】有效成分：30029090　　　　制剂：30029090

**0115006　啶虫脒　Acetamiprid**

【别　　名】莫比朗

【有效成分】（E）-N1-［（6-氯吡啶-3-基）甲基］-N2-腈基-N′-甲基乙酰胺

【商品类别】氯代烟碱类杀虫剂

【结 构 式】

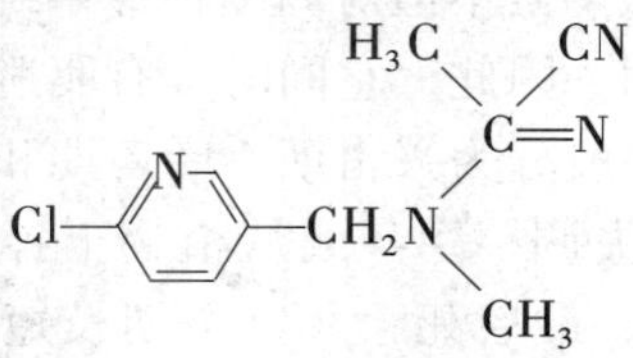

【商品属性】高效、广谱的氯代烟碱类杀虫剂。

该产品有较强的触杀和渗透作用，残效期长，对黄瓜、苹果树、柑橘树的蚜虫有较好的防治效果。由于作用机制独特，能防治对现有药剂有抗性的蚜虫。

纯品为白色结晶。溶解度（25℃）：水 4200mg/L，比重 1.330，熔点 98～101℃，蒸气压 $<1\times10^{-8}$mmHg。易溶于丙酮、甲醇、乙醇、二氯甲烷、氯仿、乙腈、四氢呋喃等溶剂。在 pH4～7 的水溶液中稳定，pH 为 9 时，45℃逐渐水解，在中性或偏酸性介质中稳定，常温下稳定。在日光下稳定。

常见制剂类型：乳油、可溶性粉剂。

【毒　　性】大鼠急性经口 $LD_{50}>171$mg/kg 体重，大鼠急性经皮 $LD_{50}>2150$mg/kg 体重。

【税则号列】有效成分：29333990　　　　制剂：38089119（零售包装），38089190（其他）

**0115007　杀虫双　Bisultap**

【别　　名】Dimehypo

【有效成分】2-N，N-二甲胺基-1,3-双（硫代磺酸钠基）丙烷

【商品类别】杀虫剂

【结 构 式】

【商品属性】是一种神经毒剂，昆虫接触和取食药剂后表现出迟钝、行动缓慢、失去侵害作物的能力、停止发育、虫体软化、瘫痪、直至死亡。杀虫双有很强的内吸作用，能被作物的叶、根等吸收和传导。对水稻、三麦、玉米、豆类等多种作物及柑橘、果树、茶叶、森林的主要害虫均有优良的防治效果。

纯品为白色结晶，熔点 142～143℃，相对密度 d20/41 为 1.30～1.35，蒸气压 ≥0.01333Pa。易吸潮，易溶于水，能溶于热乙醇、甲醇、二甲基甲酰胺、二甲基亚砜等有机溶剂，微溶于丙酮，不溶于乙酸乙酯、乙醚。微酸微碱下稳定，强酸强碱下分解。

常见制剂类型：微乳剂水剂、颗粒剂。

【毒　　性】通过食道等引起中毒，症状为头痛、头晕、乏力、恶心、呕吐、腹痛流涎、多汗、瞳孔缩小，与有机磷农药中毒症状相似。

【税则号列】有效成分：29309090　　　　制剂：38089119（零售包装），38089190（其他）

**0115008　　杀虫单　　Monosultap**

【别　　名】

【有效成分】2-N，N-二甲胺基-1-硫代硫酸钠基-3-硫代硫酸基丙烷

【商品类别】杀虫剂

【结 构 式】

$$\begin{array}{l} CH_2SSO_3H \\ | \\ CHN(CH_3)_2 \cdot 2H_2O \\ | \\ CH_2SSO_3Na \end{array}$$

【商品属性】是一种人工合成的沙蚕毒素的类似物，进入昆虫体内迅速转化为沙蚕素或二氢沙蚕毒素。该药为乙酰胆碱竞争性抑制剂，具有较强的触杀、胃毒和内吸传导作用，对鳞翅目害虫的幼虫有较好的防治作用，该药主要用于防治甘蔗、水稻等作物上的害虫。

纯品为针状结晶，熔点 142～143℃，工业品为无定形颗粒状固体或白色、淡黄色粉末，有吸湿性，易溶于水，20℃时水中溶解度 1.335g/mL，易溶于工业酒精及热无水乙醇中，微溶于甲醇、二甲基甲酰胺、二甲基亚砜，不溶于丙酮、乙醚、氯仿、醋酸乙酯、苯等溶剂。常温下稳定，pH5～9 条件下稳定，遇铁降解，在强碱、强酸条件下易分解。

常见制剂类型：可湿性粉剂、可溶性粉剂。

【毒　　性】早期中毒为恶心、四肢发抖，继而全身发抖，流涎，痉挛，呼吸困难，瞳孔放大。

【税则号列】有效成分：29309090　　　　制剂：38089119（零售包装），38089190（其他）

**0115009　　杀虫环　　Thiocyclam-hydrogenoxalate**

【别　　名】硫环杀，杀螟环，甲硫环，虫噻烷，Evisect，Evisekt，Sulfoxane，Sulfamine

【有效成分】N，N-二甲基 1, 2, 3-三硫杂环已烷-5-胺基草酸盐

【商品类别】沙蚕毒素类杀虫剂

【结 构 式】

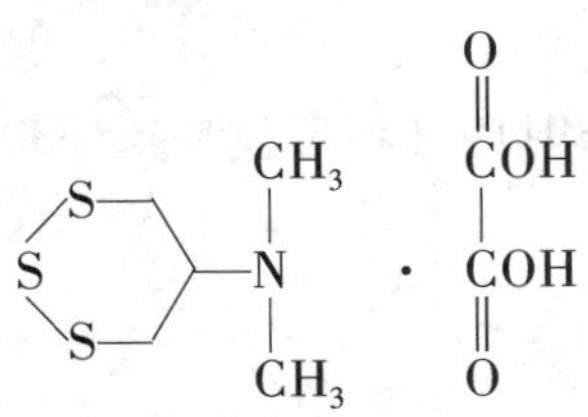

【商品属性】具有触杀和胃毒作用，也有一定的内吸和熏蒸作用，且能杀卵。对害虫的毒效较迟缓，中毒轻者有时能复活。它在植物体中消失较快，残效期较短，收获时作物中的残留量很少。杀虫环对鳞翅目、鞘翅目、同翅目害虫效果好，可用于防治水稻、玉米、甜菜、果树、蔬菜上的多种害虫，但对蚕的毒性大。

无色无味固体，熔点 125～128℃（分解），蒸气压 0.545mPa（20℃），Kow0.85，不溶于煤油。能溶于苯、甲苯和松节油等溶剂，微溶于水，水中溶解度 84g/L。20℃贮存 2 年不分解，见光分解。

常见制剂类型：可溶性粉剂。

【毒　　性】早期中毒为恶心、四肢发抖，继而全身发抖，流涎，痉挛，呼吸困难，瞳孔放大。

【税则号列】有效成分：29349990　　　　制剂：38089119（零售包装），38089190（其他）

**0115010　　杀虫磺　　bensultap**

【别　　名】Bancol，Ruban，Victenon

【有效成分】S，S′-（2-（二甲氧基）次丙基）双硫代苯磺酸酯

【商品类别】杀虫剂

【结 构 式】

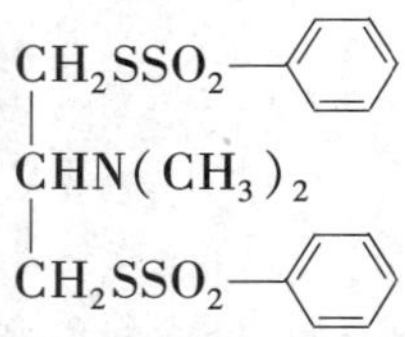

【商品属性】杀虫磺具有胃毒、触杀作用，能从根部吸收。每亩以6.7~33.4g有效成分使用，能防治水稻二化螟、三化螟、小菜蛾、马铃薯甲虫等鳞翅目和鞘翅目害虫。

白色结晶固体。在150℃分解，其盐酸盐熔点163℃，草酸盐熔点127~128℃（分解）。

常见制剂类型：50%可湿性粉剂，4%颗粒剂。

【毒　　性】对皮肤无刺激作用。对眼睛有刺激作用。

【税则号列】有效成分：29309090　　　　制剂：38089119（零售包装），38089190（其他）

**0115011　　甲氟磷　　Dimefox**

【别　　名】

【有效成分】双（二甲氨基）磷酰氟

【商品类别】杀虫剂

【结 构 式】

$$[(CH_3)_2N]_2P(=O)F$$

【商品属性】比重1.115（20℃），沸点67℃（533.2巴），明火可燃；受热放出有毒氧化磷、氧化硫、氧化氮、氟化物气体。

【毒　　性】剧毒。

【税则号列】有效成分：29299090　　　　制剂：38089119（零售包装），38089190（其他）

**0115012　　驱虫特　　Dibutyl succinate**

【别　　名】

【有效成分】琥珀酸二正丁酯，丁二酸二正丁酯

【商品类别】杀虫剂

【结 构 式】

$$CH_2C(=O)OCH_2CH_2CH_2CH_3$$
$$|$$
$$CH_2C(=O)OCH_2CH_2CH_2CH_3$$

【商品属性】沸点108℃（4毫米汞柱）。

【毒　　性】低毒。
【税则号列】有效成分：29171900　　　　制剂：38089119（零售包装），38089190（其他）

**0115013　驱蚊醇　Ethohexadiol**

【别　　名】Octylene glycol
【有效成分】2-乙基-1, 3-己二醇
【商品类别】杀虫剂
【结 构 式】

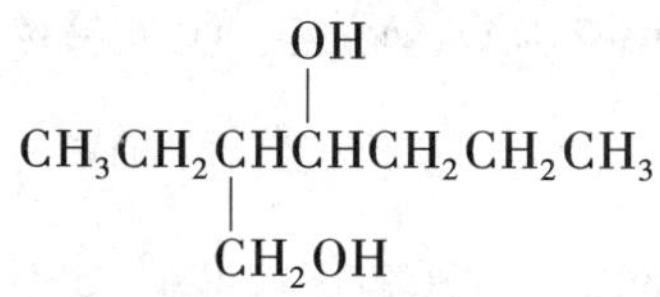

【商品属性】昆虫引诱剂、驱避剂和化学不育剂。
易燃液体，比重 0.9405，熔点 -40℃，沸点 244℃，闪点 127℃，蒸气压 0.0013K 巴（20℃）；燃烧产生刺激烟雾。
【毒　　性】中毒。
【税则号列】有效成分：29053990　　　　制剂：38089119（零售包装），38089190（其他）

**0115014　驱蚊灵　Dimethylcarbate**

【别　　名】
【有效成分】顺-双环［2, 2, 1］庚-5-烯-2, 3-二甲酸二甲酯
【商品类别】杀虫剂
【结 构 式】

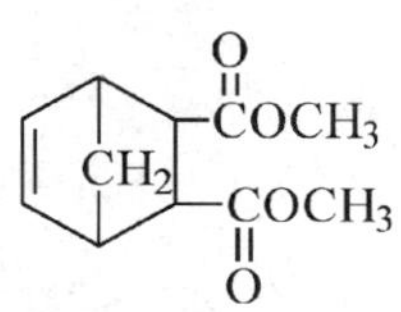

【商品属性】昆虫引诱剂、驱避剂和化学不育剂。
沸点 114～115℃。
【毒　　性】中毒。
【税则号列】有效成分：29172090　　　　制剂：38089119（零售包装），38089190（其他）

**0115015　避虫醇　2-（Octylthio）ethanol**

【别　　名】避虫硫醚，MGK874，R874
【有效成分】2-（辛基硫）乙醇，2-羟基乙基-正辛基硫醚
【商品类别】杀虫剂
【结 构 式】$CH_3(CH_2)_7SCH_2CH_2OH$
【商品属性】昆虫引诱剂、驱赶剂和化学不育剂。
沸点 98℃（0.1 毫米汞柱），燃烧产生有毒硫氧化物气体。
【毒　　性】低毒。
【税则号列】有效成分：29309090　　　　制剂：38089119（零售包装），38089190（其他）

**0115016　避蚊酮　Butopyronoxyl**

【别　　名】
【有效成分】二氢-6, 6-二甲基-4-氧代吡喃-2-甲酸丁酯
【商品类别】杀虫剂

【结 构 式】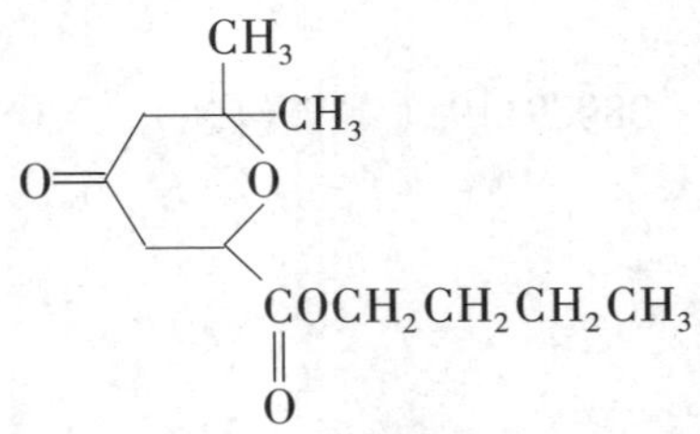

【商品属性】昆虫引诱剂、驱赶剂和化学不育剂。

比重 1.052 ~ 1.060（20°C），沸点 256 ~ 270℃，遇热、明火易燃；热分解辛辣刺激烟雾。

【毒　　性】低毒。

【税则号列】有效成分：29329990　　制剂：38089119（零售包装），38089190（其他）

**0115017　驱蝇啶　Dipropylpyridine-2, 5-dicarboxylate**

【别　　名】丙蝇驱，丙辛克，Dipropyl isocinchomeronate

【有效成分】吡啶-2, 5-二甲酸二丙酯

【商品类别】杀虫剂

【结 构 式】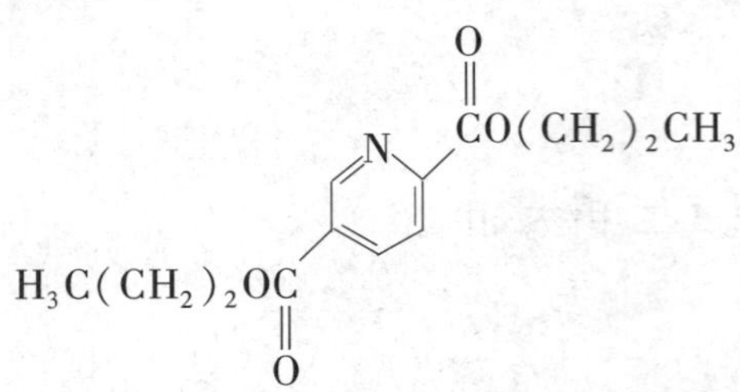

【商品属性】昆虫引诱剂、驱避剂和化学不育剂。

【毒　　性】

【税则号列】有效成分：29333990　　制剂：38089119（零售包装），38089190（其他）

**0115018　戊氰威　Nitrilacarb**

【别　　名】腈叉威

【有效成分】4, 4-二甲基-5-（甲基氨基甲酰氧基亚氨基）戊腈

【商品类别】杀虫剂

【结 构 式】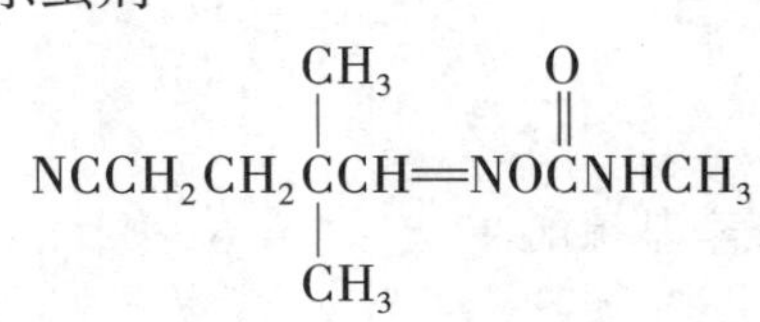

【商品属性】

【毒　　性】剧毒。

【税则号列】有效成分：29269090　　制剂：38089119（零售包装），38089190（其他）

**0115019　甘氨硫磷　Phosglycin**

【别　　名】Atkatox

【有效成分】O, O-二乙基-N，N-二丙基氨基甲酰甲基-N-乙基硫代磷酰胺

【商品类别】杀虫剂

【结 构 式】

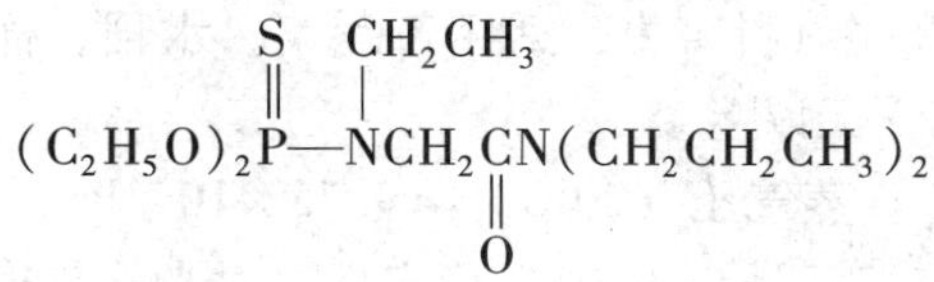

【商品属性】

【毒　　性】

【税则号列】有效成分：29299090　　　　制剂：38089119（零售包装），38089190（其他）

**0115020　　保松噻　　Levamisol**

【别　　名】左美素，左旋咪唑

【有效成分】（RS）-2, 3, 5, 6-四氢-6-苯基咪唑并［2, 1-b］噻唑盐酸盐

【商品类别】杀虫剂

【结 构 式】

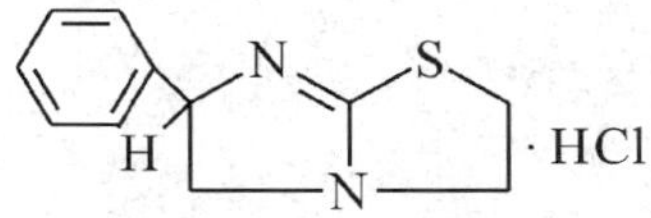

【商品属性】一般用于在饲料中添加，作为抗感染药物。有效成分还是免疫增强剂和驱蛔虫药的主要成分。

熔点 60 ~ 61.5℃，白色晶体状粉末。

【毒　　性】剧毒。

【税则号列】有效成分：29349990　　　　制剂：38089119（零售包装），38089190（其他）

**0115021　　诱虫烯　　Muscalure**

【别　　名】家蝇信息素，顺-9-碳烯，ESA，Z-9-tricosene muscalure

【有效成分】（Z）-二十三碳-9-烯

【商品类别】杀虫剂

【结 构 式】

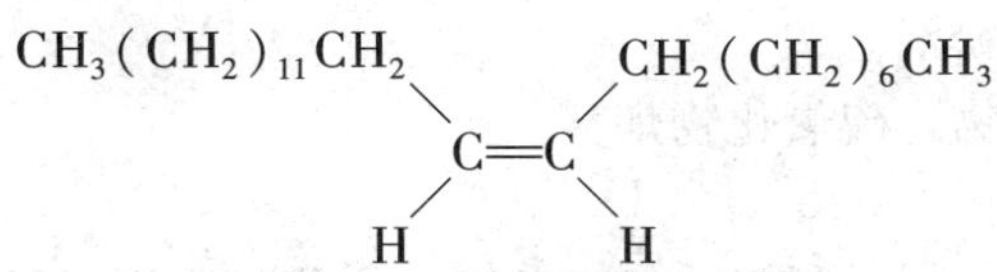

【商品属性】该产品是人工合成的高效家蝇外激素，可调节家蝇的取食生殖行为，诱集家蝇迅速聚集在药源处，在诱杀苍蝇的毒饵、诱捕器、粘胶中适量添加，可聚而歼之，立竿见影。

【毒　　性】

【税则号列】有效成分：29012990　　　　制剂：38089119（零售包装），38089190（其他）

**0115022　　吡蚜酮　　Pymetrozine**

【别　　名】

【有效成分】（E）-4, 5-二氢-6-甲基-4-（3-吡啶亚甲基氨基）-1, 2, 4-三嗪-3（2H）-酮

【商品类别】杀虫剂

【结 构 式】

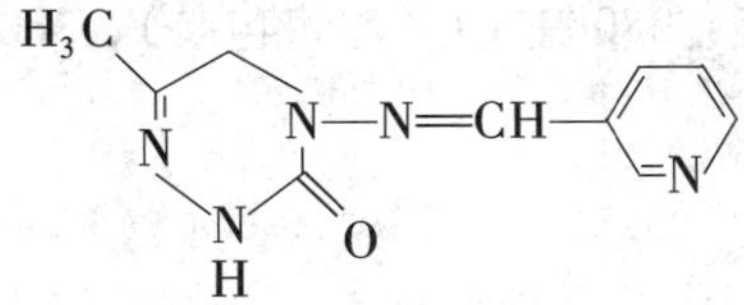

【商品属性】吡蚜酮属非杀伤性新型杀虫剂，其制剂可用于防治大部分同翅目害虫，尤其是

蚜虫科、粉虱科、叶蝉科及飞虱科害虫，适用于蔬菜、水稻、棉花、果树及多种大田作物。其持效期在20天以上。

白色结晶粉末。熔点234℃。蒸气压（20℃）$<9.75\times10^{-8}$Pa。溶解度（20℃，g/l）：水0.27，乙醇2.25，正已烷<0.01。稳定性：对光、热稳定，弱酸弱碱条件下稳定。原药规格外观为白色或浅色粉末，有效成分含量≥95.0。

常见制剂类型：可湿粉，外观浅黄色疏松粉末，无团块。

【毒　　性】

【税则号列】有效成分：29336990　　　制剂：38089119（零售包装），38089190（其他）

**0115023　　丁醚脲　　Diafenthiuron**

【别　　名】汰芬隆，宝路，杀螨脲，Pegasus，Polo

【有效成分】1-特丁基-3-（2,6-二异丙基-4-苯氧基苯基）硫脲

【商品类别】杀虫剂

【结 构 式】

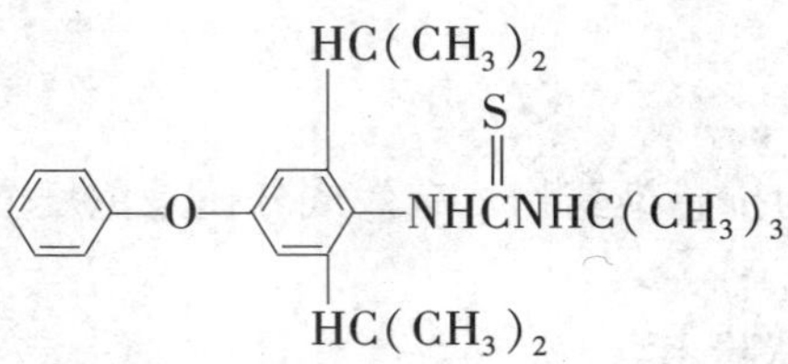

【商品属性】是一种新型杀虫剂，广泛用于棉花、水果、蔬菜和茶叶上。该药是一种选择性杀虫剂，具有内吸和熏蒸作用，可以控制蚜虫的敏感品系及对氨基甲酸酯、有机磷和拟除虫菊酯类产生抗性的蚜虫，大叶蝉和椰粉虱等，还可以控制小菜蛾、菜粉蝶和夜蛾为害。该药可以和大多数杀虫剂和杀菌剂混用。

本品为无色粉末，熔点144.6～147.7℃，蒸气压$<2\times10^{-6}$Pa（25℃），密度1.09（20℃）。溶解度：水0.06mg/L（25℃），丙酮320，乙醇43，正已烷9.6，甲苯330，正辛醇26（g/L，25℃）。光、空气中和水中稳定。

常见制剂类型：可湿性粉剂。

热分解排出有毒氮氧化物，硫氧化物烟雾。

【毒　　性】中毒。

【税则号列】有效成分：29309090　　　制剂：38089119（零售包装），38089190（其他）

**0115024　　丙胺氟磷　　Mipafox**

【别　　名】丙胺氟膦

【有效成分】双（二异丙氨基）磷酰氟

【商品类别】杀虫剂

【结 构 式】

$$[(CH_3)_2CHNH]_2P(=O)F$$

【商品属性】熔点60℃，燃烧产生有毒氮氧化物、磷氧化物和氟化物气体。

【毒　　性】剧毒。

【税则号列】有效成分：29299090　　　制剂：38089119（零售包装），38089190（其他）

**0115025　　氟幼脲　　Penfluron**

【别　　名】PH604

【有效成分】1-（4-三氟甲基苯基）-3-（2,6-二氟苯甲酰基）脲

【商品类别】杀虫剂

【结 构 式】

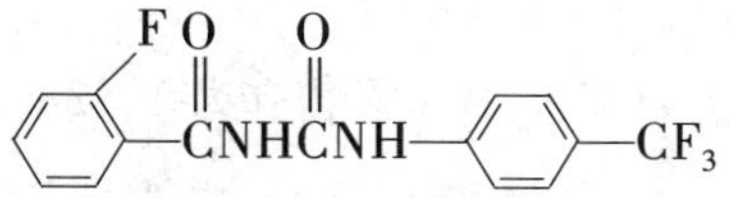

【商品属性】化学不育剂。用于灭蚊蝇。

【毒　　性】

【税则号列】有效成分：29242990　　　　制剂：38089119（零售包装），38089190（其他）

**0115026　　丁酮威　　Butocarboxim**

【别　　名】丁叉威，布嘉信

【有效成分】O-甲基氨基甲酰基-3-（甲硫基）-2-丁酮肟

【商品类别】杀虫剂

【结 构 式】

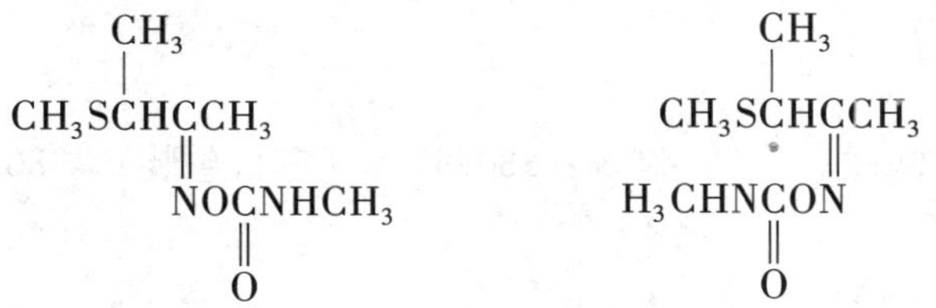

（E）　　　　（Z）

【商品属性】防治蚜虫。

【毒　　性】

【税则号列】有效成分：29309090　　　　制剂：38089119（零售包装），38089190（其他）

**0115027　　丁酮砜威　　Butoxycarboxim**

【别　　名】磺丁威

【有效成分】O-甲基氨基甲酰基-3-甲磺酰基-2-丁酮肟

【商品类别】杀虫剂

【结 构 式】

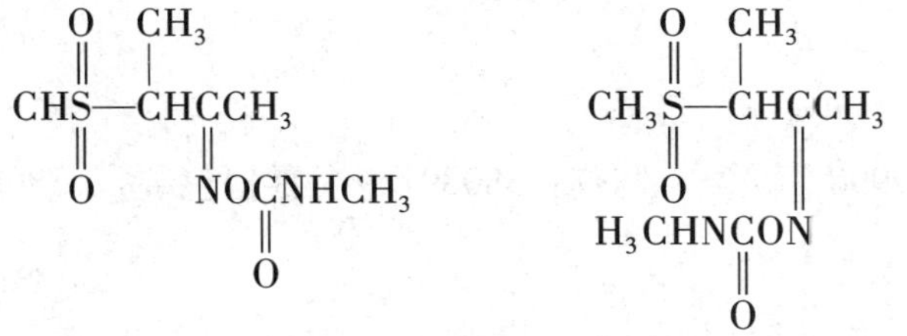

（E）　　　　（Z）

【商品属性】

【毒　　性】

【税则号列】有效成分：29309090　　　　制剂：38089119（零售包装），38089190（其他）

**0115028　　噻丙腈　　Thiapronil**

【别　　名】

【有效成分】（E）-2-氯苯甲酰基（2,3-二氢-4-苯基亚噻唑-2-基）乙腈

【商品类别】杀虫剂

【结 构 式】

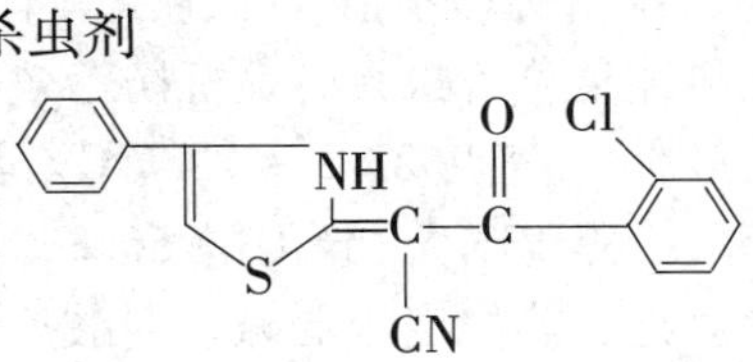

【商品属性】
【毒　　性】
【税则号列】有效成分：29341000　　　　制剂：38089119（零售包装），38089190（其他）

**0115029　　氟蚁灵　　Nifluridide**
【别　　名】Bant
【有效成分】N-［2-氨基-3-硝基-5-（三氟甲基）苯基］-2, 2, 3, 3-四氟丙酰胺
【商品类别】杀虫剂
【结 构 式】

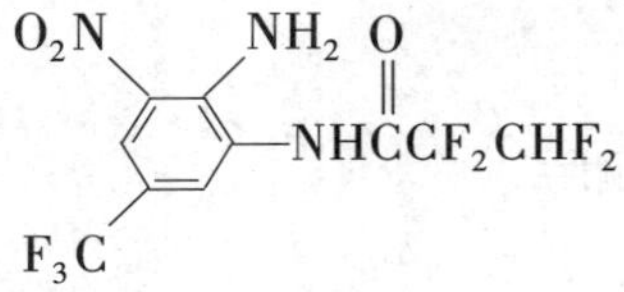

【商品属性】可用于防治火蚁。
【毒　　性】
【税则号列】有效成分：29242990　　　　制剂：38089119（零售包装），38089190（其他）

**0115030　　苯虫醚　　Diofenolan**
【别　　名】CGA-59205
【有效成分】（2RS，4SR）-4-（2-乙基-1, 3-二氧戊环-4-基甲氧基）苯基苯基醚（50%～80%）和（2RS，4RS）-4-（2-乙基-1, 3-二氧戊环-4-基甲氧基）苯基苯基醚（20～50%）的混合物
【商品类别】杀虫剂
【结 构 式】

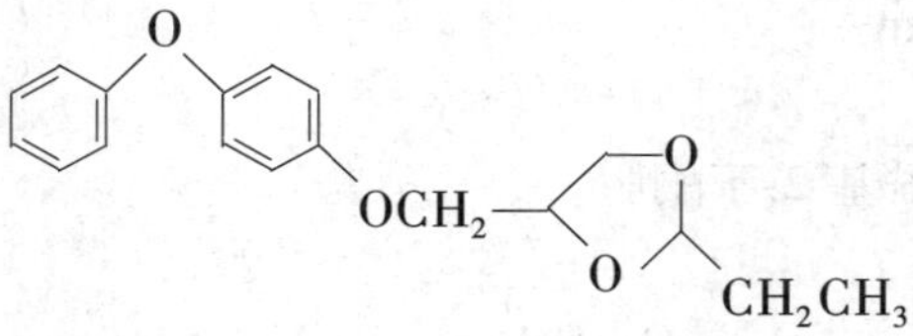

【商品属性】
【毒　　性】
【税则号列】有效成分：29329990　　　　制剂：38089119（零售包装），38089190（其他）

**0115031　　硫肟醚**
【别　　名】
【有效成分】（E）-4 氯苯基-（1-甲硫基）乙基酮肟-O-（3-苯氧苯基甲基）醚
【商品类别】杀虫剂
【结 构 式】

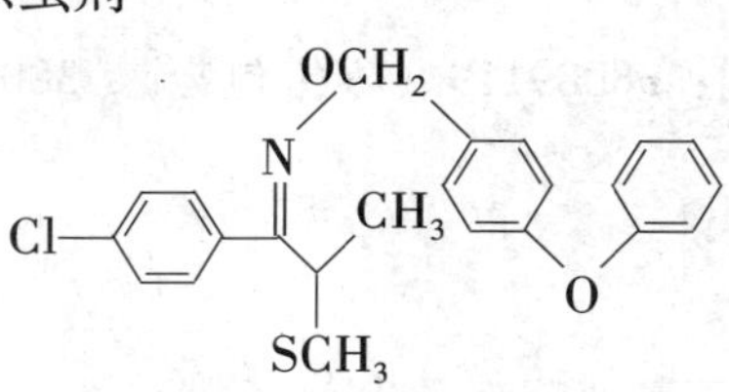

【商品属性】具有优良杀虫活性的肟醚类杀虫剂，作用机理不清，对昆虫具有良好的触杀和胃毒作用，无内吸作用。对十字花科蔬菜菜青虫具有良好防治效果。
原药含量≥95%，外观为棕黄色液体，熔点 27.3～27.7℃。溶解度（g/L，20℃）：几乎不溶于水，甲醇 54.5，乙醇 133.5，异丙醇 56.8，易溶于二氯甲烷、三氯甲烷、丙酮等有机溶剂。对光、热稳定。弱碱、弱酸条件下稳定。

常见制剂类型：水乳剂。
【毒　　性】低毒。
【税则号列】有效成分：29309090　　　制剂：38089119（零售包装），38089190（其他）

**0115032　楝素　Toosedarin**
【别　　名】Toosendanin，BRN1674886，Chuanliansu
【有效成分】呋喃三萜
【商品类别】杀虫剂
【结 构 式】

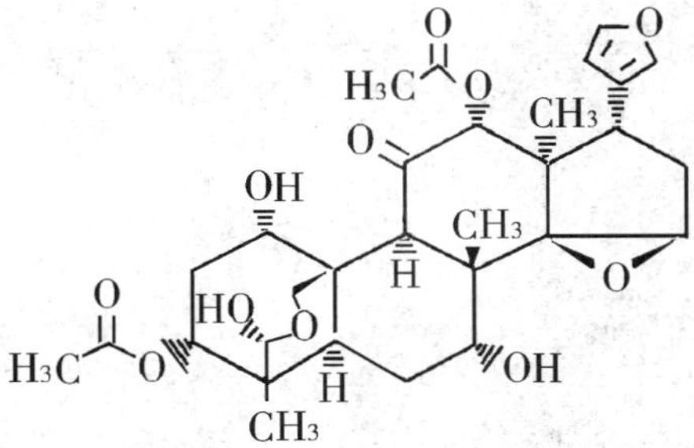

【商品属性】
【毒　　性】
【税则号列】有效成分：29321900　　　制剂：38089119（零售包装），38089190（其他）

**0115033　苦参碱　Matrine**
【别　　名】（+）-Matrine，BRN0085851，NSC-146051
【有效成分】苦参碱-15-酮
【商品类别】杀虫剂
【结 构 式】

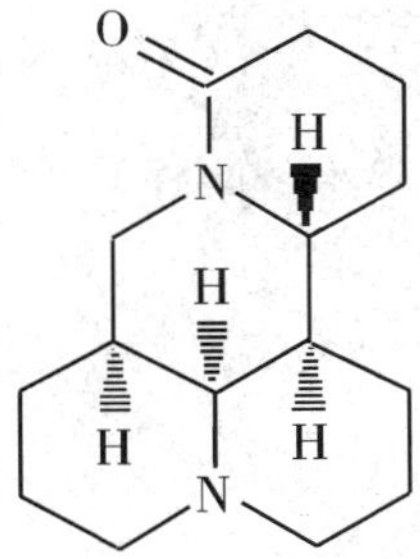

【商品属性】熔点 76℃。
【毒　　性】
【税则号列】有效成分：29399990　　　制剂：38089119（零售包装），38089190（其他）

**0115034　茴蒿素**
【别　　名】
【有效成分】3-氧代-5a-甲基环已二烯并 8-甲基-9-氧代-八氢苯并呋喃
【商品类别】杀虫剂
【结 构 式】

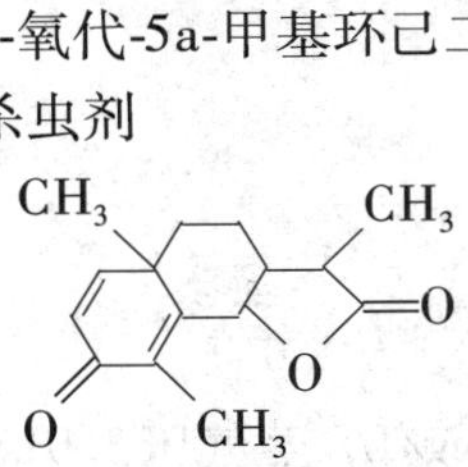

【商品属性】主要杀虫作用为胃毒，可防治菜青虫、蚜虫等害虫。

纯品（山道年）为白色结晶粉末，几乎不溶于水，微溶于乙醚。

常见制剂类型：水剂，主要含有效成分、助剂等。

【毒　　性】低毒。

【税则号列】有效成分：29322090　　　制剂：38089119（零售包装），38089190（其他）

**0115035　　噻嗪酮　　Buprofezin**

【别　　名】Applaud，NNI750，PP618

【有效成分】2-特丁亚氨基-3-异丙基-5-苯基-3，4，5，6-四氢-2H-1，3，5-噻二嗪-4-酮

【商品类别】杀虫剂

【结 构 式】

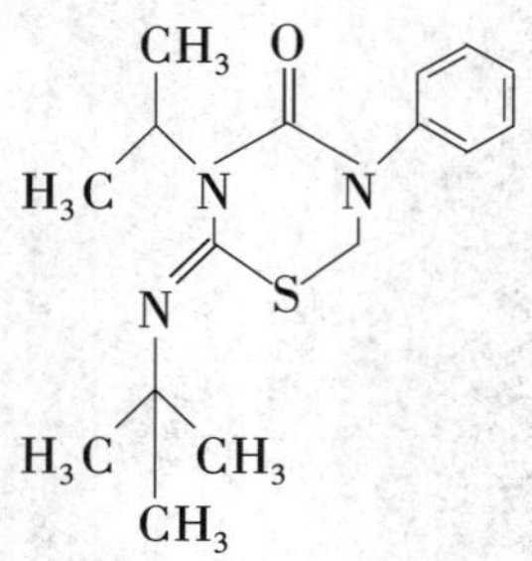

【商品属性】熔点105℃，水溶解度0.9mg/L，蒸气压9.40E-06mmHg。

【毒　　性】

【税则号列】有效成分：29349990　　　制剂：38089119（零售包装），38089190（其他）

**0115036　　烟碱　　Nicotine**

【别　　名】Black leaf，Emo-nik，Fumetobac，Habitrol，Prostep，Tendust

【有效成分】（S）-3-（1-甲基吡咯烷-2-基）吡啶

【商品类别】杀虫剂

【结 构 式】

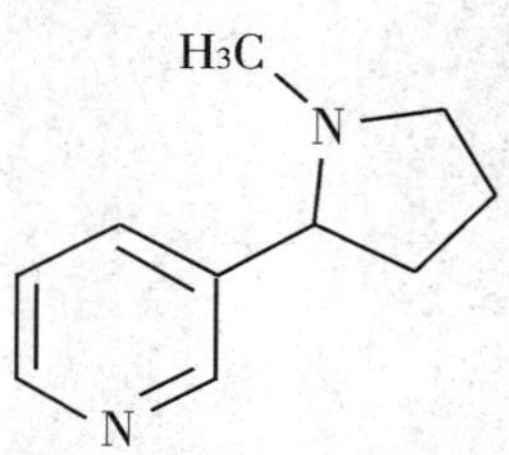

【商品属性】沸点247℃，水溶解度1.00E+06mg/L。

【毒　　性】

【税则号列】有效成分：29399910　　　制剂：38089119（零售包装），38089190（其他）

**0115037　　新烟碱　　Anabasine**

【别　　名】Neonicotine，Neonikotin

【有效成分】（S）-3-（哌啶-2-基）吡啶

【商品类别】杀虫剂

【结 构 式】

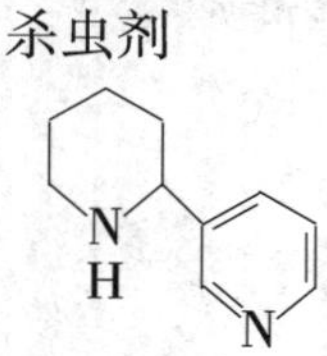

【商品属性】熔点9℃，沸点276℃，水溶解度1.00E+06mg/L，蒸气压3.01E-03mmHg。

【毒　　性】

【税则号列】有效成分：29399990　　　　　制剂：38089119（零售包装），38089190（其他）

**0115038　　原烟碱　　Nornicotine**

【别　　名】

【有效成分】3-（吡咯烷-2-基）吡啶

【商品类别】杀虫剂

【结 构 式】

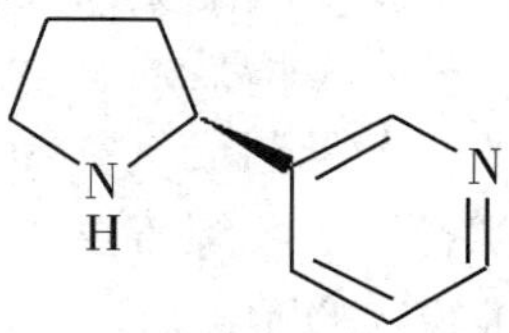

【商品属性】沸点 270℃，水溶解度 1.00E+06mg/L，蒸气压 9.70E-03mmHg。

【毒　　性】

【税则号列】有效成分：29399990　　　　　制剂：38089119（零售包装），38089190（其他）

**0115039　　嘧肽霉素　　Cytosinpeptidemycin**

【别　　名】博联生物菌素

【有效成分】胞嘧啶核苷肽

【商品类别】杀虫剂

结构式：:

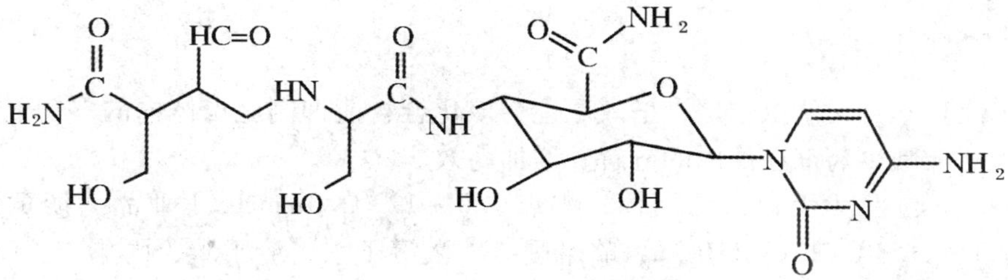

【商品属性】化学名称：6-（4-氨基-2-氧代嘧啶-1（2H）-基）-4，5-二羟基-3-（3-羟基-2-（2-（甲）乙酰氨基）丙酰胺）-四氢-2H-吡喃-2-酰胺。嘧肽霉素 30% 母药外观为棕褐色粉末状固体，熔点 195℃，沸点 320℃。溶解度（20℃）：水中为 0.77g/L、微溶于乙醇，不溶于乙醚。稳定性：对热、光酸稳定，对碱不稳定。嘧肽霉素 6% 水剂外观为棕褐色均相液体，pH3.0～5.0，不能与碱性农药混用。

嘧肽霉素对蔬菜、烟草、水稻、瓜果、马铃薯、花卉等病毒病和真菌、细菌引起的病害，如花叶病、稻瘟病、白粉病、灰霉病、马铃薯 Y 病毒、条纹叶枯病、霜霉病等，具有十分显著的预防和治疗效果。

【毒　　性】

【税则号列】有效成分：29399990　　　　　制剂：38089119（零售包装），38089190（其他）

## 0116 增效剂、熏蒸剂等

**0116001　　增效醚　　Pieronyl butoxide**

【别　　名】胡椒基丁醚

【有效成分】3，4-亚甲二氧基-6-正丙基苄基正丁基二缩乙二醇醚

【商品类别】杀虫剂/增效剂

【结 构 式】

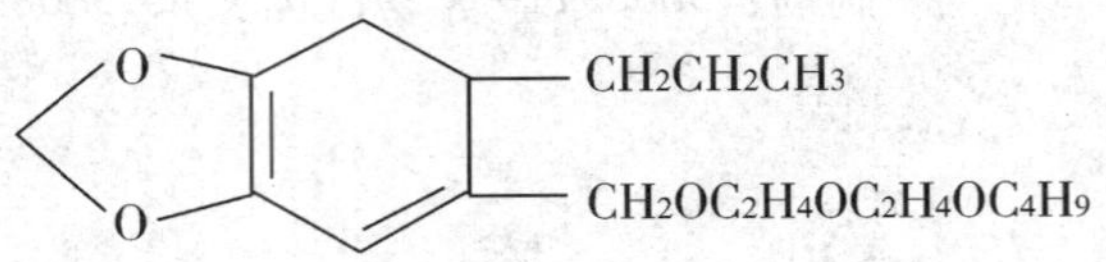

【商品属性】有效成分≥90% ~95%，工业品为微黄色无味液体。

增效醚是国际公认的优秀增效剂，对菊酯类、氨基甲酸酯类以及某些有机磷类农药都具有显著的增效作用。胡椒基丁醚是一种安全增效剂和杀虫剂，与天然除虫菊、拟除虫菊脂配合使用，达到增效目的，大量制成气雾剂、熏蒸剂、粉剂等形式用于家庭及环卫杀灭蚊蝇、蟑螂、跳蚤、白蚁等害虫，还可作为谷物害虫防治剂及用于粮仓食品、丝毛等蛋白纤维织物的贮存。

【毒　　性】

【税则号列】有效成分：29329990　制剂：杀虫剂：38089119（零售包装），38089190（其他）

**0116002　增效磷**

【别　　名】

【有效成分】O, O, -二乙基-O-苯基-硫代磷酸酯

【商品类别】杀虫剂增效剂

【结 构 式】

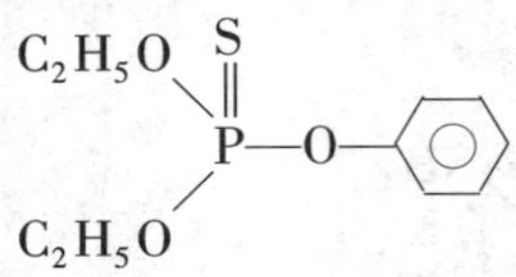

【商品属性】本身无杀虫作用，增效原理为该化合物能抑制昆虫体内的多功能氧化酶，从而减少药剂在体内的分解，增加药效。

纯品为无色透明液体，沸点 120 ~ 122℃/3mmHg 工业品为淡黄色液体，沸点 153℃/$2.13\times10^3$Pa，略带腥味，微溶于水，溶于苯、丙酮、乙醚等有机溶剂，碱性介质中水解。

常见制剂类型：乳油。

【毒　　性】轻度中毒：头痛、头昏、恶心、呕吐、多汗、无力、胸闷、视力模糊、胃口不佳等。全血胆碱酯酶一般降到正常值的 70% 以下。中度中毒：除上述症状外，还出现轻度呼吸困难、肌肉震颤、瞳孔缩小、精神恍惚、行走不稳、大汗、流涎、腹痛、腹泻等。重者还会出现昏迷、抽搐、呼吸困难、口吐白沫、大小便失禁，惊厥，呼吸麻痹。急性中毒多在 12 小时内发病，误服者可立即发病。

【税则号列】有效成分：29201900　制剂：视实际进口状态

**0116003　甲基增效磷**

【别　　名】

【有效成分】O, O, -二甲基-O-苯基-硫代磷酸酯

【商品类别】杀虫剂增效剂

【结 构 式】

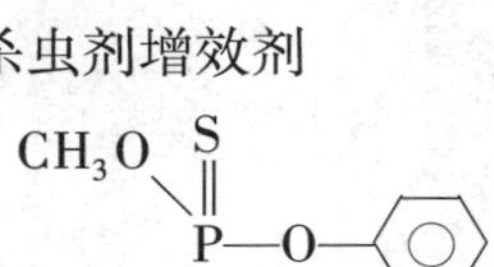

【商品属性】与某些农药混后有增效作用。是一种低毒有机磷增效剂，本身无杀虫作用。其增效原理为能抑制昆虫体内的多功能氧化酶，从而减少药剂在体内的分解，提

高杀虫效果。

浅黄色透明液体，比重1.12。

常见制剂类型：乳油。

【毒　　性】轻度中毒：头痛、头昏、恶心、呕吐、多汗、无力、胸闷、视力模糊、胃口不佳等。全血胆碱酯酶一般降到正常值的70%以下。中度中毒：除上述症状外，还出现轻度呼吸困难、肌肉震颤、瞳孔缩小、精神恍惚、行走不稳、大汗、流涎、腹痛、腹泻等。重者还会出现昏迷、抽搐、呼吸困难、口吐白沫、大小便失禁，惊厥，呼吸麻痹。急性中毒多在12小时内发病，误服者可立即发病。

【税则号列】有效成分：29201900　　　　制剂：视实际进口状态

**0116004　八氯二丙醚　Octachlorodipropylether**

【别　　名】S-421，S2

【有效成分】双-（2，3，3，3-四氯丙基）醚

【商品类别】杀虫剂增效剂

【结 构 式】

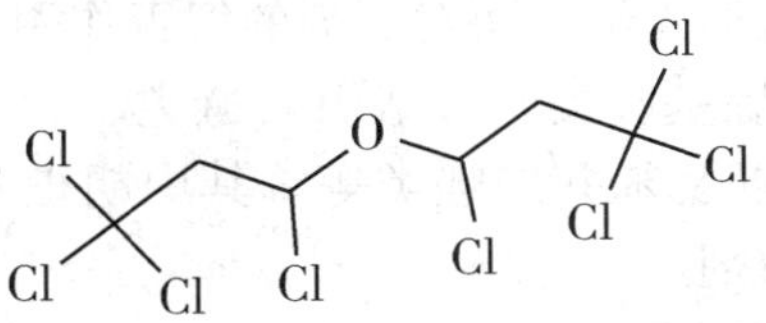

【商品属性】增效剂本身基本无毒，但它与杀虫剂按适当的比例混用后，能提高杀虫剂的毒效，这是因为它有效地抑制了害虫体内解毒酶对药剂的解毒作用。国外发现的解毒酶抑制剂有胡椒基类、芳氧烷基胺类、芳基丙块醚类、肟类、硫氰酸酯类、邻苯二甲酸胺类、磷酸酯类以及苯并二唑类等。其中胡椒基类是除虫菊酯、滴滴涕及氨基甲酸酯剂的增效剂。

八氯二丙醚为浅黄色透明液体，比重1.64～1.65，沸点154～155℃/mmHg，折光率1.528～1.529。用途：卫生杀虫剂的效力增强剂。

【毒　　性】

【税则号列】有效成分：29091990　　　　制剂：38089119（零售包装），38089190（其他）

**0116005　增效特　Bucarpolate**

【别　　名】AI3-26237

【有效成分】2-（2-正丁氧乙氧基）-乙基-3,4-甲撑二氧苯甲酸酯

【商品类别】杀虫剂增效剂

【结 构 式】

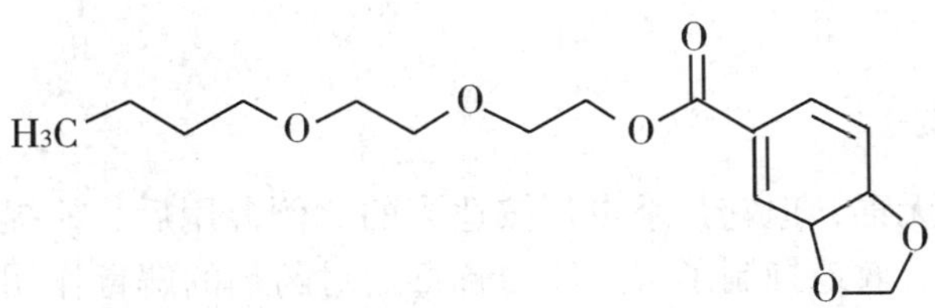

【商品属性】增效剂本身基本无毒，但它与杀虫剂按适当的比例混用后，能提高杀虫剂的毒效，这是因为它有效地抑制了害虫体内解毒酶对药剂的解毒作用。国外发现的解毒酶抑制剂有胡椒基类、芳氧烷基胺类、芳基丙块醚类、肟类、硫氰酸酯类、邻苯二甲酸胺类、磷酸酯类以及苯并二唑类等。其中胡椒基类是除虫菊酯、滴滴涕及氨基甲酸酯剂的增效剂。

增效特沸点176～178℃（0.5毫米）。

【毒　　性】

【税则号列】有效成分：29329990　　　　制剂：38089119（零售包装），38089190（其他）

**0116006　　增效酯　　Propylisome**

【别　　名】AI3-15266，N-Propyl isomer，NSC-8402，Propilizom，Propilizon

【有效成分】6, 7-甲撑二氧-3-甲基-1, 2, 3, 4-四氢化萘-1, 2-二甲酸正丙酯

【商品类别】杀虫剂增效剂

【结 构 式】

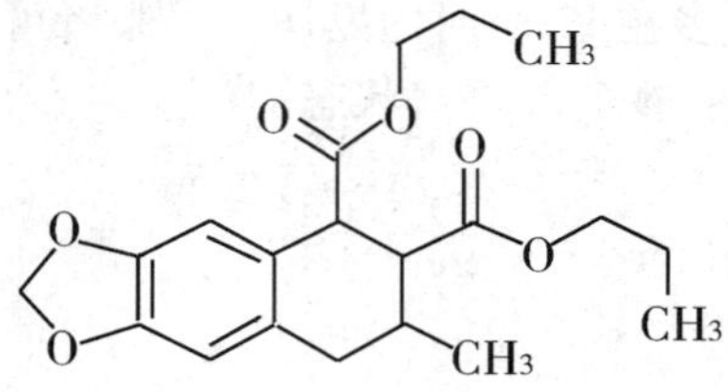

【商品属性】增效剂本身基本无毒，但它与杀虫剂按适当的比例混用后，能提高杀虫剂的毒效，这是因为它有效地抑制了害虫体内解毒酶对药剂的解毒作用。国外发现的解毒酶抑制剂有胡椒基类、芳氧烷基胺类、芳基丙块醚类、肟类、硫氰酸酯类、邻苯二甲酸胺类、磷酸酯类以及苯并二唑类等。其中胡椒基类是除虫菊酯、滴滴涕及氨基甲酸酯剂的增效剂。

增效酯沸点 170 ~ 275℃（1 毫米），蒸气压 2.68E − 07mmHg，水溶解度 0.145mg/L。

【毒　　性】中毒

【税则号列】有效成分：29329990　　　　制剂：38089119（零售包装），38089190（其他）

**0116007　　增效环　　Piperonyl cyclonene**

【别　　名】

【有效成分】3-正己基-5-（3, 4-甲撑二氧苯基）-2-环己烯酮

【商品类别】杀虫剂增效剂

【结 构 式】

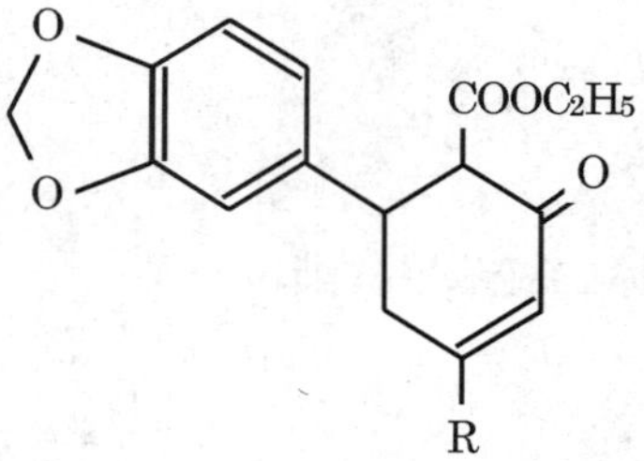

（Ⅰ）

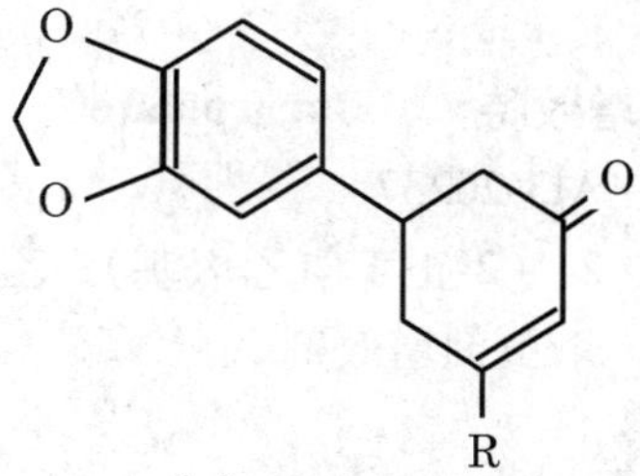

（Ⅱ）

【商品属性】增效剂本身基本无毒，但它与杀虫剂按适当的比例混用后，能提高杀虫剂的毒效，这是因为它有效地抑制了害虫体内解毒酶对药剂的解毒作用。国外发现的解毒酶抑制剂有胡椒基类、芳氧烷基胺类、芳基丙块醚类、肟类、硫氰酸酯类、邻苯二甲酸胺类、磷酸酯类以及苯并二唑类等。其中胡椒基类是除虫菊酯、滴滴涕及氨基甲酸酯剂的增效剂。

增效环熔点 50℃。

【毒　　性】低毒

【税则号列】有效成分：29329990　　　　制剂：38089119（零售包装），38089190（其他）

**0116008　　增效胺**

【别　　名】Octacide 264，DA-6，MGK-264

【有效成分】N-（2-乙基己基）-双环（2,2,1）-5-庚烯-2,3-二甲酰亚胺

【商品类别】杀虫剂增效剂

【结 构 式】

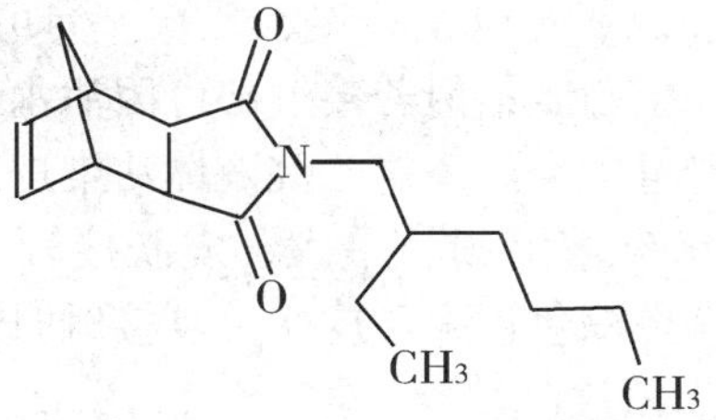

【商品属性】增效剂本身基本无毒，但它与杀虫剂按适当的比例混用后，能提高杀虫剂的毒效，这是因为它有效地抑制了害虫体内解毒酶对药剂的解毒作用。国外发现的解毒酶抑制剂有胡椒基类、芳氧烷基胺类、芳基丙块醚类、肟类、硫氰酸酯类、邻苯二甲酸胺类、磷酸酯类以及苯并二唑类等。其中胡椒基类是除虫菊酯、滴滴涕及氨基甲酸酯剂的增效剂。

增效胺为纯白色状晶体，易溶于水，熔点150℃。可溶于乙醇、甲醇、丙酮等有机溶剂，常温下稳定，具有酯的气味。熔点－2.00E＋01℃，蒸气压1.80E－05mmHg，水溶解度13.7mg/L。

【毒　　性】中毒

【税则号列】有效成分：29251900　　　　制剂：38089119（零售包装），38089190（其他）

**0116009　　环氧乙烷　　Ethylene oxide**

【别　　名】虫菌畏，ETO，Oxirane

【有效成分】1,2-环氧乙烷

【商品类别】熏蒸剂

【结 构 式】

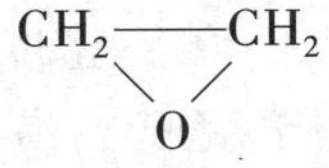

【商品属性】该药进入虫体或接触菌体后，与其蛋白质的游离基发生特异性烷基化作用，并干扰生物酶的正常代谢，阻碍生物蛋白质的正常化学反应和新陈代谢，使虫、菌死亡。常将其用于皮革、塑料、医疗器械、精密仪器、贵重物品的消毒，也可用于书籍、文字档案材料的消毒。各种微生物对环氧乙烷敏感，而且细菌繁殖体和芽孢对环氧乙烷的敏感性差异很小，穿透力强，对大多数物品无损害。

安全使用：消毒过程中注意防火防爆，防治消毒袋、柜泄露，控制温湿度，不用于饮水和食品消毒。使用方法和范围：密闭熏蒸消毒。

流动的无色液体，常温常压下为无色气体，气味似醚。沸点10.7℃，熔点－111℃，蒸气压146kPa（20℃），比重0.8（4～7℃），化学性质活泼，可与多种物质反应。遇水则缓慢反应生成乙二醇，与水和许多有机溶剂混溶。易燃。常见制剂类型：熏蒸剂、杀虫气体制剂。

【毒　　性】人吸入TCLo：12500ppm/10S；TCLo：500ppm/2M（女性）。大鼠经口$LD_{50}$：72mg/kg；吸入$LC_{50}$：800ppm/4H。小鼠吸入$LC_{50}$：836ppm/4H。环氧乙烷于低浓度时有刺激作用，高浓度则对中枢神经有抑制作用。接触高浓度环氧乙烷气体对眼、呼吸道和肺有强烈的刺激作用。吸收后全身中毒主要为中枢神经损害，同时也可有不同程度的肺、肾等脏器损害，后肢迟发性、可逆性无力和麻

痹是其中毒特点之一。

中毒表现：急性中毒后主要损害呼吸系统和中枢神经系统。接触大量环氧乙烷气体后呼出气有特殊的甜味，迅速出现眼、鼻、咽喉、支气管刺激症状，并有剧烈头痛，嗅味觉消失、恶心、频繁呕吐、四肢无力、共济失调。重者呼吸困难、发绀、肺水肿，肌肉颤动，意识蒙胧以至昏迷、死亡。尚可见心肌损害、肝功能异常。蒸气对皮肤一般不产生刺激，但若接触部位因沾水或出汗时，因环氧乙烷极易溶于水，便可发生严重皮炎。环氧乙烷液体沾染皮肤时，由于蒸发可引起冻伤或灼伤，以40%～60%溶液损害最大，皮肤接触先有刺痛和冷感，随后红肿、起疱，愈后可留有黑棕色色素。皮肤反复接触时可产生致敏反应。

处理：立即移离现场，脱去污染衣物，注意休息、保暖，加强监护。如环氧乙烷液体沾染皮肤，应立即用大量清水或3%硼酸溶液反复冲洗。皮肤症状较重或不缓解，应去专科医院就诊。眼睛污染者，于清水冲洗15分钟后点四环素可的松眼膏。吸入中毒时，予以吸氧，保持呼吸道通畅，对于因喉水肿、痉挛、呼吸道灼伤分泌物多而致呼吸困难或窒息者，应及时做气管切开，维持呼吸功能。发生肺损伤，应早期给予呼吸机支持和激素治疗。积极防治肺水肿和呼吸道感染，并注意保护各脏器功能。

【税则号列】有效成分：29101000　　制剂：38085010（零售包装），38085090（其他）

**0116010　对二氯苯　P-dichlorobenzene**

【别　　名】1,4-二氯苯，PDB，Paradow，Para-nuggets，Parazene，Santochlor

【有效成分】对二苯氯

【商品类别】熏蒸剂

【结 构 式】

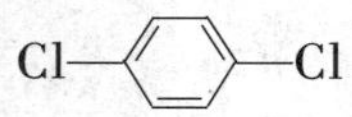

【商品属性】本品熏蒸用于家庭衣物防蛀防霉、仓贮害虫及卫生间除臭。

原药为无色结晶，有特异气味。熔点53℃，沸点173.4℃，密度1.4581，蒸气压133.3Pa/25℃。25℃水中溶解度0.08g/L，稍溶于冷乙醇，易溶于有机溶剂。化学性质稳定，无腐蚀性。

常见制剂类型：防蛀防霉片剂。

【毒　　性】

【税则号列】有效成分：29039110　　制剂：38089119（零售包装），38089190（其他）

**0116011　二溴乙烷　Ethylene dibromide**

【别　　名】二溴化乙烯，EDB

【有效成分】1,2-二溴乙烷

【商品类别】熏蒸剂

【结 构 式】$BrCH_2—CH_2Br$

【商品属性】无色液体，熔点9.3℃，沸点131.5℃，蒸气压1.5KPa（25℃），密度2.172（25℃），水中溶解度4.3g/kg（30℃），溶于乙醚、乙醇和许多一般有机溶剂，碱和光下分解。

【毒　　性】对皮肤、眼睛和呼吸道有剧烈刺激作用，其液体可引起水泡和皮肤糜烂，一旦吸收后会引起肺水肿和中枢神经系统抑制症状。因摄入而中毒者会引起化学性胃肠炎、肝坏死、肾小管损伤。通常因呼吸衰竭和循环衰竭而死亡。

【税则号列】有效成分：29033100　　　制剂：38085010（零售包装），38085090（其他）

**0116012　磷化钙　Calcium phosphide**

【别　　名】粮友，迪盖世，储粮安

【有效成分】磷化钙

【商品类别】熏蒸剂

【结 构 式】

【商品属性】褐色或棕红色块状物，溶于稀酸，不溶于一般有机溶剂，熔点 >1600℃，比重 2.51，潮解或遇水产生剧毒气体磷化氢，易自燃。

常见制剂类型：片剂。

【毒　　性】高毒。

【税则号列】有效成分：28480000　　　制剂：38089119（零售包装），38089190（其他）

**0116013　硫酰氟　Sulfuryl fluoride**

【别　　名】熏灭净，Sultropene，Vikane

【有效成分】硫酰氟

【商品类别】熏蒸剂

【结 构 式】

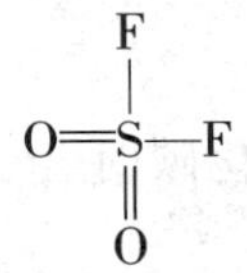

【商品属性】是一种优良的广谱性熏蒸杀虫剂，具有杀虫谱广、渗透力强、用药量少、解吸快、不燃不爆、对熏蒸物安全，尤其适合低温使用等特点。该药通过昆虫呼吸系统进入虫体，损害中枢神经系统而致害虫死亡，是一种惊厥剂。对昆虫胚后期毒性较高。

无色无味气体。沸点 -55.2℃/760mmHg，熔点 -136.7℃，蒸气压 $1.7 \times 10^6$Pa（21.1℃），密度 1.36（20℃）。溶解度：水 750mg/kg（25℃），乙醇 0.24 ~ 0.27，甲苯 2.1 ~ 2.2，四氯化碳 1.36 ~ 1.38（L/L）。光下稳定，干燥条件下约 500℃稳定，水中不被水解，在碱液中水解迅速。

【毒　　性】鼻、眼和喉部有刺激症状，虚弱、恶心、呕吐、呼吸困难、咳嗽、烦躁不安、肌肉抽搐，肾损伤可诱发蛋白尿和氮血症。

【税则号列】有效成分：28129019　　　制剂：38089119（零售包装），38089190（其他）

**0116014　溴甲烷　Methyl bromide**

【别　　名】溴灭泰，甲基溴，溴代甲烷，Metabrom

【有效成分】溴甲烷

【商品类别】熏蒸剂

【结 构 式】

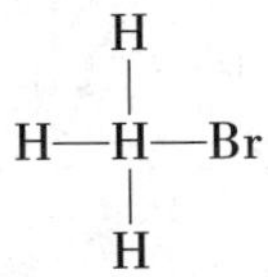

【商品属性】应用于防治仓贮害虫较早的熏蒸剂，由于该药杀虫谱广，药效显著，扩散性好，尽管毒性较高，目前仍用于防治仓贮害虫。该药渗透性受被熏蒸物表面、

温度以及不同种类的害虫或同一种类不同生态等因素的影响，使用剂量需因环境变化而不同，这样才能达到以最低用量获得最佳效果。该药在正确使用的情况下对种子发芽率影响不大，对多种物品如食品、水果（含芳香油较多的柑橘、葡萄柚、较成熟的柠檬树和梨，某些品种的苹果，葡萄、樱桃、香蕉等除外）、花卉、苗木等，以及木材、丝、羊毛、棉织品等均无不良影响。

室温下无色无味气体，高浓度下有氯仿味，熔点 -93℃，沸点 4.5℃，蒸气压 227KPa（25℃），密度 1.732（0℃）。溶解度：水 13.4g/L（25℃），冰水中形成晶状水合物，溶于许多有机溶剂，如低级醇、醚、酯、酮、芳香烃类、卤代烃类、二硫化碳。水中水解缓慢，碱性介质中迅速。

常见制剂类型：压缩气体。

【毒　　性】对人类高毒临界值为 0.065mg/L 空气。气体剧毒且无警戒性，严重中毒后不易恢复，恶心、呕吐、头昏、视力模糊、腹痛、神经紊乱、惊厥。

【税则号列】有效成分：29033990　　制剂：38089119（零售包装），38089190（其他）

**0116015　四氯化碳　Carbon tetrachloride**

【别　　名】

【有效成分】

【商品类别】熏蒸剂

【结 构 式】$CCl_4$

【商品属性】无色液体，沸点 76℃。

【毒　　性】中枢神经系统抑制剂，损伤肝及肾，吸入高浓度四氯化碳时会引起心律失常，导致纤维颤动。

【税则号列】有效成分：29031400　　制剂：38089119（零售包装），38089190（其他）

# 012 杀鼠剂

灭鼠剂是指防治鼠类等有害啮齿动物的农药。包括通过胃毒和熏蒸作用直接毒杀以及通过化学绝育和驱避作用等间接防治的各种药剂。

按作用方式杀鼠剂可分为胃毒剂、熏蒸剂、驱避剂、引诱剂和不育剂。种类最多的胃毒杀鼠剂是有机合成杀鼠剂。

**0120001　敌鼠钠　Diphacinone**

【别　　名】野鼠净，敌鼠钠盐，Diphacin，Ramik，Diphacins，Yasodion

【有效成分】2-（2,2-二苯基乙酰基）-1,3-茚满二酮

【商品类别】灭鼠剂

【结 构 式】

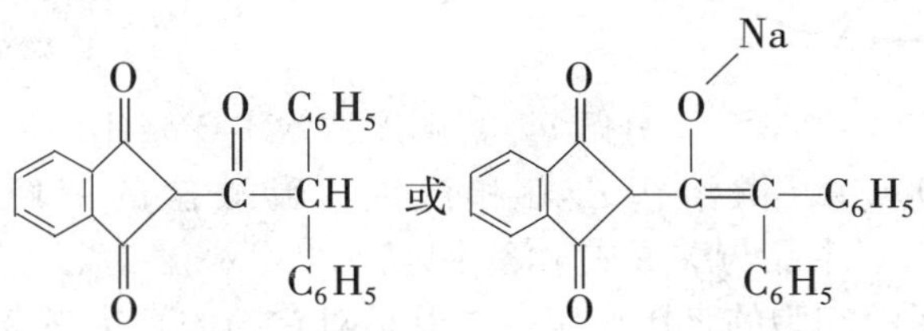

（敌鼠钠）

【商品属性】具有靶谱广适口性好、作用缓慢、效果好的特点。主要是破坏血液中的凝血酶原，使之失去活性，同时使微血管变脆、抗张力减退、血液渗透性增强。主要用于城乡居民住宅、粮库、工厂、车、船、码头等地杀灭家鼠，也可用于旱田、水稻田、林区、草原杀野鼠。

黄色晶体，原药稍有点气味。熔点 145～147℃，蒸气压 13.7nPa（25℃原药），密度 1.281。溶解度：几乎不溶于水（约 0.3mg/kg），氯仿 204，甲苯 73，二甲苯 50，丙酮 29，乙醇 2.1，己烷 1.8（g/kg）。可溶于碱形成盐，pH6～9 稳定 14 天。pH4 时水解，光照下水中分解迅速，338℃分解（不沸腾）。

常见制剂类型：毒饵。

【毒　　性】表现为心慌、恶心、呕吐、乏力等，继之就出现广泛性出血，鼻、口、齿龈出血、咯血、呕血、便血、尿血、皮肤有紫癜，并有体温降低、血压偏低等症状，严重时昏迷、休克。

【税则号列】有效成分：　　　　　制剂：38089910（零售包装），38089990（其他）

29143990（结构式 1）（敌鼠）

29144000（结构式 2）（敌鼠钠盐）

**0120002　溴化铊　Thallium（Ⅰ）bromide**

【别　　名】溴化铊（Ⅰ）

【有效成分】溴化亚铊

【商品类别】灭鼠剂

【结 构 式】T1Br

【商品属性】蒸煮硫酸铊水溶液，在其中徐徐加入溴化钠溶液，可析出无色结晶性沉淀，过滤，分离，用水洗涤干燥而得。

无色等轴晶系结晶，因光变为黄色。不溶于丙酮及氢溴酸，微溶于水（25℃时 0.05、63℃时 0.25），溶于乙醇。

【毒　　性】有毒。

【税则号列】有效成分：28275900　　　　制剂：38089910（零售包装），38089990（其他）

**0120003　　毒鼠碱　　Strychnine**

【别　　名】马钱子碱，土的卒，Certox

【有效成分】番木鳖碱

【商品类别】生物碱灭鼠剂

【结 构 式】

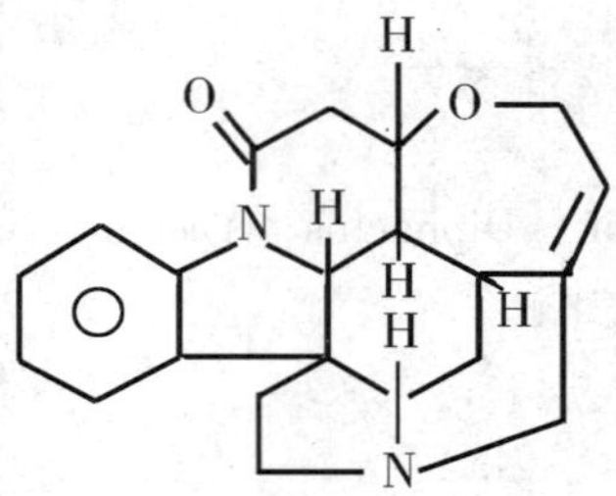

【商品属性】无色晶体，熔点270～280℃（分解）。溶解度：水143mg/L，苯5.6g/L，乙醇6.7g/L，氯仿200g/L，微溶于乙醚和汽油。硫酸盐的溶解度：水30g/L（15℃），溶于乙醇。本品与酸形成水溶性盐。

【毒　　性】通过对中枢神经系统细胞的直接作用，主要是对脊髓的直接兴奋作用而引起强烈的癫痫样惊厥最终引起肺功能障碍死亡。

【税则号列】有效成分：29399990　　　　制剂：38089910（零售包装），38089990（其他）

**0120004　　毒鼠磷　　Phosacetim**

【别　　名】Gophacide，Phosacetim

【有效成分】O, O-双（对氯苯基）（1-亚胺乙基）硫代磷酰胺酯

【商品类别】有机磷灭鼠剂

【结 构 式】

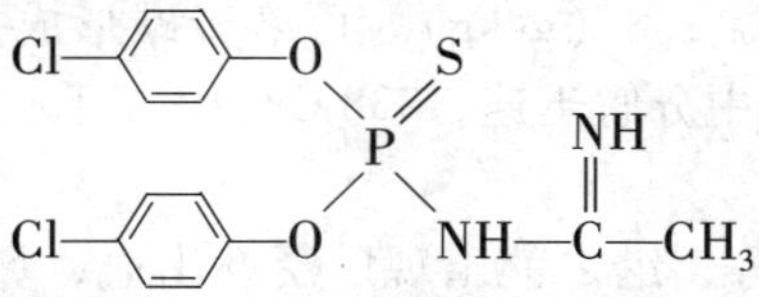

【商品属性】外观为白色结晶粉末，熔点104～106℃，不溶于水，极易溶解于氯化烃类溶剂，丙酮，微溶于乙醇、苯和醚中，干燥环境下稳定，对碱不稳定。

【毒　　性】剧毒。一旦中毒，数小时内可出现头痛、多汗、瞳孔缩小、流涎、呕吐、腹泻、肌肉颤抖、惊厥、呼吸困难、视力模糊。

【税则号列】有效成分：29299090　　　　制剂：38089910（零售包装），38089990（其他）

**0120005　　溴代毒鼠磷　　Phosazetim-bromo**

【别　　名】

【有效成分】O, O-双（4-溴苯基）-N-亚氨逐乙酰基硫逐磷酰胺酯

【商品类别】灭鼠剂

【结 构 式】

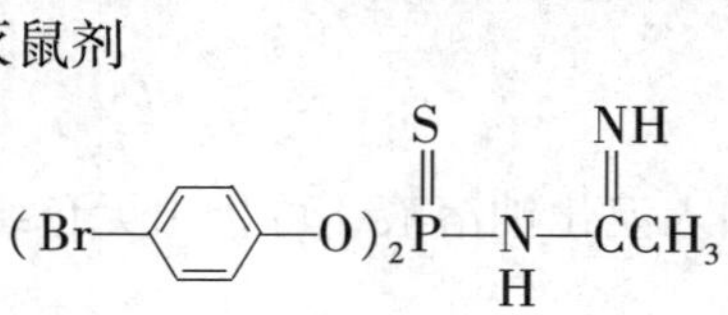

【商品属性】适宜于居民住宅、工厂、仓库、食堂等室内灭鼠。特别适用于稻田、旱地、草原、森林等野外灭鼠。

纯品为白色粉末，原药为浅粉色或浅黄色粉末。不溶于水，微溶于乙醇、氯仿、苯，易溶于二氯甲烷、丙酮。

常见制剂类型：毒饵。

【毒　　性】

【税则号列】有效成分：29299090　　　　制剂：38089910（零售包装），38089990（其他）

**0120006　　毒鼠强　　Tetramine**

【别　　名】四二四，没鼠命

【有效成分】2, 6-二硫-1, 3, 5, 7-四氮三环-［3, 3, 1, 1, 3, 7］癸烷-2, 2, 6, 6-四氧化物

【商品类别】灭鼠剂

【结 构 式】

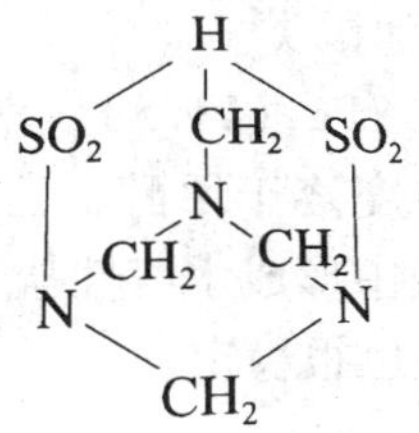

【商品属性】轻质粉末，纯品呈正方形晶体，无臭无味，在255～256℃时分解，不溶于水、乙醇、碱和酸，在丙酮、氯仿、冰醋酸中有一定溶解度，溶于二甲亚砜，化学性质稳定。

【毒　　性】高毒。通过对中枢神经系统细胞的直接作用，主要是对脊髓的直接兴奋作用而引起强烈的癫痫样惊厥最终引起肺功能障碍死亡。

【税则号列】有效成分：29349990　　　　制剂：38089910（零售包装），38089990（其他）

**0120007　　鼠甘伏（混合物）　　Gliftor**

【别　　名】伏鼠酸，伏鼠醇，Glyfluor

【有效成分】（1）1, 3-二氟丙醇-2；（2）1-氯-3-氟丙醇-2

【商品类别】灭鼠剂

【结 构 式】$F—CH_2—CH(OH)—CH_2F$　　　　$Cl—CH_2—CH(OH)—CH_2F$

【商品属性】由1，3-二氟-2-丙醇和1-氯-3-氟-2-丙醇复配而成。甘氟在动物体内发生生物氧化后形成氟乙酸，最终破坏机体内主要的新陈代谢过程——三羧酸循环，影响神经系统和心血管系统。本品中毒有明显的几小时潜伏期。用于杀灭各种鼠类，尤适用于草原、森林的大面积灭鼠。

本品为无色或微黄色油状体，化合物（1）的沸点为127～128℃（或58～60℃/5.33kPa），化合物（2）的沸点为146～148℃，混合物的沸点为120～132℃；能与水、乙醇、乙醚等互溶，较易挥发，在酸性溶液中稳定，而在碱性溶液中能分解。

【毒　　性】高毒。

【税则号列】有效成分：29055900　　　　制剂：38089910（零售包装），38089990（其他）

**0120008　　杀鼠灵　　Warfarin**

【别　　名】华法令，灭鼠灵，Warfarine，Coumafene，Zoocoumarin

【有效成分】4-羟基-3-（3-氧代-1-苯基丁基）-2H-1-苯并吡喃-2-酮

【商品类别】灭鼠剂

【结 构 式】

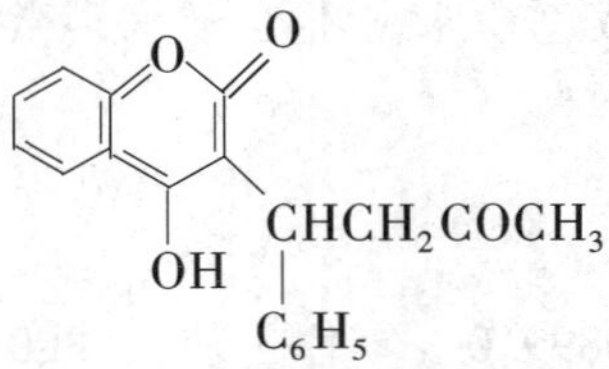

【商品属性】属于4-羟基香豆素类的抗凝血灭鼠剂，是第一个用于灭鼠的慢性药物。作用与抗凝血药剂的机理基本相同，主要包括两方面：一是破坏正常的凝血功能，降低血液的凝固能力。药剂进入机体后首先作用于肝脏，对抗维生素K1，阻碍凝血酶原的生成。二是损害毛细血管，使血管变脆，渗透性增强。所以鼠服后体虚弱、怕冷、行动缓慢，鼻、爪、肛门、阴道出血，并有内出血发生，最后由于慢性出血不止而死亡。可用于毒杀家鼠和其他鼠类。

外消旋体为无色晶体，熔点161～162℃，沸点9Pa（21.5），溶解度：水中17mg/L（20℃），微溶于苯，乙醚和环己酮，中度溶于甲醇，乙醇和异丙醇，丙酮65，氯仿56，二噁烷100（g/L），溶在碱液中形成水溶性盐，钠盐在水中可溶解400g/L，难溶于有机溶剂，即使遇到强酸也很稳定。

常见制剂类型：毒饵、母粉。

【毒　　性】发病慢，有血液不易凝结的种种体症，如易起紫斑、皮下出血。关节周围出血、尿血、便血等全身广泛性出血，持续出血可引起贫血，导致休克。

【税则号列】有效成分：29322090　　制剂：38089910（零售包装），38089990（其他）

**0120009　杀鼠醚　Coumatetralyl**

【别　　名】立克命，毒鼠萘，追踪粉，杀鼠萘，Racumin，Coumarins，Endox（bayer），Endrocid，Ratbate，Ratex

【有效成分】4-羟基-3-（1,2,3,4-四氢-1-萘基）香豆素

【商品类别】灭鼠剂

【结 构 式】

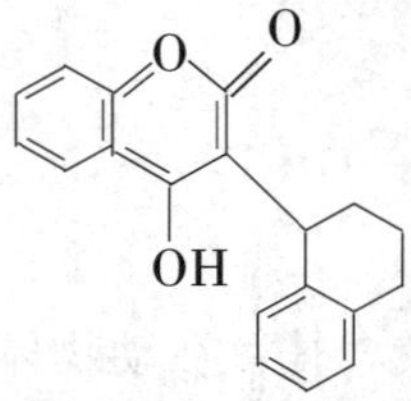

【商品属性】慢性、广谱、高效适口性好，一般无二次中毒现象。它能破坏凝血机能，损害微血管，引起内出血，3～6天后衰竭而死。可有效杀灭对杀鼠灵有抗性的鼠。

无色晶体粉末，原药为黄色结晶。熔点172～176℃。溶解度（20℃）：水4mg/L（pH4.2）、20mg/L（pH5）、425mg/L（pH7）、100～200g/L（pH9，20℃），在二甲基甲酰胺中溶解迅速，溶于乙醇和丙酮，微溶于苯、甲苯和乙醚，二氯甲烷50～100，异丙醇20～50（g/L20℃），溶于碱性液中生成盐。150℃下稳定，暴露在阳光下或紫外光下水溶液中分解。

常见制剂类型：饵剂、母粉。

【毒　　性】发病慢，有血液不易凝结的种种体症，如易起紫斑，小损伤时就出血或无明显损伤时大关节疼痛性肿胀。

【税则号列】有效成分：29322090　　制剂：38089910（零售包装），38089990（其他）

**0120010　　氟鼠灵　　Flocoumafen**

【别　　名】杀它仗，氟鼠酮，氟羟香豆素，Storm，Stratagen

【有效成分】3-［3-（4′-三氟甲基苄基氧代苯-4-基）-1, 2, 3, 4-四氢-1-萘基］-4-羟基香豆素

【商品类别】灭鼠剂

【结 构 式】

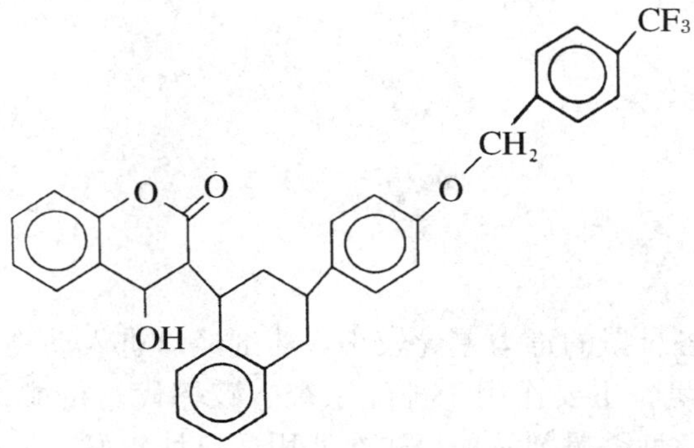

【商品属性】属第二代抗凝血型杀鼠剂，具有适口性好、毒力强、使用安全、灭鼠效果好的特点。对啮齿动物的毒力与大隆相近，并对第一代抗凝血剂产生抗性的鼠有同等的效力。主要为抑制动物体内凝血酶的生成，使血液不能凝结而死。

灰白色固体，熔点反式异构体 163～166℃，顺式异构体 181～191℃，蒸气压 133nPa（25℃）。溶解度：水 1.1mg/L，丙酮 >600，乙醇 34，二甲苯 33，辛醇 44（g/L）。不易水解，50℃时 pH7～9 条件下 4 周内无明显分解，250℃以下对热稳定。

常见制剂类型：毒饵。

【毒　　性】高毒。较轻的症状为尿中带血，鼻出血或眼分泌物带血，皮下出血、大便带血。如出现多处出血则有生命危险。严重的中毒症状为腹部和背部疼痛，神志昏迷。

【税则号列】有效成分：29322090　　　　制剂：38089910（零售包装），38089990（其他）

**0120011　　氟乙酸钠　　Sodium monofluo fluoroacetate**

【别　　名】一氟乙酸钠，Yasoknock，Fratol

【有效成分】氟乙酸钠

【商品类别】灭鼠剂

【结 构 式】$FCH_2COO^-Na^+$

【商品属性】无色吸湿粉末，熔点约 200℃（分解），不挥发，易溶于水，几乎不溶于乙醇、丙酮和石油。

【毒　　性】易被肠道吸收，心脏和大脑是受影响最突出的器官。可引起心律失常，继而发展为心室纤维性颤动而至死亡。神经性中毒则表现为剧烈的强直性和阵发性惊厥、痉挛和僵直。

【税则号列】有效成分：29159000　　　　制剂：38089910（零售包装），38089990（其他）

**0120012　　氟乙酰胺　　Fluoroacetamide**

【别　　名】

【有效成分】氟乙酰胺

【商品类别】酰胺类灭鼠剂

【结 构 式】$FCH_2CONH_2$

【商品属性】白色结晶粉末，熔点 108℃，易溶于水，能溶于丙酮、乙醇。微溶于脂肪烃和芳族烃。

【毒　　性】高毒。
【税则号列】有效成分：29241990　　　制剂：38085010（零售包装），38085090（其他）

**0120013　　磷化锌　　Zinc phosphide**

【别　　名】耗鼠尽，Kilrat，Phosrin
【有效成分】磷化锌
【商品类别】无机灭鼠剂
【结 构 式】

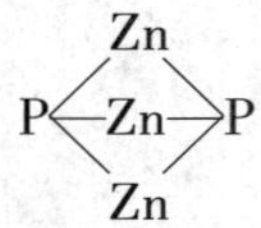

【商品属性】为广谱性杀鼠剂，对各种鼠的毒力差异较小。药剂经口进入动物胃中，与胃酸作用产生剧毒的磷化氢，主要作用于神经系统、破坏代谢机能，中毒动物 24 小时内即可死亡，是急性杀鼠剂品种。初次使用适口性较好，但中毒未死个体再遇此药时则明显拒食。对其他哺乳类动物和禽类有较高的毒性，中毒鼠尸体内残留的磷化氢可引起食肉动物二次中毒。

黑色粉末，带有微弱蒜臭味，原药纯度 80% ~95%，密度为 4.65，熔点 740℃，不溶于水和乙醇，可溶于碱、苯二硫化碳等有机溶剂中，干燥条件下稳定，潮湿空气中慢慢分解放出不愉快气味，遇水分解，但作用缓慢，遇酸分解，放出剧毒的磷化氢气体，浓硝酸和王水冷时能将磷化锌氧化，并发生大爆炸。

【毒　　性】高毒。恶心、呕吐、激动、发冷、胸闷、呼吸困难，可发展为肺水肿。常伴有严重的肝、肾损害，病人多死于肝肾功能衰竭或脑水肿。
【税则号列】有效成分：28480000　　　制剂：38089910（零售包装），38089990（其他）

**0120014　　溴鼠灵　　Brodifacoum**

【别　　名】大隆，溴鼠隆，溴联苯鼠隆，溴敌拿鼠，Talon，Ratak
【有效成分】3-［3-［4′-溴-（1,1′-联苯基）4-基］-1,2,3,4-四氢-1-萘基-4-羟基［香豆素］
【商品类别】灭鼠剂
【结 构 式】

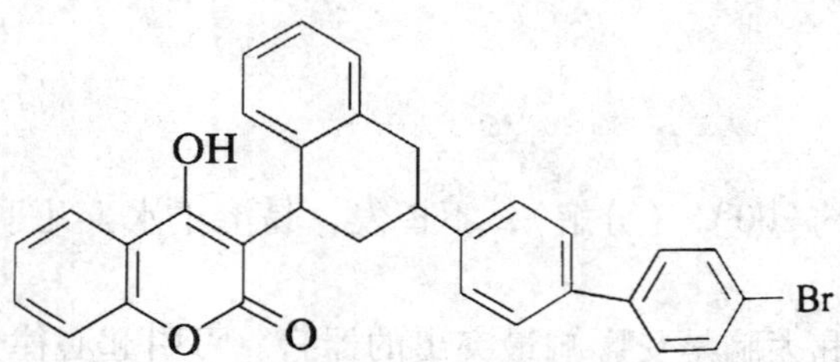

【商品属性】大隆是第二代抗凝血杀鼠剂，靶谱广、毒力强，居抗凝血剂之首。具有急性和慢性杀鼠剂的双重优点，即可以作为急性杀鼠剂、单剂量使用防治害鼠；又可以采取小剂量、多次投饵的方式达到较好消灭害鼠的目的。大隆适口性好，不会产生拒食作用，可以有效地杀死对第一代抗凝血剂产生抗药性的鼠类。毒理作用类似于其他抗凝血剂，主要是阻碍凝血酶原的合成，损害微血管，导致大出血而死。中毒潜伏期一般在 3 ~5 天。猪、狗、鸟类对大隆较敏感，对其他动物比较安全。

原药为白色粉末，熔点 228 ~232℃，不溶于水和石油醚，微溶于乙醇和苯，溶于丙酮、氯仿和氯代烃溶剂。

常见制剂类型：毒饵。

【毒　　性】高毒。腹痛、背痛、恶心、呕吐、鼻衄、齿龈出血、皮下出血、关节周围出血、尿血、便血等。

【税则号列】有效成分：29322090　　　　制剂：38089910（零售包装），38089990（其他）

**0120015　　溴敌隆　　Bromadiolone**

【别　　名】乐万通，溴敌鼠，Musal，Maki，Super caid，Miki，Bromone，Canadien 2000，Contrac，Ratiums，Temus

【有效成分】3-｛3-［4′-溴-（1,1′-联苯）-4-基］-3-羟基-1-苯基丙基｝-4-羟基-2H-1-苯并吡喃-2-酮

【商品类别】灭鼠剂

【结 构 式】

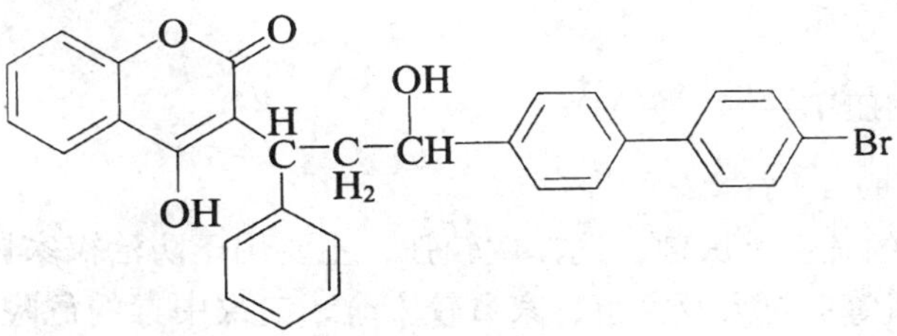

【商品属性】一种适口性好、毒性大、靶谱广的高效杀鼠剂。它不但具备敌鼠钠盐、杀鼠迷等第一代抗凝血剂作用缓慢、不易引起鼠类惊觉、容易全歼害鼠的特点，而且具有急性毒性强的突出优点，单剂量使用对各种鼠都能有效地防除。同时，它还可以有效地杀灭对第一代抗凝血剂产生抗性的害鼠。由于具备以上特点，溴敌隆，杀它仗等被称之为第二代抗凝血杀鼠剂。该药的毒理机制主要是拮抗维生素K的活性，阻碍凝血酶原的合成，导致致命的出血。死亡高峰一般4～6天，鼠尸解剖可见典型的抗凝血剂中毒症状。

原药为黄色粉末，熔点200～210℃。溶解度（g/L，20℃）：水0.019、乙醇8.2、醋酸乙酯25、二甲基甲酰胺730。20℃以下稳定，蒸气压0.002mPa（20℃）。

常见制剂类型：铒剂、母粉。

【毒　　性】腹痛、背痛、恶心、呕吐、鼻衄、齿龈出血、皮下出血、关节周围出血、尿血、便血等。

【税则号列】有效成分：29322090　　　　制剂：38089910（零售包装），38089990（其他）

**0120016　　安妥　　Antu**

【别　　名】Antua，Krysid

【有效成分】1-萘基硫脲

【商品类别】硫脲灭鼠剂

【结 构 式】

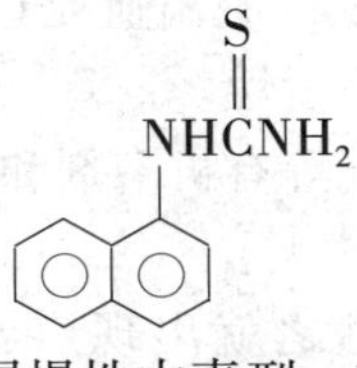

【商品属性】属慢性中毒型，对鼠有很强的胃毒作用，鼠类中毒后72小时出现高峰。当鼠类吞食后肺组织遭到破坏，引起肺水肿，血糖增高，肝糖降低，体温下降，产生严重呼吸困难及口吞干燥，常需到洞外呼吸新鲜空气，找水喝，最后窒息而死，从病理现象看，中毒是由于细胞中的氧化酶被抑制的结果。主要用于防治褐家鼠和黄毛鼠，对其他鼠种独力较低，鼠摄入亚致死剂后会产生很强的耐药性。

纯品为白色晶体，质轻、味苦，熔点198℃，不溶于水，可溶于沸腾酒精，化

学性质稳定，不易变质。

【毒　　性】吞服时可出现短期支气管分泌过多，除非吞服大量安妥，否则不引起严重中毒事件。恶心、呕吐、口渴、头痛、嗜睡等，严重中毒为呼吸困难、紫绀、肺水肿、肺部出血、肝肾坏死等。

【税则号列】有效成分：29309090　　制剂：38089910（零售包装），38089990（其他）

**0120017　灭鼠优　Pyrinuron**

【别　　名】抗鼠灵，鼠必灭，Vacor，Vacot，Pyriminil

【有效成分】N-（吡啶-3-基甲基）-N′-（4-硝基苯基）脲

【商品类别】灭鼠剂

【结 构 式】

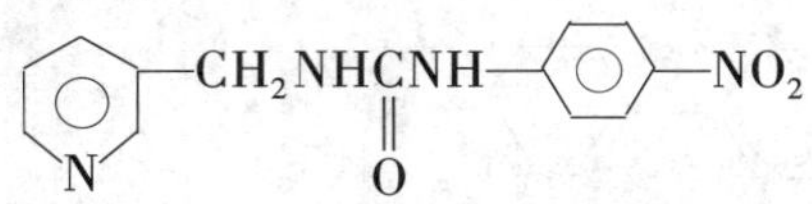

【商品属性】是70年代出现的急性杀鼠剂，选择性较强，主要用于防治褐家鼠、长爪沙鼠、黄毛鼠、黄胸鼠等。对人及家畜、家禽较安全，二次中毒的危险性小。灭鼠优适口性较好，不易引起拒食，也不易产生耐药性个体。其作用机制是抑制菸酰胺代谢，中毒鼠类出现严重的维生素乙缺乏症，呼吸急促，厌食，死于呼吸肌瘫痪。中毒潜伏期3～4小时，8～12小时为死亡高峰，鼠多死于隐蔽场所不易被发现。

淡黄色粉末，无臭无味，熔点223～225℃（纯品），不溶于水，溶于乙醇、乙二醇、丙酮等有机溶剂，常温下贮存有效成分含量变化不大。

【毒　　性】通过消化道引起中毒，可导致糖尿病、神经系统损害、周围神经炎。表现为丧失光发射、尿潴留等症状。急性中毒引起呕吐、惊厥。

【税则号列】有效成分：29333990　　制剂：38089910（零售包装），38089990（其他）

**0120018　氯敌鼠钠盐　Chlorophacinone-Na**

【别　　名】

【有效成分】2-（2-苯基-4-对氯苯基乙酰基）-1, 3 茚满二酮钠盐

【商品类别】灭鼠剂

【结 构 式】

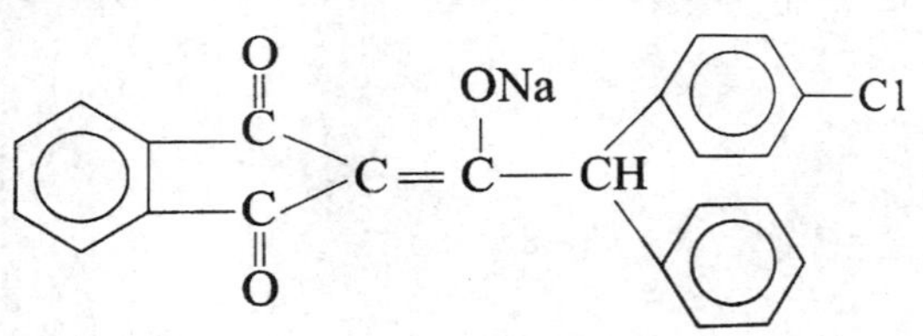

【商品属性】作用机制是破坏血液中的凝血酶原，使老鼠皮下及内脏出血死亡。为第一代抗凝血杀鼠剂，对鼠毒力大，适口性好，不易产生拒食性。

原药为淡黄色粉末，可溶于水、乙醇、不溶于丙酮等有机溶剂和植物油。

常见制剂类型：毒饵。

【毒　　性】中等毒。表现为心慌、恶心、呕吐、乏力等，继之就出现广泛性出血，鼻、口、齿龈出血、咯血、呕血、便血、尿血、皮肤有紫癜，并有体温降低、血压偏低等症状，严重时昏迷、休克。

【税则号列】有效成分：29144000　　制剂：38089910（零售包装），38089990（其他）

**0120019　氯鼠酮　Chlorophacinone**

【别　　名】鼠顿停，氯敌鼠

【有效成分】2-［2-（4-氯苯基）-2-苯基乙酰基］茚满-1, 3-二酮

【商品类别】灭鼠剂

【结 构 式】

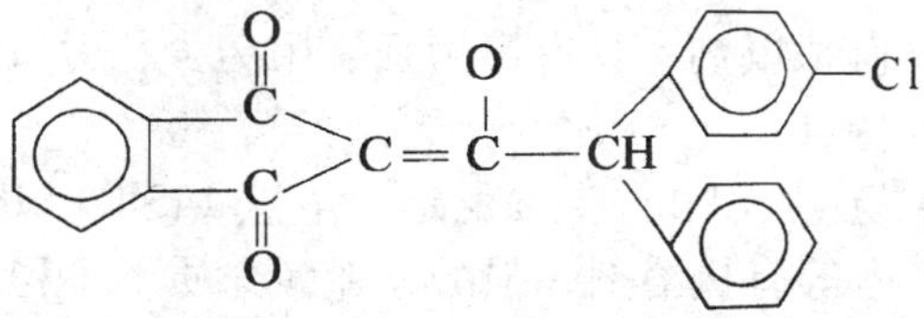

【商品属性】作用机理为破坏凝血机能，损害微血管，引起内出血。属第一代抗凝血型杀鼠剂，适口性好，靶谱广，对人畜安全，作用缓慢，毒性毒力强，适宜一次性投毒灭鼠。易溶于油，易浸入饵料中，适合野外使用。

浅黄色晶体，熔点 140℃，水中溶解度 100mg/L（20℃），密度 0.38g/cm$^3$（20℃），能迅速溶于甲醇、乙醇、丙酮、醋酸、乙酸乙酯、苯和油，微溶于己烷和乙醚，溶于碱，形成盐，非常稳定，不易风化。

【毒　　性】高毒。氯鼠酮中毒多因误食引起。大量摄入时，可以在几小时内出现症状，一般则在 3 天内出现症状。表现为心慌、恶心、呕吐、乏力等，继之就出现广泛性出血，鼻、口、齿龈出血、咯血、呕血、便血、尿血、皮肤有紫癜，并有体温降低、血压偏低等症状，严重时昏迷、休克。

【税则号列】有效成分：29147000　　制剂：38089910（零售包装），38089990（其他）

**0120020　C 型肉毒梭菌外毒素　Botulinum**

【别　　名】C 型肉毒杀鼠素，Clostridium botulinum C-type botulin

【有效成分】一种大分子蛋白质

【商品类别】灭鼠剂

【结 构 式】

【商品属性】一种蛋白质神经毒素，可自胃肠道或呼吸道黏膜甚至皮肤破损处侵入，毒素被机体吸收后，经循环系统主要作用于中枢神经的颅神经核、外周神经与肌肉连接处，以及植物神经的终极，阻碍神经末梢乙酰胆碱的释放，因而引起胆碱能神经（脑干）支配区肌肉和骨骼肌的麻痹，产生软瘫现象，最后出现呼吸麻痹，导致死亡。

内毒梭菌分为 A、B、C、D、E、F、G7 个型，灭鼠采用 C 型。为大分子蛋白质。淡黄色透明液体，毒素液可溶于水，怕热怕光。

常见制剂类型：水剂。

【毒　　性】高毒。毒素作用于中枢神经的颅神经核、神经肌肉连接处及植物神经的终极。阻碍神经末梢乙酰胆碱的释放，引起胆碱能神经（脑干）支配区肌肉和骨骼的麻痹，产生软瘫，最后呼吸麻痹而死。

【税则号列】有效成分：30029090　　制剂：38089910（零售包装），38089990（其他）

**0120021　双甲苯敌鼠　Bitolylacinone**

【别　　名】

【有效成分】2-［2′, 2′-双（4-甲基苯基）乙酰基］-1, 3-茚满二酮

【商品类别】灭鼠剂

【结 构 式】

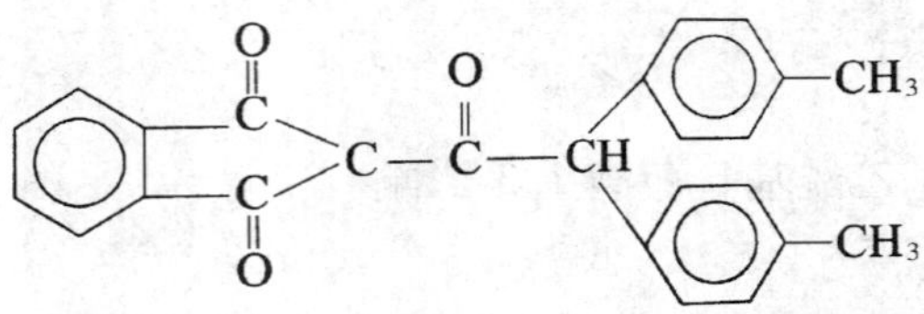

【商品属性】该产品属茚满二酮类抗凝血杀鼠剂，具有毒力强、用药少、适口性好、杀灭效果可靠、毒饵易于配制等特点。

原药外观为黄色粉末状，无嗅无味，性质稳定。熔点 143℃ ~145℃，难溶于水，易溶于三氯甲烷、乙醇等有机溶剂，强酸、强碱介质下不稳定。制剂外观为淡黄色液体，比重 0.7895（20℃），pH5 ~6。

【毒　　性】高毒。

【税则号列】有效成分：29143990　　制剂：38089910（零售包装），38089990（其他）

**0120022　硫酸亚铊　Thallous sulphate**

【别　　名】硫酸铊，Thallium sulfate

【有效成分】硫酸亚铊

【商品类别】无机灭鼠剂

【结 构 式】$Tl_2SO_4$

【商品属性】无味结晶，熔点 632℃。

【毒　　性】高毒，无解毒剂。

【税则号列】有效成分：28332990　　制剂：38089910（零售包装），38089990（其他）

**0120023　敌鼠灵　Melitoxin**

【别　　名】Dicoumarin，Dicoumarol，Anathrombase，Antitrombosin，BHC，Baracoumin，Cuma，Cumid，Kumoran，Temparin，Trombosan

【有效成分】双（4-羟基-2-氧-2H-香豆素-3-基）甲烷

【商品类别】灭鼠剂

【结 构 式】

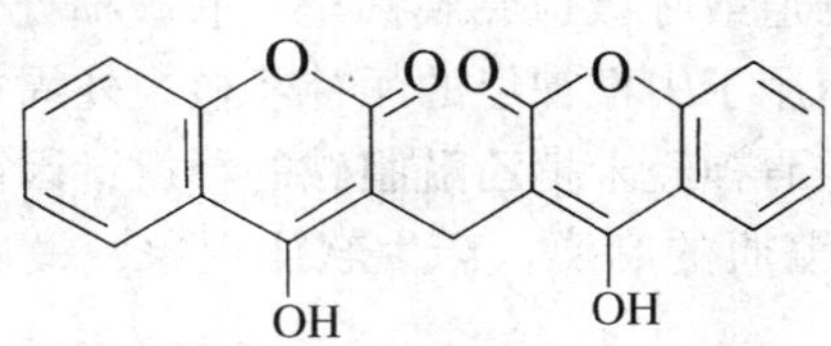

【商品属性】酶抑制剂和抗凝血剂。

熔点 290℃，蒸气压 6.02E-17mmHg，水溶解度 128mg/L。

【毒　　性】

【税则号列】有效成分：29322090　　制剂：38089910（零售包装），38089990（其他）

**0120024　灭鼠安　RH-945**

【别　　名】

【有效成分】3-吡啶甲基-N-（对硝基苯基）-氨基甲酸酯

【商品类别】灭鼠剂

【结 构 式】

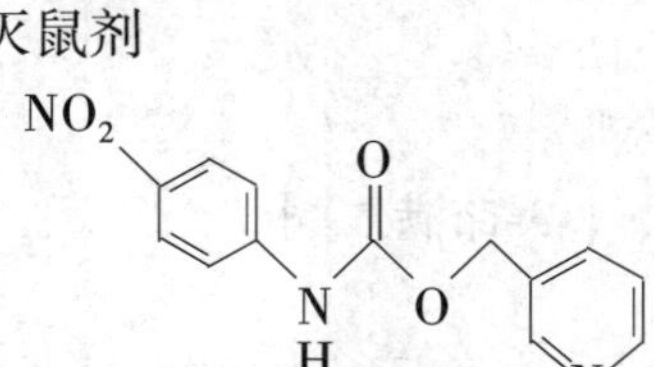

【商品属性】既可用于防治野鼠，也可用于防治家鼠。毒性大、毒力强，进入人畜体内后作用迅速（几分钟至数小时），中毒症状剧烈。

【毒　　性】剧毒

【税则号列】有效成分：29333990　　制剂：38089910（零售包装），38089990（其他）

**0120025　毒鼠硅　P-chlorophenylsilatrane**

【别　　名】Silatrane

【有效成分】5-（4-氯苯基）毒鼠硅

【商品类别】灭鼠剂

【结 构 式】

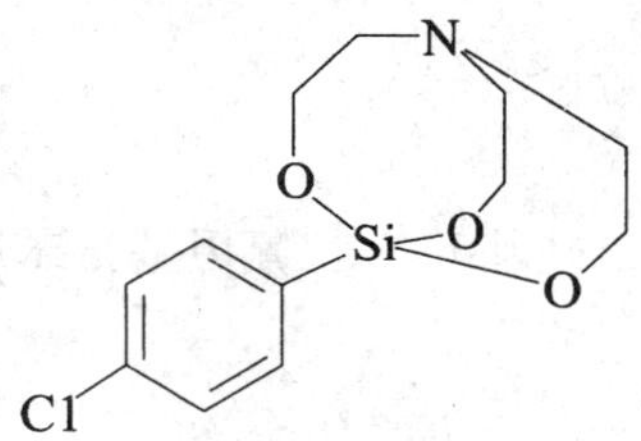

【商品属性】

【毒　　性】

【税则号列】有效成分：29349990　　制剂：38089910（零售包装），38089990（其他）

**0120026　噻鼠灵　Difethialone**

【别　　名】

【有效成分】3-［3-（4-溴联苯-4-基）-1，2，3，4-四氢-1-萘基］-4-羟基-1-苯并硫杂环己烯-2-酮

【商品类别】灭鼠剂

【结 构 式】

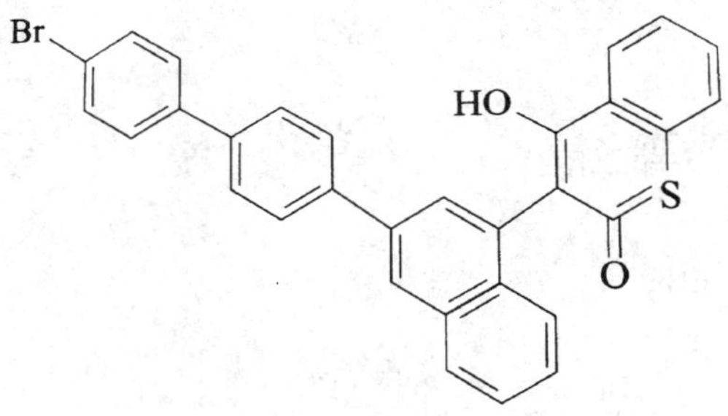

【商品属性】抗凝血剂。

熔点 234. 5℃，蒸气压 5. 55E-07mmHg，水溶解度 0. 39mg/L。

【毒　　性】

【税则号列】有效成分：29349990　　制剂：38089910（零售包装），38089990（其他）

**0120027　氟鼠啶　Flupropadine**

【别　　名】

【有效成分】4-特丁基-1-［［3，5-二（三氟甲基）苯基］丙-2-炔基］哌啶

【商品类别】灭鼠剂

【结 构 式】

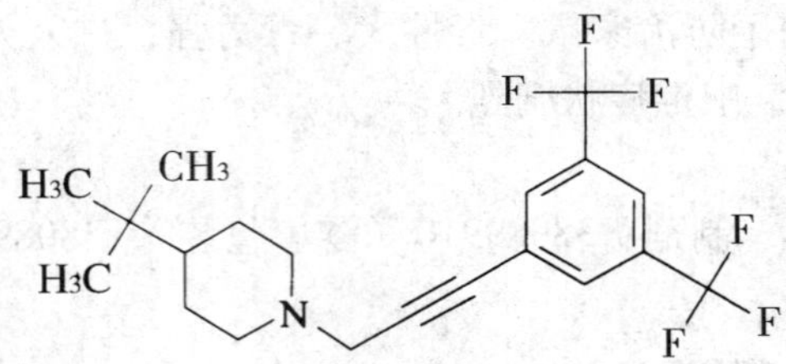

【商品属性】
【毒　　性】
【税则号列】有效成分：29333990　　制剂：38089910（零售包装），38089990（其他）

**0120028　溴鼠胺　Bromethalin**

【别　　名】Vengeance，Bromethalin bait
【有效成分】N-甲基-N-（2，4，6-三溴苯基）-2，4-二硝基-6-（三氟甲基）苯胺
【商品类别】杀鼠剂
【结 构 式】

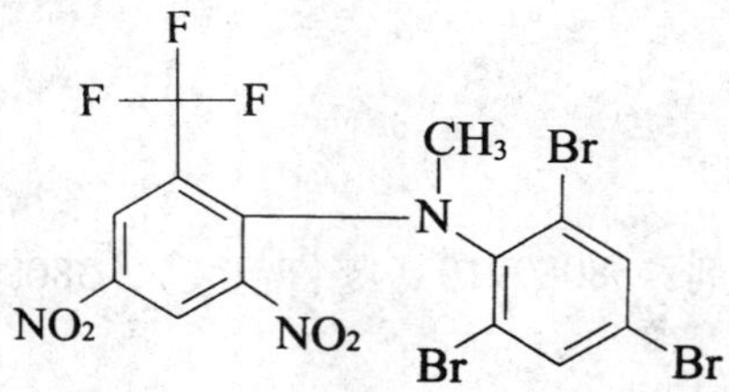

【商品属性】中央神经系统毒剂。24 小时内因中央神经系统瘫痪而导致死亡。
熔点 150. 5℃，蒸气压 9. 70E-08mmHg。
【毒　　性】
【税则号列】有效成分：29214300　　制剂：38089910（零售包装），38089990（其他）

**0120029　杀鼠酮　Valone**

【别　　名】Isoval
【有效成分】2-异戊酰基-2，3-二氢-1，3-茚二酮
【商品类别】灭鼠剂
【结 构 式】

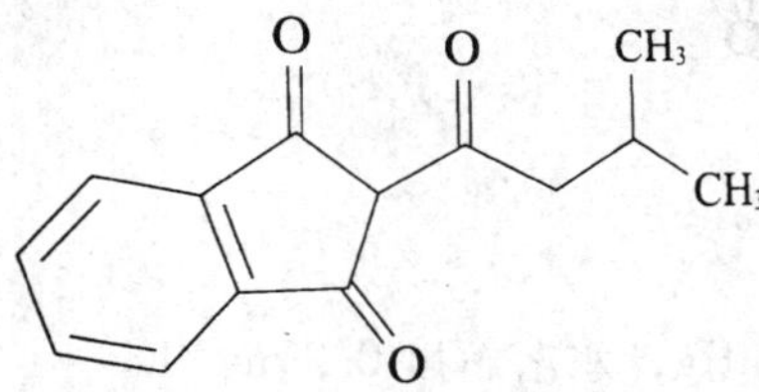

【商品属性】抗凝血灭鼠剂。
纯品外观为亮黄色晶体。
【毒　　性】
【税则号列】有效成分：29143990　　制剂：38089910（零售包装），38089990（其他）

**0120030　鼠完　Pindone**

【别　　名】Chemrat，Contrax-P，Para-Pac，Paracakes，Pival，Tri-ban
【有效成分】2-特戊酰-2，3-二氢-1，3-茚二酮
【商品类别】灭鼠剂
【结 构 式】

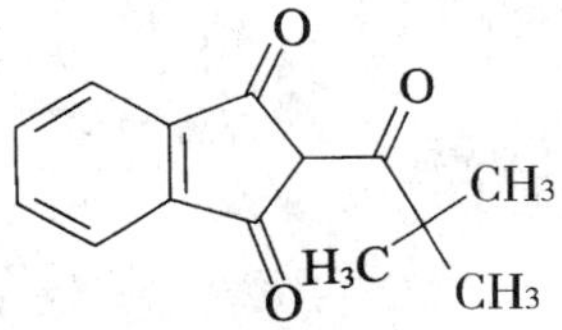

【商品属性】抗凝血灭鼠剂。

熔点 109℃，水溶解度 18mg/L，蒸气压 8.36E-06mmHg。

【毒　　性】

【税则号列】有效成分：29143990　　　　制剂：38089910（零售包装），38089990（其他）

**0120031　　灭鼠特　　Thiosemicarbazide**

【别　　名】TSC，USAF EK-1275

【有效成分】氨基硫脲

【商品类别】灭鼠剂

【结 构 式】

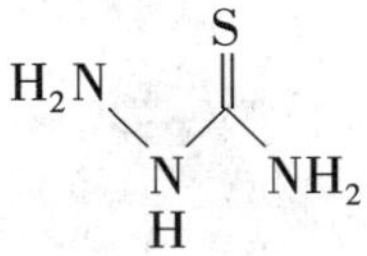

【商品属性】熔点 183℃，水溶解度 1.00E+04mg/L，蒸气压 0.330mmHg。

常见制剂类型：粉剂。

【毒　　性】

【税则号列】有效成分：29309090　　　　制剂：38089910（零售包装），38089990（其他）

**0120032　　灭鼠肼　　Promurit**

【别　　名】Chloropromurite，Muritan

【有效成分】3，4-二律苯基偶氮硫脲

【商品类别】灭鼠剂

【结 构 式】

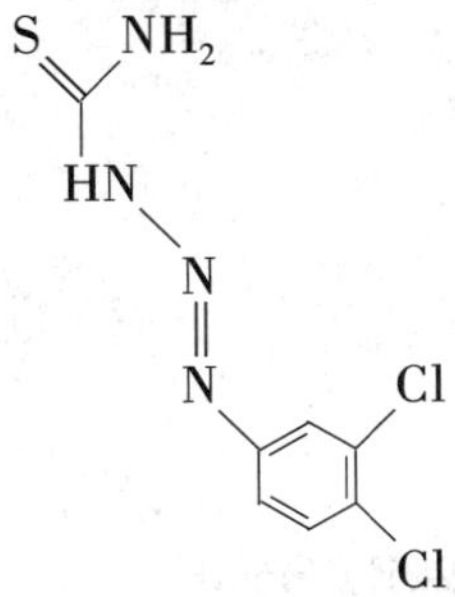

【商品属性】

【毒　　性】

【税则号列】有效成分：29309090　　　　制剂：38089910（零售包装），38089990（其他）

**0120033　　克鼠灵　　Coumafuryl**

【别　　名】Fumarin，Kumatox，Lurat，Ratafin，Tomarin

【有效成分】3-（a-乙酰甲基糠醛基）-4-羟基香豆素

【商品类别】灭鼠剂

【结 构 式】

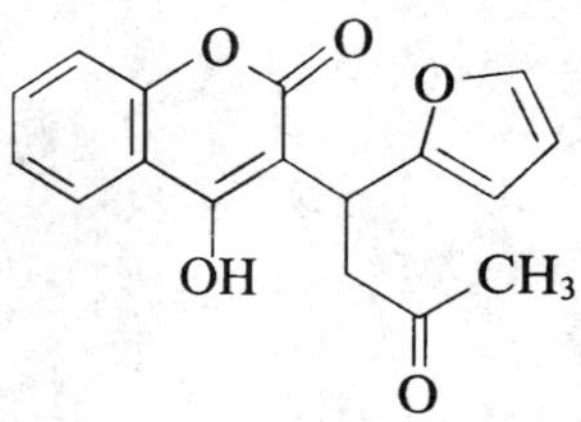

【商品属性】熔点 124℃，水溶解度 538mg/L，蒸气压 2. 17E-11mmHg。
【毒　　性】
【税则号列】有效成分：29322090　　　　制剂：38089910（零售包装），38089990（其他）

**0120034　氯灭鼠灵　Coumachlor**
【别　　名】Ratilan，Tomorin
【有效成分】3-（a-乙酰甲基-4-氯苄基）-4-羟基香豆素
【商品类别】灭鼠剂
【结 构 式】

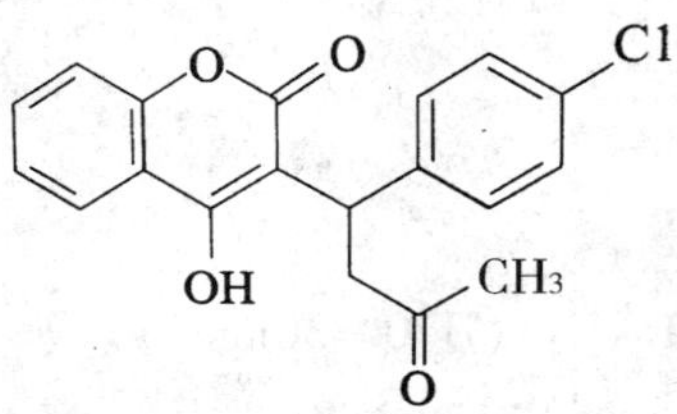

【商品属性】熔点 169℃，水溶解度 0. 5mg/L，蒸气压 7. 17E-13mmHg。
【毒　　性】
【税则号列】有效成分：29322090　　　　制剂：38089910（零售包装），38089990（其他）

**0120035　鼠得克　Difenacoum**
【别　　名】Neosorexa，Ratak
【有效成分】3-［（3-联苯-4-基）-1，2，3，4-四氢-1 萘基］-4-羟基香豆素
【商品类别】灭鼠剂
【结 构 式】

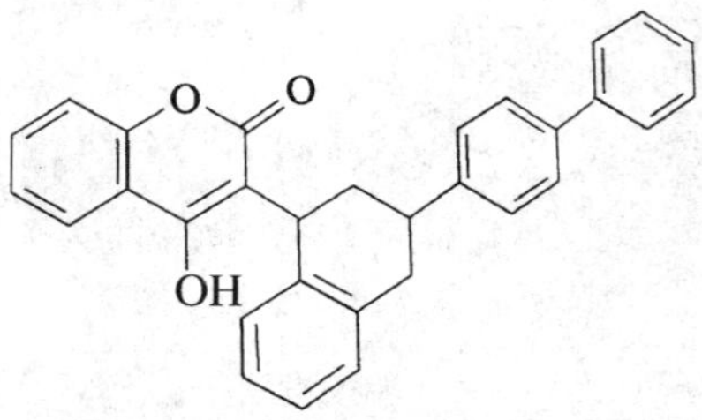

【商品属性】熔点 216℃，水溶解度 0. 031mg/L，蒸气压 1. 20E-06mmHg。
【毒　　性】
【税则号列】有效成分：29322090　　　　制剂：38089910（零售包装），38089990（其他）

**0120036　鼠特灵　Norbormide**
【别　　名】Raticate，S6999，Shoxin
【有效成分】5-（a-羟基-a 吡啶-2-基苄基）-7-（a-吡啶-2-基亚苄基）-5-降冰片烯-2，3-二甲酰亚胺
【商品类别】灭鼠剂
【结 构 式】

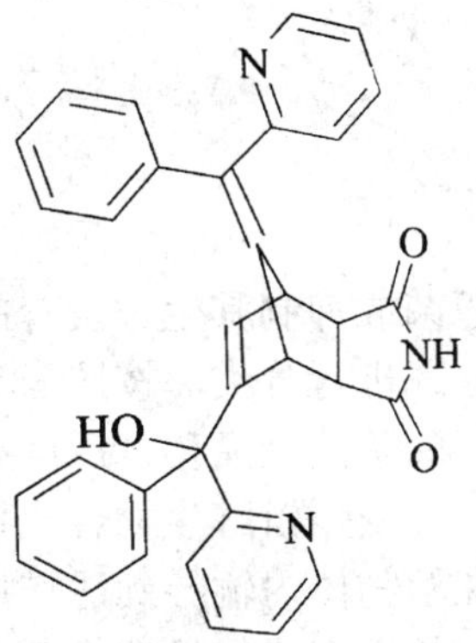

【商品属性】熔点 194℃，水溶解度 60mg/L，蒸气压 4. 26E-22mmHg。
【毒　　性】
【税则号列】有效成分：29333990　　　　制剂：38089910（零售包装），38089990（其他）

**0120037　　鼠立死　　Crimidine**
【别　　名】Castrix，W491
【有效成分】2-氯-4-二甲氨基-6-甲基嘧啶
【商品类别】灭鼠剂
【结 构 式】

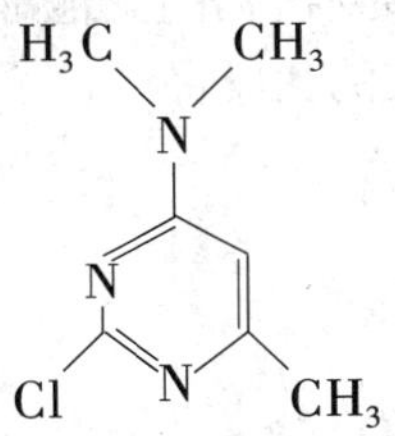

【商品属性】熔点 87℃，水溶解度 9400mg/L，蒸气压 0. 023mmHg。
【毒　　性】
【税则号列】有效成分：29335990　　　　制剂：38089910（零售包装），38089990（其他）

# 013 杀菌剂

杀菌剂是制在一定剂量或浓度下，具有杀死植物病原菌或抑制其生长发育的药剂。

杀菌剂可以按照防治对象、作用机制、来源和使用方式进行分类。按照防治对象可以分为杀真菌剂、杀细菌剂和杀病毒剂，其中杀真菌剂是主要的杀菌剂品种，后两种品种较少。

按照作用机制可分为保护剂、铲除剂、内吸性杀菌剂和麦角甾醇生物合成抑制制剂。内吸性杀菌剂是通过植物叶、茎、根部吸收进入植物体，在植物体内输导到达作用部位的杀菌剂，着类药剂本身或其代谢产物可抑制已侵染的病原菌生长发育或保护植物免受病原菌重复侵染。麦角甾醇生物合成抑制制剂是抑制病原菌麦角甾醇生物合成的一类杀菌剂，着类杀菌剂多为杂环化合物。

按照来源还可将其分为化学合成杀菌剂、农用抗生素和植物杀菌素。

按照使用方式可以分为喷雾剂、种子处理剂、土壤处理剂、熏蒸和熏烟剂和保鲜剂。

根据协调制度的规定：杀菌剂是防治霉素生长的产品（例如，以铜化合物为基料的制剂）或用以消灭已有霉菌的物质（例如，以甲醛为基料的制剂）。

杀菌剂在作用方式或使用方法上具有独特之处。例如：

系统杀菌剂——这些化学品通过体液流动从使用部位转移到植物的其他部位进行杀菌。

熏蒸剂——将气态药剂施于受害材料上从而抑制霉菌生长的化学品。

## 0131 有机金属、非金属类杀菌剂

### 0131001　代森锌　Zineb

【别　　名】ZEB，Dipher，Parzate

【有效成分】乙撑双二硫代氨基甲酸锌

【商品类别】硫代氨基甲酸酯类杀菌剂

【结 构 式】

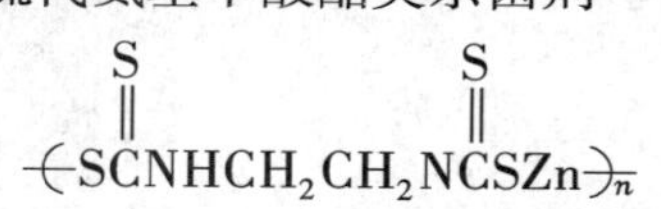

【商品属性】是一种叶面喷洒使用的保护剂，对许多病菌如霜霉病菌、晚疫病菌及炭疽病菌等有较强触杀作用。对植物安全，有效成分化学性质较活泼，在水中易被氧化成异硫氰化合物，对病原菌体内含有 -SH 基的酶有强烈的抑制作用，并能直接杀死病菌孢子，抑制孢子的发芽，阻止病菌侵入植物体内，但对已侵入植物体内的病原菌丝体的杀伤作用很小。因此，使用代森锌防治病害应掌握在病害始见期进行，才能取得较好的效果。代森锌的药效期短，在日光照射及吸收空气中的水分后分解较快，其残效期约 7 天。

浅黄色粉末，157℃分解，无熔点，蒸气压 < 0.01mPa（20℃），Kow ≤ 20（20℃），水中溶解度约 10mg/L（室温），几乎不溶于一般有机溶剂，溶于某些螯合剂，长期置于光、潮湿、热条件下不稳定。当从浓溶液中形成聚合沉淀后，失去杀菌活性。

常见制剂类型：可湿性粉剂。

【毒　　性】对人的黏膜有刺激作用。

【税则号列】有效成分：29302000　　制剂：38089210（零售包装），38089290（其他）

**0131002　代森钠　Nabam**

【别　　名】DSE，Parzate，Spring-bak，X-Spor

【有效成分】1，2-亚乙基双二硫代氨基甲酸二钠

【商品类别】杀菌剂

【结 构 式】

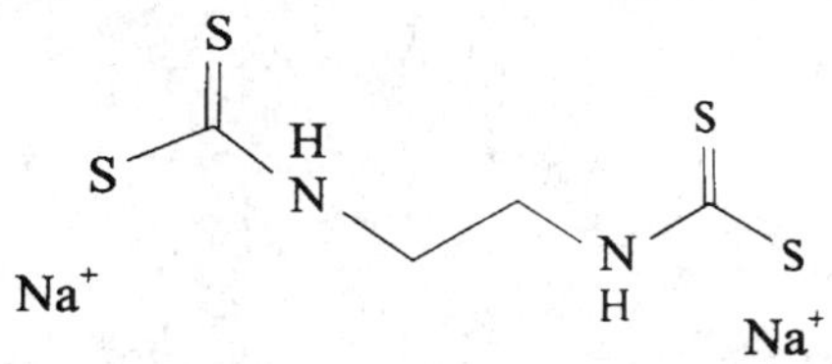

【商品属性】水溶解度 2.00E+05mg/L，蒸气压 9.48E-13mmHg。

在上世纪 40 年代，在农业生产上开始应用代森钠防治病害，但是其防效有限并容易产生药害，在上世纪 50 年代末就不再使用；后来人们开始使用代森锌，解决了代森钠的药害问题，但是防效仍然不尽理想；再后来人们又用代森锰，其防治效果可以令人接受，但是极容易产生药害问题。鉴于诸如此类的问题，在一段比较长的时期内，人们使用代森锌和代森锰的混合物，试图追求比较好的防效和减轻药害，但是由于其配比浓度不好把握，使用极不方便。直到上世纪 60 年代末期，锌离子和锰离子的络合物—代森锰锌的出现，以上问题才得以有效解决。

【毒　　性】

【税则号列】有效成分：29302000　　制剂：38089210（零售包装），38089290（其他）

**0131003　代森铵　Amobam**

【别　　名】Chem-O-bam，Dithane stainless，Ambam

【有效成分】乙撑双二硫代氨基甲酸铵

【商品类别】杀菌剂

【结 构 式】

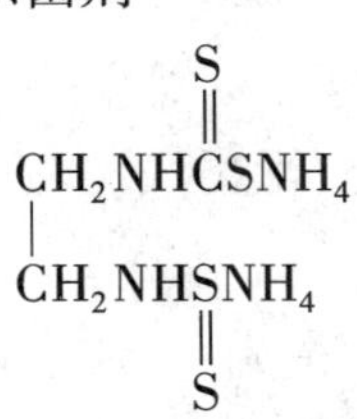

【商品属性】是具保护和治疗作用的杀菌剂。化学性质稳定，但遇热分解，对植物安全。代森铵水溶液能渗透植物组织，杀菌力强，能防治多种作物病害。可作种子处理、叶面喷雾、土壤处理、农用器材的消毒等。用于防治水稻白叶枯病、甘蔗黑斑病、棉花炭疽病、棉花立枯病和一些蔬菜、果树病害等。在植物体内分解后还有肥效作用。

纯品为无色结晶，熔点 72.5～72.8℃。工业品为橙黄色或淡黄色水溶液，呈弱碱性，有氨及硫化氢的臭味。易溶于水，微溶于乙醇、丙酮，不溶于苯。化学性质较稳定，温度高于 40℃时易分解，遇酸性物质易分解。

常见制剂类型：悬浮剂、水剂。

【毒　　性】恶心、呕吐、腹泻。重者为头痛、头晕、心率呼吸加快、血压下降、抽搐、循环衰竭，甚至出现呼吸中枢麻痹而死。

【税则号列】有效成分：29302000　　制剂：38089210（零售包装），38089290（其他）

**0131004　　代森锰　　Maneb**

【别　　名】Manex

【有效成分】乙撑双二硫代氨基甲酸锰

【商品类别】硫代氨基甲酸酯类杀菌剂

【结 构 式】

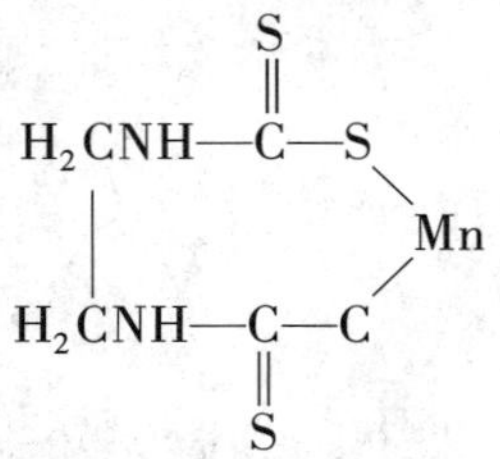

【商品属性】和代森锌、代森钠、代森铵、代森镍是同类产品，只是成盐的金属不同。是一种广谱保护性代森系有机硫杀菌剂。对许多重要的植物病原真菌和细菌有活性。可作种子处理、叶面喷雾、土壤处理、农用器材的消毒等。用于防治水稻白叶枯病、甘蔗黑斑病、棉花炭疽病、棉花立枯病和一些蔬菜、果树病害等。

黄色晶状固体，熔点 192～204℃（分解），蒸气压不计（20℃），密度 1.92，不溶于水和大多有机溶剂，溶于螯合剂中形成络合物，对光稳定，暴露于空气中或潮湿环境中过长分解。

其他详见代森钠。

【毒　　性】恶心、呕吐、腹痛、腹泻，头痛、头晕、乏力，严重者可导致呼吸和循环功能衰竭加快，血压下降，呼吸抑制等。

【税则号列】有效成分：29302000　　　　制剂：38089210（零售包装），38089290（其他）

**0131005　　代森锰锌　　Mancozeb**

【别　　名】大生，Manzeb，Dithane

【有效成分】乙撑双二硫代氨基甲酸锰和锌离子的络盐

【商品类别】硫代氨基甲酸酯类杀菌剂

【结 构 式】

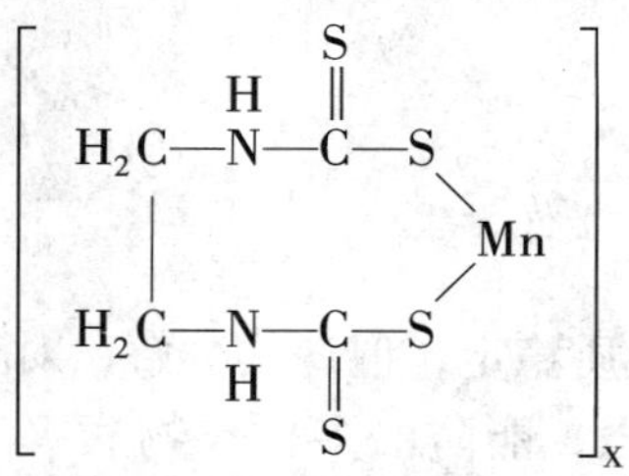

【商品属性】杀菌谱较广的保护性杀菌剂。主要是抑制菌体内丙酮酸的氧化。对果树、蔬菜上的炭疽病、早疫病等多种病害有效，同时它常与内吸性杀菌剂混配，用于延缓抗性的产生。

该产品中，锰含 20%，锌含 2.55%。灰黄色粉末，熔点 192～204℃（分解），蒸气压不计（20℃），水中溶解度 6～20mg/L，不溶于大多数有机溶剂，溶于强螯合剂溶液中。通常干燥环境中稳定，加热、潮湿环境中缓慢分解。

其他详见代森钠。

常见制剂类型：可湿性粉剂、悬浮剂。

【毒　　性】恶心、呕吐、腹痛、腹泻，头痛、头晕、乏力，严重者可导致呼吸和循环功能衰竭加快，血压下降，呼吸抑制等。

【税则号列】有效成分：29420000　　　　制剂：38089210（零售包装），38089290（其他）

**0131006　福美镍　Sankel**

【别　　名】

【有效成分】N，N′-二甲基二硫代氨基甲酸镍

【商品类别】有机镍杀菌剂

【结 构 式】

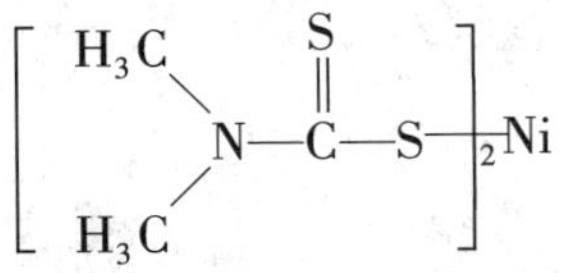

【商品属性】用做农药杀菌剂，用于防治水稻枯叶病、稻瘟病。
浅绿色粉末。不溶于水和有机溶剂。

【毒　　性】

【税则号列】有效成分：29302000　　制剂：38089210（零售包装），38089290（其他）

**0131007　福美铁　Ferbam**

【别　　名】Aafertis，Fermacide，Hexaferb，Liromate，Niacide，Trifungol，Trimanzone

【有效成分】N，N-二甲基二硫代氨基甲酸铁

【商品类别】杀菌剂

【结 构 式】

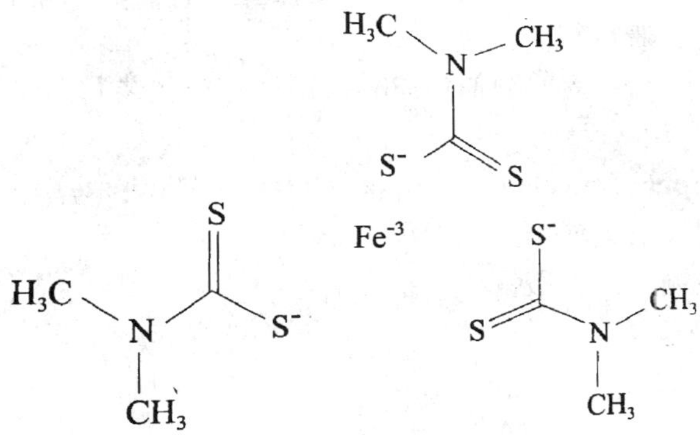

【商品属性】Fungicide，bactericide，wood preservative
熔点 180℃，水溶解度 130mg/L，蒸气压 2. 73E-10mmHg。

【毒　　性】

【税则号列】有效成分：29302000　　制剂：38089210（零售包装），38089290（其他）

**0131008　代森福美锌　Polycarbamate**

【别　　名】福代锌，Bis-dithane，Dizinc

【有效成分】双（二甲基二硫代氨基甲酸基）亚乙基双（二硫代氨基甲酸）二锌

【商品类别】有机锌杀菌剂

【结 构 式】

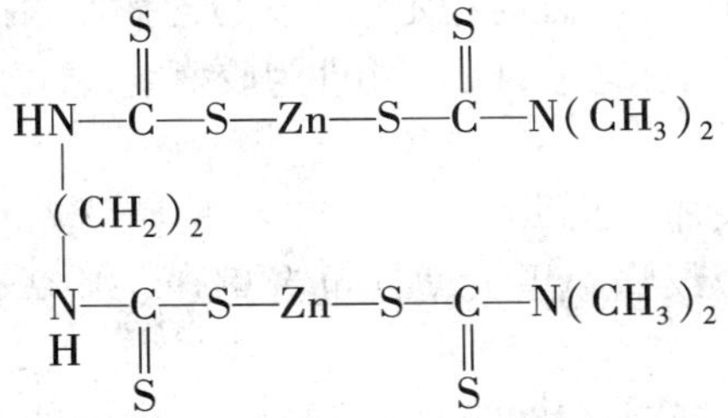

【商品属性】农药杀菌剂，用于果树、蔬菜、豆类及茶树；用于杀灭真菌、细菌和木质防腐。
灰白色粉末。不溶于水，溶于二甲基甲酰胺、二甲基亚砜。

【毒　　性】

【税则号列】有效成分：29302000　　　　制剂：38089210（零售包装），38089290（其他）

**0131009　　混合氨基酸铜·锌·锰·镁**

【别　　名】庄园乐，Mixed amino-acid-Cu, Zn, Mn, Mg complex

【有效成分】混合氨基酸铜·锌·锰·镁复合盐

【商品类别】有机铜杀菌剂

【结 构 式】

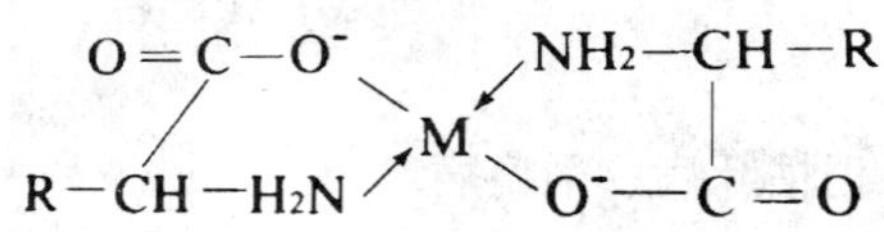

【商品属性】是一种植物杀菌剂，以防病治病作用为主。能供给作物多种营养物质，调节生理机能，有增加产量的作用。

制剂外观为无可见机械杂质的暗绿色液体，密度（20℃）为1.120～1.180，pH6.0～7.0。有效成分：混合氨基酸铜含量为7.5%，混合氨基酸锌含量为0.5%，混合氨基酸锰含量为2%，混合氨基酸镁含量为5%。

常见制剂类型：水剂。

【毒　　性】误食引起急性中毒，表现为头痛、头晕、乏力、口腔黏膜呈蓝色，口内有金属味，齿龈、舌发青，腹泻，腹绞痛，黑大便，重者昏迷、痉挛，血压下降等。皮肤接触引起皮炎、溃疡等。

【税则号列】　　　　制剂：38089210（零售包装），38089290（其他）

**0131010　　琥胶肥酸铜　　Copper（succinate + copperglutarate + adipate）**

【别　　名】二元酸铜，琥胶肥酸铜，琥珀酸铜 DT

【有效成分】丁二酸铜，戊二酸铜，己二酸铜

【商品类别】有机铜杀菌剂

【结 构 式】

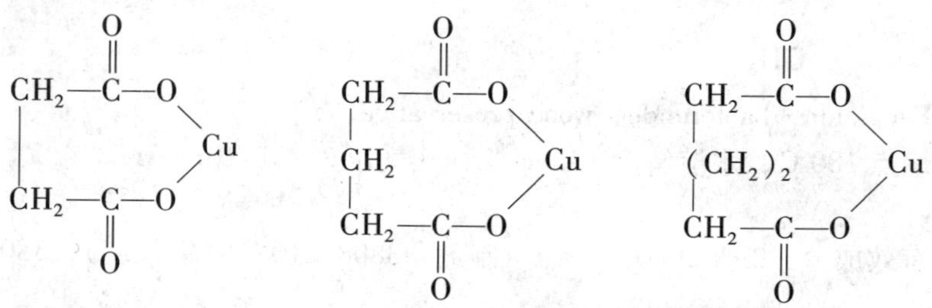

【商品属性】铜离子与病原菌膜表面上的阳离子交换，使病原菌细胞膜上的蛋白质凝固，同时部分铜离子渗透进入病原菌细胞内与某些酶结合，影响其活性。可用于防治黄瓜细菌性角斑病，并对植物生长有刺激作用。

本品是丁二酸、戊二酸和己二酸络合铜的混合物，纯品外观为淡蓝色粉末，密度1.43～1.61，水中溶解度 $<0.1\%$，中性时稳定三种成分对病原菌都有效，化学性质稳定，三种酸与铜反应后加入一定量的氨产物即为胶氨铜，性质也稳定。

常见制剂类型：可湿性粉剂。

【毒　　性】误食引起急性中毒，表现为头痛、头晕、乏力、口腔黏膜呈蓝色，口内有金属味，齿龈、舌发青，腹泻，腹绞痛，黑大便，重者昏迷、痉挛，血压下降等。皮肤接触引起皮炎、溃疡等。

【税则号列】　　　　制剂：38089210（零售包装），38089290（其他）

**0131011　　百菌清　　Chlorothalonil**

【别　　名】Daconil，Forturf，Bravo

【有效成分】四氯间苯二腈（2, 4, 5, 6-四氯-1, 3-苯二甲腈）

【商品类别】有机氯杀菌剂

【结 构 式】

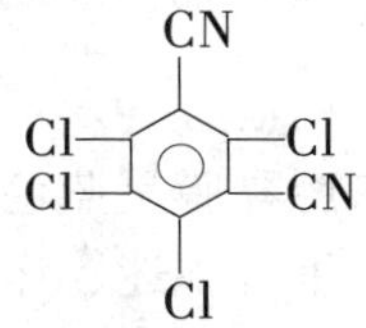

【商品属性】能与真菌细胞中的3-磷酸甘油醛脱氢酶中的半胱氨酸的蛋白质结合，破坏细胞的新陈代谢而丧失生命力。其主要作用是预防真菌侵染，没有内吸传导作用，但在植物表面有良好的黏着性，不易受雨水冲刷，有较长的药效期。

无色无味晶体，熔点 250～251℃，蒸气压 0.076mPa（25℃），沸点 350℃（760mmHg），密度 1.8。溶解度（25℃）：水 0.9mg/L（25℃），二甲苯 80g/kg，环己酮、二甲基甲酰胺 30，丙酮、二甲亚砜 20（g/kg，25℃），煤油 < 10g/kg（25℃）。热稳定性在于周围温度，对紫外光是稳定的（水介质和晶体状态），在酸性和微碱性溶液中是稳定的，pH9 时慢慢水解。

常见制剂类型：烟剂、可湿性粉剂、悬浮剂。

【毒　　性】

【税则号列】有效成分：29269090　　　　制剂：38089210（零售包装），38089290（其他）

**0131012　　醋酸苯汞　　Phenylmercuric acetate**

【别　　名】乙酸苯汞，赛力散，龙汞，裕米农，Agrosan D，Anticon，Bufen，Cekusil，Dyanacide，Femma，Gallotox，Kwiksan，Liquiphene，Meracen，Mersolite，Nylmerate，PMA，Parasan，Phix，Quicksan，Ruberon，Samtol，Seedtox，Tag，Trigosan，Verdasan，Ziarnik，Phenylmercury acetate

【有效成分】乙酸苯汞

【商品类别】有机汞杀菌剂

【结 构 式】

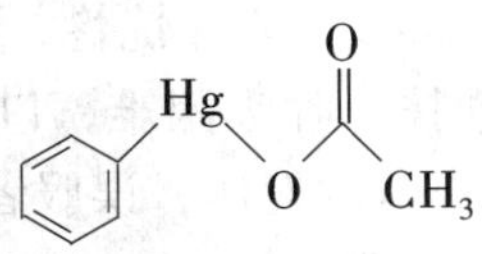

【商品属性】白色棱状结晶粉末，熔点 149～153℃（分解），蒸气压 1.2mPa（25℃）。溶解度：水 4.37g/L，沸水 29g/L，丙酮 48、甲醇 39、乙醇 17、苯 15（g/L，15℃）。在稀酸中稳定。蒸气压 6.00E-06mmHg。

【毒　　性】早期症状为：口中有金属味、四肢和面部有麻木和刺激感、震颤、头痛、疲劳、情绪不稳定、思维困难。严重时出现共济失调、语言不清、丧失听觉和方位感、视野变窄、肌肉运动时出现痉挛或僵化、精神思维能力减退。幸存者有严重的永久性神经损伤。

【税则号列】有效成分：29319000　　　　制剂：38085010（零售包装），38085090（其他）

**0131013　　醋酸铜　　Copper acetate**

【别　　名】乙酸铜
【有效成分】醋酸铜
【商品类别】有机铜杀菌剂
【结 构 式】
【商品属性】可溶性粉剂、水剂
【毒　　性】误食引起急性中毒，表现为头痛、头晕、乏力、口腔黏膜呈蓝色，口内有金属味，齿龈出血，舌发青，腹泻，腹绞痛，黑大便，重者昏迷、痉挛，血压下降等。
【税则号列】有效成分：29153900　　　制剂：38089210（零售包装），38089290（其他）

**0131014　　稻瘟净　　EBP**

【别　　名】Kitazin（e）
【有效成分】O，O-二乙基-S-苄基硫代磷酸酯
【商品类别】有机磷杀菌剂
【结 构 式】

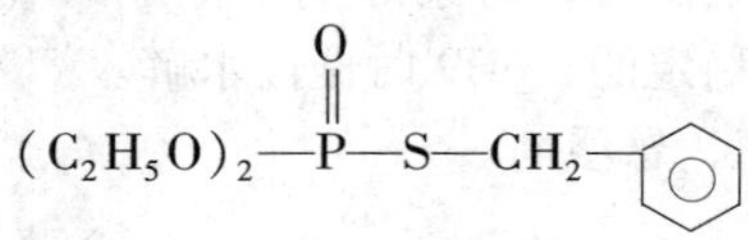

【商品属性】是一种有机磷杀菌剂，对水稻各生育期的稻病有较好的保护和治疗作用。在水稻上有内吸渗透作用，抑制稻瘟病菌乙酰氨基葡萄糖的聚合，使组成细胞壁的壳质无法形成，阻止了菌丝生长和孢子产生，起到保护和治疗作用。另外，对水稻小粒菌核病、纹枯病、颖枯病也有一定的效果，可兼治水稻飞虱、叶蝉。
无色透明液体，难溶于水，易溶于乙醇、二甲苯、环己酮等有机溶剂，沸点120～130℃/13.3Pa/20Pa，密度1.1569（20℃），蒸气压1.32Pa/20℃，对光照比较稳定，对酸稳定，对碱不稳定。
常见制剂类型：可湿性粉剂、乳油。
【毒　　性】轻者：头痛，头昏，恶心，呕吐，多汗，无力，胸闷，视力模糊，胃口不佳。中度中毒：出现呼吸困难，肌肉震颤，瞳孔收缩，精神恍惚，行走不稳，大汗，流涎，腹痛，腹泻。重者：出现昏迷，抽搐，呼吸困难，口吐白沫，大小便失禁，惊厥，呼吸麻痹。急性中毒多在12小时内发病，误服者可立即发病。
【税则号列】有效成分：29309090　　　制剂：38089210（零售包装），38089290（其他）

**0131015　　敌瘟磷　　Edifenphos**

【别　　名】稻瘟光，克瘟散，Edinphensoph，EDDP，Hinosan
【有效成分】O-乙基-S，S-二苯基二硫代磷酸酯
【商品类别】有机磷杀菌剂
【结 构 式】

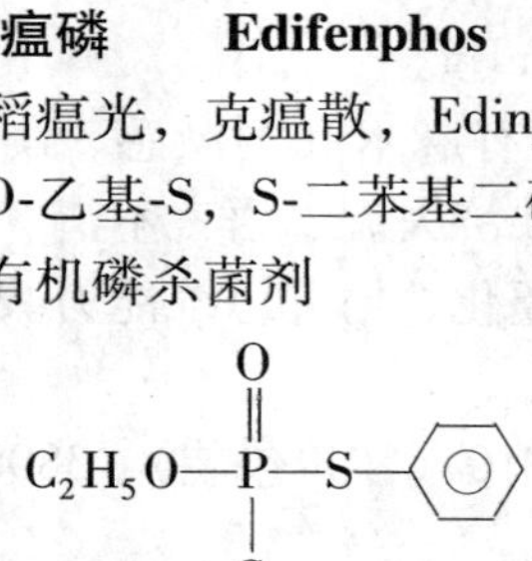

【商品属性】有机磷酸酯类杀菌剂，对水稻稻瘟病有良好的预防和治疗作用，同时对水稻纹枯病、胡麻叶斑病、小球菌核病、穗枯病、谷子瘟病、玉米大小斑病及麦类赤

霉病等有良好的防治效果。对飞虱、叶蝉及鳞翅目害虫兼有一定的防效。对稻瘟病的几丁质合成和脂质代谢有抑制作用。主要破坏细胞的结构，其次影响细胞壁的形成。

原油为黄色至浅棕色透明液体，带有特殊气味，熔点-25℃，沸点154℃/1Pa，蒸气压13mPa（20℃），密度1.251g/cm$^3$（20℃）。溶解度：水56mg/L（20℃），己烷20~50，二氯甲烷，异丙醇，甲苯200g/L，20℃），易溶于甲醇、丙酮、苯、二甲苯、四氯化碳和二噁烷，难溶于庚烷。在中性液中稳定，强酸，强碱中水解，见光分解。

常见制剂类型：乳油。

【毒　　性】轻者：头痛，头昏，恶心，呕吐，多汗，无力，胸闷，视力模糊，胃口不佳。中度中毒：出现呼吸困难，肌肉震颤，瞳孔收缩，精神恍惚，行走不稳，大汗，流涎，腹痛，腹泻。重者：出现昏迷，抽搐，呼吸困难，口吐白沫，大小便失禁，惊厥，呼吸麻痹。急性中毒多在12小时内发病，误服者可立即发病。

【税则号列】有效成分：29309090　　制剂：38089210（零售包装），38089290（其他）

**0131016　敌菌丹　Captafol**

【别　　名】Difoltan

【有效成分】N-（1, 1, 2, 2, -四氯乙硫基）-4-环已烯-1, 2-二甲酰亚胺

【商品类别】有机硫杀菌剂

【结 构 式】

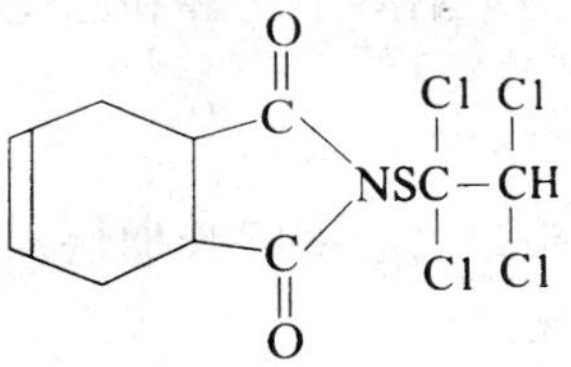

【商品属性】结构中的二甲酰亚胺基杀菌活性高，抑制病菌的分生孢子。可防治果树、蔬菜、玉米、高粱等的多种病害，可作拌种剂防治棉花、甜菜、大豆、水稻苗立枯病、茎枯病，也可作为剪枝、嫁接伤口的防保剂和木材厂的防腐剂。可能对苹果、葡萄、柑橘、玫瑰有药害。

无色或浅黄色晶体，工业品为微褐色有特殊气味粉末，熔点160~161℃。溶解度：水中1.4mg/L（20℃），微溶于大多数有机溶剂，异丙醇13g/kg，苯25g/kg，甲苯17g/kg，二甲苯100g/kg，丙酮43g/kg，二甲基亚砜170g/kg，在水乳剂或悬浮剂中缓慢水解，在酸碱中迅速分解。

【毒　　性】皮肤、眼睛和呼吸道具中等刺激作用，无人体全身性中毒报道。

【税则号列】有效成分：29309090　　制剂：38085010（零售包装），38085090（其他）

**0131017　二氰蒽醌　Dithianon**

【别　　名】二噻农

【有效成分】2, 3-二腈基-1, 4-二硫代蒽醌

【商品类别】有机硫杀菌剂

【结 构 式】

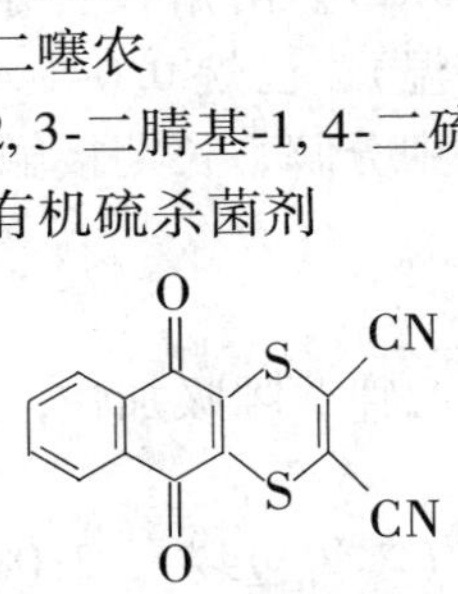

【商品属性】该药为主要用于多种叶部病害的保护性杀菌剂，防治大白菜霜霉病，对大白菜

安全。本剂遇碱分解，不能与矿物油喷雾剂混用。

纯品是褐色结晶，熔点225℃，蒸气压0.066mPa（25℃），工业品为黑褐色固体，含量大于95%。溶解度（25℃）：水0.5g/l，丙酮10mg/l，苯8mg/l，氯仿12mg/l。在80℃以下稳定。水溶液（0.1mg/l）在人造阳光下DT为19小时。在碱性条件下下分解。

【毒　　性】对眼睛有轻度刺激．对皮肤无刺激性。

【税则号列】有效成分：29349990　　制剂：38089210（零售包装），38089290（其他）

**0131018　福美锌　Ziram**

【别　　名】锌来特，Zincmate

【有效成分】双-（二甲基硫代氨基甲酸）锌

【商品类别】杀菌剂

【结 构 式】

$$Me_2N\overset{S}{\overset{\|}{C}}SZnS\overset{S}{\overset{\|}{C}}NMe_2$$

【商品属性】农业上用做果园的杀菌喷射剂。能防治苹果的锈病、疮痂病、葡萄霜霉病、芹菜疫病和菠菜霜霉病等。主要作用机制是制剂中砷原子与病菌体内含－SH基的酶发生作用，破坏正常的代谢作用。

无色粉末，熔点246℃，密度1.66（25℃）。溶解度：水中0.03mg/L（20℃），溶于氯仿、二硫化碳、稀碱，中度溶于丙酮，不溶于乙醇和乙醚。在酸性介质中分解，紫外光照射分解。

常见制剂类型：可湿性粉剂。

【毒　　性】恶心、呕吐、腹痛、腹泻，重者为头痛、头晕、心率呼吸加快，血压下降，抽搐、循环衰竭，甚至出现呼吸中枢麻痹而死。

【税则号列】有效成分：29302000　　制剂：38089210（零售包装），38089290（其他）

**0131019　福美双　Thiram**

【别　　名】秋兰姆，TMTD，TT，Thiuram，Anles

【有效成分】四甲基秋兰姆二硫化物

【商品类别】杀菌剂

【结 构 式】

$$(CH_3)_2N\overset{S}{\overset{\|}{C}}S—S\overset{S}{\overset{\|}{C}}N(CH_3)_2$$

【商品属性】是一种具保护作用的杀菌剂，其抗菌谱广，主要用于处理种子和土壤，防治禾谷类黑穗病和多种作物的苗期立枯病。也可用于喷洒，防治一些果树、蔬菜病害。

无色晶体，熔点155～156℃，密度1.29（20℃）。溶解度：水18mg/L（室温），乙醇<10，丙酮80，氯仿230（g/L，室温），己烷0.04，二氯甲烷170，甲苯18，异丙醇0.7（g/L，20℃）。酸性介质中分解，长期接触日照、热、空气和潮湿会变质。

常见制剂类型：可湿性粉剂、悬浮种衣剂。

【毒　　性】恶心、呕吐、腹痛、腹泻，重者头痛、头晕，心律、呼吸加快，血压下降，抽搐、循环衰竭，呼吸麻痹而死。

【税则号列】有效成分：29309090　　制剂：38089210（零售包装），38089290（其他）

**0131020　福美胂　Asomate**

【别　　名】阿苏妙，三福胂，Asomate，TTCA

【有效成分】三-N-（二甲基二硫代氨基甲酸）胂

【商品类别】杀菌剂

【结 构 式】 $[(CH_3)_2N—CSS]_3As$

【商品属性】一种具铲除作用杀菌剂，残效期较长，在果树皮死组织部位渗透力强，是防治苹果、梨树腐烂病、干腐病较好的品种，并对轮纹病有一定兼治作用；还可防治苹果树、瓜类、麦类的白粉病。

纯品为黄绿色棱柱状结晶，熔点224～226℃，不溶于水，微溶于丙酮、甲醇，在空气中稳定，遇浓酸和热酸则分解。

常见制剂类型：悬浮剂、可湿性粉剂。

【毒　　性】慢性中毒表现为虚弱、乏力、食欲不振、恶心呕吐、腹泻等。急性中毒表现为恶心呕吐，腹痛、腹泻、口渴，肌肉抽搐，头痛、咳嗽、胸痛、呼吸困难。

【税则号列】有效成分：29309090　　　制剂：38089210（零售包装），38089290（其他）

**0131021　福美甲胂　Urbacid**

【别　　名】退菌特，Tuzet

【有效成分】双-二甲基-二硫代氨基甲酸甲胂

【商品类别】类杀菌剂

【结 构 式】 $CH_3As[S\overset{}{\underset{\displaystyle \| \atop S}{C}}N(CH_3)_2]_2$

【商品属性】主要作用机制是制剂中砷原子与病菌体内含 -SH 基的酶发生作用，破坏正常的代谢作用。

原药为无色无味的结晶固体，熔点144℃，挥发性较低，不溶于水，溶于大多数有机溶剂。

常见制剂类型：可湿性粉剂。

【毒　　性】慢性中毒表现为虚弱、乏力、食欲不振、恶心呕吐、腹泻等。急性中毒表现为恶心呕吐，腹痛、腹泻、口渴，肌肉抽搐，头痛、咳嗽、胸痛、呼吸困难。

【税则号列】有效成分：29309090　　　制剂：38089210（零售包装），38089290（其他）

**0131022　甲基立枯磷　Tolclofos-methyl**

【别　　名】甲基立枯灵，Rizolex

【有效成分】邻-2,6-二氯-对甲苯 O,O-二甲基硫代磷酸酯

【商品类别】有机磷杀菌剂

【结 构 式】

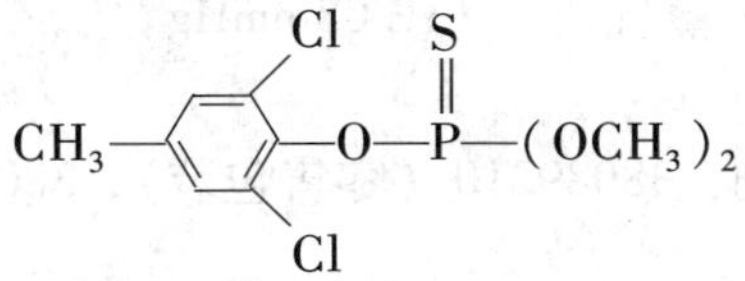

【商品属性】本品适用于防治土传病害的新型广谱内吸杀菌剂，主要起保护作用，其吸附作用强，不易流失，持效期较长。本品对半知菌类、担子菌纲和子囊菌纲等各种病菌均有很强的杀菌活性。用于水稻、棉花、瓜果、蔬菜、花生等农作物，对苗立枯病菌、菌核病菌、雪腐病菌等有卓越的杀菌效果。在土壤中有一定持效期。其药剂可通过毒土、土壤撒施、拌种、浸渍和喷洒种子等方法施用。该杀菌剂对马铃薯得茎腐病核黑斑病有特效。

无色结晶（工业品为无毒至淡褐色固体），熔点 78 ~ 80℃，蒸气压 57mpa（20℃）。溶解度：在水中 1.10ppm（25℃），己烷 3.8%，二甲苯 36%，甲醇 5.9%。对光、热、湿稳定，在酸碱介质中分解。
常见制剂类型：可湿性粉剂、种衣剂。

【毒　　性】急性中毒多在 12 小时内发病，口服立即发病。轻度：头痛、头昏、恶心、呕吐、多汗、无力、胸闷、视力模糊、胃口不佳等，全血胆碱酯酶活力一般降至正常值的 50% ~ 70%。中度：除上述症状外，还出现轻度呼吸困难、肌肉震颤、瞳孔缩小、精神恍惚、行走不稳、大汗、流涎、腹疼、腹泻。重者还会出现昏迷、抽搐、呼吸困难、口吐白沫、大小便失禁，惊厥，呼吸麻痹。

【税则号列】有效成分：29201900　　　制剂：38089210（零售包装），38089290（其他）

**0131023　硫菌威　Prothiocarb**

【别　　名】

【有效成分】N-（3-二甲氨基丙基）硫代氨基甲酸-S-乙基酯

【商品类别】杀菌剂

【结 构 式】

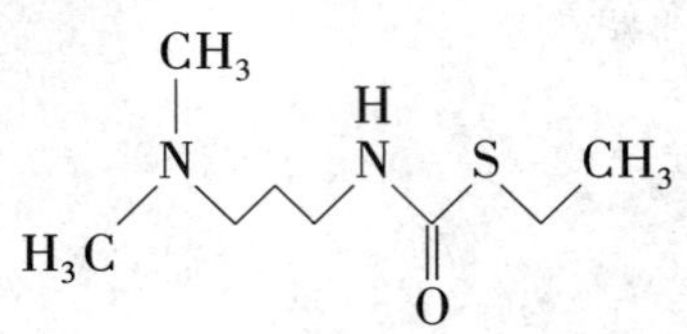

【商品属性】

【毒　　性】

【税则号列】有效成分：29302000　　　制剂：38089210（零售包装），38089290（其他）

**0131024　硫菌灵　Thiophanate**

【别　　名】Caligran，Cercobin M，Cycosin，Ditek，Easout，Fungo，Neotopsin，Rilon，Sipcaplant，Thiopan，Trevin

【有效成分】1,2-双-（3-乙氧羰基-α-硫脲基）苯

【商品类别】杀菌剂

【结 构 式】

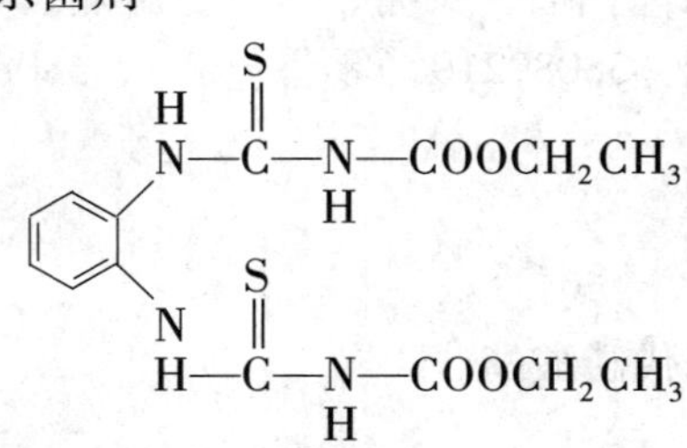

【商品属性】熔点 172℃，水溶解度 26.6mg/L，蒸气压 7.13E-08mmHg。

【毒　　性】

【税则号列】有效成分：29309090　　　制剂：38089210（零售包装），38089290（其他）

**0131025　甲基硫菌灵　Thiophanate-methyl**

【别　　名】甲基托布津，Topsin-methyl，Cercobin Methyl，Mildothane，Cycosin

【有效成分】1,2-双-（3-甲氧羰基-α-硫脲基）苯

【商品类别】苯并咪唑类杀菌剂

【结 构 式】

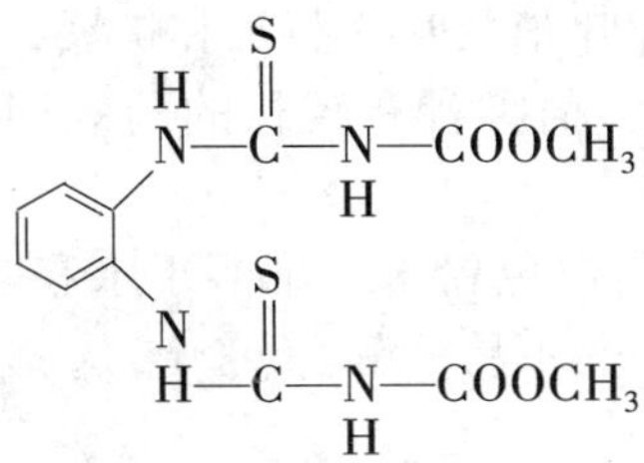

【商品属性】是一种广谱性内吸杀菌剂，能防治多种作物病害，具有内吸、预防和治疗作用。它在植物体内转化为多菌灵，干扰菌的有丝分裂中纺锤体的形成，影响细胞分裂。

无色晶体，原粉（含有效成分约93%）为微黄色结晶，熔点172℃（分解），蒸气压0.0095mPa（25℃）。几乎不溶于水（23℃）。溶解度：丙酮58.1，环己酮43，甲醇29.2，氯仿26.2，乙腈24.4，乙酸乙酯11.9（g/kg，23℃），微溶于己烷。室温下中性介质和水溶液中稳定，碱性液中不稳定。低于50℃加工品稳定性超过2年。

常见制剂类型：可湿性粉剂。

【毒　　性】无全身中毒报道，皮肤、眼结膜和呼吸道受刺激引起结膜炎和角膜炎，炎症消退较慢。

【税则号列】有效成分：29309090　　制剂：38089210（零售包装），38089290（其他）

**0131026　苯氟磺胺　Dichlofluanid**

【别　　名】BAY 47531，Diparen，Elvaron，Euparen

【有效成分】N，N-二甲基-N'-苯基-N'-（氟二氯甲硫基）磺酰胺

【商品类别】杀菌剂

【结 构 式】

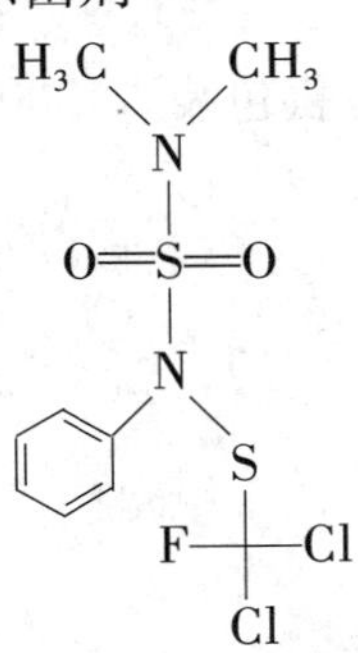

【商品属性】熔点：106℃，水溶解度：1.3mg/L，蒸气压：1.12E-07mmHg。

【毒　　性】

【税则号列】有效成分：29309090　　制剂：38089210（零售包装），38089290（其他）

**0131027　甲基胂酸锌　Zinc methanearsonate**

【别　　名】稻谷青，稻脚青

【有效成分】甲基胂酸锌

【商品类别】杀菌剂

【结 构 式】

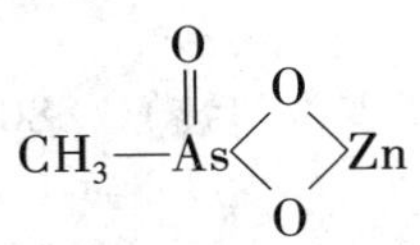

【商品属性】是防治水稻纹枯病的特效药剂，对水稻纹枯病具有良好的保护和治疗作用，能抑制纹枯病菌菌核萌发，防治病菌侵入水稻植株。在已被侵害的水稻植株上能

抑制病菌菌丝的生长，抑制病害向上部叶鞘及叶片蔓延和扩展，并能杀死已侵入水稻的纹枯病菌，减少菌核的形成。稻脚青有较长的药效期，在规定用量下，一般药效期可达 10 ~ 15 天。

纯品为白色有金属光泽的晶体，原粉为白色粉末，难溶于水和多种有机溶剂，微溶于酸性介质中，性质稳定，遇光和热不易分解。

常见制剂类型：可湿性粉剂。

【毒　　性】对人畜急性经皮毒性较低。能通过食道、呼吸和皮肤引起中毒，损害中枢神经系统和心、肝、肾等器官。口服中毒时有明显消化道症状；皮肤接触可引起接触性皮炎。

【税则号列】有效成分：29319000　　　　制剂：38089210（零售包装），38089290（其他）

**0131028　克菌壮　Ammonium-O, O-diethyl phosphorodithoate**

【别　　名】NF-133

【有效成分】O, O-二乙基二硫代磷酸铵盐

【商品类别】有机磷杀菌剂

【结 构 式】

$$(CH_3CH_2O)_2\overset{\overset{S}{\|}}{P}SNH_4$$

【商品属性】保护性杀菌剂，主要用于防治水稻白叶枯病、细菌性条斑病，兼治水稻纹枯病。对小麦、水稻、蔬菜等有刺激生长和增产作用。

有韭菜臭味的白色片状晶体，原药为灰白色或淡黄色粉末颗粒。易溶于水、丙酮、乙醇等极性溶剂，纯品为白色针状结晶，熔点 180 ~ 182℃。

常见制剂类型：可湿性粉剂。

【毒　　性】本品低毒，对人体一般无害。

【税则号列】有效成分：29201900　　　　制剂：38089210（零售包装），38089290（其他）

**0131029　六氯苯　Hexachlorobenzene**

【别　　名】

【有效成分】六氯苯

【商品类别】有机氯杀菌剂

【结 构 式】

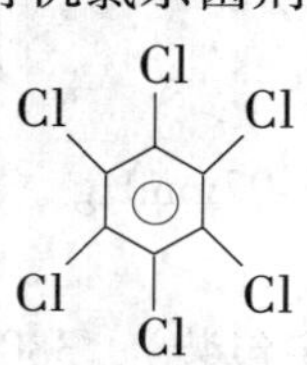


【商品属性】无色晶体，熔点 226℃，原药≥220℃，沸点 323 ~ 326℃，蒸气压 1.45mPa（20℃），密度 2.044（25℃），几乎不溶于水，溶于热苯、氯仿、二硫化碳、乙醚，微溶于四氯化碳。几乎不溶于冷醇中，极稳定，酸碱环境中稳定。

【毒　　性】症状与体征是其对神经系统的刺激作用所致，如头痛、眩晕、忧虑烦恼、情绪激动，也有呕吐、四肢软弱，双手震颤、失去时间和空间的定向，随后出现振发痉挛。

【税则号列】有效成分：29039200　　　　制剂：38085010（零售包装），38085090（其他）

**0131030　柠檬酸铜　Copper citrate**

【别　　名】抗枯灵（柠檬酸铜是其部分成分）

【有效成分】柠檬酸铜络合物

【商品类别】有机铜杀菌剂

【结 构 式】$C_3H_4OH\ (COO)_3Cu^-$

【商品属性】柠檬酸铜络合物与氨合硫酸铜，氨合硫酸锌组成杀菌剂抗枯灵。
常见制剂类型：用于组成混合水剂。

【毒　　性】误食引起急性中毒，表现为头痛、头晕、乏力、口腔黏膜呈蓝色，口内有金属味，齿龈出血，舌发青，腹泻，腹绞痛，黑大便，重者昏迷、痉挛，血压下降等。

【税则号列】有效成分：29171900（柠檬酸铜）　　制剂：38089210（抗枯灵零售包装），38089290（其他）

**0131031　去氢枞酸铜**

【别　　名】绿乳铜，松脂酸铜

【有效成分】1, 2, 3, 4, 4a, 9, 10, 10a-八氢-1, 4a-二甲基-7-（1-甲基乙基）-1-菲羧酸铜

【商品类别】杀菌剂

【结 构 式】

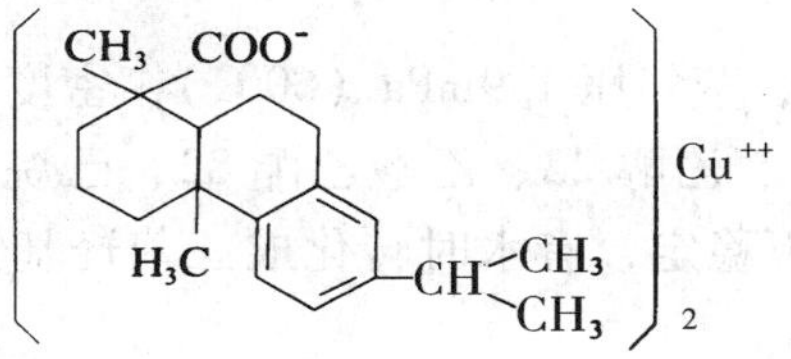

【商品属性】该品为广谱、高效保护性杀菌剂，对真菌、细菌蛋白质的合成起抑制作用，致使菌体死亡，对农作物多种真菌病害有较好的防效。原药外观为浅绿色粉状物，比重 0.207，熔点 173～175℃。溶解度：水 <1g/kg，易溶于甲苯、丙酮、N, N-二甲基酰胺。
由松脂酸铜原药、溶剂和乳化剂复配而成的乳油可代替波尔多液的杀菌剂，对葡萄霜霉病等有很好的防治效果。
常见制剂类型：乳油。

【毒　　性】低毒。

【税则号列】有效成分：29163990　　制剂：38089210（零售包装），38089290（其他）

**0131032　四氯苯酞　Phthalide**

【别　　名】稻瘟酞，氯百杀，热必斯，Rabcide，KF-32，Fthalide

【有效成分】4, 5, 6, 7-四氯苯酞

【商品类别】有机氯杀菌剂

【结 构 式】

【商品属性】叶面喷洒保护剂，具有抗渗透及干扰黑色素生物合成作用。
无色晶体，熔点 209～210℃，蒸气压 3uPa（23℃），KowlogP = 3.01。溶解度：水 25℃为 2.5mg/L，丙酮 8.3，苯 16.8，二噁烷 14.1，乙醇 1.1，四氢呋喃 19.3（g/L，25℃）。2.5ppm 水溶液（pH2 条件下）保存 12 小时，对光和热稳

定。

常见制剂类型：组成混合可湿性粉剂。

【毒　　性】症状与体征是其对神经系统的刺激作用所致，如头痛、眩晕，忧虑烦恼，情绪激动，也有呕吐，四肢软弱，双手震颤，失去时间和空间的定向，随后出现阵发性痉挛。

【税则号列】有效成分：29322090　　制剂：38089210（零售包装），38089290（其他）

**0131033　三苯基醋酸锡　Triphenyltin acetate**

【别　　名】乙酸三苯基锡，薯瘟锡，Batasan

【有效成分】三苯基醋酸锡

【商品类别】有机锡杀菌剂

【结 构 式】

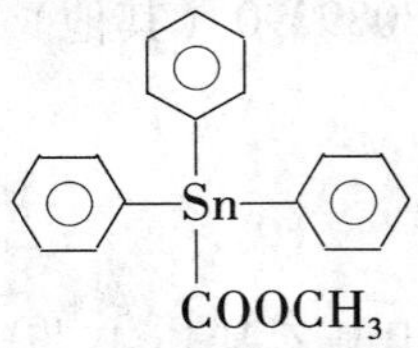

【商品属性】一种保护性杀菌剂，有一定铲除作用能阻止孢子萌发及菌体代谢。药效比铜制剂高 10 ~ 20 倍，无内吸性。

无色无味晶体，熔点 121 ~ 123℃，蒸气压 1.9mPa（60℃），密度 1.5（20℃）。20℃溶解度：水约 9mg/L（pH5）、乙醇 22、乙酸乙酯 82、己烷 5、二氯甲烷 460、甲苯 89（g/L）。干燥条件下稳定，有水时转化成三苯羟基锡，酸碱中不稳定，能被光照和大气氧化分解。

常见制剂类型：可湿性粉剂。

【毒　　性】属剧烈神经毒物。头痛，头晕，多汗；重者恶心呕吐，大汗淋漓，排尿困难，抽搐，精神错乱，昏迷，呼吸困难等。

【税则号列】有效成分：29319000　　制剂：38089210（零售包装），38089290（其他）

**0131034　三苯基乙酸锡　Fentin acetate**

【别　　名】

【有效成分】1-（三苯基甲锡烷基）乙酯

【商品类别】有机锡杀菌剂

【结 构 式】

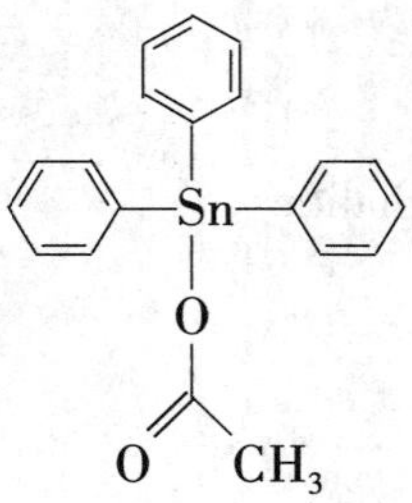

【商品属性】该药剂为非内吸性保护性杀菌剂，对甜菜和水稻真菌病寄存具有良好的保护和治疗作用。

熔点 118 ~ 122℃，蒸气压（30℃）0.177mPa。溶解度（20℃）：在水中溶解度为 28mg/L，微溶于大多数有机溶剂。稳定性：在阳光下易分解。

常见制剂类型：组成混合可湿性粉剂。

【毒　　性】中等毒。

【税则号列】有效成分：29319000　　制剂：38089210（零售包装），38089290（其他）

**0131035　　三苯基氢氧化锡　　Fentin hydroxide**

【别　　名】毒菌锡，三苯羟基锡，Brestanid，Farmatin，Du-Ter

【有效成分】三苯基氢氧化锡

【商品类别】有机锡杀菌剂

【结 构 式】

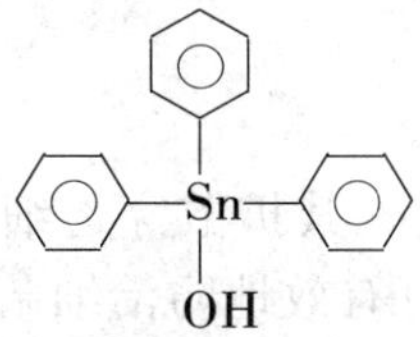

【商品属性】无色晶体，熔点118～122℃，50℃蒸气压0.047mPa，密度1.54（20℃）。20℃溶解度：水约1mg/L（pH7），乙醇约10，二氯甲烷171，乙酸乙酯28，丙酮约50（g/L）。室温和黑暗中稳定，见光分解，遇紫外光加快分解。

常见制剂类型：可湿性粉剂。

【毒　　性】

【税则号列】有效成分：29319000　　　制剂：38089210（零售包装），38089290（其他）

**0131036　　三乙膦酸铝　　Fosetyl-aluminum**

【别　　名】疫霉灵，疫霜灵，霉菌灵，藻菌灵，乙膦铝，藻菌磷，Aliette，Phosethyl，Mikal Epal，Efosite

【有效成分】三-（乙基膦酸）铝

【商品类别】有机磷杀菌剂

【结 构 式】

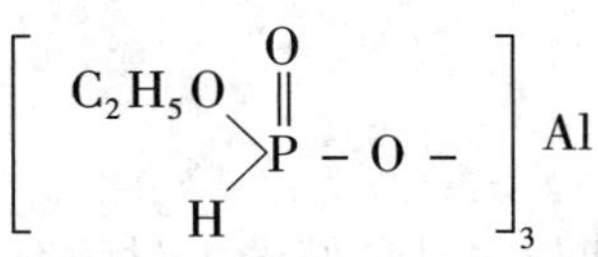

【商品属性】内吸性杀菌剂。有双向内吸传导作用，在植物体内能上下传导，具有保护和治疗作用。适用于蔬菜、水稻、棉花、烟草、橡胶、胡椒、瓜类等作物上由单轴霉菌属、霜霉属、疫霉属引起的病害。对水稻纹枯病、穗颈瘟等亦有一定的防效。

无色粉末，蒸气压＜0.013mPa（25℃）。溶解度：水120g/L（20℃），甲醇920，丙酮13，丙二醇80，乙酸乙酯5，乙腈5，己烷5（mg/L，20℃）。一般贮存条件下稳定，遇强酸水解，能被氧化剂氧化，高于200℃分解，无熔点。

常见制剂类型：可湿性粉剂。

【毒　　性】急性中毒多在12小时内发病，口服立即发病。轻度：头痛、头昏、恶心、呕吐、多汗、无力、胸闷、视力模糊、胃口不佳等，全血胆碱酯酶活力一般降至正常值的50%～70%；中度：除上述症状外还出现轻度呼吸困难、肌肉震颤、瞳孔缩小、精神恍惚、行走不稳、大汗、流涎、腹疼、腹泻。重者还会出现昏迷、抽搐、呼吸困难、口吐白沫、大小便失禁，惊厥，呼吸麻痹。

【税则号列】有效成分：29420000　　　制剂：38089210（零售包装），38089290（其他）

**0131037　　三氯异氰尿酸　　Trichloroiso cyanuric acid**

【别　　名】强氯精

【有效成分】三氯异氰尿酸

【商品类别】杀菌剂

【结 构 式】

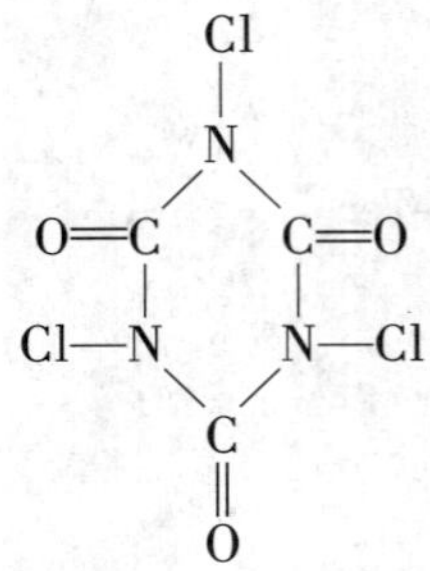

【商品属性】本品含有次氯酸分子，次次氯酸分子不带电荷，其扩散穿透细胞膜的能力较强，可使病原菌迅速死亡，用于水稻种子消毒可有效地防治细菌性角斑病等多种病害。

原药外观为白色棱状结晶或白色粉末，密度 4.1g/cm$^3$，熔点 240～250℃，20℃水中溶解度 1.2%。

常见制剂类型：可湿性粉剂。

【毒　　性】低毒。

【税则号列】有效成分：29336922　　制剂：38089210（零售包装），38089290（其他）

**0131038　　五氯酚　　PCP**

【别　　名】五氯苯酚，Pentachlorophenol

【有效成分】五氯苯酚

【商品类别】有机氯杀菌剂

【结 构 式】

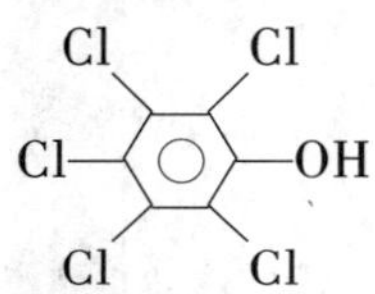

【商品属性】五氯酚不溶于水，化学性质稳定，残效期长，是良好的木材防腐剂，主要用于铁道枕木的防腐。

常见制剂类型：烟剂。

【毒　　性】刺激哺乳类动物的代谢。疲乏、头痛和失去定向，想吐，发热和出汗，随之高热和大汗淋漓，也能引起阵挛因心脏衰竭而死。

【税则号列】有效成分：29081100　　制剂：38085010（零售包装），38085090（其他）

**0131039　　五氯硝基苯　　Quintozene**

【别　　名】土粒散，掘地生，把可塞的，Pentachloronitrobenzene，PCNB，Brassicol，Terraclor，Earthcide，Pentagen，Pentrone

【有效成分】五氯硝基苯

【商品类别】有机氯杀菌剂

【结 构 式】

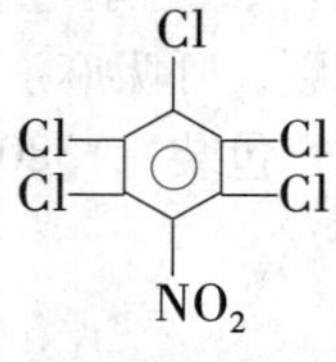

【商品属性】是保护性杀菌剂，无内吸性，用做土壤处理和种子消毒。对丝核菌引起的病害有较好的防效，对甘蓝根肿病、多种作物白绢病等也有效。其杀菌机制被认为是影响菌丝细胞的有丝分裂。

无色针状体，原药为浅黄色结晶，熔点 143 ~ 144℃，142 ~ 145℃（原药），沸点 328℃（略有分解），蒸气压 12.7mPa（25℃），密度 1907kg/m³（21℃）。溶解度：水 0.1mg/L（20℃），甲苯 1140，甲醇 20，庚烷 30（g/L）。加热稳定，酸性介质中稳定，碱性介质中水解，暴露于日光下 10 小时后有些表面变色。

常见制剂类型：混合可湿性粉剂、悬浮种衣剂。

【毒　　性】无全身中毒报道，皮肤、眼结膜和呼吸道受刺激引起结膜炎和角膜炎，炎症消退较慢。

【税则号列】有效成分：29049090　　　制剂：38089210（零售包装），38089290（其他）

**0131040　田安　Ferric ammonium methylarsonate**

【别　　名】胂铁铵，甲基胂酸铁铵，Arsonate，MAFA，Fama

【有效成分】甲基砷酸铁胺

【商品类别】有机砷杀菌剂

【结 构 式】$(CH_3AsO_3)_3FeNH_4$

【商品属性】作用机理为经砷剂作用后的菌体内有丙酸酮的积累，使菌体发生变异，从而达到防治效果。主要用于防治水稻纹枯病。对葡萄白腐病、炭疽病、白粉病也有效。

纯品为棕色粉末，工业品为棕红色水溶液，有氨臭味。对酸碱均不稳定，遇强碱分解逸出氨气，沉淀出褐色的甲基胂酸铁及氢氧化铁；遇酸则先有沉淀析出，而后缓慢溶解并离解。pH8 ~9 时对光和热稳定。

常见制剂类型：水剂。

【毒　　性】经口中毒表现为急性胃肠炎症，恶心，呕吐、口内有金属味和烧灼感，腹痛、腹泻等。对皮肤、黏膜有强烈刺激性，可引起严重的接触性皮炎，皮肤红肿，水泡、糜烂、溃疡、甚至引起剥脱性皮炎。

【税则号列】有效成分：29319000　　　制剂：38089210（零售包装），38089290（其他）

**0131041　硝基腐植酸铜**

【别　　名】菌必克

【有效成分】硝基腐植酸铜

【商品类别】有机铜杀菌剂

【结 构 式】

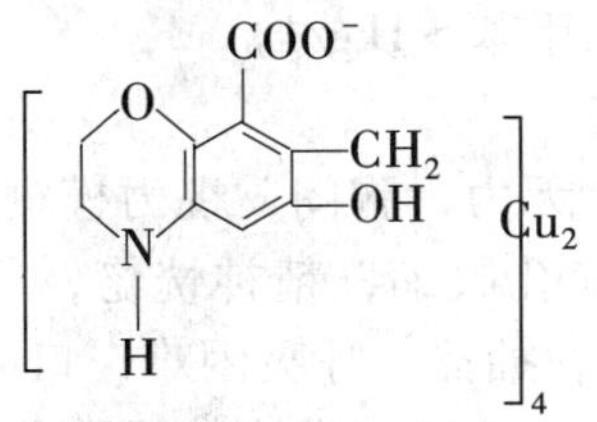

【商品属性】本品为广谱保护型杀菌剂，主要作用机理是铜离子使病原菌细胞膜上的蛋白质凝固，同时部分铜离子渗透进入病源菌细胞内，毒害含硫氢基的酶使菌体的生化活动中止而杀死病菌。该药无内吸作用，对作物真菌性病害和细菌性病害均有很好的防治效果。

原药外观为黑色颗粒或粉末，比重 1.22 ~1.34。

常见制剂类型：可湿性粉剂。

【毒　　性】低毒。

【税则号列】有效成分：29349990　　　制剂：38089210（零售包装），38089290（其他）

**0131042　乙蒜素　Ethylicin**

【别　　名】抗菌剂 402
【有效成分】乙烷硫代磺酸乙酯
【商品类别】有机硫杀菌剂
【结 构 式】

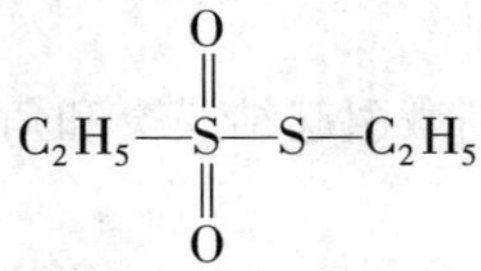

【商品属性】是大蒜素的同系物，是一种广谱性杀菌剂。农业上用做广谱性杀菌剂，且能促进作物生长发育。其杀菌机制是其分子结构中的（S-S = O = O）基团与菌体分子中含 – SH 基的物质反应，从而抑制菌体正常代谢。对植物生长具有刺激作用，经它处理过的种子出苗快，幼苗生长健壮。
纯品为无色或微黄色油状液体，有大蒜臭味。工业品为微黄色油状液体，有效成分含量 90 ~ 95%，有大蒜和醋酸臭味，挥发性强，有强腐蚀性，可溶于多种有机溶剂，水中溶解度为 1.2%。140℃分解，沸点 56℃（0.2mmHg），比重 1.1987，折光率 1.4981。常温贮存比较稳定。
常见制剂类型：乳油可湿性粉剂。
【毒　　性】对皮肤和黏膜有强烈的刺激作用。能通过食道、皮肤等引起中毒，急性中毒损害中枢神经系统，引起呼吸循环衰竭，出现意识障碍和休克。
【税则号列】有效成分：29309090　　制剂：38089210（零售包装），38089290（其他）

**0131043　异稻瘟净　Iprobenfos**

【别　　名】异丙稻瘟净，IBP，KitazinP
【有效成分】O, O-二异丙基-S-苄基硫赶磷酸酯
【商品类别】有机磷杀菌剂
【结 构 式】

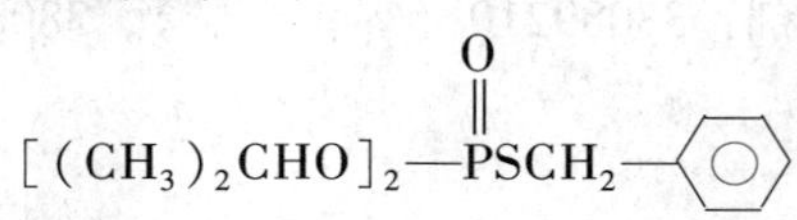

【商品属性】主要干扰细胞膜透性，阻止某些亲脂几丁质前体通过细胞质膜，使几丁质的合成受阻碍，细胞壁不能生长，抑制菌体的正常发育。
黄色油状体，沸点 126℃/0.04mmHg，蒸气压 0.247mPa（20℃）。溶解度：水 430mg/L（20℃），丙酮、乙腈、甲醇、二甲苯 > 1kg/L。
常见制剂类型：混合可湿性粉剂、乳油。
【毒　　性】轻者：头痛，头昏，恶心，呕吐，多汗，无力，胸闷，视力模糊，胃口不佳。中度中毒：出现呼吸困难，肌肉震颤，瞳孔收缩，精神恍惚，行走不稳，大汗，流涎，腹痛，腹泻。重者：出现昏迷，抽搐，呼吸困难，口吐白沫，大小便失禁，惊厥，呼吸麻痹。急性中毒多在 12 小时内发病，误服者可立即发病。
【税则号列】有效成分：29309090　　制剂：38089210（零售包装），38089290（其他）

**0131044　三苯锡　Fentin**

【别　　名】Fentine，Triphenylstannylium，Triphenyltin
【有效成分】三苯基锡
【商品类别】杀菌剂
【结 构 式】

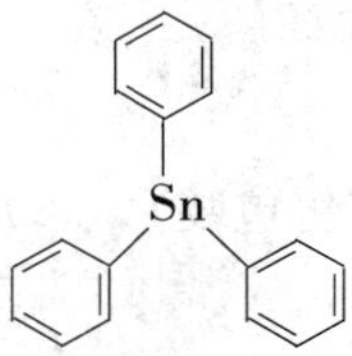


【商品属性】

【毒　　性】

【税则号列】有效成分：29319000　　　　制剂：38089210（零售包装），38089290（其他）

**0131045　　甲基硫化胂　　Methylarsenic sulphide**

【别　　名】Asozin，BAY 4934，BRN1732825，MAS，Monkil WP，Rhizoctol，Urbasulf

【有效成分】甲基硫化胂

【商品类别】杀菌剂

【结 构 式】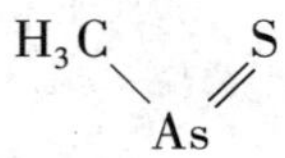


【商品属性】用于杀灭真菌、细菌和木质防腐。

【毒　　性】

【税则号列】有效成分：29319000　　　　制剂：38089210（零售包装），38089290（其他）

**0131046　　代森锰铜　　Mancopper**

【别　　名】Dithane C90

【有效成分】代森锰与铜离子的络盐

【商品类别】杀菌剂

【结 构 式】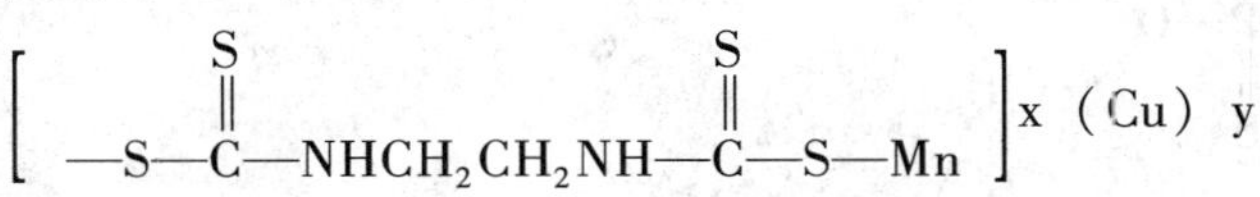


【商品属性】用于杀灭真菌、细菌和木质防腐。

代森类农药能分解出毒性更高的异硫代氰酸酯，它与蛋白质中巯基或氨基发生反应产生毒性，使组织细胞的氧化还原系统和正常的新陈代谢作用受到干扰。

【毒　　性】

【税则号列】有效成分：29420000　　　　制剂：38089210（零售包装），38089290（其他）

**0131047　　苯稻瘟净　　Inezin**

【别　　名】BRN2283950，ESBP

【有效成分】O-乙基-S-苄基苯基硫代膦酸酯

【商品类别】杀菌剂

【结 构 式】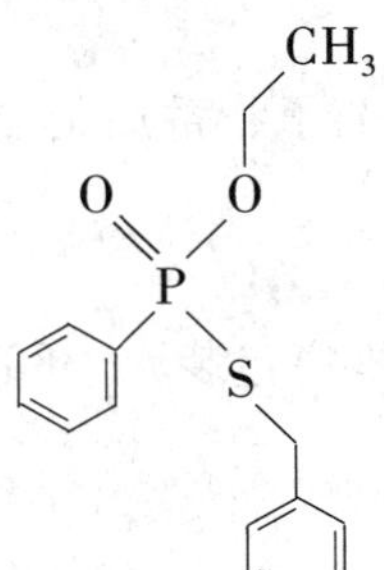

【商品属性】用于杀灭真菌、细菌和木质防腐。
【毒　　性】
【税则号列】有效成分：29309090　　制剂：38089210（零售包装），38089290（其他）

**0131048　氯瘟磷　Phosdiphen**
【别　　名】
【有效成分】双（2, 4-二氯苯基）乙基磷酸酯
【商品类别】杀菌剂
【结 构 式】
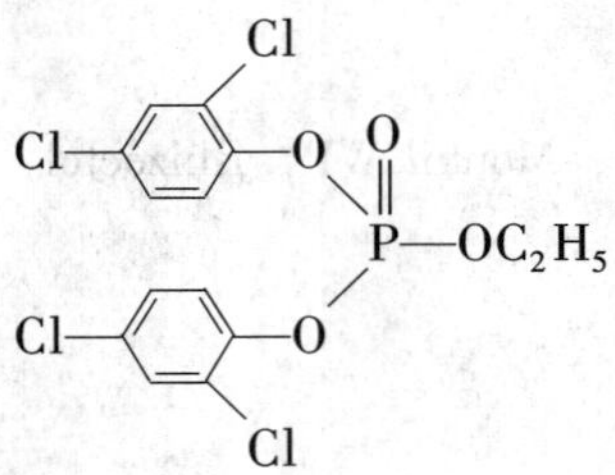
【商品属性】
【毒　　性】
【税则号列】有效成分：29199000　　制剂：38089210（零售包装），38089290（其他）

**0131049　克菌磷　NF-133**
【别　　名】NSC-8159
【有效成分】O, O-二乙基二硫代磷酸酯
【商品类别】杀菌剂
【结 构 式】
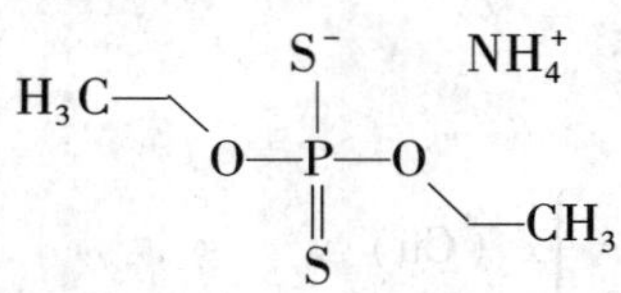
【商品属性】
【毒　　性】对眼睛有刺激。
【税则号列】有效成分：29201900　　制剂：38089210（零售包装），38089290（其他）

**0131050　安百亩　Meta-ammonium**
【别　　名】
【有效成分】N-甲基二硫代氨基甲酸铵
【商品类别】杀菌剂
【结 构 式】
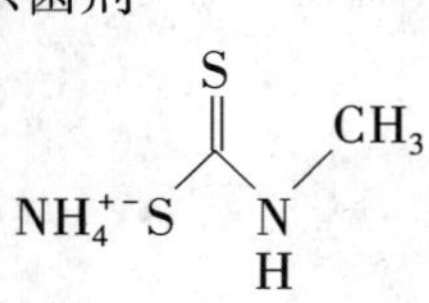
【商品属性】可用于防治瓜类断藤病，蔬菜、甜菜苗立枯病，茄子、番茄凋萎病，黄瓜、番茄的根瘤线虫，桔梗、马铃薯的根瘤线虫等。
【毒　　性】
【税则号列】有效成分：29302000　　制剂：38089210（零售包装），38089290（其他）

**0131051　浸种磷　Izopamfos**

【别　　名】

【有效成分】3-壬基氧丙基甲基磷酸铵

【商品类别】杀菌剂

【结 构 式】

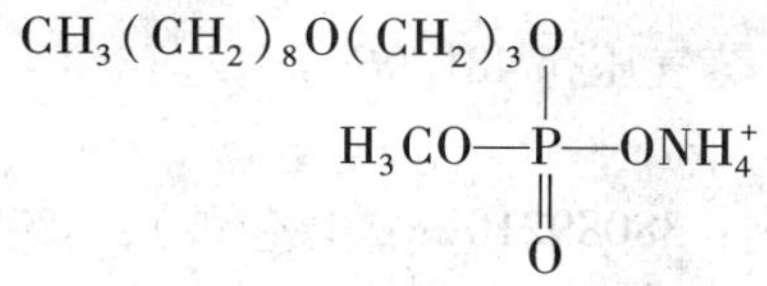

【商品属性】

【毒　　性】

【税则号列】有效成分：29209090　　制剂：38089210（零售包装），38089290（其他）

**0131052　甲苯氟磺胺　Tolyfluanid**

【别　　名】AI3-27470，BRN2949607，Bayer-5712A，Euparen M，HSDB6739，KUE13183B

【有效成分】N，N-二甲基-N′4-甲基苯基-N′-（氟二氯甲硫基）磺酰胺

【商品类别】杀菌剂

【结 构 式】

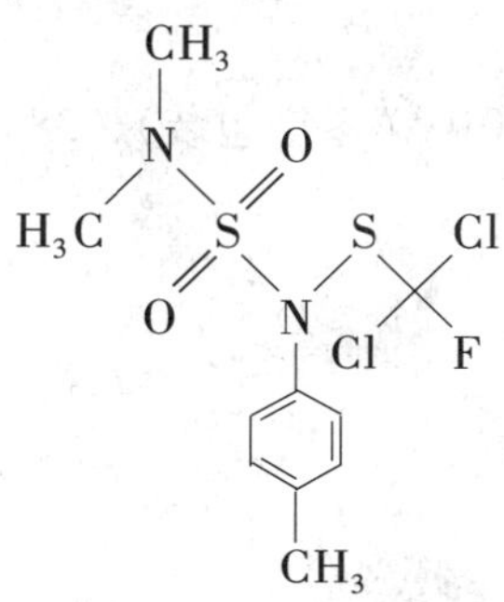

【商品属性】用于杀灭真菌、细菌和木质防腐。

熔点 96℃，蒸气压 1.50E-06mmHg，水溶解度 0.9mg/L。

【毒　　性】

【税则号列】有效成分：29350090　　制剂：38089210（零售包装），38089290（其他）

**0131053　氯化乙基汞　Ethylmercury chloride**

【别　　名】Ceresan，Cryptodine，EMC，Ganozan

【有效成分】氯化乙基汞

【商品类别】杀菌剂

【结 构 式】$H_3C—CH_2—Hg—Cl$

【商品属性】熔点 192℃，水溶解度 1.5mg/L，蒸气压 6.440mmHg。

【毒　　性】

【税则号列】有效成分：29319000　　制剂：38085010（零售包装），38085090（其他）

**0131054　三苯基氯化锡　Fentin chloride**

【别　　名】Aquatin，Brestanol，TPTC，Tinmate

【有效成分】三苯基氯化锡

【商品类别】杀菌剂

【结 构 式】

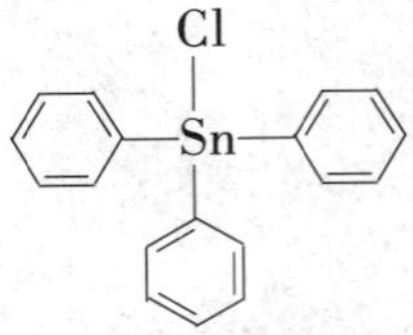

【商品属性】熔点 103.5℃，水溶解度 1mg/L，蒸气压 5.48E-06mmHg。

【毒　　性】

【税则号列】有效成分：29319000　　制剂：38089210（零售包装），38089290（其他）

**0131055　氯化苯汞　Phenylmercury chloride**

【别　　名】Agrenal，Mercutal，PMC，Stopspot

【有效成分】氯化苯汞

【商品类别】杀菌剂

【结 构 式】

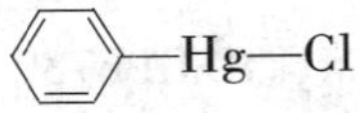

【商品属性】Fungicide，bactericide，wood preservative

熔点 251℃，水溶解度 310mg/L，蒸气压 0.028mmHg。

【毒　　性】

【税则号列】有效成分：29319000　　制剂：38085010（零售包装），38085090（其他）

## 0132 杂环类杀菌剂

**0132001　苯菌灵　Benomyl**

【别　　名】苯莱特，Benlate

【有效成分】1-正丁氨基甲酰-2-苯并咪唑氨基甲酸甲酯

【商品类别】苯并咪唑类杀菌剂

【结 构 式】

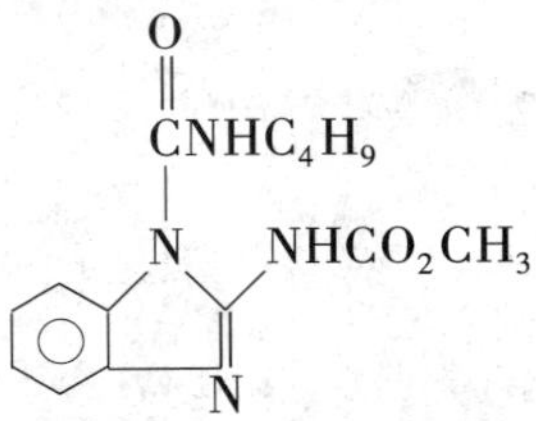

【商品属性】一种高效、广谱、内吸性杀菌剂，具有保护、治疗和铲除等作用，可用于喷洒，拌种和土壤处理。主要用于防治蔬菜、果树、油料作物病害，如瓜类灰霉病、炭疽病，茄子灰霉病，葱类腐败病，柑橘疮痂病，灰霉病，苹果黑星病、黑点病，梨黑星病等，葡萄褐斑病、白粉病，大豆菌核病，花生褐斑病。

纯品为无色结晶，熔点 140℃（分解）。水中溶解度约 4mg/L。在其他溶剂中溶解度（g/kg，25℃）：氯仿 94、二甲基甲酰胺 53、丙酮 18、二甲苯 10、乙醇 4。遇强酸强碱条件下分解，贮存时遇到水、潮湿条件下易分解。

常见制剂类型：可湿性粉剂。

【毒　　性】一般只对皮肤和眼睛有刺激症状，经口中毒低，无中毒报道。

【税则号列】有效成分：29339900　　制剂：38089210（零售包装），38089290（其他）

**0132002　　氟啶胺　　Fluazinam**

【别　　名】Fluaziname，Shirlan

【有效成分】3-氯-N-（3-氯-5-三氟甲基-2-吡啶基）-α，α，α-三氟-2，6-二硝基-对-甲苯胺

【商品类别】杂环类杀菌剂

【结 构 式】

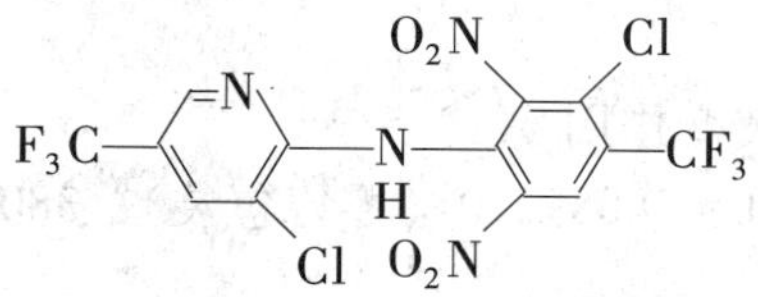

【商品属性】本品属2，6-二硝基苯胺类化合物，是保护性杀菌剂。本品对交链孢属、葡萄孢属、疫霉属、单轴霉属、核盘菌属和黑垦菌属菌非常有效，对抗苯并咪唑类和二羧酰亚胺类杀菌剂的灰葡萄孢也有良好效果，耐雨水冲刷，持效期长，兼有优良的控制食植性螨类的作用，对十字花科植物根肿病也有卓越的防效，对由根霉菌引起的水稻猝倒病也有很好的防效。

纯品为黄色结晶粉末。溶解度（g/L）：水 0. 0001（PH5）、0. 0017（pH6）、大于 1（pH11），正己烷 12,1,2-丙二醇约 8. 6，环己烷 14，乙酸乙酯 680，甲苯 410，丙醇 470，乙醇 470，二氯甲烷 330。

【毒　　性】

【税则号列】有效成分：29333990　　　　制剂：38089210（零售包装），38089290（其他）

**0132003　　嗪氨灵　　Triforine**

【别　　名】Saprol，Denarin，Funginex

【有效成分】1，4-二（2, 2, 2-三氯-1-甲酰胺基乙基）哌嗪

【商品类别】杂环类杀菌剂

【结 构 式】

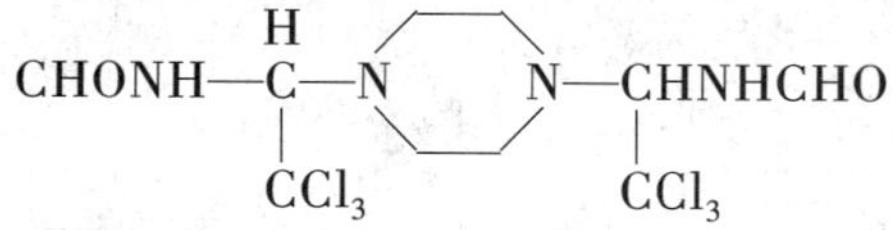

【商品属性】内吸杀菌剂，主要用于防治蔬菜、果树和谷物的白粉病和锈病，可有效地防治水果和浆果白粉病、疮痂病和其他病害；能防治观赏植物的白粉病、锈病和黑斑病；浓度为 0. 025% 时，可防治谷物的白粉病和其他叶部病害；还可防治水果贮存中的病害。

白色结晶。室温水中溶解度 27 ~ 29mg/L，微溶于丙酮、苯、四氯化碳、氯仿、二氯甲烷、轻油，甲苯 0. 88g/L，二甲基甲酰胺 28. 3g/L，甲醇 1. 13g/L，难溶于二甲基亚砜。

【毒　　性】对皮肤和眼黏膜有轻微刺激。

【税则号列】有效成分：29335990　　　　制剂：38089210（零售包装），38089290（其他）

**0132004　　哒菌酮　　Diclomezin**

【别　　名】哒菌清，Diclomezine，Monguard

【有效成分】6-（3，5-二氯-4-甲苯基）-3（2H）-哒嗪酮

【商品类别】杂环类杀菌剂

【结 构 式】

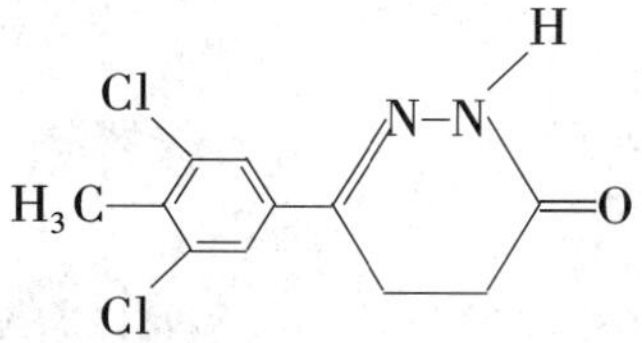

【商品属性】本品属哒嗪酮类杀菌剂。为隔膜（Septum）形成和菌丝体生长抑制剂，对水稻纹枯病有高效，对水稻的其他病害也有防效，具有保护和治疗活性，持效期长。

纯品为无色晶体。溶解度：水 0.74mg/L（25℃），甲醇 2.0g/L（23℃），丙酮 3.4g/L（23℃）。

【毒　　性】对皮肤无刺激作用，无致畸、致突变作用。

【税则号列】有效成分：29339900　　　　制剂：38089210（零售包装），38089290（其他）

**0132005　　甲菌利　　Myclozolin**

【别　　名】

【有效成分】3-（3,5-二氯苯基）-5-（甲氧基甲基）-5-甲基唑烷-2,4-二酮

【商品类别】杀菌剂

【结 构 式】

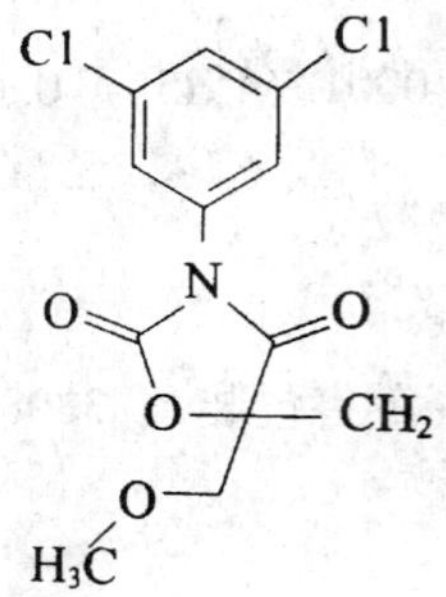

【商品属性】

【毒　　性】

【税则号列】有效成分：29349990　　　　制剂：38089210（零售包装），38089290（其他）

**0132006　　嘧菌胺　　Mepanipyrin**

【别　　名】

【有效成分】N-（4-甲基-6-丙-炔基嘧啶-2-基）苯胺

【商品类别】杂环类杀菌剂

【结 构 式】

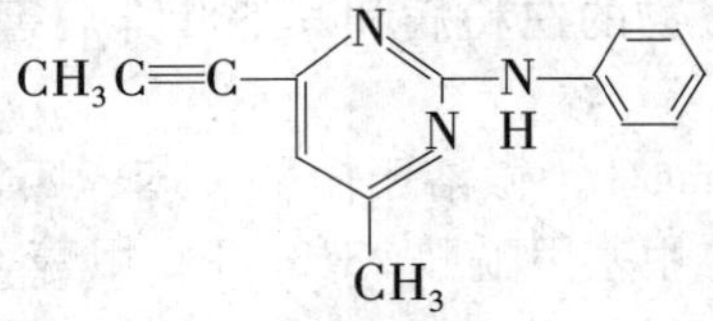

【商品属性】本品属嘧啶胺类杀菌剂，对苹果和梨上的黑星病菌，黄瓜、葡萄、草莓和番茄上灰葡萄孢菌有防效。

20℃水中溶解度 5.5mg/L。溶于大多数有机溶剂。

【毒　　性】

【税则号列】有效成分：29335990　　　　制剂：38089210（零售包装），38089290（其他）

**0132007　　嘧霉胺　　Pyrimethanil**

【别　　名】甲基嘧菌胺，施佳乐，Scala，Mytho

【有效成分】N-（4，6-二甲基嘧啶-2-基）苯胺

【商品类别】杂环类杀菌剂

【结 构 式】

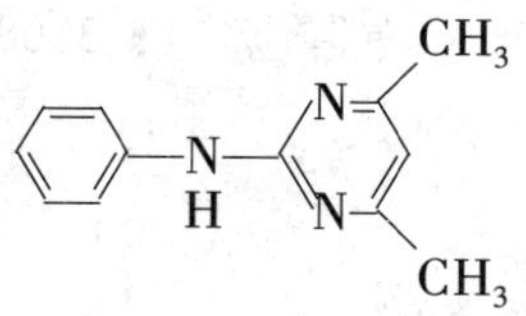

【商品属性】具有保护、叶片穿透及根部内吸活性，在田间药效试验中，对葡萄、草莓、番茄、洋葱、菜豆、豌豆、黄爪、茄子等作物以及观赏植物的灰霉病、苹果黑星病有优异的防效。作用机制为抑制病原菌蛋白质分泌，包括降低一些水解酶水平据推测这些酶与病原菌进入寄主植物并引起寄主组织的坏死有关。

【毒　　性】对兔眼睛和皮肤无刺激作用，对豚鼠皮肤无过敏。无诱变。无致畸、致突变作用。

【税则号列】有效成分：29335990　　　　制剂：38089210（零售包装），38089290（其他）

**0132008　　嘧菌腙　　Ferimzone**

【别　　名】Blasin

【有效成分】（Z）2′-甲基乙酰苯-4，6-二甲基嘧啶-2-腙

【商品类别】杂环类杀菌剂

【结 构 式】

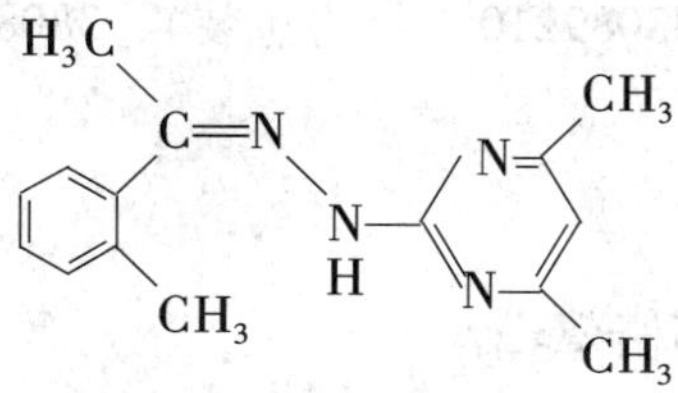

【商品属性】本品属腙类杀菌剂，能有效地防治水稻上的稻尾孢，稻长蠕孢和稻梨孢等病原菌。

纯品为晶体。30℃水中溶解度162mg/L。溶于乙腈、氯仿、乙醇、乙酸乙酯、二甲苯。

【毒　　性】

【税则号列】有效成分：29335990　　　　制剂：38089210（零售包装），38089290（其他）

**0132009　　啶斑肟　　Pyrifenox**

【别　　名】Corado，Dorado

【有效成分】2,4-二氯-2-（3-吡啶基）苯乙酮-O-甲基肟

【商品类别】杂环类杀菌剂

【结 构 式】

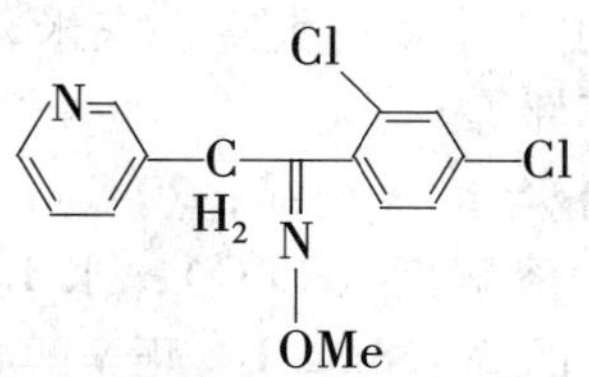

【商品属性】本品属肟类杀菌剂。是具有保护和治疗作用的内吸杀菌剂，可有效地防治香蕉、葡萄、花生、观赏植物、仁果、核果和蔬菜上或果实上的病原菌（尾孢属菌、丛梗孢属菌和黑星菌属菌）。

略带芳香气味的褐色液体。25℃溶解度（g/L）：水0.115，己烷小于10，丙酮、乙醚大于200，乙酸乙酯、氯仿、二甲基甲酰胺、异丙醇、甲苯大于250。

【毒　　性】对豚鼠皮肤和兔眼睛有轻微刺激，但对豚鼠皮肤无过敏性、无致突变、致畸或胚胎毒性作用。

【税则号列】有效成分：29333990　　　制剂：38089210（零售包装），38089290（其他）

**0132010　氟苯嘧啶醇　Nuarimol**

【别　　名】Trimidal，Trimiol

【有效成分】（±）2-氯-4′-氟-α-（嘧啶-5-基）二苯基甲醇

【商品类别】杂环类杀菌剂

【结 构 式】

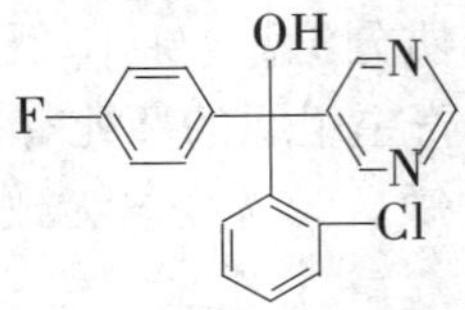

【商品属性】本品为嘧啶类杀菌剂。是甾醇脱甲基化抑制剂，具内吸性，对许多植物病原真菌有活性。对大麦和小麦进行茎叶喷雾能防治大麦白粉病，对大麦和小麦进行拌种，防治白粉病，还可用来防治果树上由白粉菌和黑星菌引起的病害。

无色晶体。25℃溶解度：水 26mg/L（pH7），丙酮 170g/L，甲醇 55g/L，二甲苯 20g/L。

【毒　　性】对兔眼睛有轻微刺激。

【税则号列】有效成分：29335990　　　制剂：38089210（零售包装），38089290（其他）

**0132011　咯菌腈　Fludioxonil**

【别　　名】氟咯菌腈，适乐时，Saphire，Celest

【有效成分】4-（2，2-二氟-1，3-苯并二氧-4-基）吡咯-3-腈

【商品类别】杂环类杀菌剂

【结 构 式】

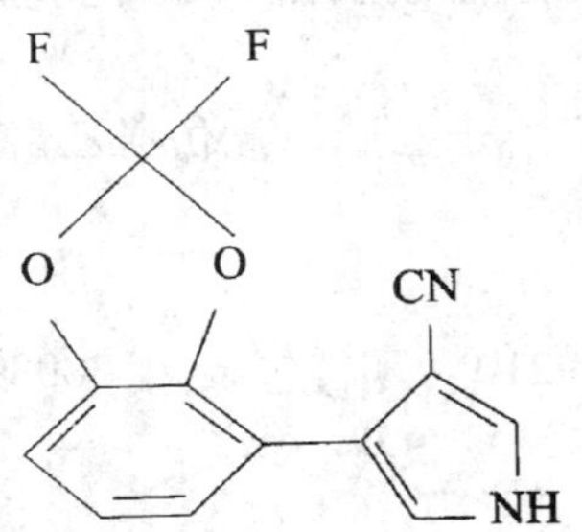

【商品属性】氟咯菌腈来源于天然产物硝吡咯菌素，新型吡咯类、非内吸性、广谱杀菌剂，于种子处理，可防治大部分种子带菌及土壤传染的真菌病害。通过抑制葡萄糖磷酰化有关的转移，并抑制真菌菌丝体的生长，最终导致病菌死亡。作用机理独特，与现有杀菌剂无交互抗性。主要用于小麦、大麦、玉米、豌豆、油菜、水稻、观赏作物、硬果、蔬菜、葡萄和草坪等。

原药外观为浅橄榄绿色粉末，密度 1.54g/$cm^3$（纯品，20℃），熔点 199.8℃（纯品），蒸气压 $3.9\times10^{-7}$ Pa（25℃）。溶解度（25℃）：水 1.8mg/L，乙醇 44.0g/L，丙酮 190.0g/L，甲苯 2.7g/L，已烷 7.8mg/L，正辛醇 20.0g/L。

常见制剂类型：悬浮种衣剂，外观通常为暗红色糊状液体。

【毒　　性】本品对兔眼睛和皮肤无刺激。

【税则号列】有效成分：29349990　　　制剂：38089210（零售包装），38089290（其他）

**0132012　乙菌利　Chlozolinate**

【别　　名】Manderol，Serinal

【有效成分】（RS）-（3，5-二氯苯基）-5-甲基-2，4-二氧代恶唑烷-5-羧酸乙酯

【商品类别】杂环类杀菌剂

【结 构 式】

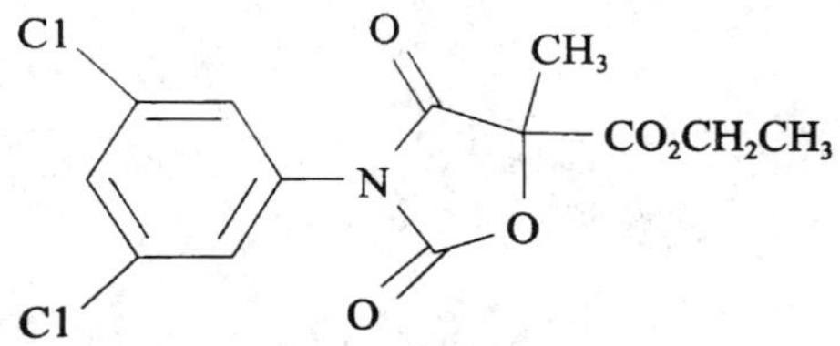

【商品属性】乙菌利属3，5-二氯苯胺类杀菌剂，用于防治灰葡萄孢和核盘菌属菌以及观赏植物的某些病害。推荐用于葡萄、草莓防治灰葡萄孢，核果和仁果类桃褐腐核盘菌和果产核盘菌，蔬菜上的灰葡萄孢和核盘菌属。可防治禾谷类叶部病害和种传病害，如小麦腥黑穗病、大麦和燕麦的散黑穗病，也可防治苹果黑星病和玫瑰白粉病等。

纯品为无色固体。溶解度（25℃，g/kg）：丙酮、氯仿、二氯甲烷>300，已烷3，甲醇20，水32mg/L。

【毒　　性】本品对兔眼睛和皮肤无刺激，无致畸、致突变、致癌作用。

【税则号列】有效成分：29349990　　制剂：38089210（零售包装），38089290（其他）

**0132013　苯醚甲环唑　Difenoconazole**

【别　　名】世高，恶醚唑，Geyser，Score，CGA-169374

【有效成分】1-（2-［4-（4-氯苯氧）-2-氯苯基］-4-甲基-1,3-二噁戊烷-2-基甲基）-H-1,2,4-三唑

【商品类别】杂环类杀菌剂

【结 构 式】

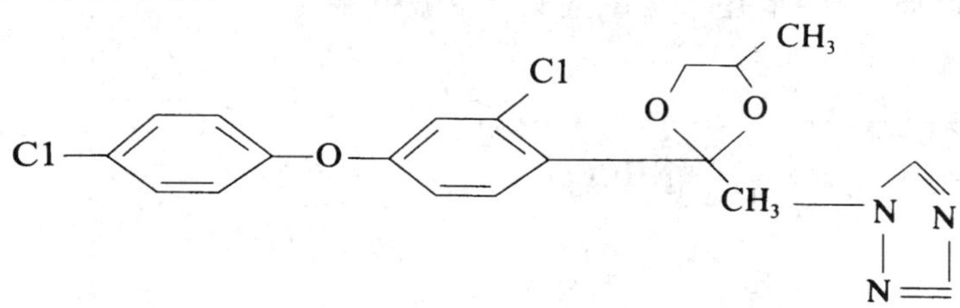

【商品属性】是一种内吸广谱杀菌剂，是甾醇脱甲基化抑制剂，杀菌谱广。叶面处理或种子处理可提高作物的产量和保证品质，对子囊菌纲、担子菌纲和包括链格孢属、壳二孢属、尾孢霉属、刺盘孢属、球座菌属、茎点霉属、柱隔孢属、壳针孢属、黑星菌属在内的半知菌、白粉菌科、锈菌目和某些种传病原菌有持久的保护和治疗活性。对多种蔬菜和果树的叶斑病、白粉病、锈病及黑星病等病害，有较好的治疗效果。

纯品为无色固体，原药外观为灰白色粉状物，密度1.40g/$cm^3$（20℃），熔点78.6℃。溶解度（25℃）：水15mg/L，乙醇330g/L，丙酮610g/L，甲苯490g/L，正己烷3.4g/L，正辛醇95g/L。

常见制剂类型：乳油、悬浮种衣剂。

【毒　　性】低毒。

【税则号列】有效成分：29349990　　制剂：38089210（零售包装），38089290（其他）

**0132014　丙环唑　Propiconazole**

【别　　名】敌力脱，必扑尔，Tilt，Bumper

【有效成分】1-［2-（2,4-二氯苯基）-4-丙基-1,3-二氧戊环-α-甲基］-1-氢-1,2,4-三唑

【商品类别】杂环类杀菌剂

【结 构 式】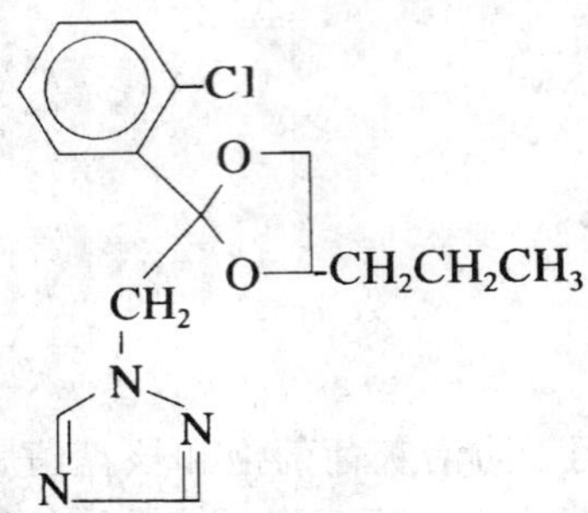

【商品属性】是一种具有保护和治疗作用的内吸性杀菌剂，可被根、茎、叶部吸收，并能很快地在植株体内向上传导，丙环唑可以防治子囊菌，担子菌和半知菌所引起的病害，特别是对小麦根腐病，白粉病，水稻恶苗病具有较好的防治效果，但对卵菌病害无效，丙环磷残效期在一个月左右。

原药为黄色，无味，黏稠液体，沸点180℃/0.1mmHg，蒸气压56μPa（25℃），密度1.29（20℃）。溶解度：水100mg/L（20℃），正己烷47g/L，与乙醇、丙酮、甲苯和正辛醇充分混溶。320℃以下稳定，不易水解。

常见制剂类型：乳油。

【毒　　性】一般只对皮肤和眼有刺激作用，经口毒性低，无人体中毒的报道。

【税则号列】有效成分：29349990　　制剂：38089210（零售包装），38089290（其他）

**0132015　丙硫多菌灵　Albendazole**

【别　　名】施宝灵，丙硫咪唑，阿苯达唑，丙硫苯咪唑，抗蠕敏，阿基咪唑，Zental

【有效成分】5-（丙硫基）1H-苯并咪唑-2-基氨基甲酸甲酯

【商品类别】苯并咪唑类杀菌剂

【结 构 式】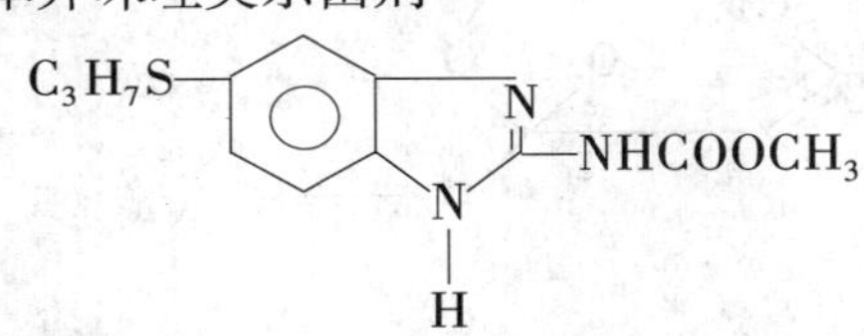

【商品属性】为低毒、广谱、内吸性苯并咪唑类杀菌剂。对多种植物病害有显著的防效，具有保护和治疗作用。对病原菌孢子萌发有较强的抑制作用，可有效地防治霜霉科、白粉科和腐霉科引起的病害。

纯品外观为白色粉末，无臭无味，微溶于乙醇、氯仿、热稀盐酸和稀硫酸，冰醋酸中溶解，在水中不溶，熔点206～212℃，熔融时分解。

常见制剂类型：可湿性粉剂。

【毒　　性】对眼睛有轻微刺激作用，表现为眼结膜轻度充血。

【税则号列】有效成分：29339900　　制剂：38089210（零售包装），38089290（其他）

**0132016　丁苯吗啉　Fenpropomorph**

【别　　名】Fenpropimkorphe，Mistral，Corbel

【有效成分】（±）顺-4-（3-（4-特丁基苯基）-2-甲基丙基）-2，6-二甲基吗啉

【商品类别】杂环类杀菌剂

【结 构 式】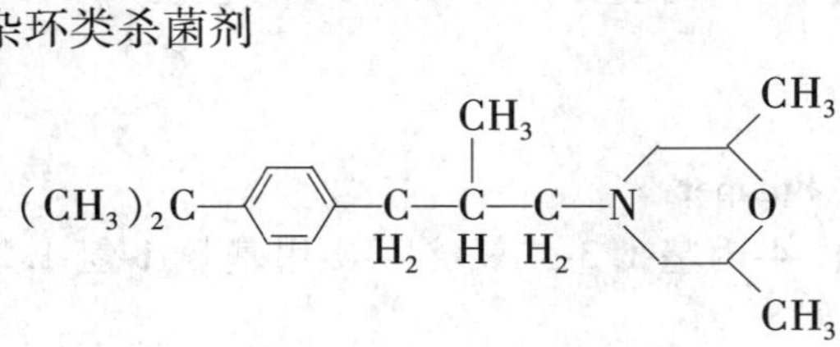

【商品属性】吗啉类内吸杀菌剂，是甾醇还原抑制剂。可防治禾谷类作物、豆科和甜菜上由甜菜生尾孢、白粉菌属的禾白粉菌、黑麦喙孢、甜菜单孢锈菌、柄锈菌属引起的重要真菌病害。本品具有保护和治疗作用，并可向顶传导，对新生叶的保护达3～4周。

纯品为无色油状液体. 原药为淡黄色油状液体，具芳香味。溶解度（25℃）：水4.3mg/kg（pH7），丙酮、氯仿、环己烷、乙醚、乙醇、乙酸乙酯、甲苯均大于1mg/kg。

【毒　　性】对眼睛有轻微刺激作用。

【税则号列】有效成分：29349990　　　制剂：38089210（零售包装），38089290（其他）

**0132017　　双苯三唑醇　　Bitertanol**

【别　　名】联苯三唑醇，Biloxazol，Baycor，Bay KWG，Sibutol

【有效成分】（1RS，2RS；1RS，2SR）-1-联苯-4-基氧）-3，3-二甲基-1-（1H-1，2，4-三唑-1-基）丁-2-醇

【商品类别】杂环类杀菌剂

【结 构 式】

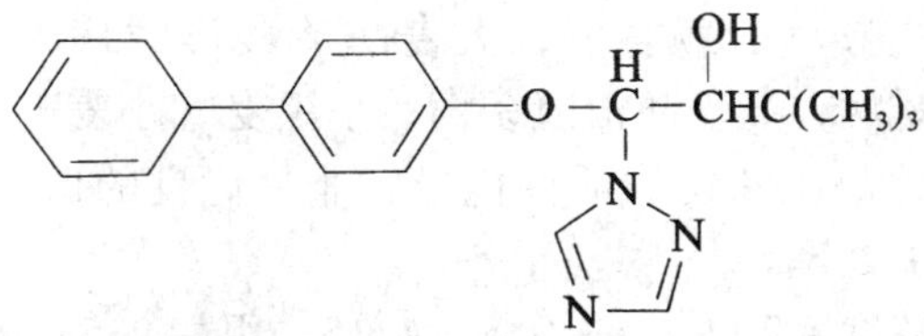

【商品属性】本品是甾醇脱甲基化抑制剂，具有良好的保护、治疗和铲除作用，能渗入植物体内并在体内传导，抑菌谱广。主要用来防治由黑星菌属和核盘菌属引起的果树病害，由球腔菌属引起的香蕉病害核花生的叶斑病。

无色晶体，熔点127℃。溶解度（异构体不同而有差别，20℃）：水2.9mg（A）/L，1.6mg（B）/L，5mg（A+B）/L，二氯甲烷200～500g（A）/L，50～100g（B）/L；己烷≤10g（A或B）/L；异丙醇20～50g（A或B）/L；甲苯10～20g（A）/L，1～2g（B）/L。

【毒　　性】

【税则号列】有效成分：29339900　　　制剂：38089210（零售包装），38089290（其他）

**0132018　　拌种咯　　Fenpiclonil**

【别　　名】Beret

【有效成分】4-（二氯苯基）吡咯-3-腈

【商品类别】杂环类杀菌剂

【结 构 式】

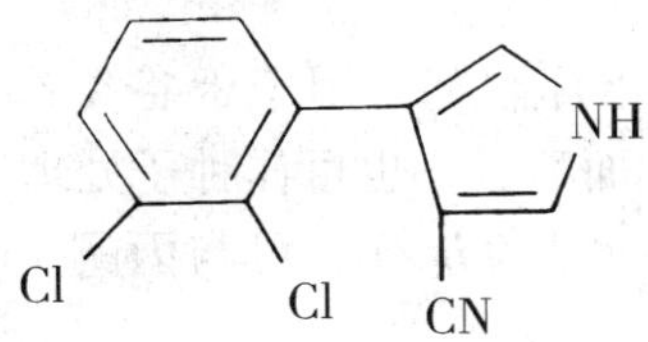

【商品属性】本品属保护性杀苗剂。种子处理对禾谷类作物种传病原菌有特效，尤其是雪腐镰孢菌（包括对多菌灵等杀菌剂产生抗性的雪腐镰孢菌属）小麦网黑粉菌、对非禾谷类作物的种传和土传病菌（链格孢属、壳二孢属、曲霉属、镰孢霉属、长蠕孢属、丝核菌属和青霉属菌）亦有良好的防治效果。

纯品为无色晶体，水中溶解度（20℃）2mg/L。

【毒　　性】对眼睛有轻微刺激作用。无致畸、无诱变，无胚胎毒性。
【税则号列】有效成分：29339900　　　　制剂：38089210（零售包装），38089290（其他）

**0132019　　羟菌唑　　Metconazole**
【别　　名】叶菌唑，Caramba
【有效成分】（1RS，5RS；1RS，5RS）-5-（4-氯苄基）2，2-二甲基-1-（1H-1, 2, 4-三唑-1-基甲基）环戊醇
【商品类别】杂环类杀菌剂
【结 构 式】

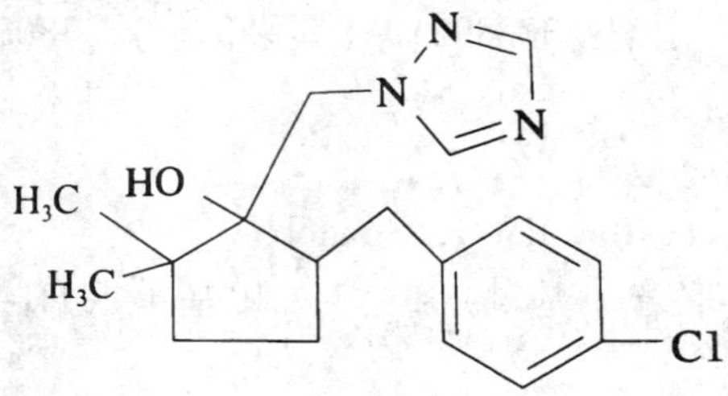

【商品属性】羟菌唑是一种新的、广谱内吸性杀菌剂，主要用于小麦防治壳针孢、穗镰刀菌、叶锈病、黄锈病、白粉病、颖枯病；大麦防治矮形锈病、白粉病、喙孢属；黑麦的喙孢属、叶锈病，燕麦防治冠锈病；小黑麦（小麦与黑麦杂交）的叶锈病、壳针孢。对壳针孢属和锈病活性优异，兼具优良的保护及治疗作用，既可茎叶处理又可作种子处理。
白色、无味结晶体。溶解度（20℃、mg/L）：水 15、甲醇 235、丙酮 238. 9。
【毒　　性】对眼睛有轻微刺激作用。
【税则号列】有效成分：29339900　　　　制剂：38089210（零售包装），38089290（其他）

**0132020　　氟醚唑　　Tetraconazole**
【别　　名】四氟醚唑
【有效成分】（±）-2-（2，4-二氯苯基）-3-（1H-1，2，4-三唑-1-基）丙基-1，1，2，2，-四氟乙基醚
【商品类别】杂环类杀菌剂
【结 构 式】

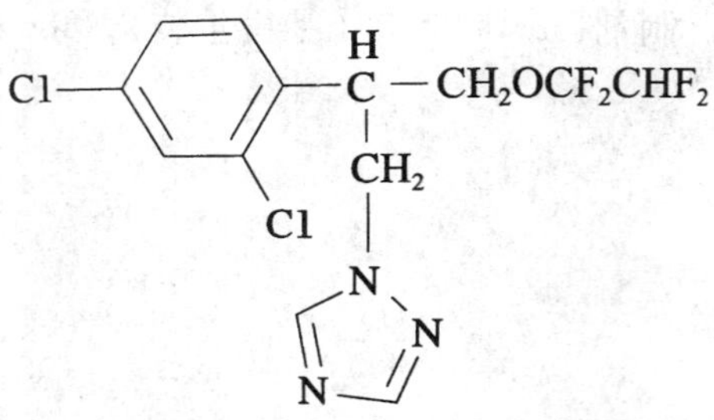

【商品属性】本品属三唑类杀菌剂。是甾醇脱甲基化抑制剂。用于禾谷类作物、甜菜、葡萄、观赏植物、仁果、核果、蔬菜作叶面喷雾，也可作种子处理。
纯品为黏稠油状物。溶解度（20℃）：水 150mg/L，可与丙酮、二氯甲烷、甲醇互溶。
【毒　　性】
【税则号列】有效成分：29339900　　　　制剂：38089210（零售包装），38089290（其他）

**0132021　己唑醇　Hexaconazole**

【别　　名】Anvil

【有效成分】（RS）2-（2，4-二氯苯基）-1-（1H-1，2，4-三唑-1-基）-己-2-醇

【商品类别】杂环类杀菌剂

【结 构 式】

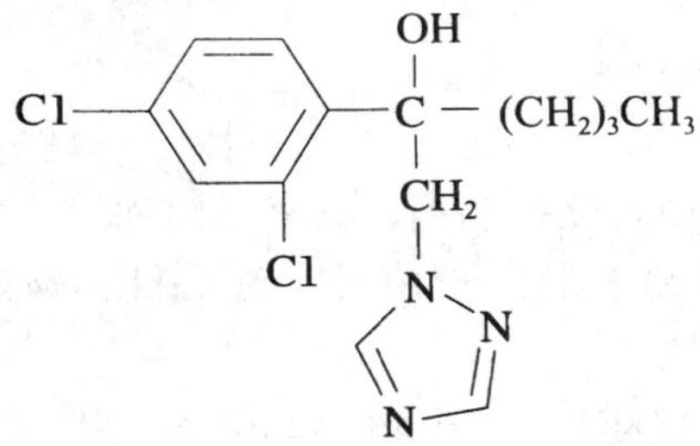

【商品属性】己唑醇属唑类杀菌剂，是甾醇脱甲基化抑制剂。对真菌（尤其是担子菌纲和子囊菌纲）引起的病害具有广谱性的保护和铲除作用。

无色晶体。溶解度（20℃，g/L）：甲醇 246、丙酮 164、甲苯 59、己烷 0.8，水 0.018mg/L。

【毒　　性】对兔皮肤无刺激作用，但对眼睛有轻微刺激作用。

【税则号列】有效成分：29339900　　制剂：38089210（零售包装），38089290（其他）

**0132022　粉唑醇　Flutriafol**

【别　　名】Impact

【有效成分】（RS）2，4′-二氟-α-（1H-1，2，4-三唑-1-基甲基）二本基甲醇

【商品类别】杂环类杀菌剂

【结 构 式】

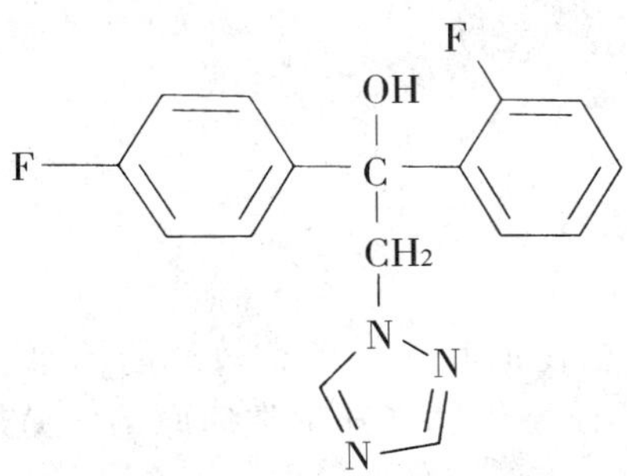

【商品属性】本品为三唑类杀菌剂，是甾醇脱甲基化抑制剂，具内吸性。在植物体内向顶性传导，对病害有保护和治疗作用，可防治禾谷类作物白粉菌、黑麦喙孢、长蠕孢属、柄锈菌属、壳针孢属病原菌，也可作种子处理剂，防治土传病害和种传病害。本品对谷物白粉病有特效。

纯品为无色晶体。溶解度（20℃，g/L）：丙酮 190、二氯甲烷 150、己烷 0.3、甲醇 69、甲苯 12、水 0.13。

【毒　　性】对大鼠和兔的皮肤无刺激，但对兔眼睛有轻微刺激性。在 Ames 试验中无诱变作用，在活体细胞形成研究中为负结果，对大鼠和兔无致畸作用。

【税则号列】有效成分：29339900　　制剂：38089210（零售包装），38089290（其他）

**0132023　环唑醇　Cyproconazole**

【别　　名】环丙唑醇，Alto，Atemi，Biallor，Bialor

【有效成分】（2RS，3RS；2RS，3RS）-2-（4-氯苯基）-3-环丙基-1-）1H-1，2，4-三唑-1-基）丁-2-醇

【商品类别】杂环类杀菌剂

【结 构 式】

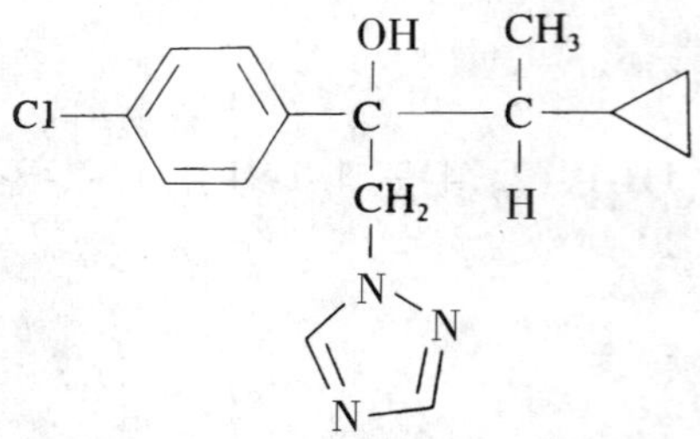

【商品属性】本品属三唑类杀菌剂。是甾醇脱甲基化抑制剂，具有预防和治疗作用。对禾谷类作物、咖啡、甜菜、果树和葡萄上的白粉菌目、锈菌目、属孢霉属、喙孢属、壳针孢属、黑星菌属菌均有效。

纯品为无色晶体。25℃溶解度（g/kg）：水 0.14、二甲苯 120、丙酮大于 230、二甲基亚砜大于 180、乙醇大于 230。

【毒　　性】对兔皮肤和眼睛无刺激作用，无致突变作用，对豚鼠无皮肤过敏现象。

【税则号列】有效成分：29339900　　制剂：38089210（零售包装），38089290（其他）

**0132024　糠菌唑　Bromuconazole**

【别　　名】Granit

【有效成分】1-（（2RS，4RS；2RS，4RS）-4-溴-2-（2，4-二氯苯基—）四氢糠基）-1H-1，2，4-三唑

【商品类别】杂环类杀菌剂

【结 构 式】

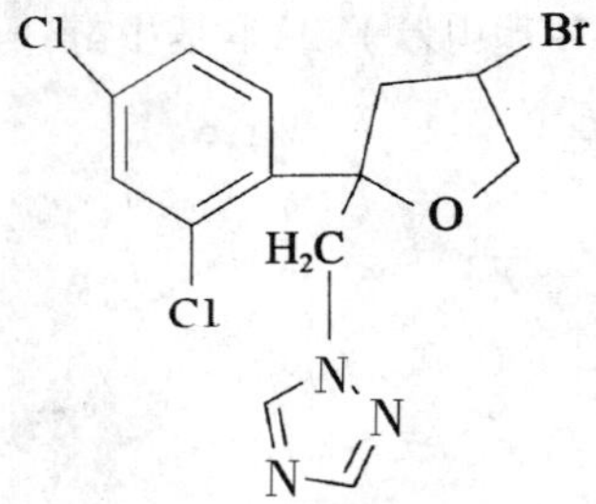

【商品属性】本品属三唑类菌剂。是甾醇脱甲基化抑制剂，可有效地防治禾谷类作物、葡萄、果树和蔬菜上的子囊菌纲、担子菌纲和半知菌类病原菌。另外，对链格孢属和镰孢属病原菌也有效。

纯品为无色粉末。溶解度：水 50mg/L，在有机溶剂中有一定的溶解度。

【毒　　性】对兔皮肤和眼睛无刺激作用，对豚鼠无皮肤过敏。在小鼠微核试验中，无诱变性。

【税则号列】有效成分：29349990　　制剂：38089210（零售包装），38089290（其他）

**0132025　环氧菌唑　Epoxiconazole**

【别　　名】欧霸，Opus

【有效成分】（2RS，3RS）-1-（3-（2-氯苯基）-2，3-环氧-2-（4-氟苯基）丙基）-1-氢-1，2，4-三唑

【商品类别】杂环类杀菌剂

【结 构 式】

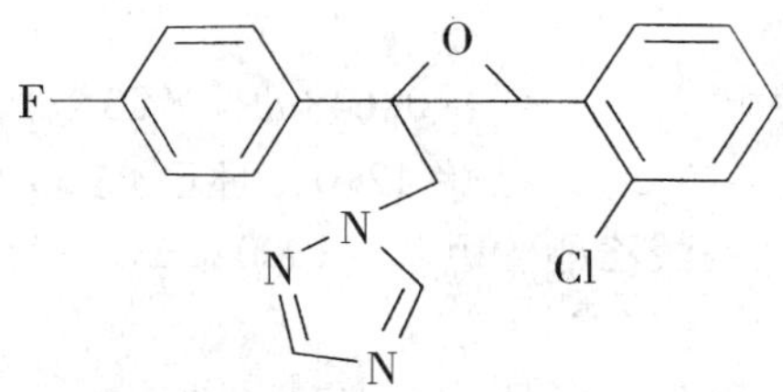

【商品属性】环氧菌唑是广谱杀菌剂。田间试验结果显示其对一系列禾谷类作物病害，如立枯病、白粉病、眼纹病等十多种病害有很好的防治作用，并能防治糖用甜菜、花生、油菜、草坪、咖啡、水稻及果树等作物的病害。不仅具有很好的保护、治疗和铲除活性，而且还具有内吸和较佳的残留活性。

无色结晶体。20℃溶解度（mg/L）：水 6.63、丙酮 14.4、二氯甲烷 29.1。

【毒　　性】无致畸、突变、致癌作用。

【税则号列】有效成分：29339900　　　　制剂：38089210（零售包装），38089290（其他）

**0132026　　稻瘟灵　　Isoprothiolane**

【别　　名】富士一号，IPT，Fuji-one

【有效成分】二异丙基-1，3-二硫戊环-a-基丙二酸酯

【商品类别】杂环类杀菌剂

【结 构 式】

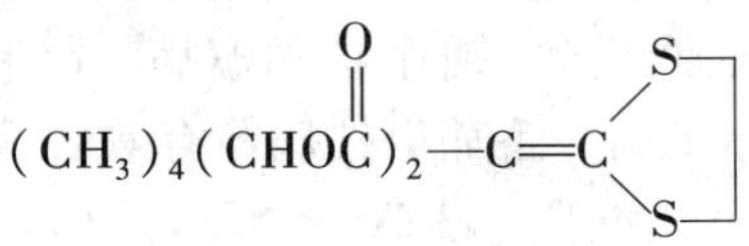

【商品属性】内吸杀菌剂，对稻瘟病有特效。水稻植株吸收药剂后累积于叶组织，特别集中于穗轴与枝梗，从而抑制病菌侵入，阻碍病菌脂质代谢，抑制病菌生长，起到预防与治疗作用。

无色晶体，略有臭味。原粉为淡黄色结晶，具有有机硫的臭味。熔点 54 ~ 54.5℃，沸点 167 ~ 169℃/0.5mmHg，蒸气压 18.7mPa（25℃）。溶解度：水 48mg/L（20℃）、甲醇 150、二甲基亚砜 230、丙酮 400、氯仿 230、苯 300、二甲苯 230、己烷 4（g/100g，25℃）。

常见制剂类型：乳油。

【毒　　性】一般只对皮肤、眼睛有刺激症状，经口中毒低，无中毒报道。

【税则号列】有效成分：29341000　　　　制剂：38089210（零售包装），38089290（其他）

**0132027　　稻瘟酯　　Pefurazoate**

【别　　名】净种灵，拌种唑，Healthied

【有效成分】戊-4-烯基-N-糠基-N-咪唑-1-基羰基-DL-高丙氨酸酯

【商品类别】杂环类杀菌剂

【结 构 式】

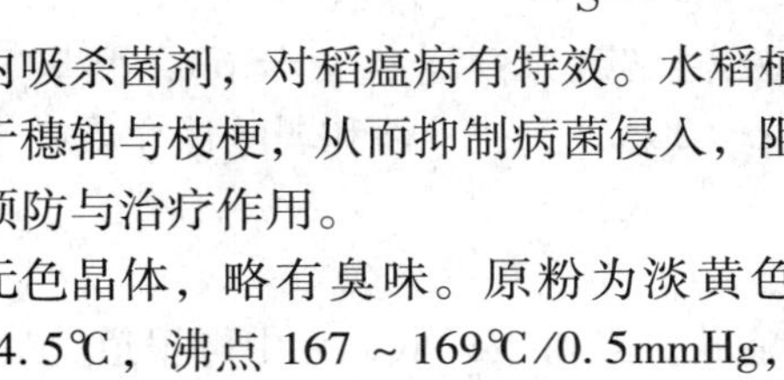

【商品属性】咪唑类杀菌剂，其作用机理是破坏和阻止病菌的细胞膜重要组成部分麦角甾醇的生物合成，影响病菌的繁殖和赤霉素的合成。对种传的病原真菌，特别是由串珠镰孢引起的水稻恶苗病、由稻梨孢引起的稻瘟病和宫部旋孢腔菌引起的水

稻胡麻叶斑病有卓效。

淡棕色液体，沸点 235℃（分解），蒸气压 0.648mPa（23℃），密度 1.152（20℃）。溶解度：水 443mg/L（25℃），己烷 12.0，环己烷 36.9，二甲基亚砜、乙醇、丙酮、乙腈、氯仿、乙酸乙酯、甲苯 >1000（g/L，25℃）。酸性介质中稳定，碱性条件下稍不稳定。

【毒　　性】一般只对皮肤、眼有刺激症状，经口中毒低，无中毒报道。

【税则号列】有效成分：29349990　　制剂：38089210（零售包装），38089290（其他）

**0132028　敌菌灵　Anilazine**

【别　　名】Triazine，Dyrene，Kemate

【有效成分】2,4-二氯-6-（2-氯代苯氨基）均三氮苯

【商品类别】杂环类杀菌剂

【结 构 式】

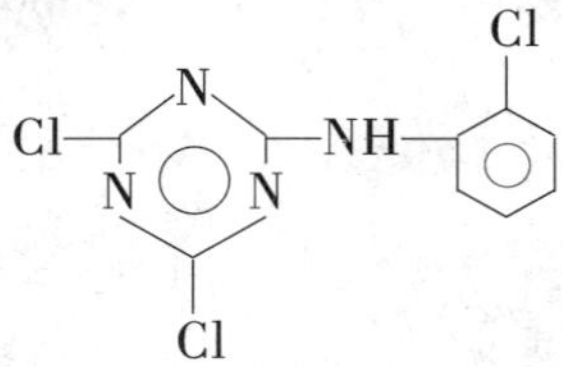

【商品属性】一种杀菌谱较广的三嗪类内吸杀菌剂。主要用于叶面喷雾。对交链孢属、尾孢属、葡柄霉属、葡萄孢属等真菌特别有效，对水稻稻瘟病、胡麻叶斑病、瓜类炭疽病、霜霉病、黑星病、烟草赤星病、番茄斑枯病等有效。

原药为白色至黄褐色晶体，熔点 159℃，蒸气压 82nPa（20℃），比重 1.8（20℃）。30℃时有机溶剂中的溶解度（g/L）：氯苯 60、甲苯 50、二甲苯 40、丙酮 100；水中溶解度 8mg/L（20℃）。在中性和弱酸性介质中较稳定，在碱性介质中加热会分解。

常见制剂类型：可湿性粉剂。

【毒　　性】一般只对皮肤和眼睛有刺激症状，经口中毒低，无中毒报道。

【税则号列】有效成分：29336990　　制剂：38089210（零售包装），38089290（其他）

**0132029　敌枯双**

【别　　名】叶枯双，抑枯双

【有效成分】N，N′-甲撑双（2-氨基）1,3,4-噻二唑

【商品类别】杂环类杀菌剂

【结 构 式】

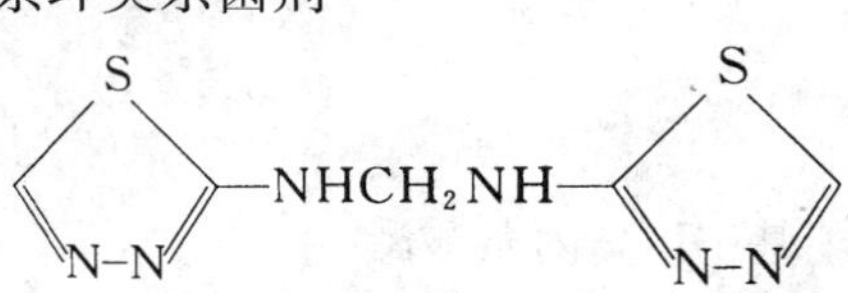

【商品属性】纯品为白色短针状结晶，熔点 197～198℃，微溶于水（15℃溶解度约 0.5%，沸水中约 1.2%），溶于苯等芳烃类溶剂，稍溶于异丙醇、冰醋酸等溶剂，可溶于二甲基甲酰胺。可溶于稀盐酸，但在酸中不稳定。

【毒　　性】对消化道有强烈刺激作用，可引起口腔、食道和胃黏膜的糜烂、溃疡，出现咽痛、食道疼痛、吞咽困难、恶心、呕吐、腹痛等，严重时可引起广泛性淋巴组织萎缩和心肌变化坏死。皮肤接触可引起皮炎，可见皮肤发红、丘疹、疱疹、溃疡等，并可伴有胃寒、发热等全身症状。

【税则号列】有效成分：29349990　　制剂：38089210（零售包装），38089290（其他）

**0132030　多菌灵　Carbendazim**

【别　　名】苯并咪唑 44 号，棉萎灵，Carbendazol，MBC，Bavistin，Derosal，Delsene

【有效成分】苯咪唑-2-基氨基甲酸甲酯

【商品类别】苯并咪唑类杀菌剂

【结 构 式】

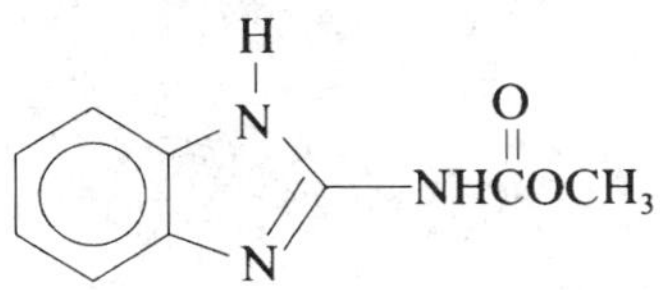

【商品属性】高效低毒，对子囊菌和半知菌有效，对卵菌和细菌引起的病害无效，具有保护和治疗作用。作用机理为干扰菌的有丝分裂中纺锤体的形成，从而影响细胞分裂。是比较理想的代替铜、汞类杀菌剂的叶面喷洒剂和种子处理剂。对麦类赤霉病，水稻稻瘟病、纹枯病、小球菌核病，棉花苗期病，油菜菌核病，甘薯黑斑病，瓜果、蔬菜、桑叶白粉病，柑橘贮藏期病害，瓜类枯萎病，花卉根腐病、茎腐病等，都有防治和增产效果。

结晶状粉末，工业品是浅棕色粉末。熔点 302 ~ 307℃（分解），蒸气压 0.09mPa（20℃），密度 1.45（20℃）。溶解度：水 29mg/L（pH4，24℃），二甲基甲酰胺 5g/L（24℃），微溶于有机溶剂中。低于 50℃ 至少两年稳定，在碱性溶液中缓慢分解，随 pH 值升高，分解加快，在酸中稳定。

常见制剂类型：可湿性粉剂、悬浮种衣剂。

【毒　　性】对皮肤和眼睛有刺激，经口中毒出现头昏、恶心、呕吐。

【税则号列】有效成分：29339900　　　　制剂：38089210（零售包装），38089290（其他）

**0132031　恶霉灵　Hymexazol**

【别　　名】抑霉灵，土菌消，立枯灵，F-319，SF-6505，Tachigaren，Hydroxy-isoxazcle

【有效成分】3-羟基-5-甲基异恶唑

【商品类别】杂环类杀菌剂

【结 构 式】

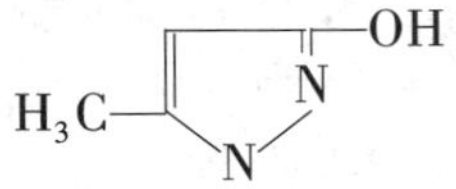

【商品属性】内吸性杀菌剂，同时又是一种土壤消毒剂，对腐霉病、镰刀菌等引起的猝倒病有较好的预防效果。该药与土壤中的铁、铝离子结合，抑制孢子的发芽。恶霉灵能被植物的根吸收及在根系内移动，在植株内代谢产生两种糖苷，对作物有提高生理活性的效果，从而能促进植株生长，根的分蘖、根毛的增加和根的活性提高。

原药外观为无色晶体，熔点 86 ~ 87℃，蒸气压 < 133mPa（25℃）。溶解度：水 85g/l（25℃），丙酮、甲醇、乙醇、异丙醇、甲基异丁基酮、四氢呋喃、二噁烷、二甲基甲酰胺、乙二醇、氯仿 > 500，乙酸乙酯 425，乙醚、苯、二甲苯、三氯乙烷 100 ~ 300，已烷、二硫化碳 < 50g/L（25℃）。碱性条件下稳定，酸性环境中相当稳定，对光、热稳定。

常见制剂类型：乳油、可湿性粉剂。

【毒　　性】一般只对皮肤、眼有刺激症状，经口中毒低，无中毒报道。

【税则号列】有效成分：29349990　　　　制剂：38089210（零售包装），38089290（其他）

**0132032　　恶霜灵　　Oxadixyl**

【别　　名】恶酰胺，杀毒矾，Sandofan，Recoil，Ripost，Metoxazon，Metidaxyl，Anchor

【有效成分】2-甲氧基-N-（2-氧代-1,3-恶唑烷-3-基）乙酰-2′，6′-二甲基替苯胺

【商品类别】杂环类杀菌剂

【结 构 式】

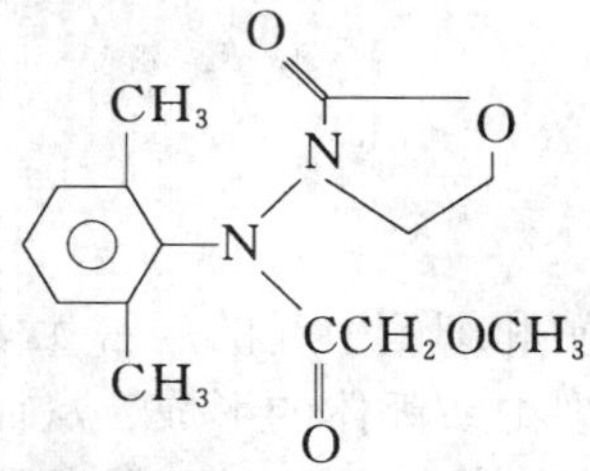

【商品属性】内吸性杀菌剂具有保护和治疗作用且持效期长。对霜霉目病原菌有特效。

无色无味晶体，熔点 104～105℃，蒸气压 0.0033mPa（20℃），密度 0.5kg/L（松密度）。溶解度：水 3.4g/kg（25℃），丙酮 344，二甲基亚砜 390，甲醇 112，乙醇 50，二甲苯 17，乙醚 6（g/kg，25℃）。一般条件下稳定，70℃时可保存 2～4 周。

常见制剂类型：可湿性粉剂。

【毒　　性】一般只对皮肤、眼有刺激症状，经口中毒低，无中毒报道。

【税则号列】有效成分：29349990　　　　制剂：38089210（零售包装），38089290（其他）

**0132033　　氟菌唑　　Triflumizole**

【别　　名】特富灵，三氟咪唑，Trifmine

【有效成分】（E）-4-氯-α，α，α-三氟-N-（1-咪唑-1-基-α-丙氧亚乙基）邻-甲苯胺氟菌唑

【商品类别】杂环类杀菌剂

【结 构 式】

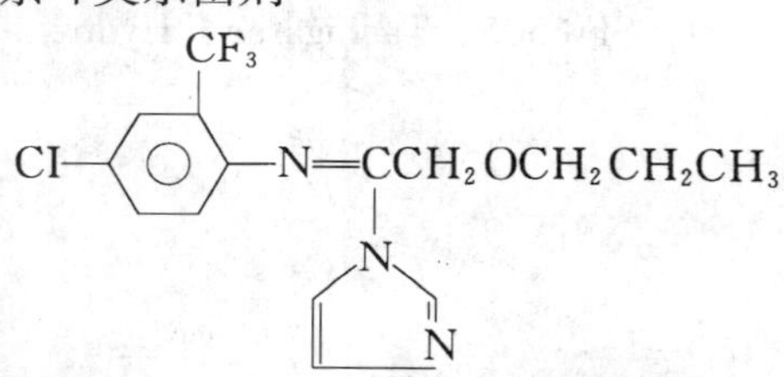

【商品属性】甾醇脱甲基化抑制剂，具有保护和治疗作用的内吸杀菌剂。

无色晶体，熔点 63.5℃，蒸气压 0.186mPa（25℃），KowlogP = 1.4（25℃）。溶解度：水 12.5g/L（20℃），氯仿 2220，己烷 17.6，二甲苯 639，丙酮 1440，甲醇 496（g/L，20℃）。强酸碱下不稳定，水溶液见光分解。

常见制剂类型：可湿性粉剂。

【毒　　性】一般只对皮肤和眼睛有刺激症状，经口中毒低，无中毒报道。

【税则号列】有效成分：29332900　　　　制剂：38089210（零售包装），38089290（其他）

**0132034　　氟硅唑　　Flusilazole**

【别　　名】克菌星，新星，福星，Nustar，Olymp

【有效成分】双（4-氟苯基）甲基（1H-1,2,4-三唑-1-基亚甲撑）硅烷

【商品类别】杂环类杀菌剂

【结 构 式】

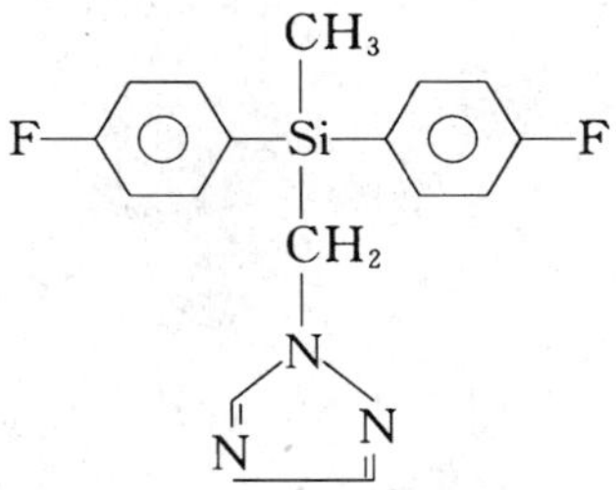

【商品属性】三唑类杀菌剂。该药主要是破坏和阻止病菌的细胞膜重要组成成分麦角甾醇的生物合成，导致细胞膜不能形成，使病菌死亡。对子中菌纲、担子菌纲和半知菌类的病菌所致病害有效，对卵菌无效。

无色晶体，熔点 53℃，蒸气压 $3.9 \times 10^{-5}$ Pa（25℃）。溶解度：水 45（pH7.8）、54（pH7.2）、900（pH1.1）（mg/L，20℃），溶于大多有机溶剂（大于 2kg/L）。一般贮存条件下可保存 2 年以上，310℃以上分解。对光稳定。

常见制剂类型：悬浮剂、乳油。

【毒　　性】一般只对皮肤、眼有刺激症状，经口中毒低，无中毒报道。

【税则号列】有效成分：29339900　　制剂：38089210（零售包装），38089290（其他）

**0132035　氟吗啉　Flumorph**

【别　　名】灭克，氟吗锰锌

【有效成分】（E，Z）4-［3-（3′，4′-二甲氧基苯基）-3-（4-氟苯基）丙烯酰］吗啉

【商品类别】杂环类杀菌剂

【结 构 式】

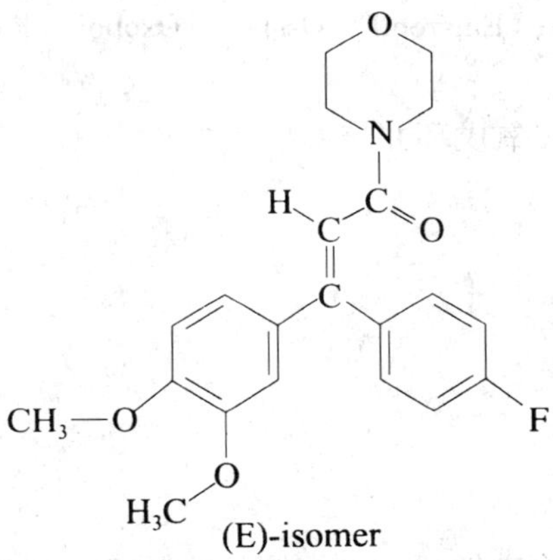

(E)-isomer

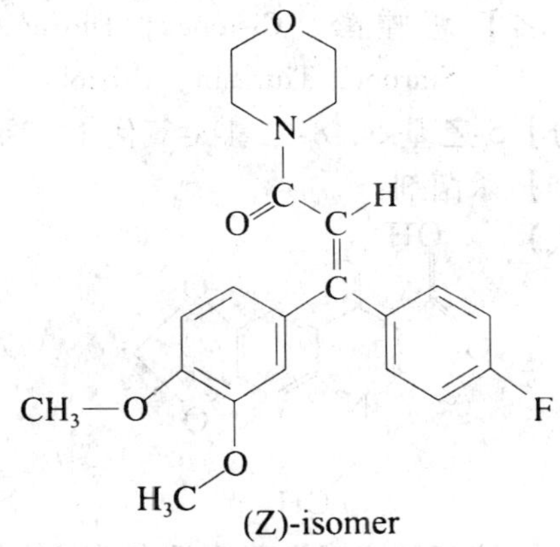

(Z)-isomer

【商品属性】该药为丙烯酰吗啉类杀菌剂，具有高效、低毒、低残留、残效期长、保护及治疗作用兼备、对作物安全等特点。主要用于防治卵菌纲病原菌引起的霜霉病及晚疫病等病害，其治疗活性、抑制孢子萌发活性明显优于其他同类产品，对黄瓜霜霉病具有良好的防治效果。

氟吗啉是我国有史以来第一个创制的农用含氟杀菌剂、第一个获得中国发明专利的农用杀菌剂、第一个获得美国、欧洲发明专利的新农药品种。

原药外观浅黄色固体。熔点 110～135℃。溶解度（g/L，25℃）：水 <0.02；微溶于石油醚，溶于甲苯、二甲苯、乙酸乙酯、丙酮等有机溶剂。稳定性：在酸性及弱碱性介质中稳定，在醇类介质中加热产品几何异构体发生转化。

常见制剂类型：可湿性粉剂，外观通常为浅黄色疏松粉末。

【毒　　性】低毒。

【税则号列】有效成分：29349990　　制剂：38089210（零售包装），38089290（其他）

**0132036　　菌核净　　Dimethachlon**

【别　　名】纹枯利，Ohric，Ezomycin

【有效成分】N-（3, 5-二氯苯基）丁二酰亚胺

【商品类别】杂环类杀菌剂

【结 构 式】

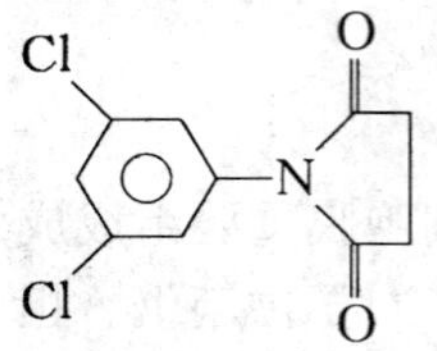

【商品属性】具有直接杀菌、内渗治疗作用、残效期长的特性。对于油菜菌核病、烟草赤腥病防效较好，对水稻纹枯病、麦类赤霉病、白粉病以及工业防腐具有良好防效。

纯品为白色鳞片状结晶，熔点 137.5～139℃。易溶于丙酮、四氢呋喃、二甲基亚砜等有机溶剂，可溶于甲醇、乙醇，难溶于正己烷、石油醚，几乎不溶于水。原粉为浅黄色固体，常温下贮存有效成分含量变化不大。遇酸较稳定，遇碱和日光照射易分解，应贮存于遮光阴凉的地方。

常见制剂类型：混合可湿性粉剂、烟剂。

【毒　　性】一般只对皮肤、眼有刺激症状，经口中毒低，无中毒报道。

【税则号列】有效成分：29251900　　　制剂：38089210（零售包装），38089290（其他）

**0132037　　喹菌酮　　Oxolinic acide**

【别　　名】恶喹酸，Cistopax，Dioxacin，Emyrenil，Ossian，Oxoboi，Pietil，Prodoxal，Starner，Tiurasin，Uroxol

【有效成分】5-乙基-5，8-二氢-8-氧代-1，3-二氧戊环并喹啉-7 羧酸

【商品类别】杀菌剂

【结 构 式】

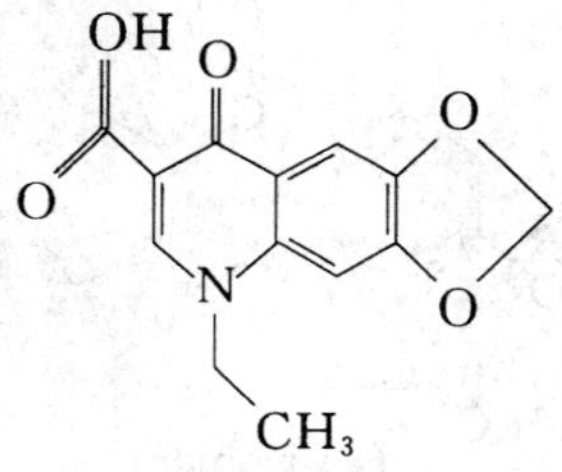

【商品属性】抗菌和抗感染药。具有保护和治疗作用，可抑制细胞的 DNA 复制，主要用于防治细菌性病害；可防治花生青枯病、水稻白叶枯病。

熔点 315℃，水溶解度 3.2mg/L，蒸气压 4.75E-08mmHg。

【毒　　性】

【税则号列】有效成分：29349990　　　制剂：38089210（零售包装），38089290（其他）

**0132038　　克菌丹　　Captan**

【别　　名】开普顿，Captane

【有效成分】3a，4, 7, 7a-四氢-2-（三氯甲基硫）-1H 异吲哚-1, 3-（2H）-二酮

【商品类别】杂环类杀菌剂

【结 构 式】

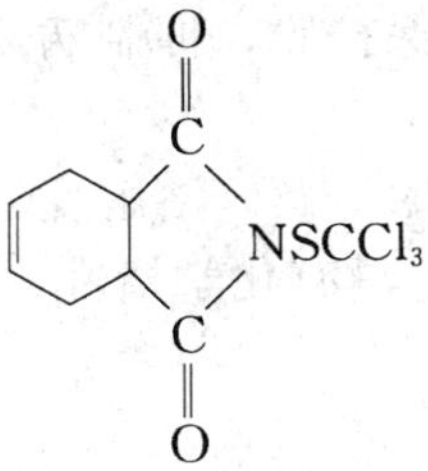

【商品属性】可防治果树、蔬菜、作物上的多种病害，也可作为种子处理剂或灌根防治茎枯病、立枯病、黑斑病。对苹果和梨的某些品种有药害，对莴苣、芹菜、番茄种子有影响。

无色晶体，熔点178℃，蒸气压<1.3mPa（25℃），密度1.74。溶解度：水中3.3mg/L（25℃），二甲苯20g/kg，氯仿70g/kg，丙酮21g/kg，环己酮23g/kg，苯21g/kg，甲苯6.9g/kg，异丙醇1.7g/kg，乙醇2.9g/kg，乙醚2.5g/kg（26℃），不溶于石油。中性溶液中缓慢水解，碱性环境中水解迅速。

常见制剂类型：混合可湿性粉剂。

【毒　　性】皮肤、眼睛和呼吸道具中等刺激作用，无人体全身性中毒报道。

【税则号列】有效成分：29309090　　　制剂：38089210（零售包装），38089290（其他）

**0132039　硅噻菌胺　Silthiopham**

【别　　名】全食净，Latittude

【有效成分】N-烯丙基4,5-二甲基-2-三甲基硅噻吩-3-羧酰胺

【商品类别】杂环类杀菌剂

【结 构 式】

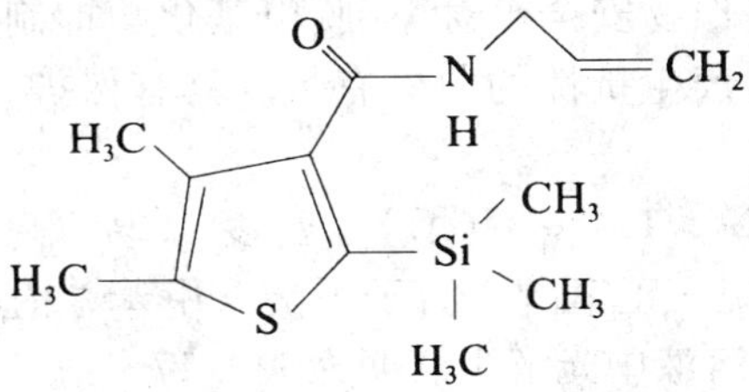

【商品属性】具有良好的保护活性，残效期长。主要用做种子处理。

白色颗粒状固体，熔点为86.1~88.3℃，水中溶解度（20℃）35.3mg/L。

常见制剂类型：悬浮剂。

【毒　　性】低毒。

【税则号列】有效成分：29349990　　　制剂：38089210（零售包装），38089290（其他）

**0132040　喹啉铜　Oxine-copper**

【别　　名】必绿，千金

【有效成分】8-羟基喹啉酮

【商品类别】杂环类杀菌剂

【结 构 式】

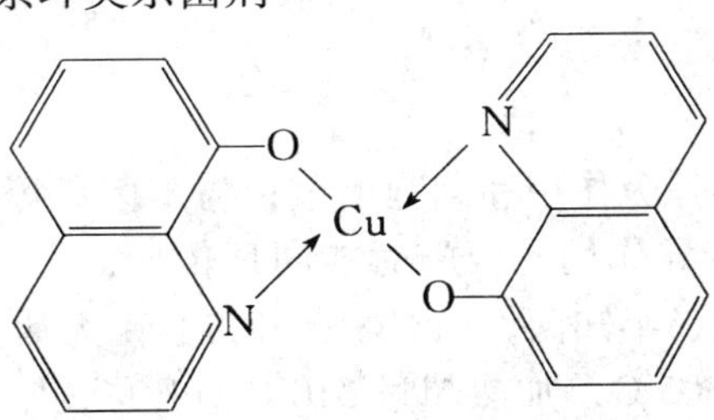

【商品属性】是一种广谱、高效、低残留的有机铜螯合物，对真菌、细菌性等病毒具有良好

预防和治疗作用。在作物表面形成一层严密的保护膜，抑制病菌萌发和侵入，从而达到防病治病的目的。对作物安全。

原药外观为黄绿色均匀疏松粉末，熔点≥270℃时分解。溶解度（20℃）：溶于三氯甲烷，难溶于水和多种有机溶剂。稳定性：具有化学惰性，在 pH2.7～12 范围内稳定，在紫外光下不分解。

【毒　　性】低毒。

【税则号列】有效成分：29334990　　　制剂：38089210（零售包装），38089290（其他）

**0132041　嘧菌酯　Azoxystrobin**

【别　　名】阿米西达，安灭达，Amistar，Heritage，Quadris，ICIA5504

【有效成分】(E)-2-{2-[6(2-氰基苯氧基)嘧啶-4-基氧]苯基}-3-甲氧基丙

【商品类别】杂环类杀菌剂

【结 构 式】

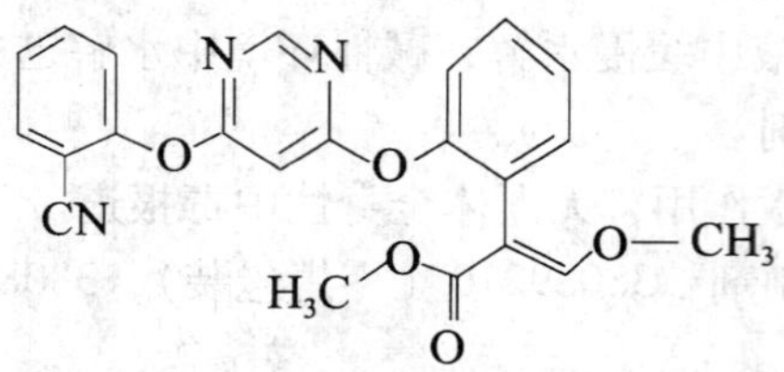

【商品属性】嘧菌酯是新型高效、广谱、内吸性杀菌剂。可用于茎叶喷雾、种子处理，也可进行土壤处理。它对几乎所有真菌纲（子囊菌纲、担子菌纲、卵菌纲和半知菌类）病害，如白粉病、锈病、颖枯瘸、网斑病、霜霉病、稻瘟病等均有良好的活性，且与目前已有杀菌剂无交互抗性。用于谷物、水稻、葡萄、马铃薯、蔬菜、果树及其他作物，对这些作物安全。对 14-脱甲基化酶抑制剂、苯甲酰胺类、二羧酰胺类和苯并咪唑类产生抗性的菌株有效。具有保护、治疗、铲除、渗透、内吸活性。

纯品为白色固体，熔点 116℃（114～116℃），密度 1.34（20℃）。溶解度（20℃）：水 6g/L，微溶于已烷、正辛醇，溶于甲醇、甲苯、丙酮，易溶于乙酸乙酯、乙腈、二氯甲烷。水溶液中光解半衰期为 11～17 天。

常见制剂类型：悬浮剂。

【毒　　性】低毒。

【税则号列】有效成分：29335990　　　制剂：38089210（零售包装），38089290（其他）

**0132042　噻菌灵　Thiabendazole**

【别　　名】特克多，涕必灵，噻苯灵，Tecto，Toba2，Storite，MK-360

【有效成分】α-（4-噻唑基）-1H-苯并咪唑

【商品类别】杂环类杀菌剂

【结 构 式】

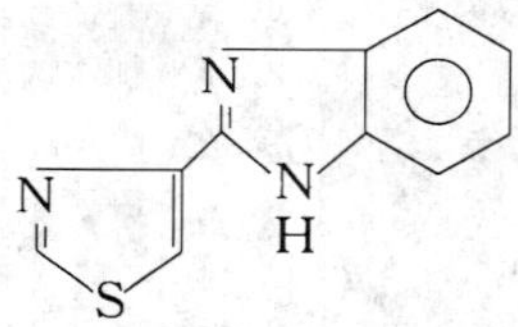

【商品属性】作用机制是抑制真菌线粒体的呼吸作用和细胞增殖；与苯菌灵等苯并咪唑药剂有正交互抗药性。具有内吸传导作用，根施时能向顶传导，但不能向基传导。抗菌活性限于子囊菌、担子菌、半知菌，而对卵菌和接合菌无活性。

灰白色无味粉末，熔点 304～305℃，加热超过 310℃即升华，室温下蒸气压不计。溶解度：在水中溶解度随 pH 值而改变，在 25℃ pH2 时为 10，pH5～12 <

0.05，pH12 >0.05g/L；室温下二甲基甲酰胺39，苯0.23，氯仿0.08，二甲亚砜80，甲醇9.3（g/L）。在酸性介质和悬浮液中很稳定，对热和光稳定。

常见制剂类型：可湿性粉剂、悬浮剂。

【毒　　性】一般只对皮肤、眼有刺激症状，经口中毒低，无中毒报道。

【税则号列】有效成分：29341000　　　　制剂：38089210（零售包装），38089290（其他）

**0132043　　噻菌铜**

【别　　名】克龙菌

【有效成分】2-氨基-5-巯基-1,3,4-噻二唑铜

【商品类别】杂环类杀菌剂

【结 构 式】

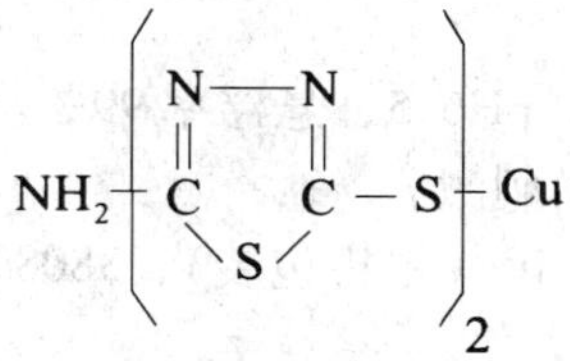

【商品属性】本品为噻二唑杀菌剂，对细菌性病害有较好的防效。具有内吸、治疗和保护作用，持效期长，药效稳定，对作物安全。

原药外观黄绿色粉末，比重1.29，熔点300℃（分解），不溶于水，微溶于吡啶、二甲基甲酰胺。稳定性：遇强碱易分解，能燃烧。制剂外观为黄绿色黏稠液体。比重：1.12～1.14，pH5.0～8.0。

常见制剂类型：悬浮剂。

【毒　　性】低毒。

【税则号列】有效成分：29349990　　　　制剂：38089210（零售包装），38089290（其他）

**0132044　　噻霉酮　　Benziothiazolinone**

【别　　名】菌立灭

【有效成分】1,2苯并异噻唑啉-3-酮

【商品类别】杂环类杀菌剂

【结 构 式】

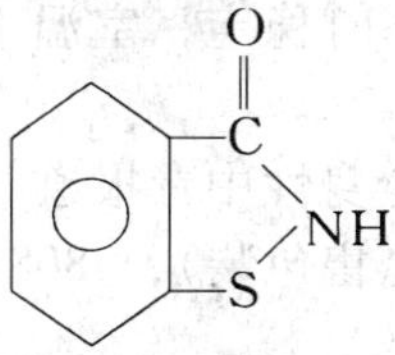

【商品属性】该药是一种新型、广谱杀菌剂，对真菌性病害具有预防和治疗作用。主要用于防治黄瓜霜霉病。

原药外观为微黄色粉末，比重0.8，熔点158℃+1℃，水（20℃）中溶解度4g/L。制剂外观为微黄色稳定的均相液体，比重1.02，pH6～8。

常见制剂类型：水乳剂。

【毒　　性】低毒。

【税则号列】有效成分：29342000　　　　制剂：38089210（零售包装），38089290（其他）

**0132045　　噻呋酰胺　　Thifluzamide**

【别　　名】千斤丹，宝穗，Greatam，Gramual

【有效成分】2,6-二溴-2-甲基-4-三氟甲氧基-4-三氟甲基-1,3-噻唑-5-羰酰代苯胺

【商品类别】杂环类杀菌剂

【结 构 式】

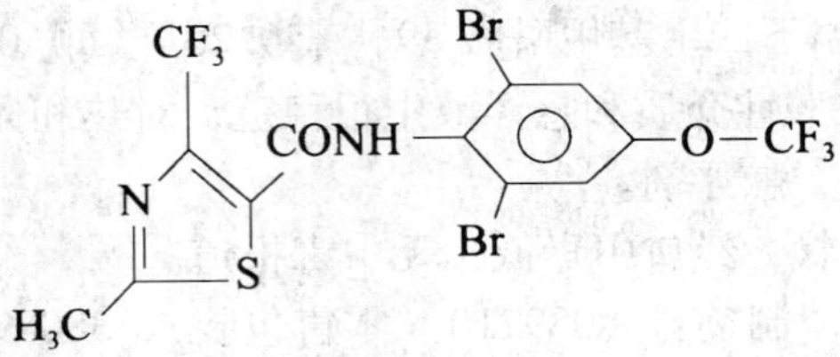

【商品属性】噻唑酰胺类杀菌剂。该药具有较强的内吸作用，持效期长。主要作用是抑制病原真菌三羧酸循环中的酸去氢酶，导致菌体死亡。对丝核菌属、柄锈菌属、黑粉菌属、腥黑粉菌属、伏革菌属核腔菌属等致病真菌有活性，对担子菌纲真菌引起的病害如立枯病等有特效。

纯品为白色至浅棕色粉状固体。原药含量96%，熔点为177.9~178.6℃。20℃水中溶解度1.6mg/L。

常见制剂外观为褐色悬浮剂，比重为1.15，pH6.5，悬浮率99%。

【毒　　性】本品对兔眼睛有中度刺激，对兔皮肤有轻微刺激。

【税则号列】有效成分：29341000　　制剂：38089210（零售包装），38089290（其他）

**0132046　灭菌丹　Folpet**

【别　　名】法尔顿，Thiophan，Phaltan，Folphan

【有效成分】N-三氯甲硫基邻苯二甲酰亚胺

【商品类别】杂环类杀菌剂

【结 构 式】

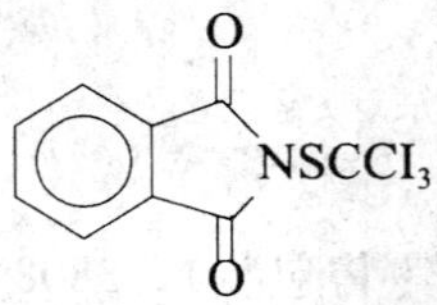

【商品属性】一种保护性杀菌剂，可预防多种作物病害。农业上用来防治马铃薯晚疫病、苹果夏季疫病、瓜类苦味腐烂病和牲畜饲养的早疫病等。对植物无药害（但施于梨树时有轻微药害），并能促进生长与结果。可与杀螨剂、杀虫剂混合使用。

无色晶体（工业品为黄色粉末），熔点177℃（分解），蒸气压1.3mPa（20℃），溶解度：几乎不溶于水（约1mg/L，室温），微溶于有机溶剂，氯仿87，苯22，异丙醇12.5（g/L，20℃）。干燥状态时稳定，室温下遇湿缓慢水解，碱液中迅速水解，随温度升高水解加速。

【毒　　性】对皮肤、眼睛和呼吸道有中等刺激作用，无人体全身性中毒报道。

【税则号列】有效成分：29309090　　制剂：38089210（零售包装），38089290（其他）

**0132047　灭菌唑　Triticonazole**

【别　　名】扑力猛，Alios，Concept，Premis B，Rral

【有效成分】（±）-（E）-5-（4-氯苄烯基）-2,2-二甲基-1-（1H-1,2,4-三唑-1-基甲基）环戊醇

【商品类别】杂环类杀菌剂

【结 构 式】

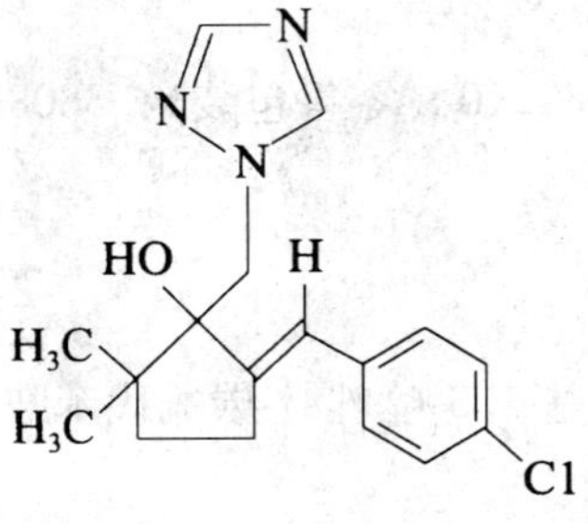

【商品属性】甾醇生物合成中 C-14 脱甲基化酶抑制剂。主要用做种子处理剂。
纯品为白色粉状固体，无味（20℃），熔点 139～140.5℃，密度 1.326～1.369（20℃）。水中溶解度（10℃）7mg/L。稳定性在 180℃有轻微的分解。
常见制剂类型：悬浮种衣剂。
【毒　　性】低毒。
【税则号列】有效成分：29339900　　　制剂：38089210（零售包装），38089290（其他）

**0132048　灭瘟素　Blasticidin-S**

【别　　名】灰瘟素（盐），杀稻瘟素 S，勃拉益斯，稻瘟散，杀稻瘟菌素，Bla-S
【有效成分】对苯甲胺基磺酸盐
【商品类别】杂环类杀菌剂
【结 构 式】

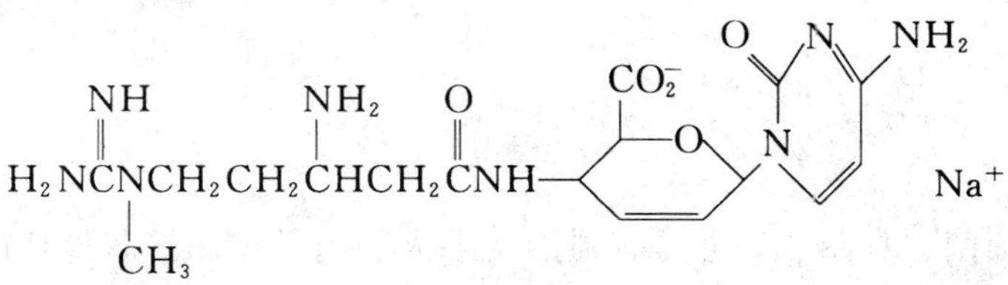

【商品属性】主要是抑制氨基酸的活化反应，从而影响蛋白质的生物合成。对稻瘟病有内吸治疗作用，尤其对穗颈瘟有良好的防治效果；能抑制孢子萌发，菌丝生长发育，以及孢子的形成，但预防效果较差。对病毒病也有抑制作用。
是从一种放线菌的代谢物中分离出来的选择性的高抗菌素。原药为灭瘟素苄基氨基苯磺酸盐（含有效成分 90%），相当于 500r/mg，外观为浅褐色结晶粉末，表观密度 0.35，熔点 225～228℃。常温干燥条件下稳定。
纯品为白针状结晶，熔点 235～236℃（分解），难溶于大多数有机溶剂，在水和醋酸中溶解度 >30g/L（20℃）。
常见制剂类型：乳油。
【毒　　性】对人、畜的急性毒性较大，尤其是对人体眼睛的刺激性，进入眼内如不及时冲洗，会引起结膜炎，皮肤接触后则会出疹子。
【税则号列】有效成分：29349990　　　制剂：38089210（零售包装），38089290（其他）

**0132049　氯苯嘧啶醇　Fenarimol**

【别　　名】乐必耕，Rubigan，Rimidin，Fenzol，Bloc
【有效成分】2,4′-二氯-2-（嘧啶基-5）二苯基甲醇
【商品类别】杂环类杀菌剂
【结 构 式】

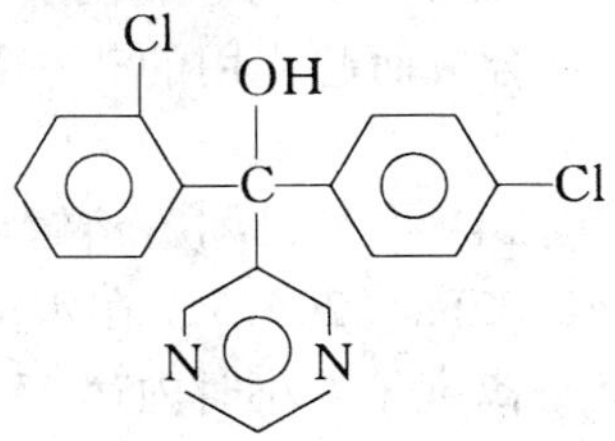

【商品属性】用于叶面喷洒的具有预防、治疗作用的广谱性杀菌剂。通过干扰病原菌甾醇及麦角甾醇的形成，从而影响正常发育。该药不能抑制病原菌孢子的萌发，但能抑制病原菌菌丝的生长、发育，致使不能侵染植物组织。
纯品为白色结晶固体。工业品为米色结晶，熔点 117～119℃，25℃时蒸气压为 0.065mPa。溶解度：在水中的溶解度为 13.7ppm（pH7，25℃），丙酮 >250，甲醇 125，二甲苯 50（g/L，25℃），溶于大多有机溶剂，微溶于己烷。光照下

分解迅速。

常见制剂类型：可湿性粉剂。

【毒　　性】一般只对皮肤、眼有刺激症状，经口中毒低，无中毒报道。

【税则号列】有效成分：29335990　　　　制剂：38089210（零售包装），38089290（其他）

**0132050　　氯溴异氰尿酸**

【别　　名】消菌灵

【有效成分】氯溴异氰尿酸

【商品类别】杂环类杀菌剂

【结 构 式】

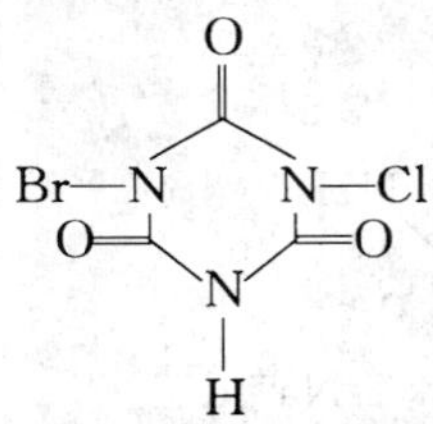

【商品属性】对作物的细菌、真菌、病毒具有强烈的杀灭、内吸和保护双重功能，该药喷施在作物表面能慢慢地释放 Cl 和 Br，形成次氯酸（HOCl）和溴酸（HOBr），因此具有强烈的杀菌作用。

原药外观为白色粉末，易溶于水。

常见制剂类型：可溶性粉剂。

【毒　　性】低毒。

【税则号列】有效成分：29336929　　　　制剂：38089210（零售包装），38089290（其他）

**0132051　　扑霉镁混剂　　Prochloraz-manganese chloride complex**

【别　　名】施保功，Sporgon，咪鲜胺锰

【有效成分】N-丙基-N-［2-（2, 4, 6-三氯苯氧基）乙基］-1H 咪唑-1-甲酰胺-氯化锰

【商品类别】杂环类杀菌剂

【结 构 式】

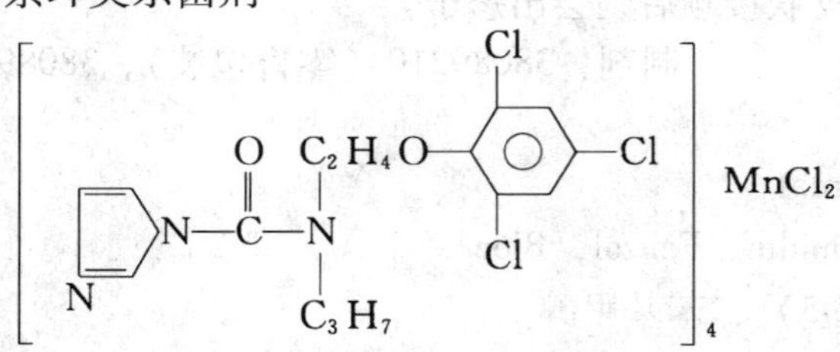

【商品属性】咪唑类杀菌剂，以施保克-氯化锰复合物为有效成分，对子囊菌引起的多种作物病害有特效。施保功是通过抑制甾醇的生物合成而起作用的。主要用于使用施保克乳油易引起药害的作物上。

白色至褐色砂粒状粉末，气味微芳香，熔点 141 ~ 142. 5℃。溶解度：水中溶解度为 40mg/L，丙酮中为 7g/L。蒸气压为 0. 02Pa（20℃），在水溶液中或悬浮液中，此复合物很快地分离，在 25℃下其分离度于 4 小时内达 55%。

常见制剂类型：混合可湿性粉剂。

【毒　　性】一般只对皮肤、眼有刺激症状，经口中毒低，无中毒报道。

【税则号列】有效成分：29420000　　　　制剂：38089210（零售包装），38089290（其他）

**0132052　咪鲜安　Prochloraz**

【别　　名】施保克，扑霉灵，咪鲜胺，Spartak

【有效成分】N-丙基-N-［2-（2, 4, 6-三氯苯氧基）乙基］-1H 咪唑-1-甲酰胺

【商品类别】杂环类杀菌剂

【结 构 式】

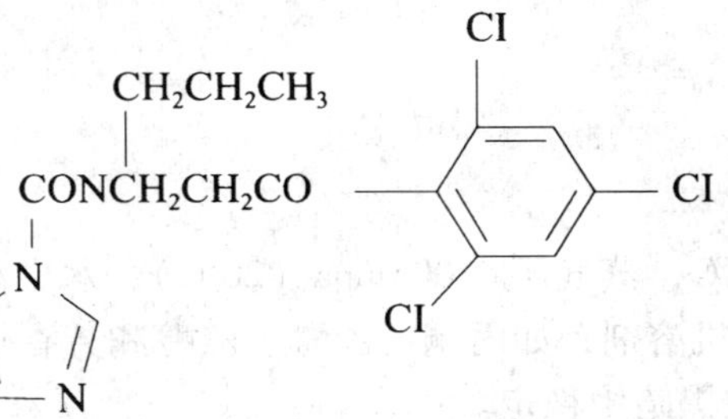

【商品属性】咪鲜安是一种广谱杀菌剂。对大田作物、水果、蔬菜、草皮及观赏植物上的多种病害具有治疗和铲除作用。

纯品为无色结晶固体，溶解度（25℃）：水中 34mg/L，丙酮、二氯甲烷、乙醇、乙酸乙酯、甲苯、二甲苯中均 >600g/L，已烷约 2.5g/L。在日光下降解，在强酸强碱条件下不稳定。

【毒　　性】一般只对皮肤、眼有刺激症状，经口中毒低，无中毒报道。

【税则号列】有效成分：29332900　　制剂：38089210（零售包装），38089290（其他）

**0132053　十三吗啉　Tridemorph**

【别　　名】克啉菌，克力星，Calixin，Tridecyldimethyl morpholine

【有效成分】2, 6-二甲基-4-十三烷基吗啉

【商品类别】杂环类杀菌剂

【结 构 式】

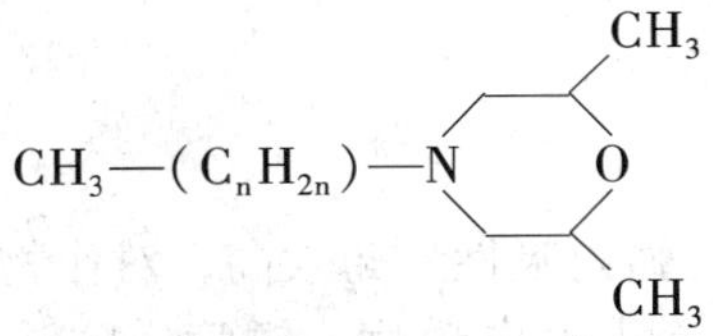

【商品属性】是一种具有保护和治疗作用的吗啉类广谱性内吸杀菌剂，能被植物的根、茎、叶吸收，对担子菌、子囊菌和半知菌引起的多种植物病害有效，主要是抑制病菌的麦角甾醇的生物合成。

黄色油状液体，有轻微胺味，沸点 134℃/0.5mmHg（原药），蒸气压 6.4mPa（20℃），密度 0.86（原药）。溶解度：水 11.7mg/L（pH7，20℃），能与乙醇、苯、氯仿、环己烷、乙醚、橄榄油混溶。50℃以下稳定，浓度为 20mg/kg 水溶液，在紫外光照射下，16.5 小时 50% 水解。

常见制剂类型：乳油。

【毒　　性】对皮肤和眼睛有刺激作用，无中毒报道。

【税则号列】有效成分：29349990　　制剂：38089210（零售包装），38089290（其他）

**0132054　腈苯唑　Fenbuconazole**

【别　　名】应得，Indar

【有效成分】4-（4-氯苯基）-2-苯基-2（1H-1, 2, 4-三唑-1-yl 甲基）丁腈

【商品类别】杂环类杀菌剂

【结 构 式】

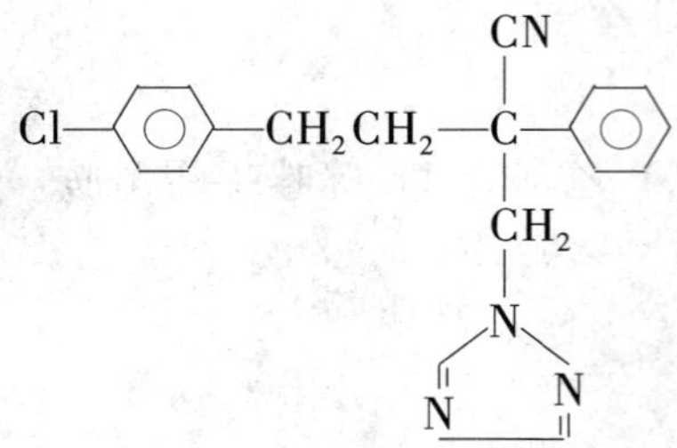

【商品属性】具有内吸作用。

无色结晶，熔点124～126℃，蒸气压0.005mpa（20℃），水中溶解度0.2mg/L（25℃）。能溶于大多数有机溶剂，如丙酮、乙醚、乙醇和芳香烃中。不溶于脂肪烃中。300℃下稳定。在黑暗中稳定。

常见制剂类型：悬浮剂。

【毒　　性】低毒。

【税则号列】有效成分：29339900　　制剂：38089210（零售包装），38089290（其他）

**0132055　腈菌唑　Myclobutanil**

【别　　名】Systhane，Syseant

【有效成分】2-（4-氯苯基）-2-（1H，1,2,4-三唑-1-甲基）己腈

【商品类别】杂环类杀菌剂

【结 构 式】

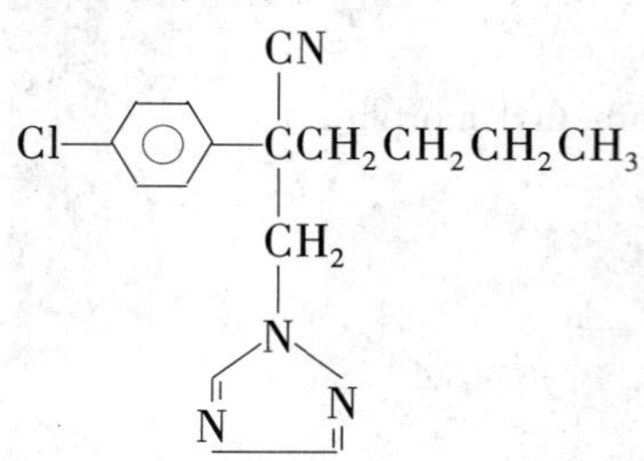

【商品属性】为表角甾醇生物合成抑制剂。其具有强内吸性、药效高，对作物安全，持效期长特点。具有预防和治疗作用。防治小麦白粉病、锈病，防治梨、苹果黑星病、灰斑病、褐斑病等。

纯品为无色针状晶体，原药外观为浅黄色固体，熔点63～68℃（工业品），沸点202～208mg/L（25℃），蒸气压0.213mPa（25℃）。溶解度：水中溶解度142mg/L（25℃），溶于一般有机溶剂，酮类、酯类、醇类和芳香烃类为50～100g/L，不溶于脂肪烃类。一般贮存条件下稳定，水溶液暴露于光下分解。

常见制剂类型：组成混合乳油、可湿性粉剂。

【毒　　性】一般只对皮肤、眼睛有刺激症状，经口中毒低，无中毒报道。

【税则号列】有效成分：29339900　　制剂：38089210（零售包装），38089290（其他）

**0132056　三环唑　Tricyclazole**

【别　　名】比艳，克瘟唑，三唑苯噻，克瘟灵，稻瘟唑，Beam，Bim，Blascide

【有效成分】5-甲基-1,2,4-三唑并（3,4-b）苯并噻唑

【商品类别】杂环类杀菌剂

【结 构 式】

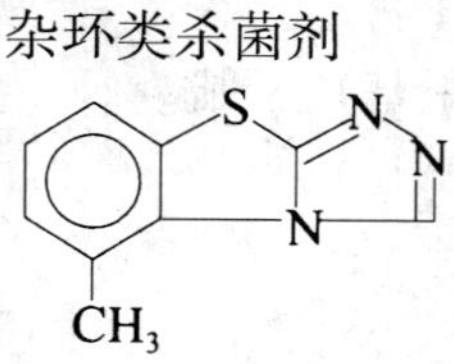

【商品属性】是一种具有内吸性较强的保护性三唑类杀菌剂，能迅速被水稻根、茎、叶吸收，并输送到稻株各部。三环唑抗冲刷力强，喷药一小时后遇雨不需补喷药。主要是抑制孢子萌发和附着孢形成，从而有效地阻止病菌侵入和减少稻瘟病菌孢子的产生。

白色晶状固体，原药为橙红色结晶固体。熔点 187～188℃，蒸气压 0.027mPa（25℃）。溶解度（25℃）：水 1.6g/L、丙酮 10.4，甲醇 25，二甲苯 2.1（g/L），对紫外光相对稳定。

常见制剂类型：组成混合可湿性粉剂。

【毒　　性】一般只对皮肤、眼有刺激症状，经口毒性低，无中毒报道。

【税则号列】有效成分：29349990　　制剂：38089210（零售包装），38089290（其他）

**0132057　三氮唑核苷　Ribavirin**

【别　　名】

【有效成分】三氮唑核苷

【商品类别】杂环类杀菌剂

【结 构 式】

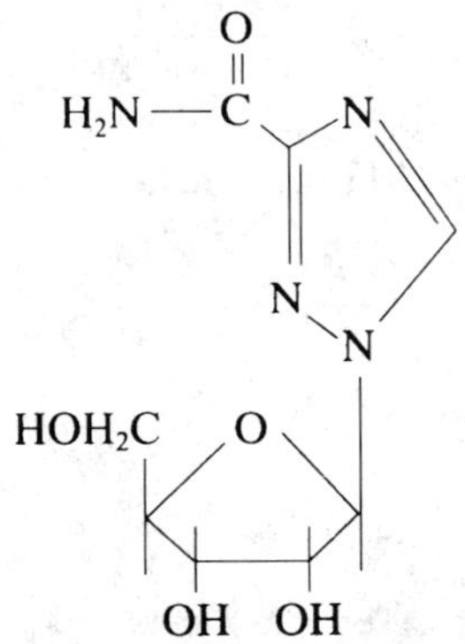

【商品属性】通过钝化植物病毒活性，抑制病毒在植物体内的增殖。

原药为白色结晶粉末，无臭、无味，在水中易溶，在乙醇中微溶。熔点 205℃。稳定性：对水、光、空气、弱酸、弱碱均稳定。

常见制剂类型：组成混合水剂。

【毒　　性】低毒。

【税则号列】有效成分：29349990　　制剂：38089210（零售包装），38089290（其他）

**0132058　三唑醇　Triadimenol**

【别　　名】百坦，Baytan，Bayfidan，Spinnaker，Summit，Triafol

【有效成分】1-（4-氯苯氧基）-3,3-二甲基-1-（1H-1,2,4 三唑-1 基）丁基-2-醇

【商品类别】杂环类杀菌剂

【结 构 式】

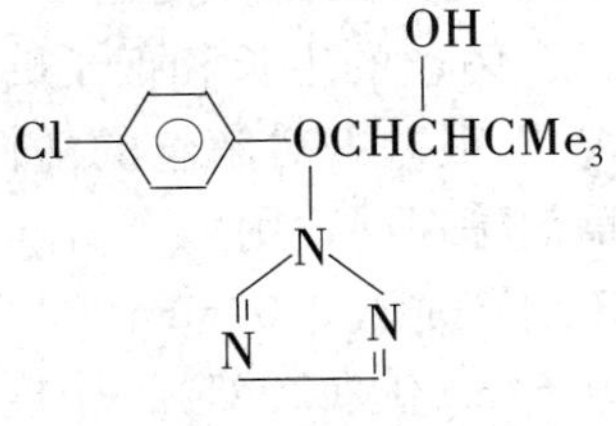

【商品属性】主要是抑制麦角甾醇合成，因而抑制和干扰菌体的附着孢和吸器的生长发育。

略有特殊气味无色晶体，熔点 110℃，原药 118～130℃，蒸气压 <1mPa。溶解度：非对映异构体 A，水中 62mg/L（20℃），二氯甲烷、异丙醇 100～200g/L，

己烷 0.1 ~ 1.0mg/L，甲苯 20 ~ 50g/L（20℃）；异构体 B，水中 32mg/L（20℃），己烷 0.1 ~ 1.0mg/L，二氯甲烷、异丙醇 100 ~ 200，甲苯 10 ~ 20g/L。半衰期超过 1 年（22℃）。

常见制剂类型：组成混合悬浮剂、可湿性粉剂。

【毒　　性】一般只对眼睛和皮肤有刺激性。无中毒报道。

【税则号列】有效成分：29339900　　制剂：38089210（零售包装），38089290（其他）

**0132059　　苄氯三唑醇　　Diclobutrazol**

【别　　名】PP296，Vigil，Vigilex

【有效成分】1-（2，4-二氯苯基）-2-（1H-1，2，4-三唑-1 基）-4，4-二甲基-戊-3-醇

【商品类别】杀菌剂

【结 构 式】

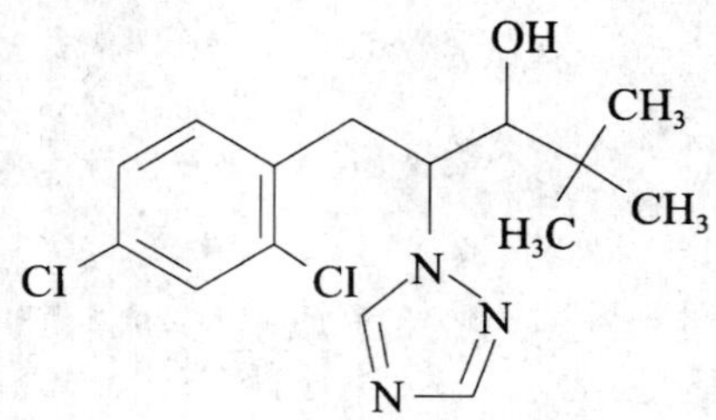

【商品属性】熔点 147 ~ 149℃，水溶解度 9mg/L，蒸气压 4.51E-09mmHg。

【毒　　性】

【税则号列】有效成分：29339900　　制剂：38089210（零售包装），38089290（其他）

**0132060　　三唑酮　　Triadimefon**

【别　　名】百理通，粉锈宁，Bayleton

【有效成分】1-（4-氯苯氧基）-3, 3-二甲基-1-（1H-1, 2, 4-三唑-1-基）-α-丁酮

【商品类别】杂环类杀菌剂

【结 构 式】

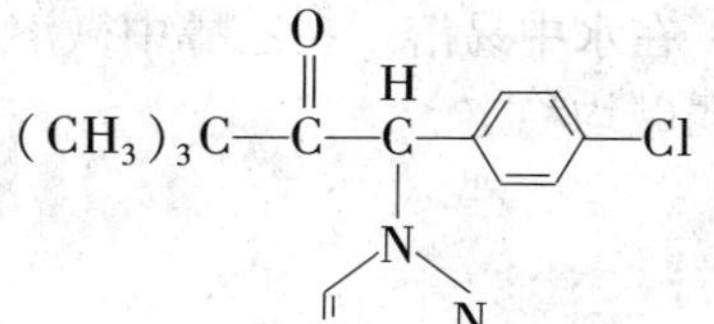

【商品属性】是一种高效、低毒、低残留、持效期长、内吸性强的三唑类杀菌剂。被植物的各部分吸收后，能在植物体内传导。对锈病和白粉病具有预防、铲除、治疗、熏蒸等作用。对多种作物的病害如玉米圆斑病、麦类云纹病、小麦叶枯病、凤梨黑腐病、玉米丝黑穗病等均有效。对鱼类及鸟类较安全。对蜜蜂和天敌无害。三唑酮的杀菌机制原理极为复杂，主要是抑制菌体麦角甾醇的生物合成，因而抑制或干扰菌体附着孢及吸器的发育，菌丝的生长和孢子的形成。三唑酮对某些病菌在活体中活性很强，但离体效果很差。对菌丝的活性比对孢子强。三唑酮可以与许多杀菌剂、杀虫剂、除草剂等现混现用。

无色固体，有特殊芳香味，熔点 82.3℃，蒸气压 0.02mPa（20℃）、0.06mPa（25℃），密度 1.22（20℃）。溶解度：水 64mg/L（20℃），中度溶于许多有机溶剂，除脂肪烃类以外，二氯甲烷、甲苯 > 200，异丙醇 50 ~ 100，已烷 5 ~ 10g/L（20℃）。半衰期超过 1 年。

常见制剂类型：组成混合可湿性粉剂、乳油。

【毒　　性】一般只对眼睛和皮肤有刺激性。无中毒报道。
【税则号列】有效成分：29339900　　　　制剂：38089210（零售包装），38089290（其他）

**0132061　　烯丙异噻唑　　Probenazole**

【别　　名】烯丙苯噻唑，好米得，Oryzemate
【有效成分】3-烯丙氧基-1, 2-苯并异噻唑-1, 1-二氧化物
【商品类别】杂环类杀菌剂
【结 构 式】

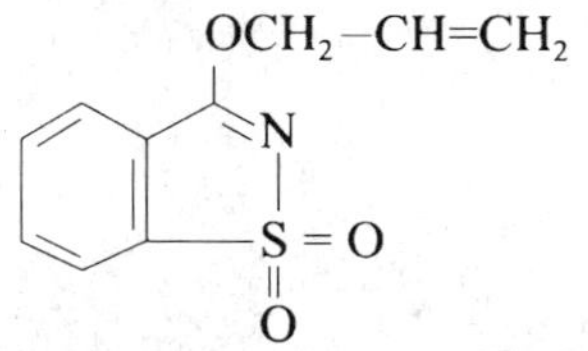

【商品属性】可广泛保护和根除大田作用、果树、草场、蔬菜病菌。离体试验中稍有抗微生物活性；处理水稻，促进根系吸收，保护作物不受稻瘟病菌和稻白叶枯病菌的侵染。

无色晶体，熔点 138～139℃，水中溶解度约 150mg/L，易溶于丙酮、氯仿、二甲基甲酰胺、溶于苯、乙醇、甲醇、稍溶于已烷。

常见制剂类型：颗粒剂。

【毒　　性】低毒。
【税则号列】有效成分：29342000　　　　制剂：38089210（零售包装），38089290（其他）

**0132062　　烯酰吗啉　　Dimethomoph**

【别　　名】安克锰锌，安克
【有效成分】（E，Z）-4-［3-（4-氯苯基）3-（3, 4-二甲氧基苯基）丙烯酰］吗啉
【商品类别】杂环类杀菌剂
【结 构 式】

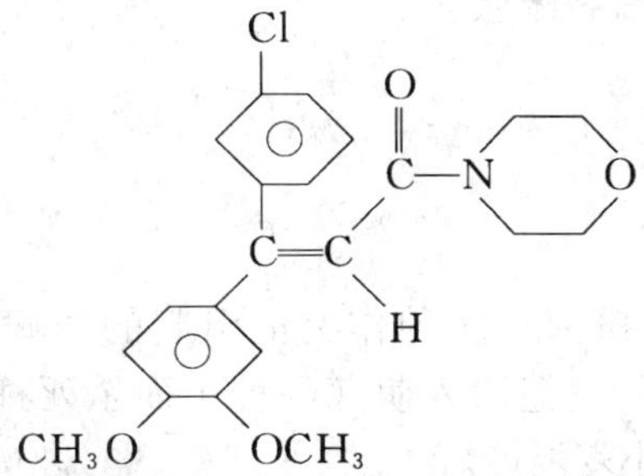

【商品属性】是专一杀卵菌纲真菌杀菌剂，其作用特点是破坏细胞壁膜的形成，对卵菌生活史的各个阶段都有作用，在孢子囊梗和卵孢子的形成阶段尤为敏感，在极低浓度下（$<0.25\mu g/ml$）即受到抑制。与苯基酰胺类药剂无交互抗性。

熔点 127～148℃（Z 异构体 169.2～170.2℃，E 异构体 135.7℃），密度 1318kg/$m^3$（20℃）。溶解度：在水中溶解度＜50mg/L（20～23℃），丙酮 15（Z）、88（E），环己酮 27（Z），二氯甲烷 315（Z），二甲基甲酰胺 40（Z）、272（E），已烷 0.02（Z）、0.04（E），甲醇 7（Z），甲苯 7（Z）（均在 20～23℃ g/L）。热稳定（正常条件下），在黑暗中稳定 5 年。

常见制剂类型：混合可湿性粉剂。

【毒　　性】低毒。
【税则号列】有效成分：29349990　　　　制剂：38089210（零售包装），38089290（其他）

**0132063　　烯唑醇　　Diniconazole**

【别　　名】速保利，S-3308L，Sumi-eight，Spotless

【有效成分】（E）-（RS）-1-（2,4-二氯苯基）-4,4-二甲基-2-（1H-1,2,4-三唑-1-基）戊-1烯-3-醇

【商品类别】杂环类杀菌剂

【结 构 式】

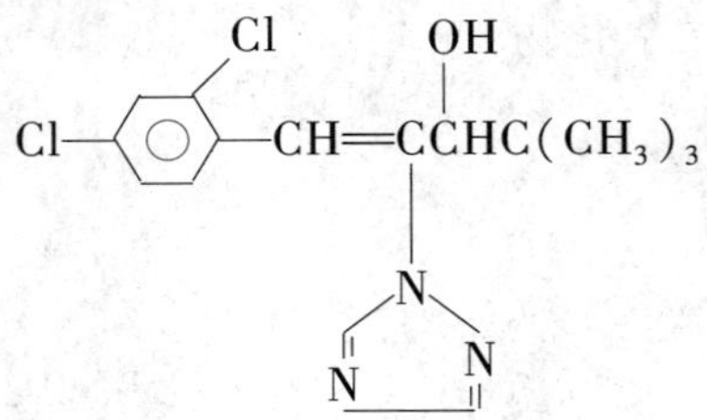

【商品属性】具有广谱和内吸活性，对子囊菌和担子菌高效，有预防和治疗作用。叶面施药可防治葡萄、禾谷类作物和水果上的白粉病和黑星病。

作用机理为引起麦角甾醇缺乏，导致真菌细胞膜不正常，最终真菌死亡，持效期长久。对人畜、有益昆虫、环境安全。

无色晶体，熔点约134至156℃，蒸气压2.93mPa（20℃），4.9mPa（25℃），密度1.32（20℃）。溶解度：水中4mg/L（25℃），丙酮、甲醇95，二甲苯14，已烷0.7（g/kg，25℃）。光、热和潮湿稳定。

常见制剂类型：混合可湿性粉剂、乳油。

【毒　　性】一般只对皮肤、眼有刺激症状，经口中毒低，无中毒报道。

【税则号列】有效成分：29339900　　　制剂：38089210（零售包装），38089290（其他）

**0132064　　萎锈灵　　Carboxin**

【别　　名】Vitavax，Carbathiin，DCMO，Oxathiin

【有效成分】5,6-二氢-2-甲基-1,4-氧硫杂-3-甲酰替苯胺

【商品类别】杂环类杀菌剂

【结 构 式】

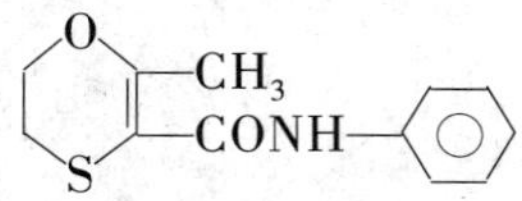

【商品属性】具选择性，用于防治由锈菌和黑粉菌在多种作物上引起的锈病和黑粉（穗）病，对棉花立枯病、黄萎病有效。它能渗入萌芽的种子而杀死种子内的病菌。对植物生长有刺激作用，并可使小麦增产。

白色晶体，熔点91.5～92.5℃、98～100℃（晶体结构而定），蒸气压0.025mmPa（25℃），密度1.36。溶解度：水199、丙酮177、二氯甲烷353、醋酸乙酯93、甲醇88（mg/L，25℃）。25℃时pH从5升至9逐渐水解。

常见制剂类型：混合悬浮种衣剂、或乳油。

【毒　　性】长期接触时出现皮肤过敏反应，眼睛受刺激而引起结膜炎和角膜炎，炎症消退较慢，但能完全恢复。无全身中毒报道。

【税则号列】有效成分：29349990　　　制剂：38089210（零售包装），38089290（其他）

**0132065　　戊唑醇　　Tebuconazole**

【别　　名】立克秀，Raxil，Folicur，Horizon，Lynx，Elite，Silvacur

【有效成分】（RS）-1-对-氯苯基-4,4-二甲基-3（1H-1,2,4-三唑-1-基甲基）戊醇

【商品类别】杂环类杀菌剂

【结 构 式】

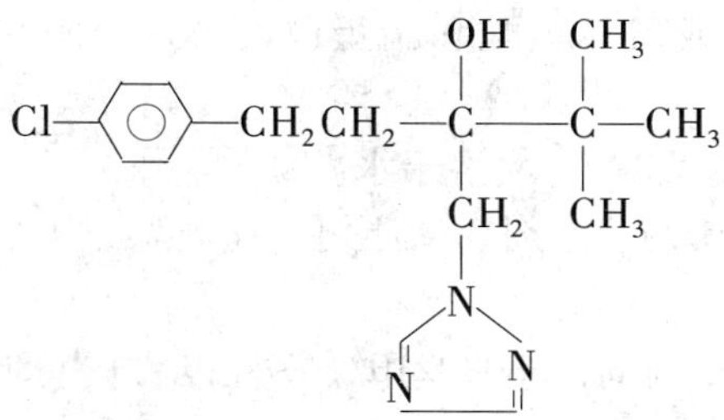

【商品属性】为广谱三唑类杀菌剂，是甾醇脱甲基化抑制剂，用量低，可应用于小麦的种子处理，对种子携带的各种病原，无论是吸附在表皮还是种子内部都同样有效，尤其适用于黑穗病的防治。

无色晶体，熔点 102.4℃，蒸气压 1.3μPa（20℃）。溶解度：水 32mg/L（20℃，pH7），二氯甲烷 > 200g/L，异丙醇、甲苯 50 ~ 100g/L，正己烷 < 0.1g/L（20℃）。在缺光的条件下消毒是稳定的。

常见制剂类型：悬浮剂、种衣剂。

【毒　　性】一般只对皮肤和眼有刺激作用，经口毒性低，无人体中毒的报道。

【税则号列】有效成分：29339900　　制剂：38089210（零售包装），38089290（其他）

**0132066　亚胺唑　Imibenconazole**

【别　　名】霉能灵，酰胺唑，Manage，HF-6305，HF-8505

【有效成分】4-氯苄基 N-（2, 4-二氯苯基）-2（1H-1, 2, 4-三唑-1-基）硫代乙酰胺酯

【商品类别】杂环类杀菌剂

【结 构 式】

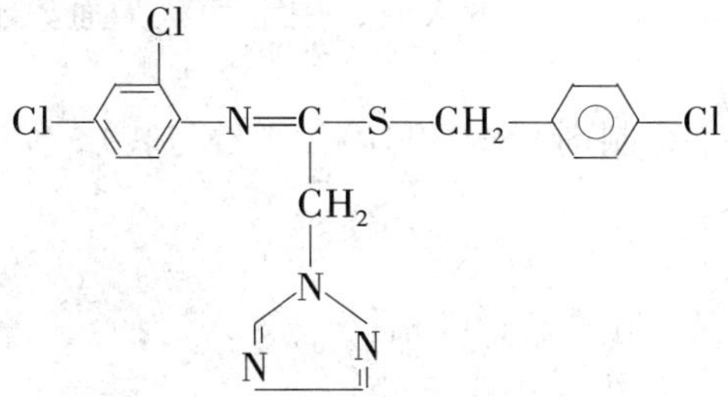

【商品属性】广谱性三唑类杀菌剂。主要是破坏和阻止病菌的细胞膜重要组成部分麦角甾醇的生物合成，从而破坏了细胞膜的形成，导致病菌死亡。

浅黄色晶体，熔点 89.5 ~ 90℃，蒸气压为 85nPa（25℃）。溶解度：水中 1.7mg/L（20℃），丙酮 1063g/L，二甲苯 250g/L，甲醇 120g/L（25℃）。

常见制剂类型：可湿性粉剂。

【毒　　性】低毒。

【税则号列】有效成分：29339900　　制剂：38089210（零售包装），38089290（其他）

**0132067　盐酸吗啉胍　Moroxydine hydrochloride**

【别　　名】

【有效成分】盐酸吗啉胍

【商品类别】杂环类杀菌剂

【结 构 式】

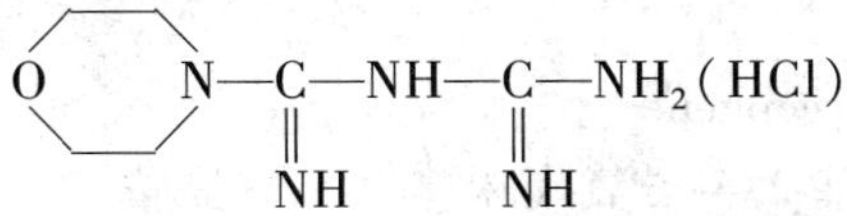

【商品属性】是一种广谱、低毒病毒防治剂。稀释后的药液喷施到植物叶面后，药剂可通过

水气孔进入植物体内，抑制或破坏核酸和脂蛋白的形成，阻止病毒的复制过程，起到防治病毒的作用。
白色结晶状粉末，熔点206～212℃，易溶于水。
常见制剂类型：混合可溶性粉剂、水剂、悬浮剂、片剂。

【毒　　性】低毒。

【税则号列】有效成分：29349990　　　　制剂：38089210（零售包装），38089290（其他）

**0132068　　叶枯净　　Phenazin**

【别　　名】杀枯净，惠农精，5-氧吩嗪，Phenazine oxide

【有效成分】夹二氮-5-氧化物

【商品类别】杂环类杀菌剂

【结 构 式】

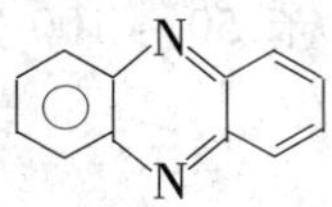

【商品属性】防治水稻白叶枯病，该药内吸性强，水稻根部和叶面接触药后两小时即产生内吸传导作用，药剂输导到水稻维管束中，与病原细菌接触，在细菌体内对细胞代谢过程中的烟酰胺产生拮抗作用，抑制病菌细胞的蛋白质合成而不能进行正常的代谢活动。
本品也可与防治稻瘟病等药剂混合使用，进行综合防治。
纯品为金黄色针状结晶，熔点221～223℃，微溶于乙醇和乙醚，易溶于苯，难溶于水，在一定条件下能与盐酸形成盐。常温下贮存，有效成分含量无变化。

【毒　　性】一般只对皮肤和眼有刺激作用，摄入量大时，中毒症状为血象不正常，肝功不正常。

【税则号列】有效成分：29339900　　　　制剂：38089210（零售包装），38089290（其他）

**0132069　　叶枯唑　　Bismerthiazol**

【别　　名】噻枯唑，川化-018，叶青双，叶枯宁，叶枯灵

【有效成分】N，N-甲撑-双（2-氨基-5-巯基-1，3，4-噻二唑）

【商品类别】杂环类杀菌剂

【结 构 式】

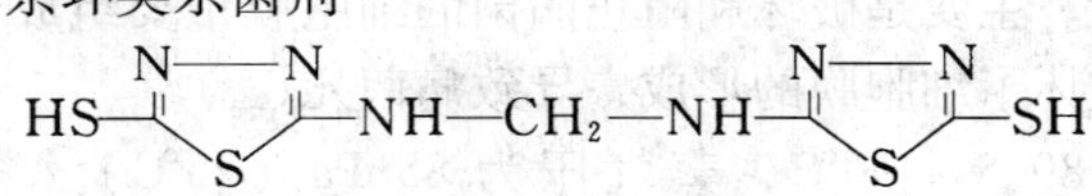

【商品属性】主要用于防治植物细菌性病害，是防治水稻白叶枯病、水稻细菌性条斑病、柑橘溃疡病的良好药剂。该药剂内吸性强，具有预防和治疗作用，持效期长，药效稳定，对作物无药害。
纯品为白色长方柱状结晶或浅黄色疏松细粉，熔点190±1℃。溶于二甲基甲酰胺、二甲基亚砜、吡啶、乙醇、甲醇等有机溶剂，难溶于水。
常见制剂类型：可湿性粉剂。

【毒　　性】低毒。

【税则号列】有效成分：29349990　　　　制剂：38089210（零售包装），38089290（其他）

**0132070　　异菌脲　　Iprodione**

【别　　名】扑海因，咪唑霉，Rovral，Glycophene

【有效成分】3-（3，5-二氯苯基）-N-异丙基-2，4-二氧代咪唑啉-1-羧酰胺

【商品类别】杂环类杀菌剂

【结 构 式】

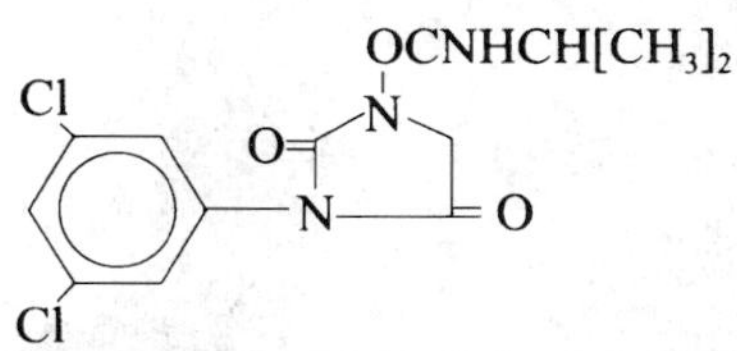

【商品属性】广谱性接触杀菌剂，对葡萄孢属、链孢霉属、核盘菌属、小菌核属等菌具有较好的杀菌效果。对链格孢属、蠕孢霉属、丝核属、镰刀菌属、伏革属等菌也有效果。

白色无味，非吸湿性晶体或粉末，熔点 134℃（原药 128～128.5℃），密度 1.00（20℃），原药 1.434～1.435。溶解度：水 13mg/L（20℃），正辛醇 10，乙醇 25、乙腈、甲苯 150，苯 20，乙酸乙酯 225，丙酮 300，二氯甲烷 450，氯甲烷 500，己烷 590（g/L，20℃）。酸性介质中稳定，碱性介质中水解，其水溶液在紫外光下分解。

常见制剂类型：混合乳油、可湿性粉剂。

【毒　　性】一般只对皮肤和眼有刺激作用，经口毒性低，无人体中毒的报道，对皮肤有刺激作用。

【税则号列】有效成分：29332900　　　　制剂：38089210（零售包装），38089290（其他）

**0132071　　抑霉唑　　Imazalil**

【别　　名】戴寇唑，戴唑霉，万利得，Magnate，Deccozil，Fungaflor，Fungazin，Fecundal

【有效成分】1-｛2-（2,4-二氯苯基）-2-（2-丙烯氧基）乙基｝-1H-咪唑

【商品类别】杂环类杀菌剂

【结 构 式】

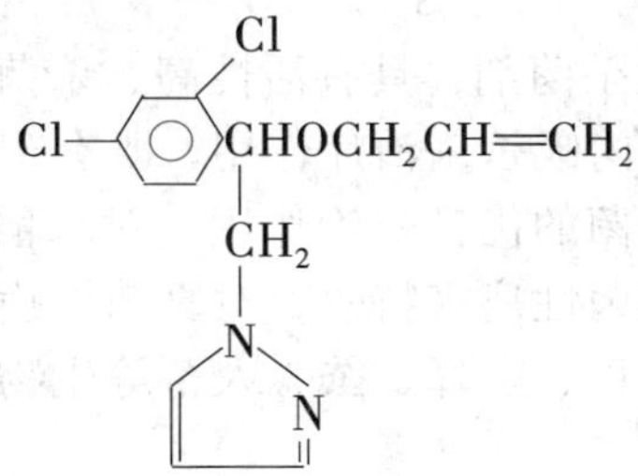

【商品属性】内吸性广谱杀菌剂，该药影响细胞膜的渗透性、生理功能和脂类合成代谢，从而破坏霉菌的细胞膜。同时抑制霉菌孢子的形成。

纯品为浅黄色至棕色结晶体，熔点 52.7℃，沸点 >340℃，蒸气压 0.158mPa（20℃），密度 1.348g/ml（26℃）。溶解度：水 0.18g/L（pH7.6，20℃），丙酮、二氯甲烷、乙醇、甲醇、异丙醇、二甲苯、甲苯、苯 >500，己烷 19（g/L，20℃），溶于庚烷、石油醚。室温避光，稀酸、碱液中稳定，285℃以下稳定，通常贮存条件下对光稳定。

常见制剂类型：乳油、涂抹剂。

【毒　　性】一般只对皮肤、眼睛有刺激症状，经口中毒低，无中毒报道。

【税则号列】有效成分：29332900　　　　制剂：38089210（零售包装），38089290（其他）

**0132072　　乙烯菌核利　　Vinclozolin**

【别　　名】农利灵，烯菌酮，Ronilan，Ornalin，Rodalin，BAF352F

【有效成分】3-（3,5-二氯苯基）-5-甲基-5-乙烯基-1,3-恶唑烷-2,4-二酮

【商品类别】杂环类杀菌剂

【结 构 式】

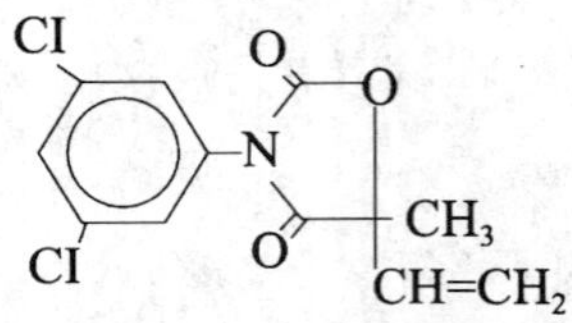

【商品属性】是二甲酰亚胺类触杀性杀菌剂，主要干扰细胞核功能，并对细胞膜和细胞壁有影响，改变膜的渗透性，使细胞破裂。对果树蔬菜类作物的灰霉病、褐斑病、菌核病有良好的防治效果。

无色晶体，略带芳香味，熔点108℃（原药），沸点131℃/0.05mmHg，蒸气压0.016mPa（20℃），密度1.51。溶解度：水（20℃）3.4mg/L，乙醇14，丙酮435，乙酸乙酯253，环已烷9，乙醚63，苯146，二甲苯110，环已酮约540，氯仿319（g/kg，20℃）。50℃以下稳定，中性和微酸性介质中稳定。

常见制剂类型：悬浮剂。

【毒　　性】一般只对皮肤和眼睛有刺激症状，经口毒性低，无中毒报道。

【税则号列】有效成分：29349990　　制剂：38089210（零售包装），38089290（其他）

**0132073　噻唑锌　Zn-thiodiazole**

【别　　名】

【有效成分】双（2-氨基-5-巯1，3，4-噻二唑）锌

【商品类别】杀菌剂

【结 构 式】

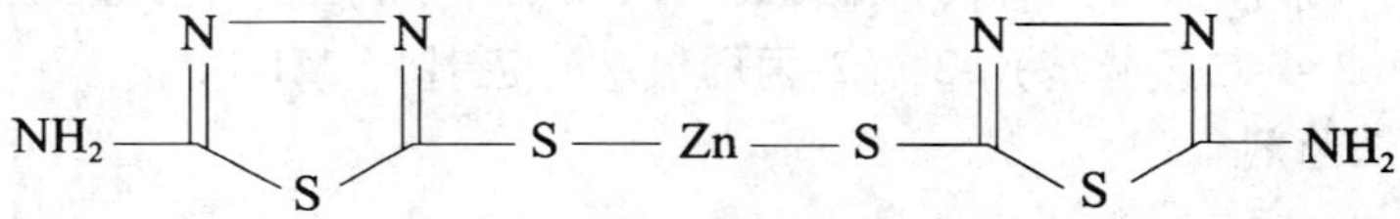

【商品属性】噻唑锌是高效、低毒的噻唑类有机锌杀菌剂，具有活性高、杀菌谱广、剂型先进、对作物安全等特点，兼有保护和内吸杀菌治疗作用，既有噻唑基团对细菌的独特防效，又有锌离子对真菌、细菌的优良防治作用。对水稻、柑橘、蔬菜等细菌性病害的防治效果突出。对细菌性病害特效，对真菌性病害高效。具有良好保护和治疗作用。对作物、鱼、鸟、蜜蜂、蚕、人畜等生物安全，对环境无污染。

原药为灰白色粉末，熔点>300℃，不溶于水。

常见制剂类型：悬浮剂。

【毒　　性】低毒。

【税则号列】有效成分：29349990　　制剂：38089210（零售包装），38089290（其他）

**0132074　噻森铜**

【别　　名】

【有效成分】N、N′-甲撑-双（2-氨基-5-巯基1、3、4噻二唑）铜

【商品类别】杀菌剂

【结 构 式】

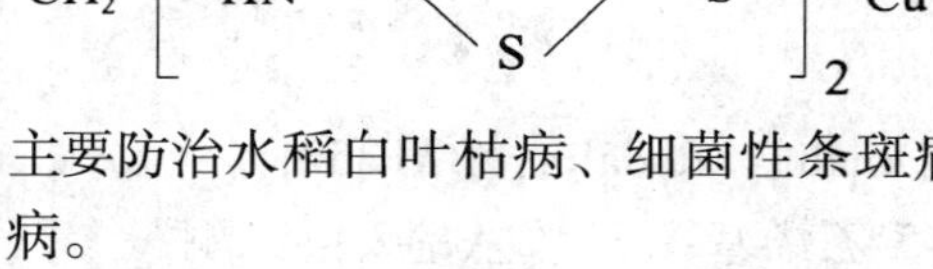

【商品属性】主要防治水稻白叶枯病、细菌性条斑病、白菜软腐病、茄科青枯病、柑橘疮痂病。

纯品为蓝绿色粉状固体。熔点300℃（分解），20℃水中不溶，微溶于吡啶，二甲基甲酰胺。原药含量≥95%。在碱性介质中不稳定，遇强碱易分解，能燃烧。

常见制剂类型：悬浮剂。

【毒　　性】对兔子眼睛有轻度刺激，对兔皮肤无刺激。

【税则号列】有效成分：29349990　　制剂：38089210（零售包装），38089290（其他）

**0132075　叶锈特　Butrizol**

【别　　名】Indar，Triazbutil

【有效成分】4-正丁基-1，2，4-三唑

【商品类别】三唑类杀菌剂

【结 构 式】

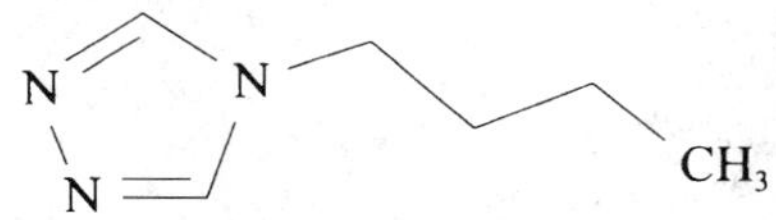

【商品属性】用于杀灭真菌、细菌和木质防腐。

可用于防治小麦叶锈病，但对条锈和秆锈无效。

【毒　　性】

【税则号列】有效成分：29339900　　制剂：38089210（零售包装），38089290（其他）

**0132076　戊菌唑　Penconzole**

【别　　名】Onmex，Topas

【有效成分】2-（2，4-二氯苯基戊基）-1H-1，2，4-三唑

【商品类别】三唑类杀菌剂

【结 构 式】

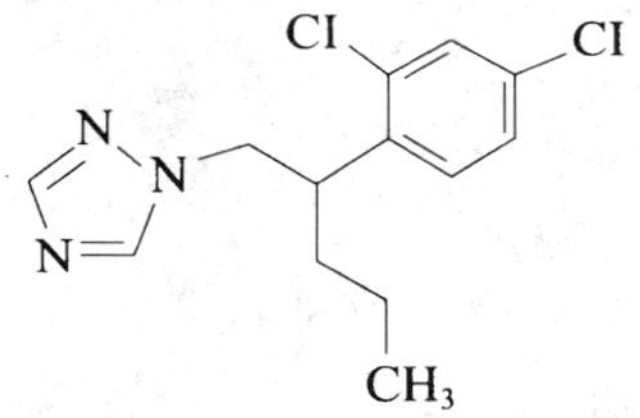

【商品属性】用于杀灭真菌、细菌和木质防腐。

熔点 58.5℃，蒸气压 2.78E-06mmHg，水溶解度 73mg/L。

【毒　　性】

【税则号列】有效成分：29339900　　制剂：38089210（零售包装），38089290（其他）

**0132077　乙环唑　Etaconazole**

【别　　名】Benit，Sonax，Vangard

【有效成分】1-［2-（2，4-二氯苯基）-4-乙基-1，3-二氧戊环-2-基甲基］-1H-1，2，4-三唑

【商品类别】三唑类杀菌剂

【结 构 式】

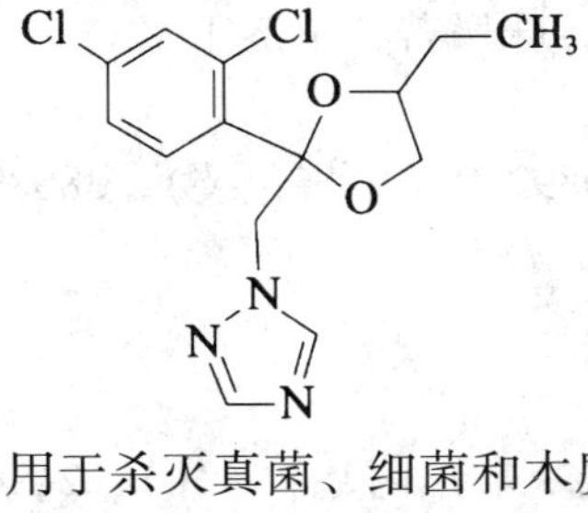

【商品属性】用于杀灭真菌、细菌和木质防腐。

熔点 75～93℃，蒸气压 2.34E-07mmHg，水溶解度 80mg/L

【毒　　性】

【税则号列】有效成分：29349990　　制剂：38089210（零售包装），38089290（其他）

**0132078　呋菌唑　Furconazole**

【别　　名】

【有效成分】5-（2，4-二氯苯基）-5-（1H-1，2，4-三唑-1-基甲基）-2-四氢呋喃基-2，2，2-三氟乙基醚

【商品类别】三唑类杀菌剂

【结 构 式】

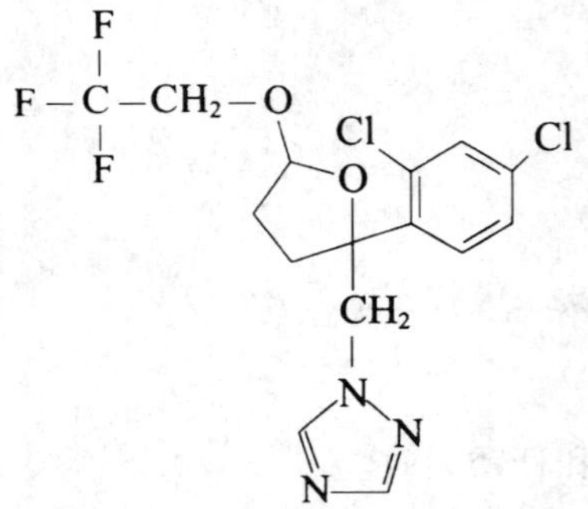

【商品属性】

【毒　　性】

【税则号列】有效成分：29349990　　制剂：38089210（零售包装），38089290（其他）

**0132079　灰黄霉素　Griseofulvin**

【别　　名】Fulcin，Lamoryl，Likuden，Murfulvin，Poncyl，Spirofulvin

【有效成分】6′-甲基-2′，4, 6-三甲氧基-7-氯-螺［苯并呋喃-2（3H），1′-（2）环己烯］-3, 4′-二酮

【商品类别】杀菌剂

【结 构 式】

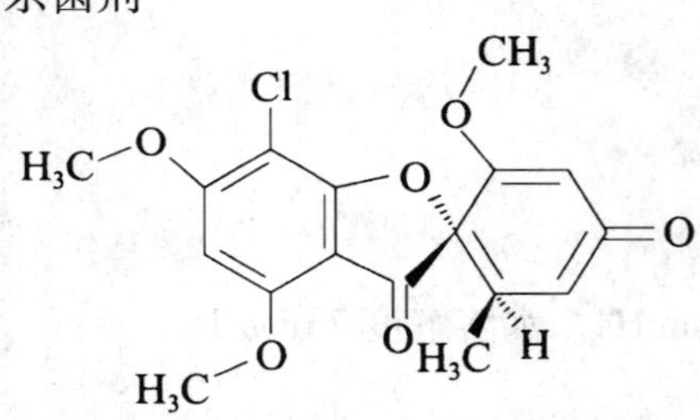

【商品属性】灰黄霉素是由青霉菌培养液中提取的一种耐热、含氯的抗真菌抗生素。作为农药可防治瓜类枯萎病，可用5%至10%膏剂涂茎部病处，每周涂1次，共涂3至5次；防治果木腐烂病，可用250ppm液花前喷雾。

灰黄霉素还用于抑制各种皮肤癣菌，如毛癣菌、小孢子菌和表皮癣菌等，但对白色念珠菌；放线菌属及细菌无效，对曲霉菌属作用很小，主要是抑制敏感菌菌丝的生长，但不能杀菌，用于治疗皮癣和其他的皮肤真菌感染。

纯品为白色或类白色结晶性粉末，无臭，味微苦，不溶于水。

【毒　　性】

【税则号列】有效成分：29419090　　制剂：38089210（零售包装），38089290（其他）

**0132080　氟环唑　BAS480F**

【别　　名】依普座，欧博，Opus SC

【有效成分】1-［3-（2-氯苯基）-2，3-氧桥-2-（4-氟苯基）丙基］-1H-1，2，4-三唑

【商品类别】三唑类杀菌剂

【结 构 式】

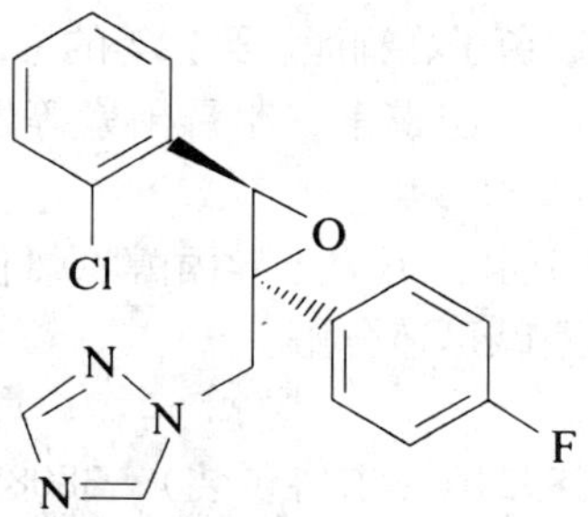

【商品属性】12.5%欧博悬浮剂（Opus SC），白色悬浮浓缩液，具轻微的芳香气味。相对密度1.02～1.08（20℃）。水中可分散。pH6～8。

【毒　　性】无皮肤刺激，无致敏现象。

【税则号列】有效成分：29339900　　　　制剂：38089210（零售包装），38089290（其他）

**0132081　　环菌唑　　SSF-109**

【别　　名】

【有效成分】1-（4-氯苯基）-2-（1H-1，2，4-三唑-1-基）环庚醇

【商品类别】三唑类杀菌剂

【结 构 式】

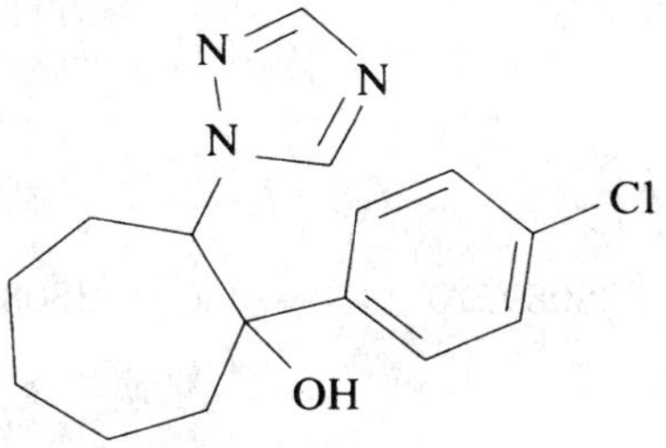

【商品属性】对种传病害有特效。主要用于防治禾谷类、玉米、豆科、果树等作物中镰孢（酶）属、柄锈菌属、麦类核腔菌属、黑粉菌属、腥黑粉菌属、白粉菌属、圆核腔菌、壳针孢属、柱隔孢属等引起的病害如白粉病、锈病、黑星病、网斑病、灰霉病等。可种子处理、也可茎叶喷雾。

熔点107.5℃，蒸气压2.59E-07mmHg，水溶解度：140mg/L。

【毒　　性】

【税则号列】有效成分：29339900　　　　制剂：38089210（零售包装），38089290（其他）

**0132082　　放线菌酮　　Cycloheximide**

【别　　名】农抗101，内疗素，农抗11874，Naramycia，Actispray，Hizarocin，Acti-dione，Actidione

【有效成分】4-｛（2R）-2-［IS，3S，5S（-3,5-二甲基-2-氧环己基）］-2-羟基乙基｝-哌啶-2,6-二酮

【商品类别】生物源杀菌剂

【结 构 式】

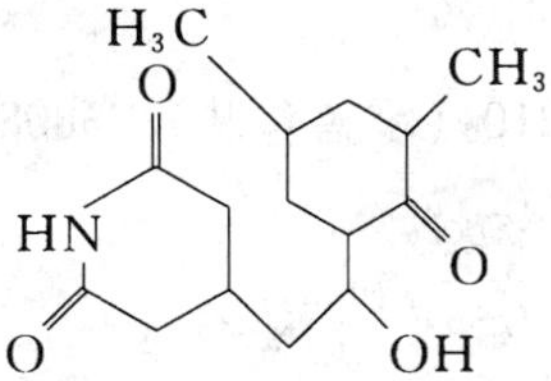

【商品属性】对酵母菌、霉菌、原虫等病原菌等有抑制作用。对细菌无显著抑制作用。农业上用于防治樱桃叶斑病、樱花穿孔病、桃树菌核病、橡树立枯病、甘薯黑疤病、菊花的

黑星病和玫瑰的霉病等。此外，也是鼠类、兔子、狗熊、野猪等的忌避剂。

由产生放线菌酮的放线菌发酵提取，也可由链霉素、制霉菌素等发酵液中的副产品制得。

无色针状结晶，熔点 115 ~ 117℃，微溶于水，可溶于异丙醇、氯仿及其他有机溶剂，不溶于烃，在酸性溶液中稳定，遇碱迅速分解。

【毒　　性】

【税则号列】有效成分：29419090　　　制剂：38089210（零售包装），38089290（其他）

**0132083　　种菌唑　　Ipconazole**

【别　　名】

【有效成分】2-（4-氯苄基）-5-异丙基-1-（1H-1，2，4-三唑-1-基甲基）环戊醇

【商品类别】三唑类杀菌剂

【结 构 式】

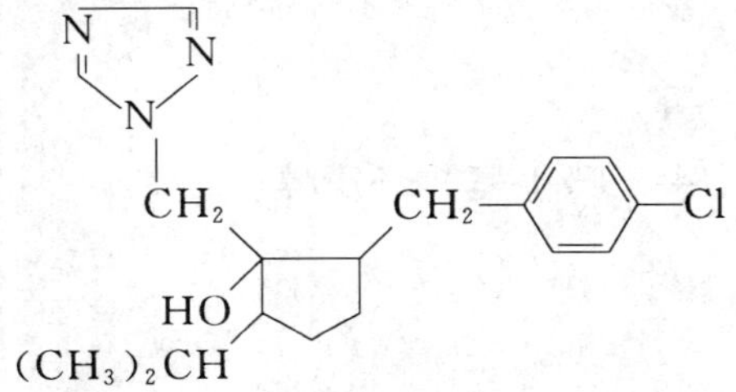


【商品属性】

【毒　　性】

【税则号列】有效成分：29339900　　　制剂：38089210（零售包装），38089290（其他）

**0132084　　氟喹唑　　Fluquinconazole**

【别　　名】

【有效成分】3-（2，4-二氯苯基）-6-氟-2-（1H-1，2，4-三唑-1 基）喹唑啉-4（3H）-酮

【商品类别】三唑类杀菌剂

【结 构 式】

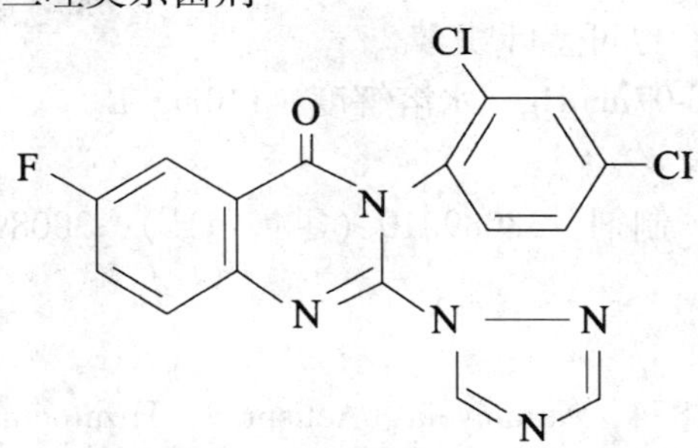


【商品属性】氟喹唑主要用于防治由担子菌钢、半知菌类和子囊菌纲真菌引起的多种病害，可有效地防治苹果上的主要病害如苹果黑病和苹果白粉病，对白粉病菌、链核盘菌、尾孢霉属、茎点霉属、壳针孢属、埋核盘菌属、柄锈菌属、驼孢锈菌属和核盘菌属等真菌引起的病害均有良好的防治效果。

【毒　　性】

【税则号列】有效成分：29339900　　　制剂：38089210（零售包装），38089290（其他）

**0132085　　灭菌磷　　Ditalimfos**

【别　　名】亚胺菌磷

【有效成分】O, O-二乙基苯甲酰亚氨基硫代磷酸酯

【商品类别】杀菌剂

【结 构 式】

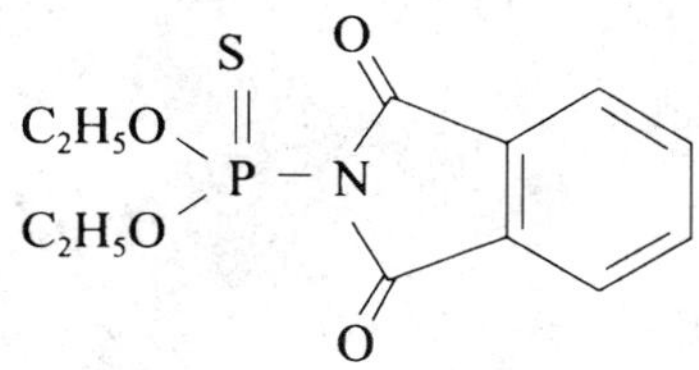

【商品属性】

【毒　　性】

【税则号列】有效成分：29251900　　制剂：38089210（零售包装），38089290（其他）

**0132086　吡菌磷　Pyrazophos**

【别　　名】

【有效成分】O, O-二乙基-（O-6-乙氧基甲酰）-5-甲基吡唑（1，5-a）并嘧啶-2-基硫代磷酸酯

【商品类别】杀菌剂

【结 构 式】

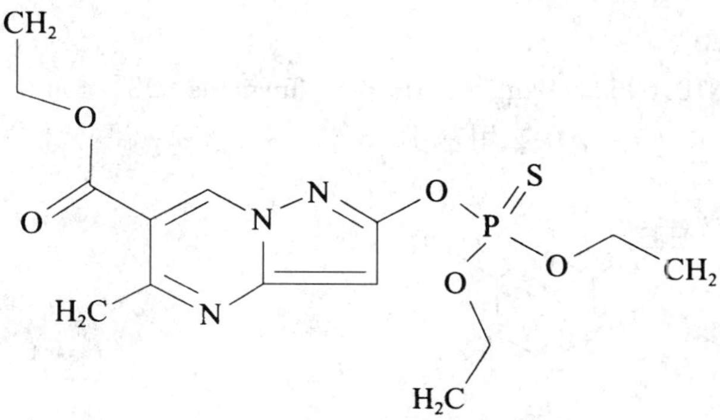

【商品属性】用于杀灭真菌、细菌和木质防腐。

熔点 51℃，蒸气压 9. 80E-08mmHg，水溶解度 4. 2mg/L。

【毒　　性】

【税则号列】有效成分：29335990　　制剂：38089210（零售包装），38089290（其他）

**0132087　呋霜灵　Furalaxyl**

【别　　名】A5430，CGA-38140，EINECS 260-875-1，Fonganil，Fongarid

【有效成分】N-（2, 6-二甲基苯基）-N-（2-呋喃甲酰基）-DL-氨基甲酸酯

【商品类别】杀菌剂

【结 构 式】

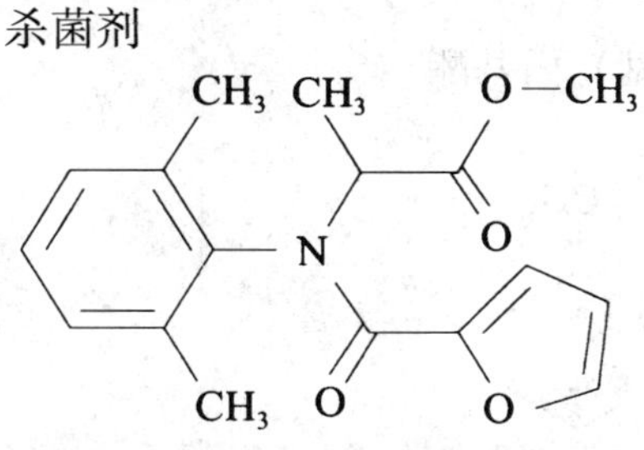

【商品属性】用于杀灭真菌、细菌和木质防腐。

熔点 70℃，蒸气压 5. 25E-07mmHg，水溶解度 230mg/L。

【毒　　性】

【税则号列】有效成分：29321900　　制剂：38089210（零售包装），38089290（其他）

**0132088　代森硫　Etem**

【别　　名】ETM

【有效成分】硫代乙撑双（硫代氨基甲酰基）

【商品类别】杀菌剂

【结 构 式】

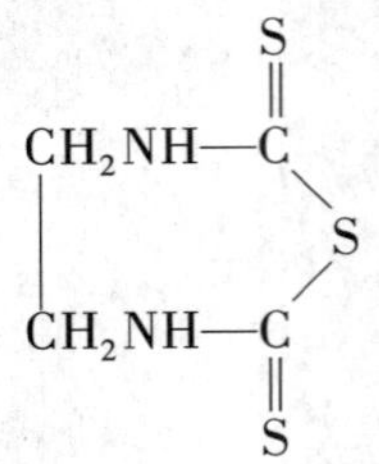

【商品属性】受热分解有毒氧化氮、氧化硫气体，熔点 124 ~ 126℃。

代森类农药能分解出毒性更高的异硫代氰酸酯，它与蛋白质中巯基或氨基发生反应产生毒性，使组织细胞的氧化还原系统和正常的新陈代谢作用受到干扰。

【毒　　性】高毒

【税则号列】有效成分：29349990　　　制剂：38089210（零售包装），38089290（其他）

**0132089　代森环　Milmeb**

【别　　名】AI3-25844，BRN1016962，Banlate，Du pont fungicide 328，Sanipa，Thiadiazin

【有效成分】3，3′-亚乙基双（四氢-4，6-二甲基-1，3，5-噻二唑-2-硫酮）

【商品类别】杀菌剂

【结 构 式】

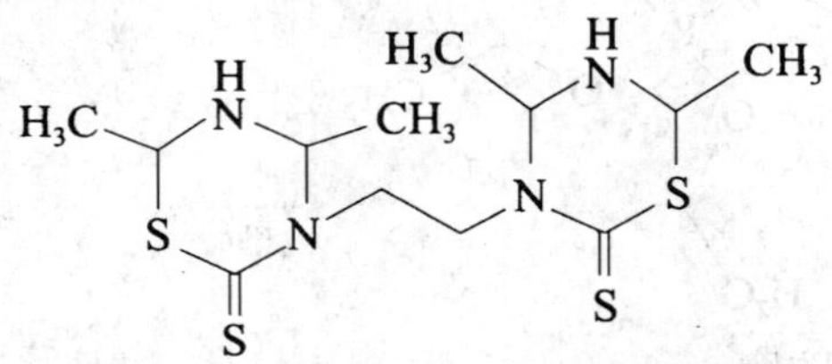

【商品属性】用于杀灭真菌、细菌和木质防腐。

代森类农药能分解出毒性更高的异硫代氰酸酯，它与蛋白质中巯基或氨基发生反应产生毒性，使组织细胞的氧化还原系统和正常的新陈代谢作用受到干扰。

【毒　　性】

【税则号列】有效成分：29349990　　　制剂：38089210（零售包装），38089290（其他）

**0132090　哌丙灵　Piperlin**

【别　　名】BRN1584693，Pipron

【有效成分】3，4-二氯苯甲酸-3-（2-甲基哌啶基）丙基酯

【商品类别】杀菌剂

【结 构 式】

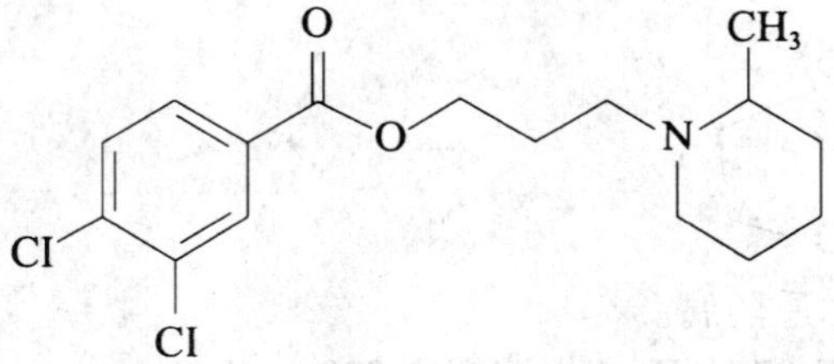

【商品属性】用于杀灭真菌、细菌和木质防腐。

熔点 <25℃，蒸气压 mmHg，水溶解度 20mg/L。

【毒　　性】

【税则号列】有效成分：29333990　　　制剂：38089210（零售包装），38089290（其他）

**0132091　氟氯菌核利　Fluoromide**

【别　　名】BRN1534427，Spartcide，Spat

【有效成分】3，4-二氯-1-（4-氟苯基）-1H-吡咯-2，5-二酮

【商品类别】杀菌剂

【结 构 式】

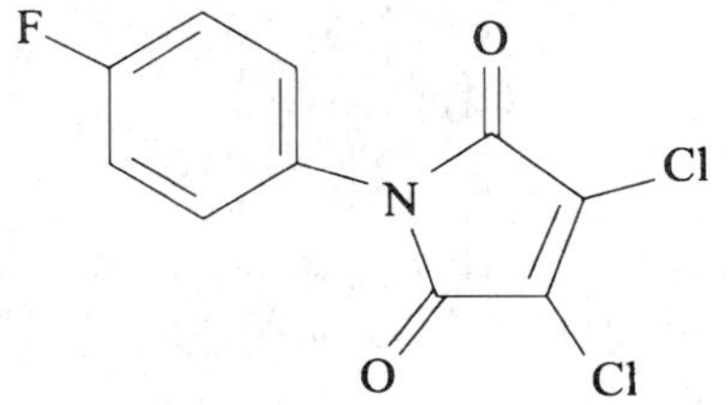

【商品属性】

【毒　　性】用于杀灭真菌、细菌和木质防腐。

【税则号列】有效成分：29251900　　制剂：38089210（零售包装），38089290（其他）

**0132092　咯喹酮　Pyroquilon**

【别　　名】BRN1455831，CGA-49104，Coratop，Fongoren，Lilolidone

【有效成分】1，2，5，6-四氢吡咯并［3, 2, 1-ij］喹啉-4-酮

【商品类别】杀菌剂

【结 构 式】

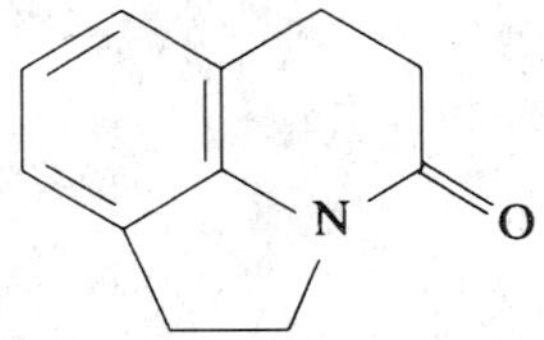

【商品属性】用于杀灭真菌、细菌和木质防腐。
熔点 112℃，蒸气压 1. 20E-06mmHg，水溶解度 4000mg/L。

【毒　　性】

【税则号列】有效成分：29334990　　制剂：38089210（零售包装），38089290（其他）

**0132093　辛噻酮　Octhilinone**

【别　　名】BRN1211137，CCRIS 6082，Kathon LP preservative，Micro-chek 11，Microbicide M-8，Pancil，Skane M8

【有效成分】2-辛基异噻唑-3（2H）-酮

【商品类别】杀菌剂

【结 构 式】

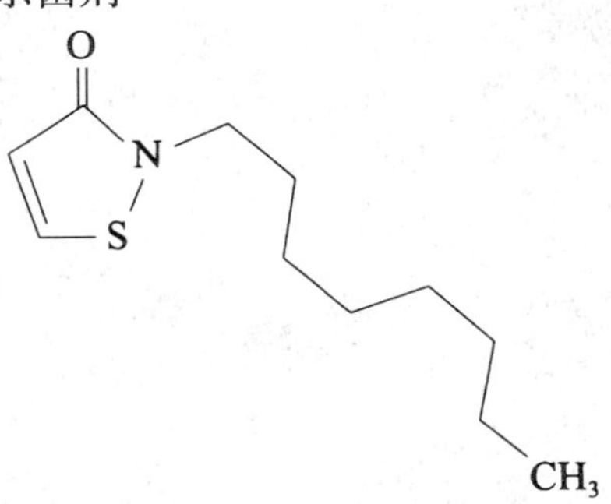

【商品属性】用于杀灭真菌、细菌和木质防腐。
熔点 <25℃，蒸气压 3. 68E-05mmHg，水溶解度 500mg/L。

【毒　　性】

【税则号列】有效成分：29341000　　制剂：38089210（零售包装），38089290（其他）

**0132094　　呋菌胺　　Methuroxam**

【别　　名】Fenfuroxam，Furavax，Furoxam，Trivax

【有效成分】2，4，5-三甲基-3-呋喃甲酰基甲酰苯胺

【商品类别】杀菌剂

【结 构 式】

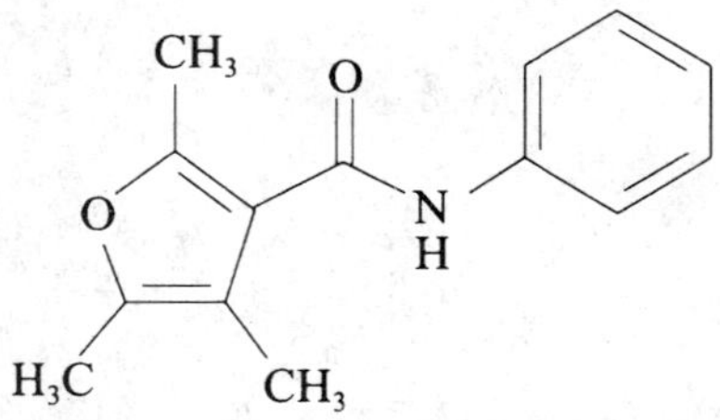

【商品属性】用于杀灭真菌、细菌和木质防腐。

【毒　　性】

【税则号列】有效成分：29321900　　　　制剂：38089210（零售包装），38089290（其他）

**0132095　　酯菌胺　　Cyprofuram**

【别　　名】SN78314，Stanza，Vinicur

【有效成分】a-［N-（3-氯苯基）环丙烷基甲酰胺］-r-丁内酯

【商品类别】杀菌剂

【结 构 式】

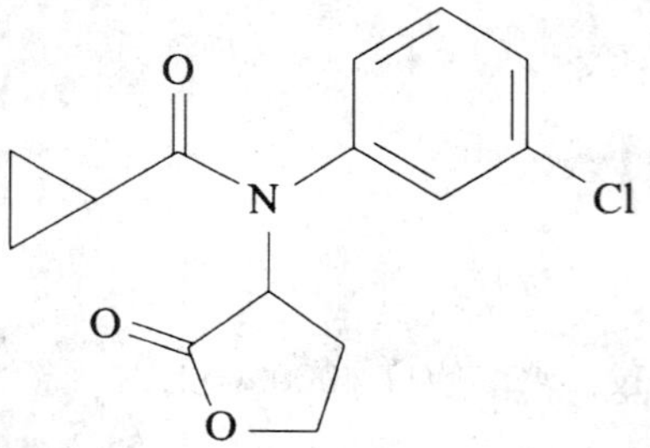

【商品属性】用于杀灭真菌、细菌和木质防腐。

熔点 95℃，蒸气压 mmHg，水溶解度 574mg/L。

【毒　　性】

【税则号列】有效成分：29321900　　　　制剂：38089210（零售包装），38089290（其他）

**0132096　　噻菌胺　　Metsulfovax**

【别　　名】ALG，BRN0883337，DCT

【有效成分】2, 4, -二甲基-1，3-噻唑-5-甲酰苯胺

【商品类别】杀菌剂

【结 构 式】

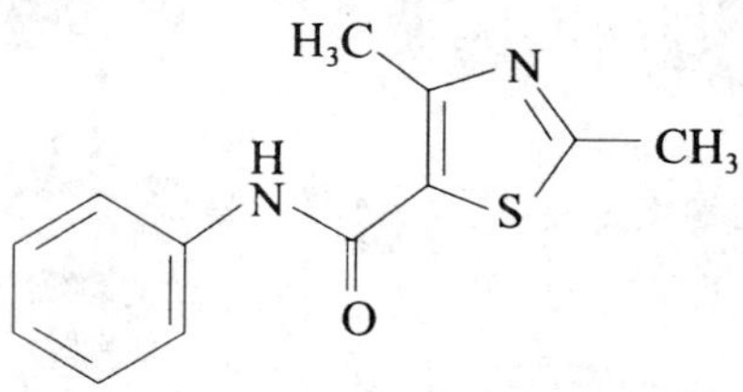

【商品属性】用于杀灭真菌、细菌和木质防腐。

【毒　　性】

【税则号列】有效成分：29341000　　　　制剂：38089210（零售包装），38089290（其他）

**0132097　抑霉胺　CGA-80000**

【别　　名】Vangard

【有效成分】a-［N-（3-氯-2，6-二甲基苯基）-2-甲氧基乙酰氨基］-r-丁内酯

【商品类别】杀菌剂

【结 构 式】

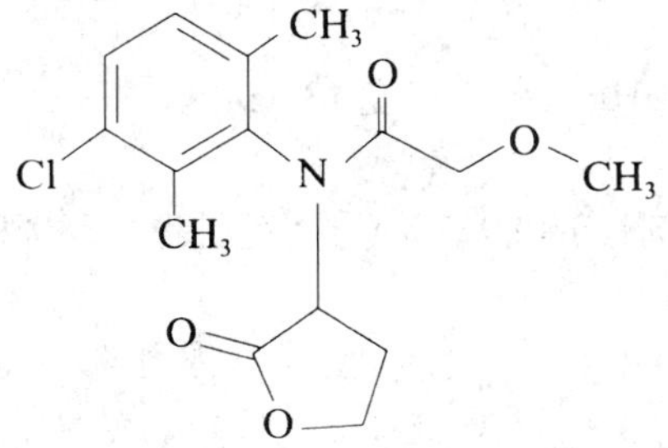

【商品属性】

【毒　　性】

【税则号列】有效成分：29321900　　制剂：38089210（零售包装），38089290（其他）

**0132098　腐霉利　Procymidone**

【别　　名】速克灵，二甲菌核利，菌核酮，Sumilex，Sumisclex

【有效成分】N-（3,5-二氯苯基）-1,3-二甲基环丙烷-1,2-二羰基亚胺

【商品类别】二羧甲酰亚胺类杀菌剂

【结 构 式】

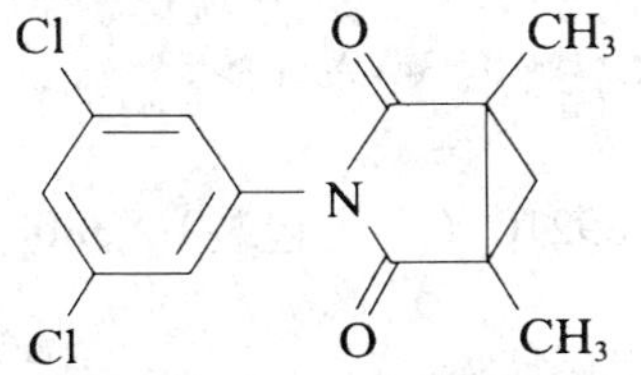

【商品属性】内吸杀菌剂。对葡萄孢属核、旋孢腔菌属、长蠕孢属、盘菌属有特效，对苯菌灵、甲基硫菌灵多菌灵有抗性的病源菌也有效，可与多菌灵等交替使用。能防治茄子、黄瓜、番茄、草莓、元葱、花卉和葡萄的灰霉病以及由核盘菌属引起的豆科、莴苣、胡椒等的茎腐病和桃棕腐病。

无色晶体体，原药为浅棕色固体，熔点166～166.5℃（原药为164～166℃），蒸气压18mPa（25℃）、10.5mPa（20℃），密度1.452（25℃）。溶解度：水4.5mg/L（25℃），微溶于醇类，在丙酮中为180，二甲苯43，氯仿210，二甲基甲酰胺230，甲醇16（g/L，25℃）。一般贮存条件下稳定，对光、热、潮湿稳定。

常见制剂类型：烟剂、可湿性粉剂。

【毒　　性】一般只对皮肤和眼有刺激作用，经口毒性低，无人体中毒的报道。

【税则号列】有效成分：29251900　　制剂：38089210（零售包装），38089290（其他）

**013299　嘧菌环胺　Cyprodinil**

【别　　名】

【有效成分】N-（4-甲基-6-环丙基嘧啶-2-基）苯胺

【商品类别】杀菌剂

【结 构 式】

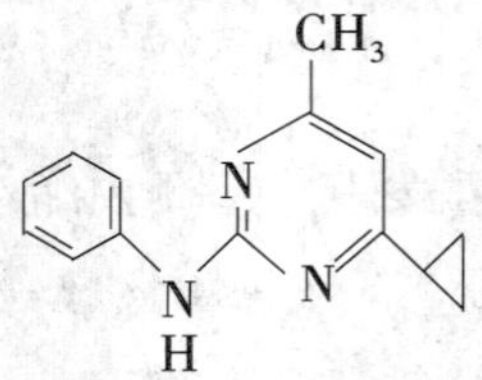

【商品属性】熔点 75.9℃，蒸气压 3.68E-06mmHg，水溶解度 13mg/L。
【毒　　性】
【税则号列】有效成分：29335990　　　制剂：38089210（零售包装），38089290（其他）

**0132100　　咪唑嗪　　Triazoxide**
【别　　名】
【有效成分】7-氯-3-咪唑-1-基-1，2，4-苯并三嗪-1-氧化物
【商品类别】
【结 构 式】

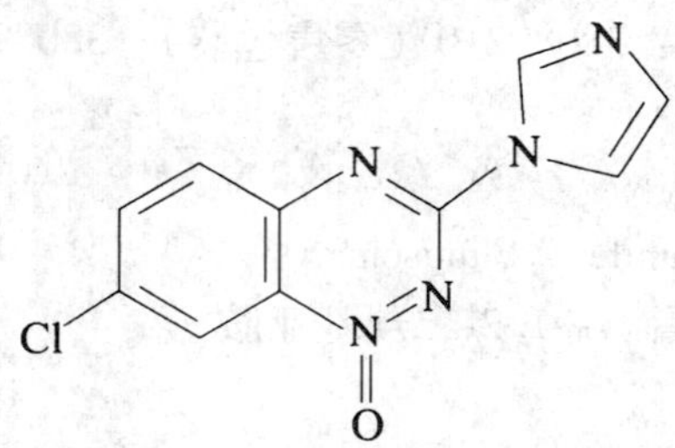

【商品属性】熔点 182℃，蒸气压 2.25E-09mmHg，水溶解度 34mg/L。
【毒　　性】
【税则号列】有效成分：29333990　　　制剂：38089210（零售包装），38089290（其他）

**0132101　　噻菌腈　　Thicyofen**
【别　　名】
【有效成分】3-氯-5-乙基亚磺酰噻吩-2，4-二腈
【商品类别】
【结 构 式】

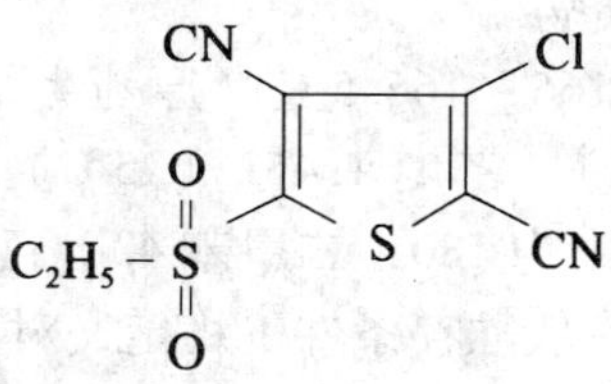

【商品属性】
【毒　　性】
【税则号列】有效成分：29349990　　　制剂：38089210（零售包装），38089290（其他）

**0132102　　氯苯吡啶　　Parinol**
【别　　名】BRN1540839，EL-241，Parnon
【有效成分】双（4-氯苯基）-3-吡啶基甲醇
【商品类别】杀菌剂
【结 构 式】

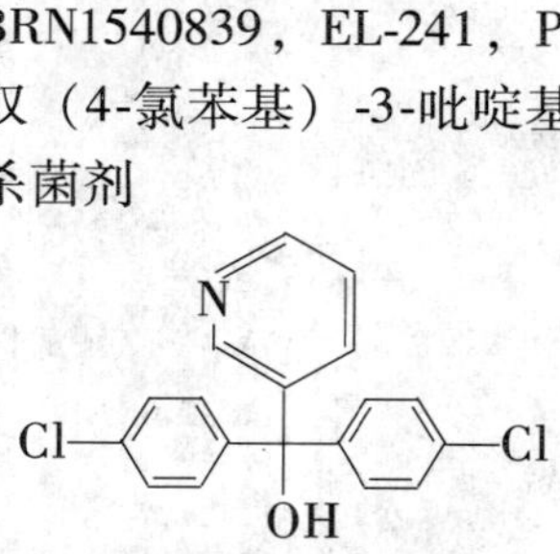

【商品属性】
【毒　　性】
【税则号列】有效成分：29333990　　　制剂：38089210（零售包装），38089290（其他）

**0132103　　土菌灵　　Etridiazole**

【别　　名】依得利，Terrazole，Aaterra，BRN1074817，Banrot，Dwell，ETMT，Echlomezol，Etcmtb，Ethazol，HSDB1709，Koban，MF-344，NSC-524929，Olin mathieson 2424，Pansoil，Planvate，Terrachlor-super X terracoat，Terraflo，Truban
【有效成分】5-乙氧基-3-（三氯甲基）-1, 2, 4-噻二唑
【商品类别】杀菌剂
【结 构 式】

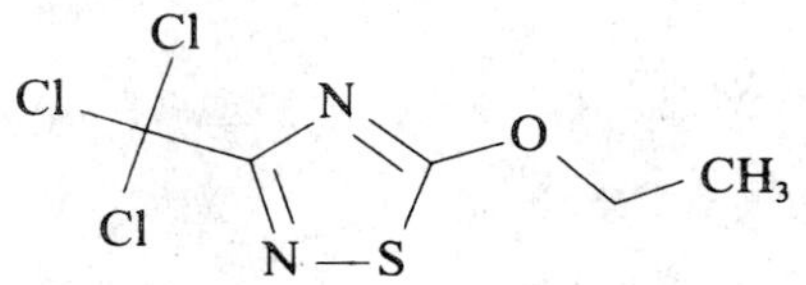

【商品属性】用于杀灭真菌、细菌和木材防腐。
熔点 19.9℃，沸点 188℃，蒸气压 1.00E-04mmHg，溶解度 117mg/L。
【毒　　性】
【税则号列】有效成分：29349990　　　制剂：38089210（零售包装），38089290（其他）

**0132104　　呋醚唑　　Furconazole-cis**

【别　　名】BRN3571881，LS840606，Cis-furconazole
【有效成分】5-（2，4-二氯苯基）-5-（1H-1，2，4-三唑-1-基甲基）-2-四氢呋喃基-2，2，2-三氟乙基醚
【商品类别】杀菌剂
【结 构 式】

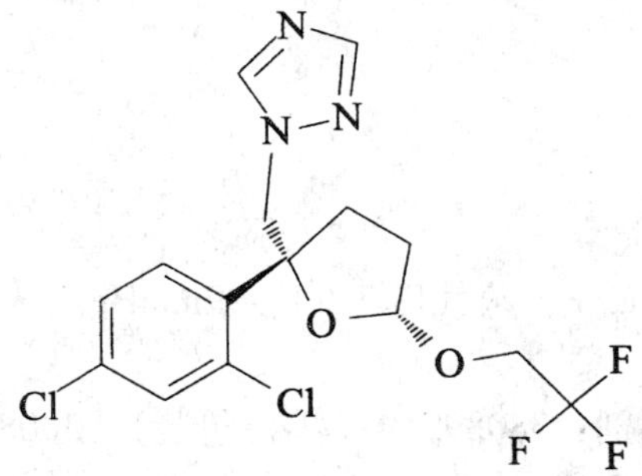

【商品属性】用于杀灭真菌、细菌和木材防腐。
【毒　　性】
【税则号列】有效成分：29349990　　　制剂：38089210（零售包装），38089290（其他）

**0132105　　咪菌威　　Debacarb**

【别　　名】
【有效成分】a-（2-乙氧基乙氧基）乙基苯并咪唑-2-基氨基甲酸酯
【商品类别】杀菌剂
【结 构 式】

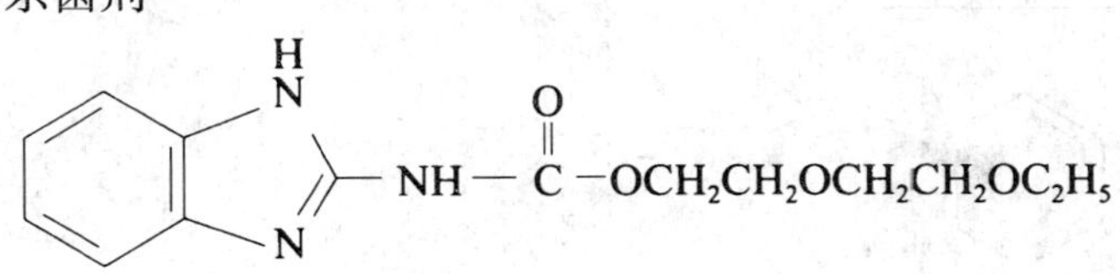

【商品属性】
【毒　　性】
【税则号列】有效成分：29339900　　　　制剂：38089210（零售包装），38089290（其他）

**0132106　二甲呋酰胺　Furcarbanil**
【别　　名】BAS3191，Furcarbanil
【有效成分】2，5-二甲基呋喃-3-甲酰苯胺
【商品类别】杀菌剂
【结 构 式】
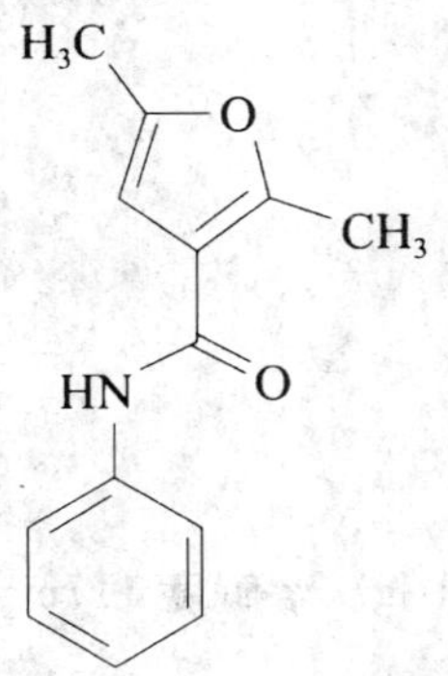

【商品属性】用于杀灭真菌、细菌和木材防腐。
【毒　　性】
【税则号列】有效成分：29321900　　　　制剂：38089210（零售包装），38089290（其他）

**0132107　果绿啶　Glyodin**
【别　　名】Crag 341，Glyoxalidin，Glyoxide
【有效成分】2-十七烷基-2-咪唑啉乙酸酯
【商品类别】杀菌剂
【结 构 式】
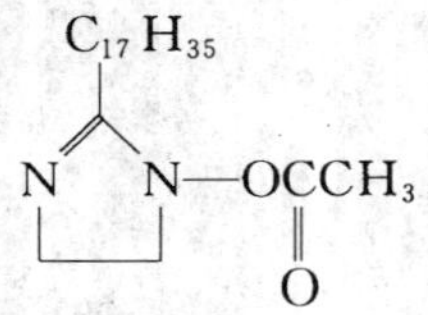

【商品属性】熔点65℃，水溶解度6. 13E-04mg/L，蒸气压7. 24E-09mmHg。
【毒　　性】
【税则号列】有效成分：29332900　　　　制剂：38089210（零售包装），38089290（其他）

**0132108　咪菌腈　Fenapanil**
【别　　名】RH-2161，Sisthane
【有效成分】2-正丁基-2-苯基-3-（1H-咪唑-1 基0 丙腈
【商品类别】杀菌剂
【结 构 式】
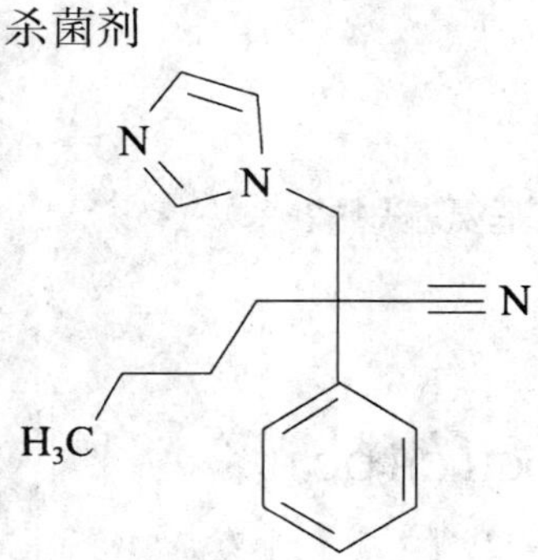

【商品属性】熔点 160 ~ 162℃，水溶解度 38mg/L，蒸气压 9.30E-08mmHg。
【毒　　性】
【税则号列】有效成分：29332900　　　　制剂：38089210（零售包装），38089290（其他）

**0132109　　啶菌腈　　Pyridinitril**
【别　　名】Culvan，DDPP
【有效成分】2，6-二氯-3，5-二氰基-4-苯基吡啶
【商品类别】杀菌剂
【结 构 式】

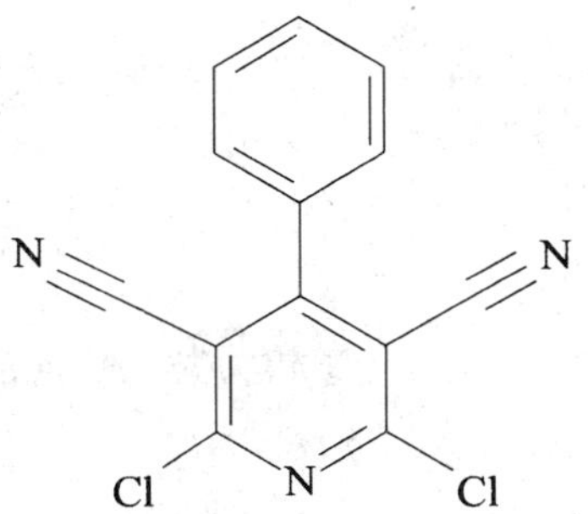

【商品属性】
【毒　　性】
【税则号列】有效成分：29333990　　　　制剂：38089210（零售包装），38089290（其他）

**0132110　　三氯甲基吡啶　　Nitrapyrin**
【别　　名】CCRIS4599，N-serve
【有效成分】2-氯-6-三氯甲基吡啶
【商品类别】杀菌剂
【结 构 式】

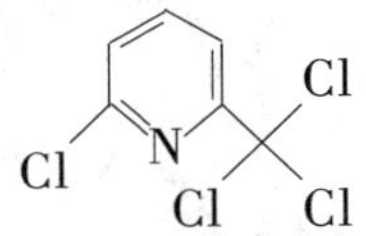

【商品属性】熔点 63℃，水溶解度 72mg/L，蒸气压 0.0048mmHg。
【毒　　性】
【税则号列】有效成分：29333990　　　　制剂：38089210（零售包装），38089290（其他）

**0132111　　丁硫啶　　Buthiobate**
【别　　名】Denmert
【有效成分】4-特丁基苄基-N-（3-吡啶基）亚氨基二硫代碳酸丁酯
【商品类别】杀菌剂
【结 构 式】

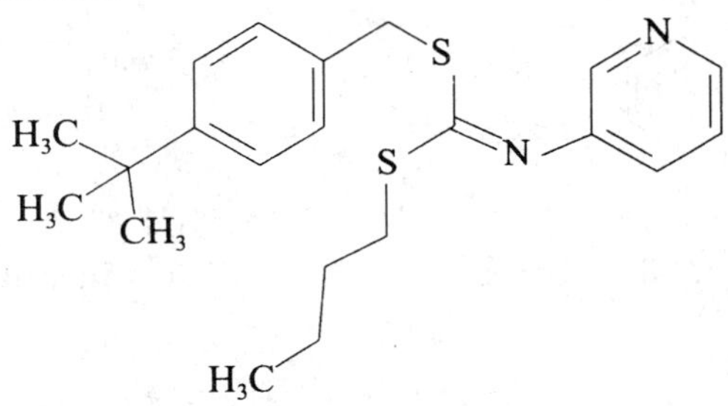

【商品属性】
【毒　　性】

【税则号列】有效成分：29333990　　　　制剂：38089210（零售包装），38089290（其他）

**0132112　　丙烯酸喹啉酯　　Halacrinate**

【别　　名】
【有效成分】7-溴-5-氯喹啉-8-基丙烯酸酯
【商品类别】杀菌剂
【结 构 式】

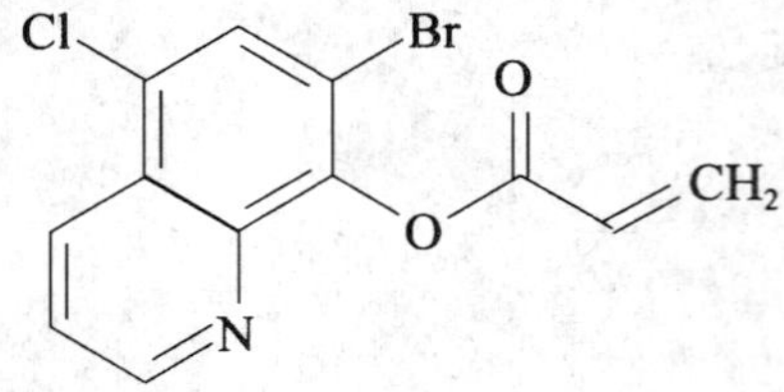

【商品属性】
【毒　　性】
【税则号列】有效成分：29334990　　　　制剂：38089210（零售包装），38089290（其他）

**0132113　　乙氧喹啉　　Ethoxyquin**

【别　　名】Amea 100，Antage AW，EMQ，EQ，Niflex，Quinol ED，Santoflex A，Santoquin，Stop-scald
【有效成分】
【商品类别】杀菌剂
【结 构 式】

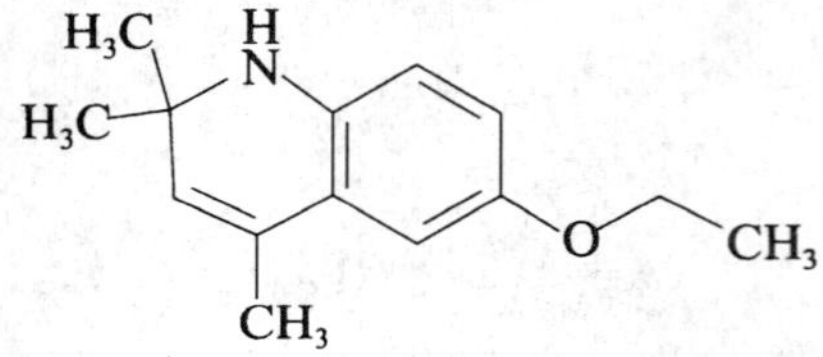

【商品属性】水溶解度 17.5mg/L，蒸气压 1.32E-04mmHg。
【毒　　性】
【税则号列】有效成分：29334990　　　　制剂：38089210（零售包装），38089290（其他）

**0132114　　8-羟基喹啉　　8-Hydroxyquinoline sulphate**

【别　　名】Chinosol，Oxyquinoline sulfate，Albisal，Cryptonol，Happy，Khinozol，Octofen，Quinosol，Sunoxol，Superol
【有效成分】双（8-羟基喹啉）硫酸盐
【商品类别】杀菌剂
【结 构 式】

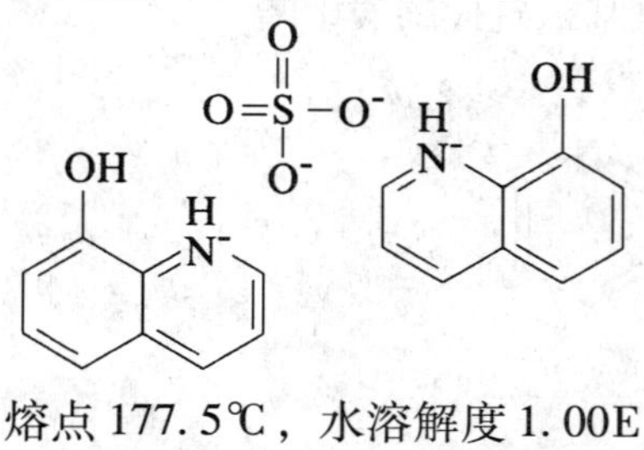

【商品属性】熔点 177.5℃，水溶解度 1.00E+06mg/L，蒸气压 2.10E-15mmHg。
【毒　　性】
【税则号列】有效成分：29334990　　　　制剂：38089210（零售包装），38089290（其他）

**0132115　　二甲嘧酚　　Dimethirimol**

【别　　名】Melkeb，Methyrimol，Milcurb

【有效成分】5-丁基-2-二甲基氨基-4-羟基-6-甲基嘧啶

【商品类别】杀菌剂

【结 构 式】

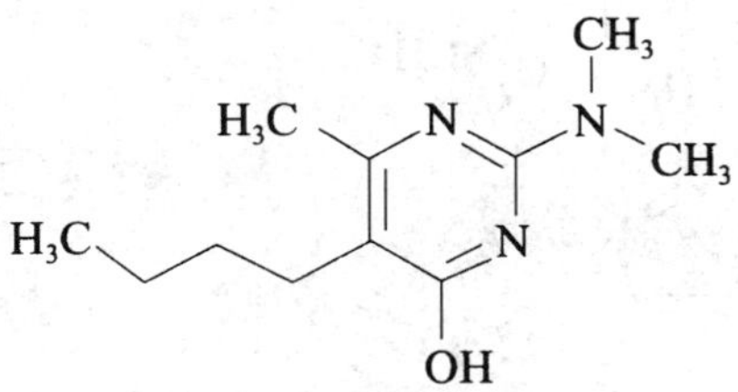

【商品属性】熔点 102℃，水溶解度 1200mg/L，蒸气压 1. 10E-05mmHg。

【毒　　性】

【税则号列】有效成分：29335990　　　　制剂：38089210（零售包装），38089290（其他）

**0132116　　乙嘧酚　　Ethirimol**

【别　　名】Milgo，Milstem，PP149

【有效成分】5-丁基-2-乙基氨基-4-羟基-6-甲基嘧啶

【商品类别】杀菌剂

【结 构 式】

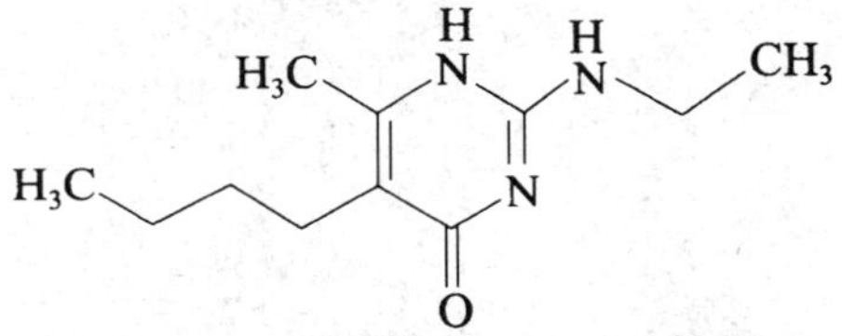

【商品属性】熔点 160℃，水溶解度 150mg/L，蒸气压 2. 00E-06mmHg。

【毒　　性】

【税则号列】有效成分：29335990　　　　制剂：38089210（零售包装），38089290（其他）

**0132117　　乙嘧酚磺酸酯　　Bupirimate**

【别　　名】Nimrod，PP588

【有效成分】5-丁基-2-乙基氨基-4-羟基-6-甲基嘧啶-4-基-N，N-二甲基氨基磺酸酯

【商品类别】杀菌剂

【结 构 式】

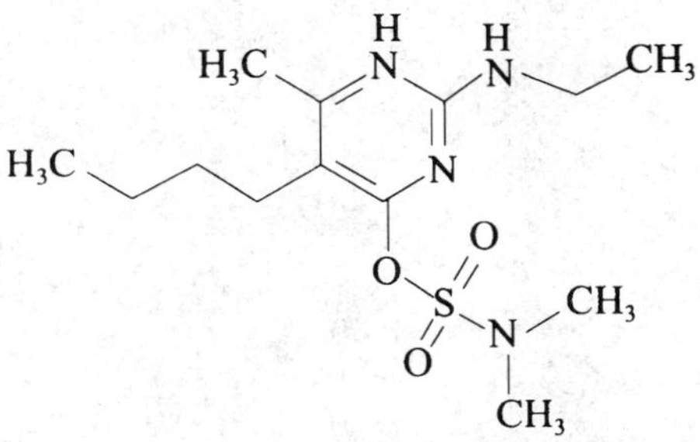

【商品属性】熔点 50～51℃，水溶解度 22mg/L，蒸气压 7. 50E-07mmHg。

【毒　　性】

【税则号列】有效成分：29335990　　　　制剂：38089210（零售包装），38089290（其他）

**0132118　　氰菌灵　　Cypendazole**

【别　　名】DAM18654，Folcidin

【有效成分】1-（5-氰基亚戊基氨基甲酰）-2-苯并咪唑基氨基甲酸甲酯

【商品类别】杀菌剂

【结 构 式】

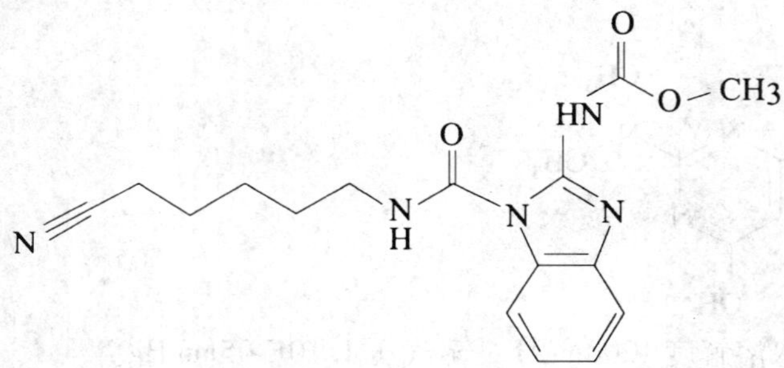

【商品属性】

【毒　　性】

【税则号列】有效成分：29339900　　　　制剂：38089210（零售包装），38089290（其他）

**0132119　　四氯喹恶啉　　Chlorquinox**

【别　　名】Lucel，NC-1978

【有效成分】5，6，7，8-四氯喹恶啉

【商品类别】杀菌剂

【结 构 式】

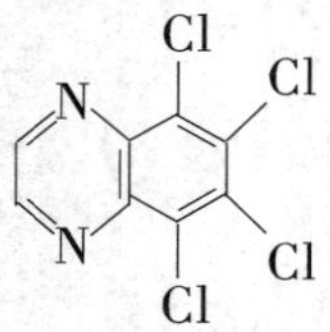

【商品属性】熔点 190℃，水溶解度 1mg/L。

【毒　　性】

【税则号列】有效成分：29339900　　　　制剂：38089210（零售包装），38089290（其他）

**0132120　　三氟苯唑　　Fluotrimazole**

【别　　名】6660，Persulon

【有效成分】A，a-二苯基-3-（三氟甲基）苄基-1H-1，2，4-三唑

【商品类别】杀菌剂

【结 构 式】

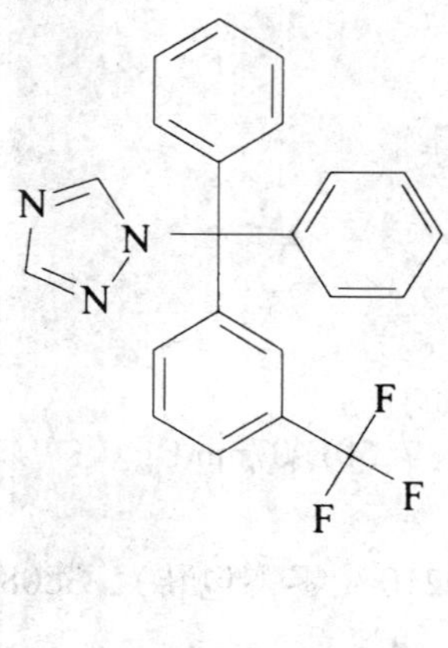

【商品属性】

【毒　　性】

【税则号列】有效成分：29339900　　　　制剂：38089210（零售包装），38089290（其他）

**0132121　吗菌威　Carbamorph**

【别　　名】MC883

【有效成分】N，N-二甲基二硫代氨基甲酸-S-吗啉代甲基酯

【商品类别】杀菌剂

【结 构 式】

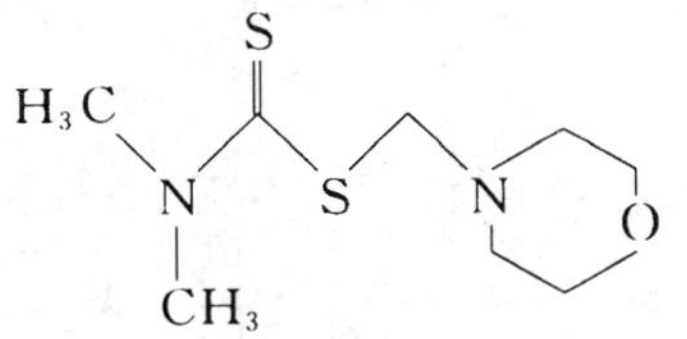


【商品属性】

【毒　　性】

【税则号列】有效成分：29349990　　　制剂：38089210（零售包装），38089290（其他）

**0132122　麦穗宁　Fuberidazole**

【别　　名】Voronit

【有效成分】2-（2 呋喃基）苯并咪唑

【商品类别】杀菌剂

【结 构 式】

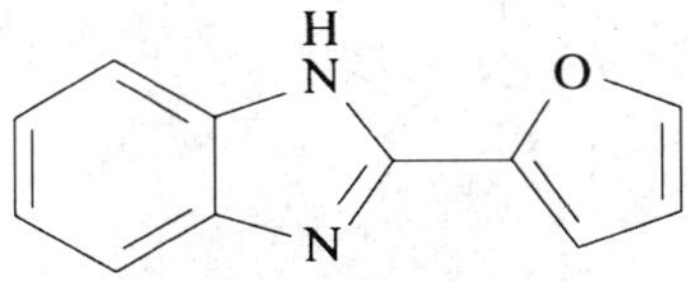


【商品属性】熔点 292℃，水溶解度 71mg/L，蒸气压 6. 75E-09mmHg。

【毒　　性】

【税则号列】有效成分：29349990　　　制剂：38089210（零售包装），38089290（其他）

**0132123　十二环吗啉　Dodemorph**

【别　　名】Doazine，Meltatox

【有效成分】4-环十二烷基-2，6-二甲基吗啉

【商品类别】杀菌剂

【结 构 式】

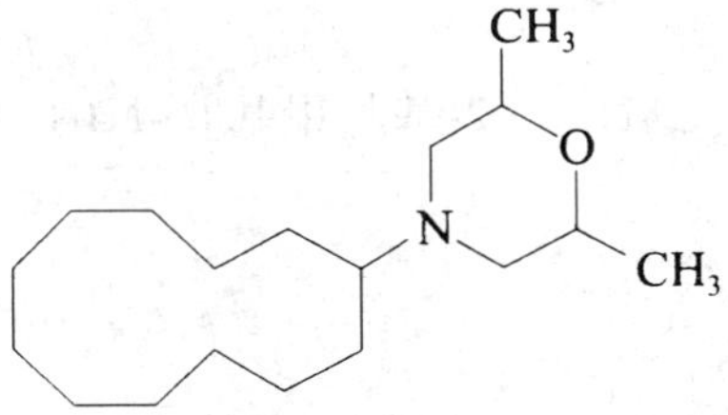


【商品属性】熔点 71℃，蒸气压 3. 60E-06mmHg。

【毒　　性】

【税则号列】有效成分：29349990　　　制剂：38089210（零售包装），38089290（其他）

**0132124　肼菌酮　Drazoxolon**

【别　　名】Ganocide，Mil-col，Saisan，Sopracol

【有效成分】4-（2-氯苯基亚肼基）-3-甲基-5-异恶唑酮

【商品类别】杀菌剂

【结 构 式】

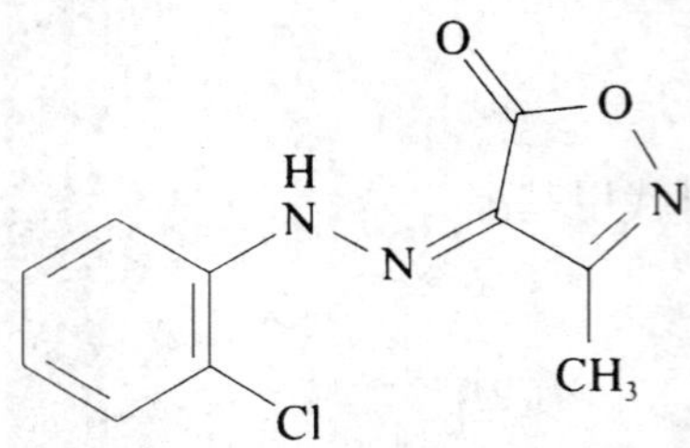

【商品属性】熔点168℃。
【毒　　性】
【税则号列】有效成分：29349990　　制剂：38089210（零售包装），38089290（其他）

**0132125　灰瘟素　Blasticidin-S**
【别　　名】Bla-S
【有效成分】4-［3-氨基-5-（1-甲基胍基）戊酰胺基］-1-［4-氨基-2 氧代-1-（2H）-嘧啶基］-1，2，3，4-四脱氧-β，D-赤已-2-烯吡喃糖醛酸
【商品类别】杀菌剂
【结 构 式】

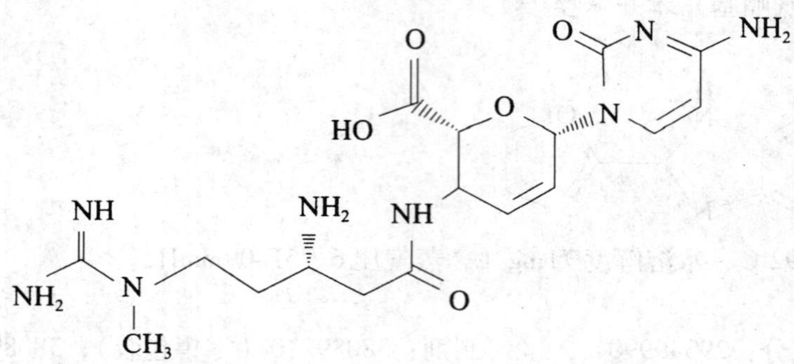

【商品属性】熔点235℃。
【毒　　性】
【税则号列】有效成分：29349990　　制剂：38089210（零售包装），38089290（其他）

**0132126　氧环唑　Azaconazole**
【别　　名】Madurox
【有效成分】1-［［2-（2，4-二氯苯基）-1，3-二氧戊环-2-基］甲基］-1H-1，2，4-三唑
【商品类别】杀菌剂
【结 构 式】

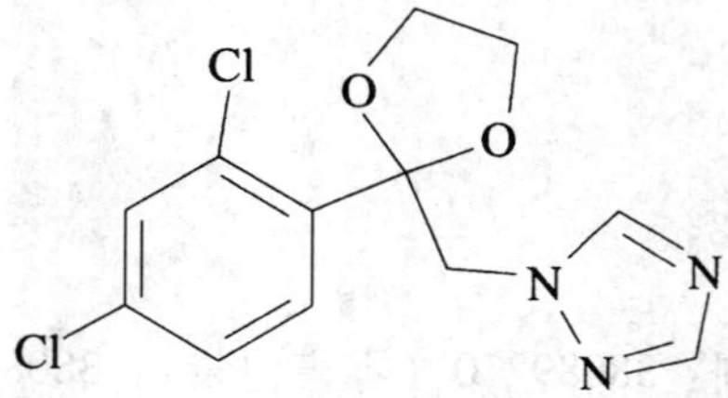

【商品属性】
【毒　　性】
【税则号列】有效成分：29349990　　制剂：38089210（零售包装），38089290（其他）

**0132127　拌种灵　Amicarthiazol**
【别　　名】Sidvax，Seedvax F-849
【有效成分】2-氨基-4-甲基-5-甲酰苯胺基噻唑

【商品类别】酰苯胺类杀菌剂
【结 构 式】
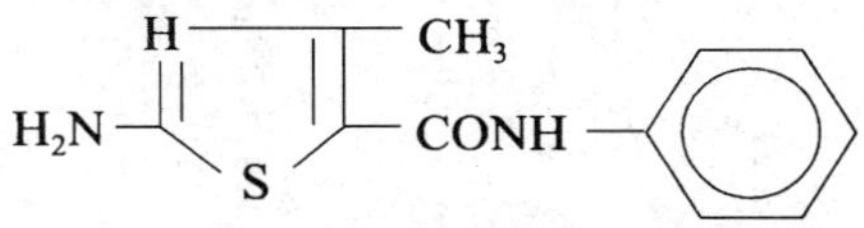
【商品属性】具有内吸性，拌种后可进入种皮或种胚，杀死种子表面及潜伏在种子内部的病原菌；同时也可在种子发芽后进入幼芽和幼根，从而保护幼苗免受土壤病原菌的侵染。

无色无味结晶，原粉为米黄色固体。熔点 222～224℃，易溶于二甲基甲酰胺、乙醇、甲醇。不溶于水和非极性溶剂，遇碱分解，遇酸生成相应的盐，270～285℃分解。

常见制剂类型：悬浮种衣剂、可湿性粉剂。
【毒　　性】低毒。
【税则号列】有效成分：29341000　　制剂：38089210（零售包装），38089290（其他）

**0132128　恶唑菌酮　Famoxadone**

【别　　名】易保，Famoxate
【有效成分】3-苯胺基-5-甲基-5-（4-苯氧基苯基）-1, 3-唑啉-2, 4-二酮
【商品类别】其他
【结 构 式】
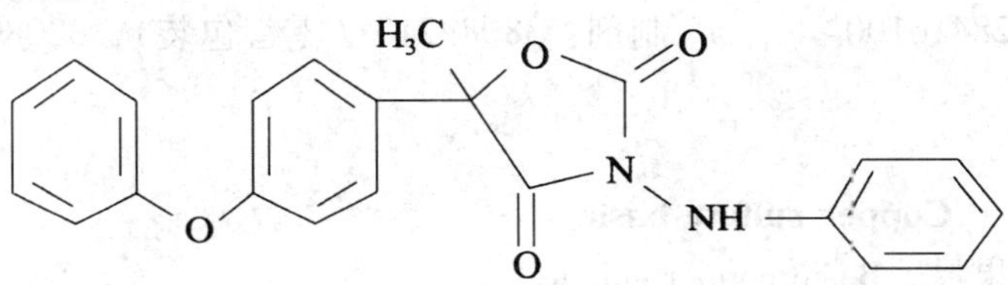
【商品属性】能量抑制剂即线粒体电子传递抑制剂；对复合体 III 中细胞色素 C 氧化还原酶有抑制作用。有保护、治疗、铲除、渗透、内吸活性，与苯基酰胺类杀菌剂无交抗性。

熔点 140.3～141.8℃，蒸气压 $6.4\times10^{-7}$ Pa（25℃），水溶解度（20℃）52ppb。

常见制剂类型：水分散粒剂。
【毒　　性】对兔眼睛和皮肤轻微刺激。无致畸、致突变、致癌作用。
【税则号列】有效成分：29349990　　制剂：38089210（零售包装），38089290（其他）

**0132129　二氯异氰尿酸钠**

【别　　名】优氯特，优氯克霉灵
【有效成分】二氯异氰尿酸钠
【商品类别】脲类杀菌剂
【结 构 式】
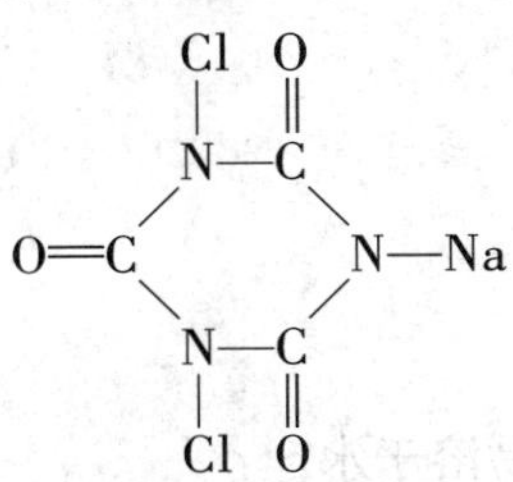
【商品属性】对人、畜、禽等动物性病原细菌的繁殖体、芽孢、真菌和病毒，对鱼、虾池中的细菌、真菌、病毒及部分原虫，对蔬菜、瓜类、果树、小麦、水稻、花生、棉花等田间作物的病原细菌、真菌、病毒均有极强的杀灭能力。对食用菌栽培

过程中易发生的霉菌及多种病害有较强的消毒和杀菌能力。
白色粉末，密度0.74g/mL。
常见制剂类型：可溶性粉剂。
【毒　　性】对人基本无毒。
【税则号列】有效成分：29336921　　制剂：38089910（零售包装），38089990（其他）

## 0133 无机杀菌剂

### 0133001　高锰酸钾　Potassium penmanganate

【别　　名】
【有效成分】高锰酸钾
【商品类别】其他
【结 构 式】$KMnO_4$
【商品属性】溶解度（g/L，20℃）：5.96。稳定性：在空气中稳定，水溶液遇光照光化分解。
【毒　　性】低毒。
【税则号列】有效成分：28416100　　制剂：38089210（零售包装），38089290（其他）

### 0133002　碱式硫酸铜　Copper sulfate basic

【别　　名】绿得保，保果灵，Basic copper sulfate
【有效成分】碱式硫酸铜
【商品类别】无机杀菌剂
【结 构 式】$CuSO_4 \cdot 3Cu(OH)_2 \cdot H_2O$
【商品属性】因其粒度细小，分散性好，耐雨水冲刷，悬浮剂还加有粘着剂，因此能牢固地粘附在植物表面形成一层保护膜，碱式硫酸铜有效成分依靠在植物表面上水的酸化，逐步释放铜离子，抑制真菌孢子萌发和菌丝发育，可用于防治梨黑星病，用药后果面光洁。
淡蓝色粉末，不溶于水，可溶于稀酸类。
常见制剂类型：水剂、悬浮剂。
【毒　　性】误食引起急性中毒，表现为头痛、头晕、乏力、口腔黏膜呈蓝色，口内有金属味，齿龈出血，舌发青，腹泻，腹绞痛，黑大便，重者昏迷、痉挛，血压下降等。
【税则号列】有效成分：28332500　　制剂：38089210（零售包装），38089290（其他）

### 0133003　硫酸锌　Zinc sulfate

【别　　名】
【有效成分】七水合硫酸锌
【商品类别】无机杀菌剂
【结 构 式】$ZnSO_4 \cdot 7H_2O$
【商品属性】无色斜方晶体，相对密度1.957（25℃），易溶于水。
常见制剂类型：混合可湿性粉剂、悬浮剂。
【毒　　性】
【税则号列】有效成分：28222930　　制剂：38089210（零售包装），38089290（其他）

**0133004　硫酸四氨络合锌　Copper sulfate-ammonia complex**

【别　　名】抗枯宁，络氨铜，络氨锌

【有效成分】硫酸四氨络合锌（为杀菌剂抗枯宁的一种有效成分）

【商品类别】无机杀菌剂

【结 构 式】

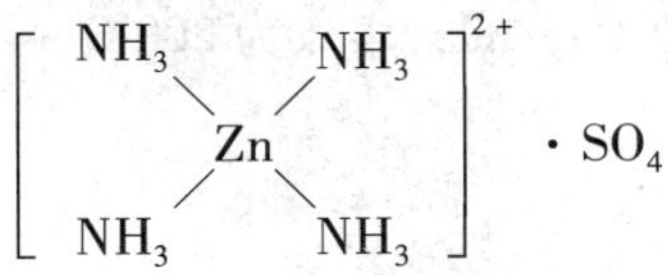

【商品属性】是高效、安全的广谱杀菌剂，对真菌、细菌性病害均有较好的防效；同时又是植物生长激素，在施药条件下，能促进作物生长，明显提高作物产量。

深蓝色液体。溶于乙醇和其他低级醇中，不溶于乙醚、丙酮、三氯甲烷、四氯化碳等有机溶剂。

常见制剂类型：混合水剂。

【毒　　性】恶心、呕吐、惊厥。

【税则号列】有效成分：28429090　　制剂：38089210（零售包装），38089290（其他）

**0133005　硫酸铜　Copper sulfate**

【别　　名】蓝矾，胆矾，Blue vitrol，Sulfacop，Roman vitriol

【有效成分】五水合硫酸铜

【商品类别】无机杀菌剂

【结 构 式】$CuSO_4 \cdot 5H_2O$

【商品属性】硫酸铜水溶液有强力的杀菌作用，农业上主要用于防治果树、麦芽、马铃薯、水稻等多种病害，效果良好，但对锈病、白粉病作用差。同时，对植物产生药害，同时仅对铜离子药害忍耐力强的作物上或休眠期的果树上使用。是一种预防性杀菌剂，需在病发前使用。也可用于稻田、池塘除藻。也是一种微量元素肥料，能提高叶绿素的稳定性，预防叶绿素不致于过早地被破坏，促进作物吸收，作物缺铜时失绿，果树缺铜时，果实小，果肉变硬，严重时果树死亡，对铜敏感的作物是禾谷类作物如小麦、大麦、燕麦等，主要用于种子处理和根外追肥。也是杀藻剂，能防治孢子萌发。可用于稻田、池塘、鱼孵卵池、游泳池等灭藻，保护和治疗侵染荷兰榆的各种病害，可与石灰形成常用杀菌剂石硫合剂，可用在木材上防腐。对大多数植物有药害。

蓝色结晶，密度 2.286（15.6℃）。溶解度：水 148g/kg（0℃）、335g/kg（50℃）、230.5g/kg（25℃）、735g/kg（100℃），甲醇 156g/L（18℃），几乎不溶于其他大多数有机溶剂。在甘油中呈宝石绿色，空气中缓慢风化，加热失去两分子结晶水（30℃）。

常见制剂类型：混合可湿性粉剂、悬乳剂。

【毒　　性】误食引起急性中毒，表现为头痛、头晕、乏力、口腔黏膜呈蓝色，口内有金属味，齿龈出血，舌发青，腹泻，腹绞痛，黑大便，重者昏迷、痉挛，血压下降等。

【税则号列】有效成分：28332500　　制剂：38089210（零售包装），38089290（其他）

**0133006　硫酸铜钙　Copper calcium sulphate**

【别　　名】Bordeaux mixture velles

【有效成分】硫酸铜-钙

【商品类别】无机杀菌剂
【结 构 式】$CuSO_4 \cdot 3Cu(OH)_2 \cdot 3CaSO_4 \cdot nH_2O$（n=0.5~3）
【商品属性】本品为高效广谱、保护性杀菌剂，对苹果、梨、柑橘、马铃薯、番茄等多种作物的多种病害有良好的防治效果。
原药外观为绿色细粉末，密度为0.75-0.95g/ml，熔点为200℃，不溶于水及有机溶剂。
常见制剂类型：可湿性粉剂。
【毒　　性】低毒。
【税则号列】有效成分：28429090　　制剂：38089210（零售包装），38089290（其他）

**0133007　氧化钙　Calcium oxide**
【别　　名】
【有效成分】氧化钙
【商品类别】无机杀菌剂
【结 构 式】CaO
【商品属性】本品是由苦参、硫和钙为原药加工而成的杀菌剂，对多种菌有杀害作用。
外观：棕褐色稳定的液体。稳定性：在空气中易吸收二氧化碳生成碳酸钙。溶解度：易溶于酸，难溶于水。
常见制剂类型：混合水剂。
【毒　　性】低毒。
【税则号列】有效成分：28259090　　制剂：38089210（零售包装），38089290（其他）

**0133008　氧化亚铜　Cuprous oxide**
【别　　名】靠山，Copper sandoz
【有效成分】氧化亚铜
【商品类别】无机杀菌剂
【结 构 式】$Cu_2O$
【商品属性】氧化亚铜的杀菌作用主要靠铜离子，它与真菌或细菌体内蛋白质中的－SH、－$NH_2$、－COOH、－OH等基团起作用，导致病菌死亡。可用于防治番茄早疫病、黄瓜霜霉病。
黄至红色无定形粉末或八面结晶体，熔点1235℃，沸点1800℃，蒸气压可略，不溶于水和有机溶剂，溶于铵水，形成盐。溶于稀盐酸中，形成氯化铜。在（干燥）正常条件下稳定，在高温及潮气中氧化形成二价氧化铜，也可转化成碳酸铜。
常见制剂类型：混合可湿性粉剂。
【毒　　性】误食引起急性中毒，表现为头痛、头晕、乏力、口腔黏膜呈蓝色，口内有金属味，齿龈出血，舌发青，腹泻，腹绞痛，黑大便，重者昏迷、痉挛，血压下降等。
【税则号列】有效成分：28255000　　制剂：38089210（零售包装），38089290（其他）

**0133009　氧氯化铜　Copper oxychloride**
【别　　名】王铜，碱式氯化铜，氯化铜，Cabell，Coppesan
【有效成分】氧氯化铜
【商品类别】无机杀菌剂

【结 构 式】$Cu_2Cl(OH)_3$
【商品属性】氧氯化铜喷到作物上后能粘附在植物体表面，形成一层保护膜，不易被雨水冲刷。在一定湿度条件下释放出可溶性碱式氯化铜离子起杀菌作用。主要用于防治柑橘溃疡病，也可用于防治其他真菌病害及部分细菌病害。
蓝绿色粉末，不溶于水和有机溶剂，但溶于氢氧化铵和稀酸中。中性介质中很稳定，热碱中分解，加热至220℃分解。
常见制剂类型：悬浮剂、混合可湿性粉剂。
【毒　　性】误食引起急性中毒，表现为头痛、头晕、乏力、口腔黏膜呈蓝色，口内有金属味，齿龈出血，舌发青，腹泻，腹绞痛，黑大便，重者昏迷、痉挛，血压下降等。
【税则号列】有效成分：28274100　　　　制剂：38089210（零售包装），38089290（其他）

**0133010　络氨铜　Cuaminosulfate**
【别　　名】抗枯宁，胶氨铜
【有效成分】硫酸四氨络合铜
【商品类别】无机杀菌剂
【结 构 式】
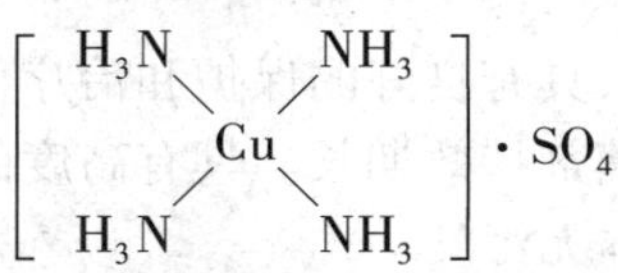

【商品属性】主要通过铜离子发挥杀菌作用，铜离子与病原菌细胞膜表面上的 K+离子、H+离子等阳离子交换，使病原菌细胞膜上的蛋白质凝固，同时部分铜离子渗透入病原菌细胞内与某些酶结合，影响其活性，络氨铜对棉苗、西瓜等的生长具一定的促进作用，起到一定的抗病和增产作用。
制剂为深蓝色含少量微粒结晶溶液，比重 1.05～1.25g/ml，pH8.0～9.5，不燃。
常见制剂类型：水剂、可湿性粉剂。
【毒　　性】误食引起急性中毒，表现为头痛、头晕、乏力、口腔黏膜呈蓝色，口内有金属味，齿龈出血，舌发青，腹泻，腹绞痛，黑大便，重者昏迷、痉挛，血压下降等。
【税则号列】有效成分：28429090　　　　制剂：38089210（零售包装），38089290（其他）

**0133011　波尔多液　Bordeaux mixture**
【别　　名】硫酸铜-石灰混合液，Bouillie bordelaise
【有效成分】硫酸铜-石灰混合液
【商品类别】无机杀菌剂
【结 构 式】$Cu(OH)_2 \cdot CuSO_4$ + 石灰
【商品属性】不透明悬浮液，呈松绿色。
农业上用于防治稻热病、棉花叶斑病和烂铃、马铃薯晚疫病、烟草炭疽病、葡萄霜霉病、柑橘疮痂病、梨黑星病以及白菜黄瓜的霜霉病等。
可由硫酸铜、生石灰和水按比例 1:1:100 制成。波尔多液要现配现用，使用时要不断搅拌，以免浓度不均匀。
【毒　　性】
【税则号列】　　　　制剂：38089210（零售包装），38089290（其他）

## 0134 其他杀菌剂

**0134001　　苯氧菌酯　　Kresoxim-mehtyl**

【别　　名】醚菌酯，Allegro，Mentor，Stroby，BAS490F

【有效成分】（E）-2-甲氧亚氨基-（2-（邻甲基苯氧基甲基）苯基）乙酸甲酯

【商品类别】甲氧基丙烯酸酯类杀菌剂

【结 构 式】

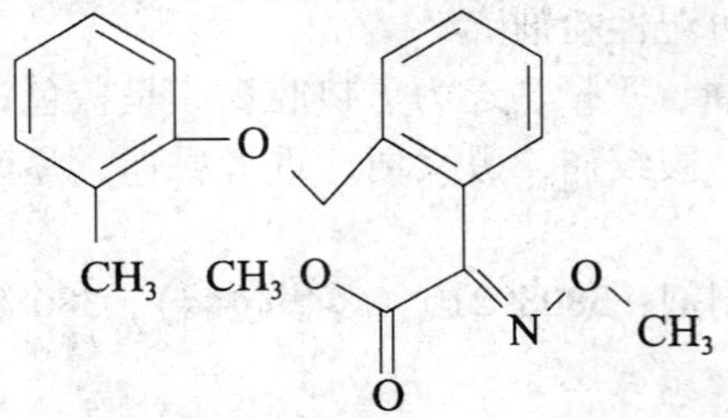

【商品属性】高效、广谱、新型杀菌剂。对半知菌、子囊菌、担子菌、卵菌纲等真菌引起的多种病害具有很好的活性，如：葡萄白粉病、小麦锈病、马铃薯疫病、南瓜疫病、水稻稻瘟病等病害，特别对草莓白粉病、甜瓜白粉病、黄瓜白粉病、梨黑星病特效。

醚菌酯不仅具有广谱的杀菌活性，同时兼具有良好的保护和治疗作用。与其他常用的杀菌剂无交互抗性，且比常规杀菌剂持效期长。具有高度的选择性，对作物、人畜及有益生物安全，对环境基本无污染。

原药为白色粉末结晶体，纯品为白色结晶体。熔点 87.2 ~ 101.7℃，纯品熔点 99℃。密度为 1.258kg/L（20℃），蒸气压 $1.3\times10^{-6}$Pa（25℃），溶解度 2g/L（20℃）。

【毒　　性】对家兔眼睛、皮肤无刺激性。Ames 试验、小鼠精子致畸试验和小鼠微核试验均为阴性。

【税则号列】有效成分：29280000　　　　制剂：38089210（零售包装），38089290（其他）

**0134002　　环己基甲酸锌　　Zinc cyclohexane-carboxylate**

【别　　名】

【有效成分】环己基甲酸锌

【商品类别】杀菌剂

【结 构 式】

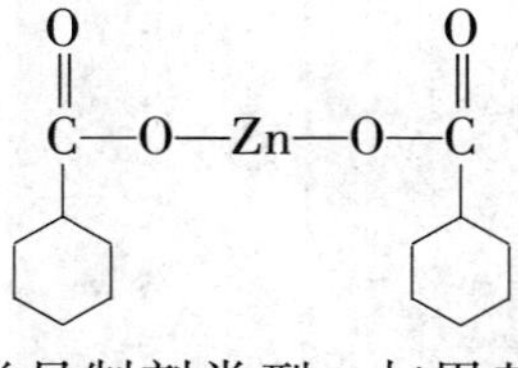

【商品属性】常见制剂类型：与甲基硫菌灵的混剂，外观为深棕色均相液体，比重 0.975，pH6 ~ 7。

常见制剂类型：乳油。

【毒　　性】

【税则号列】有效成分：29162090　　　　制剂：38089210（零售包装），38089290（其他）

**0134003　　环丙酰胺　　Carpropamid**

【别　　名】Win，Win admir，Arcado seed one

【有效成分】2，2-二氯-N-（1-（4-氯苯基）乙基）-1-乙基-3-甲基环丙羧酸酰胺

【商品类别】酰胺类杀菌剂
【结 构 式】

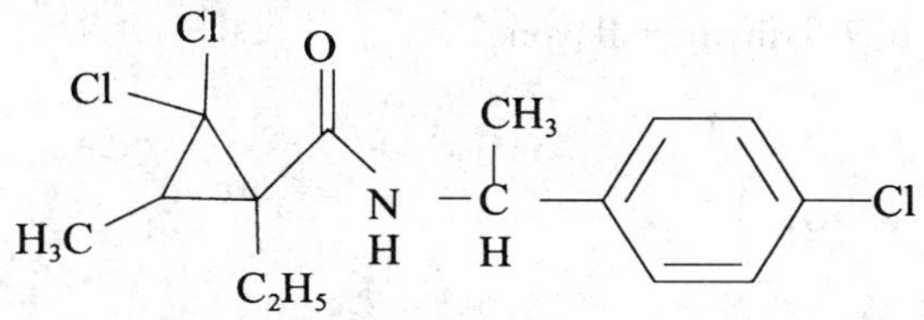

【商品属性】主要用于稻田防治稻瘟病。以预防为主，治疗活性较弱，具有内吸活性。
与现有杀菌剂不同，本品无杀茵活性，不抑制病原菌菌丝的生长。其具有两种作用方式：抑制黑色素生物合成和在感染病菌后可加速植物杭菌素如 Momilactone A 和 Sakuranetin 的产生，这种抗性机理预示本品加可能对其他病害亦有活性.
纯品为无色粉状固体，原药白色至淡黄色固体。
【毒　　性】对兔眼睛和皮肤无刺激作用。
【税则号列】有效成分：29242990　　　　制剂：38089210（零售包装），38089290（其他）

**0134004　　磺菌威　　Methasulfocarb**
【别　　名】Kayabest
【有效成分】S-（4-甲基磺酰胺氧苯基）-N-甲基硫代氨基甲酸酯
【商品类别】
【结 构 式】

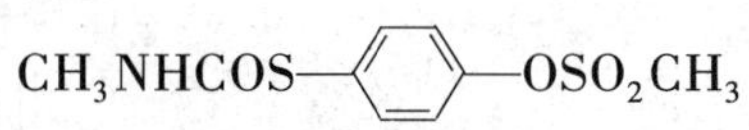

【商品属性】本品属磺酸酯类杀茵剂和植物生长调节剂，该杀菌剂用于土壤，尤其用于水稻的育苗箱，对于防治由根腐属、镰孢（霉）属、腐霉属、木霉属、伏革菌属、毛霉属、丝核菌属和极毛杆菌属等病原菌引起的水稻枯萎病很有效。
纯品为无色晶体，水溶解度 480mg/L。溶于苯和丙酮。
【毒　　性】对小鼠无诱变性，对大鼠无致畸作用。
【税则号列】有效成分：29350090　　　　制剂：38089210（零售包装），38089290（其他）

**0134005　　磺菌胺　　Flusulfamide**
【别　　名】Nebijin
【有效成分】2′，4-二氯-α，α，α-三氟-4′-硝基间甲苯磺酰苯胺
【商品类别】
【结 构 式】

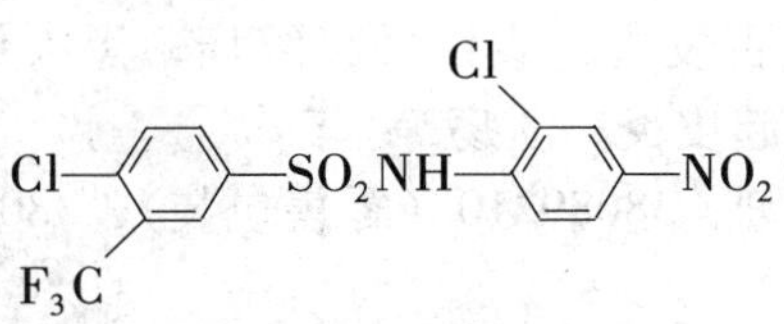

【商品属性】磺菌胺是一种主要用于土壤处理的杀菌剂。对白菜的芸苔根肿菌有效，对镰孢（霉）属、疫霉属、腐霉属、丝核菌属和时多粘霉属的 Polymyxa betae、甜菜黄脉病毒的真菌传病媒介（由 Rhizomania 引起的甜菜病害）等也有很好的防治效果。
纯品为无色结晶体。溶解度（25℃，g/L）：水 0. 0029、丙酮 314、甲醇 24、四氢呋喃 592、二甲苯 14。
【毒　　性】
【税则号列】有效成分：29350090　　　　制剂：38089210（零售包装），38089290（其他）

**0134006　　黄芩素　　Baicalein**

【别　　名】5, 6, 7-三羟基黄酮，5, 6, 7-Trihydroxyflavone

【有效成分】黄芩素

【商品类别】植物源杀菌剂

【结 构 式】

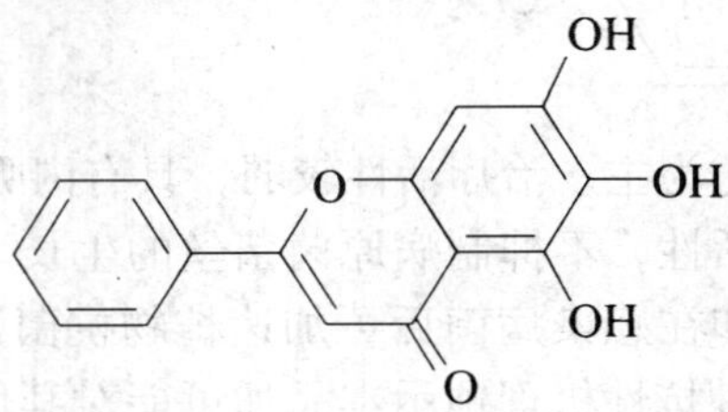

【商品属性】本品是由中草药为原料提起而成，具有防病、治病、助长的功能，对苹果腐烂病有一定的防治效果。

制剂外观为灰棕色液体，比重为 1.08，pH5 ~ 7，可与中性、酸性农药混用。

常见制剂类型：混合水剂。

【毒　　性】

【税则号列】有效成分：29329990　　　制剂：38089210（零售包装），38089290（其他）

**0134007　　混合氨基酸络合铜**

【别　　名】双效灵

【有效成分】混合氨基酸铜络合物

【商品类别】有机铜类杀菌剂

【结 构 式】

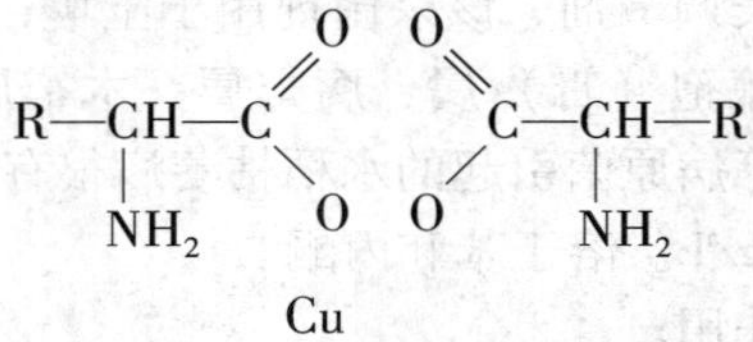

【商品属性】由多种氨基酸和铜作用而产生络合物。其杀菌作用主要是铜离子毒害含 - SH 基的酶，使这些酶控制的生化活动中止而杀死病菌。

为一种混合氨基酸铜络合物，约含 17 种氨基酸铜。原药外观为深蓝色水溶液，含量在 26% 以上，可以任意用水稀释，贮存稳定性在 2 年以上。

常见制剂类型：悬浮剂、可湿性粉剂。

【毒　　性】对皮肤有刺激作用。误食引起急性中毒，表现为头痛、头晕、乏力、口腔黏膜呈蓝色，口内有金属味，齿龈、舌发青，腹泻，腹绞痛，黑大便，重者昏迷、痉挛，血压下降等。皮肤接触引起皮炎、溃疡等。

【税则号列】　　　制剂：38089210（零售包装），38089290（其他）

**0134008　　混合脂肪酸　　Mixed aliphatic acid**

【别　　名】83 增抗剂，耐病毒诱导剂

【有效成分】C13—C15 脂肪酸混合物

【商品类别】杀菌剂

【结 构 式】

【商品属性】为抗病毒诱导剂，具有诱导植物抗病和刺激作物生长的双重作用，可有效防治烟草花叶病毒。

乳黄色液体。

常见制剂类型：水乳剂。

【毒　　性】低毒。
【税则号列】有效成分：15180000　　　制剂：38089210（零售包装），38089290（其他）

**0134009　百可得　Iminoctadine tris (albesilate)**

【别　　名】Belkute
【有效成分】1′1-亚氨基（辛基亚甲基）双胍3（烷基苯基磺酸盐）
【商品类别】杀菌剂
【结 构 式】

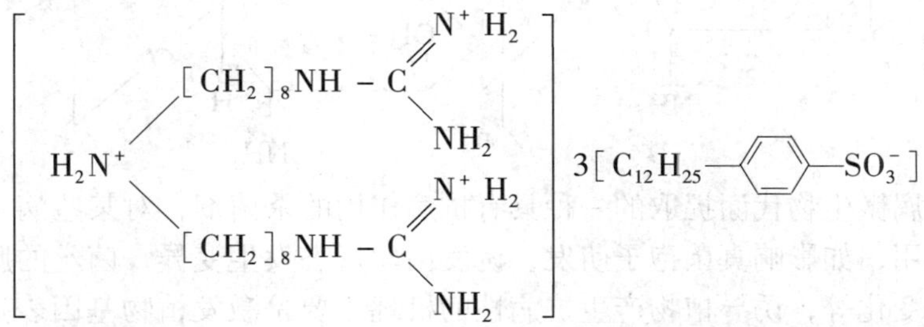

【商品属性】一种广谱性的杀真菌剂，局部渗透性强，对某些病原真菌有很高的生长抑制活性。其作用方式是抑制病菌类脂的生物合成。

原药为棕色固体，比重1.076，熔点92～96℃（98.5%纯品），蒸气压$1.20\times10^{-6}$毫米汞柱。溶解度：甲醇5660g/L、乙醇3280g/L、异丙醇1800g/L、苯0.02g/L。

常见制剂类型：可湿性粉剂。

【毒　　性】对皮肤、眼睛和呼吸道具有中度刺激作用，使皮肤产生过敏反应。
【税则号列】有效成分：29252900　　　制剂：38089210（零售包装），38089290（其他）

**0134010　芽孢杆菌　Bacillus subilis**

【别　　名】力宝，百抗，Kodiak
【有效成分】革兰氏阳性菌
【商品类别】生物源类杀菌剂
【结 构 式】
【商品属性】促进根系发展，抑制影响根系的细菌发展。

微生物菌种，称革兰氏阳性菌，具内生孢子为深褐色粉末。比重$0.49g/cm^3$，高于50℃不稳定。

常见制剂类型：可湿性粉剂。

【毒　　性】低毒。
【税则号列】有效成分：30029090　　　制剂：38089210（零售包装），38089290（其他）

**0134011　亚宝　Pseudomonas cepacia**

【别　　名】
【有效成分】革兰氏阴性杆状菌
【商品类别】生物源类杀菌剂
【结 构 式】
【商品属性】深褐色粉末，比重$0.50g/cm^3$，温度高于50℃不稳定。
【毒　　性】低毒。
【税则号列】有效成分：30029090　　　制剂：38089210（零售包装），38089290（其他）

**0134012　　氨基寡糖素　　Oligosaccharin**

【别　　名】

【有效成分】低聚-D 氨基葡萄糖

【商品类别】生物源类杀菌剂

【结 构 式】

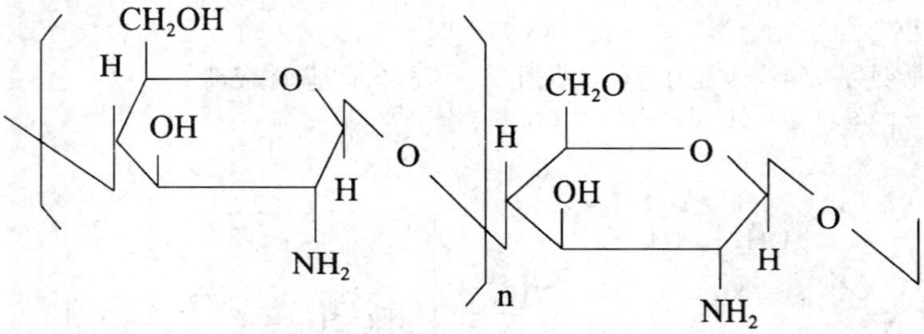

【商品属性】该药属微生物代谢提取的一种具有抗病作用的杀菌剂，对某些病菌的生长有抑制作用，如影响真菌孢子萌发，诱发菌丝形态发生变异，菌丝的胞内生化反应发生变化等，诱导植物产生抗病性的机理主要是激发植物基因表达，产生具有抗菌作用的几丁酶．葡聚糖酶．保素及 PR 蛋白等；同时具有抑制病菌的基因表达，使菌丝的生理生化发生变异，生长受到抑制，同时还能刺激生长。

原药外观为黄色或淡黄色粉末，比重 1.002g/cm³（20℃），熔点 190℃～194℃。

常见制剂类型：水剂，为黄色（或绿色）稳定的均相液体。

【毒　　性】低毒。

【税则号列】有效成分：29400000　　　　制剂：38089210（零售包装），38089290（其他）

**0134013　　苯甲酸　　Benzoate**

【别　　名】绿康宁，苯杨粉（其中一个有效成分）

【有效成分】苯甲酸

【商品类别】苯基羧酸类杀菌剂

【结 构 式】

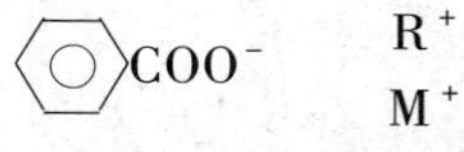

【商品属性】为白色有丝光的鳞片或针状结晶性粉末，质轻，无臭或微臭；水溶液显酸性反应。易溶于乙醇、氯仿或乙醚中，在水中微溶，熔点 121～124.5℃。

常见制剂类型：混合可湿性粉剂、乳油。

【毒　　性】低毒。

【税则号列】有效成分：29163100　　　　制剂：38089210（零售包装），38089290（其他）

**0134014　　麦锈灵　　Benodanil**

【别　　名】Calirus

【有效成分】2-碘-N-苯基苯甲酰

【商品类别】杀菌剂

【结 构 式】

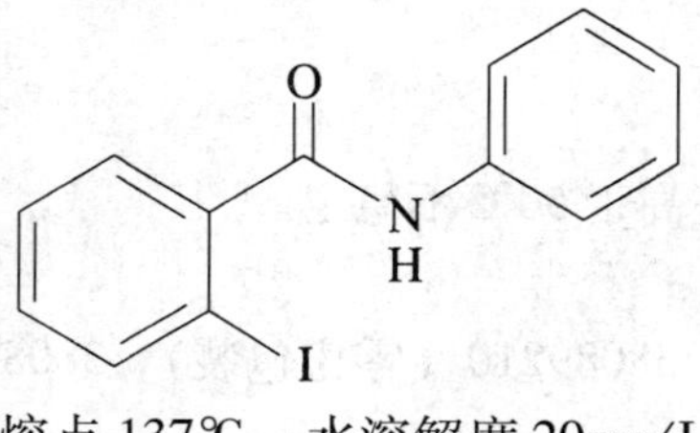

【商品属性】熔点 137℃，水溶解度 20mg/L。

【毒　　性】

【税则号列】有效成分：29242990　　　　制剂：38089210（零售包装），38089290（其他）

**0134015　　丙森锌　　Propineb**

【别　　名】泰生，Antracol

【有效成分】丙烯基双二硫代氨基甲酸锌

【商品类别】硫代氨基甲酸酯类杀菌剂

【结 构 式】

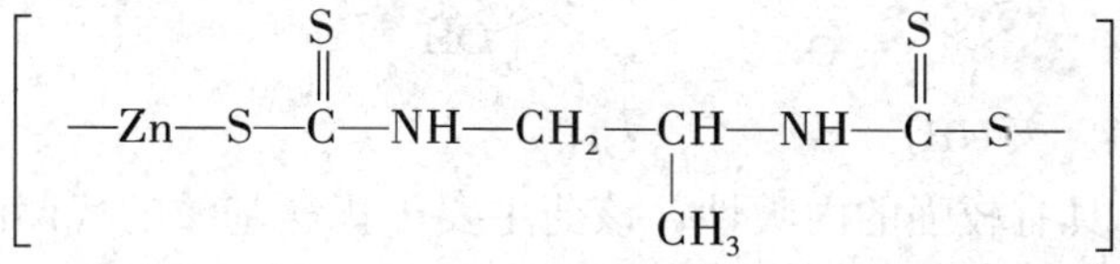

【商品属性】经植物根芽吸收，作为苗前或播前处理剂用于玉米、向日葵、大豆、马铃薯、大豆田防治一年生禾本科杂草和一些阔叶杂草。也可用于甜菜、甘蔗和洋葱田。

白色或微黄色粉末，在160℃以上分解。溶解度（20℃）：水 < 1mg/L，二氯甲烷、已烷、丙醇、甲苯 < 0. 1g/L。在干燥低温条件下贮存时稳定。

常见制剂类型：可湿性粉剂。

【毒　　性】低毒。

【税则号列】有效成分：29302000　　　　制剂：38089210（零售包装），38089290（其他）

**0134016　　丙酸　　Propionic acid**

【别　　名】

【有效成分】propionic acid（丙酸）

【商品类别】杀菌剂

【结 构 式】$CH_3CH_2COOH$

【商品属性】该产品的作用主要是对霉菌具有抑制作用，处理高水分玉米有较好的防霉保鲜效果。具有使用方便，费用较低，不产生毒副作用等优点。

纯品外观为淡黄色液体，略有异味，沸点138. 5℃，比重0. 993，与水混合性良好。

【毒　　性】低毒。

【税则号列】有效成分：29155010　　　　制剂：38089210（零售包装），38089290（其他）

**0134017　　丙烯酸　　Acrylic acid**

【别　　名】真菌净

【有效成分】丙烯酸

【商品类别】

【结 构 式】$CH_2{=\!=}CHCOOH$

【商品属性】该药是由多种中草药经提取加工而成的植物农药，具有较强的抗菌作用，抗真菌能力尤为突出。是预防和治疗黄瓜灰霉病、水稻稻瘟病有效药剂。不污染环境，对天敌安全。

外观为棕红色液体，沸点149. 9℃，熔点0℃，溶于水、乙醇、乙醚等极性溶剂。

常见制剂类型：水剂。

【毒　　性】低毒。

【税则号列】有效成分：29161100　　　　制剂：38089210（零售包装），38089290（其他）

**0134018　春雷霉素　Kasugamycin**

【别　　名】春日霉素，加收米，Kasumin，Kasurabcide，Kasumin-bordeaux，KSM

【有效成分】[5-氨基-2-甲基-6-(2, 3, 4, 5, 6-羰基环己基氧代)吡喃-3-基氨基-a-亚氨醋酸]

【商品类别】

【结 构 式】

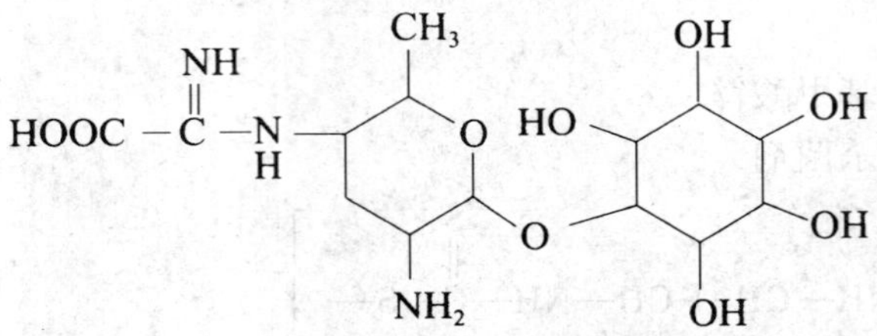

【商品属性】是农用抗菌素，具有较强的内吸性，该药主要干扰氨基酸的代谢酯酶系统，从而影响蛋白质的合成，抑制菌丝伸长和造成细胞颗粒化，但对孢子萌发无影响。对水稻上的稻瘟病有优异防效和治疗作用。

纯品在有机溶剂中难溶，其盐酸盐为无色针状晶体，熔点 202 ~ 204℃（分解），蒸气压 < 13nPa（25℃），密度 0.43g/$cm^3$（25℃），盐酸盐易溶于水，不溶于甲醇、乙醇、丙酮、苯等有机溶剂。

常见制剂类型：可湿性粉剂。

【毒　　性】毒性较低。

【税则号列】有效成分：29419090　　制剂：38089210（零售包装），38089290（其他）

**0134019　敌磺钠　Fenaminosulf**

【别　　名】敌克松，地克松，敌磺酸，Dexon，DAPA，Diazoben，Lwsan

【有效成分】对二甲胺基苯重氮磺酸钠

【商品类别】其他

【结 构 式】

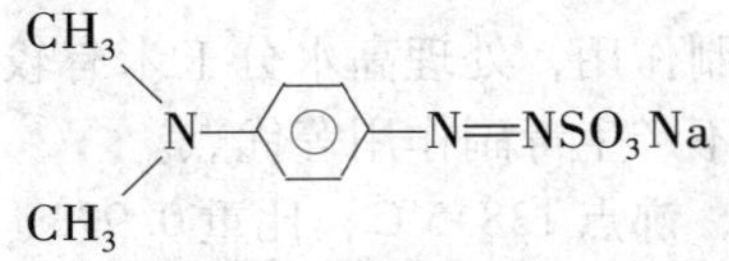

【商品属性】本品对由腐霉菌属剂丝囊霉菌属引起的病害有特效，对一些真菌性病害也有防效。有内吸作用，根部及叶部均能吸收。是种子和土壤处理剂，具内吸渗透作用。

浅黄色结晶。原药为黄棕色、无味粉末。约 200℃分解，可溶于水（20 ~ 30g/L，25℃）、二甲基甲酰胺、乙醇等。不溶于苯、乙醚、石油，水溶液见光分解，在碱性介质中稳定。

常见制剂类型：可湿性粉剂。

【毒　　性】刺激眼和皮肤，引起神经系统损害，出现嗜睡、萎靡等症状，严重者可发生抽搐和昏迷。

【税则号列】有效成分：29270000　　制剂：38089210（零售包装），38089290（其他）

**0134020　地衣芽孢杆菌　Bacillus licheniformis**

【别　　名】"201" 微生物

【有效成分】201 微生物杀菌剂

【商品类别】生物源类杀菌剂

【结 构 式】

【商品属性】该产品为微生物杀菌剂，是地衣芽孢杆菌利用培养基发酵而成的细菌性防病制剂，对植物病原真菌类有强烈的拮抗作用，能有效地防治黄瓜及烟草病害。
原药外观为棕色液体，略有沉淀，沸点100℃。
常见制剂类型：水剂。

【毒　　性】对人无害。

【税则号列】有效成分：30029090　　制剂：38089210（零售包装），38089290（其他）

**0134021　丁子香酚　Eugenol**

【别　　名】Allylguaiacol，FA100

【有效成分】4-烯丙基-2-甲氧基苯酚

【商品类别】植物源杀菌剂

【结 构 式】

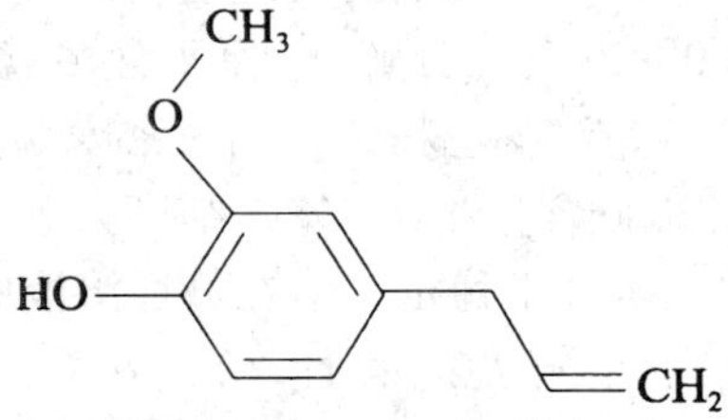

【商品属性】该药是从丁香等植物中提取杀菌成分，辅以多种助剂研制而成的新型低毒杀菌剂。对人畜及环境安全，能有效地防治番茄灰霉病。
原药外观为无色到淡黄色液体，在空气中转变为棕色，并变成黏稠状。比重1.0664（20/4℃），沸点253～254℃。微溶于水0.427g/L，溶于乙醇、乙醚、氯仿、冰醋酸、丙二醇。制剂外观为稳定均相液体，无可见的悬浮物各沉淀物。pH5.0～7.0。
常见制剂类型：水剂。

【毒　　性】低毒。

【税则号列】有效成分：29095000　　制剂：38089210（零售包装），38089290（其他）

**0134022　多抗霉素　Polyoxin B**

【别　　名】多氧霉素，保利霉素，宝丽安，多效霉素，Polyoxin AL，Piomycin

【有效成分】肽嘧啶核苷

【商品类别】生物源杀菌剂

【结 构 式】

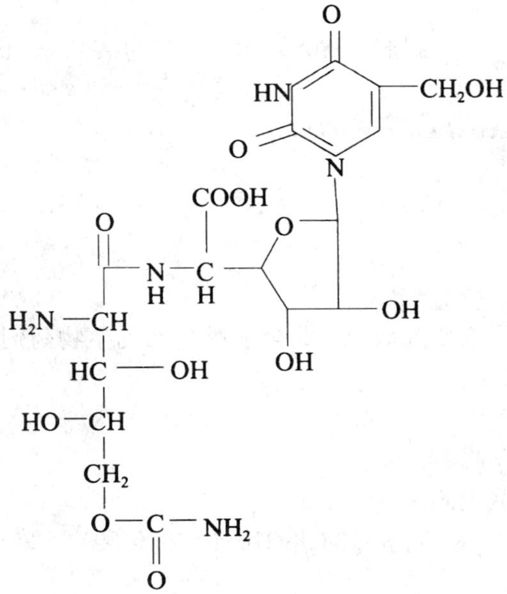

【商品属性】广谱性抗生素类，具有较好的内吸传导作用，其作用机制是干扰菌细胞壁几丁质的生物合成，芽管和菌丝体接触药剂后，局部膨大，破裂，溢出细胞内含物，而不能正常发育，导致死亡，还有抑制病菌产孢和病斑扩大作用，该药对动物没有毒性，对植物没有药害。主要防治对象有小麦白粉病，烟草赤星病，黄瓜霜霉病，瓜类枯萎病，人参黑斑病，水稻纹枯病，苹果斑点落叶病，草莓及工葡萄灰霉病，林木枯梢及梨黑斑病等多种真菌病害。

本品是肽嘧啶核苷类抗生素，含有 A ~ N14 种不同同系物的混合物。主要成分是多抗霉素 A（$C_{23}H_{32}N_6O_{14}$）和多抗霉素 B（$C_{17}H_{25}N_5O_{13}$），含量为 84%（相当于 840000r/g），为无色针状结晶，熔点 180℃。日本称为多氧霉素，系可可链霉菌阿苏变种（S. cacaoi var. asoensis）所产生的代谢物，主要成分为多抗霉素 B，纯品为无定形结晶。熔点 160℃以上（分解）。原药含多氧霉素 B22% ~ 25%（相当于 220000 ~ 250000r/g），为浅褐色粉末，相对密度 0.10 ~ 0.20，分解温度 149 ~ 153℃，pH2.5 ~ 4.5，水分含量小于 3%，细度大于 149μm 的小于 25%。对紫外线稳定。在酸性和中性溶液中稳定，但在碱性溶液中不稳定。

无定形粉末，熔点 > 160℃（分解）。溶解度：水 1kg/L（20℃），丙酮、甲醇和常用有机溶剂 < 100mg/L。吸潮，应贮存于密闭、干燥的环境中。

常见制剂类型：可湿性粉剂、水剂。

【毒　　性】对人及动物几乎没有毒性。

【税则号列】有效成分：29419090　　制剂：38089210（零售包装），38089290（其他）

**0134023　二苯胺　Diphenylamine**

【别　　名】

【有效成分】N-苯基苯胺

【商品类别】

【结 构 式】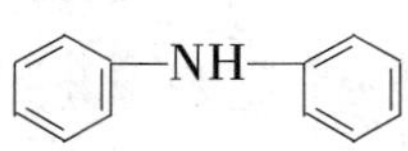

【商品属性】结晶体，熔点 53 ~ 54℃，沸点 302℃，密度 1.16。经光变色。溶解度：不溶于水，易溶于苯、乙醚、乙酸和二硫化碳。

常见制剂类型：乳油。

【毒　　性】中等毒。

【税则号列】有效成分：29214400　　制剂：38089210（零售包装），38089290（其他）

**0134024　放射土壤杆菌　Agrobacterium radibacter biotype II**

【别　　名】

【有效成分】土壤杆菌

【商品类别】生物源杀菌剂

【结 构 式】

【商品属性】该产品系中国农业大学最新研究成果，是经发酵生产的生物药剂，对植物根癌病具有较好的防效。

制剂外观为黑色或黑褐色湿粉，pH6.0 ~ 7.5，水分低于 30%。

常见制剂类型：湿粉。

【毒　　性】对眼睛轻度刺激，对皮肤无刺激。

【税则号列】有效成分：30029090　　制剂：38089210（零售包装），38089290（其他）

**0134025　　氟酰胺　　Flutolanil**

【别　　名】氟纹胺，望佳多，Moncut

【有效成分】3′-异丙氧基-2-（三氟甲基）苯甲酰苯胺

【商品类别】酰苯胺类杀菌剂

【结 构 式】

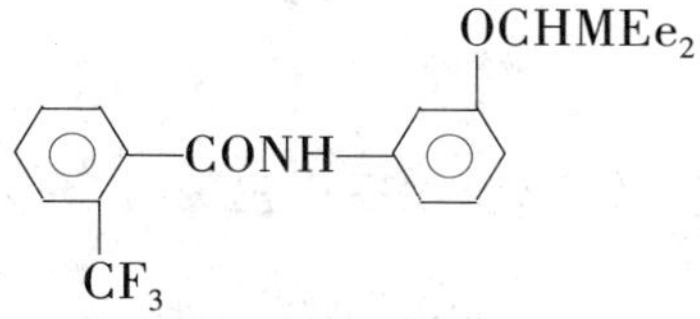

【商品属性】防治水稻纹枯病的新药剂，药效长，对水稻安全，防治水稻纹枯病可使水稻提高结实率。

无色无味晶体，熔点 102 ~ 103℃，20℃蒸气压 1.77mPa，密度 1.32（20℃），溶解度：20℃时水中 9.6mg/L、己烷 3g/L、甲苯 65g/L、甲醇 606g/L、氯仿 238g/L（20℃）、丙酮 656、苯 104（g/L，25℃）。酸碱中稳定（pH3 ~ 11），对光、热稳定。

常见制剂类型：可湿性粉剂。

【毒　　性】低毒。

【税则号列】有效成分：29242990　　　制剂：38089210（零售包装），38089290（其他）

**0134026　　腐殖酸钠　　Humus acid**

【别　　名】843 康复剂，腐必治，HA-Cu

【有效成分】腐殖酸钠

【商品类别】天然化合物

【结 构 式】$[RCOOH]_n$

【商品属性】是一种多元的有机酸混合而成的，它们可以和金属离子反应形成螯合物，这些螯合物在碱性溶液中化学性质较稳定，它不但有较强的杀菌能力，而且无药害。

腐殖酸为复杂高分子化合物，无定形结构。与福美胂组成 843 康复剂，康复剂原药为黄绿色粉末，熔点 224 ~ 226℃，不溶于水，微溶于甲醇、丙酮。

常见制剂类型：混合水剂、涂抹剂。

【毒　　性】对眼有刺激作用。

【税则号列】　　　制剂：38089210（零售包装），38089290（其他）

**0134027　　高效甲霜灵　　Metalaxyl-M**

【别　　名】精甲霜灵，Ridomil，Gold，Apron XL

【有效成分】N-（2-甲氧基乙酰基）-N-（2,6-二甲苯基）-D-丙氨酸甲酯

【商品类别】酰苯胺类杀菌剂

【结 构 式】

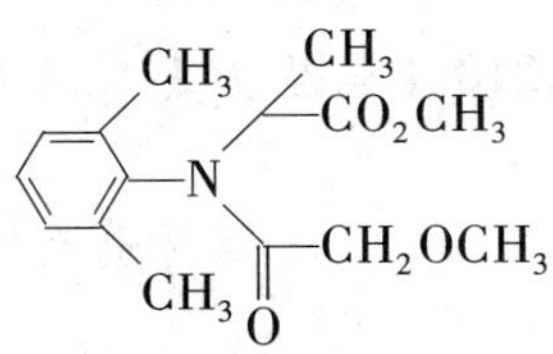

【商品属性】具有立体旋光活性的杀菌剂，是甲霜灵杀菌剂两个异构体中的一个。可用于种子处理、土壤处理及茎叶处理。

具保护和治疗作用的内吸性杀菌剂，可被植物的根、茎、叶吸收，并随植物体内水分运转而转移到植物的各器官，可以作茎叶处理，种子处理和土壤处理，

对霜霉菌、疫霉菌、腐霉菌所引起的病害有效。

原药外观：浅棕色、黏稠、透明液体。密度1.125g/$cm^3$（20℃，纯品）。沸点：在270℃时热分解。蒸气压：3.3×10Pa（25℃，纯品）。溶解度：水中26g/L（25℃，纯品），有机溶剂中59g/L（25℃，正己烷），与丙酮、乙酸乙酯、甲醇、二氯甲烷、甲苯和正辛醇互溶。

【毒　　性】无致畸、致癌、致突变。

【税则号列】有效成分：29242990　　　制剂：38089210（零售包装），38089290（其他）

**0134028　高脂膜　Palmityl alcohol + lauryl alcohol**

【别　　名】

【有效成分】十二烷基醇、十六烷基醇（混合物）

【商品类别】

【结 构 式】

【商品属性】高酯膜是由十二碳醇及十六碳醇等高级脂肪醇组成的，本身不具备杀菌作用，喷在植物表面自动扩散，形成一层肉眼见不到的单分子膜，把植物包裹起来，保护作物不受外部病害的侵染和病菌扩展，而不影响作物生长，透气透光，起到防病作用。

由十二碳、十六碳醇和烷基苯磺酸钠组成，外观为淡茶色，比重0.83，沸点255~259℃，不溶于水。

常见制剂类型：乳剂。

【毒　　性】低毒。

【税则号列】有效成分：38089290　　　制剂：38089210（零售包装），38089290（其他）

**0134029　甲酚　Cresol mixed isomer**

【别　　名】

【有效成分】邻甲酚，间甲酚，对甲酚（混合物）

【商品类别】

【结 构 式】

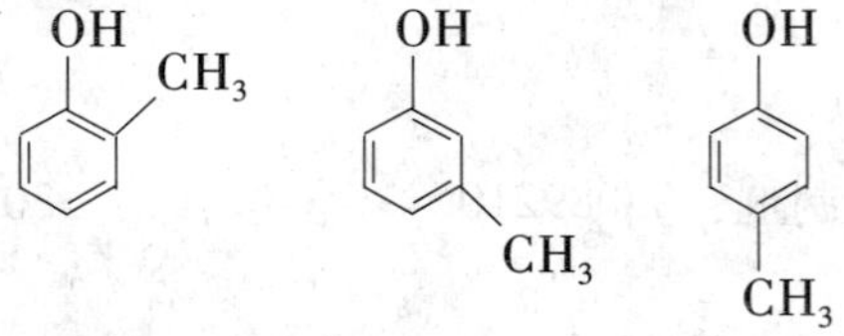

【商品属性】为纯天然植物提取，对作物具有抗病毒作用。溶解度：能与乙醇、苯、乙醚、甘油等相混溶，微溶于水。稳定性：在酸性介质中稳定。

常见制剂类型：甲酚·愈创木酚可溶性液剂。

【毒　　性】低毒。

【税则号列】有效成分：　　　制剂：38089210（零售包装），38089290（其他）

29071211（邻甲酚）

29071212（间甲酚）

29071219（对甲酚）

**0134030　甲霜灵　Metalaxyl**

【别　　名】阿普隆，雷多米尔，瑞毒霉，甲霜安，Apron，Ridomil

【有效成分】D，L-N-（2,6-二甲基苯基）-N-（2′-甲氧基乙酰）丙氨酸甲酯

【商品类别】酰苯胺类杀菌剂

【结 构 式】

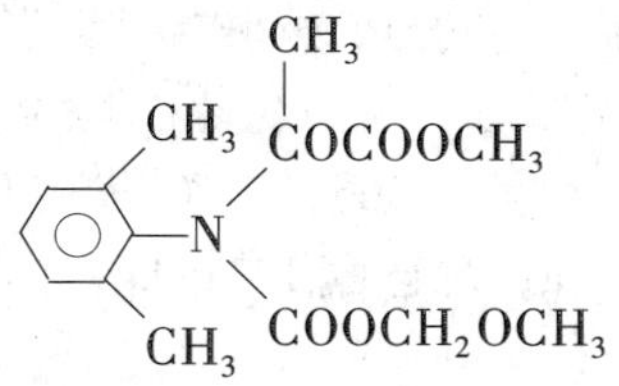

【商品属性】具保护和治疗作用的内吸性杀菌剂，可被植物的根、茎、叶吸收，并随植物体内水分运转而转移到植物的各器官，可以作茎叶处理、种子处理和土壤处理，对霜霉菌、疫霉菌、腐霉菌所引起的病害有效。

白色无味晶体，熔点 71.8 ~ 72.3℃，蒸气压 0.75mPa（25℃），密度 1.20（20℃）。溶解度：水 8.4g/l（22℃）、乙醇 400、丙酮 450、甲苯 340、正己烷 11、正辛醇 68（g/L，25℃）。300℃以下稳定，中性、酸性介质中稳定（室温）。

常见制剂类型：可湿性粉剂、悬浮种衣剂。

【毒　　性】低毒。

【税则号列】有效成分：29242990　　　制剂：38089210（零售包装），38089290（其他）

## 0134031　甲羟鎓

【别　　名】

【有效成分】聚 N，N-二甲基-2-羟基丙基鎓氯化物

【商品类别】季胺盐

【结 构 式】

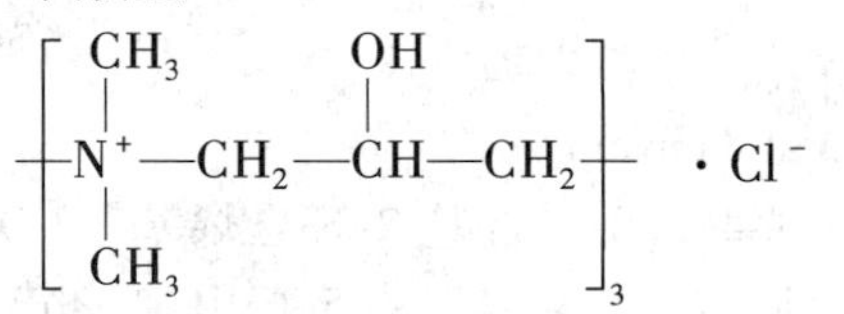

【商品属性】是新型季铵盐类杀菌剂，杀菌谱广、低毒、具有内吸作用，可广泛用于农作物，具有较好的杀菌作用。浸种、喷施对棉籽萌发、棉苗生长均无药害。

纯品为白色固体，无味，无固定熔点与沸点。纯度 98%，吸水性强，常因吸湿呈胶状物。易溶于水，乙醇等极性有机溶剂。难溶于苯等非极性溶剂，其水溶液呈弱碱性，化学性质稳定。无水解作用。原药为无色或微黄色黏稠液体，有异味，比重 1.196。

常见制剂类型：水剂。

【毒　　性】低毒。

【税则号列】有效成分：29239000　　　制剂：38089210（零售包装），38089290（其他）

## 0134032　呋酰胺　Ofurace

【别　　名】Milfuram，Acetamide，RE20615，Ortho 20615

【有效成分】（±）-α-2-氯-N-2，6-二甲苯基乙酰氨基-γ-丁内酯

【商品类别】酰胺类杀菌剂

【结 构 式】

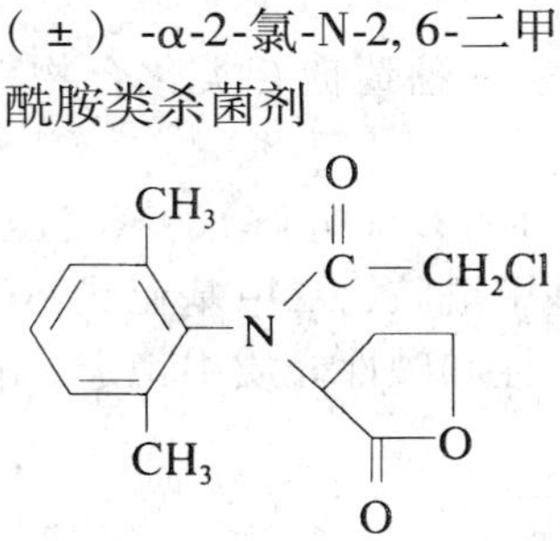

【商品属性】本品对藻菌纲植物病原菌有特效，如葡萄上的单轴霉菌、马铃薯上的疫霉菌和油菜上的霜霉菌。可用来防治番茄晚疫病、马铃薯晚疫病、葡萄霜霉病、烟草霜霉病、向日葵霜霉病等。

原药为无色晶体，熔点 145～146℃，密度 1.366，20℃蒸气压 < 0.13mPa。20℃溶解度：水 140mg/kg，氯仿 255mg/kg，环已酮 141g/kg，丙二醇 5.6g/kg。碱性条件下水解。

常见制剂类型：混合可湿性粉剂。

【毒　　性】低毒。

【税则号列】有效成分：29322090　　　　制剂：38089210（零售包装），38089290（其他）

**0134033　　假单孢菌　　Pseudomonas pseudoacaligenes**

【别　　名】叶扶力，叶扶力 1 号，BC751 菌株

【有效成分】假单孢菌

【商品类别】杀菌剂

【结 构 式】

【商品属性】与蜡状芽孢菌混合制剂，外观为淡黄色或浅棕色乳液状，略有黏性，有特殊腥味。密度 1.08 克/立方厘米，pH6.5～8.4，45℃以下稳定。

常见制剂类型：混合水剂。

【毒　　性】低毒。

【税则号列】有效成分：30029090　　　　制剂：38089210（零售包装），38089290（其他）

**0134034　　井冈霉素　　Jingangmycin**

【别　　名】有效霉素，Validacin，Valimon，Validamycin

【有效成分】N-［（1S）-（1, 4, 6/5）-3-羟甲基-4, 5, 6-三羟基-2-环已烯基］［O-β-D-吡喃葡萄糖基-（1→3）］-1S-（1, 2, 4/3, 5）-2, 3, 4-三羟基-5-羟甲基-环已基胺

【商品类别】杀菌剂

【结 构 式】

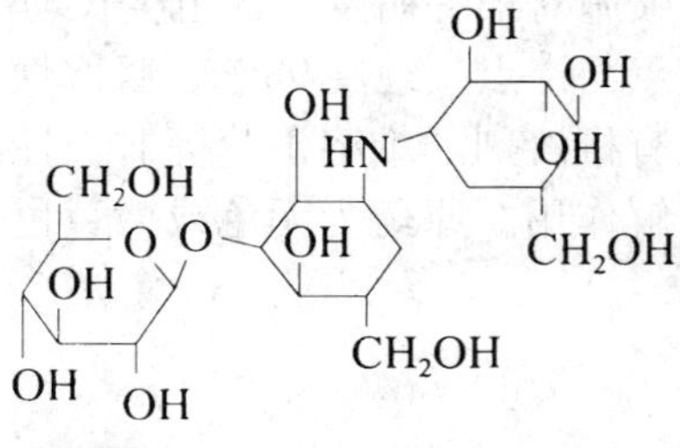

【商品属性】是内吸作用很强的农用抗菌素，当水稻纹枯病菌的菌丝接触到井冈霉素后，能很快被菌体细胞吸收并在菌体内传导，干扰和抑制菌体细胞正常生长发育，从而起到治疗作用。井冈霉素也可用于防治小麦纹枯病、稻曲病等。主要防治水稻纹枯病，小麦菌核病，玉米大斑病，蔬菜立枯病，棉花、豆类立枯病、白娟病，人参立枯病等。

由水链霉菌井冈变种产生的水溶性抗生素－葡萄糖苷类化合物。共有 6 个组分，主要活性物质为井冈霉素 A 和 B。

纯品为无色无味吸湿性粉末，熔点 130～135℃（分解），蒸气压室温下不计。溶解度：很快溶于水，溶于甲醇、二甲基甲酰胺、二甲基亚砜，微溶于乙醇和丙酮，难溶于乙醚和乙酸乙酯，室温下中性和碱性介质中稳定，酸性介质中不太稳定。

常见制剂类型：混合可湿性粉剂、悬浮剂。

【毒　　性】低毒。
【税则号列】有效成分：29419090　　　制剂：38089210（零售包装），38089290（其他）

**0134035　　菌毒清**
【别　　名】环中菌毒清
【有效成分】二［辛基胺乙基］甘氨酸盐
【商品类别】杀菌剂
【结 构 式】
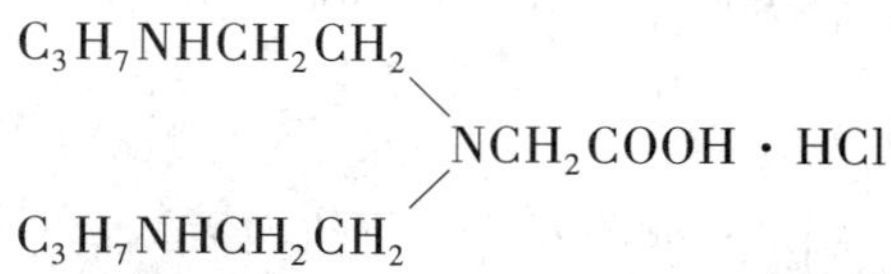

【商品属性】甘氨酸类杀菌剂，通过破坏各类病原体的细胞膜、凝固蛋白、阻止呼吸和酵素活动等方式达到杀菌（病毒）。该药有一定的内吸和渗透作用，可用于防治苹果树腐烂病及部分病毒病。
外观棕黄色或棕红色黏稠含结晶液体（常温），比重 1.02 ~ 1.04（20℃），沸点 >100℃，可与水混溶。
常见制剂类型：水剂、混合可湿性粉剂。
【毒　　性】低毒。
【税则号列】有效成分：29224999　　　制剂：38089210（零售包装），38089290（其他）

**0134036　　公主岭霉素**
【别　　名】农抗 109，公主霉素
【有效成分】公主岭霉素
【商品类别】生物源类杀菌剂
【结 构 式】
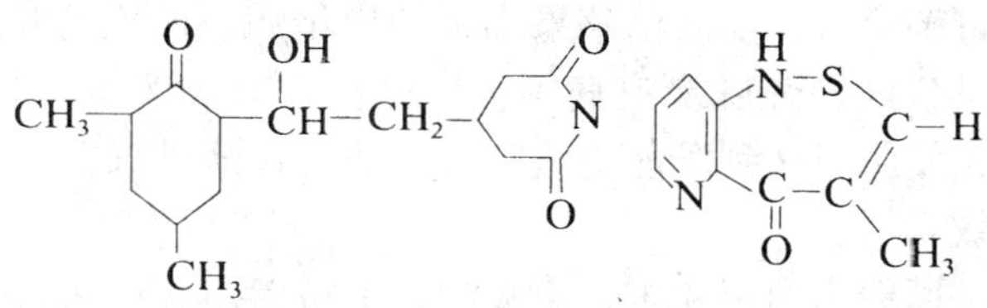

【商品属性】抗菌素类杀菌剂。由不吸水链霉素分泌的脱水放线酮、异放线酮、制霉菌素、奈良霉素 B 和苯甲酸等组分混合而成。对于种子传染的高粱散黑穗病和坚黑穗病、小麦光腥和网腥黑穗病、谷子粒黑穗病等都有较高的防效。
含有脱水放线酮、异放线酮、奈良霉素 - B、制霉菌素、苯甲酸、荧光霉素等有效成分。原药为无定型淡黄色粉末，易溶于甲醇、乙醇、二甲基甲酰胺和二甲基亚砜等强极性有机溶剂，在丙酮、氯仿、二氯甲烷和四氢呋喃等中等极性有机溶剂中溶解能力也相当好，在吡啶、乙酸乙酯、醋酸异戊酯等弱极性有机溶剂中也有一定溶解度，但不溶于直链烷烃或环烷烃。
【毒　　性】中等毒。
【税则号列】有效成分：29419090　　　制剂：38089210（零售包装），38089290（其他）

**0134037　　菇类蛋白多糖**
【别　　名】真菌多糖，抗毒剂 1 号
【有效成分】菇类蛋白多糖
【商品类别】杀菌剂

【结 构 式】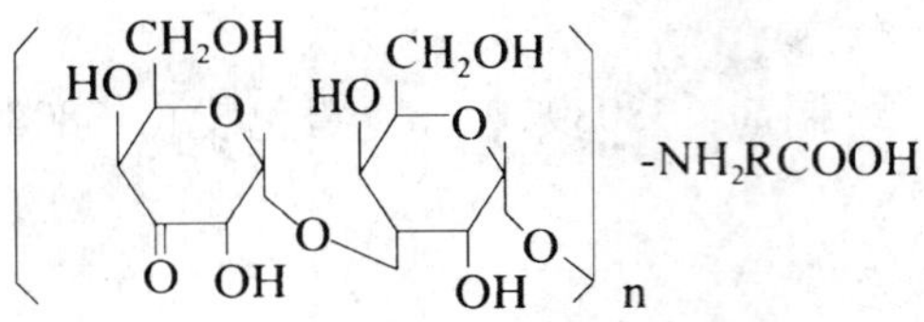

【商品属性】该药为生物制剂，为预防型抗病毒剂。对病毒起抑制作用的主要组分系食用菌菌体代谢所产生的蛋白多糖，蛋白多糖用做抗病毒剂在国内为首创。由于制剂内含丰富的氨基酸，因此施药后不仅抗病毒还有明显的增产作用。

常见制剂类型：水剂。

【毒　　性】低毒。

【税则号列】有效成分：29400000　　制剂：38089210（零售包装），38089290（其他）

**0134038　多果定　Dodine**

【别　　名】醋酸十二胍，Cyprex，Aadodin，Melprex，Questuran，Syllit，Tsitrex，Venturol，Vondodine

【有效成分】正一十二烷基胍醋酸盐

【商品类别】杀菌剂

【结 构 式】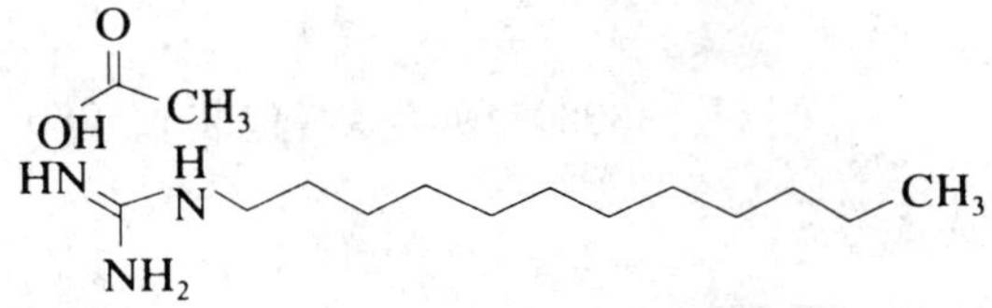

【商品属性】是一种用途广泛的表面活性剂。它最初在一些国家被用做农药，用于果树及农作物，防治叶片卷曲、水果结痂生虫等。

属于低毒类、保护性杀菌剂，可用于防治果树、坚果、蔬菜、观赏植物和成荫树上的多种主要霉菌病害，如防治苹果和梨的黑星病，樱桃的叶斑病、穿孔病和褐斑病，番茄早疫病，红麻炭疽病等。也可作为双效液体微肥的一种组分，作为杀菌剂成分，使肥料达到既能防治病菌、病毒性病害又能调节和促进农作物生长的双重功效。

纯品为白色结晶，原粉为白色粉末，不吸潮，不易燃，含量 95.0% 以上。熔点 132～137℃，密度 1.1Kg/L。

【毒　　性】

【税则号列】有效成分：34021200　　制剂：38089210（零售包装），38089290（其他）

**0134039　蜡状芽孢菌　Bacillus cereus**

【别　　名】叶扶力，叶扶力 2 号，BC752 菌株

【有效成分】蜡状芽孢菌

【商品类别】杀菌剂

【结 构 式】

【商品属性】与假单芽孢菌混合制剂外观为淡黄色或浅棕色乳液状，略有黏性，有特殊腥味。密度 1.08 克/立方厘米，pH6.5～8.4，45℃以下稳定。

常见制剂类型：混合可湿性粉剂、水剂。

【毒　　性】低毒。

【税则号列】有效成分：30029090　　制剂：38089210（零售包装），38089290（其他）

**0134040　链霉素　Streptomycin**

【别　　名】农用硫酸链霉素，Agri-strep，Chemform，Embamycin，Gerox

【有效成分】2, 4-二胍基-3, 5, 6-三羟基环已基 5-脱氧-2-脱氧-2-甲胺基-2-L-吡喃葡萄基-3-C-甲酰-β-L-来苏戊呋喃糖甙

【商品类别】杀菌剂

【结 构 式】

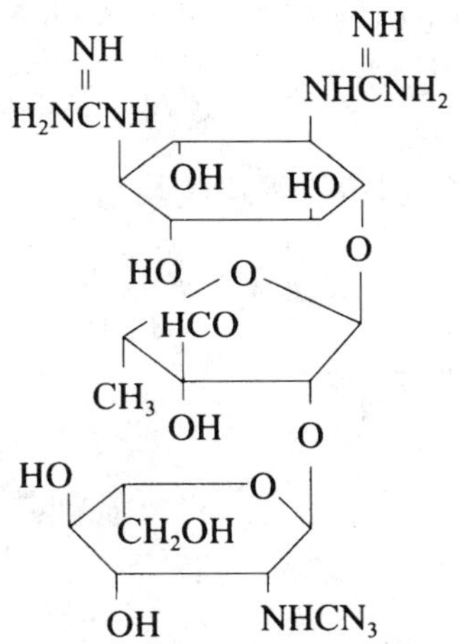

【商品属性】属抗生素杀菌剂，对多种作物的细菌性病害有防治作用，对一些真菌病害也有一定的防治作用。干扰细菌蛋白质的合成及信息核糖核酸与30S 核糖体亚单位结合而抑制肽链的延长，对革兰氏阴性菌和阳性菌等均有较强的抑制作用。防治黄瓜细菌性角斑病具有较好的防治效果。可与抗生素农药、有机磷农药混用。

常见制剂类型：可溶性粉剂。外观为黄色粉末，密度 0.38g/L，pH1.5～3.5，易溶于水呈微酸性，在中性和酸性中稳定，在碱性中易失效。

白色无定形粉末，有吸湿性，易溶于水，不溶于大多数有机溶剂。强酸、强碱时不稳定。

常见制剂类型：可湿性粉剂、泡腾片。

【毒　　性】对人低毒。

【税则号列】有效成分：29412000　　制剂：38089210（零售包装），38089290（其他）

**0134041　木霉菌　Trichoderma SP**

【别　　名】生菌散，灭菌灵

【有效成分】木霉菌

【商品类别】杀菌剂

【结 构 式】

【商品属性】为半知菌类丛梗孢目丛梗孢科，木霉属真菌孢子。真菌活孢子不少于 1.5 亿/克，淡黄色至黄褐色粉末，pH6～7。

常见制剂类型：可湿性粉剂。

【毒　　性】低毒。

【税则号列】有效成分：30029090　　制剂：38089210（零售包装），38089290（其他）

**0134042　嘧啶核苷类抗菌素　TF-120**

【别　　名】农抗 120，抗霉菌素 120，120 农用抗菌素

【有效成分】嘧啶核苷

【商品类别】杀菌剂

【结 构 式】

【商品属性】一种广谱抗菌素，它对许多植物病原菌有强烈的抑制作用，对瓜类白粉病、花卉白粉病和小麦锈病防效较好。

原药外观为白色粉末，熔点165～167℃（分解），易溶于水，不溶于有机溶剂，在酸性和中性介质中稳定，碱性介质中不稳定。

常见制剂类型：水剂。

【毒　　性】低毒。

【税则号列】有效成分：29419090　　　　制剂：38089210（零售包装），38089290（其他）

**0134043　　溴菌腈　　Bromothalonil**

【别　　名】休菌清，炭特灵，溴菌清，Tektamer，Metacide 38

【有效成分】1, 2-二溴-2, 4-二氰基丁烷

【商品类别】杀菌剂

【结 构 式】

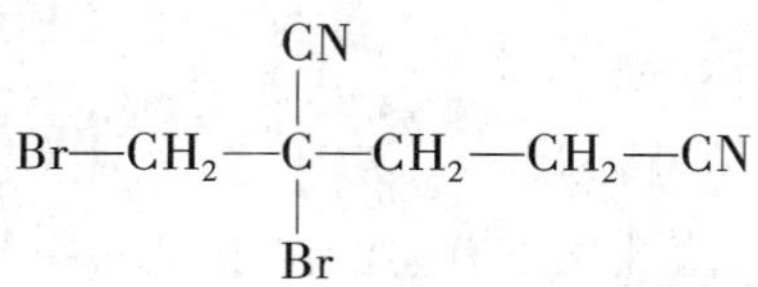

【商品属性】一种广谱、低毒、防霉、灭藻杀菌剂。能抑制和铲除细菌、真菌和藻类的生长，适用于纺织品、皮革等防腐、防霉，工业用水灭藻。对农作物病害有较好的防治效果，特别对炭疽病有特效。

原药外观为白色或浅黄色晶体，熔点52.5～54.5℃，难溶于水，易溶于醇、苯等有机溶剂。

常见制剂类型：混合可湿性粉剂。

【毒　　性】本品对皮肤和黏膜有刺激作用，无全身中毒报道。

【税则号列】有效成分：29269090　　　　制剂：38089210（零售包装），38089290（其他）

**0134044　　溴硝醇　　Bronopol**

【别　　名】拌棉醇，溴硝丙二醇，Bronotak，BNPD，Bronocot

【有效成分】2-溴-2-硝基-1, 3-丙二醇

【商品类别】杀菌剂

【结 构 式】

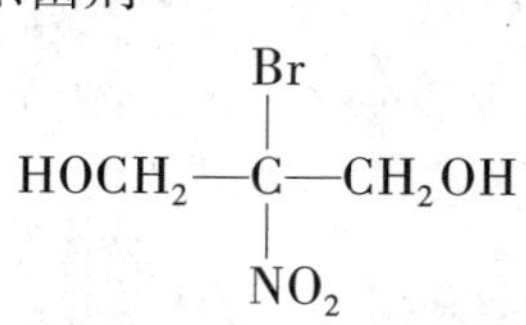

【商品属性】防治多种植物病原细菌。还可用做化妆品的防腐剂、抗菌剂，还用做织物处理剂。用于棉花作种子处理剂时，防治由绵角斑病黄杆菌引起的棉花病害。

纯品为无色至浅黄褐色固体，熔点130℃，蒸气压1.7mPa（20℃），水中溶解度（22℃）250g/L，易溶于丙酮、乙醇等有机溶剂。一般贮存条件下稳定，在铝容器中不稳定。

常见制剂类型：悬浮剂。

【毒　　性】对皮肤有中等刺激作用，经口有毒。

【税则号列】有效成分：29055900　　　　制剂：38089210（零售包装），38089290（其他）

**0134045　　氯霉素　　Chloramphenicolum**

【别　　名】Shirahangen

【有效成分】左旋-苏-1-（对硝基苯基）-2-二氯乙酰氨基-1, 3-丙二醇

【商品类别】杀菌剂

【结 构 式】

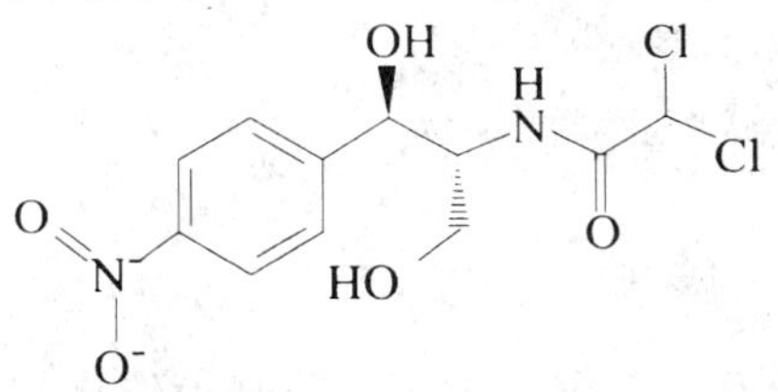

【商品属性】工业品为针状结晶，白色、灰色或黄白色，有苦味。熔点 149 ~ 153℃。在水中溶解度极小，25℃时 2.5mg/mL，易溶于乙醇、丙二醇、丙酮与乙酸乙酯。在中酸或弱酸性下稳定。

常见制剂类型：混合乳油。

【毒　　性】中等毒。

【税则号列】有效成分：29414000　　　　制剂：38089210（零售包装），38089290（其他）

**0134046　　邻苯基苯酚　　2-Phenylphenol**

【别　　名】联苯酚，2-hydroxydiphenyl

【有效成分】邻苯基苯酚

【商品类别】杀菌剂

【结 构 式】

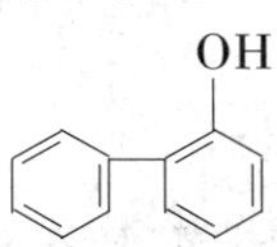

【商品属性】白色（或稍带粉红色）的结晶，稍有气味。熔点 57℃，沸点 286℃，密度 1.275，水中溶解度 0.7g/L，易挥发，易溶于许多有溶剂。它的碱金属盐类溶于水，其钠盐带 4 个结晶水，在水中溶解度为 1.1kg/L，所得溶液在 35℃时的 pH 值为 12.0 ~ 13.5。

常见制剂类型：气雾剂。

【毒　　性】低毒。

【税则号列】有效成分：29071990　　　　制剂：38089210（零售包装），38089290（其他）

**0134047　　邻苯基苯酚钠**

【别　　名】安普净

【有效成分】邻苯基苯酚钠

【商品类别】

【结 构 式】

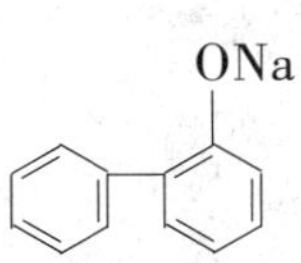

【商品属性】是一种广谱杀菌剂，可用做保鲜剂也可在田间使用防治猝倒病害。常用桔柑防腐保鲜。具有高效、安全、使用方便等特点。

白色或粉红色粉状，薄片状或块状物，有特异性气味。比重 1.2，沸点 286℃，熔点 55 ~ 59℃，蒸气压 $7.3\times10^{-4}$（20℃）。溶解度（20℃）：水 0.7g/L、乙醇 5900g/L。

【毒　　性】对眼睛、皮肤有刺激性。

【税则号列】有效成分：29071990　　　　制剂：38089210（零售包装），38089290（其他）

**0134048　　柠檬醛　　Citral**

【别　　名】TY，正凡杀菌剂

【有效成分】柠檬醛（2. 6-二甲基-2. 6-辛二烯-3-醛）

【商品类别】

【结 构 式】

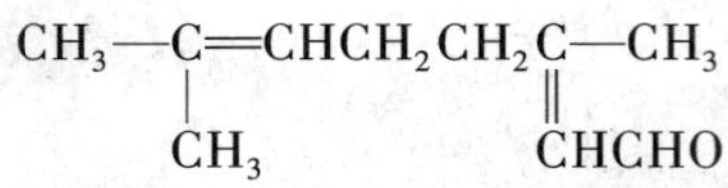

【商品属性】生物杀菌剂，对果树、蔬菜、棉花、茶树、烟草、花卉等作物的真菌、细菌及藻类病害防治效果显著。使用前充分摇匀，分层对药效无影响，忌与碱性农药混用。

原药为乳白色液体，比重 0. 91 ~ 0. 95。

【毒　　性】对眼睛有中度刺激，对皮肤有轻度刺激。无全身中毒报道。

【税则号列】有效成分：29121900

**0134049　　邻酰胺　　Mebenil**

【别　　名】BAS3050F

【有效成分】2-甲基苯酰替苯胺

【商品类别】

【结 构 式】

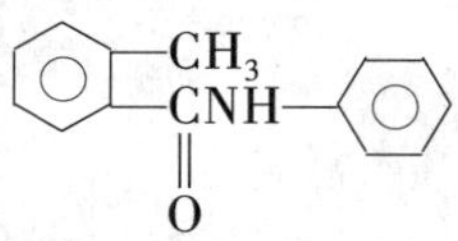

【商品属性】内吸性杀菌剂，对担子菌有较高的抑制效果，对水稻、小麦等多种作物上的病害有效，同时可以与某些杀虫剂混用。

纯品为白色针状结晶。熔点 130℃，20℃时蒸气压 0. 027mmHg，溶于大多数有机溶剂，如丙酮、二甲基甲酰胺、二甲基亚砜、乙醇、甲醇等。难溶于水，对酸、碱、热均较稳定。

常见制剂类型：组成混合拌种剂。

【毒　　性】低毒，对皮肤无明显刺激作用。

【税则号列】有效成分：29242990　　　　制剂：38089210（零售包装），38089290（其他）

**0134050　　宁南霉素　　Ningnanmycin**

【别　　名】

【有效成分】1-（4-肌氨酰胺-L-丝氨酰胺-4-脱氧-β-D-吡喃葡萄糖醛酰胺）胞嘧啶

【商品类别】

【结 构 式】

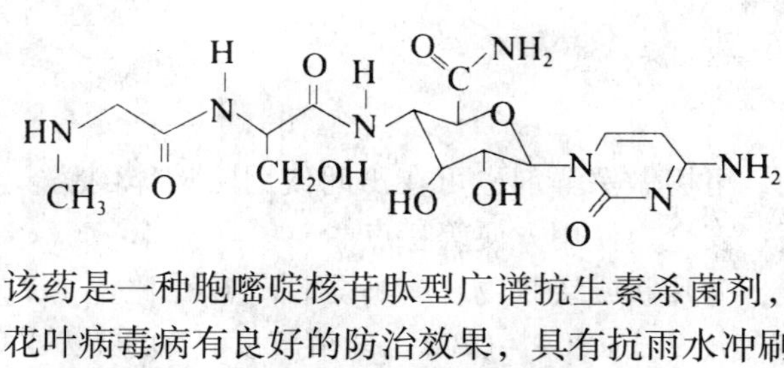

【商品属性】该药是一种胞嘧啶核苷肽型广谱抗生素杀菌剂，具有预防、治疗作用。对烟草花叶病毒病有良好的防治效果，具有抗雨水冲刷，毒性低等特点。

其游离碱为白色粉末，熔点 195℃（分解），易溶于水，可溶于甲醇，微溶于乙醇，难溶于丙酮、乙酯、苯等有机溶剂，pH3. 0 ~ 5. 0 较为稳定，在碱性时易分解失去活性。制剂外观为褐色液体，带酯香。无臭味，沉淀<2%，pH3.0～5.0，遇碱易分解。

常见制剂类型：水剂。

【毒　　性】低毒。

【税则号列】有效成分：29419090　　　　制剂：38089210（零售包装），38089290（其他）

**0134051　　双胍辛胺　　Iminoctadine**

【别　　名】各种定，双胍辛胺醋酸盐，培福朗，别腐烂，派克定，Befran，Iminoctadine triacetate

【有效成分】双（8-胍基-辛基）胺（三乙酸盐）

【商品类别】

【结 构 式】

$$[NH_2\overset{\overset{NH}{\|}}{C}NH(CH_2)_8NH(CH_2)_8NH\overset{\overset{NH}{\|}}{C}NH_2]$$

$$[NH_2\overset{\overset{NH}{\|}}{C}NH(CH_2)_8NH(CH_2)_8NH\overset{\overset{NH}{\|}}{C}NH_2]\cdot 3CH_3COOH$$　（乙酸盐）

【商品属性】本品属有机氮类广谱杀菌剂，有效成分为双胍辛胺（三乙酸盐），溶于水，主要抑制病菌类脂的生物合成。

纯品熔点 143～144℃，25℃时蒸气压为 $1.55\times10^{-6}$ mmHg，水中溶解度为 76.4g/100ml。原药为黄色液体或棕色固体，有效成分 40%～70%，熔点约 60℃，蒸气压<800nPa（25℃），密度 1.09（20℃）。溶解度：水>3kg/L（室温），甲醇>3000，正甲基吡咯烷酮 1000，二甲亚砜、二甲基甲酰胺 500，乙醇约 200（g/L，25℃），微溶于二甲苯和其他烃类，中性和酸性介质中稳定，碱液中不稳定，约 150℃时分解。

常见制剂类型：培福朗（派克定）为 25% 水剂，水剂外观为红色或淡黄色透明液体，防治草莓蛇眼病、芦笋（石刁柏）茎枯病、西瓜蔓枯病。

常见制剂类型：糊剂。

【毒　　性】对皮肤、眼睛和呼吸道具有中度刺激作用，使皮肤产生过敏反应。

【税则号列】有效成分：29252900　　　　制剂：38089210（零售包装），38089290（其他）

**0134052　　霜霉威盐酸盐　　Propamocarb hydrochloride**

【别　　名】普力克，霜霉威，丙酰胺，Previcur N

【有效成分】3-（二甲基氨基）丙基氨基甲酸丙酯盐酸盐

【商品类别】氨基甲酸酯类杀菌剂

【结 构 式】$Me_2NC_3H_6NHCOOC_3H_7HCl$

【商品属性】具有局部内吸作用，亦可用做浸渍处理和种子保护剂。

无色吸湿性晶体，熔点 45～55℃，蒸气压 0.80mPa（25℃）。溶解度：水 867g/L（25℃），甲醇>500，二氯甲烷>430，乙酸乙酯 23，异丙醇>300，甲苯、己烷<0.1（g/l，25℃），低于 400℃时稳定，光稳定。

常见制剂类型：可湿性粉剂、热雾剂、水剂。

【毒　　性】低毒。

【税则号列】有效成分：29241990　　　　制剂：38089210（零售包装），38089290（其他）

**0134053　　霜脲氰　　Cymoxanil**

【别　　名】清菌脲，菌疫清，Curzate

【有效成分】2-氰基-N-［（乙胺基）羰基］-2-（甲氧基亚胺基）乙酰胺

【商品类别】脲类杀菌剂

【结 构 式】

$$N{\equiv}C\underset{\underset{NOCH_3}{\|}}{C}ONHCONHCH_2CH_3$$

【商品属性】具有接触和局部内吸作用，可抑制孢子萌发，主要用来防治霜霉病（如疫霉属、霜霉属、单轴霉属等）真菌引起的病害。与保护性杀菌剂混用以延长持效期。

纯品为白色晶体，熔点 160～161℃，密度 1.31（25℃），25℃时蒸气压 80Pa，25℃溶解度水中 890mg/kg（pH5 时），已烷 1.85，甲苯 5.29，乙腈 57，乙酸乙酯 28，正辛醇 1.43，甲醇 22.9，丙酮 62.4，氯甲烷 133（g/L，20℃），pH2～7 稳定，对光敏感。

常见制剂类型：混合可湿性粉剂、悬浮剂。

【毒　　性】对眼有轻微的刺激作用。

【税则号列】有效成分：29269090　　　　制剂：38089210（零售包装），38089290（其他）

**0134054　　烯肟菌胺**

【别　　名】高扑，SYP-1620

【有效成分】N-甲基-2-［（（（（1-甲基-3-（2′6′-二氯苯基）-2-丙烯基）亚氨基）氧基）甲基）苯基］-2-甲氧基亚胺基乙酰胺

【商品类别】杀菌剂

【结 构 式】

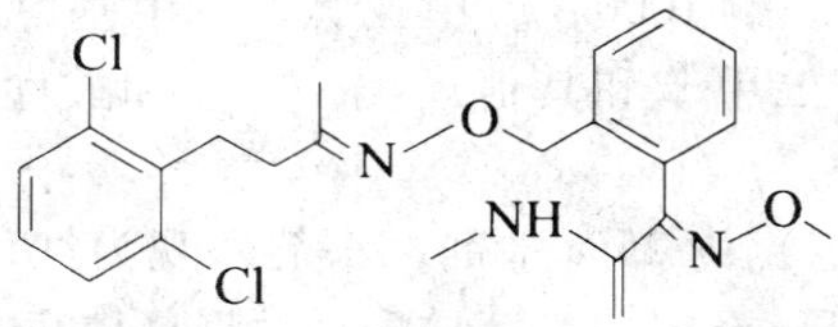


【商品属性】烯肟菌胺是甲氧基丙烯酸酯类高效农用杀菌剂，目前已获得中国发明专利。烯肟菌胺杀菌谱广、杀菌活性高、具有保护及治疗作用，与环境生物具有良好的相容性，室内及田间生物活性研究结果表明：烯肟菌胺对瓜类、小麦等作物白粉病、黄瓜霜霉病、番茄叶霉病、番茄晚疫病、小麦锈病、苹果斑点落叶病有优异的防治效果。

原药为白色或微带淡棕色固体，熔点 131～132℃；溶于二甲基甲酰胺、丙酮，常温下稳定。

常见制剂类型：乳油。

【毒　　性】属低毒农药，无致癌、致畸作用。

【税则号列】有效成分：29280000　　　　制剂：38089210（零售包装），38089290（其他）

**0134055　　十二烷基硫酸钠　　Dodecyl sodium sulphate**

【别　　名】植病灵（与三十烷醇、硫酸铜组成混剂）

【有效成分】十二烷基硫酸钠

【商品类别】杀菌剂

【结 构 式】

$$CH_3(CH_2)_{10}CH_2{-}O{-}\overset{\overset{O}{\|}}{\underset{\underset{O}{\|}}{S}}{-}ONa$$

【商品属性】对病毒 CMV、TMV 引起的病毒病有显著防治效果；对部分菌类危害也有一定防治作用，且能促进作物生长发育，提高质量。

常见制剂类型：组成混合乳油、悬乳剂。

【毒　　性】

【税则号列】有效成分：29209090　　　制剂：38089210（零售包装），38089290（其他）

**0134056　　十二烷基苄基二甲基氯化铵　　Toshin**

【别　　名】杀菌力，杀菌优

【有效成分】十二烷基二甲基苄基氯化铵

【商品类别】杀菌剂

【结 构 式】

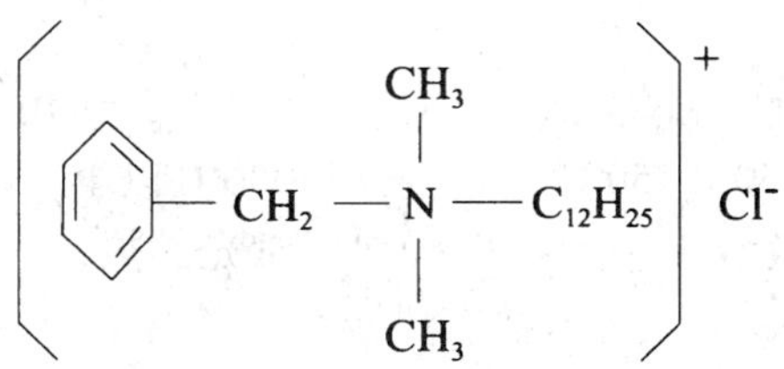

【商品属性】该药由杀菌活性季铵盐和表面活性剂复配而成。具有强极性，能吸附于真菌、细菌、病毒表面、破坏真菌、细菌、病体的细胞膜，进而渗透于细胞体内，达到杀菌作用。该药具有高效、低毒、广谱、不受有机杂质干扰特点。

原药外观茶色或红褐色透明稳定的均相液体黏稠液体，比重 1.07 ~ 1.065，易溶于水、乙酮和丙酮，难溶于苯、不溶于乙醚，对酸、碱、热、光均稳定。

常见制剂类型：水剂。

【毒　　性】低毒。

【税则号列】有效成分：29239000　　　制剂：38089210（零售包装），38089290（其他）

**0134057　　水杨酸　　Salicylic acid**

【别　　名】

【有效成分】水杨酸

【商品类别】杀菌剂

【结 构 式】

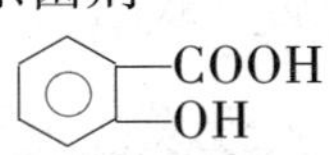

【商品属性】为杀菌剂苯杨粉中一个有效成分。

常见制剂类型：组成混合可湿性粉剂、乳油。

【毒　　性】

【税则号列】有效成分：29182110　　　制剂：38089210（零售包装），38089290（其他）

**0134058　　四霉素　　Tetramycin**

【别　　名】梧宁霉素，11371 抗生素

【有效成分】梧宁霉素

【商品类别】杀菌剂

【结 构 式】

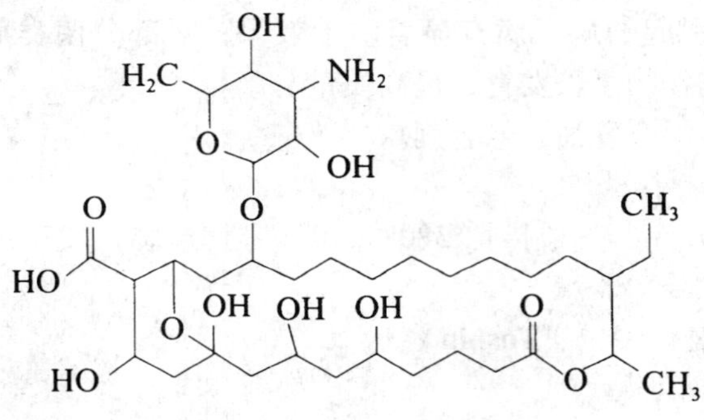

Tetramycin A

【商品属性】为不吸水链霉菌梧州亚种的发酵代谢物。含有 4 个组分 A1，A2，B 和 C。均属大环内酯类四烯抗生素。

梧宁霉素 A 易溶于碱性水，吡啶和醋酸中，不溶于水，苯，氯仿，乙醚等有机溶剂。无明显熔点，晶粉在 140 ~ 150℃ 开始变红，250℃ 以上分解。B 为白色长方晶体，溶于碱性溶液，微溶于一般有机溶剂。对光、热、酸、碱稳定。C 为白色针状结晶，熔点 140℃，溶于大多数有机溶剂，微溶于水，性质稳定。

常见制剂类型：水剂。

【毒　　性】低毒。

【税则号列】有效成分：29419090　　　制剂：38089210（零售包装），38089290（其他）

**0134059　　香芹酚　　Carvacrol**

【别　　名】

【有效成分】2-甲基-5-异丙基苯酚

【商品类别】

【结 构 式】

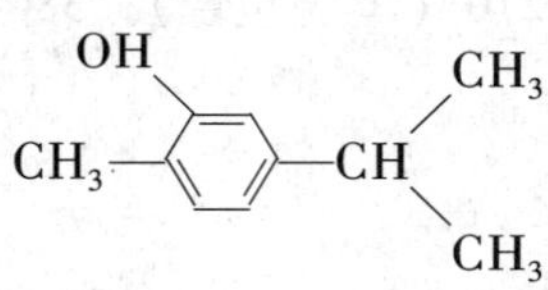

【商品属性】是由多种中草药经提取加工而成的植物农药，具有较强的抗菌作用，抗真菌能力尤为突出。是预防和治疗黄瓜灰霉病、水稻稻瘟病有效药剂。不污染环境，对天敌安全。

外观为绿色液体，沸点 237 ~ 238℃，微溶于乙醚、乙醇和碱性溶剂。制剂为稳定的均相液体，无可见悬浮物和沉淀物，比重 1.1，pH4.0 ~ 6.5，可与酸性农药混用。

常见制剂类型：混合水剂。

【毒　　性】低毒。

【税则号列】有效成分：29071990　　　制剂：38089210（零售包装），38089290（其他）

**0134060　　武夷菌素**

【别　　名】绿神九八

【有效成分】核苷类抗生素

【商品类别】

【结 构 式】

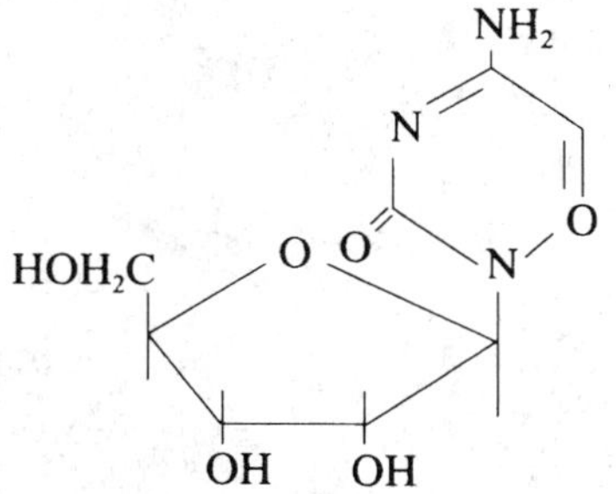

【商品属性】本品为广谱性生物杀菌剂，对多种植物病原真菌具有较强的抑制作用，对黄瓜、花卉白粉病有明显的防治效果。

制剂外观为棕色液体，比重为1.090～1.130，pH值5.0～7.0。

【毒　　性】低毒。

【税则号列】有效成分：29419090　　　制剂：38089210（零售包装），38089290（其他）

**0134061　戊菌隆　Pencycuron**

【别　　名】禾穗宁，万菌宁，Monceren

【有效成分】1-（4-氯苄基）-1-环戊基-3-苯基脲

【商品类别】脲类杀菌剂

【结 构 式】

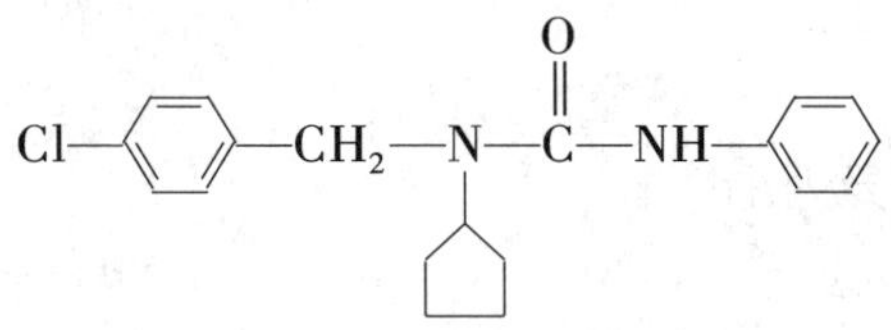

【商品属性】是一种新型的苯基脲类非内吸性，具有保护作用和持效期长特性的接触性杀菌剂，对防治由丝核菌引起的病害具有专一活性，对哺乳动物低毒，对环境无害对使用者安全。

纯品为无色晶体，熔点129.5℃，蒸气压 $<10^{-5}$ mPa（20℃）、2.5mPa（100℃）。20℃溶解：水0.3mg/L，二氯甲烷200～500g/L，已烷0.1～1.0 g/L，异丙醇2～5g/L，甲苯20～50g/L。

常见制剂类型：混合湿拌剂。

【毒　　性】低毒。

【税则号列】有效成分：29242990　　　制剂：38089210（零售包装），38089290（其他）

**0134062　荧光假单胞杆菌　Pseudomonas fluorescens**

【别　　名】消蚀灵

【有效成分】荧光假单胞杆菌

【商品类别】杀菌剂

【结 构 式】

【商品属性】该产品是通过PFI拮抗细菌的营养竞争、位点占领等保护植物免受病原菌的侵染，本产品对小麦全蚀病和棉花枯萎病有显著防治效果。

制剂外观为灰色粉末，Ph6.0～7.5。可与杀虫剂混用。

常见制剂类型：可湿性粉剂、水分散粒剂。

【毒　　性】低毒。

【税则号列】有效成分：30029090　　　制剂：38089210（零售包装），38089290（其他）

**0134063　　中生菌素　　Zhongshengmycin**

【别　　名】

【有效成分】1-N 甙基链里定基-2-氨基 L-赖氨酸-2 脱氧古罗糖胺

【商品类别】

【结 构 式】

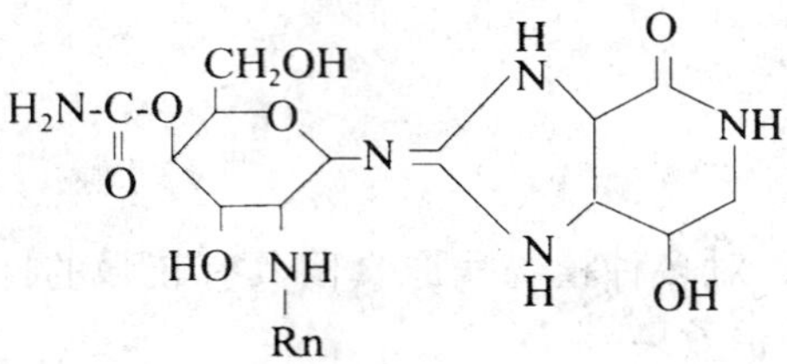

【商品属性】中生菌素为 N-糖甙类抗生素，其抗菌谱广，能够抗革兰氏阳性、阴性细菌、分枝杆菌、酵母菌及丝状真菌。特别对农作物致病菌如菜软腐病菌、黄瓜角斑病菌、水稻白叶枯病菌、小麦赤霉病菌等均具有明显的抗菌活性。

原药为浅黄色粉末，熔点 173 ~ 190℃，100% 溶于水。

常见制剂类型：水剂、可湿性粉剂。

【毒　　性】低毒。

【税则号列】有效成分：29419090　　　　制剂：38089210（零售包装），38089290（其他）

**0134064　　乙霉威　　Diethofencarb**

【别　　名】硫菌霉威，Sumico，S-1605

【有效成分】3, 4-二乙氧基苯基氨基甲酸异丙酯

【商品类别】氨基甲酸酯类杀菌剂

【结 构 式】

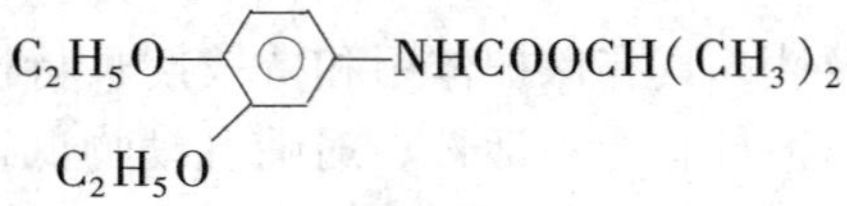

【商品属性】内吸性杀菌剂，抑制灰霉菌芽孢纺锤体的形成，用于防治葡萄、柑橘等抗苯达松的菌株，兼治白粉病。能有效地防治番茄灰霉病。用于水果保鲜防治苹果青霉病。

纯品为白色结晶，原药为无色至浅褐色固体，熔点 100. 3℃。溶解度（20℃）：水 26. 6mg/L、己烷 1. 3g/kg、甲醇 101g/kg、二甲苯 30g/kg。蒸气压 8. 4mPa（20℃），密度 1. 19（23℃）。

常见制剂类型：混合可湿性粉剂。

【毒　　性】经口毒性低，接触量大时能抑制胆碱酯酶。

【税则号列】有效成分：29242990　　　　制剂：38089210（零售包装），38089290（其他）

**0134065　　愈创木酚　　2-Methoxyphenol**

【别　　名】

【有效成分】2-甲氧基酚

【商品类别】

【结 构 式】

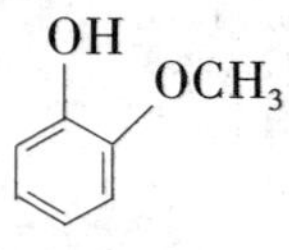

【商品属性】为纯天然植物提取，对作物具有抗病毒作用。

溶解度：溶于乙醇、乙醚、甘油、三氯甲烷和冰乙酸，微溶于水。稳定性：在酸性介质中稳定，见光或接触空气颜色逐渐变暗。

常见制剂类型：混合可溶性液剂。

【毒　　性】低毒。

【税则号列】有效成分：29095000　　制剂：38089210（零售包装），38089290（其他）

**0134066　敌锈钠　Sodium-p-aminobenzenesulfonate**

【别　　名】Sodium sulfanilate

【有效成分】对氨基苯磺酸钠

【商品类别】杀菌剂

【结 构 式】

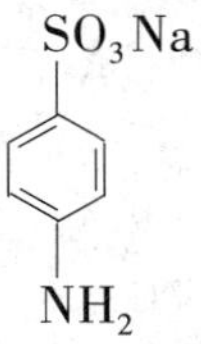

【商品属性】主要用于防治小麦的锈病及其他作物的锈病。

纯品为有光泽的白色结晶。工业品是粉红色或浅玫瑰色晶体，有效成分97%以上。溶于水，水溶液呈中性，不溶于一般有机溶剂，遇含钙物质产生沉淀。

【毒　　性】低毒。

【税则号列】有效成分：29214200　　制剂：38089210（零售包装），38089290（其他）

**0134067　长川霉素　Streptomyces melanosporofaciens**

【别　　名】

【有效成分】1-（2-乙酰基-哌啶-1-基）-2-［6-［7-乙剂-10，12-二羟基-14-（4-羟基-3-甲氧基-环己基）-1-甲氧基-3，5，11，13-四甲基-8-氧-十四烷-5，13-二烯］-2-羟基-5-甲氧基-3-甲基-四氢吡喃-2-基］-1，2-乙二酮

【商品类别】杀菌剂

【结 构 式】

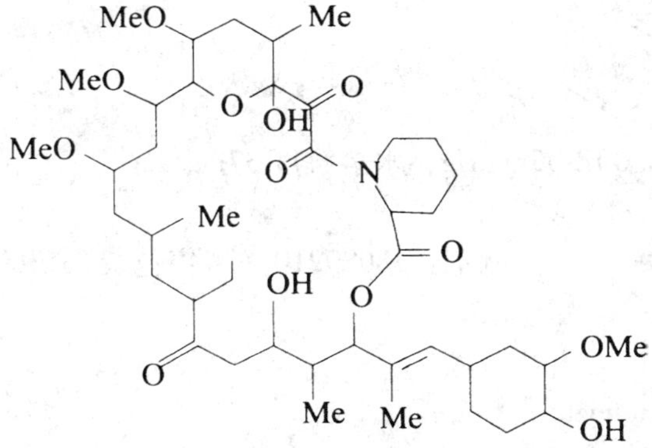

【商品属性】大环内酯类抗生素杀菌剂。具有根部内吸作用，对灰霉病病原菌的孢子萌发和菌丝生长又抑制作用。

原药含量≥94%，外观为白色至淡黄色粉末，熔点163～164℃。溶于甲醇、丙酮、氯仿，微溶于正己烷、石油醚，不溶于水。

常见制剂类型：乳油。

【毒　　性】中等。

【税则号列】有效成分：29419090　　制剂：38089210（零售包装），38089290（其他）

**0134068　　种衣酯　　Fenitropan**

【别　　名】BRN 3155634，Egyt 2248，Fenitropane，Volparox

【有效成分】甲酸（1R，2R）-3-硝基-4-苯基-4-乙酰氧基丁酯

【商品类别】杀菌剂

【结 构 式】

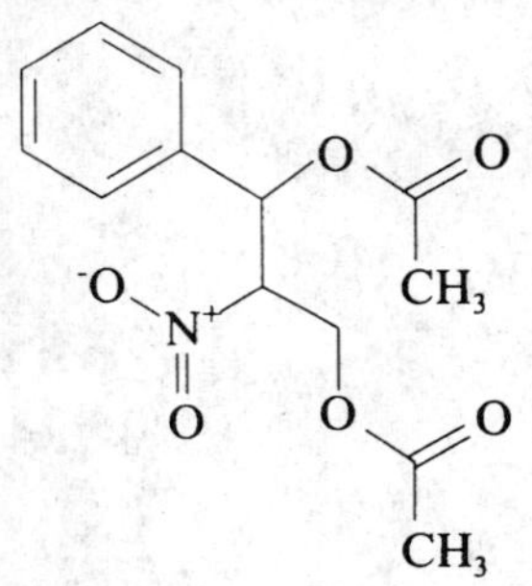

【商品属性】用于杀灭真菌、细菌和木质防腐。

【毒　　性】

【税则号列】有效成分：29153900　　　　制剂：38089210（零售包装），38089290（其他）

**0134069　　苯霜灵　　Benalaxyl**

【别　　名】BRN3001587，Galben，M9834

【有效成分】N-苯乙酰基-N-（2,6-二甲基苯基）-DL-α-氨基丙酸甲酯

【商品类别】杀菌剂

【结 构 式】

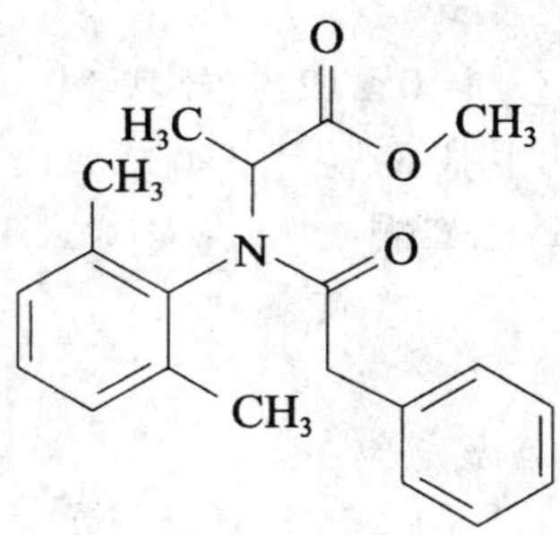

【商品属性】熔点 79℃，蒸气压 1.00E-05mmHg，水溶解度 37mg/L。

【毒　　性】

【税则号列】有效成分：29242990　　　　制剂：38089210（零售包装），38089290（其他）

**0134070　　氰菌胺　　Zarilamid**

【别　　名】Achieve，Achi-Bu，Helmet

【有效成分】4-氯-N-［（氰基乙氧基）甲基］苯甲酰胺

【商品类别】杀菌剂

【结 构 式】

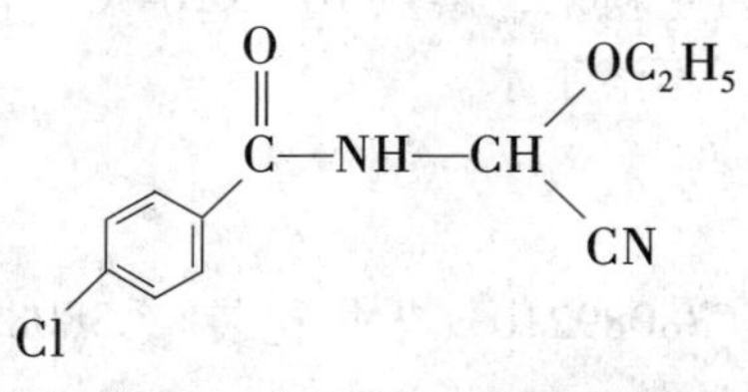

【商品属性】防治稻瘟病的新型内吸性杀菌剂。

氰菌胺于 2001 年在日本上市，是由日本农药株式会社与巴斯夫公司共同研制开发的新颖内吸性杀菌剂，属于黑色素生物合成抑制剂，对水稻稻瘟病防效优

异，且持效期较长。茎叶处理用量为 200 ~ 400g/hm²，灌施剂量为 2100 ~ 2800g/hm²。

【毒　　性】

【税则号列】有效成分：29269090　　　制剂：38089210（零售包装），38089290（其他）

**0134071　　酞菌酯　　Nitrothal-isopropyl**

【别　　名】

【有效成分】5-硝基间苯二甲酸二异丙酯

【商品类别】杀菌剂

【结 构 式】

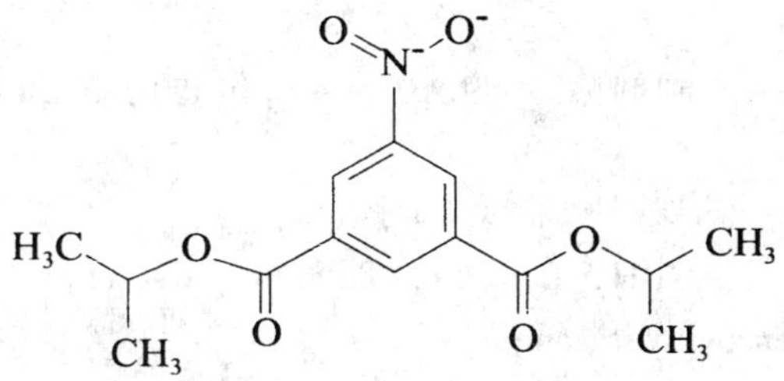

【商品属性】用于杀灭真菌、细菌和木质防腐。

熔点 65℃，水溶解度 2. 7mg/L。

【毒　　性】

【税则号列】有效成分：29173990　　　制剂：38089210（零售包装），38089290（其他）

**0134072　　叶枯酞　　Tecloftalam**

【别　　名】Shiragen，Techlofthalam

【有效成分】2-［N-（2, 3-二氯苯基）氨基甲酰基］-3，4，5，6-斯氯苯甲酸

【商品类别】杀菌剂

【结 构 式】

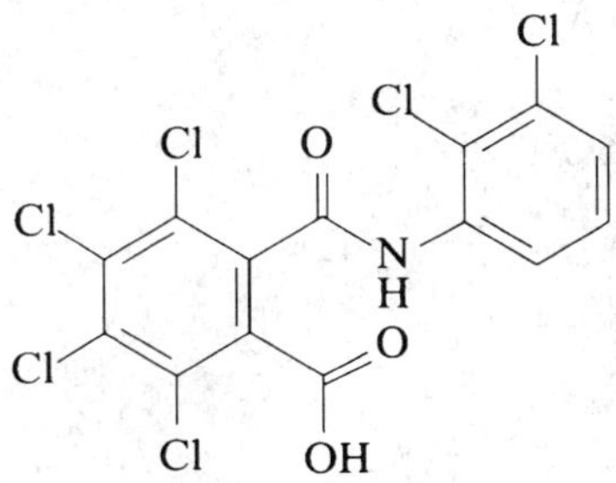

【商品属性】用于杀灭真菌、细菌和木质防腐。

熔点 198. 5℃，水溶解度 14mg/L。

【毒　　性】

【税则号列】有效成分：29242990　　　制剂：38089210（零售包装），38089290（其他）

**0134073　　水杨菌胺　　Trichlamide**

【别　　名】Hataclean，NK483，WL105305

【有效成分】N-（1-正丁氧基-2, 2, 2-三氯乙基）-2-羟基苯甲酰胺

【商品类别】杀菌剂

【结 构 式】

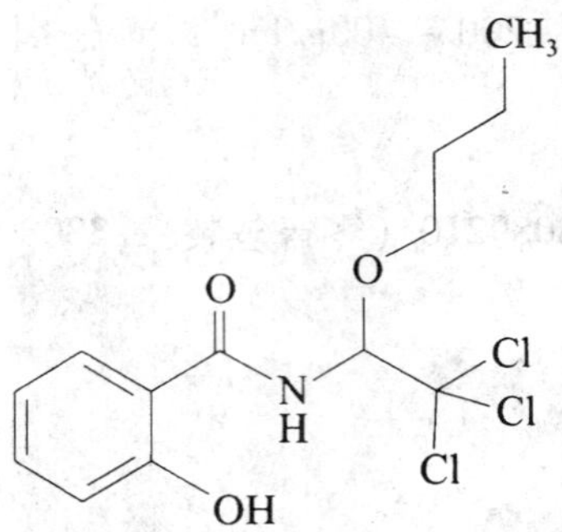

【商品属性】用于杀灭真菌、细菌和木质防腐。
【毒　　性】
【税则号列】有效成分：29242990　　　　制剂：38089210（零售包装），38089290（其他）

**0134074　醌肟腙　Benquinox**
【别　　名】Benchinox，Ceredon，COBH，GBH，Lerenox，Tillantox，Tserenox
【有效成分】1, 4-Benzoquinone oxime benzoylhydrazone
【商品类别】杀菌剂
【结 构 式】

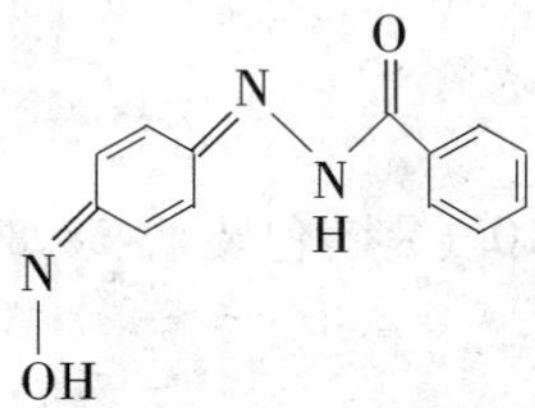

【商品属性】水溶解度 5mg/L，蒸气压 8. 37E-11mmHg。
【毒　　性】
【税则号列】有效成分：29280000　　　　制剂：38089210（零售包装），38089290（其他）

**0134075　氯硝丙烷　Chloronitropropane**
【别　　名】Korax，Lanstan，NSC-17667，Niagara 5961
【有效成分】1-氯-2-硝基丙烷
【商品类别】杀菌剂
【结 构 式】

【商品属性】用于杀灭真菌、细菌和木质防腐。
熔点 172. 5℃
【毒　　性】
【税则号列】有效成分：29049090　　　　制剂：38089210（零售包装），38089290（其他）

**0134076　叶枯炔　Cellocidin**
【别　　名】叶枯散，Lenamycin，NSC-38643，Renamycin
【有效成分】乙炔二甲酰胺
【商品类别】杀菌剂
【结 构 式】

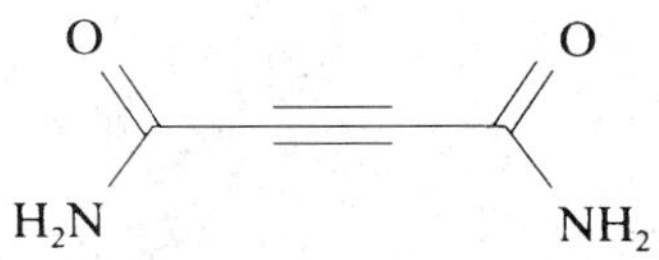

【商品属性】燃烧产生有毒氮氧化物气体。熔点 216～218℃

【毒　　性】高毒

【税则号列】有效成分：29241990　　　制剂：38089210（零售包装），38089290（其他）

**0134077　吡喃灵　Pyracarbolin**

【别　　名】BRN1427914，HOE6053，Sicarol

【有效成分】6-甲基-3，4-二氢吡喃-5-甲酰苯胺

【商品类别】杀菌剂

【结 构 式】

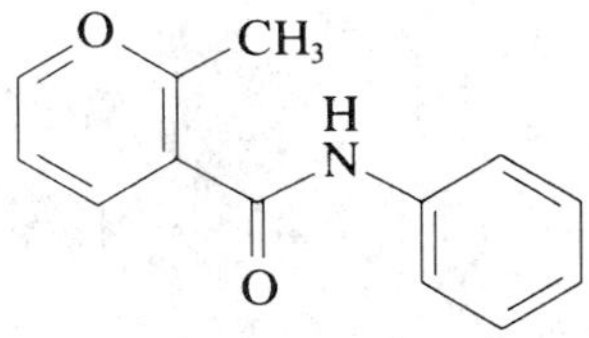

【商品属性】用于杀灭真菌、细菌和木质防腐。

熔点 110.5℃，蒸气压 1.11E-06mmHg，水溶解度 600mg/L。

【毒　　性】

【税则号列】有效成分：29329990　　　制剂：38089210（零售包装），38089290（其他）

**0134078　双胍辛乙酸盐　Guazatine acetate**

【别　　名】

【有效成分】混合物

【商品类别】杀菌剂

【结 构 式】

【商品属性】聚胺反应产生的含的胍和多胺的混合物，其盐命名为“Guazatine acetates [CAS：115044-19-4]”。

说明：“Guanoctine”原定义为双胍辛胺（参见本书 0134051），但后来发现双胍辛乙酸盐为混合物，于是将双胍辛胺重新命名为“Iminoctadine”。

【毒　　性】

【税则号列】有效成分：38249099　　　制剂：38089210（零售包装），38089290（其他）

**0134079　毒菌酚　Hexachlorophen**

【别　　名】AT7，Acigena，Almederm，B32，BRN2064407，Bilevon，Cotofilm，Dermadex，Distodin，Esaclorofene，Exofene，Fesia-sin，Fomac，Fostril，Gamophen，HCP，Hexabalm，Hexafen，Hexide，Hexosan，Phisodan，Septisol，Septofen，Steral，Surgi-cin，Surofene，Tersaseptic，Trisophen，Turgex

【有效成分】二-（2-羟基-3，5，6-三氯苯基）甲烷

【商品类别】杀菌剂

【结 构 式】

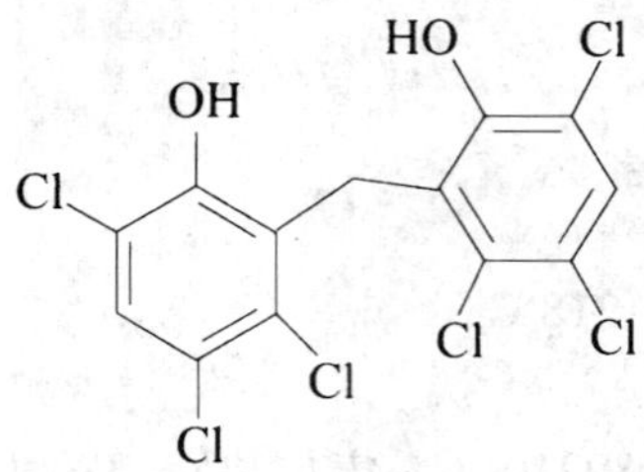


【商品属性】熔点 166.5℃，沸点 479，蒸气压 1.03E-10mmHg，水溶解度 140mg/L。
【毒　　性】
【税则号列】有效成分：29072990　　　　制剂：38089210（零售包装），38089290（其他）

**0134080　　联苯　　Biphenyl**
【别　　名】Bibenzene，PHPH，Xenene，1, 1′-Biphenyl
【有效成分】联苯
【商品类别】杀菌剂
【结 构 式】

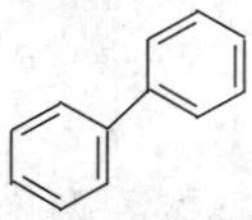

【商品属性】白色鳞片状晶体，具有独特的香味。熔点 70℃，沸点 255℃，闪电 113℃，密度 0.992g/cm$^3$。不溶于水、酸及碱，溶于醇、醚、苯等有机溶剂。
【毒　　性】
【税则号列】有效成分：29029090　　　　制剂：38089210（零售包装），38089290（其他）

# 014 除草剂

除草剂是指用以消灭或控制杂草生长的药剂。广义上是指防除所有不希望其存在的植物的药剂。使用范围包括防治农田、苗圃、林地、幼林抚育、森林防火道、草原、草坪、园林、花卉、非耕地、铁路、公路沿线及工厂、仓库、住宅、机场周围环境的杂草、杂灌、非目的树等有害植物，河道、渠道、湖泊、池塘、水库等水域的水生杂草等。

其作用机制一般为通过一条或多条途径和多种效应，抑制植物体内某一生理生化过程或反应，造成许多过程的失调而导致杂草死亡。

按照化合物的来源可分为有机除草剂、无机除草剂、生物源除草剂。无机除草剂选择性差、用量大、毒性高，使用越来越少。生物源除草剂是利用天然化学骨架为基础产生的有植物毒性的化合物。有机除草剂种类多，使用范围广，占除草剂的绝大部分。根据有机除草剂的结构可以分为苯氧羧酸类、脲类和杂环类等类别。

植物生长调节剂是指人工合成的具有天然植物激素活性的物质。植物生长调节剂种类繁多，其结构、生理效应和用途各异。植物生长调节剂的应用范围有矮化防倒、促进生长发育、细胞分裂、乙烯释放、生长素传导抑制、生长延缓、生长抑制等方面。

根据协调制度的规定：除草剂是用来控制或杀灭不想要的植物的化学品。有些除草剂施于植物某部分或种子上使其休眠，而另外一些除草剂则施于所有叶子上。它们可以是选择性产品（杀灭特定植物的除草剂）或非选择性产品（杀灭全部植物的除草剂）。

本组还包括脱叶剂。脱叶剂是用以使植物的叶提前枯黄脱落的化学品。

抗萌剂，可用于抑制或推迟种子、球茎、块茎、牧草的发芽。

植物生长调节剂，用以改变植物生长过程，加速或抑止其生长，提高其产量，改良其质量或使其便于收获等。植物激素是植物生长调节剂的一类（例如，赤霉酸）。合成有机化学品也可用做植物生长调节剂。

## 0141 苯氧羧酸类除草剂

### 0141001　2 甲 4 氯　MCPA

【别　　名】2, 4-MCPA

【有效成分】2-甲基-4-氯苯氧乙酸

【商品类别】苯氧羧酸类除草剂

【结 构 式】

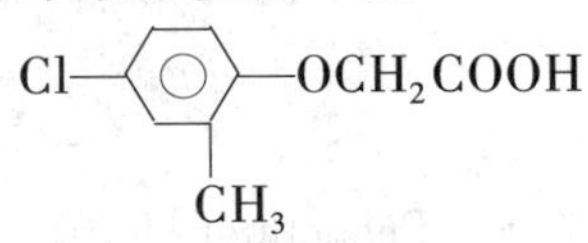

【商品属性】为苯氧乙酸类选择性激素型除草剂。其作用方式选择性与 2，4-滴同。但其挥发性、作用速度较 2，4-滴丁酯乳油低且慢，因而在寒地稻区使用比 2，4-滴安全。禾本科植物幼苗期很敏感，3 ~ 4 叶期后抗性逐渐增强，分蘖末期最强，到幼穗分化敏感性又上升。因此宜在水稻分蘖末期施药，适用于水稻、小麦及其他旱地作物防治三棱草、鸭舌草、泽泻、野慈菇及其他阔叶杂草。

酸为无色结晶，熔点 119 ~ 120.5℃，蒸气压 $2.3 \times 10^{-5}$ Pa（25℃）。溶解度：水 734mg/L（25℃）、乙醇 1530、乙醚 770、甲醇 26.5、二甲苯 49、庚烷 5g/L（25℃）。

常见制剂类型：可湿性粉剂、水剂。

【毒　　性】消化道症状；严重时对肝、肾损伤。

【税则号列】有效成分：29189900　　　　制剂：38089311（零售包装），38089319（其他）

**0141002　2 甲 4 氯钠　MCPA-Na**

【别　　名】

【有效成分】2-甲基-4-氯苯氧基乙酸钠

【商品类别】苯氧羧酸类除草剂

【结 构 式】

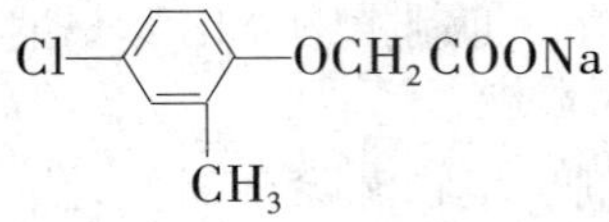

【商品属性】主要用于防除水稻、麦类、高粱、甘蔗、亚麻作物中莎草科及多种阔叶杂草，如稻田中得三棱草、鸭舍草、野慈菇、眼子菜等和旱田中得灰菜、问荆、苦菜、香附子、刺儿菜等。本品可与杀草丹、除草醚、五氯酚钠、扑草净、敌稗等除草剂混用，扩大除草谱，提高防效，并可增加对水稻的安全性。

原药为褐色粉末，有酚的刺激性气味，易溶于水。

【毒　　性】对皮肤和眼睛有刺激作用。

【税则号列】有效成分：29189900　　　　制剂：38089311（零售包装），38089319（其他）

**0141003　2 甲 4 氯丁酸乙酯　MCPB-ethylate**

【别　　名】2, 4-MCPB，MCP

【有效成分】4-（4-氯-2-甲基苯氧基）丁酸乙酯

【商品类别】苯氧羧酸类除草剂

【结 构 式】

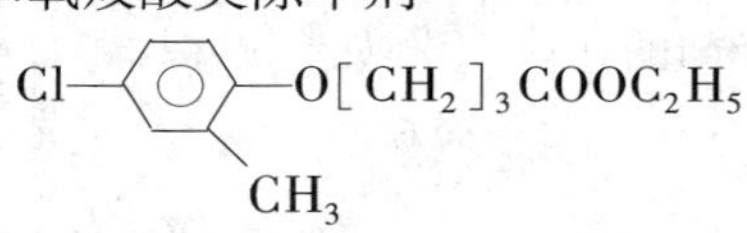

【商品属性】内吸激素类。

酸为无色固体，熔点 100℃，沸点 >280℃，蒸气压 $5.77\times10^{-5}$Pa（20℃），密度 1.254。溶解度：水 44mg/L（25℃），丙酮 313、二氯甲烷 160、乙醇 150、己烷 65、甲苯 8g/L（室温）。对酸、光稳定。

常见制剂类型：乳油。

【毒　　性】消化道症状，严重时对肝、肾有损伤。

【税则号列】有效成分：29189900　　　　制剂：38089311（零售包装），38089319（其他）

**0141004　2 甲 4 氯乙硫酯　MCPA-thioethyl**

【别　　名】2 甲 4 氯硫代乙酯，酚硫杀，芳米大，禾必特，Phenothiol Herbit

【有效成分】S-乙基-（α-甲基-4-氯苯氧基）硫代乙酸乙酯

【商品类别】苯氧羧酸类除草剂

【结 构 式】

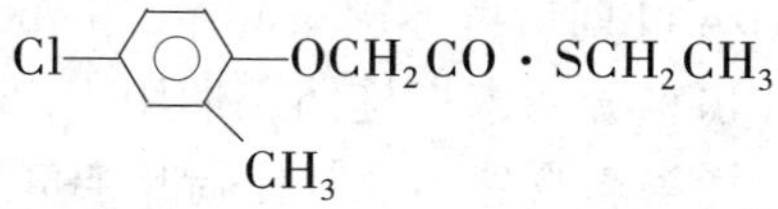

【商品属性】为内激素型选择性苗后茎叶处理剂。药剂被茎叶和根吸收后进入植物体内，干扰植物的内源激素的平衡，从而使正常生理机能紊乱，使细胞分裂加快，呼吸作用加速，导致生理机能失平衡。杂草受药后的症状与 2，4-滴类除草剂近似，即茎叶扭曲、畸形、根变形。主要用于冬、春小麦、水稻等禾谷类作物，对播娘蒿、荠菜、离子草、繁缕、藜、本氏寥、野油菜、问荆、香薷、泽漆、刺儿菜等有良好效果。但对猪殃殃、婆婆纳、米瓦罐、王不留行、麦家翁等抗性强的杂草效果差。

白色针状晶体（原药为棕色晶体），熔点 42～42℃，沸点 165℃/7mmHg，蒸气压 21mPa（20℃）。溶解度：水 2.3mg/L（25℃），丙酮、二甲苯 > 1000，己烷 290（g/L，25℃）。在酸中稳定，碱液中较不稳定，200℃以下稳定。

常见制剂类型：乳油。

【毒　　性】消化道症状，严重时对肝、肾有损伤。

【税则号列】有效成分：29309090　　制剂：38089311（零售包装），38089319（其他）

**0141005　2, 4, 5-涕　2, 4, 5-T**

【别　　名】

【有效成分】2, 4, 5-三氯苯氧乙酸

【商品类别】苯氧羧酸类除草剂

【结 构 式】

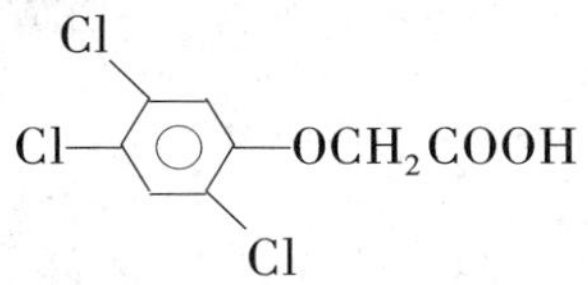

【商品属性】白色结晶，熔点 156.6℃，其酯类不溶于水，但溶于油类。25℃时在水中溶解度为 278mg/L，可溶于丙酮、乙醇和乙醚，与碱类金属和胺类所成的盐可溶于水。

【毒　　性】代谢性酸中毒，恶心、呕吐，继后出现嘛睡，肢端感觉麻木，重者肌肉颤动、抽搐、昏迷、呼吸衰竭。

【税则号列】有效成分：29189100　　制剂：38085010（零售包装），38085090（其他）

**0141006　2, 4, 5-涕丙酸　Fenoprop**

【别　　名】2, 4, 5-TP，Silvex（ANSI，WSSA）

【有效成分】2-（2, 4, 5-三氯苯氧）丙酸

【商品类别】苯氧羧酸类除草剂

【结 构 式】

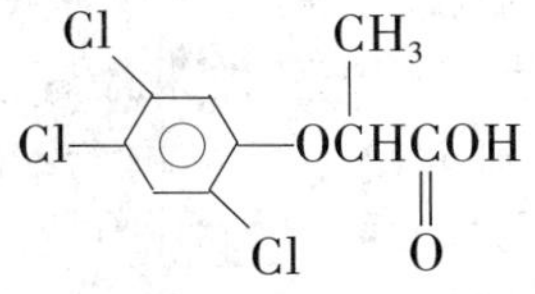

【商品属性】纯品为白色粉末，熔点 179～181℃。溶解度：水 140mg/L（25℃），溶于丙酮、甲醇（分别为 18.08/g 和 13.4g/g）。

【毒　　性】代谢性酸中毒，恶心、呕吐，继后出现嗜睡，肢端感觉麻木，重者肌肉颤动、抽搐、昏迷、呼吸衰竭。

【税则号列】有效成分：29189900　　制剂：38089311（零售包装），38089319（其他）

**0141007　2, 4-滴　2, 4-D**

【别　　名】Esteron，2, 4-D Butyl

【有效成分】2, 4-二氯苯氧基乙酸正丁基酯

【商品类别】苯氧羧酸类除草剂

【结 构 式】

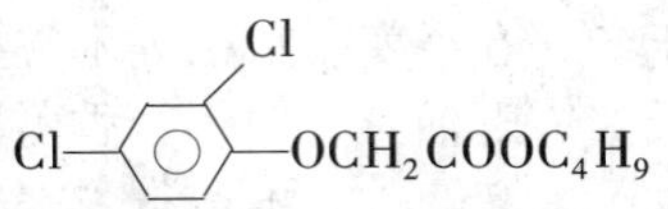

【商品属性】苯氧乙酸类激素型选择性除草剂，具有较强的内吸传导性。主要用于苗后茎叶处理，穿过角质层和细胞膜，最后传导到各部分。在不同部位对核酸和蛋白质的合成产生不同影响，在植物顶端抑制核酸代谢和蛋白质的合成，使生长点停止生长，幼嫩叶片不能伸展，抑制光合作用的正常进行，传导到植株下部的药剂，使植物茎部组织的核酸和蛋白质的合成增加，促进细胞异常分裂，根尖膨大，丧失吸收能力，造成茎秆扭曲、畸形，筛管堵塞，韧皮部破坏，有机物运输受阻，从而破坏植物正常的生活能力，最终导致植物死亡。

纯品为无色油状液体，沸点169℃/2mmHg，比重1.2428，原油为褐色液体，20℃时比重1.21，沸点146～147℃/1mmHg，难溶于水，易溶于多种有机溶剂，挥发性强，遇碱分解。

常见制剂类型：乳油。

【毒　　性】消化道症状；严重时对肝、肾损伤。

【税则号列】有效成分：29189900　　　制剂：38089311（零售包装），38089319（其他）

**0141008　　喔草酯　　Propaquizafop**

【别　　名】恶草酸，Agil，Shogun

【有效成分】2-异亚丙基氨基氧乙基（R）-2-（4-（6-氯喹喔啉-2-基氧）苯氧基）丙酸酯

【商品类别】苯氧羧酸类除草剂

【结 构 式】

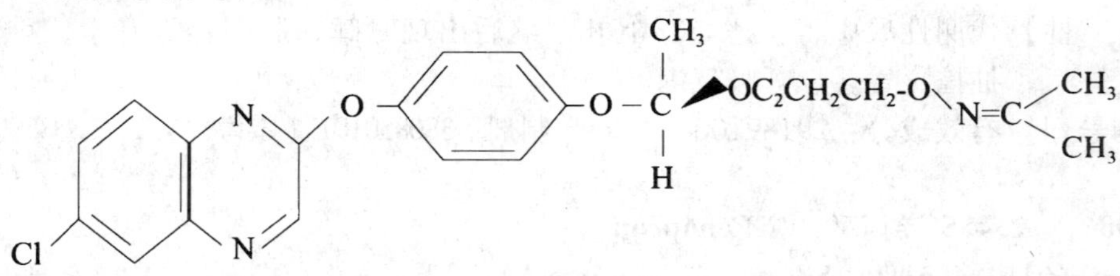

【商品属性】本品属2-（4-芳氧基苯氧基）链烷酸类除草剂。是脂肪酸合成抑制剂。本品对许多主要的一年生和多年生禾本科杂草有较好的防除效果，防除一年生禾本科杂草和多年生杂草，在相对低温下，本品也具有良好的防除活性，对大豆、棉花、油菜、马铃薯和蔬菜等安全，在杂草幼苗期和生长期施药效果最好，且作用迅速。添加剂可提高防效2～3倍，施药后1小时降雨对防效无影响。本品迅速被植株的叶和根吸收，并转移至整个植株，芽后施药4天，敏感的禾本科杂草停止生长，是药后7至12天，植株组织发黄或者红色，在3至7天后枯死。

无色晶体。25℃溶解度（g/L）：丙酮、乙腈、环己酮、甲苯中大于250，氯仿、二甲基亚砜、二噁烷、甲醇中大于100，乙醇、庚烷、异丙醇中10～50，水中1.9mg/L（pH7）。

【毒　　性】对兔皮肤无刺激，对眼睛有轻微刺激。无诱变性，无致畸和胚胎毒性。

【税则号列】有效成分：29339900　　　制剂：38089311（零售包装），38089319（其他）

**0141009　　高2，4-滴丙酸　　Dichlorprop-P**

【别　　名】精2，4-滴丙酸，2,4-滴丙酸，Duplosan，（R）2-（2,4-dichlorophenoxy）propionic acid，（R）2-（2,4-dichlorophenoxy）propanoic acid

【有效成分】（R）2-（2，4-二氯苯氧基）丙酸

【商品类别】苯氧羧酸类除草剂

【结 构 式】

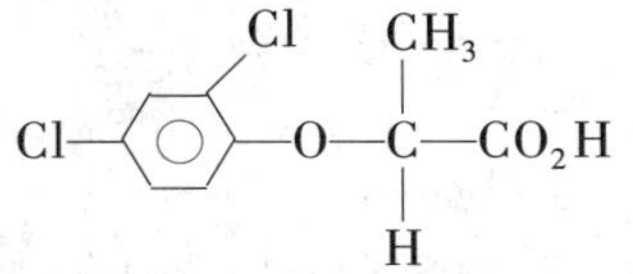

【商品属性】本品属芳氧基烷基酸类除草剂，是激素型内吸性除草剂，对春蓼、大马蓼特别有效，也可防除猪殃殃和繁缕，对扁蓄有一定的防除效果。在禾谷类作物上单用或者与其他除草剂混用。也可在更低剂量下使用，以防治苹果落果。

20℃溶解度：水 0.59g/L（pH7），丙酮、乙醇大于 1kg/kg，乙酸乙酯 560g/kg，甲苯 46g/kg。对日光稳定，在 pH3 ~9 条件下稳定。

【毒　　性】对蜜蜂无毒。鱼毒 $LC_{50}$（96h，mg/L）：鳟鱼大于 100 小于 220。

【税则号列】有效成分：29189900　　制剂：38089311（零售包装），38089319（其他）

**0141010　高 2-甲-4-氯丙酸　Mecoprop-P**

【别　　名】精 2 甲 4 氯丙酸，Duplosan KV，Optica，（R）2-（（4-chloro-o-tolyl）oxy）propionic acid，（R）2-（4-chloro-2-methylphenoxy）propanoic acid

【有效成分】（R）2-（4-氯-邻甲苯氧基）丙酸

【商品类别】苯氧羧酸类除草剂

【结 构 式】

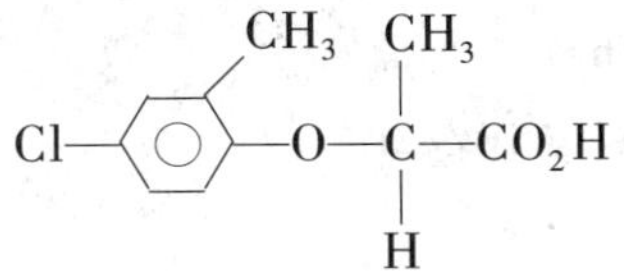

【商品属性】本品属激素型的芳氧基链烷酸类除草剂。可有效地防除藜、猪殃殃和繁缕。与其他除草剂混用，可以扩大杀草谱。

无色晶体。20℃溶解度（g/kg）：水 0.86（pH7），丙酮、乙醇大于 1000，二氯甲烷 730，已烷 9，甲苯 330。对日光稳定。在 pH3 ~9 条件下稳定。

【毒　　性】无致癌作用，对蜜蜂无毒。

【税则号列】有效成分：29189900　　制剂：38089311（零售包装），38089319（其他）

**0141011　抑草蓬　Erbon**

【别　　名】Baron，Novege，Novon，Pentanate

【有效成分】2，2-二氯丙酸-2-（2，4，5-三氯苯氧剂）乙基酯

【商品类别】除草剂

【结 构 式】

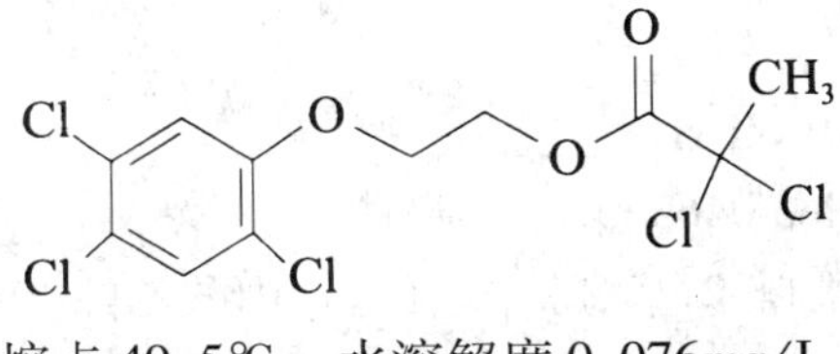

【商品属性】熔点 49.5℃，水溶解度 0.076mg/L，蒸气压 5.49E-06mmHg。

【毒　　性】

【税则号列】有效成分：29159000　　制剂：38089311（零售包装），38089319（其他）

**0141012　2，4-滴丁酯　2, 4-D Butylate**

【别　　名】2，4-D 丁酯，2, 4-D Butyl ester

【有效成分】2，4-二氯苯氧乙酸丁酯

【商品类别】苯氧羧酸类除草剂

【结 构 式】

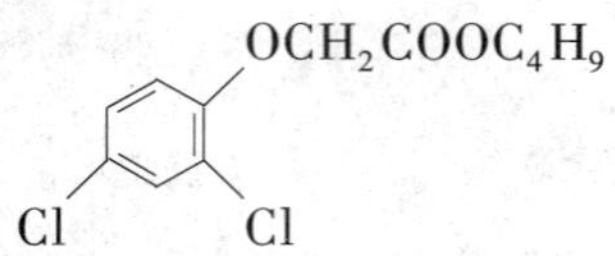

【商品属性】一种选择性很强而有内吸传导作用的除草剂。对棉花、大豆、马铃薯等有药害。主要防除禾本科作物田中双子叶杂草，莎草及某些恶性杂草。可防除鸭舌草、野慈菇、泽泻、水芹、毒芹、狼把草、香浦、芦苇及异型莎草，对牛茅草也有抑制作用。

无色油状液体。原药是褐色油状液体。难溶于水，易溶于多种有机溶剂。原药20℃相对密度 1.21，沸点 146～147℃/133.3Pa，熔点 9℃，25～28℃蒸气压133.3Pa。挥发性强，遇碱易分解。

【毒　　性】口服中毒者应立即催吐、洗胃，口服10%硫酸亚铁溶液，每15～30分钟10ml，共服30～50ml，以破坏2，4-滴丁酯，勿用温水洗胃，以免促进吸收，要采取对症治疗。

【税则号列】有效成分：29189900　　　制剂：38089311（零售包装），38089319（其他）

**0141013　　噁唑禾草灵　　Fenoxaprop-ethyl**

【别　　名】噁唑灵，豆草灵，豆田清，麦田清，骠马，威霸，Acclaim，Furore，HOW33171，Puma，Pume super，Whip

【有效成分】2［4-（6-氯-2-苯并恶唑氧基）苯氧基］丙酸乙酯

【商品类别】苯氧羧酸类除草剂

【结 构 式】

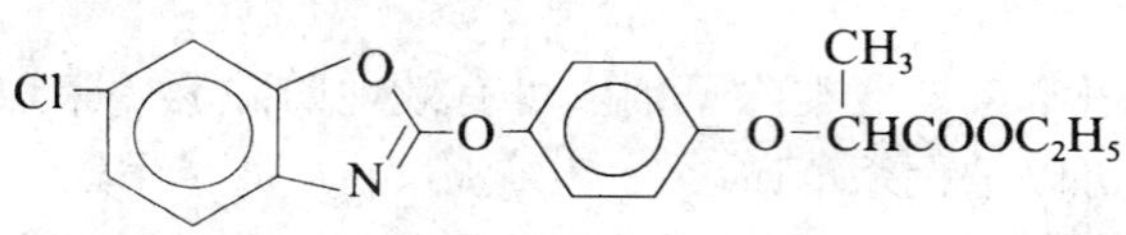

【商品属性】芳氧基苯氧基丙酸类内吸性芽后除草剂，是脂肪酸合成抑制剂。选择性强、活性高、用量低。抗雨水冲刷，对人、畜、作物安全。

无色固体熔点84-85℃。溶解性（25℃）：水0.9mg/L，丙酮中＞500g/kg，环已烷、乙醇、正辛醇中＞10mg/kg，乙酸乙酯＞200mg/kg，甲苯＞300mg/kg。50℃条件下可存放6个月，对光敏感，遇酸碱溶液分解。

常见制剂类型：水乳剂。

【毒　　性】低毒。代谢性酸中毒，恶心、呕吐，继后出现嗜睡，肢端感觉麻木，重者肌肉颤动、抽搐、昏迷、呼吸衰竭。

【税则号列】有效成分：29349990　　　制剂：38089311（零售包装），38089319（其他）

**0141014　　精恶唑禾草灵　　Fenoxaprop-P-ethyl**

【别　　名】骠马，威霸，Puma，Whip，Hoo-046360

【有效成分】（R）-2-［4-（6-氯-1，3-苯并恶唑-2-基氧）苯氧基］丙酸乙酯

【商品类别】苯氧羧酸类除草剂

【结 构 式】

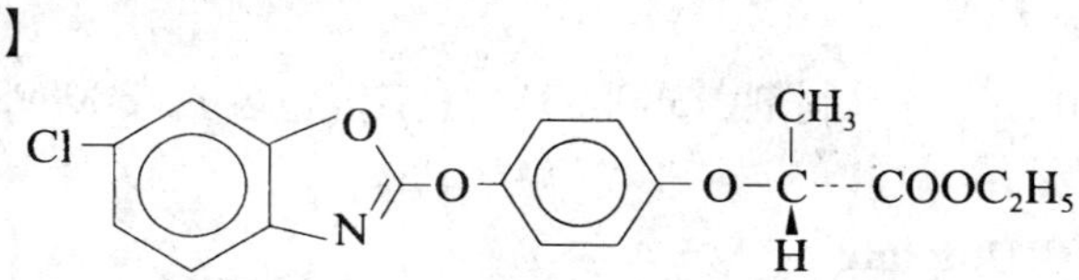

【商品属性】芳氧基苯氧基丙酸类除草剂，是脂肪酸合成抑制剂。通过植物的叶片吸收后输导到叶基、茎、根部，在禾本科植物体内抑制脂肪酸的生物合成，使植物生长点的生长受到阻碍，叶片内叶绿素含量降低，茎、叶组织中游离氨基酸及可溶

性糖增加，植物正常的新陈代谢受到破坏，最终导致敏感植物死亡。在阔叶作物或阔叶杂草体内，可被很快代谢。在土壤中很快被分解，对后茬作物无影响。

白色无味固体，熔点 89 ~ 91℃，蒸气压 530nPa（20℃），比重 1.3。溶解度：水中 0.9mg/L（25℃），丙酮 >500，甲苯 >300，乙酸乙酯 >200，乙醇、环己烷、正丁醇 >10（均在 25℃ g/kg）。

常见制剂类型：乳油、可湿性粉剂。

【毒　　性】代谢性酸中毒，恶心、呕吐，继后出现嗜睡，肢端感觉麻木，重者肌肉颤动、抽搐、昏迷、呼吸衰竭。

【税则号列】有效成分：29349990　　　　制剂：38089311（零售包装），38089319（其他）

**0141015　喹禾灵　Quizalofop-ethyl**

【别　　名】禾草克，NC-302，All-in-one，Assure，Pilor，Tarqa

【有效成分】2-［4-（6-氯-2-喹恶啉基氧代）苯氧基］丙酸乙酯

【商品类别】苯氧羧酸类除草剂

【结 构 式】

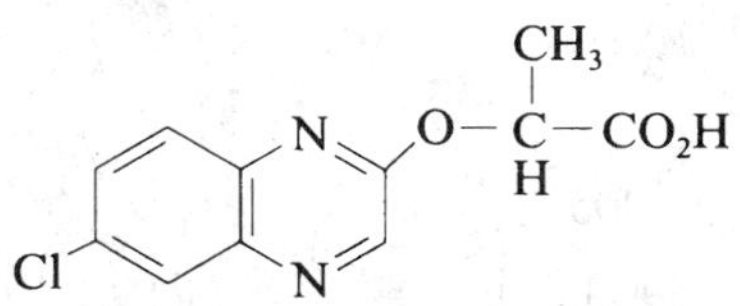

【商品属性】为选择性内吸传导型茎叶处理剂。在禾本科杂草与双子叶作物间有高度选择性，茎叶可在几个小时内完成对药剂的吸收作用，向植物体内上部和下部移动。一年生杂草在 24 小时内药剂可传遍全株，主要积累在顶端及居间分生组织中，使其坏死。一年生杂草受药后，2 ~ 3 天新叶变黄，生长停止，4 ~ 7 天茎叶呈坏死状，10 天内整株枯死；多年生杂草受药后能迅速向地下根茎组织传导，使其节间和生长点受到破坏，失去再生能力。适用于大豆、棉花、油菜、甜菜、亚麻、番茄、甘蓝、苹果、葡萄及多种阔叶蔬菜作物地防治单子叶杂草，如稗草、牛筋草、马唐、狗尾草、看麦娘、画眉草等。

无色结晶，熔点 91.7 ~ 92.1℃，沸点 220℃/0.2mmHg，蒸气压 0.866nPa（20℃），密度 1.35（20℃）。溶解度：水 0.3mg/L，苯 290，二甲苯 120，丙酮 111，乙醇 9，己烷 2.6（g/L20℃）。50℃ 90 天稳定性不变，在有机溶剂中 40℃90 天稳定性不变，光不稳定，pH3 ~7 稳定。

常见制剂类型：乳油、可湿性粉剂。

【毒　　性】对皮肤、眼有刺激作用，一般无全身中毒症状。

【税则号列】有效成分：29339900　　　　制剂：38089311（零售包装），38089319（其他）

**0141016　精喹禾灵　Quizalofop-p-ethyl**

【别　　名】精禾草克，NC302D（+），Assurell，Pilot super，Tarqa super

【有效成分】（R）-2-［4-（6-氯喹喔啉-2-基氧）苯氧基］丙酸乙酯

【商品类别】苯氧羧酸类除草剂

【结 构 式】

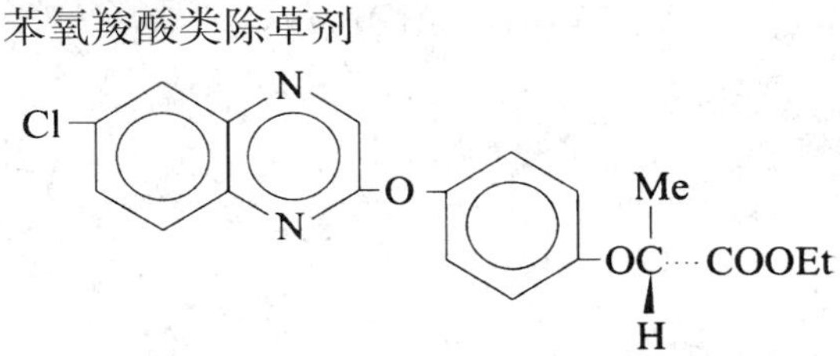

【商品属性】精喹禾灵是在合成禾草克的过程中去除了非活性的光学异构体（L－体）后的

精制品。其作用机制、杀草谱与禾草克相似，通过杂草茎叶吸收，在植物体内向上和向下双向传导，积累在顶端及居间分生组织，抑制细胞脂肪酸合成，使杂草坏死。精禾草克是一种高速选择性的新型旱田茎叶处理剂，在禾本科杂草和双子叶作物间有高度的选择性，对阔叶作物上的禾本科杂草有很好的防效。精禾草克与禾草克相比，提高了被植物吸收性和在植株内移动性，所以作用速度更快，药效更加稳定，不易受雨水、气温及湿度等环境条件的影响，同时用药量减少，药效增加，对环境安全。

淡褐色结晶，熔点 76～77℃，沸点 220℃/26.6Pa，密度 1.35g/cm$^2$，蒸气压 110nPa（20℃）。水中溶解度 0.4mg/l（20℃）。溶剂中溶解度（20℃）：丙酮 650，乙醇 22，己烷 5，甲苯 360（g/L20℃）。pH9 时半衰期 20h，酸性中性介质中稳定，碱中不稳定。

常见制剂类型：乳油。

【毒　　性】对皮肤、眼有刺激作用。

【税则号列】有效成分：29339900　　　　制剂：38089311（零售包装），38089319（其他）

**0141017　精吡氟禾草灵　Fluazifop-P-butyl**

【别　　名】精稳杀得，Onecide-P，Fusilade P，PP005

【有效成分】（R）-2-｛4-［（5-三氟甲基）-2-基-吡啶基］氧基｝丙酸丁酯

【商品类别】苯氧羧酸类除草剂

【结 构 式】

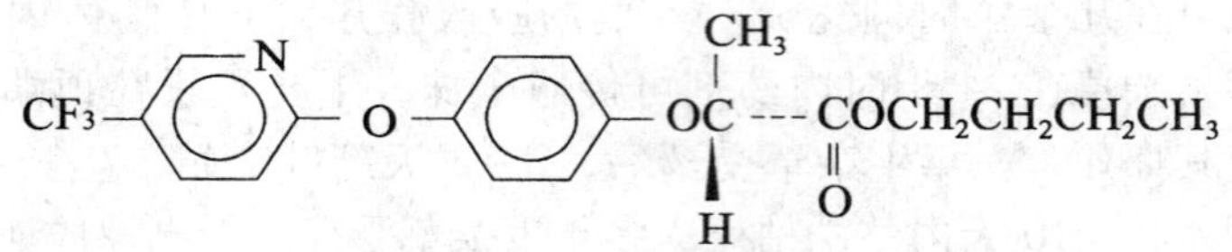

【商品属性】由于稳杀得结构中丙酸的 α-碳原子为不对称碳原子，所以有 R-体和 S-体结构型两种光学异构体，其中 S－体没有除草活性。精稳杀得是除去了非活性部分的精制品（即 R－体）。用精稳杀得 15% 乳油和稳杀得 35% 乳油相同商品量时，其除草效果一致。

浅色液体，熔点约 5℃，沸点 164℃/0.02mmHg，蒸气压 0.54mPa（20℃），密度 1.22（20℃）。溶解度：水 1mg/L，溶于丙酮、己烷、甲醇、二氯甲烷、乙酸乙酯、甲苯和二甲苯。紫外光下稳定，25℃保存 1 年以上，50℃保存 12 周，210℃分解。

常见制剂类型：乳油。

【毒　　性】消化道症状，严重的对肝、肾损伤。

【税则号列】有效成分：29333990　　　　制剂：38089311（零售包装），38089319（其他）

**0141018　氟吡乙禾灵　Haloxyfop-ethyl**

【别　　名】精盖草能，高效微生物氟吡乙草灵，高效盖草能，Gallant

【有效成分】2-［4-（5-三氟甲基-3-氯-吡啶-2-氧基）苯氧基］丙酸甲酯

【商品类别】苯氧羧酸类除草剂

【结 构 式】

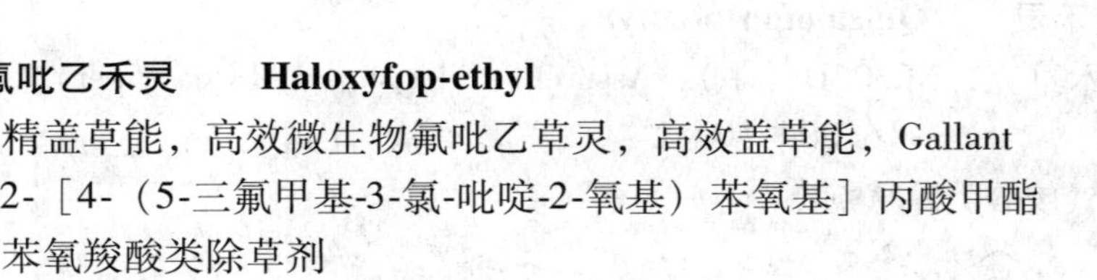

【商品属性】一种苗后选择性除草剂。茎叶处理后能很快被禾本科类草的叶子吸收，传导至

整个植株，抑制植物分生组织而杀死禾草。喷洒落入土壤中的药剂易被根部吸收，也能起杀草作用，在土壤中半衰期平均55天。与盖草能相比，高效盖草能在结构上以甲基取代盖草能中的乙氧乙基；并由于盖草能结构中丙酸的a-碳为不对称碳原子，故存在R和S两种光学异构体，其中S体没有除草活性，高效盖草能是除去了非活性部分（S体）的精制品（R体）。同等剂量下它比盖草能活性高，药效稳定，受低温、雨水等不利环境条件影响少。药后一小时后降雨对药效影响就很小。对苗后到分蘖、抽穗初期的一年生和多年生禾本杂草，有很好的防除效果，对阔叶草和莎草无效。

沸点 > 280℃，蒸气压 0.328mPa（25℃），Kow11166。溶解度：水 8.74mg/L（25℃），丙酮、环己酮、二氯甲烷、乙醇、甲醇、甲苯，二甲苯中 > 1kg/L（20℃）。

常见制剂类型：乳油。

【毒　　性】对皮肤、眼有刺激作用，无全身中毒报道。

【税则号列】有效成分：29333990　　　制剂：38089311（零售包装），38089319（其他）

**0141019　吡氟禾草灵　Fluazifop-butyl**

【别　　名】稳杀得，氟草除，氟吡醚，Onecide，SL-236，PP005

【有效成分】（R）-2-［4-（5-三氟甲基-2-吡啶氧基）苯氧基］丙酸

【商品类别】苯氧羧酸类除草剂

【结 构 式】

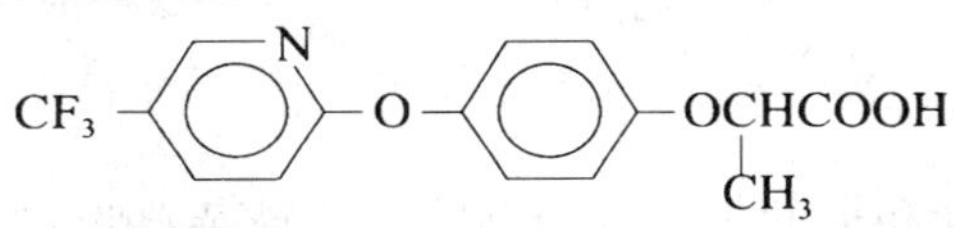

【商品属性】内吸传导型茎叶处理除草剂，有良好的选择性。对禾本科杂草有很强的杀伤作用，对阔叶作物安全。杂草吸收药剂的部位主要是茎和叶，但施入土壤中的药剂通过根也能被吸收。进入植物体的药剂水解成酸的形态，经筛管和导管传导到生长点及节间分生组织，干扰植物的ATP（三磷酸腺苷）的产生和传递，破坏光合作用和抑制禾本科植物的茎节和根、茎、芽的细胞分裂，阻止其生长。由于它的吸收传导性强，可达地下茎，因此对多年生禾本科杂草也有较好的防除作用。

浅草绿色液体，熔点13℃（工业品10℃），沸点165℃/0.02mmHg，蒸气压0.05mPa（20℃），密度1.21（20℃）。溶解度：水1mg/L（pH6.5），溶于丙酮、环己烷、己烷、甲醇、二氯甲烷和二甲苯，丙二醇24g/L（20℃）。25℃时保存3年，37℃时保存6个月，在酸性、中性中稳定，碱性介质中水解迅速（pH9）。

常见制剂类型：乳油。

【毒　　性】消化道症状，严重的对肝、肾损伤。

【税则号列】有效成分：29333990　　　制剂：38089311（零售包装），38089319（其他）

**0141020　氟吡甲禾灵　Haloxyfop-methyl**

【别　　名】盖草能（甲酯），甲基合氯氟，Dowco 453，Verdict

【有效成分】（RS）-2-［4（3-氯-5-三氟甲基-2-吡啶氧基）苯氧基］丙酸

【商品类别】苯氧羧酸类除草剂

【结 构 式】

【商品属性】吡氟甲禾灵是一种苗后选择性除草剂，具有内吸传导性，茎叶处理后很快被杂草叶吸收输导到整个植株，因抑制茎和根的分生组织而导致杂草死亡。其药效发挥较快，喷洒落入土壤中的药剂易被根吸收，也能起杀草作用。对苗后到分蘖、抽穗初期的一年生和多年生禾草，有很好的防除效果。对阔叶草和莎草无效。对阔叶作物安全，药效较长，一次施药基本控制全生育期和禾草危害。该药在土壤中降解决，对作物无影响。

酸为无色晶体，熔点 107 ~ 108℃，蒸气压 < 1330nPa（25℃）。溶解性（25℃）：水 43.3mg/L，甲醇、异丙醇 > 1kg/L，二氯甲烷 45g/L，乙酸乙酯 51g/L，已烷 0.17g/L，甲苯 118g/L，二甲苯 74g/L。

常见制剂类型：乳油。

【毒　　性】低毒。

【税则号列】有效成分：29333990　　制剂：38089311（零售包装），38089319（其他）

**0141021　麦草畏　Dicamba**

【别　　名】麦草威，百草敌，MDBA，Banvel，Mediben

【有效成分】3, 6-二氯-2-甲氧基苯甲酸

【商品类别】苯氧羧酸类除草剂

【结 构 式】

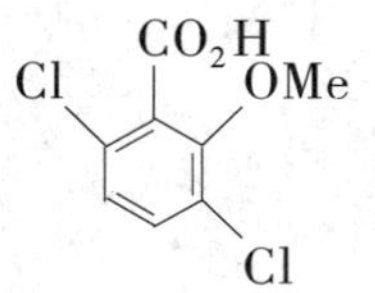

【商品属性】用于苗后喷雾，通过植株叶和根的传导。药剂能很快被杂草吸收，集中在分生组织及代谢活动旺盛的部位，阻碍植物激素的正常活动而使其死亡。禾本科植物表现较强的抗药性。对阔叶杂草有显著防效。用于防除芦笋、玉米、高粱、小麦、甘蔗等作物田中一年生和多年生阔叶杂草，也用于防除耕作区的木本灌木丛。通常单用或几个苯氧羧酸类除草剂混用，也可与其他类型的除草剂混用。

无色晶体，熔点 114 ~ 116℃，沸点 > 200℃，蒸气压 4.5mPa（25℃），密度 1.57（25℃）。溶解度（g/L，25℃）：水 6.5、乙醇 922、环已酮 916、丙酮 810、二甲苯 78、甲苯 130、二氯甲烷 260、二噁烷 1180。在室温条件下抗氧化和抗分解，碱、酸中稳定，大约 200℃时分解。

常见制剂类型：可湿性粉剂、乳油。

【毒　　性】消化道症状；严重时对肝、肾损伤。

【税则号列】有效成分：29189900　　制剂：38089311（零售包装），38089319（其他）

**0141022　2, 4, 5-涕丁酸　2, 4, 5-TB**

【别　　名】

【有效成分】4-（2，4，5-三氯苯氧基）丁酸

【商品类别】除草剂

【结 构 式】

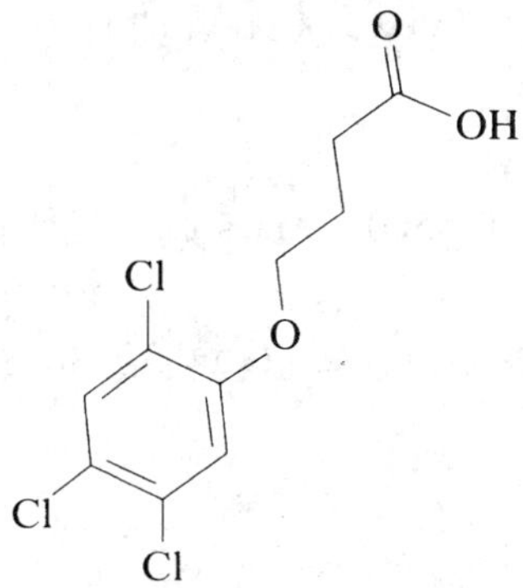

【商品属性】水溶解度 42mg/L，蒸气压 3.04E-06mmHg。

【毒　　性】

【税则号列】有效成分：29189900　　　　制剂：38089311（零售包装），38089319（其他）

**0141023　　萘草胺　　Naptalam**

【别　　名】Alanap，Cyanap，NPA，Naptro

【有效成分】alpha-Naphthylphthalamic acid

【商品类别】除草剂

【结 构 式】

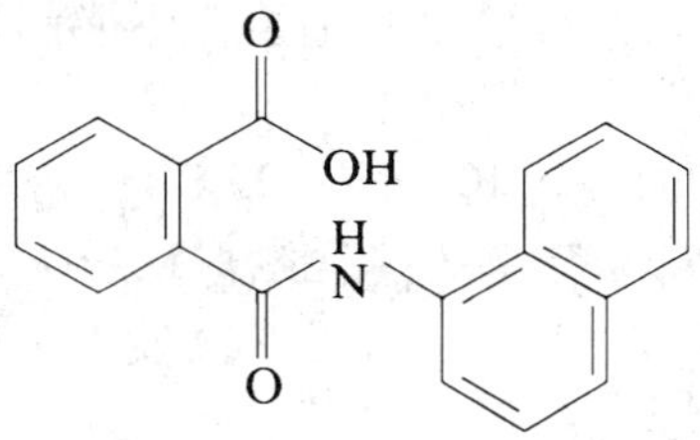

【商品属性】具有生长调节作用。

熔点 185℃，水溶解度 200mg/L，蒸气压 2.86E-11mmHg。

【毒　　性】

【税则号列】有效成分：29242990　　　　制剂：38089311（零售包装），38089319（其他）

## 0142 脲类除草剂

**0142001　　砜嘧磺隆　　Rimsulfuron**

【别　　名】宝成，玉嘧磺隆，Titus

【有效成分】1-（4,6-二甲氧嘧啶-2-基）-3-（3-乙基硫基-2-吡啶基硫基）脲

【商品类别】脲类除草剂

【结 构 式】

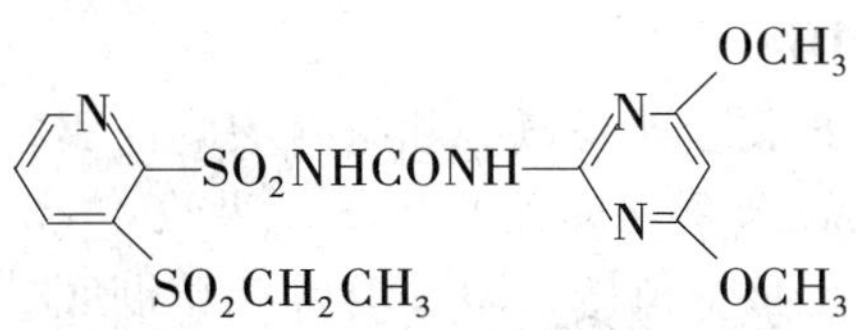

【商品属性】该药为氨基酸化合抑制剂，由根叶吸收，很快传导至分生组织，通过抑制必需的缬氨酸和异白氨酸的生物合成从而使细胞分化和植物生长停止。该药可有效防除玉米田中大多数一年生与多年生禾本科杂草和阔叶杂草，也可用于土豆和西红柿田中。

原药外观为无色晶体，熔点 176～178℃，蒸气压 $1.5\times10^{-3}$mPa（25℃），密度

0.784（25℃）。溶解度：水（25℃）＜10mg/L（无缓冲），7.3g/L（缓冲，pH7）。

常见制剂类型：悬浮剂、可湿性粉剂。

【毒　　性】大鼠急性经口大于7500，兔急性经皮大于5500。Ames 试验呈阴性。鱼毒 $LC_{50}$（96h，mg/L）：虹鳟鱼14，大翻车鱼16。

【税则号列】有效成分：29350090　　　　制剂：38089311（零售包装），38089319（其他）

**0142002　　敌草隆　　Diuron**

【别　　名】Marmex，Lucenit

【有效成分】N-（3,4-二氯苯基）-N，N′-二甲基脲

【商品类别】脲类除草剂

【结 构 式】

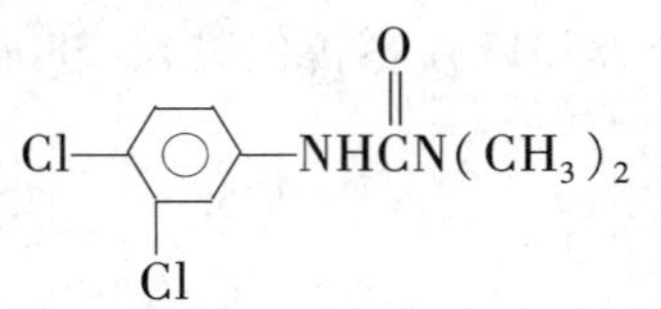

【商品属性】可被植物的根叶吸收，以根系吸收为主。杂草根系吸收药剂后，传到地上叶片中，并沿着叶脉向周围传播。抑制光合作用中的希尔反应，该药杀死植物需光照。使受害杂草从叶尖和边缘开始褪色，终至全叶枯萎，不能制造养分，饥饿而死。

无色晶体，熔点158～159℃，蒸气压 $1.1\times10^{-6}$Pa（25℃），密度1.48。溶解度：水42mg/L（25℃），丙酮53g/kg，丁基硬脂酸盐1.4g/kg，苯1.2g/kg（27℃），略微溶于烃类。常温下中性液中稳定，温度升高发生水解，酸碱介质中水解，180～190℃分解。

常见制剂类型：可湿性粉剂。

【毒　　性】对眼、皮肤、黏膜有刺激作用。一般不会引起全身中毒。

【税则号列】有效成分：29242100　　　　制剂：38089311（零售包装），38089319（其他）

**0142003　　啶嘧磺隆　　Flazaculfuron**

【别　　名】Shibagen

【有效成分】1-（4,6-二甲氧基嘧啶-2-基）-3-（3-三氟甲基-2-吡啶磺酰）脲

【商品类别】磺酰脲类除草剂

【结 构 式】

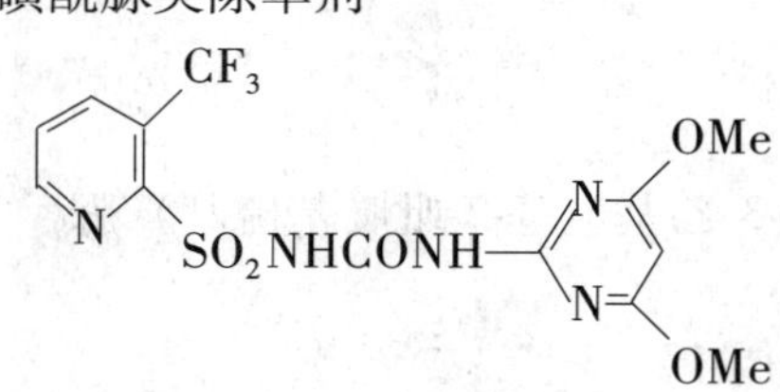

【商品属性】主要抑制产生支链氨基酸、亮氨酸、异亮氨酸和缬氨酸的前驱物乙酰乳酸合成酶的反应。一般情况下，处理后杂草立即停止生长，吸收4～5天后新发出的叶子褪绿，后逐渐坏死并蔓延至整个植株，20～30天杂草彻底枯死。因为该药剂主要通过叶面吸收并转移至植物各组织。可有效地防除大多数草坪杂草，如结缕草和狗牙根；对短叶水蜈蚣和香附子防效极佳。对稗草、狗尾草、具芒碎米莎草、绿苋、早熟禾、荠菜、繁缕防效达95%～100%。土壤处理对多年生杂草防效低于一年生杂草的防效，

白色结晶粉末，无味，熔点166～170℃，蒸气压4.13μPa。溶解性：水

16.1mg/L（24℃、pH7），乙酸 6.7g/L，丙酮 12g/kg（20℃），甲苯 0.6g/kg（20℃）。在田间土壤中的 DT50 <7 天。

常见制剂类型：水分散粒剂。

【毒　　性】低毒。

【税则号列】有效成分：29350090　　　　制剂：38089311（零售包装），38089319（其他）

**0142004　　绿麦隆　　Chlorotoluron**

【别　　名】氯麦隆，Dicuran，Tolurex

【有效成分】N-（3-氯-4-甲基苯基）-N，N-二甲基脲

【商品类别】脲类除草剂

【结 构 式】

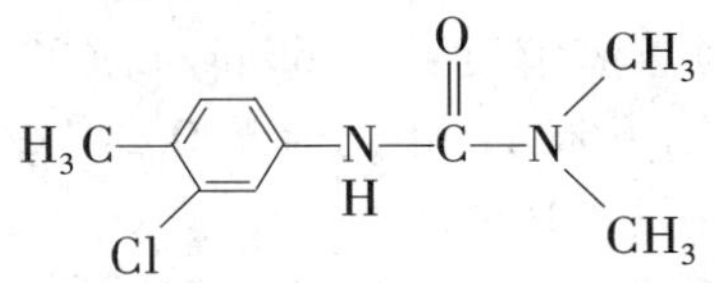

【商品属性】通过植物的根系吸收，并有叶面触杀作用，是植物光合作用电子传递抑制剂。对多种禾本科及阔叶杂草有效，对小麦、大麦、青稞等基本安全，施药不均稍有药害，药效受气温、土壤湿度、光照等因素影响较大。

白色粉末，熔点 148.1℃，蒸气压 0.017mPa（25℃），密度 1.40g/$cm^3$（20℃）。溶解度：水 74mg/L（25℃），丙酮 54g/L，二氯甲烷 51，乙醇 48，甲苯 3，已烷 0.06，正辛醇 24，乙酸乙酯 21（g/L，25℃）。对热和紫外光稳定，强酸、强碱条件下缓慢水解。

常见制剂类型：悬乳剂、可湿性粉剂。

【毒　　性】对眼、皮肤、黏膜有刺激作用，一般不会引起全身中毒。

【税则号列】有效成分：29242100　　　　制剂：38089311（零售包装），38089319（其他）

**0142005　　杀草隆　　Dimuron**

【别　　名】莎扑隆，Shouron

【有效成分】N-（4-甲基苯基）N′-1（甲基-1-苯基乙基）-脲

【商品类别】脲类除草剂

【结 构 式】

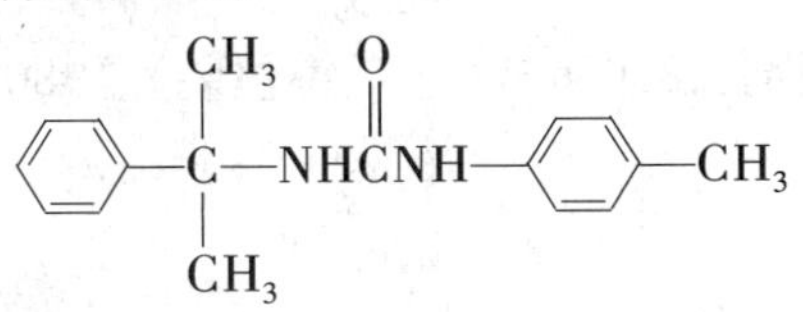

【商品属性】该药属选择性的土壤处理剂，对莎草科杂草具有特效，对其他骠草基本无效。主要是通过杂草的根部吸收，抑制根部和地下茎的伸长，从而控制地上部分的生长，对已出土的莎草科杂草基本无效。

原药外观灰红色粉末。熔点 203℃，蒸气压（20℃）0.45mPa。溶解度：水 1.3mg/L，乙醇 1%，乙醚 10%，二甲基甲酰胺为 18.2%，二甲基亚砜中为 20%。稳定性：在 pH2 ~ 10 的范围内及在加热和紫外光照射下稳定，在 lmol/L 的 HCl 中煮沸 6h 可水解，能被强碱分解。

常见制剂类型：可湿性粉剂。

【毒　　性】低毒。

【税则号列】有效成分：29242990　　　　制剂：38089311（零售包装），38089319（其他）

**0142006　　异丙隆　　Isoproturon**

【别　　名】Tolkan，Alon，Arelon，Graminon，Tolkan

【有效成分】3-（4-异丙基苯基）-1，1-二甲基脲

【商品类别】脲类除草剂

【结 构 式】

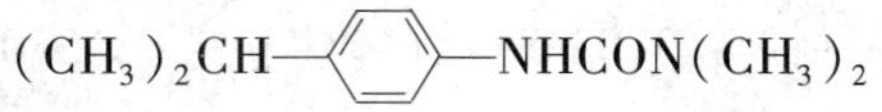

【商品属性】本品为旱田除草剂。对防除硬草、网草、看麦娘等有特效，可防除野燕麦、早熟禾、碎米荠、雀舌草、藜、蘩缕等一年生禾本科杂草和阔叶杂草。婆婆纳、猪殃殃对本药剂有抗性。除草效果稳定性好，杀草广谱，施药适期宽，对作物安全性高，毒性低，对人畜安全，使用方便。

无色晶体，熔点 158℃，蒸气压 0.0033mPa（20℃）、31.5mPa（77℃）、172mPa（90℃），密度 1.16（20℃）。溶解度：水 65mg/L（22℃），甲醇 75，二氯甲烷 63，丙酮 38，苯 5，混合二甲苯 4，正己烷约 0.2（g/L，20℃），对光、酸碱环境中稳定，在强碱中加热发生裂解。

常见制剂类型：可湿性粉剂、悬浮剂。

【毒　　性】对眼睛、皮肤和黏膜有刺激作用，一般不会引起全身毒性。

【税则号列】有效成分：29242990　　　制剂：38089311（零售包装），38089319（其他）

**0142007　　特胺灵　　Karbutilate**

【别　　名】Carbutilate，Tandex，Tanzene

【有效成分】1，1-二甲基-3-（3-（N-特丁氨基甲酸氧基）苯基）脲

【商品类别】脲类除草剂

【结 构 式】

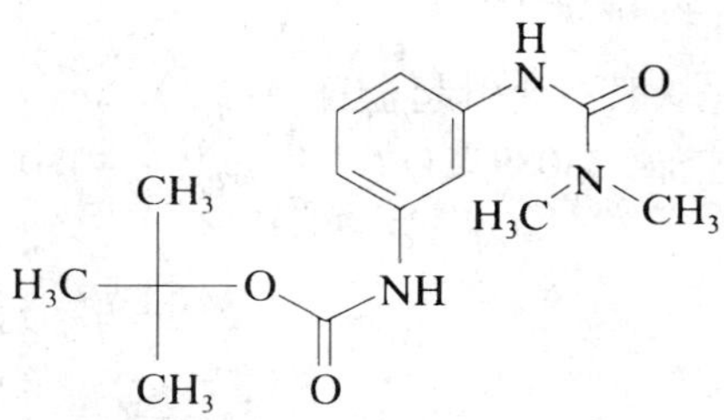

【商品属性】水溶解度 325mg/L，蒸气压 1.76E-07mmHg。

【毒　　性】

【税则号列】有效成分：29242990　　　制剂：38089311（零售包装），38089319（其他）

**0142008　　环丙嘧磺隆　　Cyclosulfamuron**

【别　　名】金秋

【有效成分】1-｛［O-（环丙酰基）苯基］氨磺酰｝-3（4，6-二甲氧基-2-吡啶基）-脲

【商品类别】磺酰脲类除草剂

【结 构 式】

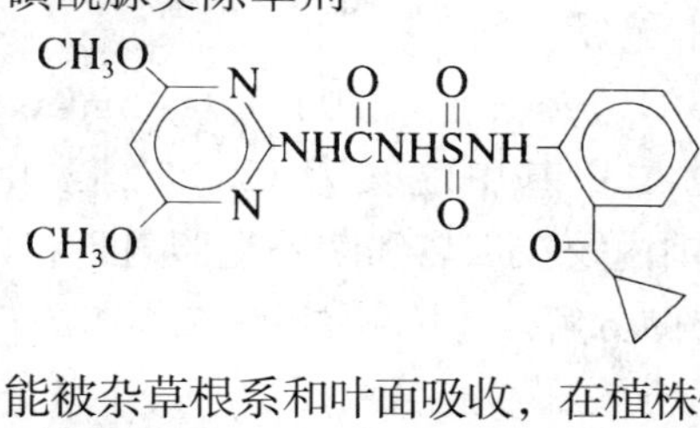

【商品属性】能被杂草根系和叶面吸收，在植株体内传导，其作用机制主要通过抑制杂草体内乙酰乳酸合成酶的活性，从而阻碍亮氨酸、异亮氨酸、颉氨酸等支链氨基酸的合成，使细胞停止分裂，最后导致杂草死亡。作茎叶处理后，敏感杂草停止生长，叶色退绿，根据不同的环境条件，经过几个星期后才能使杂草完全枯死。该药可用于插秧

本田，也可用于直播稻田防除阔叶杂草和莎草科杂草，在高剂量下对稗草有较好的抑制作用，对多年生难防杂草扁杆藨草也有较强的抑制效果。

灰白色或略带淡黄色固体，密度0.66g/ml（22℃），熔点170～171℃，蒸气压$1.6\times10^{-7}$mgHg（20℃）。水中溶解度0.001%（25℃），可溶于丙酮、二氯甲烷中。

常见制剂类型：可湿性粉剂，流动性白色至浅黄色粉末，无气味。堆积密度0.23～0.35g/l。

【毒　　性】对眼、皮肤、黏膜有刺激作用。一般不会引起全身中毒。

【税则号列】有效成分：29350090　　　　制剂：38089311（零售包装），38089319（其他）

**0142009　　胺苯磺隆　　Ethametsulfuron**

【别　　名】金星，油磺隆，菜王星，Muster，DPX-A7881

【有效成分】2-［（4-乙氧基-6-甲胺基-1,3,5-三嗪-2-基）氨基甲酰基氨基磺酰基］苯甲酸甲酯

【商品类别】磺酰脲类除草剂

【结 构 式】

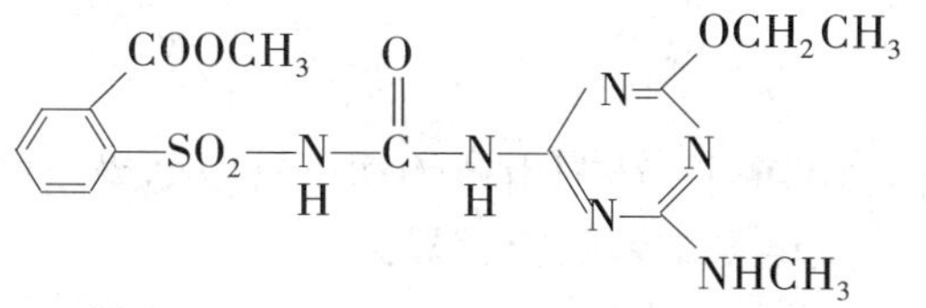

【商品属性】磺酰脲类除草剂，是侧链氨基酸合成抑制剂，抑制乙酰乳酸合成酶。该药通过植物的叶和根吸收，施药后杂草立即停止生长，1～3周后出现坏死现象。

本品为无色至浅棕色无味结晶，熔点194℃，蒸气压0.733fPa（25℃），比重1.6。溶解度：水50mg/L（pH5.7），丙酮1.6g/L，乙腈0.8，乙醇0.17，甲醇0.35，氯甲烷3.9，乙酸乙酯0.68（g/L），pH7～9稳定，pH5时水解迅速。

【毒　　性】对眼睛、皮肤和黏膜有刺激作用。

【税则号列】有效成分：29350090　　　　制剂：38089311（零售包装），38089319（其他）

**0142010　　苯磺隆　　Tribenuron methyl**

【别　　名】阔叶净，巨星，麦磺隆，麦盛，Express，DPX-L5300

【有效成分】2-［4-甲氧基-6-甲基-1,3,5-三嗪-2-基（甲基）氨基甲酰氨基磺酰基］苯甲酸或甲酯

【商品类别】磺酰脲类除草剂

【结 构 式】

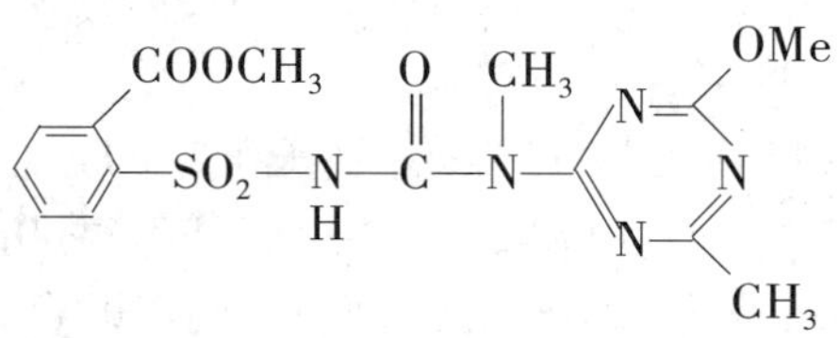

【商品属性】苯磺隆是磺酰脲类内吸传导型芽后选择性除草剂。茎叶处理后可被杂草茎叶、根吸收。并在体内传导，通过阻碍乙酰乳酸合成酶，使缬氨酸、异亮氨酸的生物合成受抑制，阻止细胞分裂，致使杂草死亡。双子叶杂草繁缕、荠菜、麦瓶草、麦家公、离子草、猪殃殃、碎米荠、雀舌草、卷茎蓼等对苯磺隆敏感，泽漆、婆婆纳等中度敏感。施药后10～14天观察到杂草受到严重抑制作用，逐渐心叶退绿坏死，叶片退绿，一般在冬小麦药后30天逐渐整株枯死，未死植株生长受抑制，作用比较缓慢。田旋花、鸭趾草、铁苋菜、扁蓄、刺儿菜等防

效差，随剂量升高抑制作用增强。对禾谷类作物苯磺隆有很好的耐药性。

浅棕色无味固体，熔点141℃，蒸气压52nPa（25℃），密度1.54（20℃）。溶解度（25℃）：水28g/L（pH4）、50g/L（pH5）、280g/L（pH6），丙酮43.8，乙腈54.2，四氯化碳3.12，乙酸乙酯17.5，己烷0.028，甲醇3.39（g/L）。45℃稳定，pH8～10，45℃时稳定，但pH＜7或pH＞12迅速分解，在大多数有机溶剂中不稳定。

【毒　　性】对眼睛、皮肤有刺激作用，一般不会引起全身中毒。

【税则号列】有效成分：29350090　　制剂：38089311（零售包装），38089319（其他）

**0142011　　单嘧磺隆**

【别　　名】麦谷宁

【有效成分】2-硝基-N-［2-（4-甲基嘧啶基）］苯磺酰脲

【商品类别】磺酰脲类除草剂

【结 构 式】

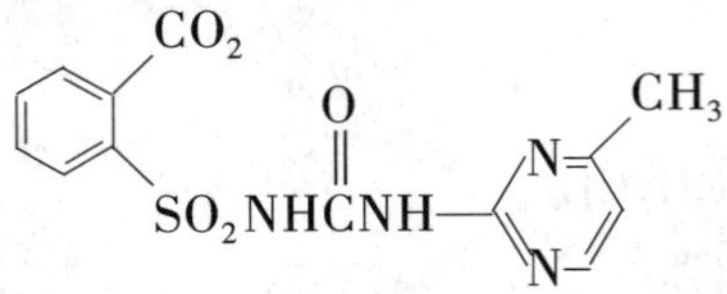

【商品属性】该药是一种新型磺酰脲类除草剂。药剂由植物初生根及幼嫩茎叶吸收，通过抑制乙酰乳酸合成酶来阻止支链氨基酸的全盛导致杂草死亡。具有用量低、毒性低等优点。

原药外观为淡黄色或白色粉末，熔点191.0℃～191.3℃。不溶于大多数有机溶剂，易溶于N，N-二甲基甲酰胺，微溶于丙酮，碱性条件下可溶于水。

常见制剂类型：可湿性粉剂，外观为均匀疏松的白色粉末，无团块，不可与碱性农药混用。

【毒　　性】低毒。

【税则号列】有效成分：29350090　　制剂：38089311（零售包装），38089319（其他）

**0142012　　丁噻隆　　Tebuthiuron**

【别　　名】特丁噻草隆，Brulan，Spike，Perflan

【有效成分】N-（5-特丁基-1,3,4-噻二唑-2-基）-N，N′-二甲基脲

【商品类别】磺酰脲类除草剂

【结 构 式】

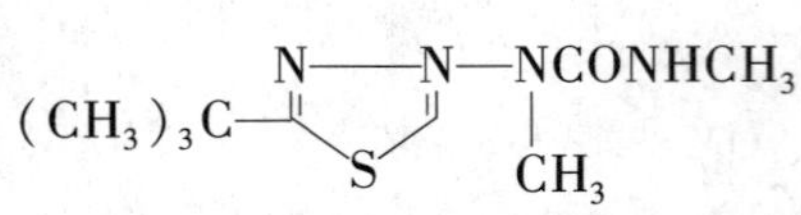

【商品属性】无色无味固体，熔点161.5～164℃（分解），蒸气压0.27mPa（25℃）。25℃时溶解度：水2.5g/L，苯3.7g/L，己烷6.1g/L，2-甲氧基乙醇60g/L，乙腈60g/L，丙酮70g/L，甲醇170g/L，氯仿250g/L（25℃）。高温贮存试验52℃稳定，在pH5～9的水溶液中稳定。

【毒　　性】对眼、皮肤、黏膜有刺激作用。一般不会引起全身中毒。

【税则号列】有效成分：29349990　　制剂：38089311（零售包装），38089319（其他）

**0142013　　甲磺隆　　Metsulfuron methyl**

【别　　名】合力，Escort，Finesse

【有效成分】2-［（4-甲氧基-6-甲基-1,3,5-三嗪基-2-基）脲基磺酰基］苯甲酸甲酯

【商品类别】磺酰脲类除草剂

【结 构 式】

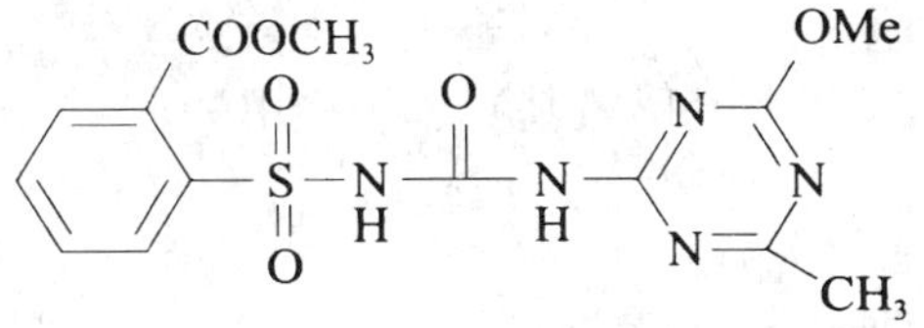

【商品属性】本品为高活、广谱、具有选择性的内吸传导型麦田除草剂。被杂草根部和叶片吸收后，在植株体内传导很快，可向顶和向基部传导，在数小时内迅速抑制植物根和新梢顶端的生长，3～14 天植株枯死。被麦苗吸收进入植株内后，被麦株内的酶转化，迅速降解，所以小麦对本品有较大的耐受能力。本剂的使用量小，在水中的溶解度很大，可被土壤吸附，在土壤中的降解速度很慢，特别在碱性土壤中，降解更慢。可有效地防治看麦娘、婆婆纳、繁缕、巢菜、荠菜、碎末荠、播娘蒿、藜、蓼、稻搓草、水花生等杂草。

无色晶体（原药灰白色固体，略带酯味），熔点 158℃，蒸气压 $3.3\times10^{-10}$ P（25℃），密度 1.47。溶解度：水 0.55（pH5）、2.79（pH7）、213（pH9）（g/L，25℃），二甲苯 0.58，已烷 0.79，乙醇 2.3，甲醇 7.3，丙酮 36，二氯甲烷 121（g/L，20℃）。140℃以下在空气中稳定，25℃时中性和碱性介质中稳定。

常见制剂类型：可湿性粉剂、颗粒剂。

【毒　　性】对眼睛、皮肤、黏膜有轻微刺激作用。

【税则号列】有效成分：29350090　　　制剂：38089311（零售包装），38089319（其他）

**0142014　甲磺隆钠盐　Sodium metsulfuron methyl**

【别　　名】Ally，Allie

【有效成分】2-［3-（4-甲氧基-6-甲基-1，3，5-三嗪基-2 基）脲基磺酰基］苯甲酸甲酯钠盐

【商品类别】磺酰脲类除草剂

【结 构 式】

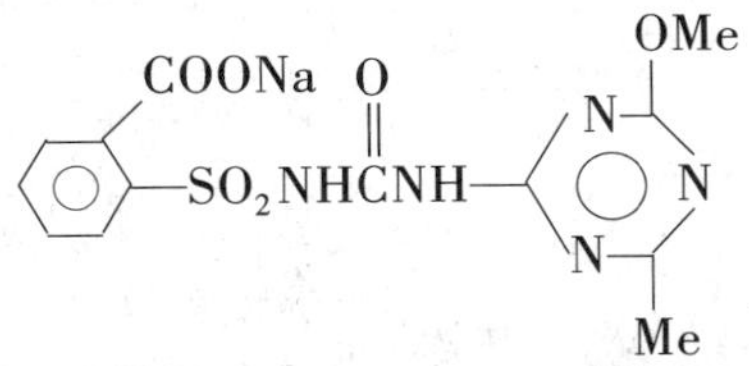

【商品属性】本品为高活性、广谱、具有选择性的内吸传导型麦田除草剂。被杂草根部和叶片吸收后，在植株体内传导很快，可向顶和向基传导，在数小时内迅速抑制植物根和新梢顶端的生长 3～14 天植株枯死。被麦苗吸收进入植株内后，被麦株内的酶转化，迅速降解，所以小麦对本品有较大的耐受能力。本剂的使用量小，在水中的溶解度很大，可被土壤吸附，在土壤中的降解速度很慢，特别在碱性土壤中，降解更慢。可有效地防治看麦娘、婆婆纳、繁缕、巢菜、荠菜、碎末荠、播娘蒿、藜、蓼、稻搓草、水花生等杂草。

甲磺隆为白色晶体，熔点 158℃蒸气压 $3.3\times10^{-10}$ Pa（25℃），密度 1.47。溶解度：室温水中溶解度约 25%，二甲苯 0.58，已烷 0.97，乙醇 2.3，甲醇 7.3，丙酮 36，二氯甲烷 121（g/L20℃）。140℃以下稳定。

【毒　　性】对眼、皮肤、黏膜有刺激作用，一般不会引起全身中毒。

【税则号列】有效成分：29350090　　　制剂：38089311（零售包装），38089319（其他）

**0142015　甲嘧磺隆　Sulfometuron methyl**

【别　　名】森草净，傲杀，嘧磺隆，Qust

【有效成分】2-（4,6-二甲基嘧啶-2-基-氨基甲酰基磺酰基）苯甲酸甲酯

【商品类别】磺酰脲类除草剂

【结 构 式】

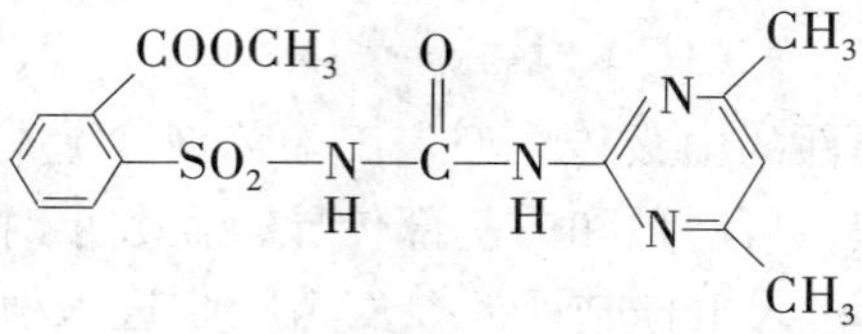

【商品属性】本品为内吸性除草剂，能抑制植物和根部生长端的细胞分裂，从而阻止植物生长，植物外表呈现显著的红紫色、失绿、坏死、叶脉失色和端芽死亡。杀草谱广，可防除绝大多数一年生和多年生阔叶杂草、禾本科杂草及灌木。用药量少，持效期长，施药后可保持半年至一年内不生杂草。

原药为无色固体。熔点203～205℃，蒸气压73mPa（25℃），密度1.48。溶解度（25℃）：水244mg/L（pH7），丙酮3300，乙腈1800，乙酸乙酯650，乙醚60，已烷<1，甲醇550，氯甲烷15000，二甲基亚砜32000，辛醇140，甲苯240（mg/kg，25℃）。水悬浮液在pH7～9时稳定。

常见制剂类型：可湿性粉剂、悬浮剂。

【毒　　性】对皮肤和眼睛有轻微的刺激作用，一般不会引起全身中毒。

【税则号列】有效成分：29350090　　　制剂：38089311（零售包装），38089319（其他）

**0142016　噻吩磺隆　Thifensulfuron methyl**

【别　　名】阔叶散，Harmony

【有效成分】3-（4-甲氧基-6-甲基-1,3,5-三嗪-2-基氨基甲酰氨基磺酰基）噻吩-2-羧酸

【商品类别】磺酰脲类除草剂

【结 构 式】

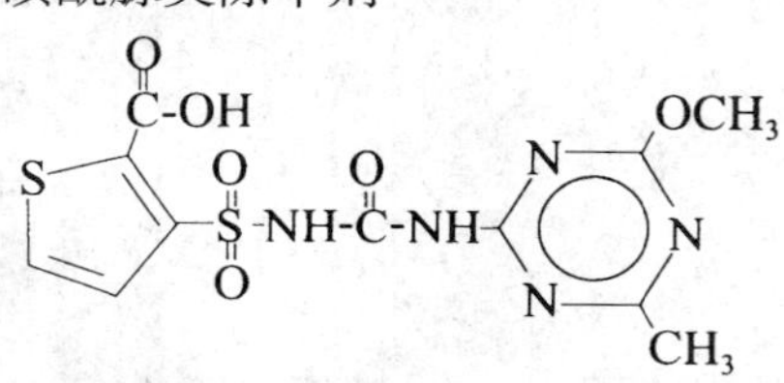

【商品属性】本品属选择性内吸传导型磺酰脲类除草剂，是侧链氨基酸合成抑制剂。阔叶杂草经叶面与根系迅速吸收并转移到体内分生组织，抑制缬氨酸和异亮酸的生物合成，从而阻止细胞分裂，达到杀除杂草的目的。芽后处理，敏感植物几乎立即停止生长并在7～21天内死亡。加上表面活性剂可提高噻磺隆对阔叶杂草的活性。在有效剂量下，冬小麦、春小麦、硬质小麦、大麦和燕麦等作物对本剂具有耐受性。由于本剂在土壤中有氧条件下能迅速被微生物分解，在处理后30天即可播种下茬作物。

无色无味晶体，熔点176℃，蒸气压17nPa（25℃），密度1.49。溶解度：水230（pH5）、6270（pH7）　（mg/L，25℃），已烷<0.1，二甲苯0.2，乙醇0.9，甲醇，乙酸乙酯2.6，乙腈7.3，丙酮11.9，二氯甲烷27.5（g/L，25℃）。55℃下稳定，中性介质中稳定。

常见制剂类型：可湿性粉剂、乳油。

【毒　　性】对眼睛、皮肤有刺激作用，一般不会引起全身中毒。

【税则号列】有效成分：29350090　　　制剂：38089311（零售包装），38089319（其他）

**0142017　　氯磺隆　　Chlorsulfuron**

【别　　名】绿磺隆，嗪磺隆，Glean，DPX-4189，Telar

【有效成分】1-（2-氯苯基磺酰）-3-（4-甲氧基-6-甲基-1, 3, 5-三嗪-2-基）脲

【商品类别】磺酰脲类除草剂

【结 构 式】

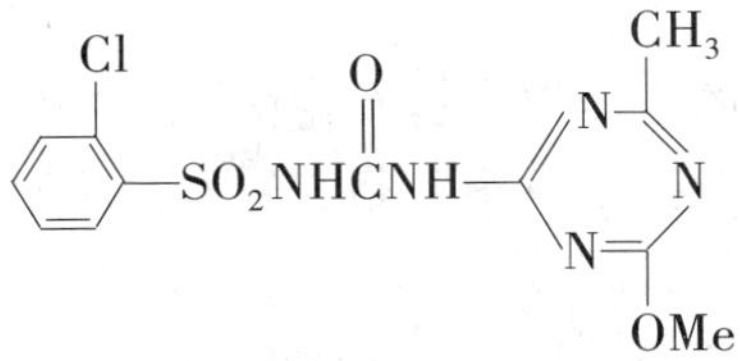

【商品属性】选择性内吸除草剂，通过叶面和根部吸收并迅速传导到顶端和基部，抑制敏感植物根基部和顶芽细胞的分化和生长，阻碍支链氨基酸的合成，在非敏感植物体内迅速代谢为无活性物质。用于防治小麦、大麦等作物田的阔叶草和部分一年生禾本科杂草。可在播前、苗前、苗后单独使用。对甘蔗、啤酒花敏感。

白色晶状固体，熔点174～178℃，192℃分解，蒸气压3nPa（25℃）。溶解度：水中300mg/L（pH5）、27900mg/L（pH7）（25℃），甲苯3，甲醇14，丙酮57，二氯甲烷102，己烷<0.01（g/L，22℃）。在干燥情况下光稳定，在极性有机溶剂中加速分解，如甲醇、丙酮。

常见制剂类型：可湿性粉剂、悬乳剂。

【毒　　性】对眼睛、鼻、咽喉、皮肤有轻微的刺激作用，摄入量不大不会引起全身中毒。

【税则号列】有效成分：29350090　　　　制剂：38089311（零售包装），38089319（其他）

**0142018　　氯嘧磺隆　　Chlorimuron（-ethyl）**

【别　　名】豆磺隆，豆威，氯嗪磺隆，乙氯隆，Classic，DPX-F6025，DPX-6025

【有效成分】α-［（4-氯-6-甲氧基嘧啶-2）氨基羰基］氨基苯甲酸乙酯

【商品类别】磺酰脲类除草剂

【结 构 式】

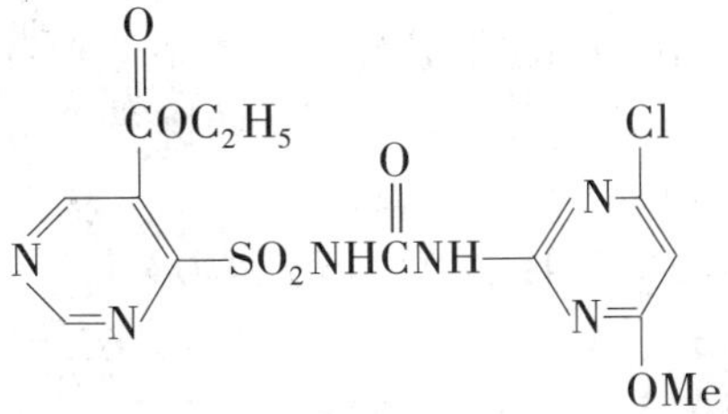

【商品属性】具高活性，广谱、高效、用药量低，对人畜安全等特点。主要用于防除旱地大豆地的反枝苋、铁苋菜、马齿苋、鲤肠等阔叶杂草和碎米莎草，香附子等莎草科杂草。

无色晶体，熔点181℃，蒸气压2mPa（25℃），密度1.51（25℃）。溶解度：水9mg/L（pH5），1200mg/L（pH7，25℃），略溶于有机溶剂。

常见制剂类型：可湿性粉剂、乳油。

【毒　　性】对眼、皮肤、黏膜有刺激作用，一般不会引起全身中毒。

【税则号列】有效成分：29350090　　　　制剂：38089311（零售包装），38089319（其他）

**0142019　　醚苯磺隆　　Triasulfuron**

【别　　名】

【有效成分】1-［2-（2-氧乙氧基）苯基磺酰基］-3-（4-甲氧基-6-甲基-1, 35-三嗪-2-基）脲

【商品类别】磺酰脲类除草剂

【结 构 式】

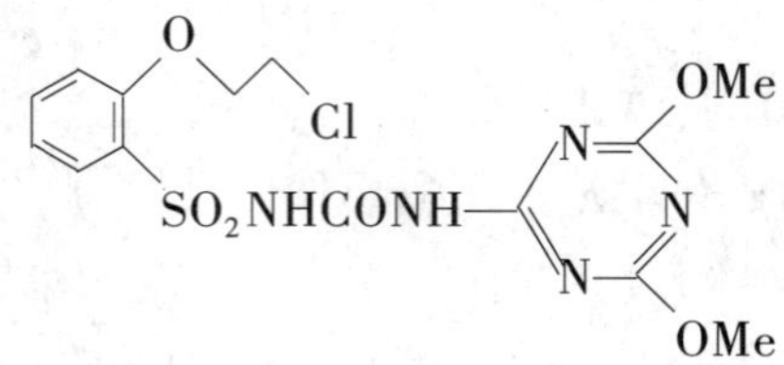

【商品属性】本品是侧链氨基酸合成抑制剂。防除小粒禾谷类作物田中一年生阔叶杂草和某些禾本科杂草。如对许多阔叶杂草包括三色堇和猪殃殃本品均具有芽前和芽后除草活性。被根、叶吸收后，迅速转移到分生组织。

外观：无色晶体。熔点 186℃，蒸气压 100fPa（20℃）。溶解度：水 1.5g/L（pH7），微溶于丙酮、二氯甲烷、环已酮、甲醇，正辛醇 180mg/L，二甲苯 166mg/L，微溶于一般有机溶剂。

【毒　　性】低毒。

【税则号列】有效成分：29350090　　制剂：38089311（零售包装），38089319（其他）

**0142020　四唑嘧磺隆　Azimsulfuron**

【别　　名】Dynam，Expert

【有效成分】1-（4,6-二甲氧基嘧啶-2-基）-3-［1-甲基-4-（2-甲基-2H-四唑-5-基）吡唑-5-基磺酰基］脲

【商品类别】磺酰脲类除草剂

【结 构 式】

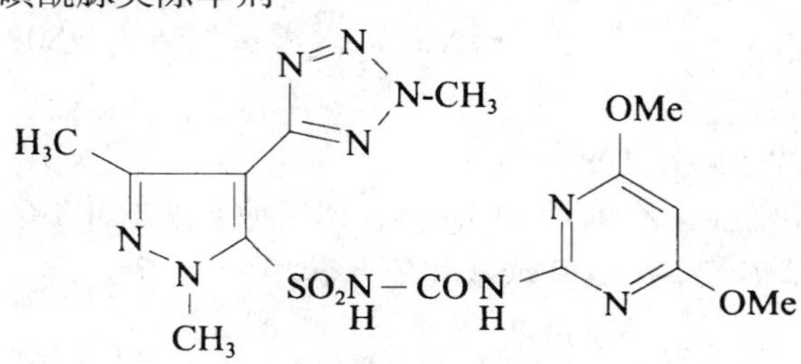

【商品属性】四唑嘧磺隆是乙酰乳酸合成酶（ALS）的抑制剂。通过杂草根和叶吸收，在植株体内传导，杂草即停止生长，而后枯死。主要用于防除稗草、阔叶杂草和莎草科杂草。

纯品为白色固体，熔点 170℃，密度 1.41，蒸气压为 $4.0\times10^{-9}$Pa（25℃）。溶解度（20℃，mg/L）：水中 72.3（pH5）、1050（pH7）、6536（pH9），乙腈 13.9，丙酮 26.4，甲醇 2.1，甲苯 1.8，正已烷 <0.2，乙酸乙酯 13.0，三氯甲烷 65.9。

常见制剂类型：可湿性粉剂、水分散粒剂。

【毒　　性】低毒。

【税则号列】有效成分：29350090　　制剂：38089311（零售包装），38089319（其他）

**0142021　烟嘧磺隆　Nicosulfuron**

【别　　名】玉农乐，烟磺隆，烟嘧磺隆，Nisshin，LS-950，Accent

【有效成分】2-（4,6-二甲氧基嘧啶-2-基氨基甲酰氨基磺酰）-N，N-二甲基烟酰胺

【商品类别】磺酰脲类除草剂

【结 构 式】

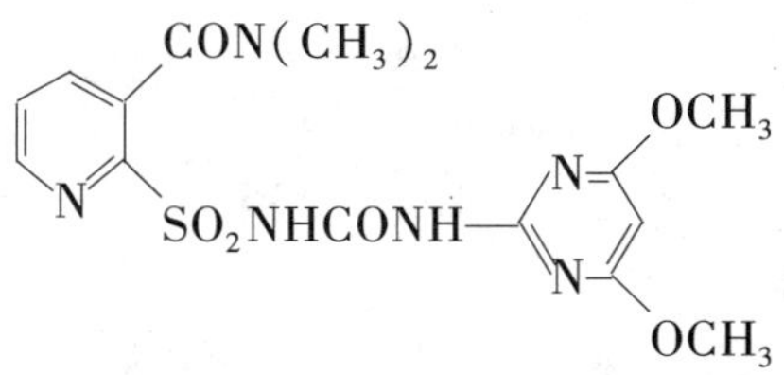

【商品属性】高效玉米除草剂，低剂量芽后用能有效地防除玉米田中多种一年生禾本科杂草，阔叶杂草及莎草科杂草。其被叶和根迅速吸收，并通过木质部和韧皮部迅速传导。通过乙酰乳酸合成酶来阻止支链氨基酸的合成。施用后杂草立即停止生长，4 ~5 天新叶褪色、坏死，并逐步扩展到整个植株，一般条件下处理后 20 ~25 天植株死亡。玉米对该药有较好的耐药性，处理后出现暂时褪绿或轻微的发育迟缓，但一般能迅速恢复而且不减产。

无色晶体，熔点 141 ~ 144℃，蒸气压 $<7.5\times10^{-5}$ Pa（110℃），密度 0.313。溶解度：丙酮 18，乙醇 45，氯仿、二甲基甲酰胺 64，乙腈 23，甲苯 0.370，己烷 <0.02，二氯甲烷 160（g/kg，25℃），pKa4.6（25℃）。

常见制剂类型：悬浮剂。

【毒　　性】对眼、皮肤、黏膜有刺激作用，一般不会引起全身中毒。

【税则号列】有效成分：29350090　　制剂：38089311（零售包装），38089319（其他）

**0142022　酰嘧磺隆　Amidosulfuron**

【别　　名】好事达，Hoestar

【有效成分】3-（4,6-二甲氧基嘧啶-2-基）-1-1（N-甲基-N-甲基磺酰-氨基磺酰）-脲

【商品类别】磺酰脲类除草剂

【结 构 式】

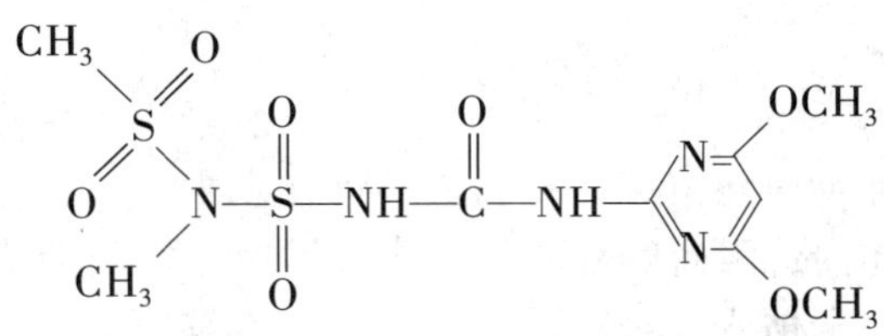

【商品属性】该药为磺酰脲类苗后选择性除草剂，主要用于防除麦田阔叶杂草。

原药为细粉末，部分聚集成小团块，密度大约为 1.5g/$cm^3$（20℃），熔点 158 ~163℃，25℃时的蒸气压为 $2.2\times10^{-5}$ Pa，微酸味。溶解度：水 9mg/l，正己烷 0.001g/l，丙酮 8.1g/l，甲苯 0.256g/l，二氯甲烷 6.9g/l，甲醇 0.872g/l，异丙醇 0.099g/l，乙酸乙酯 3.0g/l，比重在 20℃约 1.5mg/$cm^3$。

常见制剂类型：水分散粒剂。

【毒　　性】低毒。制剂对哺乳动物的皮肤和眼睛有轻微刺激作用，对鸟类和蜜蜂有轻微毒性，对蚯蚓等微生物较安全。

【税则号列】有效成分：29350090　　制剂：38089311（零售包装），38089319（其他）

**0142023　乙氧磺隆　Ethoxysulfuron**

【别　　名】乙氧嘧磺隆，太阳星，Sunrice

【有效成分】3-（4,6-二甲氧基吡啶基-2-基）-1-（2-乙氧砜基）脲

【商品类别】磺酰脲类除草剂

【结 构 式】

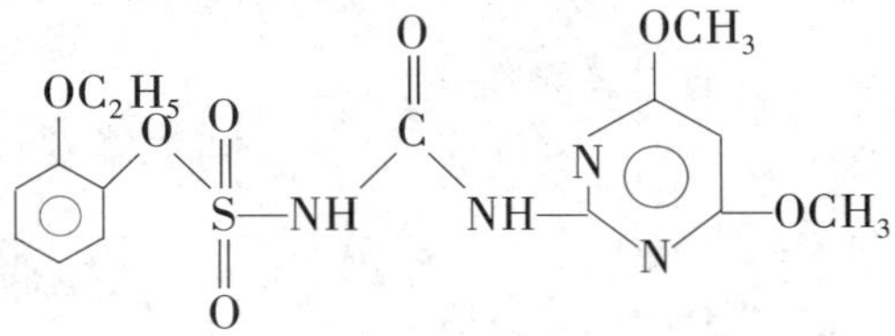

【商品属性】本品属磺酰脲类除草剂。主要用于防除阔叶杂草和莎草科杂草。对小麦、水稻、甘蔗等安全，且对后茬作物无影响，具有内吸作用。

细粉末白至淡灰色，部分结成团，比重约 1.48g/$cm^3$（20℃），熔点 141 ~ 147℃，蒸气压 $6.6\times10^{-5}$ pa（20℃）。溶解度（g/L）：正己烷 0.006、甲苯 2.5、丙酮 36、二氯甲烷 107、甲醇 7.7、异丙醇 1.0、乙酸乙酯 14.1、聚乙二醇 22.5、二甲亚砜 >500、水 26.4mg/L（pH =5）。

常见制剂类型：水分散粒剂、可湿性粉剂。

【毒　　性】低毒，本品对兔眼睛和皮肤无刺激、无致突变性。

【税则号列】有效成分：29350090　　制剂：38089311（零售包装），38089319（其他）

**0142024　　吡嘧磺隆　　Pyrazosulfuron-ethyl**

【别　　名】草克星，水星，NC-311，Agreen，Sirius

【有效成分】5-（4,6-二甲氧基嘧啶基-2-氨基甲酰氨磺酰）-1-甲基吡唑基-4-甲酸乙酯

【商品类别】磺酰脲类除草剂

【结 构 式】

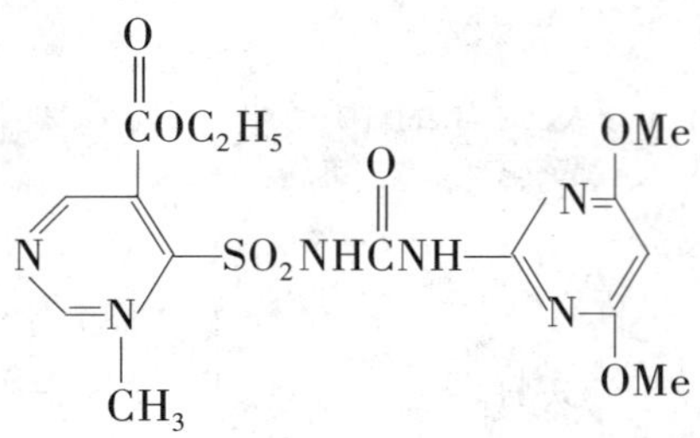

【商品属性】一种高效磺酰脲类选择性水田除草剂。有效成分可在水中迅速扩散，被杂草的根部吸收后传导到植株体内，阻碍氨基酸的合成。迅速地抑制杂草茎叶部的生长和根部的伸展，然后完全枯死。对水稻安全。杀虫谱较广，对阔叶杂草、莎草科杂草、稗草等防治效果较好。其药效不受温度影响，药效持久，一次性施用，能控制水稻生长期的多种杂草危害。

无色晶体，熔点 181 ~ 182℃，密度 1.44（20℃），蒸气压 14.7μPa（20℃），溶解性（20℃）：水 14.5mg/L、丙酮 31.7mg/L、氯仿 234.4g/L、己烷 0.2g/L、甲醇 0.7g/L。50℃下可保存 6 个月，pH7 条件下相当稳定，酸碱介质中不稳定。

常见制剂类型：可湿性粉剂、粒剂。

【毒　　性】只要不大量摄入，不可能有全身毒性。对眼睛、皮肤和黏膜有刺激作用。

【税则号列】有效成分：29350090　　制剂：38089311（零售包装），38089319（其他）

**0142025　　苄嘧磺隆　　Bensulfuron methyl**

【别　　名】农得时，便磺隆，稻无草，特芜农，Londax，DPX-5384

【有效成分】α-｛［（4,6-二甲氧基嘧啶-α-基）氨基羰基氨基］磺酰基甲基｝苯甲酸甲酯

【商品类别】磺酰脲类除草剂

【结 构 式】

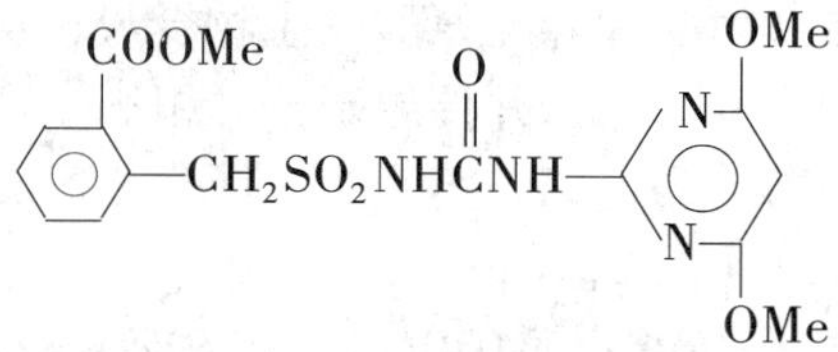

【商品属性】是选择性内吸传导型除草剂。有效成分可在水中迅速扩散，为杂草根部和叶片吸收转移到杂草各部，阻碍氨基酸、赖氨酸、异亮氨酸的生物合成，阻止细胞的分裂和生长。敏感杂草生长机能受阻，幼嫩组织过早发黄抑制叶部生长，阻碍根部生长而坏死。有效成分进入水稻体内迅速代谢为无害的惰性化学物，对水稻安全。使用方法灵活，可用毒土、毒砂、喷雾、泼浇等方法。在土壤中移动性小，温度、土质对其除草效果影响小。

原药为白色略带浅黄色无味固体，熔点 185 ~ 188℃，蒸气压 $2.8 \times 10^{-12}$ Pa（25℃）。在溶剂中溶解度（g/L，20℃）：二氯甲烷 11.7，乙腈 5.38，乙酸乙酯 1.66，丙酮 1.38，已烷 >0.01。在微碱性溶液中（pH =8）最稳定，在酸性溶液中缓慢分解，pH 从 5 升高至 8 时在水中溶解度增加（从 2.9 ~ 1200g/L25℃）。

常见制剂类型：可湿性粉剂。

【毒　　性】对眼睛、皮肤和黏膜有刺激作用，不大量摄入没有全身中毒症状。

【税则号列】有效成分：29350090　　制剂：38089311（零售包装），38089319（其他）

**0142026　　苄草隆　　Cumyluron**

【别　　名】1-（2-chlorophenyl）-3-（1-methyl-1-phenylethyl） urea，N-（2-chlorophenyl）-N′-（1-methyl-1-phenylehtyl） urea

【有效成分】1-（2-氯苯基）-3-（1-甲基-1-苯基乙基）脲

【商品类别】取代脲类除草剂

【结 构 式】

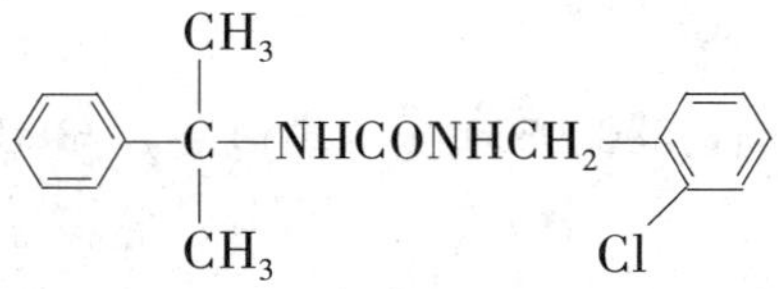

【商品属性】细胞分离与细胞生成抑制剂。主要用于水稻防除重要的一年生和多年生禾本科杂草。

无色针状结晶。20℃溶解度（g/L）：甲醇 21.5、乙醇 19.4、丙酮 14.5、乙腈 7.5、苯 0.8、正己烷 0.4、水 1.0mg/L。

【毒　　性】无致突变性、无致畸性。

【税则号列】有效成分：29242990　　制剂：38089311（零售包装），38089319（其他）

**0142027　　噻磺隆　　Thifensulfuron**

【别　　名】Thiameturon，DPX-M6316

【有效成分】3-（4-甲氧基-6-甲基-1，3，5-三嗪-2-基氨基甲酰氨基磺酰基）噻吩-2-甲酸甲酯

【商品类别】脲类除草剂

【结 构 式】

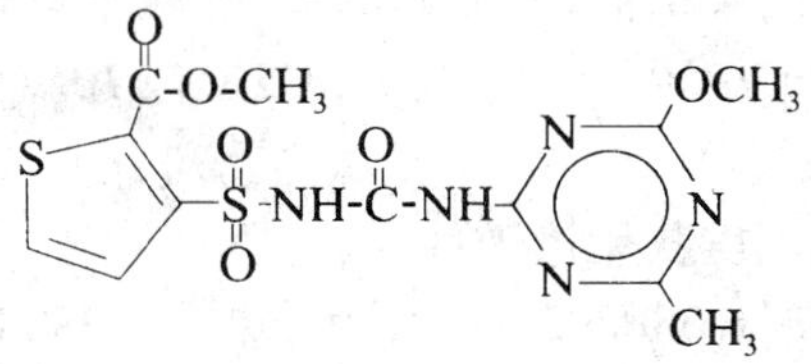

【商品属性】是侧链氨基酸合成抑制剂，抑制缬氨酸和异亮氨酸的生物合成，从而阻止植物的细胞分裂。该药能迅速被植物根和叶吸收，并传导至分叶组织；防除禾谷类作物田中阔叶杂草，对猪殃殃、藜、蓼、马齿苋、婆婆纳、野蒜、芥菜等防效极好。
无色固体。25℃溶解性：水 24mg/L（pH4）、260mg/L（pH5）、2.4g/L（pH6），丙酮 11.9g/L，乙腈 7.3g/L，乙醇 0.9g/L，乙酸乙酯 2.6g/L，己烷小于 0.1g/L，甲醇 2.6g/L，二氯甲烷 27.5g/L，二甲苯 0.2g/L。

【毒　　性】对兔眼睛有轻微刺激作用，但一天后恢复正常。对豚鼠皮肤无刺激作用，也无过敏现象。

【税则号列】有效成分：29350090　　制剂：38089311（零售包装），38089319（其他）

**0142028　氟氯磺隆　Primisulfuron-methyl**

【别　　名】氟嘧磺隆，Primisulfuron（酸），Beacon，Tell

【有效成分】2-（4，6-双（二氟甲氧基）嘧啶-2-基氨基甲酰胺基磺酰氯）苯甲酸甲酯

【商品类别】磺酰脲类除草剂

【结 构 式】

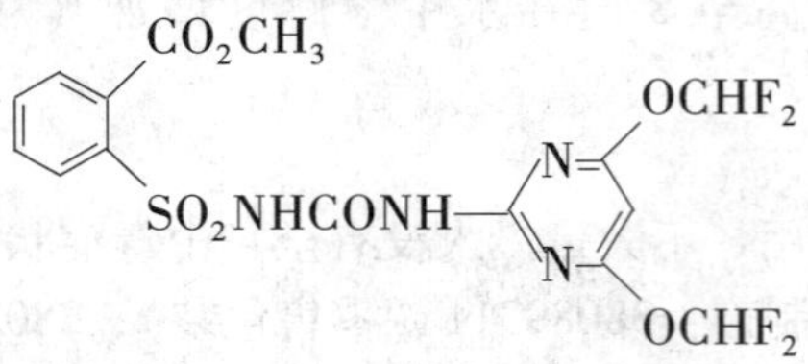

【商品属性】是侧链氨基酸合成抑制剂。防除禾本科杂草和阔叶杂草，其中包括苋属、豚草属、曼陀罗属、茄属、蜀黍属、苍耳属及野麦属的杂草。本品被根和叶吸收，并迅速转移到分生组织，其吸收比例取决于植物的生长阶段和环境条件（如土壤湿度和温度）。
纯品为无色晶体。20℃溶解度：水 3.3mg/L（pH5）、243mg/L（pH7）、5.3g/L（pH9），微溶于有机溶剂。

【毒　　性】

【税则号列】有效成分：29350090　　制剂：38089311（零售包装），38089319（其他）

**0142029　氟胺磺隆　Triflulsulfuron**

【别　　名】Dubur，Safari，Upbeat，Triflusulfuron-methyl

【有效成分】3-（4-二甲基氨基-6-（2，2，2-三氟乙氧基）-1，3，5-三嗪-2-氨基甲酰氨基磺酰基）间甲基苯甲酸甲酯

【商品类别】磺酰脲类除草剂

【结 构 式】

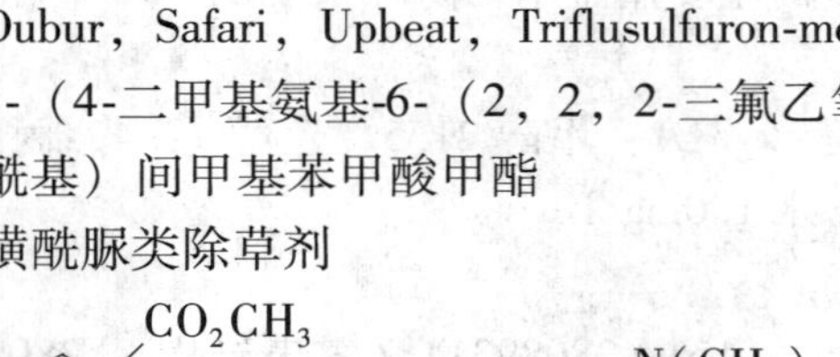

【商品属性】本品抑制植物的乙酰乳酸酶（ALS）合成，阻断侧链氨基酸生物合成，从而影响细胞的分裂和生长。本品防除甜菜田的许多阔叶杂草和禾本科杂草。
水溶解度分别为（25℃，mg/L）1（pH3）、3（pH5）、110（pH7）、11000（pH9）。

【毒　　性】原药对兔眼睛无刺激作用，对豚鼠皮肤无过敏性。

【税则号列】有效成分：29350090　　制剂：38089311（零售包装），38089319（其他）

**0142030　氯吡嘧磺隆　Halosulfuron-methyl**

【别　　名】

【有效成分】3-氯-5-（4，6-二甲氧基嘧啶-2-基氨基羰基氨基磺酰基）-1-甲基吡唑-4-羧酸甲酯

【商品类别】磺酰脲类除草剂

【结 构 式】

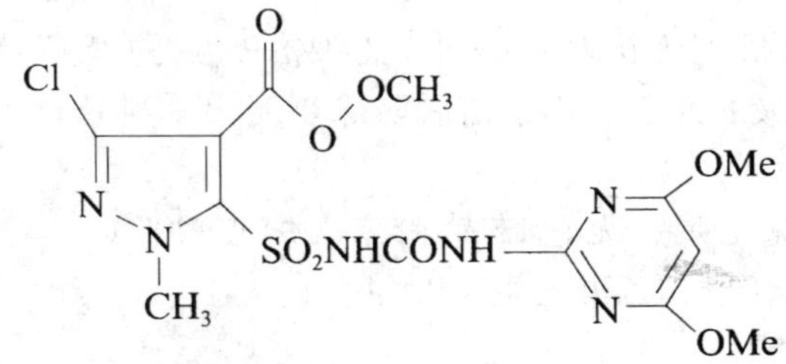

【商品属性】是一种乙酰乳酸合成酶的抑制剂，通过杂草根和叶吸收，在植物体内传导，杂草即停止生长，而后枯死。主要用于防除阔叶杂草和莎草科杂草，如苘麻、仓耳、曼陀罗、豚草、反枝苋、野西瓜苗、蓼、马齿苋、龙葵、决明、牵牛、香附子等。适宜作物如小麦玉米、水稻、甘蔗、草坪等。苗前及苗后均可施用。

白色粉末状固体。20℃溶解度（g/L）：水中分别为0.015（pH5）、1.65（pH7），甲醇1.62。

【毒　　性】对兔眼睛有轻微刺激，对兔皮肤无刺激作用。无致畸、致癌、致突变作用。

【税则号列】有效成分：29350090　　制剂：38089311（零售包装），38089319（其他）

**0142031　三氟丙磺隆　Prosulfuron**

【别　　名】氟磺隆，Peak，Exceed

【有效成分】1-（4-甲氧基-6-甲基-1，3，5-三嗪-2-基）-3-（2，（3，3，3-三氟丙基）苯基磺酰基）脲

【商品类别】磺酰脲类除草剂

【结 构 式】

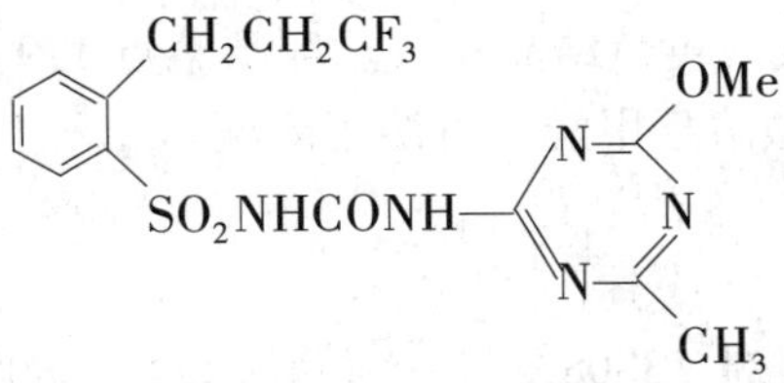

【商品属性】三氟丙磺隆是乙酰乳酸合成酶（ALS）的抑制剂。通过杂草根和叶吸收，在植株体内传导，杂草即停止生长、叶色褪绿，而后枯死。

主要用于防除阔叶杂草。对苘麻属、苋属、藜属、蓼属、繁缕属等杂草具有优异的防效。适宜作物如玉米、高粱、禾谷类作物、草坪和牧场。

无色无味结晶体。25℃溶解度（g/L）：水中0.029（pH4.5）、0.087（pH5.0）、4.0（pH6.8）、4.3（pH7.7），乙醇8.4，丙酮160，甲苯6.1，正己烷0.0064，乙酸乙酯56，二氯甲烷180。

【毒　　性】对兔眼睛和皮肤无刺激。无致畸、致突变、致癌作用。

【税则号列】有效成分：29350090　　制剂：38089311（零售包装），38089319（其他）

**0142032　氟唑磺隆　Flucarbazone-sodium**

【别　　名】彪虎

【有效成分】N-（2-三氟甲氧基苯基磺酰基）-4，5-二氢-3-甲氧基-4-甲基-5-氧-1H-1，2，4-三唑甲酰胺钠盐

【商品类别】除草剂

【结 构 式】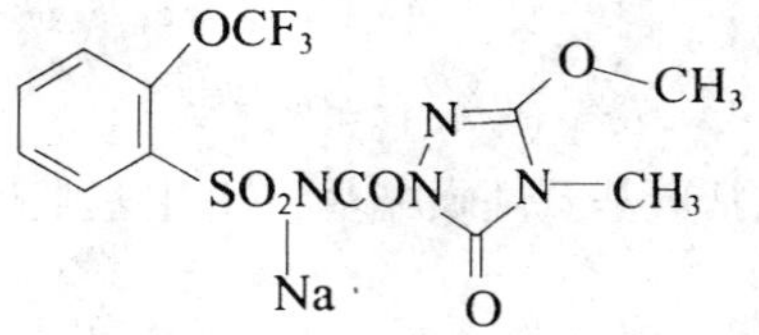

【商品属性】磺酰脲类除草剂，作用机理为抑制乙酰乳酸合成酶，通过杂草茎叶和根部吸收，使之脱绿、枯萎、最后死亡。用于苗后防除小麦田禾科杂草和一些重要的阔叶杂草。

原药含量≥95%，外观无嗅、无色结晶粉末。熔点 200℃。溶解度（g/L，20℃）：水 44，二甲苯 <0.1，乙酸乙酯 <0.14。

常见制剂类型：水分散剂。

【毒　　性】低毒。

【税则号列】有效成分：29350090　　　制剂：38089311（零售包装），38089319（其他）

**0142033　单嘧磺酯**

【别　　名】麦庆

【有效成分】N-［2′-（4′甲基）嘧啶基］-2-甲酸甲酯基苯磺酰脲

【商品类别】除草剂

【结 构 式】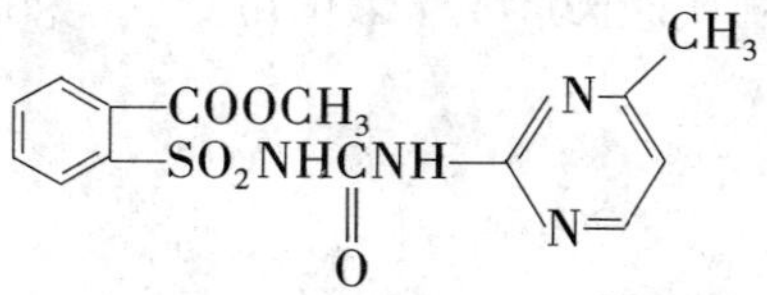

【商品属性】作用机理为抑制乙酰乳酸合成酶，阻碍植物体内支链氨基酸的生物合成，导致植物细胞的合成受阻，最后枯萎、死亡。适用于小麦田除草，有效防除小麦田常见的一年生阔叶杂草。

原药含量≥90%，外观为白色或浅黄色结晶粉末。纯品熔点 179～180℃。溶解度（g/L，20℃）：不溶于水，微溶于甲醇，可溶于丙酮。

常见制剂类型：可湿性粉剂。

【毒　　性】低毒。

【税则号列】有效成分：29350090　　　制剂：38089311（零售包装），38089319（其他）

**0142034　咯草隆　Cisanilide**

【别　　名】Rowtate

【有效成分】1（2，5-二甲基吡咯烷基）-3-苯基脲

【商品类别】脲类除草剂

【结 构 式】

【商品属性】

【毒　　性】

【税则号列】有效成分：29339900　　　制剂：38089311（零售包装），38089319（其他）

**0142035　枯草隆　Chloroxuron**

【别　　名】Ciba 1983，Gesamoos，HSDB980，Norex，Tenoran

【有效成分】1，1-二甲基-3-［4-（4-氯苯氧基）苯基］脲

【商品类别】脲类除草剂

【结 构 式】

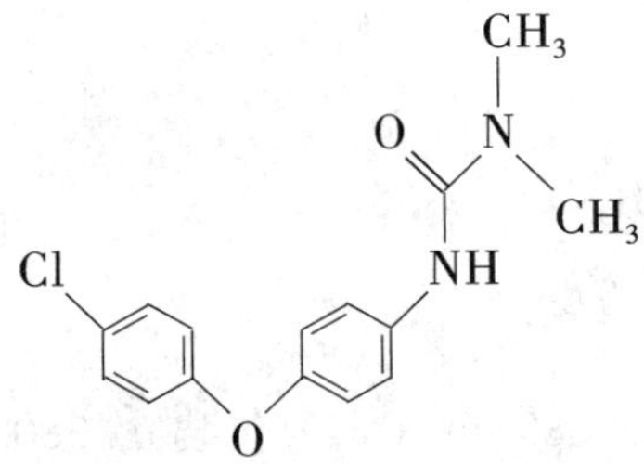

【商品属性】熔点151℃，蒸气压3.90E-09mmHg，溶解度3.7mg/L。

【毒　　性】

【税则号列】有效成分：29242990　　制剂：38089311（零售包装），38089319（其他）

**0142036　异恶隆　Isouron**

【别　　名】

【有效成分】1，2-二甲基-3-（5-特丁基-1，2-恶唑-3-基）脲

【商品类别】脲类除草剂

【结 构 式】

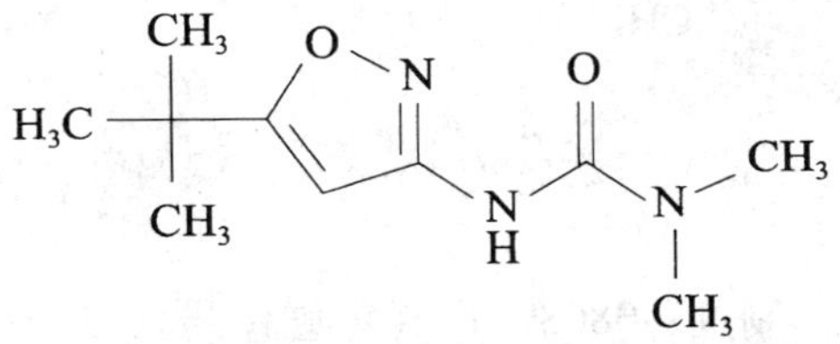

【商品属性】熔点119.5℃，蒸气压3.83E-07mmHg，溶解度790mg/L。

【毒　　性】

【税则号列】有效成分：29349990　　制剂：38089311（零售包装），38089319（其他）

**0142037　甲基杀草隆　Methyldymron**

【别　　名】Stacker，K1441

【有效成分】1-（a，a-二甲基苄基）-3-甲基-3-苯基脲

【商品类别】脲类除草剂

【结 构 式】

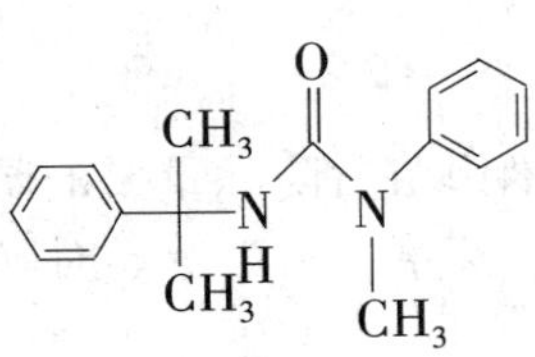

【商品属性】熔点72℃，溶解度120mg/L。

【毒　　性】

【税则号列】有效成分：29242990　　制剂：38089311（零售包装），38089319（其他）

**0142038　磺噻隆　Ethidimuron**

【别　　名】BAY-MET 1486，BRN 0551847，Sulfodiazol，Ustilan

【有效成分】1-（5-乙基磺酰基-1，3，4-噻二唑-2-基）1，3-二甲基脲

【商品类别】脲类除草剂

【结 构 式】

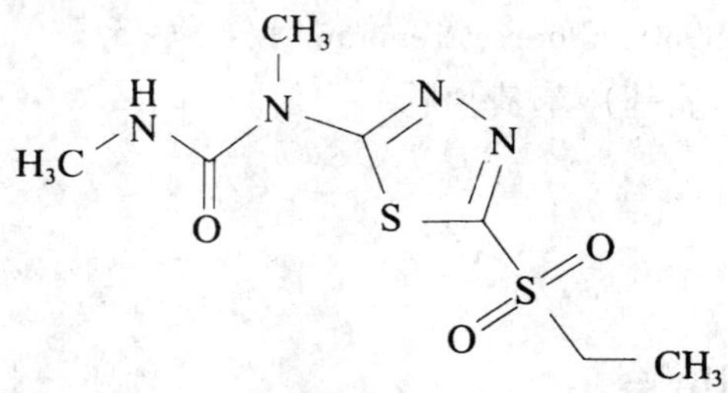

【商品属性】熔点 156℃，溶解度 3000mg/L。

【毒　　性】

【税则号列】有效成分：29349990　　　制剂：38089311（零售包装），38089319（其他）

**0142039　　恶唑隆　　Dimefuron**

【别　　名】Legurame TS，Pradone TS，Pradone kombi，Pradone plus，RP23465，Vt 2809

【有效成分】3-［4-（5-特丁基-2，3-二氢-2 氧代-1，3，4-恶唑-3-基）-3-氯苯基］-1，1-二甲基脲

【商品类别】脲类除草剂

【结 构 式】

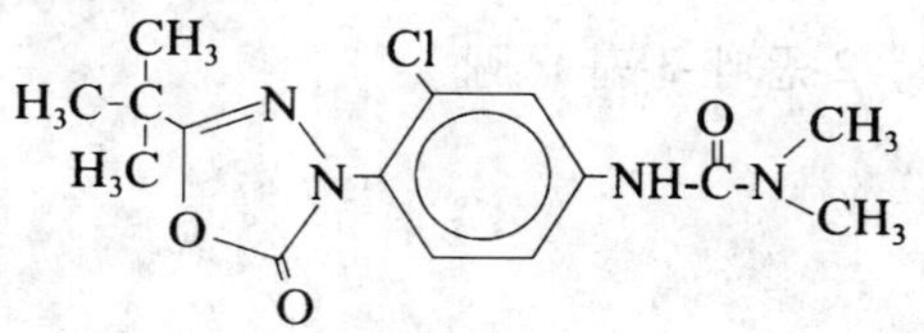

【商品属性】熔点 193℃，蒸气压 2. 29E-10mmHg，溶解度 16mg/L。

【毒　　性】

【税则号列】有效成分：29349990　　　制剂：38089311（零售包装），38089319（其他）

**0142040　　吡喃隆　　Metobenzuron**

【别　　名】甲氧苯草隆

【有效成分】1-甲氧基-3-［4-（2-甲氧基-2，4，4-三甲基苯并二氢吡喃-7-基氧）苯基］-1-甲基脲

【商品类别】脲类除草剂

【结 构 式】

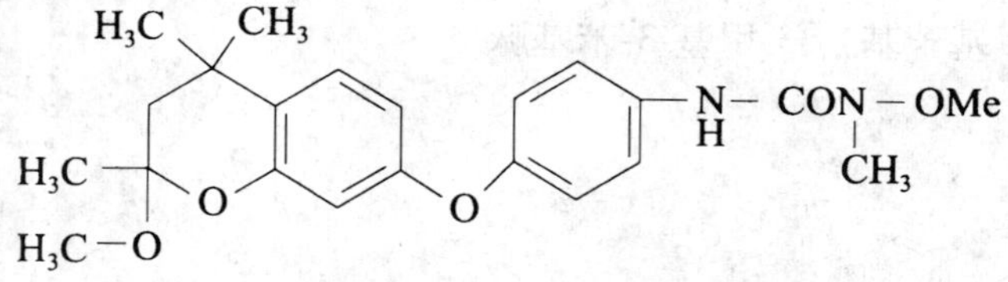

【商品属性】甲氧苯草隆为光合作用抑制剂，主要用于玉米田苗后防除重要的阔叶杂草，如苋属杂草、苍耳、曼陀螺、藜属杂草、龙葵、豚草、牵牛等。对阿特拉津产生抗性的杂草也良好的防除效果。

【毒　　性】对兔皮肤无刺激，对兔眼睛有中度刺激。无致突变性、无致畸性。

【税则号列】有效成分：29329990　　　制剂：38089311（零售包装），38089319（其他）

**0142041　　唑嘧磺隆**

【别　　名】

【有效成分】3-（4，6-二甲基嘧啶-2-基）-1-（1-吡啶-2-基-4-甲氧基甲酰基吡唑-5-基）磺酰脲

【商品类别】脲类除草剂
【结 构 式】

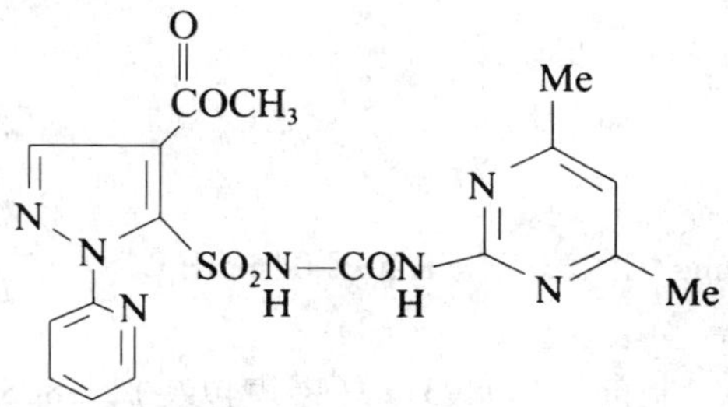

【商品属性】唑嘧磺隆在 pH 值大于 7.8 的土壤，可能增加大豆、玉米的药害。
【毒　　性】
【税则号列】有效成分：29350090　　　　制剂：38089311（零售包装），38089319（其他）

**0142042　　唑吡嘧磺隆　　Imazosulfuron**
【别　　名】TH913
【有效成分】3-（4，6-二甲氧基嘧啶-2-基）-1-（2-氯咪唑并［1，2-a］吡啶-3-基）磺酰脲
【商品类别】脲类除草剂
【结 构 式】

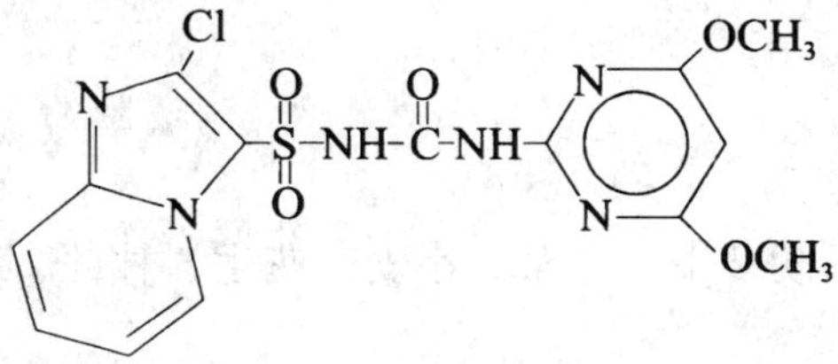

【商品属性】熔点 183℃，蒸气压 3.38E-10mmHg，溶解度 6.75mg/L。
【毒　　性】
【税则号列】有效成分：29350090　　　　制剂：38089311（零售包装），38089319（其他）

**0142043　　溴谷隆　　Metobromuron**
【别　　名】Patoran，Pattonex
【有效成分】1-甲氧基-1-甲基-3-（4-溴苯基）脲
【商品类别】脲类除草剂
【结 构 式】

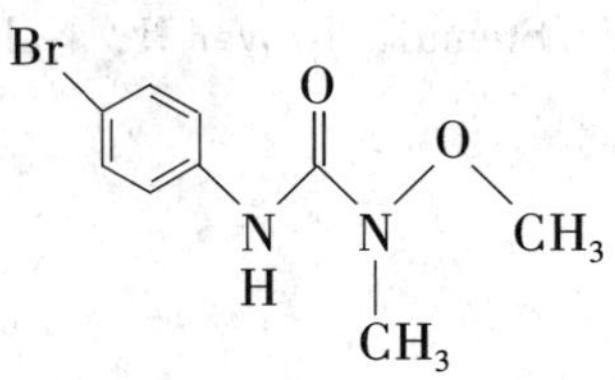

【商品属性】熔点 95℃，水溶解度 330mg/L，蒸气压 3.00E-06mmHg。
【毒　　性】
【税则号列】有效成分：29280000　　　　制剂：38089311（零售包装），38089319（其他）

**0142044　　绿谷隆　　Monolinuron**
【别　　名】Aresin，Premalin
【有效成分】1-甲氧基-1-甲基-3-（4-氯苯基）脲
【商品类别】脲类除草剂
【结 构 式】

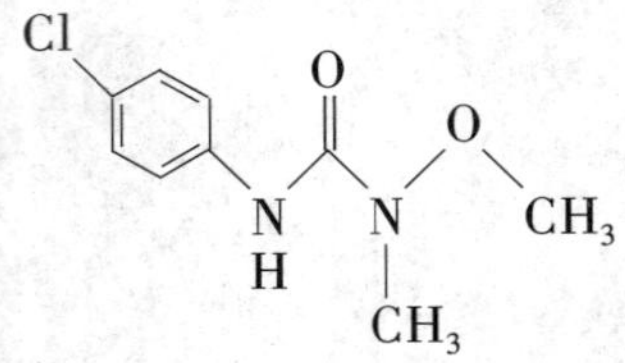

【商品属性】熔点 81.5℃，水溶解度 930mg/L，蒸气压 1.50E-04mmHg。
【毒　　性】
【税则号列】有效成分：29280000　　　　制剂：38089311（零售包装），38089319（其他）

**0142045　　利谷隆　　Linuron**

【别　　名】Afalon，Cephalon，Garnitan，Malurane，Methoxydiuron，Profalon，Rotalin，Sarclex，Sinuron，Soilcid
【有效成分】1-甲氧基-1-甲基-3-（3，4-二氯苯基）脲
【商品类别】脲类除草剂
【结 构 式】

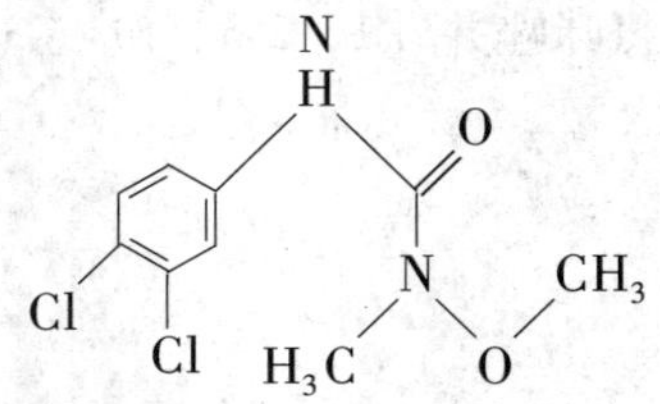

【商品属性】可用于大豆、玉米、棉花、胡萝卜、芹菜、小麦、花生、甘蔗、果树。在杂草3～4叶前均可灭杀。
纯品为无色无臭结晶固体，熔点 85～94℃，蒸气压 2.0mPa（24/℃）。溶解度（25℃）：水中 75mg/l；微溶于脂，肪烃可溶于丙酮、乙醇，无腐蚀性。在酸碱、潮湿土壤中徐徐分解。
常见制剂类型：可湿性粉剂。
【毒　　性】低毒。
【税则号列】有效成分：29280000　　　　制剂：38089311（零售包装），38089319（其他）

**0142046　　除草定　　Bromacil**

【别　　名】Borea，Bromax，Cynogan，Hibor，Hyvar，Stemul，Krovar II，Nalkil Uragan
【有效成分】6-甲基-5-溴-3-仲丁基脲嘧啶-2，4-二酮
【商品类别】脲类除草剂
【结 构 式】

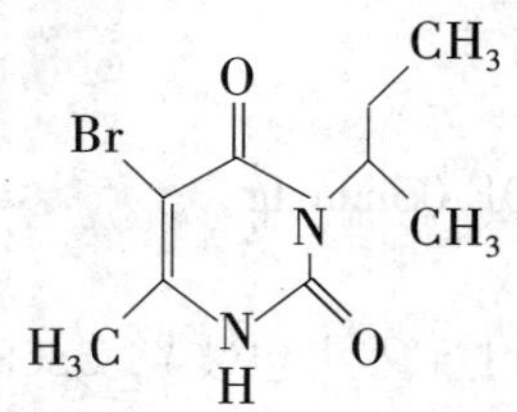

【商品属性】熔点 158℃，水溶解度 815mg/L，蒸气压 3.07E-07mmHg。
【毒　　性】
【税则号列】有效成分：29335900　　　　制剂：38089311（零售包装），38089319（其他）

**0142047　　苯噻隆　　Benzthiazuron**

【别　　名】Gatinon
【有效成分】1-甲基-3-（苯并噻唑-2 基）脲

【商品类别】除草剂
【结 构 式】

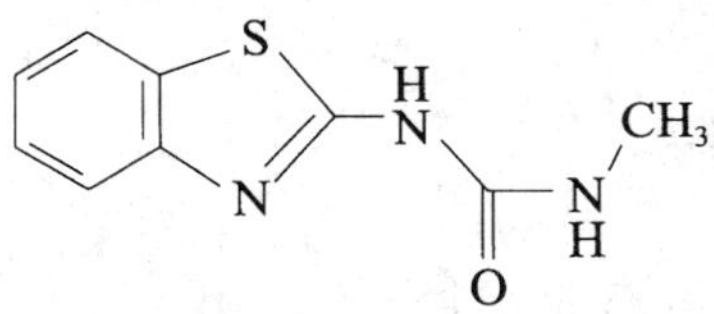

【商品属性】水溶解度：12mg/L。
【毒　　性】
【税则号列】有效成分：29342000　　　　制剂：38089311（零售包装），38089319（其他）

**0142048　　甲基苯噻隆　　Methabenzthiazuron**

【别　　名】Preparation 5633，Tribunil
【有效成分】1，3-二甲基-3-（苯并噻唑-2 基）脲
【商品类别】脲类除草剂
【结 构 式】

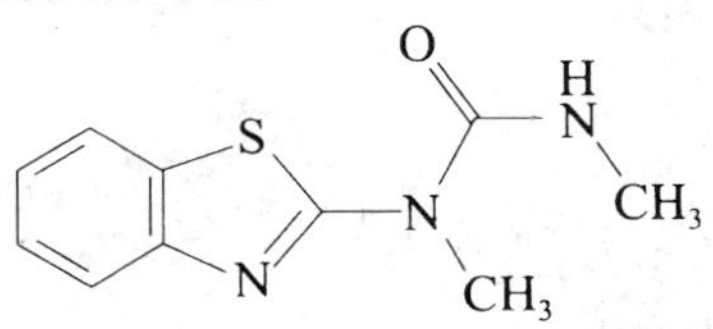

【商品属性】熔点 120℃，水溶解度 59mg/L，蒸气压 1. 13E-07mmHg。
【毒　　性】
【税则号列】有效成分：29342000　　　　制剂：38089311（零售包装），38089319（其他）

**0142049　　噻氟隆　　Thiazfluron**

【别　　名】Dmttu，Erbotan
【有效成分】1，3-二甲基-3-（5-特丁基-1，3，4-噻二唑-2-基）脲
【商品类别】脲类除草剂
【结 构 式】

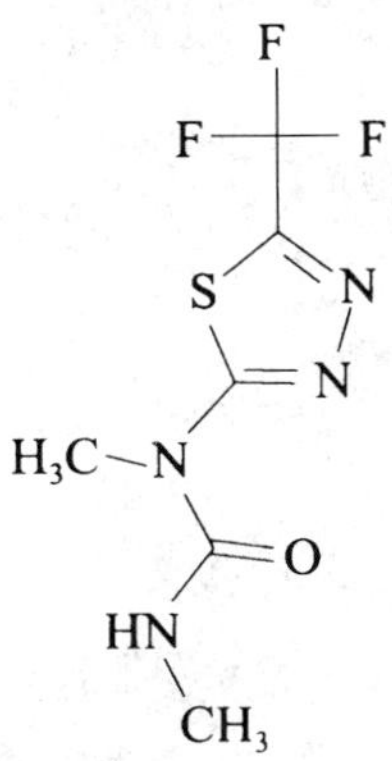

【商品属性】熔点 136～137℃，水溶解度 2100mg/L，蒸气压 3. 66E-06mmHg。
【毒　　性】
【税则号列】有效成分：29349990　　　　制剂：38089311（零售包装），38089319（其他）

**0142050　　非草隆　　Fenuron**

【别　　名】Dibar，Electrum，Herbon yellow，PUD，Red
【有效成分】1,1-二甲基-3-苯基脲
【商品类别】除草剂
【结 构 式】

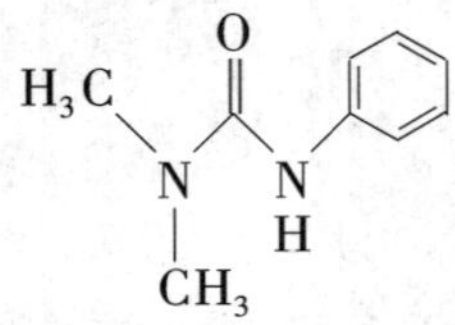

【商品属性】取代脲类除草剂，具有内吸传导性，主要是抑制光合作用。
【毒　　性】
【税则号列】有效成分：29242990　　　　制剂：38089311（零售包装），38089319（其他）

**0142051　　灭草隆　　Monuron**
【别　　名】CMU，Chlorofenidim，Karmex，Telvar，Monurex，Rosuran
【有效成分】1,1-二甲基-3-（p-氯苯基）脲
【商品类别】脲类除草剂
【结 构 式】

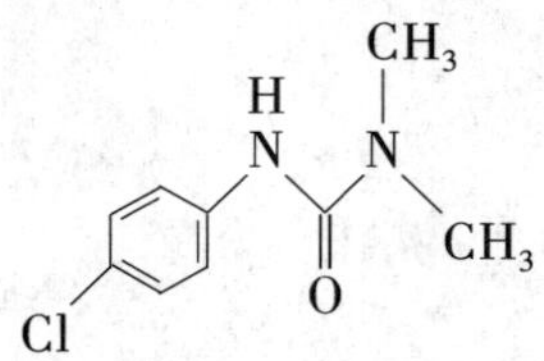

【商品属性】白色结晶。难溶于水，微溶于极性有机溶剂。
熔点 170.5℃，水溶解度 230mg/L，蒸气压 5.03E-07mmHg。常见制剂类型：可湿性粉剂。
【毒　　性】属低毒类。有刺激性和光敏作用，可引起接触性皮炎和上呼吸道刺激症状。
【税则号列】有效成分：29242990　　　　制剂：38089311（零售包装），38089319（其他）

**0142052　　炔草隆　　Buturon**
【别　　名】Arisan，Eptapur，H95
【有效成分】1-甲基-1-（1-甲基丙炔-2-基）-3-（4-氯苯基）脲
【商品类别】脲类除草剂
【结 构 式】

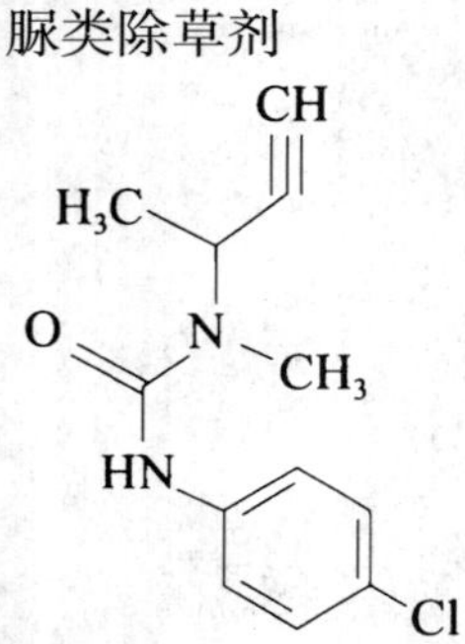

【商品属性】水溶解度 30mg/L，蒸气压 4.55E-06mmHg。
【毒　　性】
【税则号列】有效成分：29242990　　　　制剂：38089311（零售包装），38089319（其他）

**0142053　　环草隆　　Siduron**
【别　　名】Trey，Tupersan
【有效成分】1-（2-甲基环己基）-3-苯基脲
【商品类别】脲类除草剂
【结 构 式】

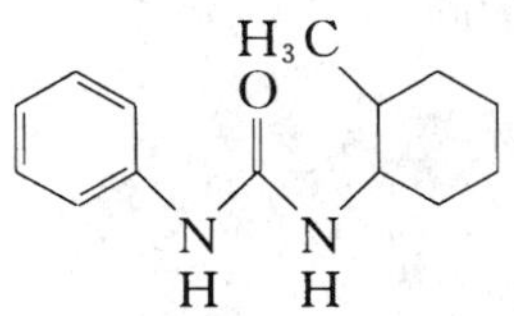

【商品属性】芽前型除草剂。春末或夏初建植冷季型草坪时，环草隆一直是首选除草剂，它可以有效地控制狗尾草、止血马唐、毛雀麦和稗草，而不影响草坪种子的萌发，但这种除草剂不能防除阔叶杂草和许多难以防除的杂草，如牛筋草和黍子。由于环草隆不具备芽后除草的能力，所以应在播种后、夏季一年生单子叶杂草萌发前施药。

熔点 135.5℃，水溶解度 18mg/L，蒸气压 4.00E-09mmHg。

【毒　　性】

【税则号列】有效成分：29242990　　制剂：38089311（零售包装），38089319（其他）

**0142054　氟草隆　Fluometuron**

【别　　名】伏草隆，Pakhtaran，Cotogard，Higalcoton，Lanex

【有效成分】1,1-二甲基-3-（a. a. a）-三氟间甲苯基脲

【商品类别】脲类除草剂

【结 构 式】

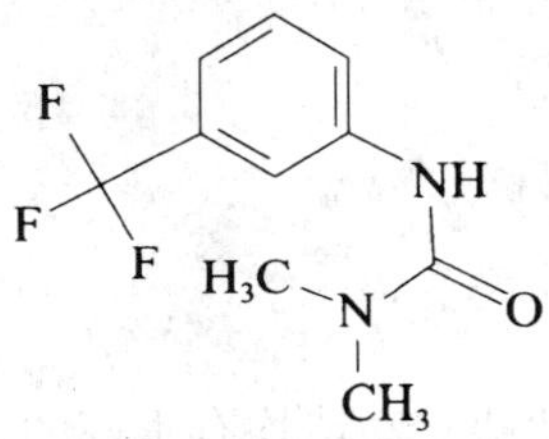

【商品属性】本品为选择性脲类除草剂，主要通过杀草的根部吸收，有较弱的叶部活性，能抑制杀草的光合作用，用于防除棉田、甘蔗田等田中的一年生单、双子叶杂草，对一年生的禾本科和阔叶杂草都有较理想的除草效果，持效期 100 天左右。

白色结晶固体，熔点 163 ~ 164.5℃。蒸气压 0.125mPa（25℃）。0.33mPa（30℃）。相对密度 1.39。溶解度（20℃，g/l）：水 0.11，甲醇 110，丙酮 105，二氯甲烷 23，正辛醇 22，正己烷 0.17。在 20℃下，对酸、中性、碱性介质中稳定，紫外线下分解。

【毒　　性】对兔眼和皮肤有中度刺激性，对皮肤无致敏性。

【税则号列】有效成分：29242990　　制剂：38089311（零售包装），38089319（其他）

**0142055　草不隆　Neburon**

【别　　名】Granurex，Kloben

【有效成分】1-丁基-1-甲基-3-（3，4-二氯苯基）脲

【商品类别】脲类除草剂

【结 构 式】

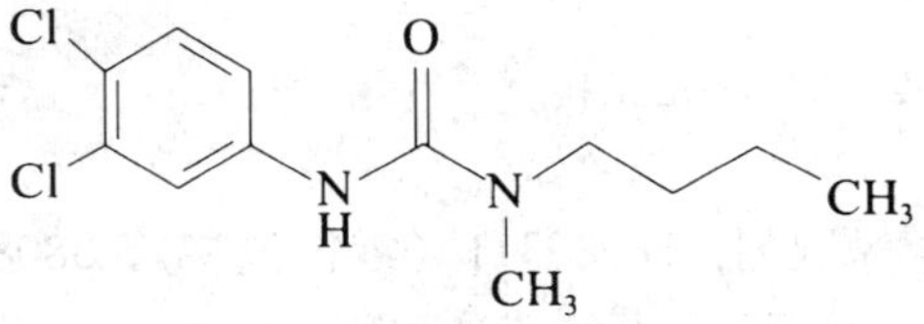

【商品属性】熔点 102℃，水溶解度 4.8mg/L，蒸气压 1.01E-06mmHg。

【毒　　性】

【税则号列】有效成分：29242990　　制剂：38089311（零售包装），38089319（其他）

**0142056　甲氧隆　Metoxuron**

【别　　名】Dosanex，Deftor，FL，Purivel，Sulerex

【有效成分】3-（3-氯-4-甲基苯基）-1, 1-二甲基脲

【商品类别】脲类除草剂

【结 构 式】

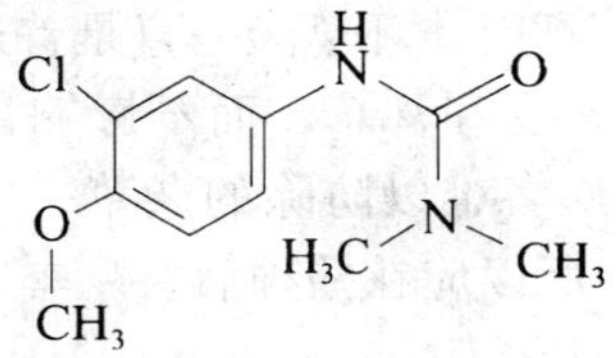

【商品属性】熔点 126.5℃，水溶解度 678mg/L，蒸气压 3.23E-05mmHg。

【毒　　性】

【税则号列】有效成分：29242990　　制剂：38089311（零售包装），38089319（其他）

**0142057　氯溴隆　Chlorbromuron**

【别　　名】Bromex，Maloran

【有效成分】N-（4-溴-3-氯苯基）-N′-甲氧基-N′-甲基脲

【商品类别】脲类除草剂

【结 构 式】

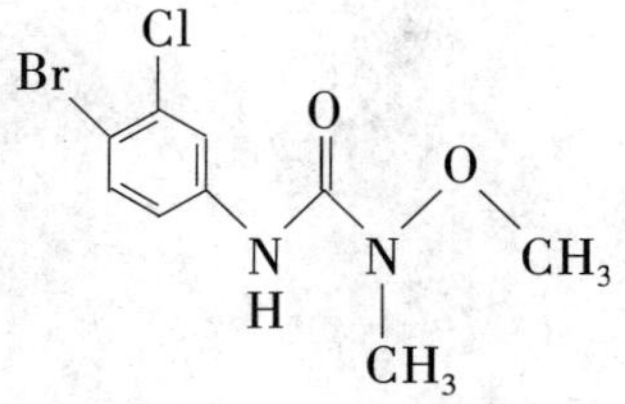

【商品属性】茎叶处理对田间一年生杂草的种子胚芽、幼芽、幼苗均有很好的杀灭效果。熔点 96℃，水溶解度 35mg/L，蒸气压 3.97E-07mmHg。

【毒　　性】

【税则号列】有效成分：29280000　　制剂：38089311（零售包装），38089319（其他）

**0142058　枯莠隆　Difenoxuron**

【别　　名】Lironion，Pinoran

【有效成分】4-（对甲氧基苯氧基）苯基-1，1-二甲基脲

【商品类别】脲类除草剂

【结 构 式】

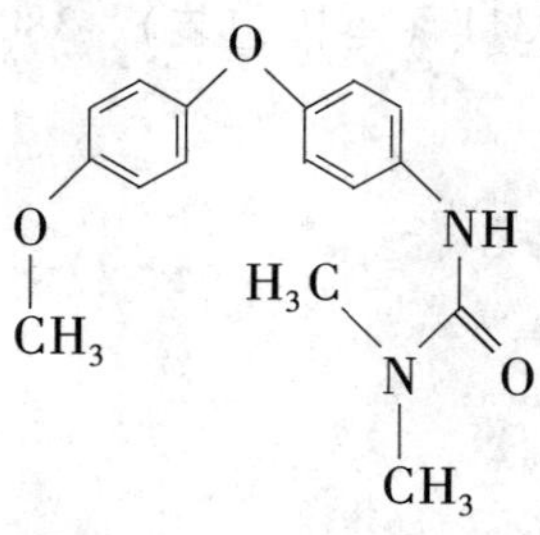

【商品属性】水溶解度 20mg/L，蒸气压 2.89E-08mmHg。

【毒　　性】

【税则号列】有效成分：29242990　　制剂：38089311（零售包装），38089319（其他）

**0142059　　酰草隆　　Phenobenzuron**

【别　　名】Benzomarc，Benzuride，Benzuron
【有效成分】1-苯酰基-1-（3, 4-二氯苯基）-3, 3-二甲基脲
【商品类别】脲类除草剂
【结 构 式】

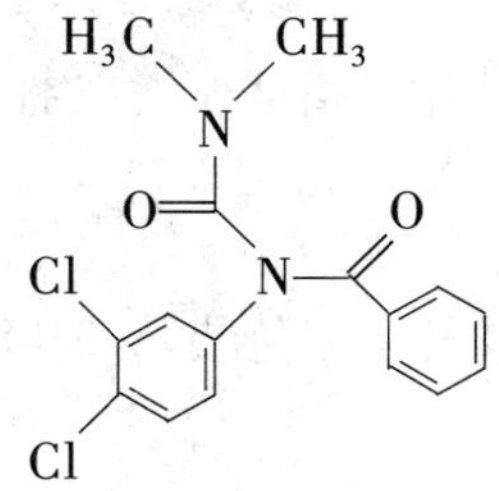

【商品属性】熔点 119℃，水溶解度 16mg/L。
【毒　　性】
【税则号列】有效成分：29242990　　　　制剂：38089311（零售包装），38089319（其他）

**0142060　　草完隆　　Noruron**

【别　　名】Norea，Herban
【有效成分】1, 1-二甲基-3-（六氢-4, 7-亚甲基因茚-5-基）脲
【商品类别】脲类除草剂
【结 构 式】

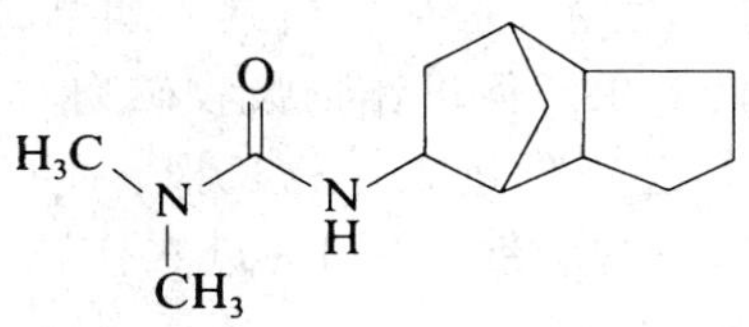

【商品属性】熔点：177℃，水溶解度：150mg/L，蒸气压：1. 71E-05mmHg。
【毒　　性】对豚鼠与家兔致畸。
【税则号列】有效成分：29242990　　　　制剂：38089311（零售包装），38089319（其他）

**0142061　　环莠隆　　Cycluron**

【别　　名】OMU
【有效成分】3-环辛基-1, 1-二甲基脲
【商品类别】脲类除草剂
【结 构 式】

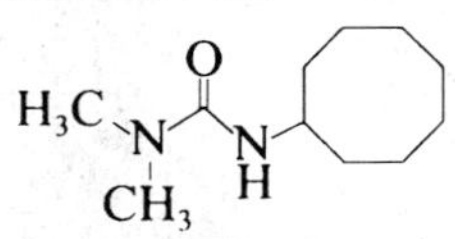

【商品属性】芽前除草剂。
熔点 138℃，水溶解度 1200mg/L，蒸气压 6. 67E-05mmHg。
【毒　　性】
【税则号列】有效成分：29242990　　　　制剂：38089311（零售包装），38089319（其他）

## 0143 植物生长调节剂

**0143001　　增甘膦　　Glyphosine**

【别　　名】Polaris
【有效成分】N，N-双（膦羧基甲基）甘氨酸

【商品类别】植物生长调节剂

【结 构 式】

$$HO\overset{O}{\overset{\|}{C}}CH_2N(CH_2\underset{OH}{\underset{|}{\overset{O}{\overset{\|}{P}}}}—OH)_2$$

【商品属性】用于甘蔗，作为增糖、催熟剂。也可用于西瓜作为增糖、增产剂。

白色固体。20℃水中溶解度 248g/L。

【毒　　性】对皮肤和眼睛稍有刺激。

【税则号列】有效成分：29319000　　　制剂：38089311（零售包装），38089319（其他）

**0143002　　蜂花醇　　Myricyl alcohol**

【别　　名】三十烷醇，Triacontanol，Melissyl，Alcohol

【有效成分】1-三十烷醇

【商品类别】植物激素

【结 构 式】$CH_3(CH_2)_{28}CH_2OH$

【商品属性】植物生长调节剂，对水田作物及作物的增产均有效；具有多种生理功能，可影响植物的生长、分化和发育。主要表现为：能增强酶的活性，促使种子发芽，提高发芽率；增强光合强度，提高叶绿素含量，增加干物质的积累；也可用于果树及蔬菜，对水稻、棉花、麦类、大豆、玉米、高粱、烟草、甜菜、花生、蔬菜、花卉、甘蔗均有较大幅度增产效果。促进作物吸收矿物质元素，提高蛋白质和糖分含量，改善产品品质等。还有促进农作物长根、生叶、花芽分化，增加分蘖，和促进早熟，保花保果，提高结实率和促进农作物吸水，减少蒸发，增加作物抗旱能力的作用。

纯品为白色鳞片状晶体，熔点 86.5℃，比重 0.777，几乎不溶于水（室温下水中溶解度 10mg/L），难溶于冷酒精和苯，可溶于乙醚、氯仿、己烷、二氯甲烷及热苯中，在碱性介质中稳定，不受光、热和空气的影响。

【毒　　性】对植物和人、畜无毒，是无公害。

【税则号列】有效成分：29051990　　　制剂：38089311（零售包装），38089319（其他）

**0143003　　调环酸　　Prohexadione**

【别　　名】

【有效成分】3，5-二氧代-4-丙酰基环己烷羧酸

【商品类别】植物生长调节剂

【结 构 式】

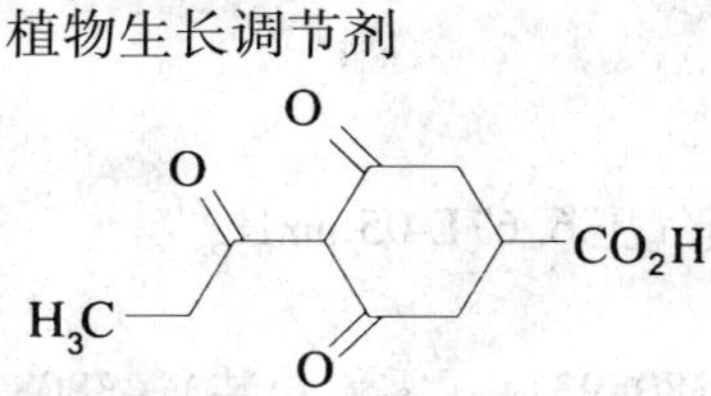


【商品属性】植物生长调节剂。用于大麦、水稻、小麦和草皮。

固体，20℃水中溶解度 168mg/L。

【毒　　性】

【税则号列】有效成分：29183000　　　制剂：38089311（零售包装），38089319（其他）

**0143004　增产醇　3-（α-pyridyl）-propanol**

【别　　名】丰啶醇

【有效成分】3-（α-吡啶基）丙醇

【商品类别】植物生长调节剂

【结 构 式】

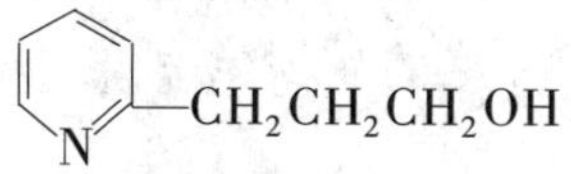

【商品属性】植物生长调节剂。用于花生，可提早出苗，提高出苗率，增加茎粗，提高饱果率，增加饱果的双仁和三仁数。用于大豆，可抑制株高，使株茎变粗，花数增多，叶面积指数加大，促进光和产物积累，控制营养生长，促进生殖生长。用于西瓜，可控制蔓陡长，促进瓜大，早熟3~5天。也可用于玉米，小麦，水稻，果树等作物。

无色或浅黄色透明油状液体。（原药为棕红色油状液体）

常见制剂类型：乳油。

【毒　　性】雄大白鼠急性经口111.5，雄小白鼠154.9。积蓄毒性弱，对白鲢鱼属高毒。

【税则号列】有效成分：29333990　　制剂：38089311（零售包装），38089319（其他）

**0143005　调节膦　Fosamine-ammonium**

【别　　名】杀木膦（盐），蔓草磷，Phocarb，Phoscarb，Krenite

【有效成分】氨基甲酰基膦酸乙酯铵盐

【商品类别】植物生长调节剂

【结 构 式】

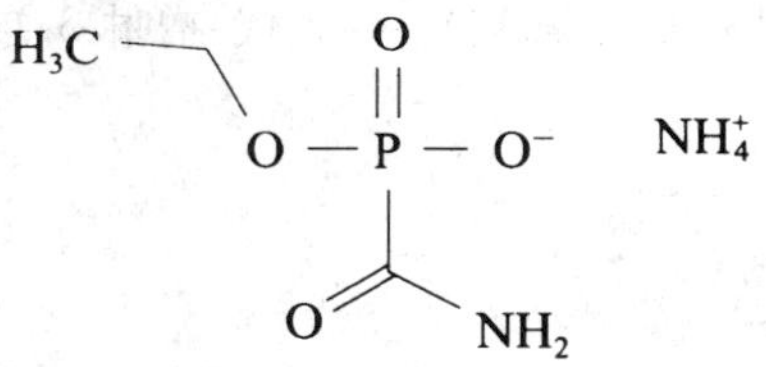

【商品属性】植物生长调节剂。具有整枝、矮化、增糖、保鲜等多种生理作用。无色结晶。溶解度（mg/kg）：水1790，丙酮300，苯400，二甲基甲酰胺1400，乙醇12000，甲醇158000（25℃）

【毒　　性】对眼睛和皮肤有一定刺激作用

【税则号列】有效成分：29319000　　制剂：38089311（零售包装），38089319（其他）

**0143006　环丙油菜素　Epobrassin**

【别　　名】

【有效成分】2α，3α-二丙氧-22, 23-环氧-24S-乙基-B-并-7-氧-5α-麦角甾烷-6-酮

【商品类别】植物生长调节剂

【结 构 式】

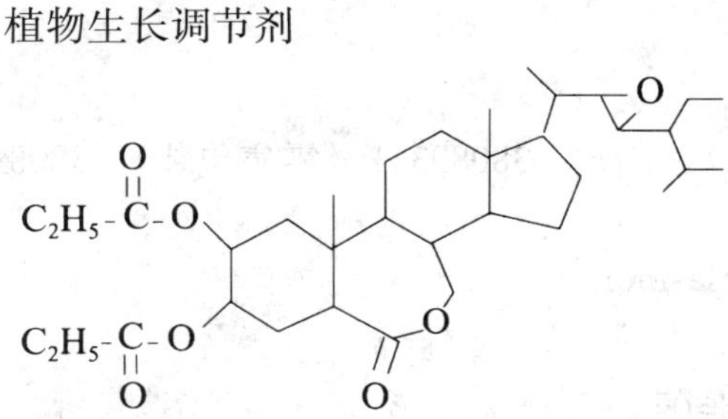

【商品属性】本品在发芽不良条件下（低温、水分不足），能够促进发芽发根，提高出苗率及着活率并促进发芽发根后的生育。对水稻、棉花等作物有生长调节作用。

原药外观为白至淡黄色粉末，熔点为138~141℃。溶解度（25℃）：水

0.023g/L，甲醇 14g/L，乙醇 25g/L，DMSO21g/L，已烷 0.63g/L，丙酮 230 g/L，乙腈、氯仿、醋酸乙酯 >100g/L。

【毒　　性】低毒。

【税则号列】有效成分：29322090　　　制剂：38089311（零售包装），38089319（其他）

**0143007　　黄酮**

【别　　名】

【有效成分】3、5、7、3′、4′、-羟基黄酮

【商品类别】植物生长调节剂

【结 构 式】

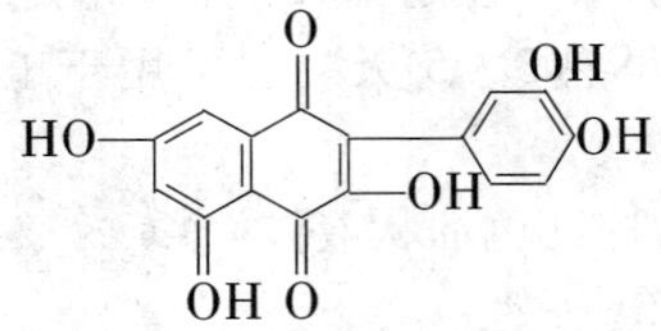

【商品属性】溶解度（g/L20℃）：水溶解度大于 10g/L。稳定性：对酸、碱、光稳定。
常见制剂类型：混合水剂。

【毒　　性】低毒。

【税则号列】有效成分：29146900　　　制剂：38089311（零售包装），38089319（其他）

**0143008　　津奥啉　　Cintofen**

【别　　名】Achor，SC2052，Sintofen，Croisor

【有效成分】1-（4-氯苯基）-1,4-二氢-5-（2-甲氧基乙氧基）-4-氧代-噌啉-3-羧酸

【商品类别】苯基羧酸类植物生长调节剂

【结 构 式】

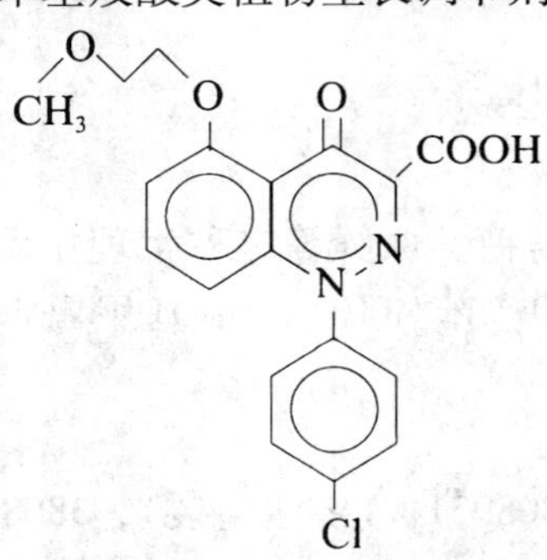

【商品属性】能阻滞植物花粉发育，使花粉失去授精能力达到自交不结实的目的。其自花授粉受到抑制，从而为异花授粉取得植物杂交种子提供了便利。
原药为淡黄色粉末，比重 0.06，熔点 260 ~ 263℃，不溶于水，可溶于 1N 的氢氧化钠中。
常见制剂类型：水剂。

【毒　　性】低毒。

【税则号列】有效成分：29339900　　　制剂：38089311（零售包装），38089319（其他）

**0143009　　茉莉酸诱导体　　Prohydrojasmon**

【别　　名】保民丰

【有效成分】3-氧-2-戊烷环戊乙酸正丙基酯

【商品类别】植物生长调节剂

【结 构 式】

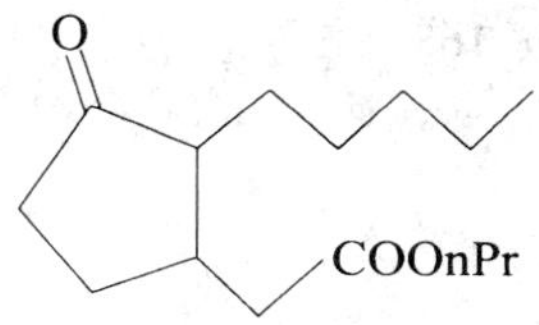

【商品属性】本品在发芽不良条件下（低温、水分不足），能够促进发芽发根，提高出苗率及着活率并促进发芽发根后的生育。对水稻、棉花等作物有生长调节作用。
原药外观为无色或淡黄色液体，比重 0.97～0.98，沸点 136℃（1mmHg），闪点 165℃（开口）。溶解度（25℃）：水中 0.06g/L，丙酮、乙腈、氯仿、醋酸乙酯、甲醇、DMSO 等 >100g/L。
常见制剂类型：水剂。

【毒　　性】低毒。

【税则号列】有效成分：29183000　　制剂：38089311（零售包装），38089319（其他）

**0143010　矮壮素　Chlormequat**

【别　　名】三西，氯化氯代胆碱，稻麦立，西西西，CCC，Cycocel，Cycogan，Chlorocholine，Chloride

【有效成分】2-氯-N，N，N-三甲基乙基氯化铵

【商品类别】季胺盐

【结 构 式】

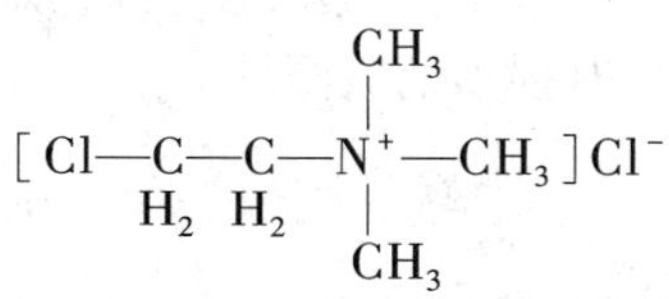

【商品属性】作用机理为抑制植株体的赤霉素生物合成，作用部位是阻抑贝壳杉烯的生成，致使内源赤霉素生物合成受阻。为赤霉素的拮抗剂。其生理功能是控制植株生长，抗倒伏，光合作用增强，提高抗逆性，改善品质，提高产量。还能提高某些作物的抗旱、抗寒、抗盐碱的能力、抗某些病虫害的能力。
纯品为无色吸湿晶体，略有鱼腥味，通常以水溶液的形式存在，熔点 235℃，蒸气压 <0.01mPa（20℃）。溶解度：水 >1kg/kg（20℃），乙醇 320g/kg，二氯甲烷、乙酸乙酯、n-己烷 <0.1g/kg，丙酮 0.2g/kg，氯仿 0.3g/kg（20℃）。易吸湿，水溶液稳定，245℃下分解。
常见制剂类型：水剂。

【毒　　性】通过食道引起中毒：严重头晕、乏力、口唇及四肢麻木、瞳孔缩小、流涎、恶心、呕吐、重者出现抽搐和昏迷。

【税则号列】有效成分：29239000　　制剂：38089311（零售包装），38089319（其他）

**0143011　苯酞胺酸**

【别　　名】宝赢

【有效成分】邻-（-N-苯甲酰基）苯甲酸

【商品类别】植物生长调节剂

【结 构 式】

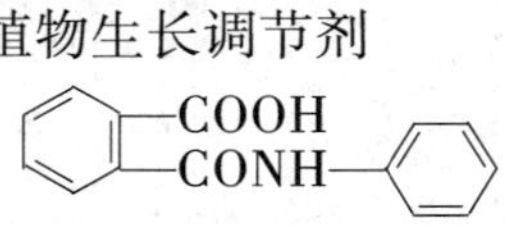

【商品属性】本品为一种具有生物活性的植物生长调节剂，通过叶面喷施，能迅速浸入植物体内，促进营养物质向花的生长点调动，利于授精授粉，具有诱发花蕾成花结果，并能提早成熟期，诱导单穗植物果实膨大，具明显保花保果作用。

原药外观为白色或淡黄色固体粉末，熔点 168 ± 1℃。溶解度（20℃）：水 1.97，丙酮 7.57，无水甲醇 16.80。

常见制剂类型：水剂。

【毒　　性】低毒。

【税则号列】有效成分：29242990　　　　制剂：38089311（零售包装），38089319（其他）

**0143012　　调节安**

【别　　名】吗啉

【有效成分】1,1-二甲基吗啉翁氯化物

【商品类别】植物生长调节剂

【结 构 式】

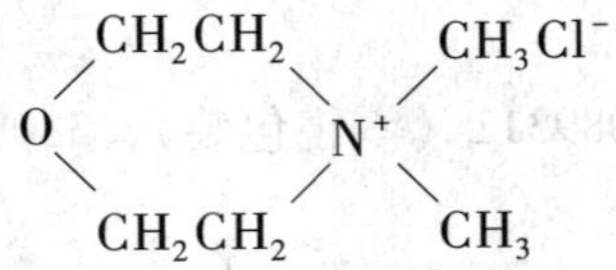

【商品属性】是一种低毒、低残留的植物生长调节剂，其特点是药性稳定、药效缓和，安全幅度大，不易产生药害，施药技术容易掌握。主要应用于旺长的棉田，调控棉花株型，防治旺长，增强光合作用，增加叶绿素含量，加强生殖器官的生长势。

白色针状晶体，熔点 344℃（分解）易溶于水，微溶于乙醇，难溶于丙酮或芳香烃，水溶液呈中性，化学性质稳定。有强烈的吸湿性。

常见制剂类型：可溶性粉剂。

【毒　　性】低毒。

【税则号列】有效成分：29239000　　　　制剂：38089311（零售包装），38089319（其他）

**0143013　　丁酰肼　　Daminozide**

【别　　名】比久，Aminozide，SADH，Alar，Kylar，B9

【有效成分】N-二甲基琥珀酰肼酸

【商品类别】植物生长调节剂

【结 构 式】

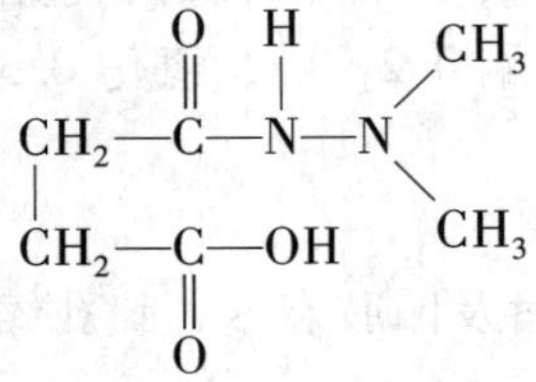

【商品属性】生长抑制剂，可以抑制内源赤霉素的生物合成和内源生长素的合成。主要作用为抑制新枝徒长，缩短节间长度，增加叶片厚度及叶绿素含量，防治落花，促进座果，诱导不定根形成，刺激根系生长，提高抗寒力。

纯品带有微臭的白色粉末，溶点 157 ~ 164℃，蒸气压 22.7mPa（23℃）。25℃时水中溶解度 100g/kg，甲醇 50，丙酮 25（g/kg）。不溶于碳氢化合物。在热酸、碱中水解。

常见制剂类型：可溶性粉剂。

【毒　　性】低毒。

【税则号列】有效成分：29280000　　　　制剂：38089311（零售包装），38089319（其他）

**0143014　多效唑　Paclobutrazol**

【别　　名】氯丁唑，Cultar，Clipper，Parlay，Bonzi，PP333

【有效成分】（2RS，3RS）-1-（4-氯苯基）-4,4-二甲基-2-（1H-1,2,4-三唑-1-基）戊-3-醇

【商品类别】唑类植物生长调节剂

【结 构 式】

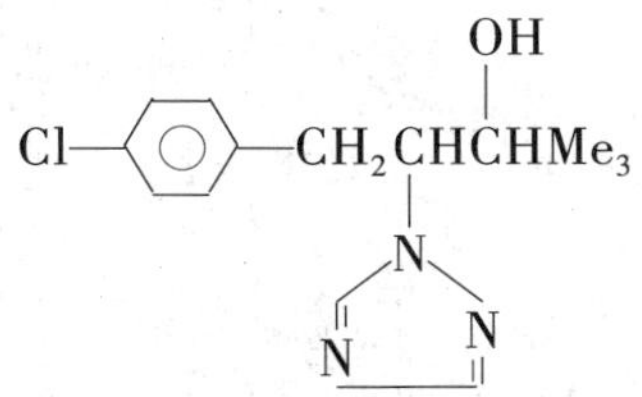

【商品属性】是80年代研制成功的三唑类植物生长调节剂，是内源赤霉素合成的抑制剂。也可提高水稻吲哚乙酸氧化酶的活性，降低稻苗内源IAA的水平。明显减弱稻苗顶端生长优势，促进侧芽（分蘖）滋生。秧苗外观表现矮壮多蘖，叶色浓绿。根系发达。解剖学研究表明，多效唑可使稻苗根、叶鞘、叶的细胞变小，各器官的细胞层数增加。示踪分析表明，水稻种子、叶、根部都能吸收多效唑。叶片吸收的多效唑大部分滞留在吸收部分，很少向外运输。多效唑低浓度增进稻苗叶片的光合效率；高浓度抑制光合效率。提高根系呼吸强度；降低地上部分呼吸强度，提高叶片气孔抗阻，降低叶面蒸腾作用。多效唑的农业应用价值在于它对作物生长的控制效应。本制剂主要靠作物的茎缩短来减少倒伏，增加产量，在通常施肥条件下，可提高易倒伏品种的产量，改变水稻对氮肥的吸收；也可用于防治锈病和白粉病。当需要抑制植物结籽时，可采用抑制结籽的药物互补，效果较好。

白色结晶状固体，熔点165～166℃，蒸气压0.001mPa（20℃），密度1.22g/ml。溶解度：水26mg/L（20℃），丙酮110，环己酮180，二氯甲烷100，己烷10，二甲苯60，甲醇150，丙二醇50（g/L，20℃）。20℃保存2年以上，50℃以上保存6个月，pH4～9不水解，紫外光下不分解。

常见制剂类型：可湿性粉剂。

【毒　　性】对兔皮肤有中等刺激作用，对兔眼睛有轻微至中等刺激作用。

【税则号列】有效成分：29339900　　制剂：38089311（零售包装），38089319（其他）

**0143015　对氯苯氧乙酸钠　Sodium 4-CPA**

【别　　名】氯苯氧乙酸钠，4-CPA

【有效成分】对氯苯氧乙酸钠

【商品类别】植物生长调节剂

【结 构 式】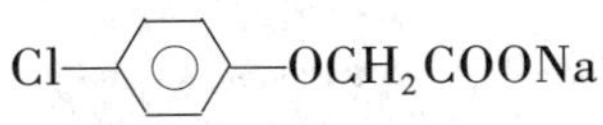

【商品属性】该产品为植物生长调节剂，适用于番茄作物。能起到防治落花，刺激幼果膨大生长，提早果实成熟，改善果实品质及形成无籽或少籽果实的作用。

原药外观为白色结晶粉末，无特殊气味。熔点：282～283℃。溶解度：水（25℃）122g/L，难溶于乙醇、丙醇等常用有机溶剂。性质稳定，长期贮存不易分解，遇强酸作用即生成难溶于水的对氯苯氧乙酸。对光、热尚稳定。制剂外观为透明液体，pH5.8～7.8。土壤中半衰期20d。

常见制剂类型：水剂。

【毒　　性】低毒。

【税则号列】有效成分：29189900　　制剂：38089311（零售包装），38089319（其他）

**0143016　　对硝基苯酚钾　　Potassium para-nitrophenate**

【别　　名】复硝基苯酚钾盐，Potassium ortho-nitrophenopheate

【有效成分】对－硝基苯酚钾

【商品类别】硝基苯植物生长调节剂

【结 构 式】

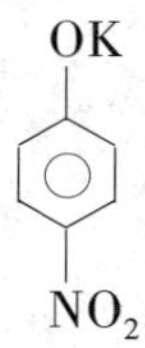

【商品属性】叶面喷施能迅速地渗透于植物体内，促进根系吸收养分。对萌芽、发根生长及保花保果均有明显的功效。

复硝基苯酚钾盐制剂茶褐色液体，易溶于水，比重 1.028～1.032，pH7.5～8 中性。

【毒　　性】低毒。

【税则号列】有效成分：29089990　　　　制剂：38089311（零售包装），38089319（其他）

**0143017　　对硝基苯酚铵　　Ammonium para-nitrophenolate**

【别　　名】多效丰产灵，复硝铵（其中一个有效成分）

【有效成分】对硝基苯酚铵

【商品类别】硝基苯植物生长调节剂

【结 构 式】

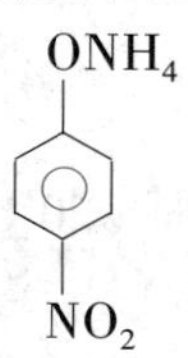

【商品属性】通过根部吸收，促进细胞原生质的流动。叶面处理能迅速被植物吸收进入体内，能加速植物发根、发芽、生长。具有保花、保果、增产作用。

常见制剂类型：水剂。

【毒　　性】低毒。

【税则号列】有效成分：29089990　　　　制剂：38089311（零售包装），38089319（其他）

**0143018　　二苯基脲磺酸钙　　Diphenylurea sulfonic calciun**

【别　　名】

【有效成分】（N，N′-二苯基脲）-4，4′-二磺酸钙

【商品类别】植物生长调节剂

【结 构 式】

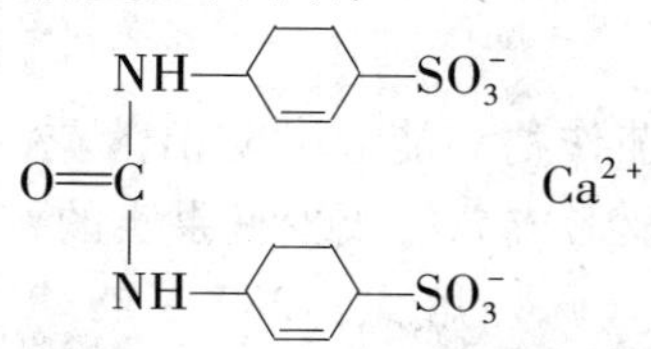

【商品属性】该产品可影响植物细胞内核酸和蛋白质的合成，促进或抑制植物细胞的分裂和伸长。它还可调节控制植物体内多种酶的活性、增加叶绿素含量、促进根叶茎和芽的发育，从而提高农作物的产量。

外观：固体。熔点：300℃（常压）。溶解度：122.47g/L（20℃）。稳定性：对酸碱热稳定，光照分解。密度 1.033g/mL（20℃）。

常见制剂类型：水剂。

【毒　　性】低毒。

【税则号列】有效成分：29242990　　　　制剂：38089311（零售包装），38089319（其他）

**0143019　氟节胺　Flumetralim**

【别　　名】抑芽敏，Prime

【有效成分】N-（2-氯-6-氟苄基）-N-乙基-α，α，α-三氟-2,6-二硝基-对-甲苯胺

【商品类别】硝基苯植物生长调节剂

【结 构 式】

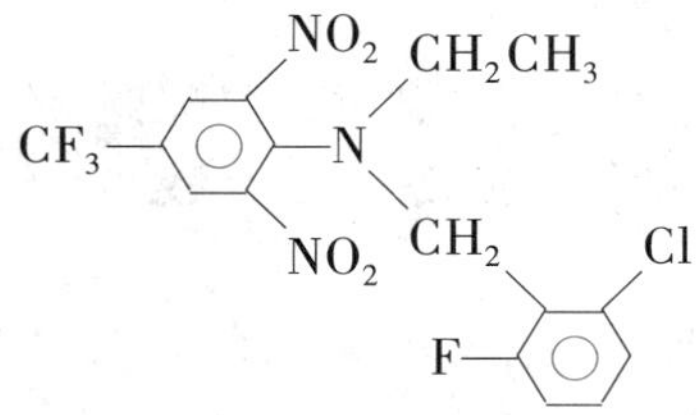

【商品属性】本品为接触兼局部内吸型高效烟草侧芽抑制剂。主要抑制烟草腋芽发生直至收获。作用迅速，吸收快，施药后只要两小时无雨即可奏效，雨季中施药方便。药剂接触完全伸展的烟叶不产生药害。对预防花叶病有一定作用。

黄色至橙色晶体，熔点 101.0 ~ 103.0℃（原药 92.4 ~ 103.8℃），密度 1.54。溶解度：水 0.07mg/L（25℃），丙酮 560，甲苯 400，乙醇 18，辛醇 6.8（g/L，25℃），正己烷 14。分解 >250℃，pH5 ~ 9 时稳定。

常见制剂类型：乳油。

【毒　　性】对眼、口、鼻及皮肤有刺激作用。一般无全身毒性。

【税则号列】有效成分：29214300　　　　制剂：38089311（零售包装），38089319（其他）

**0143020　复硝酚钠　Sodium nitrophenolate**

【别　　名】爱多收，特多收

【有效成分】邻硝基苯酚钠，对硝基苯酚钠，5-硝基邻甲氧基苯酚钠

【商品类别】硝基苯植物生长调节剂

【结 构 式】

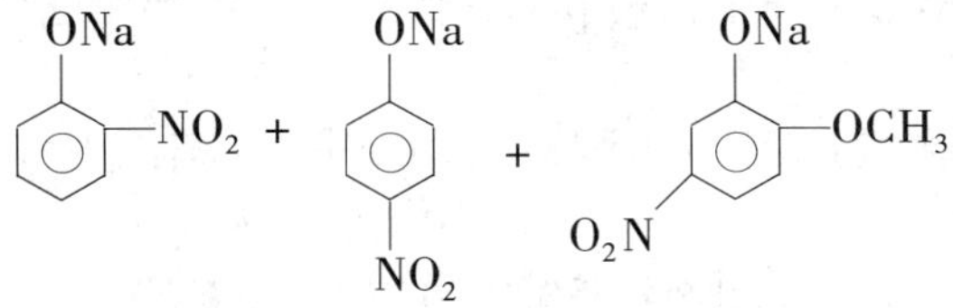

【商品属性】为单硝化愈创木酚钠盐植物细胞赋活剂。能迅速渗透到植物体内，以促进细胞的原生质流动，加快植物发根速度，对植物发根、生长、生殖及结果等发育阶段均有程度不同的促进作用。尤其对于花粉管的伸长的促进，帮助受精结实的作用尤为明显。可用于促进植物生长发育、提早开花、打破休眠、促进发芽、防治落花落果、改良植物产品的品质等方面。该产品可以用叶面喷洒、浸种、苗床灌注及花蕾撒布等方式进行处理。由于其与植物激素不同，在植物播种开始至收获之间的任何时期，皆可使用。

红色针状结晶体，熔点 44 ~ 45℃，游离酸状态下可溶于水，易溶于丙酮、乙醚、乙醇、氯仿等有机溶剂。

常见制剂类型：可湿性粉剂、水剂。

【毒　　性】低毒。

【税则号列】有效成分：　　　　制剂：38089311（零售包装），38089319（其他）
29089990（邻硝基苯酚钠）

29089910（对硝基苯酚钠）
29095000（5-硝基邻甲氧基苯酚钠）

**0143021　核苷酸　Nucleotide**

【别　　名】绿风95
【有效成分】核苷酸
【商品类别】植物生长调节剂
【结 构 式】
【商品属性】是从养殖的蚯蚓、蚯蚓卵及粪便等经过发酵、碱解，混配铜、锌等微量元素络合而成的植物生长调节剂。水解时可使核酸降解为核苷酸，起到调节植物的作用。
内含乌苷酸、腺苷酸、尿苷酸、胞苷酸。原药外观为浅黄色，比重1.25，沸点104℃。易溶于水。
常见制剂类型：水剂。
【毒　　性】低毒。
【税则号列】有效成分：29349990　　　制剂：38089311（零售包装），38089319（其他）

**0143022　吲哚乙酸　Indol-3-yl acetic acid**

【别　　名】3-吲哚乙酸，β-吲哚乙酸，2-（3-吲哚基）乙酸，Hormodin，BA，Seradix
【有效成分】吲哚-3-乙酸
【商品类别】植物生长调节剂
【结 构 式】
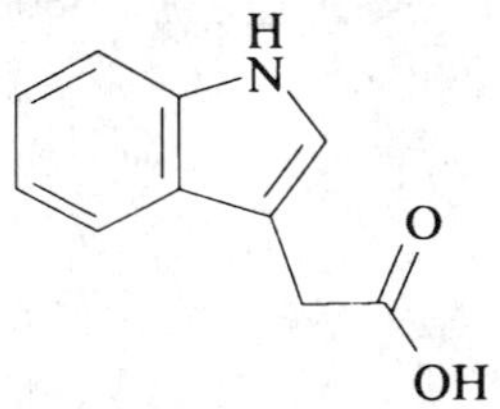
【商品属性】具有生长素活性的广谱性植物生长调节剂，目前主要用于促进草本和木本观赏植物插枝的生根。
纯品为白色结晶。熔点124.5℃，水溶解度250mg/L，蒸气压1.17E-06mmHg。
【毒　　性】
【税则号列】有效成分：29339900　　　制剂：38089311（零售包装），38089319（其他）

**0143023　己酸二乙氨基乙醇酯　Diethyl aminoethyl hexanoate**

【别　　名】得丰，高收
【有效成分】己酸二乙氨基乙醇酯
【商品类别】植物生长调节剂
【结 构 式】$CH_3(CH_2)_4COOCH_2CH_2N(C_2H_5)_2$
【商品属性】对植物生长具有调节、促进作用。能提高植株内叶绿素、蛋白质、核酸的含量；提高光合速率，提高过氧化物酶及硝酸还原酶的活力；提高植株碳、氮的代谢，增强植株对水、肥的吸收，调节植株体内水分的平衡，从而提高植株的抗旱，抗寒性。
纯品为无色液体，工业品为浅黄色至棕色油状液体，沸点87～88℃/113pa，易溶于乙醇、丙酮、氯仿等大多数有机溶剂。微溶于水。
常见制剂类型：可溶性粉剂、水剂。

【毒　　性】低毒。
【税则号列】有效成分：29224910　　　制剂：38089311（零售包装），38089319（其他）

**0143024　　甲哌鎓　　Mepiquat chloride**

【别　　名】助壮素，缩节胺，调节啶，壮棉素，甲呱啶，棉长快，甲哌嗡，Pix，Terpal
【有效成分】1,1-二甲基呱啶氯化物
【商品类别】植物生长调节剂
【结 构 式】

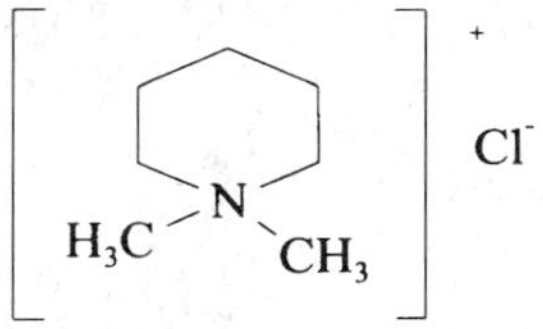

【商品属性】为内吸性植物生长延缓剂能抑制细胞伸长，抑制赤霉素的生物合成。延缓营养体生长，使植株矮小化，株型紧凑，能增加叶绿素含量，提高叶片同化能力。主要用于抑制棉株主茎的生长，它不仅对棉株的高度有抑制作用，减少顶部果枝数，而且对棉株果枝的横向生长也有抑制作用。减少蕾铃脱落，使开花结铃集中，伏前桃与伏桃增加，尤其对棉株徒长的地段，增产效果更为明显。
无色无味吸湿性晶体，熔点 223℃（原药），蒸气压 <0.01mPa（20℃），密度 1.187g/cm$^3$（原药 20℃）。溶解度：水（20℃）>500g/kg，乙醇 162，丙酮 <1.0，氯仿 10.5，苯 <1.0，乙酸乙酯 <1.0，环己烷 <1.0（g/kg，20℃）。水溶液中稳定（pH1～2，pH12～13，95℃时 7 天），285℃分解，光照下稳定。
常见制剂类型：可溶性粉剂、水剂（为粉红色至紫色液体）。
【毒　　性】低毒，对兔眼睛和皮肤无刺激作用。
【税则号列】有效成分：29339900　　　制剂：38089311（零售包装），38089319（其他）

**0143025　　克芽孢杆菌广谱增产菌　　Bacillus Spp.**

【别　　名】增产菌
【有效成分】克芽孢杆菌广谱增产菌
【商品类别】植物生长调节剂
【结 构 式】
【商品属性】一种活菌制剂，用于农作物壮苗、抗病、增产。
常见制剂类型：可溶性粉剂，含 300 亿/克芽孢杆菌，外观近似灰白色粉状（视载体颜色而定）。pH6.7～7.5，耐 80℃高温 20 分钟，常温下贮存 2 年。
【毒　　性】低毒
【税则号列】有效成分：30029090　　　制剂：38089311（零售包装），38089319（其他）

**0143026　　枯草芽孢杆菌　　Brevibacterium**

【别　　名】依天得
【有效成分】枯草芽孢杆菌
【商品类别】植物生长调节剂
【结 构 式】
【商品属性】本品为生物制剂，菌种从土壤或植物茎上分离得到，为短杆菌属，是从自然界中筛选到的枯芽孢杆菌（BS-208）杀真菌剂，BS-208 的芽孢在作物叶片上萌发和繁殖，通过空间和营养上的竞争抑制病原菌生长繁殖，同时 BS-208 在生长发育过程中产生杀菌化合物，使病原菌的菌细胞破裂死亡。专用于包衣处理水稻种子，具有激活作物生长，减轻水稻细菌性条斑病、白叶枯病、恶苗病等病菌危害的作用。

常见制剂类型：悬浮种衣剂。制剂外观：彩色（紫红、普兰、金黄等）。密度1. 15 ~ 1. 18，酸碱度5 ~ 8，悬浮率75%，无可燃性，无爆炸性，冷热稳定性合格，常温贮存能稳定1年。

【毒　　性】低毒。

【税则号列】有效成分：30029090　　　制剂：38089311（零售包装），38089319（其他）

**0143027　2, 4-二硝基苯酚钠　Sodium 2, 4-dinitrophenate**

【别　　名】快丰收（其中一个有效成分）

【有效成分】2, 4-二硝基苯酚钠

【商品类别】植物生长调节剂

【结 构 式】

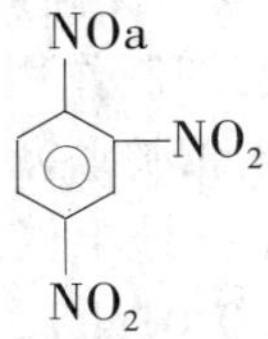


【商品属性】黄色晶体，比重1. 683（24℃），熔点114 ~ 115℃，微溶于水，溶于乙醇、乙醚、苯和氯仿。

常见制剂类型：水剂。

【毒　　性】低毒。

【税则号列】有效成分：29089990　　　制剂：38089311（零售包装），38089319（其他）

**0143028　2, 4 二硝基苯酚钾　Potassium 2, 4-dinitrophenate**

【别　　名】复硝基苯酚钾盐

【有效成分】2, 4 二硝基苯酚钾

【商品类别】植物生长调节剂

【结 构 式】

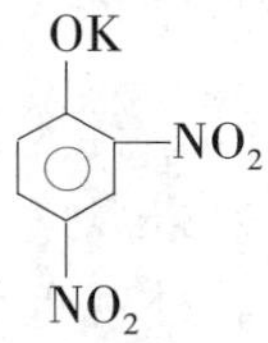


【商品属性】叶面喷施能迅速地渗透于植物体内，促进根系吸收养分。对萌芽、发根生长及保花保果均有明显的功效。

复硝基苯酚钾盐制剂为茶褐色液体，易溶于水，比重1. 028 ~ 1. 032，pH7. 5 ~ 8呈中性。

常见制剂类型：水剂。

【毒　　性】低毒。

【税则号列】有效成分：29089990　　　制剂：38089311（零售包装），38089319（其他）

**0143029　2, 4 二硝基苯酚铵　Ammonium 2, 4-dinitrophenate**

【别　　名】多效丰产灵，复硝铵（其中一个有效成分）

【有效成分】2, 4-硝基苯酚铵

【商品类别】植物生长调节剂

【结 构 式】 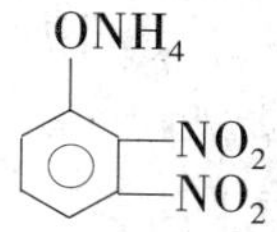

【商品属性】通过根部吸收，促进细胞原生质的流动。叶面处理能迅速被植物吸收进入体内，能加速植物发根、发芽、生长。具有保花、保果、增产作用。
常见制剂类型：水剂。

【毒　　性】低毒。

【税则号列】有效成分：29089990　　制剂：38089311（零售包装），38089319（其他）

**0143030　补骨酯素　Prosuler**

【别　　名】喷可杀（POX）（有效成分之一）

【有效成分】补骨酯素内酯

【商品类别】植物生长调节剂

【结 构 式】 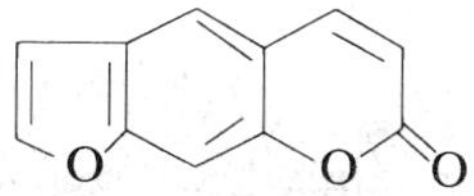

【商品属性】常见制剂类型：混合水剂。与氧化苦参碱的混剂（喷可杀）外观为棕色液体，比重 1.05～1.10。

【毒　　性】低毒。

【税则号列】有效成分：29322090　　制剂：38089311（零售包装），38089319（其他）

**0143031　超敏蛋白　Harpin protein**

【别　　名】康壮素，Messenger

【有效成分】超敏蛋白

【商品类别】植物生长调节剂

【结 构 式】

【商品属性】天然蛋白质，对烟草具有调节生长作用及增强植株的抗病效果。
制剂外观：淡褐色固体细粒；比重或密度：0.452g/mL；pH：22℃下 7.86；细度或粘度：微细颗粒（约 400 目）；乳液稳定性：水中可溶 0.5g/mL。

【毒　　性】低毒。

【税则号列】有效成分：35040090　　制剂：38089311（零售包装），38089319（其他）

**0143032　赤霉酸　Gibberellic acid**

【别　　名】赤霉素，九二零，保美灵/勃宁激素（+GA4-BAP），奇宝，Gibberellins，Pro-Gibb，Plus 2X，Berelex，Activol

【有效成分】2,4a，7-三羟基-1-甲基-8-亚甲基赤霉-3-烯-1,10-二羧-1,4a-内酯

【商品类别】植物生长调节剂

【结 构 式】 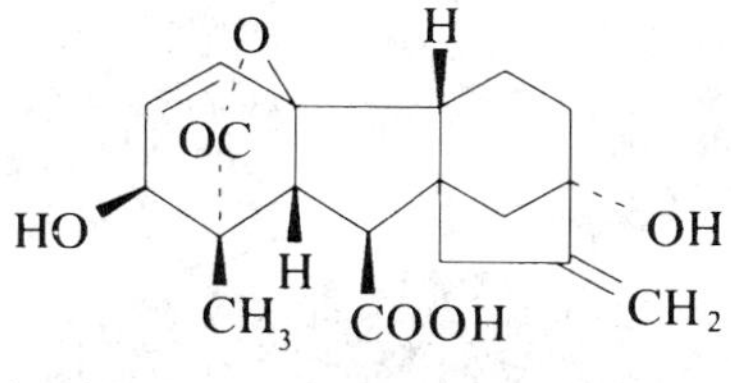

【商品属性】广谱性植物生长调节剂，可促进细胞生长，改变果实形态，提高品质。植物体内普遍存在着内源赤霉素，是促进植物生长发育的重要激素之一，是多效唑、

矮壮素等生长抑制剂的拮抗剂。该药可促进细胞，茎伸长，叶片扩大，单性结实、果实生长，打破种子休眠，改变雌、雄花比率，影响开花时间，减少花、果的脱落。外源赤霉素进到植物体内，具有内源赤霉素同样的生理功能。赤霉素主要经叶片、嫩枝、花、种子或果实进入到植株体内，然后传导到生长活跃的部位起作用。

晶状固体，熔点223~225℃（分解），水溶解度5g/L，溶于甲醇、乙醇、丙酮，微溶于乙醚、乙酸乙酯。不溶于氯仿。迅速溶于水（钾盐为50g/L）。干赤霉素在室温下稳定，在水溶液中或醇溶液中分解，在碱液中失去活性，遇热分解。工业品为白色结晶粉末，密度0.528~0.577克/立方厘米，熔点214~215℃，可溶于甲醇、丙酮等多种有机溶剂，难溶于水、环乙烷、二氯甲烷等。

可从镰刀菌体发酵液提取。也有将菌体发酵液，经灭菌后，稀释后使用。是镰刀菌代谢作用产生的赤霉素A1、A2、A3、A4等的混合物，活性最强的为赤霉酸。

常见制剂类型：混合乳油。

【毒　　性】低毒。

【税则号列】有效成分：29322090　　制剂：38089311（零售包装），38089319（其他）

**0143033　苄氨基嘌呤　6-Benzylaminopurine**

【别　　名】6-苄胺基腺嘌呤，苄腺嘌呤，保美灵，BAP，6-Benzyladenine 6-BA，ABG3034，Adenine，BA，Cytokinin B，NSC-40818，Pro-SHear，Verdan senescence inhibitor

【有效成分】6-苄（基）腺嘌呤

【商品类别】植物生长调节剂

【结 构 式】

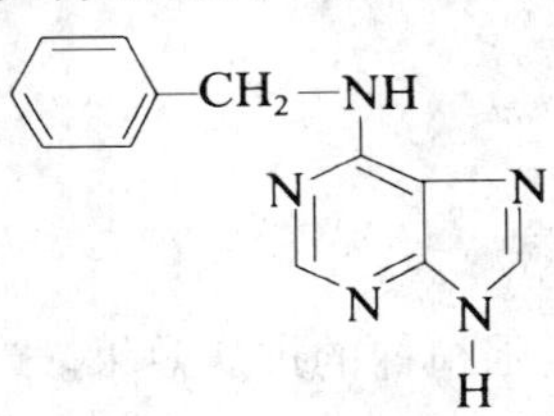

【商品属性】广谱性植物生长调节剂，可促进植物细胞生长。与GA4/A7一起使用，可改善果形。

原药为白色或淡黄色粉末，密度1.4克/方立厘米，熔点230~233℃，沸点237~246℃，可溶于甲醇、丙酮、异丙醇，难溶于水、已烷等。

常见制剂类型：混合乳油。

【毒　　性】低毒。

【税则号列】有效成分：29335990　　制剂：38089311（零售包装），38089319（其他）

**0143034　噻苯隆　Thidiazuron**

【别　　名】脱叶灵，脱叶脲，脱落宝，Dropp

【有效成分】1-苯基-3-（1,2,3-噻二唑-5-基）脲

【商品类别】植物生长调节剂

【结 构 式】

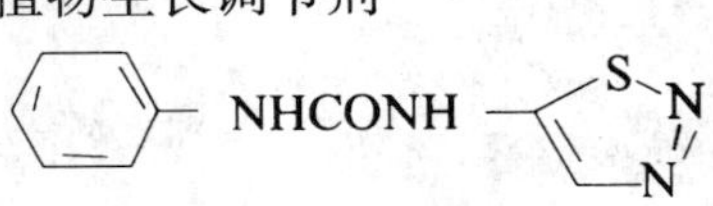

【商品属性】是一种植物生长调节剂，在棉花种植上作落叶剂使用。被棉株叶片吸收后，可及早促使叶柄与茎之间的分离组织自然形成而落叶，有利于机械收棉花并可使

棉花收获提前10天左右，有助于提高棉花品级。

无色无味晶体，熔点210.5~212.5℃（分解）。溶解度：水31mg/L（pH7，25℃），己烷0.002，甲醇4.20，二氯甲烷0.003，甲苯0.400，丙酮6.67，乙酸乙酯1.1（g/L，20℃）。见光时易转化成光学异构体，pH5~9室温下稳定，在加速存贮稳定性研究中（14天54℃）未分解。

常见制剂类型：可溶性液剂。

【毒　　性】对眼睛、皮肤有刺激作用，一般不会引起全身中毒。

【税则号列】有效成分：29349990　　制剂：38089311（零售包装），38089319（其他）

**0143035　氯化胆碱　Choline chloride**

【别　　名】高利达植物光合剂

【有效成分】三甲基（2-羟乙基）铵氯化物

【商品类别】植物生长调节剂

【结 构 式】

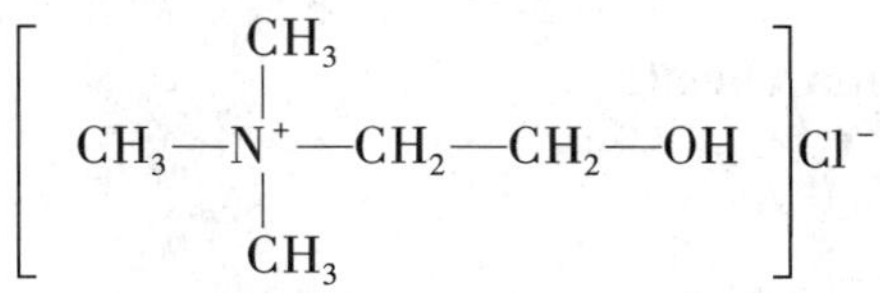

【商品属性】其主要作用原理是活化植物光合作用的关键酶，即光反应的ATP－酶和暗反应的RUBP－羧化酶和G－3－P脱氢酶，促使植物吸收光能和利用光能，更好地固定和同化$CO_2$，提高光合速率，增加植物碳水化合物、蛋白质和叶绿素含量。

70%水溶液外观为浅黄色至棕色液体，比重1.09~1.11，熔点240℃，300℃以上分解。

常见制剂类型：混合可湿性粉剂。

【毒　　性】低毒。

【税则号列】有效成分：29231000　　制剂：38089311（零售包装），38089319（其他）

**0143036　氯苯氧乙酸钾　Potassium 4-CPA**

【别　　名】座果宝

【有效成分】4-氯苯氧乙酸钾

【商品类别】植物生长调节剂

【结 构 式】

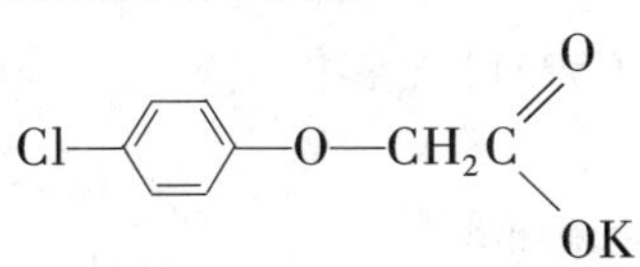

【商品属性】该产品可弥补植物生长素的不足，促进植物体内生物合成，防治落花落果，果实早熟。

【毒　　性】低毒。

【税则号列】有效成分：29189900　　制剂：38089311（零售包装），38089319（其他）

**0143037　氯吡脲　Forchlorfenuron**

【别　　名】吡效隆醇，调吡脲，施特优，吡效隆，Fulmet，KT-30，4PU-30

【有效成分】1-（2-氯-4-吡啶）-3-苯基脲

【商品类别】植物生长调节剂

【结 构 式】 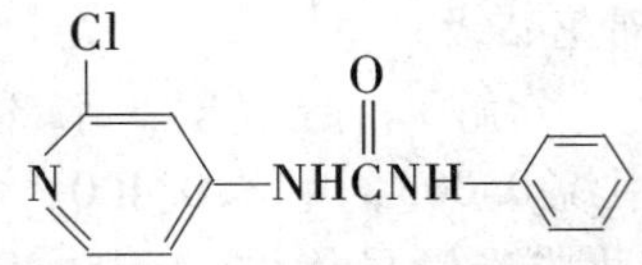

【商品属性】新的植物生长调节剂，具有细胞分裂素活性，能促进细胞分裂、分化、器官形成，蛋白质合成，提高光合作用，增强抗逆性和抗衰老。用于瓜果类植物，具有良好的促进花芽分化、保花、保果和使果实膨大的作用。主要用来增加水果，如甜葡萄、猕猴桃的大小。

白色至灰白色晶状粉末，熔点 165～170℃，蒸气压 $4.6\times10^{-8}$ Pa（25℃饱和）。水溶解度 39mg/L（pH6.4，21℃），对热、光和水稳定。

常见制剂类型：可溶性液剂。

【毒　　性】低毒。

【税则号列】有效成分：29333990　　制剂：38089311（零售包装），38089319（其他）

**0143038　柠檬酸钛　Citricacide-titatnium chelate**

【别　　名】科资 891

【有效成分】柠檬酸钛

【商品类别】植物生长调节剂

【结 构 式】

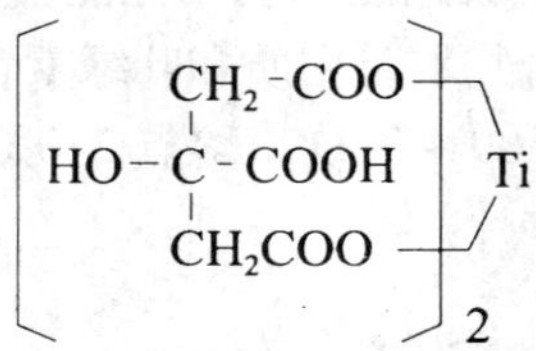

【商品属性】本品为植物生长调节剂，用于黄瓜、油菜等上，植物吸收后，其体内叶绿素含量增加、光合作用加强、使过氧化氢酶、过氧化物酶、硝酸盐还原酶活性提高，可促进植物根系的生长加快，对土壤中的大量元素和微量元素的吸收，促进根系的生长，达到增产的效果。

常见制剂类型：水剂，外观为淡黄色透明均相液体，比重 1.05，pH 为 2～4。可与弱酸性或中性农药相混。

【毒　　性】低毒

【税则号列】有效成分：29181500　　制剂：38089311（零售包装），38089319（其他）

**0143039　邻硝基苯酚钾　Potassium ortho-nitrophenate**

【别　　名】复硝基苯酚钾盐

【有效成分】邻－硝基苯酚钾

【商品类别】植物生长调节剂

【结 构 式】 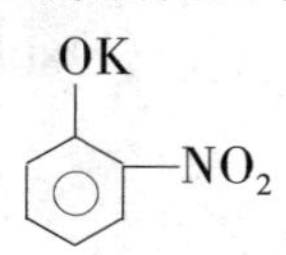

【商品属性】叶面喷施能迅速地渗透于植物体内，促进根系吸收养分。对萌芽、发根生长及保花保果均有明显的功效。

复硝基苯酚钾盐制剂为茶褐色液体，易溶于水，比重 1.028～1.032，pH7.5～8 呈中性。

常见制剂类型：水剂。

【毒　　性】低毒。
【税则号列】有效成分：29089990　　　　制剂：38089311（零售包装），38089319（其他）

**0143040　　邻硝基苯酚铵　　Ammonium-ortho-nitrophenolate**
【别　　名】多效丰产灵，复硝铵（其中一个有效成分）
【有效成分】邻硝基苯酚铵
【商品类别】植物生长调节剂
【结 构 式】
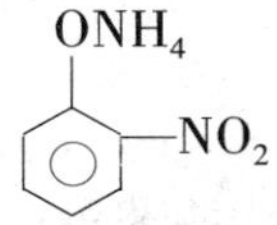

【商品属性】通过根部吸收，促进细胞原生质的流动。叶面处理能迅速被植物吸收进入体内，能加速植物发根、发芽、生长。具有保花、保果、增产作用。
常见制剂类型：水剂。
【毒　　性】低毒。
【税则号列】有效成分：29089990　　　　制剂：38089311（零售包装），38089319（其他）

**0143041　　烯效唑　　Uniconazole**
【别　　名】特效唑，Uniconazole，Sumiseven，Prunit，Sumagic，S-3307D，S-327D，S-07，XE-1019
【有效成分】（E）-1-（4-氯苯基）-2-（1, 2, 4-三唑-1-基）-4, 4-二甲基-1-戊烯-3-醇
【商品类别】植物生长调节剂
【结 构 式】
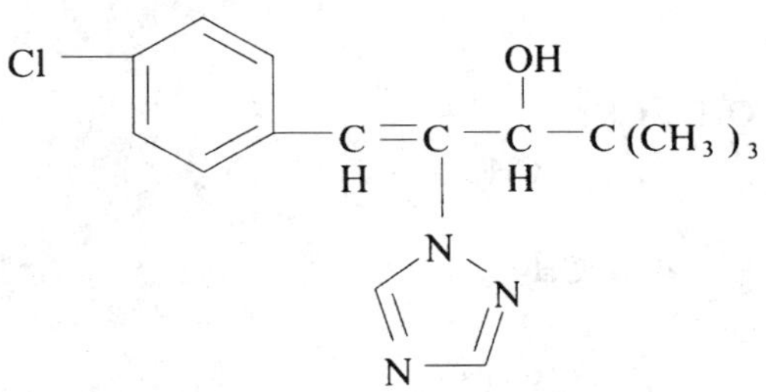

【商品属性】三唑类植物生长调节剂。该药是赤霉酸生物合成的拮抗剂，对草本或木本的单子叶植物均有强烈的生长抑制作用，主要抑制节间细胞的伸长，产生植物生长延缓作用。药剂被植物的根吸收，在植物体内进行传导，茎叶喷雾时，可向上内吸传导，但没有向下传导的作用。同时，烯效唑又是麦角甾醇生物合成抑制剂，它有4种立体异构体。现已证实，E－型异构体活性最高，它们的结构与多效唑类似，只是烯效唑有碳双键，而多效唑没有，这是烯效唑比多效唑残效期短的一个原因，同时烯效唑E－型结构的活性是多效唑的10倍以上。若烯效唑的4种异构体混合在一起，则活性大大降低。用于作物、蔬菜、观赏植物、果树和草坪等，
白色晶状固体，熔点147～164℃，蒸气压8.9mPa（20℃），密度1.28（21.5℃）。溶解度：水8.41mg/L（25℃），甲醇88，己烷0.3，二甲苯7（g/kg，25℃），溶于丙酮、乙酸乙酯、氯仿、二甲基甲酰胺。一般条件下稳定。
常见制剂类型：混合可湿性粉剂、水剂。
【毒　　性】一般只对皮肤、眼睛有刺激症状，经口毒性低，无中毒报道。
【税则号列】有效成分：29339900　　　　制剂：38089311（零售包装），38089319（其他）

**0143042　烯腺嘌呤　Enadenine**

【别　　名】富滋，戊烯腺嘌呤，Boost

【有效成分】6-氨基呋喃嘌呤

【商品类别】激素类

【结 构 式】

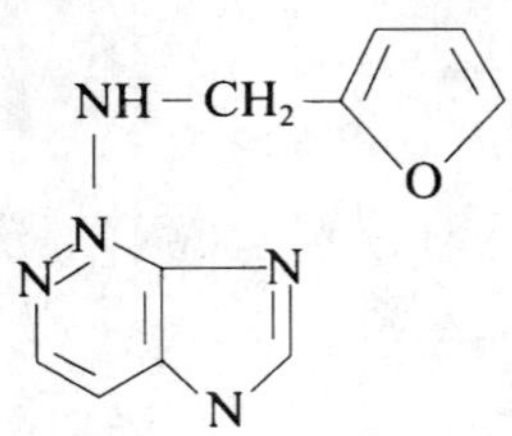

【商品属性】刺激植物细胞分裂，促进叶绿素形成，加速植物新陈代谢和蛋白质的合成，从而达到有机体迅速增长，促使作物早熟丰产，提高植物抗病抗衰抗寒能力。可用于调节水稻、玉米、大豆的生长。

暗棕色到黑色液体从天然海藻提取的浓缩溶液，含玉米素，氨基酸，蛋白质，糖类，无机物等，密度1.07（20℃），能溶于水。

常见制剂类型：混合可湿性粉剂、水剂。

【毒　　性】低毒。

【税则号列】有效成分：29335990　　制剂：38089311（零售包装），38089319（其他）

**0143043　油菜素甾醇内酯　Brassinolide**

【别　　名】喷长精，Brassinos teroide，BR-120，BS

【有效成分】油菜素甾醇类物

【商品类别】植物生长调节剂

【结 构 式】

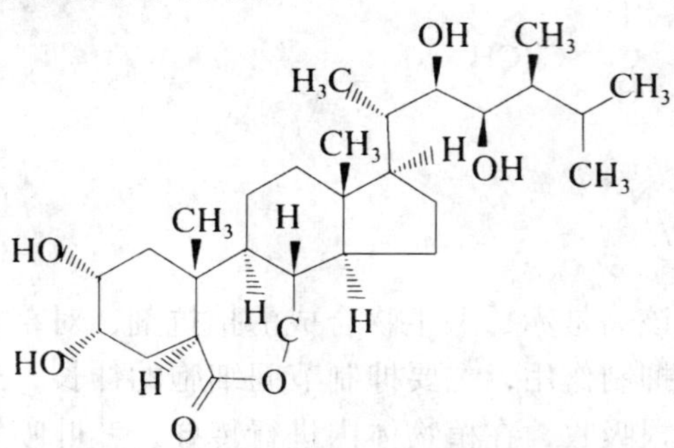

【商品属性】是继生长素、赤霉素、细胞分裂素、脱落酸、乙烯利之后的第六植物激素。也是一类生物活性极强的新型甾体植物生长调节物。是一种新型、广谱、高效的植物生长调节剂。对农作物无毒无污染，能与水混溶，具有促长、增产、早熟、改进品质，提高营养成分，以及耐寒、防冻、抗病、减轻农药危害等多方面的作用。

制剂外观为浅蓝色白色粉末，比重1.75～1.85，原药熔点274～275℃。

常见制剂类型：混合水剂。

【毒　　性】低毒。

【税则号列】有效成分：29322090　　制剂：38089311（零售包装），38089319（其他）

**0143044　玉米素　Oxyenadenine**

【别　　名】羟烯腺嘌呤，Zeatin

【有效成分】4-羟基-异戊烯基腺嘌呤

【商品类别】激素类

【结 构 式】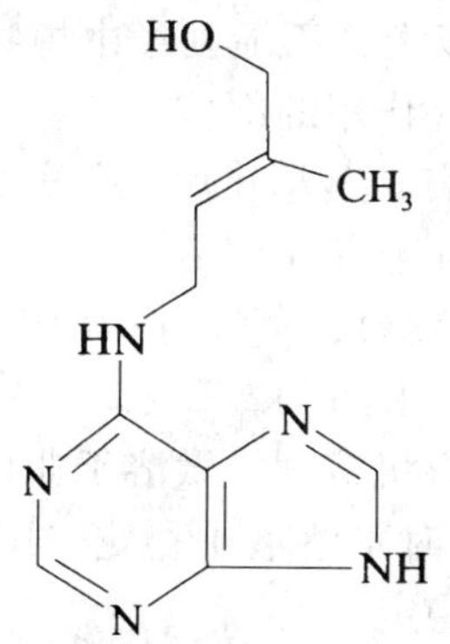

【商品属性】刺激植物细胞分裂，促进叶绿素形成，加速植物新陈代谢和蛋白质的合成，从而达到有机体迅速增长，促使作物早熟丰产，提高植物抗病抗衰抗寒能力。可用于调节水稻、玉米、大豆的生长。

熔点：209.5℃～213℃；溶解度：溶于甲醇、乙醇，不溶于水和丙酮；稳定性：在0℃～100℃时热稳定性良好。

常见制剂类型：混合可湿性粉剂、水剂。

【毒　　性】低毒。

【税则号列】有效成分：29335990　　　制剂：38089311（零售包装），38089319（其他）

**0143045　　三丁氯苄鏻　　Chlorphonium**

【别　　名】矮形磷，Phosphon，CBBP，Fosfon D

【有效成分】三丁基-2，4-二氯卞基氯化鏻

【商品类别】植物生长调节剂

【结 构 式】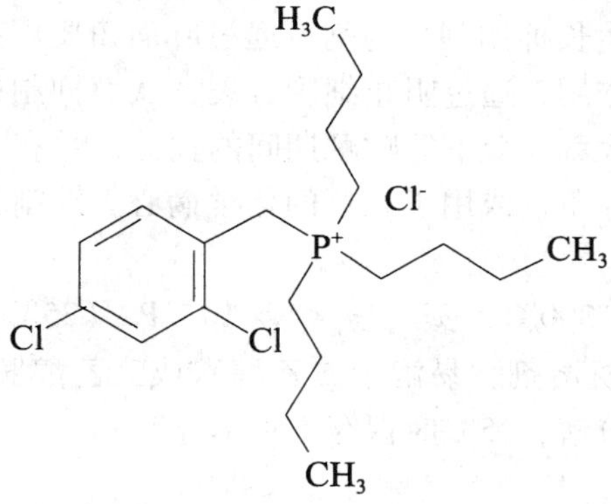

【商品属性】熔点117℃，水溶解度9.60E+05mg/L，蒸气压7.00E-07mmHg。

【毒　　性】

【税则号列】有效成分：29319000　　　制剂：38089311（零售包装），38089319（其他）

**0143046　　乙烯利　　Ethephon**

【别　　名】一试灵，乙烯磷，α-氯乙烯膦酸，Ethrel，Cepha，Cerone，Florel，Cerone，CEPA，CEPHA

【有效成分】2-氯乙基磷酸

【商品类别】有机磷植物生长调节剂

【结 构 式】

$$ClCH_2CH_2—\underset{\underset{O}{\|}}{P}(OH)_2$$

【商品属性】是促进成熟的植物生长调节剂。在酸介质中十分稳定，而在pH4以上，则分解

释放出乙烯。一般植物细胞液的 pH 皆在 4 以上，乙烯利经由植物的叶片、树皮、果实或种子进入植物体内，然后传导到起作用的部位，便释放出乙烯，能起内源激素乙烯所起的生理功能，如促进果实成熟及叶片、果实的脱落，矮化植株，改变雌雄花的比率，诱导某些作物雄性不育等。

晶状固体，熔点 74～75℃，沸点约265℃（分解），蒸气压 <0.01mPa（20℃），密度 1.409±0.02（20℃，原药）。溶解度：水约 1kg/L（23℃），溶于乙醇，甲醇，异丙醇，丙酮，乙酸乙酯和其他极性有机溶剂，微溶于非极性有机溶剂如苯、甲苯，不溶于煤油、柴油。pH <3.5 时水溶液中稳定，随 pH 值升高。水解释放出乙烯，对紫外光敏感，75℃以下稳定。

常见制剂类型：混合可湿性粉剂、水剂。

【毒　　性】对皮肤、黏膜、眼睛有强烈的刺激作用，无全身中毒报道。

【税则号列】有效成分：29319000　　　　制剂：38089311（零售包装），38089319（其他）

**0143047　　抑芽丹　　Maleic hydrazide**

【别　　名】青鲜素，马来酰肼，顺丁烯二酸酰肼，1,2-二氢-3,6-哒嗪二酮，失水苹果酰肼，MH，Burtolin，MH-30，Malazide，Regulox

【有效成分】6-羟基-3-（2H）-哒嗪酮

【商品类别】杂环化合物

【结 构 式】

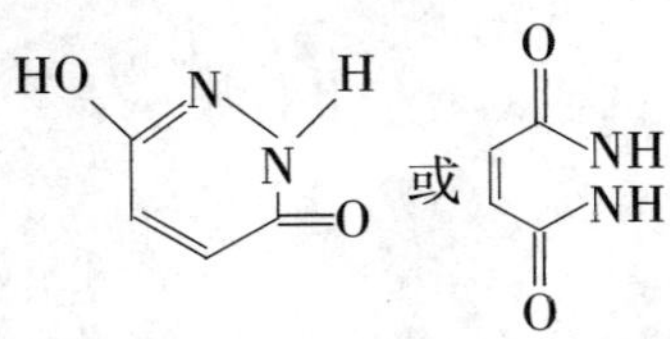

【商品属性】选择性除草剂和暂时性植物生长抑制剂。药剂可通过叶面角质层进入植株，降低光合作用、渗透压和蒸发作用，通过阻止细胞分裂，从而抑制植物生长。用于防治马铃薯块茎、洋葱、大蒜、萝卜等贮藏期间的抽芽，并有抑制作物生长延长开花的作用。也可用做除草剂或用于烟草的化学摘心。抑制程度依剂量和作物生长阶段而不同。

原药为白色固体，熔点 298～300℃，蒸气压 $<1\times10^{-5}$ Pa（25℃），密度 1.61（25℃）。难溶于水，溶于有机溶剂，易溶于二乙醇胺或三乙醇胺。见光分解，不易水解，遇氧化剂和强酸分解，25℃时保存 1 年不分解。

常见制剂类型：水剂。

【毒　　性】低毒。

【税则号列】有效成分：29339900　　　　制剂：38089311（零售包装），38089319（其他）

**0143048　　S-诱抗素　　（+）-Abscisic acid**

【别　　名】壮芽灵，天然脱落酸，（+）-cis，Trans-Abscisic Acid

【有效成分】5-（1′-羟基-2′，6′，6′-三甲基-4′-氧代-2′-环已烯-1′-基）-3-甲基 2-顺-4-反-戊二烯酸

【商品类别】植物生长调节剂

【结 构 式】

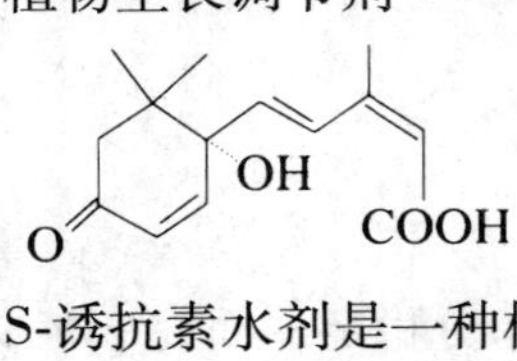

【商品属性】S-诱抗素水剂是一种植物生长调节剂，对植物生长发育具有调节作用，对水稻

增产有促进效应，浸种对水稻秧田苗有促进效应。

原药外观为白色或微黄色结晶体。熔点 160℃ ~163℃。水中溶解度：1 ~3g/L（20℃），缓慢溶解。稳定性：天然脱落酸的稳定性较好，常温下放置 2 年，有效成分含量基本不变。对光敏感，属强光分解化合物。

常见制剂类型：水剂。外观为无色溶液，密度 $1.0\times10^3$ kg/m$^3$，pH4.5 ~6.5。

【毒　　性】低毒。

【税则号列】有效成分：29189900　　　　制剂：38089311（零售包装），38089319（其他）

**0143049　　吡啶醇　　Pyripropanol**

【别　　名】丰啶醇

【有效成分】3-（2′-吡啶基）-丙醇

【商品类别】吡啶植物生长调节剂

【结 构 式】

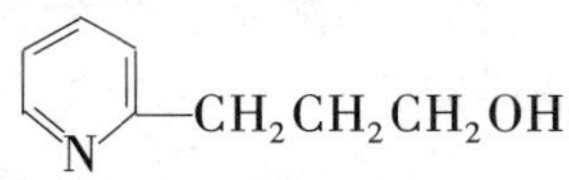

【商品属性】本剂为新型的植物生长调节剂，对大豆等作物有良好的增产作用。大豆受药后营养生长受到抑制，从而促进生殖生长和产量的提高。

纯品为无色透明油状液体，特有嗅味。沸点 260℃/$1.00\times10^5$Pa。比重 1.070，蒸气压 66.66Pa/90 ~95℃。微溶于水（3.0g/L，16℃），易溶于乙醚、丙醇、乙醇、氯仿、苯、甲苯等有机溶剂，不溶于石油醚。

原药为浅黄色至棕色油状液体。

常见制剂类型：乳油。

【毒　　性】中等毒。

【税则号列】有效成分：29333990　　　　制剂：38089311（零售包装），38089319（其他）

**0143050　　吲熟酯　　Ethychlozate**

【别　　名】

【有效成分】5-氯-1H-3-吲唑乙酸乙酯

【商品类别】激素类

【结 构 式】

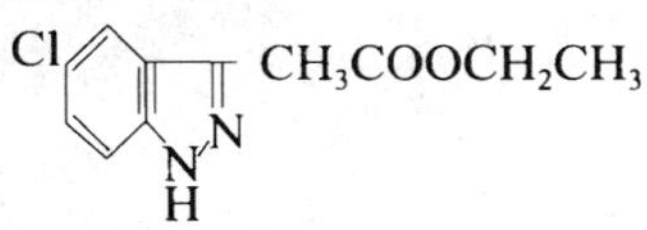

【商品属性】为激素型植物生长调节剂。在植物体内释放出乙烯，生成离层而使幼果脱落。作喷雾处理后，几天内药剂就能从叶面迅速转移到根部，从而增进了根系的生理活性。还能提高植物的矿物质和水的代谢功能，提高果实质量。

外观为白色晶体，比重 1.215，熔点 75.7℃ ~77.6℃，空气中约 250℃分解。溶解度（g/100mL24℃）：水 0.0225、乙醇 51.2、丙酮 67.3。稳定性：一般条件下贮藏较稳定，遇碱易分解。

常见制剂类型：乳油。

【毒　　性】低毒。

【税则号列】有效成分：29339900　　　　制剂：38089311（零售包装），38089319（其他）

**0143051　　吲哚丁酸　　4-Indol-3-ylbutyric acid**

【别　　名】Indole Butyric，Chryzopon，IBA，Hormex rooting-powder，Hormodin，Jiffy Grow，Rhizopon AA，Seradix

【有效成分】4-吲哚-3-丁酸

【商品类别】杂环化合物

【结 构 式】

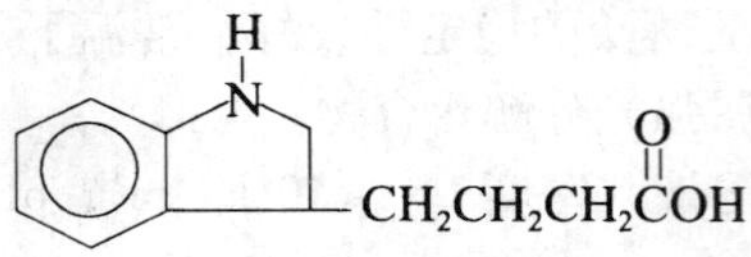

【商品属性】是内源生长素，能促进细胞分裂与细胞生长，诱导形成不定根，增加座果，防治落果，改变雌、雄花比率等。常用于木本和草本植物的浸根移栽，硬枝杆插，能加速根的生长，提高植物生根的百分率，也可用于植物种子的浸种和拌种，可提高发芽率和成活率。可经由叶片、树枝的嫩表皮、种子进入到植物体内，随营养流输导到起作用的部位。

纯品为白色至淡黄色结晶，熔点 123～125℃，蒸气压 <0.01mPa（25℃）。溶解度：水中（20℃）50mg/L，苯 >1000，丙酮、乙醇、乙醚为 30～100，氯仿 0.01～0.1（均为 g/L），在中性、酸性介质中稳定。

常见制剂类型：混合可溶性粉剂。

【毒　　性】中等毒。

【税则号列】有效成分：29339900　　　制剂：38089311（零售包装），38089319（其他）

**0143052　芸苔素内酯　Brassinolide**

【别　　名】益丰素，天丰素，24-表-芸苔素内酯，油菜素内酯，农梨利，Brassins，BR，Kayaminori，Brassinosteroid，R-epibrassinolide

【有效成分】（22R，23R，24R，）-2α，3α22, 23-四羟基-β-均相-7-氧杂-5α-麦角甾烷-6-酮

【商品类别】激素类

【结 构 式】

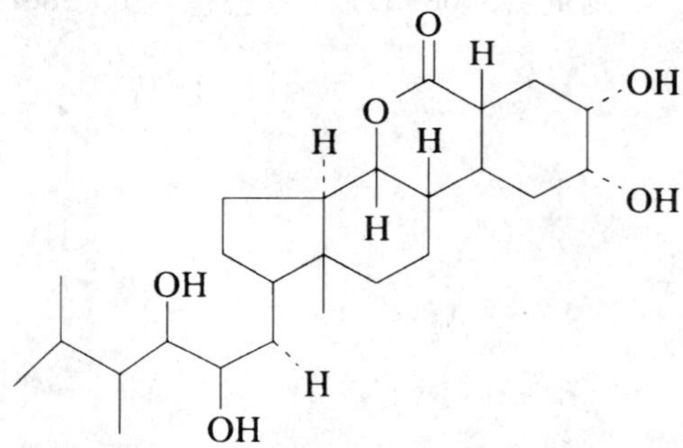

【商品属性】本品具有植物生长调节作用的第一个甾醇类化合物，具有使植物细胞分裂和延长的双重作用，促进根系发达，增强光合作用，提高作物叶绿素含量，促进作物对肥料的有效吸收，辅助作物劣势部分良好生长。

外观为白色结晶体，熔点 185～190℃，水中溶解度为 5mg/kg，溶于乙醇和氯仿、丙酮等多种有机溶剂。

常见制剂类型：乳油。

【毒　　性】低毒，无致突变作用。

【税则号列】有效成分：29329990　　　制剂：38089311（零售包装），38089319（其他）

**0143053　萘乙酸　1-Naphthyl acetic acid（NAA）**

【别　　名】α-萘乙酸，1-萘乙酸，α-萘醋酸，NAA，Fruitone-N，Celmone，Alphaspra，Rootone，Fruitofix，Parmone，Phyomone

【有效成分】α-萘乙酸

【商品类别】激素类

【结 构 式】

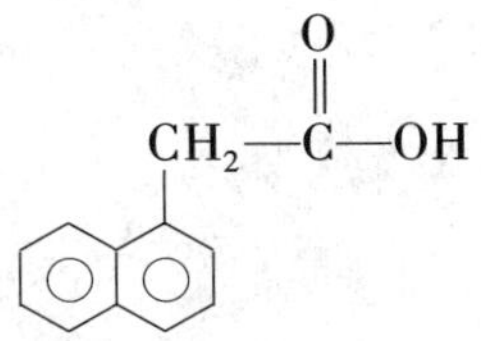

【商品属性】生长素类物质，也是一种广谱型植物生长调节剂。它有着内源生长素吲哚乙酸的作用特点和生理功能，促进作物的新陈代谢和光合作用，如促进细胞分裂与扩大，诱导形成不定根，增加座果，防治落果，改变雌、雄花比率等。萘乙酸可经由叶片、树枝的嫩表皮、种子进入到植株体内，随营养流输导到起作用的部位。

纯品为白色无味晶体，熔点130℃，易溶于丙酮、乙醚、苯、乙醇和氯仿等有机溶剂，20℃水中溶解度42mg/L，溶于热水，遇碱能成盐。

常见制剂类型：混合可湿性粉剂。

【毒　　性】低毒，通过食道引起中毒，可见肝、肾损害。对皮肤和黏膜略有刺激。

【税则号列】有效成分：29163990　　制剂：38089311（零售包装），38089319（其他）

**0143054　1-甲基环丙烯　1-Methylcyclopropene**

【别　　名】聪明鲜，1-MCP

【有效成分】

【商品类别】植物生长调节剂

【结 构 式】

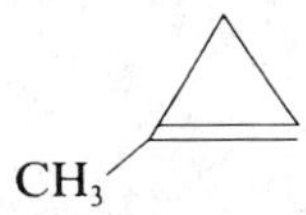

【商品属性】用于蔬菜水果保鲜的植物生长调节剂。作用机理为作用植物的乙烯信号传导途径，阻断乙烯与受体的结合，从而延迟果实成熟，使水果保鲜。

1-甲基环丙烯纯品为无色气体，沸点4.68℃。溶解度（mg/L，20～25℃）：水137，二甲苯>2250，丙酮>2400。由于1-甲基环丙烯非常活跃，易反应，不稳定，在制造过程中不能以纯品或高浓度原药的形式进行分离和处理。

常见制剂类型：微胶囊剂，在生产过程中，1-甲基环丙烯一经产生，便即可为环糊精分子吸附，形成十分稳定的吸附体。

【毒　　性】低毒。

【税则号列】有效成分：29029090　　制剂：38089311（零售包装），38089319（其他）

**0143055　噻节因　Dimethipin**

【别　　名】

【有效成分】2，3-二氢-5，6-二甲基-1，4-二噻因-1，1，4，4-四氧化物

【商品类别】植物生长调节剂

【结 构 式】

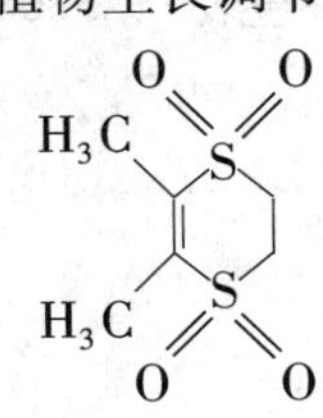

【商品属性】脱叶剂。

【毒　　性】

【税则号列】有效成分：29349990　　制剂：38089311（零售包装），38089319（其他）

**0143056　　增产胺　　DCPTA**

【别　　名】Oxidimethiin，Harvade，N252，Tetrathiin，UBI-N252

【有效成分】2-（3，4-二氯苯氧基）三乙胺

【商品类别】植物生长调节剂

【结 构 式】

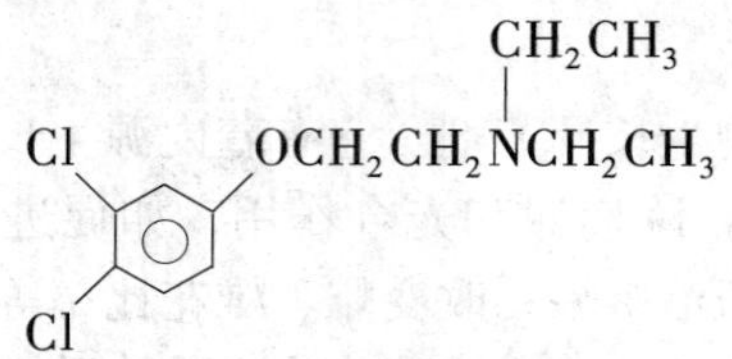

【商品属性】熔点 165℃，蒸气压 3.83E-07mmHg，溶解度 4600mg/L。

【毒　　性】

【税则号列】有效成分：29221990　　　　制剂：38089311（零售包装），38089319（其他）

**0143057　　抗倒酯　　Trinexapac-ethyl**

【别　　名】Cimectacarb，Moddus，Primo

【有效成分】4-（环丙基羟基亚甲基）-3, 5-二氧环己烷甲酸甲酯

【商品类别】植物生长调节剂

【结 构 式】

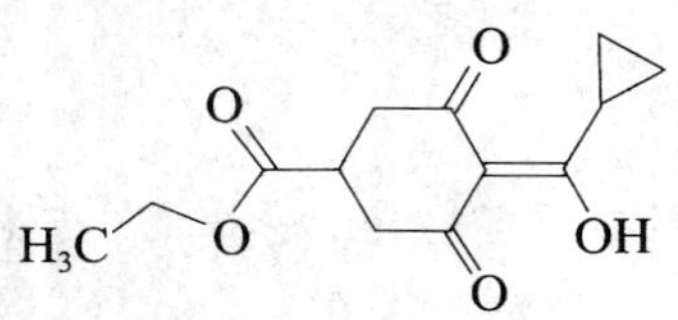

【商品属性】熔点 36℃，蒸气压 1.62E-05mmHg，溶解度 2.8mg/L。

【毒　　性】

【税则号列】有效成分：29183000　　　　制剂：38089311（零售包装），38089319（其他）

**0143058　　三碘苯甲酸　　2, 3, 5-Triiodobenzoic acide**

【别　　名】2, 3, 5-TIBA，Floraltone，Johnkolor

【有效成分】2，3，5-三碘苯甲酸

【商品类别】植物生长调节剂

【结 构 式】

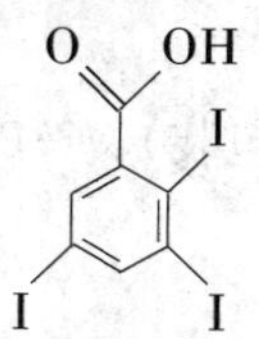

【商品属性】蒸气压 1.34E-07mmHg，溶解度 0.036mg/L。

【毒　　性】

【税则号列】有效成分：29163990　　　　制剂：38089311（零售包装），38089319（其他）

**0143059　　座果酸　　Cloxyfonac**

【别　　名】番茄美素

【有效成分】4-氯-2-（羟基甲基）苯氧基］乙酸

【商品类别】植物生长调节剂

【结 构 式】

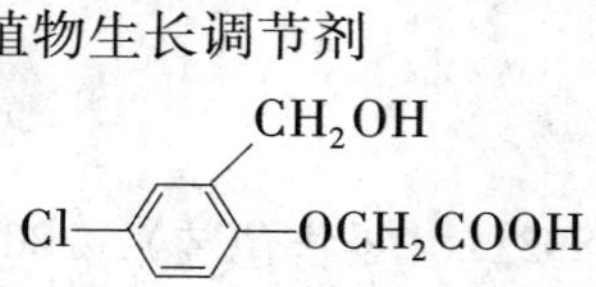

【商品属性】
【毒　　性】
【税则号列】有效成分：29189900　　　　制剂：38089311（零售包装），38089319（其他）

**0143060　增甘膦钠　Glyphosine sodium**
【别　　名】Glyphosate-sesquisodium
【有效成分】N-（膦酸基甲基）甘氨酸钠盐
【商品类别】植物生长调节剂
【结 构 式】

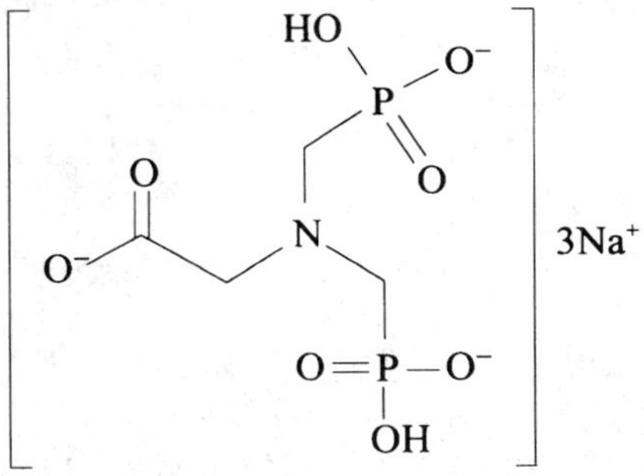

【商品属性】
【毒　　性】
【税则号列】有效成分：29319000　　　　制剂：38089311（零售包装），38089319（其他）

**0143061　甲哌鎓　Mepiquat chloride**
【别　　名】BAS 08301W，CDP，PIX
【有效成分】1，1-二甲基哌啶氯化铵
【商品类别】植物生长调节剂
【结 构 式】

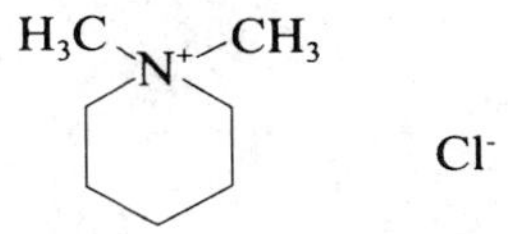

【商品属性】熔点223℃，蒸气压5.00E+05mmHg。
【毒　　性】
【税则号列】有效成分：29333990　　　　制剂：38089311（零售包装），38089319（其他）

**0143062　脱叶磷　S，S，S-tributyl phosphorotrithioate**
【别　　名】Butifos，Butiphos，Chemagro B-1776，DEF，De-green，E-Z-Off-D，Fossfall，HS-DB668，TBTP，Tribufos
【有效成分】S，S，S-三丁基三硫代磷酸酯
【商品类别】植物生长调节剂
【结 构 式】

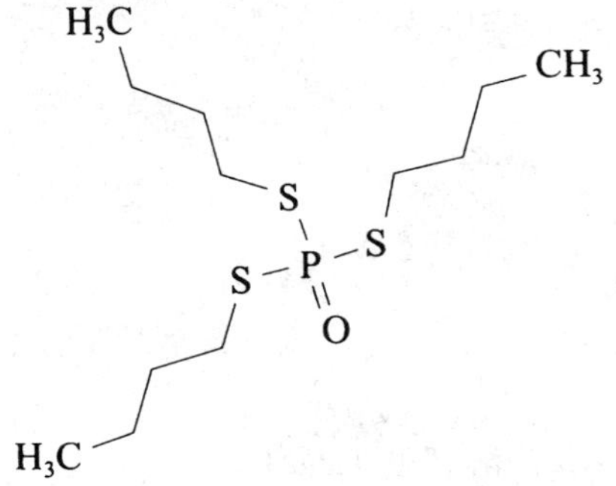

【商品属性】熔点 -25℃，蒸气压 1. 38E-05mmHg，溶解度 2. 3mg/L。
【毒　　性】
【税则号列】有效成分：29309090　　　　制剂：38089311（零售包装），38089319（其他）

**0143063　　哌壮素　　Piproctanly-bromide**
【别　　名】ACR 1158D，Alden，Ro 6-0761，Stemtrol
【有效成分】1-烯丙基-1-（3，7-二甲基辛基）哌啶溴化物
【商品类别】植物生长调节剂
【结 构 式】

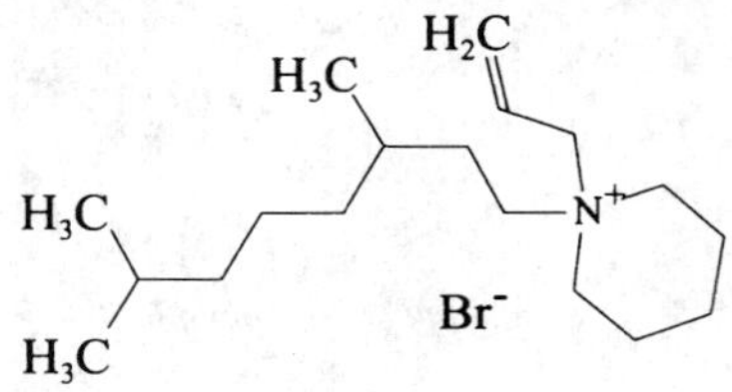

【商品属性】
【毒　　性】
【税则号列】有效成分：29339900　　　　制剂：38089311（零售包装），38089319（其他）

**0143064　　抑芽唑　　Triapenthenol**
【别　　名】
【有效成分】1-环己基-4，4-二甲基-2-（1H-1，2，4-三唑-1-基）戊-1-烯-3-醇
【商品类别】植物生长调节剂
【结 构 式】

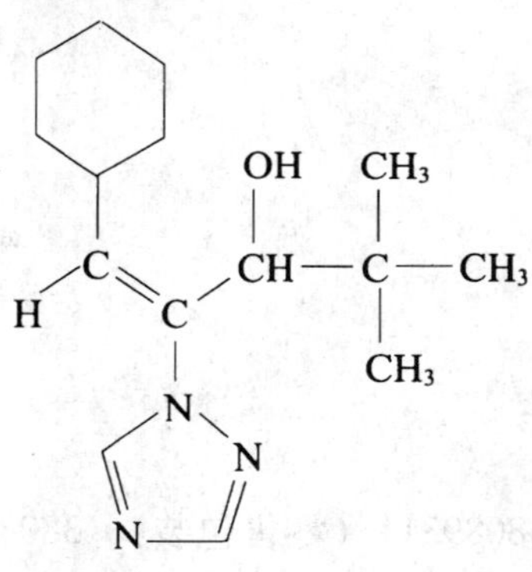

【商品属性】
【毒　　性】
【税则号列】有效成分：29339900　　　　制剂：38089311（零售包装），38089319（其他）

**0143065　　抗倒胺　　Inabenfide**
【别　　名】BRN5351697，CGR-811，Seritard
【有效成分】N-（4-氯-2-（羟基苯基甲基））-4-吡啶甲酰胺
【商品类别】植物生长调节剂
【结 构 式】

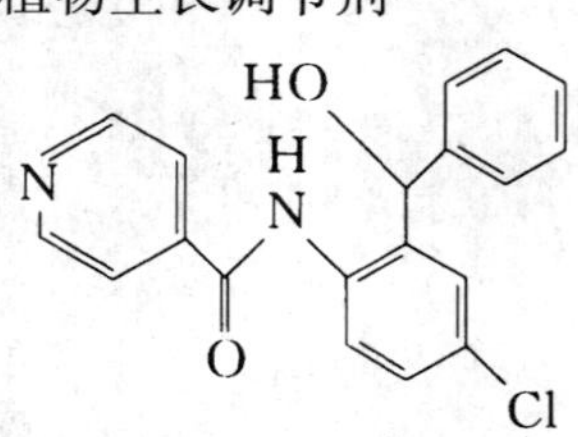

【商品属性】熔点 211℃，蒸气压 4. 73E-07mmHg，溶解度 1mg/L。

【毒　　性】
【税则号列】有效成分：29333990　　　　制剂：38089311（零售包装），38089319（其他）

**0143066　　四环唑　　Tetcyclacis**
【别　　名】BAS106，Ken BYO，LAB102883
【有效成分】5-（4-氯苯基）-3，4，5，9，10-五氮杂四环［5, 4, 1, N2, 6, N8, 11］十二-3，9-二烯
【商品类别】植物生长调节剂
【结 构 式】

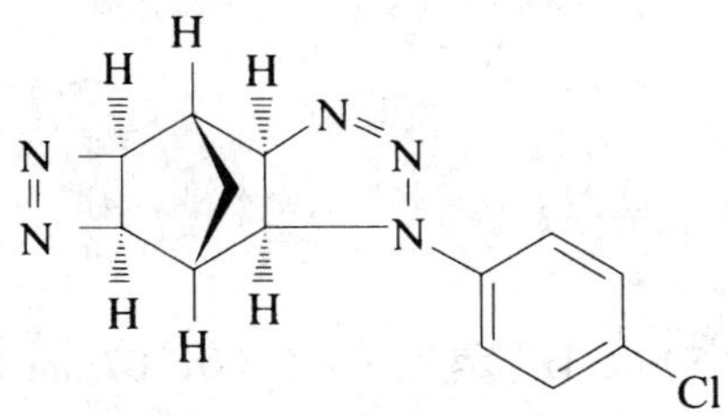

【商品属性】
【毒　　性】
【税则号列】有效成分：29339900　　　　制剂：38089311（零售包装），38089319（其他）

**0143067　　增产肟　　Heptopargil**
【别　　名】Egyt 2250，Limbolid
【有效成分】莰-2-酮-O-丙-2-炔基肟
【商品类别】植物生长调节剂
【结 构 式】

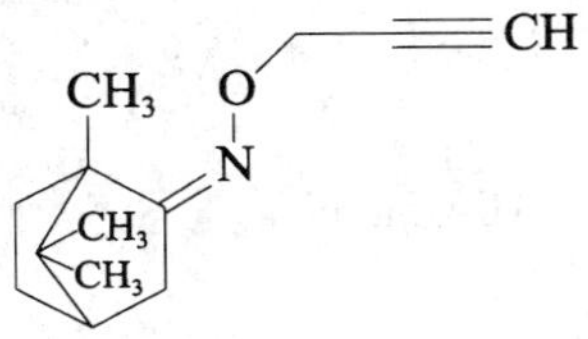

【商品属性】溶解度：1000mg/L。
【毒　　性】
【税则号列】有效成分：29280000　　　　制剂：38089311（零售包装），38089319（其他）

**0143068　　乙烯硅　　Etacelasil**
【别　　名】Alsol，CGA-13586
【有效成分】2-氯乙基-三（2-甲氧基乙氧基）硅烷
【商品类别】植物生长调节剂
【结 构 式】

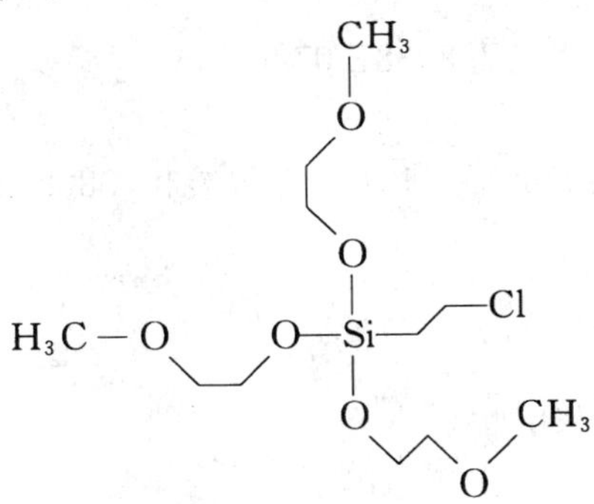

【商品属性】溶解度：2.50E+04mg/L。
【毒　　性】
【税则号列】有效成分：29319000　　　　制剂：38089311（零售包装），38089319（其他）

**0143069　　环丙嘧啶醇　　Ancymidol**
【别　　名】A-rest，QUEL，Reducymol
【有效成分】a-环丙基-a-（嘧啶-5-基）-4-甲氧基苯甲醇
【商品类别】植物生长调节剂
【结 构 式】

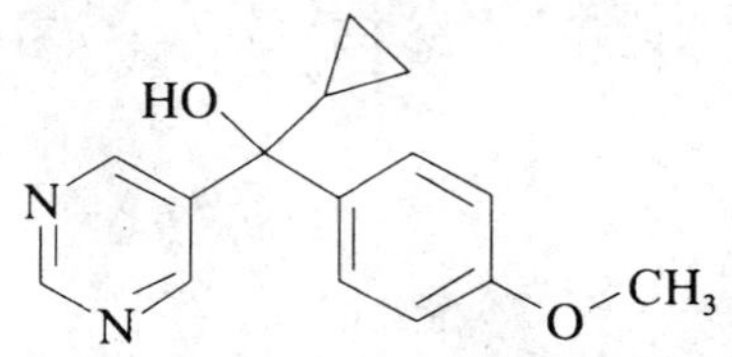

【商品属性】熔点：110～111℃，水溶解度：650mg/L，蒸气压：2.00E-07mmHg。
【毒　　性】
【税则号列】有效成分：29335990　　　　制剂：38089311（零售包装），38089319（其他）

**0143070　　呋嘧醇　　Flurprimidol**
【别　　名】Cutless，EL-500
【有效成分】1-嘧啶-5-基-1-（4-三氟甲氧基苯基）异丙醇
【商品类别】植物生长调节剂
【结 构 式】

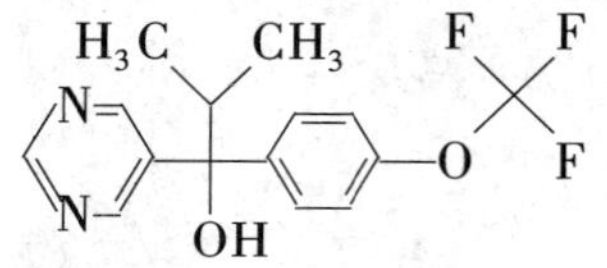

【商品属性】熔点95℃，水溶解度114mg/L，蒸气压3.64E-07mmHg。
【毒　　性】
【税则号列】有效成分：29335990　　　　制剂：38089311（零售包装），38089319（其他）

**0143071　　腺嘌呤　　Adenine**
【别　　名】ADE，Leuco-4，Vitamin B4
【有效成分】6-氨基嘌呤
【商品类别】植物生长调节剂
【结 构 式】

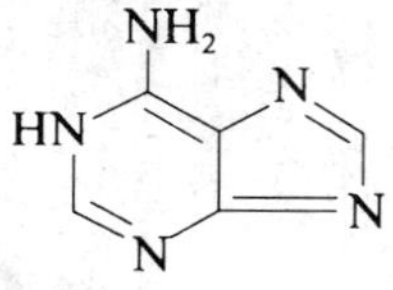

【商品属性】熔点360℃，水溶解度1030mg/L，蒸气压8.38E-07mmHg。
【毒　　性】
【税则号列】有效成分：29335990　　　　制剂：38089311（零售包装），38089319（其他）

**0143072　　增糖胺　　Fluoridamid**
【别　　名】MBR 6033
【有效成分】2-（三氟甲基磺酰氨基）-4-乙酰替苯甲胺
【商品类别】植物生长调节剂

【结 构 式】

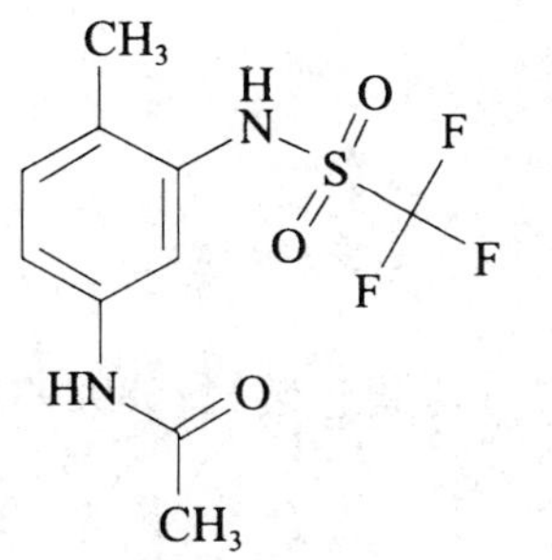

【商品属性】熔点 176℃。

【毒　　性】

【税则号列】有效成分：29350090　　制剂：38089311（零售包装），38089319（其他）

**0143073　糖氨基嘌呤　Kinetin**

【别　　名】Cytex，Cytokinin，FAP

【有效成分】6-糠基氨基嘌呤

【商品类别】植物生长调节剂

【结 构 式】

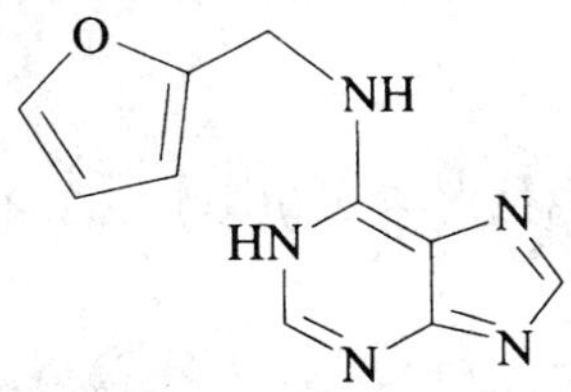

【商品属性】熔点 266.5℃。

【毒　　性】

【税则号列】有效成分：29349990　　制剂：38089311（零售包装），38089319（其他）

**0143074　整形醇　Chlorflurenol**

【别　　名】CF125，IT3299

【有效成分】2-氯-9 羟基芴-9-羧酸

【商品类别】植物生长调节剂

【结 构 式】

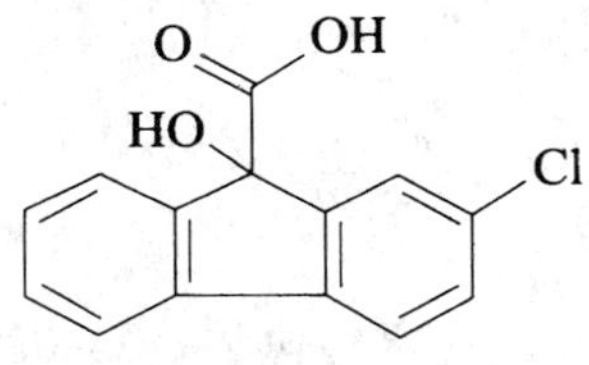

【商品属性】熔点 152℃，水溶解度 21.8mg/L。

【毒　　性】

【税则号列】有效成分：29181990　　制剂：38089311（零售包装），38089319（其他）

**0143075　调果酸　Cloprop**

【别　　名】3CP，Amchem 3-CP

【有效成分】2-（3-氯苯氧基）丙酸

【商品类别】植物生长调节剂

【结 构 式】

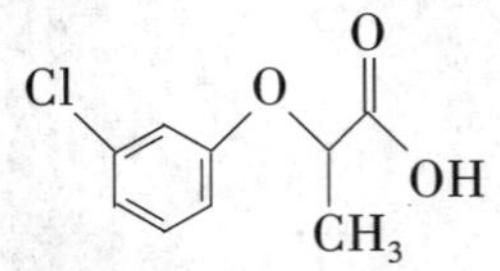

【商品属性】水溶解度 1200mg/L。
【毒　　性】
【税则号列】有效成分：29189900　　　　制剂：38089311（零售包装），38089319（其他）

**0143076　　增糖酯　　Dicamba-methyl**
【别　　名】Disugran，Racuza
【有效成分】3，6-二氯-2-甲氧基苯甲酸甲酯
【商品类别】植物生长调节剂
【结 构 式】

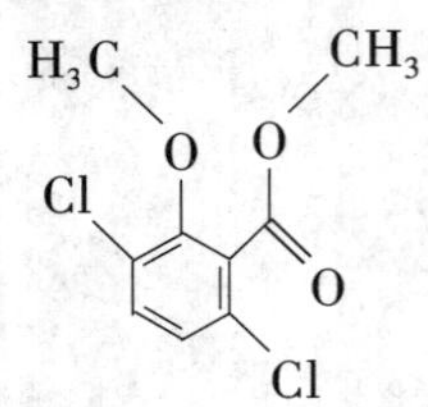

【商品属性】
【毒　　性】
【税则号列】有效成分：29189900　　　　制剂：38089311（零售包装），38089319（其他）

**0143077　　调呋酸　　Dikegulac**
【别　　名】Diprogulic acid
【有效成分】2，3：4，6-二异亚丙基-a-L-木-2-己酮呋喃糖酸
【商品类别】植物生长调节剂
【结 构 式】

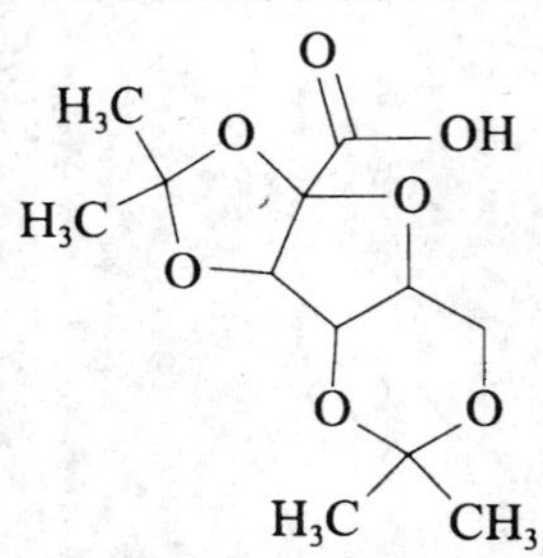

【商品属性】熔点 74℃，水溶解度 2. 82E-06mg/L。
【毒　　性】
【税则号列】有效成分：29329990　　　　制剂：38089311（零售包装），38089319（其他）

## 0144 其他除草剂

**0144001　　禾草畏　　Esprocarb**
【别　　名】戊草丹，Fujigrass
【有效成分】S-苄基-1，2-二甲基丙基（乙基）硫代氨基甲酸酯
【商品类别】氨基甲酸酯类除草剂
【结 构 式】

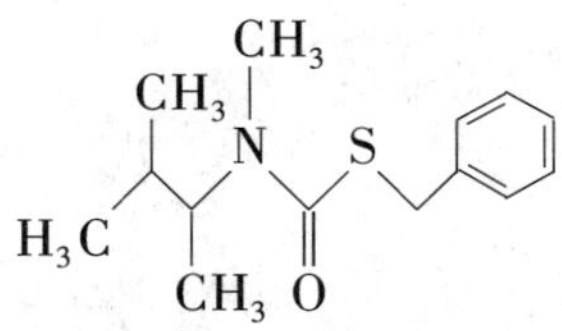

【商品属性】在稻田进行芽前和芽后处理，防除一年生杂草和稗草直至 2～5 叶期，

纯品为液体。溶解度（20℃）：水中 4.9mg/L，丙酮、乙腈、氯苯、乙醇、二甲苯均大于 1kg/kg。

【毒　　性】对皮肤和眼睛有轻微刺激。无致畸和致癌作用。

【税则号列】有效成分：29309090　　　　制剂：38089311（零售包装），38089319（其他）

**0144002　　磺草灵　　Asulam**

【别　　名】Asilan，Asulox

【有效成分】4-氨基苯磺基氨基甲酸甲酯

【商品类别】除草剂

【结 构 式】

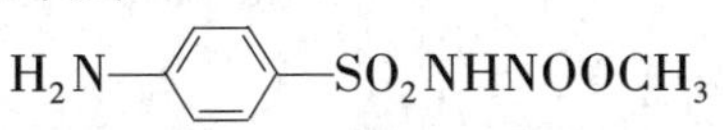

【商品属性】传导性除草剂，可被植物茎叶和根部吸收，茎叶吸收后能传导至地下根茎的生长点，并使地下根茎呼吸受抑制，丧失繁殖能力。如防除甘蔗田杂草。此外，还可用于棉田、大豆、谷物、甜菜、番茄、洋葱等作物中防除狗尾草、冰草、田蓟、马唐、稗等。

无色结晶。溶解性（g/L）：5（20～25℃），二甲基甲酰胺大于 800，丙酮 340，甲醇 280，甲乙酮 280，乙醇 120，烃和氯代烃小于 20。

【毒　　性】

【税则号列】有效成分：29350090　　　　制剂：38089311（零售包装），38089319（其他）

**0144003　　草枯醚　　Chlornitrofen**

【别　　名】CNP，MO

【有效成分】2，4，6-三氯苯基-4′-硝基苯基醚

【商品类别】二苯醚类除草剂

【结 构 式】

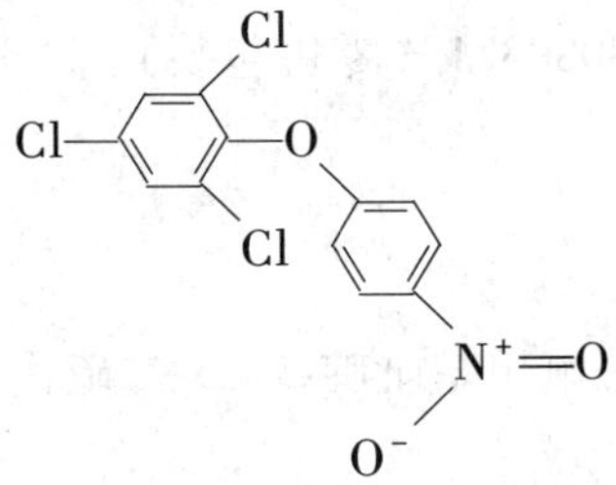

【商品属性】本品被发芽期的杂草吸收后，在光存在下发挥杀草功能。对水稻药害小，不影响水稻的生长发育。对水喷雾土壤，可有效防除一年生单、双子叶杂草。

熔点 105.5℃，水溶解度 0.764mg/L，蒸气压 5.27E-07mmHg。

【毒　　性】有致突变作用。

【税则号列】有效成分：29093090　　　　制剂：38089311（零售包装），38089319（其他）

**0144004　　溴丁酰草胺　　Bromobutide**

【别　　名】Sumiherb

【有效成分】2-溴-3，3-二甲基-N-（1-甲基-1-苯基乙基）丁酰胺

【商品类别】酰苯胺类除草剂

【结 构 式】

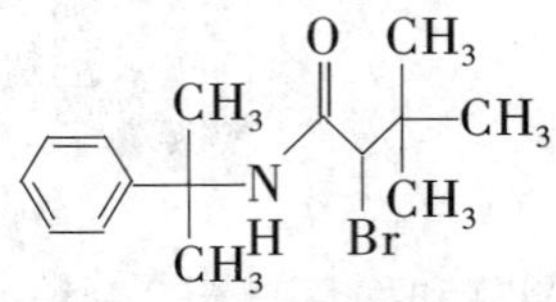

【商品属性】本品属酰苯胺类除草剂，能有效防除一年生杂草，如稗、鸭舌草、母草、节节菜和多年生杂草，如细秆萤蔺、牛毛毡、铁荸荠、水莎草和瓜皮草。对细秆萤蔺防效仍很高。本品在水稻和杂草间有极好的选择性，在大田试验中，本品与某些除草剂混用对稗草、爪皮草的防除效果极佳。该产品抑制细胞分裂，对光合作用和呼吸作用稍有影响.

无色至淡黄色晶体，原药为无色至黄色晶体。25℃溶解度（g/L）：己烷 0.5，甲醇 35，二甲苯 4.7，水 3.54mg/L（26℃）。

【毒 性】对兔皮肤无刺激作用，对兔眼睛有轻微的刺激作用。

【税则号列】有效成分：29242990 制剂：38089311（零售包装），38089319（其他）

**0144005 噻草啶 Thiazopyr**

【别 名】Visor

【有效成分】2-二氟甲基-5-（4，5-二氢-1，3-噻唑-2-基）-4-异丁基-6-三氟甲基烟酸甲酯

【商品类别】吡啶类除草剂

【结 构 式】

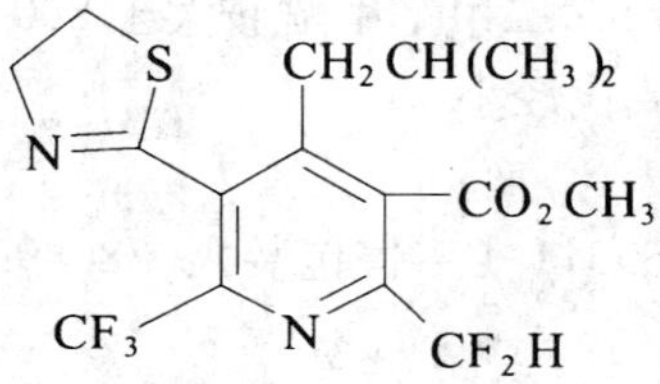

【商品属性】用于果树、森林、棉花、花生等苗前除草，主要用于防除众多的一年生禾本科杂草和某些阔叶杂草。

纯品为具硫黄味的浅棕色固体，水中溶解度为 2.5mg/L（20℃）。

【毒 性】对兔皮肤无刺激，对兔眼睛有轻微刺激。无致突变性、无致畸性。

【税则号列】有效成分：29341000 制剂：38089311（零售包装），38089319（其他）

**0144006 氟硫草定 Dithiopyr**

【别 名】Dimension，Dictran

【有效成分】S，S′-二甲基-2-二氟甲基-4-异丁基-6-三氟甲基吡啶-3，5-二硫代甲酸酯

【商品类别】吡啶类除草剂

【结 构 式】

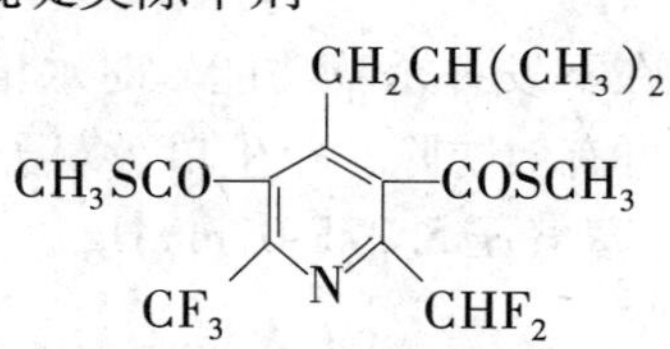

【商品属性】本品属吡啶羧酸类除草剂。用于稻田和草坪除草，该除草剂的除草活性不受环境因素变化的影响，可防除升马唐、紫马唐等一年生禾本科杂草和球序卷耳、零余子景天、腺漆菇草等一年生阔叶杂草。

【毒 性】

【税则号列】有效成分：29333990 制剂：38089311（零售包装），38089319（其他）

**0144007　吡草酮　Benzofenap**

【别　　名】Yukawide

【有效成分】2-（4-（2,4-二氯-间-甲苯酰基）-1，3-二甲基吡唑-5-基氧）-4′-甲基苯乙酮

【商品类别】除草剂

【结 构 式】

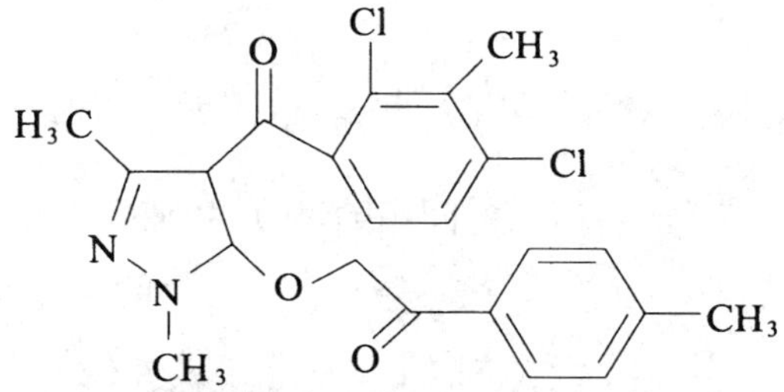

【商品属性】本品属吡唑类除草剂，主要用于水稻田除草，对水稻安全性高，杀草谱广，尤其对一年生及多年生阔叶杂草有卓效，如稗草、萤蔺、牛毛毡、水莎草、瓜皮草、窄叶泽泻等。本品是非激素型内吸性除草剂，由杂草的根和基部吸收后，引起白化现象，使其逐渐枯死。其主要作用机制是抑制叶绿素生成。

无色固体，溶解度：水（25℃）0.13mg/L。在有机溶剂中溶解度（20℃，g/L）：丙酮73、氯仿920、正己烷0.46、乙醇5.6、二甲苯69。对光、热稳定，遇酸稳定，在碱性介质中水解。

【毒　　性】对皮肤和眼睛有极轻微的刺激作用。无致畸、致突变、致癌作用。

【税则号列】有效成分：29331990　　制剂：38089311（零售包装），38089319（其他）

**0144008　氯氟草醚乙酯　Ethhoxyfen-ethyl**

【别　　名】Buvirex

【有效成分】O-（2-氯-5-（2-氯-α，α，α-三氟-P-甲苯基氧）苯甲酰基）-L-乳酸乙酯

【商品类别】二苯醚类除草剂

【结 构 式】

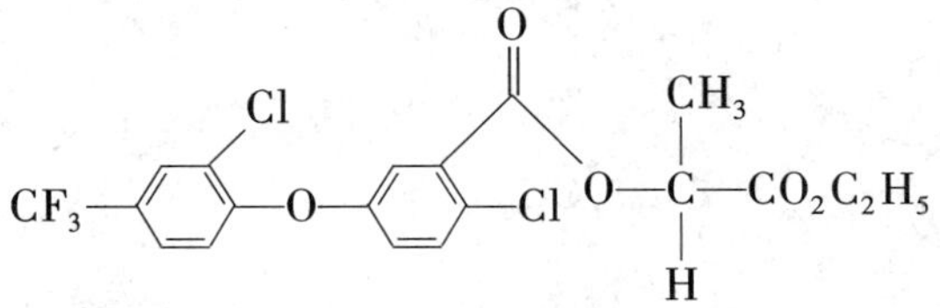

【商品属性】原卟啉原氧化酶抑制剂为触杀型除草剂。主要用于苗后防除大豆、小麦、大麦、花生、豌豆等作物地中的阔叶杂草，如苘麻、西风古、猪殃殃、苍耳等十多种杂草。

纯品为黏稠状液体。易溶于丙酮、甲醇和甲苯等有机溶剂。

【毒　　性】对兔皮肤无刺激，对兔眼睛有中度刺激。无致突变、致畸作用。

【税则号列】有效成分：29189900　　制剂：38089311（零售包装），38089319（其他）

**0144009　苯草醚　Aclonifen**

【别　　名】

【有效成分】2-氯-6-硝基-3-苯氧基苯胺

【商品类别】除草剂

【结 构 式】

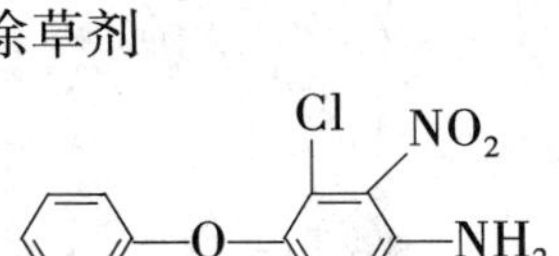

【商品属性】本品属二苯醚类除草剂，是原卟啉氧化酶抑制剂。芽前施用，可防除马铃薯、向日葵和冬小麦田禾本科杂草和阔叶杂草。

黄色晶体。20℃溶解度（g/kg）：己烷4.5、甲醇50、甲苯390；水2.5mg/L。

【毒　　性】对兔皮肤有中等刺激作用，对兔眼睛无刺激作用。

【税则号列】有效成分：29214200　　制剂：38089311（零售包装），38089319（其他）

**0144010　呋草酮　Flurtamone**

【别　　名】Benchmark

【有效成分】（RS）-5-甲胺基-2-苯基-4-（α，α，α-三氯-间-甲苯基）呋喃-3（2H）-酮

【商品类别】除草剂

【结 构 式】

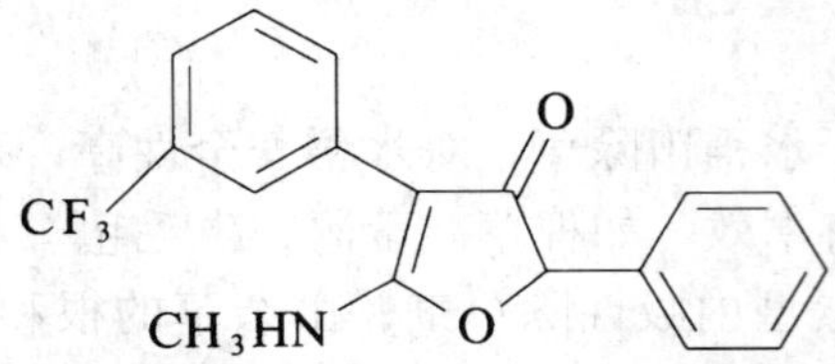

【商品属性】本品属呋喃－3（2H）－酮类除草剂，是类胡萝卜素合成抑制剂。对棉花、花生、高粱和向日葵有选择性。植前拌土、芽前或芽后处理，可防除许多禾本科杂草和阔叶杂草。

纯品为乳白色固体粉末。溶解度（20℃）：水35mg/L，溶于丙酮、甲醇、二氯甲烷，微溶于异丙醇。

【毒　　性】

【税则号列】有效成分：29321900　　制剂：38089311（零售包装），38089319（其他）

**0144011　乙氧呋草黄　Ethofumesate**

【别　　名】乙呋草黄，Nortron，Tramat

【有效成分】（±）-2-乙氧基-2，3-二氢-3，3-二甲基苯并呋喃-5-基甲磺酸

【商品类别】除草剂

【结 构 式】

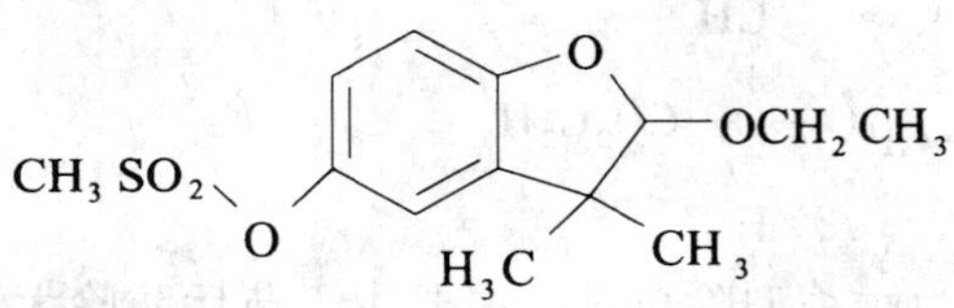

【商品属性】芽前芽后除草剂，防除甜菜、草皮、黑麦草和其他牧场中杂草。本品可有效地防除许多重要的禾本科和阔叶杂草。

纯品为无色结晶固体。25℃溶解度（g/L）：水中0.05，丙酮、苯、氯仿、二噁烷400，乙醇100，己烷4。

【毒　　性】

【税则号列】有效成分：29329990　　制剂：38089311（零售包装），38089319（其他）

**0144012　草胺磷（酸）　Glufosinate**

【别　　名】Basta，Buster，Finale，Ignite

【有效成分】4-（羟基（甲基）膦酰基）-DL-高丙氨酸

【商品类别】除草剂

【结 构 式】

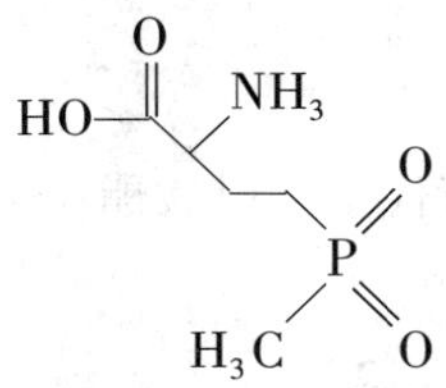

【商品属性】本品属膦酸类除草剂。是谷氨酰胺合成抑制剂，为非选择性触杀除草剂。本品在叶子内转移，但不能转移到别处，谷氨酰胺合成受抑制后，导致铵离子累积，光合层被破坏。本品可用于果园、葡萄园、非耕地防除一年生和多年生双子叶及禾本科杂草。

本品易溶于水，在一般有机溶剂中溶解性低。对光稳定。

【毒　　性】无致畸和神经毒性影响的征兆。

【税则号列】有效成分：29319000　　　制剂：38089311（零售包装），38089319（其他）

**0144013　呋草黄　Benfuresate**

【别　　名】

【有效成分】2, 3-二氢-3, 3-二甲苯并呋喃-5-基乙烷磺酸酯

【商品类别】除草剂

【结 构 式】

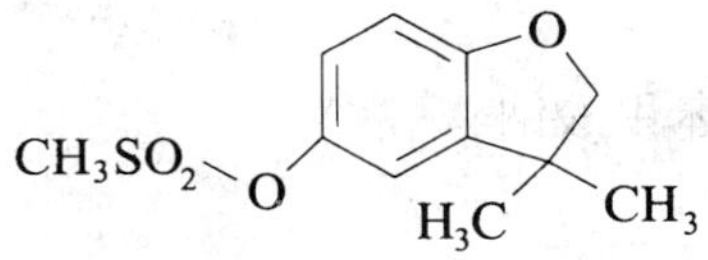

【商品属性】本品苯并呋喃烷基磺酸酯类除草剂。种植前拌土用于棉花，芽后处理用于水稻，可有效防除许多禾本科杂草，包括莎草和木贼状荸荠以及阔叶杂草。

固体。25℃溶解度（g/L）：水 0. 19、环己烷 51、己烷 12，易溶于丙酮、苯、氯仿、乙醇。

【毒　　性】

【税则号列】有效成分：29329990　　　制剂：38089311（零售包装），38089319（其他）

**0144014　氟吡草腙　Diflufenzopyr**

【别　　名】Distinct

【有效成分】2-（1-（4-（3, 5-二氟苯基）半卡巴腙）乙基）尼古丁酸

【商品类别】除草剂

【结 构 式】

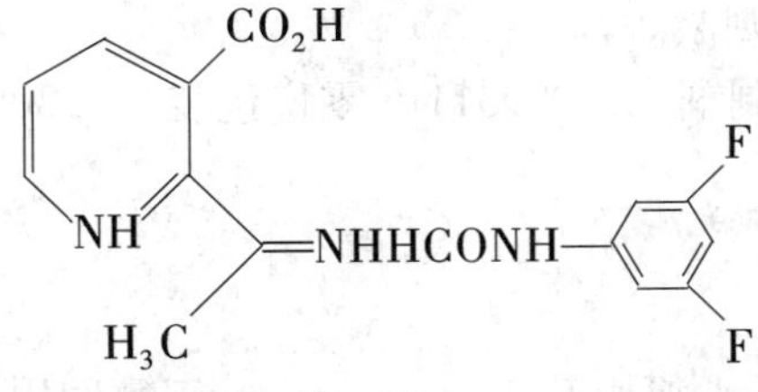

【商品属性】生长素转移抑制剂。用于玉米苗后除草，主要防除阔叶杂草和禾本科杂草。

棕色无味固体。水中溶解度 63mg/L。

【毒　　性】低毒。

【税则号列】有效成分：29333990　　　制剂：38089311（零售包装），38089319（其他）

**0144015　稗草畏　Pyributicarb**

【别　　名】稗草丹，Eigen，Seexet，Oryzaguard

【有效成分】O-3-特丁基苯基-6-甲氧基-2-（吡啶（甲基）硫代氨基甲酸酯

【商品类别】除草剂

【结 构 式】

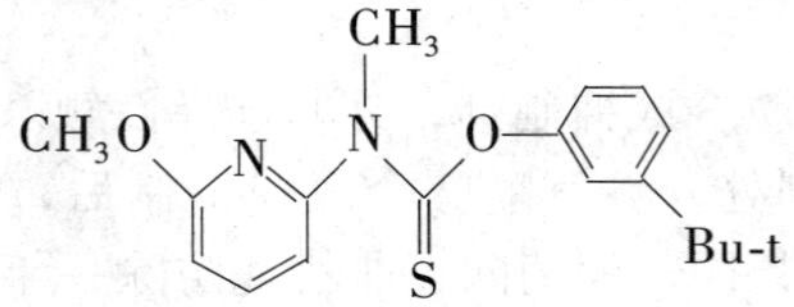

【商品属性】本品属硫代氨基甲酸酯类除草剂、对一年生禾本科杂草有很高的除草活性，尤其在芽前至芽后早期施用时，对稗草有优异防效。如与其他除草剂的混剂。在水稻田早期施用，对一年生和多年生杂草有优异除草活性。

纯品为白色结晶固体。溶解度（20℃）：水 0.32mg/L，在有机溶剂中（g/L）分别为丙酮 780、甲醇 28、乙醇 33、氯仿 390、二甲苯 580、乙酸乙酯 560。

【毒　　性】对兔眼睛无刺激，对皮肤有轻微刺激。豚属皮肤无过敏性。

【税则号列】有效成分：29333990　　　制剂：38089311（零售包装），38089319（其他）

**0144016　嘧硫草醚　Pyrithiobac-sodium**

【别　　名】嘧草硫醚，Staple

【有效成分】2-氯-6-（4，6-二甲氧嘧啶-2-基硫）苯甲酸钠

【商品类别】除草剂

【结 构 式】

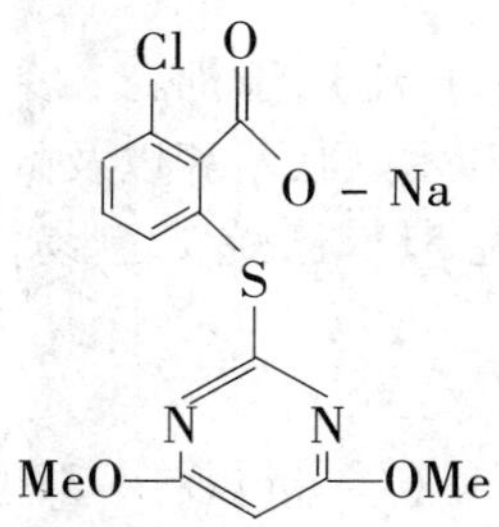

【商品属性】嘧啶水杨酸类除草剂。乙酰乳酸合成酶（ALS）的抑制剂，通过阻止氨基酸的生物合成而起作用。主要用于棉花田苗前及苗后防除一年生和多年生禾本科杂草和多数阔叶杂草。

纯品为白色固体。水中溶解度（20℃，g/L）为 728（蒸馏水），其他溶剂中溶解度（20℃，mg/L）分别为丙酮 812、正已烷 10。

【毒　　性】对兔眼睛有刺激，对兔皮肤无刺激。

【税则号列】有效成分：29335990　　　制剂：38089311（零售包装），38089319（其他）

**0144017　氟咯草酮　Fluorochloridone**

【别　　名】Racer

【有效成分】（3RS，4RS，3RS，4RS）-3-氯-4-氯甲基-1-（α，α，α-三氟间甲基）-2-吡咯烷酮（比例 3∶1）

【商品类别】除草剂

【结 构 式】

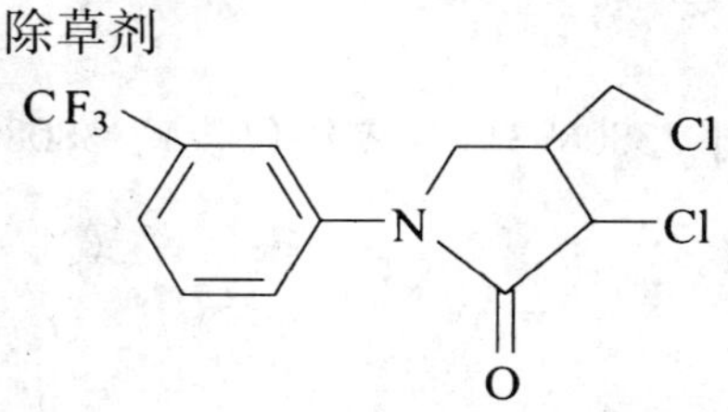

【商品属性】本品属吡咯烷酮类除草剂，是类胡萝卜素合成抑制剂。可有效防除冬小麦和冬黑麦田繁缕、常春藤叶婆婆纳和田堇菜，棉花田反枝苋、马齿苋和龙葵，马铃薯田的猪殃映、龙葵和波斯水苦菜，以及向日葵田的许多杂草。

原药为棕色固体。20℃水中溶解度28mg/L，易溶于丙酮、氯苯、二甲苯，乙醇100~150g/L，煤油小于5g/L。

【毒　　性】对兔皮肤和眼睛有轻微刺激。本品无致突变性。

【税则号列】有效成分：29339900　　制剂：38089311（零售包装），38089319（其他）

**0144018　　噻草酮　　Cycloxydim**

【别　　名】Stratos，Focus，Laser

【有效成分】(±) 2-（1-（乙氧亚氨基）丁基）-3-羟基-5-噻烷-3-基环己-2-烯酮

【商品类别】除草剂

【结 构 式】

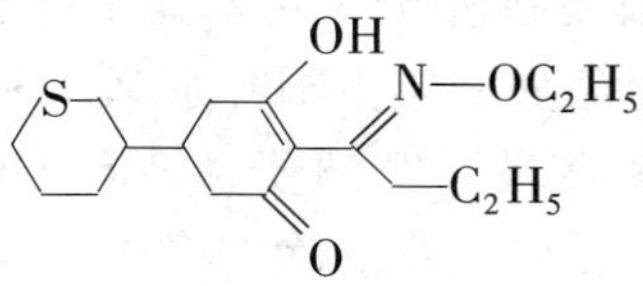

【商品属性】本品属烷基环己烯基酮类除草剂。是有丝分裂抑制剂。为选择性芽后除草剂，用于防除阔叶作物棉花、亚麻、油菜、马铃薯、大豆、甜菜、向日葵和蔬菜田中，防除一年生和多年生禾本科杂草。

纯品黄色固体（熔点以上深褐色）。溶解度（20℃）：水85mg/kg，易溶于大多数有机溶剂。30℃以上不稳定。

【毒　　性】

【税则号列】有效成分：29349990　　制剂：38089311（零售包装），38089319（其他）

**0144019　　唑啶草酮　　Azafenidin**

【别　　名】Milestone，Evolus

【有效成分】2-（2，4-二氯-5-丙炔-2-氧基苯基）-5，6，7，8-四氢-1，2，4-三唑并（4，3-a）吡啶-3（2H）-酮

【商品类别】三唑啉酮类除草剂

【结 构 式】

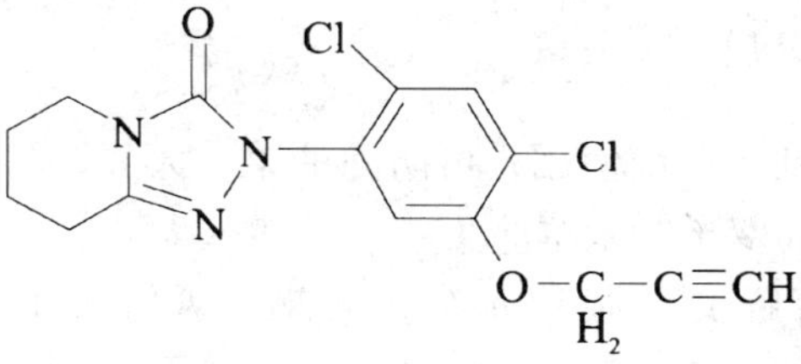

【商品属性】原卟啉原氧化酶抑制剂。可防除许多重要杂草，阔叶杂草如苋、马齿苋、藜、芥菜、千里光、龙葵等，禾本科杂草如狗尾草、马唐、早熟禾、稗草等、对三嗪类、芳氧羧酸类、环已二酮类和ALS抑制剂如磺酰脲类除草剂等产生抗性的杂草有特效。适宜作物如橄榄、柑橘、森林及不需要作物及杂草生长的地点等。

纯品为铁锈色，具强烈气味的固体。水中溶解度12mg/L（pH7）。

【毒　　性】对兔眼睛和皮肤无刺激。

【税则号列】有效成分：29339900　　制剂：38089311（零售包装），38089319（其他）

**0144020　　磺酰三唑酮　　Sulfentrazone**

【别　　名】甲磺草胺

【有效成分】2′，4′-二氯-5′-（4-二氟甲基-4，5-二氢-3-甲基-5-氧-1H-1, 2, 4-三唑-1-基）甲基磺酰基苯胺

【商品类别】三唑啉酮类除草剂。

【结 构 式】

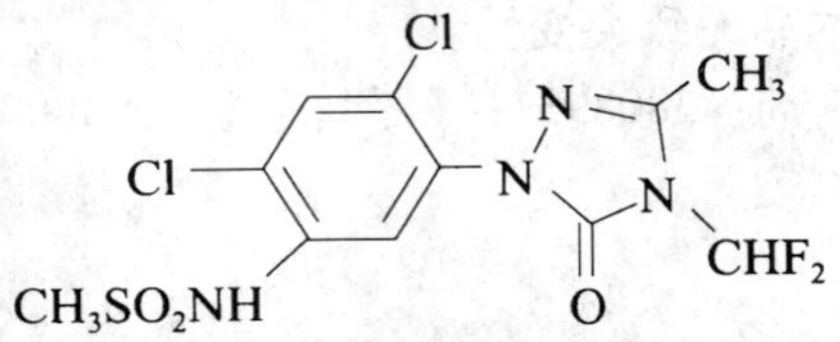

【商品属性】原卟啉原氧化酶的抑制剂。即通过抑制叶绿素生物合成过程中原卟啉原氧化酶而引起细胞膜破坏，使叶片迅速干枯、死亡。

本品对大豆、玉米、高粱、花生、向日葵等安全，对下茬禾谷类作物也安全，但对棉花和甜菜有一定的药害。防除对象如一年生阔叶杂草、禾本科杂草和莎草，如牵牛、反枝苋、铁苋菜、藜、曼陀罗、宾洲蓼、马唐、狗尾草、苍耳、牛筋草、油莎草、香附子、苍耳等，对目前较难防除的牵牛、藜、苍耳、香附子等杂草有卓效.

纯品为棕黄色固体。25℃水中溶解度为（mg/L）0. 11（pH6）、0. 78（pH7）、16（pH7. 5），可溶于丙酮和大多数极性有机溶剂。

【毒　　性】

【税则号列】有效成分：29350090　　　　制剂：38089311（零售包装），38089319（其他）

**0144021　　吡草胺　　Metazachlor**

【别　　名】吡唑草胺，Butisan S

【有效成分】2-氯-N-（吡唑-1-基甲基）-乙酰-2′，6′-二甲苯胺

【商品类别】酰胺类除草剂

【结 构 式】

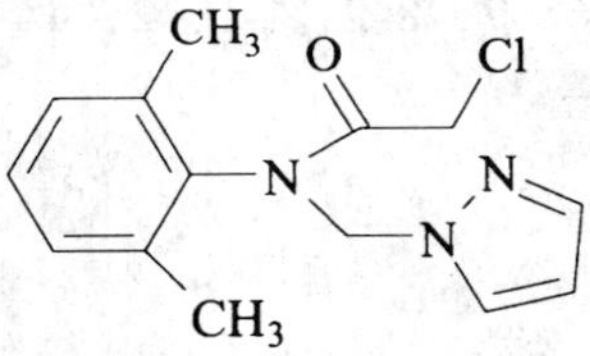

【商品属性】本品属氯乙酰苯胺类除草剂。芽前使用，可防除油菜、大豆、马铃薯，烟草和移植甘蓝田中禾本科杂草和双子叶杂草。

纯品为灰色固体。20℃溶解度：水 17mg/L，丙酮、氯仿大于 1kg/kg，乙醇 200g/kg。

【毒　　性】

【税则号列】有效成分：29331990　　　　制剂：38089311（零售包装），38089319（其他）

**0144022　　克草胺　　Ethachlor**

【别　　名】

【有效成分】2-乙基-N-（乙氧甲基）-α-氯代-N-乙酰苯胺

【商品类别】酰胺类除草剂

【结 构 式】

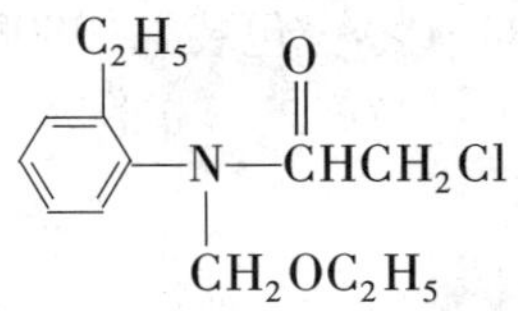

【商品属性】选择性芽前土壤处理除草剂，效果与杂草出土前后的土壤湿度有关，持效期 40 天左右。用于水稻插秧田防除稗草、牛毛草等稻田杂草，也可用于覆膜或有灌溉条件的花生、棉花、芝麻、玉米、大豆、油菜、马铃薯及十字花科、茄科、豆科、菊科、伞形花科多种蔬菜用，防除一年生单子叶和部分阔叶杂草。

原药为红棕色油状液体。不溶于水，可溶于丙烷、二氯丙烷、乙酸、乙醇、苯、二甲苯等有机溶剂。

【毒　　性】原药对眼睛和黏膜有刺激作用。

【税则号列】有效成分：29242990　　制剂：38089311（零售包装），38089319（其他）

**0144023　稗草胺　Clomeprop**

【别　　名】氯甲酰草胺，Cente（与丙草胺的混剂）

【有效成分】（RS）2-（2，4-二氯-间-甲苯氧基）丙酰苯胺

【商品类别】除草剂

【结 构 式】

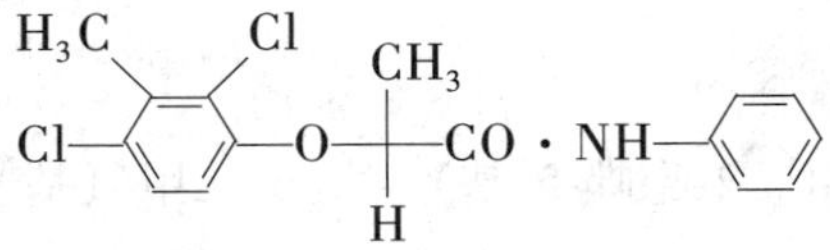

【商品属性】本品属 2-芳氧基链烷酸类除草剂，是植物生长激素型。与丙草胺联用，可防除稻田中的阔叶杂草和莎草属杂草。本品是选择性芽前和芽后稻田除草剂，其通过干扰植株的激素平衡而杀死杂草，其作用机制与 2，4-滴一样，具有促进植物体内 RNA 合成，并影响蛋白质的合成、细胞分裂和细胞伸长。

无色晶体。25℃溶解度（g/L）：丙酮 33，环己烷 9，二甲基甲酰胺 20，二甲苯 17，水 0. 032mg/L。

【毒　　性】

【税则号列】有效成分：29242990　　制剂：38089311（零售包装），38089319（其他）

**0144024　二甲噻草胺　Dimethenamid**

【别　　名】二甲吩草胺，Fronier

【有效成分】（RS）-2-氯-N-（2，4-二甲基-3-噻酚）-N-（2-甲氧基-1-甲基乙基）乙酰胺

【商品类别】除草剂

【结 构 式】

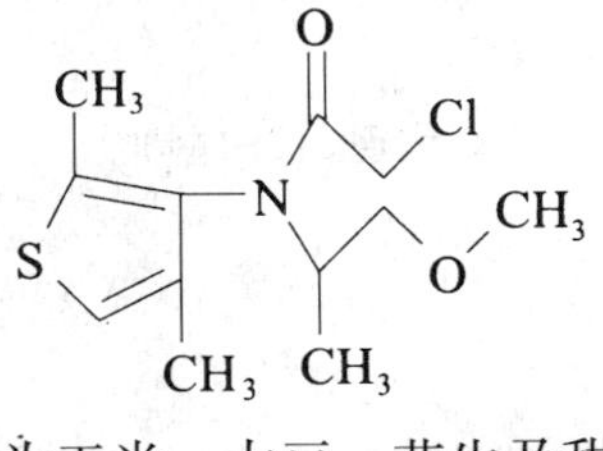

【商品属性】为玉米、大豆、花生及甜菜田苗前除草剂，主要用于防除众多的一年生禾本科杂草如稗草、马唐、牛筋草、稷属杂草、狗尾草等，还可防除多数阔时杂草，如反枝苋、鬼针草、荠菜、鸭跖草、香甘菊、粟米草及油莎草等。

纯品为黄棕色黏稠液体。水中溶解度 1. 2g/L（pH7, 25℃）。

【毒　　性】无致突变、致畸、致癌性。

【税则号列】有效成分：29349990　　　　制剂：38089311（零售包装），38089319（其他）

**0144025　　甲氧噻草胺　　Thenylchlor**

【别　　名】Kusamets，Onebest

【有效成分】2-氯-N-（3-甲氧基-2-噻酚基）-2′，6′-二甲基乙酰苯胺

【商品类别】除草剂

【结 构 式】

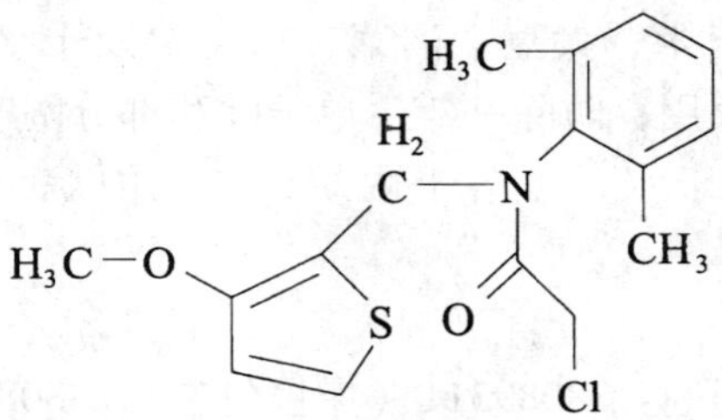

【商品属性】主要用于稻田苗前防除一年生禾本科杂杂和多数阔叶杂草，对稗草有特效。纯品为有硫黄味的白色固体。水中溶解度 11mg/L（20℃）。

【毒　　性】

【税则号列】有效成分：29349990　　　　制剂：38089311（零售包装），38089319（其他）

**0144026　　异恶草胺　　Ixoxaben**

【别　　名】异恶酰草胺，Brake，Flexidor

【有效成分】N-（3-（1-乙基-1-甲基丙基）-1，2-噁唑-5-基）-2，6-二甲氧基苯酰胺

【商品类别】酰胺类除草剂

【结 构 式】

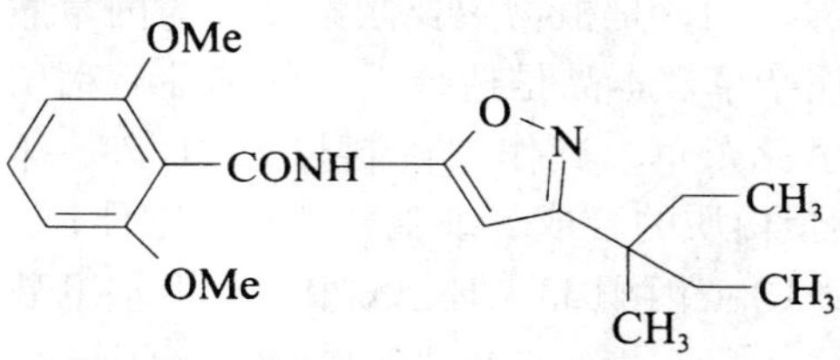

【商品属性】本品是细胞分裂抑制剂。可防除禾谷类作物、树木、葡萄和草坪中的阔叶杂草，如母菊、繁缕、蓼、婆婆纳和堇菜等杂草。

纯品为无色晶体。溶解度（25℃）：水 1～2mg/L，甲醇、乙酸乙酯 50～100g/L，已烷 70～80mg/L。

【毒　　性】对眼睛能引起轻微的结膜炎。

【税则号列】有效成分：29349990　　　　制剂：38089311（零售包装），38089319（其他）

**0144027　　唑草胺　　Cafenstrole**

【别　　名】

【有效成分】N，N-二乙基-3-均三甲基苯磺酰基-1H-1，2，4-三唑-1-甲酰胺

【商品类别】酰胺类除草剂

【结 构 式】

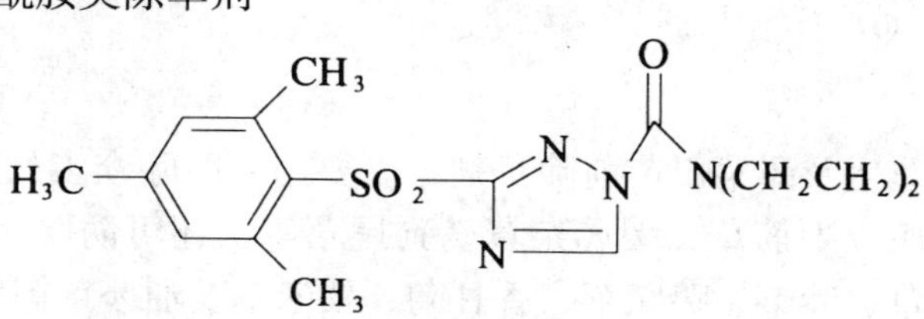

【商品属性】三唑酰胺类除草剂是一种苗前和苗后使用的除草剂。可防除稻田大多数一年生与多年生阔叶杂草，如稗草、鸭舌草、异型莎草、萤蔺、瓜皮草等，对稗草有特效。

纯品为无色结晶体。20℃水中溶解度为 2.5mg/L。

【毒　　性】无致突变性。

【税则号列】有效成分：29339900　　　　制剂：38089311（零售包装），38089319（其他）

**0144028　　氟噻乙草酯　　Fluthiacet-ethyl**

【别　　名】Action

【有效成分】(2-氯-4-氟-5-（5，6，7，8-四氢-3-氧-1H，3H-（1，3，4）噻二唑（3，4-a）并哒嗪-1-基亚胺）苯硫基）乙酸甲酯

【商品类别】酰亚胺类除草剂

【结 构 式】

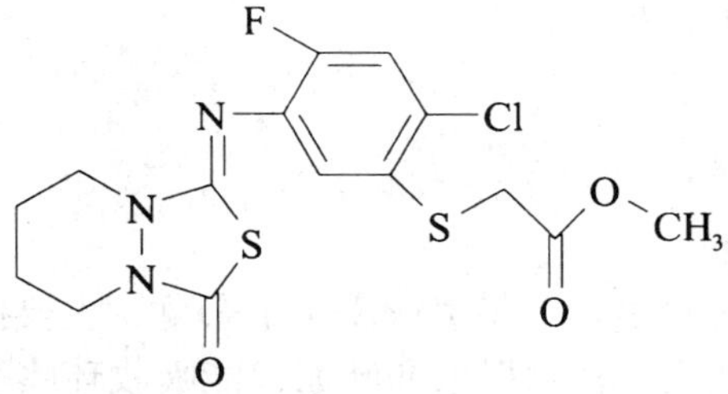

【商品属性】原卟啉原氧化酶抑制剂. 在敏感杂草叶面作用迅速，引起原卟啉积累，使细胞膜脂质过氧化作用增强. 从而导致敏感杂草的细胞膜结构和细胞功能不可逆损害。常常在 24～48h 出现叶面枯斑症状。为大豆、玉米田用的苗后除草剂。主要用于防除大豆、玉米田阔叶杂草，特别对一些难防除的阔叶杂草有卓效，

白色粉末状固体。水中溶解度为 0.85（蒸馏水 25℃，mg/L）、0.78（pH5 和 pH7），其他溶剂中溶解度（g/L，25℃）分别为甲醇 4.41、丙酮 101、甲苯 84、乙腈 68.7、乙酸乙酯 73.5、二氯甲烷 9、正辛烷 1.86。

【毒　　性】无致畸、致突变性。

【税则号列】有效成分：29349990　　　　制剂：38089311（零售包装），38089319（其他）

**0144029　　环庚草醚　　Cinmethylin**

【别　　名】艾割，恶庚草烷，仙治，Argold，Cinch

【有效成分】1-甲基-4-（1-甲基乙基）-2-［（2-甲基苯基）甲氧基］-7-恶二环（2,2,1）庚烷

【商品类别】除草剂

【结 构 式】

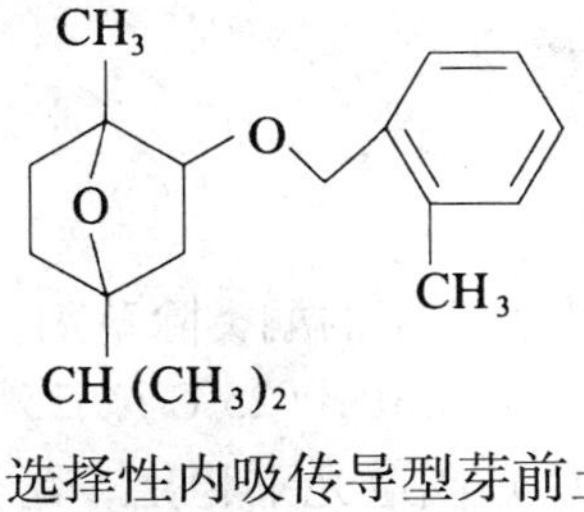

【商品属性】选择性内吸传导型芽前土壤处理剂，可被敏感植物的根吸收，抑制分生组织的生长。水稻、棉花、花生等对该药的耐药力强，进入作物体内被代谢成羟基衍生物，并与植物体内的糖苷结合成共轭化合物而失去毒性。在无水层情况下，易被蒸发和光解，并能被土壤微生物分解。有水层情况下，分解速度减慢。

纯品为深琥珀色液体，沸点 313℃/760mmHg（20℃），蒸气压 10.1mPa（20℃），密度 1.014g/ml（20℃）。溶解度：水中 63mg/L（20℃），可与多种有机溶剂相混。低于 145℃时稳定，pH3～11 是稳定的，有空气存在时发生光催化反应。

常见制剂类型：可湿性粉剂。
【毒　　性】对皮肤、眼有刺激作用。一般不会引起全身中毒。
【税则号列】有效成分：29321900　　制剂：38089311（零售包装），38089319（其他）

**0144030　环嗪酮　Hexazinone**
【别　　名】威尔柏，Velpar
【有效成分】3-环己烷-6-（二甲基氨基）-1-甲基-1, 3, 5-三氮苯-2, 4-（1H，3H）-二酮
【商品类别】三嗪类除草剂
【结 构 式】

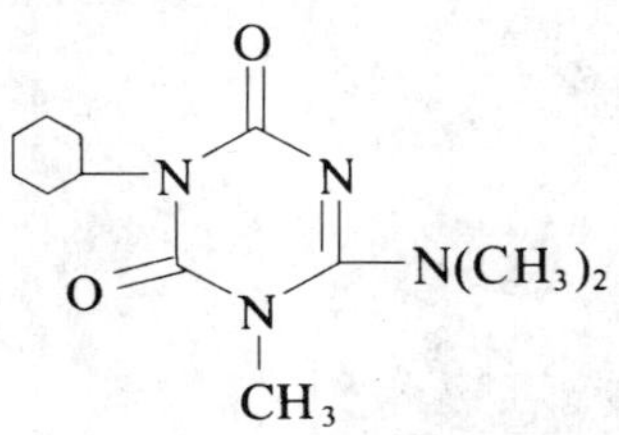

【商品属性】芽后触杀性除草剂。可有效防除多种1年生或2年生杂草，主要抑制植物的光合作用，使代谢紊乱，导致死亡。植物根系和叶面都能吸收环嗪酮，主要通过木质部运输。进入土壤后能被土壤微生物分解，对松树根部无伤害。可用于森林防火道防除杂草和灌木。

无色无味晶体，熔点115～117℃，蒸馏时分解，比重1.25，25℃时蒸气压0.03mPa。溶解度：水33g/kg（25℃）、氯仿3880、甲醇2650、苯940、丙酮792、甲苯386、二甲基甲酰胺836。水性介质中pH5～9稳定，低于37℃稳定，酸和强碱中分解，光稳定。

常见制剂类型：可溶性液剂。
【毒　　性】只要不大量摄入，不会产生全身毒性，对眼睛有严重的刺激作用。
【税则号列】有效成分：29336990　　制剂：38089311（零售包装），38089319（其他）

**0144031　磺草酮　Sulcotrione**
【别　　名】Mikado
【有效成分】2-（2-氯-4-甲磺酰苯甲酰环己烷-1, 3-二酮
【商品类别】酮类类除草剂
【结 构 式】

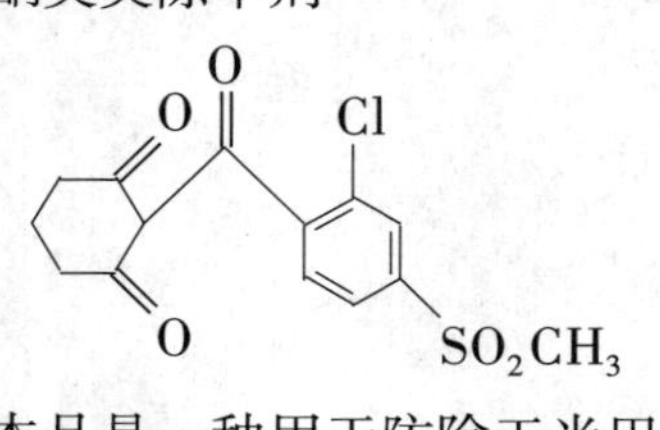

【商品属性】本品是一种用于防除玉米田阔叶杂草及禾本科杂草的酮类除草剂。

原药为淡褐色固体。熔点139℃。蒸气压<533.8nPa（25℃）。25℃水中溶解度为165mg/L，溶于丙酮和氯苯，在水中、日光或避光下稳定，耐热高达80℃，在肥活砂质土壤中DT50 15d，细活土中DT50 7d。
【毒　　性】对兔皮肤无刺激，对兔眼睛有中度刺激，无致畸、致突变、致癌作用。
【税则号列】有效成分：29309090　　制剂：38089311（零售包装），38089319（其他）

**0144032　甲氧咪草烟　Imazamox**
【别　　名】金豆，Odyseey，Raptor，Sweeper
【有效成分】2-（4-异丙基-4-甲基-5 氧代-2-咪唑啉-2-基）-5-（甲氧甲基）烟酸

【商品类别】咪唑啉酮类除草剂

【结 构 式】

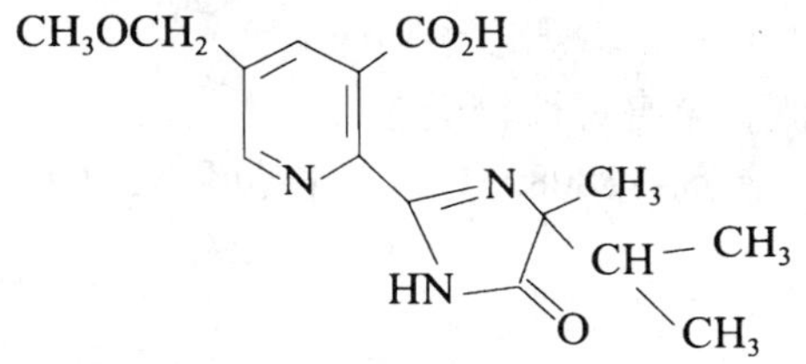

【商品属性】用于防除豆科类作物杂草，茎叶处理后，敏感性杂草会很快变黄，停止生长，导致杂草死亡。该药能有效地控制豆田多种单子叶及阔叶杂草。

原药外观为白色至浅黄色粉末，略带气味。熔点 164 ~ 165℃，密度 0.3g/mL（开口）、0.4g/mL（闭口），蒸气压 < $10^{-7}$mmHg（25℃）。水中溶解度 4.5mg/mL（25℃）。

常见制剂类型：水剂。外观为透明黄色黏稠液体，密度 1.07g/mL，pH6.3。

【毒　　性】对兔眼睛有轻微刺激，对兔皮肤无刺激。无致畸、致突变作用。

【税则号列】有效成分：29333990　　制剂：38089311（零售包装），38089319（其他）

**0144033　甲咪唑烟酸　Imazapic**

【别　　名】利得，百垄通，Plateau AS

【有效成分】2-［4,5-二氢-4 甲基-4-（1-甲乙基）-5-氧-1H-咪唑-2-基］-5-甲基-3-吡啶羧酸氨盐

【商品类别】除草剂

【结 构 式】

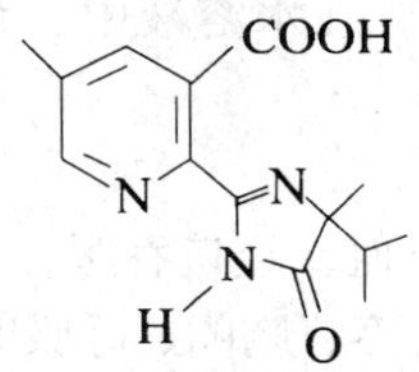

【商品属性】原药外观为白色无味固体，熔点 207 ~ 208℃。

常见制剂类型：24% 水剂（百垄通），淡黄-绿色透明液体。相对密度 1.07 ~ 1.09。pH6.4 ~ 7.0。

【毒　　性】无致癌性、致畸性。

【税则号列】有效成分：29333990　　制剂：38089311（零售包装），38089319（其他）

**0144034　氨氯吡啶酸　Picloram**

【别　　名】毒莠定 101，毒莠定，Tordon，Tordan

【有效成分】4-氨基-3,5,6-三氯吡啶羧酸

【商品类别】杂环化合物

【结 构 式】

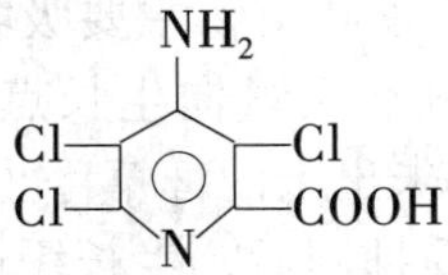

【商品属性】主要作用于核酸代谢，并且使叶绿体结构及其他细胞器发育畸形，干扰蛋白质合成，作用于分生组织活动等，最后导致植物死亡。

无色粉末，带氯气味，熔点 215℃（分解），蒸气压 0.082mPa（35℃）。溶解度：水 430mg/L（25℃），丙酮 19.8g/L，乙醇 10.5g/L，异丙醇 5.5g/L，乙腈 1.6g/L，乙醚，二氯甲烷 0.6g/L，苯 0.2g/L，二硫化碳 < 0.05g/L（25℃）。

在酸碱条件下稳定，热碱中分解，紫外光下分解 DT50 2.6 天（25℃）。

常见制剂类型：乳油。

【毒　　性】对皮肤、眼睛和呼吸道有刺激，全身毒性较低。

【税则号列】有效成分：29333990　　　制剂：38089311（零售包装），38089319（其他）

**0144035　百草枯　Paraquat**

【别　　名】克芜踪，对草快，Gramoxone，Dextrone-X，Esgram，Weedol

【有效成分】1, 1′-二甲基-4, 4′联吡啶阳离子

【商品类别】吡啶类除草剂

【结 构 式】

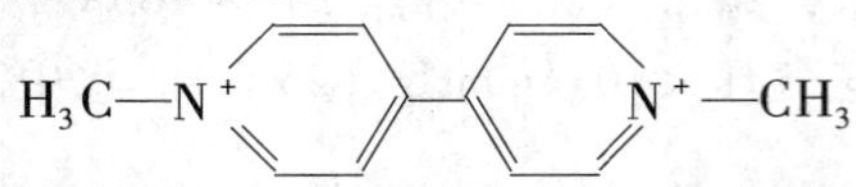

【商品属性】速效触杀型灭生性除草剂，联吡啶阳离子迅速被植物叶子吸收后，在绿色组织中通过光合和呼吸作用被还原成联吡啶游离基，又经自氧化作用使叶组织中的水和氧形成过氧化氢和过氧游离基，这类物质对叶绿体层膜破坏力极强，使光合作用和叶绿素合成很快中止，叶片着药后 2～3 小时即开始受害变色，百草枯对单子叶和双子叶植物的绿色组织均有很强的破坏作用，但无传导作用，只能使着药部位受害。不能穿透栓质化后的树皮。一经与土壤接触后，即被吸附钝化。不能损坏植物根部和土壤内潜藏的种子、因而施药后杂草有再生现象。

无色，吸湿性晶体，熔点约 300℃（分解），蒸气压 < 0.1mPa，密度 1.24～1.26（20℃）。溶解度：水约 700g/L（20℃），几乎不溶于大多数有机溶剂。中性和酸性介质中稳定，在碱性介质中迅速水解，在水溶液中、紫外光照射下发生光分解。

常见制剂类型：水剂、母液。

【毒　　性】无面部和皮肤防护使用时可引起手指甲变形及鼻出血，经口吞服，有致死性。开始时口、咽部立即有烧灼感，伴有恶心、呕吐、胃疼、胸闷、呼吸时伴有泡沫。

【税则号列】有效成分：29333990　　　制剂：38089311（零售包装），38089319（其他）

**0144036　稗草烯　TCE-styrene**

【别　　名】百草烯，Tavron，Dowco 221

【有效成分】1-（2, 2, 2-三氯乙基）苯乙烯

【商品类别】除草剂

【结 构 式】

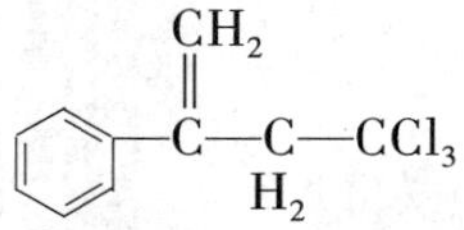

【商品属性】是一种选择性内吸传导型除草剂，能被植物的根、茎叶吸收，其吸收传导在单子叶植物与双子叶植物之间有很大的差异。单子叶植物主要吸收部位是叶鞘，其次是叶片，根部最差。单子叶植物吸入药剂后大量向生长点和根尖运输积累，敏感植物细胞生长受抑制，使已萌芽而尚未出土的稗草停止生长，很快枯萎不能出土；已长出 1～2 片叶的稗草生长点受抑制后，生长缓慢和停止生长，不能长出新叶，叶片下垂呈暗绿色，基部膨大，1～2 周后叶片逐渐死亡。

纯品为无色透明黏稠液体，沸点 83℃/1133.3Pa，折光率 1.5608，蒸气压 1.73Pa，原油为棕褐色黏稠液体，密度约为 1.21（20℃），难溶于水（约 12mg/l），易溶于丙酮、氯仿、苯等有机溶剂。常温下贮存较稳定，遇碱在较高温度下能被水解。

【毒　　性】低毒。
【税则号列】有效成分：29039990　　　　制剂：38089311（零售包装），38089319（其他）

**0144037　　苯噻酰草胺　　Mefenacet**

【别　　名】环草胺，Hinochloa，Rancho
【有效成分】2-苯并噻唑-2-基氧-N-甲基乙酰苯胺
【商品类别】酰胺类除草剂
【结 构 式】

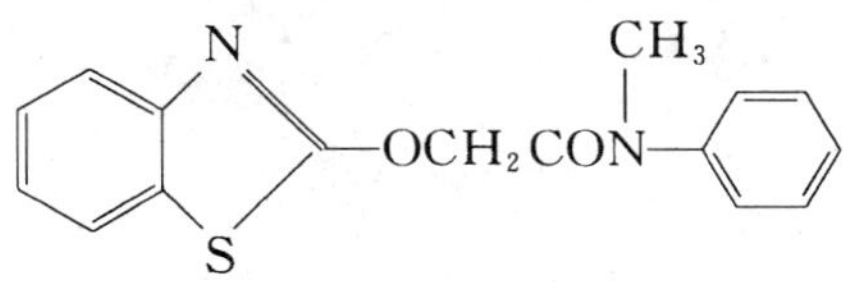

【商品属性】该药是一种选择性内吸传导型除草剂。主要通过芽鞘和根吸收，经木质部和韧皮部传导至杂草的幼芽和嫩叶，阻止杂草生长点细胞分裂伸长，最终造成植株死亡。对移栽水稻选择性强，由于在水中溶解度低，所以在保水条件下，施药除草活性最高，土壤对本品吸附力很强，施药后药量大部分被吸附于土壤表层，并在土壤表层1cm以内形成处理层，这样能避免水稻生长点与该药剂的接触，使其产生较高的安全性，而对生长点处在土壤表层的稗草等杂草有较强的阻止生育和杀死能力，并对表层的种子繁殖的多年生杂草也有抑制作用，对深层杂草效果低。
原药外观为白色晶体，熔点134.8～135℃，蒸气压11mPa（100℃）。溶解度（20℃）：水4mg/L、丙酮60g/L、二氯甲烷200g/L、二甲基亚砜110～220g/L。对酸、碱、光、热稳定。
【毒　　性】低毒。
【税则号列】有效成分：29342000　　　　制剂：38089311（零售包装），38089319（其他）

**0144038　　丙草胺　　Pretilachlor**

【别　　名】扫弗特，Sofit，Rifit
【有效成分】2-氯-2,6′-二乙基-N-（2-丙氧乙基）乙酰替苯胺
【商品类别】酰胺类除草剂
【结 构 式】

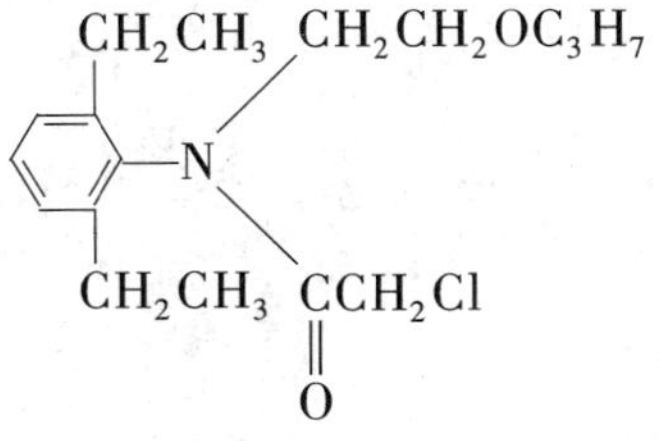

【商品属性】是细胞分裂抑制剂。选择性萌前处理剂，可通过植物下胚轴，中胚轴和胚芽鞘吸收，根部略有吸收，直接干扰杂草体内蛋白质合成，并对光合及呼吸作用有间接影响。受害杂草幼苗扭曲，初生叶难伸出，叶色变深绿，生长停止，直至死亡。水稻对丙草胺有较强的分解能力，从而具有一定的选择性。但是稻芽对丙草胺的耐药力并不强，为了早期施药的安全，在丙草胺中加入安全剂CGA123407，可改善制剂对水稻芽及幼苗的安全性。这种安全剂通过水稻根部吸收而发挥作用，其机制尚在研究之中。
无色液体，沸点135℃/0.001mmHg，蒸气压0.133mPa（20℃），密度1.076（20℃）。溶解度（20℃）：水50mg/L，极易溶于苯、二氯甲烷、己烷、甲醇，相当稳定。

常见制剂类型：乳油、可湿性粉剂。

【毒　　性】对皮肤、眼、呼吸道有刺激作用。

【税则号列】有效成分：29242990　　制剂：38089311（零售包装），38089319（其他）

**0144039　丙炔氟草胺　Flumioxazin**

【别　　名】速收，Sumisoya

【有效成分】7-氟-6-（3, 4, 5, 6, -四氢）苯二甲酰亚氨基-4-（2-丙炔基）-1, 4-苯并恶嗪-3（2H）-酮

【商品类别】酰亚胺类除草剂

【结 构 式】

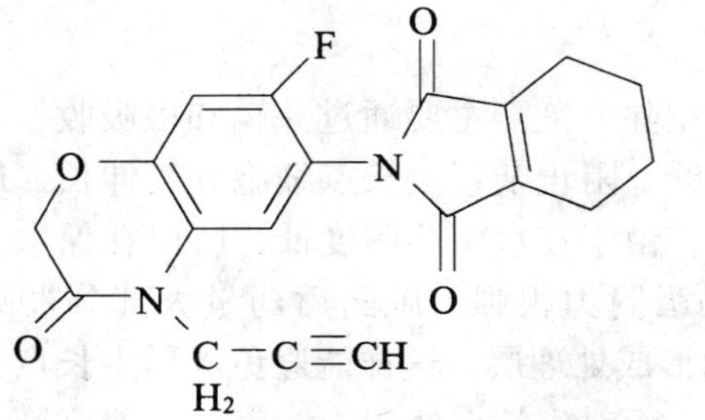

【商品属性】本品为杀草谱很广的接触褐变型土壤处理除草剂，主要用于防除一年生阔叶杂草和部分禾本科杂草，在播种后出苗前进行土壤处理。用本品处理土壤表面后，吸附在土壤粒子上，在土壤表面形成处理层，等到杂草发芽时，幼芽接触药剂处理层就枯死。速收为新型的大豆地选择性芽前除草剂。用药量少、活性高、效果好。用药 4 个月后，对小麦、燕麦、大麦、高粱、玉米、向日葵等后茬作物无影响。

棕黄色粉末，熔点 201 ~204℃，蒸气压 0. 32mPa（22℃），密度 1. 5136（20℃）。25℃溶解度水为 17. 8g/L，溶于一般有机溶剂。在一般贮藏条件下稳定。

常见制剂类型：可湿性粉剂。

【毒　　性】对皮肤、眼睛和上呼吸道有刺激作用。

【税则号列】有效成分：29349990　　制剂：38089311（零售包装），38089319（其他）

**0144040　稻思达　Oxadiargyl**

【别　　名】丙炔恶草酮，Topstar，Raft

【有效成分】5-特丁基-3-（2, 4-二氯-5-炔丙氧基苯基）-1, 3, 4 恶二唑-2-（3H）-酮

【商品类别】除草剂

【结 构 式】

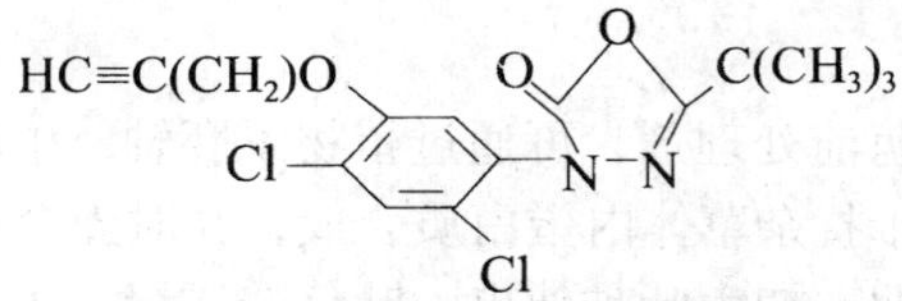

【商品属性】该药是一种高效、广谱稻田除草剂。对一年生禾本科、莎草科、阔叶杂草及一些多年生杂草效果显著，对恶性杂草四叶萍有良好的防除效果，主要用于水稻、马铃薯、向日葵、蔬菜、甜菜、果园等苗前防除阔叶杂草。

原药为米色无味粉末，20℃时的比重为 1. 413，熔点 130℃，蒸气压 $2.5\times10^{-6}$ Pa（25℃）。溶解度（g/l）：丙酮 250，乙腈 94. 6，二氯甲烷 >500，醋酸乙酯 121. 6，甲醇 14. 7，正庚烷 0. 9，正辛烷 3. 5，甲苯 77. 6。

常见制剂类型：水分散粒剂、乳油。

【毒　　性】接触皮肤后，马上用水和肥皂清洗；接触眼睛，马上用大量水清洗 20 分钟。
【税则号列】有效成分：29349990　　　　制剂：38089311（零售包装），38089319（其他）

**0144041　　敌稗　　Propanil**

【别　　名】斯达姆，Stam F34，DCPA，Stampede，Rogue，Surcopur
【有效成分】3′，4′-二氯丙酰替苯胺
【商品类别】酰胺类除草剂
【结 构 式】

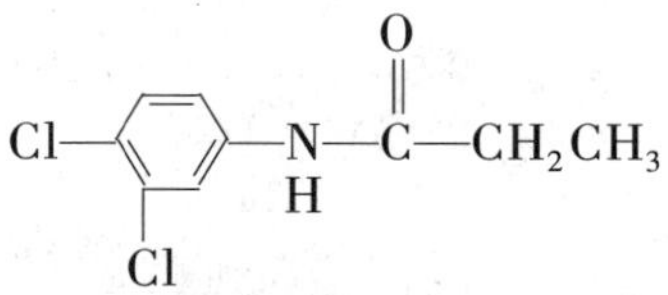

【商品属性】高选择性触杀型除草剂，在水稻体内被芳基羧基酰胺酶水解成 3,4-二氯苯胺和丙酸而解毒，稗草由于缺乏此种解毒机能，细胞膜最先遭到破坏，导致水分代谢失调，很快失水枯死。以 2 叶期稗草最为敏感，敌稗遇土壤后分解失效，仅宜作茎叶处理剂。

无色无味晶体，原药为棕色晶体，熔点 92～93℃，蒸气压 0.026mPa（20℃），0.062mPa（25℃），密度 1.41g/cm$^3$（22℃）。溶解度：水 130mg/L（25℃），异丙醇、二氯甲烷 >200，甲苯 50～100，己烷 <1（g/L，20℃），苯 $7\times10^4$，丙酮 $1.7\times10^6$，乙醇 $1.1\times10^6$（ppm，25℃）。强酸和强碱介质中水解成 3,4-二氯苯胺和丙酸，一般条件下稳定，日光下在水中迅速光解。

常见制剂类型：乳油、可湿性粉剂。

【毒　　性】对皮肤和眼有刺激。
【税则号列】有效成分：29242990　　　　制剂：38089311（零售包装），38089319（其他）

**0144042　　敌草胺　　Napropamide**

【别　　名】大惠利，萘丙酰草胺，草萘胺，萘氧丙草胺，敌草强，稻草敌，Devrinol
【有效成分】N，N-二乙基-2-（1-萘基氧）丙酰胺
【商品类别】酰胺类除草剂
【结 构 式】

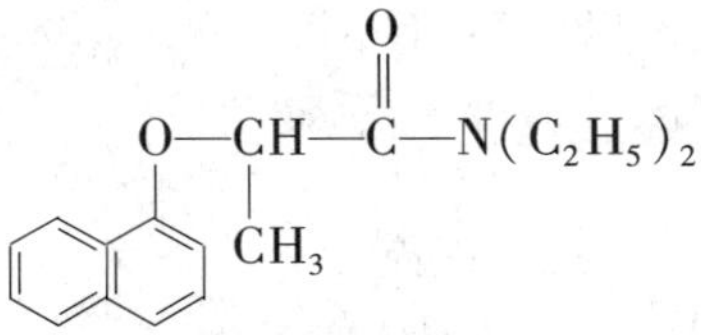

【商品属性】选择性芽前土壤处理剂，药剂随雨水或灌水淋入土层内，杂草根和芽鞘能吸收药液进入种子，其杀草机理尚未完全了解，能抑制某些酶类的形成，使根芽不能生长并死亡。该药杀草谱广，能杀死由种子芽发出的很多种单子叶杂草，如稗草、马唐、狗尾、野燕麦、千金子、看麦娘、早熟禾等，也能杀死许多重要的双子叶杂草，如藜、猪殃殃等，本品适用于茄科、十字花科、葫芦科、豆科、石蒜科以及果桑茶园除草，对由地下茎发生的多年生单子叶杂草无效，因而能施用于绿化草地。

无色晶体，原药棕色固体，熔点 74.5～75.5℃（原药 68～70℃），蒸气压 0.53mPa（25℃），密度 0.584g/m（松密度）。溶解度：水 73mg/L（25℃），丙酮、乙醇 >1000，二甲苯 505，煤油 62，己烷 15（g/L，20℃）。与丙酮、乙醇、甲基异丁基酮混溶，100℃16 小时未见分解，见光分解。

常见制剂类型：乳油、可湿性粉剂。

【毒　　性】对眼睛和皮肤有刺激。

【税则号列】有效成分：29242990　　制剂：38089311（零售包装），38089319（其他）

**0144043　敌草快　Diquat**

【别　　名】利农，Reglone，Pathclear

【有效成分】1, 1′-乙撑-2, 2′-联吡啶阳离子或二溴盐

【商品类别】吡啶类除草剂

【结 构 式】

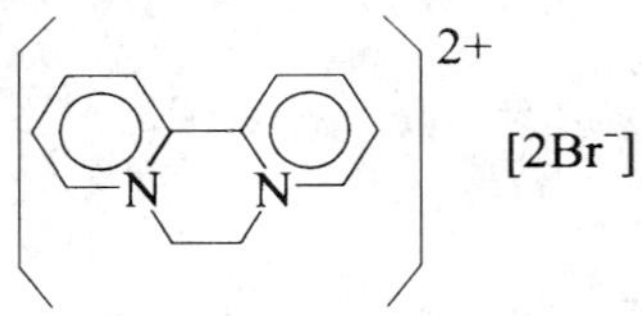

【商品属性】非选择性触杀型除草剂。稍具传导性，可被植物绿色组织迅速吸收。在植物绿色组织中，联吡啶化合物是光合作用电子传递抑制剂，还原状态的联吡啶化合物在光诱导下，有氧存在时很快被氧化，形成过氧化氢，这种物质的积累使植物细胞膜破坏，使受药部位枯黄。但是，该产品不能穿透成熟的树皮，对地下根茎基本无破坏作用。适用于阔叶杂草占优势的地块除草，还可作为种子植物的干燥剂，也可用做马铃薯、棉花、大豆、亚麻、向日葵、玉米、高粱等作物催枯剂。当处理成熟作物时，残余的绿色部分和杂草迅速枯干，可以提早收割，种子损失较少。而且收获的种子更清洁、更干，减少收割后的清理和干燥费用。

二溴盐为无色至黄色结晶，分解温度超过 300℃，蒸气压 < 0.013mPa，密度 1.22 ~ 1.27/20℃。在水中溶解度 700g/L（20℃），轻微溶于醇类和含羟基的溶剂，难溶于非极性有机溶剂中，在中性和酸性溶液中稳定，但在碱性溶液中容易水解。

常见制剂类型：水剂。

【毒　　性】无面部和皮肤防护使用时可引起手指甲变形及鼻出血，如有意无意经口吞服后果非常严重，有致死性。开始口、咽部立即有烧灼感，恶心、呕吐、胃疼、胸闷，呼吸时伴有泡沫。

【税则号列】有效成分：29339900　　制剂：38089311（零售包装），38089319（其他）

**0144044　地乐酚　Dinoseb**

【别　　名】Premerge，Aretit，Lvosit

【有效成分】2-仲丁基-4, 6-二硝基酚

【商品类别】苯酚类除草剂

【结 构 式】

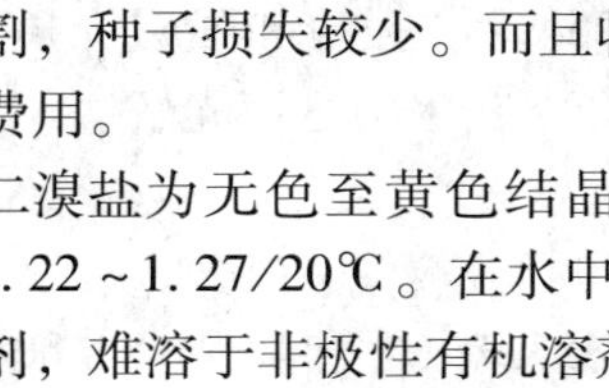

【商品属性】橙色到棕色液体，纯品熔点 38 ~ 42℃，在室温下的水溶解度约为 100mg/L，可溶于石油和大数有机溶剂，室温下稳定，在有水的情况下可腐蚀低碳钢。

【毒　　性】刺激哺乳类动物的代谢，疲乏，头痛和失去定向，想吐，发热和出汗，随之高热和大汗淋漓，也能引起阵挛因心脏衰竭而死。

【税则号列】有效成分：29089100　　制剂：38085010（零售包装），38085090（其他）

**0144045　丁草胺　Butachlor**

【别　　名】马歇特，新马歇特，灭草特，去草胺，丁草锁，Machete，Machete plus

【有效成分】N-（丁氧甲基）-α-氯-α′，6′-二乙基乙酰替苯胺

【商品类别】酰胺类除草剂

【结 构 式】

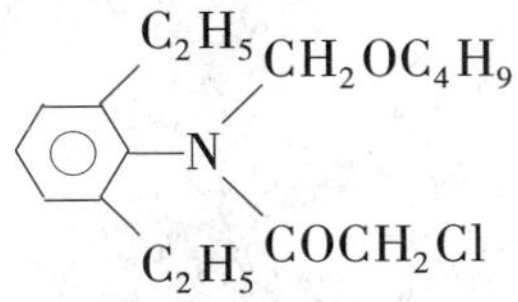

【商品属性】酰胺类选择性芽前除草剂。主要通过杂草幼芽和幼小的次生根吸收，抑制体内蛋白质合成，使杂草幼株肿大、畸形，色深绿，最终导致死亡。可用于水田和旱地防除以种子萌发的禾本科杂草、一年生莎草及一些一年生阔叶杂草，如稗草、千金子、异型莎草、碎米莎草、牛毛毡等有良好的防效。对鸭舌草、节节草、尖瓣花和萤蔺等有较好预防作用。对水三棱、偏秆镳草、野慈菇等多年生杂草则无明显防效。只有少量丁草胺能被稻苗吸收，而且在体内迅速完全分解代谢，因而稻苗有较大的耐药力。丁草胺在土壤中稳定性小，对光稳定，能被土壤微生物分解。持效期为30～40天，对下茬作物安全。

琥珀色液体，熔点 < -5℃，沸点156℃/0.5mmHg，蒸气压0.6mPa（25℃），密度1.070（25℃）。溶解度：水20mg/L（20℃），溶于大多有机溶剂，包括醋酸乙酯、丙酮、乙醇、苯、己烷等。165℃时分解，对光稳定。

常见制剂类型：可湿性粉剂、乳油。

【毒　　性】本品对皮肤和眼睛有刺激作用。

【税则号列】有效成分：29242990　　制剂：38089311（零售包装），38089319（其他）

**0144046　毒草胺　Propachlor**

【别　　名】Ramrod，CP31393

【有效成分】N-异丙基-氯乙酰替苯胺

【商品类别】酰胺类除草剂

【结 构 式】

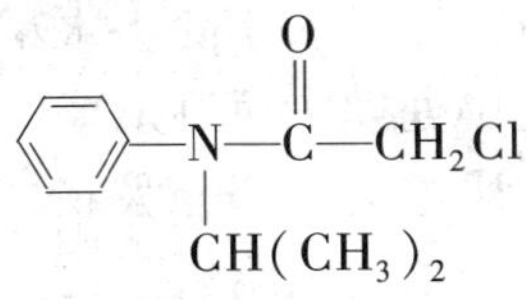

【商品属性】该药为选择性芽前除草剂，具有杀草谱宽、使用方便、对稻苗生长安全等优点，防除一年生禾本科杂草和某些阔叶杂草如稗草、鸭舌草、异型莎草、马唐、狗尾草、马齿苋、牛毛草等具有良好的效果。

原药外观为棕色细颗粒，熔点77℃，蒸气压30.6mPa（25℃）。溶解度（g/L20℃）：水0.7，苯500，丙酮309，三氯甲烷602，乙醇290，二甲苯239。常温下稳定，对紫外光稳定，不易燃。在酸碱中受热易分解，在土壤中保留时间为28～42天。

常见制剂类型：可湿性粉剂。

【毒　　性】低毒。若溅入眼睛和皮肤，立即用清水冲洗。

【税则号列】有效成分：29242990　　制剂：38089311（零售包装），38089319（其他）

**0144047　　新燕灵　　Benzoylprop-ethyl**

【别　　名】Endaven，Suffix

【有效成分】N-苯甲酰基-N-（3，4-二氯苯基）-DL-丙氨酸乙酯

【商品类别】除草剂

【结 构 式】

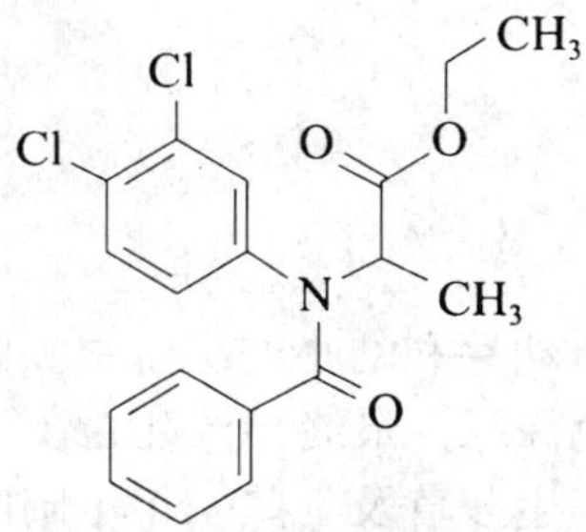

【商品属性】茎叶处理剂，主要是防除一年生禾本科杂草和部分阔叶杂草，对多年生杂草的防效很差。这类除草剂可以为杂草芽吸收，用于防除野燕麦、对匾蓄和藜也有一定的防效。

水溶解度 20mg/L，蒸气压 1.03E-08mmHg。

【毒　　性】

【税则号列】有效成分：29242990　　　制剂：38089311（零售包装），38089319（其他）

**0144048　　恶草酮　　Oxadiazon**

【别　　名】农思它，恶草灵，Ronstat，Forestite，Lonster，G315，RP17623

【有效成分】5-特丁基-3-（2，4-二氯-5-异丙氧苯基）-1，3，4-恶二唑-2（3H）-酮

【商品类别】杂环化合物

【结 构 式】

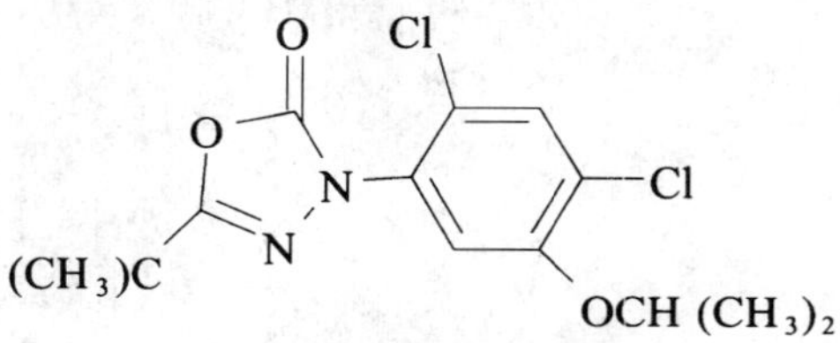

【商品属性】选择性芽前、芽后除草剂，防除双子叶杂草，尤其适于除去水稻中野稗等稻科杂草及阔叶一年生的杂草。水旱田使用，土壤处理，通过杂草幼芽或幼苗与药剂接触、吸收而引起作用，苗后施药，杂草通过地上部分吸收，药剂进入植物体后积累在生长旺盛部位，抑制生长，致使杂草组织腐烂死亡。在光照条件下才能发挥杀草作用，但并不影响光合作用的希尔反应。杂草自萌芽至 2～3 叶期均对该药敏感，以杂草萌芽期施药效果最好，随杂草长大效果下降。水田应用后药液很快在水面扩散，迅速被土壤吸附，因此向下移动是有限的，也不会被根部吸收，在土壤中代谢较慢，半衰期为 2～6 个月。

无色无味结晶，熔点 87℃，蒸气压 <0.1mPa（20℃）。溶解度：20℃时水中溶解度为 1mg/L，甲醇、乙醇约 100，环己烷 200，丙酮、异佛尔酮、甲基乙基酮、四氯化碳 600，甲苯、氯仿约 1000（g/L20℃）。常温下贮存稳定。

常见制剂类型：乳油。

【毒　　性】有轻微刺激作用。

【税则号列】有效成分：29349990　　　制剂：38089311（零售包装），38089319（其他）

**0144049　三氟硝草醚　Fluorodifen**

【别　　名】Preforan，Soyex

【有效成分】2,4′-二硝基-p-三氟甲基苯基醚

【商品类别】二苯醚类除草剂

【结 构 式】

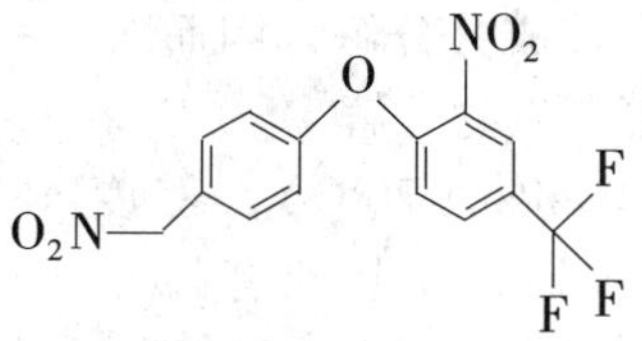

【商品属性】熔点94℃，水溶解度2mg/L，蒸气压5.07E-07mmHg。

【毒　　性】

【税则号列】有效成分：29093090　　制剂：38089311（零售包装），38089319（其他）

**0144050　二甲戊灵　Pendimethalin**

【别　　名】除草通，二甲戊乐灵，施田补，胺硝草，Stomp，Penoxalin，Prowl，Herbadox

【有效成分】N-1-（乙基丙基）2,6-二硝基-3,4-二甲基苯胺

【商品类别】二硝基苯胺类除草剂

【结 构 式】

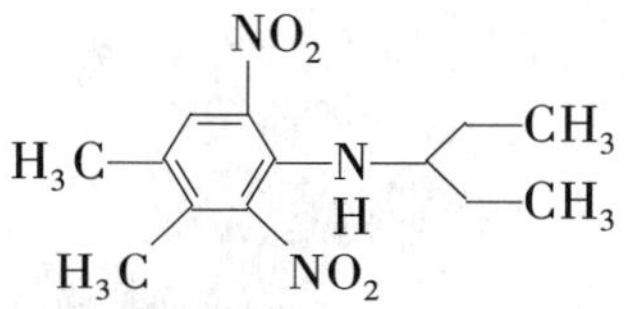

【商品属性】选择性除草剂，主要抑制分生组织细胞分裂，不影响杂草种子的萌发，而是在杂草种子萌发过程中幼芽、茎和根吸收药剂后而起作用。双子叶植物吸收部位为下胚轴，单子叶植物为幼芽，其受害症状是幼芽和次生根被抑制。防除一年生禾本科和某些一年生阔叶杂草。

橙色晶状固体，熔点54～58℃，沸点为蒸馏时分解，蒸气压4.0mPa（25℃），密度1.19（25℃）。溶解度：水0.3mg/L（20℃），丙酮700，二甲苯628，玉米油148，庚烷138，异丙醇77（g/L，26℃），易溶于苯、甲苯、氯仿、二氯甲烷、微溶于石油醚和汽油中。5～130℃贮存稳定，对酸碱稳定，光下缓慢分解。

常见制剂类型：乳油、可湿性粉剂。

【毒　　性】有中等刺激作用。

【税则号列】有效成分：29214990　　制剂：38089311（零售包装），38089319（其他）

**0144051　二氯喹啉酸　Quinclorac**

【别　　名】快杀稗，杀稗灵，神锄，稗草亡，稗必克，杀稗星，Facet，BAS514（H），BAS51406H

【有效成分】3,7-二氯-8-喹啉羧酸

【商品类别】杂环化合物

【结 构 式】

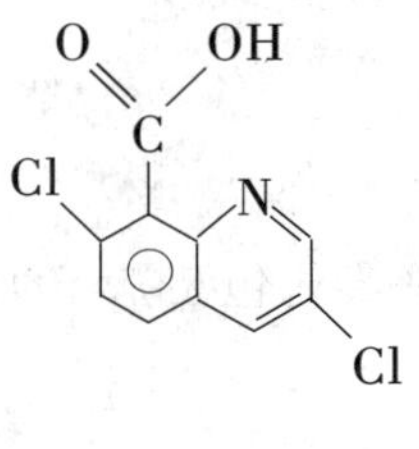

【商品属性】是防治稻田稗草的特效选择性除草剂，对 4 ~ 7 叶期稗草效果突出。选择性强，施药时期的幅度宽，一次施药能控制整个水稻生育期的稗草。还能有效防除鸭舌草、水芹等。对莎草科杂草的防治效果差。该化合物能被萌发的种子、根及叶部吸收，具有激素型除草剂的特点，与生长素类物质的作用症状相似。受害稗草嫩叶出现轻微失绿现象，叶片出现纵向条纹并弯曲。夹心稗受害后叶子失绿变为紫褐色至枯死；水稻的根部能将有效成分分解，因而对水稻安全。该化合物在土壤中有较大的移动性，能被土壤微生物分解。

无色结晶，熔点 274℃，蒸气压 < 0.01mPa（20℃），密度 1.75。溶解度（20℃）：水 0.065mg/kg，丙酮、乙醇 2g/kg，在其他有机溶剂中几乎不溶。光、热条件下稳定（pH3 ~ 9）。

常见制剂类型：可湿性粉剂、泡腾片剂。

【毒　　性】对皮肤、眼有刺激作用，一般不会引起全身中毒，无致癌性。对蜜蜂无毒。

【税则号列】有效成分：29334990　　制剂：38089311（零售包装），38089319（其他）

**0144052　二氯吡啶酸　Clopyralid**

【别　　名】

【有效成分】3,6-二氯吡啶-2-羧酸

【商品类别】除草剂

【结 构 式】

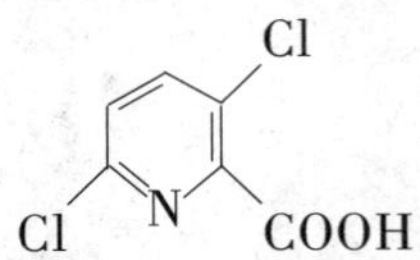

【商品属性】对杂草施药后，由叶片或根部吸收，在植物体中上下移行，迅速传到整个植株，其杀草的作用机制为促进植物核酸的形成，产生过量的核糖核酸，致使根部生长过量，茎及叶生长畸形，养分消耗，维管束输导功能受阻，导致杂草死亡。

原药外观为白色或浅褐色粉末。熔点：151 ~ 152℃。蒸气压（25℃）：1.6mPa。溶解度（20℃）：水 1.0g/kg，丙酮 153g/kg，环已酮 387g/kg，二甲苯 6.5 g/kg。

【毒　　性】低毒。

【税则号列】有效成分：29333990　　制剂：38089311（零售包装），38089319（其他）

**0144053　伐草快　Morfamquat**

【别　　名】Monfamquat dichloride，PP745，Morfoxone

【有效成分】1,1′-双［2-（3,5-二甲基-4-吗啉基）羧基甲基］-4,4′-联吡啶阳离子二氯化物

【商品类别】杂环化合物

【结 构 式】

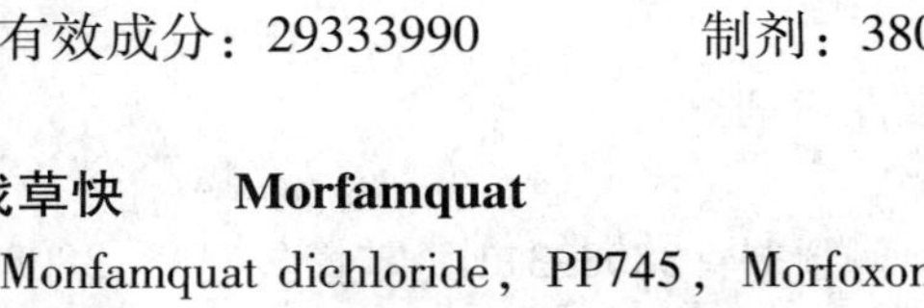

【商品属性】300℃分解，燃烧产生有毒氮氧化物和氯化物气体。

【毒　　性】高毒。

【税则号列】有效成分：29349990　　制剂：38089311（零售包装），38089319（其他）

**0144054　　氟磺胺草醚　　Fomesafen**

【别　　名】虎威，北极星，氟磺草，除豆莠，Flex，PP021

【有效成分】5-［2-氯-4-（三氟甲基）苯氧基］-N-（甲基磺酰基）-2-硝基苯酰胺

【商品类别】二苯醚类除草剂

【结 构 式】

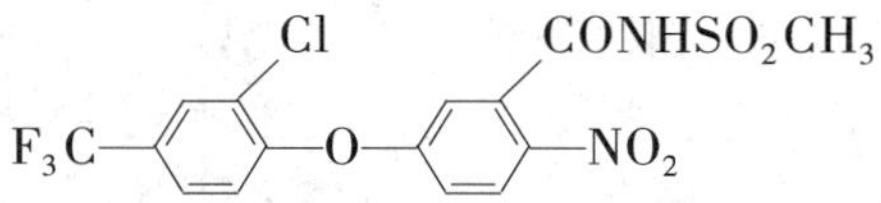

【商品属性】一种选择性除草剂，是原卟啉氧化酶抑制剂，大豆田防除阔叶杂草极为有效。苗前、苗后使用很快被叶部吸收，破坏杂草的光合作用，叶片黄化，迅速枯萎死亡。喷药后4～6小时内降雨亦不降低其除草效果。药液在土壤里被根部吸收也能发挥杀草作用，而大豆吸收药剂后能迅速降解。

无色晶体，熔点220～221℃，蒸气压＜0.1mPa（50℃），密度1.28g/ml（20℃）。溶解度：水（/L，20℃）约50，＜10（pH1～2），＞600（pH7）（20℃，mg/L）。50℃下保存6个月以上，见光分解，酸碱介质中不易水解。

常见制剂类型：微乳剂、乳油。

【毒　　性】对皮肤轻度刺激作用，眼中度刺激作用。无全身中毒报道。

【税则号列】有效成分：29350090　　　制剂：38089311（零售包装），38089319（其他）

**0144055　　氟草净**

【别　　名】SSH-108

【有效成分】2-二氟甲硫基-4, 6-双（异丙基氨基）-1, 3, 5-三嗪

【商品类别】三嗪类除草剂

【结 构 式】

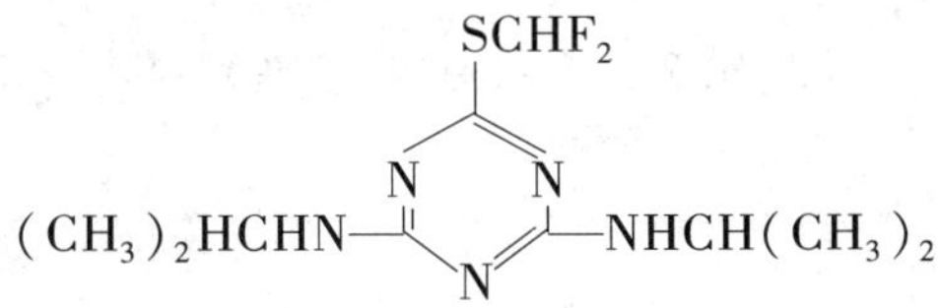

【商品属性】一种选择性内吸传导型除草剂。可被杂草根、茎、叶吸收，并在体内传导，抑制光合作用，使杂草逐渐干枯死亡。喷药后在土壤表面形成药层，使杂草萌发出土时接触到药剂。能有效地防治玉米等旱地作物一年生杂草。

原药为淡黄色结晶固体。纯品外观为白色固体，熔点56～57℃，溶于大多数有机溶剂，如乙醇、乙醚、丙酮、苯等，难溶于水。

常见制剂类型：乳油。

【毒　　性】对眼、皮肤、呼吸道有中度刺激作用。

【税则号列】有效成分：29336990　　　制剂：38089311（零售包装），38089319（其他）

**0144056　　氟乐灵　　Trifluralin**

【别　　名】特福力，氟特力，氟利克，Treflan，Flutrix，Triflurex，Elancolan，L36352，Treficon

【有效成分】2, 6-二硝基-N，N-二正丙基-4-三氟甲基苯胺

【商品类别】二硝基苯胺类除草剂

【结 构 式】

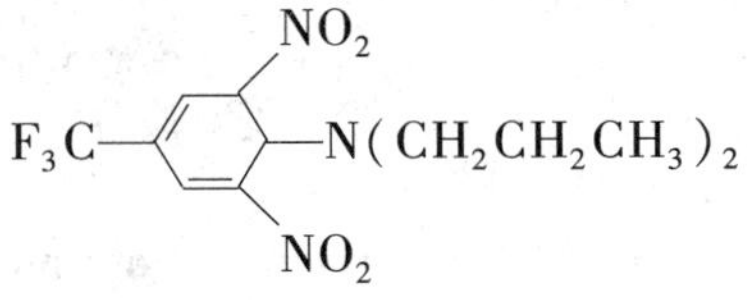

【商品属性】优良的旱田芽前除草剂，芽后活性较小，可防除一年生禾本科杂草和阔叶杂草。是通过杂草种子发芽生长穿过土层的过程中被吸收的。主要被禾本科植物的幼芽和阔叶植物的下胚轴吸收，子叶和幼根也能吸收，但出苗后的茎和叶不能吸收。造成植物药害的典型症状是抑制生长，根尖与胚轴组织细胞体积显著膨大。受害后的植物细胞停止分裂，根尖分生组织细胞变小，厚而扁，皮层薄壁组织中的细胞增大，细胞壁变厚。由于细胞中的液胞增大，使细胞丧失极性，产生畸形，呈现“鹅头”状的根茎。氟乐灵施入土壤后，由于挥发、光解、微生物和化学作用而逐渐分解消失，其中挥发和光分解是分解的主要因素。施到土表的氟乐灵最初几小时内的损失最快，潮湿和高温会加快它的分解速度。

桔黄色晶体，有芳香族化合物气味。熔点48.5~49℃（原药43~47.5℃），沸点139~140℃/4.2mmHg，蒸气压9.5mPa（原药为6.1mPa，25℃），密度1.36（22℃），kow187000（pH7.7~8.9），工业品为67900（pH6~7.5）（20℃）。溶解度：水0.184g/L（pH5）、0.221g/L（pH7）、0.189g/L（pH9）（mg/L），丙酮、氯仿、乙腈、甲苯、乙酸乙酯>1000（g/L，25℃）。甲醇33~40，己烷50~67（g/L，25℃）。紫外光下分解。

常见制剂类型：母液、可湿性粉剂、乳油。

【毒　　性】对皮肤有轻度刺激，一般不会引起全身毒性。

【税则号列】有效成分：29214300　　　制剂：38089311（零售包装），38089319（其他）

**0144057　　氟烯草酸　　Flumiclorac-pentyl**

【别　　名】氟亚胺草酯，利收，阔氟胺，Resource

【有效成分】戊烷基［2-氯-5-（环己烷-1-烯基-1,2-二羧甲酰亚胺基）-4-氟苯基］醋酸酯

【商品类别】N-邻苯二酰苯胺类除草剂

【结 构 式】

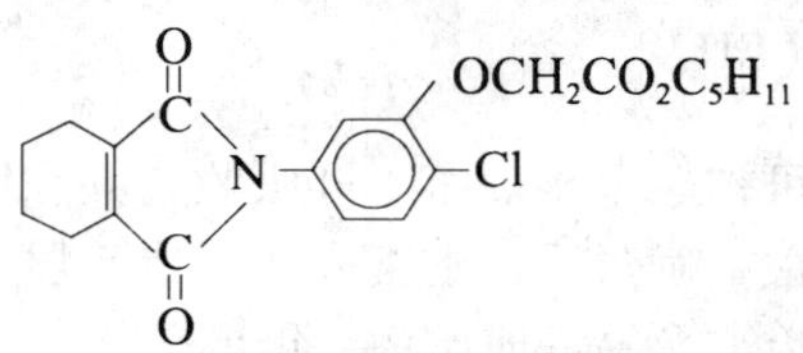

【商品属性】一种新型苗后处理除草剂。原卟啉原氧化酶抑制剂，药剂被敏感杂草叶面吸收后，迅速作用于植株组织，引起原卟啉积累，使细胞膜脂质过氧化作用增强。从而导致敏感杂草的细胞膜结构和细胞功能不可逆损害。阳光和氧是除草活性必不可少的。常常在24~48h出现叶面枯斑症状。

除防治阔叶杂草外，还可与防除禾本科杂草的除草剂混用。主要用于大豆、玉米田等苗后防除阔叶杂草，

纯品为白色粉状固体。原药为米色固体，有卤化物气味，熔点88.9~90.1℃，蒸气压<0.01mPa（22.4℃），密度1.33g/ml（20℃）。溶解度：水0.189mg/L（25℃）、甲醇47.8、己烷3.28、n-辛醇16.0、丙酮590g/L。

常见制剂类型：乳油。

【毒　　性】对皮肤、眼睛和上呼吸道有刺激作用。

【税则号列】有效成分：29251900　　　制剂：38089311（零售包装），38089319（其他）

**0144058　　禾草丹　　Thiobencarb**

【别　　名】杀草丹，稻草完，除田莠，benthiocarb，Saturn，Bolero，Saturno

【有效成分】S-［（4-氯苯基）甲基］二乙基硫代氨基甲酸酯

【商品类别】硫代氨基甲酸酯类除草剂

【结 构 式】

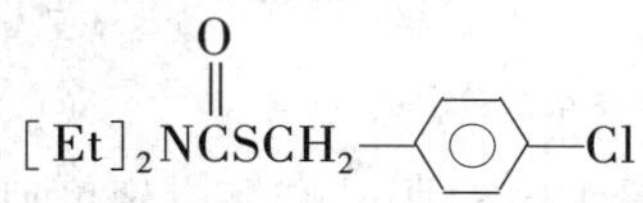

【商品属性】为氨基甲酸酯类选择性内吸传导型土壤处理除草剂，可被杂草的根部和幼芽吸收，特别是幼芽吸收后转移到植物体内，对生长点有很强的抑制作用。禾草丹阻碍 α-淀粉酶和蛋白质合成，对植物细胞的有丝分裂也有强烈抑制作用，因而导致萌发的杂草种子和萌发初期的杂草枯死。稗草吸收传导禾草丹的速度比水稻要快，而在体内降解禾草丹的速度比水稻要慢，这是形成选择性的生理基础。此类除草剂能迅速被土壤吸附，因而随水分的淋溶性小，一般分布在土层2厘米处。土壤的吸附作用减少了由蒸发和光解造成的损失。在土壤中半衰期，通气良好条件下为2~3周，厌氧条件下则为6~8月。能被土壤微生物降解，厌氧条件下被土壤微生物形成的脱氯禾草丹，能强烈地抑制水稻生长。对水稻田牛毛草、稗草有特效。

浅黄色到棕黄色液体，熔点3.3℃，沸点126~129℃/0.008mmHg，蒸气压2.2Pa（23℃），密度1.145~1.180（20℃）。溶解度：水30mg/L（20℃），易溶于丙酮、乙醚、二甲苯、甲醇、苯、正己烷、乙腈。21℃时pH5~9水溶液中稳定30天，对光稳定。

常见制剂类型：乳油、可湿性粉剂。

【毒　　性】对人、畜、鱼类毒性低，对眼、皮肤和呼吸道有刺激作用，在浓度大时，对胆碱酯酶有轻度的抑制作用。

【税则号列】有效成分：29302000　　　制剂：38089311（零售包装），38089319（其他）

**0144059　禾草敌　Molinate**

【别　　名】禾大壮，禾草特，草达灭，环草丹，杀克尔，Ordram，Hydram，Ssakkimol，R-4572

【有效成分】N，N-六甲撑硫赶氨基甲酸乙酯

【商品类别】氨基甲酸酯类除草剂

【结 构 式】

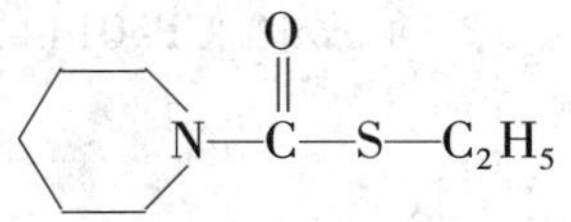

【商品属性】防治稻田稗草的选择性除草剂，土壤处理兼茎叶处理，施于田中后，由于比重大于水，而沉降在水与泥的界面，形成高浓度的药层，杂草通过药层时，能迅速被初生根、尤其被芽鞘吸收，并积累在生长点的分生组织，阻止蛋白质合成，使增殖的细胞缺乏蛋白质及原生质而形成空脆。禾草特还能抑制a-淀粉酶活性，停止或减弱淀粉的水解，使蛋白质合成及细胞分裂失去能量供给，受害的细胞膨大，生长点扭曲而死亡。经过催芽的稻种播于药层之上，稻根向下穿过药层吸收药量少，芽鞘向上生长不通过药层，因而不会受害。禾草特对防治1~4叶期的各种生态型稗草有效，用药早时对牛毛毡及碎米莎草也有效。但对阔叶草无效，适用于以稗草为主的水稻秧田，直播田及插秧田本田，由于禾草特杀草谱窄，连续使用会使稻田杂草发生明显改变，注意与其他除草剂合理混用。

透明液体有芳香味，原药为琥珀色液体，沸点202℃/10mmHg，蒸气压746mPa（25℃），密度1.063（20℃）。溶解度：水88mg/L（20℃），与许多有机溶剂

混溶，如丙酮、甲醇、乙醇、煤油、甲基异丁基酮、苯、二甲苯，室温下至少保存2年。120℃至少保存1个月。在酸碱中稳定（pH5~9，40℃），见光分解，闪点>100℃。

常见制剂类型：可湿性粉剂、粒剂、乳油。

【毒　　性】对眼睛、皮肤和呼吸道有刺激，摄入量大时对胆碱酯酶有轻度刺激。

【税则号列】有效成分：29339900　　制剂：38089311（零售包装），38089319（其他）

**0144060　禾草灵　Diclofop-methyl**

【别　　名】伊洛克桑，禾草除，Illoxan，Hoelon

【有效成分】2［4（-2′，4′-二氯苯氧基）苯氧基］丙酸甲酯

【商品类别】苯氧羧酸类除草剂

【结 构 式】

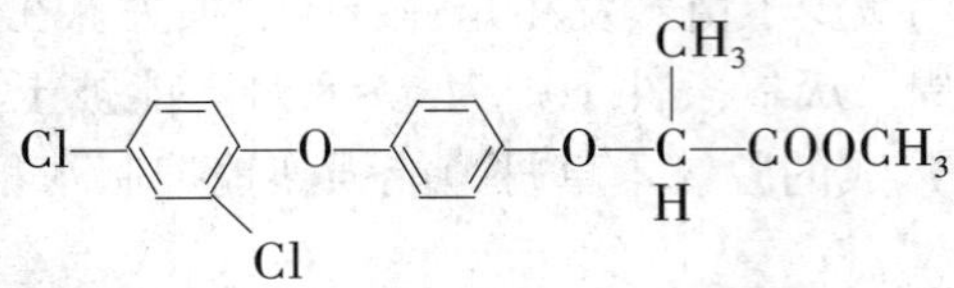

【商品属性】选择性叶面处理剂，有局部内吸作用，传导性差。作用于分生组织，表现为植物激素拮抗剂，破坏细胞膜及叶绿素，抑制光合作用及同化物的运输。其在单双子叶植物间有良好的选择性，如对小麦和野燕麦间的选择性。适用于小麦、大麦、黑麦、大豆、甜菜、马铃薯、亚麻、花生等作物田中防除野燕麦、马唐、毒麦、看麦娘及狗尾草等。

无色无臭晶体，比重1.3（40℃），熔点39~41℃，蒸气压0.25mPa（20℃）。水中溶解度为0.8mg/L（25℃），20℃时在有机溶剂中的溶解度分别为丙酮、二氯甲烷、二甲亚砜、甲苯>500g/L，聚乙二醇148，甲醇120，异丙醇51，正己烷50g/L。20℃时光稳定。

常见制剂类型：乳油。

【毒　　性】低毒，消化道症状；严重时对肝、肾损伤。

【税则号列】有效成分：29189900　　制剂：38089311（零售包装），38089319（其他）

**0144061　甲草胺　Alachlor**

【别　　名】拉索，澳特拉索，草不绿，杂草锁，Lasso，Otraxal，CP50144，La20，Methachlor

【有效成分】α-氯代-2′，6′-二乙基-N-甲氧基甲基乙酰替苯胺

【商品类别】酰胺类除草剂

【结 构 式】

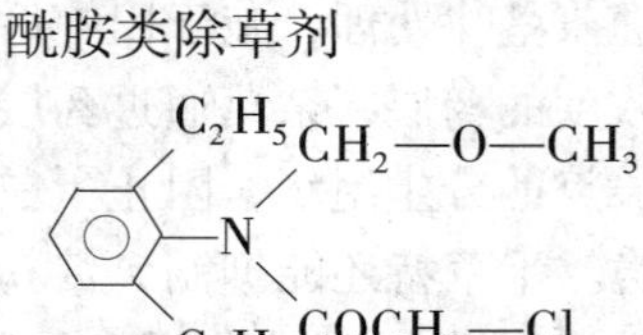

【商品属性】选择性芽前除草剂，可被植物幼芽吸收（单子叶植物为胚芽鞘、双子叶植物为下胚轴），吸收后向上传导；种子和根也吸收传导，但吸收量较少，传导速度慢。出苗后主要靠根吸收向上传导。甲草胺进入植物体内抑制蛋白酶活动，使蛋白质无法合成，造成芽和根停止生长，使不定根无法形成。如果土壤水分适宜，杂草幼芽期不出土即被杀死。症状为芽鞘紧包生长点，鞘变粗，胚根细而弯曲，无须根，生长点逐渐变褐色至黑色烂掉。如土壤水分少，杂草出土后随着雨、土壤湿度增加，杂草吸收药剂后，禾本科杂草心叶卷曲至整株枯死。阔

叶杂草叶皱缩变黄，整株逐渐枯死。

原药为乳白色晶体，熔点 39.5～41.5℃，沸点 100℃（0.02mmHg），蒸气压 2.9mPa（25℃），比重 1.133（25℃）。水中溶解度 242mg/L（25℃），能溶于乙醇、乙醚、丙酮、氯仿等有机溶剂，分解温度 105℃，在强酸强碱条件下分解。

常见制剂类型：乳油、悬乳剂。

【毒　　性】对皮肤、眼睛和呼吸道有刺激作用。

【税则号列】有效成分：29242990　　　　制剂：38089311（零售包装），38089319（其他）

**0144062　　甲羧除草醚　　Bifenox**

【别　　名】茅毒，治草醚，Modown，Plodown，Mc-4379

【有效成分】5-（2,4-二氯苯氧基）-2-硝基苯甲酸甲酯

【商品类别】二苯醚类除草剂

【结 构 式】

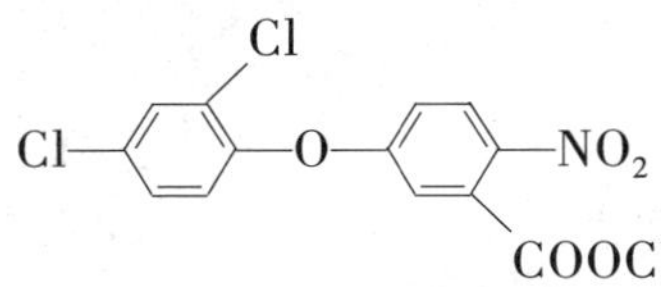

【商品属性】触杀型芽前土壤处理剂。被植物幼芽吸收，根吸收很少。药剂在体内很难传导，但在植物体内水解成游离酸后易于传导。本药剂需光活化后才能发挥除草作用，对杂草幼芽的毒害作用最强。杂草种子在药层中或药层下发芽时接触药剂，其表皮组织遭破坏，抑制光合作用。对阔叶杂草的作用比禾本科杂草大。甲羧除草醚的选择性与其在植物体内的吸收、代谢差异有关。播后苗前处理后，药在玉米、大豆中只存在于接触土层的部位，很少传导；但敏感杂草的整个茎、叶和子叶中均有分布。此外，水稻降解甲羧除草醚的速度快，而稗草慢，也是形成选择性原因之一。

具有轻微芳香味黄色晶体，熔点 84～86℃，蒸气压 0.32mPa（30℃），密度 0.65g/ml。溶解度：水 0.35mg/L（25℃），丙酮 400，氯苯 400，二甲苯 300，乙醇 $<50$（g/kg，25℃），微溶于脂肪烃类。290℃以上分解，微酸或微碱介质中稳定，pH9 以上快速水解。

【毒　　性】对皮肤轻度刺激作用，对眼中度刺激作用。

【税则号列】有效成分：29189900　　　　制剂：38089311（零售包装），38089319（其他）

**0144063　　快灭灵　　Carfentrazone-ethyl**

【别　　名】三唑酮草酯，福农，Affinity

【有效成分】乙基-2-氯-3-｛2-氯-5-［4-（二氟甲基）-4,5-二氢-3-甲基-5-氧-1H-1,2,4-三唑-1-基］-4-氟苯基｝丙酸乙酯

【商品类别】三唑啉酮类除草剂

【结 构 式】

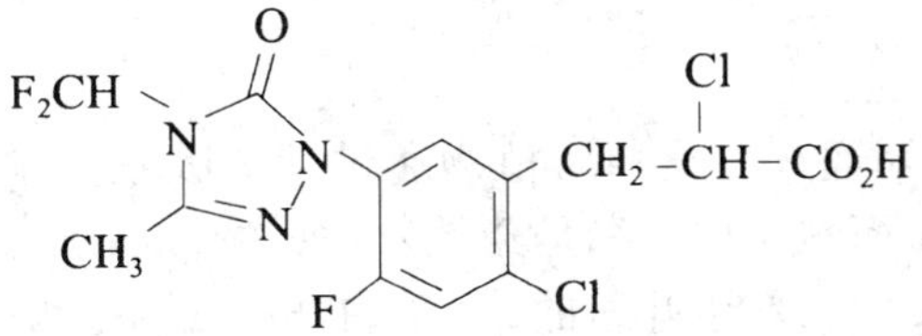

【商品属性】本品是通过抑制原卟啉氧化酶，从而使膜分裂。在禾谷类作物上使用，用于苗后叶面处理，使敏感阔叶杂草传导受阻而很快干枯死亡。对小麦、玉米等禾谷类作物安全。对在长期使用磺脲类除草剂地区产生抗药性的杂草具有特效，对

后茬作物安全。

原药外观为黏性黄色液体，密度 1.457g/cm$^3$（20℃），沸点 350～355℃，熔点～22.1℃，蒸气压 1.2×10$^{-7}$mmHg（25℃）。溶解度（25℃）：水 22mg/L，甲苯 1060g/L，已浣 50g/L。

常见制剂类型：悬浮剂。

【毒　　性】低毒。

【税则号列】有效成分：29339900　　　制剂：38089311（零售包装），38089319（其他）

**0144064　　草甘膦　　Glyphosate**

【别　　名】农达，镇草宁，时拔克，Roundup，Spark

【有效成分】N-（磷酸甲基）甘氨酸

【商品类别】有机磷类除草剂

【结 构 式】

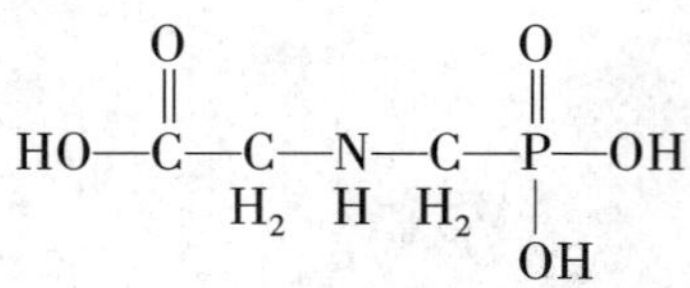

【商品属性】内吸传导型广谱灭生性除草剂。对天敌及有益生物较安全。主要通过抑制植物体内烯醇丙酮基莽草素磷酸合成酶，从而抑制莽草素向苯丙氨酸、酪氨酸及色氨酸的转化，使蛋白质的合成受到干扰导致植物死亡。草甘膦以内吸传导性强而著称，它不仅能通过茎叶传导到地下部分，而且在同一植株的不同分蘖间也能进行传导，对多年生深根杂草的地下组织破坏力很强，能达到一般农业机械无法达到的深度。草甘膦杀草谱很广，对 40 多科的植物有防除作用，包括单子叶和双子叶、一年生和多年生、草本和灌木等植物。豆科和百合科一些植物对草甘膦的抗性较强。草甘膦入土后很快与铁、铝等金属离子结合而失去活性。

无色晶体，熔点 200℃，蒸气压不计，松密度 0.5g/cm$^3$。溶解度：水 12g/L（25℃），不溶于一般有机溶剂，如丙酮、乙醇、二甲苯。低于60℃稳定，光稳定。

常见制剂类型：可溶性粉剂、悬浮剂。

【毒　　性】对皮肤、眼睛和上呼吸道有刺激作用，无经口中毒报道。

【税则号列】有效成分：29319000　　　制剂：38089311（零售包装），38089319（其他）

**0144065　　草除灵　　Benazolin-ethyl**

【别　　名】高特克，乙酯，Galtak，Cornox

【有效成分】4-氯-2-氧代-3（2H）苯并噻唑乙酯

【商品类别】杂环化合物

【结 构 式】

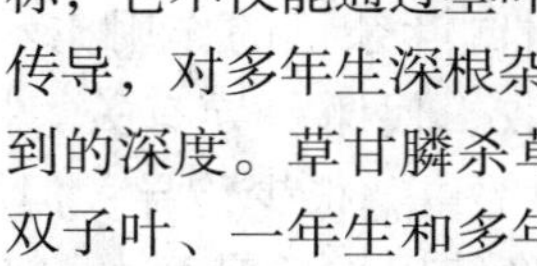

【商品属性】是一种选择性芽后茎叶处理剂。施药后植物通过叶片吸收，输导到整个植物体，作用方式同 2 甲 4 氯丙酸相似，只是药效发挥缓慢，敏感植物受药后生长停滞，叶片僵绿、增厚反卷，新生叶扭曲，节间缩短，最后死亡，与激素类除草剂症状相似。在耐药性植物体内降解成无活性物质，对油菜、麦类、苜蓿等作物安全。气温高作用快，气温低作用慢。在土壤中转化成游离酸并很快降解成无活性物质，对后茬作物无影响。适用于油菜、麦类、苜蓿等防除一年生阔叶杂草，繁缕、牛繁缕、雀舌草、苋、猪殃殃等。以猪殃殃为主的阔叶杂草，应适当提高用药剂量。

无色晶状固体，熔点 79.2℃，蒸气压 0.37mPa（25℃），密度 1.45（20℃）。溶解度（20℃）：水 47mg/L、丙酮 229g/L、二氯甲烷 603g/L、乙酸乙酯 148g/L、甲醇 28.5g/L、甲苯 198g/L。300℃以下以及在酸和中性溶液中稳定。

常见制剂类型：悬浮剂、可湿性粉剂。

【毒　　性】对皮肤、眼有刺激作用。

【税则号列】有效成分：29342000　　　制剂：38089311（零售包装），38089319（其他）

**0144066　除草醚　Nitrofen**

【别　　名】TOK，NPE，Nitrophen，NIP

【有效成分】2,4-二氯苯基-4′-硝基苯基醚

【商品类别】二苯醚类除草剂

【结 构 式】

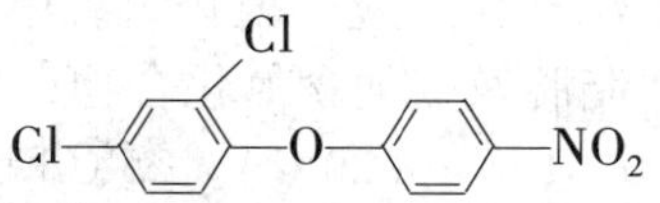

【商品属性】具有一定选择性的触杀型除草剂，主要作用部位是杂草的幼芽，土壤处理在土表形成药层，当杂草幼芽出土时接触药剂被杂草幼芽迅速吸收（但不易传导）干扰呼吸作用，抑制 ATP 的生成，使营养吸收、运输因能量缺乏而死亡。暗中不能发挥药效，见光才会产生活性，随光强增加，其活性增加。晴天使用效果好，阴天不利于充分发挥作用，一般在 20℃以上，气温越高，除草效果越好，反之就差。杂草根不吸收除草醚，除草醚的选择性是由位差选择和不同植物耐药力的差异所造成。

纯品为淡黄色针状结晶，熔点 70～71℃，40℃蒸气压 $8\times10^{-6}$mmHg。22℃时水中溶解度 0.7～1.2ppm，易溶于甲醇、乙醇、丙酮、苯等。较稳定，常温下可贮存 2 年。

常见制剂类型：可湿性粉剂。

【毒　　性】接触皮肤会有一定的致敏作用，脱离接触后可恢复正常，如误服可引起中毒，出现高铁血红蛋白症和溶血性贫血，发生紫绀、黄疸等症状。

【税则号列】有效成分：29093090　　　制剂：38089311（零售包装），38089319（其他）

**0144067　喹禾糠酯　Quizalofop-P-tefuryl**

【别　　名】

【有效成分】（RS）-2-甲基呋喃氢酯基（R）-2-［4-（6-氯-2-喹喔啉氧）苯氧基］丙酸乙酯

【商品类别】除草剂

【结 构 式】

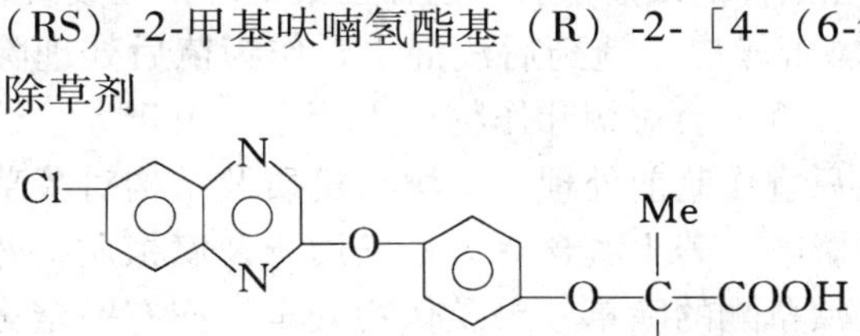

【商品属性】本品从面吸收传输到植物体内，在木质部和韧皮部中运动，在分裂组织中积累。用于防除土豆、亚麻、油菜、大豆、甜菜、棉花和豌豆地中的一年生和多年生杂草。

深黄色液体，在室温下有结晶存在。熔点 59～68℃，蒸气压 $7.9\times10^{-3}$mPa（25℃）。溶解度：水中为 4mg/L（25℃），甲苯 652，己烷 12，甲醇 64g/L。

常见制剂类型：乳油。

【毒　　性】低毒。

【税则号列】有效成分：29339900　　　制剂：38089311（零售包装），38089319（其他）

**0144068　茅草枯　Dalapon**

【别　　名】达拉朋，Proprop

【有效成分】2,2-二氯丙酸

【商品类别】除草剂

【结 构 式】

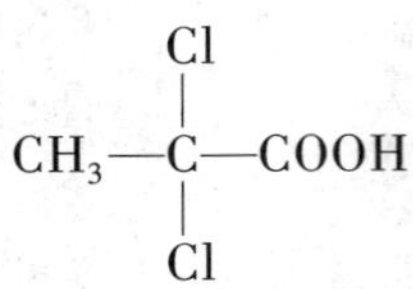

【商品属性】内吸传导型选择性除草剂。以植物的叶面吸收为主，药物传导到顶端分生组织后引起细胞内化合物的氨基或巯基发生烷基化反应，植物组织中游离铵水平过高，干扰多种酶的活性。还干扰糖类、脂肪及其他含氮化合物，泛酸代谢。

无色液体，沸点 185～190℃，蒸气压 0.01mPa（20℃）。25℃稍有水解，50℃及以上迅速水解，碱液中 120℃以上脱盐酸反应。

【毒　　性】对皮肤有一定的刺激作用。

【税则号列】有效成分：29159000　　　制剂：38089311（零售包装），38089319（其他）

**0144069　嗪草酮　Metribuzin**

【别　　名】赛克，立克除，甲草嗪，赛克津，赛克嗪，特丁嗪，Sencor，Lexone，Sencora，Sencoral，Sencorex

【有效成分】4-氨基-6-特丁基-4,5-二氢-3-甲硫基-1,2,4-三嗪-5（4H）-酮

【商品类别】三嗪类除草剂

【结 构 式】

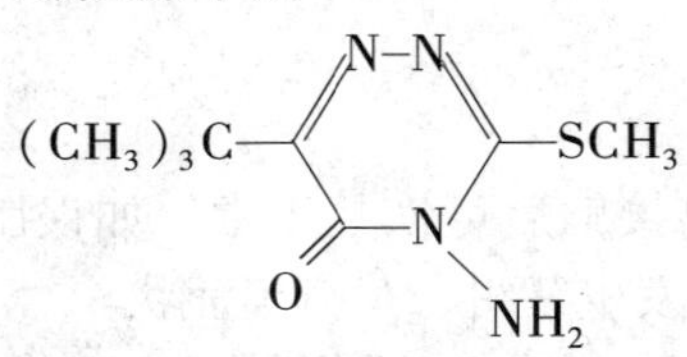

【商品属性】选择性除草剂，有效成分被杂草根系吸收随蒸腾流向上部传导，也可被叶片吸收在体内作有限的传导。主要通过抑制敏感植物的光合作用发挥杀草活性，施药后各敏感杂草萌发出苗不受影响，出苗后叶片褪绿，最后营养枯竭而死。嗪草酮可用做萌前或萌后处理，在播种前或播种后苗前作土壤处理，土壤具有适当的湿度有利于根的吸收，若土壤干燥应于施药后浅混土，作为苗后处理除草效果更为显著，剂量要酌情降低，否则会对阔叶作物产生药害，由于大豆苗期的耐药安全性差，嗪草酮对大豆只宜作萌前处理。土壤有机质及结构对嗪草酮的除草效能及作物对药的吸收有影响，若土壤含有大量粘质土及腐植质，药量要酌情提高，反之减少。温度对嗪草酮的除草效果及作物安全性亦有一定影响，温度高的较温度低的地区用药量低，嗪草酮在土壤中的持效性视气候条件及土壤类型而不同，一般条件下半衰期为 28 天左右，对后茬作物不会产生药害。

无色晶体，略带特殊气味，熔点 126.2℃，沸点 132℃/2Pa，蒸气压 0.058mPa（20℃），密度 1.31（20℃）。溶解度：水中 1.05g/L（20℃），二甲基甲酰胺 1780，环己酮 1000，氯仿 850，丙酮 820，甲醇 450，二氯甲烷 333，苯 220，正丁醇 150，乙醇 190，甲苯 50～100，二甲苯 90，异丙醇 50～100，己烷 0.1

~1（g/L，20℃）。对紫外光稳定，20℃稀释酸碱中稳定，水中光解迅速。
常见制剂类型：可湿性粉剂、乳油。

【毒　　性】对眼、皮肤、呼吸道有中度刺激作用。

【税则号列】有效成分：29336990　　　　制剂：38089311（零售包装），38089319（其他）

**0144070　　嘧啶肟草醚　　Pyribenzoxim**

【别　　名】Pyanchor，韩乐天

【有效成分】O-［2,6-双［（4,6-二甲氧-2-嘧啶基）氧基］苯甲酰基］二苯酮肟

【商品类别】除草剂

【结 构 式】

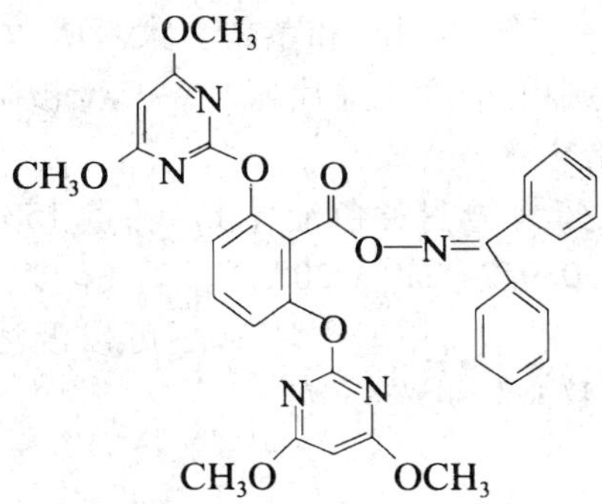

【商品属性】乙酰乳酸合成酶（ALS）的抑制剂。
纯品为无味白色固体。熔点 128~130℃，蒸气压 $<7.4\times10^{-6}$Pa。水中溶解度 3.5ppm。

【毒　　性】低毒。

【税则号列】有效成分：29335990　　　　制剂：38089311（零售包装），38089319（其他）

**0144071　　溴苯腈　　Bromoxynil**

【别　　名】伴地农，Pardner，Brominil，Buctril，Brominal，Bronate，MB10064，16272RP，Butilchlorofos

【有效成分】3,5-二溴-4-羟基-1-氰基苯

【商品类别】除草剂

【结 构 式】

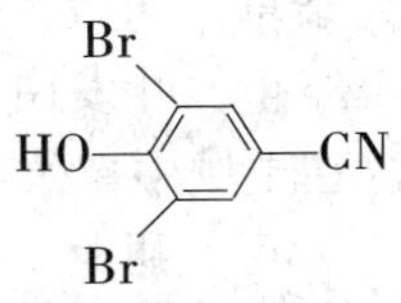

【商品属性】本药是选择性苗后茎叶处理触杀型除草剂。主要经由叶片吸收，在植物内进行极其有限的传导，通过抑制光合作用的各个过程迅速使植物组织坏死。施药 24 小时内叶片褪绿，出现坏死斑。在气温较高、光照较强条件下，加速叶片枯死。适用于小麦、大麦、黑麦、玉米、高粱、亚麻等作物田防除阔叶杂草蓼、藜、苋、麦瓶草、龙葵、苍耳、猪毛菜、麦家公、田旋花、荞麦蔓等。
原药为褐色固体，熔点为 188~192℃，蒸气压为 6.7mPa（25℃）。纯化合物为无色固体，熔点 104~195℃。溶解度（25℃）：水 130mg/L，丙酮 170g/L。
常见制剂类型：乳油。

【毒　　性】中等毒，若不慎溅入眼内或皮肤上，立即用大量清水冲洗。

【税则号列】有效成分：29269090　　　　制剂：38089311（零售包装），38089319（其他）

**0144072　灭草敌　Vernolate**

【别　　名】卫农，灭草丹，灭草猛，Vernam，R-1607，Stabam

【有效成分】S-丙基二丙基硫代氨基甲酸酯

【商品类别】硫代氨基甲酸酯类除草剂

【结 构 式】$CH_3CH_2CH_2SCON[C_3H_7]_2$

【商品属性】选择性土壤处理剂。在杂草种子发芽出土过程中，通过幼芽及根吸收药剂，并在植物体内传导，抑制和破坏敏感植物细胞的核糖核酸和蛋白质的合成，致使杂草叶部分生组织的生长受抑制。受害杂草多数在出土前的幼苗期生长点被破坏而死亡，少数受害轻的杂草虽能出土，但幼叶卷曲变形，茎肿大，不能正常生长，大豆和花生也吸收药剂，并能转移到叶和茎中。大豆吸收药剂的量48小时达到最大值，而药剂在根和茎中的浓度比叶片高，6~7天被降解。其选择性是由分解代谢能力的差异及位差选择等造成。

清亮的液体，有淡芳香气味（原药为透明黄色液体），沸点150℃/30mmHg，蒸气压1.39Pa（25℃），密度0.952g/ml（20℃）。溶解度：水90mg/L（20℃），与丙酮、乙醇、煤油、二甲苯、甲基异丁基酮可以混溶，中性、酸性、碱性介质中稳定，低于200℃稳定，见光分解。

常见制剂类型：乳油。

【毒　　性】

【税则号列】有效成分：29302000　　　制剂：38089311（零售包装），38089319（其他）

**0144073　灭草灵　Swep**

【别　　名】FMC-2995，MCC

【有效成分】N-3, 4-二氯苯基氨基甲酸甲酯

【商品类别】氨基甲酸酯类除草剂

【结 构 式】

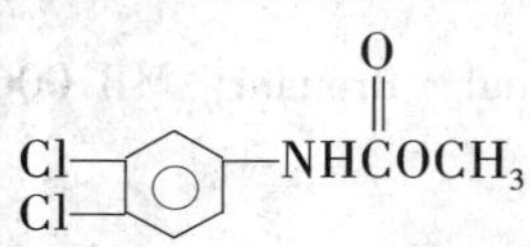

【商品属性】本剂为选择性内吸兼触杀型除草剂，经由植物的根系吸收，向上传导到地上部。其作用是抑制细胞分裂，扰乱代谢过程而杀死杂草。药效比较缓慢，施药后1~2周敏感杂草才逐渐死亡。中毒症状为生长停止，叶发白萎缩，然后变黄腐烂。对水稻无论在播后芽前或苗期均很安全。在土壤中持效期水田为2~8周，旱田4周左右。适用于在水稻、玉米、小麦、大豆、甜菜、花生、棉花等作物中防治一年生禾本科杂草和某些阔叶杂草，如稗、马唐、看麦娘、狗尾草、三棱草及藜、车前等。

纯品白色结晶，熔点112~114℃，原粉为褐色结晶体，不溶于水、煤油、氯仿等，溶于丙酮、苯、甲苯、二甲基甲酰胺等，一般情况下对酸、碱、热稳定，在土壤中易分解。

【毒　　性】对眼睛、皮肤、呼吸道有刺激，浓度大时，对胆碱酯酶有轻度的抑制作用。

【税则号列】有效成分：29242990　　　制剂：38089311（零售包装），38089319（其他）

**0144074　灭草松　Bentazone**

【别　　名】排草丹，苯达松，噻草平，百草克，Basagran，Bentazone

【有效成分】3-异丙基-（1H）-苯并-2, 1, 3-噻二嗪-4-酮-2, 2-二氧化物

【商品类别】杂环化合物

【结 构 式】

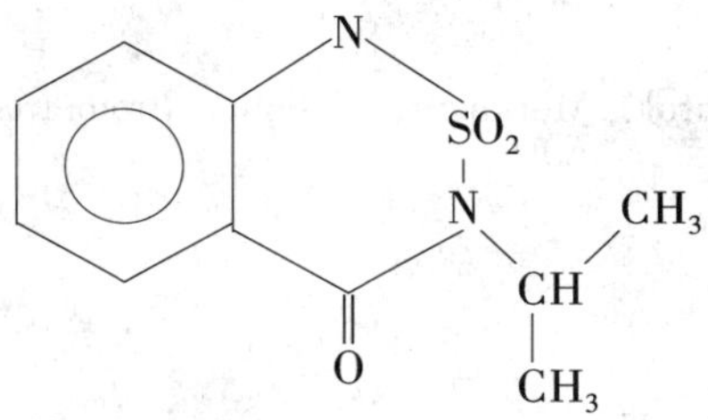

【商品属性】是触杀型具选择性的苗后除草剂，用于苗期茎叶处理，通过叶片接触而起作用。旱田使用，先通过叶面渗透传导到叶绿体内抑制光合作用。水田使用既能通过叶面渗透又能通过根部吸收，传导到茎叶，强烈阻碍杂草光合作用和水分代谢，造成营养饥饿，使生理机能失调而致死。有效成分在耐性作物体内向活性弱的糖轭合物代谢而解毒，对作物安全，施药后 6 ~ 18 周灭草松在土壤中可被微生物分解。

纯品为无色晶体，熔点 137 ~ 139℃，蒸气压 0.46mPa（20℃），密度 1.47。溶解度（g/kg/20℃）：丙酮 1507，苯 33，乙酸乙酯 650，乙醚 616，环己烷 0.2，三氯甲烷 180，乙醇 861，水 570mg/L（pH7，20℃）。酸碱介质中不易水解，紫外光分解。

常见制剂类型：可湿性粉剂、水剂。

【毒　　性】对眼睛和呼吸道有刺激作用。

【税则号列】有效成分：29349990　　制剂：38089311（零售包装），38089319（其他）

**0144075　氯氟吡氧乙酸　Fluroxypyr**

【别　　名】使它隆，氟草定，氟草烟，Starane，Dowco 433，Advance

【有效成分】4-氨基-3,5-二氯-6-氟-吡啶-2-氧乙酸

【商品类别】吡啶类除草剂

【结 构 式】

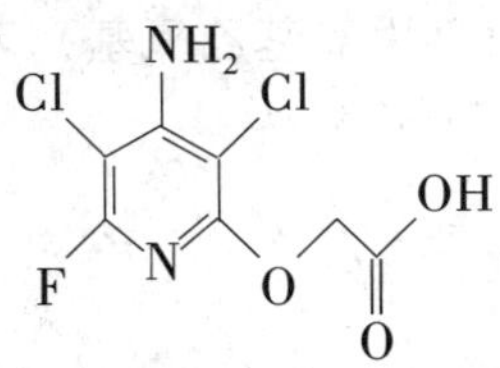

【商品属性】本品属吡啶氧乙酸类除草剂（激素型）。内吸传导型苗后除草剂。药后很快被植物吸收，使敏感植物出现典型激素类除草剂的反应，植株畸形、扭曲。在耐药性植物如小麦体内，氟草定可结合成轭合物失去毒性，从而具有选择性。温度对其除草的最终效果无影响，但影响其药效发挥的速度。一般在温度低时药效发挥较慢，可使植物中毒后停止生长，但不立即死亡；气温升高后植物很快死亡。在土壤中淋溶不显著，大部分分布在 0 ~ 10 厘米表土层中，有氧的条件下，在土壤微生物的作用很快降解成 2-吡啶醇等无毒物，在土壤中半衰期较短，不会对下茬阔叶作物产生影响。

白色晶状固体，熔点 232 ~ 233℃，密度 1.09（24℃）。溶解度：水 91mg/L、丙酮 51.0、甲醇 34.6、乙酸乙酯 10.6、异丙醇 9.2、二氯甲烷 0.1、甲苯 0.8、二甲苯 0.3（g/L，20℃）。酸性介质中稳定. 本品为酸性，与碱性物质反应形成盐，低于熔点前稳定，可见光下稳定。

常见制剂类型：乳油、可湿性粉剂。

【毒　　性】对皮肤、眼和上呼吸道有刺激作用，无全身中毒报道。

【税则号列】有效成分：29333990　　制剂：38089311（零售包装），38089319（其他）

**0144076　扑草净　Prometryn**

【别　　名】扑蔓尽，割草佳，Gesagard，Caparol，Merkazin，Polisin，Prometrex，Primatol-Q

【有效成分】4,6-双异丙胺基-2-甲硫基-1,3,5-三嗪

【商品类别】三嗪类除草剂

【结 构 式】

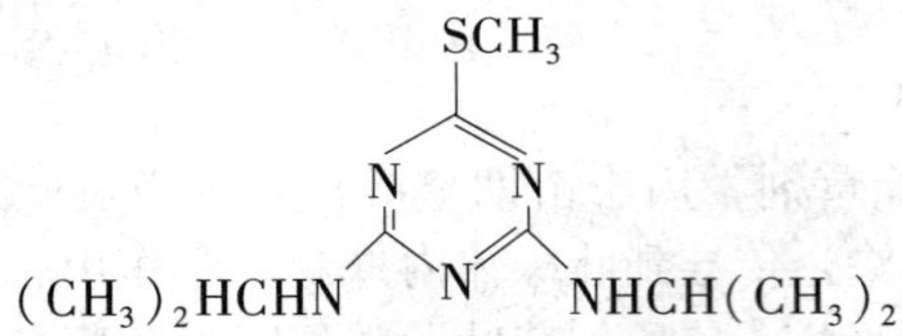

【商品属性】选择性内吸传导型除草剂，可从根部吸收，也可从茎叶渗入体内，运输至绿色叶片内抑制光合作用，中毒杂草失绿逐渐干枯死亡，发挥除草作用，其选择性与植物生态和生化反应的差异有关，对刚萌发的杂草防效最好，扑草净水溶性较低，施药后可被土壤粘粒吸附在 0～5cm 表土中，形成药层，使杂草萌发出土时接触药剂，持效期 20～70 天，旱地较水田长，粘土中更长。

白色粉末，熔点 118～120℃，蒸气压 0.169mPa（25℃）（OEOD－104），密度 1.15（20℃）。溶解度：水 33mg/L（25℃），丙酮 300，乙醇 140，己烷 6.3，甲苯 200，正辛醇 110（g/L，25℃）。中性介质（20℃）、微酸和微碱介质中稳定，热酸和碱中水解，紫外光下分解。

常见制剂类型：可湿性粉剂、乳油。

【毒　　性】对眼、皮肤、呼吸道有中等刺激作用。

【税则号列】有效成分：29336990　　制剂：38089311（零售包装），38089319（其他）

**0144077　醚磺隆　Cinosulfuron**

【别　　名】莎多伏，甲醚磺隆，Setoff，CGA-142464

【有效成分】1-（4,6-二甲氧基-1,3,5-三嗪-2-基）-3-［2（2-甲氧基乙氧基）苯基磺酰］脲

【商品类别】除草剂

【结 构 式】

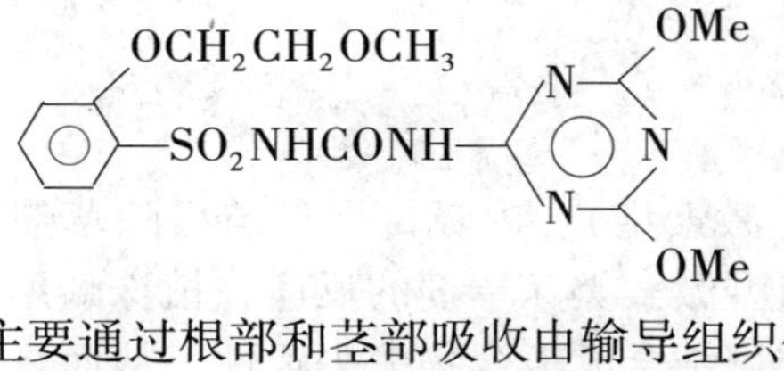

【商品属性】主要通过根部和茎部吸收由输导组织传送到分生组织，抑制支链氨基酸（如丝氨酸、异亮氨酸）的生物合成。用药后杂草不会立即死亡，但停止生长，5～10 天后植株开始黄化，枯萎死亡。在水稻体内，水稻能通过脲桥断裂，甲氧基水解、脱氨甲基及苯酚水解后与蔗糖轭合等途径，最后代谢成无毒物，在水稻根中半衰期小于 1 天，在水稻叶子中半衰期为 3 天，所以对水稻安全。但由于其水溶性大（3.7g/L），在漏水田中，可能会随水集中到水稻根区从而对水稻造成药害。用于旱播、水播稻田防治泽泻、莎草、苹、眼子菜、慈菇、鸭舌草等一年生阔叶杂草和莎草科杂草，对稗草和千金子等无效。

无色晶状粉末，熔点 144.6℃，蒸气压＜0.01mPa（25℃），密度 1.47（20℃）。溶解度：水中（25℃）120（pH5.0）、4000mg/L（pH6.7）、1900mg/L（pH8.1），丙酮 36000mg/L，乙醇 1900mg/L，甲苯 540mg/L，正辛醇 260mg/L，正己烷＜1mg/L（25℃）。pH3～pH5 水解明显，pH7～9 时水解不明显，熔点以上分解。

常见制剂类型：可湿性粉剂、水分散粒剂。

【毒　　性】对眼、皮肤、黏膜有刺激作用，一般不会引起全身中毒。

【税则号列】有效成分：29350090　　　制剂：38089311（零售包装），38089319（其他）

**0144078　　内氧草索钠盐　　Endothal sodium**

【别　　名】环草索，藻草灭，草多索，托塔尔，茵多酸钠，内氧酞酸钠，Accelerate，Aquathol

【有效成分】7-氧杂二环［2,2,2］庚烷-2,3-二甲酸钠

【商品类别】除草剂

【结 构 式】

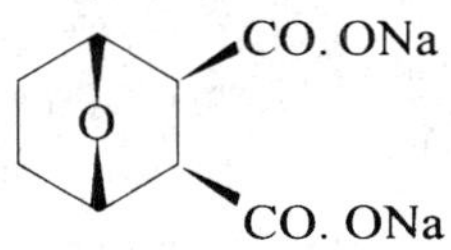

【商品属性】结晶固体，熔点144℃，常温下蒸气压可略，比重1.431（20℃）。溶解度：在水中100g/kg（20℃），甲醇280，二噁烷76，丙酮70，异丙醇17，乙醚1，苯0.1（g/kg，20℃）。对光稳定，低于90℃稳定。（以上数据为酸）

【毒　　性】对皮肤、眼睛和黏膜均有刺激作用，容易通过擦伤的皮肤和肠胃吸收，对哺乳动物有全身性毒性。

【税则号列】有效成分：29321900　　　制剂：38089311（零售包装），38089319（其他）

**0144079　　氰氟草酯　　Cyhalofop-butyl**

【别　　名】Clincher

【有效成分】（R）-2-［4（4-氰基-2-氟苯氧基）苯氧基］-丙酸丁酯

【商品类别】二苯醚类除草剂

【结 构 式】

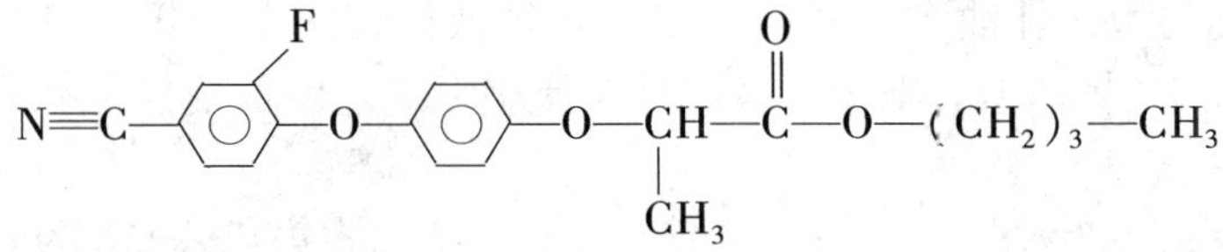

【商品属性】原药为琥珀色透明液体，比重为1.2375（20℃），沸点363℃，熔点48~49℃，蒸气压$8.8\times10^{-9}$mmHg（20℃）。溶于大多数有机溶剂，如乙腈57.3%、甲醇37.3%、丙酮60.7%、氯仿59.4%，不溶于水，制剂比重0.989（20℃）。

【毒　　性】低毒。

【税则号列】有效成分：29269090　　　制剂：38089311（零售包装），38089319（其他）

**0144080　　氰草津　　Cyanazine**

【别　　名】草净津，百得斯，丙腈津，Bladex，Fortrol，Gramex

【有效成分】2-氯-4-（1-氰基-1-甲基乙胺基）-6-乙胺基-1,3,5-三嗪

【商品类别】三嗪类除草剂

【结 构 式】

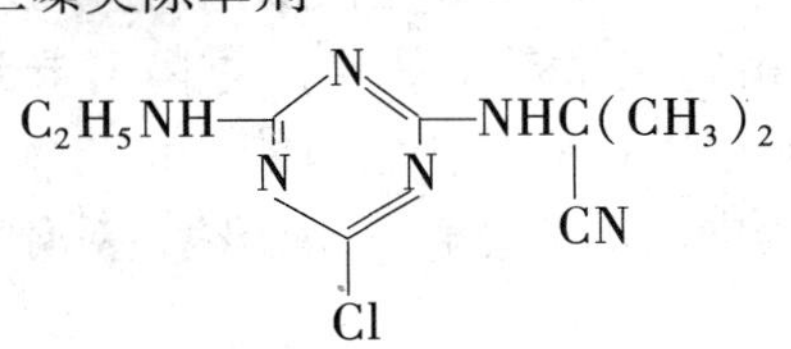

【商品属性】选择性内吸传导型除草剂，被根部、叶部吸收后通过抑制光合作用而使杂草枯萎而死亡。适用于玉米、豌豆、蚕豆、马铃薯、甘蔗、棉花等作物田，防除多种禾本科杂草和阔叶杂草。它对玉米安全，药后2~3个月对后茬种植小麦无影响。其除草活性与土壤类型密切相关，在土壤中可被土壤微生物分解。

无色晶状固体（工业品），熔点 167.5 ~ 169℃，蒸气压 200nPa（20℃），密度 1.29kg/L（20℃）。溶解度（25℃）：水 171mg/L（25℃）、乙醇 45g/L、甲基环己酮和氯仿 210g/L、丙醇 195，苯、己烷 15，四氯化碳 <10g/L。对光和热稳定，pH5 ~ 9 稳定，强酸、强碱介质中水解。

常见制剂类型：可湿性粉剂、悬浮剂。

【毒　　性】对眼、皮肤及呼吸道有中等刺激，不大量摄入一般不产生全身中毒。

【税则号列】有效成分：29336990　　　制剂：38089311（零售包装），38089319（其他）

**0144081　辛酰溴苯腈　Bromoxynil octanoate**

【别　　名】阔草克，Buctril，Bronate

【有效成分】3,5-二溴-4-辛酰氧苯甲腈

【商品类别】除草剂

【结 构 式】

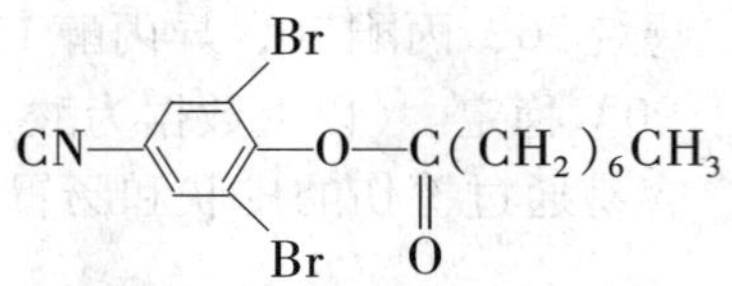

【商品属性】该药为选择性苗后茎叶处理触杀型除草剂，主要由叶片吸收，在植物体内进行极有限的传导，通过抑制光合作用的各个过程，包括抑制光合磷酸化反应和电子传递，特别是光合作用的希尔反应，使植物组织迅速坏死，从而达到杀草目的，气温较高时加速叶片枯死。

原药外观为浅黄色固体，熔点 45℃ ~ 46℃。溶解度（g/L，20℃）：丙酮 100，甲醇 100，二甲苯 700，不溶于水。

常见制剂类型：乳油，外观为棕红色均相液体，比重 1.04，酸碱度（$H_2SO_4$）≤0.7%，闪点 66℃，在中性及酸性介质中稳定，碱性条件下易分解。

【毒　　性】中等毒。

【税则号列】有效成分：29269090　　　制剂：38089311（零售包装），38089319（其他）

**0144082　双丙氨膦　Bialaphos**

【别　　名】好必思，Bilanafos，Bilanafos-sodium，Meiji herbiace

【有效成分】L-2 氨基-4-［（羟基）（甲基）膦基］丁酰-L-丙氨酰-L-丙氨酸钠盐

【商品类别】生物源类除草剂

【结 构 式】

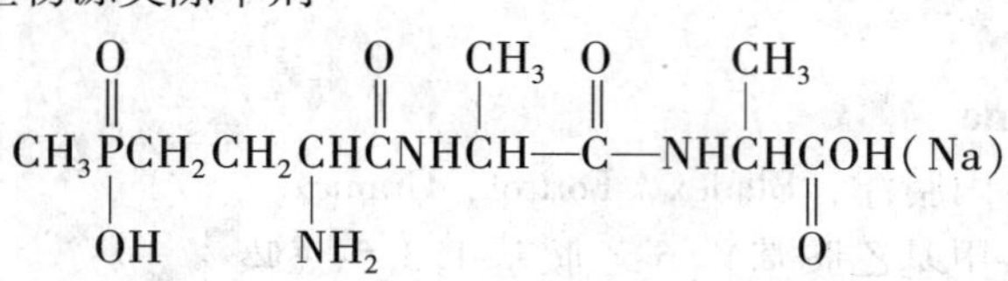

【商品属性】该产品是一种新型生物广谱除草剂，是 bialaphos 菌种的发酵产物。主要作用机制为抑制植物氮代谢的活动，使植物正常活动发生严重障碍导致植物枯萎坏死。对阔叶类、稻科类杂草具有较强的灭生性。它只能从植物的叶部吸收，对树木的根部不会造成危害。在土壤中能迅速分解，不残留，对环境不会造成污染，具有较高的安全性。

原药外观为浅棕色无味粉末，熔点 160℃（分解），蒸气压（20℃）$6.6\times10^{7}$mmHg。溶解度：易溶于水（1.0kg/L）、甲醇（0.5 kg/L）、乙醇（2.5kg\L）、乙酸，不溶于丙酮、苯、正丁醇、氯仿、乙醚、乙醇、已烷。在土壤中失去活性。不易燃，无爆炸性，在强碱和强酸中不稳定，对光和热稳定。制剂外观为

蓝色粉末，pH5.0～8.0。
【毒　　性】中等毒。
【税则号列】有效成分：29319000　　　　制剂：38089311（零售包装），38089319（其他）

**0144083　　水杨酸双嘧啶　　Bispyribac-sodium**

【别　　名】一奇，双草醚，农美利，双嘧草醚
【有效成分】2,6-双（4,6-二甲氧嘧啶基-2-氧基）苯酸钠
【商品类别】除草剂
【结 构 式】

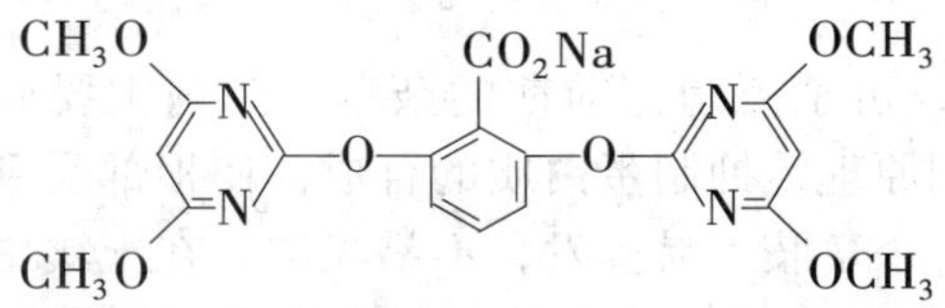

【商品属性】嘧啶水杨酸类除草剂。主要用于直播水稻苗后防除一年生和多年生杂草。特别对稗草等阔叶杂草有优异的活性。本品通过根叶吸收抑制醋乳酸合成而阻碍氨基酸生物合成支链，为选择性除草剂，在水稻直播田中使用，除草谱广。
原药外观为白色粉末，熔点223～224℃，蒸气压$5.05\times10^{-9}$Pa（25）。溶解度：水73.3g/L（25℃），甲醇26.3g/L，丙酮0.043g/L（25℃）。
常见制剂类型：可湿性粉剂、悬浮剂。
【毒　　性】低毒。
【税则号列】有效成分：29335990　　　　制剂：38089311（零售包装），38089319（其他）

**0144084　　莎稗磷　　Anilofos**

【别　　名】阿罗津，Arozin，Rico
【有效成分】S-4 氯-N-异丙基苯氨基甲酰基甲基 O,O-2 二甲基二硫代磷酸酯
【商品类别】有机磷类除草剂
【结 构 式】

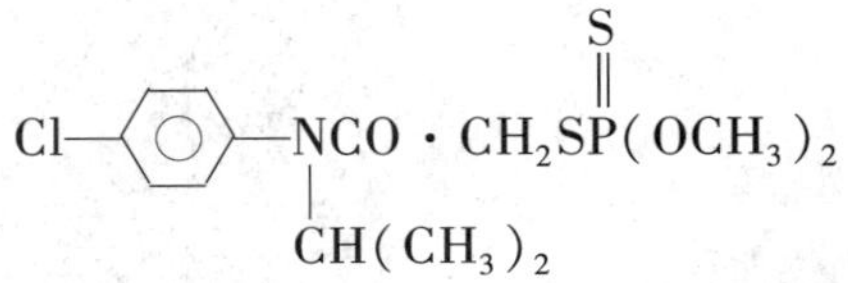

【商品属性】为内吸传导选择性除草剂。药剂主要通过植物的幼芽和地中茎吸收，抑制细胞分裂与伸长。对正萌发的杂草效果最好，对已长大的杂草效果较差。杂草受害后生长停止，叶片深绿，有时脱色，叶片变短而厚，极易折断，心叶不易抽出，最后整株枯死。杀稗磷可在水稻移栽田使用，防除三叶期以前的稗草、千金子、一年生莎草、牛毛草等，但对扁秆鹿草无效。对水稻安全。药剂的持效期30天左右。杀稗磷也可以用于棉花、大豆、油菜田除草，可以防除的杂草有：稗草、马唐、狗尾草、牛筋草、野燕麦、异型莎草、碎米莎草等；对阔叶杂草效果差。
无色或黄褐色晶体，熔点50.5～52.5℃，蒸气压2.2mPa（20℃）。密度1.27（25℃）。溶解度：水13.6mg/L（20℃），丙酮、氯仿、甲苯>1000/L，苯、乙醇、二氯甲烷、乙酸乙酯>200g/L。pH5～9（22℃）时稳定，分解温度150℃。
常见制剂类型：可湿性粉剂、乳油、悬浮剂。
【毒　　性】对眼睛、皮肤和上呼吸道有刺激作用。
【税则号列】有效成分：29242990　　　　制剂：38089311（零售包装），38089319（其他）

**0144085　杀草胺　Ethaprochlor**

【别　　名】

【有效成分】2-乙基-N-异丙基-α-氯代乙酰替苯胺

【商品类别】苯酰胺类除草剂

【结 构 式】

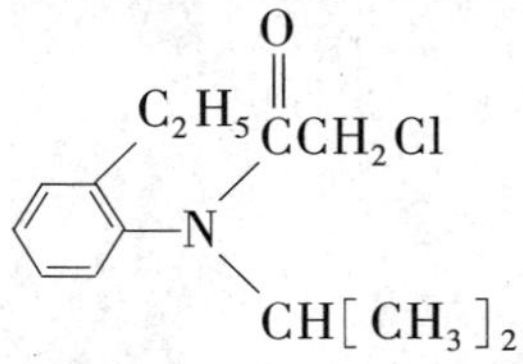

【商品属性】选择性萌前土壤处理剂，可杀死萌芽前期的杂草。药剂主要通过杂草幼芽吸收，其次是根吸收。作用原理是抑制蛋白质的合成，使根部受到强烈抑制而产生瘤状畸形，最后枯死。杀草胺不易挥发，不易光解，在土壤中主要被微生物降解，持效期20天左右。杀草胺的除草效果与土壤含水量有关，因此该药若在旱田使用，适于在地膜覆盖栽培田、有灌溉条件的田块以及夏季作物及南方的旱田应用。

纯品为白色结晶，熔点38～40℃，沸点159～161℃（6mmHg）。原粉为棕红色粉末，难溶于水，易溶于乙醇、丙酮、二氯乙烷、苯、甲苯。在一般情况下对稀酸稳定，对强碱不稳定。

常见制剂类型：乳油。

【毒　　性】头晕、头痛、恶心、呕吐、胸闷、抽搐、昏迷。对皮肤有刺激作用。

【税则号列】有效成分：29242990　　制剂：38089311（零售包装），38089319（其他）

**0144086　杀草强　Amitrole**

【别　　名】氨三唑，Amerol，Weedazol

【有效成分】3-氨基-1, 2, 4-三唑

【商品类别】唑类类除草剂

【结 构 式】

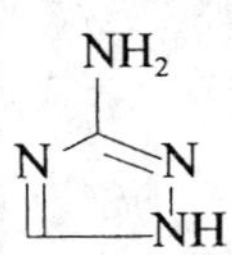

【商品属性】灭生性内吸传导型茎叶处理除草剂，通过叶片和根吸收并在体内传导。通过干扰叶绿素合成使杂草黄萎，新生叶片几乎完全呈白色，在多年生植物中可持续数月，新芽长出仍为白色。在土壤中持效期2～4周。

无色晶体，熔点157～159℃，蒸气压55Pa（20℃），密度1.138（20℃）。溶解度：水中280g/L（23℃），乙醇中26g/100g（75℃），中度溶解于甲醇、氯仿、二氯甲烷、乙腈，少量溶于乙酸乙酯，几乎不溶于乙醚、丙酮、非极性溶剂。中性、碱性、酸性环境中稳定。

【毒　　性】有轻微的刺激作用和很低的全身中毒。

【税则号列】有效成分：29339900　　制剂：38089311（零售包装），38089319（其他）

**0144087　四唑酰草胺　Fentrazamide**

【别　　名】

【有效成分】4-（2-氯苯苦）-5-氧-4, 5-二氢-四唑-1-羧酸环己基-乙基-酰胺

【商品类别】除草剂

【结 构 式】

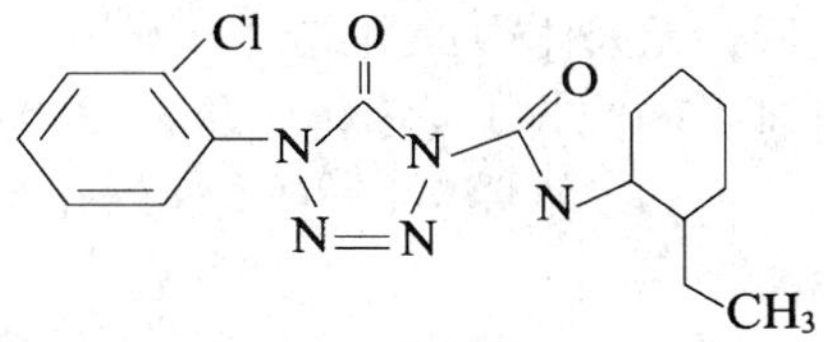

【商品属性】其作用机理与芳氧酰胺类除草剂相似，是细胞生长抑制剂。
【毒　　性】低毒。
【税则号列】有效成分：29339900　　　　制剂：38089311（零售包装），38089319（其他）

**0144088　　乳氟禾草灵　　Lactofen**

【别　　名】克阔乐，Cobra，PPG-844
【有效成分】2-硝基-5-（2-氯-4-三氟甲基苯氧基）苯甲酸-1-（乙氧羰基）乙基酯
【商品类别】二苯醚类除草剂
【结 构 式】

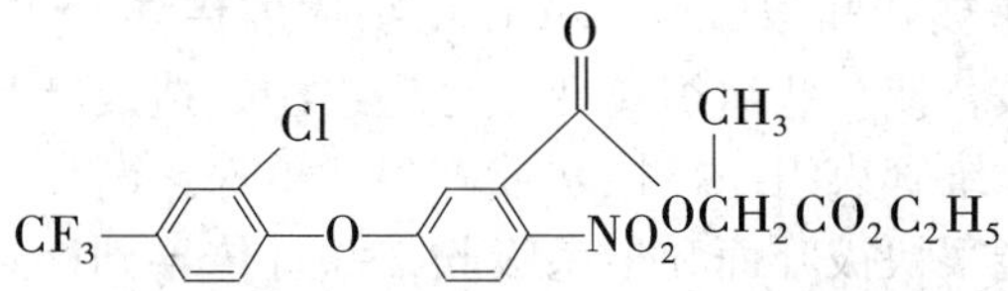

【商品属性】选择性苗后茎叶处理除草剂，通过植物茎叶吸收，在体内进行有限的传导，通过破坏细胞膜的完整性而导致细胞内含物的流失，最后使草叶干枯而致死。在充足光照条件下，施药后 2 ~ 3 天，敏感的阔叶杂草叶片出现灼伤斑，并逐渐扩大，整个叶片变枯，最后全株死亡。本品施入土壤易被微生物分解。
纯品外观为棕色至深褐色，水中溶解度 <1mg/L（20℃）。
常见制剂类型：乳油。
【毒　　性】对皮肤有轻度刺激作用，对眼有中度刺激作用。
【税则号列】有效成分：29189900　　　　制剂：38089311（零售包装），38089319（其他）

**0144089　　三氟羧草醚　　Acifluorfen**

【别　　名】杂草焚，达克尔，达克果，Blazer，Tackle
【有效成分】5-［2-氯-4-（三氟甲基）-苯氧基］-2-硝基苯甲酸（钠）
【商品类别】二苯醚类除草剂
【结 构 式】

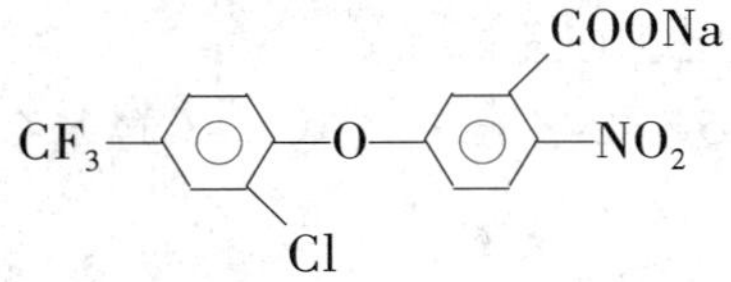

【商品属性】原卟啉氧化酶抑制剂。是一种触杀性除草剂。苗后早期处理，被杂草吸收，作用方式为触杀，能促使气孔关闭，借助于光发挥除草活性，增高植物体温度引起坏死，并抑制线粒体电子的传导，以引起呼吸系统和能量生产系统的停滞，抑制细胞分裂使杂草致死。但进入大豆体内，被迅速代谢，因此能选择性防除阔叶杂草。在普通土壤中，不会渗透进入深土层，能被土壤中微生物和日光降解成二氧化碳。
原药为浅褐色固体，密度为 1.546，熔点 142 ~ 160℃，蒸气压 0.01mPa（20℃）。溶解度：水 120mg/L（23 ~ 25℃），丙酮为 600g/kg（25℃），乙醇 500g/kg（25℃），二甲苯 <10g/kg（25℃），煤油 <10g/kg（25℃）。50℃时贮存 2 个月稳定。在酸碱性介质中稳定，分解温度 235℃（为酸的性质）。
常见制剂类型：乳油、水剂。

【毒　　性】对眼和皮肤有刺激性，经口毒性低，无人体中毒报道。

【税则号列】有效成分：29189900　　　制剂：38089311（零售包装），38089319（其他）

**0144090　三氯吡氧乙酸　Triclopyr**

【别　　名】绿草定，乙氯草定，盖灌能，盖灌林，定草酯，Garlon，Grandstsnd，Dowco 233

【有效成分】3, 5, 6-三氯-2-吡啶基氧乙酸

【商品类别】吡啶类除草剂

【结 构 式】

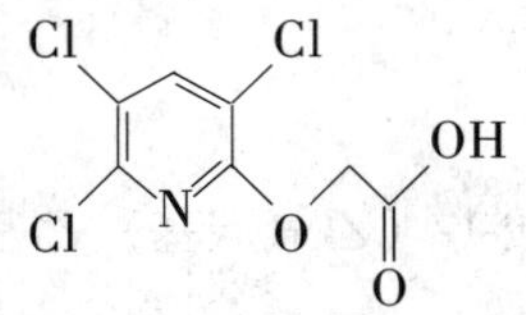

【商品属性】内吸性除草剂，能迅速被叶和根吸收，并在植物体内传导。作用于核酸代谢，使植物产生过量的核酸，使一些组织转变成分生组织，造成叶片、茎和根生长畸形，贮藏物质耗尽，维管束组织被栓塞或破裂，植株逐渐死亡。绿草定是一种传导型除草剂，它能很快被叶面和根系吸收，并且传导到植物全身。用来防治针叶树幼林地中的阔叶杂草和灌木，在土壤中能迅速被土壤微生物分解，半衰期为46天。

松散的无色固体，熔点150.5℃，208℃分解，蒸气压0.2mPa（25℃），密度1.85（21℃）。溶解度：水（20℃）0.408g/L、7.69g/L（pH5）、8.10g/L（pH7）、8.22g/L（pH9），丙酮581，乙腈92.1，己烷0.09，甲苯19.2，二氯甲烷24.9，甲醇665，乙酸乙酯271（g/L）。一般贮存条件下稳定，光解半衰期<12小时。

常见制剂类型：乳油。

【毒　　性】对皮肤、眼有刺激作用。

【税则号列】有效成分：29333990　　　制剂：38089311（零售包装），38089319（其他）

**0144091　烯禾啶　Sethoxydim**

【别　　名】拿捕净，稀禾定，硫乙草灭，乙草丁，Nabu，Poast，Expand，Super，Monolox，Nabugram，Fervial，Sertin，Alloxall S，Checkmate

【有效成分】(±) 2-［1-（乙氧亚氨基）丁基-5-（2-乙硫基丙基）-3-羟基-2-环己烯-1-酮

【商品类别】肟类除草剂

【结 构 式】

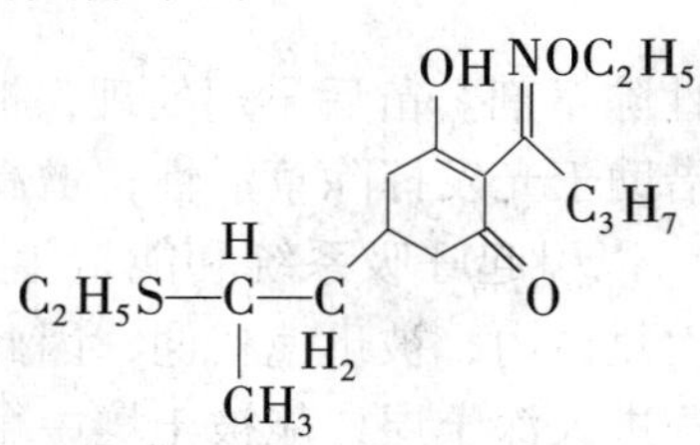

【商品属性】为选择性强的内吸传导型茎叶处理剂，能被禾本科杂草茎叶迅速吸收，并传导到顶端和节间分生组织，使其细胞分裂遭到破坏。由生长点和节间分生组织开始坏死，受药植株3天后停止生长，7天后新叶褪色或出现花青素色，2~3周全株枯死。本剂在禾本科与双子叶植物间选择性很高，对阔叶作物安全。烯禾啶传导性强，在禾木科杂草2叶至2个分蘖期间均可施药。降雨基本不影响药效。可用于大豆、棉花、油菜、花生、甜菜、亚麻、阔叶蔬菜、马铃薯和果园、苗圃防治白

茅、葡萄冰草、狗牙根等。早熟禾、柴羊茅等抗药性较强。在土壤中持效较短，施药后当天可播种阔叶作物，但播种禾谷类作物时需在用药后四周。

油状无味液体，沸点 >90℃/3×$10^{-5}$mmHg，蒸气压 <0.013mPa，密度 1.043（25℃）。溶解度：水 25（pH4），4700（pH7）（mg/L，20℃），溶于大多有机溶剂，如丙酮、苯、乙酸乙酯、己烷、甲醇 >1（kg/kg，25℃）。一般贮存条件下商品制剂至少 2 年稳定不变。

常见制剂类型：乳油、微乳剂。

【毒　　性】对皮肤、眼睛和上呼吸道有刺激作用。一般不会引起全身毒性。

【税则号列】有效成分：29309090　　　　制剂：38089311（零售包装），38089319（其他）

**0144092　　烯草酮　　Clethodim**

【别　　名】赛乐特，收乐通，Select

【有效成分】（±）-2-［（E）-3-氯烯丙氧基亚氨基］丙基-5-［2-（乙硫基）丙基］-3-羟基环已-2-烯酮

【商品类别】肟类除草剂

【结 构 式】

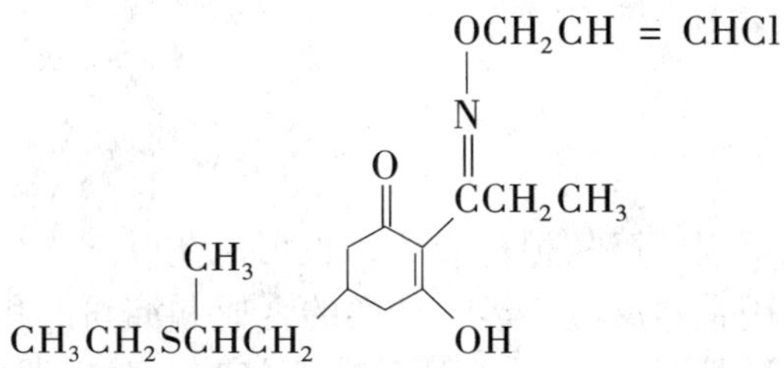

【商品属性】内吸传导型茎叶处理剂，有优良的选择性，对禾本科杂草有很强的杀伤作用，对双子叶作物安全。茎叶处理后经叶迅速吸收，传导到分生组织，在敏感植物中抑制支链脂肪酸和黄酮类化合物的生物合成而起作用，使其细胞分裂遭到破坏，抑制植物分生组织的活性，使植株生长延缓，施药后 1~3 周内植株退绿坏死，随后叶灼伤干枯而死亡，对大多数一年生，多年生禾本科杂草有效。在抗性植物体内能迅速降解，形成极性产物，而迅速丧失活性，对双子叶植物、莎草活性很小或无活性。加入表面活性剂，植物油等助剂能显著提高除草活性。适用于防治多种双子叶作物、多种阔叶蔬菜及果园地防除禾本科杂草。

本剂为黄褐色油状液体，蒸气压 <10μPa（20℃），密度 1.14（20℃），低于沸点分解。易溶于大多数有机溶剂，对光、热、高 pH 不稳定，可配制成任意倍数的均匀乳液。

常见制剂类型：乳油。

【毒　　性】有呼吸道感染特征可对症治疗。溅入皮肤和眼睛要用大量清水冲洗。对症治疗。

【税则号列】有效成分：29309090　　　　制剂：38089311（零售包装），38089319（其他）

**0144093　　肟草酮　　Tralkoxydim**

【别　　名】三甲苯草酮，Grasp，Splendor

【有效成分】2-（l-（乙氧基亚氨基）丙基）-3-羟基-5-（2，4，6-三甲苯基）环已烯-2-酮

【商品类别】肟类除草剂

【结 构 式】

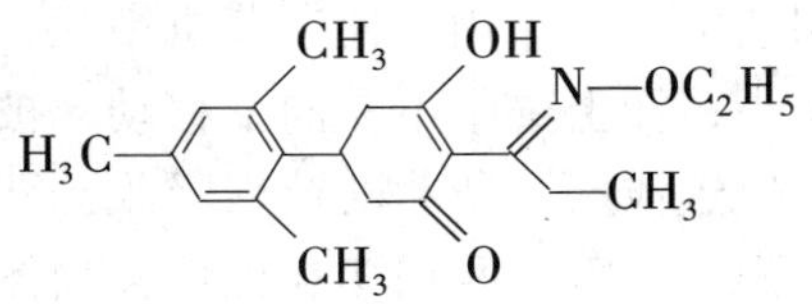

【商品属性】芽后施用于小麦和大麦田、防除鼠尾看麦娘、风草、燕麦、瑞土黑麦草、狗尾旱，经叶吸收后，在韧皮部转移到生长点，在此抑制新的生长。对阔叶杂草或莎草科杂草无明显除草活性，但对禾本科杂草，叶面施药后迅速被植株吸收和转移。杂草先失绿，后变色枯死。

纯品为无色固体。溶解度（水中20℃，其他溶剂24℃）：水7mg/L（PH6.5）、5mg/L（PH5.0），正己烷18g/L，甲苯213g/L，二氯甲烷大于500g/L，甲醇25g/L，丙酮89g/L，乙酸乙酯100g/L。

【毒　　性】对兔皮肤用药4h后有轻微刺激，对兔眼睛有极轻微刺激。

【税则号列】有效成分：29280000　　制剂：38089311（零售包装），38089319（其他）

**0144094　　西草净　　Simetryn**

【别　　名】Simetryne，Gy-bon

【有效成分】2-甲硫基-4,6-二乙胺基-1,3,5-三嗪

【商品类别】三嗪类除草剂

【结 构 式】

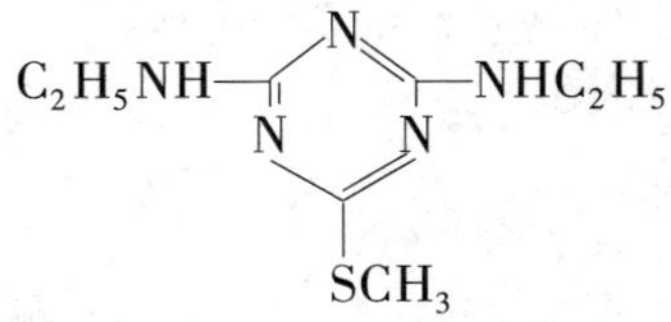

【商品属性】是选择性内吸传导型除草剂。可从根部吸收，也可从茎叶透入体内，运输至绿色叶片内，抑制光合作用希尔反应，影响糖类的合成和淀粉的积累，发挥除草作用。主要用于稻田防除恶性杂草眼子菜有特殊防效，对早期稗草、瓜皮草、牛毛草均有显著效果，施药晚则防效差，因此应视杂草基数选择施药适期及药用剂量。

纯品为白色结晶，熔点81~82.5℃，难溶于水（450mg/L室温）。溶于甲醇、乙醇和氯仿等有机溶剂，常温下贮存2年，有效成分含量基本不变，在强酸、强碱、高温下易分解。

常见制剂类型：颗粒剂、可湿性粉剂、乳油。

【毒　　性】对皮肤和呼吸道有中等刺激作用，不大量摄入不可能产生全身中毒。

【税则号列】有效成分：29336990　　制剂：38089311（零售包装），38089319（其他）

**0144095　　西玛津　　Simazine**

【别　　名】Simanex，Simaxin，Weedex，Gesatop

【有效成分】2-氯-4,6-二（乙胺基）-1,3,5-三嗪

【商品类别】三嗪类除草剂

【结 构 式】

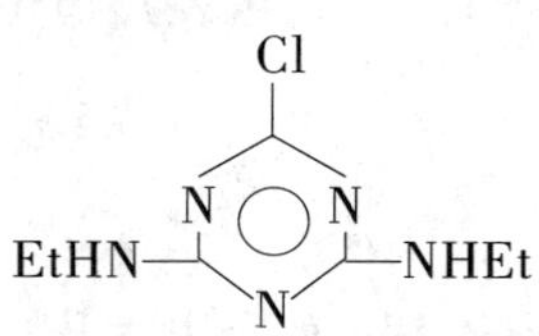

【商品属性】是选择性内吸传导型土壤处理除草剂。被杂草的根系吸收后沿木质部随蒸腾迅速向上传导到绿色叶片内，抑制杂草光合作用，使杂草饥饿死亡。温度高时植物吸收传导快。西玛津水溶性极小，在土壤中不易向下移动，被土壤吸附在表层形成药层，一年生杂草大多发生于浅层，杂草幼苗根吸收到药剂而死，而深根性作物主根明显，并迅速下扎而不受害。西玛津在抗性植物体内解毒反应是

由苯并恶嗪酮所催化水解为无毒的羟基西玛津，此外抗性植物体内含有谷胱甘肽－S－转移酶，通过谷胱甘肽轭合作用，使西玛津在其体内丧失毒性而对作物安全。西玛津在土壤中残效期长，特别在干旱、低温、低肥条件下微生物分解缓慢，持效期可长达一年，因而影响下茬敏感作物出苗生长。

无色粉末，熔点 225～227℃（分解），蒸气压 2. 94upa（25℃），密度 1. 302（20℃）。溶解度：水 6. 2mg/L（20℃），乙醇 570，丙酮 1500，甲苯 130，正辛醇 390，正己烷 3. 1（mg/L，25℃）。在中性、酸性、弱碱性介质中稳定，被强酸和碱水解，紫外光照时分解（96 小时内约 90% 分解）。

常见制剂类型：可湿性粉剂、悬浮剂。

【毒　　性】对皮肤和呼吸道有中等刺激作用，不大量摄入不可能产生全身中毒。

【税则号列】有效成分：29336990　　制剂：38089311（零售包装），38089319（其他）

**0144096　五氯酚钠　PCP-Na**

【别　　名】

【有效成分】五氯酚钠

【商品类别】除草剂

【结 构 式】

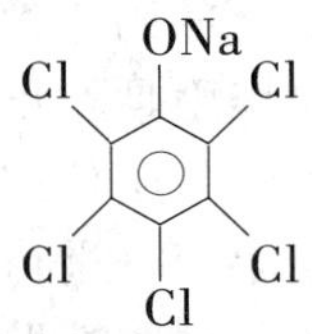

【商品属性】触杀型灭生性除草剂，用于农田除草主要利用它残效期短，在太阳光下容易分解的物性，在推荐用量下只要经过 3～5 个晴天，在水层中的药剂即分解，毒性基本消失。少量药剂在土壤中与铝、铁等离子形成难溶盐类，难发挥毒性、因此，水稻秧田或直播田，在播种前四、五天施药，就能保证种谷安全。在插秧本田，主要利用位差选择性，因为浅水层施药后，药剂溶于水中，扩散并被吸附在土表 2～5 厘米处形成药层，这也正是一年生杂草种子的萌发层，所以草芽接触药剂而死亡，而栽插的秧苗则根深叶高，难接触药剂，所以比较安全。

纯品为白色针状结晶，熔点 170～174℃。易溶于水（水中溶解度 33g/100g）和甲醇。水溶液呈碱性，阳光下易分解，易吸潮。

【毒　　性】对眼睛、皮肤有强烈刺激作用，常引起打喷嚏、流泪、皮肤红肿等。口服中毒症状为大量出汗、体温升高、恶心呕吐、腹痛、腹泻、昏迷、抽搐、心力衰竭、肺水肿等。最具特征是强烈的口渴感。

【税则号列】有效成分：29081990　　制剂：38089311（零售包装），38089319（其他）

**0144097　甜菜安　Desmedipham**

【别　　名】甜草灵，Betanal AM，Betanex，EP475

【有效成分】3-［苯基氨基甲酰氧基］苯基氨基甲酸乙酯

【商品类别】氨基甲酸酯类除草剂

【结 构 式】

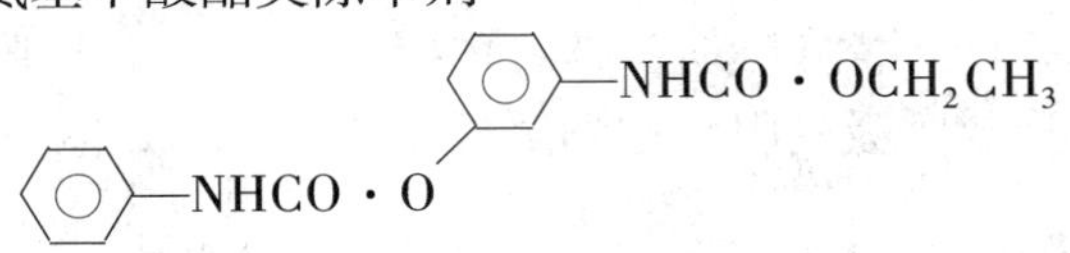

【商品属性】选择内吸性除草剂，通过叶面吸收，光合作用抑制剂。用在甜菜地苗后防除阔叶杂草如苋菜。可与甜菜宁混用。甜菜安只能通过叶子吸收，正常生长条件下土壤和湿度对其药效无影响，杂草生长期最适宜用药。对甜菜安全。

无色结晶，熔点 120℃，蒸气压 40nPa/25℃。溶解度：水 7mg/L（pH7，20℃），易溶于极性有机溶剂中，如丙酮 400、佛尔酮 400、甲醇 180、氯仿 80、乙酸乙酯 149、二氯乙烷 17.8、苯 1.6、甲苯 1.2、己烷 0.5（g/L，20℃）。酸性水溶液中稳定，中性和碱性介质中水解，70℃贮存 2 年。
常见制剂类型：乳油。

【毒　　性】对眼、皮肤和呼吸道有刺激作用，一般无全身中毒症状。摄入量大时抑制胆碱酯酶。

【税则号列】有效成分：29242990　　　　制剂：38089311（零售包装），38089319（其他）

**0144098　　甜菜宁　　Phenmedipham**

【别　　名】凯米丰，苯敌草，Kemifam，Betanal

【有效成分】3-［（甲氧羰）氨］基苯-N-（3-甲基苯基）氨基甲酸酯

【商品类别】氨基甲酸酯类除草剂

【结 构 式】

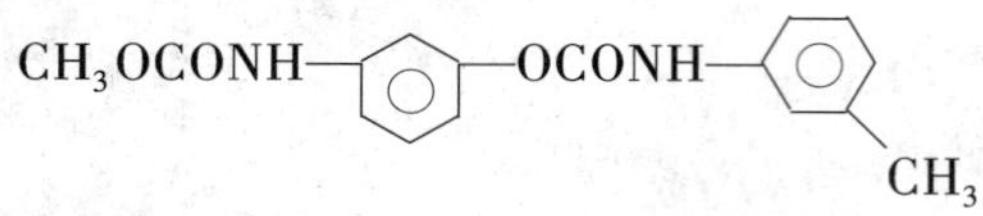

【商品属性】选择性苗后茎叶处理剂，对甜菜田许多阔叶杂草有良好的防治效果，对甜菜高度安全，杂草通过茎叶吸收，传导到各部分，其主要作用是阻止合成三磷酸腺苷和还原型烟酰胺腺嘌呤磷酸二苷之前的希尔反应中的电子传递作用，从而使杂草的光合同化作用遭到破坏，甜菜对进入体内的甜菜宁可进行水解代谢，使之转化为无害化合物，从而获得选择性，甜菜宁药效受土壤类型和湿度影响较小。
无色晶体，熔点 143～144℃、140～144℃（原药），蒸气压 1.33nPa（25℃），密度 0.34～0.54（20℃）。溶解度：水 4.7mg/L（室温），溶于极性有机溶剂，丙酮、环己醇约 200，甲醇约 50，氯仿 20，苯 2.5，己烷约 0.5，二氯甲烷 16.7，乙酸乙酯 56.3，甲苯约 0.97，2,2,4-三甲基戊烷 1.16（g/L，20℃）；200℃以下稳定，酸性介质中稳定，中性和碱性介质中水解。
常见制剂类型：乳油。

【毒　　性】对眼、皮肤、呼吸道有刺激作用。接触量大时，可能对胆碱酯酶有轻度的抑制作用。

【税则号列】有效成分：29242990　　　　制剂：38089311（零售包装），38089319（其他）

**0144099　　威百亩　　Metam-sodium**

【别　　名】斯美地，Vapam，VPM

【有效成分】N-甲基二硫代氨基甲酸钠

【商品类别】除草剂

【结 构 式】

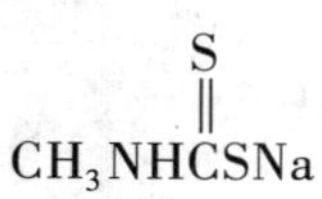

【商品属性】该药是一种杀菌、除草的土壤熏蒸剂，具有内吸作用，抑制细胞分裂和 DNA、RNA 蛋白质的合成及造成呼吸受阻，达到杀灭杂草的作用，能有效地防除烟苗床杂草。
原药外观为白色具刺激气味的结晶样粉末状物，熔点 -60℃，沸点 218℃，蒸气压（20℃）0.0385Pa。溶解度（g/L20℃）：水 772、乙醇 <5，不溶于大多数有机溶剂。在碱性中稳定，遇酸则分解。制剂外观为浅黄绿色稳定均相液

体，无可见的悬浮物，比重 1.169，pH9.5 ~ 11.0，不能与酸性铜制剂、碱性金属类及重金属类农药混用。

常见制剂类型：水剂。

【毒　　性】中等毒。在一般情况下中毒，心脏活动减弱时，进入人体内部，可使中毒者呕吐。

【税则号列】有效成分：29302000　　制剂：38089311（零售包装），38089319（其他）

**0144100　燕麦灵　Barban**

【别　　名】巴尔板，氯炔草灵，Neoban，Carbyne，Oatax

【有效成分】4-氯丁炔-α-基-3′-氯苯氨基甲酸酯

【商品类别】氨基甲酸酯类除草剂

【结 构 式】

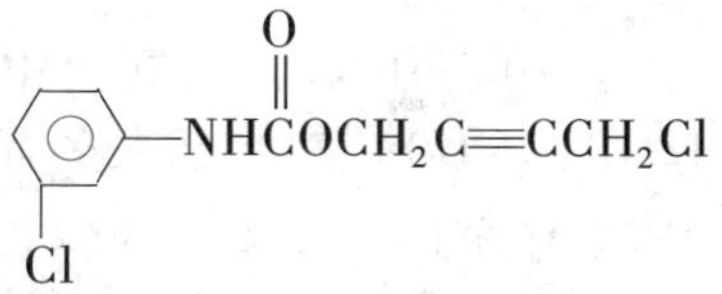

【商品属性】内吸选择性除草剂，对野燕麦有特效。药剂由叶吸收后进入植物体内，传导至生长点。破坏细胞有丝分裂，造成细胞壁破裂，生长锥分生组织肿大，产生巨形细胞，阻止叶腋分蘖和生长点生长。燕麦灵抑制氧化磷酸化，蛋白质和 RNA 的合成，从而起到毒杀作用。施药后一周，野燕麦呈明显中毒症状，停止生长发育，叶色深绿，叶片变厚变短，心叶干枯，约一个月后死亡。有少数植株能恢复生长，出现新的分蘖，但生长弱小，结实率大大降低。野燕麦一叶一心至二叶一心能被微生物分解，燕麦灵主要用于小麦、大麦、青稞田防治野燕麦、看麦娘、早熟禾等，对阔叶草无效。

纯品为白色晶体，熔点 75 ~ 76℃，蒸气压 0.05mPa（25℃）。25℃ 时溶解度：水 11mg/L、苯 327g/L、二氯乙烷 546g/L、正己烷 1.4mg/L。可被碱水释放出盐酸气。

【毒　　性】对眼、皮肤、呼吸道有刺激作用，摄入剂量大时可能对胆碱酯酶有轻度抑制作用。

【税则号列】有效成分：29242990　　制剂：38089311（零售包装），38089319（其他）

**0144101　亚砷酸钠　Sodium arsenite**

【别　　名】Sodium metaarsenite

【有效成分】亚砷酸钠

【商品类别】无机类除草剂

【结 构 式】$AsNaO_2$

【商品属性】无色到灰色粉末，吸湿和易溶于水，包装容器必须密闭。

【毒　　性】经口中毒表现为急性胃肠炎症，恶心，呕吐、口内有金属味和烧灼感，腹痛、腹泻等。对皮肤、黏膜有强烈刺激性，可引起严重的接触性皮炎，皮肤红肿，水泡、糜烂、溃疡、甚至引起剥脱性皮炎。

【税则号列】有效成分：28429090　　制剂：38089311（零售包装），38089319（其他）

**0144102　野麦畏　Triallate**

【别　　名】阿畏达，燕麦畏，野燕畏，Avadex-BW，TDTD，Far-go

【有效成分】S-（2,3,3-三氯丙烯基）-N，N-二异丙基硫赶氨基甲酸酯

【商品类别】硫代氨基甲酸酯类除草剂

【结 构 式】

$$[(CH_3)_2CH]_2N\overset{\overset{O}{\|}}{C}SCH_2\overset{\overset{Cl}{|}}{C}=CCl_2$$

【商品属性】为防除野燕麦类的选择性土壤处理剂。野燕麦在萌发通过土层时，主要由芽鞘或第一片子叶吸收药剂，并在体内传导，生长点部位最为敏感，影响细胞分裂和蛋白质的合成，抑制细胞生长，芽鞘顶端膨大，鞘顶空心，致使野燕麦不能出土而死亡。而出苗后的野燕麦，由根部吸收药剂，野燕麦吸收药剂中毒后，生长停止，叶片深绿，心叶干枯而死亡；小麦萌发 24 小时后便有分解野麦畏的能力，而且随生长发育抗药性逐渐增强，因而小麦有较强的耐药性，野麦畏挥发性强，其蒸气对野燕麦也有毒杀作用，施后要及时混土。在土壤中主要为土壤微生物所分解。

琥珀色油状物，熔点 29～30℃，沸点 117℃/40mPa，蒸气压 16mPa（25℃），密度 1.273（25℃）。溶解度：水 4mg/L（25℃），易溶于大多有机溶剂，如丙酮、乙醚、乙酸乙酯、苯、庚烷。一般贮存条件下稳定。强酸、碱中水解，光稳定，超过 200℃分解。

常见制剂类型：乳油。

【毒　　性】对皮肤和眼睛有刺激性。摄入量大时，对胆碱酯酶有抑制作用。

【税则号列】有效成分：29302000　　　　制剂：38089311（零售包装），38089319（其他）

**0144103　野燕枯　Difenzoquat**

【别　　名】燕麦枯，野麦枯，Avenge，Finaven，Mataren-difenzolium

【有效成分】1,2-二甲基-3,5-二苯基吡唑硫酸甲酯

【商品类别】吡唑类除草剂

【结 构 式】

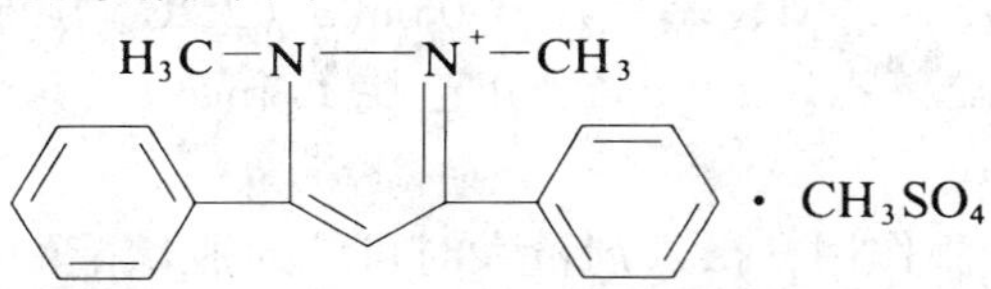

【商品属性】选择性苗后处理剂，主要用于防除野燕麦，作用于植株的生长点，使顶端、节间分生组织中细胞分裂和伸长受破坏，抑制植株生长。

无色吸湿性晶体，熔点 150～160℃（原药），室温下蒸气压可略。溶解度：水 765g/L（25℃），二氯甲烷 360，氯仿 500，甲醇 588，1,2-二氯乙烷 71，异丙醇 23，丙酮 9.8，二甲苯、己烷 <0.01（g/L，25℃），微溶于石油醚、二噁烷。水溶液中对光稳定，热稳定，弱酸性介质中稳定，强酸分解并氧化。

常见制剂类型：可溶性粉剂。

【毒　　性】对皮肤有轻度刺激作用，对眼睛、黏膜有一定腐蚀作用。

【税则号列】有效成分：29331990　　　　制剂：38089311（零售包装），38089319（其他）

**0144104　异丙甲草胺　Metolachlor**

【别　　名】都尔，稻乐思，金都尔，Dual，Bicep，Milocep，Dimethyl dimethachlor，Metetilachlor，CG-119，CGA-24705

【有效成分】2-乙基-6-甲基-N-（1′-甲基-2′-甲氧乙基）氯代乙酰替苯胺

【商品类别】酰胺类除草剂

【结 构 式】

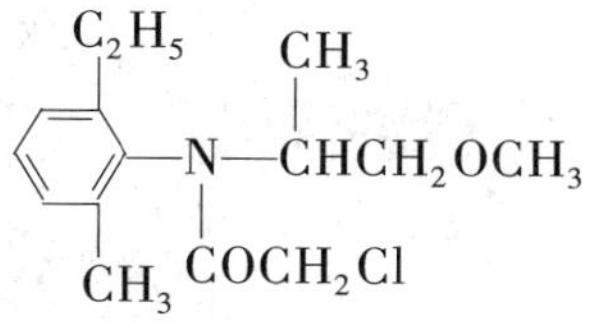

【商品属性】该药主要通过幼芽吸收，其中单子叶杂草主要是芽鞘吸收，双子叶植物通过幼芽及幼根吸收，向上传导，抑制幼芽与根的生长，敏感杂草在发芽后出土前或刚刚出土即中毒死亡。作用机理主要抑制发芽种子的蛋白质合成，其次抑制胆碱渗入磷酯，干扰卵磷脂形成。如果土壤墒情好，杂草被杀死在幼芽期。如土壤水分少，杂草出土后随着降雨，土壤湿度增加，杂草吸收药剂。禾本科杂草心叶扭曲、萎缩，其他叶子皱缩后整株枯死。阔叶杂草叶子皱缩变黄整株枯死。由于禾本科杂草幼芽吸收异丙甲草胺能力比阔叶杂草强，因而该药防除禾本科杂草的效果远远好于阔叶杂草。

无色到浅褐色液体，沸点 100℃/0.001mmHg，蒸气压 4.2mPa（25℃），密度 1.12（20℃）。溶解度：水 488mg/L（25℃），与苯、二甲苯、甲苯、辛醇和二氯甲烷、己烷、二甲基甲酰胺、甲醇。二氯乙烷混溶，不溶于乙二醇、丙醇和石油醚。300℃以下稳定，强酸、强碱下和强无机酸中水解。

常见制剂类型：乳油、可湿性粉剂、悬浮剂。

【毒　　性】对皮肤、眼、呼吸道有刺激作用。

【税则号列】有效成分：29242990　　制剂：38089311（零售包装），38089319（其他）

**0144105　双甲胺草磷　Amprophos-dimethyl**

【别　　名】

【有效成分】O-甲基-O-（2-硝基-4，6-二甲基苯基）-N-异丙基硫代磷酰胺酯

【商品类别】有机磷除草剂

【结 构 式】

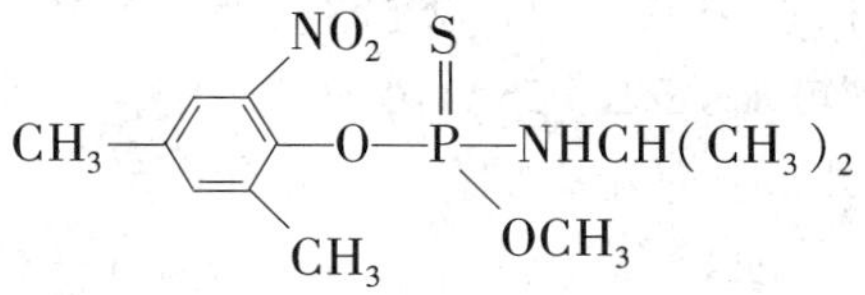

【商品属性】有机磷类内吸性土壤处理的选择性除草剂，对正在萌发的杂草幼苗防治效果好。其作用机理为通过出土过程中幼芽、幼根和分蘖节的吸收，抑制杂草分生组织的生长，达到除草目的。

原药含量大于95%，外观为浅黄色固体，熔点 92～93℃，易溶于丙酮、氯仿等有机溶剂，微溶于醇类，难溶于水。在高于 120℃时发生分解。

常见制剂类型：乳油。

【毒　　性】低毒。

【税则号列】有效成分：29299090　　制剂：38089311（零售包装），38089319（其他）

**0144106　异丙草胺　Propisochlor**

【别　　名】普乐宝，Proponit

【有效成分】2-氯-N-（2-乙基-6-甲基苯）-N-［（1-甲基乙氧基）甲基］乙酰胺

【商品类别】除草剂

【结 构 式】

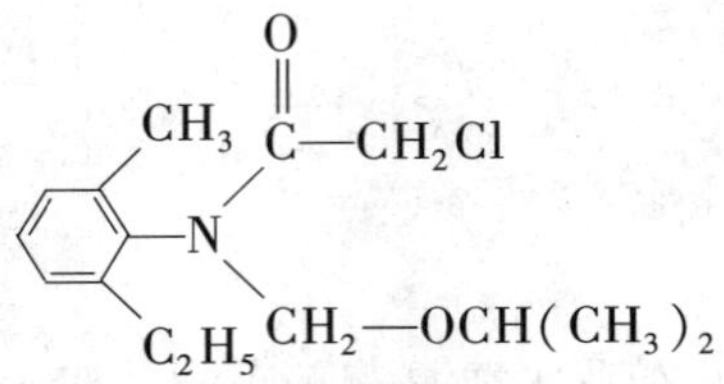

【商品属性】该药为选择性除草剂，主要被发芽着的植物芽吸收，可抑制蛋白质合成。芽前或芽后早期土壤喷雾处理，可防治玉米、大豆、马铃薯等作物地一年生禾本科杂草和某些阔叶杂草。

原药外观为浅褐色至紫色油状物，有芬芳气味，熔点：21.6℃，比重（20℃）1.097g/$cm^3$。水中溶解度为184mg/l，溶于大部分有机溶剂。燃点110℃，易燃。

常见制剂类型：悬乳剂、可湿性粉剂、乳油。

【毒　　性】低毒。

【税则号列】有效成分：29242990　　　　制剂：38089311（零售包装），38089319（其他）

**0144107　　异恶草酮　　Clomazone**

【别　　名】异恶草松，广灭灵，Command，Dimethazon，Dimethazone，FMC-57020，Gamit

【有效成分】2-（2-氯苯基）甲基-4,4-二甲基-异恶唑烷-3-酮

【商品类别】杂环化合物

【结 构 式】

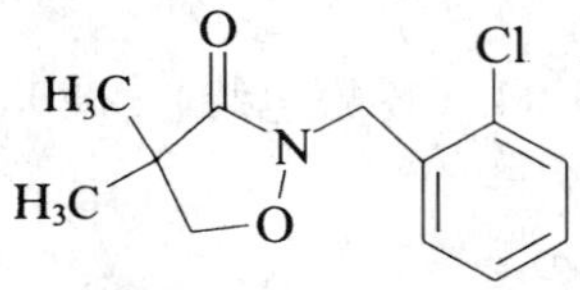

【商品属性】选择性芽前除草剂，被吸收后可控制敏感植物叶绿素的生物合成，使植物在短期内死亡。大豆具特异代谢作用，使其变为无杀草作用的代谢物而具有选择性。与土壤有中等程度的粘合性，土壤中主要由微生物降解。

无色透明至浅褐色黏稠液体，熔点25℃，沸点275℃，密度1.192（20℃），蒸气压19.2mPa（25℃），水中溶解度1.1g/L（25℃），可与丙酮、乙腈、氯仿、环己酮、二氯甲烷、甲醇、甲苯等相混。常温下贮存至少2年，50℃可保存3个月。

常见制剂类型：可湿性粉剂、乳油。

【毒　　性】药液接触眼睛会使角膜暂时不透明，肺部有异常反应。

【税则号列】有效成分：29349990　　　　制剂：38089311（零售包装），38089319（其他）

**0144108　　异恶唑草酮　　Isoxaflutole**

【别　　名】百农思，Isoxaflutole

【有效成分】5-环丙基-1,2-恶唑-4-基-a，a，a-三氟-2-甲肼磺酰基-对-甲苯酮

【商品类别】除草剂

【结 构 式】

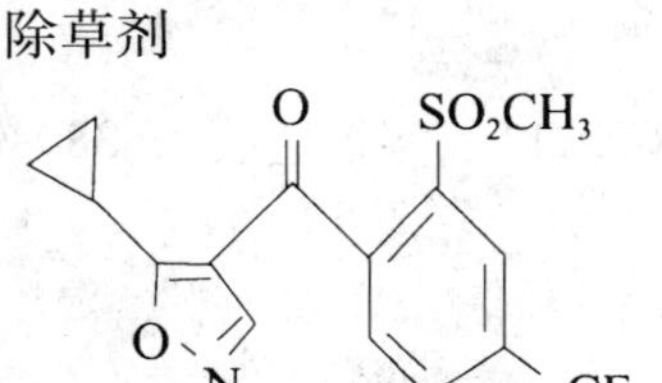

【商品属性】对羟基苯基丙酮酸酯双氧化酶抑制剂即HPPD抑制剂。其作用特点是具有广谱的除草活性、苗前和苗后均可使用、杂草出现白化后死亡。虽其症状与类胡萝卜素生物抑制剂的作用症状极相似，但其化学结构特点如极性和电离度与已知的类胡萝卜素生物抑制剂等有明显的不同。通过抑制对羟基苯基丙酮酸酯双氧化酶的合成，导致

酷氨酸的积累，使质体醌和生育酚的生物合成受阻，进而影响到胡萝卜素的生物合成，因此 HPPD 抑制剂与类胡萝卜素生物抑制剂的作用症状相似。

纯品为灰白色或浅黄色固体。熔点 140℃，密度 1.590（20℃），蒸气压为 $1\times10^{-5}$Pa（25℃）。水中溶解度为 6.2mg/L（pH5.520℃）。对光稳定，54℃下加热贮 14 天未发生分解。pH1 的水溶液中半衰期为 1 天。

常见制剂类型：水分散粒剂。

【毒　　性】低毒。

【税则号列】有效成分：29349990　　制剂：38089311（零售包装），38089319（其他）

**0144109　异戊乙净　Dimethametryn**

【别　　名】戊草净，二甲丙乙净，威罗生（与呱草磷的混剂），Avirosan（与呱草磷的混剂）

【有效成分】2-（1,2-二甲基丙胺基）-4-乙胺基-6-甲硫基-1,3,5-三氮苯

【商品类别】三嗪类除草剂

【结 构 式】

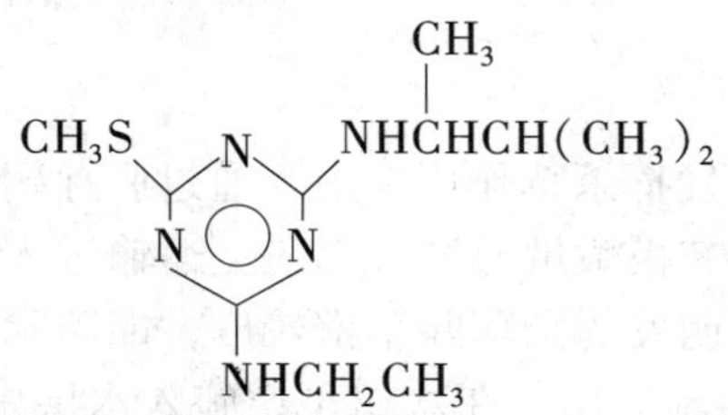

【商品属性】抑制光合作用，通过叶、根部吸收，防治水稻、甘蔗一年生阔叶杂草。可与其他除草剂混用。

无色结晶，熔点 65℃，沸点 151 ~ 153℃/0.5mmHg，蒸气压 0.186mPa（20℃），密度 1.098（20℃）。溶解度：水中 50mg/l（20℃）、丙酮 650、二氯甲烷 800、己烷 60、甲醇 700、正辛醇 350、甲苯 600（g/L，200℃）。PH5 ~ 9 和 70℃下 28 天内不发生明显的水解。

【毒　　性】对眼、皮肤和呼吸道有中度刺激作用。

【税则号列】有效成分：29336990　　制剂：38089311（零售包装），38089319（其他）

**0144110　乙草胺　Acetochlor**

【别　　名】乙基乙草安，禾耐斯，消草安，Harness，MON097

【有效成分】2′-乙基-6′-甲基-N-（乙氧甲基）-2-氯代乙酰替苯胺

【商品类别】酰胺类除草剂

【结 构 式】

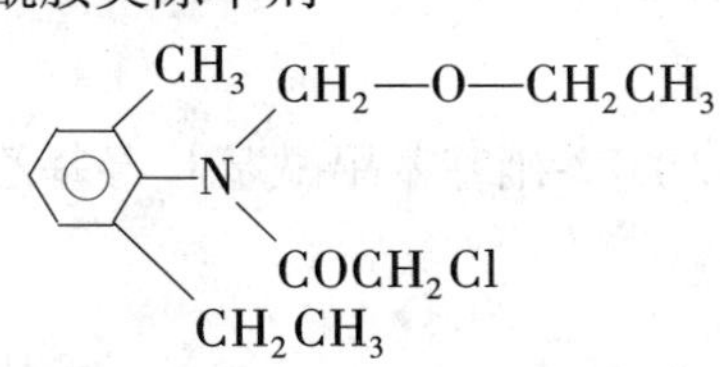

【商品属性】是选择性芽前除草剂。可被植物幼芽吸收，单子叶植物通过芽鞘吸收，双子叶植物下胚轴吸收传导，必须在杂草出土前施药，有效成分在植物体内干扰核酸代谢及蛋白质合成，使幼芽、幼根停止生长，如果田间水分适宜幼芽末出土即被杀死，如果土壤水分少，杂草出土后，随土壤湿度增大杂草吸收药剂后而起作用，禾本科杂草至叶卷曲萎缩，其他叶皱缩，整株枯死。对马唐等禾本科杂草活性高，反枝苋敏感，对藜、马齿苋、龙葵等双子叶杂草有一定防效并抑制生长，活性比禾本科杂草低，对大豆菟丝子有良好防效，大豆等耐药性作物吸

收乙草胺在体迅速代谢为无活性物质，正常使用对作物安全。

蓝紫色油，熔点0℃，蒸气压4.53nPa（25℃），沸点162℃/7mmHg，比重1.1358（20℃）。水中溶解度223mg/L（25℃），溶解于多种有机溶剂中。20℃时2年内不分解。

常见制剂类型：可湿性粉剂、悬乳剂、乳油。

【毒　　性】有轻微的呕吐与腹泻，无全身中毒症状。

【税则号列】有效成分：29242990　　　制剂：38089311（零售包装），38089319（其他）

**0144111　乙氧氟草醚　Oxyfluorfen**

【别　　名】氟硝草醚，果尔，割草醚，Goal

【有效成分】2-氯-1-（3-乙氧-4-硝基苯氧基）-4-（三氟甲基）苯

【商品类别】二苯醚类除草剂

【结 构 式】

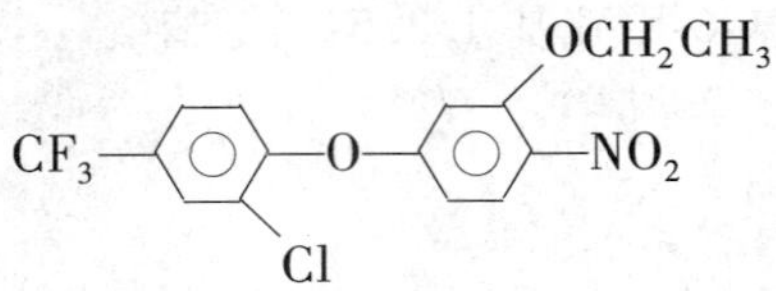

【商品属性】触杀型除草剂，在有光的情况下发挥杀草作用。主要通过胚芽鞘、中胚轴进入植物体内，经根部吸收较少，并有极微量通过根部向上运输进入叶部。芽前和芽后早期施用效果最好，对种子萌发的杂草除草谱较广，能防除阔叶杂草、莎草及稗，但对多年生杂草只有抑制作用。在水田里，施入水层中后在24小时内沉降在土表，水溶性极低，移动性较小，施药后很快吸附于0~3厘米表土层中，不易垂直向下移动，三周内被土壤中的微生物分解成二氧化碳，在土壤中半衰期为30天左右。

桔黄色结晶固体，熔点85~90℃（工业品65~84℃），沸点358.2℃（分解），蒸气压（纯）0.0267mPa（25℃），密度1.35（73℃）。溶解度：水0.116mg/L（25℃），溶于大多数有机溶剂，如丙酮72.5，环己酮、异丙醇61.5，二甲基替甲酰胺>50，异丙叉丙酮40~50（g/100g）。pH5~9中保存28天，无明显水解（25℃），紫外光下分解迅速，50℃以下稳定。

常见制剂类型：乳油、颗粒剂。

【毒　　性】对皮肤轻度刺激作用，对眼中度刺激作用。一般不会引起全身毒性。

【税则号列】有效成分：29093090　　　制剂：38089311（零售包装），38089319（其他）

**0144112　乙羧氟草醚　Fluoroglycofen ethyl**

【别　　名】克草特，Compete

【有效成分】O-［5-（2-氯-a-a-a-三氟-对-甲苯氧基）-2-硝基苯甲酰基］羟基乙酸乙酯

【商品类别】二苯醚类除草剂

【结 构 式】

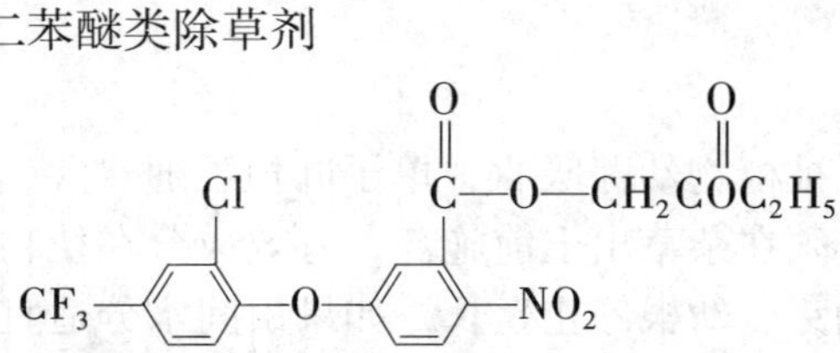

【商品属性】该产品为新型高效二苯醚类豆田苗后除草剂。它被植物吸收后，使原卟啉氧化酶受抑制，生成对植物细胞具有毒性的四吡咯，积聚而发生作用。它具有作用速度快、活性高、不影响下茬作物等特点。可有效防除藜科、蓼科、苋菜、苍耳、龙葵、马齿苋、鸭跖草、大蓟等多种阔叶杂草。

原药外观深琥珀色固体，比重 1.01，熔点 64℃～65℃，蒸气压（25℃）133Pa。水中（g/L，25℃）溶解度 0.0001，一般条件下稳定。

常见制剂类型：乳油、水剂，外观琥珀色透明液体，pH5.0～7.0。

【毒　　性】低毒。

【税则号列】有效成分：29189900　　制剂：38089311（零售包装），38089319（其他）

**0144113　仲丁灵　Butralin**

【别　　名】丁乐灵，地乐胺，双丁乐灵，止芽素，Dibutralin，Amchem 70-25，Amexine，Tamex

【有效成分】N-仲丁基-4-特丁基-2,6-二硝基苯胺

【商品类别】二硝基苯胺类除草剂

【结 构 式】

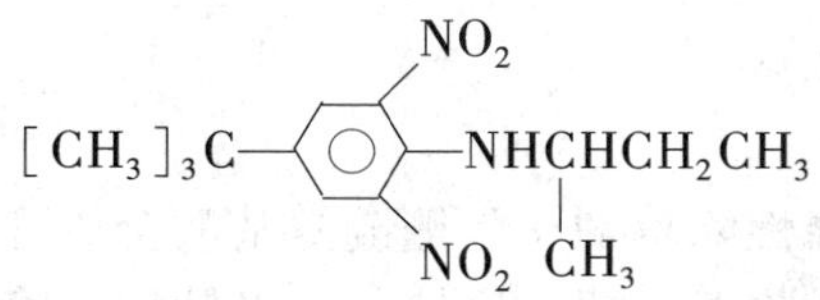

【商品属性】该药为选择性萌芽前除草剂。其作用与氟乐灵相似，药剂进入植物体内后，主要抑制分生组织的细胞分裂，从而抑制杂草幼芽及幼根的生长，导致杂草死亡。

略带芳香味桔黄色晶体，熔点 60～61℃，沸点 134～136℃/0.5mmHg，蒸气压 1.7mPa（25℃）。溶解度：水中 1mg/L（24℃），丁酮 9.55kg/kg，丙酮 4.48kg/kg，二甲苯 3.88kg/kg，苯 2.7kg/kg，四氯化碳 1.46kg/kg（24～26℃）。265℃分解，光稳定性好，贮存 3 年稳定，不宜在低于 -5℃下存放。

常见制剂类型：可湿性粉剂、乳油。

【毒　　性】对皮肤、眼睛及黏膜有轻度刺激作用。

【税则号列】有效成分：29214990　　制剂：38089311（零售包装），38089319（其他）

**0144114　吡氟草胺　Diflufenican**

【别　　名】吡氟酰草胺，Cougar，Diflufenicanil，M&B 38544

【有效成分】2′，4′-二氟-2-（α，α，α-三氟-间-甲苯氧基-3-吡啶酰苯胺

【商品类别】酰苯胺类除草剂

【结 构 式】

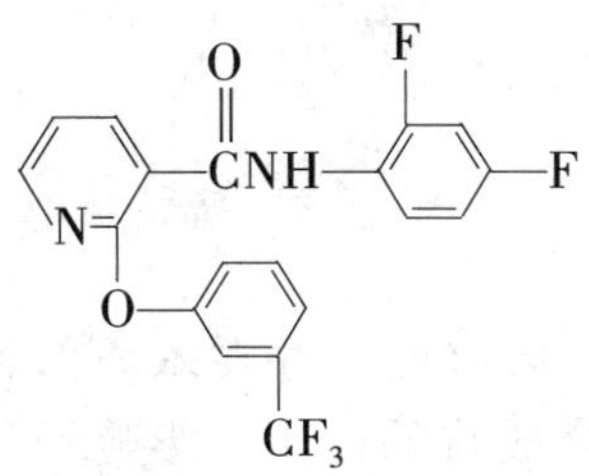

【商品属性】在杂草发芽前后施用可在土表形成抗淋溶的药土层，在作物整个生长期保持活性。当杂草萌发通过药土层幼芽或根系均能吸收药剂，本剂具有抑制类胡萝卜素生物合成作用，吸收药剂的杂草植株中类胡萝卜素含量下降，导致叶绿素被破坏，细胞膜破裂，杂草则表现为幼芽脱色或白色，最后整株萎蔫死亡。在小麦、水稻、某些豆科作物（如白羽扁豆及春播豌豆）、胡萝卜、向日葵等作物田中的大部分阔叶杂草。

本品原药为无色结晶固体，熔点 161～162℃。溶解度：水中 0.05mg/L，丙酮、二甲基酰胺 100g/kg，苯乙酮、环乙酮 50g/kg，环已烷、2-乙氧基乙醇、煤油 <10g/kg，3,5,5-三甲基环已-2-烯酮 35g/kg，二甲苯 20g/kg。

常见制剂类型：悬浮剂。

【毒　　性】低毒。

【税则号列】有效成分：29333990　　　制剂：38089311（零售包装），38089319（其他）

**0144115　咪唑喹啉酸　　Imazaquin**

【别　　名】灭草喹，Imazaqine

【有效成分】2-（5-异丙基-5-甲基-4-氧代-2-咪唑啉-2-基）喹啉-3-羧酸

【商品类别】杂环化合物

【结 构 式】

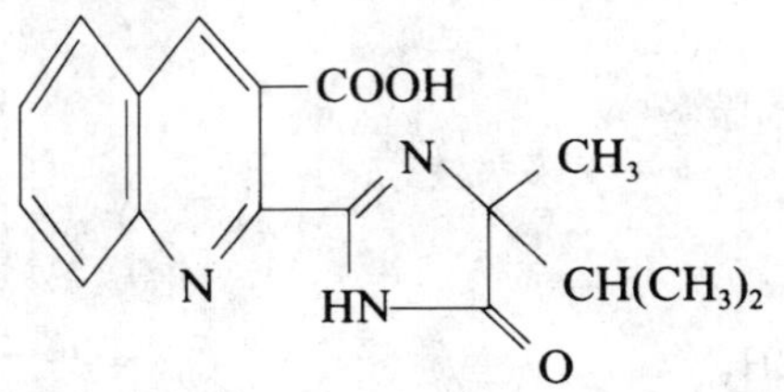

【商品属性】该产品为咪唑啉酮类高效、选择性除草剂，是侧链氨基酸合成抑制剂。主要用于豆田、花生田除草，可有效防除蓼、藜、反枝苋、鬼针草、苍耳、苘麻等阔叶杂草、对臂形草、马唐、野黍、狗尾草属等禾本科杂草也有一定防治效果。

原药外观浅黄色结晶，熔点218℃～225℃，蒸气压（60℃）0.013mPa，溶解度：水（25℃W/V）60mg/L。在酸性介质中稳定，遇碱成盐溶于水。

常见制剂类型：水剂，外观为浅棕色液体，pH9.0～10.0。

【毒　　性】低毒。

【税则号列】有效成分：29334990　　　制剂：38089311（零售包装），38089319（其他）

**0144116　咪唑乙烟酸　　Imazethapyr**

【别　　名】普杀特，咪草烟，豆草唑，普施特，灭草烟，Pivot，Pursuit，Imazethapyr-ammonium

【有效成分】5-乙基-2-（4-异丙基-4-甲基-5-氧代-2-咪唑啉-2-基）-3-吡啶羧酸

【商品类别】咪唑啉酮类除草剂

【结 构 式】

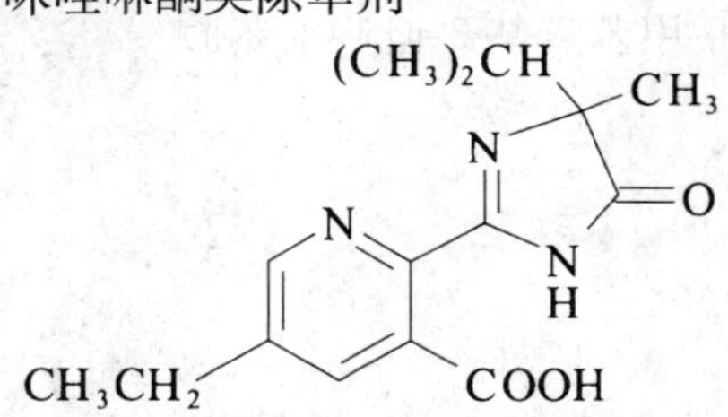

【商品属性】选择性芽前及早期苗后除草剂。通过根、叶吸收，并在木质部和韧皮内传导，积累于植物分生组织内，阻止乙酰羟酸合成霉的作用，影响缬氨酸、亮氨酸、异亮氨酸的生物合成，破坏蛋白质，使植物生长受到抑制而死亡。对大豆田和其他豆科植物田的禾本科杂草和某些阔叶杂草有优异的防效，如苋菜、蓼、藜、龙葵、苍耳、稗草、狗尾草、马唐、黍等。

无色晶体，无臭味，熔点169～174℃，蒸气压<0.013mPa（60℃）。25℃溶解度：水1.4g/L，丙酮48.2，二氯甲烷185，二甲亚砜422，庚烷0.9g/L，甲醇105g/L，异丙醇17g/L，甲苯5g/L。日光下迅速降解。

常见制剂类型：乳油、水剂。

【毒　　性】对皮肤、眼有刺激作用。一般不会引起全身中毒。

【税则号列】有效成分：29333990　　　制剂：38089311（零售包装），38089319（其他）

**0144117　哒草特　Pyridate**

【别　　名】连达克兰，阔叶枯，Lentagran

【有效成分】0-（6-氯-3-苯基哒嗪-4-基）-辛基硫代碳酸酯

【商品类别】杂环化合物

【结 构 式】

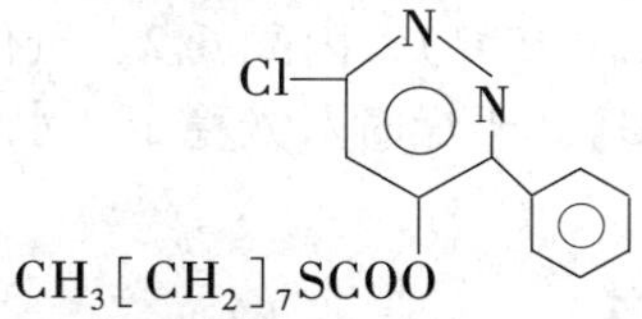

【商品属性】是选择性的苗后除草剂，茎叶处理后迅速被叶吸收，阻碍光合作用的希尔反应，使杂草叶变黄并停止生长，枯萎致死。在禾谷类作物体内被迅速代谢为配糖的共轭物而无害。

无色结晶固体，原药为棕色油状液体，熔点27℃，原药为20~25℃，蒸气压130nPa（20℃），密度1.16（20℃，原药）。溶解度：水1.5（mg/L20℃），易溶于许多有机溶剂。中性介质中稳定，遇强酸、强碱分解。

常见制剂类型：乳油、可湿性粉剂。

【毒　　性】对皮肤、眼有刺激作用，无人体中毒报道。

【税则号列】有效成分：29339900　　制剂：38089311（零售包装），38089319（其他）

**0144118　唑嘧磺草胺　Flumetsulam**

【别　　名】阔草清，Broadstrike，DE-498，Preside，Scorpion，Aurora

【有效成分】2-（2,6-二氟苯基磺酰胺基）-5-甲基-［1,2,4］-三唑［1,5a］嘧啶

【商品类别】嘧啶类除草剂

【结 构 式】

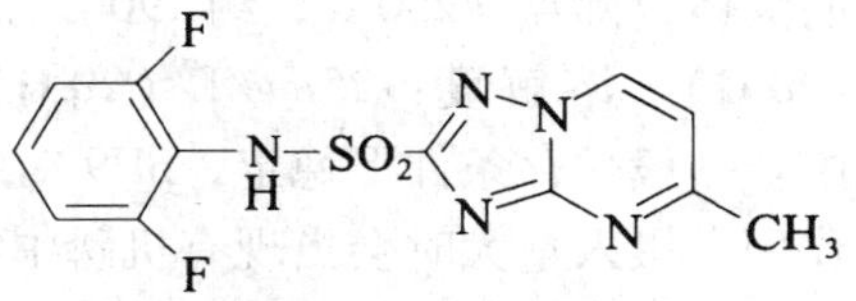

【商品属性】是ALS抑制剂，对烟草离体ALS酶I50值为0.02mg/kg。无论茎叶或土壤处理，对大多数阔叶杂草、禾本科及莎草科杂草均有高度活性，土壤处理的杀草谱更广。

纯品为灰白色无味固体，熔点251~253℃，蒸气压0.37nPa（25℃），密度1.77（21℃）。溶解度：水中49mg/L（pH2.5溶解度随pH值升高），在丙酮、甲醇中轻微溶解，不溶于二甲苯、己烷。水中光解6~12月，土中光解3个月。

常见制剂类型：悬浮剂、水分散粒剂。

【毒　　性】低毒。

【税则号列】有效成分：29350090　　制剂：38089311（零售包装），38089319（其他）

**0144119　哌草丹　Dimepiperate**

【别　　名】优克稗，哌啶酯，Yukamate，My-93

【有效成分】S-1-甲基-1-苯基乙基哌啶-1-硫代甲酸酯

【商品类别】硫代氨基甲酸酯类除草剂

【结 构 式】

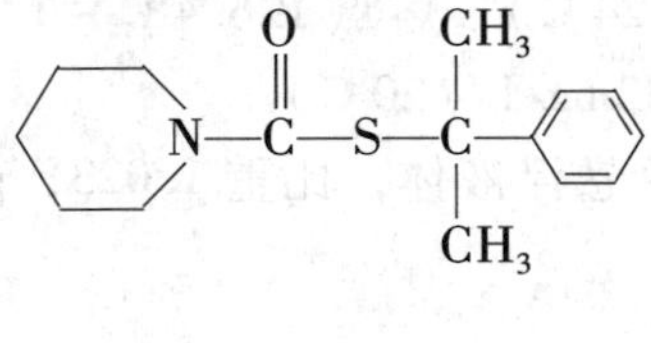

【商品属性】是植物内源生长素的拮抗剂。内吸传导型稻田选择性除草剂，对防治二叶期以前的稗草有效，对水稻安全。本剂适于水稻秧田、插秧田、水、旱直播田防除稗草及牛毛草，对水田其他杂草无效。

原药为蜡状固体，熔点 38.8～39.3℃，沸点 164～168℃/0.75mmHg，蒸气压 0.53mPa（30℃）。溶解度：水 20mg/L（25℃）、丙酮 6.2、氯仿 5.8、环己酮 4.9、乙醇 4.1、己烷 2.0（kg/L，25℃）。干燥时对光稳定，水溶液中 pH1～4 稳定。

常见制剂类型：可湿性粉剂、乳油。

【毒　　性】对眼、皮肤和呼吸道有刺激作用，摄食量大时，可能对胆碱酯酶有轻度的抑制作用。

【税则号列】有效成分：29333990　　　制剂：38089311（零售包装），38089319（其他）

**0144120　　哌草磷　　Piperophos**

【别　　名】Rilof

【有效成分】S-α-甲-基吡啶基羟基甲基 O, O-二丙基二硫代磷酸酯

【商品类别】有机磷类除草剂

【结 构 式】

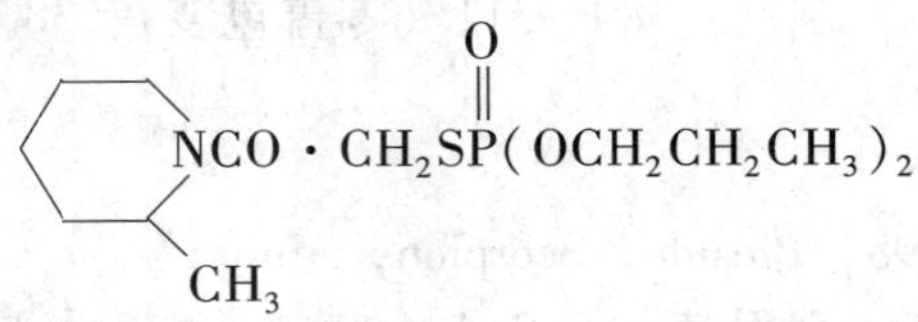

【商品属性】为选择性有机磷除草剂，药剂通过幼小杂草的根、胚芽鞘和子叶从土壤中被吸收，抑制其生长而死亡。

淡黄色，略带甜气味，微黏稠透明液体，沸点 >250℃，约 190℃分解，蒸气压 0.032mPa（20℃），密度 1.13（20℃）。溶解度：25mg/L（20℃），溶于苯、乙烷、丙酮、二氯甲烷和辛醇混溶。一般贮存条件下稳定，pH9 时缓慢水解。

【毒　　性】对眼睛、皮肤和上呼吸道有刺激作用。摄入量大时会出现有机磷中毒症状。

【税则号列】有效成分：29333990　　　制剂：38089311（零售包装），38089319（其他）

**0144121　　苄草唑　　Pyraflufen-ethyl**

【别　　名】丹妙药

【有效成分】乙基 2-氯-5-（4-氯-5-二氟甲氧基-1-甲基吡唑-3-基）-4-氟苯氧乙酸盐

【商品类别】吡唑类除草剂

【结 构 式】

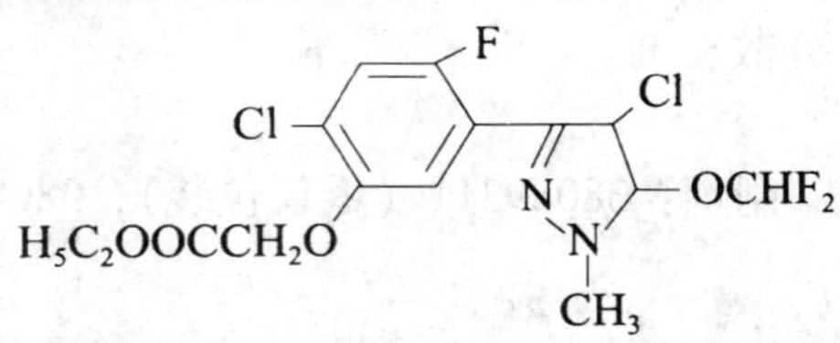

【商品属性】该药为触杀性的新型苯基吡唑类苗后除草剂，其作用机制是抑制植物体内的原叶啉 4 氧化酶，并利用小麦及杂草对药吸收和沉积的差异所产生不同活性的代谢物，达到选择性地防治小麦地杂草的效果。

原药外观为白色固体，比重 1.565（24℃），熔点 126.4℃～127.2℃，蒸气压 $1.6\times10^{-8}$Pa（25℃）。水溶解度 0.082mg/L（20℃）。

常见制剂类型：悬浮剂。外观为白色悬浮液体，比重 1.023，pH6.84（24℃，1%的稀释液）。

【毒　　性】低毒。
【税则号列】有效成分：29331990　　　　制剂：38089311（零售包装），38089319（其他）

**0144122　　莠灭净　　Ametryn**

【别　　名】阿灭净，Ametrex，Ametryne
【有效成分】2-乙氨基-4-异丙氨基-6-甲硫基-1, 3, 5-三嗪
【商品类别】三嗪类除草剂
【结 构 式】

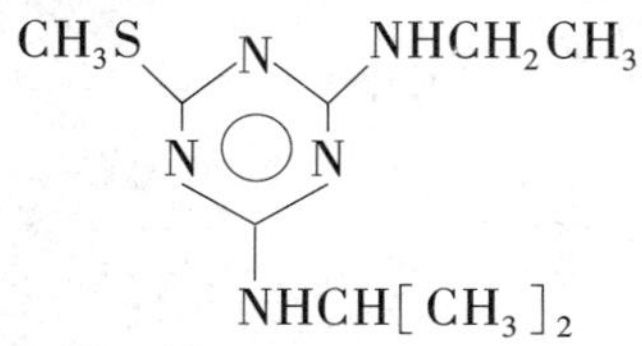

【商品属性】选择性内吸传导型除草剂。杀草作用迅速，是一种典型的光合作用抑制剂。通过对光合作用电子传递的抑制，导致叶片内亚硝酸盐积累，致植物受害至死亡；其选择性与植物生态和生化反应的差异有关，对刚萌发的杂草防治最好。可被0～5厘米土壤吸附，形成药层，使杂草萌发出土时接触药剂，莠灭净在低浓度下，能促进植物生长，即刺激幼芽与根的生长，促进叶面积增大，茎加粗等；在高浓度下，则对植物又产生强烈的抑制作用。莠灭净适用于甘蔗、柑橘、玉米、大豆马铃薯、豌豆、胡萝卜田防除一年生杂草。高剂量可防治某些多年生杂草，还可以防除水生杂草。

无色粉末，熔点84～85℃，蒸气压0.365mPa/25℃，在水中溶解度为200mg/L（25℃），易溶于有机溶剂。在中性、微酸或微碱性介质中稳定，而在强酸或强碱性介质中则水解为无除草活性的6-羟基衍生物。

常见制剂类型：悬乳剂、可湿性粉剂。

【毒　　性】对眼、皮肤和呼吸道有中度刺激作用。
【税则号列】有效成分：29336990　　　　制剂：38089311（零售包装），38089319（其他）

**0144123　　莠去津　　Atrazine**

【别　　名】阿特拉津，莠去尽，阿特拉嗪，园保净，Atranex，Gesaprim，Zcapos，Primatol-A
【有效成分】2-氯-4-乙胺基-6-异丙氨基-1, 3, 5-三嗪
【商品类别】三嗪类除草剂
【结 构 式】

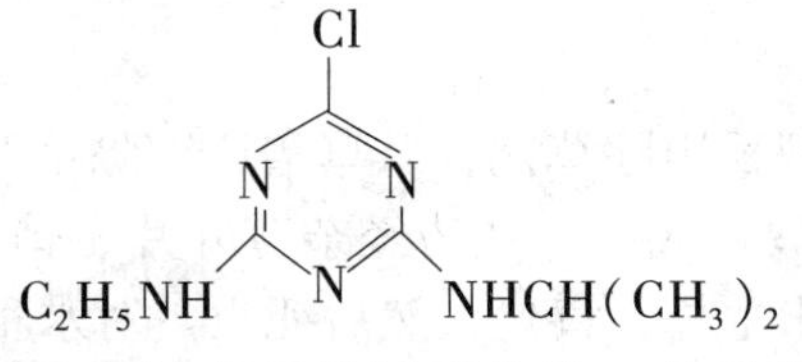

【商品属性】是选择性内吸传导型苗前、苗后除草剂。根吸收为主，茎叶吸收很少，迅速传导到植物分生组织及叶部，干扰光合作用，使杂草致死。在玉米等抗性作物体内被玉米酮酶分解生成无毒物质，因而对作物安全。杀草作用和选择性同西玛津，易被雨水淋洗至较深层，致使对某些深根性杂草有抑制作用。在土壤中可被微生物分解，残效期视用药剂量、土壤质地等因素影响，可长达半年左右。

纯品为无色粉末，熔点175.8℃，蒸气压0.039mPa（25℃），密度1.187（20℃）。20℃时的溶解度为水33mg/L、氯仿28g/L、丙酮31g/L、乙酸乙酯24g/L、甲醇15g/L。在中性、弱酸、弱碱介质中稳定。

常见制剂类型：悬乳剂、可湿性粉剂。

【毒　　性】对眼睛、皮肤和呼吸道有刺激作用，一般不会产生全身中毒。

【税则号列】有效成分：29336990　　　　制剂：38089311（零售包装），38089319（其他）

**0144124　　碘苯腈　　Ioxynil**

【别　　名】Bantrol，Actril，Certrol，Cipotril，Iotox，Totril，Trevespan

【有效成分】4-羟-3, 5-二碘苯腈

【商品类别】除草剂

【结 构 式】

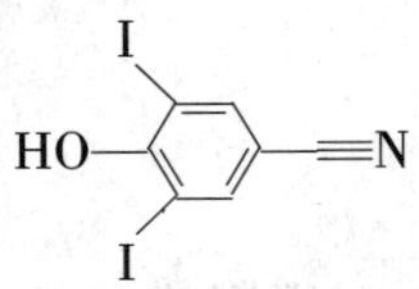

【商品属性】该药能被叶片吸收，抑制光合作用、呼吸作用和蛋白质合成。可防除繁缕、婆婆纳、田旋花田芥等阔叶杂草。

纯品为无色无溴固体，熔点 212 ~ 213.5℃，不挥发，在 13.33Pa 和 140℃下升华。25℃时在水中的溶解度为 50mg/l。性质稳定，无腐蚀性，可与其他农药混配。

【毒　　性】

【税则号列】有效成分：29269090　　　　制剂：38089311（零售包装），38089319（其他）

**0144125　　五氟磺草胺　　Penoxsulam**

【别　　名】嘧啶并三唑类磺胺，DE-683

【有效成分】2-（2, 2-二氟乙氧）-N-（5, 8-二甲氧［1, 2, 4］三唑［1, 5-c］嘧啶-2-基）-6-（三氟甲基）苯磺胺

【商品类别】除草剂

【结 构 式】

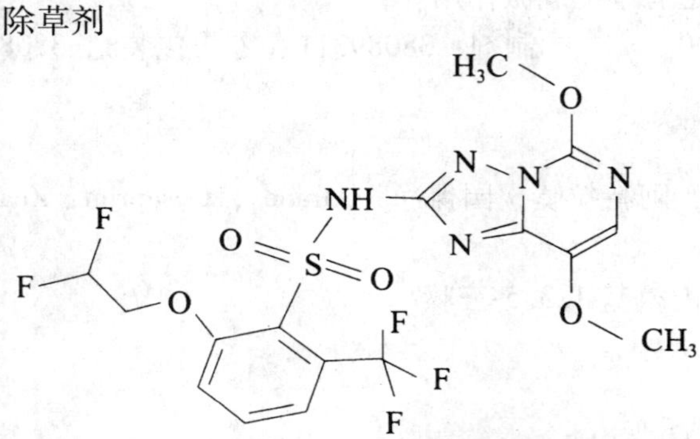

【商品属性】是美国陶氏益农公司生产的新型稻田除草剂，杀草谱广，除草活性高，药效作用快。作用机理为抑制乙酰乳酸合成酶。高药经杂草叶片、鞘部或根部吸收，传导至分生组织，造成杂草停止生长，黄化，然后死亡。对水稻田一年生杂草如稗草、萤蔺等杂草具有较好的防效。

原药外观为白色固体，有霉味。熔点 223 ~ 224℃。溶解度（g/L，19℃）：水 0.4、丙酮 20.3。常温下稳定。

常见制剂类型：油悬浮剂。

【毒　　性】低毒。原药有轻微刺激。溅入眼睛：立即用大量清水冲洗最少 5 分钟。皮肤：立即用肥皂和大量清水冲洗。误服：立即送医诊治。本品无特殊解毒药，请医生根据病情诊治。

【税则号列】有效成分：29350090　　　　制剂：38089311（零售包装），38089319（其他）

**0144126　2, 4-滴丁酸　2, 4-DB**

【别　　名】2, 4-D，Weedone，Vergemaster，Phenox，Pielik，Planotox，Plantgard，Rhodia

【有效成分】4-（2, 4-二氯苯氧基）丁酸

【商品类别】除草剂

【结 构 式】

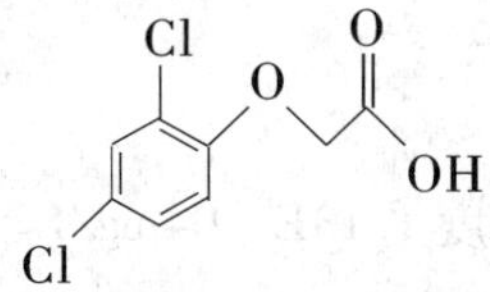

【商品属性】熔点 140. 5℃，蒸气压 8. 25E-05mmHg，水溶解度 677mg/L。

【毒　　性】中毒

【税则号列】有效成分：29189900　　制剂：38089311（零售包装），38089319（其他）

**0144127　氯甲喹啉酸　Quinmerac**

【别　　名】BAS518

【有效成分】7-氯-3-甲基喹啉-8-羧酸

【商品类别】除草剂

【结 构 式】

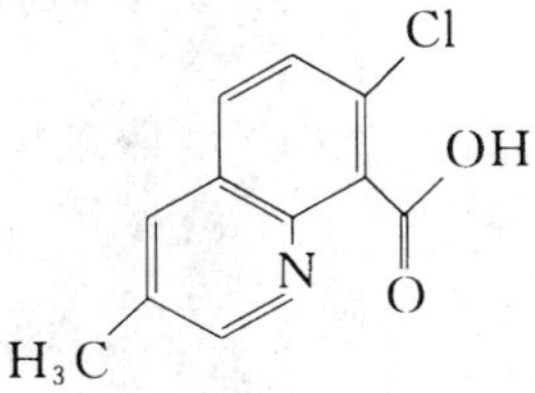

【商品属性】

【毒　　性】

【税则号列】有效成分：29334990　　制剂：38089311（零售包装），38089319（其他）

**0144128　草芽畏　2, 3, 6-TAB**

【别　　名】Benzabar，TCBA，Tribac，Trysben

【有效成分】2，3，6-三氯苯甲酸

【商品类别】除草剂

【结 构 式】

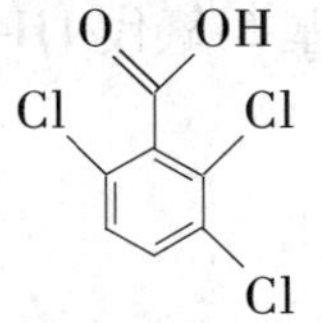

【商品属性】

【毒　　性】

【税则号列】有效成分：29163990　　制剂：38089311（零售包装），38089319（其他）

**0144129　咪唑烟酸　Imazapyr isopropylammonium**

【别　　名】Arsenal，Chopper，Imazapyr

【有效成分】2-（4-异丙基-4-甲基-5-氧代-2-咪唑啉-2 基）喹啉-3-羧酸

【商品类别】除草剂

【结 构 式】

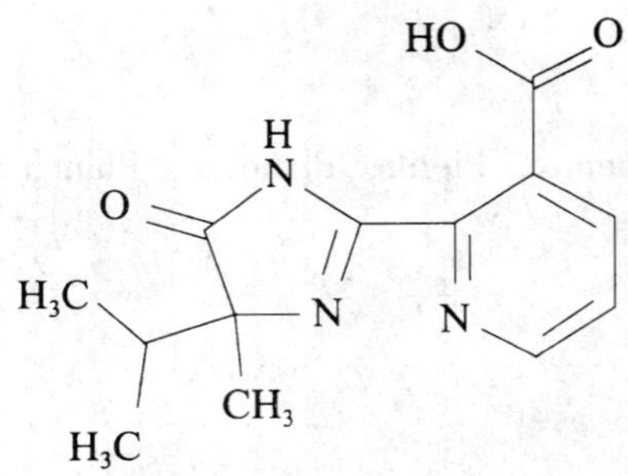

【商品属性】熔点 171℃，蒸气压 1.79E-11mmHg，水溶解度 1.13E+04mg/L。

【毒　　性】

【税则号列】有效成分：29333990　　　　制剂：38089311（零售包装），38089319（其他）

**0144130　　噻唑烟酸　　Thrizopyr**

【别　　名】Mandate，Visor

【有效成分】2-二氟甲基-5-（4，5-二氢-1，3-噻唑-2-基）-4-异丁基-6-三氟甲基吡啶-3-羧酸甲酯

【商品类别】除草剂

【结 构 式】

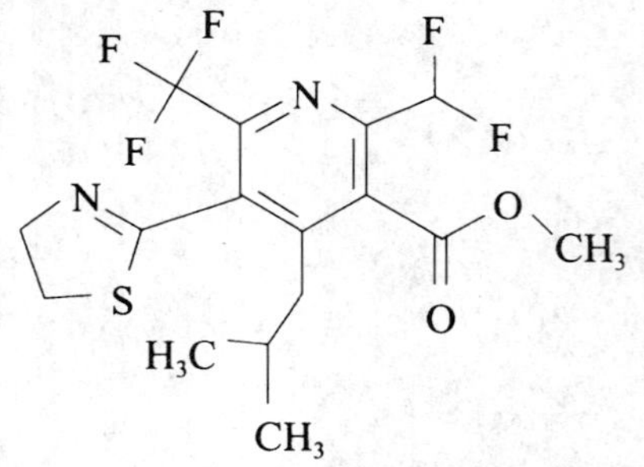

【商品属性】熔点 78℃，蒸气压 2.25E-06mmHg，水溶解度 2.5mg/L

【毒　　性】

【税则号列】有效成分：29341000　　　　制剂：38089311（零售包装），38089319（其他）

**0144131　　唑草酯　　Carfentrazone-ethyl**

【别　　名】Aim，F8426，Aurora，Spotlight

【有效成分】2-氯-3-［2-氯-4-氟-5-（4-二氟甲基-4，5-二氢-3-甲基-5-氧代-1H-1，2，4-三唑-1-基苯基）］丙酸乙酯

【商品类别】除草剂

【结 构 式】

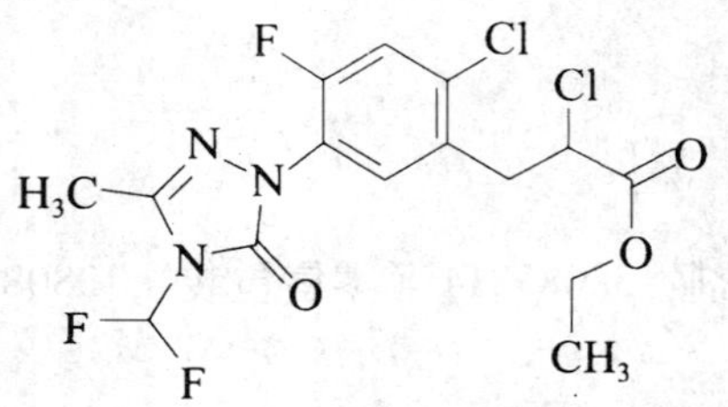

【商品属性】熔点 -22.1℃，蒸气压 1.20E-07mmHg，水溶解度 22mg/L。
常见制剂类型：干悬浮剂。

【毒　　性】

【税则号列】有效成分：29339900　　　　制剂：38089311（零售包装），38089319（其他）

**0144132　嗪草酸　Fluthiacet-methyl**

【别　　名】阔草特，KIH9201，Action，CGA-248757，HSDB7270

【有效成分】［［2-氯-4-氟-5-［（四氢-3-氧代-1H，3H-［1，3，4］噻二唑［3，4a］亚哒嗪-1-基）氨基］苯基］硫］乙酸甲酯

【商品类别】除草剂

【结 构 式】

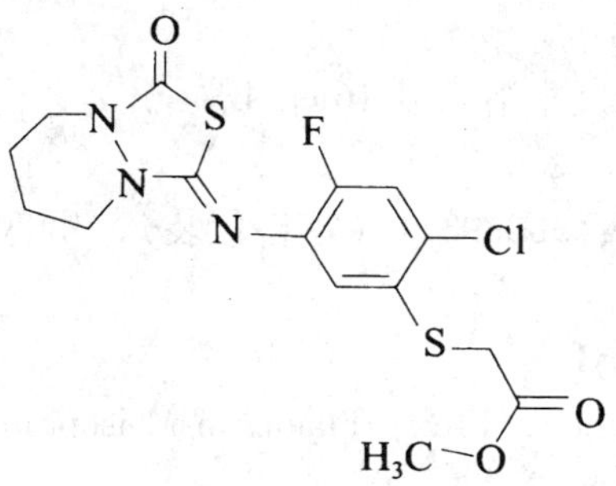

【商品属性】嗪草酸是新一代的茎叶处理除草剂，可用于大豆、玉米等农田防除苘麻、鸭跖草、苍耳、龙葵、小叶藜、反枝苋、马齿苋、铁苋菜、鬼针草、蓼等阔叶杂草，作用速度快，用药后一天见效，杂草受害症状明显。

该药活性极高，嗪草酸落于土壤当中药剂很快降解失活，对后作无残留药害，毒性低，环境兼容性好，是优良的旱田除草剂。使用中注意不能用做土壤处理。可与防除禾本科杂草除草剂混合使用，加入适当豆磺隆会提高大豆田多年生杂草防效。

熔点106℃，蒸气压3.31E-09mmHg，水溶解度0.85mg/L。

常见制剂类型：乳油。

【毒　　性】

【税则号列】有效成分：29349990　　制剂：38089311（零售包装），38089319（其他）

**0144133　燕麦酯　Chlorphenprop-methyl**

【别　　名】BAY70533，BRN2331933，Bidisin

【有效成分】2-氯-3-（4-氯苯基）丙酸甲酯

【商品类别】除草剂

【结 构 式】

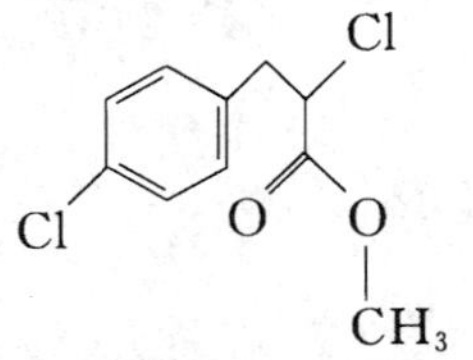

【商品属性】蒸气压2.03E-03mmHg，水溶解度40mg/L。

【毒　　性】

【税则号列】有效成分：29163990　　制剂：38089311（零售包装），38089319（其他）

**0144134　麦草氟甲酯　Flamprop-methyl**

【别　　名】D-Mataven，Flamprop-M-methyl

【有效成分】N-苯甲酰基-N-（3-氯-4 氟苯基）-D-丙氨酸甲酯

【商品类别】除草剂

【结 构 式】

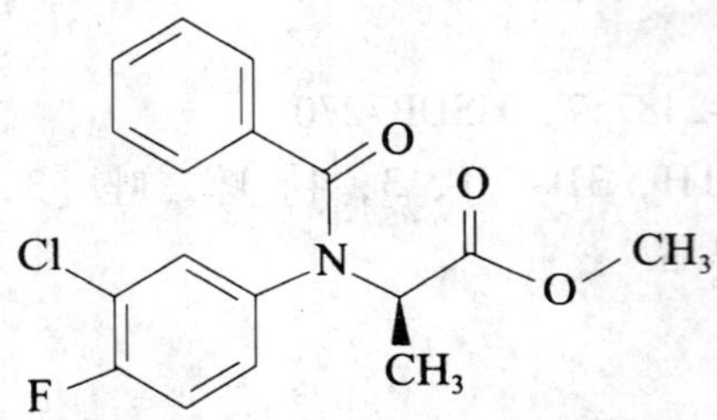

【商品属性】熔点 85℃，蒸气压 7.50E-06mmHg，水溶解度 16mg/L。
【毒　　性】
【税则号列】有效成分：29242990　　　制剂：38089311（零售包装），38089319（其他）

**0144135　　麦草氟异丙酯　　Flamprop-isopropyl**
【别　　名】BRN2899801，Barnon plus，Commando，Effix，Flamprop-M-isopropyl，Super suffix，Superbarnon
【有效成分】N-苯甲酰基-N-（3-氯-4-氟苯基）-D-丙氨酸异丙脂
【商品类别】除草剂
【结 构 式】

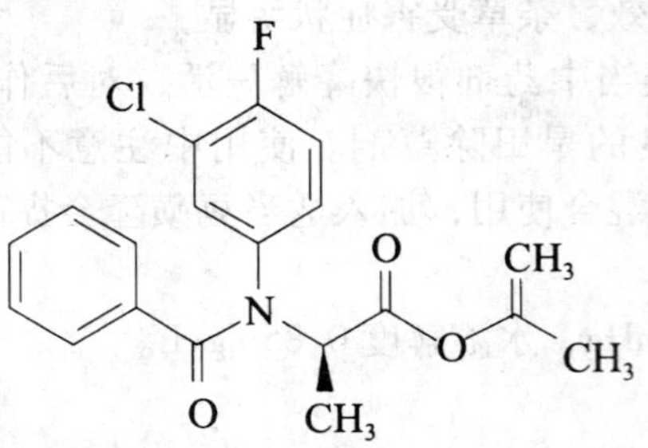

【商品属性】熔点 73℃，蒸气压 6.38E-07mmHg，水溶解度 12mg/L。
【毒　　性】
【税则号列】有效成分：29242990　　　制剂：38089311（零售包装），38089319（其他）

**0144136　　禾草灭　　Alloxydim**
【别　　名】BAS 90210H，Carbodimedon
【有效成分】［1-（烯丙氧基亚氨基）丁基］-4-羟基-6，6-二甲基-2-氧代环己-3-烯甲酸甲酯
【商品类别】除草剂
【结 构 式】

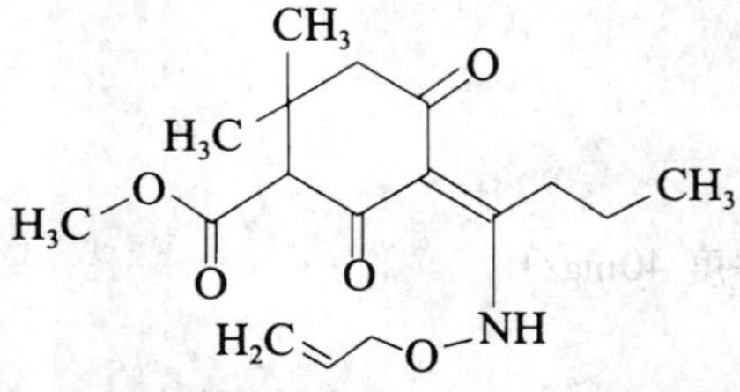

【商品属性】环己烯酮类除草剂是由日本曹达公司发现的一类具有选择性的内吸传导型茎叶处理剂，1978 年第一个品种禾草灭问世。为旱田除草剂。是 ACC 抑制剂，用于阔叶作物中苗后防除一年生或多年生禾本科杂草，中毒症状为叶片黄化，停止生长，几天后，枝尖、叶和根分生组织相继坏死。
【毒　　性】
【税则号列】有效成分：29252900　　　制剂：38089311（零售包装），38089319（其他）

**0144137　噻唑禾草灵　Fenthiaprop-ethyl**

【别　　名】

【有效成分】2-［4-（6-氯-2-苯并噻唑氧基）苯氧基］丙酸乙酯

【商品类别】除草剂

【结 构 式】

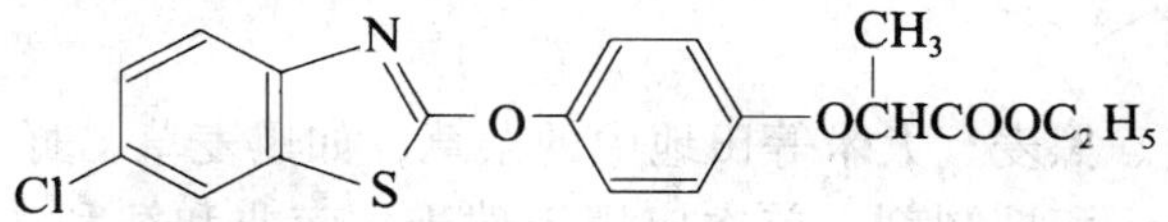

【商品属性】

【毒　　性】

【税则号列】有效成分：29342000　　制剂：38089311（零售包装），38089319（其他）

**0144138　氟吡禾灵　Haloxyfop**

【别　　名】吡氟氯禾灵，吡氟氯

【有效成分】2-［4-（3-氯-5-三氟甲基-2-吡啶氧基）苯氧基］丙酸

【商品类别】除草剂

【结 构 式】

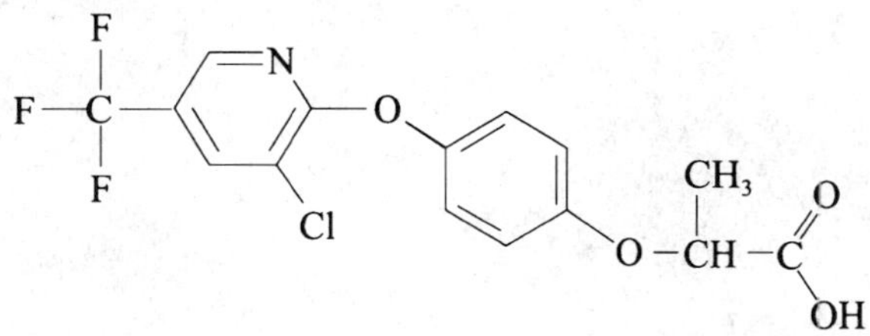

( haloxyfop–P)

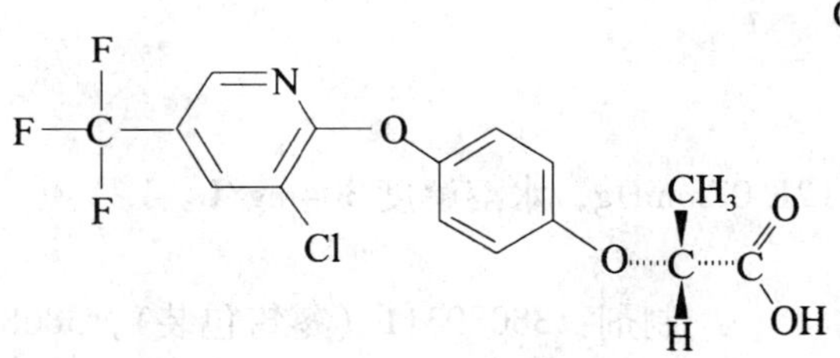

(haloxyfop)

【商品属性】

【毒　　性】

【税则号列】有效成分：29333990　　制剂：38089311（零售包装），38089319（其他）

**0144139　炔禾灵　Chloroazifop-propynyl**

【别　　名】CGA-82725

【有效成分】2-［4-（3，5-二氯-2-吡啶氧基）苯氧基］丙酸炔丙酯

【商品类别】除草剂

【结 构 式】

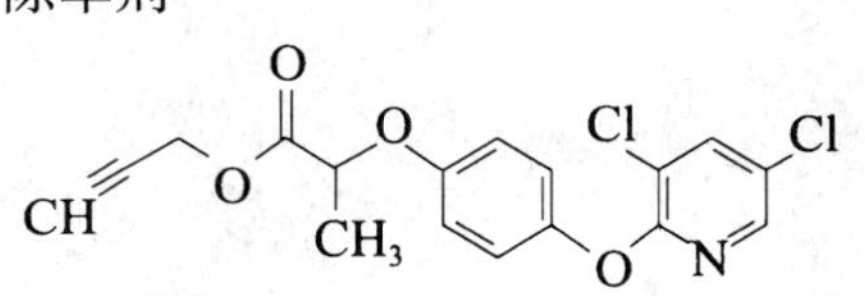

【商品属性】

【毒　　性】

【税则号列】有效成分：29333990　　制剂：38089311（零售包装），38089319（其他）

**0144140　炔草酸　Clodinafop-propargyl**

【别　　名】Topik，顶尖

【有效成分】2-［4-（5-氯-3-氟-2 吡啶氧基）苯氧基］丙酸炔丙酯

【商品类别】除草剂

【结 构 式】

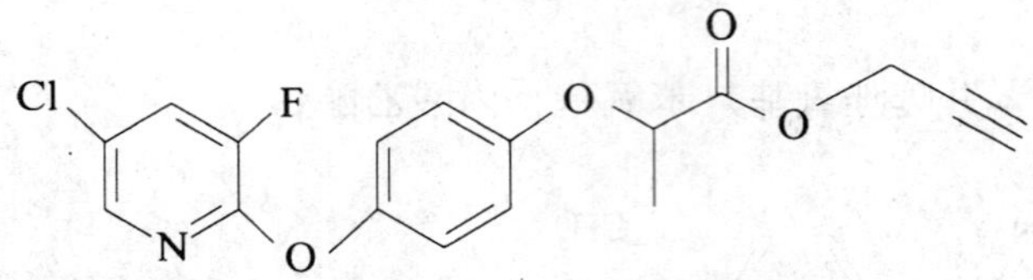

【商品属性】主要用于控制小麦、黑麦、大米等田地中的杂草，如黑麦草、野燕麦、狗尾草等，是一种 ACC-ase 酶抑制剂。首次应用于瑞士、南非和智利，现已在 50 多个国家投入应用。稳定性好，适于多种环境；可以与其他除草剂配合使用。

【毒　　性】

【税则号列】有效成分：29333990　　　制剂：38089311（零售包装），38089319（其他）

**0144141　　地乐灵　　Dipropalin**

【别　　名】

【有效成分】N，N-二正丙基-2，6-二硝基对甲苯胺

【商品类别】除草剂

【结 构 式】

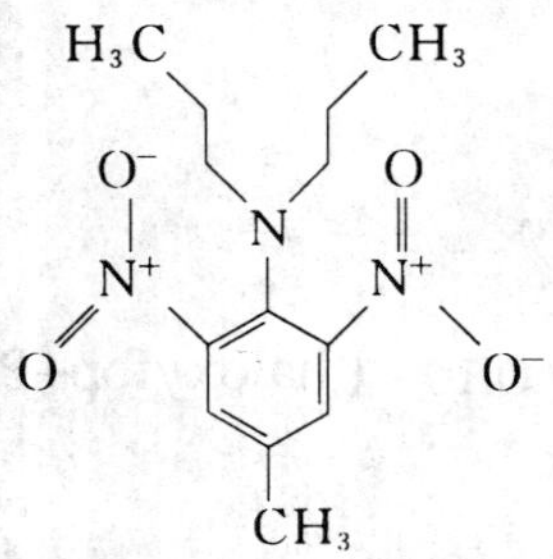

【商品属性】熔点 80℃，蒸气压 9. 12E-07mmHg，水溶解度 304mg/L。

【毒　　性】

【税则号列】有效成分：29214300　　　制剂：38089311（零售包装），38089319（其他）

**0144142　　氯乙灵　　Chlornidine**

【别　　名】Torpedo

【有效成分】N，N-二（2-氯乙基）-2，6-二硝基对甲苯胺

【商品类别】除草剂

【结 构 式】

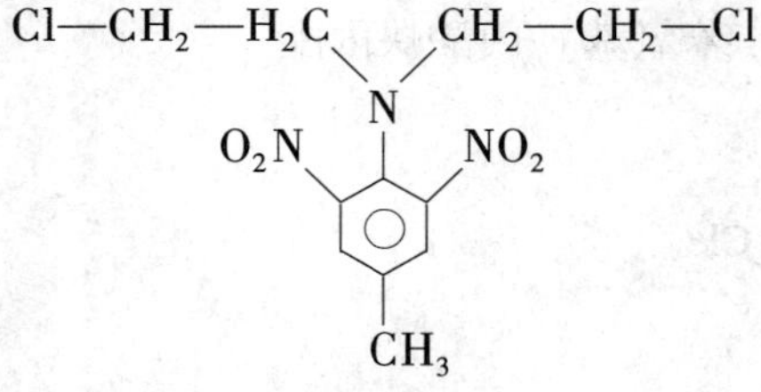

【商品属性】

【毒　　性】

【税则号列】有效成分：29214300　　　制剂：38089311（零售包装），38089319（其他）

**0144143　　异丙乐灵　　Isopropalin**

【别　　名】Paarlan

【有效成分】N，N-二丙基-4-异丙基-2，6-二硝基苯胺

【商品类别】除草剂

【结 构 式】

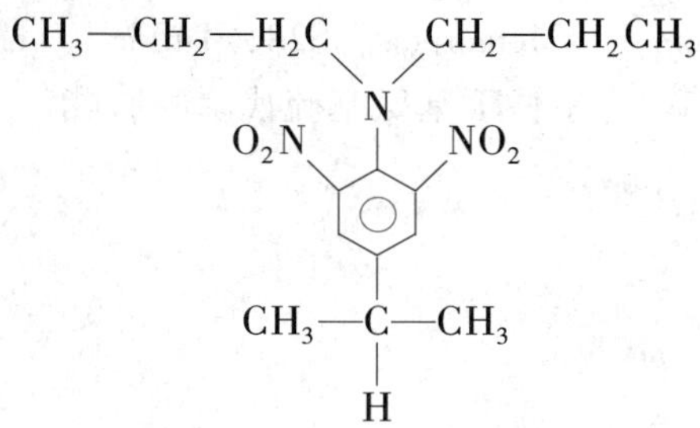

【商品属性】蒸气压 3.00E-05mmHg，水溶解度 0.11mg/L。

【毒　　性】

【税则号列】有效成分：29214990　　　　制剂：38089311（零售包装），38089319（其他）

**0144144　　胺草磷　　Amiprophos**

【别　　名】BAY-NTN 5006，BRN2157231

【有效成分】O-乙基-O-（2-硝基-4-甲基苯基）-N-异丙基硫代磷酰胺酯

【商品类别】除草剂

【结 构 式】

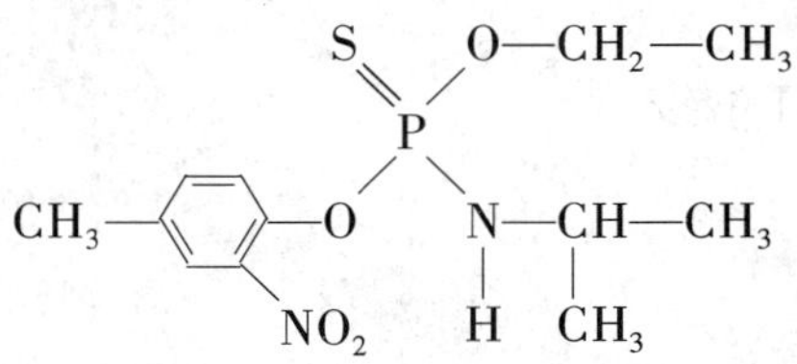

【商品属性】十字花科蔬菜种类多，栽培面积大，对除草剂的抗性差异较大。直播时以萝卜抗药性最强，甘蓝和大白菜次之，小油菜抗药性较差，花椰菜抗性最差。胺草磷可在上述几种蔬菜上使用。伞形科蔬菜包括芹菜、胡萝卜、茴香、芫荽等，对多种除草剂有较强的抗药性，常用的除草剂有氟乐灵、地乐胺、除草醚、扑草净、胺草磷等。茄科蔬菜在移栽前后用氟乐灵、地乐胺效果较好。番茄在播后苗前还可以用胺草磷、塞克津等处理土壤，防除苗期杂草。葫芦科蔬菜主要包括各种瓜类作物，其中黄瓜抗药性最差，对多种除草剂都比较敏感，易发生药害。经试验，胺草磷、地乐胺、除草通对直播黄瓜比较安全。

【毒　　性】

【税则号列】有效成分：29299090　　　　制剂：38089311（零售包装），38089319（其他）

**0144145　　甲基胺草磷　　Amiprophos-methyl**

【别　　名】磷甲基胺草，BAY-NTN80，NTN80，Tokunol M

【有效成分】O-甲基-O-（2-硝基-4-甲基苯基）-N-异丙基硫代磷酰胺酯

【商品类别】除草剂

【结 构 式】

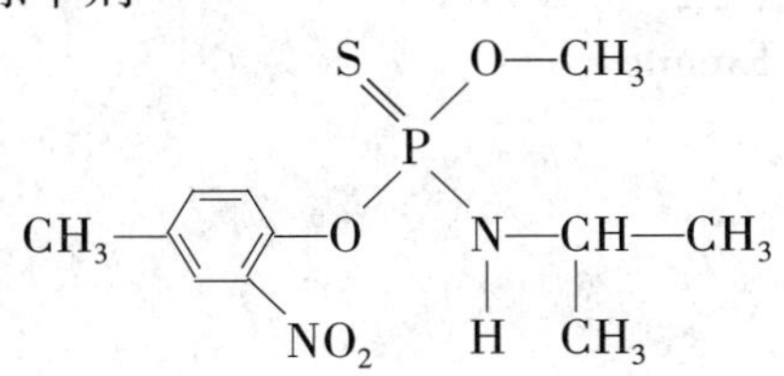

【商品属性】

【毒　　性】

【税则号列】有效成分：29299090　　　　制剂：38089311（零售包装），38089319（其他）

**0144146　抑草磷　Butamifos**

【别　　名】Cremart，Hercules 26905，Kremart，Metacrefos，S28，Tufler

【有效成分】O-乙基-O-（5-甲基-2-硝基苯基）-N-仲丁基氨基硫代磷酰胺酯

【商品类别】除草剂

【结 构 式】

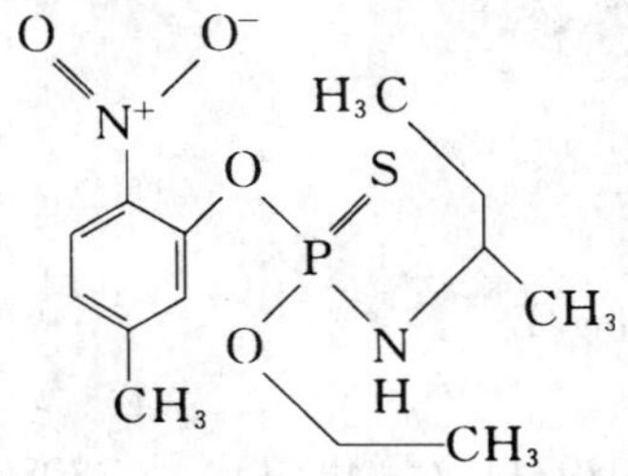

【商品属性】熔点 <25℃，蒸气压 6.30E-04mmHg，水溶解度 6.19mg/L。

【毒　　性】

【税则号列】有效成分：29299090　　制剂：38089311（零售包装），38089319（其他）

**0144147　草铵膦　Glufosinate-ammonium**

【别　　名】

【有效成分】2-氨基-4-（羟基甲基氧膦基）丁酸铵

【商品类别】除草剂

【结 构 式】

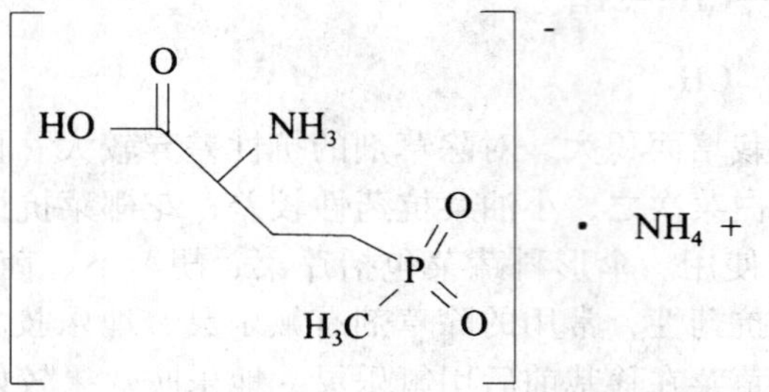

【商品属性】草铵膦属次膦酸类高效、低毒、对环境友好的非传导性灭生性除草剂，在土壤中易于降解，对作物安全，不易飘移，除草谱广，活性高，用量少，环境压力小，是世界大吨位农药品种。特别是目前转基因技术的快速发展，转基因耐除草剂作物的种植近年来呈愈演愈烈之势，耐受除草剂使用大幅增加。草铵膦是一个优秀的灭生性除草剂，非常适合做抗性基因，已经商业化种植的耐草铵膦作物几乎包括了所有主要作物。

【毒　　性】

【税则号列】有效成分：29319000　　制剂：38089311（零售包装），38089319（其他）

**0144148　杀木膦　Fosamine**

【别　　名】调节膦（fosamine ammonium），Krenite

【有效成分】O-乙基氨基甲酰基膦酸

【商品类别】氨基甲酸酯类除草剂

【结 构 式】

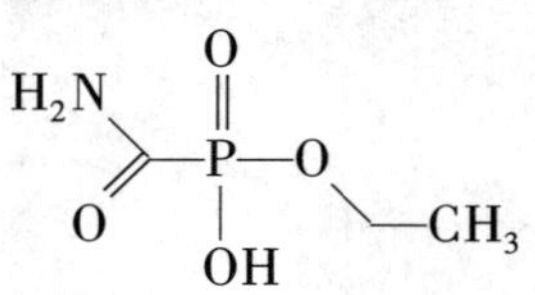

（Fosamine）

【商品属性】一种有机膦植物生长调节剂。调节膦主要经由茎、叶吸收，进入叶片后抑制光合作用和蛋白的合成。可以防除和控制多种杂灌木，以促进目的树种和生长和发育。其防控的杂灌木如胡枝子、黑桦、山杨、柞树、山丁子、榛子等，用做植物生长调节剂，它可以控制柑橘夏梢，减少刚结果柑橘的“六月生理落果”，在夏梢长出 0.5 ~ 1.0cm 长时以 500 ~ 750mg/l 喷洒一次就能有效地控制住夏梢的发生，增产 15% 以上。它还能有效地控制花生后期无效花，减少养分消耗，在花生扎针期用 500 ~ 1000mg/l 喷洒一次，增产 10% 以上。在 1 ~ 2 年龄胶树于顶端旺盛生长时用 1000 ~ 1500mg/l 喷洒一次，促进生侧枝，起矮化胶树的作用。此外，在西红柿、葡萄旺盛生长时期用 500 ~ 1000mg/l 药液喷洒一次，可促进坐果，提高果实含糖量。

纯品为固体结晶，无臭无味，熔点 175℃，易溶于水（1790g/kg），微溶于甲醇（158g/mg）及其他有机溶剂。对人、畜安全，对眼睛没有刺激，对皮肤无刺激与反应。进入土壤后很快被吸附。半衰期 7 天左右，然后被微生物分解。

【毒　　性】

【税则号列】有效成分：29319000　　制剂：38089311（零售包装），38089319（其他）

**0144149　草硫膦　Sulphosate**

【别　　名】Avans 330，Medallon，Ouragan，Touchdown

【有效成分】N-（膦酸甲基）甘氨酸三甲基锍盐

【商品类别】除草剂

【结 构 式】

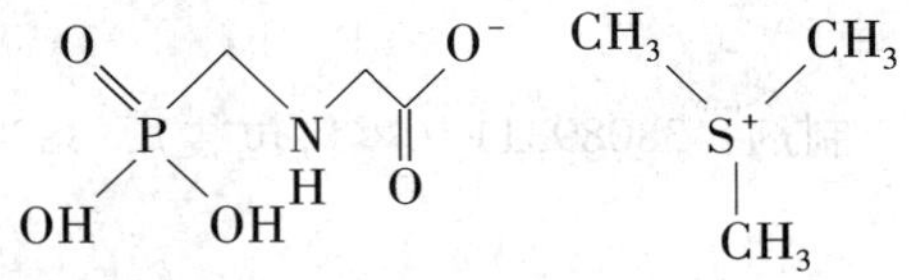

【商品属性】

【毒　　性】

【税则号列】有效成分：29319000　　制剂：38089311（零售包装），38089319（其他）

**0144150　磺草膦　LS-830556**

【别　　名】

【有效成分】（（（2-甲基（甲基磺酰基）氨基）-2-氧-乙基）氨基）甲基膦酸

【商品类别】除草剂

【结 构 式】

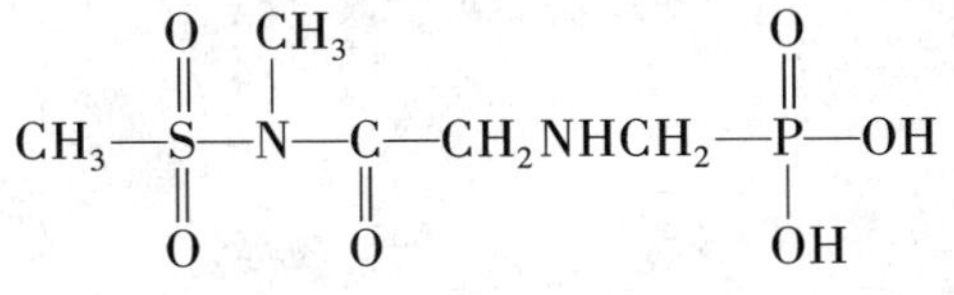

【商品属性】

【毒　　性】

【税则号列】有效成分：29350090　　制剂：38089311（零售包装），38089319（其他）

**0144151　环丙津　Cyprazine**

【别　　名】环草津，Outfox

【有效成分】2-氯-4-环丙胺基-6-异丙胺基-均三氮苯

【商品类别】三嗪类除草剂

【结 构 式】

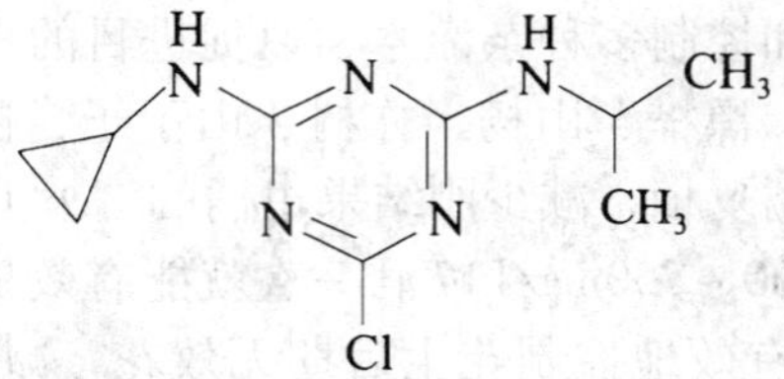

【商品属性】熔点 167 ~ 168℃，蒸气压 3.00E-07mmHg。溶解度 69mg/L。燃烧产生有毒氮氧化物和氯化物气体。

【毒　　性】中毒

【税则号列】有效成分：29336990　　　制剂：38089311（零售包装），38089319（其他）

**0144152　甘扑津　Proglinazine**

【别　　名】Proglinazine-ethyl

【有效成分】N-（4-氯-6-异丙基氨基-1，3，5-三嗪-2-基）甘氨酸乙酯

【商品类别】三嗪类除草剂

【结 构 式】

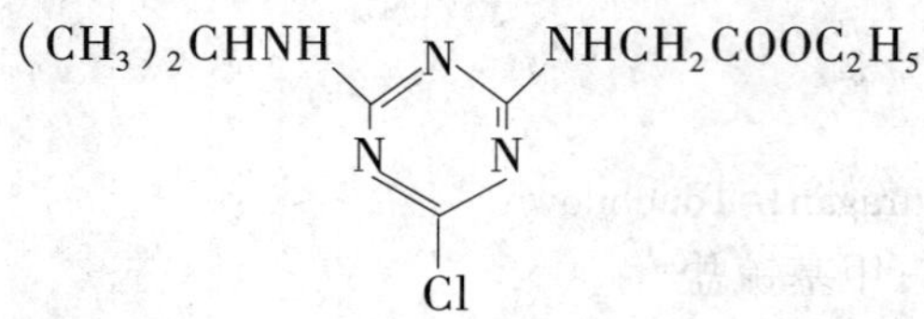

【商品属性】熔点 110℃，溶解度 750mg/L。

【毒　　性】

【税则号列】有效成分：29336990　　　制剂：38089311（零售包装），38089319（其他）

**0144153　丁嗪草酮　Isomethiozin**

【别　　名】BRN0664876，Tantizon

【有效成分】6-特丁基-4-异亚丁基氨基-3-甲硫基-1，2，4-三嗪-5-酮

【商品类别】三嗪类除草剂

【结 构 式】

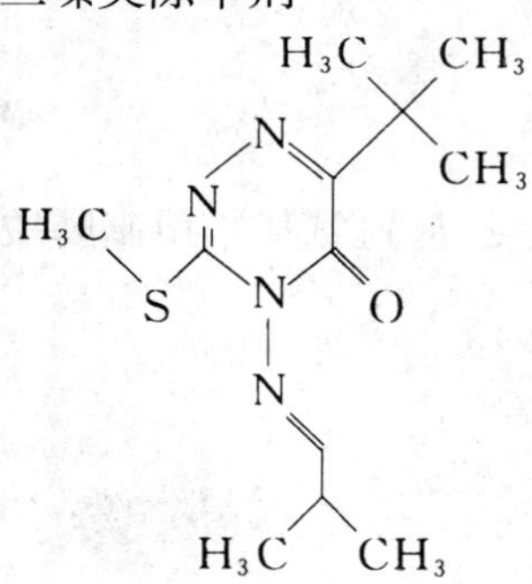

【商品属性】

【毒　　性】

【税则号列】有效成分：29336990　　　制剂：38089311（零售包装），38089319（其他）

**0144154　氰草净　Cyanatryn**

【别　　名】

【有效成分】2-甲硫基-4-乙氨基-6-（1 氰基-1-甲基乙基氨基）-1，3，5-三嗪

【商品类别】三嗪类除草剂

【结 构 式】

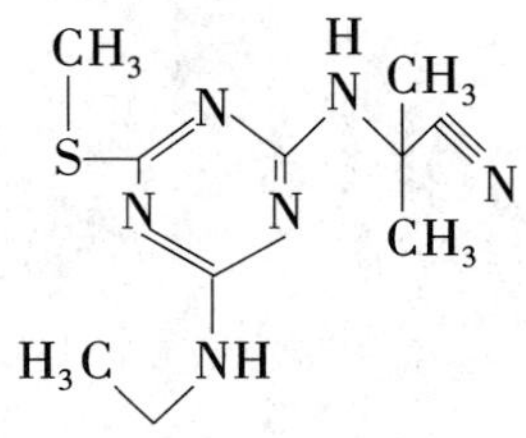

【商品属性】
【毒　　性】
【税则号列】有效成分：29336990　　　　制剂：38089311（零售包装），38089319（其他）

**0144155　　甲氧除草醚　　Chlomethoxyfen**

【别　　名】BRN2158908，CCRIS7157，Chlomethoxynil，Diphenex，Ekkusagoni，X-52
【有效成分】2，4-二氯苯基-3′-甲氧基-4′-硝基苯基醚
【商品类别】除草剂
【结 构 式】

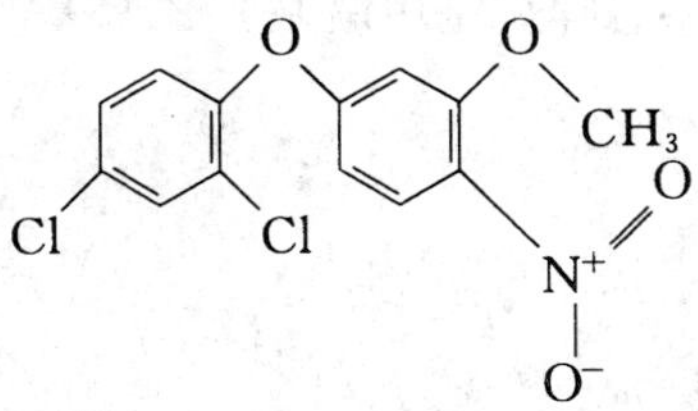

【商品属性】
【毒　　性】
【税则号列】有效成分：29093090　　　　制剂：38089311（零售包装），38089319（其他）

**0144156　　氟除草醚　　Fluoronitrofen**

【别　　名】CFNP，MO-500
【有效成分】2，4-二氯-6-氟苯基-4′-硝基苯基醚
【商品类别】除草剂
【结 构 式】

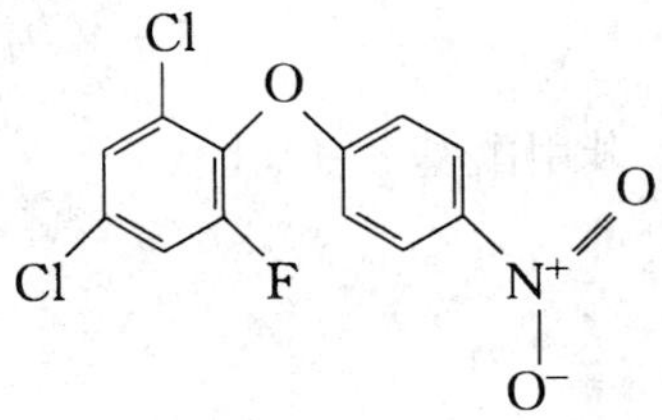

【商品属性】
【毒　　性】
【税则号列】有效成分：29093090　　　　制剂：38089311（零售包装），38089319（其他）

**0144157　　呋氧草醚　　Furyloxyfen**

【别　　名】
【有效成分】5-（2-氯-4-（三氟甲基）苯氧基）-2-硝基苯氧基四氢 3-呋喃
【商品类别】除草剂
【结 构 式】

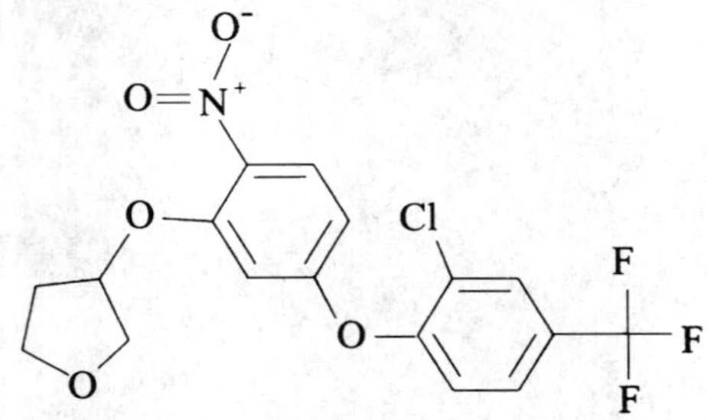

【商品属性】
【毒　　性】
【税则号列】有效成分：29321900　　　　制剂：38089311（零售包装），38089319（其他）

**0144158　　异恶草醚　　Isoxapyrifop**

【别　　名】
【有效成分】4-（3，5-二氯-2-吡啶基）-4′-［2-（2-恶唑烷基甲酰基）乙氧基］苯基醚
【商品类别】除草剂
【结 构 式】

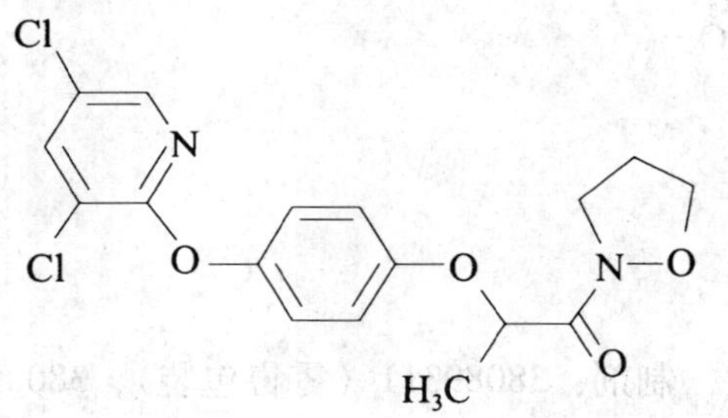

【商品属性】蒸气压：1.41E-09mmHg。溶解度：9.8mg/L。
【毒　　性】
【税则号列】有效成分：29349990　　　　制剂：38089311（零售包装），38089319（其他）

**0144159　　氟乳醚　　Ethoxyfen-ethyl**

【别　　名】氯氟苯醚，HC-252
【有效成分】O-［2-氯-5-（2-氯-4-三氟甲基苯氧基）苯甲酰基］-L-乳酸
【商品类别】除草剂
【结 构 式】

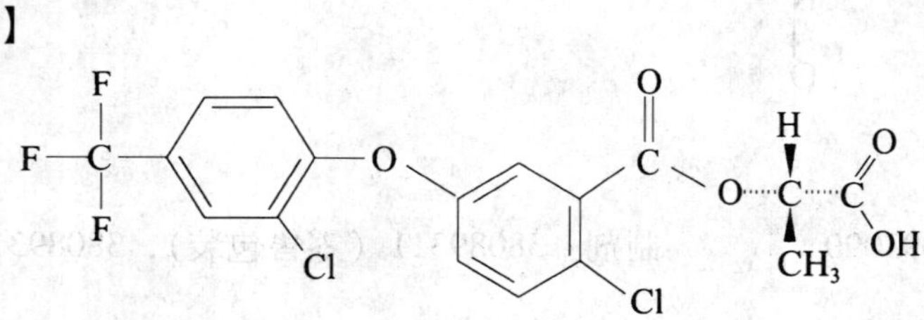

【商品属性】用于大豆的除草剂品种。
【毒　　性】
【税则号列】有效成分：29189900　　　　制剂：38089311（零售包装），38089319（其他）

**0144160　　嘧草醚　　Pyriminobac-methyl**

【别　　名】KIH6127，必利必能
【有效成分】2-［（4,6-二甲氧基嘧啶-2-基）氧］-6-［1-（N-甲氧基亚氨基）乙基］苯甲酸甲酯

【商品类别】除草剂

【结 构 式】

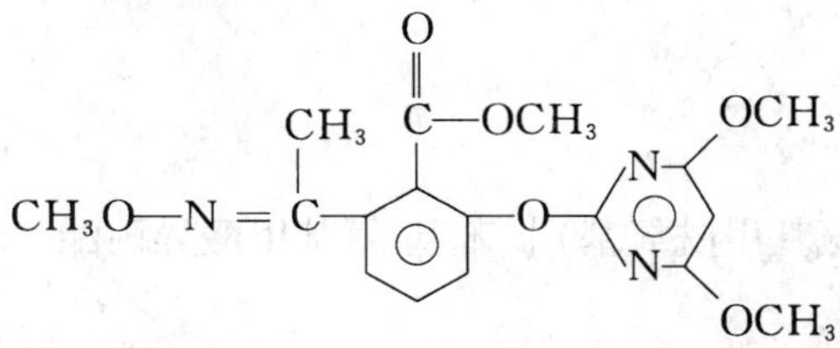

【商品属性】水田稗草专用除草剂，除稗草、阔叶杂草、莎草，能够防除叶期前稗草。对水稻安全，对后茬作物安全，对人、畜及环境安全。

常见制剂类型：必利必能（10%嘧草醚可湿性粉剂）是水田稗草专用除草剂，使用本品必须同时混用阔叶除草剂（苄嘧磺隆）。对象作物：水稻。移栽田或水稻直播田施药时期：稗草3叶期前。施药量：每亩20～30克+20克10%苄嘧磺隆。施药方法：须在水深为3～5厘米的状况下药土施药。

【毒　　性】

【税则号列】有效成分：29335990　　　　制剂：38089311（零售包装），38089319（其他）

**0144161　　吡草醚　　ET751**

【别　　名】霸草灵

【有效成分】2-氯-5-（4-氯-5-二氟甲氧基-1-甲基吡唑-3-基）-4-氟苯氧基乙酸乙酯

【商品类别】除草剂

【结 构 式】

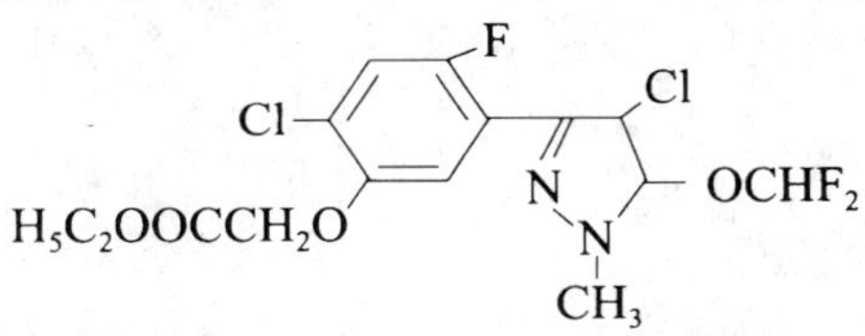

【商品属性】吡草醚是麦田除草剂，对猪殃殃、繁缕等阔叶杂草有很好的防效。

常见制剂类型：霸草灵，该产品为2%悬浮剂，霸草灵为防除麦田阔叶杂草的茎叶处理剂，可用来防除猪殃殃、蘩缕、荠菜、婆婆纳等阔叶杂草。霸草灵喷洒以后杂草死亡速度快，对小麦安全，在土壤中残效期短，对下茬作物生长无不良影响。

【毒　　性】

【税则号列】有效成分：29331990　　　　制剂：38089311（零售包装），38089319（其他）

**0144162　　特草灵　　Terbucarb**

【别　　名】AZAC，AZAR，Mbpmc，Terbutol

【有效成分】N-甲基氨基甲酸（2，6-二特丁基-4-甲基苯基）酯

【商品类别】氨基甲酸类除草剂

【结 构 式】

【商品属性】蒸气压：3.95E-05mmHg。溶解度：7mg/L。

【毒　　性】

【税则号列】有效成分：29242990　　　　制剂：38089311（零售包装），38089319（其他）

**0144163　棉胺宁　Phenisopham**

【别　　名】SN58132，Verdinal

【有效成分】N-［3-（N-乙基-N-苯基氨基甲酰氧基）］苯基-氨基甲酸异丙酯

【商品类别】除草剂

【结 构 式】

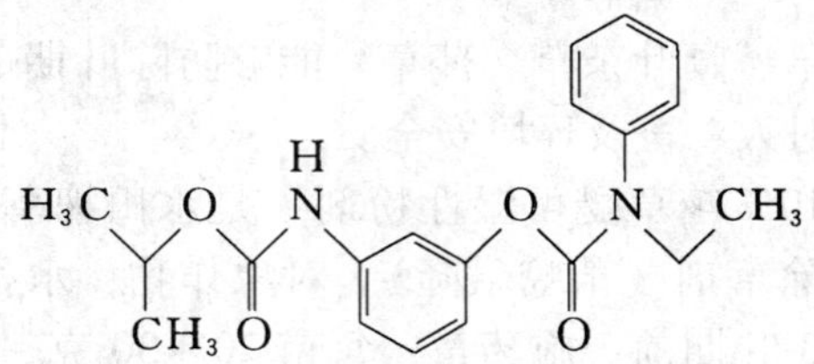

【商品属性】熔点 109.5℃，溶解度 3mg/L。

【毒　　性】

【税则号列】有效成分：29242990　　　　制剂：38089311（零售包装），38089319（其他）

**0144164　苄草丹　Prosulfocarb**

【别　　名】Arkade，BRN4804364，Boxer，Defi

【有效成分】N，N-二丙基硫代氨基甲酸-S-苄基酯

【商品类别】除草剂

【结 构 式】

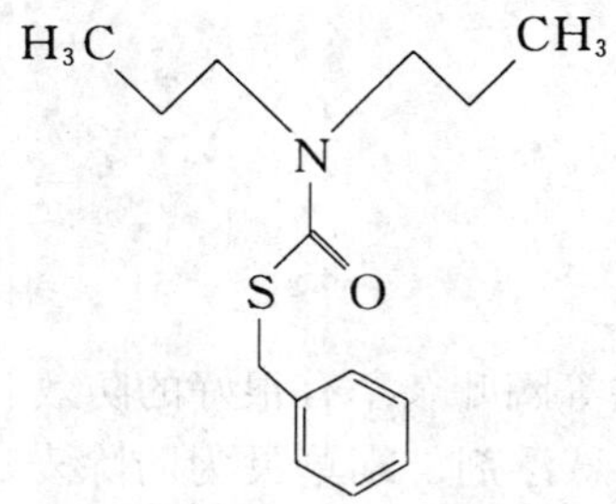

【商品属性】熔点 <25℃，蒸气压 5.18E-07mmHg，溶解度 13.2mg/L。

【毒　　性】

【税则号列】有效成分：29302000　　　　制剂：38089311（零售包装），38089319（其他）

**0144165　坪草丹　Orbencarb**

【别　　名】B3356，Lanray，Orthobencarb

【有效成分】N，N-二乙基硫代氨基甲酸-S-（2-氯苄基）酯

【商品类别】除草剂

【结 构 式】

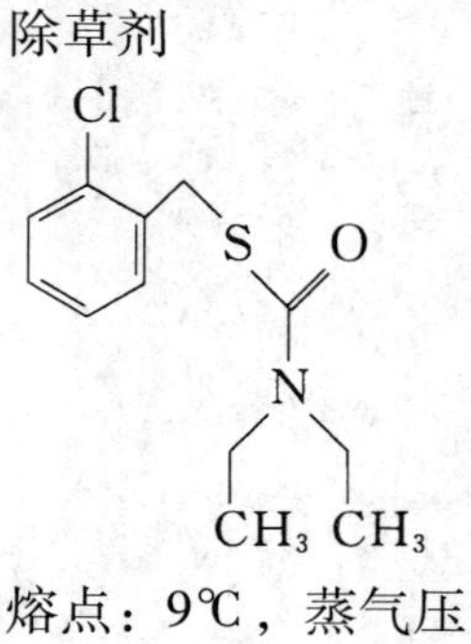

【商品属性】熔点：9℃，蒸气压 9.30E-05mmHg，溶解度 24mg/L

【毒　　性】

【税则号列】有效成分：29302000　　　　制剂：38089311（零售包装），38089319（其他）

**0144166　仲草丹　Tiocarbazil**

【别　　名】Drepamon

【有效成分】N，N-二仲丁基硫代氨基甲酸-S-苄基酯

【商品类别】氨基甲酸类除草剂

【结 构 式】

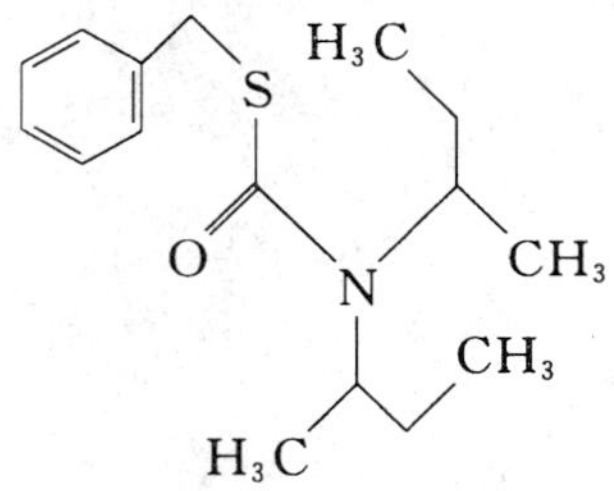

【商品属性】

【毒　　性】

【税则号列】有效成分：29302000　　制剂：38089311（零售包装），38089319（其他）

**0144167　乙酰甲草胺　Diethatyl-ethyl**

【别　　名】Antor，Diethatyl（酸）

【有效成分】N-（2，6-二乙基苯基）-N-（乙氧基甲酰甲基）-氯乙酰胺

【商品类别】除草剂

【结 构 式】

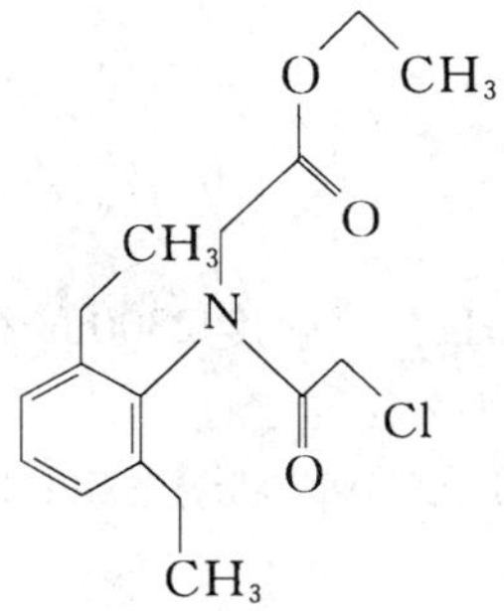

【商品属性】熔点 49 ~ 50℃，蒸气压 1.62E-07mmHg，溶解度 105mg/L。

【毒　　性】

【税则号列】有效成分：29242990　　制剂：38089311（零售包装），38089319（其他）

**0144168　特丁草胺　Terbuchlor**

【别　　名】

【有效成分】N-（2-特丁基-6-甲基苯基）-N-（丁氧基甲基）-氯乙酰胺

【商品类别】除草剂

【结 构 式】

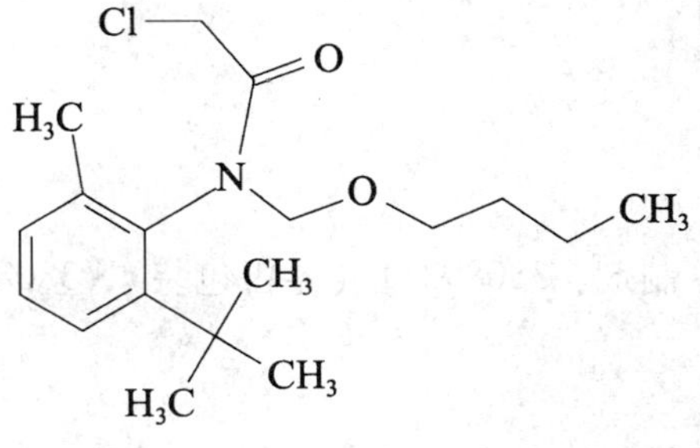

【商品属性】

【毒　　性】

【税则号列】有效成分：29242990　　制剂：38089311（零售包装），38089319（其他）

**0144169　二甲苯草胺　Xylachlor**

【别　　名】

【有效成分】N-（2，3-二甲基苯基）-N-异丙基-氯乙酰胺

【商品类别】除草剂

【结 构 式】

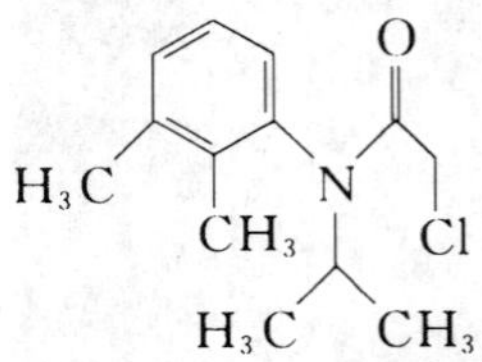

【商品属性】

【毒　　性】

【税则号列】有效成分：29242990　　制剂：38089311（零售包装），38089319（其他）

**0144170　二甲草胺　Dimethachlor**

【别　　名】BRN2982991，Teridox

【有效成分】N-（2，6-二甲基苯基）-N-（2-甲氧基乙基）-氯乙酰胺

【商品类别】除草剂

【结 构 式】

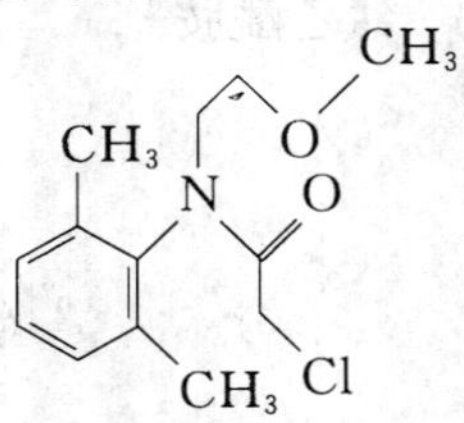

【商品属性】熔点46℃，沸点320℃，蒸气压1.13E-05mmHg，溶解度2300mg/L。

【毒　　性】

【税则号列】有效成分：29242990　　制剂：38089311（零售包装），38089319（其他）

**0144171　丁烯草胺　Butenachlor**

【别　　名】KH-218

【有效成分】N-（2，6-二乙基苯基）-N-（丁-2-烯基氧甲基）-氯乙酰胺

【商品类别】除草剂

【结 构 式】

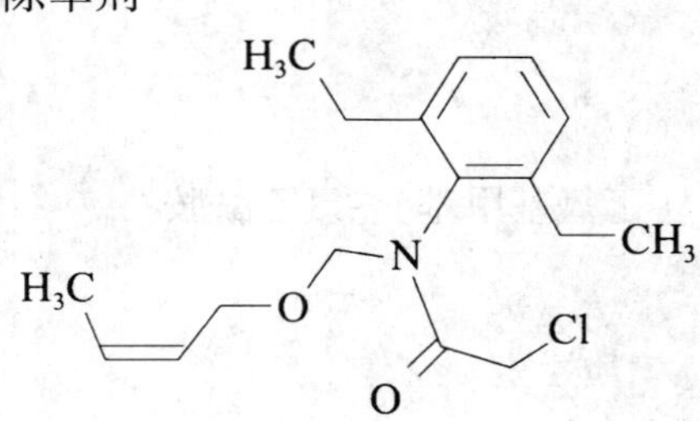

【商品属性】溶解度：29mg/L。

【毒　　性】

【税则号列】有效成分：29242990　　制剂：38089311（零售包装），38089319（其他）

**0144172　二氯己酰草胺**

【别　　名】

【有效成分】N-（3，4-二氯苯基）-2-甲基戊酰胺

【商品类别】除草剂

【结 构 式】

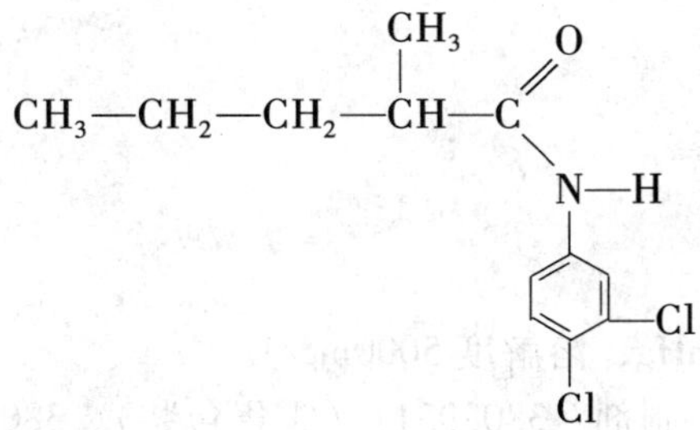

【商品属性】
【毒　　性】
【税则号列】有效成分：29242990　　　　制剂：38089311（零售包装），38089319（其他）

**0144173　　双苯酰草胺　　Diphenamide**

【别　　名】80W，BRN2052009，Dif 4，Diherbid，Dimid，Dymid，Enide，Fenam，HSDB367，Lilly 34314，Trefmid，U4513，Zarur，Rideon
【有效成分】N，N-二甲基-2, 2-二苯基乙酰胺
【商品类别】除草剂
【结 构 式】

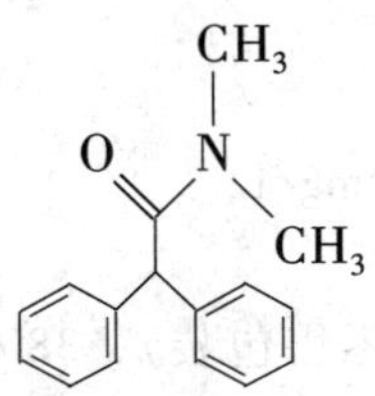

【商品属性】熔点 135℃，蒸气压 3. 00E-08mmHg，溶解度 260mg/L。
【毒　　性】
【税则号列】有效成分：29242990　　　　制剂：38089311（零售包装），38089319（其他）

**0144174　　萘丙胺　　Naproanilide**

【别　　名】MT101，Uribest
【有效成分】N-苯基-2-（2-萘氧基）丙酰胺
【商品类别】除草剂
【结 构 式】

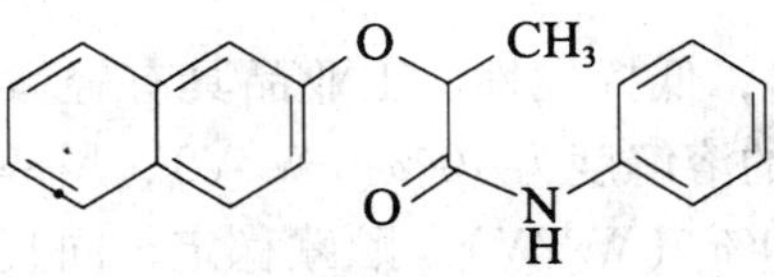

【商品属性】熔点 128℃，蒸气压 2. 10E-11mmHg，溶解度 0. 75mg/L。
【毒　　性】
【税则号列】有效成分：29242990　　　　制剂：38089311（零售包装），38089319（其他）

**0144175　　烯丙酰草胺　　Dichlormid**

【别　　名】R-25788
【有效成分】N，N-二烯丙基-2，2-二氯乙酰胺
【商品类别】除草剂
【结 构 式】

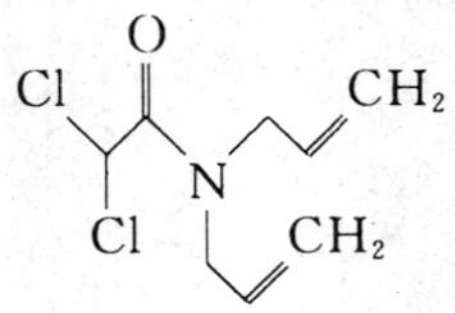

【商品属性】
【毒　　性】熔点 5.5℃，蒸气压 0.006mmHg，溶解度 5000mg/L。
【税则号列】有效成分：29242990　　　　制剂：38089311（零售包装），38089319（其他）

**0144176　　牧草胺　　Tebutam**
【别　　名】Comodor，GCP-5544，S-15544
【有效成分】N-苄基-N-异丙基三甲基乙酰胺
【商品类别】除草剂
【结 构 式】

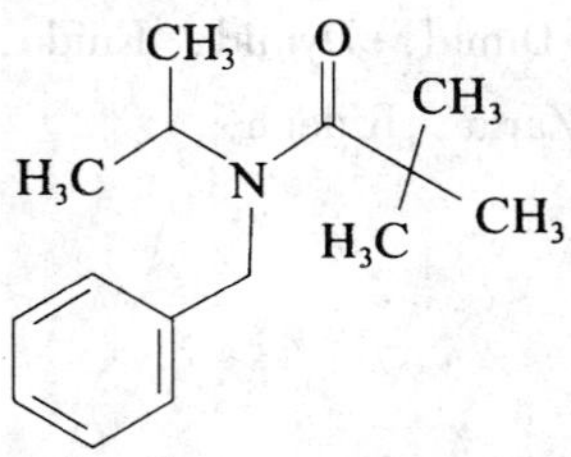

【商品属性】熔点 <25℃，蒸气压 6.68E-04mmHg，溶解度 790mg/L。
【毒　　性】
【税则号列】有效成分：29242990　　　　制剂：38089311（零售包装），38089319（其他）

**0144177　　辛酰碘苯腈　　Ioxynil octanoate**
【别　　名】M&B，RIP-15830，Totril
【有效成分】3，5-二碘代-4-辛酰碘苯腈
【商品类别】除草剂
【结 构 式】

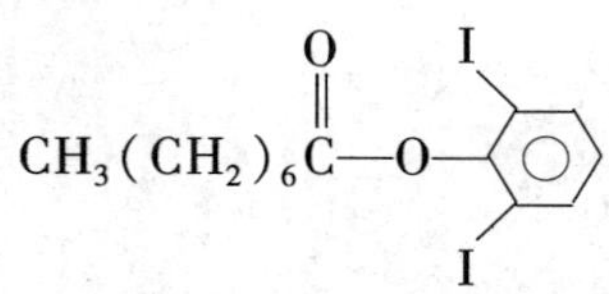

【商品属性】用于芽后防除一年生阔叶杂草。
该产品为蜡状固体，熔点 59～60℃，低挥发性。工业品具有轻微的脂肪酯气味、几乎不溶于水。25℃在丙酮中的溶解度为 10%（W/V），甲醇中的溶解度 9%（W/V），二甲苯中的溶解度 50%（W//V）。贮藏稳定，同其他大多数农药不起反应，有轻微的腐蚀性，易被稀碱水解。
【毒　　性】中等。
【税则号列】有效成分：29269090　　　　制剂：38089311（零售包装），38089319（其他）

**0144178　　氟氯草胺　　Nipyraclofen**
【别　　名】Bay SLA 3992
【有效成分】1-（2，6-二氯-4-三氟甲基苯基）-4-硝基吡唑-5-基胺
【商品类别】除草剂
【结 构 式】

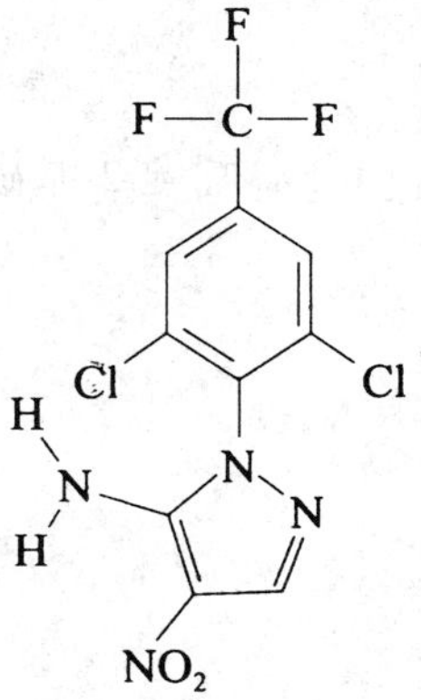

【商品属性】
【毒　　性】
【税则号列】有效成分：29331990　　制剂：38089311（零售包装），38089319（其他）

**0144179　丁咪酰胺　Isocarbamide**
【别　　名】Azolamide，Imizolamid，Isolamid，Ozolamid
【有效成分】N-异丁基-2-氧代咪唑啉-1-甲酰胺
【商品类别】除草剂
【结 构 式】

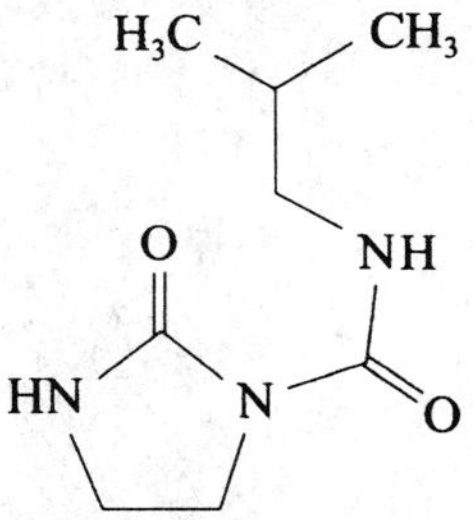

【商品属性】熔点 95.5℃，溶解度 1300mg/L。
【毒　　性】
【税则号列】有效成分：29332990　　制剂：38089311（零售包装），38089319（其他）

**0144180　乙氧苯草胺　Etobenzanid**
【别　　名】
【有效成分】2′，3′-二氯-4-乙氧基甲氧基苯甲酰苯胺
【商品类别】除草剂
【结 构 式】

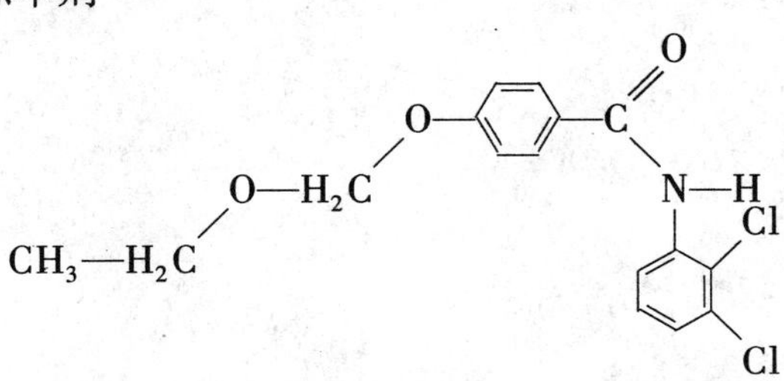

【商品属性】
【毒　　性】
【税则号列】有效成分：29242990　　制剂：38089311（零售包装），38089319（其他）

**0144181　磺草唑胺　Metosulam**

【别　　名】

【有效成分】2′,6′-二氯-5,7-二甲氧基-3′甲基[1,2,4]三唑并[1,5a]嘧啶-2-基磺酰基苯胺

【商品类别】除草剂

【结 构 式】

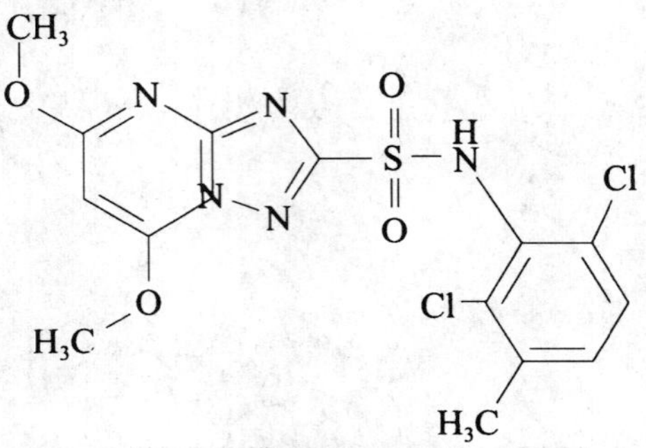

【商品属性】熔点 211℃，溶解度 200mg/L。

【毒　　性】

【税则号列】有效成分：29350090　　制剂：38089311（零售包装），38089319（其他）

**0144182　苯草酮　Methoxyphenone**

【别　　名】Kayametone，NK049

【有效成分】3,3′-二甲基-4-甲氧基二苯酮

【商品类别】除草剂

【结 构 式】

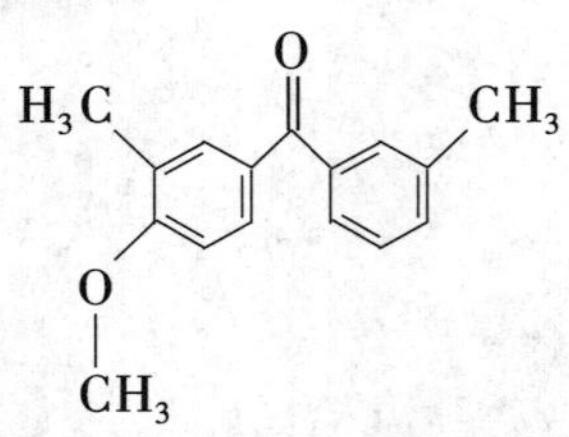

【商品属性】熔点 62.3℃，溶解度 2mg/L。

【毒　　性】

【税则号列】有效成分：29145090　　制剂：38089311（零售包装），38089319（其他）

**0144183　醚草敏　Credazine**

【别　　名】H-722，Kusakira，NIA 20439，SW-6701

【有效成分】3-（2-甲基苯氧基）哒嗪

【商品类别】除草剂

【结 构 式】

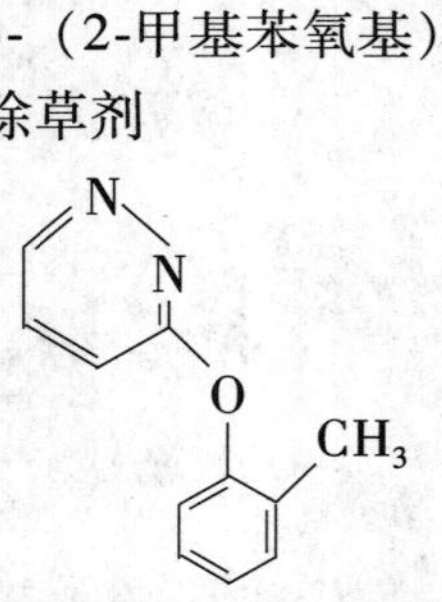

【商品属性】熔点 78℃，溶解度 2000mg/L。

【毒　　性】

【税则号列】有效成分：29339900　　制剂：38089311（零售包装），38089319（其他）

**0144184　苯草灭　Bentranil**

【别　　名】H-170，Linarotox，NSC-16082

【有效成分】2-苯基-4H-1，3-苯并恶嗪-4-酮

【商品类别】除草剂

【结 构 式】

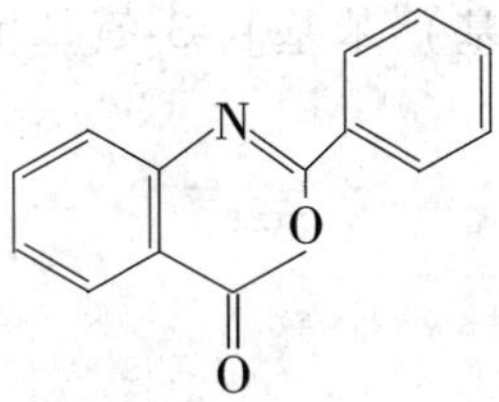

【商品属性】熔点 123.5℃，溶解度 5.5mg/L。

【毒　　性】

【税则号列】有效成分：29349990　　制剂：38089311（零售包装），38089319（其他）

**0144185　吡唑特　Pyrazolate**

【别　　名】BRN0860937，SW-751

【有效成分】4-（2，4-二氯苯甲酰基）-1，3-二甲基吡唑-5-基甲苯-4-磺酸酯

【商品类别】除草剂

【结 构 式】

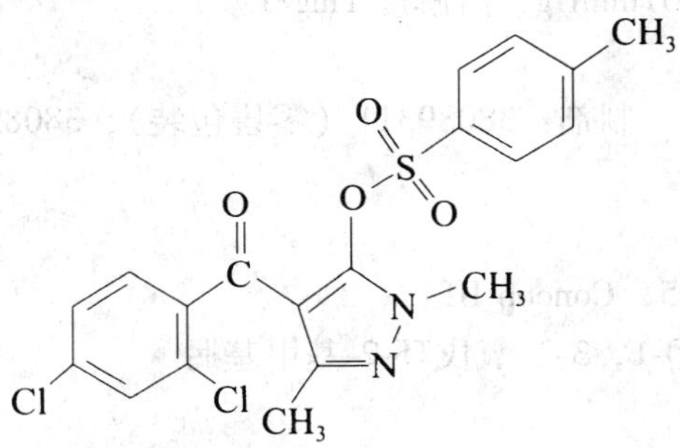

【商品属性】熔点 118℃，蒸气压 6.86E-12mmHg，溶解度 0.056mg/L。

【毒　　性】

【税则号列】有效成分：29331990　　制剂：38089311（零售包装），38089319（其他）

**0144186　氟啶草酮　Fluridone**

【别　　名】Brake，EL-171，Pride，Sonar

【有效成分】1-甲基-3-苯基-5-（3-三氟甲基苯基）-4-吡啶酮

【商品类别】除草剂

【结 构 式】

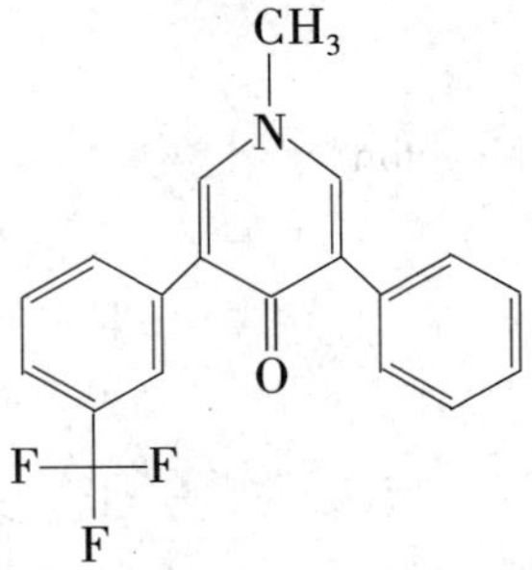

【商品属性】熔点 155℃，蒸气压 9.75E-08mmHg，溶解度 12mg/L。

【毒　　性】

【税则号列】有效成分：29333990　　　　制剂：38089311（零售包装），38089319（其他）

**0144187　　氟胺草唑　　Flupoxam**

【别　　名】

【有效成分】1-［4-氯-3-（2，2，3，3，3-五氟丙氧基甲基）苯基］-3-氨基甲酰基-5 苯基-1H-1，2，4-三唑

【商品类别】除草剂

【结 构 式】

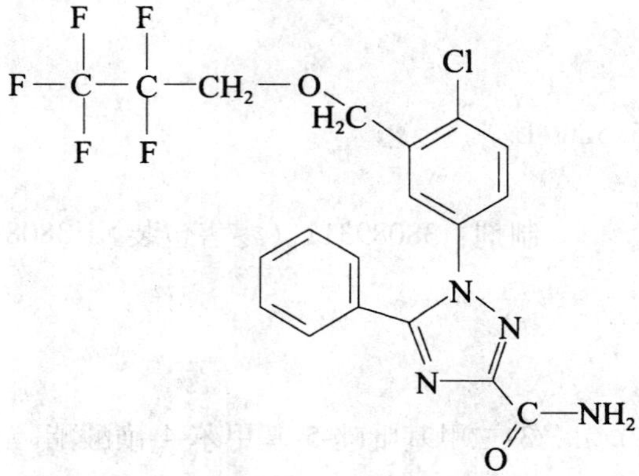

【商品属性】熔点 146℃，蒸气压 1.50E-07mmHg，溶解度 1mg/L。

【毒　　性】

【税则号列】有效成分：29339900　　　　制剂：38089311（零售包装），38089319（其他）

**0144188　　氟草肟　　Fluxofenim**

【别　　名】Benzacetonitrile，CGA-133205，Concep III

【有效成分】4′-氯-2，2，2-三氟乙酰苯-O-1，3-二氧戊环-2-基甲基肟

【商品类别】除草剂

【结 构 式】

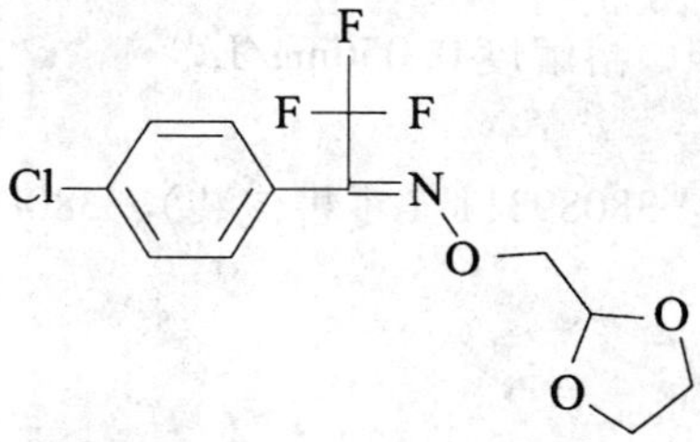

【商品属性】熔点 <25℃，蒸气压 2.85E-04mmHg，溶解度 30mg/L。

【毒　　性】

【税则号列】有效成分：29329990　　　　制剂：38089311（零售包装），38089319（其他）

**0144189　　灭藻醌　　Quinoclamine**

【别　　名】06K-Quinone，ACN，ACNQ，BRN2094762，Mogeton

【有效成分】2-氨基-3-氯-1，4-萘醌

【商品类别】除草剂

【结 构 式】

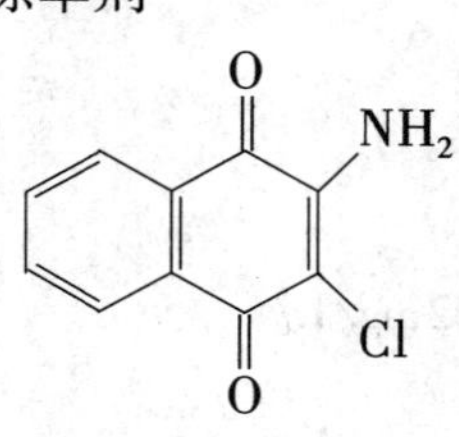

【商品属性】熔点 199℃，蒸气压 4.50E-07mmHg，溶解度 6300mg/L。
【毒　　性】
【税则号列】有效成分：29223900　　　　制剂：38089311（零售包装），38089319（其他）

**0144190　　灭草环　　Tridiphane**

【别　　名】Nelpon，Tandem
【有效成分】2-（3，5-二氯苯基）-2-（2，2，2-三氯乙基）环氧乙烷
【商品类别】除草剂
【结 构 式】

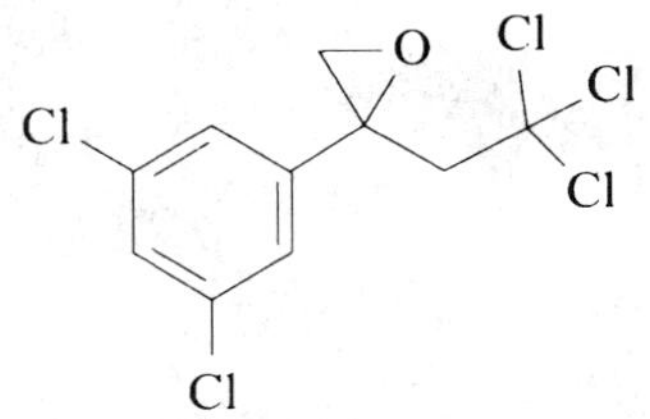

【商品属性】熔点：42.8℃。
【毒　　性】
【税则号列】有效成分：29109000　　　　制剂：38089311（零售包装），38089319（其他）

**0144191　　氟草醚　　AKH-7088**

【别　　名】
【有效成分】1-［5-（2-氯-4-三氟甲基苯氧基）-2-硝基苯基］-2-［甲氧基］亚乙基氨基氧乙酸甲酯
【商品类别】苯醚肟类除草剂
【结 构 式】

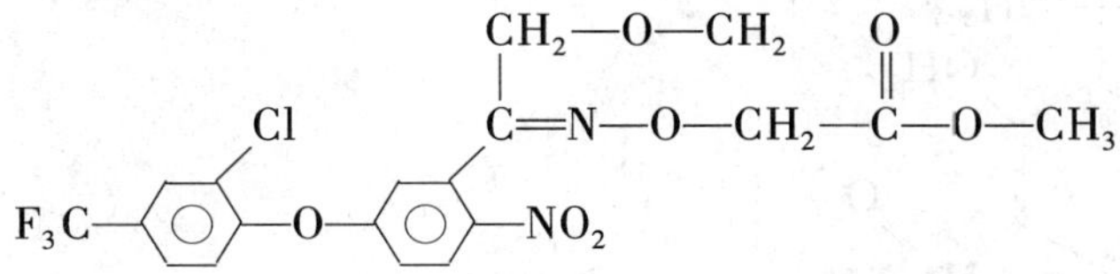

【商品属性】
【毒　　性】
【税则号列】有效成分：29252900　　　　制剂：38089311（零售包装），38089319（其他）

**0144192　　噻吩草胺　　Thenylchlor**

【别　　名】
【有效成分】N-（2-甲氧基噻吩-2-基甲基）-N-（2，6-二甲基苯基）-氯乙酰胺
【商品类别】除草剂
【结 构 式】

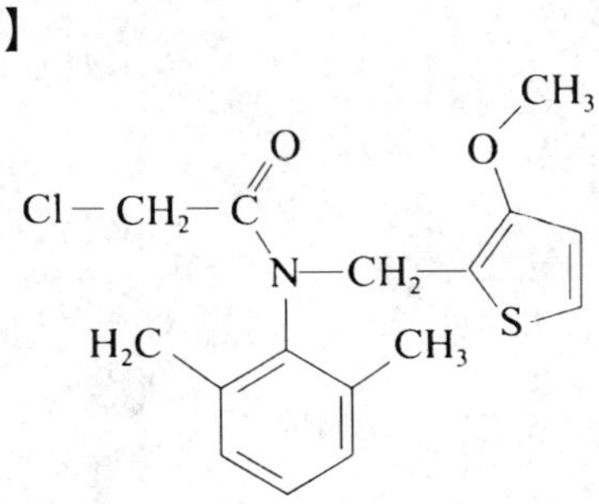

【商品属性】
【毒　　性】

【税则号列】有效成分：29349990　　制剂：38089311（零售包装），38089319（其他）

**0144193　特乐酯　Dinoterb acetate**

【别　　名】BRN2163325，MC1108，P-1108

【有效成分】乙酸（2-特丁基-4，6-二硝基）苯基酯

【商品类别】除草剂

【结 构 式】

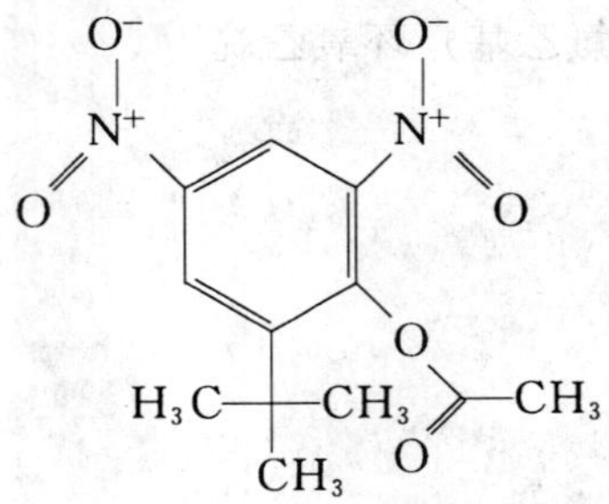

【商品属性】

【毒　　性】

【税则号列】有效成分：29153900　　制剂：38089311（零售包装），38089319（其他）

**0144194　特乐酚　Dinoterb**

【别　　名】二硝特丁酚，异地乐酚，Dntbp，Herbogil，Stirpan forte

【有效成分】2-特丁基-4，6-而硝基苯酚

【商品类别】除草剂

【结 构 式】

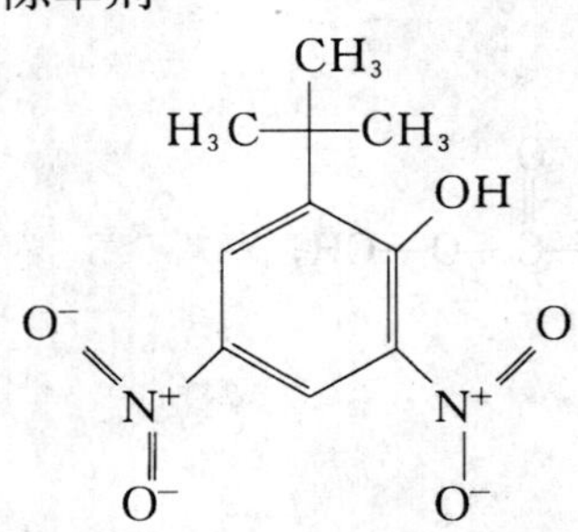

【商品属性】除草机理为破坏细胞膜。
熔点 126℃，水溶解度 4.5mg/L。
常见制剂类型：乳剂。

【毒　　性】

【税则号列】有效成分：29089990　　制剂：38089311（零售包装），38089319（其他）

**0144195　地乐酯　Dinoseb acetate**

【别　　名】Aretit，HOE2904，Ivosit

【有效成分】2-仲丁基-4，6-二硝基苯基乙酸酯

【商品类别】除草剂

【结 构 式】

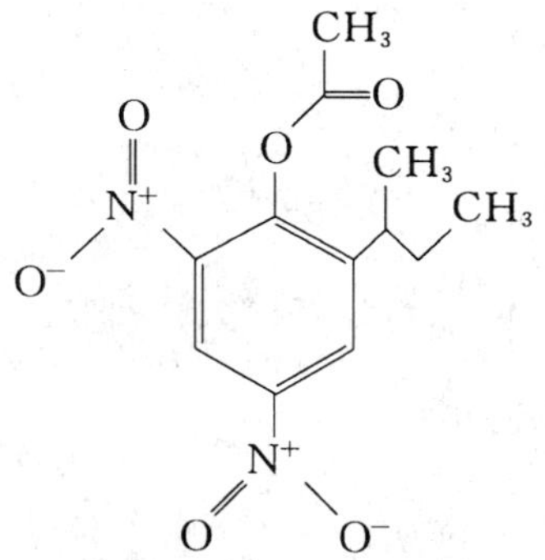

【商品属性】熔点 26℃，水溶解度 2200mg/L，蒸气压 6. 00E-04mmHg。
燃烧产生有毒氮氧化物气体。
常见制剂类型：可湿性粉剂。
【毒　　性】高毒。
【税则号列】有效成分：29153900　　制剂：38089311（零售包装），38089319（其他）

**0144196　　氯酞酸甲酯　　Chlorthal-dimethyl**
【别　　名】DCPA，DAC4，Dacthal，Fatal，TCTP，Tetral
【有效成分】2，3，5，6-四氯对苯二甲酸二甲酯
【商品类别】除草剂
【结 构 式】

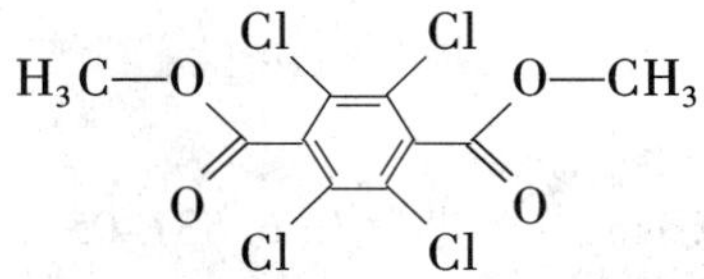

【商品属性】熔点 155℃，沸点 365℃，水溶解度 0. 5mg/L，蒸气压 2. 50E-06mmHg。
【毒　　性】
【税则号列】有效成分：29173990　　制剂：38089311（零售包装），38089319（其他）

**0144197　　芴丁酯　　Flurenol**
【别　　名】NSC-97576
【有效成分】9-羟基芴-9-羧酸
【商品类别】除草剂
【结 构 式】

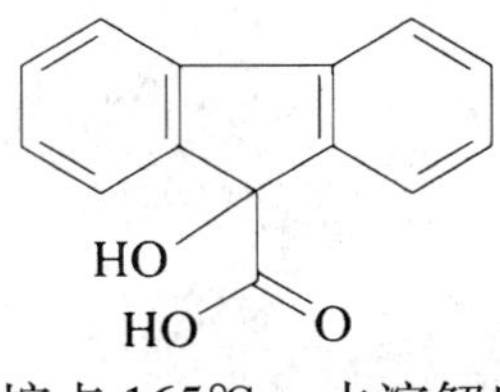

【商品属性】熔点 165℃，水溶解度 2450mg/L。
【毒　　性】
【税则号列】有效成分：29181990　　制剂：38089311（零售包装），38089319（其他）

**0144198　　杀草畏　　Tricamba**
【别　　名】Banvel T，Metriben，Velsicol
【有效成分】2-甲氧基-3，5，6-三氯苯甲酸
【商品类别】除草剂

【结 构 式】 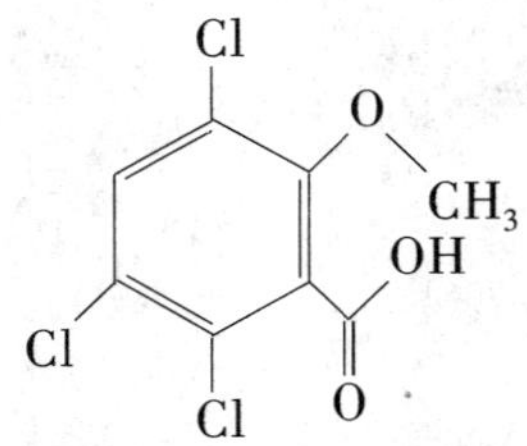

【商品属性】水溶解度 91.6mg/L，蒸气压 1.50E-05mmHg。
常见制剂类型：乳剂。

【毒　　性】

【税则号列】有效成分：29189900　　制剂：38089311（零售包装），38089319（其他）

**0144199　乙丁氟灵　Benfluralin**

【别　　名】Benefin，Balan，Carpidor，Emblem，Flubalex，Quilan

【有效成分】N-丁基-N-乙基-4-三氟甲基-2，6-二硝基苯胺

【商品类别】除草剂

【结 构 式】 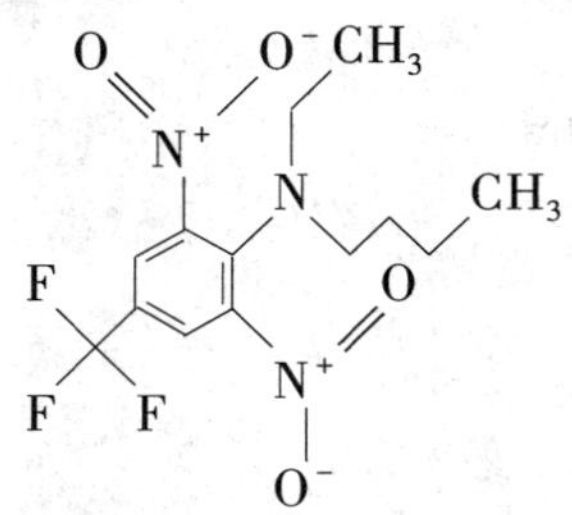

【商品属性】熔点 66℃，沸点 370℃，水溶解度 0.1mg/L，蒸气压 6.53E-05mmHg。

【毒　　性】

【税则号列】有效成分：29214300　　制剂：38089311（零售包装），38089319（其他）

**0144200　氯乙氟灵　Fluchloralin**

【别　　名】BAS3924H，BRN2778716，Basalin

【有效成分】N-（2-氯乙基）-N-丙基-4-三氟甲基-2，6-二硝基苯胺

【商品类别】除草剂

【结 构 式】 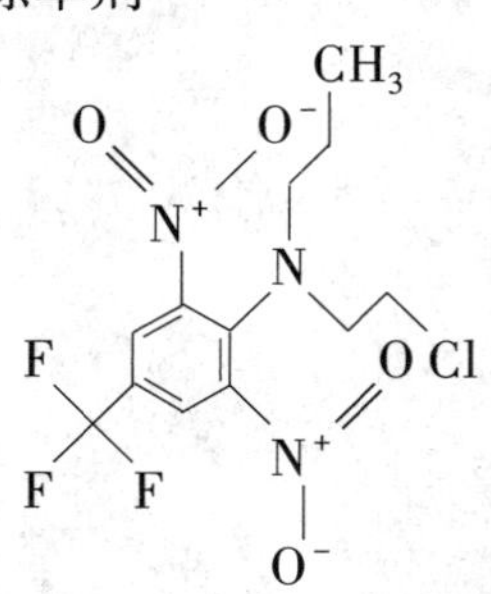

【商品属性】熔点 42℃，水溶解度 0.9mg/L，蒸气压 2.10E-05mmHg。

【毒　　性】

【税则号列】有效成分：29214300　　制剂：38089311（零售包装），38089319（其他）

**0144201　环丙氟灵　Profluralin**

【别　　名】Pregard，Tolban

【有效成分】N-环丙基甲基-N-丙基-4-三氟甲基-2，6-二硝基苯胺

【商品类别】除草剂

【结 构 式】

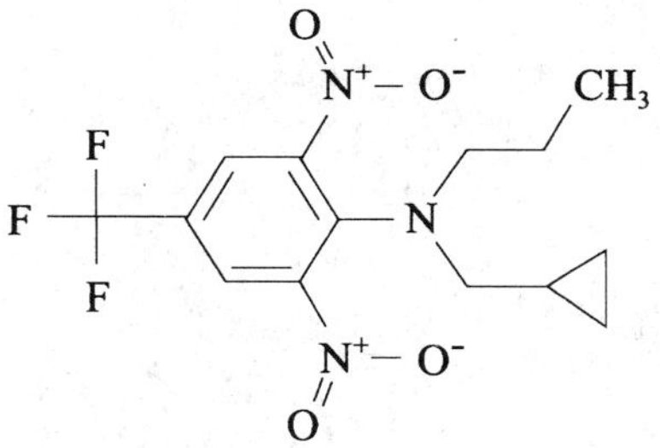

【商品属性】熔点 34℃，水溶解度 0. 1mg/L，蒸气压 6. 90E-05mmHg。

【毒　　性】

【税则号列】有效成分：29214300　　制剂：38089311（零售包装），38089319（其他）

**0144202　乙丁烯氟灵　Ethalfluralin**

【别　　名】Buvilan，Edge，Sonalan

【有效成分】N-乙基-N-（2-甲基烯丙基）-4-三氟甲基-2，6-二硝基苯胺

【商品类别】除草剂

【结 构 式】

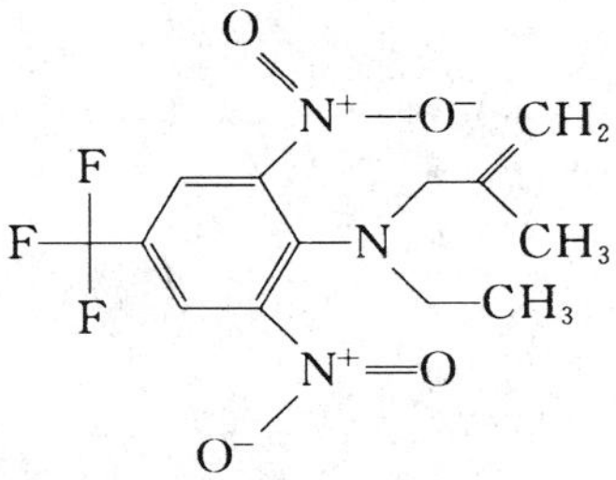

【商品属性】熔点 56℃，沸点 256℃，水溶解度 0. 3mg/L，蒸气压 8. 78E-05mmHg。

【毒　　性】

【税则号列】有效成分：29214300　　制剂：38089311（零售包装），38089319（其他）

**0144203　氨氟灵　Dinitramine**

【别　　名】Cobeko，Cobex

【有效成分】N，N-二乙基-4-三氟甲基-2，6-二硝基间苯二胺

【商品类别】除草剂

【结 构 式】

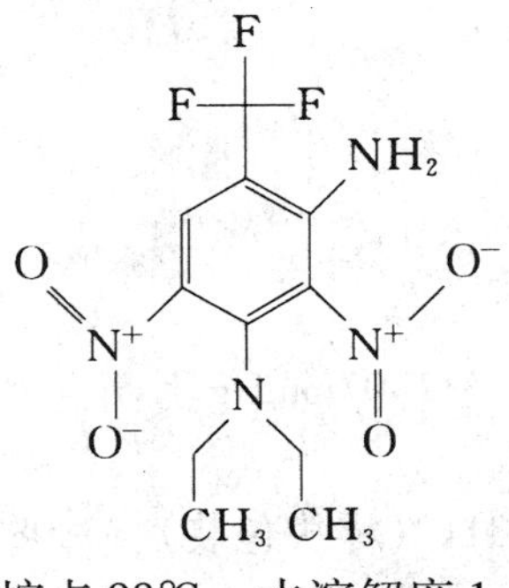

【商品属性】熔点 98℃，水溶解度 1. 1mg/L，蒸气压 3. 60E-06mmHg。

【毒　　性】

【税则号列】有效成分：29215190　　制剂：38089311（零售包装），38089319（其他）

**0144204　氨氟乐灵　Prodiamine**

【别　　名】Barricade，Endurance，Factor，Kusablock，Marathon，Rydex

【有效成分】N，N-二丙基-4-三氟甲基-5-氨基-2，6-二硝基苯胺

【商品类别】除草剂
【结 构 式】

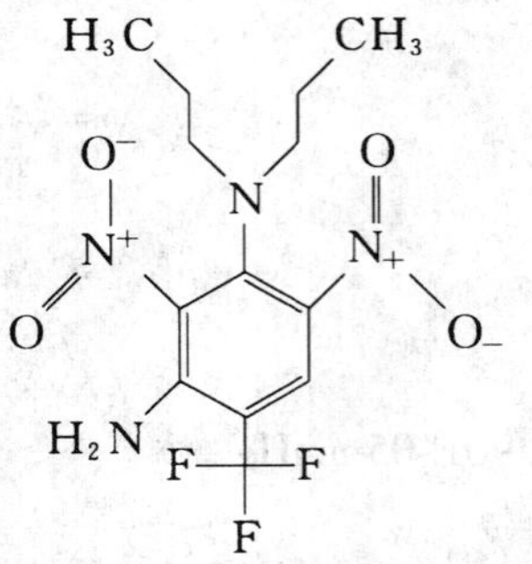

【商品属性】熔点124℃，水溶解度0.013mg/L，蒸气压2.48E-08mmHg。
【毒　　性】
【税则号列】有效成分：29215190　　　　制剂：38089311（零售包装），38089319（其他）

**0144205　　草灭畏　　Chloramben**
【别　　名】草灭喂，Amiben，Ornamental weeder，Vegiben
【有效成分】3-氨基-2，5-二氯苯甲酸
【商品类别】除草剂
【结 构 式】

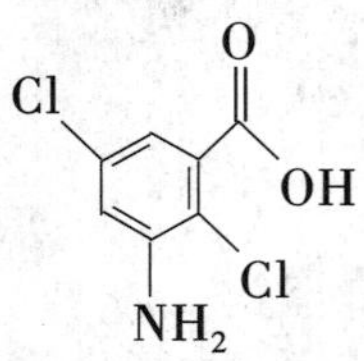

【商品属性】熔点200℃，沸点312℃，水溶解度700mg/L，蒸气压1.00E-07mmHg。
【毒　　性】
【税则号列】有效成分：29224999　　　　制剂：38089311（零售包装），38089319（其他）

**0144206　　扑灭津　　Propazine**
【别　　名】Gesamil，Milocep，Milogard，Plantulin
【有效成分】2-氯-4，6-双（异丙氨基）-1，3，5-三嗪
【商品类别】除草剂
【结 构 式】

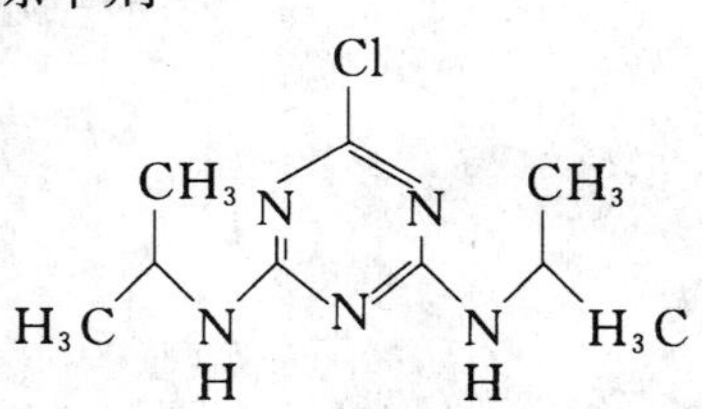

【商品属性】熔点213℃，水溶解度8.6mg/L，蒸气压1.31E-07mmHg。
【毒　　性】
【税则号列】有效成分：29336990　　　　制剂：38089311（零售包装），38089319（其他）

**0144207　　草达津　　Trietazine**
【别　　名】Chlortriazine，Bronox，Gesafloc，Remtal
【有效成分】2-氯-4-（二乙氨基）-6-乙氨基-1，3，5-三嗪
【商品类别】除草剂
【结 构 式】

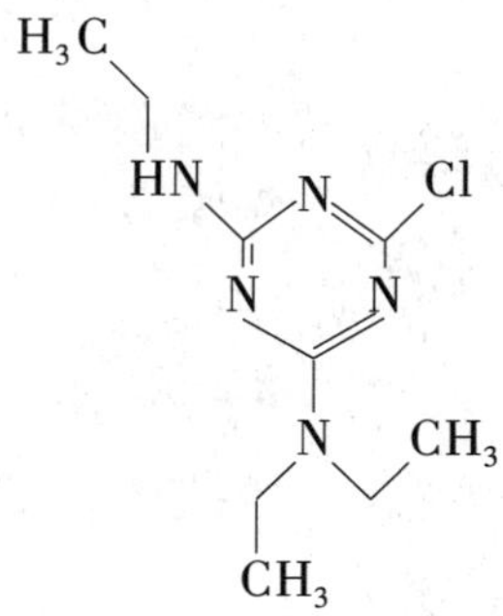

【商品属性】熔点 101℃，水溶解度 20mg/L，蒸气压 6.73E-05mmHg。

【毒　　性】

【税则号列】有效成分：29336990　　　　制剂：38089311（零售包装），38089319（其他）

**0144208　　特丁津　　Terbuthylazine**

【别　　名】ChlorCaragard，Gardoprim，Primatol-M，Sorgoprim

【有效成分】2-氯-4-特丁氨基-6-乙氨基-1，3，5-三嗪

【商品类别】除草剂

【结 构 式】

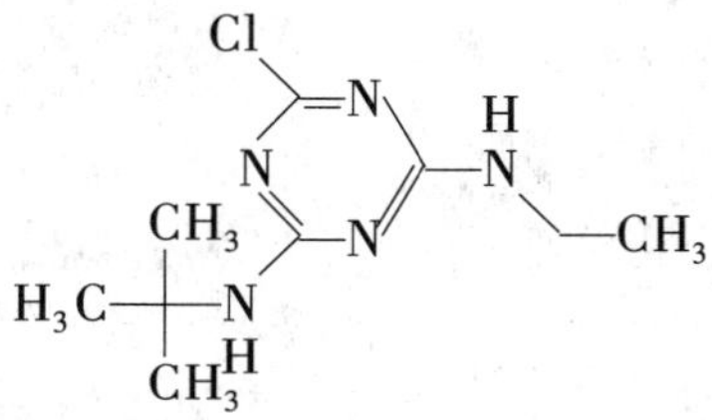

【商品属性】熔点 178℃，水溶解度 8.5mg/L，蒸气压 1.12E-06mmHg。

【毒　　性】

【税则号列】有效成分：29336990　　　　制剂：38089311（零售包装），38089319（其他）

**0144209　　敌草净　　Desmetryn**

【别　　名】Semeron，Norametryne，Topusyn

【有效成分】2-甲硫基-4-甲氨基-6-异丙氨基-1，3，5-三嗪

【商品类别】除草剂

【结 构 式】

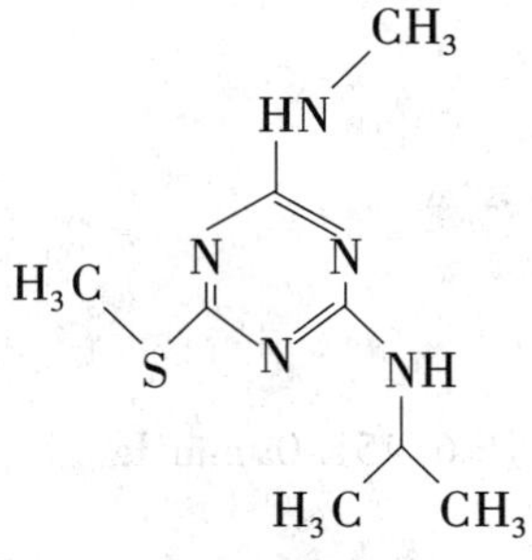

【商品属性】熔点 85℃，水溶解度 580mg/L，蒸气压 9.98E-07mmHg。

【毒　　性】

【税则号列】有效成分：29336990　　　　制剂：38089311（零售包装），38089319（其他）

**0144210　　特丁净　　Terbutryn**

【别　　名】Igran，Prebane，Saterb，Shortstop，Terbutrex

【有效成分】2-甲硫基-4-乙氨基-6-特丁氨基-1，3，5-三嗪

【商品类别】除草剂

【结 构 式】

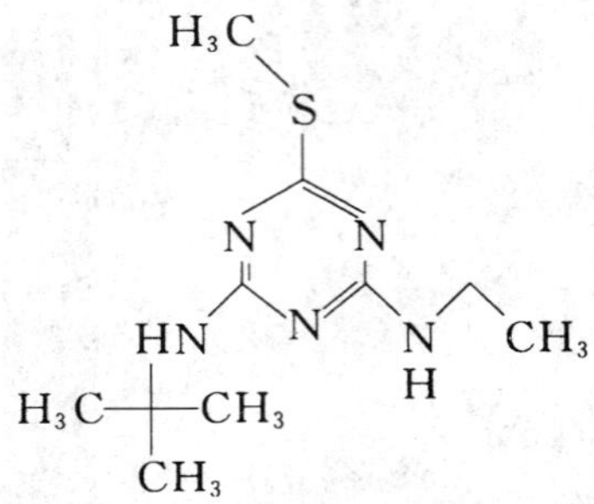

【商品属性】熔点 104℃，水溶解度 25mg/L，蒸气压 2.10E-06mmHg。

【毒　　性】

【税则号列】有效成分：29336990　　　　制剂：38089311（零售包装），38089319（其他）

**0144211　　异丙净　　Dipropetryn**

【别　　名】Cotofor，Sancap

【有效成分】2-乙硫基-4，6-双（异丙氨基）-1，3，5-三嗪

【商品类别】除草剂

【结 构 式】

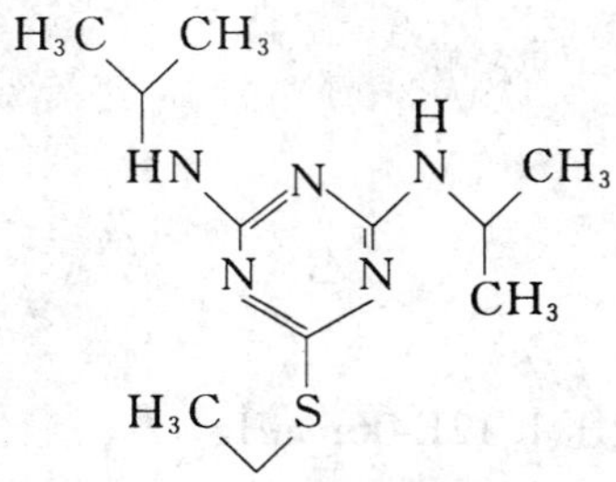

【商品属性】熔点 105℃，水溶解度 16mg/L，蒸气压 1.60E-06mmHg。

【毒　　性】

【税则号列】有效成分：29336990　　　　制剂：38089311（零售包装），38089319（其他）

**0144212　　苯嗪草酮　　Metamitron**

【别　　名】Goltix，Herbrak

【有效成分】3-甲基-4-氨基-6-苯基-4，5-二氢-1，2，4-三嗪-5-酮

【商品类别】除草剂

【结 构 式】

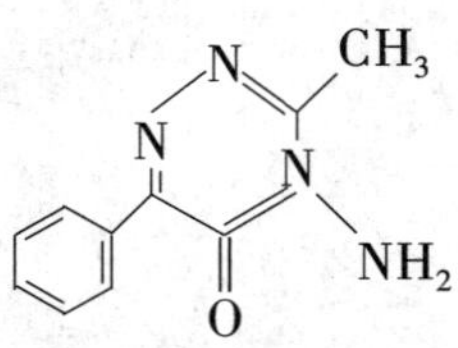

【商品属性】熔点 166.9℃，水溶解度 1800mg/L，蒸气压 6.45E-09mmHg。

【毒　　性】

【税则号列】有效成分：29336990　　　　制剂：38089311（零售包装），38089319（其他）

**0144213　　乙嗪草酮　　Ethiozin**

【别　　名】Lektan，Tycor

【有效成分】4-氨基-6-异丁基-3-乙硫基-1，2，4-三嗪-5 酮

【商品类别】除草剂

【结 构 式】

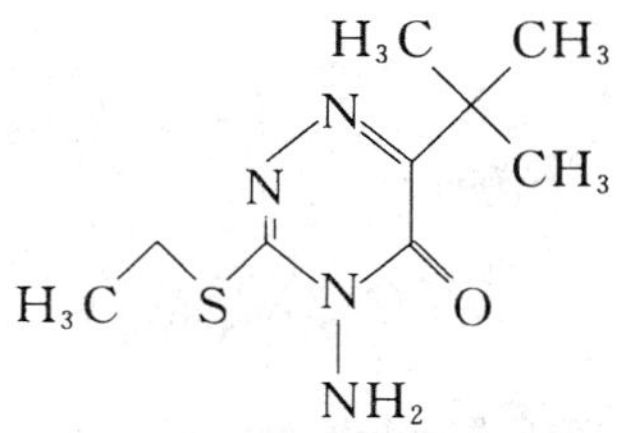

【商品属性】熔点 95℃，水溶解度 420mg/L，蒸气压 7.50E-06mmHg。
【毒　　性】
【税则号列】有效成分：29336990　　　制剂：38089311（零售包装），38089319（其他）

**0144214　　咪草酸　　Imazamethabenz-methyl**
【别　　名】Imazamethabenz（酸），Assert，Dagger
【有效成分】6-（4-异丙基-4-4-甲基-5-氧代-2-咪唑啉-2-基）-4-甲基苯甲酸甲酯
【商品类别】除草剂
【结 构 式】

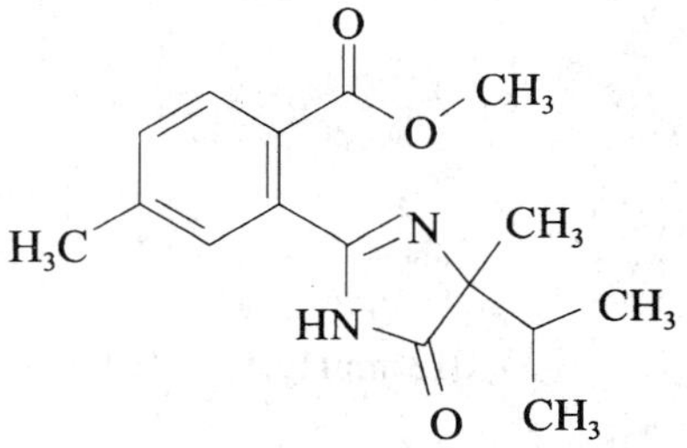

imazamethabenz-methyl

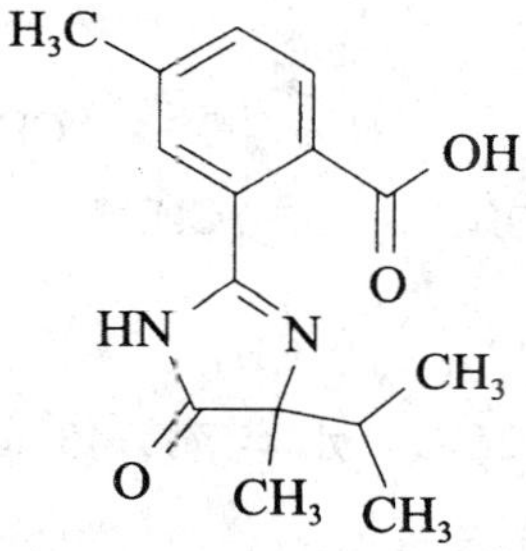

Imazamethabenz

【商品属性】熔点 133℃，水溶解度 1000mg/L，蒸气压 1.13E-08mmHg。
【毒　　性】
【税则号列】有效成分：29332900　　　制剂：38089311（零售包装），38089319（其他）

**0144215　　环草定　　Lenacil**
【别　　名】Adol，Buracyl，Elbatan，Hexilure，Lenacil，Venzar
【有效成分】3-环己基-6，7-二氢-1H-戊环并嘧啶-2，4-二酮
【商品类别】除草剂
【结 构 式】

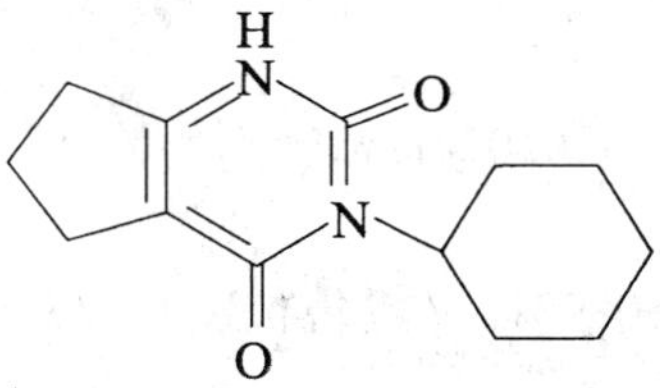

【商品属性】熔点 316℃，水溶解度 6mg/L，蒸气压 1.50E-09mmHg。
【毒　　性】
【税则号列】有效成分：29335990　　　制剂：38089311（零售包装），38089319（其他）

**0144216　　特草定　　Terbacil**
【别　　名】Compound 732，Geonter，Sinbar
【有效成分】3-特丁基-5-氯-6-甲基嘧啶-2，4-二酮
【商品类别】除草剂
【结 构 式】

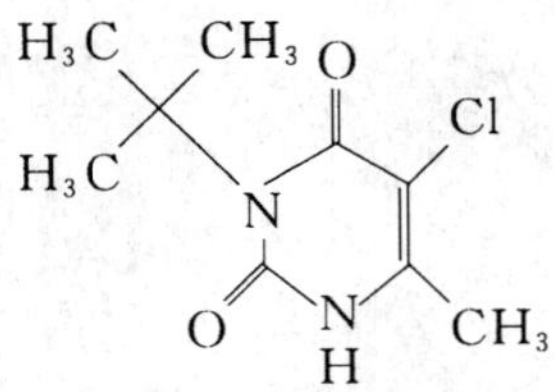

【商品属性】熔点 176℃，水溶解度 710mg/L，蒸气压 4.70E-07mmHg。
【毒　　性】
【税则号列】有效成分：29335990　　　　制剂：38089311（零售包装），38089319（其他）

**0144217　　丁草敌　　Butylate**
【别　　名】Sutan，Anelda，Diisocarb，Genate，Tomahawk
【有效成分】N，N-二异丙基硫代氨基甲酸-S-乙基酯
【商品类别】除草剂
【结 构 式】

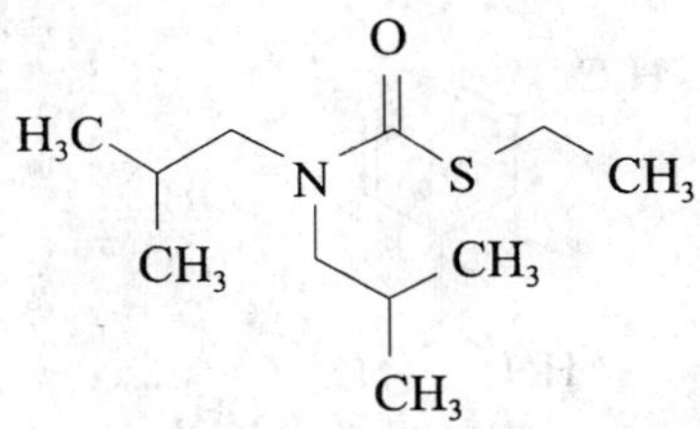

【商品属性】熔点 <25℃，水溶解度 45mg/L，蒸气压 0.013mmHg。
【毒　　性】
【税则号列】有效成分：29302000　　　　制剂：38089311（零售包装），38089319（其他）

**0144218　　茵草敌　　EPTC**
【别　　名】Eptam，Niptan，Torbin，Witox
【有效成分】N，N-二丙基硫代氨基甲酸-S-丙基酯
【商品类别】除草剂
【结 构 式】

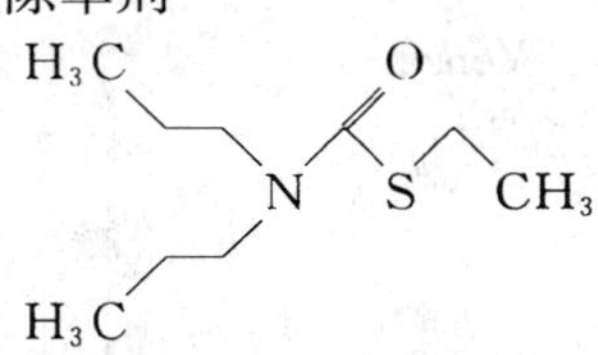

【商品属性】熔点 <25℃，水溶解度 375mg/L，蒸气压 0.024mmHg。
【毒　　性】
【税则号列】有效成分：29302000　　　　制剂：38089311（零售包装），38089319（其他）

**0144219　　菜草畏　　Sulfallate**
【别　　名】CDEC，Thioallate，Vegadex
【有效成分】N，N-二乙基二硫代氨基甲酸-2-氯烯丙基酯
【商品类别】除草剂
【结 构 式】

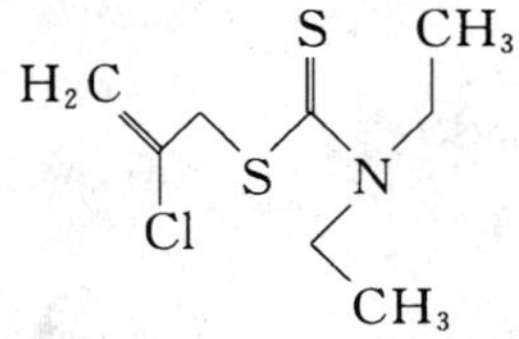

【商品属性】水溶解度 100mg/L，蒸气压 0.0022mmHg。

【毒　　性】
【税则号列】有效成分：29302000　　　　制剂：38089311（零售包装），38089319（其他）

**0144220　甲磺乐灵　Nitralin**
【别　　名】Planavin
【有效成分】N，N-二丙基-4-甲磺酰基-2，6-二硝基苯胺
【商品类别】除草剂
【结 构 式】
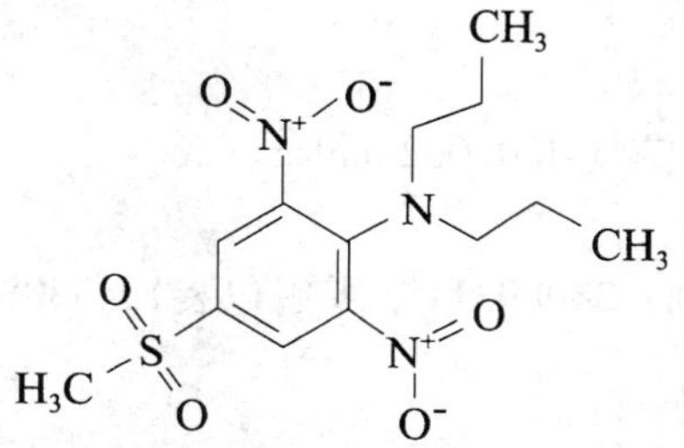
【商品属性】熔点 150℃，水溶解度 0. 6mg/L，蒸气压 9. 30E-09mmHg。
【毒　　性】
【税则号列】有效成分：29309090　　　　制剂：38089311（零售包装），38089319（其他）

**0144221　燕麦敌　Diallate**
【别　　名】Avadex，DATC，Pyradex
【有效成分】N，N-二异丙基硫代氨基甲酸-S-2，3-二氯烯丙酯
【商品类别】除草剂
【结 构 式】
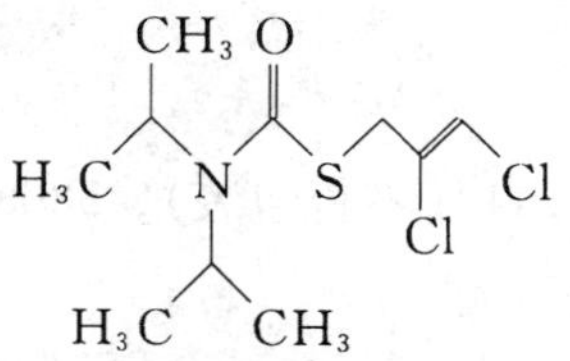
【商品属性】熔点 25℃，水溶解度 14mg/L，蒸气压 1. 50E-04mmHg。
【毒　　性】
【税则号列】有效成分：29302000　　　　制剂：38089311（零售包装），38089319（其他）

**0144222　克草敌　Pebulate**
【别　　名】PEBC，Tillam
【有效成分】N-丁基-N-乙基硫代氨基甲酸-S-丙基酯
【商品类别】除草剂
【结 构 式】
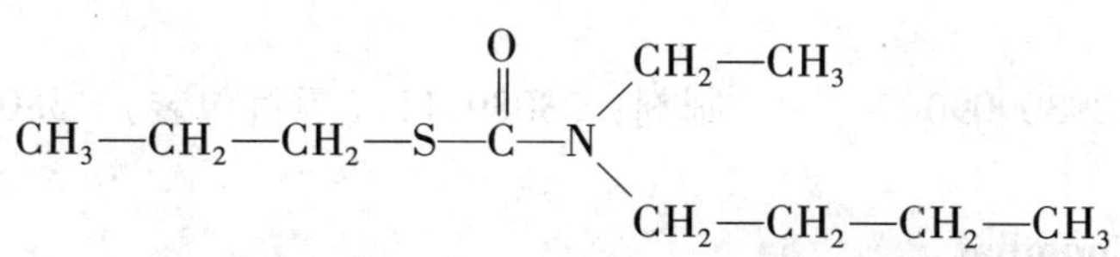
【商品属性】熔点 <25℃，水溶解度 100mg/L，蒸气压 0. 0885mmHg。
【毒　　性】
【税则号列】有效成分：29302000　　　　制剂：38089311（零售包装），38089319（其他）

**0144223　　环草敌　　Cycloate**

【别　　名】Etsan，Eurex，Ro-Neet，Ronit，Sabet

【有效成分】N-环己基-N-乙基硫代氨基甲酸-S-乙基酯

【商品类别】除草剂

【结 构 式】

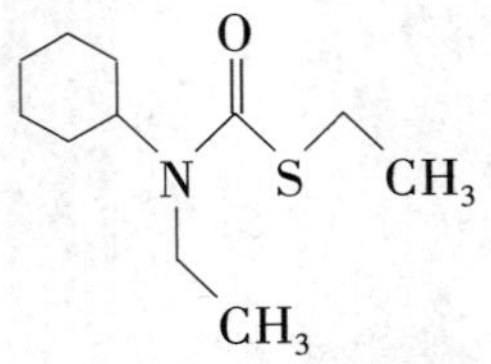

【商品属性】熔点 11.5℃，水溶解度 85mg/L，蒸气压 0.002mmHg。

【毒　　性】

【税则号列】有效成分：29302000　　　　制剂：38089311（零售包装），38089319（其他）

**0144224　　硫草敌　　Ethiolate**

【别　　名】Etirox，S15076

【有效成分】N，N-二乙基硫代氨基甲酸-S-乙酯

【商品类别】除草剂

【结 构 式】

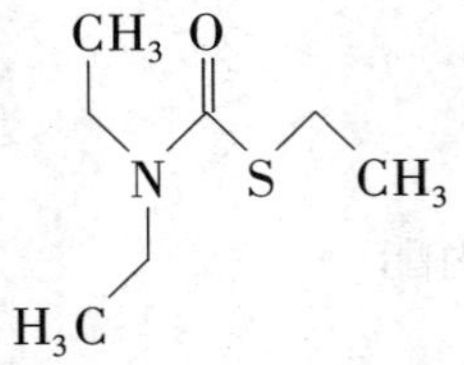

【商品属性】

【毒　　性】

【税则号列】有效成分：29302000　　　　制剂：38089311（零售包装），38089319（其他）

**0144225　　氯硫酰草胺　　Chlorthiamide**

【别　　名】DCBN，Prefix

【有效成分】2，6-二氯硫代甲酰胺

【商品类别】除草剂

【结 构 式】

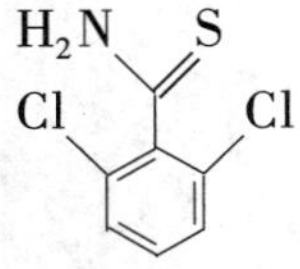

【商品属性】熔点 151.5℃，水溶解度 950mg/L，蒸气压 1.00E-06mmHg。

【毒　　性】

【税则号列】有效成分：29309090　　　　制剂：38089311（零售包装），38089319（其他）

**0144226　　茵多酸　　Endothal**

【别　　名】Aquathol，Hydout

【有效成分】7-氧杂双环［2，2，1］庚烷-2，3-二羧酸

【商品类别】除草剂

【结 构 式】

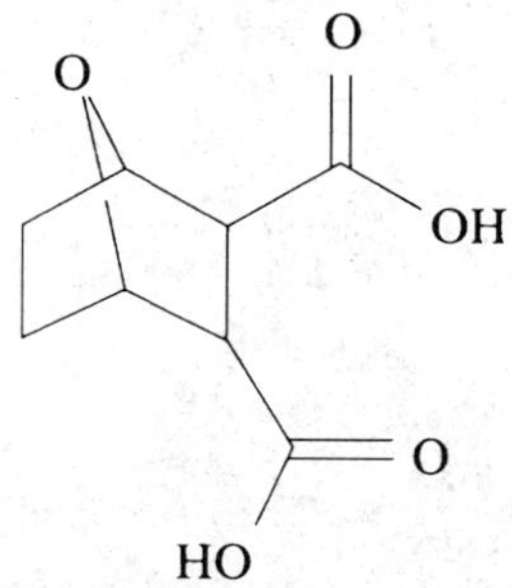


【商品属性】熔点 144℃，水溶解度 1.00E+05mg/L，蒸气压 1.57E-10mmHg。
【毒　　性】
【税则号列】有效成分：29321900　　　　制剂：38089311（零售包装），38089319（其他）

**0144227　　溴酚肟　　Bromofenoxim**
【别　　名】Faneron
【有效成分】3，5-二溴-4-羟基苯甲醛-2，4-二硝基苯基肟
【商品类别】除草剂
【结 构 式】

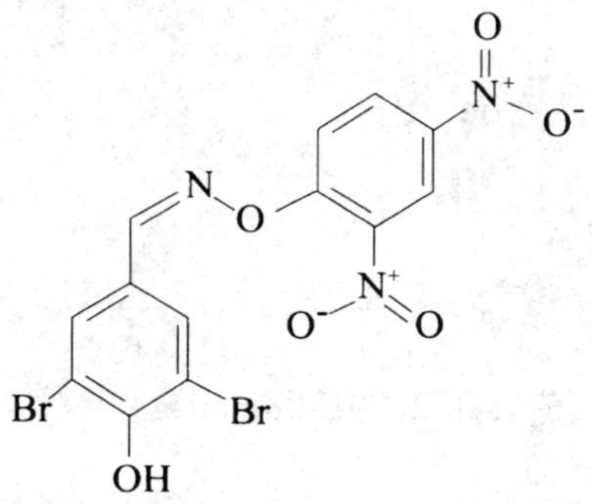


【商品属性】熔点 196.5℃，水溶解度 0.1mg/L，蒸气压 8.67E-12mmHg。
【毒　　性】
【税则号列】有效成分：29280000　　　　制剂：38089311（零售包装），38089319（其他）

**0144228　　氯草敏　　Chloridazon**
【别　　名】Pyrazon，Burex，Curbetan，PCA，Phenazon，Pyramin，Suzon
【有效成分】5-氨基-4-氯-2-苯基哒嗪-3-酮
【商品类别】除草剂
【结 构 式】

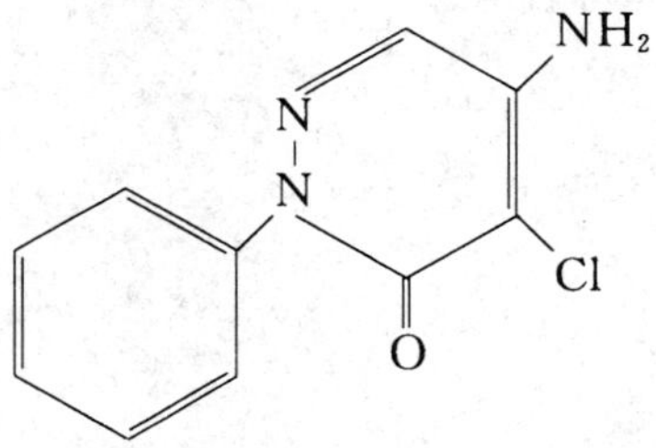


【商品属性】熔点 205℃，水溶解度 400mg/L，蒸气压 4.50E-07mmHg。
【毒　　性】
【税则号列】有效成分：29339900　　　　制剂：38089311（零售包装），38089319（其他）

**0144229　溴莠敏　Brompyrazon**

【别　　名】BAS2430

【有效成分】5-氨基-4-溴-2-苯基哒嗪-3-酮

【商品类别】除草剂

【结 构 式】

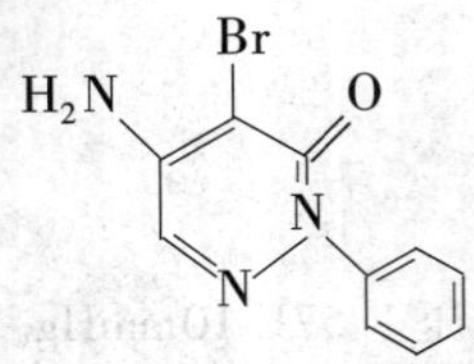

【商品属性】熔点 223.5℃，水溶解度 200mg/L。

【毒　　性】

【税则号列】有效成分：29339900　　　　制剂：38089311（零售包装），38089319（其他）

**0144230　氟草敏　Norflurazon**

【别　　名】Evital，Monometflurazon，Solicam，Telok，Zorial

【有效成分】5-甲氨基-4-氯-2-（3-三氟甲基苯基）哒嗪-3-酮

【商品类别】除草剂

【结 构 式】

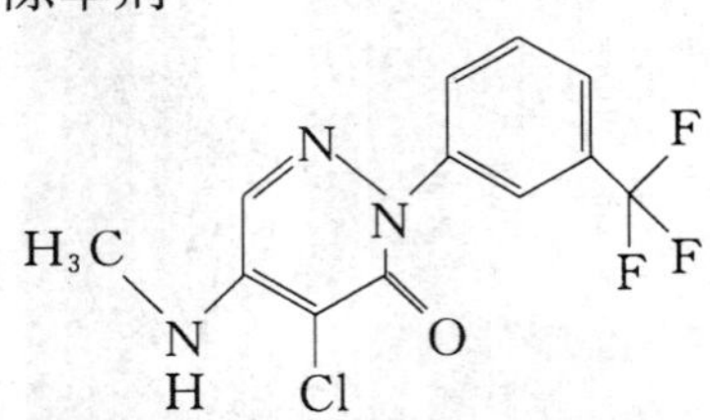

【商品属性】熔点 184℃，水溶解度 33.7mg/L，蒸气压 2.89E-08mmHg。

【毒　　性】

【税则号列】有效成分：29339900　　　　制剂：38089311（零售包装），38089319（其他）

**0144231　氨磺乐灵　Oryzalin**

【别　　名】Dirimal，EL-119，Surflan

【有效成分】N，N-二丙基-4-氨基磺酰基-2，6-二硝基苯胺

【商品类别】除草剂

【结 构 式】

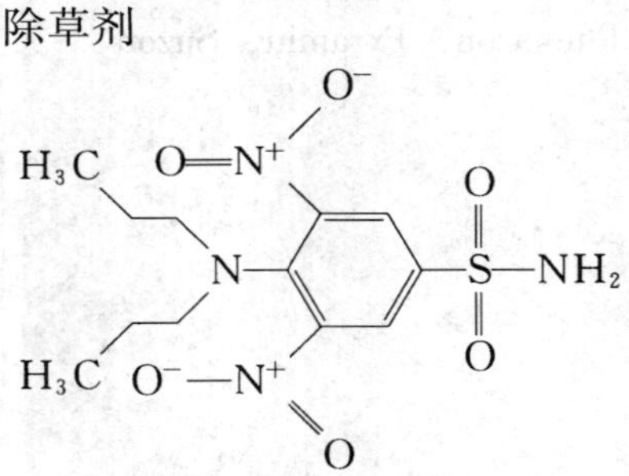

【商品属性】熔点 141℃，水溶解度 2.5mg/L。

【毒　　性】

【税则号列】有效成分：29350090　　　　制剂：38089311（零售包装），38089319（其他）

**0144232　地散磷　Bensulide**

【别　　名】Benzulfide，Betamec，Betasan，Disan，Exporsan，Kayaphenone，Pre-San，Prefar，SAP

【有效成分】O, O-二异丙基-S-（2-苯磺酰胺基）乙基二硫代磷酸酯

【商品类别】除草剂

【结 构 式】

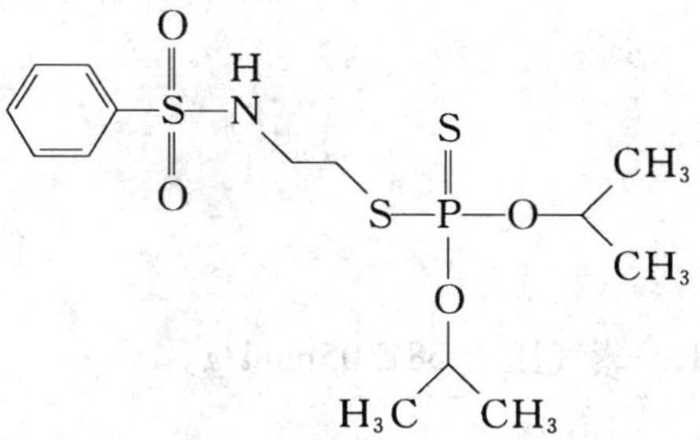

【商品属性】熔点 34.4℃，水溶解度 25mg/L，蒸气压 8.00E-07mmHg。

【毒　　性】

【税则号列】有效成分：29350090　　　制剂：38089311（零售包装），38089319（其他）

**0144233　氟磺酰草胺　Mefluidide**

【别　　名】Embark，Trim-cut，Vistar

【有效成分】N-［2，4-二甲基-5-（三氟甲基磺酰氨基）苯基］乙酰胺

【商品类别】除草剂

【结 构 式】

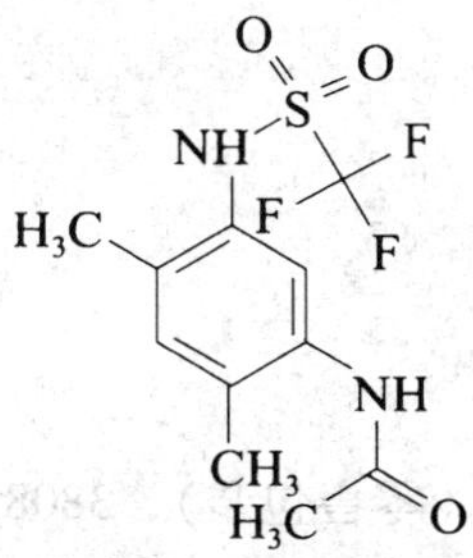

【商品属性】熔点 184℃，水溶解度 180mg/L，蒸气压 2.40E-08mmHg。

【毒　　性】

【税则号列】有效成分：29350090　　　制剂：38089311（零售包装），38089319（其他）

**0144234　灭草唑　Methazole**

【别　　名】Chlormethazole，Bioxone，Oxydiazol，Paxilon，Probe，Tunic

【有效成分】4-甲基-2-（3，4-二氯-5-异丙基苯基）-1，3，4-恶二唑-2-酮

【商品类别】除草剂

【结 构 式】

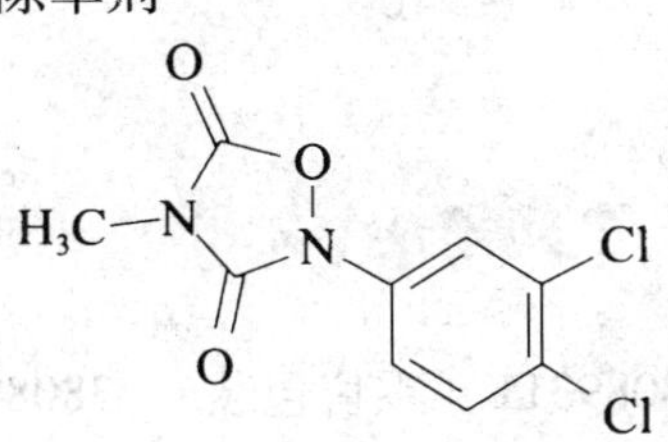

【商品属性】熔点 123℃，水溶解度 1.5mg/L，蒸气压 1.00E-06mmHg。

【毒　　性】

【税则号列】有效成分：29349990　　　制剂：38089311（零售包装），38089319（其他）

**0144235　氯炔灵　Chlorbufam**

【别　　名】BICP，Grisemin，Grisin

【有效成分】3-氯苯基氨基甲酸-1-甲基丙炔酯

【商品类别】氨基甲酸酯类除草剂
【结 构 式】

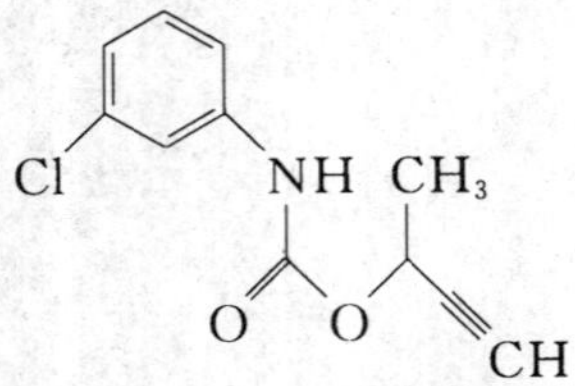

【商品属性】熔点 45.5℃，水溶解度 540mg/L，蒸气压 1.58E-05mmHg。
【毒　　性】
【税则号列】有效成分：29242990　　　　制剂：38089311（零售包装），38089319（其他）

**0144236　　苄胺灵　　Dichlormate**
【别　　名】Sirmate
【有效成分】3,4-二氯卞基甲基氨基甲酸酯
【商品类别】氨基甲酸酯除草剂
【结 构 式】

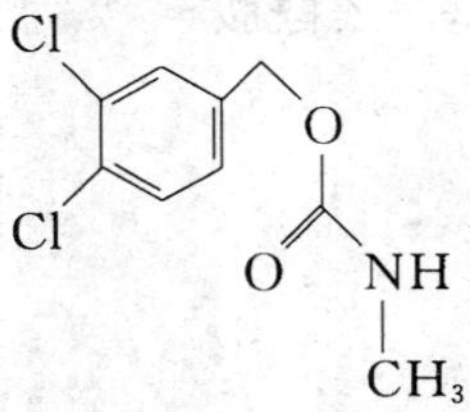

【商品属性】水溶解度 170mg/L，蒸气压 5.00E-04mmHg。
【毒　　性】
【税则号列】有效成分：29242990　　　　制剂：38089311（零售包装），38089319（其他）

**0144237　　丙炔草胺　　Prynachlor**
【别　　名】Basamaize，Butisan，Chloretin
【有效成分】2-氯-N-（1-甲基-2-丙炔基）-N-苯基乙酰胺基
【商品类别】除草剂
【结 构 式】

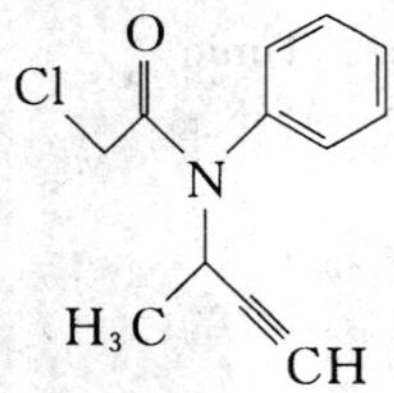

【商品属性】
【毒　　性】
【税则号列】有效成分：29242990　　　　制剂：38089311（零售包装），38089319（其他）

**0144238　　异丁草胺　　Delachlor**
【别　　名】NSC-221681，SP-52223
【有效成分】2-氯-N-（2′，6′-二甲基苯基）-N-（异丁氧基甲基）乙酰胺
【商品类别】除草剂
【结 构 式】

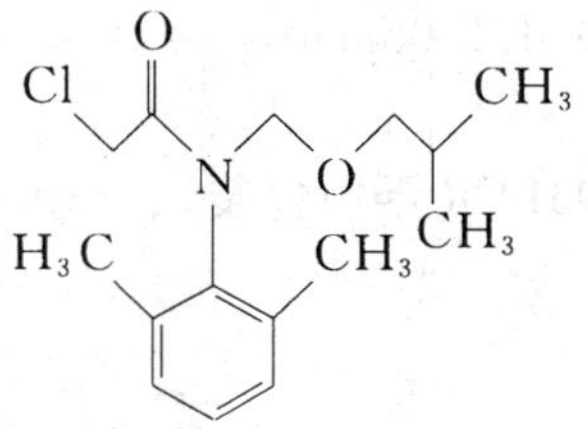

【商品属性】

【毒　　性】

【税则号列】有效成分：29242990　　制剂：38089311（零售包装），38089319（其他）

**0144239　二丙烯草胺　Allidochlor**

【别　　名】CDAA，Randox，Cdaat

【有效成分】N，N-二烯丙基氯乙酰胺

【商品类别】酰胺类除草剂

【结 构 式】

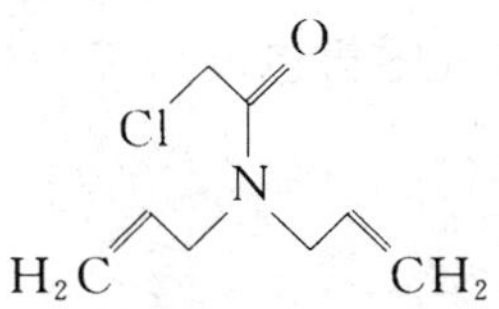

【商品属性】旱田除草剂，孟山都公司于1956年开发成功。
水溶解度1.97E+04mg/L，蒸气压0.0094mmHg。

【毒　　性】

【税则号列】有效成分：29241990　　制剂：38089311（零售包装），38089319（其他）

**0144240　庚酰草胺　Monalide**

【别　　名】Potablan，D-90-A

【有效成分】N-（4-氯苯基）-2, 2-二甲基-戊酰胺

【商品类别】除草剂

【结 构 式】

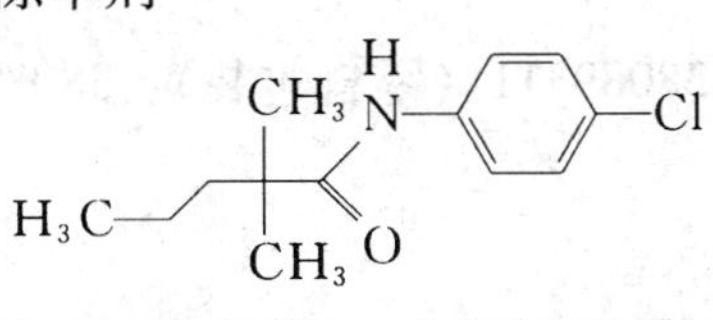

【商品属性】熔点87～88℃，水溶解度22.8mg/L，蒸气压2.92E-06mmHg。

【毒　　性】

【税则号列】有效成分：29242990　　制剂：38089311（零售包装），38089319（其他）

**0144241　丁酰草胺　Chloranocryl**

【别　　名】Dicryl，DCMA，Licryl

【有效成分】N-（3, 4-二氯苯基甲基丙烯酰胺

【商品类别】除草剂

【结 构 式】

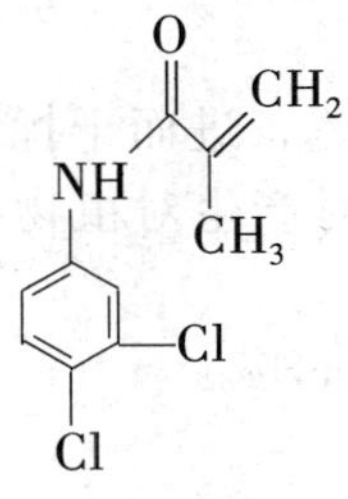

【商品属性】熔点 128℃，水溶解度 8. 5mg/L，蒸气压 5. 47E-06mmHg。
【毒　　性】
【税则号列】有效成分：29242990　　　　制剂：38089311（零售包装），38089319（其他）

**0144242　　环酰草胺　　Cypromid**

【别　　名】Clobber，S6000
【有效成分】N-（3, 4-二氯苯基）环丙烷基甲酰胺
【商品类别】除草剂
【结 构 式】

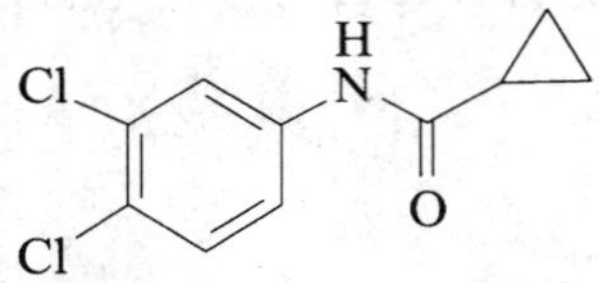

【商品属性】水溶解度 16. 3mg/L，蒸气压 3. 69E-06mmHg。
【毒　　性】
【税则号列】有效成分：29242990　　　　制剂：38089311（零售包装），38089319（其他）

**0144243　　炔苯酰草胺　　Propyzamide**

【别　　名】戊炔草胺，炔敌稗，拿草特，Clanex，KERB
【有效成分】3, 5-二氯-N-（1, 1-尔甲基-2-丙炔基）苯甲酰胺
【商品类别】除草剂
【结 构 式】

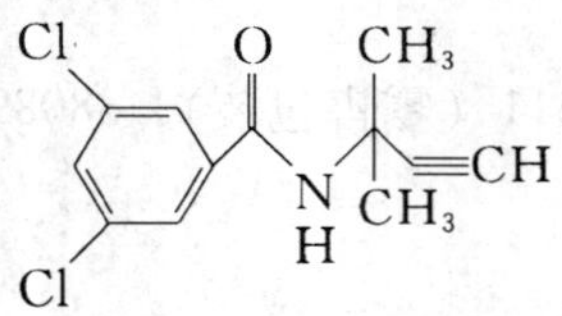

【商品属性】熔点 155℃，水溶解度 15mg/L，蒸气压 4. 35E-07mmHg。
常见制剂类型：可湿性粉剂。
【毒　　性】有致癌作用。
【税则号列】有效成分：29242990　　　　制剂：38089311（零售包装），38089319（其他）

**0144244　　甲氯酰草胺　　Pentanochlor**

【别　　名】Solan，CMMP，Dakuron，Dutom，Hortox
【有效成分】N-（3-氯-4-甲苯基）-2-甲基戊酰胺
【商品类别】除草剂
【结 构 式】

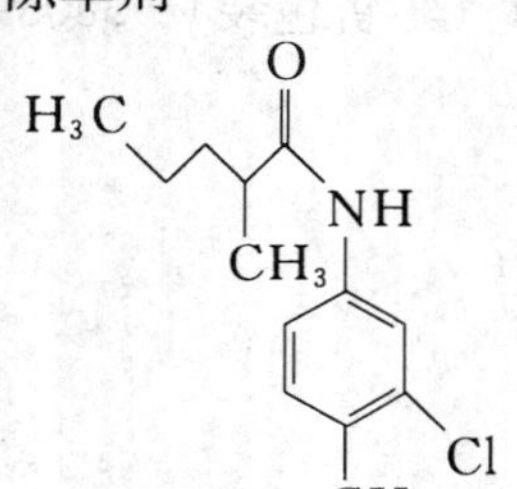

【商品属性】可以直接影响光合作用第二光系统，阻止电子传递，进而干扰二氧化碳的固定、ATP 的合成，从而抑制植物的光合作用并同时产生对植物有害的活性分子，导致植物死亡。
熔点 85℃，水溶解度 8. 5mg/L，蒸气压 2. 22E-06mmHg。
【毒　　性】

【税则号列】有效成分：29242990　　　　制剂：38089311（零售包装），38089319（其他）

**0144245　　双酰草胺　　Carbetamide**

【别　　名】卡草胺，双草胺，草长灭，雷克拉，Legurame

【有效成分】（R）-1-（乙基氨基甲酰）乙基异氰酸苯酯

【商品类别】除草剂

【结 构 式】

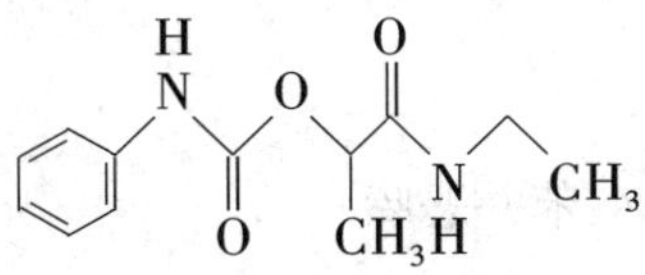

【商品属性】由于防治一年生禾本科杂草及阔叶杂草。

熔点 119℃，水溶解度 3500mg/L。

【毒　　性】

【税则号列】有效成分：29242990　　　　制剂：38089311（零售包装），38089319（其他）

**0144246　　敌草腈　　Dichlobenil**

【别　　名】Casoron，Cyclomec，DBN，Norosac，Prefix D，Surfassol

【有效成分】2，6-二氯卞腈

【商品类别】除草剂

【结 构 式】

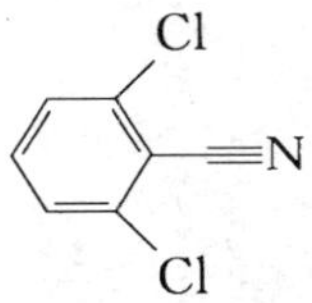

【商品属性】敌草腈是一种非选择性、非激素型、吸收迁移性的处理土壤除草剂。

同时，它是精细化工的中间体，在农药生产上有着广泛的用途，可以作为农药草克乐、除虫脲、氟虫脲、优虫隆、氟铃、脲氟螨脲的原料。

熔点 144.5℃，沸点 270℃，水溶解度 21.2mg/L，蒸气压 0.00101mmHg。

常见制剂类型：可湿性粉剂。

【毒　　性】

【税则号列】有效成分：29269090　　　　制剂：38089311（零售包装），38089319（其他）

**0144247　　扑灭通　　Prometon**

【别　　名】Gesagram

【有效成分】N2-N4-二异丙基-6-甲氧基-1, 3, 5-三嗪-2, 4-二胺

【商品类别】除草剂

【结 构 式】

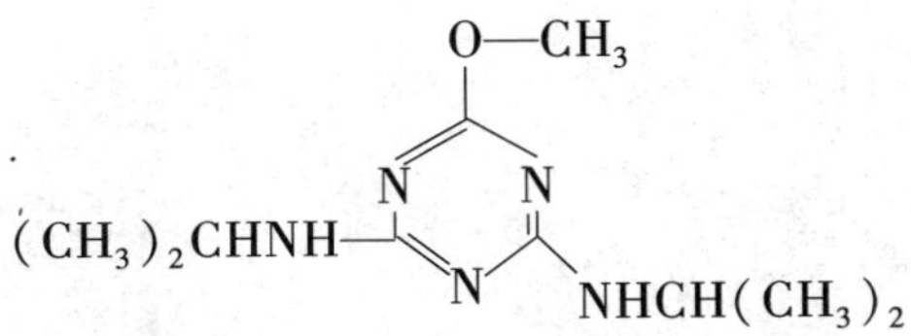

【商品属性】三嗪类非选择性除草剂，用于防除非耕地中一年生和多年生阔叶杂草、禾本科杂草和灌木丛，也可在沥青铺路前使用。

熔点 91～92℃，蒸气压 0.306mPa（20℃），密度 1.088g/$cm^3$（20℃）。溶解度：20℃水 620mg/l，丙酮 300g/l，二氯甲烷 350g/l，甲醇 600g/l，辛醇 150g/l，甲苯 250g/l。在中性、碱性或弱酸性介质中稳定。碱性 pKa4.3（21℃）。

常见制剂类型：可湿性粉剂。

【毒　　性】低毒。

【税则号列】有效成分：29336990　　　制剂：38089311（零售包装），38089319（其他）

## 0145 安全剂

**0145001　解草嗪　Benoxacor**

【别　　名】BRN4190275，CGA-154281

【有效成分】4-二氯乙酰基-3，4-二氢-3-甲基-2H-1，4-苯并恶嗪

【商品类别】除草安全剂

【结 构 式】

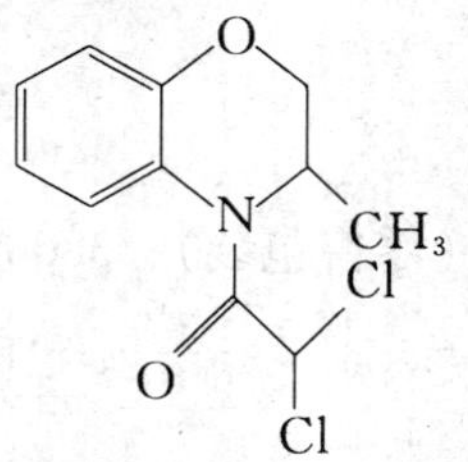

【商品属性】熔点 107.6℃，蒸气压 4.43E-06mmHg，溶解度 20mg/L。

【毒　　性】

【税则号列】有效成分：29349990

**0145002　解草酯　Cloquintocet-mexyl**

【别　　名】

【有效成分】（5-氯喹啉-8-基氧）乙酸-1-甲基己基酯

【商品类别】除草安全剂

【结 构 式】

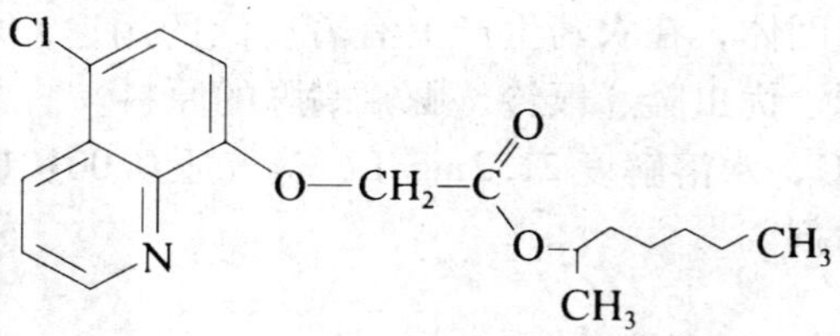

【商品属性】熔点 69.4℃，蒸气压 4.00E-08mmHg，溶解度 0.59mg/L。

【毒　　性】

【税则号列】有效成分：29334990

**0145003　解草胺腈　Cyometrinil**

【别　　名】BRN3051664，CGA-43089，Concep

【有效成分】氰基甲氧基亚氨基苯乙腈

【商品类别】除草安全剂

【结 构 式】

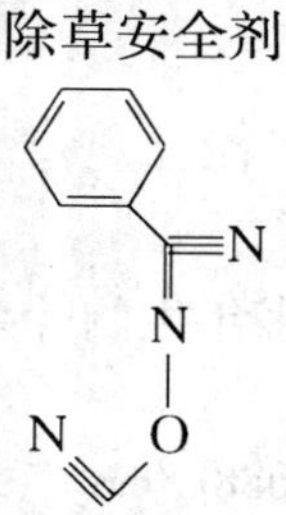

【商品属性】

【毒　　性】

【税则号列】有效成分：29269090

**0145004　　解草烯　　DKA24**

【别　　名】

【有效成分】N1，N2-二烯丙基-N2-二氯乙酰基甘氨酰胺

【商品类别】除草安全剂

【结 构 式】

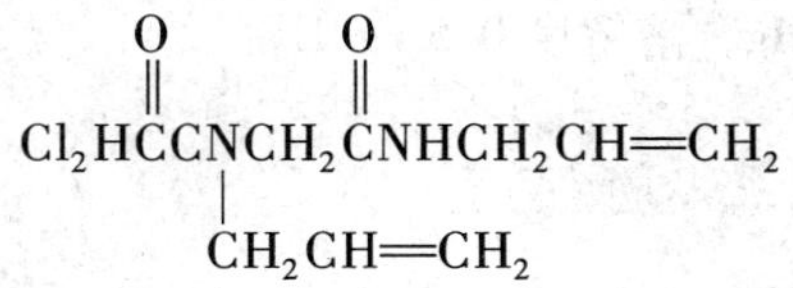

【商品属性】

【毒　　性】

【税则号列】有效成分：29241990

**0145005　　解草唑　　Fenchlorazole**

【别　　名】

【有效成分】1-（2，4-二氯苯基）-5-三氟甲基-1H-1，2，4-三唑-3-羧酸

【商品类别】除草安全剂

【结 构 式】

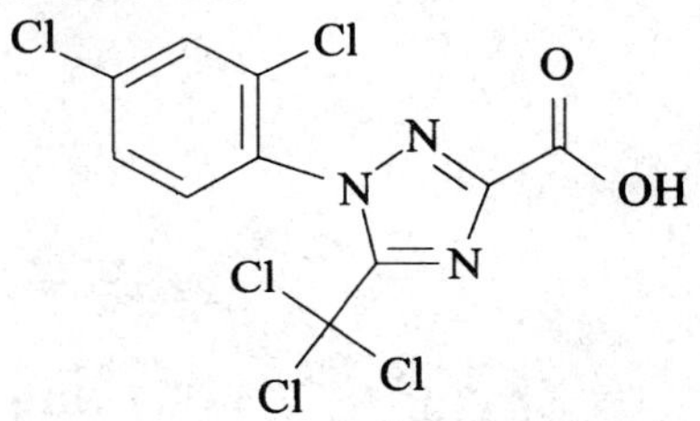

【商品属性】

【毒　　性】

【税则号列】有效成分：29339900

**0145006　　解草啶　　Fenclorim**

【别　　名】BRN0142293，NSC-27713

【有效成分】4，6-二氯-2-2 苯基嘧啶

【商品类别】除草安全剂

【结 构 式】

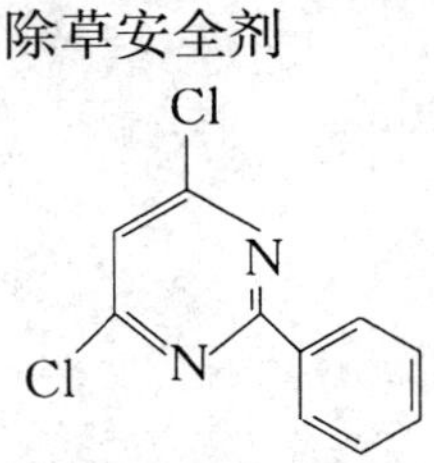

【商品属性】熔点 96.9℃，蒸气压 9.00E-05mmHg，溶解度 2.5mg/L。

【毒　　性】

【税则号列】有效成分：29335990

**0145007　　解草胺　　Flurazole**

【别　　名】BRN1019538，Screen

【有效成分】2-氯-4-三氟甲基-1，3-噻唑-5-甲酸苄酯

【商品类别】除草安全剂

【结 构 式】

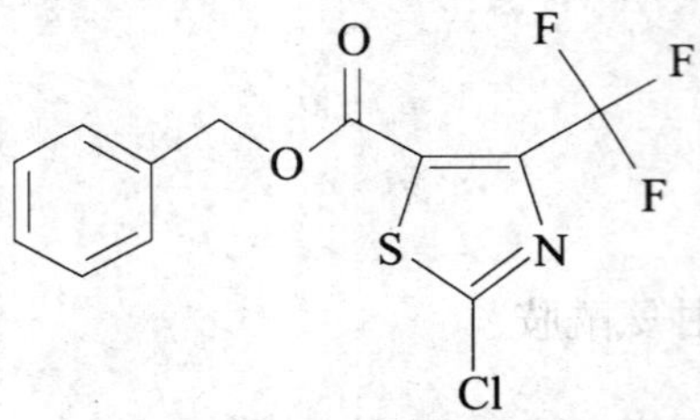

【商品属性】熔点 52℃，蒸气压 2.93E-07mmHg，溶解度 0.5mg/L。
【毒　　性】
【税则号列】有效成分：29341000

**0145008　　解草恶唑　　Furilazole**
【别　　名】呋喃解草唑
【有效成分】3-二氯乙酰基-5-（2-呋喃基）-2，2-二甲基恶唑啉
【商品类别】除草安全剂
【结 构 式】

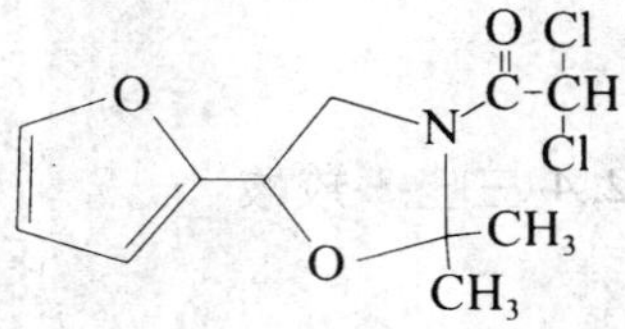

【商品属性】
【毒　　性】
【税则号列】有效成分：29349990

**0145009　　解草腈　　Oxabetrinil**
【别　　名】CGA-92194，Concep II
【有效成分】1，3-二氧戊环-2-基甲氧基亚胺基苯乙腈
【商品类别】除草安全剂
【结 构 式】

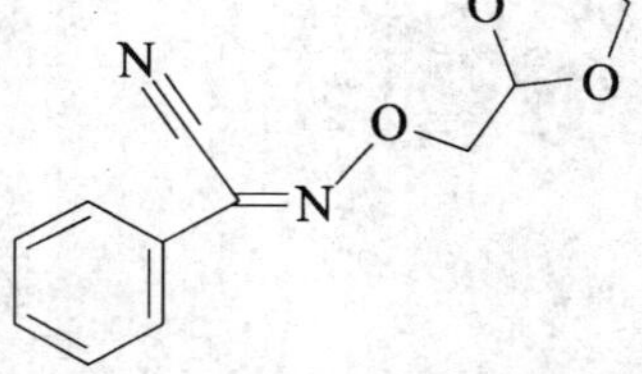

【商品属性】熔点 77.7℃，蒸气压 3.98E-067mmHg，溶解度 20mg/L。
【毒　　性】
【税则号列】有效成分：29329990

**0145010　　解草烷　　MG191**
【别　　名】
【有效成分】2-二氯甲基-2-甲基-1，3-二氧戊烷
【商品类别】除草安全剂
【结 构 式】

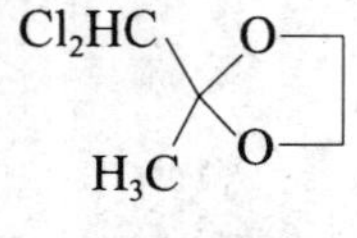

【商品属性】
【毒　　性】
【税则号列】有效成分：29329990

# 015 杀螨剂

杀螨剂是防治蛛形纲中有害螨类的药剂。防治植食性螨的杀螨剂一般是指只杀螨不杀虫或以杀螨为主的药剂。许多杀虫剂兼有优良的杀螨活性，通常不列入杀螨剂中。杀螨剂多属于低度物质，对人畜比较安全。

我国的螨类约有500余种，危害严重的约40余种，主要种类为叶螨类、瘿螨类，危害最严重的是柑橘树、苹果树和棉花。农业害螨具有体积小、繁殖快、适应性强及易产生抗药性等特点，是公认的最难防治的有害生物群落。目前杀螨剂的总数占杀虫剂总数的比重较大。

国际上初期使用的农业杀螨剂主要是硫黄粉及其多硫化合物之类的无机化合物以及矿油（主要是机油）乳剂。在我国还有用面粉糊来防治作物螨的。进入20世纪50年代，高效有机杀虫剂纷纷出现，直至超高效的菊酯类杀虫剂问世，带动了杀螨剂从低效的无机化合物走向了高效有机化合物的行列。值得一提的是50年代后出现的有机杀虫剂中不少品种既是杀虫剂又是杀螨剂，尤其是有机磷类杀虫剂中这一现象更加普遍。

纵观目前的杀螨剂农药品种，杀螨谱广、速效性和持效性较优良、不易产生抗性、对农作物安全的品种也很少。有的杀螨剂只对害螨生活史的某一生长阶段有效，有的甚至仅能杀卵。因此新型、高效、广谱、安全杀螨剂的开发研制还有大量的工作要做。杀螨剂主要是指只能杀螨而不能杀虫，或以杀螨为主的农药。兼有杀螨作用的杀虫剂，因其主要的生物活性是杀虫，故不能称其为杀螨剂，有时称他们为杀虫、杀螨剂。1944年美国施多福公司开发出只有杀螨作用的一氯杀螨砜。此后专用杀螨剂的发展较快，新品种不断出现。各时期出现的主要杀螨剂品种有：20世纪40年代后期有消螨普、杀螨醚、杀螨酯、杀螨特；50年代有杀螨醇、三氯杀螨醇、三氯杀螨砜；60年代有乐杀螨、消螨通、克螨特、灭螨猛、杀虫脒、三环锡；70年代有苯螨特、三唑锡、双甲脒；80年代有灭螨醚、四螨嗪、尼索朗等。另外还有生物类杀螨剂如浏阳霉素、四抗霉素、阿维菌素等。杀螨剂按其化学结构主要分有机氯类、有机硫类、硝基苯类、有机锡类、脒类、杂环类及生物类等。

从我国来看，螨害发生严重的作物以果树为最。其中最严重的要数柑橘树，其次为苹果树，大田作物主要是棉花。

我国自己生产的主要品种有哒螨灵、三氯杀螨醇、四螨嗪、三唑锡、三磷锡、单甲脒、双甲脒、苯丁锡、浏阳霉素、阿维菌素、克螨特等。在这些杀螨剂品种中，值得一提的是哒螨灵，又名哒螨酮、速螨酮、牵牛星。该杀螨剂杀螨谱广，对各个生长阶段的螨都有十分优良的防治效果。唯一的不足是害螨对其产生抗性较快，使用几年抗性即十分严重。另一个生产厂家较多的品种系三氯杀螨醇，也是种高效广谱的杀螨剂，对成、幼螨和卵均有效，速效性和特效性均较优良，但其残留较高。因此开发高效、长效、广谱、对环境污染少、对天敌伤害小、对害螨的各个生活阶段皆有效且不易产生抗性的安全新型杀螨剂，也是当务之急。

杀螨剂多属低毒物，对人畜较安全。不同螨类之间通常无交互抗性。为了防治抗药性，延缓螨类抗药性的发展，应重视不同杀螨剂轮换使用及混配使用。

从当前使用的杀螨剂来看，虽然大多数是高效、低毒的化合物，也较易分解，但它们中的大多数都是神经毒剂，对哺乳动物的毒性不容忽视，对环境也有一定的影响，同时害螨易产生抗性。从长远来看，杀螨剂的研制开发正朝着非杀生性（昆虫激素）新化合物及生物型化合物发展，以解决它们对动物的毒性、对环境的污染、害螨发生抗药性的问题。因此杀螨剂的发展必然是朝着高效、广谱、低毒、安全的生物农药及昆虫激素型农药方向发展。

**0150001　　苯硫威　　Fenothiocarb**

【别　　名】排螨净，Panocon

【有效成分】S-（4-苯氧基丁基）N，H-二甲基硫代氨基甲酸酯

【商品类别】硫代氨基甲酸酯类杀螨剂

【结 构 式】

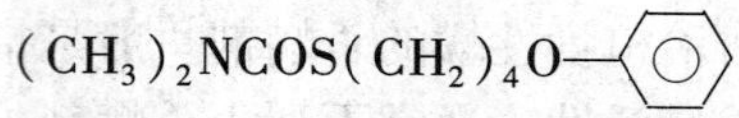

【商品属性】属氨基甲酸酯类杀螨剂，有强的杀卵活性，对雌成螨的活性不高，但在低浓度时能明显地降低雌螨的繁殖能力，并能进一步降低卵的孵化。

无色晶体，熔点 40 ~ 41℃，沸点 155℃/0.02mmHg，蒸气压 0.166mPa（23℃）。溶解度：水 30mg/L（20℃），环己酮 3800g/L，乙腈 3120g/L，丙酮 2530g/L，二甲苯 2464g/L，甲醇 1426g/L，已烷 0.066（均在 20℃）。光照下缓慢分解。

常见制剂类型：乳油。

【毒　　性】头昏、头痛、乏力、面色苍白、恶心呕吐、多汗、流涎、瞳孔缩小、视力模糊。严重者出现血压下降，意识模糊不清，皮肤局部红肿奇痒，眼结膜充血、呼吸困难等。

【税则号列】有效成分：29309090　　制剂：38089910（零售包装），38089990（其他）

**0150002　　苯螨特　　Benzoximate**

【别　　名】西斗星，Citrastar，Citrazon，Aazomate，NA-53M

【有效成分】3-氯-α-乙氧亚胺基-2,6-二甲氧基苄基苯甲酸酯

【商品类别】有机氯类杀螨剂

【结 构 式】

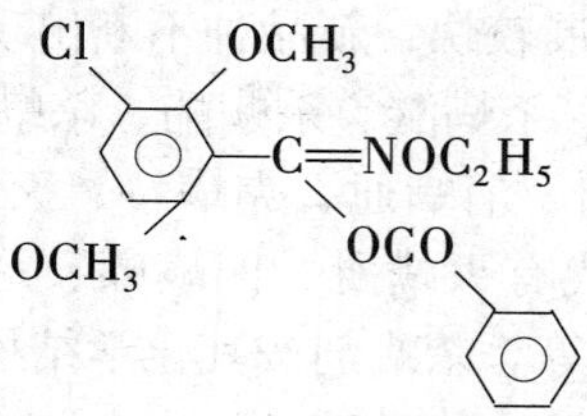

【商品属性】是一种新型杀螨剂，起触杀作用，能作用于螨类的各个发育阶段，对卵和成螨都有作用。该药具较强的速效性和残效性，药后 5 ~ 30 天内能及时有效地控制虫口增长；同时该药能防治对其他杀螨剂产生抗药性的螨，对天敌和作物都安全。

纯品为无色晶体，熔点 73℃，蒸气压 0.45mPa。水中溶解度 30mg/L（25℃）；溶剂中的溶解度（g/L，20℃）：苯 650，二甲基甲酰胺 1460，已烷 80，二甲苯 710。酸性条件下稳定，浓碱分解。

常见制剂类型：乳油。

【毒　　性】症状与体征是其对神经系统的刺激作用所致，如头痛、眩晕、忧虑烦恼、情绪激动，也有呕吐、四肢软弱、双手震颤、失去时间和空间的定向，随后出现阵发痉挛。

【税则号列】有效成分：29280000　　制剂：38089910（零售包装），38089990（其他）

**0150003　　季酮螨酯　　Spirodiclofen**

【别　　名】

【有效成分】3-（2,4-二氯苯基）-2-氧-1-氧螺［4.5］癸-3-烯-4-基-2,2-二甲基丁酸盐

【商品类别】杀螨剂

【结 构 式】

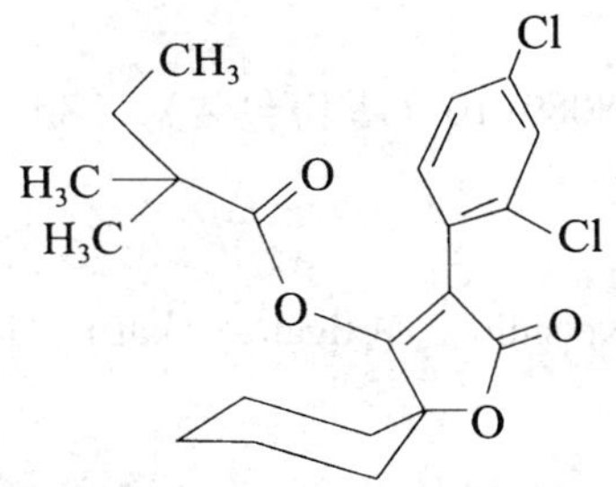

【商品属性】具有全新的作用机理，表现出抑制脂质的合成。通过触杀对螨的各个发育阶段都有效，包括卵。

外观为粉状，白色，无特殊气味，熔点 94.8℃，密度 1.29g/$cm^3$。溶解度（g/1000Ml）：20℃时，水 0.05，正己烷 20，二氯甲烷 >250，异丙醇 47，二甲苯 >250。

【毒　　性】低毒。

【税则号列】有效成分：29321900　　制剂：38089910（零售包装），38089990（其他）

**0150004　喹螨醚　Fenazaquin**

【别　　名】Magister

【有效成分】4-特-丁基苯乙基喹唑啉-4-基醚

【商品类别】杀螨剂

【结 构 式】

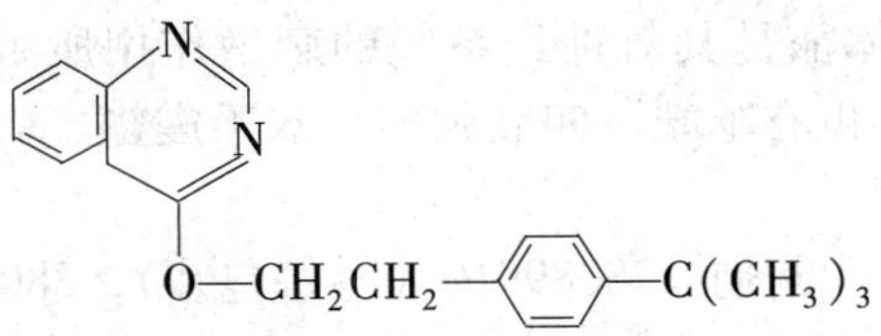

【商品属性】该药为喹啉类杀螨剂，通过触杀作用于昆虫细胞的线粒体和染色体组 I，占据了辅酶 Q 的接合点。对柑橘树，苹果树红蜘蛛有较好的防治效果，持效期长，对天敌安全。可有效地防治真叶螨、全爪螨和红叶螨以及紫红短须螨。

原药外观为晶体，比重 1.16（25℃），熔点 77.5℃ ~80℃，蒸气压 1.9 ±0.4 × $10^{-5}$Pa（25℃）。溶解度：102μg/L（在 pH5.0 ~ 7.0，20℃缓冲液与水中）、136μg/L（在 pH9.0，20℃缓冲液中）；丙酮 400g/L，乙腈 33g/L，氯仿 > 500g/L，已烷 33g/L，二氯甲烷 600g/L，甲苯 >50g/L。

常见制剂类型：乳油。外观为浅琥珀色液体，比重 1.005g/ml，pH6.57。

【毒　　性】患者神志不清或抽搐时不要轻易引吐。

【税则号列】有效成分：29339900　　制剂：38089910（零售包装），38089990（其他）

**0150005　伐虫脒　Formetanate**

【别　　名】抗螨脒，Dicarzol

【有效成分】3-二甲胺基甲撑亚氨基苯基-N-甲氨基甲酸酯

【商品类别】杀螨剂

【结 构 式】

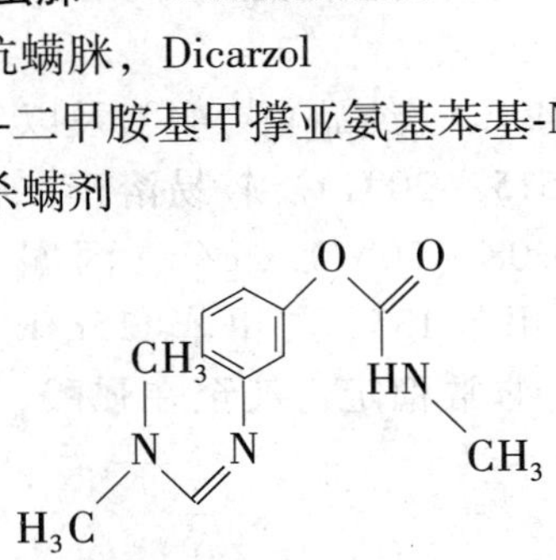

【商品属性】水溶解度 1000mg/L，蒸气压 1.80E-04mmHg。

【毒　　性】剧毒。

【税则号列】有效成分：29252900　　　　制剂：38089910（零售包装），38089990（其他）

**0150006　　三氯杀螨醇　　Dicofol**

【别　　名】开乐散，凯尔生，Kelthane，Acarin，Kelsmite，Mitigan，Akarin，Dikofag

【有效成分】2,2,2-三氯-1,1-双（4-氯苯基）乙醇

【商品类别】杀螨剂

【结 构 式】

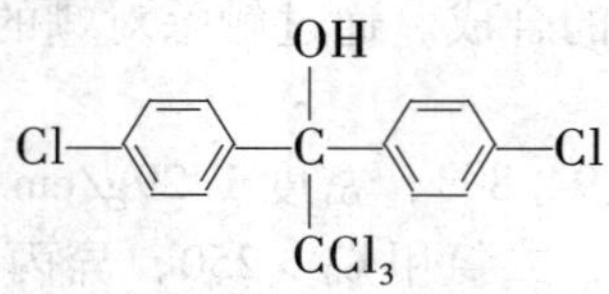

【商品属性】杀螨谱广、活性高、对天敌和作物安全。为神经毒剂，对成、若螨均有效。并能歼除某些螨卵。该药分解较慢，药后一年仍有少量残留，可用于棉花、果树、花卉等防治害螨。

无色固体，原药为棕色黏稠油状物，熔点78.5～79.5℃，沸点193℃/360mmHg（原药），蒸气压0.053mPa（原药），密度1.45（25℃，原药）。溶解度：水0.8mg/L（25℃），丙酮、乙酸乙酯、甲苯400，甲醇36，己烷、异丙醇30（g/L，25℃）。酸中稳定，碱中不稳定发生水解，80℃及以下温度稳定。

常见制剂类型：乳油悬乳剂。

【毒　　性】对人畜毒性很小。症状与体征是其对神经系统的刺激作用所致，如头痛、眩晕、忧虑烦恼、情绪激动，也有呕吐、四肢软弱，双手震颤、失去时间和空间的定向，随后出现阵发痉挛。

【税则号列】有效成分：29062990　　　　制剂：38089910（零售包装），38089990（其他）

**0150007　　三氯杀螨砜　　Tetradifon**

【别　　名】涕滴恩，天地红，太地安，退得完，Tedion，TON，Chlorodifon，V-18

【有效成分】1,2,4-三氯-5-［（4-氯苯基）磺酰］苯

【商品类别】杀螨剂

【结 构 式】

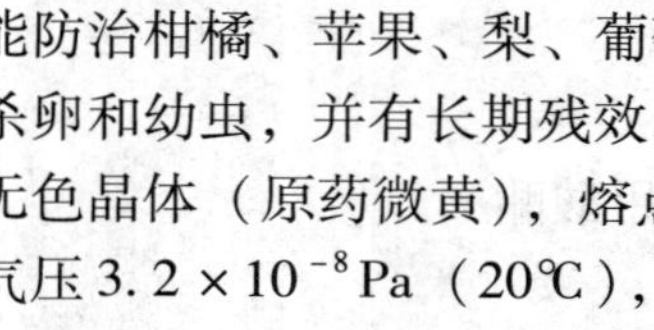

【商品属性】非内吸具长效、渗透植物组织的作用，除对成螨无效外，对卵及其他生长阶段均有抑制及触杀作用，也能直接使用雌螨不育或导致卵不孵化。对昆虫无毒。能防治柑橘、苹果、梨、葡萄等果树以及棉花、花生、蔬菜、花草等螨类。能杀卵和幼虫，并有长期残效。

无色晶体（原药微黄），熔点148～149℃（纯品），144℃及以上（原药）。蒸气压$3.2\times10^{-8}$Pa（20℃），密度1.515（20℃）。较易溶于二噁烷、芳香烃、氯仿。溶解度：水0.05（10℃）、0.08（20℃）mg/L，丙酮82g/L，苯148g/L，氯仿255g/L，环己酮200g/L，甲苯135，二甲苯115g/L（10℃），二噁烷223，煤油、甲醇10g/L（10℃）。非常稳定，甚至在强酸、碱环境中。对光、热稳定，抗强氧化剂。

常见制剂类型：乳油可湿性粉剂。

【毒　　性】症状与体征是其对神经系统的刺激作用所致，如头痛、眩晕、忧虑烦恼、情绪

激动，也有呕吐、四肢软弱、双手震颤、失去时间和空间的定向，随后出现阵发痉挛。

【税则号列】有效成分：29309090　　制剂：38089910（零售包装），38089990（其他）

**0150008　双甲脒　Amitraz**

【别　　名】螨克，胺三氮螨，双虫脒，虫螨肮，阿米德拉兹，果螨杀，杀伐螨，Mitac，Azaform，Baam，Taktic，Triazid，Triatox，Danicut

【有效成分】N′-（2,4-二甲基苯基）-N-｛［（2,4-二甲基苯基）亚氨基］甲基｝-N′-甲基亚甲氨基胺

【商品类别】杀螨剂

【结 构 式】

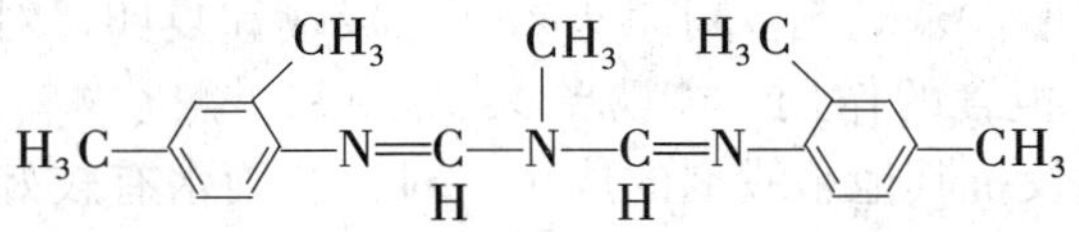

【商品属性】系广谱杀螨剂，具有多种毒杀机制，其中主要是抑制单胺氧化酶的活性，具有触杀、拒食、驱避作用，也有一定的胃毒、熏蒸和内吸作用。对叶螨科各个发育阶段的虫态都有效，但对越冬的卵效果较差，用于防治对其他杀螨剂有抗药性的螨也有效，并能防除牛、羊、猪等体外寄生虫，对人、畜和天敌（除捕食螨外）比较安全，对蜜蜂相对无毒。药后能较长时期地控制害螨数量的回升。

白色针状结晶。原药为白色或浅黄色固体，比重1.128（20℃），熔点86～88℃，25℃时蒸气压为0.34mPa，常温下在水中溶解度很低，可溶于二甲苯、丙酮和甲苯等多种有机溶剂。紫外光影响较小。

常见制剂类型：乳油。

【毒　　性】对人的皮肤和黏膜有刺激作用，对人的中枢神经系统能产生抑制作用。

【税则号列】有效成分：29252900　　制剂：38089910（零售包装），38089990（其他）

**0150009　克螨特　Propargite**

【别　　名】炔螨特，奥美特，丙炔螨特，Propargite BPPS，Propargil，Omite，Comite，Propargite

【有效成分】2-（4-叔丁基苯氧基）环己基丙-2-炔基亚硫酸酯

【商品类别】杀螨剂

【结 构 式】

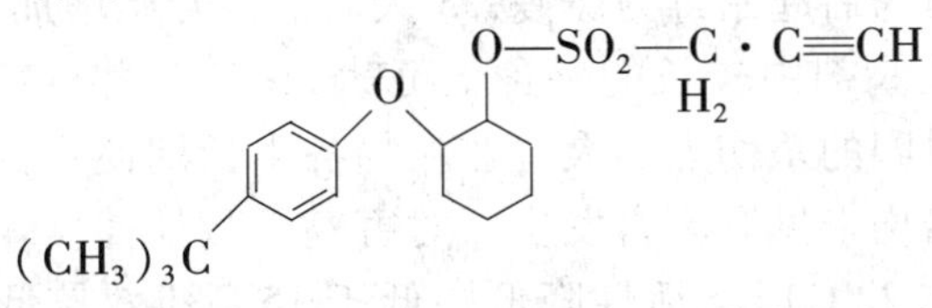

【商品属性】低毒广谱性有机硫杀螨剂，具有触杀和胃毒作用，无内吸和渗透传导作用，对成螨、若螨有效，杀卵的效果差，但对天敌无害，果树、茶树等作物上的螨类防治。该药在温度20℃以上条件下药效可提高，但在20℃以下随低温递降，克螨特可用于防治棉花、蔬菜、苹果、柑橘、茶、花卉等多种作物的害螨，对多数天敌较安全，但在嫩小作物上使用时要严格控制浓度，过高易发生药害。

纯品为白色至褐色粉末，原药为深红棕色黏稠液体，蒸气压0.006mPa（25℃），密度1.1130（20℃）。溶解度：水632mg/l（25℃），与许多有机溶剂，如丙酮、苯、乙醇、正己烷、庚烷与甲醇混溶。20℃保存1年无分解，强酸和强碱中分解（pH>10），闪点71.4℃。

常见制剂类型：乳油。

【毒　　性】

【税则号列】有效成分：29209090　　　制剂：38089910（零售包装），38089990（其他）

**0150010　三唑锡　Azocyclotin**

【别　　名】倍乐霸，三唑环锡，Peropal，Triclotin

【有效成分】1-（三环已基甲锡烷基）-1-氢-1, 2, 4-三氮杂茂

【商品类别】杀螨剂

【结 构 式】

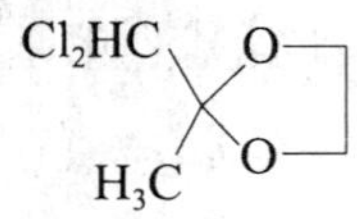

【商品属性】为触杀作用较强的广谱性杀螨剂。可杀灭若螨、成螨和夏卵，对冬卵无效。对棉田的海灰翅夜蛾有拒食的作用，能防治梨、苹果、樱桃、李、草莓、芸豆、茄子、葡萄上的敏感及抗其他杀螨剂的成虫。对光和雨水有较好的稳定性，残效期较长。在常用浓度下对作物安全。

无色结晶，熔点 210℃，蒸气压 0.06nPa（25℃）。20℃时溶解度：水 0.12mg/L，二氯甲烷 20～50，异丙醇 10～20，正己烷 0.1～1，甲苯 2～5g/L（20℃）。

常见制剂类型：可湿性粉剂、乳油。

【毒　　性】属剧烈神经毒物。头痛、头晕、多汗；重者恶心呕吐，大汗淋漓，排尿困难，抽搐、神经错乱，昏迷、呼吸困难等。

【税则号列】有效成分：29339900　　　制剂：38089910（零售包装），38089990（其他）

**0150011　苯丁锡　Fenbutatin oxide**

【别　　名】托尔克，螨完锡，克螨锡，杀螨锡，Torque，Vendex，Osadam，Neostanox

【有效成分】双［三 2-甲基-苯基丙基］锡］氧化物

【商品类别】杀螨剂

【结 构 式】

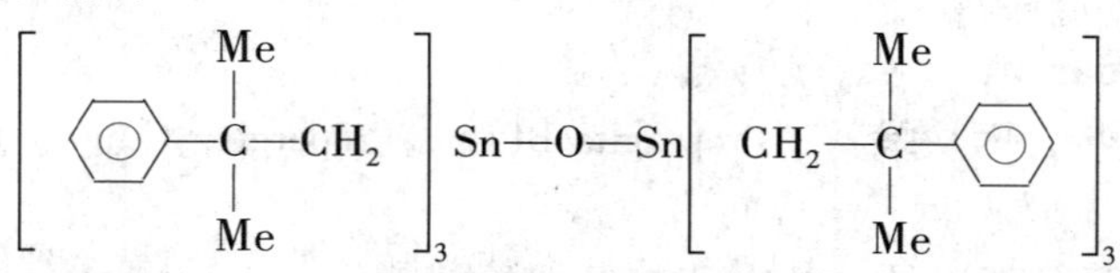

【商品属性】是一种非内吸杀螨剂，对有机磷和有机氯有抗性的害螨对其不产生交互抗性。对害螨以触杀为主，喷药后起始毒力缓慢，3 天后活性开始增加，到 14 天达到高峰。该药残效期是杀螨剂中较长的一种，可达 2～5 个月，对幼螨和成、若螨的杀伤力较强，但对卵的杀伤力不大，在作物各生长期使用都很安全，使用超过有效杀螨浓度一倍均未见有药害发生，对害螨天敌如捕食螨、瓢甲和草蛉等影响甚小。当气温在 22℃以下活性降低，低于 15℃药效较低，冬季不宜使用。

无色晶体，熔点 138～139℃（原药），蒸气压 85nPa（20℃），密度 1290～1330kg/$m^3$（20℃）。溶解度：水 0.005mg/L（23℃），丙酮 6，苯 140，二氯甲烷 380（g/L，23℃）。微溶于脂肪烃和矿物油中，对光、热稳定，抗氧化。

常见制剂类型：可湿性粉剂乳油。

【毒　　性】属剧烈神经毒物。头痛、头晕、多汗；重者恶心呕吐，大汗淋漓，排尿困难，抽搐、神经错乱，昏迷、呼吸困难等。

【税则号列】有效成分：29319000　　　制剂：38089910（零售包装），38089990（其他）

**0150012　四螨嗪　Clofentezine**

【别　　名】阿波罗，Apollo，Brsclofantazin

【有效成分】3, 6-双（2-氯苯基）-1, 2, 4, 5-四嗪

【商品类别】有机氯杀螨剂

【结 构 式】

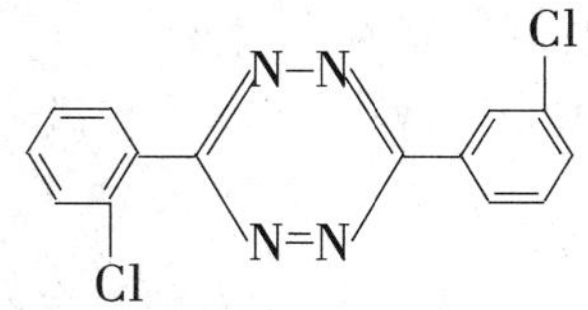

【商品属性】特效杀螨剂，药效持久。对发生在果树、棉花、观赏植物上的苹果全爪螨、茶红蜘蛛的卵和若螨有效，对捕食螨、天敌无害。对温室玫瑰花、石竹有轻微的影响。但该药作用较慢，一般用药后2周才能达到最高防效，因此使用该药时应作好预测预报。

洋红色晶体，熔点182.3℃，蒸气压130nPa（25℃）。溶解度（25℃）：水2.5ug/L（pH7）、丙酮9.3g/L、苯2.5g/L、氯仿50g/L、二氯甲烷37g/L、乙醇0.5g/L、己烷1g/L。对光、空气和热稳定，随pH升高，水解加快。

常见制剂类型：混合悬浮剂、可湿性粉剂。

【毒　　性】只对皮肤有刺激症状，经口毒性低，无中毒报道。

【税则号列】有效成分：29339900　　　制剂：38089910（零售包装），38089990（其他）

**0150013　噻螨酮　Hexythiazox**

【别　　名】尼索朗，Nissorun，Acarflor，Cesar，Savey，Zeldox

【有效成分】（4RS，5RS）-5-（4-氯苯基）-N-环己基-4-甲基-2-氧代-1, 3-噻唑烷-3 羧酰胺

【商品类别】杀螨剂

【结 构 式】

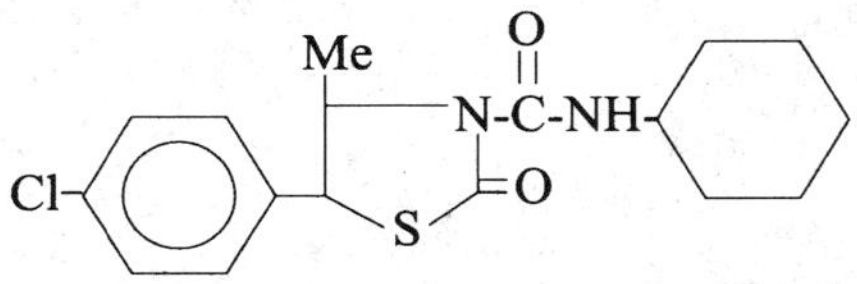

【商品属性】噻唑烷酮类新型杀螨剂，对植物表皮层具有较好的穿透性，但无内吸传导作用。对多种植物害螨具有强烈的杀卵、杀幼若螨的特性，对成螨无效，但对接触到药液的雌成虫所产的卵具有抑制孵化的作用。

杀虫谱广，对叶螨、全爪螨等具有高的杀螨活性，低浓度使用效果良好，并具有很好的持效性，与有机磷杀虫剂、三氯杀螨醇等无交互抗性，对作物安全，对捕食螨和益虫安全，

该药属非感温型杀螨剂，在高温或低温时使用的效果无显著差异，残效期长，可保持在50天左右。

无色晶体，熔点108.0～108.5℃，蒸气压0.0034mPa（20℃）。溶解度：水0.5mg/L（20℃）、氯仿1379、二甲苯362、甲醇206、丙酮160、乙腈28.6、己烷4（g/L，20℃）。对光、热空气中稳定，酸碱介质中稳定，小于300℃稳定。

常见制剂类型：乳油。

【毒　　性】对皮肤有轻微刺激，无人体中毒报道。

【税则号列】有效成分：29341000　　　制剂：38089910（零售包装），38089990（其他）

**0150014　　哒螨灵　　Pyridaben**

【别　　名】哒螨酮，速螨酮，哒螨净，牵牛星，Sanmite，Nexter，NCI-129

【有效成分】2-特丁基-5-（4-特丁基苄硫基-4-氯-3（H）-哒嗪-3-酮

【商品类别】杀螨剂

【结 构 式】

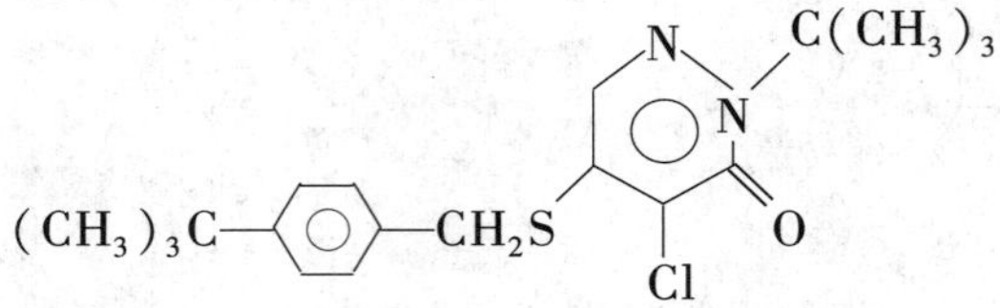

【商品属性】本剂为广谱、触杀性杀螨剂，可用于防治多种食植物性害螨。对螨的整个生长期即卵、幼螨、若螨和成螨都有很好的效果，对移动期的成螨同样有明显的速杀作用。该药不受温度变化的影响，无论早春或秋季使用，均可达到满意效果。

无色晶体，熔点 111～112℃，蒸气压 0.25mPa（20℃），密度 1.2（20℃）。溶解度（20℃）：水 0.012mg/L，苯 110g/L，二甲苯 390g/L，乙醇 57g/L，环己烷 320g/L，正辛醇 63g/L，正己烷 10g/L。见光不稳定。在 pH4、7、9 和有机溶剂中时（50℃），90 天稳定性不变。

常见制剂类型：悬浮剂可湿性粉剂乳油。

【毒　　性】对兔眼睛和皮肤无刺激作用，对豚鼠皮肤无过敏性。

【税则号列】有效成分：29339900　　　制剂：38089910（零售包装），38089990（其他）

**0150015　　唑螨酯　　Fenpyroximate**

【别　　名】霸螨灵，杀螨王，Danitron，Ortus，Pamanrin，NNI850

【有效成分】（E）-4［1,3-二甲基-（5-苯氧基-1H-吡唑基）甲叉氨氧甲基］苯甲酸-1,1 二甲基乙酯

【商品类别】杀螨剂

【结 构 式】

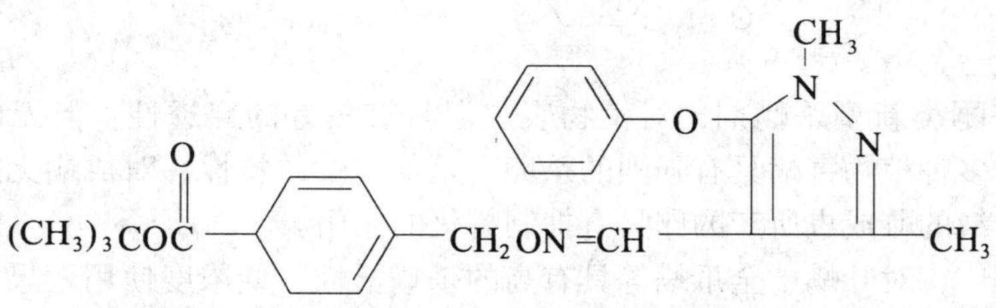

【商品属性】苯氧吡唑类杀螨剂。高剂量时可直接杀死螨类，低剂量时可抑制螨类脱皮或产卵。具有击倒和抑制脱皮作用，无内吸作用。

白色蜡状粉末，熔点 101.1～102.4℃，蒸气压 0.0075mPa（25℃），密度为 1.25g/$cm^3$。溶解度：水 $1.46\times10^{-2}$mg/L（20℃）、甲醇 15、丙酮 150、二氯甲烷 1307、氯仿 1197、四氢呋喃 737（g/L，25℃）。酸碱条件下稳定。

常见制剂类型：水乳剂悬浮剂。

【毒　　性】对兔皮肤无刺激作用，对其眼睛有轻微刺激作用。无致畸、致癌、致突变作用，无蓄积毒性。

【税则号列】有效成分：29331990　　　制剂：38089910（零售包装），38089990（其他）

**0150016　　灭螨醌　　Acequinocyl**

【别　　名】Kanemite

【有效成分】2-（乙酰氧基）3-十二烷基-1，4-萘醌

【商品类别】杀螨剂

【结 构 式】

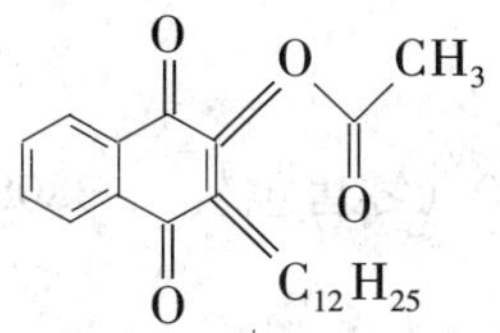

【商品属性】该药是触杀性杀螨剂，无内吸活性，适用于果树如梨、桃、柑橘及黄瓜、蔬菜、葡萄等防治螨类危害。

纯品为淡黄色粉状固体。溶解度（20℃，mg/L）：水小于 10E-5、正己烷 44、甲苯 450、二氯甲烷 620、丙酮 220、甲醇 7.8 和 DMF190（均为 g/L）。

【毒　　性】对兔皮肤无刺激，对眼睛有一些刺激作用。

【税则号列】有效成分：29153900　　　制剂：38089910（零售包装），38089990（其他）

**0150017　　杀螨脒　　Medimeform**

【别　　名】

【有效成分】N-（2，4-二甲苯基）-N，N′-二甲基甲脒

【商品类别】杀螨剂

【结 构 式】

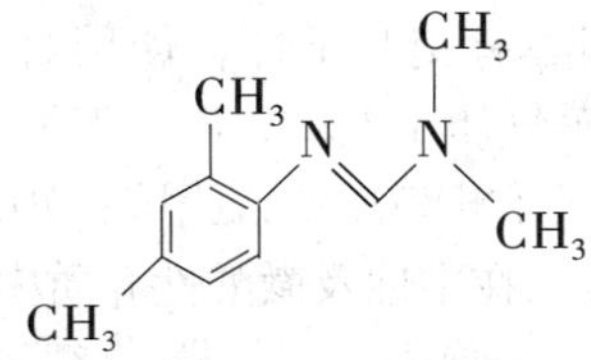

【商品属性】是一种微生物代谢产物，是一种高效、安全的杀螨剂。主要用于防治柑橘、茶叶、棉花和苹果等作物的多种害螨，也可防治蜂螨和家畜体外的壁虱、疥螨，还能兼治红蜡蚧和矢尖蚧的 1～2 龄幼虫。对螨的各个虫期和抗药性害螨均有很好的防治效果。

纯品为白色晶体。长期贮存能吸潮分解。

常见制剂类型：水剂。

【毒　　性】毒性中等

【税则号列】有效成分：29252900　　　制剂：38089910（零售包装），38089990（其他）

**0150018　　苄螨醚　　Halfenprox**

【别　　名】扫螨宝，溴氧螨醚，Sirbon，Aniverse，Cyprene，Danibon，MTI-732

【有效成分】2-（4-溴二氟甲氧基苯）-2-甲基丙基 3-苯氧基苄基醚

【商品类别】苄基醚杀螨剂

【结 构 式】

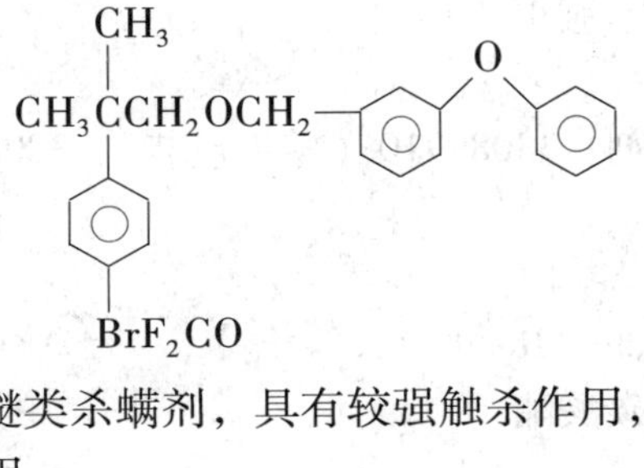

【商品属性】醚类杀螨剂，具有较强触杀作用，对成螨及幼若螨均有效，对卵有一定抑制作用。

无色透明液体，沸点 219℃/760mmHg，蒸气压 38mPa（100℃），密度 1.318（20℃），溶解度水中为 0.05μg/L（25℃），稳定性 55℃，分解率 <10%，pH4

~9 的缓冲液中稳定。
常见制剂类型：乳油。

【毒　　性】对眼睛和皮肤有刺激作用。

【税则号列】有效成分：29093090　　制剂：38089910（零售包装），38089990（其他）

**0150019　溴螨酯　Bromopropylate**

【别　　名】螨代治，新灵，溴杀螨醇，溴杀螨，Neoron，Acarol，Folbex VA，Phenisobromolate

【有效成分】4, 4′-二溴二苯乙醇酸异丙酯

【商品类别】有机含卤类杀螨剂

【结 构 式】

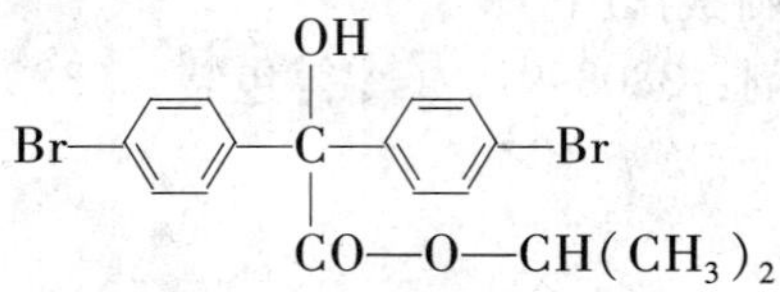

【商品属性】一种杀螨谱广、持效期长、毒性低、对天敌、蜜蜂及作物比较安全的杀螨剂。触杀性较强，无内吸性，对成、若螨和卵均有一定的杀伤作用。温度变化对药效影响不大。该药适用于棉花、果树、蔬菜及茶等作物，可防治叶螨、瘿螨、线螨等多种害螨。害螨对该药和三氯杀螨醇有交互抗性，使用时要注意。
原药为白色晶体，熔点 77℃，比重 1.59，蒸气压 $1.1\times10^5$Pa（20℃）。溶解度：水 <0.5mg/L（20℃），溶于大多数有机溶剂，丙酮 850，二氯甲烷 970，苯 750，甲醇 280，二甲苯 530，异丙醇 90（约 g/kg20℃）。在中性及微酸性介质中稳定。
常见制剂类型：乳油。

【毒　　性】低毒。

【税则号列】有效成分：29181990　　制剂：38089910（零售包装），38089990（其他）

**0150020　杀螨特　Aramite**

【别　　名】螨灭得，Aracide，Arcem，Orthomite

【有效成分】2-（对-特丁基苯氧基）-异丙基-2′-氯乙基亚硫酸酯

【商品类别】有机氯类杀螨剂

【结 构 式】

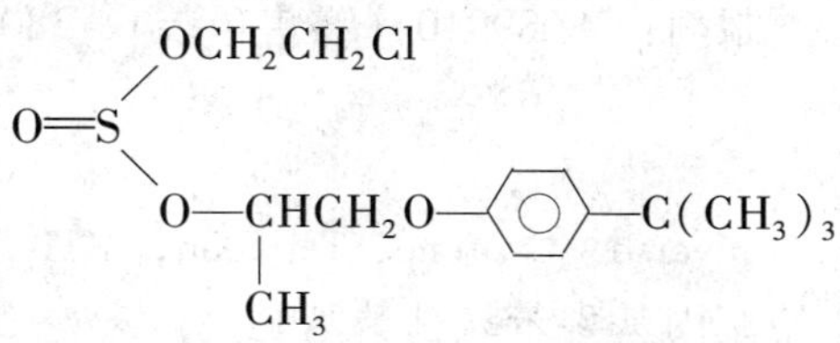

【商品属性】纯品为无色黏稠状液体，沸点 175℃/0.1mmHg，不溶于水，室温下易溶于丙酮、苯、己烷等有机溶剂，强酸、强碱不稳定。

【毒　　性】低毒。

【税则号列】有效成分：29252900　　制剂：38089910（零售包装），38089990（其他）

**0150021　克杀螨　Thioquinox**

【别　　名】Chinothionat，Eradex，Quinothionate，Readex

【有效成分】1，4-二氮萘基-2，3-二基三硫代碳酸酯

【商品类别】杀螨剂

【结 构 式】

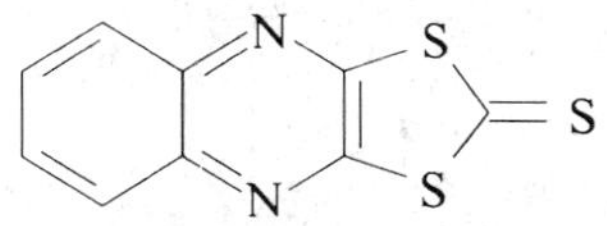

【商品属性】熔点 180℃，水溶解度 2160mg/L，蒸气压 6.33E-08mmHg。

【毒　　性】

【税则号列】有效成分：29349990　　　　制剂：38089910（零售包装），38089990（其他）

**0150022　　三环锡　　Cyhexatin**

【别　　名】杀螨锡，普特丹，Plictran

【有效成分】三环己基氢氧化锡

【商品类别】有机锡类杀螨剂

【结 构 式】

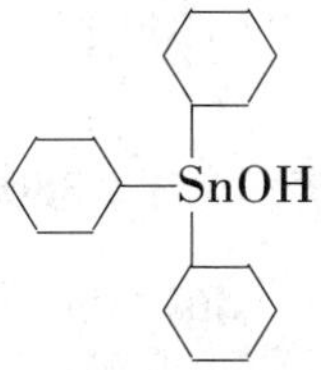

【商品属性】无内吸性。用于防治果树、蔬菜、烟草、棉花观赏植物等植食性害螨。对落叶果树、葡萄、蔬菜，庭院观赏植物安全，对柑橘果实，对温室观赏植物和蔬菜有轻微药害。

无色结晶，熔点 195～198℃。溶解度（25℃）：水 <1mg/L，丙酮 1.3g/L，二甲苯 3.6g/L，四氯化碳 28g/L，二氯甲烷 34g/L，氯仿 216g/L，甲醇 37g/L。100℃条件下从弱酸（pH6）至碱性水悬浮液中稳定，紫外光下分解。

【毒　　性】属剧烈神经毒物。头痛、头晕、多汗；重者恶心呕吐，大汗淋漓，排尿困难，抽搐、神经错乱，昏迷、呼吸困难等。

【税则号列】有效成分：29319000　　　　制剂：38089910（零售包装），38089990（其他）

**0150023　　三磷锡　　Phostin**

【别　　名】

【有效成分】三环己基锡 O, O-二乙基二硫代磷酸酯

【商品类别】有机锡类杀螨剂

【结 构 式】

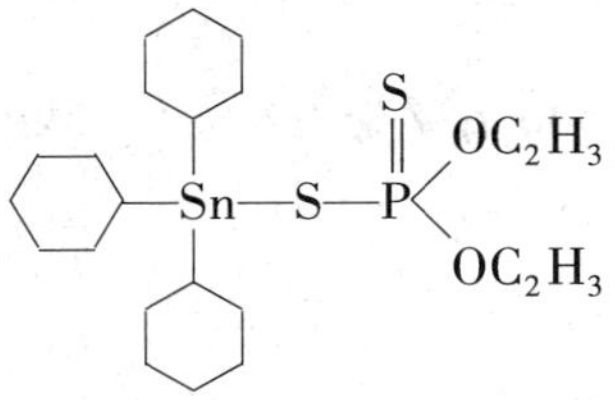

【商品属性】本品为触杀型高效低毒的有机锡杀螨剂，对敏感性和对有机磷或其他药剂产生抗性的成螨、若螨、幼螨及卵都有很好的杀灭效果。该药持效期长，与其他同类药剂交互抗性小。

纯品为无色黏稠液体，工业品为棕黄色黏稠液体，溶于一般有机溶剂，不溶于水。

常见制剂类型：乳油。

【毒　　性】属剧烈神经毒物。头痛、头晕、多汗；重者恶心呕吐，大汗淋漓，排尿困难，抽搐、神经错乱，昏迷、呼吸困难等。

【税则号列】有效成分：29319000　　　　制剂：38089910（零售包装），38089990（其他）

**0150024　　乙酯杀螨醇　　Chlorobenzilate**

【别　　名】亚加，敌螨酯，Akar，Folbex，Benzilan，Acaraben

【有效成分】乙基-4-氯-a-（4-氯苯基）-a-羟基苯基乙酸酯

【商品类别】有机氯类杀螨剂

【结 构 式】

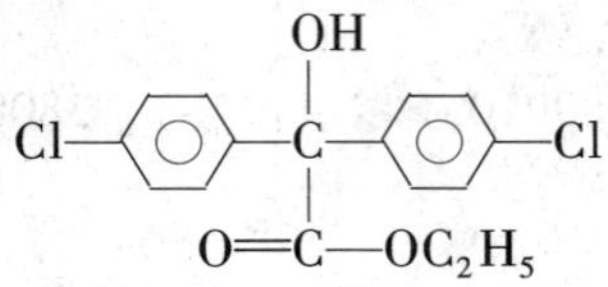

【商品属性】无色固体，熔点 36 ~ 37.5℃，沸点 156 ~ 158℃/0.07mmHg，蒸气压 0.12mPa（20℃），密度 1.2816（20℃）。溶解度：水中 10mg/L（20℃），迅速溶解在大多数有机溶剂中，如丙酮、二氯甲烷、甲醇、甲苯 1000g/L，n-辛醇 700g/L，已烷 600g/kg（20℃），强酸、强碱下水解。

【毒　　性】

【税则号列】有效成分：29181990　　　　制剂：38085010（零售包装），38085090（其他）

**0150025　　吡螨胺　　Tebufenpyrad**

【别　　名】必螨立克，Pyranica，Fenpyrad，Masai，Comanche，Oscar

【有效成分】N-（4-特丁苯甲基）-4-氯-3-乙基-1-甲基-5-吡唑甲酰胺

【商品类别】杀螨剂

【结 构 式】

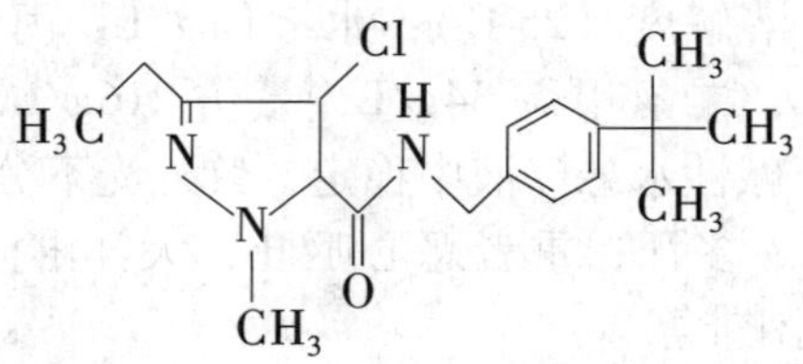

【商品属性】是一种快速高效的新型杀螨剂，对各种螨类和螨的发育全期均有速效和高效，持效期长、毒性低、无内吸性，但具有渗透性。对半翅目、同翅目害虫具有卓效。

无色晶体，熔点 61 ~ 62℃，蒸气压 $<1\times10^{-5}$ Pa（25℃），密度 1.0214。溶解度：水中（25℃）为 2.8mg/L，溶于丙酮、甲醇、氯仿、乙腈、己烷、苯等。较稳定，半衰期 >28 天。

【毒　　性】低毒。

【税则号列】有效成分：29331990　　　　制剂：38089910（零售包装），38089990（其他）

**0150026　　蜱虱威　　Promacyl**

【别　　名】

【有效成分】O-（3-异丙基-5-甲基苯基）-N-丙基甲酰基 N-甲基氨基甲酸酯

【商品类别】氨基甲酸酯类杀螨剂

【结 构 式】

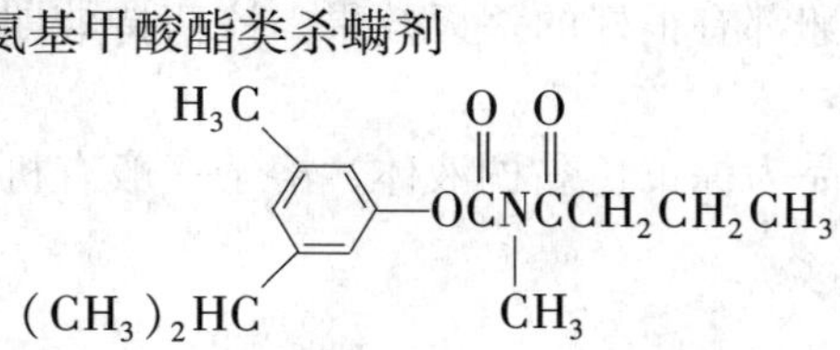

【商品属性】

【毒　　性】

【税则号列】有效成分：29242900　　　　制剂：38089910（零售包装），38089990（其他）

**0150027　氟氯苯氰菊酯　Flumethrin**

【别　　名】福灭宁，蜂螨清，氟氯苯菊酯

【有效成分】α-氰基-4-氟-3-苯氧基苄基 3-［2-氯-2-（4-氯苯基）乙烯基］-2,2-二甲基环丙烷羧酸酯

【商品类别】杀螨剂

【结 构 式】

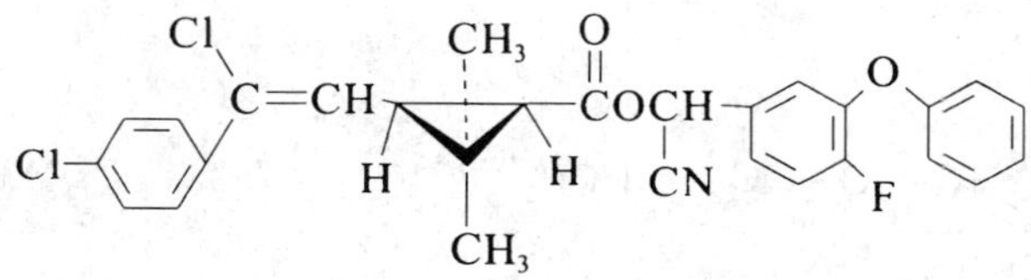

【商品属性】用于防治蛛螨。

常见制剂类型：药条。

【毒　　性】

【税则号列】有效成分：29269090　　制剂：38089910（零售包装），38089990（其他）

**0150028　嘧螨酯　Fluacrypyrim**

【别　　名】

【有效成分】甲基-2-［a-［2-异丙氧基-6-（三氟甲基）嘧啶-4-苯氧基］-O-甲苯基-3-甲氧基丙烯酸酯］

【商品类别】杀螨剂

【结 构 式】

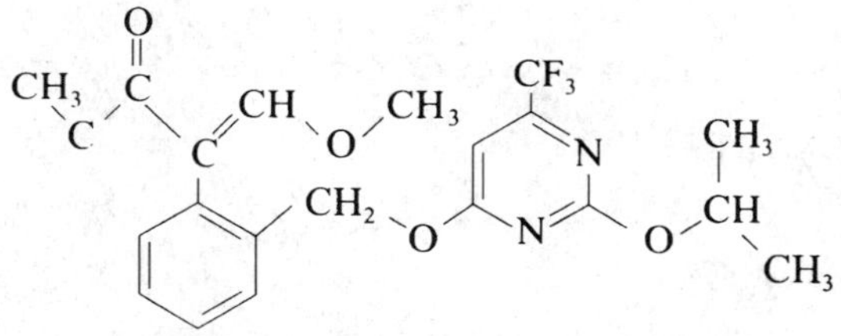

【商品属性】具有触杀和胃毒作用，对螨的各个虫态均有防治作用。

原药含量≥96%，外观为白色固体，熔点 107.2～108.6℃。溶于二氯甲烷等溶剂，水溶解度为 $3.44\times10^{-4}$g/L。

常见制剂类型：悬浮剂。

【毒　　性】微毒或低毒。

【税则号列】有效成分：29335990　　制剂：38089910（零售包装），38089990（其他）

**0150029　苯螨噻　Triarathene**

【别　　名】

【有效成分】5-（4-氯苯基）-2,3-二苯基噻吩

【商品类别】杀螨剂

【结 构 式】

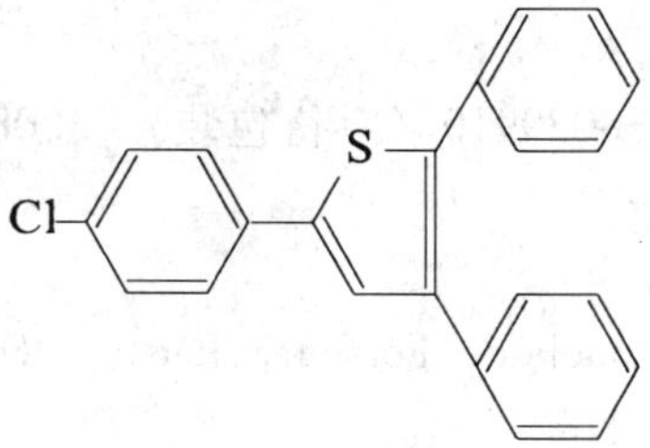

【商品属性】

【毒　　性】

【税则号列】有效成分：29349990　　制剂：38089910（零售包装），38089990（其他）

**0150030　噻螨威　Tazimcarb**

【别　　名】

【有效成分】2-（甲基氨基甲酰基氧亚氨基）-3，5，5-三甲基-1，3，-噻唑-4-酮

【商品类别】杀螨剂

【结 构 式】

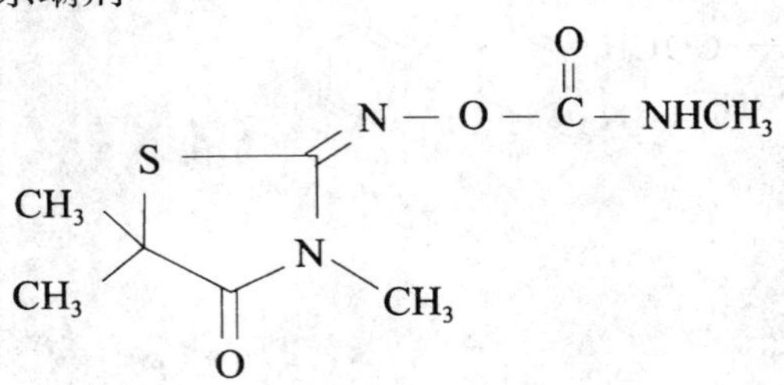

【商品属性】

【毒　　性】

【税则号列】有效成分：29342000　　制剂：38089910（零售包装），38089990（其他）

**0150031　苯螨醚　Phenproxide**

【别　　名】

【有效成分】4-氯-3-丙基亚磺酰基苯基-4′-硝基苯基醚

【商品类别】杀螨剂

【结 构 式】

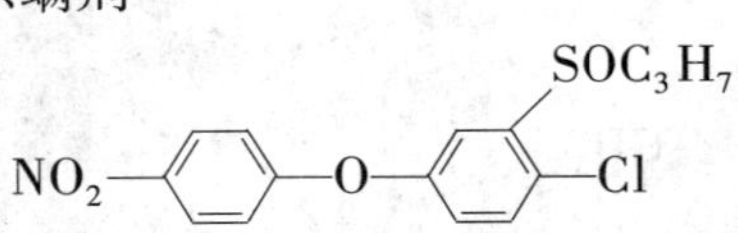

【商品属性】

【毒　　性】

【税则号列】有效成分：29309090　　制剂：38089910（零售包装），38089990（其他）

**0150032　嘧螨醚　Pyrimidifen**

【别　　名】毕汰芬

【有效成分】5-氯-N-［2-［4-（-乙氧基乙基）-2，3-二甲基苯氧基］乙基］-6-乙基嘧啶-4-胺

【商品类别】杀螨剂

【结 构 式】

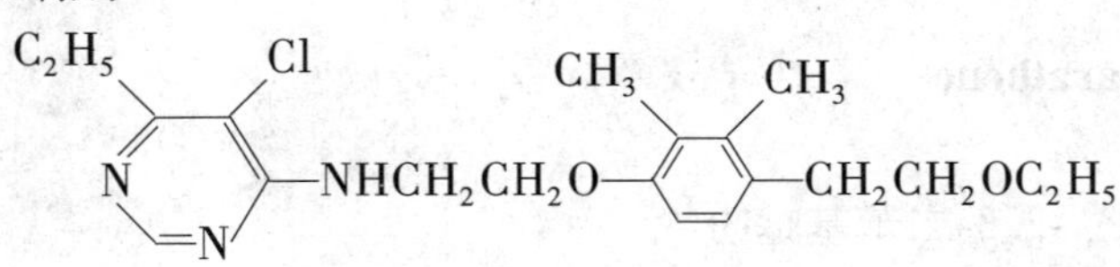

【商品属性】

【毒　　性】

【税则号列】有效成分：29335990　　制剂：38089910（零售包装），38089990（其他）

**0150033　灭螨猛　Chinomethionate**

【别　　名】Oxythioquinox，Quinomethionate，Cetactaelate，Forstan，Joust，MQD，Morestan

【有效成分】6-甲基-1，4-二氮萘基-2，3-二硫代碳酸酯

【商品类别】杀螨剂

【结 构 式】

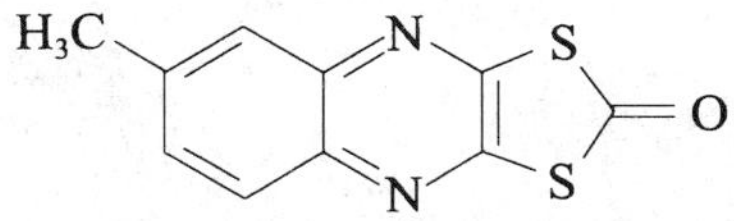

【商品属性】用于防治红蜘蛛、茶黄螨等。

【毒　　性】

【税则号列】有效成分：29349990　　　　制剂：38089910（零售包装），38089990（其他）

**0150034　　格螨酯　　Genit**

【别　　名】

【有效成分】苯磺酸-2，4-二氯苯酯

【商品类别】杀螨剂

【结 构 式】

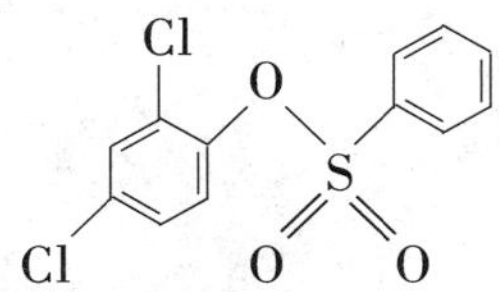

【商品属性】熔点45.5℃，蒸气压3.97E-07mmHg，水溶解度2.960mg/L。

【毒　　性】

【税则号列】有效成分：29081990　　　　制剂：38089910（零售包装），38089990（其他）

**0150035　　环螨酯　　Cycloprate**

【别　　名】AI3-29329，BRN2118027，ZR-856，Zardex

【有效成分】环丙烷基甲酸十六烷基酯

【商品类别】杀螨剂

【结 构 式】

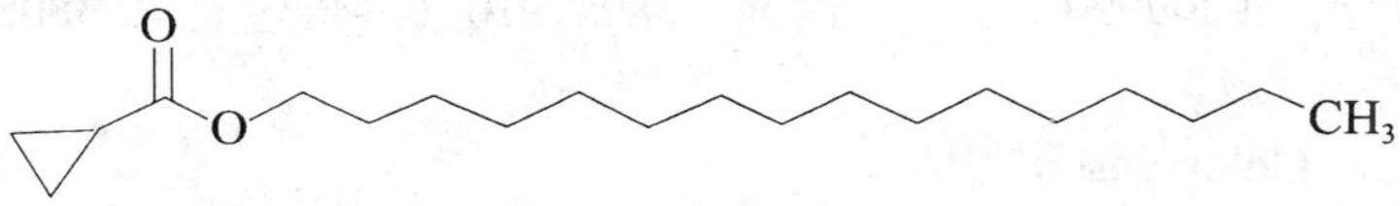

【商品属性】

【毒　　性】

【税则号列】有效成分：29162090　　　　制剂：38089910（零售包装），38089990（其他）

**0150036　　芬螨酯　　Fenson**

【别　　名】Aracid，CPBS，GC-928，Murvesco，PCBS，PCI，Phenizon

【有效成分】苯磺酸-4-氯苯酯

【商品类别】杀螨剂

【结 构 式】

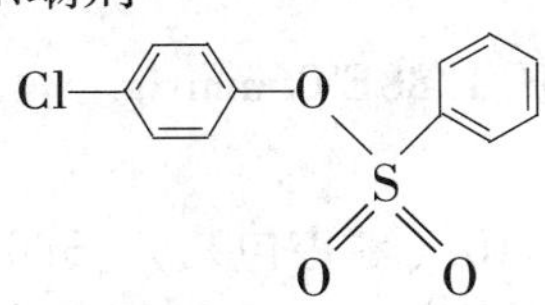

【商品属性】水溶解度16.6mg/L，蒸气压1.52E-06mmHg。

【毒　　性】

【税则号列】有效成分：29089990　　　　制剂：38089910（零售包装），38089990（其他）

**0150037　　消螨酚　　Dinex**

【别　　名】DN，DNOCHP

【有效成分】2，4-二硝基-6-环己基苯酚

【商品类别】杀螨剂

【结 构 式】

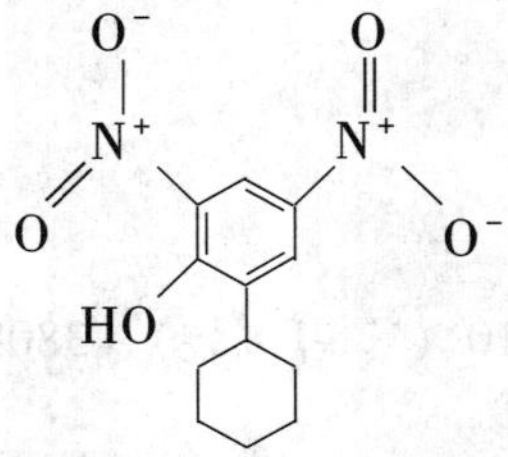

【商品属性】熔点 107℃，水溶解度 15mg/L，蒸气压 4. 19E-08mmHg。燃烧产生有毒氮氧化物气体。

【毒　　性】高毒。

【税则号列】有效成分：29089990　　　　制剂：38089910（零售包装），38089990（其他）

**0150038　　杀螨醚　　Chlorbenside**

【别　　名】CCRIS1459，CP20

【有效成分】4-氯苄基-4′-氯苯基硫醚

【商品类别】杀螨剂

【结 构 式】

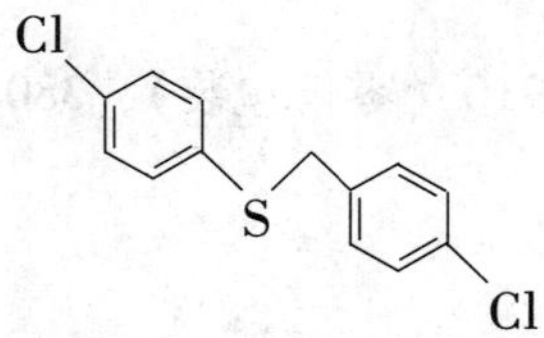

【商品属性】熔点 75℃，蒸气压 1. 78E-05mmHg。

【毒　　性】

【税则号列】有效成分：29309090　　　　制剂：38089910（零售包装），38089990（其他）

**0150039　　杀螨酯　　Chlorfenson**

【别　　名】Ovex，Corotran，Danicut，Difenson，Erysit，Mitran，Niagaratran，Orochlor，Sappilan

【有效成分】4-氯苯磺酸-4-氯苯

【商品类别】杀螨剂

【结 构 式】

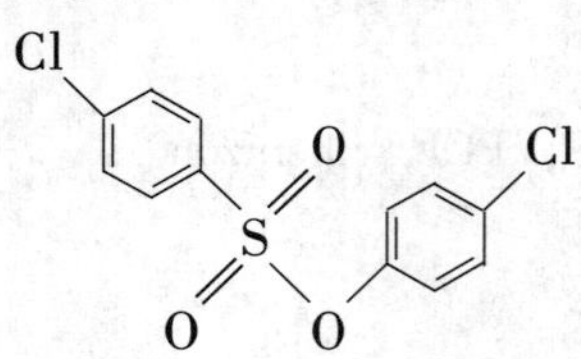

【商品属性】熔点 86. 5℃，水溶解度 2. 960mg/L，蒸气压 1. 88E-06mmHg。

【毒　　性】

【税则号列】有效成分：29309090　　　　制剂：38089910（零售包装），38089990（其他）

**0150040　　敌螨特　　Chlorfensulphide**

【别　　名】Azosulfide，CPAS

【有效成分】4-氯苯硫基-2，4，5-三氯苯基偶氮物

【商品类别】杀螨剂

【结 构 式】

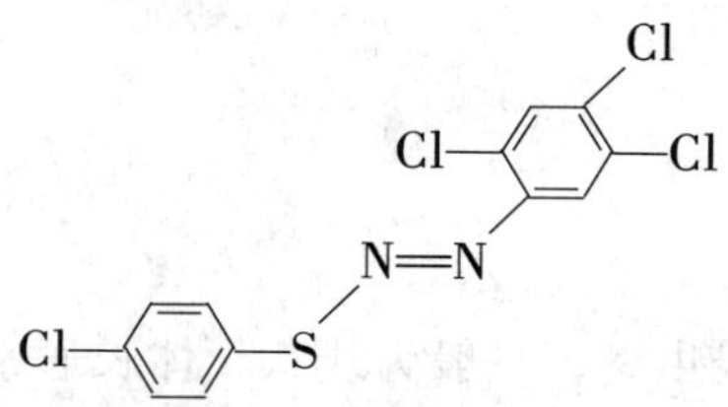

【商品属性】常见制剂类型：悬浮剂。
【毒　　性】
【税则号列】有效成分：29309090　　　　制剂：38089910（零售包装），38089990（其他）

**0150041　　抗螨唑　　Fenazaflor**
【别　　名】Lovozal，Lavozal，Tarzol
【有效成分】5，6-二氯-2-三氟甲级苯并咪唑-1-基甲酸苯酯
【商品类别】杀螨剂
【结 构 式】

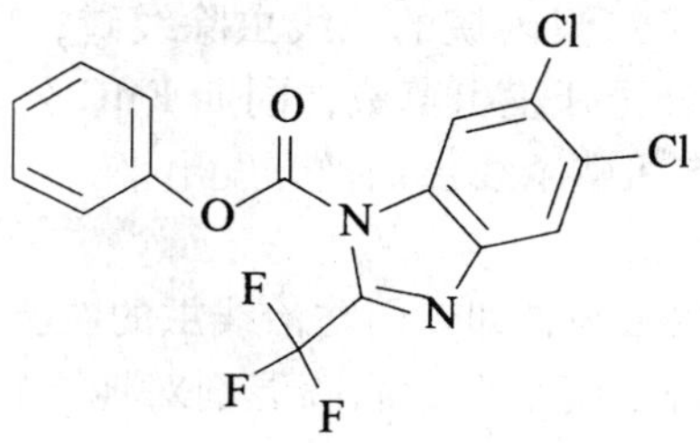

【商品属性】
【毒　　性】
【税则号列】有效成分：29339900　　　　制剂：38089910（零售包装），38089990（其他）

**0150042　　螨蜱胺　　Tifatol**
【别　　名】Cymiazole，Besuntol，Xymiazol
【有效成分】N-3-甲基-4-亚噻唑-2-基-2，4-二甲基苯胺
【商品类别】杀螨剂
【结 构 式】

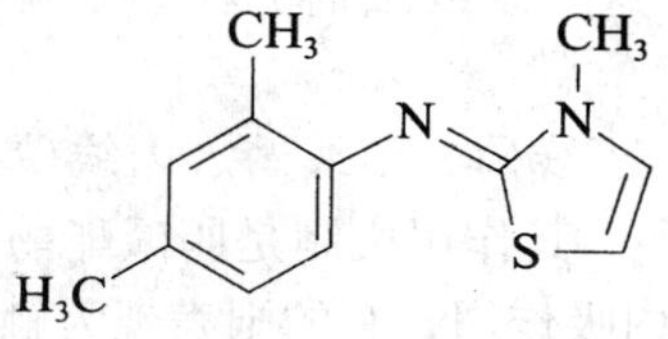

【商品属性】熔点 44℃，水溶解度 150mg/L，蒸气压 1. 80E-05mmHg。
【毒　　性】
【税则号列】有效成分：29349990　　　　制剂：38089910（零售包装），38089990（其他）

# 016 杀线虫剂

线虫为无脊椎动物，隶属于线形动物门、线虫纲，一般为线状，体长通常不超过1mm，宽20～30微米，有些种类的雌虫为近球形。线虫广泛分布于世界各个角落，据统计约有50万种之多，其中植物线虫有200余属、4000多种。在我国，每一种植物至少有一种寄生线虫，许多作物受到不同程度的侵害，有些甚至是很严重的危害。据调查，我国裘有13种病原线虫，玉米有8种，小麦有24种，大豆有11种，花生有6种，棉花有9种，甘蓝有12种，烟草有7种，茶叶有9种，柑橘有49种，分布非常广泛。

**1. 杀线虫剂的发展概况**

杀线虫剂的研究与应用起步晚，发展慢。1881年法国首选用CS2处理土壤防治甜菜线虫；1919年有人发现氯化苦的杀线虫作物；1943年夏威夷菠萝研究所的昆虫学家卡特发现滴滴混剂有杀线作物；1955年麦克拜斯等报道了二溴丙烷的杀线虫除线磷；1962年美国联合碳化物公司开发了涕来威；1969年美国杜邦公司开发出草威，同期FMC公司开发出克百威等氨基甲酸酯类杀线虫剂70至80年代许多有机磷杀线虫剂被开发出来。

**2. 杀线虫剂的主要类型**

用于毒杀线虫的农药有两类，一是专性杀线虫剂，即专门防治线虫的农药；一是兼性杀线虫剂，这类杀线虫剂兼有多种用途，如氯化苦、溴甲烷、滴滴混剂对地下害虫、病原菌、线虫都有毒杀作物，棉隆能杀线虫、杀虫、杀菌、除草。

按作物方式，分为熏蒸杀线虫剂和非熏蒸杀线虫剂。

按化学结构，分为：

（1）有机硫类，如二硫化碳、氧硫化碳。

（2）卤化烃类，如氯化苦、溴甲烷、碘甲烷、二氯丙烷、二溴已烷、二溴丙烷、二溴乙烯、二溴氯丙烷、溴氯丙烷。这类杀线虫剂具有较高的蒸气压，多是土壤熏蒸剂，通过药剂在土壤中扩散而直接毒杀线虫。但由于存在对人毒性大和田间用量多等缺点，这类杀线虫剂的发展受到限制，二溴乙烷、二溴氯丙烷等已被禁用。

（3）硫代异硫氰酸甲酯类，如威百亩、棉隆。这类杀线虫剂能释放出硫代异硫氰酸甲酯，即释放出氰化物离子使线虫中毒死亡。

（4）有机磷类，如除线磷、丰索磷、胺线磷、丁线磷、苯线磷、丙线磷、硫线磷、氯唑磷（米乐尔）。这类杀线虫剂发展较快，品种较多。其作用机制是胆碱酯酶受到抑制而中毒死亡，线虫对这类药剂一般较敏感。不少品种有内吸作用，有的则表现为触杀作用，共同特点是杀线虫谱较广，并且在土壤中很少有残留，是目前较理想的杀线虫剂。

（5）氨基甲酸酯类，如涕来威、克百威、丁硫克百威（好年冬）。其作用机制主要是损害神经活动，减少线虫迁移、侵染和取食植物，从而可减少线虫的繁殖和危害。这类杀线虫剂杀线虫谱较广，但毒性很高，克百威属高毒类农药，涕来威属剧毒类农药。

（6）其他，如二氯异丙醚、草肟威、甲醛。

滴滴混剂、二溴乙烷、二溴丙烷曾是广泛应用的杀线虫剂，但由于滴滴混剂中的1,2-二氯丙烷药效太低，现已不在销售。二溴乙烷对动物有致畸、致癌作用，已被禁用。除线磷是第一个有机磷杀线虫剂，也是第一个非熏蒸剂杀线虫剂，我国生产上推广应用的杀线虫剂主要有苯线磷、丙线磷、硫线磷、氯唑磷、甲基异柳磷、涕灭威、克百威等品种。

另外，虽然杀线虫剂是用于毒杀线虫的药剂，但许多杀线虫剂也是杀虫剂和杀菌剂，有的也是除草剂。

**0160001　　二氯异丙醚　　Nemanlort**

【别　　名】DCIP（nematocide），Nemamol

【有效成分】二氯异丙基醚

【商品类别】杀线虫剂

【结 构 式】

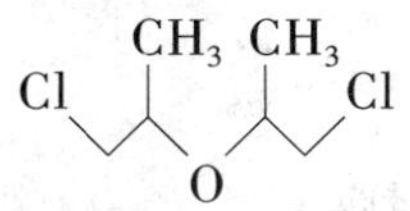

【商品属性】二氯异丙醚是一种有熏蒸作用的杀线虫剂。由于此药蒸气压低，气体在土壤中挥发导致病原线虫中毒死亡。对蔬菜作物安全。当地温低于10℃时，不宜施用该药，以免降低药效。二氯异丙醚适用于多种蔬菜根结线虫的防治。外观为无色液体，相对密度1.11，蒸气压0.01kPa/20℃，闪点85℃，不溶于水，可混溶于多数有机溶剂。

常见制剂类型：80%二氯异丙醚乳油。

【毒　　性】该药对家兔眼睛有中等刺激作用，对皮肤有轻微的刺激作用。

【税则号列】有效成分：29091990　　　制剂：38089910（零售包装），38089990（其他）

**0160002　　二溴氯丙烷　　Dibromochloropropane**

【别　　名】DBCP

【有效成分】1,2-二溴-3-氯丙烷

【商品类别】杀线虫剂

【结 构 式】$CH_2BrCHBrCH_2Cl$

【商品属性】工业品为浅琥珀色液体，沸点196℃，密度2.08（25℃），蒸气压1.066Pa/21℃。可溶于丙酮、丙二醇、芳香烃及含氯烃等有机溶剂中，微溶于脂肪烃和水中，高温和碱性条件下水解迅速，玻璃容器中稳定，对金属有腐蚀性。

【毒　　性】对皮肤、眼睛和呼吸道有刺激作用，吸收后会引起头痛、恶心、呕吐、运动失调、语言含糊不清。肝肾损伤是急性中毒的重要特点，长期接触会引起永久性不育。

【税则号列】有效成分：29037990　　　制剂：38089910（零售包装），38089990（其他）

**0160003　　硫线磷　　Cadusafos**

【别　　名】克线丹，Rugby，Ebufos，Taredan，Apache，Sebufos

【有效成分】S，S-二仲丁基-O-乙基二硫代磷酸酯

【商品类别】有机磷杀线虫剂

【结 构 式】

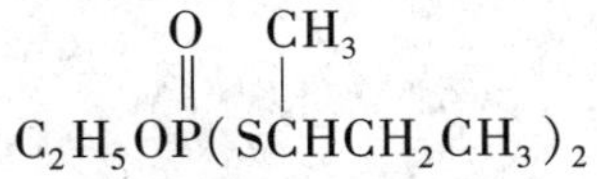

【商品属性】被植物吸收后很快被水解而消失，在作物体内残留量极少。

原油为无色至黄色液体，沸点112～114℃/0.8mmHg，蒸气压0.12Pa（25℃），比重1.054（20℃）。水中溶解度248mg/L，与丙酮、乙腈、甲苯、二氯甲烷、甲醇等溶剂完全混合，常温下稳定。

常见制剂类型：颗粒剂。

【毒　　性】高毒。轻度中毒：头痛、头昏、恶心、呕吐、多汗、无力、胸闷、视力模糊、胃口不佳等。全血胆碱酯酶一般降到正常值的70%以下。中度中毒：除上述症状外，还出现轻度呼吸困难、肌肉震颤、瞳孔缩小、精神恍惚、行走不稳、大汗、流涎、腹痛、腹泻等。重者还会出现昏迷、抽搐、呼吸困难、口吐白沫、

大小便失禁，惊厥，呼吸麻痹。急性中毒多在 12 小时内发病，误服者可立即发病。

【税则号列】有效成分：29309090　　　制剂：38089910（零售包装），38089990（其他）

**0160004　　杀线威　　Oxamyl**

【别　　名】甲氨叉威，Vydate，万强，草安威，草肟威

【有效成分】O-甲基氨基甲酰基-1-二甲氨基甲酰-1-甲硫基甲醛肟

【商品类别】杀线虫剂

【结 构 式】

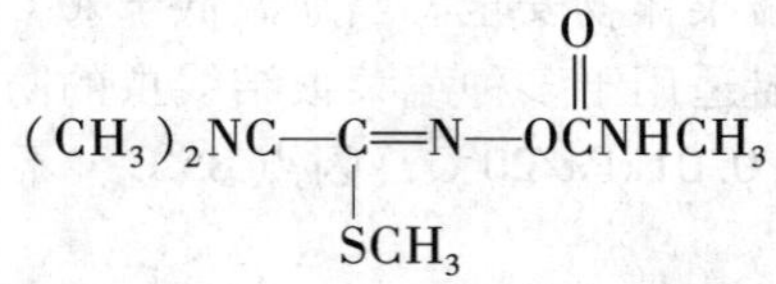

【商品属性】氨基甲酸肟酯类杀线虫剂，内吸性杀虫剂，可在植物体内吸收传导，也可保留在土壤中对线虫起作用，土壤中残效期可达 20 天。主要用于柑橘、花生、烟草等线虫防治。

熔点 101～103℃，受热分解有毒氧化氮、氧化硫气体。

【毒　　性】高毒。

【税则号列】有效成分：29309090　　　制剂：38089910（零售包装），38089990（其他）

**0160005　　除线磷　　Dichlofenthion**

【别　　名】

【有效成分】O, O-二乙基-O-2, 4-二氯苯基硫代磷酸酯

【商品类别】杀线虫剂

【结 构 式】

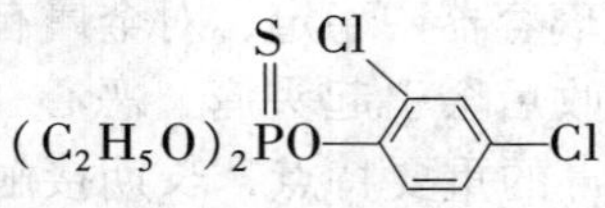

【商品属性】比重 1.313，沸点 120～123℃（26.67 巴），受热分解有毒氧化磷、氧化硫、氯化物气体。

【毒　　性】高毒。

【税则号列】有效成分：29201900　　　制剂：38089910（零售包装），38089990（其他）

**0160006　　治线磷　　Thionazin**

【别　　名】硫磷嗪，虫线磷

【有效成分】O, O-二乙基-O-2-吡嗪基硫代磷酸酯

【商品类别】杀线虫剂

【结 构 式】

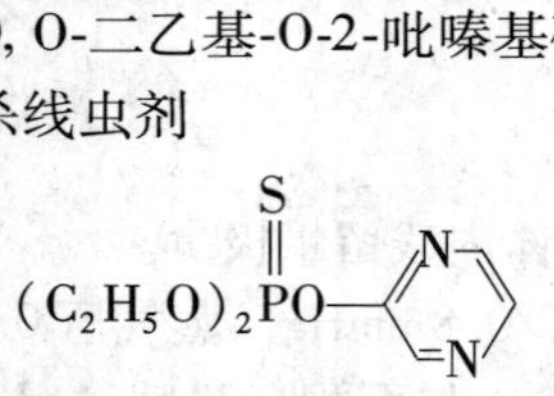

【商品属性】属于硫代磷酸酯类化合物，是乙酰胆碱酯酶抑制剂，具有内吸、胃毒、触杀作用。适用对象：果树、蔬菜、花生等多种作物以及土壤。防治对象：线虫、土壤害虫。

常见制剂类型：乳油、颗粒剂。

【毒　　性】高毒。对鱼类低毒，对蜜蜂有毒。

【税则号列】有效成分：29339900　　　制剂：38089910（零售包装），38089990（其他）

# 017 杀软体动物剂

杀软体动物剂：防治有害软体动物的药剂。有害的软体动物主要是指蜗牛、蛞蝓及血吸虫的中间宿主钉螺。

**0170001　甲硫威　Methiocarb**

【别　　名】灭梭威，灭旱螺，Mesurol

【有效成分】3,5-二甲基-4（甲硫基）苯基氨基甲酸甲酯

【商品类别】氨基甲酸酯杀软体动物

【结 构 式】

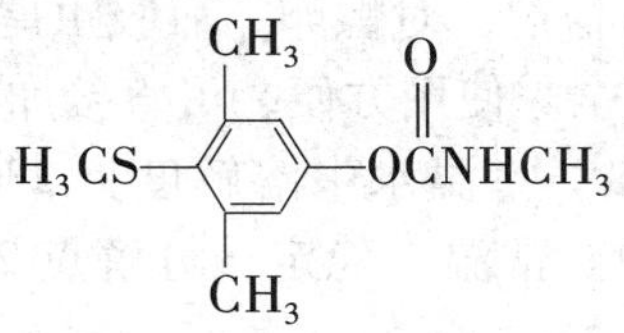

【商品属性】具有触杀和胃毒作用，当药剂进入动物体内，可产生抑制胆碱酯酶的作用。杀软体动物主要是胃毒作用。

无色结晶，带酚味，熔点 119℃，蒸气压 0.015mpa（20℃）。比重 1.236（20℃）。溶解度（mg/L，20℃）：水 27，二氯甲烷 >200，异丙醇 50 ~ 100，甲苯 200，己烷 1 ~ 2（约在 20℃，g/L）。在碱性介质中不稳定，光解半衰期 6 ~ 16 天。

【毒　　性】高毒。头昏、头痛、乏力、面色苍白、呕吐、多汗、流涎、瞳孔缩小、视力模糊。严重者出现血压下降、意识不清，皮肤出现接触性皮炎如风疹，局部红肿奇痒，眼结膜充血、流泪、胸闷、呼吸困难等中毒症状出现快，一般几分钟至 1 小时即表现出来。

【税则号列】有效成分：29309090　　制剂：38089910（零售包装），38089990（其他）

**0170002　杀螺胺　Niclosamide**

【别　　名】百螺杀，氯螺消，贝螺杀，Bayluscide，Bayluscid，Clomazone

【有效成分】5,2′-二氯-4′-硝基水杨酰替苯胺

【商品类别】杀软体动物剂

【结 构 式】

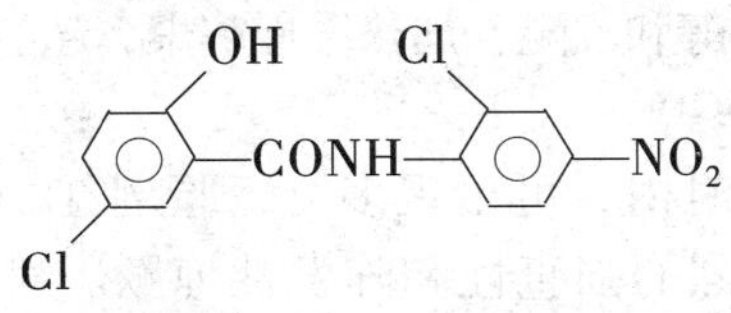

【商品属性】酚类有机杀软体动物剂。用于水田灭钉螺，有效浓度 0.3 ~ 1mg/L。

纯品为无色固体，蒸气压 <1mPa（20℃），熔点 230℃。室温水溶解度 1.6（pH6.4），20℃时 110（pH9.1）mg/L，溶于一般有机溶剂，如乙醇、乙醚。热稳定，紫外光下分解，遇强酸和碱分解。

常见制剂类型：可湿性粉剂。

【毒　　性】低毒。

【税则号列】有效成分：29242990　　制剂：38089910（零售包装），38089990（其他）

**0170003　杀螺胺乙醇胺盐　Niclosamide-clamine**

【别　　名】螺灭杀，Clonitralide

【有效成分】2′，5-二氯-4′-硝基水杨酰基苯胺-2 氨基乙醇盐

【商品类别】杀软体动物剂

【结 构 式】

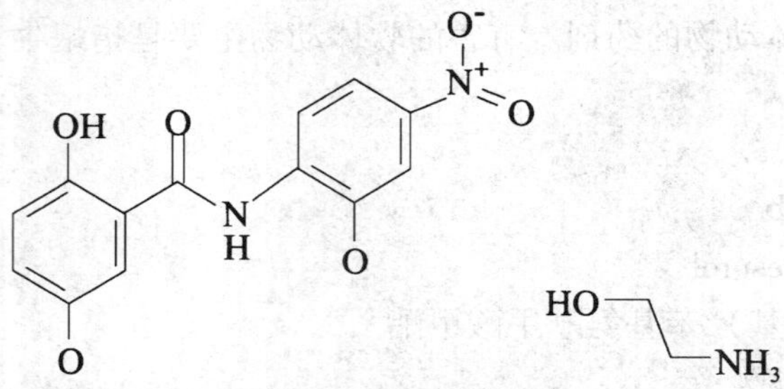

【商品属性】该产品是一种具有胃毒作用的杀软体动物剂，对螺卵、血吸虫尾蚴等，有较强的杀灭作用，对人畜毒性低，对作物安全。使用方便，可直接加水稀释使用。

原药外观为黄色粉末，熔点 198～201℃。室温水中溶解度为 230 ± mg/kg，能溶于二甲基甲酰胺、乙醇等有机溶剂中。常温下稳定，分解点 216℃。遇强酸或强碱易分解。

常见制剂类型：可湿性粉剂。外观为黄色至棕黄色疏松粉末，pH7～8，常温贮存稳定。

【毒　　性】低毒。

【税则号列】有效成分：29242990　　制剂：38089910（零售包装），38089990（其他）

**0170004　四聚乙醛　Metaldehyde**

【别　　名】密达，多聚乙醛，蜗牛敌，Meta

【有效成分】2, 4, 6, 8-四甲基-1, 3, 5, 7-四氧基环辛烷（四聚乙醛）

【商品类别】杀软体动物剂

【结 构 式】

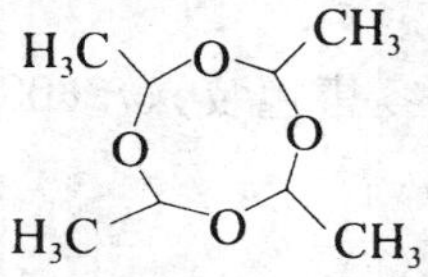

【商品属性】本品是一种胃毒剂，对福寿螺有一定的引诱作用，植物体不吸收该药，因此不会在植物体内积累，本品对人畜中等毒，主要用于防治稻田福寿螺和蛞蝓。

无色晶体，熔点 246℃，沸点 112～115℃。溶解度：水 200g/L（17℃）、260g/L（30℃），溶于苯和氯仿，少量溶于乙醇和乙醚，加热缓慢解聚，超过 80℃加快。

常见制剂类型：颗粒剂、毒饵。

【毒　　性】中等毒。经口中毒后几分钟至几小时内，可出现多涎、脸潮红、急性腹痛、呕吐和全身震颤，后者可能发展为剧烈的强直性和阵发性惊厥。对人体主要是肝脏细胞和肾小管上皮都受到严重损伤。代谢性酸中毒是死亡的一个重要因素。

【税则号列】有效成分：29125000　　制剂：38089910（零售包装），38089990（其他）

**0170005　杀螺吗啉　Trifenmorph**

【别　　名】蜗螺杀，蜗螺净，Frescon

【有效成分】4-（三苯甲基）吗啉

【商品类别】杀软体动物剂

【结 构 式】

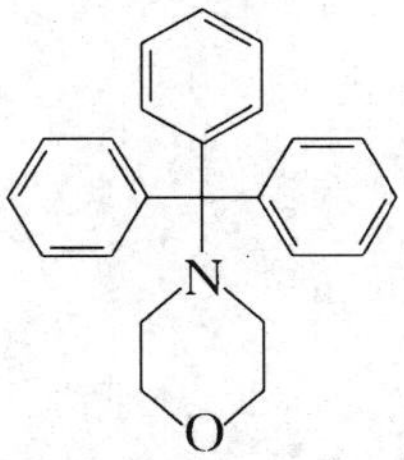

【商品属性】熔点 174～176℃，水溶解度 0. 02mg/L，蒸气压 3. 31E-08mmHg。

【毒　　性】

【税则号列】有效成分：29349990　　　制剂：38089910（零售包装），38089990（其他）

# 018 多效试剂

## 0181 杀虫剂/杀螨剂

### 0181001　氟螨脲　Flucycloxuron

【别　　名】氟环脲，Andalin，A1335，DU319722，OMS3041，PH70-23，UBI-A1335

【有效成分】1-（α-（4-氯-α-环丙基亚苄基氨基氧）-对-甲苯基）-3-（2-二氟苯甲酰基）脲

【商品类别】杀螨/杀虫剂

【结 构 式】

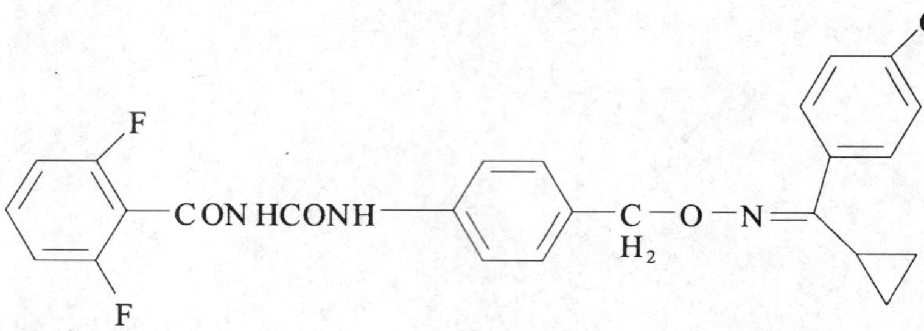

【商品属性】本品属苯苯甲酰脲类杀螨、杀虫剂，是几丁质合成抑制剂。为1-（α-（4-氯-α-环丙基亚苄基氨基氧）-对-甲苯基）-3-（2-二氟苯甲酰基）脲（比例为50%～80%（E）和50%～20%（Z）异构体）的混合物。用于防治瘿螨和叶螨若虫（对成虫无效），尤其是苹果上的苹刺瘿螨、榆（苹）全爪螨和麦克氏红叶螨以及各种作物L的普通红叶螨若虫，也可以防治某些害虫的幼虫，其中有大豆夜蛾、苹果蠹蛾、菜粉蝶和甘蓝小菜蛾。

原药为灰白色至黄色晶体。溶解性（20，mg/L）：水小于0.001、环已烷3900、二甲苯200。

【毒　　性】对皮肤无刺激作用，对眼睛稍有刺激作用。

【税则号列】有效成分：29242100　　制剂：38089910（零售包装），38089990（其他）

### 0181002　氟丙菊酯　Acrinathrin

【别　　名】罗速发，氟酯菊酯，杀螨菊酯，Rufast

【有效成分】（S）-α-氰基-3-苯氧基苄基（Z）-（1R-cis）-2，2-二甲基-3-（2-（2，2，2-三氟-1-三氟甲基乙氧基羰基）乙烯基）环丙烷羧酸酯

【商品类别】

【结 构 式】

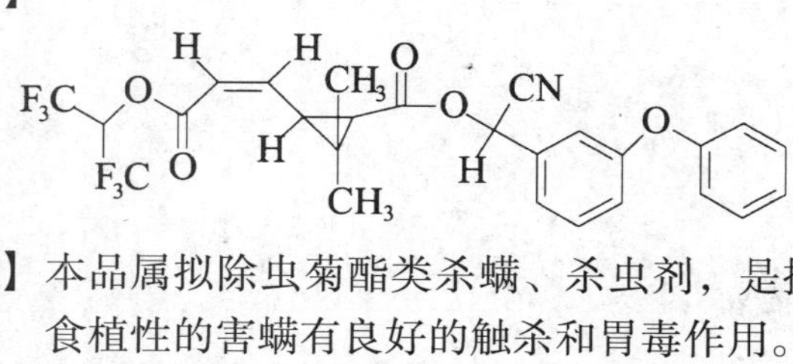

【商品属性】本品属拟除虫菊酯类杀螨、杀虫剂，是摄食（Ingest）和接触杀螨剂，对多种食植性的害螨有良好的触杀和胃毒作用。可有效地防治柑橘、棉花、果树、蛇麻、观赏植物、大豆、烟草、蔬菜和葡萄上的食植性螨类，对刺吸式口器害虫和鳞翅目害虫也有杀虫活性，并对多种蚜虫、蓟马、潜叶蛾、卷叶蛾、小绿叶蝉、木虱等有良好的防治效果。

纯品为无色晶体。溶解度（25℃）：水≤0.05mg/L、丙酮>500g/L，氯仿、二氯甲烷、二甲基甲酰胺、乙酸乙酯均>500g/L、二异丙醚170g/L、乙醇40g/L、己烷10g/L、正辛醇10g/L。常见制剂类型：乳油。

【毒　　性】属神经毒剂，接触部位皮肤感到刺痛，尤其在口、鼻周围，但无红斑。很少引起全身性中毒。接触量大时会引起头痛、头昏、恶心、呕吐、双手颤抖，全身抽搐或惊厥、昏迷、休克。

【税则号列】有效成分：29269090　　制剂：38089910（零售包装），38089990（其他）

**0181003　百治磷　Dicrotophos**

【别　　名】百特磷，Bidrin，Carbicron，Ektafos

【有效成分】O. O-二甲基-O-（2-二甲胺基甲酰基-甲基乙烯基）磷酸酯

【商品类别】杀虫剂/杀螨剂

【结 构 式】

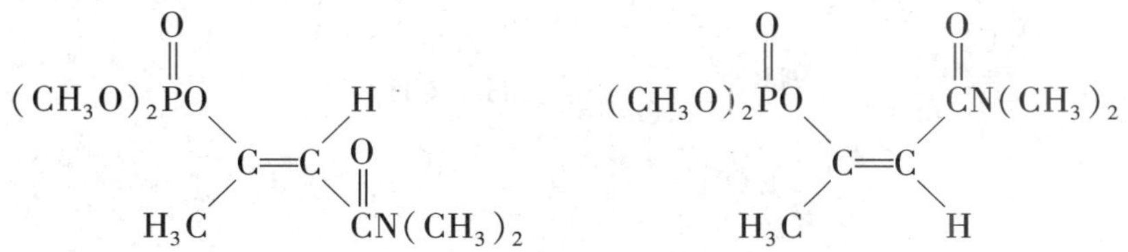

（E）　　　　（Z）

【商品属性】黄色液体，沸点400℃/760mmHg、130℃/0.1mmHg，蒸气压9.3mPa（20℃），密度1.216（20℃）。完全与水、丙酮、乙醇、乙腈、氯仿、二甲苯相混溶，微溶于柴油、煤油（<10g/kg），一般条件下贮存稳定，对酸碱稳定，热易分解。

【毒　　性】急性中毒多在12小时内发病，口服立即发病。轻度：头痛、头昏、恶心、呕吐、多汗、无力、胸闷、视力模糊、胃口不佳等，全血胆碱酯酶活力一般降至正常值的50%~70%。中度：除上述症状外还出现轻度呼吸困难、肌肉震颤、瞳孔缩小、精神恍惚、行走不稳、大汗、流涎、腹疼、腹泻。重者还会出现昏迷、抽搐、呼吸困难、口吐白沫、大小便失禁，惊厥，呼吸麻痹。

【税则号列】有效成分：29241990　　制剂：38089910（零售包装），38089990（其他）

**0181004　保棉磷　Azinphos methyl**

【别　　名】谷硫磷，甲基谷硫磷，谷赛昂，甲基谷赛昂，Gusathion，Guthion

【有效成分】O, O-二甲基-S-［（4-氧代-1, 2, 3-苯并三氮苯-3［4H］-基）甲基］二硫代磷酸酯

【商品类别】杀虫剂/杀螨剂

【结 构 式】

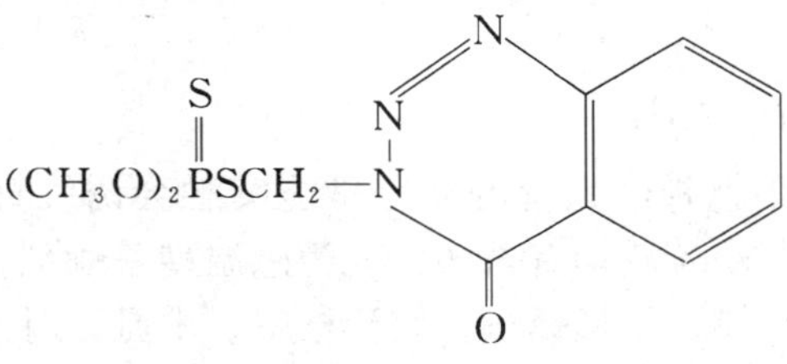

【商品属性】用于防治昆虫和蜘蛛螨类。

白色晶体，熔点72.4℃，蒸气压0.18mPa（20℃），比重1.518（20℃）。溶解度（20℃）：水28mg/L，正己烷<1g/L，高于200℃分解，酸、碱中分解。

【毒　　性】轻者：头痛、头昏、恶心、呕吐、多汗、无力、胸闷、视力模糊、胃口不佳。这些症状常被忽略，误为感冒、中暑或肠炎；中度中毒：出现呼吸困难，肌肉震颤，瞳孔收缩，精神恍惚，行走不稳，大汗，流涎，腹疼，腹泻。重者还会

出现昏迷，抽搐，呼吸困难，口吐白沫，大小便失禁，惊厥，呼吸麻痹。

【税则号列】有效成分：29339900　　　制剂：38089910（零售包装），38089990（其他）

**0181005　茶皂素　Tea saponin**

【别　　名】皂素与烟碱组成制剂称保尔丰

【有效成分】

【商品类别】杀虫剂/杀螨剂

【结 构 式】

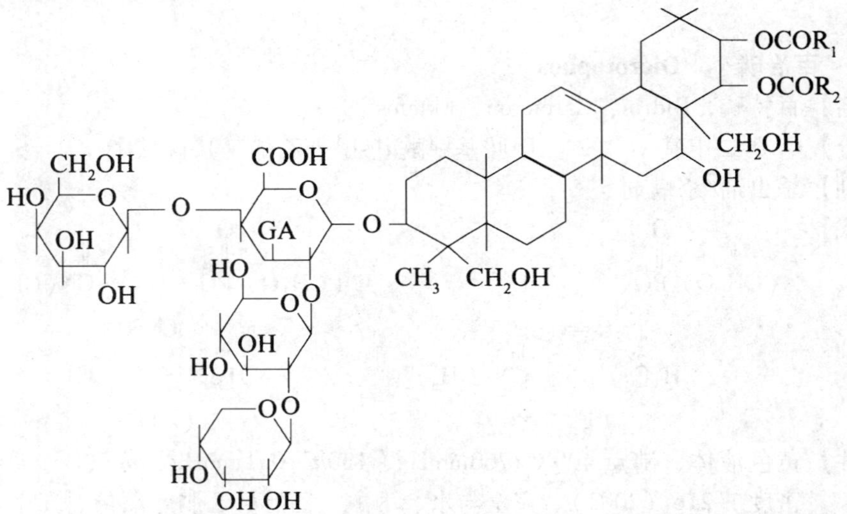

【商品属性】是一种纯天然植物提炼而成的杀虫、杀螨剂，其特点高效广谱，用量少。对人畜低毒，不污染环境。药效持久，耐雨水冲刷，潮湿天气施药效果更好，对作物无药害。

常见制剂类型：混合水剂。保尔丰制剂为深褐色或棕黑色黏稠均匀液体，比重1. 12～1. 16，pH3. 5～6. 8。

【毒　　性】对眼睛、皮肤有中度刺激，经口中毒低，无中毒报道。

【税则号列】有效成分：29389090　　　制剂：38089910（零售包装），38089990（其他）

**0181006　单甲脒　Semiamitraz**

【别　　名】

【有效成分】N-（2, 4-二甲苯基）-N′-甲基甲脒盐酸盐

【商品类别】杀虫剂/杀螨剂

【结 构 式】

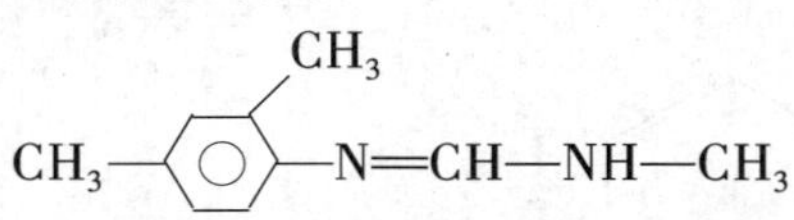

【商品属性】抑制单胺氧化酶，对昆虫中枢神经系统的非胆碱能突触会诱发直接兴奋作用。该药具触杀作用，对螨卵、幼若螨均有杀伤力。为感温型杀螨剂，气温22℃以上防效好，可防治柑橘全爪螨、柑橘锈螨，兼治桔蚜、木虱，对天敌安全。

纯品为白色针状结晶，熔点为163～165℃，易溶于水，微溶于低分子量的醇，难溶于苯和石油醚等有机溶剂。对金属有腐蚀性。

常见制剂类型：水剂。

【毒　　性】中等毒。皮肤发痒起红斑，对人体的中枢神经系统产生抑制作用。

【税则号列】有效成分：29252900　　　制剂：38089910（零售包装），38089990（其他）

**0181007　仲丁威　Fenobucarb**

【别　　名】巴沙，扑杀威，丁苯威，巴杀，叔丁威，捕杀威，BPMC，Bassa，Hopcin，Baycarb，Fenobucarb，Osbac

【有效成分】2-仲丁基苯基-N-甲基氨基甲酸酯

【商品类别】氨基甲酸酯杀虫/杀螨剂

【结 构 式】

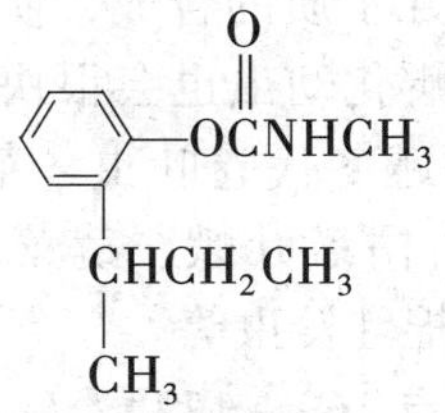

【商品属性】氨基甲酸酯类杀虫剂，具有强烈的触杀作用，并具一定胃毒、熏蒸和杀卵作用。主要通过抑制乙酰胆碱酯酶使害虫中毒死亡，对飞虱、叶蝴类有特效，杀虫迅速，但残效短，只能维持4~5天。

纯品为无色固体，原药无色至棕黄色液体或固体，有芳香气味。熔点31~32℃（原药26.5~31℃），沸点115~116℃/0.02mmHg，蒸气压1.6mPa（20℃），密度1.035（30℃。水溶解度420mg/L（20℃），易溶于丙酮、甲醇、苯、氯仿等有机溶剂。常温下贮存稳定，光照稳定，酸碱液中水解。

常见制剂类型：乳油、微胶囊剂、电热蚊香片滴加液、气雾剂、蚊香。

【毒　　性】对人、畜毒性较低。

【税则号列】有效成分：29242990　　　制剂：38089910（零售包装），38089990（其他）

**0181008　发硫磷　Prothoate**

【别　　名】乙基乐果，发果，Fac，Fostin，Fostion，Trimethoate

【有效成分】O,O-二乙基-S-（N-异丙基甲酰甲基）二硫代磷酸酯

【商品类别】杀虫剂/杀螨剂

【结 构 式】

$$(C_2H_5O)_2\overset{\overset{\displaystyle S}{\|}}{P}SCH_2CH_2\overset{\overset{\displaystyle O}{\|}}{C}NHCH(CH_3)_2$$

【商品属性】由美国氰胺公司开发研制的，是内吸性杀虫剂和杀螨剂，能保证水果、蔬菜不受叶螨科、瘿螨科和一些害虫的危害，尤其是蚜虫和缨翅目的危害。

纯品为无色结晶固体，带有樟脑气味，比重1.151，熔点28.5℃。溶解度：20℃水中2.5g/L，乙醇<1%，石油醚<2%，在环己烷，乙烷<3%。中性和中度酸或弱碱性介质中稳定，但在pH9.2，50℃时48小时内分解。明火可燃，受热放出有毒氧化磷、氧化硫、氧化氮气体。

【毒　　性】急性中毒多在12小时内发病，口服立即发病。轻度：头痛、头昏、恶心、呕吐、多汗、无力、胸闷、视力模糊、胃口不佳等，全血胆碱酯酶活力一般降至正常值的50%~70%。中度：除上述症状外还出现轻度呼吸困难、肌肉震颤、瞳孔缩小、精神恍惚、行走不稳、大汗、流涎、腹疼、腹泻。重者还会出现昏迷、抽搐、呼吸困难、口吐白沫、大小便失禁，惊厥，呼吸麻痹。

【税则号列】有效成分：29309090　　　制剂：38089910（零售包装），38089990（其他）

**0181009　氟虫脲　Flufenoxuron**

【别　　名】卡死克，Cascade

【有效成分】1-［4-（2-氯-α，α，α-三氟-对-甲苯氧基-2-氟苯基）-3-（2,6-二氟苯甲酰）脲

【商品类别】杀虫剂/杀螨剂

【结 构 式】

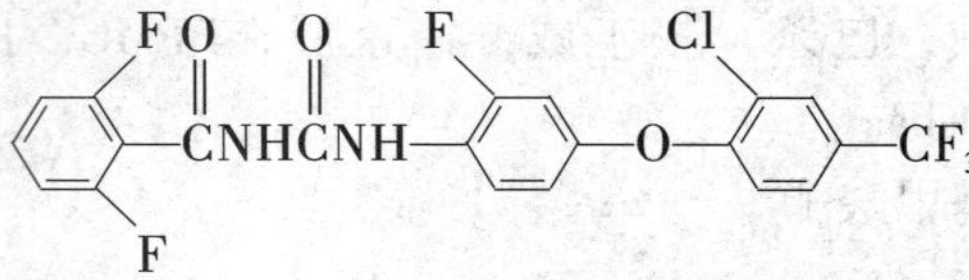


【商品属性】酰基脲类杀虫杀螨剂。该药主要抑制昆虫表皮几丁质的合成，使昆虫不能正常脱皮或变态而死。成虫接触药后，产的卵即使孵化幼虫也会很快死亡。用于果树、蔬菜、棉花等作物，防治苹果叶螨、苹果越冬代卷叶虫、苹果小卷叶蛾、果树尺蠖、梨木虱、柑橘叶螨、柑橘木虱、柑橘潜叶蛾、蔬菜小菜蛾、菜青虫、豆荚螟、茄子叶螨、棉花叶螨、棉铃虫、棉红铃虫等。

纯品为无色晶体。工业品为白色晶状固体，熔点 169～172℃（分解），蒸气压 $6.52\times10^{-12}$Pa（20℃），密度 1.57kg/L（20℃）。溶解度：水 $7.0\times10^{-12}$g/L（pH7，15℃），4μg/l（25℃），丙酮 82，二甲苯 6，二氯甲烷 24（g/L，25℃），190℃以下稳定，自然光照下稳定。模拟光照下稳定期 >100 小时。

常见制剂类型：可分散液剂。

【毒　　性】低毒。

【税则号列】有效成分：29242990　　　制剂：38089910（零售包装），38089990（其他）

**0181010　甲胺基阿维菌素　Emamectin benzoate**

【别　　名】

【有效成分】4″-表-甲胺基-4″-脱氧阿维菌素苯甲酸盐

【商品类别】杀虫剂/杀螨剂

【结 构 式】

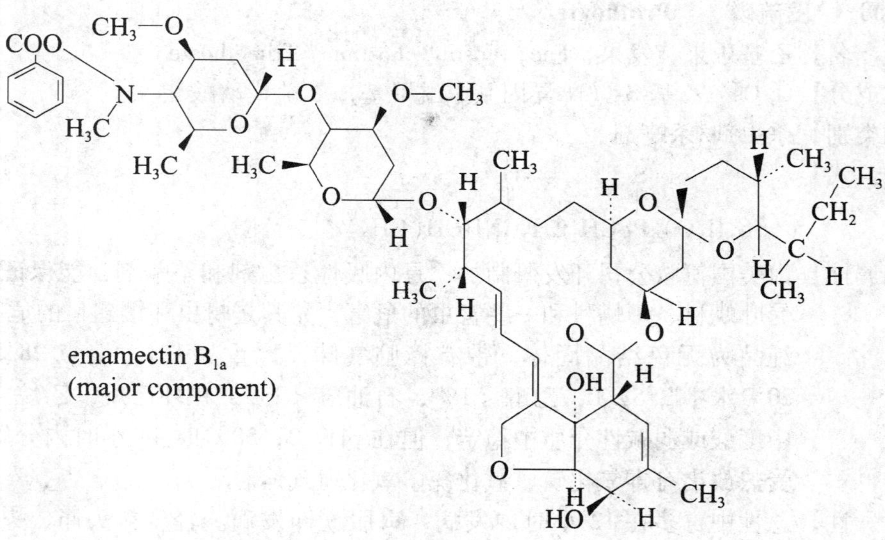


emamectin $B_{1a}$
(major component)

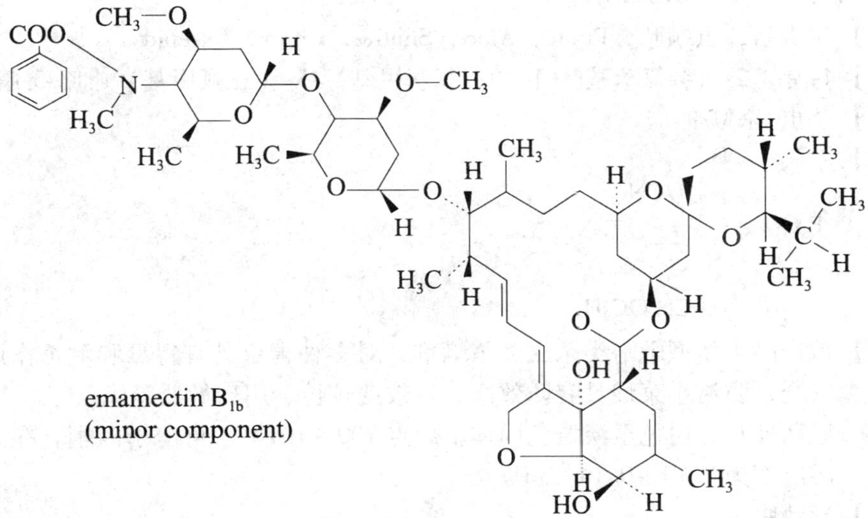

emamectin $B_{1b}$
(minor component)

【商品属性】本品为混合物，高效、广谱、残效期长，为优良的杀虫杀螨剂，其作用机理阻碍害虫运动神经信息传递而使身体麻痹死亡。作用方式以胃毒为主触杀作用，对作物无内吸性能，但所有效渗入施用做物表皮组织，因而具有较长残效期。对防治棉铃也生鳞翅瞎虫，螨类、鞘翅目及同翅目害虫有极高活性，且不与其他农作物产生交叉，在土壤和中易降解无残留，不污染环境，在常规剂量范围内对有益昆虫及天敌、人、畜安全，可与大部分农药混用。

外观为白色或淡黄色结晶粉末，熔点 141℃ ~146℃。稳定性：在通常贮存条件下本品稳定，对紫外光不稳定。溶于丙酮、甲苯、微溶于水，不溶于已烷。

常见制剂类型：乳油。

【毒　　性】高毒。早期症状为瞳孔放大，行动失调，肌肉颤抖，严重时导致呕吐。

【税则号列】有效成分：38249099　　　制剂：38089910（零售包装），38089990（其他）

**0181011　虫螨磷　Chlorthiophos**

【别　　名】西拉硫磷，Celathion

【有效成分】O-2, 5-二氯-4-甲硫基苯基二乙基硫逐磷酸酯（I），同时含有少量的 O-4, 5-二氯-2-（II）和 O-2, 4-二氯-5-（甲硫基）苯基-乙基硫酸酯（III）

【商品类别】有机磷杀虫/杀螨剂

【结 构 式】

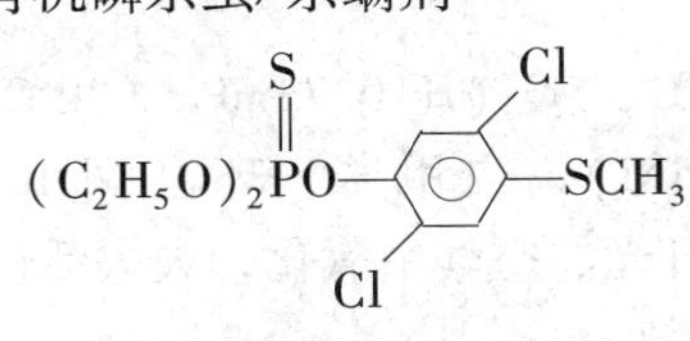

【商品属性】为 - 反应混合物，工业品为暗褐色液体，沸点 155℃/0. 01mmHg，不溶于水，溶于有机溶剂。

【毒　　性】急性中毒多因误食引起，约半小时到数小时可发病。轻度中毒：全身不适，头痛、头昏、无力、视力模糊、呕吐、出汗、流涎、嗜睡等，有时有肌肉震颤，偶有腹泻。中度中毒：除上述症状外剧烈呕吐、腹痛、烦躁不安、抽搐、呼吸困难等。重度中毒：癫痫样抽搐。

【税则号列】有效成分：29309090　　　制剂：38089910（零售包装），38089990（其他）

**0181012　除尽　Chlorfenapyr**

【别　　名】溴虫腈，虫螨腈，Pirate，Alert，Sunfire，Citrex，Intrepid

【有效成分】4-溴基-2-（4-氯苯基）-1-（乙氧基甲基）-5-（三氟甲基）吡咯-3-腈

【商品类别】杀虫/杀螨剂

【结 构 式】

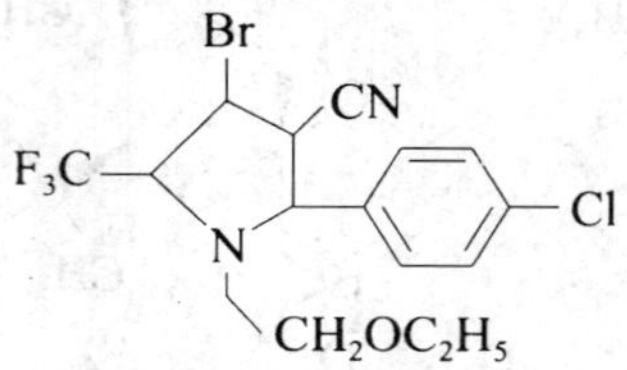

【商品属性】该产品为新型吡咯类杀虫、杀螨剂。对多种害虫具有胃毒和触杀作用，对作物安全，防治小菜蛾具有防效高、持效期较长、用药量低等优点。

原药外观为白色至淡黄色固体，熔点 100～101℃。可溶于丙酮。在无离子水中溶解度为 0.13～0.14（pH7）。

【毒　　性】导致腹泻。

【税则号列】有效成分：29339900　　制剂：38089910（零售包装），38089990（其他）

**0181013　甲氰菊酯　Fenpropathrin**

【别　　名】灭扫利，分扑菊酯，Meothrin，Fenpropanate，Rody，Danitol

【有效成分】α-氰基-3-苯氧基苄基-2, 2, 3, 3-四甲基环丙烷羰酸酯

【商品类别】拟除虫菊酯杀虫剂/杀螨剂

【结 构 式】

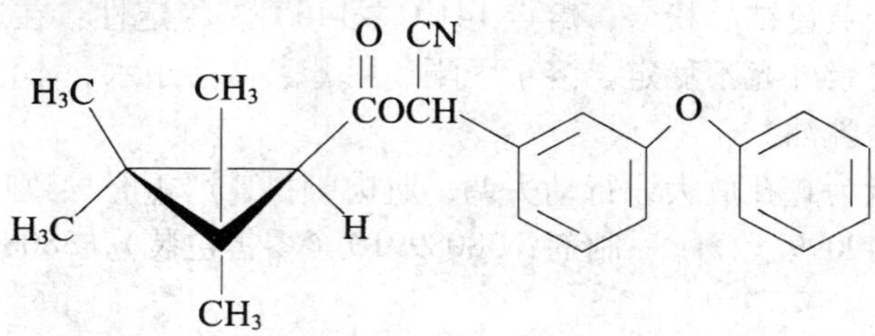

【商品属性】是一种拟除虫菊酯类杀虫剂，杀虫谱广，残效期长，具有触杀、胃毒和一定的驱避作用，但本品无内吸、熏蒸作用，其最大特点是兼有对多种害螨有优良的防治效果。可用于棉花、果树、茶树、蔬菜等作物上，防治鳞翅目、同翅目、半翅目、双翅目、鞘翅目等害虫和害螨，对多种叶螨有良好效果是其最大特点。

棕黄色固体（原药），熔点 45～50℃，蒸气压 0.73mPa（20℃），密度 1.15（25℃）。溶解度：水 14.1μg/L（25℃），二甲苯、环己酮 1000，甲醇 337（g/kg，25℃）。碱液中分解，暴露于日光、空气中氧化，失去活性。

常见制剂类型：混合乳油、可湿性粉剂。

【毒　　性】属神经毒剂，接触部位皮肤感到刺痛，但无红斑，尤其在口、鼻周围。很少引起全身性中毒。接触量大时也会引起头痛，头昏，恶心呕吐，双手颤抖，重者抽搐或惊厥、昏迷、休克。

【税则号列】有效成分：29269090　　制剂：38089910（零售包装），38089990（其他）

**0181014　氯亚胺硫磷　Dialifos**

【别　　名】氯亚磷，氯乙亚胺磷，Dialifor，Torak

【有效成分】S-（2-氯-1-酞酰亚胺基乙基）O, O-二乙基二硫代磷酸酯

【商品类别】有机磷杀虫剂/杀螨剂

【结 构 式】

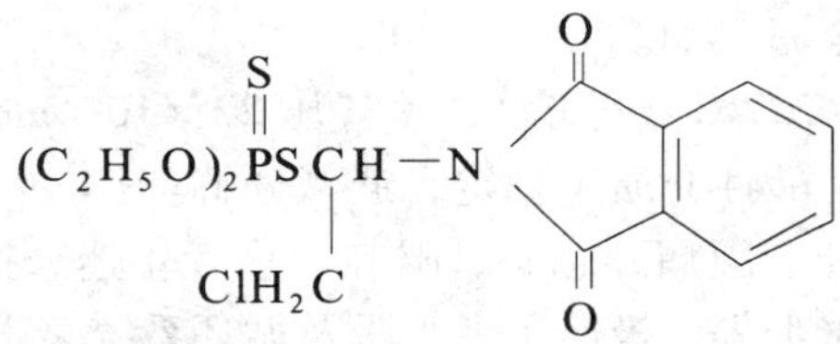

【商品属性】具有杀虫杀螨活性。

无色晶状固体，熔点 67 ~ 69℃。不溶于水，微溶于脂肪族烃和醇类，易溶于丙酮、环己酮、异佛尔酮和二甲苯，工业品及制剂一般条件下能稳定两年以上，遇碱迅速水解，无腐蚀性，能与许多其他农药混用。

【毒　　性】急性中毒多在 12 小时内发病，口服立即发病。轻度：头痛、恶心、呕吐、多汗、无力、胸闷、视力模糊、胃口不佳等，全血胆碱酯酶活力一般降至正常值的 70% 以下。中度：除上述症状外，还出现呼吸困难、肌肉震颤、瞳孔缩小、精神恍惚、行走不稳、大汗、流涎、腹疼、腹泻。重者还会出现昏迷、抽搐、口吐白沫、大小便失禁，惊厥，呼吸麻痹。

【税则号列】有效成分：29309090　　　制剂：38089910（零售包装），38089990（其他）

**0181015　速灭磷　Mevinphos**

【别　　名】磷君，福斯金，灭虫螨未磷，美文松，Phosdrin，Mevidrin，Duraphos，Gesfid

【有效成分】2-甲氧羧基-1-甲基-乙烯基二甲基磷酸酯

【商品类别】杀虫剂/杀螨剂

【结 构 式】

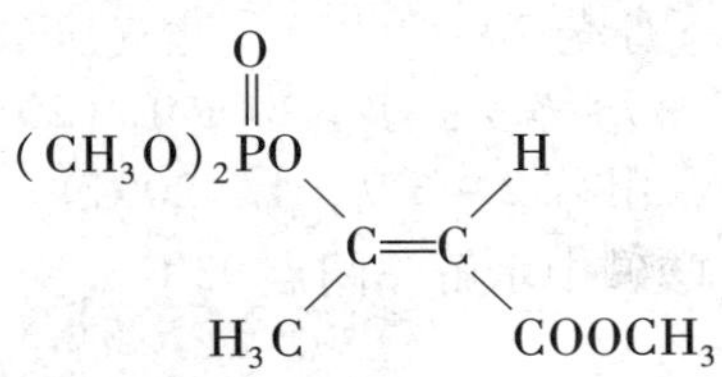

（E）

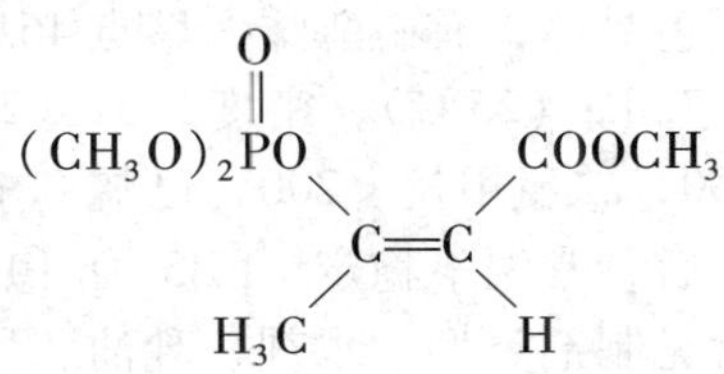

（Z）

【商品属性】农用杀虫、杀螨剂。

无色液体（原药为浅黄色液体）。熔点：（E）异构体 21℃，（Z）异构体 6.9℃。沸点 99 ~ 103℃/0.3mmHg，蒸气压 17mPa（20℃）。密度 1.24（20℃），E-异构体 1.235，（Z）异构体 1.245。溶解度：完全与水和大多有机溶剂如醇类、酮、芳香烃类、氯代烃相混溶，微溶于脂肪烃、石油醚、石油类和二硫化碳。常温下稳定，遇碱易分解。

【毒　　性】

【税则号列】有效成分：29199000　　　制剂：38089910（零售包装），38089990（其他）

**0181016　杀虫脒　Chlordimeform**

【别　　名】克死螨，氯苯脒，杀螟螨，Galecron，Chlorphenamicine

【有效成分】N′-（4-氯-2-甲基苯基）-N，N-二甲基甲脒

【商品类别】杀螨剂/杀虫剂

【结 构 式】

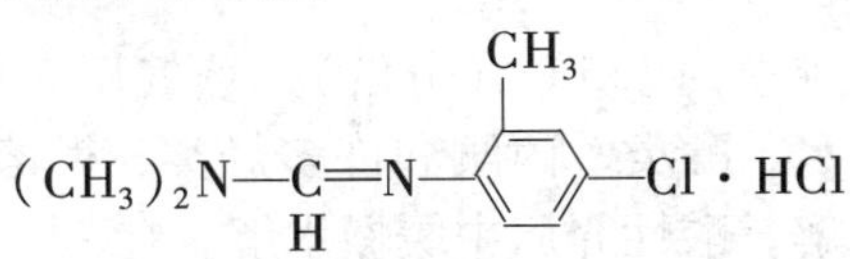

【商品属性】不但有杀螨、抑制螨卵孵化的效果，而且对多鳞翅目幼虫有显著拒食、忌避作用。用于防治水稻螟虫、水稻褐飞虱、稻纵卷叶虫、稻苞虫、棉红铃虫、菜

蛾、菜青虫等。残効期达二至三星期。

纯品为白色结晶，熔点225～227℃（分解），蒸气压$22\times10^{-7}$mmHg，易溶于水和乙醇，难溶于有机溶剂，酸性介质中稳定，遇碱分解。

【毒　　性】极度乏力、头昏、嗜睡、多汗、腹痛、恶心、呕吐、重者昏迷、抽搐、大小便失禁、全身紫绀、化学性膀胱炎等，极严重者呼吸及循环系统衰竭而死。

【税则号列】有效成分：29252100　　制剂：38085010（零售包装），38085090（其他）

**0181017　甲胺磷　Methamidophos**

【别　　名】多灭磷，Tamaron，Monitor

【有效成分】O，S-二甲基胺基硫代磷酸酯

【商品类别】杀虫剂/杀螨剂

【结 构 式】

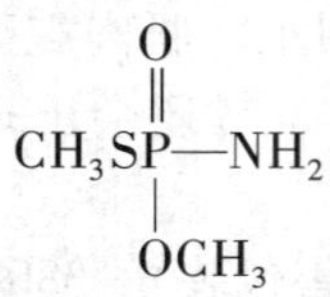

【商品属性】广谱性有机磷杀虫、杀螨剂，其作用机制是抑制胆碱酯酶，对害虫具有触杀、胃毒和一定的熏蒸作用，并有一定内吸传导作用，残效期长，对螨类还有杀卵作用，对鳞翅目幼虫的胃毒作用小于敌百虫、如对粘虫的胃毒毒力只有敌百虫的一半左右，主要用于水稻、棉花、甘蔗等作物，对稻纵卷叶螟有特效，能杀死老龄幼虫，对地下害虫有良好的防效。

无色晶体，有硫醇味，熔点46.1℃（原药20～25℃），蒸气压2.3mPa（20℃）4.7mPa（25℃），密度1.31（20℃）。溶解度：水>200g/L（20℃），异丙醇>200，二氯甲烷<200，己烷0.1～1，甲苯2～5（g/L，20℃）。稳定性：加热分解，常温下稳定，pH3～8稳定，酸碱中水解，闪点93℃（密闭）。

常见制剂类型：水剂、乳油。

【毒　　性】

【税则号列】有效成分：29309090　　制剂：38085010（零售包装），38085090（其他）

**0181018　氧乐果　Omethoate**

【别　　名】氧化乐果，华果，Folimate，Dimethoxon

【有效成分】O, O-二甲基-S-（N-甲基氨基甲酰甲基）硫代磷酸酯

【商品类别】杀虫剂/杀螨剂

【结 构 式】

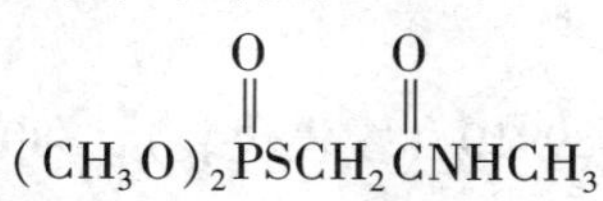

【商品属性】高效、广谱性杀虫剂、杀螨剂，对害虫击倒力快。具有较强的内吸、触杀和一定的胃毒作用，其作用机制为抑制昆虫胆碱酯酶。氧乐果对抗性蚜虫有很强的毒效，对飞虱、叶蝉、介壳虫及其他刺吸式口器的害虫都有较好的防治效果，在人低温下仍能保持较强的毒性，特别适于防治越冬的蚜虫、螨类、木虱和蚧类等。

无色至黄色油状物，有葱味，沸点约135℃（分解），蒸气压3.3mPa（20℃），密度1.32（20℃）。迅速溶于水、醇类、丙酮和许多烃类，微溶于乙醚，几乎不溶于石油醚。碱性介质中水解，酸性介质中缓慢水解。

【毒　　性】急性中毒多在12小时内发病，口服立即发病。轻度：头痛、头昏、恶心、呕吐、多汗、无力、胸闷、视力模糊、胃口不佳等，全血胆碱酯酶活力一般降至

正常值的50%～70%。中度：除上述症状外还出现轻度呼吸困难、肌肉震颤、瞳孔缩小、精神恍惚、行走不稳、大汗、流涎、腹疼、腹泻。重者还会出现昏迷、抽搐、呼吸困难、口吐白沫、大小便失禁，惊厥，呼吸麻痹。

可湿性粉剂、乳油等多种剂型。

【税则号列】有效成分：29309090　　　制剂：38089910（零售包装），38089990（其他）

**0181019　治螟磷　Sulfotep**

【别　　名】硫特普，苏化203，Bladafum，STEPP，Bladafume，Dithione，Sulphatepp

【有效成分】O,O，O,O-四乙基二硫代焦磷酸酯

【商品类别】杀螨剂/杀虫剂

【结 构 式】

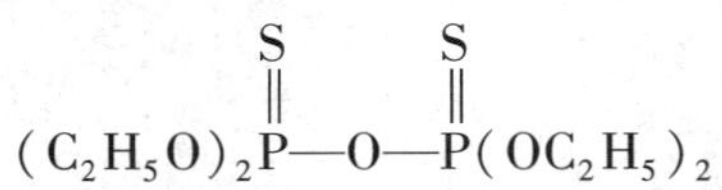

【商品属性】为高毒有机磷杀虫剂，有较强的触杀作用，杀虫谱较广，在叶面持效期短，因此多用来混制毒土撒施。可防治水稻多种害虫，也可杀灭蚂蟥以及传播血吸虫的钉螺，对螨也有活性。

浅黄色液体，沸点136～139℃/2mmHg，92℃/0.1mmHg，蒸气压14mPa（20℃），密度1.196（20℃）。水溶解度10mg/L（20℃），与大多数有机溶剂混溶，微溶于石油和石油醚，水解相当缓慢。

常见制剂类型：乳油。

【毒　　性】急性中毒多在12小时内发病，口服立即发病。轻度：头痛、头昏、恶心、呕吐、多汗、无力、胸闷、视力模糊、胃口不佳等，全血胆碱酯酶活力一般降至正常值的50%～70%。中度：除上述症状外还出现轻度呼吸困难、肌肉震颤、瞳孔缩小、精神恍惚、行走不稳、大汗、流涎、腹疼、腹泻。重者还会出现昏迷、抽搐、呼吸困难、口吐白沫、大小便失禁，惊厥，呼吸麻痹。

【税则号列】有效成分：29209090　　　制剂：38089910（零售包装），38089990（其他）

**0181020　哒嗪硫磷　Pyridaphenthion**

【别　　名】哒净松，打杀磷，苯哒嗪硫磷，杀虫净，哒净硫磷，Ofunack

【有效成分】O,O-二乙基-O-（2,3-二氢-3-氧代-2-苯基-6-哒嗪基）硫代磷酸酯

【商品类别】杀虫剂/杀螨剂

【结 构 式】

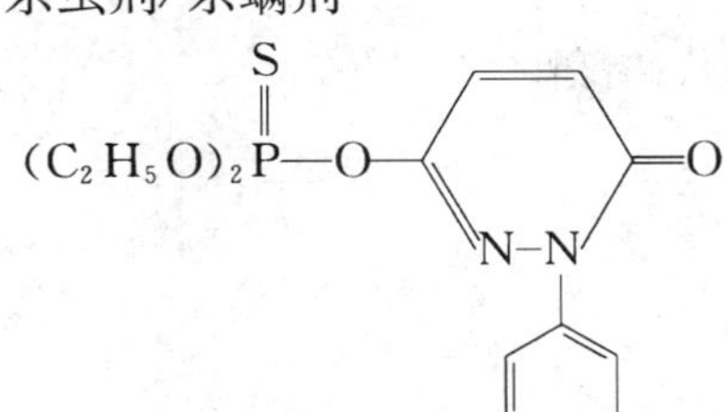

【商品属性】是一种高效、低毒、低残留广谱性的有机磷杀虫剂。具有触杀和胃毒作用，但无内吸作用。对多种咀嚼式口器害虫均有较好的防治效果。可用于防治水稻、棉花、小麦、果树、蔬菜等作物上的多种害虫，特别是对水稻害虫、棉叶螨防效突出。

浅黄色固体，熔点54.5～56.0℃，蒸气压0.00147mPa（20℃），密度1.325（20℃）。溶解度：水74mg/kg（20℃），丙酮3.77，甲醇2.66（kg/kg，21℃），乙醚1.01kg/kg（25℃）。

常见制剂类型：乳油。

【毒　　性】急性中毒多在12小时内发病，口服立即发病。轻度：头痛、头昏、恶心、呕吐、多汗、无力、胸闷、视力模糊、胃口不佳等，全血胆碱酯酶活力一般降至正常值的50%～70%。中度：除上述症状外还出现轻度呼吸困难、肌肉震颤、瞳孔缩小、精神恍惚、行走不稳、大汗、流涎、腹疼、腹泻。重者还会出现昏迷、抽搐、呼吸困难、口吐白沫、大小便失禁，惊厥，呼吸麻痹。

【税则号列】有效成分：29339900　　制剂：38089910（零售包装），38089990（其他）

**0181021　三唑磷　Triazophos**

【别　　名】三唑硫磷，Hostathion

【有效成分】O,O-二乙基-O-1-苯基-1,2,4-三唑-3-硫代磷酸酯

【商品类别】杀虫剂/杀螨剂

【结 构 式】

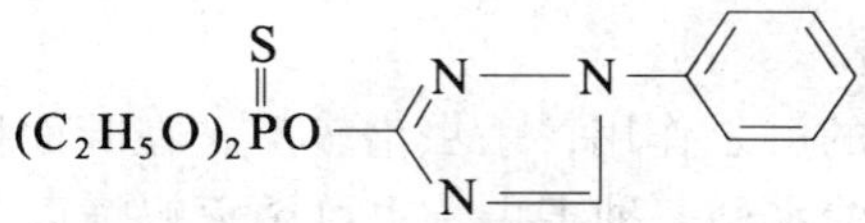

【商品属性】三唑磷是一种高效广谱的有机磷杀虫、杀螨剂，具有强烈的胃毒和触杀作用，对植物组织有较强的渗透性，杀虫效果好，杀卵作用明显，渗透性较强，无内吸作用。一般用于防治果树和蔬菜上的鳞翅目害虫，用于水稻等多种作物防治多种害虫。在种植前拌土处理可防治地老虎和其他夜蛾，对棉花、粮食等主要农作物害虫都有良好的防治效果，对植物线虫和松毛虫也有作用。

浅黄色油状物，熔点2～5℃，沸点蒸馏时分解，蒸气压0.39mPa（30℃），13mPa（55℃），密度1.247（20℃），Kow2200。溶解度：水30～40mg/L（20℃），乙酸乙酯、丙酮>1000，乙醇、甲苯>330，己烷9（g/kg，20℃），光稳定，酸碱液中水解。

常见制剂类型：可湿性粉剂、乳油。

【毒　　性】

【税则号列】有效成分：29339900　　制剂：38089910（零售包装），38089990（其他）

**0181022　喹硫磷　Quinalphos**

【别　　名】爱卡士，喹恶磷，克铃死，Ekalux，Kinalux，Chinalphos，Diethquinalphione，Bayrusil

【有效成分】O,O-二乙基-O-（喹喔啉-2-基）硫代磷酸酯

【商品类别】杀虫剂/杀螨剂

【结 构 式】

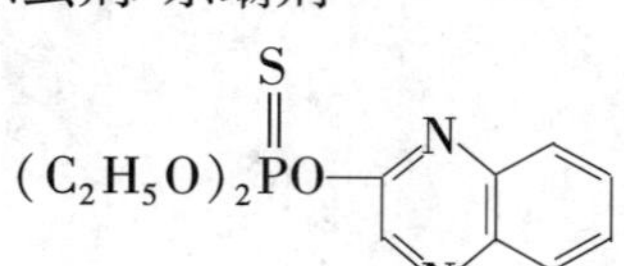

【商品属性】是有机磷杀虫、杀螨剂。具有胃毒和触杀作用，无内吸和熏蒸性能。在植物上有良好的渗透性。杀虫谱广，有一定的杀卵作用。在植物上降解速度快，残效期短。

无色结晶，熔点31～32℃，沸点142℃/0.0003mmHg（分解），蒸气压0346mPa（20℃），密度1.235（20℃）。溶解度：水17.8mg/L（22～23℃），己烷250g/L（23℃）。溶于丙酮、乙醇、乙腈、乙醚、乙酸乙酯、甲苯、二甲苯。微溶于石油醚，室温下有效成分可保存14天，液体原药稳定度低一些，但在自然保存条件下被非极性有机溶剂稀释和存在稳定剂时稳定。

常见制剂类型：乳油。

【毒　　性】

【税则号列】有效成分：29339900　　制剂：38089910（零售包装），38089990（其他）

**0181023　胺丙畏　Propetamphos 035**

【别　　名】巴胺磷，赛福丁，烯虫磷，Safrotin，Blotic

【有效成分】（E）-O-2-异丙氧基甲酰-1-甲基乙烯基 O-甲基乙基硫代磷酰胺

【商品类别】杀虫剂/杀螨剂

【结 构 式】

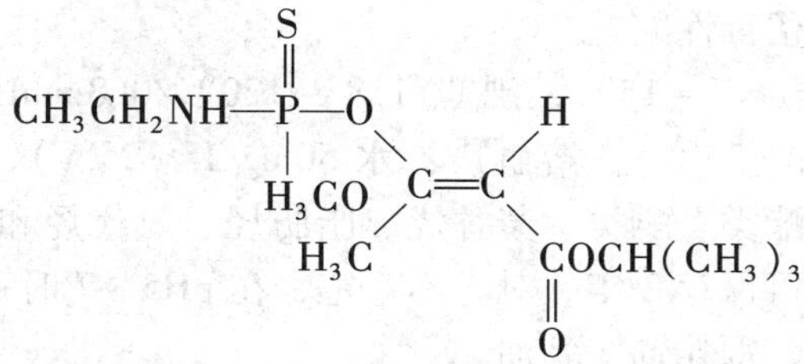

【商品属性】具有触杀和胃毒作用的有机磷杀虫剂，可使雌蜱不育。主要用于防治蟑螂、苍蝇和蚊子等卫生害虫，也能防治家畜体外寄生螨类。

纯品为黄色液体。24℃水中的溶解度 110mg/L，能溶于多种有机溶剂。

【毒　　性】中等毒性。

【税则号列】有效成分：29299090　　制剂：38089910（零售包装），38089990（其他）

**0181024　乐果　Dimethoate**

【别　　名】Fosfamid，Rogor，Cyqon，Roxion，Fostion-MM，Perfkthion

【有效成分】O, O-二甲基 S（N-甲基氨基甲酰甲基）二硫代磷酸酯

【商品类别】杀虫剂/杀螨剂

【结 构 式】

$$(CH_3O)_2\overset{S}{\overset{\|}{P}}SCH_2\overset{O}{\overset{\|}{C}}NHCH_3$$

【商品属性】广谱、内吸性杀虫、杀螨剂。在昆虫体内氧化成高毒性的氧乐果，为乙酰胆碱酯酶抑制剂，阻碍神经传导而致昆虫死亡。适用于防治多种作物上的刺吸式口器害虫如蚜虫、叶蝉、粉虱、潜叶性害虫及某些蚧类，螨类。

纯品为无色晶体，熔点 49.0℃，沸点 117/0.1mmHg，蒸气压 1.1mPa（25℃）。溶解度：水 23.3（pH5）、23.8（pH7）、25.0（pH9）（g/L，20℃）。溶于大多有机溶剂，如乙醇、酮类、苯、甲苯、氯仿、二氯甲烷 >300、四氯化碳、饱和脂肪烃、正辛醇 >50（g/kg，20℃）。水溶液中 pH2 ~7 相当稳定。碱液中水解，遇热分解。

常见制剂类型：可湿性粉剂、乳油。

【毒　　性】

【税则号列】有效成分：29309090　　制剂：38089910（零售包装），38089990（其他）

**0181025　甲拌磷　Phorate**

【别　　名】西梅脱，Thimet，Agrimot，EI3911，Cynamid-3911，Granutox

【有效成分】O, O-二乙基-S-（乙硫基甲基）二硫代磷酸酯

【商品类别】杀虫剂/杀螨剂

【结 构 式】

$$(C_2H_5O)_2\overset{S}{\overset{\|}{P}}SCH_2SCH_2CH_3$$

【商品属性】高毒、高效、广谱的内吸性杀虫杀螨剂，有触杀、胃毒、熏蒸作用，对刺吸式口器和咀嚼式口器害虫都有效，如蚜虫、飞虱、蓟马、红蜘蛛、潜叶蝇、拟步行甲、象甲、跳甲、蝼蛄、金针虫等。对鳞翅目幼虫药效较差。甲拌磷进入植物体后，受植物代谢的影响而转化成毒性更大的氧化物（亚砜、砜），昆虫取食后体内神经组织中的乙酰胆碱酯酶的活性受到抑制，从而破坏了正常的神经冲动传导，而导致中毒，直至死亡。由于甲拌磷及其代谢物形成的更毒的氧化物，在植物体内能保持较长的时间（约1~2个月，甚至更长），因此药效期长，但也要特别注意残留毒性问题。

纯品为透明液体，熔点 < -15℃，沸点118~120℃/0.8mmHg，密度1.16（25℃），蒸气压85mPa（25℃）。溶解度：水50mg/L（25℃），可与二噁烷、植物油、醇类、醚类、酯类、酮类、芳香烃、脂肪烃、氯代烃和其他有机溶剂混溶。一般贮存条件下可保存2年。对光不稳定，在pH5~7时稳定。

常见制剂类型：种衣剂、颗粒剂、乳油。

【毒　　性】

【税则号列】有效成分：29309090　　制剂：38089910（零售包装），38089990（其他）

**0181026　三硫磷　Carbophenothion**

【别　　名】Trithion，Dagadip，Garrathion

【有效成分】O,O-二乙基-S-（对氯苯基硫代甲基）二硫代磷酸酯

【商品类别】有机磷杀虫/杀螨剂

【结 构 式】

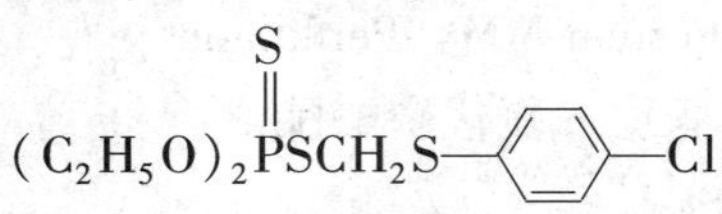

【商品属性】具有强烈的触杀作用，并有较好的内吸性，为触杀性杀虫、杀螨剂。在高浓度下有很好的杀卵作用，但对作物叶子有杀伤作用。使用浓度达0.2%对作物有害。

无色至琥珀色油状液体，沸点130℃/1.33Pa，密度1.265~1.285，遇碱分解，不溶于水，可溶于苯、醇、酮等一般有机溶剂。

【毒　　性】轻者：头痛、头昏、恶心、呕吐、多汗、无力、胸闷、视力模糊、胃口不佳。这些症状常被忽略，误为感冒、中暑或肠炎。中度中毒：出现呼吸困难，肌肉震颤，瞳孔收缩，精神恍惚，行走不稳，大汗，流涎，腹疼，腹泻。重者还会出现昏迷，抽搐，呼吸困难，口吐白沫，大小便失禁，惊厥，呼吸麻痹。

【税则号列】有效成分：29309090　　制剂：38089910（零售包装），38089990（其他）

**0181027　伏杀硫磷　Phosalone**

【别　　名】伏杀磷，佐罗纳，Zolone，Zolone，Ribitox，Embacide

【有效成分】S-6-氯-2-氧代苯并恶唑啉-3-甲基 O,O-二乙基二硫代磷酸酯

【商品类别】杀虫剂/杀螨剂

【结 构 式】

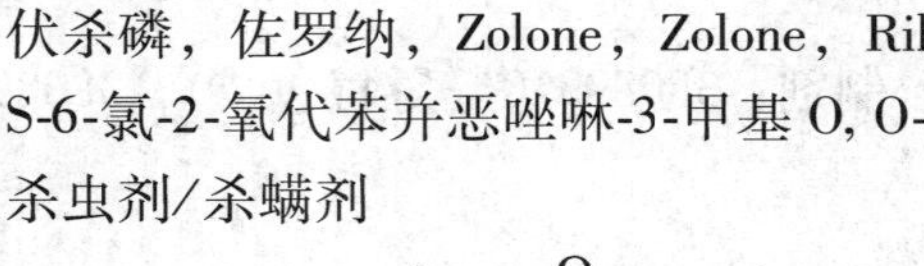

【商品属性】是一种广谱性有机磷杀虫、杀螨剂。对作物有渗透性，但无内吸传导作用，对害虫以触杀和胃毒作用为主，其作用机制为抑制昆虫体内胆碱酯酶，该药药效发挥速度较慢，在植物上持效约14天，随后代谢成为可迅速水解的硫代磷酸

酯。在常用剂量下，对作物安全，可用于棉花、果树、蔬菜、茶叶、大豆、玉米、小麦等作物，防治多种害虫并兼治螨类。

无色晶体，带有蒜臭味，熔点 45 ~48℃，蒸气压 < 0.067mPa（25℃），密度 1.39g/ml（20℃）。溶解度：水 1.7mg/l（20℃），乙酸乙酯、丙酮、乙腈、苯、氯仿、二氯甲烷、二噁烷、丁酮、甲苯、二甲苯约 1000，己烷 11（g/L，20℃），强酸、强碱中水解。

常见制剂类型：乳油。

【毒　　性】

【税则号列】有效成分：29349990　　制剂：38089910（零售包装），38089990（其他）

**0181028　亚胺硫磷　Phosmet**

【别　　名】亚氨硫磷，酞胺硫磷，Fosdan，Prolate，Imidan，Inovat，PMP，Phthalophos

【有效成分】O, O-二甲基-S-（酞酰亚胺基甲基）二硫代磷酸酯

【商品类别】杀虫剂/杀螨剂

【结 构 式】

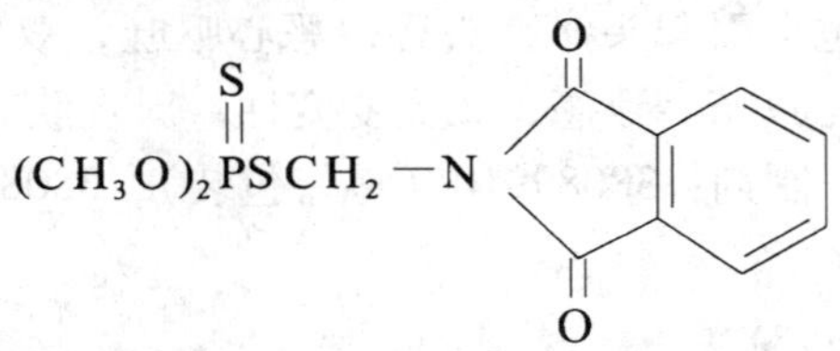

【商品属性】广谱有机磷杀虫剂，具有触杀和胃毒作用。其作用机理是抑制昆虫体内的胆碱酯酶。适用于防治水稻、棉花、果树、蔬菜等多种害虫，并兼治叶螨。残效期较长。

无色晶体（原药为灰白色或桃红蜡状固体物），熔点 72.0 ~72.7℃（原药为 66 ~69℃），蒸气压 0.065mPa（25℃）。溶解度：水 25mg/L（25℃），丙酮 650，苯 600，甲苯、甲基异丁基酮 300，二甲苯 250，甲醇 50，煤油 5（g/L25℃）。酸性介质中相当稳定，碱性介质中迅速水解，高于 100℃ 时迅速分解或在玻璃板上见光分解。

常见制剂类型：乳油。

【毒　　性】

【税则号列】有效成分：29309090　　制剂：38089910（零售包装），38089990（其他）

**0181029　苯胺硫磷　Fenamithion**

【别　　名】螨胺磷，虫胺磷

【有效成分】O-甲基-O［（3-甲基-4-甲硫基）苯基］硫代磷酰胺酯

【商品类别】杀虫剂/杀螨剂

【结 构 式】

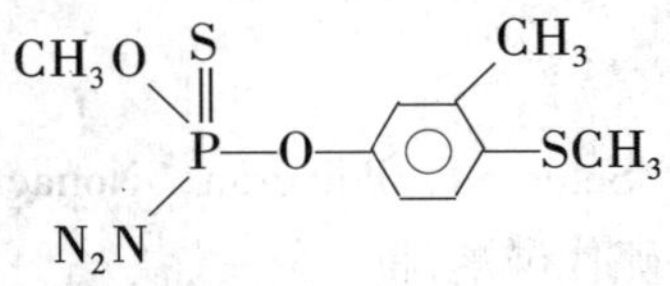

【商品属性】是一种具有不对称结构的有机磷杀虫、杀螨剂，具有较强的触杀和胃毒作用，温度变化对药效影响不大。

纯品为白色晶体，熔点 85 ~88℃，易溶于丙酮、乙醇等有机溶剂，难溶于水。

常见制剂类型：乳油。

【毒　　性】

【税则号列】有效成分：29299090　　制剂：38089910（零售包装），38089990（其他）

**0181030　溴氟菊酯　Brofluthrinate**

【别　　名】中西溴氟菊酯

【有效成分】（R. S）-α 氰基-3-（4-溴代苯氧基苄基）-（R. S）-2-（4-二氟甲氧基苯基）-3-甲基丁酸酯

【商品类别】拟除虫菊酯类杀虫/杀螨剂

【结 构 式】

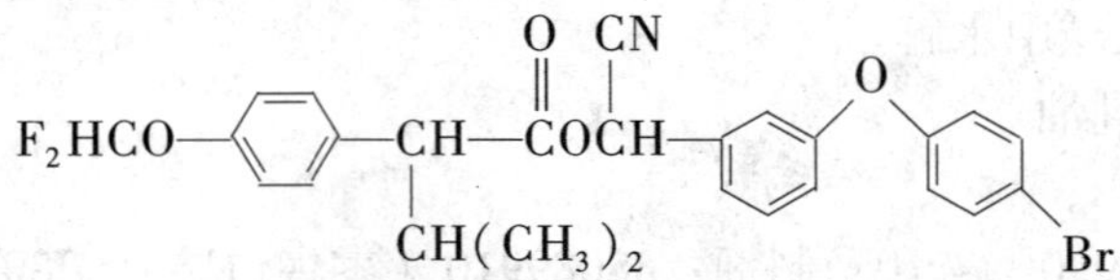

【商品属性】是由溴代醚醛与二氯酰氯缩合而成的属拟除虫菊酯类杀虫剂。具有高效、广谱、杀卵、持效期长、使用安全等特点。可用于防治多种作物上害虫，并对蜜蜂害螨有效，且对蜜蜂低毒。

原药为淡黄色至深棕色浓稠油状液体。溶于苯、醚、醇等有机溶剂，不溶于水。

【毒　　性】属神经毒剂，接触部位皮肤感到刺痛，但无红斑，尤其在口、鼻周围。很少引起全身性中毒。接触量大时也会引起头痛，头昏，恶心呕吐，双手颤抖，重者抽搐或惊厥、昏迷、休克。无致畸、致癌、致突变变性。对皮肤有刺激。

【税则号列】有效成分：29269090　　制剂：38089910（零售包装），38089990（其他）

**0181031　乙硫磷　Ethion**

【别　　名】益赛昂，易赛昂，乙赛昂，蚜螨立死，Diethion，Ethanox，Acithion，Ethosan

【有效成分】O, O, O, O-四乙基-S，S′-亚甲基双（二硫代磷酸酯）

【商品类别】杀虫剂/杀螨剂

【结 构 式】

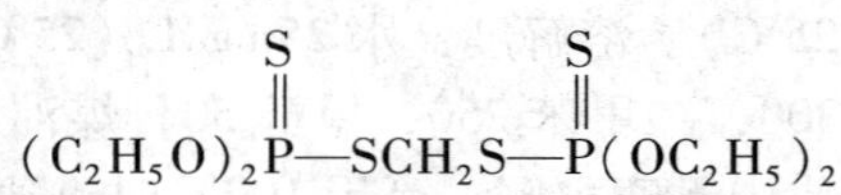

【商品属性】有机磷杀虫剂、杀螨剂，对多种害虫及叶螨有良好效果，对螨卵也有一定杀伤作用。可作为轮换药剂在棉花、水稻上使用。

白色至琥珀色液体，熔点 15 ~ 12℃，沸点 164 ~ 165℃/0. 3mmHg，蒸气压 0. 20mPa（25℃），密度 1. 22（20℃），原药密度为 1. 215 ~ 1. 230。溶解度：与大多数有机溶剂，如丙酮、乙醇、甲醇、二甲苯、煤油、石油相混。酸碱液中水解，空气中缓慢氧化。

常见制剂类型：乳油。

【毒　　性】

【税则号列】有效成分：29309090　　制剂：38089910（零售包装），38089990（其他）

**0181032　丙溴磷　Profenofos**

【别　　名】溴氯磷，多虫清，多虫磷，Curacron，Selecron，Polycron，Nonacron

【有效成分】O-（4-溴-2-氯苯基）-O-乙基-S-丙基-硫代磷酸酯

【商品类别】杀虫剂/杀螨剂

【结 构 式】

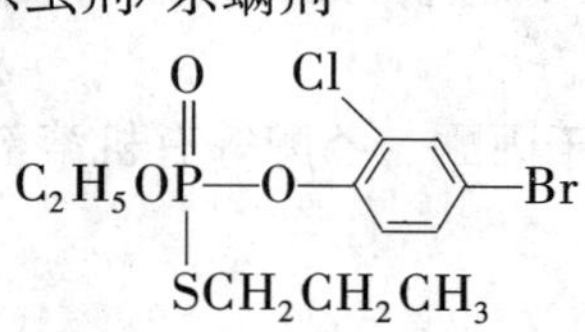

【商品属性】广谱有机磷杀虫、杀螨剂，具有强烈的触杀、胃毒作用，并有一定熏蒸作用。三元不对称结构，作用机理独特，对抗性害虫防效突出。在植物叶片上有较好

的渗透性。其作用机制是抑制昆虫体内胆碱酯酶。毒性不大，是替代高毒农药的理想产品。能防治棉花和蔬菜地的有害昆旦和螨类，特别是抗性棉铃虫。
浅黄色液体，具蒜味，沸点100℃/1.80Pa，蒸气压$1.24\times10^{-4}$Pa（25℃）。密度1.455（20℃）。溶解度：水28mg/L（25℃），与大多有机溶剂混溶，中性和微酸条件下比较稳定，碱性环境中不稳定，
常见制剂类型：乳油。

【毒　　性】

【税则号列】有效成分：29309090　　　　制剂：38089910（零售包装），38089990（其他）

**0181033　　蚜灭磷　　Vamidothion**

【别　　名】蚜灭多，Kilval，Trucidor，Vamidoate

【有效成分】O,O-二甲基-S-［（1-甲基-2-甲基氨基-2-氧乙基硫）乙基］硫赶磷酸酯

【商品类别】有机磷杀虫/杀螨剂

【结 构 式】

$$(CH_2O)_2\overset{\overset{O}{\|}}{P}SCH_2CH_2S\overset{\overset{CH_3}{|}}{CH}\underset{\underset{O}{\|}}{C}NHCH_3$$

【商品属性】为广谱内吸、触杀型杀虫、杀螨剂，药效持久。用于防治蓟马、飞虱、水稻黑蝽象、康氏粉蚧、螨、欧洲红螨、桃蚜、甘蓝蚜、马铃薯蚜、二斑叶螨、苹果绵蚜等。
纯品为无色针状晶体，熔点46~48℃。原药为白色蜡状固体，熔点40℃。20℃时蒸气压很小，易溶于水，水中溶解度4kg/L。易溶于大多数有机溶剂，不溶于石油醚和环己烷，原药和纯品在室温下都有轻微分解，但纯品分解少。某些溶剂（苯甲醚、丁酮）可阻止分解，无腐蚀性。常见制剂类型：乳油。

【毒　　性】急性中毒多在12小时内发病，口服立即发病。轻度：头痛、头昏、恶心、呕吐、多汗、无力、胸闷、视力模糊、胃口不佳等，全血胆碱酯酶活力一般降至正常值的50%~70%。中度：除上述症状外，还出现轻度呼吸困难、肌肉震颤、瞳孔缩小、精神恍惚、行走不稳、大汗、流涎、腹疼、腹泻。重者还会出现昏迷、抽搐、呼吸困难、口吐白沫、大小便失禁，惊厥，呼吸麻痹。

【税则号列】有效成分：29309090　　　　制剂：38089910（零售包装），38089990（其他）

**0181034　　鱼藤酮　　Rotenone**

【别　　名】鱼藤，毒鱼藤，Derris，Nicouline，Tubatoxin

【有效成分】鱼藤酮

【商品类别】杀虫剂/杀螨剂

【结 构 式】

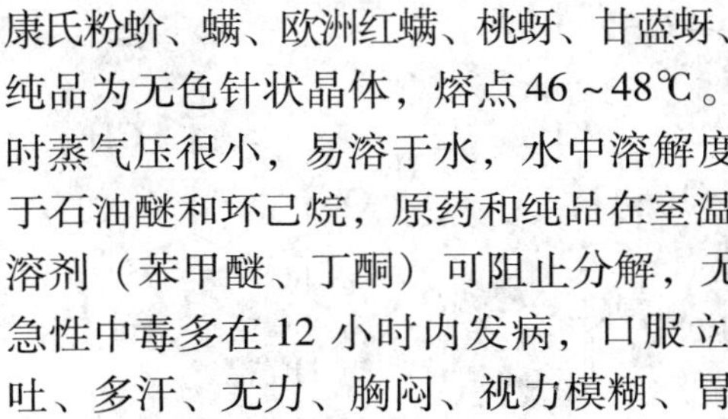


rotenone / 鱼藤酮

【商品属性】为植物性杀虫剂、杀螨剂，有选择性，无内吸性，见光易分解，在空气中易氧化，在作物上残留时间短，对环境无污染，对天敌安全。该药剂杀虫谱广，对害虫有触杀和胃毒作用。本品进入虫体后迅即妨碍呼吸，抑制各胺酸的氧化，而使害虫死亡。该药剂能有效地防治蔬菜等多种作物上的蚜虫，还能用于烟

草、蔬菜和果树上防治蚜虫、红蜘蛛、叶蜂、小菜蛾、青虫、跳甲等，无药害，无抗性。

从多种植物根中萃取而得。无色晶体，熔点163℃、181℃（双晶体），蒸气压<1mPa（20℃）。溶解度：不易溶于水（15mg/L，100℃），易溶于丙酮、二硫化碳、乙酸乙酯和氯仿，较难溶于乙醚、醇类、石油醚和四氯化碳。暴露于日光和空气中分解，外消旋体杀虫活性减弱，鱼藤萃根取物在磷酸中稳定。

常见制剂类型：混合乳油。

【毒　　性】中等毒。

【税则号列】有效成分：29329990　　　制剂：38089910（零售包装），38089990（其他）

**0181035　　阿维菌素　　Abamectin**

【别　　名】螨虫素，齐螨素，害极灭，齐墩螨素，爱螨力克，杀虫菌素，爱比菌素，爱福丁，阿佛曼菌素，阿弗米丁，除虫菌素，害极灭，阿巴菌素，阿巴美丁，阿氟菌素，虫克星，Agrimec，Avermectin B1，Abamectine，Agri-Mek，Affirm

【有效成分】

【商品类别】杀螨剂/杀虫剂

【结 构 式】

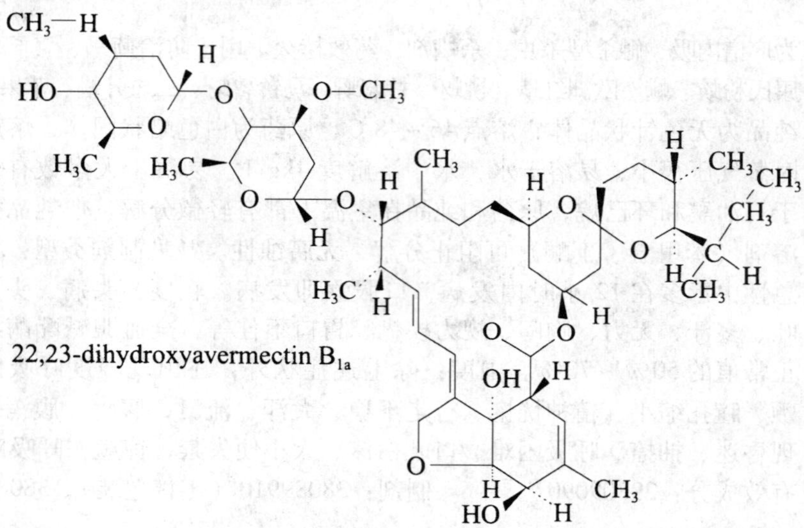

22,23-dihydroxyavermectin $B_{1a}$

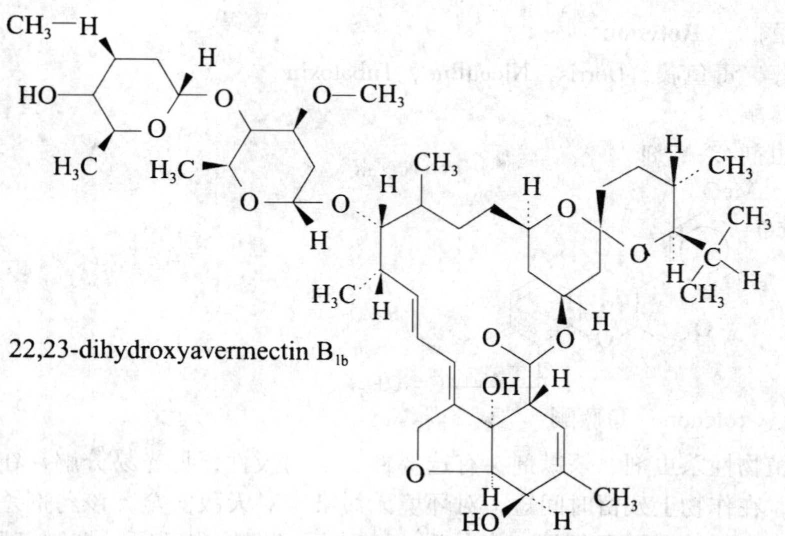

22,23-dihydroxyavermectin $B_{1b}$

【商品属性】它是一种大环内酯双糖类化合物的混合物。是从土壤微生物中分离的天然产物，对昆虫和螨类具有触杀和胃毒作用并有微弱的熏蒸作用，无内吸作用。但它对叶片有很强的渗透作用，可杀死表皮下的害虫，且残效期长。它不杀卵。其作用机制与一般杀虫剂不同的是它干扰神经生理活动，刺激释放r-氨基丁酸，而r-氨基丁酸对节肢动物的神经传导有抑制作用，螨类成、若螨和昆虫与幼虫与药剂接触后即出现麻痹症状，不活动不取食，2~4天后死亡。因不引起昆虫迅速脱水，所以它的致死作用较慢。但对捕食性和寄生性天敌虽有直接杀伤作用，但因植物表面残留少，因此对益虫的损伤小。

原药为白色或黄色结晶（含B1a80%，B1b＜20%），蒸气压＜200nPa，熔点150~155℃。溶解度，21℃时在水中7.8微克/升、丙酮中100、甲苯中350、异丙醇70，氯仿25（g/L）。常温下不易分解。在25℃，pH5~9的溶液中无分解现象。

常见制剂类型：乳油。

【毒　　性】对兔眼睛有轻微刺激作用，对兔皮肤无刺激作用；Ames试验表明无致突变性。高毒，早期症状为瞳孔放大，行动失调，肌肉颤抖，严重时导致呕吐。

【税则号列】有效成分：38249099　　　制剂：38089910（零售包装），38089990（其他）

**0181036　　二甲基二硫醚　　Dithioether**

【别　　名】螨速克

【有效成分】二甲基二硫醚

【商品类别】杀螨剂/杀虫剂

【结 构 式】$CH_3—S—S—CH_3$

【商品属性】是含有多种有效成分的植物性杀螨剂。经叶片吸收，主要集中在表皮细胞内层，在阳光直射的情况下，可以加速分解。经分解后，10天后就无残存。二甲基二硫醚是构成蚊子引诱剂的主要成分。

制剂为淡黄色液体，比重0.867，易燃，闪点24.4℃，酸性介质中稳定，遇碱分解。

常见制剂类型：乳油。

【毒　　性】低毒。

【税则号列】有效成分：29309090　　　制剂：38089910（零售包装），38089990（其他）

**0181037　　溴灭菊酯　　Brofenvalerate**

【别　　名】溴氰戊菊酯，溴敌虫菊酯

【有效成分】（R,S）-2-氰基-2-氰基-3-（4-溴苯氧基）苄基-（R,S）-2-（4-氯苯基）异戊酸酯

【商品类别】拟除虫菊酯类杀虫/杀螨剂

【结 构 式】

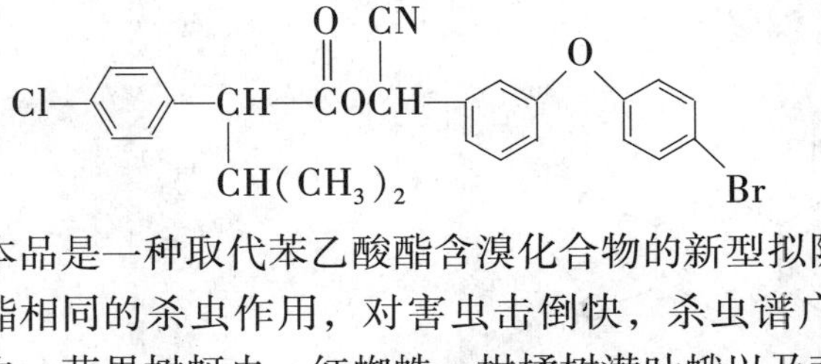

【商品属性】本品是一种取代苯乙酸酯含溴化合物的新型拟除虫菊酯类杀虫剂，其有氰戊菊酯相同的杀虫作用，对害虫击倒快，杀虫谱广，可防治棉蚜、红铃虫、棉铃虫、苹果树蚜虫、红蜘蛛、柑橘树潜叶蛾以及蔬菜蚜虫、菜青虫等害虫。

原油外观为暗琥珀色黏稠液体，比重为1.367，不溶于水，易溶于芳香烃类溶剂，对光、热、氧化等稳定性高，在酸性条件下稳定，碱性介质中易分解。制

剂为红棕色透明液体，pH6～7。可与有机磷农药混合。
常见制剂类型：乳油。

【毒　　性】低毒。

【税则号列】有效成分：29269090　　制剂：38089910（零售包装），38089990（其他）

**0181038　蝇毒磷　Coumaphos**

【别　　名】蝇毒硫磷，Asuntol，Baymix，Muscatox，Perizin，Resitox，Co-Ral，Cumafos

【有效成分】O,O-二乙基-O-（3-氯-4 甲基香豆素-7）硫逐磷酸酯

【商品类别】有机磷杀虫/杀螨剂

【结 构 式】

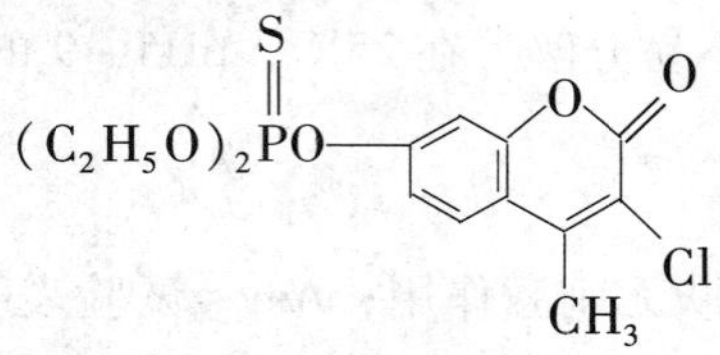

【商品属性】乙酰胆碱酯酶抑制剂，对双翅目昆虫有显著的毒杀作用，是防治家畜体外寄生虫如蜱和疥螨的特效药。该药残效期长，但用药后在高等动物体内残留量均低于国际卫生组织的规定标准，是畜牧业取代有机氯农药的较好药剂。
纯品为无色结晶，熔点 95℃，比重 1.4741（20℃），蒸气压 0.013mPa（20℃），水中溶解度 1.5mg/L（室温），略溶于有机溶剂，水溶液中水解，稀碱中吡喃酮环被打开。
常见制剂类型：乳油。

【毒　　性】

【税则号列】有效成分：29322090　　制剂：38089910（零售包装），38089990（其他）

**0181039　亚砜磷　Oxydemeton-methyl**

【别　　名】甲基内吸磷亚砜，灭多松

【有效成分】O,O-二甲基-S-（2-乙基亚磺酰基乙基）硫代磷酸酯

【商品类别】杀虫/杀螨剂

【结 构 式】

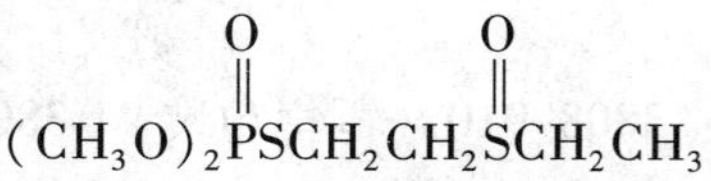

【商品属性】防治苹果、棉花、菊花等的蚜虫。
常见制剂类型：乳剂。

【毒　　性】生殖毒性。

【税则号列】有效成分：29309090　　制剂：38089910（零售包装），38089990（其他）

**0181040　血根碱　Sanguinarine**

【别　　名】绿哥

【有效成分】博落回生物总碱

【商品类别】植物源杀虫/杀螨剂

【结 构 式】

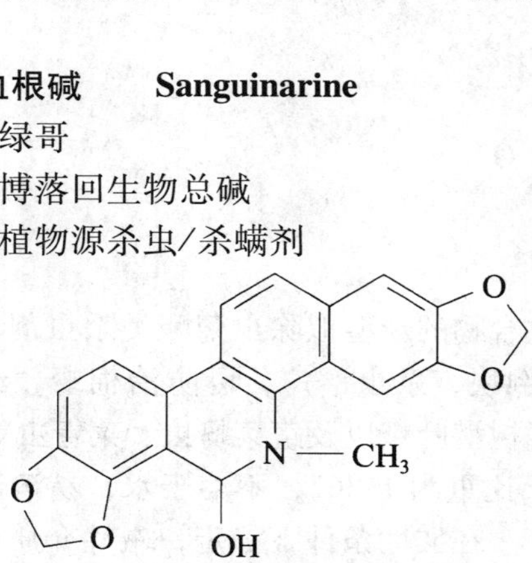

【商品属性】野生植物博落回中含多种生物碱，如血根碱、类白屈菜碱、别隐品碱、博落回碱，不易分离提纯。其中血根碱对蚜虫、螨、菜青虫等具有较高活性。

纯品熔点 265 ~267℃，可溶于乙醇、氯仿、乙醚、丙酮等有机溶剂中。12% 母药外观为棕色粉末状晶体。常温下稳定。

常见制剂类型：可湿性粉剂。

【毒　　性】低毒。

【税则号列】有效成分：29349990　　制剂：38089910（零售包装），38089990（其他）

**0181041　　氟虫腈　　Fipronil**

【别　　名】锐劲特，罗尼舒，非泼罗尼

【有效成分】（RS）-5-氨基-1-（2,6-二氯-4-三氟甲基苯基）-4-三氟甲基亚磺酰基吡唑-3-腈

【商品类别】杀虫/杀螨剂

【结 构 式】

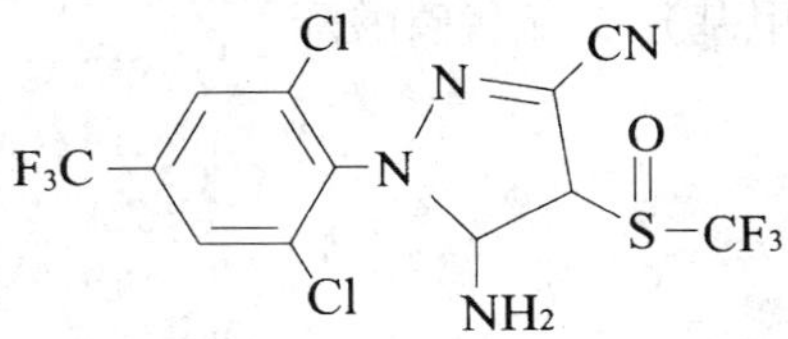

【商品属性】锐劲特是最新开发研制的苯基吡唑类新型杀虫剂，杀虫广谱，对害虫以胃毒作用为主，兼有触杀和一定的内吸作用，其杀虫机制在于阻碍昆虫 γ-氨基丁酸控制的氯化物代谢，抑制无脊椎动物外周神经抑制递质 GABA 复合物并与氯离子通道结合，从而阻碍氯离子在前后突触间的跨膜运输，导致昆虫和蜱中枢神经系统功能紊乱直至死亡。因此对蚜虫、叶蝉、飞虱、鳞翅目幼虫、蝇类和鞘翅目等重要害虫有很高的杀虫活性，对作物无药害。它与当前应用的农药无交互抗性。广泛应用于水稻、蔬菜、水果、甘蔗、玉米等作物害虫及蟑螂、白蚁等非农业害虫的防治。该药剂具有结构新颖，作用机制独特、广谱高效、持效期长、刺激作物生长等特点和功效。在很低的剂量下就能有效地控制二化螟、三化螟、稻飞虱、稻纵卷叶螟、稻蓟马、稻蝗、稻蛴象、稻苞虫、稻螟蛉等水稻害虫和小菜蛾、菜青虫、银纹夜蛾、马铃薯叶甲等多种蔬菜害虫。因此在多种害虫同时发生时，可实现一药多治的功效。

常见制剂类型：非泼罗尼用于预防和治疗犬、猫等宠物身上的跳蚤和蜱的寄生，另对疥螨、虱和恙螨也有很好的杀灭效果，杀虫活性可维持 1 ~3 个月，安全性高。

【毒　　性】低毒，对皮肤有轻微刺激，对眼睛无影响，无致癌和诱变作用。

【税则号列】有效成分：29331990　　制剂：38089910（零售包装），38089990（其他）

**0181042　　氟胺氰菊酯　　Fluvalinate（tau-fluvalinate）**

【别　　名】马扑立克，Mavrik，Klartan，Apistan

【有效成分】N-（2-氯-4-三氟甲基苯基）-DL-α-氨基异戊酸-α-氰基（3-苯氧苯基）甲基酯

【商品类别】拟除虫菊酯类杀虫/杀螨剂

【结 构 式】

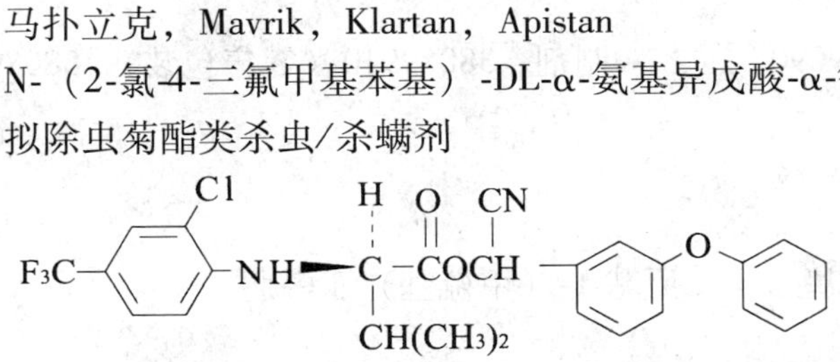

【商品属性】除具有一般拟除虫菊酯农药的胃毒、触杀作用及杀虫谱广等特性外，还具有杀螨及螨卵的作用。

原药为黏稠琥珀色略带甜味油状物，沸点 164℃/0.07mmHg（原药），蒸气压 <0.013mPa（20℃），密度 1.266（20℃）。溶解度：水 1.03ppb（pH7，20℃），溶于芳香烃类、醇类、乙醚、二氯甲烷，不溶于异辛烷。室温（20～28℃）贮存 2 年（原药），见光分解。

常见制剂类型：乳油。

【毒　　性】属神经毒剂，接触部位皮肤感到刺痛，但无红斑，尤其在口、鼻周围。对兔眼睛有中度刺激作用。很少引起全身性中毒。接触量大时也会引起头痛，头昏，恶心呕吐，双手颤抖，重者抽搐或惊厥、昏迷、休克。

【税则号列】有效成分：29269090　　制剂：38089910（零售包装），38089990（其他）

**0181043　芬硫磷　Phenkapton**

【别　　名】

【有效成分】O,O-二乙基-S-（2,5-二氯苯硫基甲基）二硫代磷酸酯

【商品类别】杀虫/杀螨剂

【结 构 式】

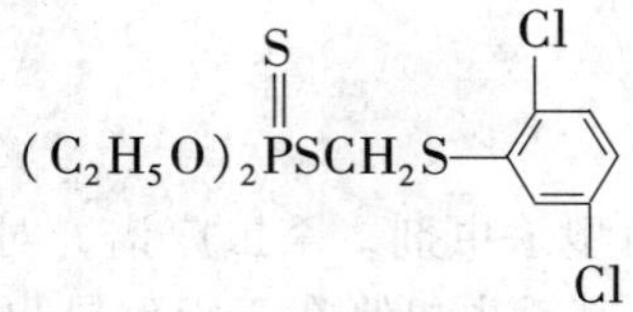

【商品属性】具有杀虫活性，并可防治花卉螨类。

比重 1.3507，熔点 16.2℃，沸点 120℃（0.13 巴），受热分解有毒氧化磷、氧化硫、氯化物气体。

【毒　　性】剧毒。

【税则号列】有效成分：29309090　　制剂：38089910（零售包装），38089990（其他）

**0181044　果虫磷　Cyanthoate**

【别　　名】

【有效成分】O,O-二乙基-S-［N-（1-氰基-1-甲基乙基）氨基甲酰甲基］硫代磷酸酯

【商品类别】杀虫/杀螨剂

【结 构 式】

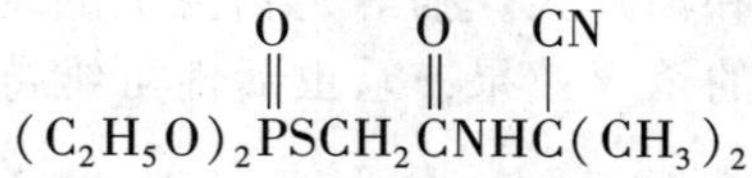

【商品属性】果虫磷也是由意大利蒙特卡梯尼公司开发的重要农药，具有内吸性杀虫、杀螨剂，具有触杀和胃毒作用，能防治蚜虫、红蜘蛛、木虱和其他刺吸口器害虫，尤其对苹果、梨和桃等水果害虫更为有效。

明火可燃；受热放出有毒氧化磷、氯化物、氧化硫气体。

【毒　　性】剧毒。

【税则号列】有效成分：29309090　　制剂：38089910（零售包装），38089990（其他）

**0181045　久效威　Thiofanox**

【别　　名】

【有效成分】O-甲基氨基甲酰基-3,3-二甲基-1-（甲硫基）丁醛肟

【商品类别】杀虫/杀螨剂

【结 构 式】

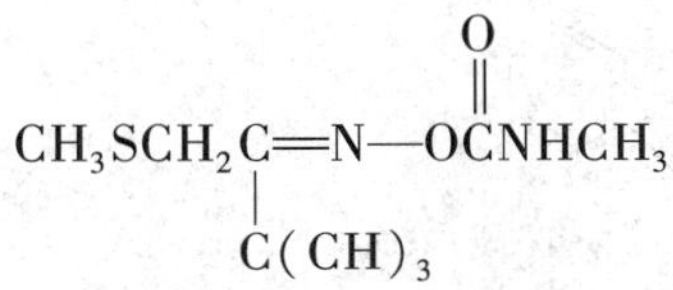

【商品属性】胆碱酯酶抑制剂。久效威能有效防治棉花、马铃薯、花生、油菜、甜菜、水稻、谷类作物、烟草及观赏植物上的多种食叶害虫和螨类。
熔点 56. 5 ~57. 5℃，受热分解有毒氧化硫、氧化氮气体。

【毒　　性】剧毒。

【税则号列】有效成分：29309090　　　　制剂：38089910（零售包装），38089990（其他）

**0181046　　赛硫磷　　Amidithion**

【别　　名】赛果

【有效成分】O, O-二甲基-S-［（N-甲氧基乙基）氨基甲酰甲基］二硫代磷酸酯

【商品类别】杀虫/杀螨剂

【结 构 式】

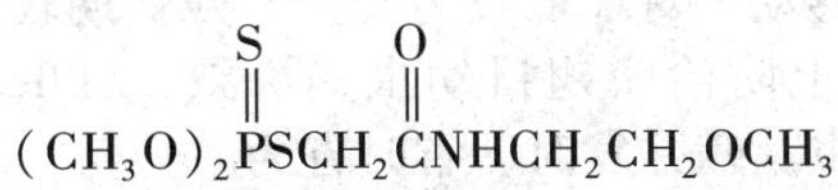

【商品属性】由瑞士汽巴－嘉基公司开发的农药，本品为内吸性杀螨、杀虫剂和种子处理剂，用于棉花、玉米、花生、甜菜、果树等农作物的病虫害防治。
比重 1. 136，熔点 25 ~26℃，受热分解有毒氧化磷、氧化硫、氧化氮气体。

【毒　　性】高毒。

【税则号列】有效成分：29309090　　　　制剂：38089910（零售包装），38089990（其他）

**0181047　　苏硫磷　　Sophamide**

【别　　名】苏果，Formocarbam

【有效成分】O, O-二甲基-S-［（N-甲氧基甲基）氨基甲酰甲基］二硫代磷酸酯

【商品类别】杀虫/杀螨剂

【结 构 式】

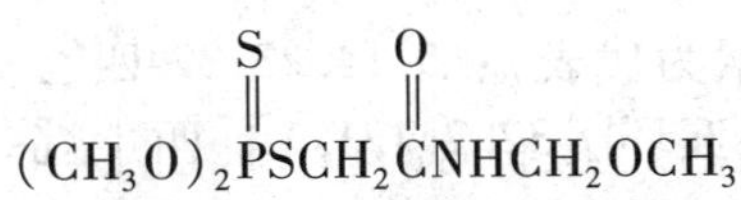

【商品属性】具有触杀性和内吸性杀虫剂和杀螨剂，用于防治蚜虫和红蜘蛛。
熔点 40 ~42℃，燃烧产生有毒硫氧化物、磷氧化物和氮氧化物气体。

【毒　　性】高毒。

【税则号列】有效成分：29309090　　　　制剂：38089910（零售包装），38089990（其他）

**0181048　　联苯菊酯　　Bifenthrin**

【别　　名】天王星，虫螨灵，氟氯菊酯，毕芳宁，2-氟氯菊酯，Biphenthrin，Talstar，FMC-54800

【有效成分】（1R，S）-顺式（Z）2, 2-二甲基-3-（2-氯-3, 3, 3-三氟-1-丙烯基）环丙烷羧酸-2-甲基-3-苯基苄酯

【商品类别】拟除虫菊酯类杀虫/杀螨剂

【结 构 式】

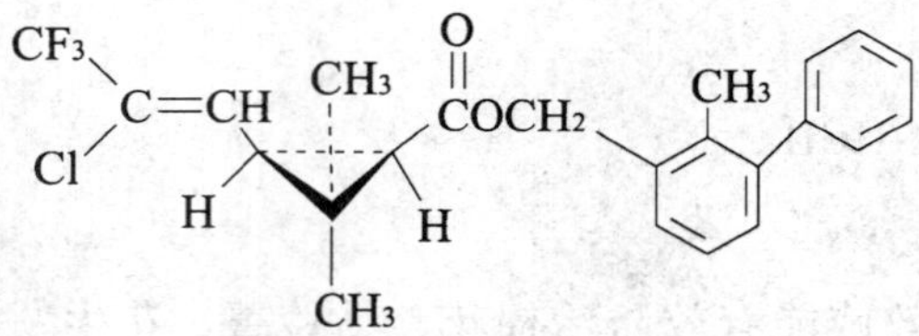

(Z)-(1R,3R)-异构体

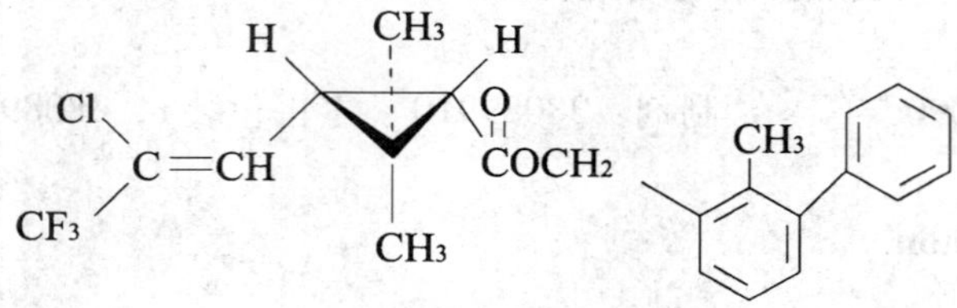

(Z)-(1S,3S)-异构体

【商品属性】拟除虫菊酯类杀虫、杀螨剂。具有触杀、胃毒作用，无内吸、熏蒸作用，杀虫谱广、作用迅速。在土壤中不移动，对环境较为安全，残效期较长。适用于棉花、果树、蔬菜、茶叶等作物上防治鳞翅目幼虫、粉虱、蚜虫、潜叶蛾、叶蝉、叶螨等害虫、害螨。用于虫、螨并发时，省时省药。

黏稠液体晶状或蜡状固体，熔点 51 ~66℃，比重 1.21（25℃），蒸气压 0.024mPa（25℃），溶于二氯甲烷、甲苯、氯仿、丙酮、乙醚，微溶于庚烷和甲醇，几乎不溶于水，在 20 至 25℃时稳定 2 年。

常见制剂类型：乳油。

【毒　　性】属神经毒剂，接触部位皮肤感到刺痛，但无红斑，尤其在口、鼻周围。很少引起全身性中毒。接触量大时也会引起头痛，头昏，恶心呕吐，双手颤抖，重者抽搐或惊厥、昏迷、休克。

【税则号列】有效成分：29162090　　制剂：38089910（零售包装），38089990（其他）

**0181049　浏阳霉素　Linyangmycin**

【别　　名】杀螨霉素，多活菌素，Polynactin

【有效成分】为 5 个组分的混合体（以四活菌素为代表）：5, 14, 23, 32-四乙基-2, 11, 20, 29-四甲基-4, 13, 22, 31, 38, 39, 40-八氧五环［32, 2, 1, 1, 1］四十烷-3, 12, 21, 30-四酮

【商品类别】杀虫/杀螨剂

【结 构 式】

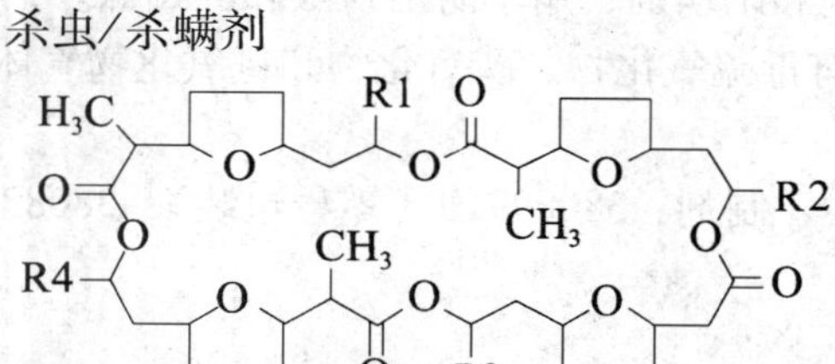

（R 代表甲基或乙基）

【商品属性】是由灰色链霉菌浏阳变种所产生的具有大环内酯结构的杀螨抗生素，是通过微生物深层发酵提炼而成。该药是一种低毒、低残留、可防治多种作物的多种螨类的广谱杀螨剂，防治效果好，对天敌安全。

浏阳霉素为一触杀性杀虫剂，对螨类具有特效，对蚜虫也有较高的活性。可用于棉花、果树、瓜类、豆类、蔬菜等作物防治螨类及蚜虫。

为五个组分的混合体无色菱形晶体，熔点 70 ~71℃，蒸气压 1 ~5 ×10⁻⁷mmHg，难溶于水，可溶于醇、苯、酮、正己烷、石油醚及氯仿等。室温稳定，紫外光不稳定。

常见制剂类型：乳油。

【毒　　性】眼睛结膜充血。无全身中毒报道。

【税则号列】有效成分：2941　　　　制剂：38089910（零售包装），38089990（其他）

**0181050　　氯氟氰菊酯　　Cyhalothrin**

【别　　名】功夫，三氟氯氰菊酯，功夫菊酯，空手道，氯氟氰菊酯，Karate，Kung-Fu，PP-321，Grenade

【有效成分】3-（2-氯-3,3,3-三氟丙烯基）-2,2-二甲基环丙烷羧酸 α-氰基-3-苯氧苄基酯

【商品类别】杀虫/杀螨剂

【结 构 式】

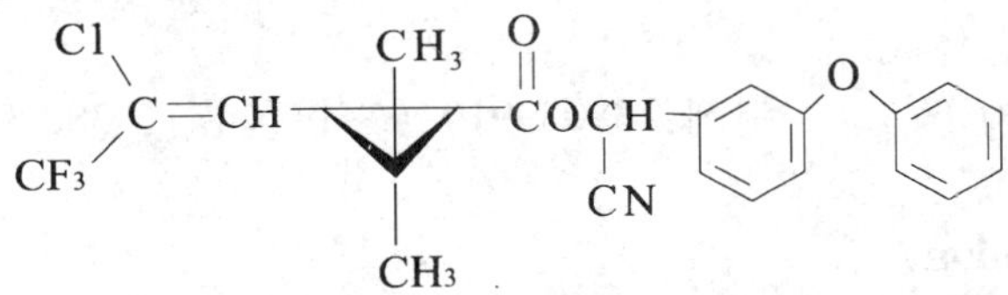

【商品属性】杀虫谱广，活性较高，药效迅速，喷洒后耐雨水冲刷，但长期使用易对其产生抗性，对刺吸式口器的害虫及害螨有一定防效，但对螨的使用剂量要比常规用量增加 1～2 倍。适用于花生、大豆、棉花、果树、蔬菜的害虫。

黄色至棕色黏稠油状液体（工业品），沸点 187～190℃/0.2mmHg，蒸气压约 0.001mPa（20℃），密度 1.25（25℃）。溶解度：水中 0.004ppb（20℃），溶于丙酮、二氯甲烷、甲醇、乙醚、乙酸乙酯、己烷、甲苯均 >500g/L（20℃）。50℃黑暗处存放 2 年不分解，光下稳定，275℃分解，光下 pH7～9 缓慢分解，pH >9 加快分解。

常见制剂类型：混合乳油。

【毒　　性】属神经毒剂，接触部位皮肤感到刺痛，但无红斑，尤其在口、鼻周围。很少引起全身性中毒。接触量大时也会引起头痛，头昏，恶心呕吐，双手颤抖，重者抽搐或惊厥、昏迷、休克。

【税则号列】有效成分：29269090　　　　制剂：38089910（零售包装），38089990（其他）

**0181051　　高效氯氟氰菊酯　　Lambda-cyhalothrin**

【别　　名】爱克宁，功高，λ-三氟氯氰菊酯

【有效成分】α-氰基-3-苯氧苄基-3-（2-氯-3,3,3-三氯氟-1-丙烯基）-2,2-二甲基环丙烷羧酸酯（Z）-（1R，3R），S-酯及（Z），（1S，3S），R-酯的 1：1 混合物

【商品类别】杀虫/杀螨剂

【结 构 式】

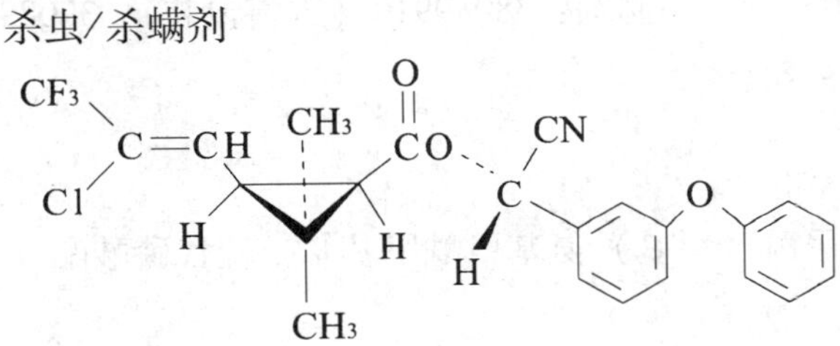

(S)(Z)-(1R,3R)-异构体

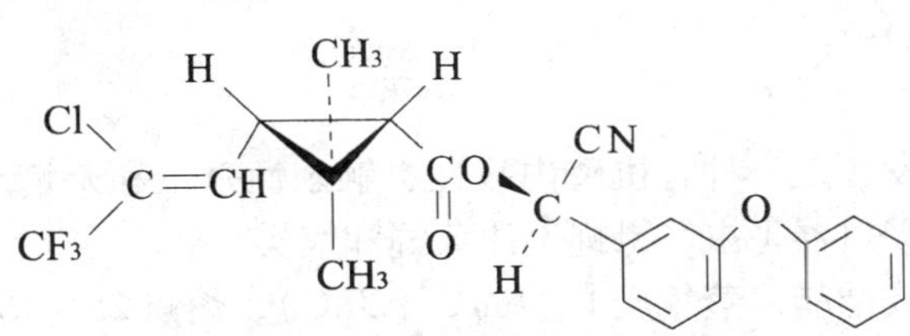

(R)(Z)-(1S,3S)-异构体

【商品属性】该药是对环境卫生害虫极为有效的一种广效杀虫剂，具有击倒速度快、击倒力强，用药量少等优点。能消灭传播疾病的媒介害虫和防治各种卫生害虫。

无色固体（原药为深棕色或深绿色固化熔融物），熔点 49.2℃（原药 47.5～48.5℃），蒸气压 200nPa（20℃）、200uPa（60℃），密度 1.33g/ml（25℃）。溶解度：纯水 0.005（pH6.5），缓冲液 0.004（pH5.0，mg/L），丙酮、甲苯、甲醇、己烷、乙酸乙酯约 500g/L。对光稳定，15～25℃时可保存 6 个月以上。

常见制剂类型：混合乳油。

【毒　　性】属神经毒剂，接触部位皮肤感到刺痛，尤其在口、鼻周围，但无红斑。很少引起全身性中毒。接触量大时会引起头痛、头昏、恶心、呕吐、双手颤抖，全身抽搐或惊厥、昏迷、休克。

【税则号列】有效成分：29269090　　　制剂：38089910（零售包装），38089990（其他）

**0181052　杀扑磷　Methidathion**

【别　　名】速扑杀，Supracide，Ultracide

【有效成分】S-2, 3-二氢-5-甲氧基-2-氧代-1, 3, 4-硫二氮茂-3 基甲基-0, 0-二甲基二硫代磷酸酯

【商品类别】有机磷杀虫/杀螨剂

【结 构 式】

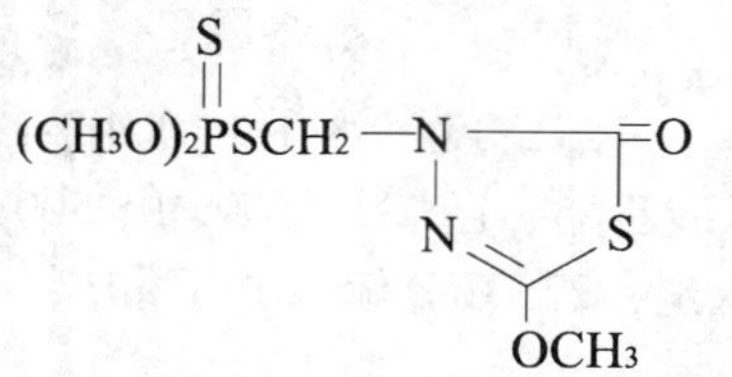

【商品属性】是一种广谱的有机磷杀虫剂，具有触杀、胃毒和渗透作用，能渗入植物组织内，对咀嚼式和刺吸式口器害虫均有杀灭效力，尤其对介壳虫有特效，对螨类有一定的控制作用。适用于果树、棉花、茶树、蔬菜等作物上防治多种害虫，残效期 10～20 天。

常见制剂类型：乳油或混合乳油。

【毒　　性】急性中毒多在 12 小时内发病，口服立即发病。轻度：头痛、头昏、恶心、呕吐、多汗、无力、胸闷、视力模糊、胃口不佳等，全血胆碱酯酶活力一般降至正常值的 50%～70%；中度：除上述症状外还出现轻度呼吸困难、肌肉震颤、瞳孔缩小、精神恍惚、行走不稳、大汗、流涎、腹疼、腹泻。重者还会出现昏迷、抽搐、呼吸困难、口吐白沫、大小便失禁，惊厥，呼吸麻痹。

【税则号列】有效成分：29349990　　　制剂：38089910（零售包装），38089990（其他）

**0181053　安硫磷**

【别　　名】安果，Formothion，Aflix

【有效成分】O, O-二甲基-S-［N-甲酰（甲基）氨基甲酰甲基］二硫代磷酸酯

【商品类别】杀虫/杀螨剂

【结 构 式】

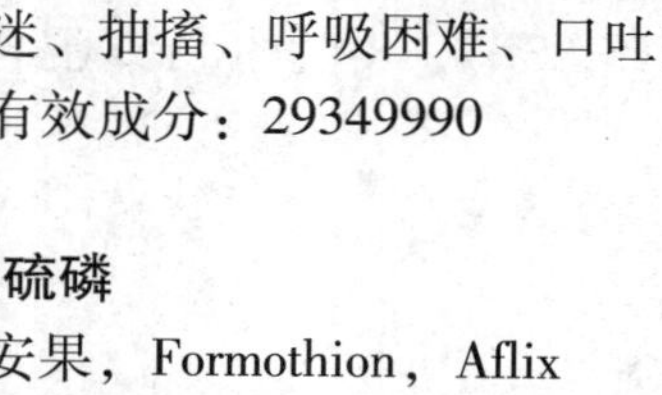

【商品属性】由山道士公司开发，是一种有机磷内吸性、触杀性杀虫和杀螨剂，能抑制胆碱酯酶活性。对刺吸口器害虫、果蝇、甜菜蝇和螨类有效。

黄色黏稠油状物或结晶，蒸气压 1.07mPa（20℃），熔点 25～26℃，密度 1.361（22/0℃）。微溶于水，可混溶于醇、氯仿、乙醚、酮、苯，用做家用杀虫剂。

【毒　　性】可经吸入、食入、皮肤途径吸收。
【税则号列】有效成分：29309090　　制剂：38089910（零售包装），38089990（其他）

**0181054　　多噻烷　　Polythiacycloalkane**
【别　　名】
【有效成分】N，N-二甲基-1，2，3，4，5-五硫环辛-7-胺
【商品类别】沙蚕毒素类杀虫/杀螨剂
【结 构 式】
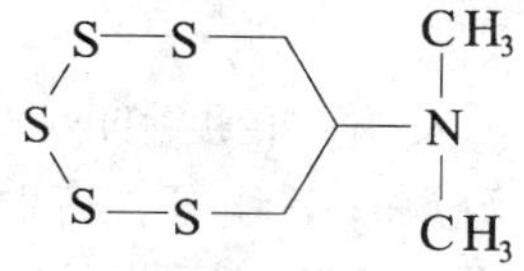

【商品属性】多噻烷属沙蚕毒系硫杂环烷类杀虫剂，具有强烈的胃毒、触杀、内吸传导作用和一定的杀卵、熏蒸效果，是高效、安全的广谱杀虫剂，主要用于水稻、棉花、蔬菜、果树、茶叶、麻类等作物防治多种害虫，其中以防治棉铃虫、棉红蜘蛛、柑橘红蜘蛛、蔬菜螨类效果尤佳。
纯品为白色而略带异味的粉状结晶。水中溶解度 0.73g/100g，二甲基甲酰胺中 1.85g/100g，难溶于水、氯仿等有机溶剂。原药为无色油状液体，不稳定，易降解脱硫，通常制成较稳定的草酸盐或盐酸盐。
【毒　　性】对家兔皮肤、眼结膜有一定的刺激作用。
【税则号列】有效成分：29349990　　制剂：38089910（零售包装），38089990（其他）

**0181055　　二溴磷　　Naled**
【别　　名】万丰，Dibrom，Bromex，Hibrom
【有效成分】1, 2-二溴-2, 2, -二氯乙基二甲基磷酸酯
【商品类别】有机磷杀虫/杀螨剂
【结 构 式】
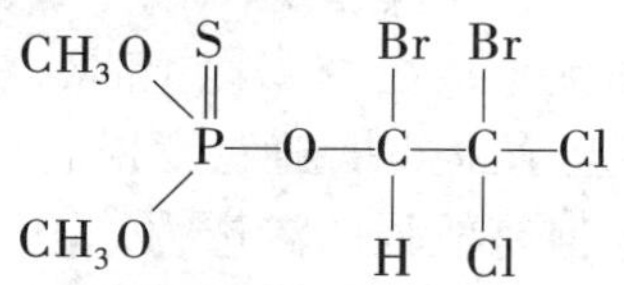

【商品属性】该产品为速效、击倒力强、杀虫谱广的有机磷杀虫剂，并可兼治成螨。具有胃毒、触杀、熏蒸作用，非内吸性。在无水状态下稳定，在碱性溶液中水解迅速。
原药外观为黄色均相液体，无可见悬浮物和沉淀物，沸点 110℃（66.65Pa），熔点纯品 26℃，蒸气压 0.267Pa（20℃）。在常温下不溶于水，微溶于脂肪烃溶剂，易溶于芳烃溶剂。遇水、光、碱、金属及还原物质分解。
常见制剂类型：混合乳油。
【毒　　性】中等毒
【税则号列】有效成分：29199000　　制剂：38089910（零售包装），38089990（其他）

**0181056　　甲基毒死蜱　　Chlorpyrifos-methyl**
【别　　名】甲基氯蜱硫磷，Reldan，Graincot
【有效成分】O, O-二甲基-O-（3, 5, 6-三氯-2-吡啶基）硫逐磷酸酯
【商品类别】有机磷杀虫/杀螨剂
【结 构 式】

【商品属性】非内吸性杀虫、杀螨剂，用于防治禾谷类（包括贮粮）上的鞘翅目、双翅目、同翅目和鳞翅目害虫，果树、蔬菜、棉花、甘蔗等作物上的叶面害虫，也可作为工业、卫生用药防治苍蝇、爬虫。

纯品为无色结晶，有轻微硫醇味，熔点 45.5 ~46.5℃，蒸气压 5.6mPa（25℃）。溶解度（mg/L）：水 4（24℃）、丙酮 6400、苯 5200、乙醚 4800、氯仿 3500、甲醇 300、己烷 230（g/kg，24℃）。在中性介质中稳定，在 pH4 ~6 和 pH8 ~10 条件下迅速水解。

常见制剂类型：乳油。

【毒　　性】急性中毒多因误食引起，约半小时到数小时可发病，轻度中毒：全身不适，头痛、头昏、无力、视力模糊、呕吐、出汗、流涎、嗜睡等，有时有肌肉震颤，偶有腹泻。中度中毒：除上述症状外剧烈呕吐、腹痛、烦躁不安、抽搐、呼吸困难等。重度中毒：癫痫样抽搐。急性中毒多在 12 小时内发病，误服者立即发病。

【税则号列】有效成分：29333990　　　　制剂：38089910（零售包装），38089990（其他）

**0181057　　对硫磷　　Parathion**

【别　　名】乙基对硫磷，乙基 1605，1605，Ethyl parathion，Thiophs，Bladan，Folidol，E-605，Niran

【有效成分】O, O-二乙基-O-（对硝基苯基）-硫代磷酸酯

【商品类别】有机磷杀虫/杀螨剂

【结 构 式】

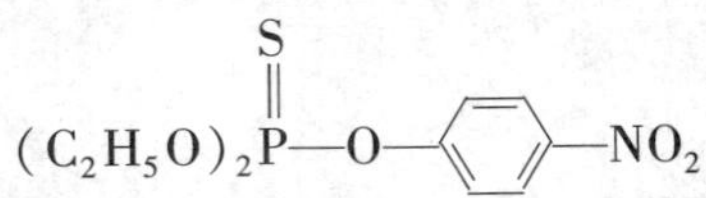

【商品属性】是一种广谱性杀虫、杀螨剂，对害虫具有强烈的触杀和胃毒作用，为胆碱酯酶抑制剂。在密闭场所也有一定的熏蒸作用，尤其在 30℃以上时，熏蒸作用更加明显，对硫磷的杀虫效果与气温有密切关系，在 18℃以上时，熏蒸作用更加明显。在 18℃以下效果较差。在 18℃以上杀虫效果随温度提高而增加，但药效期相应缩短。对硫磷无内吸杀虫作用，但有较强的渗透力，施于植物叶表面的药液能渗透进入叶内，杀死在叶背取食的蚜、叶蝉和螨。施于稻田水中的药剂，能渗透进入叶鞘内或水稻心叶部位，杀死已侵入叶鞘或心叶部位的螟虫一龄幼虫。在叶上的残效期一般为 4 ~5 天。

浅黄色，有苯酚气味的液体，熔点 6.1℃，沸点 150℃/80Pa，蒸气压 0.89mPa（20℃），密度 1.2694。溶解度：水中 11mg/L（20℃），与许多有机溶剂混溶，如二氯甲烷 >200，异丙醇、甲苯、己烷 50 ~100（g/L，20℃）。酸性介质中（pH1 ~6）水解缓慢，碱性介质中水解迅速，加热超过 130℃，发生异构化。

常见制剂类型：颗粒剂、微胶囊剂、粉剂、乳油。

【毒　　性】急性中毒多在 12 小时内发病，口服立即发病。轻度：头痛、头昏、恶心、呕吐、多汗、无力、胸闷、视力模糊、胃口不佳等，全血胆碱酯酶活力一般降至正常值的 50% ~70%。中度：除上述症状外还出现轻度呼吸困难、肌肉震颤、瞳孔缩小、精神恍惚、行走不稳、大汗、流涎、腹疼、腹泻。重者还会出现昏迷、抽搐、呼吸困难、口吐白沫、大小便失禁，惊厥，呼吸麻痹。

【税则号列】有效成分：29201100　　　　制剂：38085010（零售包装），38085090（其他）

**0181058　甲基对硫磷　Parathion methyl**

【别　　名】甲基 1605，Folidol-M，Metacide，Bladan-M，Mitrox80，Metaphos，Metron

【有效成分】O, O-二甲基-O-对硝基苯基硫代磷酸酯

【商品类别】有机磷杀虫/杀螨剂

【结 构 式】

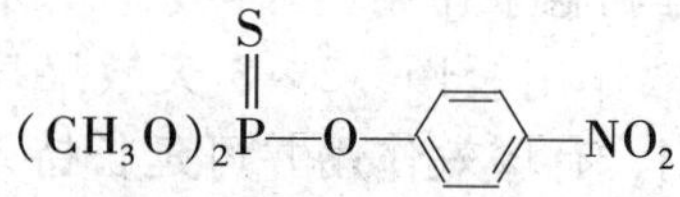

【商品属性】杀虫谱及对害虫的作用机制与对硫磷相近，但该药对害虫的药效比对硫磷低，且残效短，对人畜的毒性也较低，但它仍属高毒农药，主要用于防治棉花、水稻、果树害虫。

无色无味晶体（原药为浅色至深褐色液体），熔点 35～36℃（原药约 29℃），沸点 154℃/136Pa，蒸气压 0.2mPa（20℃）、0.41mPa（25℃）。密度 1.358（20℃），原药 1.20～1.22。溶解度（mg/L）：水 55（20℃），二氯甲烷、甲苯 >200，己烷 10～20（g/L，20℃），几乎不溶于石油醚和某些矿物油。酸碱介质中水解（高于对硫磷约 5 倍），加热发生异构化，水中光解。

常见制剂类型：粉剂、乳油。

【毒　　性】急性中毒多在 12 小时内发病，口服立即发病。轻度：头痛、头昏、恶心、呕吐、多汗、无力、胸闷、视力模糊、胃口不佳等，全血胆碱酯酶活力一般降至正常值的 50%～70%。中度：除上述症状外还出现轻度呼吸困难、肌肉震颤、瞳孔缩小、精神恍惚、行走不稳、大汗、流涎、腹疼、腹泻。重者还会出现昏迷、抽搐、呼吸困难、口吐白沫、大小便失禁，惊厥，呼吸麻痹。

【税则号列】有效成分：29201100　　制剂：38085010（零售包装），38085090（其他）

**0181059　水胺硫磷　Isocarbophos**

【别　　名】羧胺磷，羧胺硫磷，Optunal

【有效成分】O-甲基-O-（邻-异丙氧基羰基苯基）硫代磷酰胺

【商品类别】有机磷杀虫/杀螨剂

【结 构 式】

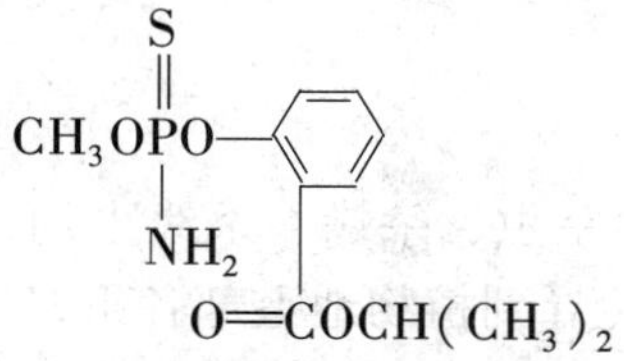

【商品属性】是一种广谱性有机磷杀虫、杀螨剂。兼有杀卵作用。

纯品为无色鳞片状结晶，能溶于乙醚、苯、丙酮和乙酸乙酯，不溶于水，难溶于石油醚，工业品为茶褐色黏稠的油状液，放置过程中不断析出结晶，有效成分含量 85%～90%，常温下贮存稳定。

常见制剂类型：乳油是由水胺硫磷原油、增效剂、助剂等配制而成。

【毒　　性】

【税则号列】有效成分：29299090　　制剂：38089910（零售包装），38089990（其他）

**0181060　乙酰甲胺磷　Acephate**

【别　　名】高灭磷，盖土磷，Ortho 12420，Orthene，Ortran，Tornado

【有效成分】O，S-二甲基乙酰基硫代磷酰胺酯

【商品类别】有机磷杀虫/杀螨剂

【结构式】

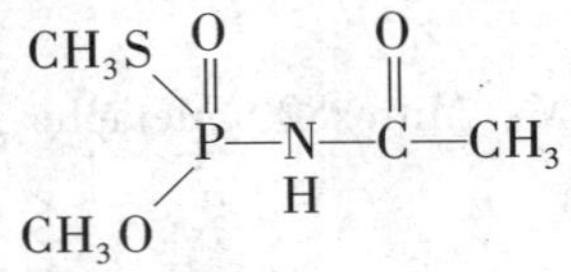

【商品属性】乙酰甲胺磷为内吸杀虫剂，具有胃毒和触杀作用，并可杀卵，有一定的熏蒸作用，是缓效型杀虫剂。在施药后初效作用缓慢，2~3天效果显著，后效作用强。如果与西维因、乐果等农药混用，有增效作用并可延长持效期。其基本杀虫原理是抑制昆虫乙酰胆碱酯酶。适用于蔬菜、茶树、烟草、果树、棉花、水稻、小麦、油菜等作物，防治多种咀嚼式、刺吸式口器害虫和害螨。

纯品为白色晶体，熔点88~90℃，工业品为82~89℃，比重1.35，蒸气压为0.226mPa（24℃）。溶解度：水中为790g/L（20℃），丙酮151g/L，乙醇>100g/L，苯16g/L，已烷0.1，比较稳定。

常见制剂类型：可溶性粉剂、铒剂、乳油。

【毒　　性】轻度中毒：头痛、头昏、恶心、呕吐、多汗、无力、胸闷、视力模糊、胃口不佳等。全血胆碱酯酶一般降到正常值的70%以下。中度中毒：除上述症状外，还出现轻度呼吸困难、肌肉震颤、瞳孔缩小、精神恍惚、行走不稳、大汗、流涎、腹痛、腹泻等。重者还会出现昏迷、抽搐、呼吸困难、口吐白沫、大小便失禁，惊厥，呼吸麻痹。急性中毒多在12小时内发病，误服者可立即发病。

【税则号列】有效成分：29299090　　制剂：38089910（零售包装），38089990（其他）

## 0182 杀虫/杀线虫剂、杀虫/杀线/杀螨剂

**0182001　涕灭威　Aldicarb**

【别　　名】铁灭克，Temik，Sanacarb，Ambush

【有效成分】2-甲基-2-（甲硫基）丙醛-O-［（甲基氨基）甲酰基］肟

【商品类别】氨基甲酸酯杀虫/杀螨/杀线虫剂

【结构式】

$$CH_3SC(CH_3)_2CH{=}NO\overset{\overset{\displaystyle O}{\|}}{C}NHCH_3$$

【商品属性】是抑制昆虫胆碱酯酶的氨基甲酸酯类杀虫、杀螨、杀线虫剂，具有触杀、胃毒、内吸作用，能被植物根系吸收，传导到植物地上部各组织器官。可防治蚜虫、螨类、蓟马等刺吸式口器害虫和食叶性害虫，对作物各个生长期的线虫有良好防治效果，同时可防治昆虫为媒介传播的多种病害。涕灭威速效性好，一般在施药后数小时即能发挥作用，药效可持续6~8周。撒药量过多或集中撒布在种子及根部附近时，易出现药害。涕灭威在土壤中易被代谢和水解，但在黑暗条件下难于分解，在碱性条件下易被分解，在有机质中半衰期为55天，在无机质中为17天。

纯品为无色结晶，熔点98~100℃，蒸气压13mPa（25℃）。比重1.195，溶解度：水4.93g/L（pH7，20℃），可溶于丙酮、苯、四氯化碳等大多数有机溶剂，不溶于庚烷和矿物油中。在中性、酸性和微碱性中稳定。100℃以上分解。

常见制剂类型：混合可湿性粉剂。

【毒　　性】头昏、头痛、乏力、面色苍白、恶心呕吐、多汗、流涎、瞳孔缩小、视力模糊；重者出现血压下降，意识模糊不清，皮肤出现接触皮炎如风疹，局部红肿奇痒，眼睛结膜充血，流泪，胸闷，呼吸困难等。症状出现快，一般几分钟至

1 小时即表现出来。

无致畸、致癌、致突变现象发生。

【税则号列】有效成分：29309090　　制剂：38089910（零售包装），38089990（其他）

**0182002　丁硫环磷　Fosthietan**

【别　　名】伐线丹，Nem-A-Tak，Acconem，Geofos

【有效成分】O, O-二乙基-N-1, 3-二噻丁环-2-亚基磷酰胺

【商品类别】杀线虫剂和杀虫剂

【结 构 式】

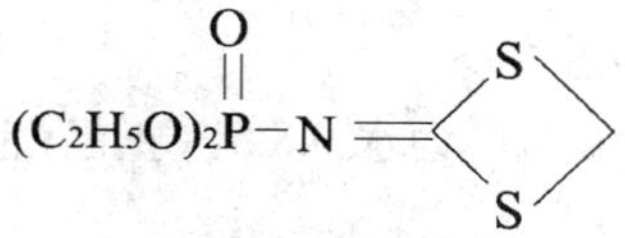

【商品属性】为广谱、内吸、触杀性有机磷杀线虫剂和杀虫剂，可土壤处理防治烟草、花生、大豆、玉米等田的线虫和土壤害虫，

纯品为黄色液体。25℃水中溶解度为 50g/kg，能溶于丙酮、氯仿、甲醇和甲苯中。

【毒　　性】大白鼠急性经口毒性 $LD_{50}$ 为 5. 7mg/kg，兔急性经皮毒性 $LD_{50}$ 为 54mg/kg。

【税则号列】有效成分：29349990　　制剂：38089910（零售包装），38089990（其他）

**0182003　除线威　Cloethocarb**

【别　　名】

【有效成分】2-（2-氯-1-甲氧基乙氧基）苯基甲基氨基甲酸酯

【商品类别】杀虫/杀线虫剂

【结 构 式】

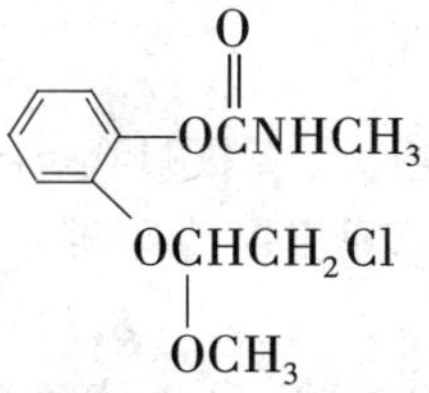

【商品属性】可杀昆虫和线虫等软体动物。

【毒　　性】

【税则号列】有效成分：29242900　　制剂：38089910（零售包装），38089990（其他）

**0182004　育畜磷　Crufomate**

【别　　名】

【有效成分】O-甲基-O-（2-氯-4-特丁基苯基）-N-甲基磷酰胺

【商品类别】杀虫/杀线虫剂

【结 构 式】

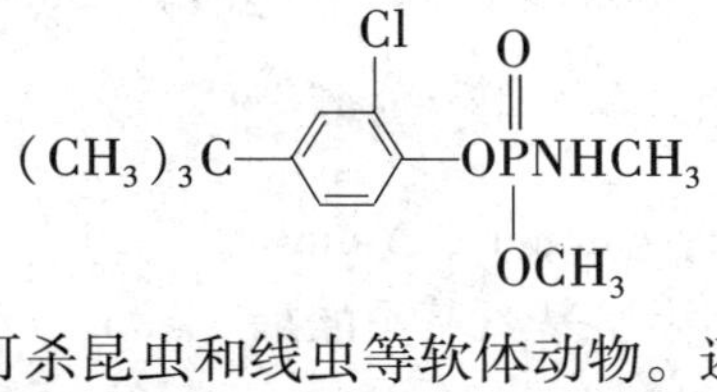

【商品属性】可杀昆虫和线虫等软体动物。还可用于驱虫兽药。

熔点 60℃，受热分解有毒氧化磷、氯化物、氧化氮气体。

【毒　　性】高毒。

【税则号列】有效成分：29299090　　制剂：38089910（零售包装），38089990（其他）

**0182005　噻唑磷　Fosthiazate**

【别　　名】噻唑磷，地威刚，ASC-66824，IKI-1145，Nemathorin

【有效成分】(RS)-3-（仲丁基硫基（乙氧基）膦酸）-1，3-噻唑烷-2-酮

【商品类别】杀线虫剂/杀虫剂

【结 构 式】

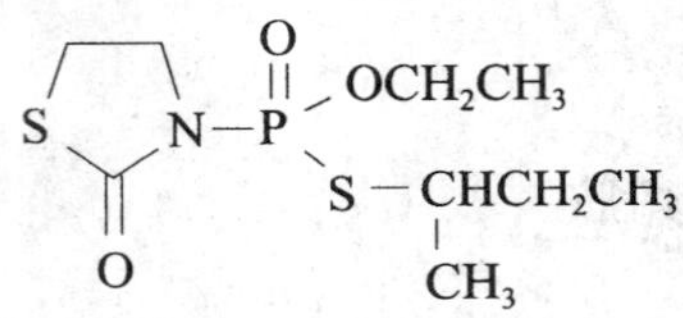

【商品属性】有机磷杀线虫剂。主要用于防治线虫、蚜虫等。

纯品为浅棕色油状物，溶解度（20℃，mg/L）为水 9.85、正己烷 15.14。

【毒　　性】本品对兔眼睛有刺激，而对皮肤无刺激。

【税则号列】有效成分：29341000　　制剂：38089910（零售包装），38089990（其他）

**0182006　杀螟丹　Cartap**

【别　　名】巴丹，派丹，卡塔普，沙蚕，Padan，Sanvex，Cadad，Patap-Thiobel，Vegetox

【有效成分】1,3-二-（氨基甲酰硫）-2-二甲基氨基丙烷

【商品类别】杀虫/杀线虫剂

【结 构 式】

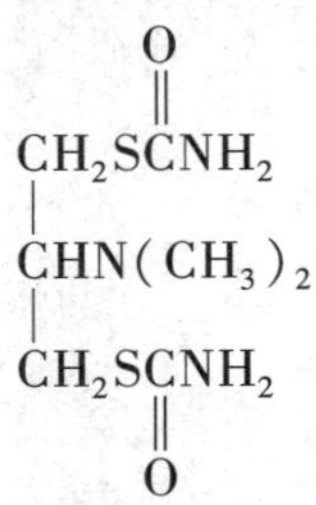

【商品属性】沙蚕毒素的一种衍生物，广谱，可用于防治鳞翅目、鞘翅目、半翅目、双翅目等多种害虫和线虫。对捕食性螨类影响小。其毒理机制为阻滞神经细胞接点在中枢神经系统中的传递冲动作用，使昆虫麻痹。

无色晶体，吸湿固体，有轻微芳香味，熔点 179～181℃（分解），溶解度水约 200g/L（25℃），微溶于甲醇和乙醇，不溶于丙酮、乙醚、乙酸乙酯、氯仿、苯和己烷，在酸性介质中稳定，在中性和碱性介质中水解。

常见制剂类型：可湿性粉剂、可溶性粉剂、悬浮剂。

【毒　　性】头昏、头痛、乏力、面色苍白、呕吐、多汗、流涎、瞳孔缩小、视力模糊。严重者出现血压下降、意识不清，皮肤出现接触性皮炎如风疹，局部红肿痛痒，眼结膜充血、流泪、胸闷、呼吸困难等。中毒症状出现快，一般几分钟至 1 小时即表现出来。

【税则号列】有效成分：29302000　　制剂：38089910（零售包装），38089990（其他）

**0182007　克百威　Carbofuran**

【别　　名】呋喃丹，大扶农，Furadan，Diafuran，Curaterr，Yaltox

【有效成分】2,3-二氢-2,2-二甲基-7-苯并呋喃基-甲-N-基氨基甲酸酯

【商品类别】氨基甲酸酯类杀虫/杀线虫剂

【结 构 式】

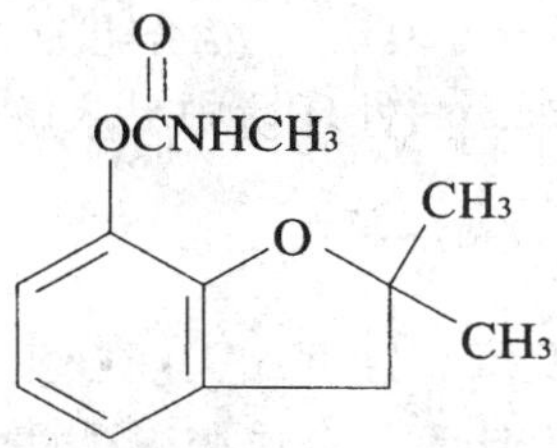

【商品属性】为广谱性内吸杀虫、杀线虫剂。胆碱酯酶抑制剂，与胆碱酯酶的结合不可逆，因而毒性高。该药被植物根系吸收，输送到各器官，以叶部积累较多。稻田水面撒药，残效期较短，施于土壤中残效较长，在棉花和甘蔗田残效40天。

无色结晶，无臭味，熔点153～154℃（纯品），蒸气压0.031mPa（20℃），密度1.180（20℃）。20℃时溶解度：水320mg/L，甲苯10～20（g/L，20℃）。在碱性介质中不稳定，在酸性、中性介质中稳定。

常见制剂类型：颗粒剂、种衣剂、乳油、毒饵。

【毒　　性】头昏、头痛、乏力、面色苍白、呕吐、多汗、流涎、瞳孔缩小、视力模糊。严重者出现血压下降、意识不清，皮肤出现接触性皮炎如风疹，局部红肿痛痒，眼结膜充血、流泪、胸闷、呼吸困难等。

【税则号列】有效成分：29329990　　　制剂：38089910（零售包装），38089990（其他）

**0182008　　灭线磷　　Ethoprophos**

【别　　名】益收宝，丙线磷，灭克磷，益舒宝，虫线磷，茎线磷，Mocap，Ethoprop，Prophos

【有效成分】O-乙基-S，S′-二丙基二硫代磷酸酯

【商品类别】杀虫/杀线虫剂

【结 构 式】

$$\mathrm{C_2H_5O\overset{O}{\overset{\|}{P}}(SCH_2CH_2CH_3)_2}$$

【商品属性】有机磷酸酯类杀线虫剂和杀虫剂，无熏蒸和内吸作用，可防治多种线虫，对大部分地下害虫也具有良好的防效。

淡黄色液体，沸点86～91℃/0.2mmHg，蒸气压46.5mPa（26℃），密度1.094（20℃）。溶解度：水700mg/L（20℃），丙酮、乙醇、二甲苯、1，2-二氯乙烷、乙酸乙酯、乙醚、汽油、环己烷>300（g/kg，20℃），中性和弱酸性环境中稳定。碱中迅速水解，水中<100℃，pH7稳定。

常见制剂类型：颗粒剂。

【毒　　性】对皮肤和眼睛有刺激。

【税则号列】有效成分：29309090　　　制剂：38089910（零售包装），38089990（其他）

**0182009　　氯唑磷　　Isazofos**

【别　　名】米乐尔，异丙三唑磷，Miral

【有效成分】O, O-二乙基-O-（5-氯代-1-异丙基-1, 2, 4 三唑-3-基）硫代磷酸酯

【商品类别】有机磷杀虫/杀线虫剂

【结 构 式】

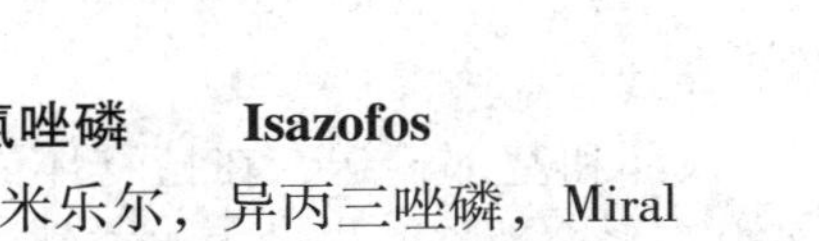

【商品属性】有机磷杀线虫剂和杀虫剂。抑制胆碱酯酶的活性，干扰线虫昆虫神经系统的协调作用而导致死亡。

黄色液体，沸点120℃（36Pa），密度1.23（20℃）。溶解度：水中168mg/L（20℃），溶于有机溶剂，如氯仿、甲醇、苯。酸性环境中易水解，分解温度超过200℃。

常见制剂类型：颗粒剂。

【毒　　性】急性中毒多在12小时内发病，口服立即发病。轻度：头痛、头昏、恶心、呕吐、多汗、无力、胸闷、视力模糊、胃口不佳等，全血胆碱酯酶活力一般降至正常值的50%~70%；中度：除上述症状外还出现轻度呼吸困难、肌肉震颤、瞳孔缩小、精神恍惚、行走不稳、大汗、流涎、腹疼、腹泻。重者还会出现昏迷、抽搐、呼吸困难、口吐白沫、大小便失禁，惊厥，呼吸麻痹。

【税则号列】有效成分：29339900　　　　制剂：38089910（零售包装），38089990（其他）

**0182010　特丁硫磷　Terbufos**

【别　　名】特丁磷

【有效成分】O,O-二乙基-S-特丁硫基甲基二硫代磷酸酯

【商品类别】有机磷杀虫/杀线虫剂

【结 构 式】

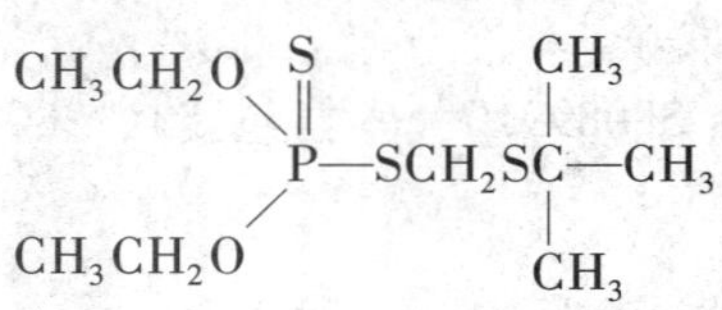

【商品属性】该药为具触杀和胃毒作用的广谱性杀虫剂、杀线虫剂，有内吸性。由于高毒，只用做土壤处理或拌种，有长持效。

原药外观为浅黄至黄棕色透明液体，比重为1.105（24℃），沸点69℃，熔点－29.2℃。溶解度：水10~15mg/l，能溶于大多数有机溶剂。

常见制剂类型：颗粒剂。

【毒　　性】剧毒

【税则号列】有效成分：29309090　　　　制剂：38089910（零售包装），38089990（其他）

**0182011　苯线磷　Fenamiphos**

【别　　名】力满库，克线磷，Nemacur，BAY68138，Phenamiphos，Methaphenamiphos

【有效成分】O-乙基-O-（3-甲基-4-甲硫基）苯异丙基氨基磷酸酯

【商品类别】有机磷杀线虫剂/杀虫剂/杀螨剂

【结 构 式】

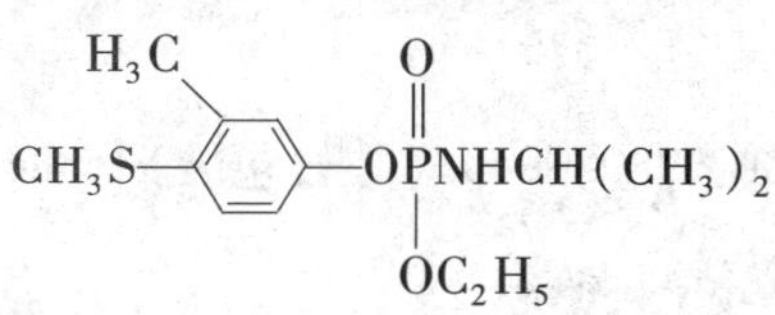

【商品属性】药剂从根部进入植物内，经叶片向顶部和基部输送，在植物体内可以上下传导，同时也能良好分布于泥土中。由于水溶性好，借助雨水或灌溉水的帮助进入作物的根层，对线虫的防治提供了双重的保护作用。该药剂对作物有良好的耐药性，多次使用，不会对作物、蔬菜、果树等造成药害，是理想的杀线虫剂。为广谱性有机磷杀虫、杀螨剂，具有很强的触杀和胃毒作用，主要用于防治棉花、柑橘等作物上的多种害虫和害螨。

无色晶体（工业品为褐色蜡状固体），熔点492℃，蒸气压0.12mPa（20℃）、48mPa（50℃），密度115（20℃）。溶解度：水700mg/L（20℃），二氯甲烷、

异丙醇、甲苯 >200、己烷 10 ~ 20（g/L，20℃）。

常见制剂类型：颗粒剂。

【毒　　性】高毒。急性中毒多在 12 小时内发病，口服立即发病。轻度：头痛、头昏、恶心、呕吐、多汗、无力、胸闷、视力模糊、胃口不佳等，全血胆碱酯酶活力一般降至正常值的 50% ~ 70%，中度：除上述症状外还出现轻度呼吸困难、肌肉震颤、瞳孔缩小、精神恍惚、行走不稳、大汗、流涎、腹疼、腹泻。重者还会出现昏迷、抽搐、呼吸困难、口吐白沫、大小便失禁，惊厥，呼吸麻痹。

【税则号列】有效成分：29309090　　制剂：38089910（零售包装），38089990（其他）

**0182012　涕灭砜威　Aldoxycarb**

【别　　名】Aldicarb sulfone

【有效成分】O-（甲基氨基甲酰基）2-甲基-2-甲磺酰基丙醛肟

【商品类别】杀虫/杀螨/杀线虫剂

【结 构 式】

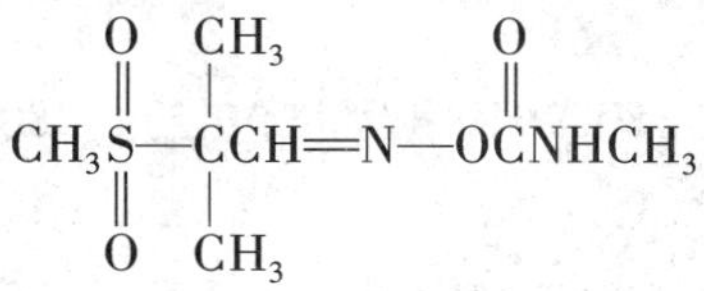

【商品属性】可杀昆虫和线虫等软体动物，有杀螨活性。

易燃；燃烧产生刺激烟雾。

【毒　　性】剧毒。

【税则号列】有效成分：29309090　　制剂：38089910（零售包装），38089990（其他）

**0182013　二嗪磷　Diazinon**

【别　　名】杀地虎，二嗪农，地亚农，大亚仙农，Diazol，Diazitol，Basudin，Neocidol，Nucidol

【有效成分】O，O-二乙基-O-（2-异丙基-6-甲基嘧啶-4-基）硫代磷酸酯

【商品类别】杀虫/杀螨/杀线虫剂

【结 构 式】

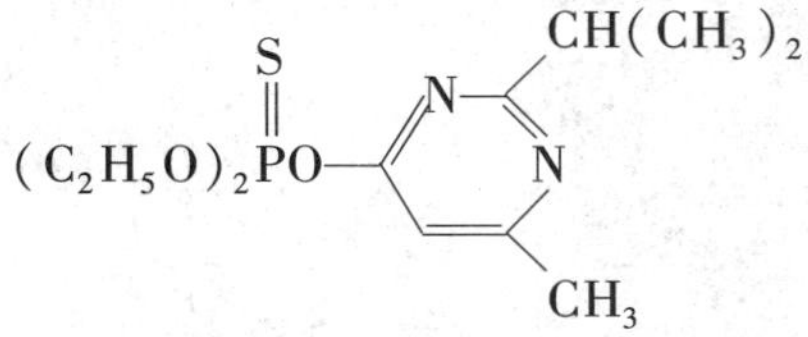

【商品属性】安全广谱性硫逐式一硫代磷酸酯类杀虫杀螨剂。抑制乙酰胆碱酯酶，对害虫具有触杀、胃毒，熏蒸作用，对鳞翅目、同翅目等多种害虫有较好的防效，亦可拌种防治多种作物的地下害虫，有一定杀螨活性及杀线虫活性。该产品为优秀地下杀虫剂，而且还能撒施防治水稻螟虫，还可以用于丢芯防治玉米螟虫，可以防治花生蛴螬、蝼蛄、金针虫、草地螟、蝗虫等地下害虫及其他害虫虫卵，所以，施用该产品，不仅可以防治当季作物的地下害虫，而且对潜伏在地里的其他害虫虫卵也能有效地杀灭，从而减轻下茬作物的虫害发生。用于水稻、棉花、果树、蔬菜、甘蔗、玉米、烟草、马铃薯等作物，防治刺吸式口器害虫和食叶害虫，如鳞翅目、双翅目幼虫、蚜虫、叶蝉、飞虱、蓟马、介壳虫、二十八星瓢虫、锯蜂等，对虫卵、螨卵也有一定杀伤效果。小麦、玉米、高粱、花生等拌种，可防治蝼蛄、蛴螬等土壤害虫。颗粒剂灌心叶，可防治玉米螟。乳油还可防治蜚蠊、跳蚤、虱子、苍蝇、蚊子等卫生害虫。绵羊药液浸浴，可防治蝇、虱、蜱、蚤等体外寄生虫。

纯品为无色油状液体，50℃以上不稳定，120℃以上分解，密度 1.116～1.118（20℃）。对光照稳定，易被氧化。在碱性介质中稳定，在水溶液中或弱酸性介质中缓慢水解，强酸或强碱条件下迅速分解。不溶于水，易溶于一般有机溶剂，和乙醚、乙醇、苯、甲苯、环己烷、己烷、二氯甲烷、丙酮、矿物油混溶。

常见制剂类型：乳油、颗粒剂。

【毒　　性】对高等动物较低毒。可通过人体皮肤被吸收。急性中毒多在 12 小时内发病，口服立即发病。轻度：头痛、头昏、恶心、呕吐、多汗、无力、胸闷、视力模糊、胃口不佳等，全血胆碱酯酶活力一般降至正常值的 70% 以下。中度：除上述症状外还出现轻度呼吸困难、肌肉震颤、瞳孔缩小、精神恍惚、行走不稳、大汗、流涎、腹疼、腹泻。重者还会出现昏迷、抽搐、呼吸困难、口吐白沫、大小便失禁，惊厥，呼吸麻痹。

在试验动物体内易于被降解与排泄。对鱼类低毒，对鸭、鹅高毒，对蜜蜂高毒。

【税则号列】有效成分：29335990　　制剂：38089910（零售包装），38089990（其他）

**0182014　环线威　Tirpate**

【别　　名】

【有效成分】O-甲基氨基甲酰基-2, 4-二甲基-1, 3-二硫戊环-2-甲醛肟

【商品类别】杀虫/杀螨/杀线虫剂

【结 构 式】

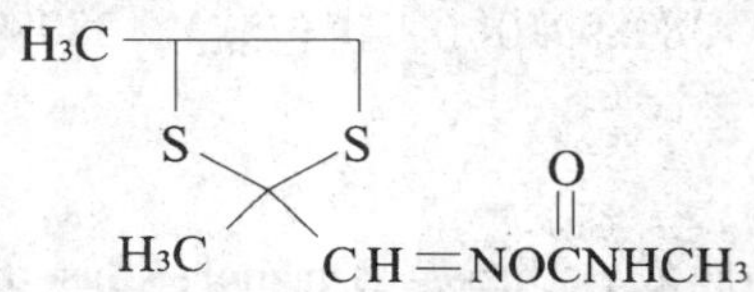

【商品属性】可杀昆虫和线虫等软体动物，有杀螨活性。

【毒　　性】

【税则号列】有效成分：29349990　　制剂：38089910（零售包装）；38089990（其他）

## 0183 除草剂/植物生长调节剂

**0183001　2, 4-D 钠盐**

【别　　名】

【有效成分】2, 4-二氯苯氧乙酸钠盐

【商品类别】除草剂/植物生长调节剂

【结 构 式】

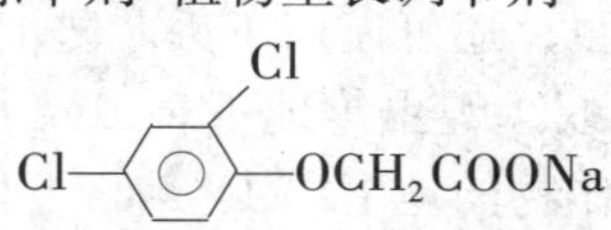

【商品属性】低剂量使用时调节植物生长，高剂量可除草。它能促进番茄座果，防治落化，加速幼果发育。

2, 4-D 是强酸，为白色粉末，熔点 140.5℃，蒸气压 $1.1\times10^{-2}$ Pa（20℃），比重 1.565（30℃）。溶解度（20℃）：水 620mg/L，溶于碱溶液、醇类、乙醚。不溶于石油、钠盐。在水中溶解度为 45g/L（室温）。

【毒　　性】消化道症状，严重时对肝、肾损伤。

【税则号列】有效成分：29189900　　制剂：38089391（零售包装），38089399（其他）

**0183002　氯苯胺灵　Chlorpropham**

【别　　名】戴科，土豆抑芽粉，CIPC，Sprout，Inhibitor

【有效成分】3-氯苯基氨基甲酸异丙酯

【商品类别】除草剂/植物生长调节剂

【结 构 式】

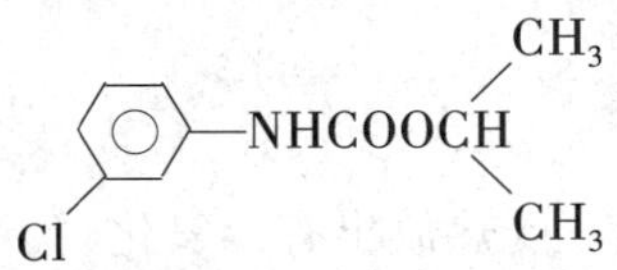

【商品属性】氯苯胺灵能被禾本科杂草芽鞘吸收，植物的根部吸收为主，也可以被叶子吸收，在体内向上、向下双向传导。该药可通过马铃薯表皮或芽眼吸收，在薯块内传导。氯苯胺灵强烈抑制B-淀粉酶活性，抑制植物RNA、蛋白质合成，干扰氧化磷酸化和光合作用，破坏细胞分裂。作为植物生长调节剂，可显著抑制贮存时的发芽能力，也可用于果树的疏花，疏果。同时也是一种高度选择性苗前苗后早期除草剂，能有效防除苜蓿、小麦、玉米、大豆、向日葵、马铃薯、甜菜、水稻、菜豆、胡萝卜、菠菜、莴苣、洋葱、辣椒等作物地中一年生禾本科杂草和部分阔叶草，如自生禾苗、稗草、野燕麦、早熟禾、多花黑麦草、燕麦草、黑雀麦、荠菜、苋、繁缕、粟米草、扁蓄、马齿苋、田野菟丝子等。氯苯胺灵在土壤中被土壤吸附作用强，在土壤中以微生物降解为主，在土壤中半衰期15℃时为65天，29℃时为30天，具体与微生物活性和土壤湿度密切相关。

无色固体，熔点41.4℃（纯品），密度1.180，25℃时在水中的溶解度为89mg/L。在石油中溶解度中等（在煤油中10%，可与低级醇、芳烃和大多数有机溶剂混溶），在低于100℃时稳定，紫外线下稳定，在酸碱性条件下慢慢水解，超过150℃分解。

气雾液。

【毒　　性】对眼和皮肤有刺激作用，浓度大时轻度抑制胆碱酯酶。

【税则号列】有效成分：29242990　　制剂：38089391（零售包装），38089399（其他）

## 0184 其他多效试剂

**0184001　兹克威　Mexacarbate**

【别　　名】自克威，Zectran

【有效成分】4-N，N-二甲基氨基-3,5-二甲基苯基N-甲基氨基甲酸酯

【商品类别】杀虫/杀软体动物剂

【结 构 式】

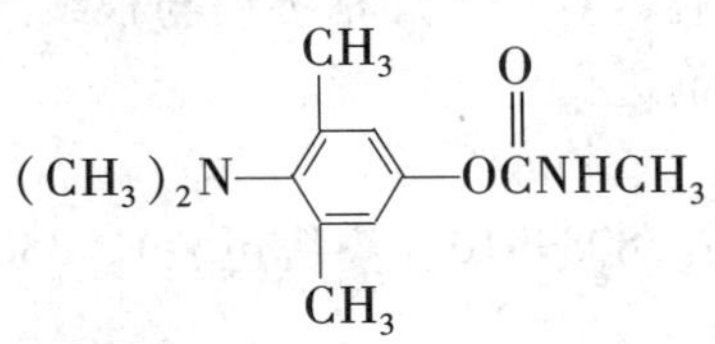

【商品属性】白色晶体，熔点85℃，受热分解有毒氧化氮气体。

【毒　　性】剧毒。

【税则号列】有效成分：29242990　　制剂：38089910（零售包装），38089990（其他）

**0184002　丰索磷　Fensulfothion**

【别　　名】

【有效成分】O, O-二乙基-O-（4-甲基亚磺酰基苯基）硫代磷酸酯

【商品类别】杀虫/杀线虫/杀鸟剂

【结 构 式】

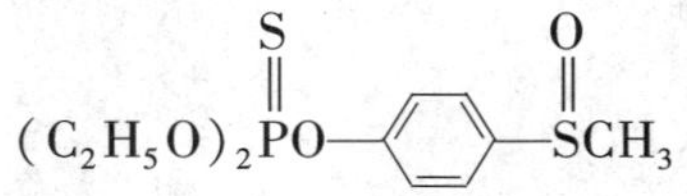

【商品属性】熔点 138～141℃（1.33 巴），明火可燃，受热放出有毒氧化磷、氧化硫气体。

【毒　　性】剧毒。

【税则号列】有效成分：29309090　　制剂：38089910（零售包装），38089990（其他）

**0184003　苯噻硫氰　Benthiozole**

【别　　名】Alentisan，Busan，倍生，佳生，苯噻氰，Superdavloxan，TCMTB

【有效成分】2-（硫氰基甲硫基）-1，3-苯并噻唑

【商品类别】　杀菌剂/杀线虫剂/灭螺剂

【结 构 式】

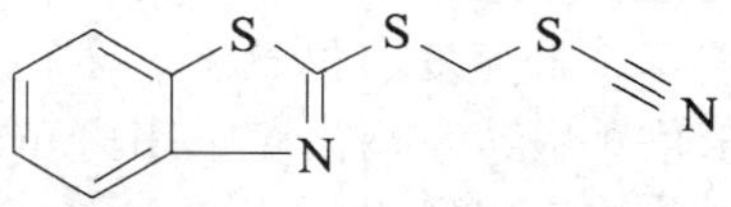

【商品属性】用于杀灭真菌、细菌和木质防腐。还用于杀线虫和软体动物。

熔点 70～100℃，蒸气压 3.12E-07mmHg，水溶解度 125mg/L。

【毒　　性】

【税则号列】有效成分：29342000　　制剂：38089910（零售包装），38089990（其他）

**0184004　滴滴混剂　Dichloropropene-dichloropropene mixture**

【别　　名】滴滴剂，滴滴混合剂，DD 混剂，Fumigant 93，D-D，Nemafene，Vidden D

【有效成分】1，3-二氯丙烯和 1，2-二氯丙烷的混合物

【商品类别】杀菌剂/杀虫剂/杀线虫剂

【结 构 式】

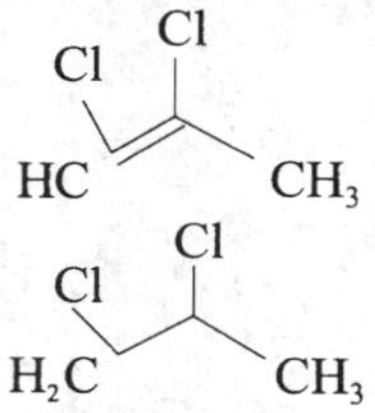

【商品属性】本品有效成分为多种卤代烃的混合物。工业品为黄褐色或带绿色的油状液体，易燃，有大蒜臭味，在稀酸或稀碱溶液中均稳定。

用于防治芹菜、西瓜等的根结线虫病，对于番茄枯萎病与根线虫病混发严重的田块，在番茄种植前可应用滴滴混剂进行土壤消毒。

【毒　　性】

【税则号列】　　制剂：38089910（零售包装），38089990（其他）

**0184005　威菌磷　Triamiphos**

【别　　名】三唑磷胺，WP155，Wepsin，Wepsyn

【有效成分】5-氨基-3-苯基-1-［双（N，N-二甲基氨基氧膦基）］-1，2，4-三唑

【商品类别】杀菌剂/杀虫剂/杀螨剂

【结 构 式】

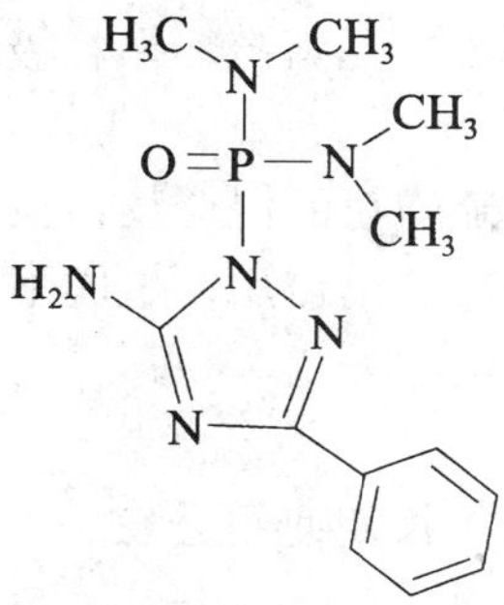

【商品属性】除了杀菌之外，能兼治蚜、螨等。

熔点 167.5℃，水溶解度 250mg/L。遇明火、高热可燃。受高热分解，放出有毒的烟气。

【毒　　性】剧毒。对胆碱酯酶有抑制作用。轻度中毒出现头痛、头晕、多汗、流涎、视力模糊、乏力、恶心、呕吐等；中度中毒出现肌束震颤、瞳孔缩小、呼吸困难、腹痛、腹泻、神志模糊等；重度中毒出现昏迷、惊厥、肺水肿、呼吸抑制和脑水肿等。

【税则号列】有效成分：29339900　　　　制剂：38089910（零售包装），38089990（其他）

**0184006　　硫磺　　Sulfur**

【别　　名】磺黄粉

【有效成分】硫磺

【商品类别】无机杀菌/杀螨剂

【结 构 式】

【商品属性】具有杀菌和杀螨作用，对小麦、瓜类白粉病有良好的防效，对枸杞锈螨防效也高。其杀菌机制是作用于氧化还原体系细胞色素 b 和 c 之间电子传递过程，夺取电子，干扰正常的氧化—还原。

黄色粉末，有各种同素异形体，熔点 114.5℃（菱形 112℃，单斜晶 119℃），沸点 444.6℃，蒸气压 0.527mPa（30.4℃ 菱形）、8.6mPa（59.4℃），密度 2.07（菱形），几乎不溶于水，结晶形的可溶于二硫化碳，同素异形体不溶于二硫化碳。微溶于醚、石油醚，迅速溶解于热苯和丙酮，非常稳定，在强碱中可形成硫化物。

常见制剂类型：混合可湿性粉剂、悬浮剂。

【毒　　性】全身性中毒作用较轻，对皮肤、黏膜刺激性较强，接触农药的部分可引起接触性皮炎。

【税则号列】有效成分：　　　　制剂：38089910（零售包装），38089990（其他）

28020000（升华硫磺）

28020000（沉淀硫磺）

28020000（胶态硫磺）

25030000（其他硫磺）

**0184007　　多硫化钡　　Barium polysulphides**

【别　　名】硫贝粉，索利巴尔，Solbar，Solabar

【有效成分】多硫化钡

【商品类别】无机杀菌/杀螨剂

【结 构 式】

【商品属性】既能杀螨也能杀菌，喷于植物上以后，分解出的元素硫，颗粒极细，能很好地粘附于叶面，起到杀螨和杀菌的作用。

原药外观灰色至深灰色粉，是硫化钡熔体与硫磺粉的混合物，在酸中分解出元素硫和硫化氢气体，在水溶液中与硫酸铁或硫酸铜作用，生成不溶于水的深红色金属硫化物。

常见制剂类型：可溶性粉剂。

【毒　　性】粉末有刺激鼻、喉咙和眼睛黏膜的强烈作用；长期使用会发生手溃疡。多硫化钡分解出的硫化氢是很毒的。

【税则号列】有效成分：28309090　　　　制剂：38089910（零售包装），38089990（其他）

**0184008　　华光霉素　　Nikkomycin**

【别　　名】

【有效成分】2-（2-氨基-4-羟基-4-（5-羟基-2-吡啶）3-甲基乙酰）氨基-6-（3-甲酰-4-咪唑啉-5-酮）己糖醛酸盐酸盐

【商品类别】杀螨/杀菌剂

【结 构 式】

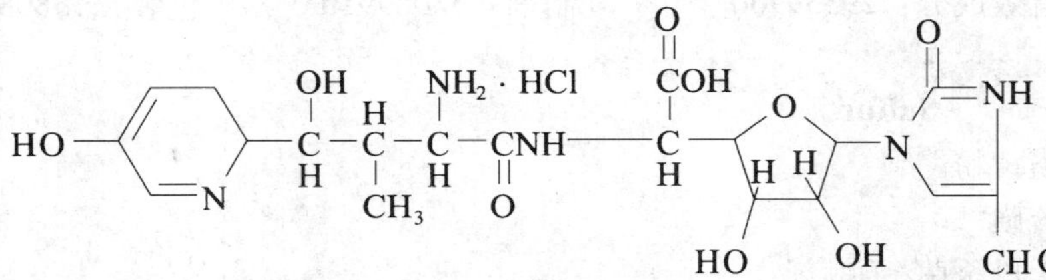

【商品属性】本品系由由糖德轮枝链霉素 S-9 深层发酵，经提取制得，为 Streptover ticiliumendae S-9 产生的代谢产物，其有效成分结构属核苷肽类。华光霉素的产生菌定名为唐德轮枝链霉菌 S-（streptoverticilliumtendae S-9），作用机理是其分子结构与细胞壁中几丁质合成的前体 N-乙酰葡萄糖胺相似，它可以通过细胞内几丁质合成酶竞争性抑制作用，阻止子葡萄糖胺的转化，干扰了细胞几丁质的合成，导致抑制螨类和真菌的生长，对螨类天敌无影响。适用于苹果、柑橘、山楂叶螨，蔬菜、茄子、菜豆、黄瓜二点叶螨等的防治，防效 80% 以上。还可以防治西瓜枯萎病、炭疽病、韭菜灰霉病，苹果枝叶腐烂病，水稻穗颈病，番茄早疫病，白菜黑斑病，大葱紫斑病，黄瓜炭疽病，棉苗立枯病等。

无色粉末。溶于水和吡啶，不溶于丙酮、乙醇和非极性溶剂。

【毒　　性】无致突变、无致畸、无遗传效应，无蓄积毒性，无药害、无残留，对天敌无影响，对人、畜安全。

【税则号列】有效成分：29419090　　　　制剂：38089910（零售包装），38089990（其他）

**0184009　　乐杀螨　　Binapacryl**

【别　　名】Acricid，Morocide，Endosan，Ambox，Dapacryl，Morocide

【有效成分】2-仲丁基-4, 6-二硝基苯基-3-甲基-丁烯 2-酸酯

【商品类别】杀螨/杀虫/杀菌剂

【结 构 式】

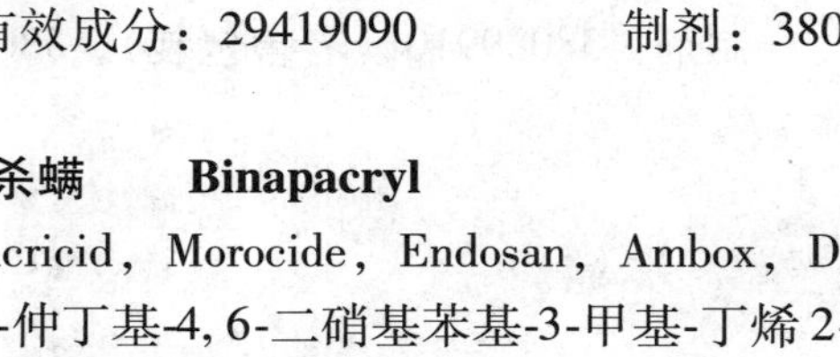

【商品属性】可作为杀螨、杀虫、杀菌剂使用，对各时期的螨都有效，特别具有良好的杀螨

卵作用。非内吸性杀螨剂，对螨类有速效作用，对卵、幼虫、陈虫的各个阶段均有效，对蜜蜂等采花昆虫和天敌无害，有持效性，对抗性螨类也有效。作为杀菌剂，对白粉病有效，主要用于防治苹果、梨、感受和棉花上的螨类和白粉病，

白色棱柱状结晶粉末，微有芳香气味，熔点68～69℃，密度1.2307，20℃蒸气压0.013Pa。不溶于水可溶于多数有机溶剂，遇浓酸和稀碱不稳定，接触水逐渐水解，无腐蚀性。

【毒　　性】对眼有轻微的刺激性。

【税则号列】有效成分：29161900　　　　制剂：38085010（零售包装），38085090（其他）

**0184010　　二硫氰基甲烷　　Methylene dithiocyanate**

【别　　名】浸种灵，MBT，Methylene，Dithiocyanate

【有效成分】甲叉二硫氰基酯

【商品类别】有机硫杀菌/杀线虫剂

【结 构 式】

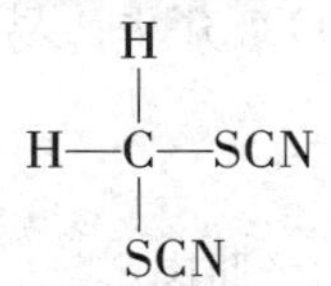

【商品属性】可杀灭多种细菌、真菌及线虫。作用机理为药剂中的硫氰基先被病原微生物体内的酶氧化成 -S 和 -CN，这两个毒性基团主要干扰和抑制病原微生物呼吸作用的末端氧化电子传递过程，阻止正常的能量产生，导致病原微生物死亡。该药易光解，不宜在田间喷雾使用，目前主要用于处理农作物种子，防治种传病害如水稻恶苗病和干尖线虫病、大麦条纹病、坚黑穗病和网斑病。

纯品为棕黄色针状结晶，熔点为101～103℃。在水中溶解度为2300ppm，易溶于二甲基甲酰胺，不易溶于一般有机溶机。有刺激性气味。在碱性及强紫外光下易分解。

常见制剂类型：乳油、可湿性粉剂。

【毒　　性】中毒特点：恶心、呕吐、腹痛、腹泻，剂量大时症状为头痛、头晕、乏力，严重者可导致呼吸和循环功能衰竭加快，血压下降，呼吸抑制等。

【税则号列】有效成分：29309090　　　　制剂：38089910（零售包装），38089990（其他）

**0184011　　石硫合剂　　Lime sulfur**

【别　　名】多硫化钙，石灰硫磺合剂，可隆，Lime sulphur，Calium polysulfide，Eau grison，Farmrite

【有效成分】多硫化钙

【商品类别】无机杀菌/杀螨/杀虫剂

【结 构 式】CaSx

【商品属性】可作为保护性杀菌剂，用在苜蓿、大豆、果树上防治白粉病、黑星病、炭疽病等；作为杀虫剂，可软化介壳虫的蜡质，对果树上红蜘蛛的卵有效。对硫敏感的作物有药害，如杏、树莓、黄瓜等。

深桔色液体，具有强烈的臭蛋味。密度为1.28（15.6℃），呈碱性，遇酸和二氧化碳易分解，在空气中易氧化，对人的皮肤有强烈的腐蚀性，对眼鼻有刺激作用。可溶于水。

常见制剂类型：微乳剂、水剂。

【毒　　性】对人的眼和皮肤有强烈的腐蚀性。
【税则号列】有效成分：28309090　　　　制剂：38089910（零售包装），38089990（其他）

**0184012　　磷化铝　　Aluminium phosphide**

【别　　名】磷毒
【有效成分】磷化铝
【商品类别】熏蒸剂/灭鼠剂
【结 构 式】AlP
【商品属性】为广谱性熏蒸杀虫剂，主要用于熏杀各种仓库害虫，也可用于灭鼠。磷化铝吸水后产生有毒的磷化氢气体。磷化氢通过昆虫的呼吸系统进入虫体，作用于细胞线粒体的呼吸链和细胞色素氧化酶，抑制昆虫的正常呼吸使昆虫致死。氧气的含量对昆虫吸收磷化氢有重要作用。在无氧情况下磷化氢不易被昆虫吸入，不表现毒性，有氧情况下磷化氢可被吸入而使昆虫致死。昆虫在高浓度的磷化氢中会产生麻痹或保护性昏迷，呼吸降低。磷化铝还可用于灭鼠。
纯品为黄色晶体，比重 2.424，不熔融，加热到 1100℃ 升华，易吸潮分解，释放出磷化氢。
常见制剂类型：片剂、粉剂。
【毒　　性】中毒后症状表现为头昏、头痛、胸闷、恶心眩晕、无力、肌肉震颤、呼吸困难等。
【税则号列】有效成分：28480000　　　　制剂：38089910（零售包装），38089990（其他）

**0184013　　棉隆　　Dazomet**

【别　　名】必速灭，二甲噻嗪，二甲硫嗪，Tiazon，Basamid，Mylone，DMTT，Salvo，Crag fungicide 974
【有效成分】四氢-3, 5-二甲基-1, 3, 5-噻二唑-2-硫酮
【商品类别】杀线虫剂
【结 构 式】

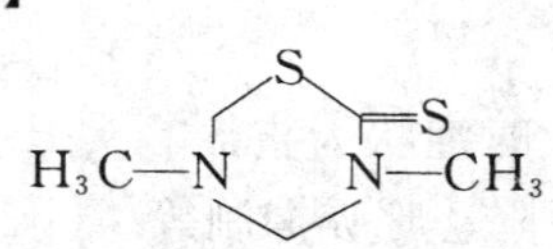


【商品属性】广谱杀线虫剂，兼治土壤真菌、地下害虫及杂草，易于在土壤及其他基质中扩散，杀线虫作用全面而持久，并能与肥料混用。该药使用范围广，对土壤真菌、线虫、昆虫及杂草有毒杀作用，可防治多种线虫，不会在植物体内残留，对鱼有毒，易污染地下水。
无色晶体，熔点 104 ~ 105℃（分解，原药），蒸气压 0.37mPa（20℃），密度 1.37（原药）。溶解度：水 3g/kg（20℃），环己烷 400，氯仿 391，丙酮 173，苯 51，乙醇 15，乙醚 6（g/kg，20℃）。35℃ 以下稳定，50℃ 以上对温度和湿度敏感，酸性介质中水解成二硫化碳、甲醛和甲胺。
常见制剂类型：颗粒剂。
【毒　　性】对皮肤和眼有刺激。
【税则号列】有效成分：29349990　　　　制剂：38089910（零售包装），38089990（其他）

**0184014　　氯化苦　　Chloropicrin**

【别　　名】氯化苦味酸，硝基氯仿，Chloropicrine
【有效成分】三氯硝基甲烷

【商品类别】熏蒸剂/灭鼠剂

【结 构 式】

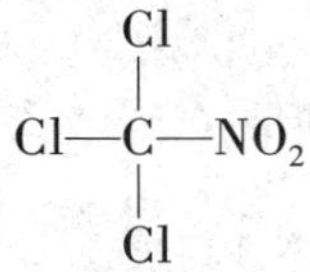

【商品属性】易挥发，扩散性强，挥发度随温度上升而增大。它所产生的氯化苦气体比空气重5倍。其蒸气经昆虫气门进入虫体，水解成强酸性物质，引起细胞肿胀和腐烂，并可使细胞脱水和蛋白质沉淀，造成生理机能破坏而死亡。对常见的储粮害虫如米象、米蛾、拟谷盗、谷蠹以及豆象等都有良好的杀伤力，但对螨卵和休眠期的螨效果较差。对储粮微生物也有一定的抑制作用。用氯化苦灭鼠，是因其气体比空气重，而能沉入洞道下部杀灭害鼠。氯化苦气体在鼠洞中一般能保持数小时，随后被土壤吸收而失效。损伤毛细管和上皮细胞，使毛细管渗透性增加、血浆渗出，形成水肿。最终由于肺脏换气不良，造成缺氧，心脏负担加重，而死于呼吸衰竭。

纯品为有催泪作用无色液体，密度 1.6558（20℃），熔点 －64℃，沸点 112.4℃/757mmHg，蒸气压 3.2KPa（25℃）。溶解度：水中 2.27g/L（0℃），1.62g/L（25℃），能与大多有机溶剂如丙酮、苯、乙醇、甲醇、四氯化碳、乙醚、二硫化碳相混。酸性介质中稳定，碱性条件下不稳定。

【毒　　性】对人有强烈的催泪作用，为警戒性毒气，可致咳嗽，呕吐，半小时至1小时即有致命危险，对人吸入毒很高。

【税则号列】有效成分：29049030　　制剂：38089910（零售包装），38089990（其他）

**0184015　杀虫丁　Trithialan**

【别　　名】易卫杀，杀虫钉

【有效成分】N，N'-二甲基-1，2，3-三硫杂环己-5-胺盐酸盐

【商品类别】沙蚕毒素类杀虫/灭螺剂

【结 构 式】

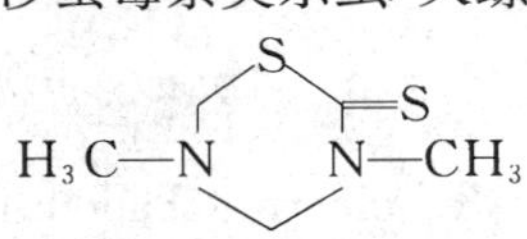

【商品属性】本品为沙蚕毒系农药，具有触杀、胃毒和内吸传导作用，是优良的杀虫灭螺药剂。防治水稻二化螟、三化螟、稻纵卷叶螟、稻飞虱、稻叶蝉、柑橘潜叶蛾、矢尖介、凤蝶、桔蚜、黄蜘蛛等，蔬菜菜青虫、菜螟、小菜蛾、茶黄螨（辣椒害虫）等。另对杀灭钉螺有特效。

纯品为无色无臭的针状晶体。易溶于水、甲醇、乙醇等有机溶剂，不溶于甲苯、氯仿、乙醚等有机溶剂。25℃时溶解度（g/L）：水 422，甲醇 41.9，乙醇 25，二甲基甲酰胺 4.2。原药为白色或淡黄色的粉末，略带有大蒜气味，含量 90%。

【毒　　性】蓄积毒性为弱～中度。

【税则号列】有效成分：29349990　　制剂：38089910（零售包装），38089990（其他）

# 02 卫生杀虫剂

**0200001　环戊烯丙菊酯　Terallethrin**

【别　　名】甲烯菊酯

【有效成分】3-烯丙基-2-甲基-4-氧代-环戊-2-烯基-2, 2, 3, 3-四甲基环丙烷羧酸酯

【商品类别】杀虫剂

【结 构 式】

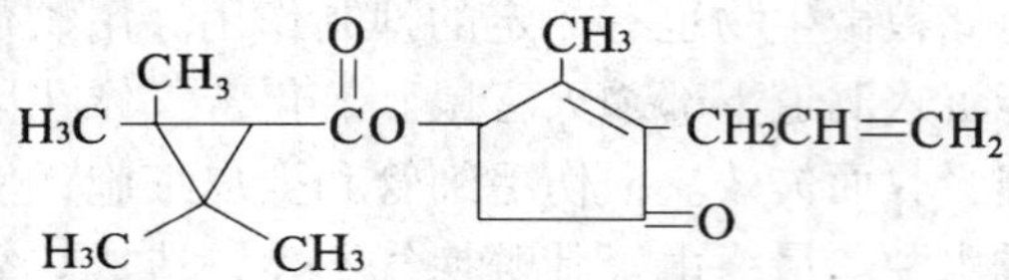

【商品属性】本品比烯丙菊酯容易挥发，用做热熏蒸防治蚊虫时特别有效。它对家蝇和淡色库蚊的击倒活性高于烯丙菊酯和天然除虫菊素。对德国小蠊的击倒活性变优于丙烯菊酯，但较除虫菊素差。

淡黄色油状液体，在20℃时的蒸气压为0.027Pa。不溶于水（在水中溶解度计算值为15mg/L），能溶于多种有机溶剂中。在日光照射下不稳定，在碱性中易分解。

常见制剂类型：气雾剂、蚊香母液。

【毒　　性】中等毒。

属神经毒剂，接触部位皮肤感到刺痛，但无红斑，尤其在口、鼻周围。很少引起全身中毒。接触量大时也会引起头痛、头昏、恶心、呕吐、双手颤抖，重者抽搐或惊厥、昏迷、休克。

【税则号列】有效成分：29162090　制剂：38089111（蚊香），38089119（其他零售包装），38089190（其他）

**0200002　烯丙菊酯　Allethrin**

【别　　名】毕那命，丙烯菊酯，丙烯除虫菊，Pynamin，Allyl cinerin，Pallethrin

【有效成分】2-甲基-4-氧化-3-（2-丙烯基）-2-环戊烯-1-基-2, 2-二甲基-3-（2-甲基-1-丙烯基）-环丙烷羧酸酯

【商品类别】杀虫剂

【结 构 式】

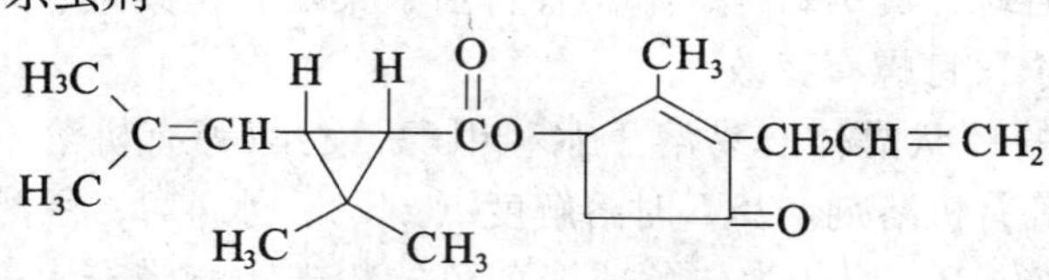

【商品属性】具有强烈触杀作用，击倒速度快。适用于加工蚊香或电热蚊香片。

淡黄色油状液体，沸点140℃（0.1mmHg），密度1.005（25℃），蒸气压16mPa（30℃），可溶于乙醇、已烷、甲苯、石油醚、四氯化碳等大多数有机溶剂，不溶于水，在中性和弱酸性条件下稳定，在碱性条件下水解失效，对光不稳定。

常见制剂类型：蚊香。

【毒　　性】

【税则号列】有效成分：29162090　制剂：38089111（蚊香），38089119（其他零售包装），38089190（其他）

**0200003　富右旋反式烯丙菊酯　Rich-d-trans-allethrin**

【别　　名】

【有效成分】富-（1R）-反式菊酯-（R，S）-2-甲基-3-烯丙基-4-氧代-环戊-2-烯基酯

【商品类别】杀虫剂

【结 构 式】

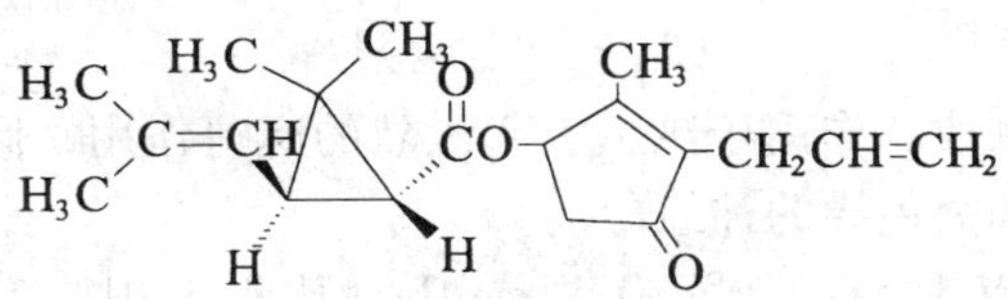

【商品属性】本品是高效低毒的卫生杀虫剂，对蚊子、苍蝇、蟑螂等害虫均有良好的击倒与致死作用。

沸点 125 ~ 135℃/9.33Pa，蒸气压（200℃）1066.4Pa。不溶于水，溶于大多数有机溶剂，在中性和弱酸性条件下稳定。

常见制剂类型：蚊香、气雾剂。

【毒　　性】

【税则号列】有效成分：29162090　制剂：38089111（蚊香），38089119（其他零售包装），38089190（其他）

**0200004　右旋反式烯丙菊酯　D-t-allethrin**

【别　　名】枪手牌杀虫灵气雾剂，S-生物烯丙菊酯

【有效成分】（S）-3-烯丙基-2-甲基-4-氧代环戊-2-烯基（1R，3R）-2,2-二甲基-3-（2-甲基丙-1-烯基）环丙烷羧酸酯

【商品类别】杀虫剂

【结 构 式】

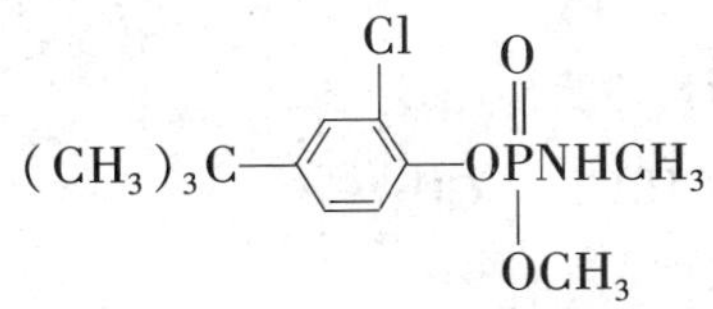

【商品属性】具有强烈触杀作用，击倒速度快。适用于加工蚊香或电热蚊香片。

淡黄色油状液体，沸点 140℃（0.1mmHg），密度 1.005（25℃），蒸气压 16mPa（30℃），可溶于乙醇、己烷、甲苯、石油醚、四氯化碳等大多数有机溶剂，不溶于水，在中性和弱酸性条件下稳定，在碱性条件下水解失效，对光不稳定。

常见制剂类型：蚊香片。

【毒　　性】低毒。

属神经毒剂，接触部位皮肤感到刺痛，但无红斑，尤其在口、鼻周围。很少引起全身中毒。接触量大时也会引起头痛、头昏、恶心、呕吐、双手颤抖，重者抽搐或惊厥、昏迷、休克。

【税则号列】有效成分：29162090　制剂：38089111（蚊香），38089119（其他零售包装），38089190（其他）

**0200005　生物烯丙菊酯　Bioallethrin**

【别　　名】LPynamin forte，Esbiol

【有效成分】（RS）-3-烯丙基-2-甲基-4-氧代环戊-2-烯基（1R，3R）-2,2-二甲基-3-（2-甲基丙-1-烯基）环丙烷羧酸酯

【商品类别】杀虫剂

【结 构 式】

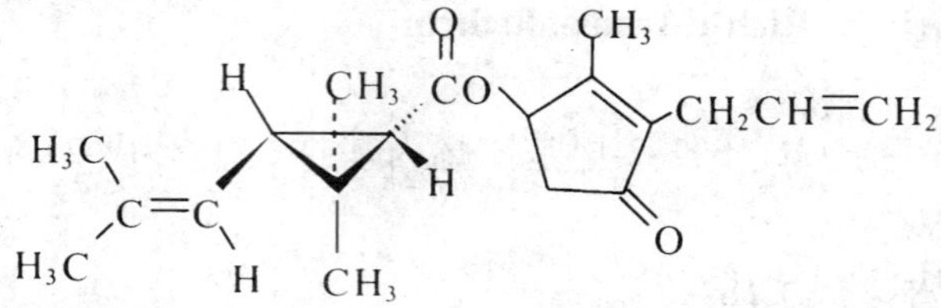

【商品属性】具有强烈触杀作用，击倒快。作用于昆虫引起激烈的麻痹作用，倾仰落下，直至死亡。本药剂为扰乱轴突传导的神经毒剂。

浅琥珀色黏稠液体，沸点 165～170℃/0.15mmHg，比重 1.012（20℃），20℃时与乙醇、丙酮、二氯甲烷、正已烷、甲苯、氯仿等溶剂互溶，遇紫外光分解。

常见制剂类型：气雾剂。

【毒　　性】属神经毒剂，接触部位皮肤感到刺痛，但无红斑，尤其在口、鼻周围。很少引起全身性中毒。接触量大时也会引起头痛，头昏，恶心呕吐，双手颤抖，重者抽搐或惊厥、昏迷、休克。

【税则号列】有效成分：29162090　制剂：38089111（蚊香），38089119（其他零售包装），38089190（其他）

**0200006　右旋烯丙菊酯　D-allethrin**

【别　　名】强力毕那命，右旋丙烯菊酯，阿斯，拜高（混剂），Allethrin-forte，Vapemat，Mosfly，Baygon，Mat

【有效成分】（R，S）-3-烯丙基-2-甲基-4-氧代-环戊-2-烯基-（1R）-顺，反二菊酸酯

【商品类别】杀虫剂

【结 构 式】

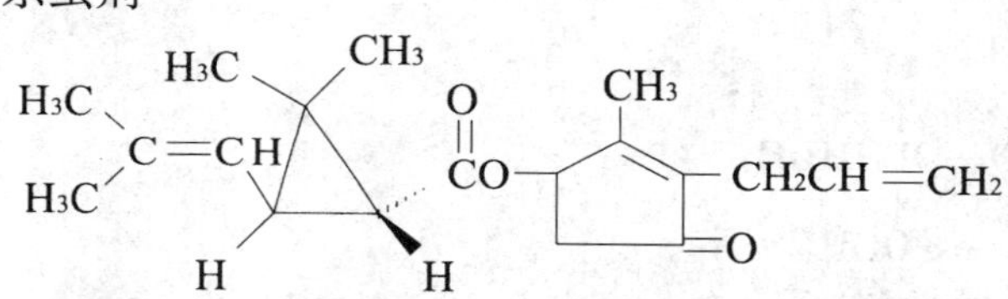

【商品属性】为制造蚊香和电热蚊香片的原料，对蚊成虫有驱除和杀伤作用。

原药为黄色油状液体，微有芳香味，沸点 153℃/53.3Pa，密度 1.005～1.015（20℃），蒸气压 $1.2\times10^{-4}$mmHg30℃，对光不稳定，弱酸介质中稳定，碱性介质中易分解，几乎不溶于水，能与乙醇、四氯化碳、己烷、煤油、硝基甲烷、石油醚，1，2-二氯乙烷，二甲苯等有机溶剂混溶，紫外光下分解。碱性介质中水解。

常见制剂类型：蚊香片气雾剂。

【毒　　性】属神经毒剂，接触部位皮肤感到刺痛，但无红斑，尤其在口、鼻周围。很少引起全身性中毒。接触量大时也会引起头痛，头昏，恶心呕吐，双手颤抖，重者抽搐或惊厥、昏迷、休克。

【税则号列】有效成分：29162090　制剂：38089111（蚊香），38089119（其他零售包装），38089190（其他）

**0200007　Es-生物烯丙菊酯　Esbiothrin**

【别　　名】K-4F 粉，益必添，S-生物丙烯菊酯，K-4F，D-t80-allethrin

【有效成分】右旋-2-烯丙基-4-羟基-3-甲基-2-环戊稀-1-酮的反式菊酸酯

【商品类别】杀虫剂

【结 构 式】

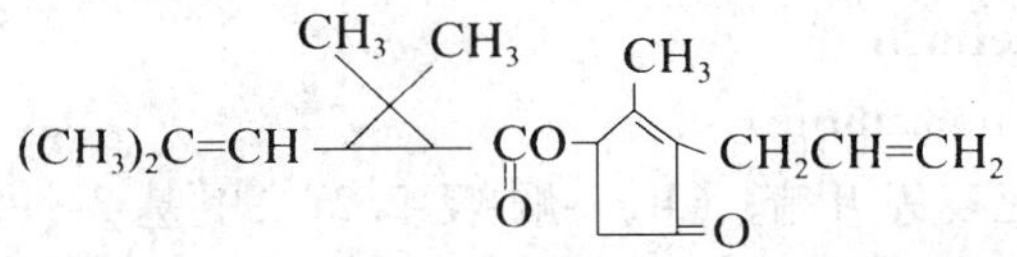

【商品属性】制造蚊香和电热片的原料，对成蚊有驱除和毒杀作用。

工业品淡黄色液体，沸点 135 ~ 138℃/46.7Pa，蒸气压 5.6mPa（20℃），密度 1.0 ~ 1.02，难溶于水，与乙醇、四氯化碳、1,2-二氯乙烷、硝基甲烷、己烷、二甲苯、煤油、石油醚互溶，紫外光下分解，强酸和碱性液中水解。

常见制剂类型：蚊香片气雾剂。

【毒　　性】属神经毒剂，接触部位皮肤感到刺痛，但无红斑，尤其在口、鼻周围。很少引起全身性中毒。接触量大时也会引起头痛，头昏，恶心呕吐，双手颤抖，重者抽搐或惊厥、昏迷、休克。

【税则号列】有效成分：29162090　制剂：38089111（蚊香），38089119（其他零售包装），38089190（其他）

**0200008　胺菊酯　Tetramethrin**

【别　　名】四甲菊酯，似菊酯，酞菊酯，酞胺菊酯，喷杀克（胺菊酯-苯醚菊酯合剂），Butamin，Duracide，Ecothrin，Mulhcide，Neo-pynamin，Phthalthrin

【有效成分】（1R, S）-顺，反式-2, 2-二甲基-3-（2-甲基-1-丙烯基）-环丙烷羧酸-3, 4, 5, 6-四氢-酞酰亚胺基甲基酯

【商品类别】杀虫剂

【结 构 式】

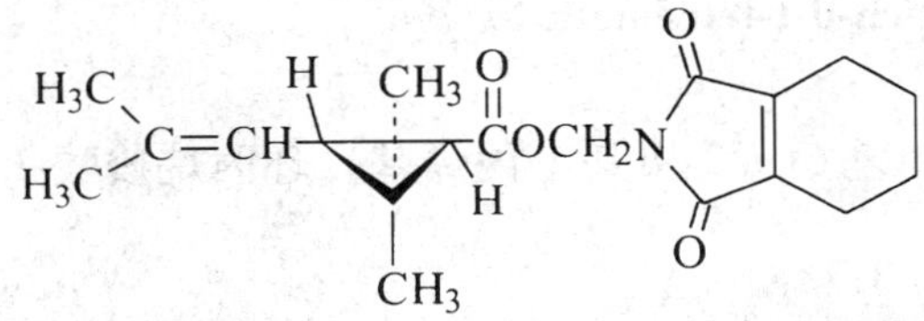

【商品属性】胺菊酯对蚊、蝇等卫生害虫具有快速击倒效果，但致死性能差，有复苏现象，因此要与其他杀虫效果好的药剂混配使用。该药对蜚蠊具有一定的驱赶作用，可使栖居在黑暗处的蜚蠊，在胺菊酯的作用下使其跑出来又受到其他杀虫剂的毒杀而致死。该药为世界卫生组织推荐用于公共卫生的主要杀虫剂之一。

无色晶体，略带菊酯气味，工业品为无色至浅棕黄色固体，熔点 60 ~ 80℃（原药），沸点 185 ~ 190℃/0.1mmHg，蒸气压 0.944mPa（30℃），密度 1.108（20℃），Kow31000（20℃）。溶解度：水 4.6mg/l（30℃），苯、二甲苯 500，丙酮、甲苯、三氯乙烷 400，环己酮、乙酸乙酯、甲基萘 350，甲基异丁酮 250，增效醚 200，甲醇 53，煤油 30，己烷 20（g/Lkg，25℃）。对强酸和碱敏感，50℃以下贮存稳定，在酮，氯仿，二甲苯，普通气溶胶物推进剂中稳定，在无机载体中稳定性多变。

常见制剂类型：气雾剂。

【毒　　性】属神经毒剂，接触部位皮肤感到刺痛，尤其在口、鼻周围但无红斑。很少引起全身性中毒。接触量大时会引起头痛、头昏、恶心、呕吐、双手颤抖，全身抽搐或惊厥、昏迷、休克。

【税则号列】有效成分：29251900　制剂：38089111（蚊香），38089119（其他零售包装），38089190（其他）

**0200009　右旋胺菊酯　D-tetramethrin**

【别　　名】右旋反式胺菊酯，D-t-tetramethrin

【有效成分】环己-1-烯-1,2-二羰基亚氨基甲基（R）-顺-反-2,2-二甲基-3-（2-甲基丙-1-烯基）环丙烷羧酸酯，环己-1-烯-1,2-二羰基亚氨基甲基（+）-反-菊酸酯右旋反式胺菊酯

【商品类别】杀虫剂

【结 构 式】

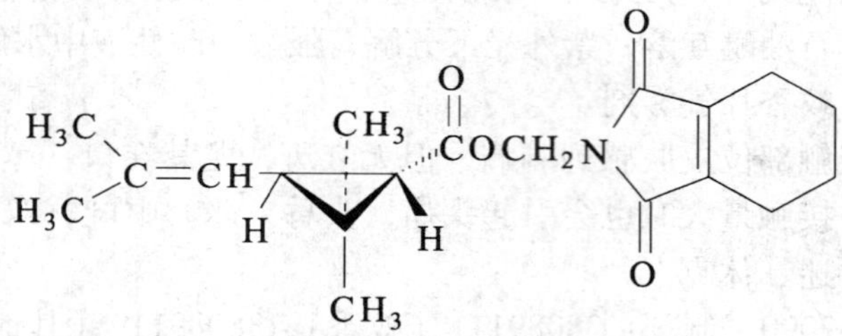

【商品属性】对蟑螂、蚊子、苍蝇以及其他卫生害虫有效。

原药为黄色或褐色黏性固体，熔点 40～60℃，相对密度 1.11，蒸气压 0.32mPa（20℃）。溶解性（23℃）：水 2～4mg/L，已烷、甲醇、二甲苯＞500g/kg。

常见制剂类型：气雾剂。

【毒　　性】低毒。

【税则号列】有效成分：29251900　制剂：38089111（蚊香），38089119（其他零售包装），38089190（其他）

**0200010　富右旋反式胺菊酯　Rich-d-t-tetramethrin**

【别　　名】

【有效成分】富右旋-顺反式-2,2-二甲基-3-（2-甲基-1-丙烯基）环丙烷羧酸-3,4,5,6-四氢酞酰亚胺基甲基酯

【商品类别】杀虫剂

【结 构 式】

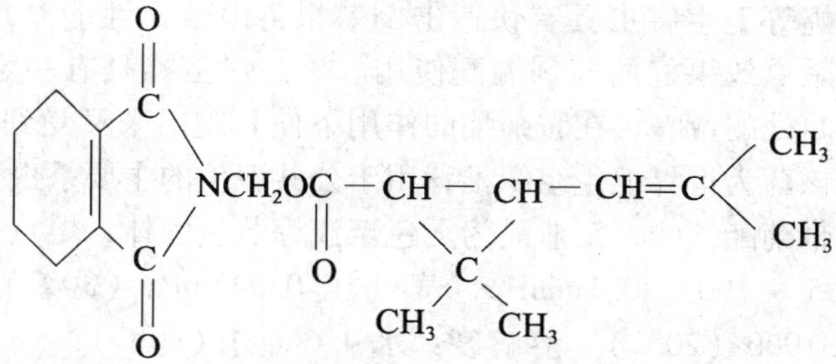

【商品属性】对蟑螂、蚊子、苍蝇以及其他卫生害虫有效。

原药外观为浅棕色膏状，熔点 78℃，蒸气压 $9.6\times10^{-4}$Pa（30℃）。不溶于水，可能性溶于已烷、二甲苯和醇。

常见制剂类型：气雾剂。

【毒　　性】低毒。

【税则号列】有效成分：29251900　制剂：38089111（蚊香），38089119（其他零售包装），38089190（其他）

**0200011　避蚊胺　Diethyltoluoamide**

【别　　名】蚊怕水，雪梨驱蚊油，傲敌蚊怕水，Shirley insect repellent，Autan insect repellent

【有效成分】N，N-二乙基-间-甲苯甲酰胺

【商品类别】苯酰胺

【结 构 式】

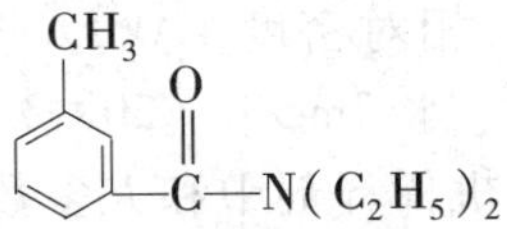

【商品属性】蚊虫驱避剂，直接涂抹在皮肤上对蚊虫起驱避作用，持效期可达 4 小时左右，属低毒物质有芳香气味，对环境无污染。

无色至琥珀色液体，沸点 111℃/0.13KPa，几乎不溶于水，但可与乙醇、2-丙醇、丙二醇和棉籽油混溶。

常见制剂类型：驱蚊液、花露水、驱蚊气雾剂。

【毒　　性】对眼睛和皮肤有轻度刺激。无全身中毒报道。

【税则号列】有效成分：29242990　制剂：38089111（蚊香），38089119（其他零售包装），38089190（其他）

注：不含驱避剂、只含芳香物的花露水应归入 33030000。

**0200012　避蚊酯　Dimethyl phthalate**

【别　　名】避蚊油，避蚊剂，驱蚊油，Arolin，Fermine，Sketofax

【有效成分】邻苯二甲酸二甲酯

【商品类别】苯基羧酸杀虫剂

【结 构 式】

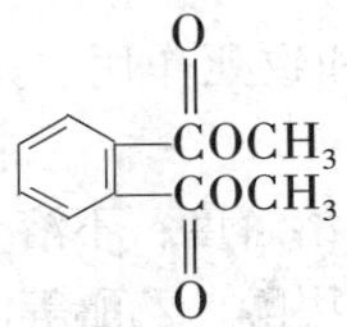

【商品属性】表现为无毒驱避剂，用于均匀涂抹于暴露的皮肤上或浸渍纱网以防蚊、蝇等卫生害虫。

无色黏稠液体，熔点 0℃，沸点 282～285℃（常压）、148℃（13mpa），蒸气压 1.3Pa（20℃），密度 1.194（20℃），微溶于水（0.43%），溶于有机溶剂、醇类、酯类、酮类、氯代烃类，微溶于一些矿物油，碱液中易水解。

常见制剂类型：驱蚊液、避蚊油。

【毒　　性】刺激眼和黏膜，大剂量内服会引起胃肠道刺激，抑郁和低血压。

【税则号列】有效成分：29173490　制剂：38089111（蚊香），38089119（其他零售包装），38089190（其他）

注：不含驱避剂、只含芳香物的花露水应归入 33030000。

**0200013　苯醚菊酯　Phenothrin**

【别　　名】Sumithrin

【有效成分】3-苯氧基苄基（1RS，3RS；1RS，3SR）-，2-二甲基-3-（2-甲基丙-1-烯基）环丙烷羧酸酯

【商品类别】杀虫剂

【结 构 式】

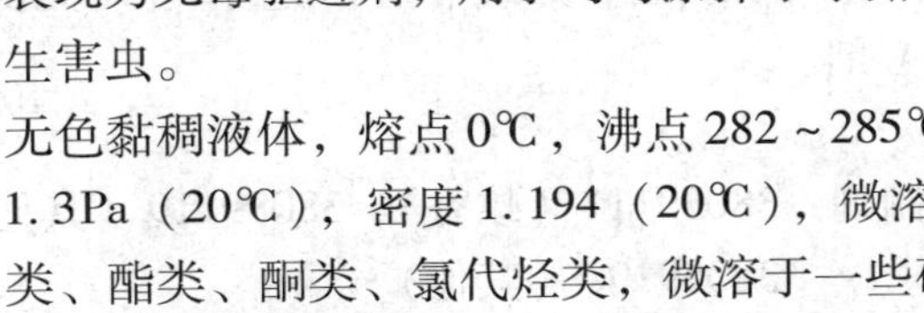

【商品属性】防治虱子、跳蚤、苍蝇等卫生害虫和仓贮害虫。

原药顺反异构体为浅黄色至黄棕色液体，相对密度 1.061，折光率 1.547 ~ 1.552，蒸气压（20℃）0.16mPa。溶解性：水 2mg/L（20℃），己烷、甲醇、二甲苯 >1kg/kg（25℃）。在光照下、在无机稀释剂中和大多数有机溶剂中稳定，但遇碱水解。

常见制剂类型：烟雾剂、气雾剂。

【毒　　性】低毒。

【税则号列】有效成分：29162090　制剂：38089111（蚊香），38089119（其他零售包装），38089190（其他）

**0200014　富右旋反式苯醚菊酯　Rich-d-t-phenothrin**

【别　　名】

【有效成分】右旋-顺，反式-2,2-二甲基-3-（2-甲基-1-丙烯基）-环丙烷羧酸-3-苯氧基苄基酯

【商品类别】杀虫剂

【结 构 式】

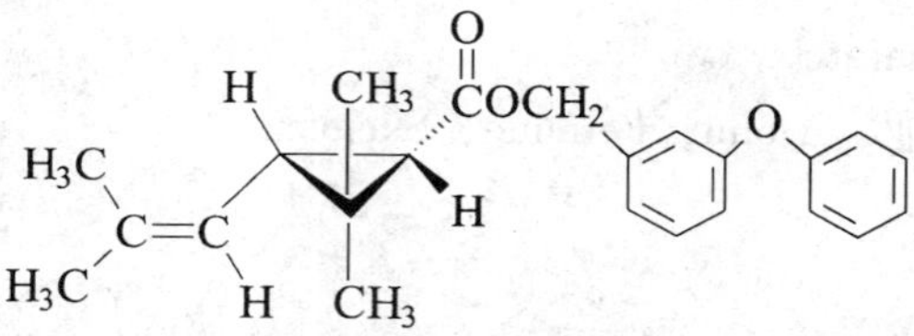

【商品属性】用它配制的剂用于室内防治蚊、蝇有很好的击倒和致死作用。是配制蚊香、电热蚊香、气雾杀虫剂的理想用药。

外观为黄色油状液体. 蒸气压：30℃5.6×$10^{-4}$Pa。溶解度：不溶于水（30℃溶解 2.2mg/L），在丙酮、正己烷、苯、二甲苯、氯仿、甲醇、乙醚等溶剂中溶解度都大于 50%。稳定性：在 60℃时保持三个月或常温下放置 2 年均无变化。

常见制剂类型：杀虫气雾剂。

【毒　　性】低毒。

【税则号列】有效成分：29162090　制剂：38089111（蚊香），38089119（其他零售包装），38089190（其他）

**0200015　毒力岛　Periplaneta fuliginosa densovirus**

【别　　名】PFDNV

【有效成分】黑胸大蠊浓核病毒

【商品类别】生物杀虫剂

【结 构 式】

【商品属性】该产品高效、安全，杀蟑作用强。

原药沸点 100℃，熔点 160℃ ~180℃。

【毒　　性】低毒。

【税则号列】有效成分：30039090　制剂：38089111（蚊香），38089119（其他零售包装），38089190（其他）

**0200016　右旋烯炔菊酯　Empenthrin**

【别　　名】右旋炔戊菊酯，烯炔菊酯，百扑灵，K-10 浓缩苍蝇盘香原粉，Vaporthrin，K-10 Power，S-2852

【有效成分】右旋-顺反式-2,2-二甲基-3-（2-甲基-1 丙烯基）环丙烷羧酸'-（±）-E-1-乙炔

基-2-甲基-戊-2-烯基酯

【商品类别】杀虫剂

【结 构 式】

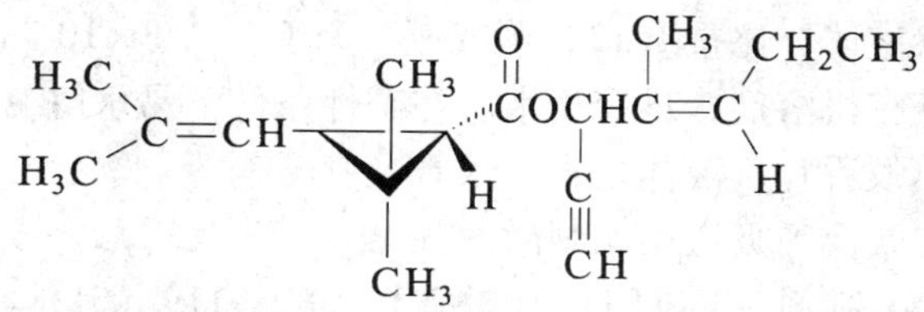

【商品属性】蒸气压高，对昆虫有快速击倒、熏杀和驱避作用，对谷蛾科有强拒食活性，对德国小蠊则有强拒避作用。

淡黄色液体，沸点295.5℃/760mmHg，蒸气压14mPa（23.6℃），密度0.927（20℃）。溶解度：水0.11mg/L（25℃），完全与己烷，丙酮，甲醇（20℃）混溶。常温下贮存至少2年。

常见制剂类型：防蛀剂。

【毒　　性】属神经毒剂，接触部位皮肤感到刺痛，但无红斑，尤其在口、鼻周围。很少引起全身性中毒。接触量大时也会引起头痛，头昏，恶心呕吐，双手颤抖，重者抽搐或惊厥、昏迷、休克。

【税则号列】有效成分：29162090　制剂：38089111（蚊香），38089119（其他零售包装），38089190（其他）

**0200017　富右旋反式烯炔菊酯　Rich-d-t-empenthrin**

【别　　名】

【有效成分】右旋-顺，反式-2,2-二甲基-3-（2-甲基-1-丙烯基）环丙烷羧酸-（±）-E-1-乙炔基-2-甲基-戊-2-甲基-戊-2-烯基酯

【商品类别】

【结 构 式】

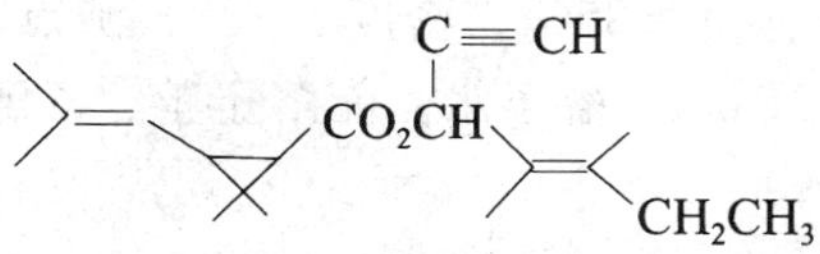

【商品属性】对昆虫有快速击倒、熏杀和驱避作用，

原药外观为淡黄色油状液体，比重0.932，几乎不溶于水，可溶于已烷、二甲苯、甲醇等大多数有机溶剂中，但在甲醇中不稳定。

【毒　　性】低毒。

【税则号列】有效成分：29162090　制剂：38089111（蚊香），38089119（其他零售包装），38089190（其他）

**0200018　氯烯炔菊酯　Chlorempenthrin**

【别　　名】中西气雾菊酯，二氯炔戊菊酯，8501C

【有效成分】α-炔基-β-甲基-3-戊烯-2,2-二甲基-3-（2,2-二氯乙烯基）-环丙烷羧酸酯

【商品类别】杀虫剂

【结 构 式】

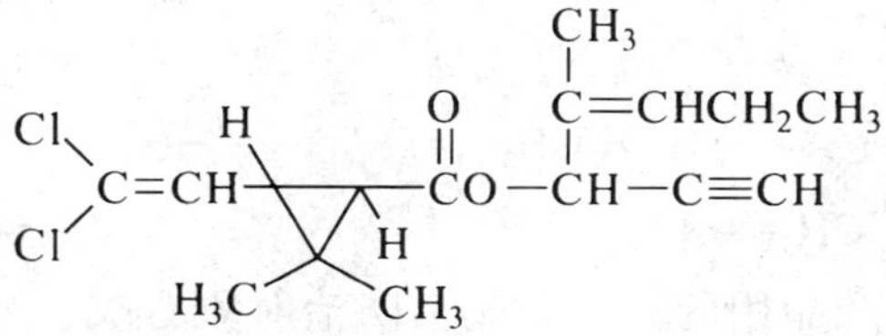

【商品属性】一种高效、低毒的新型拟除虫菊酯类杀虫剂，对蚊、蝇、蜚蠊均有较好的效

果。本品具有蒸气压高、挥发度好、杀灭力强的特点，对害虫击倒速度快，特别在喷雾及熏蒸时的击倒效果更为显著。

淡黄色至棕黄色油状液体，比重1.12，蒸气压（25℃）$3.1\times10^{-4}$mmHg，易溶于丙酮、乙醇、苯等有机溶剂，难溶于水。在碱性条件下易水解。

常见制剂类型：电热蚊香片、液体蚊香、蚊香及气雾剂等。

【毒　　性】对人畜、眼、鼻、皮肤及呼吸道均无刺激。

【税则号列】有效成分：29162090　制剂：38089111（蚊香），38089119（其他零售包装），38089190（其他）

**0200019　戊烯氰氯菊酯　Pentmethrin**

【别　　名】灭蚊菊酯，氰戊烯氯菊酯，JS-88，PY-115，Bucy permethrin

【有效成分】（1R，S）-顺，反式-2,2-二甲基-3-（2,2-二氯乙烯基）环丙烷羧酸-1-氰基-2-甲基-戊2-烯基酯

【商品类别】杀虫剂

【结 构 式】

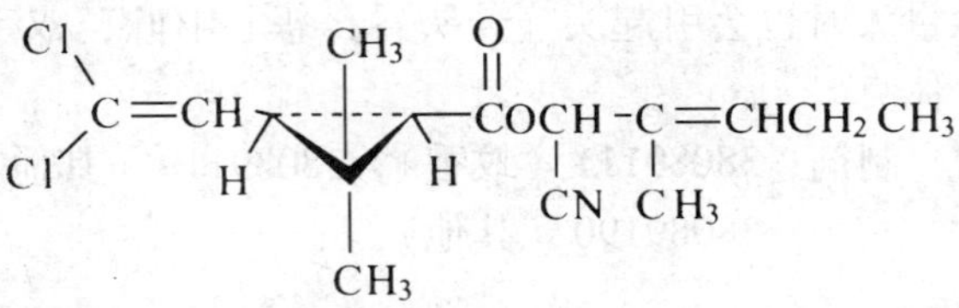

【商品属性】本品为防治成蚊用的卫生杀虫剂原药，不能直接使用，只能加工成不同剂型用于家庭防治成蚊。该药目前主要用于加工蚊香，其药效与0.2%右旋丙烯菊酯相当，本品与右旋丙烯菊酯对昆虫毒力比为1∶1.5，但对成蚊击倒作用不如后者。目前国内厂还有将该品应用在电热片和液体蚊香中，配制液体蚊香药液加量为5%～6%。

棕褐色油状液，工业品有效成分含量≥85%，密度1.138，沸点150℃/$4.0\times10^2$Pa，20℃时蒸气压$1.37\times10^{-2}$Pa。不溶于水，能溶于苯、乙醇、甲苯等有机溶剂。

常见制剂类型：蚊香、乳油。

【毒　　性】属神经毒剂，接触部位皮肤感到刺痛，尤其在口、鼻周围，但无红斑。很少引起全身性中毒。接触量大时会引起头痛、头昏、恶心、呕吐、双手颤抖，全身抽搐或惊厥、昏迷、休克。无致癌、致畸和遗传毒性。

【税则号列】有效成分：29269090　制剂：38089111（蚊香），38089119（其他零售包装），38089190（其他）

**0200020　富右旋反式戊烯氰氯菊酯　Rich-d-t-pentmethrin**

【别　　名】特效绿仙菊酯

【有效成分】（IR. S）-顺、反式-2·2-二甲基-3-（2·2-二氯乙烯基）环丙烷羧酸-1-氰基-2-甲基-戊-2-烯基酯

【商品类别】杀虫剂

【结 构 式】

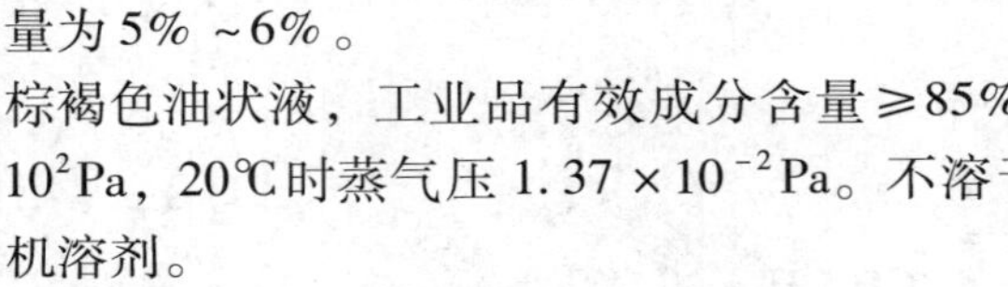

【商品属性】本品为制造高效卫生防疫产品用的原料药物。防治对象有蚊、蝇、蟑螂等害虫。其药效好、毒性低，广泛应用于盘式蚊香、电热液体蚊香、电热片蚊香、

气雾剂等产品的配制。

原药外观浅棕色油状液体，比重（20）1.08，沸点150～152℃/40.00Pa，20℃时蒸气压33.33Pa。易溶于乙醇、丙酮等有机溶剂，难溶于水。

常见制剂类型：蚊香。

【毒　　性】低毒。

【税则号列】有效成分：29269090　制剂：38089111（蚊香），38089119（其他零售包装），38089190（其他）

**0200021　甲醚菊酯　Methothrin**

【别　　名】甲苄菊酯，对甲氧甲基菊酯

【有效成分】（1R，S）-顺、反式-2,2-二甲基-3-（2-甲基-1-丙烯基）环丙烷羧酸-4-（甲氧甲基）-苄基酯

【商品类别】杀虫剂

【结 构 式】

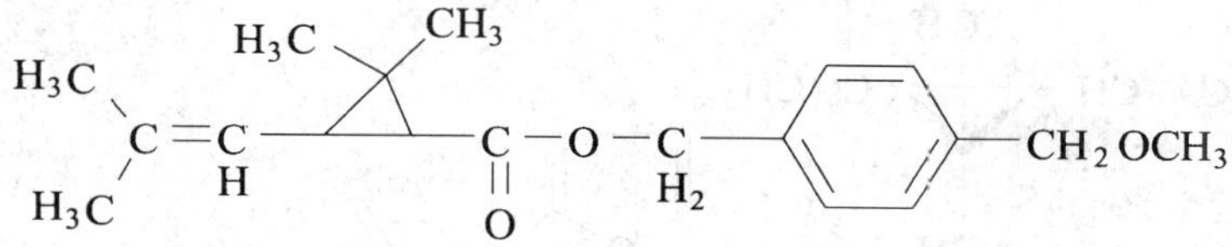

【商品属性】是一种新型卫生用杀虫剂，对蚊蝇、蟑螂等害虫有快速击倒作用，其杀灭效果优于胺菊酯，但蒸气压较低，对害虫熏杀效果不好。

纯品为纯品为无色油状液体。原药为淡黄色透明油状液体，沸点350℃，密度0.9，能溶于苯、丙酮、乙醇、煤油等多种有机溶剂，几乎不溶于水，遇碱易水解，紫外线和热加速分解。

常见制剂类型：气雾剂、蚊香。

【毒　　性】属神经毒剂，接触部位皮肤感到刺痛，尤其在口、鼻周围但无红斑。很少引起全身性中毒。接触量大时会引起头痛、头昏、恶心、呕吐、双手颤抖，全身抽搐或惊厥、昏迷、休克。

【税则号列】有效成分：29162090　制剂：38089111（蚊香），38089119（其他零售包装），38089190（其他）

**0200022　噻嗯菊酯　Kadethrin**

【别　　名】噻恩菊酯，剋特宁，克敌菊酯，噻吩菊酯，硫戊苄呋菊酯，击倒菊酯，Spray-Tox

【有效成分】右旋-顺式-2,2-二甲基-3（2,2,4,5-四氢-2-氧代-噻嗯-3-叉甲基）环丙烷羧酸（E）-5-苄基-3-呋喃甲基酯

【商品类别】杀虫剂

【结 构 式】

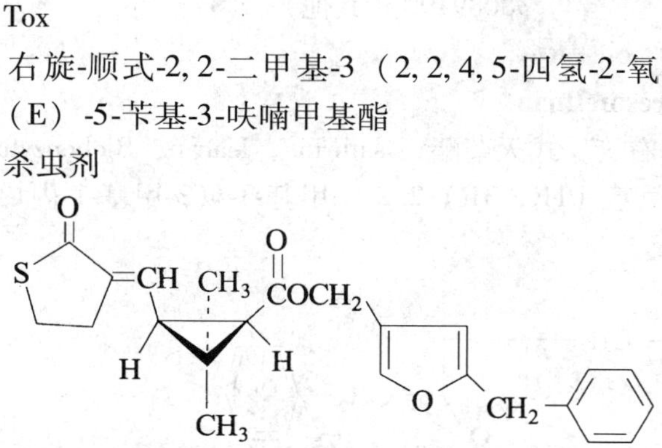

【商品属性】触杀性药剂，对昆虫主要有较高的击倒作用，但亦有一定的杀死活性，故常和生物苄呋菊酯混用，以增进其杀死效力。此外对蚊虫有驱赶和拒食作用。但热稳定性差，不宜用以加工蚊香或电热蚊香片。

棕黄色黏稠油状液体，20℃蒸气压 5.33μPa，工业品含量≥93%，能溶于乙醇、二氯甲烷、苯、丙酮、二甲苯和增效醚，微溶于煤油，而不溶于水，对光、热不稳定，在碱液中水解，在矿物油中分解较慢。

【毒　　性】属神经毒剂，接触部位皮肤感到刺痛，尤其在口、鼻周围但无红斑。很少引起全身性中毒。接触量大时会引起头痛、头昏、恶心、呕吐、双手颤抖，全身抽搐或惊厥、昏迷、休克。

【税则号列】有效成分：29349990　制剂：38089111（蚊香），38089119（其他零售包装），38089190（其他）

**0200023　苄呋菊酯　Resmethrin**

【别　　名】灭虫菊，Benzofuroline，Chrysron

【有效成分】(1R，S)-顺，反式菊酸-5-苄基-3-呋喃甲基-酯

【商品类别】杀虫剂

【结 构 式】

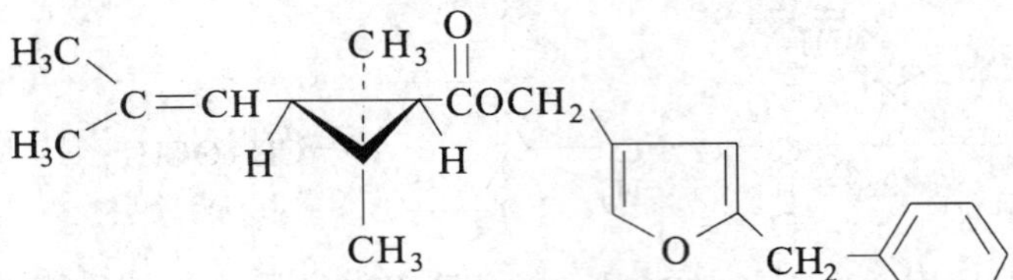

【商品属性】该品对淡色库蚊的毒力比丙烯菊酯约高 3 倍；对德国小蠊的毒力比胺菊酯约高 6 倍。且对哺乳动物的毒性比除虫菊素低。但对天然除虫菊素有效的增效剂对这些化合物则无效。

无色晶体，原药为蜡状黄色至棕色固体，熔点 56.5℃（纯（1RS）-反式异构体），蒸气压<0.01mPa（25℃），密度 0.958～0.968（20℃），1.035（30℃）。溶解度：水 37.9μg/L（25℃），丙酮约 30%，氯仿、二氯甲烷、乙酸乙酯、甲苯>50%，乙醇、正辛醇约 6%，正己烷约 10%，异丙醚约 25%，甲醇约 35%（m/v，20℃）。加热和氧化环境中稳定，暴露于日光和空气中迅速分解，闪点 129℃。

【毒　　性】属神经毒剂，接触部位皮肤感到刺痛，尤其在口、鼻周围但无红斑。很少引起全身性中毒。接触量大时会引起头痛、头昏、恶心、呕吐、双手颤抖，全身抽搐或惊厥、昏迷、休克。

【税则号列】有效成分：29321900　制剂：38089111（蚊香），38089119（其他零售包装），38089190（其他）

**0200024　生物苄呋菊酯　Bioresmethrin**

【别　　名】右旋反式苄呋菊酯，右旋反式灭菊酯，Isathrine，Isatrin，Biobenzyfuroline

【有效成分】(5-苄基-3-呋喃基) 甲基 (1R，3R) 2,2-二甲基-3-(2-甲基-1-丙烯基) 环丙烷羧酸酯

【商品类别】杀虫剂

【结 构 式】

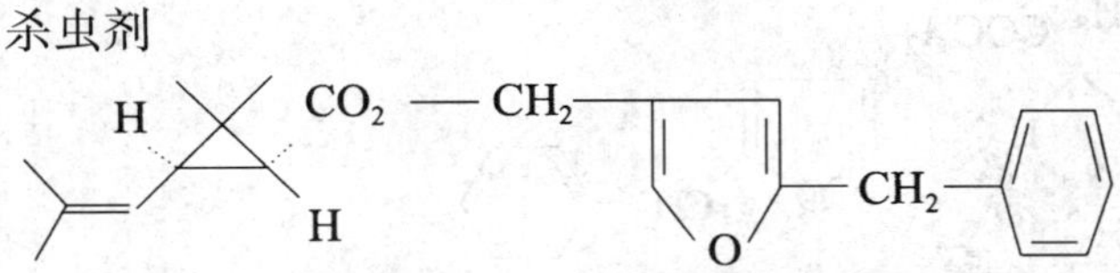

【商品属性】本品杀虫高效，而对哺乳动物极低毒。它对家蝇的毒力，要比除虫菊素高 55 倍，比地亚农高 5 倍；对辣根猿叶甲的毒力，比除虫菊素高 10 倍，比对硫磷高 13 倍。一般说来，它比苄呋菊酯的其他 3 个异构体（左旋反式体，右旋顺

式体和左旋顺式体）的活性都高，稳定性亦好。

外观为白色固体，熔点30℃～35℃，沸点185℃/1.33Pa。溶于有机溶剂，不溶于水。

常见制剂类型：气雾剂。

【毒　　性】低毒。

【税则号列】有效成分：29321900　制剂：38089111（蚊香），38089119（其他零售包装），38089190（其他）

**0200025　右旋反式苄呋菊酯　D-trans-resmethrin**

【别　　名】金鸡冠（其中一个有效成分），D-T80-resmethrin

【有效成分】(5-卞基-3-呋喃基）甲基（1R，3R）2,2-二甲基-3-（2-甲基-1-丙烯基）环丙羧酸酯

【商品类别】杀虫剂

【结 构 式】

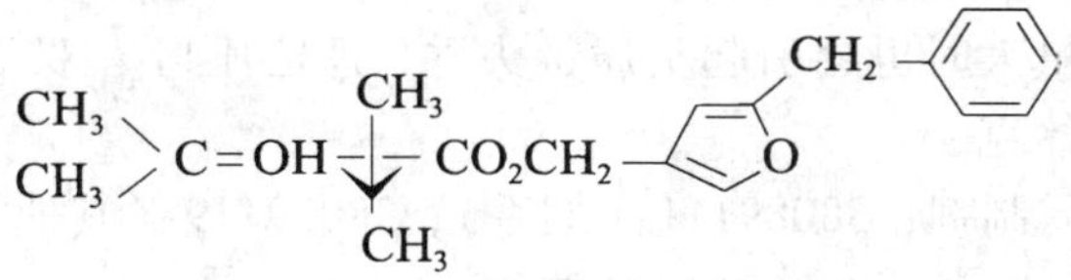

【商品属性】原药为白色至淡黄色油状液体，密度1.040～1.055，溶于多种有机溶剂。

【毒　　性】属神经毒剂，接触部位皮肤感到刺痛，但无红斑，尤其在口、鼻周围。很少引起全身性中毒。接触量大时也会引起头痛，头昏，恶心呕吐，双手颤抖，重者抽搐或惊厥、昏迷、休克。

【税则号列】有效成分：29321900　制剂：38089111（蚊香），38089119（其他零售包装），38089190（其他）

**0200026　三氯杀虫酯　Plifenate**

【别　　名】蚊蝇净，蚊蝇灵，Plifenate，Acetofenale

【有效成分】1,1,1-三氯-2-（3,4二氯苯基）乙酸乙酯

【商品类别】有机氯杀虫剂

【结 构 式】

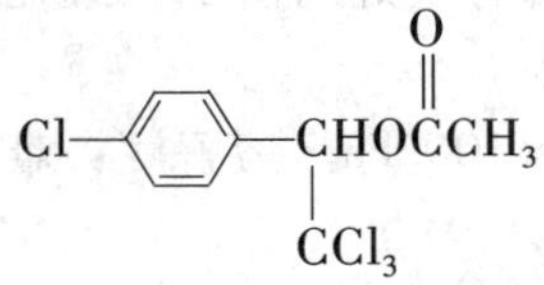

【商品属性】高效、低毒，对人畜安全，主要用于防治卫生害虫，杀灭蚊蝇效力高，是比较理想的家庭用杀虫剂。

纯品为白色结晶，熔点84.5℃，20℃时的蒸气压为0.15μPa，20℃溶解度：水中50μg/L，易溶于丙酮、甲苯、二甲苯、热甲醇、乙醇等有机溶剂中。在中性和弱酸性时较为稳定，碱性中分解。

常见制剂类型：蚊香、灭蚊片、气雾剂等。

【毒　　性】症状与特征是其对神经系统的刺激作用所致，如头痛、眩晕，忧虑烦恼，情绪激动，也有呕吐、四肢软弱、双手震颤、失去时间和空间的定向，随后阵发痉挛。

【税则号列】有效成分：29153900　制剂：38089111（蚊香），38089119（其他零售包装），38089190（其他）

**0200027　苯醚氰菊酯　D-cyphenothrin**

【别　　名】右旋苯氰菊酯，右旋苯醚氰菊酯

【有效成分】α-氰基-3-苯氧苄基（±）顺式，反式菊酸酯

【商品类别】杀虫剂

【结 构 式】

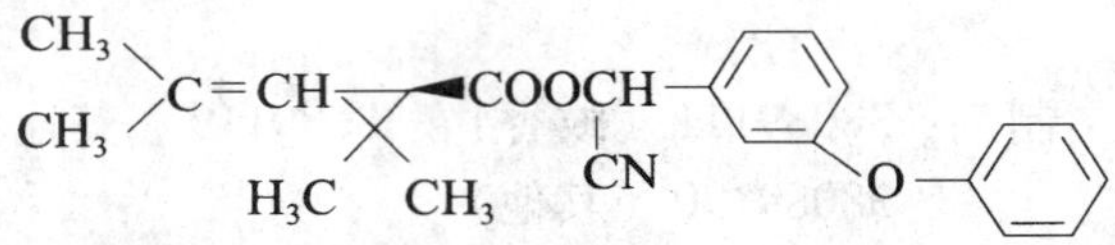

【商品属性】原药为淡黄色黏稠液体，比重（20℃）1.08，沸点 154℃。溶解度：水 < 0.01mg/L（25℃），已烷、二甲苯、甲醇 > 500g/kg（23～24℃）。蒸气压 0.44mP（30℃）。

常见制剂类型：灭蟑香、烟片、气雾剂。

【毒　　性】低毒。

属神经毒剂，接触部位皮肤感到刺痛，但无红斑，尤其在口、鼻周围。很少引起全身性中毒。接触量大时也会引起头痛、头昏、恶心呕吐、双手颤抖，重者抽搐或惊厥、昏迷、休克。

【税则号列】有效成分：29269090　制剂：38089111（蚊香），38089119（其他零售包装），38089190（其他）

**0200028　富右旋反式苯氰菊酯　Rich-d-t-cyphenothrin**

【别　　名】富右旋苯氰菊酯

【有效成分】右旋-顺，反式-2,2-二甲基-3-（2-甲基-1-丙烯基）环丙烷羧酸-（±）α-氰基-3-苯氧基苄基酯

【商品类别】杀虫剂

【结 构 式】

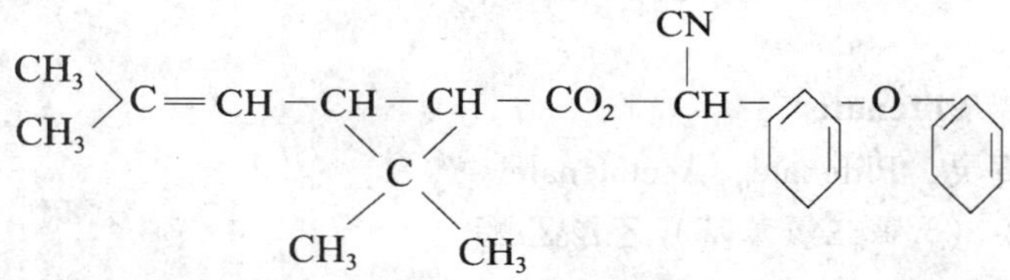

【商品属性】用它配制的制剂用于室内防治蚊、蝇和蟑螂有很好的击倒和致死作用。是配制蚊香、电热蚊香、气雾杀虫剂的理想用药。

外观：黄色黏稠液体。蒸气压：（30℃）$4\times10^{-4}$Pa。溶解度：难溶于水，可溶于已烷、二甲苯、甲醇。

常见制剂类型：灭蟑香、烟片、气雾剂。

【毒　　性】低毒。

属神经毒剂，接触部位皮肤感到刺痛，但无红斑，尤其在口、鼻周围。很少引起全身性中毒。接触量大时也会引起头痛、头昏、恶心呕吐、双手颤抖，重者抽搐或惊厥、昏迷、休克。

【税则号列】有效成分：29269090　制剂：38089111（蚊香），38089119（其他零售包装），38089190（其他）

**0200029　甲基吡恶磷　Azamethiphos**

【别　　名】蟑螂宁，氯吡恶唑磷，SNIP RBI，Alfacron

【有效成分】S-6-氯-2,3-二氢-2-氧代-1,3-恶唑（4,5-b）吡啶-3 基甲基 O,O-二甲基硫代磷酸酯

【商品类别】杀虫剂
【结 构 式】
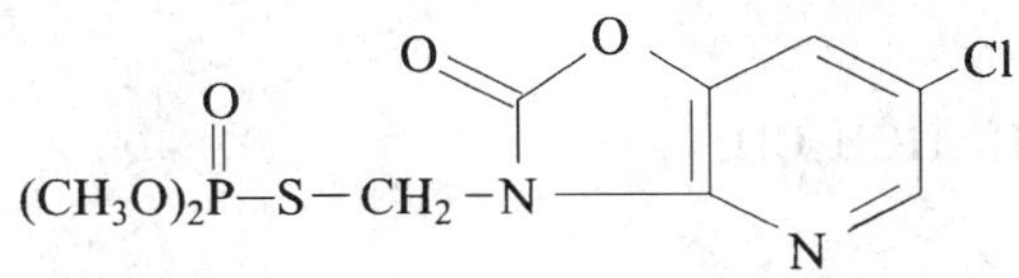

【商品属性】具有触杀、胃毒作用。是广谱杀虫剂，其击倒作用快和持效期长，主要在棉花、果树和蔬菜地以及卫生方面，防治苹果蠹蛾、螨、蚜虫、梨小食心虫、家蝇、蚊子、蟑螂等方害虫。

无色晶体，熔点 89℃，蒸气压 0.0049mPa（20℃），密度 1.60（20℃）。溶解度：水 1.1g/L（20℃），二氯甲烷 61g/L（20℃），苯 13g/L，甲醇 10g/L，正-辛醇 5.8g/L。酸碱环境中不稳定。

常见制剂类型：饵剂、可湿性粉剂。

【毒　　性】轻度中毒：头痛、头昏、恶心、呕吐、多汗、无力、胸闷、视力模糊、胃口不佳等。全血胆碱酯酶一般降到正常值的 70% 以下。中度中毒：除上述症状外，还出现轻度呼吸困难、肌肉震颤、瞳孔缩小、精神恍惚、行走不稳、流涎、腹痛、腹泻等。重者还会出现昏迷、抽搐、呼吸困难、口吐白沫、大小便失禁，惊厥，呼吸麻痹。急性中毒多在 12 小时内发病，误服者可立即发病。

【税则号列】有效成分：29349990　制剂：38089111（蚊香），38089119（其他零售包装），38089190（其他）

**0200030　恶虫酮　Metoxadiazone**

【别　　名】Elemic
【有效成分】5-甲氧基-3-（2-甲氧基苯基）-1, 3, 4-恶二唑 2（3H）-酮
【商品类别】杀虫剂
【结 构 式】
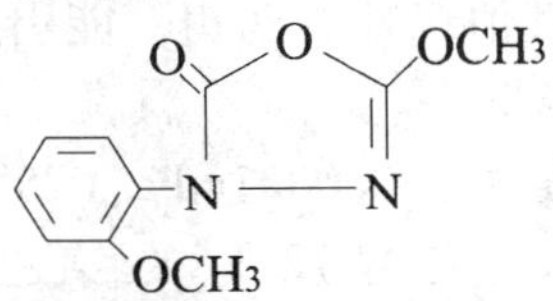

【商品属性】恶虫酮具有抑制乙酰胆碱酯酶和对神经轴索作用的双重特性，是防治对拟除虫菊酯类具抗性蜚蠊的有效药剂。

纯品为米色结晶固体，熔点 79.5℃，蒸气压极低（25℃，10.787mPa），在 20℃和 133.32Pa 下挥发不明显，相对密度 1.401～1.410。溶解度（20℃）：水 1g/L，二甲苯 100g/L，环已酮 500g/L，溶于乙醇、异丙醇、三甲苯、烷基苯，较易溶于甲醇、二甲苯、-三氯乙烷，易溶于丙酮、氯仿、乙酸乙酯、氯甲烷、苯甲醚。常温下稳定，高于 50℃不稳定；在甲醇中较易分解，在其他溶剂中稳定；在膨润土和碳酸钙中不稳定，在其他载体中稳定，在光照下逐渐分解。

常见制剂类型：烟雾剂。

【毒　　性】中等毒。

【税则号列】有效成分：29349990　制剂：38089111（蚊香），38089119（其他零售包装），38089190（其他）

**0200031　氟虫胺　Sulfluramid**

【别　　名】废蚁蟑，Finitron
【有效成分】N-乙基全氟代辛基磺酰胺

【商品类别】杀虫剂

【结 构 式】

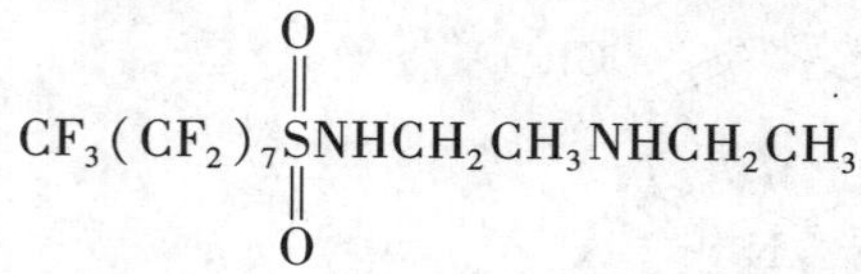

【商品属性】本品主要用于防治蚂蚁、蟑螂等卫生害虫，对鱼、野生生物和水生无脊椎动物有毒害作用，对兔的皮肤有中等刺激作用。

原药外观为白色无味晶状固体，比重 0.14858，熔点 87.0 ~ 93.0℃，蒸气压 $2.0\times10^{-5}$mmHg（20℃）。溶解度：不溶于水，溶于丙酮、甲醇、乙醇、甲基乙二醇醚等。

常见制剂类型：饵剂。

【毒　　性】低毒。

【税则号列】有效成分：29350090　制剂：38089111（蚊香），38089119（其他零售包装），38089190（其他）

**0200032　伏蚁腙　Hydramethylnon**

【别　　名】氟蚁腙，猛力杀蟑饵剂，威灭，Maxforce，Amdro，Combat

【有效成分】5, 5-二甲基全氢嘧啶-2-酮 4-三氟甲基-a-（4-三氟甲基苯乙烯基亚肉桂腙

【商品类别】杀虫剂

【结 构 式】

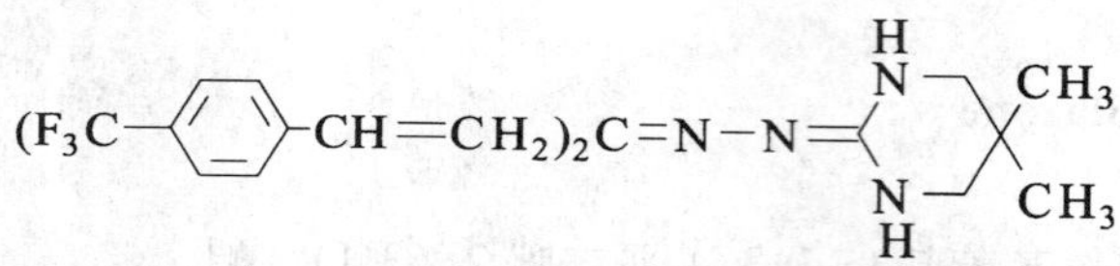

【商品属性】无内吸作用，在环境中无生物累积作用。蟑螂通过爬入饵盒取食饵料后爬回巢穴，因体内代谢系统破坏而死亡，并成为其他蟑螂的药饵，能引发连锁杀蟑效果。

黄色到桔黄色晶体，熔点 185 ~ 190℃，蒸气压 0.0027mPa（25℃）。溶解度：水中 0.005 ~ 0.007mg/L（25℃），丙酮 360、乙醇 72.1、二氯乙烷 170、甲醇 230、异丙醇 12、二甲苯 94、氯苯 390（g/L，20℃）。水悬浮溶液中半衰期（25℃）24 ~ 33 天（pH4.9），阳光下半衰期约 1 小时。

常见制剂类型：铒剂。

【毒　　性】低毒。

【税则号列】有效成分：29335990　制剂：38089111（蚊香），38089119（其他零售包装），38089190（其他）

**0200033　炔丙菊酯　Prallethrin**

【别　　名】炔酮菊酯，丙炔菊酯，益多克，右旋丙炔菊酯，猎杀，拜高（混剂），Etoc，Ridsect，Vape，Baygon

【有效成分】（RS）-2-甲基-4-氧代-3-丙-2-炔基环戊-2-烯基（1RS）-顺-反-2, 2-二甲基-3-（2-甲基丙-1-烯基）环丙烷羧酸酯

【商品类别】拟除虫菊酯杀虫剂

【结 构 式】

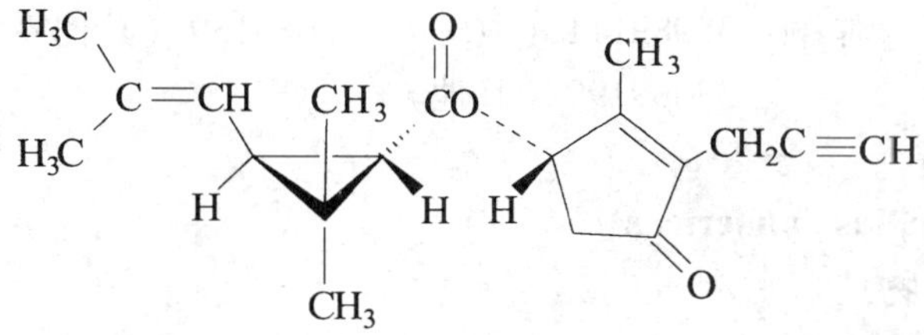

【商品属性】拟除虫菊酯类杀虫剂，主要用来防治卫生害虫（如蜚蠊、蚊子、苍蝇等）。

黄色到棕黄色液体，沸点 > 313.5℃/760mmHg，116℃/0.1mmHg，蒸气压 < 0.013mPa（23.1℃），密度 1.03（20℃）。溶解度：水 8mg/L（25℃），己烷、甲醇、二甲苯 >500（g/kg，20 ~ 25℃）。一般贮存条件下稳定至少 2 年。

常见制剂类型：电热蚊香液、蚊香片、气雾剂。

【毒　　性】属神经毒剂，接触部位皮肤感到刺痛，尤其在口、鼻周围但无红斑。很少引起全身性中毒。接触量大时会引起头痛、头昏、恶心、呕吐、双手颤抖，全身抽搐或惊厥、昏迷、休克。

【税则号列】有效成分：29162090　制剂：38089111（蚊香），38089119（其他零售包装），38089190（其他）

**0200034　富右旋反式炔丙菊酯　Rich-d-t-prallethrin**

【别　　名】

【有效成分】富右旋-2,2-二甲基-3-（2-甲基-1-丙烯基）环丙烷羧酸-2-甲基（2-炔丙基）-4-氧代-环戊-2-烯基酯

【商品类别】拟除虫菊酯杀虫剂

【结 构 式】

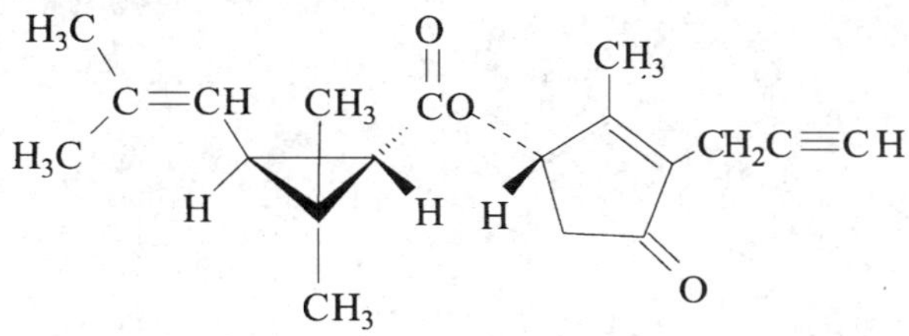

【商品属性】拟除虫菊酯类杀虫剂，主要用来防治卫生害虫（如蜚蠊、蚊子、苍蝇等）。

外观为棕红色黏稠液体，蒸气压 $4.67\times10^{-3}$Pa。溶解度：难溶于水，易溶于大多数有机溶剂。

常见制剂类型：蚊香、气雾剂。

【毒　　性】低毒。

【税则号列】有效成分：29162090　制剂：38089111（蚊香），38089119（其他零售包装），38089190（其他）

**0200035　硼酸　Boric acid**

【别　　名】

【有效成分】硼酸

【商品类别】无机杀虫剂

【结 构 式】

【商品属性】具有胃毒作用。

外观为白色粉末，比重 1.435，熔点 185℃。

常见制剂类型：可溶性液剂、饵剂、膏剂。

【毒　　性】低毒。

【税则号列】有效成分：28100020　制剂：38089111（蚊香），38089119（其他零售包装），38089190（其他）

**0200036　球形芽孢杆菌　Bacillus sphaericus**

【别　　名】C3-41 杀蚊幼剂，生物蛙

【有效成分】球形芽孢杆菌

【商品类别】杀虫剂

【结 构 式】

【商品属性】本品系球芽孢杆菌发酵配制而成，对人、畜、水生生物低毒，是一种高效、安全、选择性杀蚊的生物杀蚊幼剂。广泛用于杀灭各种孳生地中的库蚊、按蚊幼虫、伊蚊幼虫。

制剂外观为灰色－褐色悬浮液体，密度 1.08，酸碱度 5.0～6.0，悬浮率≥80%。

常见制剂类型：悬浮剂。

【毒　　性】低毒。

【税则号列】有效成分：30029090　制剂：38089111（蚊香），38089119（其他零售包装），38089190（其他）

**0200037　驱蚊酯　Ethyl butylacetylaminoprpionate**

【别　　名】伊默宁

【有效成分】3-（N-丁基-乙酰胺基）-丙酸乙酯

【商品类别】杀虫剂

【结 构 式】

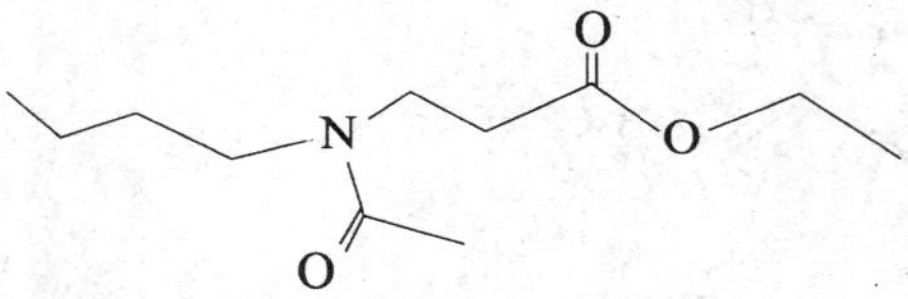

【商品属性】是一种高效蚊子驱避剂。

外观为无色至淡黄色透明液体，比重 0.996～0.998g/mL，沸点 298℃，熔点≤－20℃，蒸气压 0.15Pa at20℃，分解温度超过 141℃不稳定。溶解度：水 70g/L（20℃）；易溶于乙醇、丙酮、乙酸乙酯等有机溶剂。闪点：159℃。

【毒　　性】低毒。

【税则号列】有效成分：29241990　制剂：38089111（蚊香），38089119（其他零售包装），38089190（其他）

**0200038　炔呋菊酯　D-furamethrin**

【别　　名】右旋烃菊酯

【有效成分】富右旋-反式-2, 2-二甲基-3-（2-甲基-1-丙烯基）环丙烷羧酸-5-炔丙基-2-呋喃甲酯

【商品类别】杀虫剂

【结 构 式】

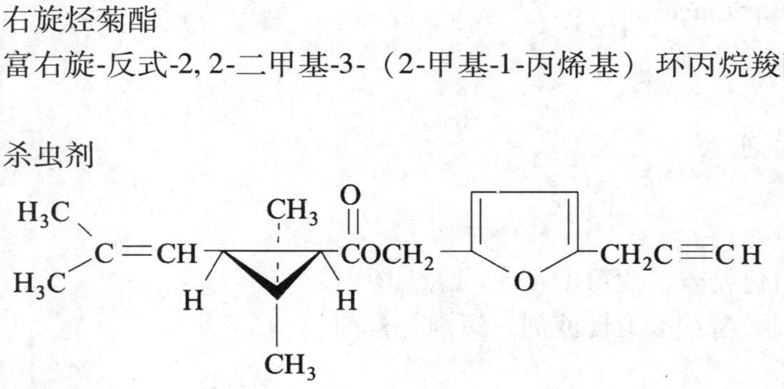

【商品属性】本品对家蝇的击倒和杀死活性，均高于丙烯菊酯，加工成蚊香等作为加热熏蒸使用，对蚊蝇效果均佳。用做气雾剂或喷射剂，对飞翔害虫具有很好的效果，但因易挥发对爬行害虫持效差，不宜作滞留喷洒使用。

外观：淡黄色油状液体，药液为无分层、无沉淀的透明液体。分解温度：198℃。蒸气压：$1.73 \times 10^{-2}$ Pa。相对密度：1.010～10.25。溶解度：溶于甲醇、乙醇、乙醚等有机溶剂中，不溶于水。

常见制剂类型：电热蚊香液，电蚊香药片。

【毒　　性】属神经毒剂，接触部位皮肤感到刺痛，但无红斑，尤其在口、鼻周围。很少引起全身性中毒。接触量大时也会引起头痛、头昏、恶心呕吐、双手颤抖，重者抽搐或惊厥、昏迷、休克。

【税则号列】有效成分：29321900　制剂：38089111（蚊香），38089119（其他零售包装），38089190（其他）

**0200039　右旋反式炔呋菊酯　D-trans-furamethrin**

【别　　名】DK-5 电烤蚊香，敌克蚊，右旋反式烃菊酯，DK-5 Liquid，DK-1 Liquid

【有效成分】右旋-反式-2,2-二甲基-3-（2-甲基-1-丙烯基）-环丙烷羧酸-5-（2-丙炔基）-2-呋喃甲基酯

【商品类别】杀虫剂

【结 构 式】

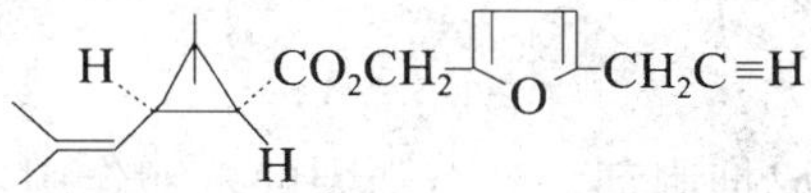

【商品属性】制造电蚊香药片的主要原料，电蚊香加热表面温度为160～170℃，由于炔呋菊酯的蒸气压低，在此温度下将有效成分挥散到空气中，在加入调整剂后，可保持长达10小时的杀虫效果。

沸点120～122℃/26.7Pa，蒸气压1.84kPa（200℃）。原药为黄褐色液体，25℃时密度为1.01～1.25，20℃时蒸气压为$1.73 \times 10^{-2}$Pa。微溶于水，可溶于有机溶剂，在中性和弱酸性条件下稳定。对光和碱性介质中不稳定。

常见制剂类型：蚊香片、杀蚊液。

【毒　　性】属神经毒剂，接触部位皮肤感到刺痛，但无红斑，尤其在口、鼻周围。很少引起全身性中毒。接触量大时也会引起头痛、头昏、恶心呕吐、双手颤抖，重者抽搐或惊厥、昏迷、休克。

【税则号列】有效成分：29321900　制剂：38089111（蚊香），38089119（其他零售包装），38089190（其他）

**0200040　四氟苯菊酯　Transfluthrin**

【别　　名】

【有效成分】2,3,5,6-四氟苄基（1R，3S）-3-（2,2-二氯乙烯基）-2,2-二甲基环丙烷羧酸酯

【商品类别】杀虫剂

【结 构 式】

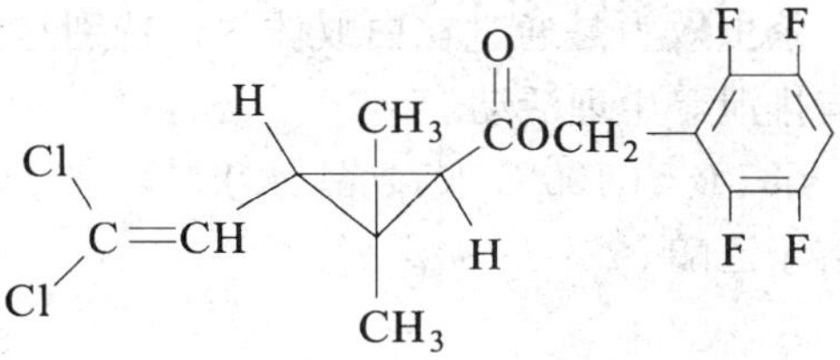

【商品属性】具有触杀作用。

无色晶体，熔点32℃，沸点135℃/0.1mPa，蒸气压$4.0\times10^{-4}$Pa（20℃），密度1.5072g/$cm^3$（28℃）。溶解度：水中溶解度$5.7\times10^{-5}$g/L（20℃），有机溶剂（25℃）>200g/L。200℃5小时后未分解，在纯水中25℃，pH5～7半衰期超过1年。

常见制剂类型：蚊香、气雾剂。

【毒　　性】属神经毒剂，接触部位皮肤感到刺痛，尤其在口、鼻周围但无红斑。很少引起全身性中毒。接触量大时会引起头痛、头昏、恶心、呕吐、双手颤抖，全身抽搐或惊厥、昏迷、休克。

【税则号列】有效成分：29162090　制剂：38089111（蚊香），38089119（其他零售包装），38089190（其他）

**0200041　吡丙醚　Pyriproxyfen**

【别　　名】灭幼宝，蚊蝇醚，Sumilarv

【有效成分】4-苯氧基苯基（RS）-2-（2-吡啶基氧）丙基醚

【商品类别】有机醚杀虫剂

【结 构 式】

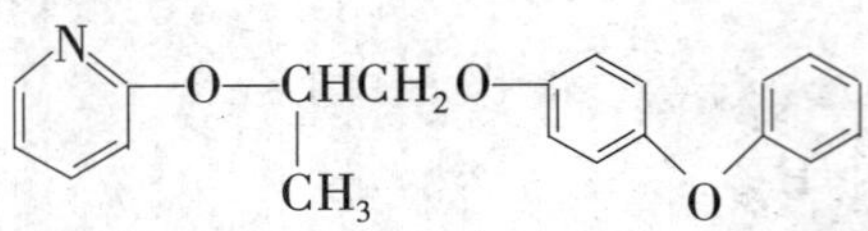

【商品属性】是一种保幼激素类型的几丁质合成抑制剂，具有强烈的杀卵作用。蚊蝇醚还具有内吸性转移活性，可以影响隐藏在叶片背后的幼虫。对昆虫的抑制作用表现在影响昆虫蜕变和繁殖。对斜纹夜蛾的毒理试验表现，蚊蝇醚在血淋巴中高浓度的存留，加速昆虫前胸腺向性激素的分泌；另一方面，由于蚊蝇醚能使昆虫缺少产卵所需的刺激因素，抑制胚胎发育及卵的孵化，或生成没有生活能力的卵，从而有效地控制并达到防治害虫的目的。

无色晶体形式存在，熔点45～47℃，蒸气压0.29mPa（20℃）。密度1.23（20℃）。溶解度（g/kg，20～25℃）：已烷400、甲醇200、二甲苯500。

常见制剂类型：颗粒剂。

【毒　　性】低毒。对兔眼睛和皮肤无刺激。

【税则号列】有效成分：29333990　制剂：38089111（蚊香），38089119（其他零售包装），38089190（其他）

**0200042　钼酸钠　Sodium molybdate dihydrate**

【别　　名】

【有效成分】钼酸钠二水合物

【商品类别】无机杀虫剂

【结 构 式】$NaMoO_4 \cdot 2H_2O$

【商品属性】是一种新型白蚁饵剂，它的杀虫效力是通过在白蚁体内，特别是脂肪体内的沉积，因而破坏白蚁的消化与排泄等生理活动。

外观：白色粉末。熔点：687℃（100℃脱结晶水）。溶解度：易溶于水（39.5g/100g，20℃），不溶于乙醇。

常见制剂类型：白蚁铒剂。

【毒　　性】低毒。

【税则号列】有效成分：28417090　制剂：38089111（蚊香），38089119（其他零售包装），38089190（其他）

**0200043　　钨酸钠　　Sodium tungstatr dihydrate**

【别　　名】

【有效成分】钨酸钠二水合物

【商品类别】无机杀虫剂

【结 构 式】$Na_2WO_4 \cdot 2H_2O$

【商品属性】是一种新型白蚁饵剂，它的杀虫效力是通过在白蚁体内，特别是脂肪体内的沉积，因而破坏白蚁的消化与排泄等生理活动。

外观为白色结晶状粉末。熔点 698℃，100℃脱结晶水。溶解度：易溶于水（90.8g/100g，20℃），不溶于乙醇、二硫化碳。

常见制剂类型：饵剂。

【毒　　性】低毒。

【税则号列】有效成分：28418020　制剂：38089111（蚊香），38089119（其他零售包装），38089190（其他）

# 03 消毒剂

消毒剂用于杀灭传播媒介上病原微生物，使其达到无害化要求，将病原微生物消灭于人体之外，切断传染病的传播途径，达到控制传染病的目的。近年来各国着重寻找对环境无害而作用快速的消毒剂，其中以过氧化氢和二氧化氯气体灭菌法更受瞩目，臭氧的消毒也有广阔的使用价值。

消毒剂按照其作用的水平可分为灭菌剂、高效消毒剂、中效消毒剂、低效消毒剂。灭菌剂可杀灭一切微生物使其达到灭菌要求，包括甲醛、戊二醛、环氧乙烷、过氧乙酸、过氧化氢、二氧化氯等。高效消毒剂可杀灭一切细菌繁殖体（包括分枝杆菌）、病毒、真菌及其孢子等，对细菌芽胞也有一定杀灭作用，达到高水平消毒要求，包括含氯消毒剂、臭氧、甲基乙内酰脲类化合物、双链季铵盐等。中效消毒剂仅可杀灭分枝杆菌、真菌、病毒及细菌繁殖体等微生物，达到消毒要求，包括含碘消毒剂、醇类消毒剂、酚类消毒剂等。低效消毒剂仅可杀灭细菌繁殖体和亲酯病毒，达到消毒剂要求，包括苯扎溴铵等季铵盐类消毒剂、氯己定（洗必泰）等双胍类消毒剂，汞、银、铜等金属离子类消毒剂及中草药消毒剂。

《协调制度》规定，消毒剂是破坏或不可逆地灭活无生命物质上不需要的细菌、病霉或其他微生物的制剂。

消毒剂用于清洁医院墙壁等或消毒器具，也用于农业上供种子灭菌，或在动物饲料的生产上用以抑制不良微生物。

**0300001　漂白粉　Calcium hypochloriate mixtures**

【别　　名】

【有效成分】次氯酸钙

【商品类别】无机氯化合物消毒剂

【结 构 式】

【商品属性】漂白粉是一种白色颗粒状粉末，主要成分是次氯酸钙，其他有氢氧化钙、氯化钙、氧化钙，含有效氯25%左右。

使用方法和范围：用漂白粉配制水溶液时应先加少量水，调成糊状，然后边加水边搅拌成乳液，静置沉淀，取澄清液使用。漂白粉干粉可用于铺垫墓葬，地面和人、畜排泄物的消毒，其水溶液可用于餐具、饮水消毒，污水处理，粪便处理等。

安全使用：注意漂白粉对织物的漂白作用和对各类物品如金属制品的腐蚀作用，操作时应做好个人防护。漂白粉应保存在密闭容器内，放在阴凉、干燥、通风处。

【毒　　性】主要为皮肤黏膜刺激作用。

中毒表现：

正常使用，可出现轻微的呼吸道刺激症状，少数人有眼睛刺激症状。

误用，口服大于5ml/kg时，可以出现口咽、食道、胃黏膜损伤，如恶心、呕吐、烧心、返酸等，严重者可出现低血压、高氯血症、高钙血症等。可因氯气的吸入发生中毒，出现呼吸道刺激症状，如咳嗽、气喘、呼吸困难等，严重者可出现化学性支气管炎、肺炎，甚至肺水肿。眼睛溅入，可出现疼痛、畏光、流泪等刺激症状。皮肤接触高浓度水溶液可出现局部水疱、红肿、皮炎等。

处理：

吸入中毒，转移至新鲜空气处，如出现咳嗽、呼吸困难等呼吸道刺激症状，给予吸氧及对症治疗，出现急性肺损伤，应早期给予激素治疗，必要时使用呼吸机支持。

眼中毒，使用大量清水持续冲洗 15 分钟，有持续的疼痛、畏光、流泪症状，就近去专科医院就诊。

皮肤中毒：彻底使用清水或肥皂水清洗，如皮肤仍有持续疼痛或刺激症状，就近去专科医院就诊。

误服，不主张洗胃、催吐、导泻，可立即口服 100 ~ 200ml 的牛奶、蛋清或氢氧化铝凝胶，不主张使用酸碱中和剂。

对医师建议：对症处理。

【税则号列】有效成分：28281000　　制剂：38089400

**0300002　漂粉精　Calcium hypochloriate**

【别　　名】

【有效成分】次氯酸钙

【商品类别】无机氯化合物消毒剂

【结 构 式】

【商品属性】漂粉精是白色粉末，比漂白粉易溶于水且稳定，成分为次氯酸钙，含杂质少，有效氯含量 80% ~85%。使用方法范围、中毒表现和处理见漂白粉。

【毒　　性】

【税则号列】有效成分：28281000　　制剂：38089400

**0300003　凯松**

【别　　名】甲基异噻唑琳酮及其氯代物

【有效成分】5-氯-2 甲基-4-异噻唑啉-3-酮和 2-甲基-4 异噻唑啉-3-酮的混合物（3∶1）

【商品类别】消毒剂

【结 构 式】

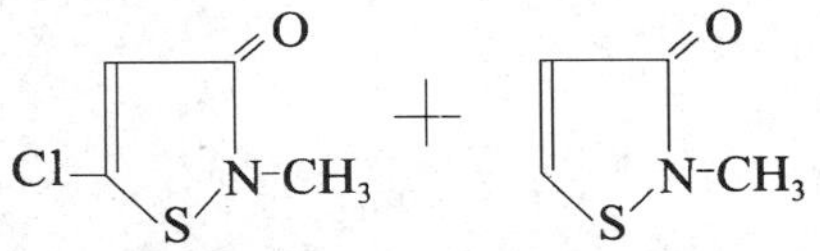

【商品属性】异噻唑啉酮类化合物的复配物，该产品为淡黄色液体，易溶于水、醇，不溶于油，室温很稳定，可达一年时间，并可与其他原料配伍。它具有广谱高效、低毒，对环境安全，对人体无过敏等特点，可抑杀细菌、真菌、酵母菌等多种菌种，是国际上公认的广谱性杀菌防腐剂。该杀菌剂使用浓度在 0.003% ~0.1% 范围内即有良好的抗菌杀菌作用，可用于膏霜、乳液、香波、护发剂、儿童用及眼用化妆品中。其生产成本仅为尼泊金酯的 1/3，因此得到了普遍重视。有可能作为尼泊金酯的代替品。美国已有 5% 的化妆品用它作防腐剂。

【毒　　性】

【税则号列】有效成分：38249990　　制剂：38089400

**0300004　三氯生**

【别　　名】玉洁新 DP-300，洁美新

【有效成分】2，4，4′-三氯-2′-羟基二苯醚

【商品类别】消毒剂

【结 构 式】

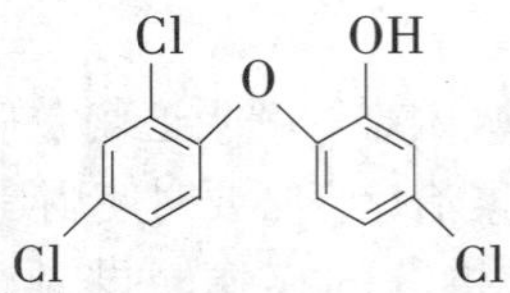


【商品属性】三氯生与目前世界上常用的抗菌剂——洗必泰、PVP—碘及 TCC 等相比，具有广谱、高效、不沾染产品、无任何刺激味等突出优点，是当今世界首屈一指的抗菌剂。

三氯生杀菌机理是先吸附于细菌细胞壁，进而穿透细胞壁，与细胞质中的脂质、蛋白质反应，产生不可逆变性，杀死细菌。因此杀菌效果好、具有速效作用。

三氯生是一种非离子型化合物，白色结晶粉末，熔点 55 ~60℃。与皮肤（蛋白质）有良好的亲和性，能与各种日化产品常用原料共同使用，对革兰氏阳性菌、革兰氏阴性菌、真菌、酵母、病毒等都具有广泛、高效的杀灭和抑制作用，具有杀菌持效作用好，与日化产品配伍性强的特点。另外；三氯生还具有显著的杀病毒、消炎、除体臭等多种功能。

由于三氯生的高效、速效、多功能赋予了产品高附加值，良好的配伍性拓宽了应用领域，近年来以三氯生为抗菌剂的日化产品以惊人的速度频频亮相于国内外市场。目前世界上已有 50 多个国家应用三氯生杀菌剂，开发出 200 余种日化产品，产品遍及日化、医药、材料等众多领域。其建议添加量为，口腔卫生品 0.3%，个人护理品 0.3% ~0.5%，洗涤用品 0.15% ~0.3%。

【毒　　性】

【税则号列】有效成分：29095000　　　　制剂：38089400

**0300005　甘宝素　Climbazole**

【别　　名】活性甘宝素，二唑酮，咪菌酮

【有效成分】1-（4-氯-苯氧基）-1-（咪唑-1-基）-3，3-二甲基-2-丁酮

【商品类别】消毒剂

【结 构 式】

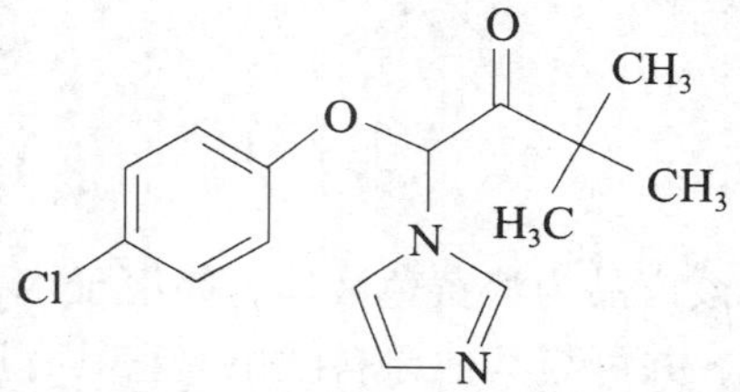


【商品属性】甘宝素是德国 Bayer 公司 1977 年开发上市的高效杀菌剂新品，可用于杀灭真菌、细菌和防腐。国内于 20 世纪 90 年代初研制开发。该产品具显著的去屑止痒功能和良好的配伍性能，用其配制的香波不会产生沉淀、分层、变色、刺激皮肤等弊端，具有多种抗真菌性能，对产生人体头皮屑的主要真菌—卵形芽抱菌具有独特作用，对引起人体口腔齿龋炎、牙周炎的白色念珠苗也有明显抑制作用。已成为中高档济发香波、香皂、药皂、药物牙膏和漱口液等日化用品的首选杀菌剂之一。

白色或灰白色晶体，熔点 95 ~97℃，被称为第二代高效去屑止痒剂。在香波等中推荐使用浓度为 0.5% ~0.8%，可溶于醇类溶剂或非离子表面活性剂中使用，溶解温度 70℃。

【毒　　性】

【税则号列】有效成分：29332900　　　　制剂：38089400

**0300006　三氯卡巴　Triclocarban**

【别　　名】三氯碳酸苯胺，素露杀菌消毒液

【有效成分】3, 4, 4′-三氯二苯基脲

【商品类别】消毒剂

【结 构 式】

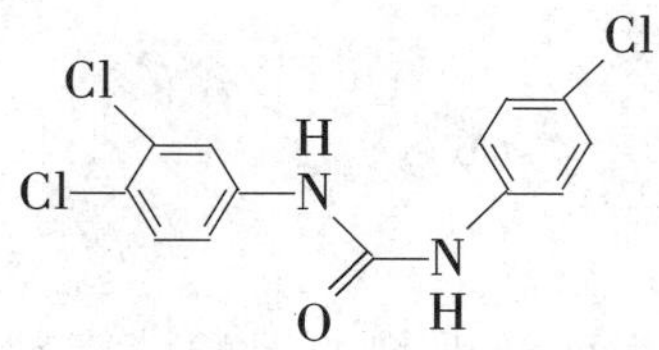

【商品属性】在美、欧洲、日本等国被广泛使用，国内于20世纪90年代初研制开发。该产品对革兰氏阳性菌、革兰氏阴性菌、霉菌等具有良好的杀灭和抑制作用。具有杀菌谱广、酸碱稳定性优良、与日化产品配伍性好、具有多功能性等特点。可用做各类日用化学品的杀菌有效成分。

白色结晶粉末，熔点：250～255℃。在日化产品中，推荐使用浓度为0.2%～0.5%。

【毒　　性】

【税则号列】有效成分：29242990　　制剂：38089400

**0300007　次氯酸钠　Sodium hypochloriate**

【别　　名】

【有效成分】次氯酸钠

【商品类别】无机氯化合物消毒剂

【结 构 式】

【商品属性】无色至浅黄绿色液体，存在铁时呈红色。溶于冷水，在热水中分解为氯化钠、氯酸钠和氧。有效氯含量10%～12%。含碱度2%～3%的溶液可储存10～15天。

【毒　　性】人（女性）经口TDLo1gm/kg。人（男性）静脉注射TDLo45mg/kg。小鼠经口$LD_{50}$5800mg/kg。大量吸收时可引起高铁血红蛋白血症。对皮肤、黏膜有较强的刺激作用。

过量吸入次氯酸气雾可引起明显呼吸道刺激反应和肺水肿。误服后口腔、咽喉、食道和胃有烧灼感，恶心、呕吐、呕血，可发生咽喉水肿、胃穿孔和腹膜炎，严重者可出现循环衰竭，皮肤湿冷、青紫、呼吸变浅，继而昏迷。摄入致死剂量的次氯酸钠可产生高铁血红蛋白血症。

处理：

吸入中毒，转移至新鲜空气处，如有咳嗽、呼吸困难等呼吸道刺激症状，给予吸氧及对症治疗，出现急性肺损伤，应早期给予激素治疗，必要时使用呼吸机。

眼中毒，使用大量清水持续冲洗15分钟，有持续的疼痛、畏光、流泪症状，就近去专科医院就诊。

皮肤中毒，彻底使用清水或肥皂水清洗，如皮肤仍有持续疼痛或刺激症状，就近去专科医院就诊。污染的衣服要洗干净后再穿。

误服中毒，可口服100～200毫升的生蛋清、氢氧化铝凝胶或牛奶。适量输液、利尿以促进毒物排泄。出现高铁血红蛋白血症时，血红蛋白在肾小管的酸性环境中易形成管型，碱性药物可促进其溶解，减少阻塞，加强排泄，改善肾脏功能，静脉滴注50%葡萄糖液以加速高铁血红蛋白还原成血红蛋白，促进毒物排

泄，口服碳酸氢钠1～2g/次，1日3次，或用4%～5%碳酸氢钠静滴。

【税则号列】有效成分：28289000　　　　　　　　制剂：38089400

**0300008　84消毒液**

【别　　名】

【有效成分】

【商品类别】消毒剂

【结 构 式】

【商品属性】无色或淡黄色液体，是次氯酸钠和表面活性剂的混配消毒剂，有效氯含量5.5%～6.5%。使用方法范围、中毒表现和处理见漂白粉。

【毒　　性】

【税则号列】有效成分：28289000　　　　　　　　制剂：38089400

**0300009　优氯净　Sodium dichloroisocyanurate**

【别　　名】

【有效成分】二氯异氰尿酸钠

【商品类别】有机氯消毒剂

【结 构 式】

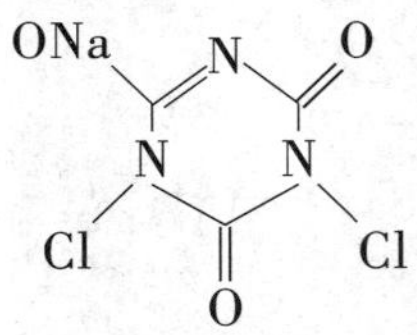


【商品属性】白色晶体，性质稳定，有效氯60%左右，水溶液稳定性较差。

【毒　　性】低毒。人经口LDLo3570mg/kg，大鼠经口$LD_{50}$420mg/kg，兔经皮LDLo3160mg/kg。眼刺激实验100mg/24H，反应是轻微的。

中毒表现：

正常使用，对皮肤黏膜无明显刺激性。

误用，其粉尘对眼和上呼吸道有中度的刺激。可引起眼和皮肤灼伤。浓溶液可引起腐蚀刺激，误服后有明显的胃肠道腐蚀作用，可有肝功能异常。

处理：

吸入中毒，转移至新鲜空气处，如呼吸困难给氧。

眼中毒，立即用清水冲洗15分钟，症状持续存在，去医院就诊。

皮肤中毒，立即用大量清水冲洗，如发现皮肤刺激症状不缓解或加重，去医院就诊。污染的衣服要洗干净后再穿。

误服，不主张洗胃、催吐、导泻和使用酸碱中和剂，可立即口服100～200ml的牛奶、蛋清或氢氧化铝凝胶。

【税则号列】有效成分：29336921　　　　　　　　制剂：38089400

**0300010　过氧化氢　Hydrogen peroxide**

【别　　名】

【有效成分】

【商品类别】过氧化物类消毒剂

【结 构 式】

【商品属性】无色透明液体，深层时略带淡蓝色，用水稀释的过氧化氢可以降低它的分解活性，微酸性液体，具有漂白作用，其分子内含有活性氧47%。过氧化氢与许多无机化合物或杂质接触后会迅速分解，放出大量的氧、热量和水蒸气。过氧化氢对热、杂质、冲击、酸度、强光等均有敏感，极易发生分解，须加入少量的有机物或无机物作为安定剂，如磷酸及其盐类、锡酸盐、8-羟基喹啉等。

使用方法和范围：室内空气消毒时使用1.5% ~3%过氧化氢喷雾，20ml/m$^3$ 作用30~60分钟。10%过氧化氢可杀灭芽孢。温度越高杀菌力越强，空气的相对湿度在20% ~80%时，湿度越大，杀菌力越强，相对湿度低于20%，杀菌力较差，浓度越高杀菌力越强。气雾用于空气、物体表面（墙壁、家具、地板等）消毒，溶液用于餐具、便器、手等消毒。

【毒　　性】存放60%以上的过氧化氢用纯铝（含铝99.6%以上）、聚四氯氟乙烯、聚三氯乙烯制成容器（严格清洗和钝化），严禁铁、铁锈或尘土等杂质进入（应带有防尘过滤器的排气孔）。20% ~60%的过氧化氢储存于聚乙烯桶或纯铝桶中。储存场地应防治太阳光直射，应有充足的水源和消防水龙带以及喷雾装置。若发现高浓度过氧化氢泄漏，用水冲洗泄漏液，若发现温度比外界温度升高5℃以上，可加入适量安定剂（磷酸）或用蒸馏水稀释，若无法控制分解，温度比大气温度高10℃以上，可将过氧化氢紧急泄出，若发现容器排气孔中冒出蒸气，所有人员应迅速撤至安全地方。

大鼠经口$LD_{50}$1518mg/kg（8% ~20%），小鼠经口$LD_{50}$2g/kg（90%），女性经口TDLo1200mg/kg（30%），男性经口TDLo1429mg/kg（30%）。浓度为3%的过氧化氢未发现明显的皮肤、眼、消化道的毒性作用。浓度大于10%的过氧化氢有较强的氧化性和腐蚀性，可引起皮肤、眼、消化道的化学性烧伤。

中毒表现：

正常使用，极轻微的黏膜刺激作用。

误用，口服大量的3%过氧化氢可能会发生呕吐和腹泻。高浓度的过氧化氢（>10%）可引起眼睛、皮肤的灼伤，出现水疱、角膜水肿甚至溃疡穿孔。口服高浓度的过氧化氢（>10%），口腔、咽喉、食道和胃有烧灼感，出现消化道溃疡出血甚至穿孔，严重者可昏迷、抽搐、休克。吸入高浓度的过氧化氢蒸汽（>10%）可引起严重的呼吸道刺激症状，出现咳嗽、气喘、呼吸困难，甚至化学性肺水肿。

处理：

皮肤沾染时，应立即用大量水冲洗，也可用2%碳酸钠溶液冲淡。皮肤刺激症状不缓解或加重，去医院就诊。

眼睛沾染时，应立即用清水冲洗15分钟以上，症状持续应去就医。

误服低浓度的过氧化氢溶液，立即催吐或洗胃。口服高浓度的过氧化氢（>10%），出现明显的消化道腐蚀症状后，不主张洗胃、催吐、导泻，立即口服100~200ml的牛奶、蛋清或氢氧化铝凝胶。

【税则号列】有效成分：28470000　　　　制剂：38089400

**0300011　过氧乙酸　Peroxyacetic acid**

【别　　名】

【有效成分】过氧乙酸

【商品类别】过氧化物类消毒剂

【结 构 式】

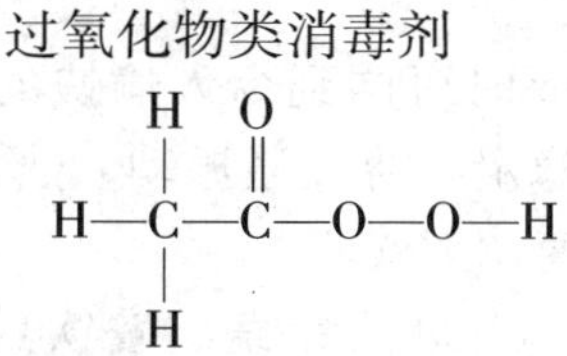

【商品属性】无色液体，有难闻气味。一般商品过乙酸不超过 40%，过氧化氢不超过 6%，含水和微量硫酸。对许多金属有腐蚀作用，包括铝，是强氧化剂，加热至 110℃左右或由于自发化学反应发生爆炸，在稍高温度下分解而产生氧气。

使用方法和范围：0.1%的过氧乙酸 1～10 分钟可杀灭细菌繁殖体，0.5%的过氧乙酸 5 分钟可杀灭结核杆菌和真菌，30 分钟可杀灭枯草杆菌芽孢。溶液用于浸泡消毒餐具、便器、体温计等，过氧乙酸气雾浓度达到 $1g/m^3$ 可杀灭物体表面的芽孢，可用于墙壁、家具、地板等消毒。温度越高杀菌力越强，但温度降至-20℃时，仍有明显杀菌作用，喷雾消毒时，空气的相对湿度在 20%～80% 时，湿度越大，杀菌力越强，相对湿度低于 20%，杀菌力较差，浓度越高杀菌力越强，有机物可能减低杀菌力。

【毒　　性】过氧乙酸性质不稳定，其稀溶液极易分解，应于用前配制，并避免接触金属离子。对多种金属和织物有强烈的腐蚀和漂白作用，使用时注意。接触高浓度过氧乙酸时，应采取防护措施。物品用过氧乙酸消毒后，放置 1～2 小时后再使用。

大鼠经口 $LD_{50}$1540uL/kg，吸入 $LC_{50}$450mg/$m^3$。小鼠经口 $LD_{50}$210mg/kg。兔经皮 $LD_{50}$1410uL/kg。一种强的皮肤、黏膜腐蚀剂。动物实验显示为可疑致癌物。

中毒表现：

正常使用，有呼吸道刺激症状和眼睛刺激症状。

误用，皮肤接触高浓度溶液可出现局部水疱、红肿、皮炎、溃疡等。

眼睛溅入，可出现疼痛、畏光、流泪等刺激症状，严重者出现角膜水肿、溃疡穿孔甚至失明。

口服中毒，可以出现口咽、食道、胃黏膜损伤，如恶心、呕吐、出血等，严重者溃疡穿孔、休克、食道狭窄等。

吸入中毒，出现呼吸道刺激症状，如咳嗽、气喘、呼吸困难等，严重者可出现化学性支气管炎、肺炎，甚至肺水肿。

处理：

皮肤沾染时，应立即用大量水冲洗，也可用 2% 碳酸钠溶液冲淡。皮肤刺激症状不缓解或加重，去医院就诊。

眼睛沾染时，应立即用清水冲洗 15 分钟以上，症状持续应去就医。

误服中毒者，不主张洗胃、催吐、导泻，立即口服 100～200ml 的牛奶、蛋清或氢氧化铝凝胶。

吸入中毒，转移至新鲜空气处，如出现咳嗽、呼吸困难等呼吸道刺激症状，给予吸氧及对症治疗，出现急性肺损伤，应早期给予激素治疗，必要时使用呼吸机。

【税则号列】有效成分：29163990　　　　制剂：38089400

**0300012　臭氧　Ozone**

【别　　名】

【有效成分】

【商品类别】消毒剂

【结 构 式】

【商品属性】浅蓝色的气体或蓝色液体，浓度低于 2ppm 时可闻到令人愉快的特有的气味，浓度较高时有刺激性气味。强氧化剂，不稳定。溶液遇振动、热源、明火或浓溶液与强还原剂反应会发生爆炸。杀菌迅速，无残留。

使用方法和范围：熏蒸消毒。用于空气、饮用水、果蔬、餐饮具、生活用水、游泳池水等的消毒。

【毒　　性】高浓度臭氧对人有毒，大气允许浓度为0.2mg/m$^3$，工作场所允许浓度1.0mg/m$^3$。液化臭氧钢并应存放在阴冷处。人不应停留于消毒场所。

人吸入LCLo50ppm/30Min，TCLo100ppm/1Min，600ppb/2H。人（男性）吸入TCLo80ppb/6.6H，1860ppb/75M。大鼠吸入$LC_{50}$4800ppb/4H。小鼠吸入$LC_{50}$12600ppb/3H。臭氧对上、下呼吸道刺激性很强，在0.01~0.05ppm时，其特征性气味很易识别。臭氧对呼吸系统毒性比氮氧化合物大10~15倍。从动物实验得出0.3ppm是臭氧毒性表现的起点。人的嗅阈为0.02~0.03mg/m$^3$，0.1mg/m$^3$下30min，对上呼吸道开始有刺激，7.85~9.62mg/m$^3$下1小时，开始发生肺水肿。此外，臭氧还有类离子辐射作用，可引起染色体结构的损伤。

中毒表现：

吸入臭氧后，可出现咽喉干燥，咳嗽、咯痰、胸闷等，可伴有食欲减退、乏力、睡眠障碍等。重者吸入臭氧后数小时可逐渐出现肺水肿。

对眼睛有刺激，可出现疼痛、畏光、流泪等症状。

处理：

如果吸入大量臭氧，迅速将中毒者移至通风处，如出现呼吸困难，可给予氧气吸入，注意保暖和保持安静。出现肺损伤，应早期应用激素治疗，必要时使用呼吸机。阿斯匹林和盐酸异丙嗪联合使用可能防治肺水肿形成。

眼睛有症状时，用清水冲洗15分钟以上，症状持续应去就医。

【税则号列】有效成分：28044000　　　　制剂：38089400

**0300013　二氧化氯　Chlorine dioxide**

【别　　名】

【有效成分】二氧化氯

【商品类别】过氧化物类消毒剂

【结 构 式】

【商品属性】室温时为黄色至红黄色气体。具有明显刺激气味。强氧化剂。少量水解生成氯酸、亚氯酸。加热分解放出氯气。遇光不稳定，在暗处稳定。遇太阳光、热、与汞或一氧化碳接触当空气中浓度超过10%容易爆炸。

使用方法和范围：性质极不稳定，临使用时生产或在二氧化氯稳定液中加入活化剂。采取浸泡、擦拭、喷洒等方式消毒，适用于医疗器械、餐具、饮用水及环境表面等消毒。100mg/L作用30分钟，杀灭细菌繁殖体，500mg/L作用30分钟，杀灭肝炎病毒和结核杆菌，1000mg/L作用30分钟，杀灭芽孢，饮用水消毒的剂量为5mg/L作用5分钟。消毒效果易受有机物影响，碱性条件下消毒能力下降。

【毒　　性】对金属有腐蚀作用，对织物有漂白作用，消毒后应及时清洗。

大鼠经口$LD_{50}$292mg/kg，吸入LCLo260ppm/2H。

中毒表现：

正常使用，可出现轻微的呼吸道刺激症状，少数人有眼睛刺激症状。

误用，皮肤接触高浓度溶液可出现局部水疱、红肿、皮炎等。

口服可以出现口咽、食道、胃黏膜损伤，如恶心、呕吐、出血等。

吸入二氧化氯气体可出现呼吸道刺激症状，如咳嗽、气喘、呼吸困难等，严重者可出现化学性支气管炎、肺炎，甚至肺水肿。

眼睛溅入，可出现疼痛、畏光、流泪等刺激症状。

处理：

皮肤沾染时，应立即用大量水冲洗。

眼睛沾染时，应立即用清水冲洗15分钟以上，症状持续应去就医。

误服中毒者，立即口服100～200ml的牛奶、蛋清或氢氧化铝凝胶，口服活性炭（成人25～100g，儿童25～50g）可以吸附毒物。

吸入中毒者，转移至新鲜空气处，呼吸困难时给予吸氧及对症治疗，出现急性肺损伤，应早期给予激素治疗。

【税则号列】有效成分：28112900　　制剂：38089400

**0300014　氯己定　Chlorhexidine**

【别　　名】洗必泰

【有效成分】氯苯双胍已烷

【商品类别】双胍类消毒剂

【结 构 式】

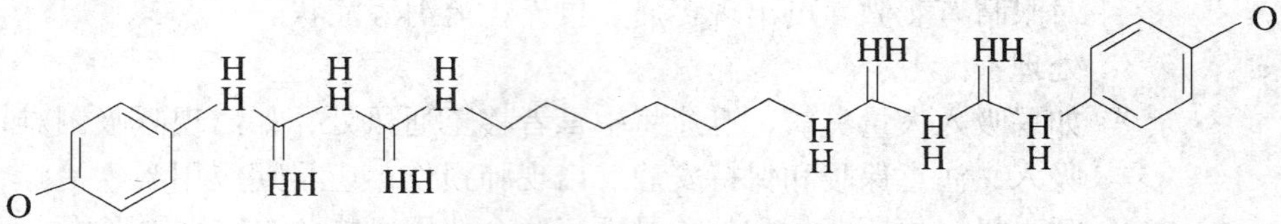

【商品属性】为白色晶体，消毒使用为乙醇溶液或水溶液。对细菌和真菌均有较强的杀菌作用。无刺激性。广泛用于皮肤黏膜、创面及泌尿器官的消毒。洗必泰对皮肤、黏膜无刺激性，一般极少出现过敏现象。洗必泰是阳离子活性物质，使用时忌与肥皂或其他阴离子表面活性剂配伍，且不能杀灭结核杆菌、病毒和细菌芽孢。

使用方法和范围：0.02%的溶液浸泡3分钟用于手消毒，手术皮肤准备可用0.5%的醇溶液，创伤冲洗用0.05%水溶液，器械消毒用0.1%水溶液。

安全使用：与肥皂、碱合用影响效力，不能与碘酊、高锰酸钾和升汞配伍，对热不稳定。

【毒　　性】大鼠经口的$LD_{50}$9200μl/kg，人皮肤刺激实验1500ug/3D，反应轻微。

中毒表现：

正常使用，无刺激性，少见过敏。

误用，口服大量可有胃肠道刺激症状，如恶心、呕吐、腹泻等。

处理：

口服中毒给予催吐、洗胃，对症处理。

【税则号列】有效成分：29252900　　制剂：38089400

**0300015　甲醛　Formaldehyde**

【别　　名】福尔马林（40%甲醛溶液）

【有效成分】

【商品类别】醛类消毒剂

【结 构 式】

【商品属性】无色液体，有刺激性特臭，久置发生浑浊。40%的甲醛溶液称为福尔马林。

使用方法和范围：2%的福尔马林用于器械消毒，浸泡1～2小时。福尔马林1～2ml/$m^3$加少量高锰酸钾熏蒸用于车厢、船舱、房间消毒。

安全使用：消毒时穿戴防护用具（口罩、手套、防护服等），熏蒸时人员不要停留于消毒空间。

【毒　　性】大鼠经口 $LD_{50}$100mg/kg，属中等毒。人（女性）经口 LDLo108mg/kg。大鼠吸入 $LC_{50}$203mg/$m^3$（165ppm），属中等毒。兔经皮 $LD_{50}$270uL/kg，属中等毒。

中毒表现：

正常使用，有眼睛和呼吸道刺激症状。

误用，眼睛出现视物模糊、畏光、流泪、疼痛。

短期内接触高浓度甲醛蒸气引起呼吸系统损害为主的全身性疾病。轻度中毒有、头晕、头痛、乏力等症状，中度中毒持续咳嗽、声音嘶哑、胸痛、呼吸困难，可伴有体温增高和白细胞增多，重度中毒时可出现喉水肿及窒息、肺水肿、昏迷、休克。甲醛可引起支气管哮喘。

口服福尔马林后，口、咽、食管和胃部立即有烧灼感，口腔黏膜糜烂，上腹剧痛，有血性呕吐物，有时伴腹泻、血便、里急后重及蛋白尿。严重者可发生胃肠道糜烂、溃疡、穿孔，以及呼吸困难、休克、昏迷、尿闭、尿毒症和肝脏损害，可死于呼吸衰竭。

皮肤接触本品后出现急性皮炎，表现为粟粒至米粒大小红色丘疹周围皮肤潮红或轻度红肿，皱裂部位可见湿润现象，瘙痒明显。

处理：

眼中毒，用大量清水冲洗 15 分钟，症状不缓解去医院就诊。

皮肤中毒，用大量清水反复冲洗，必要时就诊。

误服中毒，早期置胃管，可给 3% 碳酸铵或 15% 乙酸铵（醋酸铵）100ml 灌入，使甲醛变为毒性较小的六亚甲基四胺，不主张洗胃、催吐、导泻，给予 100～200ml 牛奶、蛋清和氢氧化铝凝胶，必要时应保留胃管，防治食道狭窄。保护各脏器功能。

吸入中毒，转移至新鲜空气处，保暖，如呼吸困难，给予吸氧。雾化吸入 2% 碳酸氢钠、地塞米松和异丙基肾上腺素混合溶液，并给予解痉止咳药物。发生肺损伤，应早期给予激素治疗，必要时给予呼吸机支持。积极防治肺水肿和呼吸道感染，保护各脏器功能。

【税则号列】有效成分：29121100　　　　制剂：38089400

**0300016　戊二醛　Glutaraldehyde**

【别　　名】

【有效成分】

【商品类别】消毒剂

【结 构 式】

【商品属性】为无色挥发性液体。

使用方法和范围：2% 的碱性水溶液用于消毒医疗器械，0.65% 的弱碱性水溶液用于消毒人工心脏瓣膜，熏蒸用于消毒物体表面。2% 的碱性水溶液杀灭细菌繁殖体及真菌需 10～20 分钟，杀灭芽孢需 4～12 小时，杀灭病毒需 10 分钟。

安全使用：对皮肤黏膜有刺激，可腐蚀铝制品。消毒时穿戴防护用具，熏蒸时人员不要在消毒地点停留。

【毒　　性】大鼠经口 $LD_{50}$134mg/kg，吸入 $LC_{50}$480mg/$m^3$/4H。小鼠经口 $LD_{50}$100mg/kg。兔经皮 $LD_{50}$560uL/kg。25% 戊二醛溶液大鼠经口 $LD_{50}$2.38 ml/kg。对皮肤、黏膜有刺激作用，亦有致敏作用。对眼有严重刺激作用（25% 水溶液滴眼引起严重损伤）。

中毒表现：

正常使用，有呼吸道刺激症状，可有眼睛刺激症状。少数人可引起哮喘和过敏性接触性皮炎。

误用，吸入中毒时，出现鼻塞、鼻衄、头痛、气喘、咳嗽、呼吸困难、心悸、气喘，严重的可有化学性肺水肿。

眼睛溅入，可出现疼痛、畏光、流泪等刺激症状。

皮肤接触高浓度溶液可出现局部水疱、红肿、皮炎等。

口服中毒有恶心、呕吐、腹泻、便血等。

处理：

吸入中毒立即脱离现场至新鲜空气处，有呼吸困难可给予吸氧。

眼或皮肤污染时立即用清水彻底冲洗，如症状不能缓解或加重，应专科医院就诊。

对于过敏者进行抗过敏治疗。

【税则号列】有效成分：29121900　　　　制剂：38089400

**0300017　来苏尔　Lysol**

【别　　名】

【有效成分】来苏尔为甲酚、植物油、氢氧化钠的皂化液，含甲酚50%。

【商品类别】酚类消毒剂

【结 构 式】

【商品属性】无色或黄色液体。

使用方法和范围：1%～2%溶液用于手消毒，3%～5%溶液用于器械物品消毒，5%～10%溶液用于环境、排泄物的消毒。对一般致病菌包括抗酸菌杀菌效果确实，对芽孢则需高浓度长时间才有杀菌作用。

安全使用：对黏膜和皮肤有腐蚀作用，需稀释后应用。

【毒　　性】大鼠经口 $LD_{50}$ 为207mg/kg，经皮 $LD_{50}$ 为750mg/kg。大鼠吸入甲酚的饱和蒸气8小时，无死亡。人的甲酚经口MLD为50mg/kg。

中毒表现：

正常使用，可有呼吸道刺激症状，少数人有眼睛刺激症状。个别人对甲酚有过敏反应。

误用，皮肤接触可引起局部灼伤和皮炎。

溅入眼内引起角膜、结膜灼伤。

误服引起消化道灼伤，有呕吐、便血，胃肠穿孔。可出现肌无力、中枢神经抑制、低体温和昏迷，并可引起肺水肿和肝、肾、胰等多脏器损害。

处理：

皮肤污染时，立即用大量清水冲洗至少15分钟，或用50%酒精揩洗数遍，再用清水反复冲洗干净，而后用硫酸钠饱和溶液湿敷4～6小时。

口服中毒者，应立即服植物油15～30ml，早期可用牛奶及清水洗胃，直至洗出物无甲酚气味为止。洗胃插管时必需细心，以免食道穿孔。最后留置植物油30～60ml于胃中或给氢氧化铝凝胶20ml，每日3次。对症治疗包括吸氧、防治肺水肿及肾功能衰竭、保护肝脏等。必要时，及早进行透析疗法。

【税则号列】有效成分：2907（甲酚）　　　　制剂：38089400

**0300018　碘伏　Iodine**

【别　　名】碘水剂

【有效成分】单质碘、碘离子、碘酸根离子

【商品类别】含碘消毒剂

【结 构 式】$I_2$　$I^-$　$IO_2^-$

【商品属性】紫黑色液体。是碘与表面活性剂的不定型结合物。

使用方法和范围：0.3%～0.5%的碘伏用于手和外科皮肤消毒。广谱杀菌作用，可杀灭细菌繁殖体、芽孢、真菌和部分病毒。

安全使用：稀溶液毒性低，无腐蚀性。稀溶液不稳定，使用前配制，避免接触银、铝和二价合金。

【毒　　性】人经口 LDLo28mg/kg。大鼠经口 $LD_{50}$14g/kg；吸入 LCLo137ppm/1H。小鼠经口 $LD_{50}$22g/kg。

中毒表现：

正常使用，对黏膜有明显刺激作用。少数人有过敏反应。

误用，口服过量可发生腐蚀性胃肠炎样症状，呕吐、呕血、烧心、便血等。

高浓度碘液接触皮肤和眼睛，可引起灼伤。

过敏反应重者可发生喉水肿、哮喘样发作或休克。

处理：

眼或皮肤污染时立即用清水彻底冲洗，如症状不能缓解或加重，应专科医院就诊。

经口摄入中毒后，可服用大量淀粉、米汤，注意防治喉痉挛和肺水肿。

发生过敏反应时给抗过敏药物及对症处理。

【税则号列】有效成分：按报验状态确定　　　　制剂：38089400

**0300019　异丙醇　Isopropyl alcohol**

【别　　名】

【有效成分】异丙醇

【商品类别】醇类消毒剂

【结 构 式】

【商品属性】无色挥发性液体。

使用方法和范围：70%的溶液用于浸泡、擦拭消毒。

【毒　　性】人经口 TDLo14432mg/kg（男性），也有报告223mg/kg。人经口 LDLo5272mg/kg（男性）。大鼠经口 $LD_{50}$5045mg/kg；吸入 $LC_{50}$16000ppm/8H。兔经皮 $LD_{50}$12800mg/kg。本品属微毒类，其蒸气对眼及呼吸道黏膜有刺激作用，主要对中枢神经系统有麻醉作用。

中毒表现：

正常使用，可出现轻微的呼吸道和眼睛刺激症状。少数病例可有接触性皮炎。

误用，急性中毒主要损害中枢神经系统，出现流涎、恶心、呕吐、腹痛、头痛、眩晕、共济失调，重者可发生出血性胃肠炎、肺水肿、脑水肿、肾功能衰竭等。严重急性中毒表现为深度昏迷、低血压、反射消失，甚至死亡。实验室检查可有血丙酮增高，血异丙醇增高，尿丙酮增高，尿异丙醇增高，血糖降低。

处理：

口服中毒者必须反复彻底洗胃。对症、支持治疗，如吸氧，注意保暖，积极防治休克、脑水肿和肾功能衰竭，维持酸碱和电解质平衡。

严重中毒者可采用血液透析，以减轻症状。

【税则号列】有效成分：29051220　　　　制剂：38089400

**0300020　乙醇　Ethanol**

【别　　名】

【有效成分】乙醇

【商品类别】醇类消毒剂

【结 构 式】

【商品属性】无色、易挥发的液体。

使用方法和范围：75%的乙醇溶液浸泡、擦拭消毒。主要用于手部皮肤消毒。

【毒　　性】微毒。大鼠经口 $LD_{50}$ 7060mg/kg，吸入 $LC_{50}$ 20000ppm/10H。小鼠经口 $LD_{50}$ 3450mg/kg，吸入 $LC_{50}$ 39mg/$m^3$/4H。兔经皮 LDLo20gm/kg。成人中毒剂量为 75～80ml，致死量为 250～500ml，血中乙醇浓度达到 0.4～0.5%时可致死。小儿对乙醇的耐受性低，儿童致死量为 6～30ml。

中毒表现：

正常使用，可出现轻微的呼吸道和皮肤刺激症状，少数人有眼睛刺激症状。

误用，乙醇蒸气可引起眼及上呼吸道黏膜轻度刺激症状。

急性中毒的主要临床表现分三期：

（1）兴奋期，面色潮红、欣快感、言语增多、易感情用事、有时安静入睡。

（2）共济失调期，动作迟钝、步态蹒跚、语无伦次、言语含糊不清。

（3）昏睡期，转入昏睡状态，面色苍白、皮肤湿冷、口唇微绀、心跳加快、血压下降，严重者大小便失禁、抽搐、昏迷，最后可发生呼吸麻痹。

其他可出现恶心、呕吐、低血糖、溶血性贫血或血小板减少，亦可发生急性肾功能衰竭和急性中毒性肝病。

处理：

轻症者可静卧，保温。

口服中毒者立即催吐，用 1%碳酸氢钠或清水反复洗胃。50%葡萄糖 60～100ml，静注，同时胰岛素 16～20 单位，皮下注射，同时肌注维生素 B1、B6 及烟酸，以促进乙醇氧化，促使清醒。对症及支持治疗，注意保暖，昏迷者使用纳洛酮，每次 0.4～0.8mg，可反复应用，慎用镇静剂。维持电解质平衡和酸碱平衡。

血液透析适用于重症中毒时血液乙醇浓度极高者（乙醇浓度 110mmol/L >或 500mg/dl）。

【税则号列】有效成分：29051990　　　　制剂：38089400

**0300021　苯扎溴铵　Benzalkonium bromide**

【别　　名】新洁尔灭，Benzalkonii bromidum，Alkylbenzyldimethylammonium bromide

【有效成分】烷基二甲基苄基溴化铵

【商品类别】季铵盐类消毒剂

【结 构 式】

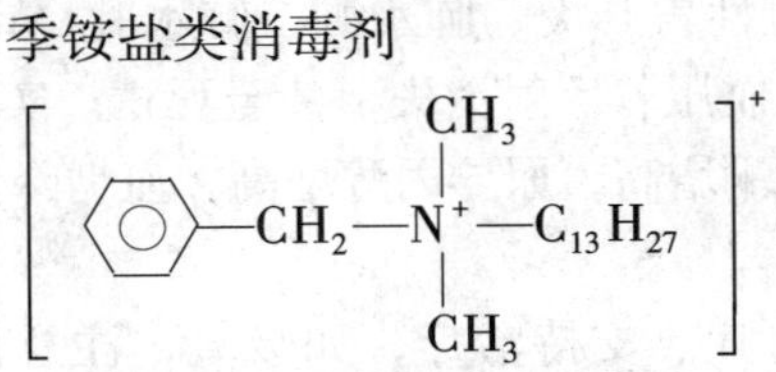

【商品属性】淡黄色胶状物质，有芳香味，振荡可产生大量泡沫。对化脓性病原菌有良好的

杀灭作用。穿透力强，毒性低，刺激性甚微。

使用方法和范围：1∶1000 的溶液用于皮肤、环境消毒，金属器械及橡胶制品可无菌保存在 1∶1000 溶液中，黏膜和深部感染伤口可用 1∶2000～1∶10000 的溶液冲洗。

安全使用：本品是阳离子消毒剂，不能与阴离子清洁剂（肥皂、合成洗涤剂）合用，水质硬度过高时，应加浓 0.5～1 倍，避免使用铝制用具，与碘、硼酸、过氧化物等有配伍禁忌。

【毒　　性】大鼠经口 $LD_{50}$230mg/kg。

中毒表现：

正常使用，无明显毒性作用。少数人可出现过敏，如皮肤干燥。

误用，口服大量浓度较高溶液时出现胃肠道刺激症状，如恶心、呕吐，烦躁不安，肌无力，昏迷、痉挛，严重者可因呼吸肌麻痹而致死。

处理：

过敏者停用本品。

口服中毒者宜用淡肥皂水洗胃，烦躁、痉挛时可注射安定或巴比妥类药物，呼吸肌麻痹给予呼吸机治疗，加强对症治疗。

【税则号列】有效成分：29239000　　　　制剂：38089400

# 04 化肥

**0400001　玉米秸堆制生物有机肥**

【有效成分】

【商品类别】动植物肥料

【商品属性】用玉米秸堆成的生物堆肥，可做有机肥施用，耕地前撒施，通过耕合翻入地下做基肥，可不用施任何化学肥料，适合于各种作物、果树、蔬菜等施用。堆腐玉米秸秆的高温可杀死、杀伤玉米秸中大部分病菌和越冬害虫，减轻病原基数，降低虫口密度，从而减轻作物病虫害的发生。

堆制方法：先将玉米秸湿透，吃足水，然后用菌剂喷洒，堆高，表面用泥密封，腐烂发酵即可制成优质堆肥。

玉米秸堆制生物有机肥通常含氮 -1.7%，磷 -1.1%，钾 -1.2%。

【税则号列】有效成分：　　　　　　　　制剂：31010090

**0400002　麦秸堆肥**

【有效成分】

【商品类别】动植物肥料

【商品属性】一般作基肥，腐熟的堆肥也可集中沟施、穴施，施用于各种土壤和作物。

通常含氮 -0.8%、磷 -0.7%、钾 -1.3%。

【税则号列】　　　　　　　　制剂：31010090

**0400003　稻草堆肥**

【有效成分】

【商品类别】动植物肥料

【商品属性】一般作基肥，腐熟的堆肥也可集中沟施、穴施，施用于各种土壤和作物。

通常含氮 -1.3%、磷 -0.8%、钾 -1.5%。

【税则号列】　　　　　　　　制剂：31010090

**0400004　丰本有机生物肥**

【有效成分】

【商品类别】动植物肥料

【商品属性】丰本有机生物肥是采用畜禽粪便，经过生物科技处理，消除了臭味制成的高效活性有机肥，其 $N + P_2O_5 + K_2O \geqslant 6\%$，有机质≥35%。更重要的是向土壤提供庞大的有效益微生物群，改善土壤生物生态结构，提高土壤活性；促进种子发芽和根系的发育，抑制病虫害的发生；还可提高土壤的有机质含量，提高农产品品质，彻底改变因施用化肥农药造成的“瓜不香、果不甜、菜无味”的现状，使农产品各项指标达到绿色食品的标准。

丰本有机生物肥的适用范围：蔬菜、瓜果、果树、园林、花卉、玉米、稻麦等多种农作物。

丰本有机生物肥的使用方法：根据不同作物的实际需肥特点而定。一般作为基肥使用，每亩用量 150 ~ 250 千克。丰本有机生物肥肥效高且持久，多施不会发生肥害，对经济效益较高的作物，用量可增加20% ~100%。亦可用于追肥。

【税则号列】 制剂：31010090

**0400005　日丰素**

【有效成分】

【商品类别】

【商品属性】日丰素是主要由低级混合一元醇、显效剂、促渗剂、展铺剂等经科学精制而成的一种棕色的液体肥料，易溶于水，易被作物吸收，一般喷施 3 ~4 小时内即被完全吸收。该肥不含任何重金属，不含植物激素，对人、畜均无残毒，长期使用对作物、土壤和天敌均无不良影响。

该液肥适用于农作物、牧草，包括禾本类、蔬菜类、果品类、油料作物及其他经济作物、各种天然牧草、人工牧草及绿化草地，也可用于林木，尤其可以开发古树复壮的应用。

对小麦、玉米、大豆、西瓜、葡萄、西红柿、黄瓜、白菜、棉花、烟草、油菜、高粱、牧草等十多种作物进行田间试验表明，日丰素具有明显加速作物对养分的吸收、转化和营养积累的突出优点，既有显著增加产量的效果，又有明显改善农产品品质、提高农产品商品率的功效。喷施日丰素后，对作物生长有如下促进作用：

（1）可使作物光合速率（光合强度）。

（2）作物叶绿素含量增加。

（3）促进作物根系活力的增强，因此作物苗壮挺拔，格外油绿，既能显著增加产量，同时又能提高农产品品质。

（4）可使酶活性（如固氮酶、硝酸酶等）提高。

【税则号列】 制剂：38249099

**0400006　绿肥**

【有效成分】

【商品类别】动植物肥料

【商品属性】凡作肥料施用的植物绿色体均称为绿肥。

我国是利用绿肥最早和栽培面积最广的国家，早在春秋时代的《礼记》“月令”篇中就有割草能作肥料，也能提高土壤肥力的记载。种植绿肥不仅能增加土壤中氮、磷、钾等矿质营养成分，而且可以改良土壤结构，增加土壤通气性和保水性。种植绿肥作物具有费工少和使用方便等优点。另外，很多绿肥作物的茎、叶还是家畜的良好饲料。总之，绿肥浑身都是宝，种植绿肥是增产的一项经济、有效的措施。

按照绿肥的来源区分，绿肥有野生和栽培两类。按照绿肥的分类来区分，绿肥有豆科绿肥和非豆科绿肥两类。

绿肥的种类很多，根据分类原则不同，有下列各种类型的绿肥：

（1）按绿肥来源可分为：①栽培要肥，指人工栽培的绿作物；②野生绿肥，指非人工栽培的野生植物，如杂草、树叶、鲜嫩灌木等。

（2）按植物学科可分为：①豆科绿肥，其根部有根瘤，根瘤菌有固定空气中氮素的作用，豆科绿肥利用得最为广泛。我国常用的豆科绿肥作物有紫云英、田菁、苕子、豌豆、蚕豆、豇豆、黄花苜蓿、绿豆和黄花草木樨等；②非豆科绿肥，指一切没有根瘤的，本身不能固定空气中氮素的植物，如油菜、茹菜、金光菊等。

(3) 按生长季节可分为：①冬季绿肥，指秋冬播种，第二年春夏收割的绿肥，如紫云英、苕子、茹菜、蚕豆等；②夏季绿肥，指春夏播种，夏秋收割的绿肥，如田菁、柽麻、竹豆、猪屎豆等。

(4) 按生长期长短可分为：①一年生或越年生绿肥，如柽麻、竹豆、豇豆、苕子等；②多年生绿肥，如山毛豆、木豆、银合欢等；③短期绿肥，指生长期很短的绿肥，如绿豆、黄豆等。

(5) 按生态环境可分为：①水生绿肥，如水花生、水戎芦、水浮莲和绿萍；②旱生绿肥，指一切旱地栽培的绿肥；③稻底绿肥，指在水稻未收前种下的绿肥，如稻底紫云英、苕子等。

**常见绿肥典型成分**

| 肥料名称 | 氮% | 磷% | 钾% | 适用范围 |
|---|---|---|---|---|
| 紫云英 | 0.33 | 0.08 | 0.23 | 翻压耕入土壤作基肥，也可堆沤后施用。在酸性土壤上，翻压绿肥时，要施入石灰 |
| 麻 | 0.78 | 0.15 | 0.30 | |
| 草木樨 | 0.77 | 0.04 | 0.19 | |
| 田菁 | 0.52 | 0.07 | 0.15 | |
| 沙打旺 | 0.49 | 0.16 | 0.20 | |
| 紫花苜蓿 | 0.56 | 0.18 | 0.31 | |
| 紫穗槐 | 0.88 | 0.41 | 0.88 | |
| 细绿萍 | 0.26 | 0.09 | 0.21 | |
| 水葫芦 | 0.12 | 0.06 | 0.36 | |

【税则号列】　制剂：31010090

**0400007　骨粉**

【有效成分】

【商品类别】动植物肥料

【商品属性】骨粉含磷量22%～33%，属难溶性磷肥。用前要堆沤，一般作基肥施于酸性土壤。

【税则号列】　制剂：31010090

**0400008　尿素　Urea**

【别　　名】Carbamide

【有效成分】碳酰二胺

【商品类别】氮肥

【商品属性】尿素含氮量（N）46%，是固体氮肥中含氮量最高的。

纯品为白色、无嗅针状或棱柱状结晶体，熔点135℃，易溶于水，稍溶于乙醚和酯。它属于生理中性肥料，在土壤中不残留任何有害物质，长期施用没有不良影响。尿素是有机态氮肥，经过土壤中的脲酶作用，水解成碳酸铵或碳酸氢铵后，才能被作物吸收利用。因此，尿素要在作物的需肥期前4～8天施用。尿素适于作基肥和追肥，有时也用做种肥。尿素转化前是分子态的，不能被土壤吸附，应防治随水流失；转化后形成的氨也易挥发，所以尿素也要深施覆土。

【税则号列】有效成分：31021000　制剂：31051000（不超过10公斤包装）

**0400009　碳酸氢铵　Ammonium bicarbonate**

【别　　名】碳铵，酸式碳酸铵，重碳酸铵

【有效成分】碳酸氢铵

【商品类别】氮肥

【商品属性】纯品为白色晶体，有氨味，含氮量（N）17%，易溶于水，不溶于醇和丙酮。“怕热、怕湿”，不含有害的中间产物和最终分解产物，长期施用不影响土质，是最安全氮肥品种之一。

碳铵适用于基肥，也可以用做追肥，但都要深施。把碳铵深施入土，使其不离水土，被土粒吸持并不断对作物供肥；避免高温季节和高温时期施用。

【税则号列】有效成分：28369940　　　制剂：31051000（不超过10公斤包装）

**0400010　硝酸铵　Ammonium nitrate**

【别　　名】硝铵

【有效成分】硝酸铵

【商品类别】氮肥

【商品属性】纯品为无色结晶，含氮量（N）34%～35%，极易溶于水，但不溶于醚类。加热到110℃时，开始分解为氨和硝酸。吸湿性强，易结块、潮解，发生“出水”现象。

硝铵与易被氧化的金属粉末混在一起，经剧烈摩擦能引起爆炸，所以不用铁锤敲打，可用木棒打碎结块的硝铵。多数国家使其粒状化或添加稳定剂和惰性的物质，降低吸湿性和增加安全性。

硝铵在土壤中不留残物，均能被作物吸收，是生理中性肥料，可作为基肥、追肥。

【税则号列】有效成分：31051000　　　制剂：31051000（不超过10公斤包装）

**0400011　氯化铵　Ammonium chloride**

【别　　名】卤砂，Sal ammoniac，Ammonia chloride

【有效成分】氯化铵

【商品类别】氮肥

【商品属性】纯品含氮26%，含氯离子66%，无色或白色晶体。物理性状好，吸湿潮解，易溶于水，属于生理酸性肥料。

氯化铵残留在土壤中的氯离子与土壤钙结合，形成溶解度较大的氯化钙，易被雨水或灌溉水排走。具备灌溉条件的地方，酸性土与石灰性土均可施用氯化铵，施肥后注意及时灌水，用以淋洗氯离子。

生产上施用氯化铵时需注意：尽量不对敏感作物施用，以做基肥施用为主，不宜做种肥。不在同一块地上连续大量施用，提倡和其他氮肥配施，对含氯较多的盐土要避免或慎用氯化铵。

【税则号列】有效成分：28271010　　　制剂：31051000（不超过10公斤包装）

**0400012　硫酸铵　Ammonium sulphate**

【别　　名】硫铵，肥田粉

【有效成分】硫酸铵

【商品类别】氮肥

【商品属性】纯品未白色结晶，含有杂质呈浅色或暗褐色，含氮20%，含硫25%。硫铵中

含有阴离子 $SO_4^{2-}$，难以被土粒吸附，是典型的生理酸性肥料。硫铵在石灰性土壤上施用，不会明显影响土壤 pH 值，但对中性和酸性土壤，需要采用配施石灰等措施来防治酸化。

硫铵可做基肥、追肥、种肥，都要深施，以免氮素挥发。

【税则号列】有效成分：31022100　　制剂：31051000（不超过 10 公斤包装）

**0400013　氨水　Aqueous ammonia**

【别　　名】Aqua ammonia

【有效成分】氨

【商品类别】氮肥

【商品属性】无色透明液体，具有弱碱性，含氮 12%～16%，氨水在常温下容易挥发。氨水的施用原则是"一不离土，二不离水"。不离土就是要深施覆土；不离水就是加水稀释以降低浓度、减少挥发，或结合灌溉施用。

由于氨水比水轻，灌溉时要避免局部地区积累过多而灼伤植株。氨水可作基肥也可作追肥。

【税则号列】有效成分：28142000

**0400014　液态氨　Liquid ammonia**

【别　　名】无水氨，液氨

【有效成分】氨

【商品类别】氮肥

【商品属性】无色液体，属铵态氮肥，由合成氨直接加压制成，含氮量 82%，是含氮量最高的氮肥品种。

液氨具有强烈的挥发性，施入土壤后容易气化，只有于土壤中水生成氨水后才被土壤吸收。

【税则号列】有效成分：28141000

**0400015　氰氨化钙　Calcium cyanamide**

【别　　名】氰氨基钙，石灰钙，Nitrolime

【有效成分】二氰化钙

【商品类别】氮肥

【商品属性】纯品为无色六方晶体，含氮量 20%，熔点 1300℃，有电石气味。

氰氨化钙施入土壤后变为氰氨，再转化为尿素，最后转化为碳酸铵和碳酸氢铵才能供作物吸收。

氰氨化钙只能作基肥，一般不能作追肥和种肥。

【毒　　性】接触皮肤能引发局部溃烂。

【税则号列】有效成分：31029010　　制剂：31051000（不超过 10 公斤包装）

**0400016　过磷酸钙　SSP**

【别　　名】普钙，普通过磷酸钙，过磷酸石灰，过石灰

【有效成分】一水合磷酸一钙

【商品类别】磷肥

【商品属性】过磷酸钙一般呈灰色或淡黄色的粉体，疏松多孔粉状物。有效磷通常在 14%～18%。

过磷酸钙溶于水，但由于磷矿石中的杂质影响，有可能部分水溶性磷退化为枸溶性磷。过磷酸钙能被植物直接吸收，肥效快。适用于各类土壤、各种作物，可以作基肥、追肥、种肥，均以集中施用效果最好。作追肥时，应及早施用，并注意施肥深度和位置，以利根系吸收。不合理的连年施用，不仅降低肥效，而且还会引起玉米缺锌问题。

【税则号列】有效成分：31031090　　　　制剂：31051000（不超过10公斤包装）

**0400017　　重过磷酸钙　　TSP**

【别　　名】重钙，三倍过磷酸钙

【有效成分】一水合磷酸一钙

【商品类别】磷肥

【商品属性】用磷酸分解磷矿制成，它的有效成分也是一水磷酸一钙和少量游离酸，基本不含石膏。由于磷矿和磷酸带来的杂质，也含有少量铁、铝、镁的磷酸盐。成品是灰色或灰白色粉状，含有效磷（$P_2O_5$）42%～46%，是过磷酸钙的二倍或三倍，故又称三过磷酸钙。

因粉状产品易吸湿结块。工业上多将其制成粒状，以改善物理性状，便于输运和施用。重过磷酸钙基本上不含铁、铝等杂质，吸湿后不致发生磷酸盐退化现象。它适合于各种土壤和各类作物，施用方法得当，均能获得较好的增产效果。

【税则号列】有效成分：31039000　　　　制剂：31051000（不超过10公斤包装）

**0400018　　钙镁磷肥　　CMP**

【别　　名】熔融钙镁磷肥

【有效成分】一般认为是磷酸三钙［$Ca_3(PO_4)_2$］

【商品类别】磷肥

【商品属性】它是一种热法生产的枸溶性磷肥。主要生产原料为磷矿、助熔剂（蛇纹石、橄榄石等）和燃料（无烟煤、焦炭等），按一定比例从炉顶加入高炉内，将炉内物料加热到1450℃以上的高温熔融，出料时用高压水流喷射，使骤冷并破碎成细小的玻璃状物，经干燥、磨细即为成品，通常呈深灰、灰绿或墨绿色粉末，物理性状良好，不吸湿，不结块，碱性反应，但没有腐蚀性。它是由磷、硅、钙和镁为主要成分构成的玻璃体，无明确的分子式和分子量，产品含有效磷（$P_2O_5$）14%～18%，还含有氧化钙25%～30%，氧化铁15%～18%，以及数量不等的硅、镁等氧化物。

溶于弱酸，不溶于水，呈碱性，有效磷不被淋失，无腐蚀性，不吸湿，不结块。钙镁磷肥除供磷素外，还能改善作物的钙、镁、硅、铁、等营养。

钙镁磷肥应作基肥，一般不作追肥施用做基肥时，要及早施用，使它在土壤中有较长的转化时间。应施到作物根系分布最多的土层，以利作物吸收利用，提高肥效。

【税则号列】有效成分：31039000　　　　制剂：31051000（不超过10公斤包装）

**0400019　　磷酸二氢钙　　Calcium biphosphate**

【别　　名】沉淀磷肥

【有效成分】二水合磷酸二氢钙

【商品类别】磷肥

【商品属性】白色粉末状结晶，含有效磷（$P_2O_5$）21%～27%，可溶于中性柠檬酸铵溶液。一般通过盐酸分解磷矿生成磷酸和氯化钙，再加入石灰乳或石灰石悬浮液，生成一水磷酸一钙，进一步产生二水磷酸二钙沉淀。

磷酸二氢钙在酸性土壤中肥效常比普钙高。

【税则号列】有效成分：28352600　　制剂：31051000（不超过 10 公斤包装）

**0400020　钢渣磷肥**

【有效成分】

【商品类别】磷肥

【商品属性】钢渣磷肥有效磷含量不稳定，多在 8%～14%，还含有钙、硅、镁、钼、锰等微量元素。

钢渣磷肥呈碱性，稍有吸湿性，具有较好的物理性状。它适宜施于酸性土壤，在碱性土壤上施用效果较差。宜作基肥，不宜作追肥。作基肥时，最好与堆、厩肥一起混合堆沤后施用，肥效更好。

【税则号列】有效成分：31039000　　制剂：31051000（不超过 10 公斤包装）

**0400021　脱氟磷肥**

【有效成分】

【商品类别】磷肥

【商品属性】将磷灰石和石英粉等配料混合，在回转窑炉或旋风炉中加热到 >1400℃，通以水蒸气，磷灰石中的氟形成氟化氢逸出，生成磷酸三钙。产品为褐色和浅灰色粉末，一般含有效磷（$P_2O_5$）14%～18%，高的可达 30%。微碱性，不吸湿，不结块，是枸溶性磷肥。不溶于水，溶于弱酸，微碱性，不吸湿、结块，无腐蚀性。

脱氟磷肥的施用方法与钙镁磷肥相似，对各种作物均有增产效果，最施于在酸性土壤上作基肥用。

【税则号列】有效成分：31039000　　制剂：31051000（不超过 10 公斤包装）

**0400022　偏磷酸钙**

【有效成分】玻璃状偏磷酸钙

【商品类别】磷肥

【商品属性】偏磷酸钙有效磷（$P_2O_5$）含量 60%～70%，属枸溶性磷肥，微碱性，由五氧化二磷与磷矿粉在高温和蒸汽的作用下制得。

一般宜作基肥施用，在酸性土壤上施用效果较好，施用技术与过磷酸钙相同。

【税则号列】有效成分：28352600　　制剂：31039000/31051000（不超过 10 公斤包装）

**0400023　磷矿粉**

【有效成分】

【商品类别】磷肥

【商品属性】磷矿粉为磷矿石磨成的细粉，主要成分是磷酸钙。含磷 14% 以上，属难溶性磷肥。一般磷矿粉施于酸性土壤上，与有机肥堆沤作基肥；施于碱性土壤一般不表现肥效。

【税则号列】有效成分：25102010（已碾磨）制剂：31039000/31051000（不超过 10 公斤包装）

**0400024　氯化钾　Potassium chloride**

【别　　名】Muriate potash

【有效成分】氯化钾

【商品类别】钾肥

【商品属性】纯品为无色结晶，易溶于水，氯化钾含钾 60 左右。
氯化钾属生理酸性速效性钾肥，物理性状良好，吸湿性小。
氯化钾可作基肥、追肥，不宜作种肥。在酸性土壤上施用，有可能加强活性铁、铝的毒害作用，所以应与有机肥和石灰配合使用，以降低土壤的酸性；在石灰性土壤上，应及早施用，以便于灌溉水和雨水将氯离子冲洗排走，减少对土壤的不良影响。

【税则号列】有效成分：31042010（分析纯的）　制剂：31051000（不超过 10 公斤包装）
31042090（其他）

**0400025　硫酸钾　Potassium sulphate**

【有效成分】

【商品类别】钾肥

【商品属性】纯品为无色结晶，含有氧化钾 54%，硫约 18%，吸湿性小，不易结块。
硫酸钾属于生理酸性肥料，物理性状良好，是很好的水溶性钾肥。
可作基肥、追肥、种肥。由于钾在土壤中的移动性小，一般以基肥最为适宜，应注意施肥深度。宜集中条施或穴施，使肥料分布在作物根系密集的湿润土层中，作追肥应及早施用。在酸性土壤上长期施用硫酸钾，可能加剧土壤中活性铝、铁对作物的毒害，所以要与农家肥和碱性磷肥配合，降低酸性。

【税则号列】有效成分：31043000　制剂：31051000（不超过 10 公斤包装）

**0400026　窑灰钾肥**

【有效成分】

【商品类别】钾肥

【商品属性】窑灰钾肥一般含有钾 8% ~15%，其中 95% 左右为氧化钾，二氧化硅 15% ~18%，氧化铝 6% ~12%，氧化钙 35% ~49%，氧化铁 2% ~5%，氧化镁 1% ~1.5% 等多种营养元素，碱性强，易吸潮，易结块。
一般宜作基肥、追肥，不作种肥。窑灰钾肥吸水后放出热量，属热性肥料，具有增温、护苗和增强抗病能力。

【税则号列】有效成分：26219000

**0400027　草木灰**

【有效成分】

【商品类别】钾肥

【商品属性】草木灰一般含钾 5% ~8%，含磷 1.5% ~3%，与窑灰钾肥一样是碱性肥料，质地疏松，不结块。
草木灰含有碳素，色泽深，以吸收太阳热能，最适宜高寒地区作种肥，除供给幼苗养分外，还可以提高地温。

【税则号列】有效成分：26219000

**0400028　磷酸一铵　MAP**

【别　　名】一铵
【有效成分】磷酸二氢铵
【商品类别】复合肥料
【商品属性】磷酸一铵含氮 12.17，含磷 61.71。
磷酸一铵物理性好，吸湿性小，不易结块，是一种理想的基础肥料，适合于各种作物和土壤施用，应深施。宜作基肥和种肥。
【税则号列】有效成分：31054000　　制剂：31051000（不超过 10 公斤包装）

**0400029　磷酸二铵　DAP**

【别　　名】二铵
【有效成分】磷酸氢二铵
【商品类别】复合肥料
【商品属性】磷酸二铵含氮 21.71，含磷 53.75。
磷酸二铵物理性好，吸湿性小，不易结块，是一种理想的基础肥料，适合于各种作物和土壤施用，应深施。宜作基肥和种肥。
【税则号列】有效成分：31053000　　制剂：31051000（不超过 10 公斤包装）

**0400030　磷酸二氢钾　Potassium biphosphate**

【有效成分】
【商品类别】复合肥料
【商品属性】纯品为四角晶体，溶于水，不溶于乙醇。溶化后成透明液体，冷却后为不透明的玻璃状物质偏磷酸钾。
磷酸二氢钾含磷 50，含钾 33，吸湿性小，易溶于水。
【税则号列】有效成分：28352600　　制剂：31056000/31051000（不超过 10 公斤包装）

**0400031　硝酸钾　Potassium nitrate**

【别　　名】火硝
【有效成分】
【商品类别】复合肥料
【商品属性】无色透明晶体或粉末，溶于水、甘油，不溶于无水乙醇和乙醚。
物理性状好，易溶于水，吸湿性小，不易结块。作基肥或早期追肥，施用时要配合氮磷化肥，以提高肥效。
【税则号列】有效成分：28342110　　制剂：31059000/31051000（不超过 10 公斤包装）

**0400032　硝酸磷肥　Nitro phosphate**

【有效成分】
【商品类别】复混肥料
【商品属性】硝酸磷肥主要成分硝酸盐和磷酸盐，通常为是硝酸铵、硝酸钙、磷酸一铵、磷酸二铵、磷酸一钙、磷酸二钙的混合物。
硝酸磷肥呈深灰色，中性，吸湿性强，易结块。宜作基肥与早期追肥。
【税则号列】有效成分：31055100　　制剂：31051000（不超过 10 公斤包装）

**0400033　　铵磷钾肥**

【有效成分】

【商品类别】复混肥料

【商品属性】铵磷钾肥是用磷酸铵、硫酸铵和硫酸钾不同比例混合而成，养分含量有多种。物理性状好，易溶于水，易被作物吸收。它以作基肥为主，也可作早期追肥

【税则号列】有效成分：31052000　　制剂：31051000（不超过10公斤包装）

**0400034　　微生物拌种剂**

【有效成分】

【商品类别】微生物肥料

【商品属性】利用多孔的物质作为吸附剂（如草炭、蛭石），吸附菌体的发酵液而成菌剂，这种菌剂用于拌种或蘸根。有益微生物通过其生命活动增加植物营养元素的供应，改善植物营养状况而导致增产。其代表品种为各类根瘤菌肥料，主要应用于豆科植物，使其能在豆科植物根、茎上形成根瘤，同化空气中的氮素来供应植物氮素营养。

也可将2种或2种以上微生物（固氮菌、芽孢菌或其他一些细菌）互不拮抗、互相有利，通过其生命活动使作物增产，其作用不仅提高营养元素的供应水平，还包括菌在繁殖过程中自身产生的各类植物生长刺激素，拮抗某些病原菌，达到抑制病害的目的，尤其是土传病害，例如线虫病害、全蚀病、青枯病、枯萎病等。有的菌剂能活化土壤中被固定的磷、钾矿物，使之被植物吸收。另一些菌剂能加速作物秸秆的腐熟和促进有机废物发酵。

【毒　　性】

【税则号列】　　制剂：38249099

**0400035　　复合微生物肥料**

【有效成分】

【商品类别】微生物肥料

【商品属性】除了含有效微生物外，还有一些营养物质。根据营养物质的不同可分为：微生物和有机物复合；微生物和有机物质及无机元素复合。如果根据作用机理则可分为：以营养为主；以抗病为主，以降解农药为主；也可多种作用同时兼有。每种肥料各有特色，作用不完全一致，但目的都是为了提高作物的产量，减少化肥用量，降低成本，改良土壤和改善作物品质，保护生态环境。

如果按其制品中特定的微生物种类，可分为细菌肥料（根瘤菌肥、固氮、解磷、解钾肥）、放线菌肥（抗生肥料）、真菌类肥料（菌根真菌、霉菌肥料、酵母肥料）、光合细菌肥料。

如果按作用机理，可分为根瘤菌肥料、固氮菌肥料（自生或联合共生类）、解磷肥料、硅酸盐类肥料、芽孢杆菌制剂、分解作物秸秆制剂、微生物植物生长调节剂类。

【毒　　性】

【税则号列】　　制剂：31059000/31051000（不超过10公斤包装）

**0400036　　根瘤菌肥料**

【有效成分】

【商品类别】微生物肥料

【商品属性】拌种时及拌种后防治太阳直射菌肥，播种后立即覆土；避免与杀菌剂、速效肥同时使用。可作种肥或追肥。

【毒　　性】

【税则号列】　制剂：38249099

**0400037　固氮菌肥料**

【有效成分】

【商品类别】微生物肥料

【商品属性】可作基肥、追肥，拌种、沾根。

避免与过酸、过碱的肥料或有杀菌作用的农药、速效氮肥联合施用；在酸性土壤上固氮菌肥前应施用石灰调节土壤酸度。

【毒　　性】

【税则号列】　制剂：38249099

**0400038　钾细菌肥料**

【有效成分】

【商品类别】微生物肥料

【商品属性】可作基肥、追肥、拌种、沾根，以基肥效果最佳。

过酸、过碱的肥料、杀菌剂不能与钾细菌肥混施；作基肥、种肥、追肥施用时均宜浅施面施，施后立即覆土。

【毒　　性】

【税则号列】　制剂：38249099

**0400039　磷细菌肥料**

【有效成分】

【商品类别】微生物肥料

【商品属性】可作基肥、拌种、沾根或作追肥施用。

拌种时随拌随播，播后覆土；不能与农药、生理酸性肥料同时施用，也不能与石灰氯、过磷酸钙及碳酸铵混合使用；与厩肥、堆肥等有机肥料配合施用。

【毒　　性】

【税则号列】　制剂：38249099

**0400040　“5406”抗生菌肥**

【有效成分】

【商品类别】微生物肥料

【商品属性】可作种肥、浸种、追肥。

要配合施用有机肥料、化肥；不能与杀菌剂混合拌种，可与杀虫剂混用；不能与硫酸铵、硝酸铵等混合施用。

【毒　　性】

【税则号列】　制剂：38249099

**0400041　保绿丰**

【有效成分】

【商品类别】微生物肥料

【商品属性】新型无公害广谱高效复合微生物菌肥。它是具有高效固氮活性的新型微生物肥料。

每克“保绿丰”含有效菌2亿个以上，含锌、硼、锰、铁、钼等多种微量元素。其作用机理为固氮菌，能固定空气中的氮气并转化为农作物需要的氮肥，同时解磷菌和解钾菌能将土壤中大量不能被农作物吸收的不可溶性磷、钾转化为易于被农作物吸收的可溶性磷、钾肥。此外，多种微量元素可以为作物提供微肥。使用“保绿丰”能有效地改善作物品质，提早成熟7~10天，增产幅度达30%，可以改良土壤，无毒无害，防病抗病，是生产绿色食品的理想肥料。

【毒　　性】

【税则号列】　制剂：38249099

**0400042　缓释尿素**

【有效成分】物理法肥效调节型尿素，控释肥，CFRs

【商品类别】长效肥

【商品属性】由于尿素的化学和肥料学性质（如易溶于水、易吸湿、易释放、易损失等）所限，直接施用其利用率不高。因尿素有较大吸湿性，施入土壤后易被脲酶水解，放出 $NH_3$ 和 $CO_2$，能使土壤pH短期内达9~10，这一条件加剧的 $NH_3$ 挥发。尿素直接施入水田后 $NH_3$ 的挥发可占施入N量的4%~53%，多在30%以上，约占水田N损失总量的50%~80%；在石灰性土壤上，挥发损失量可达施入N量的50%；在 $pH>7.5$ 的旱地，N损失量更大。尿素还可以分子态随水流失和热分散。我国N肥当季利用率平均仅30%~50%。

缓释尿素是指低溶含氮有机化合物，以尿素为主基础肥料的缓释肥，包括大颗粒尿素，添加阻溶物的缓释尿素，添加抑制分解物的缓释尿素。大颗粒尿素指粒径>2mm的粒状尿素；添加阻溶物的缓释尿素是指向尿素熔融液中添加有机大分子等经包裹或内渗尿素颗粒以减缓尿素的溶速，如聚乙烯包膜尿素、涂硫尿素等品种；添加抑制分解物的缓释尿素是向尿素中添加一定的脲酶活性抑制剂或硝化抑制剂，硝化抑制剂能抑制亚硝化细菌等菌类的活性，脲酶活性抑制剂则抑制脲酶活性，从而减缓尿素的水解速度。

各种缓释尿素的作用见相关条目。

【毒　　性】

【税则号列】有效成分：31021000　制剂：31051000（不超过10公斤包装）

**0400043　包膜尿素**

【有效成分】

【商品类别】长效肥

【商品属性】有机聚合物包膜肥料是在制备过程中使聚合物作用在肥料颗粒上，主要包括热固性树脂包膜肥料和热塑性树脂包膜肥料。

热固性树脂交联后在肥料表面形成疏水聚合物膜，常用的树脂有醇酸类树脂和聚氨酯类树脂两大类，养分的释放可以通过改变膜的成分或膜的厚度来控制。养分释放过程为：水分通过膜上的微孔渗透到膜内，增加了膜内的渗透压力而造成膜膨胀，膨胀又增大了微孔，使养分从增大的孔中释放出来。

热塑性树脂包膜肥料最常用的是将热塑性包膜材料（如聚乙烯）溶解于氯化烃中，在流化床反应器中喷涂在肥料颗粒上。养分释放可通过将透水性差的聚乙烯与透水性较强的树脂（如EVA）加以混合来控制，也可在膜中加入一种矿物粉来改进由温度控制的养分释放。

【毒　　性】

【税则号列】有效成分：31021000　　制剂：31051000（不超过10公斤包装）

**0400044　涂层尿素**

【有效成分】

【商品类别】长效肥

【商品属性】先制备有较高渗透性与稳定性的饱和涂层液，在尿素造粒过程中用输液泵将涂层溶液雾化，与造粒塔内落下的尿素颗粒逆向接触，均匀涂布于尿素颗粒外表并快速渗入内部，借助反应余热完成涂层过程。

类似产品包括：磷石膏包涂尿素、涂硫尿素、虫胶涂覆尿素等。

【毒　　性】

【税则号列】有效成分：31021000　　制剂：31051000（不超过10公斤包装）

**0400045　复混尿素**

【有效成分】化学法肥效调节型尿素，缓释肥，SFRs

【商品类别】长效肥

【商品属性】由于尿素的化学和肥料学性质（如易溶于水、易吸湿、易释放、易损失等）所限，直接施用其利用率不高。因尿素有较大吸湿性，施入土壤后易被脲酶水解，放出 $NH_3$ 和 $CO_2$，能使土壤pH短期内达9~10，这一条件加剧的 $NH_3$ 挥发。尿素直接施入水田后 $NH_3$ 的挥发可占施入N量的4%~53%，多在30%以上，约占水田N损失总量的50%~80%；在石灰性土壤上，挥发损失量可达施入N量的50%；在pH>7.5的旱地，N损失量更大。尿素还可以分子态随水流失和热分散。我国N肥当季利用率平均仅30%~50%。

复混尿素是指尿素与甲醛、乙醛或丁烯醛等缩合制得的改性尿素，如脲甲醛（UF）、丁叉二脲（IBDU）和草酰胺，以及均三嗪、双氰胺（DCD）和脒基硫脲（ASU）等有机含氮化合物。

各种复混尿素的作用见相关条目。

【毒　　性】

【税则号列】有效成分：31029090　　制剂：31051000（不超过10公斤包装）

**0400046　脲甲醛　UF**

【有效成分】脲甲醛

【商品类别】长效肥

【商品属性】一个甲醛和两个尿素分子反应，即可形成次甲基尿素的链状化合物。它是国外应用最早最普通的一种长效N肥。尿素要通过中间化合物才能和甲醛反应。土壤的温度、湿度、通气条件、土壤溶液的反应和其他物理化学性质，对脲甲醛的硝化速度都有很大影响。施用石灰也明显增大脲甲醛的硝化速度。

【毒　　性】

【税则号列】有效成分：39091000　　制剂：31051000（不超过10公斤包装）

**0400047　尿素-Z**

【有效成分】

【商品类别】长效肥

【商品属性】由尿素与乙醛缩合而得。尿素-Z 施入土壤后有明显的后效。
【毒　　性】
【税则号列】有效成分：31029090　　　　制剂：31051000（不超过 10 公斤包装）

**0400048　　丁烯叉二脲**
【别　　名】富劳利得（德国）
【有效成分】丁烯叉二脲
【商品类别】长效肥
【商品属性】它由尿素与丁烯叉醛按 2∶1 比缩合而成，含 N30% ~32%。用丁烯叉二脲与单质肥混合肥料 2-5-10 称“富劳利得硝磷钾”。丁烯叉二脲的后效比脲甲醛高。
【毒　　性】
【税则号列】有效成分：31029090　　　　制剂：31051000（不超过 10 公斤包装）

**0400049　　异丁叉二脲　　IBDU**
【有效成分】异丁叉二脲
【商品类别】长效肥
【商品属性】以尿素和异丁醛为原料，经催化反应而得。异丁叉二脲水溶性小，日本 20 世纪 50 年代就作缓释肥在农林园艺作物上应用，肥效优于尿素和丁烯叉二脲。
【毒　　性】
【税则号列】有效成分：31029090　　　　制剂：31051000（不超过 10 公斤包装）

**0400050　　草酰胺**
【有效成分】$(CONH_2)_2$
【商品类别】长效肥
【商品属性】含 N39.9%，由尿素与草酸作用而得。草酰胺在旱地土壤中分解速度比在淹水土壤中快，草酰胺的矿化作用在作物生长期中是逐渐增加的，施石灰的土壤中草酰胺的矿化作用增强。
【毒　　性】
【税则号列】有效成分：31029090

**0400051　　硝脲磷肥**
【有效成分】硝脲和磷矿粉
【商品类别】长效肥
【商品属性】系将熔融的尿素与 $HNO_3$，作用形成固态复合物 $CO(NH_2)_2-HNO_3$，后者与磷矿粉混合造粒即成。硝脲和磷矿粉之比为 3∶2。硝脲含氮 34.2%（硝态氮占 1/3，酰胺态氮占 2/3）。

硝脲磷肥一般为粒状、灰色，稍有酸味。在制造过程中由于存在一定量的硝酸和尿素，因此水溶液呈酸性反应，其吸湿性、挥发性不大，施于土壤经 14 昼夜，损失氮素只有 0.7%，而单一尿素损失氮素为 21%。
【毒　　性】
【税则号列】有效成分：31059000　　　　制剂：31051000（不超过 10 公斤包装）

**0400052　　硝钙尿素　　Calcourea**

【有效成分】尿素和硝酸钙复合物

【商品类别】长效肥

【商品属性】它以尿素和硝酸钙复合，由挪威 Norsk-HydroA/S 公司开发，意大利 Enichem Agicoltura 公司也有生产。

这种化肥含氮 33% ~34%，其中 7% 是硝态氮。

【毒　　性】

【税则号列】有效成分：31059000　　　　制剂：31051000（不超过 10 公斤包装）

**0400053　　环二脲**

【有效成分】环二脲

【商品类别】长效肥

【商品属性】它由尿素与乙醛缩合。产品含 N31.5% ~32.5%，其中水解性 N 占 28% ~28.3%，这种肥料不吸湿，供 N 慢，可以直接施入土壤，也可以作为混合肥料的原料。

【毒　　性】

【税则号列】有效成分：31029090　　　　制剂：31051000（不超过 10 公斤包装）

**0400054　　肥力高叶面肥**

【商品类别】叶面肥

【商品属性】中科叶面肥是中科院南京土壤研究所的科研人员长期进行科学研究的科技成果。它适合各种农作物、蔬菜、瓜果、花卉、草地、树木上施用。施用方法可叶面喷施、滴灌、航空喷洒，亦可用于无土栽培和温室、苗圃等。用于叶面喷施，可以大幅度提高养分有效性和利用率，如施用得当可以减少基肥用量，并可代替其他化肥追肥。不含有害物质，是无公害的叶面肥。

该叶面肥为固体粉粒状，具有高浓度、全营养、全水溶等特点。它以氮、磷、钾为主，还含有硫、镁、铁、锌、锰、铜、钼等多种营养元素。可溶性有效养分总量高达 55% 以上。可根据实际需要配制生产，适合于各种土壤肥力条件、不同作物品种和作物不同生长期的需要的品种。它含有螯合剂、稳定剂、表面活性剂，确保大量营养元素与微量营养元素不致沉淀，并在作物叶片表面有良好的附着和展粘能力。可与酸性和中性杀虫剂、杀菌剂混合使用。

【税则号列】有效成分：31059000　　　　制剂：31051000（不超过 10 公斤包装）

**0400055　　镁肥**

【商品类别】微量元素肥

【商品属性】镁作为植物所必需的中量元素，它是叶绿素分子中唯一的金属元素；镁是多种酶的活化剂，是聚核糖体的必要成分，还能促进作物体内维生素 A、C 的形成，对植物代谢和生长发育具有很重要的作用。施用镁肥能促进农作物的光合作用，促进蛋白质的合成，提高农作物的产量和改善农产品的品质。镁还能促进植物对硅的吸收，有利于防治病菌侵入；还能减少植物对锰的吸收，减轻锰过多时的病害作用；当施低浓度的镁时还能促进钙的吸收。豆科作物，如大豆，绿豆，红小豆，豌豆，蚕豆，块根作物如红薯，大田作物的水稻、花生、芝麻、经济作物类的柑橘、香蕉、菠萝、烟草以及蔬菜中的马铃薯、番茄都是需镁较多的作物。

高温多雨地区，由于土壤含镁矿物风化及土壤镁素淋溶强烈，往往导致土壤供镁能力弱，许多地区的作物出现缺镁症状。对经济作物、油料作物、粮食作物、蔬菜作物和水果的试验结果表明，土壤施镁肥后可提高作物产量和品质，施用镁肥后，可极大地提高其氮、磷、钾等养分的利用效率。

施用镁肥需根据土壤和植株缺镁状况来确定，对需镁较多的作物如玉米等以每亩施硫酸镁 10～15 公斤为宜。镁肥的品种不同，它的化学性质也不同，施用时要注意土壤的酸碱度，接近中性或微碱性，尤其是含硫偏低的土壤以选用硫酸镁和氯化镁为好，而酸性土壤以选用碳酸镁为好。化学镁肥与农家肥配合施用往往效果好于单独施用。

**常见镁肥品种与成分**

| 品种 | 氧化镁% | 其他成分% |
|---|---|---|
| 氧化镁 | 19.70～20.00 | |
| 硫酸镁（泻盐） | 15.10～16.90 | |
| 硫酸镁（水镁矾） | 27.0～30.30 | |
| 硫酸钾镁（钾泻盐） | 10.00～18.00 | 钾 22～30 |
| 生石灰（白云石烧制） | 7.50～33.00 | |
| 菱镁矿 | 45.00 | |
| 光卤石 | 14.60 | |
| 钙镁磷肥 | 10.0～15.0 | 磷 14～20 |
| 钢渣磷肥 | 2.10～10.00 | 磷 5～20 |
| 钾镁肥 | 25.90～28.70 | 钾 8～33 |
| 硅镁钾肥 | 10.00～20.00 | 钾 6～9 |
| 厩肥 | 1.13 | |

【税则号列】有效成分：

28259090（氧化镁）
25302000［硫酸镁（泻盐）］
25302000［硫酸镁（水镁矾）］
25309099［硫酸钾镁（钾泻盐）］
25221000（生石灰）
25191000（菱镁矿）
31041000（光卤石）
31039000（钙镁磷肥）
31032000（钢渣磷肥）
31059000（钾镁肥）
31059000（硅镁钾肥）
3101（厩肥）

**0400056　硫肥**

【商品类别】微量元素肥

【商品属性】近年来，由于土地复种指数和作物产量的不断提高，作物从土壤中吸收的硫素营养增多；有些地方由于使用化肥品种的改变，大量施用磷胺、尿素等高浓度无硫化肥，而过磷酸钙、硫铵等含硫化肥用量减少；一些有机质含量低、质地粗的土壤，硫含量低，在雨水多的地区，从雨水和渗漏水中流失的硫较多；环境污染治理日益加强，大气和水体中硫浓度降低，作物从大气和灌溉水中得到的硫减少；同时近年来有机肥和农家肥用量减少，以有机硫补给土壤的硫素越来越少。因此，容易造成某些地区土壤缺硫。掌握常见作物的缺硫症状，及时采取有效的措施，对于指导农业生产有着十分重要的作用。

作物缺硫时生长受阻，叶片失绿或黄化，叶面积较小，茎细弱矮小，与缺氮症状相似，所不同的是，缺硫时叶褪绿黄化，首先在幼叶片出现，而缺氮是先从下部老叶表现出来。

硫肥基肥于作物播种前时施入，通过耕耙使之与土壤充分混合并达到一定深度，以促进其转化。根外喷施硫肥可作为辅助性措施。

**常用硫肥品种与成分**

| 名称 | 硫% | 其他主要成分% |
|---|---|---|
| 天然硫矿 | 80～100 | |
| 黄铁矿 | 53.4 | |
| 硫酸铵 | 24 | 氮 20～21 |
| 硫酸钾 | 18（16～18.4） | 钾 45～50 |
| 硫酸铜 | 12.8 | 铜 25.5 |
| 硫酸锰（7 水） | 11.6 | 锰 19.8 |
| 硫酸亚铁 | 11.5 | 铁 17.5 |
| 硫酸锌（7 水） | 11.0 | 锌 21.3 |
| 石膏 | 18（15～28） | 氧化钙 32 |
| 普通过磷酸钙 | 12（10～16） | 磷 17 |
| 窑灰钾肥 | 5～6 | 钾 16 |
| 硫酸镁 | 13 | 氧化镁 16 |
| 硫酸钾镁 | 20（16～23） | 钾 26 |
| 各种秸秆 | 0.21 | |
| 厩肥 | 0.03 | |

【税则号列】有效成分：
25030000（天然硫矿）
25002000［黄铁矿（未焙烧）］
28332990（硫酸铵）
28332990（硫酸钾）
28332500（硫酸铜）
28332990［硫酸锰（7 水）］
28332990（硫酸亚铁）
28332600［硫酸锌（7 水）］
25201000（石膏）
31031000（普通过磷酸钙）
31059000（窑灰钾肥）
28332100（硫酸镁）

28332990（硫酸钾镁）
3101（各种秸秆）
3101（厩肥）

**0400057　钙肥**

【商品类别】微量元素肥

【商品属性】缺钙会导致作物体生理失调，植株的顶芽、侧芽、根尖等分生组织首先出现缺素症状，植株生长受阻，节间较短，植株矮小，柔软，幼叶卷曲畸形、脆弱，多缺刻状，叶缘发黄，逐渐枯死，叶尖有黏化现象。不结实或很少结实。如缺钙使甘蓝、大白菜和莴苣等出现叶焦病，番茄、辣椒、西瓜等出现脐腐病。

钙肥可以作基肥也可作追肥。作基肥施用时，不要年年施用，注意不要过量，否则会使土壤肥力下降，并引起土壤结构变化。沟施、穴施时应避免与种子或植物根系接触。石膏多作基肥施用，结合灌溉水施用，施用石膏尽量研细，以提高肥效。

**钙肥品种成分含量**

| 品种 | 氧化钙（%） | 其他成分（%） |
|---|---|---|
| 生石灰（石灰岩烧制） | 84.0～96.0 | |
| 生石灰（牡蛎、蚌壳烧制） | 50.0～53.0 | |
| 生石灰（白云石烧制） | 26.0～58.0 | 氧化镁 10～14 |
| 熟石灰（消石灰） | 64.0～75.0 | |
| 石灰石粉（石灰石粉碎） | 45.0～56.0 | |
| 生石膏（普通石膏） | 26.0～32.0 | 硫 15～18 |
| 熟石膏（雪花石膏） | 35.0～38.0 | 硫 20～22 |
| 磷石膏 | 20.8 | 磷 0.7～3.7，硫 10～13 |
| 普通过磷酸钙 | 16.5～28.0 | 磷 12～20 |
| 重过磷酸钙 | 19.6～20.0 | 磷 40～54 |
| 钙镁磷肥 | 25.0～30.0 | 磷 14～20，镁 15～18 |
| 钢渣磷肥 | 35.0～50.0 | 磷 5～20 |
| 粉煤灰 | 2.5～46.0 | 磷 0.1，钾 1.2 |
| 草木灰 | 0.9～25.2 | 磷 1.57，氮 0.93 |
| 骨粉 | 26.0～27.0 | 磷 20～35 |
| 氯化钙 | 47.3 | |
| 硝酸钙 | 26.6～34.2 | 氮 12～17 |
| 石灰氮 | 54 | 氮 20～21 |

【税则号列】有效成分：

25221000［生石灰（石灰岩烧制）］
25221000［生石灰（牡蛎、蚌壳烧制）］
25221000［生石灰（白云石烧制）］
25222000［熟石灰（消石灰）］
25221000［石灰石粉（石灰石粉碎）］

25200000［生石膏（普通石膏）］
25202090［熟石膏（雪花石膏）］
38259000［磷石膏（含有钙、镁磷酸盐和硅酸盐的二水合硫酸钙）］
31031000（普通过磷酸钙）
31039000（重过磷酸钙）
31039000（钙镁磷肥）
31032000（钢渣磷肥）
38259000（粉煤灰）
26219000（草木灰）
31010090（骨粉）
28272000（氯化钙）
28342990（硝酸钙）
31027000［石灰氮（氰氨化钙）］

**0400058　锰肥**

【商品类别】微量元素肥

【商品属性】锰为叶绿体的组成物质，又在叶绿素合成中起催化作用，锰在光合作用中带有决定的影响。锰是许多酶的组成或酶系统的活化剂。锰可以促进体内硝酸还原作用，有利于合成蛋白质，从而提高氮的利用效率。锰能改善物质运输的能量供应，能与其他有机物形成络合物，能改善碳水化合物的合成和运输，特别使蔗糖由叶部运向果实和根部。锰对体内的氧化还原和脱羧基也有作用，锰可以促进种子和近成熟果实的呼吸作用，降低生长前期的呼吸作用，影响无机硫化物的代谢速度。锰能促进核糖核酸的磷以酯类与总核苷的磷发生较强的交换。锰可促进花粉发芽和花粉管的伸长及种实膨大。

缺锰会造成叶绿素减少，光合强度降低。由于锰在作物体内不易移动。因此缺锰症常从新叶开始。缺锰时首先表现叶肉失绿，叶脉仍为绿色，叶脉呈绿色网状，叶脉间失绿小片为圆形，叶脉间的叶片突起，使叶子边缘起皱。缺锰严重时，失绿小片扩大相连，并出现褐色斑点，呈烧灼状，并停止生长。锰过多时，苹果表现粗皮病，柑橘表现早期落叶。

**锰肥的成分与性质**

| 名称 | 含锰量% | 溶解性（水） | 适用范围 |
|---|---|---|---|
| 硫酸锰 | 31 | 易溶 | 基肥、追肥、种肥 |
| 氧化锰 | 62 | 难溶 | 基肥 |
| 碳酸锰 | 43 | 难溶 | 基肥 |
| 氯化锰 | 27 | 易溶 | 基肥、追肥 |
| 硫酸铵锰 | 28（N4.4） | 易溶 | 基肥、追肥、种肥 |
| 硝酸锰 | 21（N10） | 易溶 | 追肥 |
| 锰矿泥 | 6～22 | 难溶 | 基肥 |
| 含锰炉渣 | 1～2 | 难溶 | 基肥 |

【税则号列】有效成分：
28332990（硫酸锰）

28209000（氧化锰）
28369990（碳酸锰）
28273900（氯化锰）
28333090（硫酸铵锰）
28342990（硝酸锰）
26020000（锰矿泥）
2618/2619（含锰炉渣）

**0400059　钼肥**

【商品类别】微量元素肥

【商品属性】钼是硝酸还原酶的组成成分，可将硝态氮还原成铵态氮。钼能改善物质运输的能量供应，能与有机物形成络合物，因此关系到碳水化合物的合成和运输。钼可促进维生素C的合成（尤其在酸性土壤上），钼可促进种子和生殖期的呼吸作用，降低早期呼吸强度，钼可提高叶绿素的稳定性，减少叶绿素在黑暗中的破坏。

缺钼可导致蔬菜生长不良，植株矮化，叶脉间失绿或叶片扭曲。

钼肥的成分与性质

| 名称 | 含钼量% | 溶解性（水） | 适用范围 |
|---|---|---|---|
| 钼酸铵 | 54 | 易溶 | 基肥、追肥、种肥、叶面喷施 |
| 钼酸钠 | 39.6 | 基肥、追肥、种肥、叶面喷施 | |
| 三氧化钼 | 66.6 | 不溶 | 制成含钼过磷酸钙使用 |
| 含钼废水与废渣 | 1.3~6 | 基肥、种肥 | |

【税则号列】有效成分：

28417010（钼酸铵）
28417090（钼酸钠）
28257000（三氧化钼）
38259000/26209990（含钼废水与废渣）

**0400060　硼肥**

【商品类别】微量元素肥

【商品属性】硼在植物中的生理作用大致分为以下几方面：参与作物体内糖的代谢与运输，抑制酚类化合物和木质素的生物合成，促进花粉萌发和花粉管的生长，促进种子和果实的生长发育，影响细胞分裂、分化、成熟；参与植物生长素类激素的代谢，促进植物对钙的摄取。

缺硼的一般症状：生长点坏死，维管束受损、根系发育不良，作物顶端枝生长反常，叶子畸形，作物生长阶段落花落果，作物授粉授精和果实形成欠佳，果实畸形和种子的败育，生育期推迟，作物产量受损和品质欠佳。

硼肥的成分与性质

| 名称 | 含硼量% | 溶解性（水） | 适用范围 |
|---|---|---|---|
| 硼砂 | 11 | 易溶 | 基肥、追肥、喷施、浸种 |
| 硼酸 | 17 | 可溶 | 基肥、追肥、喷施、浸种、拌种 |
| 硼泥 | | | 基肥 |

【税则号列】有效成分：
28251000［硼砂（天然）］
28401100（无水精炼硼砂）
28401900（其他精炼硼砂）
28100020（硼酸）
38259000（硼泥）

**0400061　　铁肥**

【商品类别】微量元素肥

【商品属性】铁是形成叶绿素的元素，是多种酶的成分和活化剂，是光合作用中许多电子传递体的组成成分，参与核酸和蛋白质的合成。

缺铁症状：植株矮小失绿，失绿症状首先表现在顶端幼嫩部分，叶片的叶脉间出现失绿症，在叶片上明显可见叶脉深绿，脉间黄化，黄绿相间很明显。严重时叶片上出现坏死斑点，并逐渐枯死。茎、根生长受阻，根尖直径增加，产生大量根毛等，或在根中积累一些有机酸。

**铁肥的成分与性质**

| 名称 | 含铁量% | 溶解性（水） | 适用范围 |
|---|---|---|---|
| 硫酸亚铁 | 17.5 | 可溶 | 基肥、种肥、追肥、叶面喷施 |
| 尿素铁络合物 | 9.2（N34.8） | 易溶 | 基肥、追肥、叶面喷施 |
| 硫酸亚铁铵 | 14（N7，S16） | 可溶 | 基肥、种肥、追肥、叶面喷施 |
| 黄腐酸二铵铁 | 0.2～0.4 | 易溶 | 喷施 |

【税则号列】有效成分：
28332910（硫酸亚铁）
29429000（尿素铁络合物）
28429000（硫酸亚铁铵）
29329990（黄腐酸二铵铁）

**0400062　　铜肥**

【商品类别】微量元素肥

【商品属性】铜在植物体内的功能是多方面的，它是多种酶的组成成分，铜与植物的碳素同化、氮素代谢、吸收作用以及氧化还原过程均有密切联系，影响光合作用。铜有利于作物生长发育。铜能提高作物的抗寒、抗旱能力，铜能增强植株抗病能力。

**铜肥的成分与性质**

| 名称 | 含铜量% | 溶解性（水） | 适用范围 |
|---|---|---|---|
| 硫酸铜 | 25.5 | 可溶 | 各种施肥方法，磷肥较大的土壤，采用种子处理或叶面喷施 |
| 氧化铜 | 78.3 | 不溶 | 基肥 |
| 氧化亚铜 | 84.4 | 不溶 | 基肥 |
| 碱式硫酸铜 | 13～53 | 不溶 | 基肥 |
| 铜矿渣 | 0.3～1.0 | 难溶 | 基肥（去除铬、铅、汞有害物质后再进行施用） |

【税则号列】有效成分：

28332500（硫酸铜）

28255000（氧化铜）

28255000（氧化亚铜）

28332500（碱式硫酸铜）

26203000（铜矿渣）

**0400063　锌肥**

【商品类别】微量元素肥

【商品属性】锌肥的施用，能促进作物生长发育，提高结实率，增强作物的抗寒、抗病能力，提高产量，能显著改善农产品品质。

农作物缺锌是一种最普通的微量元素缺乏症，其共同特点是：叶片失绿，节间缩短，簇生、小叶，植株矮小，生长受到抑制，籽实空瘪率高，产量低。解决的办法就是施用锌肥。一旦补了锌，作物的生长发育就会明显改善，可以提高结实率，增强抗寒、抗病能力，产量可提高。

土壤缺锌的现象十分普遍。一般说来，地下水位高、冬泡田、烂泥田、海拔高、温度低的地区都容易缺锌。大量施用复合肥料、磷肥会诱发作物缺锌，需要增施锌肥。杂交品种、高产栽培技术的应用，造成作物需锌量更大，也需要增施锌肥。锌肥在玉米、小麦、棉花、油菜、果树、蔬菜、大豆、花生、洋芋、烟草等作物上应用，都可以显著改善和提高产品品质。

**锌肥的成分与性质**

| 名称 | 含锌量（Zn）% | 溶解性（水） | 适用范围 |
|---|---|---|---|
| 七水硫酸锌 | 21.3 | 易溶 | 基肥、追肥、喷施、拌种 |
| 一水硫酸锌 | 35 | 易溶 | 基肥、追肥、喷施、拌种 |
| 氧化锌 | 78 | 不溶 | 基肥、蘸秧根 |
| 氯化锌 | 48 | 易溶 | 土壤施肥 |
| 硝酸锌 | 21.5 | 易溶 | 基肥、追肥、种肥、喷施 |
| 碱式硫酸锌 | 55 | 不溶 | 基肥、追肥、蘸秧根 |
| 碱式碳酸锌 | 57 | 不溶 | 基肥、追肥、种肥 |
| 尿素锌 | 11.5～12（N28～30） |  | 基肥、追肥、喷施 |
| 乙二胺四乙酸螯合锌 | 9、14 | 难溶 | 喷施 |

【税则号列】有效成分：

28332600（七水硫酸锌）

28332600（一水硫酸锌）

28170010（氧化锌）

28273600（氯化锌）

28342990（硝酸锌）

28332600（碱式硫酸锌）

28369990（碱式碳酸锌）

29420000（尿素锌）

2942000（乙二胺四乙酸螯合锌）

# 附 录

FULU

# 商品归类原则及常用术语

## 第一节 《协调制度》商品归类总规则

一个完善的分类体系必须将每一个商品与单一的品目相关联，这样才可简捷、明确地将该商品与之对应。因此，必须用一些规则来保证某一商品始终能归入唯一一个品目。《协调制度》为保证法定解释的统一性，设定了商品归类应遵循的原则，即商品归类总规则，它是所有商品分类的基本原则，所有的商品归类决定必须基于这些规则作出。我国的《进出口税则》就是以《协调制度》的归类原则制定的。

这些规则共有六条。它们的使用顺序为规则一优先于规则二，规则二优先于规则三，依此类推。《协调制度注释》对归类总规则进行了注解。

规则一规定，具有法律效力的归类，应按税目条文和有关类注释或章注释确定。当依据品目条文和上述注释不能明确的进行归类时，应用其他总规则进行归类。

例如，《进出口税则》第二十九章税则号列29162000的条文为“29.16不饱和无环一元羧酸、环一元羧酸及其酸酐、酰卤化物、过氧化物和过氧酸以及它们的卤化、磺化、硝化或亚硝化衍生物”，七氟菊酯属于环一元羧酸的衍生物，因此应按照该条文将七氟菊酯归入该税则号列。

规则二（一）的前一部分将品目的商品范围扩大到应包括该项货品的不完整品或未制成品，只要在进口或出口时该项不完整品或未制成品具有完整品或制成品的基本特征。规则二（一）的后一部分规定，品目所列货品，还应包括该项货品的完整品或制成品在进口或出口时的未组装件或拆散件，通常因安装、包装或运输方便的原因而需要呈上述状态的商品可按照该条款进行归类。

规则二（二）将品目的商品范围扩大到构成该商品的材料或物质。根据该项规定，除非其他品目规定了货品的混合或组成状态，由一种以上材料或物质构成的货品，应按规则三归类。

规则三对看起来可归入两个或两个以上品目的情况进行了规定。

规则三（一）规定了商品应归入列名比较具体的品目。因此，如果两个或两个以上品目都仅述及混合或组合货品所含的某部分材料或物质，或零售的成套货品中的某些货品，即使其中某个品目对该货品描述得更为全面、详细，这些货品在有关品目的列名应视为同样具体。

规则三（二）对混合物、不同材料构成或不同部件组成的组合物及零售的成套货品的归类进行了规定。根据此款规定，应按构成货品基本特征的材料或部件进行归类。

规则三（三）适用于商品不能按照规则三（一）或（二）归类的情况，它规定商品应按号列顺序归入其可以归入的最末一个品目。

例如，《进出口税则》第二十九章税目2916的条文为“29.16不饱和无环一元羧酸、环一元羧酸及其酸酐、酰卤化物、过氧化物和过氧酸以及它们的卤化、磺化、硝化或亚硝化衍生物”，而2926的条文为“29.26腈基化合物”，对于氰戊菊酯而言，既满足2916的条文，也符合2926的条文，按照本规则应从后归入2926项下。

氰戊菊酯（结构式）：

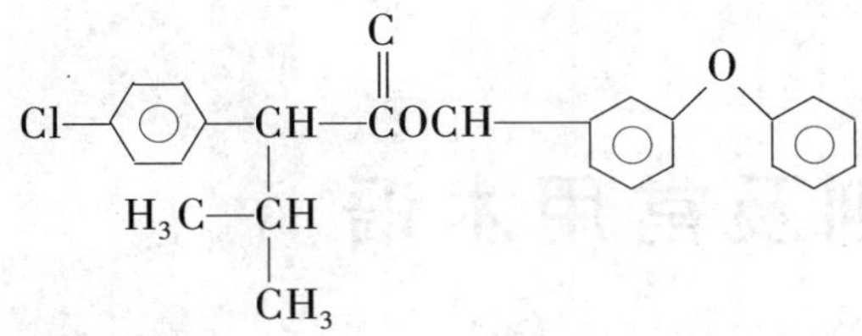

规则四规定，根据上述规则无法归类的货品（比如，刚刚出现在市场上的新商品），应归入与其最相类似的货品的税目。

规则五（一）规定了与商品一同报验的仅适用于该商品包、盒或类似随附容器的归类方法。

规则五（二）规定了与所装货品同时报验的包装材料或包装容器的归类方法。应该注意的是，对规则五（一）或规则五（二）范围以外的包装材料和容器的归类是由各国自行规定的，各国可采用他们认为合适的方法。

规则六规定，货品在某一品目项下各子目的确定方法。首先，应参照以上各条适用于四位数级目录的规则来确定，即优先考虑子目条文或有关的子目注释；该规则还规定子目的比较只能在同一数级上进行，这意味着在一个品目下，一杠子目的确定只能在相关的一级子目条文的基础上进行，依此类推，二杠子目的确定只能在与之对应的一级子目范围内的各子目条文的基础进行。

除品目、子目条文或类注释、章注释另有规定外，归类总规则设立的归类原则，适用于《协调制度》的全部范围。

此外，归类总规则为在《协调制度》中的商品归类明确地提供了一个循序渐进的原则，即一种货品应首先归入适当的四位数品目，然后将其归入该品目项下适当的一杠子目，最后再归入已确定的一杠子目项下的二杠子目。在以上每一步骤中，并不考虑任何低一级子目的条文，该原则毫无例外地适用于《协调制度》的所有章节。

## 第二节　有关商品归类的规定

如前所述，我国的《进出口税则》就是以《协调制度》的归类原则制定的。具有法律效力的归类，应按税目条文和有关类注释或章注释确定。此外，海关总署根据《协调制度注释》编译的《进出口税则商品及品目注释》（简称《税则注释》）也是进出口商品归类的法律依据。下面列出的是与本书商品有关的部分重要规定。

### 一、有关“单独的已有化学定义的化合物”的含义

《进出口税则》第二十八章章注释一规定：

一、除条文另有规定的以外，本章各税号只适用于：

（一）单独的化学元素及单独的已有化学定义的化合物，不论是否含有杂质；

（二）上述（一）款产品的水溶液；

（三）溶于其他溶剂的上述（一）款产品，但该产品处于溶液状态只是为了安全或运输所采取的正常必要方法，其所用溶剂并不使该产品改变其一般用途而适合于某些特殊用途；

（四）为了保存或运输需要，加入稳定剂（包括抗结块剂）的上述（一）、（二）、（三）款产品；

（五）为了便于识别或安全起见，加入抗尘剂或着色剂的上述（一）、（二）、（三）、（四）款产品，但所加剂料并不使原产品改变其一般用途而适合于某些特殊用途。

《进出口税则》第二十九章章注释一规定：

一、除条文另有规定的以外，本章各税号只适用于：

（一）单独的已有化学定义的有机化合物，不论是否含有杂质；

（二）同一有机化合物的两种或两种以上异构体的混合物（不论是否含有杂质），但无环烃异构体的混合物（立体异构体除外），不论是否饱和，应归入第二十七章；

（三）税目29.36至29.39的产品，税目29.40的糖醚、糖酯及其盐类和税目29.41的产品，不论是否已有化学定义；

（四）上述（一）、（二）、（三）款产品的水溶液；

（五）溶于其他溶剂的上述（一）、（二）、（三）款的产品，但该产品处于溶液状态只是为了安全或运输所采取的正常必要方法，其所用溶剂并不使该产品改变其一般用途而适合于某些特殊用途；

（六）为了保存或运输的需要，加入稳定剂（包括抗结块剂）的上述（一）、（二）、（三）、（四）、（五）各款产品；

（七）为了便于识别或安全起见，加入抗尘剂、着色剂或气味剂的上述（一）、（二）、（三）、（四）、（五）、（六）各款产品，但所加剂料并不使原产品改变其一般用途而适合于某些特殊用途；

（八）为生产偶氮染料而稀释至标准浓度的下列产品：重氮盐，用于重氮盐、可重氮化的胺及其盐类的耦合剂。

《税则注释》第二十九章总注释规定：

总的来说，除本章注释一另有规定的以外，本章仅限于单独的已有化学定义的化合物。

一、已有化学定义的化合物

（本章注释一）

单独的已有化学定义的化合物是由一分子种类（例如，通过共价键或离子键结合）组成的物质，此种物质的各种组成元素的比例是固定的而且可以用确定的结构图进行表示。在晶格化合物中，其分子种类相当于重复单元晶胞。

单独的已有化学定义的化合物如含有在其制造（包括纯化）过程中或制造后故意加入的其他物质，不归入本章。因此，如果为了使糖精适于作甜味剂而掺入乳糖，所得的产品不归入本章（参见品目29.25的注释）。

本章的单独的已有化学定义的化合物可含有杂质［注释一（一）］。但品目29.40所述的糖是这项规定的一个例外，该品目的糖仅限于化学纯糖。

所称“杂质”，仅适用于只在制造过程（包括纯化过程）中直接产生的存在于单项化学化合物中的物质。这些物质是由于制造过程中的种种原因而产生的，主要有：

（一）未转化的原料。

（二）存在于原料中的杂质。

（三）制造过程（包括纯化过程）中所使用的试剂。

（四）副产品。

但应注意，这些物质并非在任何情况下都可视作本章注释一（一）所允许存在的杂质。如果这些物质是为了改变产品的一般用途而适合于某些特殊用途故意在产品中残留下来的，便不得视作允许存在的杂质。例如，为使乙酸甲酯更适合于作溶剂之用而故意留有甲醇，这种产品即不归入本章（品目38.14）。某些化合物（例如，乙烷、苯、苯酚、吡啶）在品目29.01、29.02、29.07及29.33的注释中列有特定的纯度标准。

本章所列单独的已有化学定义的化合物可以是溶于水中的。与第二十八章总注释规定的条件一样，本章也包括非水溶液及已加入稳定剂、抗尘剂或着色剂的化合物（及其溶液）。例如，苯乙烯加入作为抑制用的叔丁基邻苯二酚后仍归入品目29.02。第二十八章总注释关于加入稳定剂、抗尘剂及着色剂的规定，一般也适用于本章的化学化合物。这些化合物还可按加入着色剂相同的条件加入有味物质（例如，在品目29.03的溴甲烷中加入少量的三氯硝基甲烷）。

本章还包括同一有机化合物的异构体混合物，不论是否含有杂质。本规定仅适用于化学功能相同的化合物的混合物，这些化合物可以是天然共存的，也可以是在同一合成过程中同时获得的。但无环碳氢异构体（立体异构体除外）的混合物，不论是否饱和，均不归入本章（第二十七章）。

## 二、农药原药、母液的归类

《税则注释》第三十八章注释（品目3808）规定：

这些产品只有在下列情况下才归入本品目：

一、制成零售包装（例如，金属容器或纸板盒）作消毒剂、杀虫剂等用，或其形状已明显表明通常供零售用（例如，圆球形、串球形、片剂形或板状）。

制成这些形状的产品可以是混合物，也可以是非混合物。非混合产品主要是已有化学定义的化合物，如果该化合物（例如，萘或1,4-二氯苯）不制成上述形状，则应归入第二十九章。

本品目还包括制成零售包装作消毒剂、杀菌剂等用的下列产品：

（一）有机表面活性产品及制品，含有活性阳离子（例如，季铵盐），具有防腐、消毒、杀菌作用。

（二）聚乙烯吡咯烷酮碘，为碘与聚乙烯吡咯烷酮反应的产品。

二、制成制剂，不论其形状如何（例如，呈液状或粉状）。它们是活性产品在水或其他液体中的悬浮液或分散体｛例如，DDT［1,1,1-三氯代-2,2-双（对-氯苯）乙烷］在水中的分散体｝，或由其他混合物组成。活性产品溶于溶剂（水除外）中的溶液也归入本品目［例如，除虫菊溶液（标准化的除虫菊萃除外）或溶于矿物油的环烷酸铜］。

需进一步混合才能用做杀虫剂、杀菌剂、消毒剂等的中间制剂，如果已具有杀虫、杀菌等作用的，也应归入本品目。

杀虫、消毒等制剂的基料可以是铜化合物（乙酸铜、硫酸铜、乙酰亚砷酸铜等）、硫或硫化合物（硫化钙、二硫化碳等）、矿质杂酚油或蒽油、滴滴涕、高丙体六六六、对硫磷、苯酚或甲苯酚衍生物、含砷产品（砷酸钙、砷酸铅等）、植物性物料（烟碱、烟草精及粉末、鱼藤酮、除虫菊、海葱、菜子油）、天然或合成的植物生长调节剂（例如，2，4-D）、培养微生物等。

食物（小麦粒、糠、糖蜜等）与毒剂混合而成的毒饵也是归入本品目的一例。

三、制成制品，例如，经硫处理的带条、杀虫灯芯及蜡烛（供瓮、住宅等的消毒、熏蒸用）；捕蝇纸（包括表面涂胶而不含毒物的纸）；果树用的涂油带（包括不含毒物的）；供保藏果酱用的水杨酸浸渍纸；用于燃烧灭虫的高丙体六六六涂布纸或小木梗，等等。

《进出口税则》第二十九章章注释规定：

一、除条文另有规定的以外，本章各税号只适用于：

……

（六）为了保存或运输的需要，加入稳定剂（包括抗结块剂）的上述（一）、（二）、（三）、（四）、（五）各款产品；

（七）为了便于识别或安全起见，加入抗尘剂、着色剂或气味剂的上述（一）、（二）、（三）、（四）、（五）、（六）各款产品，但所加剂料并不使原产品改变其一般用途而适合于某些特殊用途；

例如，百草枯原液（40%）的归类。

基本属性：该商品外观为墨绿色液体，含百草枯、催吐剂、腐蚀抑制剂和水，不易燃烧、不爆炸，塑料桶装。用于配制克无踪20%水剂。

理化性质：有效成分化学名称为1,1′二甲基-4，4′联吡啶阳离子，原药为白色晶体，含量>97%，300以上分解，比重1.10，极易溶于水，微溶于低分子量的醇类，不溶于烃类溶剂。其二氯化物、二硫酸甲酯具有相同的性质，在酸性及中性溶液中稳定，在碱性中水解。原药对金属有腐蚀性。

克无踪20%水剂是由百草枯和湿润剂、染料、催吐剂组成。外观黑灰色水溶性液体，在碱性溶液中水解，不易燃，不易爆，20℃pH值7.0±0.5，不腐蚀金属药械。储存稳定性两年以上。

根据上述有关条文的规定，该商品除含有原药成分外，还含有催吐剂、腐蚀抑制剂等配制成药所需物质，已不符合第二十九章注释一（一）、（四）~（七）的规定，不能按照第二十九章商品进行归类；又因其已经具备了成药的特征，故应按成药归入第三十八章。

## 三、有关“溶剂”的规定

《税则注释》第三十八章注释（3808）规定：

这些产品只有在下列情况下才归入本品目：

……

二、制成制剂，不论其形状如何（例如，呈液状或粉状）。它们是活性产品在水或其他液体中的悬浮液或分散体｛例如，DDT［1,1,1-三氯代-2,2-双（对-氯苯）乙烷］在水中的分散体｝，或由其他混合物组成。活性产品溶于溶剂（水除外）中的溶液也归入本品目［例如，除虫菊溶液（标准化的除虫菊萃除外）或溶于矿物油的环烷酸铜］。

需进一步混合才能用做杀虫剂、杀菌剂、消毒剂等的中间制剂，如果已具有杀虫、杀菌等作用的，也应归入本品目。

## 四、“多效试剂”的归类原则

许多农药产品具有多种活性。例如，氟虫脲（详见正文第411页）具有抑制昆虫表皮几丁质的合成，使昆虫不能正常脱皮或变态而死；另一方面对螨类也有杀灭作用，可用于防治苹果叶螨、梨木虱、柑橘叶螨等。因此，氟虫脲的成药为杀虫、杀螨剂。按照《协调制度》的归类规则，应按照从后原则进行归类，即归入380890项下，而不按照杀虫剂归入380810项下。

## 五、有关“化肥”的规定

《进出口税则》第三十一章章注释规定：

一、本章不包括：

（一）税目05.11的动物血；

（二）单独的已有化学定义的化合物［符合下列注释二（一）、三（一）、四（一）或五所规定的化合物除外]；

（三）税目38.24的每颗重量不低于2.5克的氯化钾培养晶体（光学元件除外）；氯化钾光学元件（税目90.01）。

二、税目31.02只适用于下列货品，但未制成税目31.05所述形状或包装：

（一）符合下列任何一条规定的货品：

1. 硝酸钠，不论是否纯净；

2. 硝酸铵，不论是否纯净；

3. 硫酸铵及硝酸铵的复盐，不论是否纯净；

4. 硫酸铵，不论是否纯净；

5. 硝酸钙及硝酸铵的复盐（不论是否纯净）或硝酸钙及硝酸铵的混合物；

6. 硝酸钙及硝酸镁的复盐（不论是否纯净）或硝酸钙及硝酸镁的混合物；

7. 氰氨化钙，不论是否纯净或用油处理；

8. 尿素，不论是否纯净。

（二）由上述（一）款任何货品相互混合的肥料；

（三）由氯化铵或上述（一）或（二）款任何货品与白垩、石膏或其他无肥效无机物混合而成的肥料；

（四）由上述（一）2或8项的货品或其混合物溶于水或液氨的液体肥料。

三、税目31.03只适用于下列货品，但未制成税目31.05所述形状或包装：

（一）符合下列任何一条规定的货品：

1. 碱性熔渣；

2. 税目25.10的天然磷酸盐，已焙烧或经过超出清除杂质范围的热处理；

3. 过磷酸钙（一过磷酸钙、二过磷酸钙或三过磷酸钙）；

4. 磷酸氢钙，按干燥无水产品重量计含氟量不低于0.2%。

（二）由上述（一）款的任何货品相互混合的肥料，不论含氟量多少。

（三）由上述（一）或（二）款的任何货品与白垩、石膏或其他无肥效无机物混合而成的肥料，不论含氟量多少。

四、税目31.04只适用于下列货品，但未制成税目31.05所述形状或包装：

（一）符合下列任何一条规定的货品：

1. 天然粗钾盐（例如，光卤石、钾盐镁矾及钾盐）；

2. 氯化钾，不论是否纯净，但上述注释一（三）所述的产品除外；

3. 硫酸钾，不论是否纯净；

4. 硫酸镁钾，不论是否纯净。

（二）由上述（一）款任何货品相互混合的肥料。

《税则注释》第三十一章注释规定：

本品目（31.02）仅包括未制成品目31.05所述形状或包装的下列货品：

一、符合下列任何一条规定的货品：

……

必须注意，以上列出的矿产品或化学产品，即使明显不作为肥料使用，也应归入本品目。

另一方面，以上未列出的含氮产品，即使作为肥料使用，也不归入本品目（例如，氯化铵应归入品目28.27）。

例如，碳酸氢铵（详见正文第487页）没有在上述条文中列出，即使作为肥料使用，也不能归入第三十一章，应按照“商品碳酸铵及其他铵的碳酸盐”归入28361000。

### 六、有关“零售包装”的规定

《进出口税则》第六类注释规定：

一、（一）凡符合税目28.44或28.45规定的货品（放射性矿砂除外），应分别归入这两个税目而不归入本协调制度的其他税目。

（二）除上述（一）款另有规定的以外，凡符合税目28.43或28.46规定的货品，应分别归入这两个税目而不归入本类的其他税目。

二、除上述注释一另有规定的以外，凡由于按一定剂量或作为零售包装而可归入税目30.04、30.05、30.06、32.12、33.03、33.04、33.05、33.06、33.07、35.06、37.07或38.08的货品，应分别归入以上税目，而不归入本协调制度的其他税目。

《税则注释》第六类总注释规定：

注释二规定，由于制成一定剂量或零售包装而归入品目30.04、30.05、30.06、32.12、33.03、33.04、33.05、33.06、33.07、35.06、37.07或38.08的货品，不论是否可归入协调制度的其他品目，应一律归入上述品目（品目28.43至28.46的货品除外）。例如，供治疗疾病用的零售包装硫应归入品目30.04，而不归入品目25.03或28.02；作为胶用的零售包装糊精应归入品目35.06，而不归入品目35.05。

## 第三节　常用术语

### 一、农药原药

农药原药是指未经过加工的农药原产物。产品在常温下为固体的称为原药；在常温下为液体的称为原油。原药应保证一定的有效物质含量，限制杂质的含量。原药的纯度低会使制剂加工发生困难，过高的杂质含量也可能对植物、人、畜产生危害。根据联合国粮食及农业组织、世界卫生组织公布的农药原药质量标准，原药的纯度一般应大于90%。

### 二、有效成分

有效成分是指农药产品中具有生物活性的特定化学结构成分。生物活性是指对昆虫、螨、病菌、鼠、杂草等有害生物的行为、生长、发育和生理生化机制起干扰、破坏、杀伤作用，还包括对动、植物生长发育起调节作用。

### 三、农药剂型

农药原药必须通过加工赋予适宜的剂型方能施用。具有一定组分和规格的农药加工形态称之为农药剂型。一种农药剂型可以制成多种不同用途、不同含量的产品，称之为农药制剂。农药原药在田间实际用量很少，一般每公顷只需100至1000克有效成分，高效农药的用量在150克以下甚至更低。大多数农药的水溶性差，难溶于水，而易溶于有机溶剂。为了把少量农药均匀地喷洒到农作物上，必须把农药原药加工成为某种易于在田间均匀分散并在作物上均匀沉积覆盖的形态，如供直接喷洒的粉剂、颗粒剂，供加水稀释后喷雾用的可湿性粉剂、浓悬浮剂、乳油等。有些还可以加工成烟剂或气雾剂，使农药能在空间较长时间的漂浮，并具有良好的传透性。

剂型的加工，需要选用多种配加物与农药原药一起经过一定的工艺处理，使之具有一定的配方比例和规格。除少数可直接施用的农药（如溴甲烷等熏蒸剂）以外，其他农药一般都必须经过加工使之具备确定的剂型后才能使用。根据用途的不同，一种农药可以加工成多种剂型，如马拉硫磷可加工为供喷雾的乳油，也可加工为供地面及飞机超低容量喷洒用的乳油，还可加工成处理种子及粮食用的粉剂。一种剂型也可以加工成多种规格的制剂，如敌敌畏乳油有50%、70%等多种不同规格的制剂。

据一些权威部门的统计和调查结果，目前，剂型以可湿性粉剂、乳油、粒剂和粉剂四大类为主。

## 四、毒力和毒性

衡量药剂对有害生物毒作用的指标称为毒力，药剂对非靶标生物所具有的毒杀能力称为毒性。毒性主要根据农药对机体所致损害的性质或持续时间，分为急性或慢性毒性、迟发性神经毒性、致畸作用、致癌作用、致突变作用。

农药的安全评价包括农药的环境安全评价和农药卫生毒理安全评价两部分。前者是通过试验的方式探明和评价农药对环境和非靶标生物的安全性与危害性，为新农药的登记、合理使用和防治农药污染提供科学依据。后者是以动物实验资料推测和对人的直接观察资料预测某一农药品种对接触人群的危险性。

目前，尚无统一的农药毒性分级标准，根据中国农药急性毒性分级标准，可将农药毒性划分为剧毒、高毒、中等毒、低毒。